Alberta Mariotti - Maria Concetta Sclafani - Amelia Stancanelli

Conchiglie
Antologia di autori italiani e stranieri

Poesia e teatro

G. D'ANNA
MESSINA·FIRENZE

Copyright © Loescher editore 2014
Proprietà letteraria riservata
ISBN: 978-88-810-4256-2

Prima edizione	febbraio 2014
Ristampa	5 4 3 2 1 2014 2015 2016 2017
Progetto grafico	Keen s.r.l. - Perugia
Copertina	Leftloft s.r.l. - Milano
Coordinamento editoriale	Marta Bianchetti
Redazione	Annalisa Sita
Videoimpaginazione	IN PAGINA sas
Ricerca iconografica	Serena Bettini
Materiali multimediali collegati	Keen s.r.l. - Perugia
Segreteria di redazione	Beatrice Bosso
Stampa e legatura	Rotolito Lombarda - Via Sondrio, 3 - 20096 Seggiano di Pioltello (MI)

Si ringrazia per la preziosa collaborazione Anna Maria Kappler, di cui abbiamo pubblicato il pastello *Ascoltando i segreti del mare* in apertura della sezione *Testi conchiglia*, e Giulia Donini (Archivi Alinari).

Un sentito ringraziamento va anche ad Arianna Adorni per la rilettura del volume.

La piattaforma Eugenio è un prodotto Maieutical Labs.

Avvertenze
Le eventuali future variazioni e gli aggiornamenti riguardanti la materia saranno pubblicati sulla piattaforma on-line della Casa editrice D'Anna.
Le fotocopie per uso personale del lettore (cioè privato e individuale, con esclusione quindi di strumenti di uso collettivo) possono essere effettuate nei limiti del 15% di ciascun volume dietro pagamento alla SIAE del compenso previsto dall'art. 68, commi 4 e 5, della legge 22 aprile 1941 n. 633.
Le fotocopie effettuate per finalità di carattere professionale, economico o commerciale o comunque per uso diverso da quello personale possono essere effettuate a seguito di specifica autorizzazione rilasciata da CLEARedi, Centro Licenze e Autorizzazioni per le Riproduzioni Editoriali, Corso di Porta Romana 108, 20122 Milano, e-mail autorizzazioni@clearedi.org e sito web www.clearedi.org
In alcune immagini di questo volume potrebbero essere visibili i nomi di prodotti commerciali e dei relativi marchi delle case produttrici. La presenza di tali illustrazioni risponde ovviamente a un'esigenza didattica e non è, in nessun caso, da interpretarsi come una scelta di merito della Casa editrice né, tantomeno, come un invito al consumo di determinati prodotti.
I marchi registrati in copertina sono segni distintivi registrati, anche quando non sono seguiti dal simbolo ®.

G. D'Anna Casa editrice - via Mannelli, 3/5 - 50136 Firenze
tel. 055.93.36.600 - fax 055.93.36.650 - e-mail scrivo@danna.it - web www.danna.it

Premessa

Il rapido sviluppo delle tecnologie digitali con le conseguenti problematiche apportate nella scuola richiede un frequente aggiornamento degli strumenti didattici allo scopo di fornire a docenti e studenti manuali rispettosi della normativa (in continua evoluzione) e funzionali a ogni tipo di esigenza per l'acquisizione di competenze adeguate, solide e durature.

Pur mantenendo l'impianto tematico e metodologico collaudato nelle nostre antologie precedenti, abbiamo voluto introdurre in questa opera degli elementi di novità, sia sul versante dei contenuti sia su quello degli strumenti metodologici, in modo da renderla ancora piú flessibile, interattiva e fruibile sia per la parte cartacea che per le espansioni digitali.

Il titolo, ***Conchiglie***, invita a rivolgere l'attenzione verso un modo di guardare il testo in consonanza con la lettura ipertestuale cui ci abituano i nuovi strumenti tecnologici. Per questo si troveranno in ciascun volume dell'opera – unitamente agli strumenti di analisi e alle tecniche ormai consolidate – delle sezioni intitolate ***Testi conchiglia***. In esse si propone una modalità di approccio al testo che privilegia la capacità di scoprirne lo «spessore», attraverso la focalizzazione di quell'insieme di rimandi ad altre opere, letterarie, artistiche, cinematografiche, precedenti e successive, che presentino legami contenutistici, formali, tematici con il testo di partenza. Si tratta di un tipo di lavoro che esprime tutte le sue potenzialità attraverso gli strumenti multimediali, i quali permettono di uscire facilmente dal testo per accedere agli altri contenuti, nella specificità della loro forma, ma mantiene il suo valore e la sua funzionalità anche se si lavora solo sul cartaceo. Lo scopo infatti non è solo quello di abituare gli studenti all'uso ragionato, critico e consapevole degli strumenti multimediali, ma soprattutto quello di stimolare e potenziare una mentalità pronta a cogliere le connessioni e a riflettere su di esse, superando l'approccio troppo rapido e superficiale indotto da un uso spesso solo ludico della multimedialità.

La presente antologia è costituita da **un volume** dedicato alla **narrativa** e al **testo non letterario**, uno alla **poesia** e al **teatro**, e un terzo dedicato all'**epica**.

In ogni volume, le diverse sezioni – cosí come le partizioni interne che raggruppano le letture – sono concepite in modo da perseguire ciascuna uno specifico obiettivo, secondo itinerari didattici ragionati e ordinati, che non impediscono, tuttavia, interventi autonomi del docente nell'intreccio e nella combinazione delle varie parti, per seguire le suggestioni della propria programmazione e degli studenti.

- La sezione ***Primi passi verso il testo...*** spiega di volta in volta il valore e la finalità della lettura dei generi esaminati e ne delinea le caratteristiche fondamentali.
- La sezione ***Come leggere un testo...*** guida lo studente – in modo chiaro, snello ed essenziale – nell'acquisizione degli strumenti indispensabili per la comprensione e l'interpretazione dei testi. Al suo interno, man mano che si procede con l'illustrazione delle tecniche e delle modalità di analisi dei testi, sono presenti degli esempi che guidano all'applicazione delle modalità illustrate (***Per imparare***) e subito dopo un testo per cosí dire «senza rete» (***Per metterti alla prova***); il tutto corredato da esercizi che mettono a fuoco le diverse competenze coinvolte.
- La sezione ***Incontro con il testo...*** offre una panoramica ampia e ragionata dei singoli generi letterari e non letterari (saggio e articolo), presentando testi di autori italiani e stra-

nieri che coprono un'area temporale compresa fra le origini della letteratura e le espressioni della cultura contemporanea. Ogni testo è seguito da un'accurata guida all'analisi e alla comprensione (***Entriamo nel testo***), che consente l'applicazione degli strumenti metodologici già appresi. Un ampio numero di testi è seguito, oltre che dagli esercizi per testare le diverse competenze richieste, da un test strutturato, indicato come **Eugenio** (dal nome del tutor digitale a cui il brano è collegato nella piattaforma di Cloudschooling in cui la medesima attività può essere eseguita), che si offre come strumento di valutazione e di autovalutazione e come preparazione ai test INVALSI.

- La sezione ***Testi conchiglia***, come si è già detto, propone una lettura ipertestuale, a partire da un testo collegato ai generi trattati all'interno del volume.

- Completa il panorama la sezione ***Ritratto d'autore***, nella quale si propone il profilo complessivo di alcuni degli esponenti piú significativi della letteratura italiana collocati all'interno del contesto socio-culturale del loro tempo, il che permetterà, da una parte, una conoscenza piú completa e articolata degli scrittori e delle opere, dall'altra di avviarsi gradatamente allo studio della letteratura italiana.

- Per stimolare e affinare il gusto della lettura in sé, si è pensato di offrire agli studenti parti di alcuni romanzi brevi con un apparato di commento molto leggero (***Leggiamo insieme...***) e brani di sintesi: una lettura che gli allievi potranno svolgere anche in modo autonomo, per il puro gusto di leggere, senza impegnarsi in specifici lavori testuali.

- Non è trascurata l'importanza di una guida alle ***Strategie di scrittura***, almeno di quelle cui piú di frequente si fa ricorso nella scuola, con un occhio lungimirante anche alle forme previste dall'esame di Stato. A esse è dedicata una sintetica appendice nel volume di narrativa e testi non letterari.

- Lo studio delle **prime forme della letteratura italiana**, previsto dalle Indicazioni Nazionali nel periodo conclusivo del primo biennio, viene proposto in apposita sezione del volume di poesia e teatro, con un approccio adeguato all'età, alle conoscenze e alle competenze acquisite dagli studenti nei due anni.

I contenuti di apprendimento reperibili **on line** hanno una funzione integrativa, di approfondimento e personalizzazione dei percorsi. Essi non consistono solo in contenuti «in piú» rispetto a quelli forniti dal testo cartaceo, ma consentono un forte collegamento con la rete e il coinvolgimento dei discenti, nonché l'uso di strumenti interattivi (come il tutor di italiano Eugenio) e la consultazione di fonti nei piú svariati linguaggi (visivo, musicale, cinematografico) con un effetto di moltiplicazione delle risorse di apprendimento disponibili, e anche dei punti di vista e delle voci. Non ultima, l'importanza della presenza di audio, corredati da supporto guidato di visualizzazione del testo; in essi sono lette alcune parti di brani al fine di offrire una diversa modalità di fruizione del testo che sia di sostegno all'apprendimento.

Confidiamo, con questa nostra fatica, di poter offrire al lavoro didattico non solo un percorso di riferimento conforme alle indicazioni dei piani di studio, ma una piú agevole acquisizione delle competenze richieste agli studenti attraverso strumenti scientificamente rigorosi e al contempo agili, flessibili, e – perché no? – piacevoli e accattivanti.

Le Autrici

Indice

Testo poetico

Primi passi verso il testo... poetico

Che cos'è la poesia?   2

Come leggere un testo... poetico

1 Caratteristiche del testo poetico   8
1.1 Il verso   8
  • Le figure metriche   9
  • Tipi di verso   10
1.2 La rima   13
  • Tipi di rime   15
1.3 Le strofe   17
1.4 I componimenti metrici   18
1.5 L'*enjambement*   19
  Per imparare
  Giovanni Pascoli • Nella macchia   21
  Per metterti alla prova
  Valerio Magrelli • Ho spesso immaginato che gli sguardi   23
1.6 Lo scarto linguistico   24
1.7 Una struttura inamovibile   25
1.8 Le figure retoriche   25
  • Figure del significante   26
  • Figure dell'ordine   27
  • Figure del significato   29
  Per imparare
  Vincenzo Cardarelli • I gabbiani   33
  Per metterti alla prova
  Diego Valeri • La gioia perfetta   34

2 L'analisi del testo poetico   36
2.1 La forma metrica   36
2.2 La parafrasi   36
  Per imparare
  Giovanni Pascoli • Rio Salto   38
  Per metterti alla prova
  Vincenzo Cardarelli • Attesa   40
2.3 I temi   41
2.4 Le strutture sintattiche   41

  Per imparare
  Umberto Saba • Il fanciullo e l'averla   43
  Per metterti alla prova
  Ada Negri • La ciocca bianca   45
2.5 Le parole chiave   46
2.6 Il registro linguistico   46
  Per imparare
  Ugo Foscolo • A Zacinto   48
  Per metterti alla prova
  Giuseppe Ungaretti • Solitudine   50
2.7 I suoni e il senso   51
2.8 Il contesto   52
  • Piano denotativo e piano connotativo   53
2.9 Come si compone l'analisi testuale   53
  Per imparare
  Giovanni Pascoli • Lavandare   54
  Per metterti alla prova
  Umberto Saba • Ritratto della mia bambina   56

La lettura del testo poetico
Testi: Carlo Betocchi, *Un dolce pomeriggio d'inverno*; Umberto Saba, *Quasi una moralità*

Incontro con il testo... poetico

I generi della poesia   58

La poesia lirica   60
Saffo • Le stelle intorno alla bella luna   62
Quinto Orazio Flacco • *Carpe diem*   64
Francesco Petrarca • Solo e pensoso   67
Torquato Tasso • Qual rugiada o qual pianto   72
Ugo Foscolo • Alla sera   75
Emily Dickinson • L'erba ha così poco da fare   78
Corrado Govoni • Quanto poté durare   81
Wisława Szymborska • Nulla due volte   83

Testi: Gaio Valerio Catullo, *Sirmione*; Quinto Orazio Flacco, *A Taliarco*; Dante Alighieri, *Guido i' vorrei che tu e Lapo ed io*; Salvatore Quasimodo, *Lettera alla madre*

La poesia civile   86
Simonide di Ceo • Per i morti alle Termopili   88

Ugo Foscolo ▪ Dei Sepolcri — 90
Bertolt Brecht ▪ Lode dell'imparare — 93
ε **Salvatore Quasimodo** ▪ Uomo del mio tempo — 96
Pablo Neruda ▪ Pace per i tramonti che verranno — 101

Testi: Alessandro Manzoni, *Marzo 1821*; Giovanni Berchet, *Il giuramento di Pontida*; Nazim Hikmet, *Nasceranno uomini migliori*

La poesia satirica — 105
Semonide di Amorgo ▪ Le donne, grandissimo malanno — 107
Quinto Orazio Flacco ▪ L'incontentabilità degli uomini — 110
Giuseppe Giusti ▪ Sant'Ambrogio — 114
Trilussa ▪ Er sorcio de città e er sorcio de campagna — 119
Wisława Szymborska ▪ Concorso di bellezza maschile — 122

Testi: Archiloco, *Invettiva*
Schede: *L'invettiva*

La poesia narrativa — 125
Dante Alighieri ▪ L'ultimo viaggio di Ulisse — 127
Ludovico Ariosto ▪ Astolfo sulla luna — 133
Attilio Bertolucci ▪ Il calzolaio Gelasio — 140

Testi: Luigi Mercantini, *La spigolatrice di Sapri*

La poesia attraverso i tempi — 144

La poesia delle origini — 146
La poesia religiosa — 147
San Francesco d'Assisi ▪ Cantico delle creature — 148
I poeti arabi di Sicilia — 151
Abd ar-Rahamàn ▪ Rugiada palpitava sui narcisi — 152
I poeti siciliani — 154
Jacopo da Lentini ▪ Meravigliosamente — 155
I poeti siculo-toscani — 159
Bonagiunta Orbicciani ▪ A me adovene com'a lo zitello — 159

Testi: Guglielmo d'Aquitania, *Per la dolcezza della nuova stagione*; Bertran de Born, *Molto mi piace la lieta stagione di primavera*; Jacopone da Todi, *Donna de paradiso*; Jacopo da Lentini, *Amor è un desio che ven da core*; Cielo d'Alcamo, *Rosa fresca aulentissima*
Schede: *La letteratura in lingua d'oïl e in lingua d'oc*; *Il castello: un'innovazione del Medioevo*; *Dalla lauda alla sacra rappresentazione*; *Le «Storie di San Francesco» nella basilica superiore di Assisi*; *I castelli della corona*; *La battaglia di Montaperti*; *Il palazzo pubblico*

Dallo Stilnovo a Petrarca — 161
Il Dolce stil novo — 161
Dante Alighieri ▪ Tanto gentile e tanto onesta pare — 162
La poesia comico-realistica — 166
Cecco Angiolieri ▪ S'i' fosse foco, arderei 'l mondo — 166

La novità della lirica petrarchesca — 168
ε **Francesco Petrarca** ▪ Erano i capei d'oro a l'aura sparsi — 169

Testi: Dante Alighieri, *Ita n'è Beatrice in l'alto cielo* ▪ *Un dí si venne a me Malinconia*
Schede: *Il Dolce Stil novo*; *Caldi abbracci di marmo*

La poesia di corte — 171
Lorenzo de' Medici ▪ Trionfo di Bacco e Arianna — 172
William Shakespeare ▪ O tempo divorante, mozza al leone gli artigli — 177

Testi: Torquato Tasso, *Qual rugiada o qual pianto*; Giambattista Marino, *Donna che si pettina*
Schede: *La rivoluzione del Barocco*; *Il tema dell'amore nella lirica barocca*; *Fuga del tempo e invito alla gioia: un tema attraverso i secoli*; *Due opere a confronto: La città ideale e Apollo e Dafne*

La poesia romantica — 180
La nuova sensibilità romantica — 180
ε **Ugo Foscolo** ▪ In morte del fratello Giovanni — 182
William Wordsworth ▪ Daffodils – Narcisi — 186
ε **Alessandro Manzoni** ▪ Il cinque maggio — 190
Emily Dickinson ▪ Tiene il ragno un gomitolo d'argento — 196

Ritratto d'autore Giacomo Leopardi — 198
La biografia — 198
Il pessimismo leopardiano — 199
Le opere / Canti — 200
ε L'infinito — 201
Il passero solitario — 205
ε A Silvia — 209
La quiete dopo la tempesta — 214

Testi: Alessandro Manzoni, *Natale*; Giacomo Leopardi, *La sera del dí di festa* ▪ *Il sabato del villaggio*; Emily Dickinson, *Non avrò vissuto invano*; Walt Whitman, *Capitano, mio Capitano*
Schede: *La poesia del ricordo in Leopardi*; *Friedrich e Turner: due interpreti dell'anima romantica*; *Il Notturno*

Alle soglie della modernità — 218
ε **Giosuè Carducci** ▪ San Martino — 219
ε **Charles Baudelaire** ▪ Corrispondenze — 223
Arthur Rimbaud ▪ Vocali — 227
Gabriele D'Annunzio ▪ La pioggia nel pineto — 230
Costantinos Kavafis ▪ Itaca — 236

Ritratto d'autore Giovanni Pascoli — 240
La biografia — 240
Le opere — 241
Novità della poesia pascoliana — 241
ε Novembre — 243
Arano — 246
Temporale — 248
L'assiuolo — 251
Il lampo — 254

Indice

VII

ℰ X Agosto 256
🐚 Le Sirene 259

Testi: Giosuè Carducci, *Pianto antico*; Charles Baudelaire, *L'albatro*; Gabriele D'Annunzio, *L'onda • La sera fiesolana*; Giovanni Pascoli, *La cavalla storna • Il tuono*
Schede: *Da Omero a Pascoli, Monet e Van Gogh*

La rivoluzione delle avanguardie 262

I poeti crepuscolari 263
Guido Gozzano ▪ La signorina Felicita 264

I poeti futuristi 268
Corrado Govoni ▪ Autoritratto 270
ℰ **Aldo Palazzeschi** ▪ Chi sono? 273

Ritratto d'autore Giuseppe Ungaretti 278

La biografia 278
Il contesto storico e culturale 280
Le opere *L'Allegria* 281
Sono una creatura 282
ℰ San Martino del Carso 284
Fratelli 287
ℰ Veglia 289
Soldati 292
ℰ I fiumi 294

Il dolore 298
«Nessuno, mamma, ha mai sofferto tanto...» 298

Testi: Guido Gozzano, *L'amica di nonna Speranza*; Corrado Govoni, *Il Palombaro • Le cose che fanno la domenica • Crepuscolo ferrarese*; Aldo Palazzeschi, *E lasciatemi divertire*; Giuseppe Ungaretti, *Allegria dei naufragi • Il porto sepolto • In memoria • La madre • Tutto ho perduto*
Schede: *Pablo Picasso*: Guernica
Leggiamo insieme... *Antologia di Spoon River* di Edgard Lee Masters

Fra tradizione e innovazione 301

ℰ **Eugenio Montale** ▪ Spesso il male di vivere ho incontrato 302
Eugenio Montale ▪ Non chiederci la parola 305
Eugenio Montale ▪ Antico, mi sono ubriacato... 308
Umberto Saba ▪ Trieste 310
Umberto Saba ▪ La capra 314
Umberto Saba ▪ Goal 316
Federico García Lorca ▪ Le stelle 318
Salvatore Quasimodo ▪ Ed è subito sera 321
ℰ **Salvatore Quasimodo** ▪ Alle fronde dei salici 323

Testi: Camillo Sbarbaro, *Padre, se anche tu non fossi il mio*; Eugenio Montale, *Meriggiare pallido e assorto*; Umberto Saba, *Amai • Mio padre è stato per me «l'assassino» • Donna • Tre vie*; Attila Jòzsef, *Il dolore*; Thomas Stearns Eliot, *Gli uomini vuoti*; Bertolt Brecht, *Sia lode al dubbio*; Primo Levi, *Se questo è un uomo*; Erri De Luca, *H_2O_2* Joyce Lussu, *Scarpette rosse*
Schede: Paul Gauguin: *Da dove Veniamo? Chi siamo? Dove andiamo?*

Dal secondo Novecento a oggi 325
ℰ **Sandro Penna** ▪ Sul molo il vento soffia forte 326
Abdellatif Laâbi ▪ Tu che porti la metà della volta celeste 330

Poesia al femminile 334
Sylvia Plath ▪ Io sono verticale 335
Alda Merini ▪ L'uccello di fuoco 338

Testi: Sandro Penna, *La vita... è ricordarsi di un risveglio*; Davide Maria Turoldo, *Colloquio Notturno*; Mario Luzi, *Meditazioni sulla Via Crucis*; Giovanni Giudici, *Via Stilicone*; Lucio Zinna, *A volte qualcuno rimane • Questi maledetti poeti*; Sibilla Aleramo, *Senza parole*; Antonia Pozzi, *Parole*; Margherita Guidacci, *Madame X*

Un tema attraverso i secoli: l'amore 340

🐚ℰ **Gaio Valerio Catullo** ▪ Baci, baci e ancora baci 342
Dante Alighieri ▪ Ne li occhi porta la mia donna Amore 344
Francesco Petrarca ▪ La vita fugge, et non s'arresta una hora 347
ℰ **William Shakespeare** ▪ Lei non ha occhi come il sole ardenti 349
Edgar Allan Poe ▪ Annabel Lee 353
Jacques Prévert ▪ I ragazzi che si amano 357
ℰ **Umberto Saba** ▪ A mia moglie 360
Eugenio Montale ▪ Ho sceso, dandoti il braccio, almeno un milione di scale 365
Eugenio Montale ▪ Avevamo studiato per l'aldilà 367
Eugenio Montale ▪ Caro piccolo insetto 368
ℰ **Pablo Neruda** ▪ Mia brutta... mia bella 369
Wystan Hugh Auden ▪ Blues in memoria 371
Erri De Luca ▪ Due 373

Testi: William Shakespeare, *Nulla a nozze di veri sentimenti*; Fabrizio De André, *La canzone di Marinella*; Rabindranath Tagore, *Risuoni il tuo amore nella mia voce*; Jacques Prévert, *Questo amore*; Pablo Neruda, *Quando morrò voglio le tue mani sui miei occhi*
Schede: (nel cinema) *Il postino*

Testo teatrale

Primi passi verso il testo... teatrale

1 Leggere i testi teatrali 376
2 Che cos'è il teatro 378

2.1 Che cosa indichiamo con «teatro» 378
2.2 Il lessico del teatro 378
2.3 Le rappresentazioni teatrali 379
• La messa in scena nel teatro 380

3 L'evoluzione delle forme e delle rappresentazioni teatrali — 380
- Le origini — 380
- Il teatro in Grecia — 380
- Il teatro a Roma — 381
- Il teatro nel Medioevo — 381
- Il teatro nel Rinascimento — 381
- La commedia dell'arte — 382
- Il teatro nel Seicento — 382
- Il teatro nel Settecento — 383
- Il teatro nell'Ottocento — 383
- Il dramma borghese — 383
- Il teatro nel Novecento — 384

Come leggere un testo... teatrale

1 Il teatro come genere letterario — 386
1.1 Le caratteristiche del genere letterario teatrale — 386

2 Come è fatto un testo teatrale — 387
2.1 L'elenco dei personaggi — 387
2.2 La suddivisione in atti — 387
2.3 I discorsi diretti — 388
2.4 Le didascalie — 388

Per imparare
Carlo Goldoni ▪ Per chi è il ventaglio? — 389

Per metterti alla prova
Anton Čechov ▪ Le tre sorelle — 393

3 Come si analizza un testo teatrale — 397
3.1 Le azioni — 397
3.2 Il tempo e lo spazio — 398
3.3 I personaggi — 398

Per imparare
Samuel Beckett ▪ Atto senza parole — 399

Per metterti alla prova
Luigi Pirandello ▪ Sono gli altri a decidere per lei — 403

Testi: Euripide, *La storia di Admeto e Alcesti*

Incontro con il testo... teatrale

Il teatro classico — 410

La commedia — 412
Menandro ▪ Il misantropo — 414
Plauto ▪ È una pentola o una ragazza? — 424
William Shakespeare ▪ Il mercante di Venezia — 433
Carlo Goldoni ▪ Mirandolina, locandiera astuta o donna saggia? — 445

La tragedia — 453
Sofocle ▪ Edipo re — 455
Euripide ▪ Meglio imbracciare lo scudo che partorire una volta sola — 464
William Shakespeare ▪ Macbeth — 470

Testi: *Tragedie in scena... sui vasi*; (Dal libro al film) *Shakespeare in Love*

Il teatro moderno — 486

Il dramma moderno — 488
Henrik Ibsen ▪ Non sono una bambola — 489
Luigi Pirandello ▪ Cosí è (se vi pare) — 499
Bertolt Brecht ▪ L'eccezione e la regola — 508
Eugène Ionesco ▪ La cantatrice calva — 515
Stefano Benni ▪ Sherlock Barman — 523

Testi: Luigi Pirandello, *L'uomo dal fiore in bocca*
Schede: (in musica) *Patty Pravo: La bambola*

Il teatro di narrazione — 530
Dario Fo ▪ Mistero buffo — 531
Marco Paolini e Gabriele Vacis ▪ Il racconto del Vajont — 539
Serena Dandini ▪ Quote rosa — 548

Dalla novella al palcoscenico
Testi: Luigi Pirandello, *La patente*; Giovanni Verga, *Cavalleria rusticana*

Testi conchiglia

I mille volti di Ulisse — 554
Guido Gozzano ▪ Ulisse fra *yacht* e *cocottes* — 554

La folgorante fuga del tempo — 560
Gabriele D'Annunzio ▪ La sabbia del tempo — 560

Avidità e avarizia — 565
Molière ▪ L'amore vince sull'avarizia — 565

Guida all'esplorazione
dei testi e al piacere
di leggere

Primi passi
verso il testo ...

... poetico

Che cos'è la poesia?

Proviamo a capire che cosa sia la poesia accostandoci direttamente ad alcuni componimenti, senza chiederci che cosa vogliono dire, ma cercando di ascoltare le parole e di vedere le immagini che ci suggeriscono. Cominciamo da una poesia di Attilio Bertolucci.

Paul Gauguin, *Il cavallo bianco*, XIX secolo. Parigi, Museo d'Orsay.

Una cavalla
Una cavalla sola
pascola
in una radura
si fa notte
la luna brilla
nell'aria serena
vagamente splende
respira con il muso alto
i profumati effluvi
della notte che viene
comincia un piccolo trotto
grazioso e musicale
già è notte
e nulla più si vede
intorno.

A. Bertolucci, *Le poesie*

È notte. C'è la luna. In una radura una cavalla pascola da sola. Il suo manto lucido risplende nell'oscurità. Poi trotta via e sparisce. La poesia non ci dice niente di più di questo. Non conosciamo il colore, la grandezza, la forma della cavalla. Non sappiamo se la luna è piena o è una mezzaluna o solo uno spicchio. Eppure ciascuno di noi «vede» quella cavalla, ne ammira il manto lucido nell'oscurità della notte illuminata dalla luna; «sente» il rumore *grazioso e musicale* del suo trotto, «percepisce» il profumo della notte. Il poeta, senza darci una descrizione dettagliata, ma mettendo in risalto solo alcuni particolari, ci fa cogliere la bellezza e l'unicità di uno spettacolo su cui forse non avremmo soffermato la nostra attenzione se lo avessimo visto direttamente e personalmente. La poesia dunque **ci fa vedere la realtà con occhi nuovi**, ci fa guardare con meraviglia un oggetto consueto.

Leggiamo adesso l'inizio di una poesia di Giuseppe Ungaretti.

Levante
Le linea
vaporosa muore
al lontano cerchio del cielo

Picchi di tacchi picchi di mani
e il clarino ghirigori striduli
e il mare è cenerino
trema dolce inquieto
come un piccione
[...]

G. Ungaretti, *Vita d'un uomo – Tutte le poesie*

Il poeta ci dà una serie di immagini: la linea sfumata dell'orizzonte, un mare color cenere che sembra palpitare, il suono di un clarino, delle persone che danzano su una nave, mani che battono, tacchi che picchiano a terra. Mentre leggiamo, le parole prendono forma, colore, si trasformano in figure, disegnano un paesaggio, riproducono suoni e movimenti. La poesia dunque **parla attraverso le immagini**.

Soffermiamoci ora su questa poesia di Giovanni Pascoli che descrive un paesaggio avvolto nella nebbia e rivolgiamo la nostra attenzione soprattutto ai suoni.

Nella nebbia

E guardai nella valle: era sparito
tutto! Sommerso! Era un gran mare piano,
grigio, senz'onde, senza lidi, unito.

E c'era appena, qua e là, lo strano
vocío di gridi piccoli e selvaggi:
uccelli sparsi per quel mondo vano.

E alto, in cielo, scheletri di faggi,
come sospesi, e sogni di rovine
e di silenzïosi eremitaggi.

Ed un cane uggiolava senza fine,
né seppi donde, forse a certe peste
che sentii, né lontane né vicine;

eco di peste né tarde né preste,
alterne, eterne. E io laggiú guardai:
nulla ancora e nessuno, occhi, vedeste.

[...]

G. Pascoli, *Opere*

La nebbia riempie la valle come un grande mare grigio: si intravedono in alto solo alcuni rami scheletriti e il profilo indistinto di un castello in rovina; degli uccelli stridono, un cane, non si sa se vicino o lontano, si lamenta. Abbiamo l'impressione di sentire questi suoni, ma come ovattati dalla nebbia. In che modo il poeta è riuscito a ottenere questo effetto? Per farci udire lo stridere degli uccelli, nel verso *vocio di gridi piccoli e selvaggi* ha accostato parole nelle quali sono presenti molte *i* e le consonanti *c* e *g*, tutti suoni striduli e gutturali. Usando il verbo onomatopeico *uggiolare* ha riprodotto il verso lamentoso del cane. Poi ha inserito «il verso con quei suoni acuti degli uccelli in mezzo ad altri due dal ritmo ampio e lento, avvolgente per via di tutte le *a*, le *n* e le *o*. Ed esso ne risulta soffocato, come le strida degli uccelli dalla distesa immobile della nebbia» (D. Biasutti). A questo punto il lettore non è solo un osservatore esterno che guarda le immagini e ascolta i suoni creati dal poeta, ma diventa partecipe della stessa esperienza, la condivide, la fa sua. La poesia dunque **ci fa sentire i suoni** nella loro specificità e **ci fa provare sensazioni ed emozioni**.

Ecco ora tre haiku. L'haiku è un genere letterario giapponese: una poesia brevissima costituita da tre versi e diciassette sillabe.

Neve limpida
Passerella di silenzio
E di bellezza

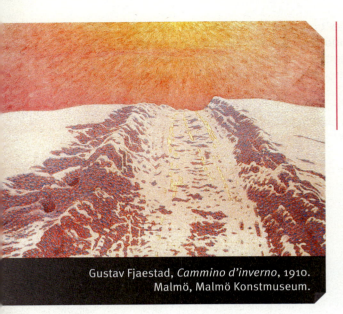

Gustav Fjaestad, *Cammino d'inverno*, 1910.
Malmö, Malmö Konstmuseum.

Musica di neve
Grillo d'inverno
Sotto i miei passi

Donna accovacciata
Che urina e fa sciogliere
La neve

M. Fermine, *Neve*

I tre componimenti descrivono la neve, ognuno cogliendone un diverso aspetto. Ma tutti e tre rispettano le stesse regole formali, senza che questo limite imprigioni la fantasia o mortifichi la creatività. La poesia dunque è la capacità di far entrare un mondo in un numero limitato di versi, di parole, di suoni. **La poesia è disciplina.**

I tre componimenti possono dirci ancora altro sul miracolo della poesia.

Consideriamo il primo. In esso il poeta vede la neve come una *Passerella di silenzio / E di bellezza*. La parola *passerella* qui non è adoperata nel suo significato di base, ma acquista un senso piú profondo. Ci fa intendere che lo spettacolo della neve che fiocca, limpida nel suo candore, è come un ponte di luce verso un mondo infinito di silenziosa bellezza. Questo particolare effetto è ottenuto grazie all'accostamento dei termini *neve, passerella, silenzio, bellezza* e alla successione delle *l* che trasmettono una sensazione di fluidità e di leggerezza. Nel testo letterario, infatti, e in quello poetico in modo particolare, le parole non hanno solo un significato di base, ma si arricchiscono di una molteplicità di significati grazie al suono, alla collocazione all'interno della frase, ai particolari accostamenti creati dal poeta. **Le parole della poesia sono polisemiche, cioè racchiudono piú significati**.

Nel secondo haiku il poeta ci fa sentire la musica della neve, attraverso un accostamento insolito e inatteso: paragona infatti lo scricchiolio dei passi sulla neve al cri-cri del grillo. In questo modo l'immagine iniziale si allarga, accogliendo in sé una realtà piú vasta. **La poesia scaturisce da accostamenti inediti di immagini** che ampliano l'orizzonte del lettore.

Il terzo haiku dimostra che si può fare poesia anche su situazioni quotidiane, banali, poco raffinate, come la donna che urina accovacciata sulla neve. Spessissimo i poeti scrivono poesie su cose da nulla, oggetti assolutamente impoetici, come un calzascarpe, un uovo, una moneta, che essi sanno trasformare in qualcosa di unico e sorprendente.
Si può fare poesia anche su cose considerate «non poetiche».

Soffermiamoci adesso su una lirica del poeta Alfonso Gatto.

Il 4 è rosso
Dentro la bocca ha tutte le vocali
il bambino che canta. La sua gioia
come la giacca azzurra, come i pali
netti del cielo, s'apre all'aria, è il fresco
della faccia che porta. Il 4 è rosso
come i numeri grandi delle navi.

A. Gatto, *Poesie d'amore*

Un bambino canta, spalancando la bocca per dar voce alla sua gioia, che il poeta paragona a una giacca azzurra come il cielo, ai pali che si proiettano verso l'alto, al viso fresco del bimbo. Ci sembra di sentirlo cantare questo bambino per l'affollarsi nei versi del suono aperto della *a* che richiama il mare, le navi che partono per scoprire paesi lontani. Ai suoi occhi, e agli occhi del poeta, *il 4 è rosso, / come i numeri grandi delle navi*, come la vita, l'amore, la gioia. «Quel 4 rosso è un po' come una bandiera, che sventola festosamente sul pennone della nave che sta per salpare e il vento fa ondulare il tessuto di quelle *ss*.» (D. Biasutti). Potremmo chiederci: perché il 4 è rosso? Perché la gioia è come la giacca azzurra? Non c'è una risposta razionale a queste domande: il fatto è che **la poesia non riproduce il mondo cosí com'è, ma lo vede con occhi diversi**.

Il poeta proietta sulla realtà esterna la luce e i colori che ha dentro di sé, la vede con gli occhi della sua mente. Anzi, a volte non gli serve neppure vederla, perché è lui a crearla.

Concludiamo questo primo incontro con la poesia leggendo una lirica del poeta Giuseppe Ungaretti, nella quale proveremo a riscontrare ciò che abbiamo detto fino a questo momento.

Finale

Piú non muggisce, non sussurra il mare,
Il mare.

Senza i sogni, incolore campo è il mare,
Il mare.

Fa pietà anche il mare,
Il mare.

Muovono nuvole irriflesse il mare,
Il mare.

A fiumi tristi cedé letto il mare,
Il mare.

Morto è anche lui, vedi, il mare,
Il mare

G. Ungaretti, *Vita d'un uomo – Tutte le poesie*

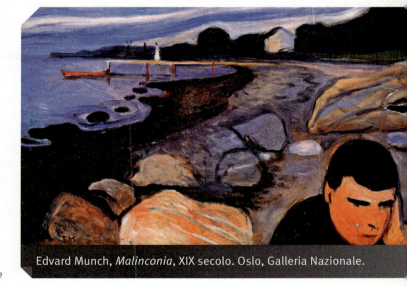

Edvard Munch, *Malinconia*, XIX secolo. Oslo, Galleria Nazionale.

Se la leggiamo fermandoci al significato di base delle parole, la lirica ci appare come la descrizione di un mare grigio, immobile, malinconico, spento come doveva essere il cuore del poeta nel momento in cui la scriveva. Ma i versi non ci comunicano solo questo.
Se, infatti, prestiamo attenzione ai suoni e alla collocazione delle parole, «sentiamo» il rumore lento, stanco, monotono delle onde che si infrangono appena sulla spiaggia, come per inerzia; «vediamo» un mare piatto, grigio, slavato, opaco, quasi immobile; «percepiamo» e «condividiamo» la malinconia del poeta e del paesaggio visto attraverso i suoi occhi.
Con quali mezzi l'autore ha ottenuto questi effetti?
Per farci sentire il rumore fiacco dell'onda, si è servito di un accorgimento semplicissimo: tre sillabe – *il mare* – che chiudono il primo verso di ogni strofa e occupano interamente il secondo. La ripetizione delle due parole, la rima uguale, e quindi volutamente monotona, fanno sentire il rumore fiacco della debole risacca e comunicano una sensazione di monotonia.
Il susseguirsi di sole proposizioni coordinate – *Piú non muggisce, non sussurra il mare; incolore campo è il mare; fa pietà anche il mare...* – trasmette un'impressione di calma piatta.
L'inserimento dell'avverbio *anche* nel primo verso della terza e della sesta strofa suggerisce il parallelismo tra il paesaggio e lo stato d'animo del poeta, il quale ha proiettato la sua malinconia sul mondo esterno e ce lo ha fatto vedere attraverso i suoi occhi.

Il titolo della lirica infine si presta a molteplici interpretazioni: può alludere alla collocazione del componimento a chiusura della raccolta, alla conclusione di una partitura musicale, alla fine di un amore, a quella stagione della vita che si approssima alla morte. Ogni interpretazione conferisce una particolare sfaccettatura al componimento, ma tutte danno l'idea del finire di qualcosa.

In conclusione possiamo rilevare che:

- il poeta è riuscito a racchiudere in un **numero limitato di parole** una **realtà piú vasta**;
- ci ha comunicato, attraverso le immagini, i suoni, il significato, la collocazione delle parole, una **molteplicità di sensazioni** che investono la vista, l'udito, la sfera psicologica;
- ci ha fatto **vedere la realtà con occhi nuovi**;
- ha ottenuto questi effetti grazie a una rigorosa **disciplina formale.**

A questo punto poniamoci un'ultima domanda: a che cosa serve la poesia?
Certamente essa non ha un'utilità pratica: non fa guadagnare soldi, non risolve problemi, non si può mangiare. Insomma non serve a nulla, ma forse proprio per questo appare sempre piú indispensabile in una società che mette al primo posto l'utile e che a tutto dà un prezzo e un valore.
È una bellezza senza scopo, e per di piú gratuita. Sta in questo la sua «utilità».

Strumenti di analisi

Come leggere un testo...

... poetico

1 Caratteristiche del testo poetico

1.1 Il verso

Chiunque abbia sotto gli occhi un testo poetico lo riconosce immediatamente prima ancora di leggerlo, perché *è scritto in versi*. Ciò significa, per dirla in termini molto semplici o addirittura banali, che l'autore non sfrutta tutto lo spazio della riga a sua disposizione sulla pagina, ma procede per un po' e poi va a capo. Del resto la parola *verso* deriva dal verbo latino *vertere* che vuol dire appunto «tornare indietro, girare» e si riferisce al movimento dell'aratro sulle zolle della terra, mentre *prosa* deriva dall'aggettivo latino *prorsus* (*prosus*) che significa «ciò che va in linea retta». *Oratio prosa* o semplicemente *prosa* era infatti nel mondo latino «il discorso che procedeva linearmente per tutta la riga».
Dunque **il verso è ciascuna delle righe che formano una poesia, alla fine della quale il poeta va a capo**.
Vediamo adesso come è fatto un verso e quali sono le leggi che lo regolano. Relativamente a questo aspetto, è bene distinguere tra poesia tradizionale e moderna: la prima è costituita da versi che hanno una misura precisa (*metro*), la seconda si muove molto piú liberamente e viola di proposito le leggi della versificazione. Noi ci occuperemo prima del **verso tradizionale** che è costituito:

- da un **determinato numero di sillabe**;
- dalla **ripetizione degli accenti ritmici (*ictus*) a intervalli regolari**. Questa ripetizione crea il ritmo.

In base al **numero delle sillabe** i versi prendono il nome di *endecasillabi*, se sono formati da undici sillabe, *novenari* se ne hanno nove, *ottonari* quando hanno otto sillabe, *settenari* se ne hanno sette e cosí via.
A seconda che il **numero** delle sillabe sia **pari o dispari**, avremo versi *parisillabi* (decasillabo, ottonario, senario, quaternario) e *imparisillabi* (endecasillabo, novenario, settenario, quinario, trisillabo). I primi hanno *ictus* fissi, gli accenti ritmici cioè cadono sempre sulle stesse sillabe, nei secondi invece gli *ictus* sono mobili.
In base all'**accento dell'ultima parola del verso**, i versi si distinguono inoltre in *piani*, se finiscono con una parola piana, *tronchi* se finiscono con una parola tronca e *sdruccioli* se finiscono con una parola sdrucciola.
Per costruire un verso non basta però mettere insieme un certo numero di sillabe, bisogna che il verso abbia un **ritmo** che si ripete sempre uguale, in modo da creare un particolare effetto di musicalità. **Ciò che conferisce ritmo al verso è la ripetizione degli accenti a intervalli regolari**. La versificazione italiana infatti è accentuativa, perché si fonda sulla ripetizione degli accenti ritmici.
Ogni parola, come sappiamo, è dotata di un suo accento tonico che può cadere sull'ultima sillaba e allora la parola sarà *tronca* (*piú*), sulla penultima e si avrà una parola *piana* (*càsa*), sulla terzultima e si avrà una parola *sdrucciola* (*màrgine*). Nel verso ogni parola mantiene il suo accento tonico, alcuni di questi accenti risultano però rafforzati dalla coincidenza con l'accento ritmico detto *ictus* (parola latina che vuol dire «battuta, percussione»), che cade in determinate sedi del verso. Le sillabe rafforzate dall'accento ritmico si chiamano *forti* per distinguerle dalle altre non accentate che vengono chiamate *deboli*. Osserviamo i versi iniziali del sonetto di Francesco Petrarca, *Voi ch'ascoltate in rime sparse il suono*:

Voi ch'ascolt**à**te in rime sp**à**rse il su**ò**no
di quei sosp**í**ri ond'io nudr**í**va 'l c**ò**re
in sul mio pr**í**mo gioven**í**le err**ó**re,
quand'era in parte altr'u**ò**m da quel ch'i' s**ò**no

Come leggere un testo... ... poetico

Sono quattro endecasillabi piani, cioè quattro versi di undici sillabe che finiscono con una parola piana. Nei primi tre versi gli accenti ritmici cadono sulla quarta, sull'ottava e sulla decima sillaba; nel quarto gli *ictus* sono solo due e cadono sulla sesta e sulla decima sillaba. La ripetizione degli accenti *e la* gamma delle variazioni all'interno del verso creano il **ritmo** e quindi la **musicalità** della poesia. Da qui deriva una delle componenti del piacere del testo poetico.

Può però accadere che non ci sia coincidenza tra accento tonico e accento ritmico, come nel seguente verso foscoliano che va letto:

| abbraccia terre il gran padre Oceàno

Le figure metriche

Talvolta può capitare che, dividendo in sillabe un verso per capire di che tipo di verso si tratta, ci si trovi di fronte a un numero di sillabe superiore o inferiore a quello canonico. Ciò accade perché nella costruzione del verso i poeti non si limitano ad accostare delle parole fino a formare quel determinato numero di sillabe, ma utilizzano alcune figure metriche che devono a loro volta essere individuate e riconosciute da chi legge. Esse sono: *elisione*, *sinalèfe*, *dialèfe*, *sinèresi*, *dièresi*.

- **Elisione**: è una contrazione fra la vocale finale di una parola e l'iniziale di quella seguente, per cui le due vocali formano un'unica sillaba e, nella lettura ritmica, la prima viene assorbita nella seconda, come in questo verso di Dante Alighieri:

| Si | mi | le a | quel | che | l'ar | nie | fan | no | rom | bo

- **Sinalèfe**: come l'elisione, è la fusione in un'unica sillaba metrica della vocale finale di una parola con la vocale iniziale della parola successiva. A differenza dell'elisione, però, nella sinalèfe le due vocali, pur formando una sola sillaba, mantengono il loro suono distinto e separato.

Dividiamo in sillabe i seguenti versi di Petrarca:

1	2	3	4	5	6	7	8	9	10	11
So	lo e	pen	so	so i	piú	de	ser	ti	cam	pi
vo	me	su	ran	do a	pas	si	tar	di e	len	ti

Si arriva al numero di 11 sillabe solo se si opera la sinalèfe tra *o* ed *e*, *o* ed *i* nel primo verso, e *o* ed *a*, *i* ed *e* nel secondo. I suoni delle vocali, però, non si fondono, ma rimangono distinti. L'elisione metrica conferisce al verso un ritmo piú rapido; la sinalèfe dà un ritmo piú disteso.

- **Dialèfe**: è la violazione o meglio la non applicazione della sinalèfe e si verifica quando la vocale finale di una parola e quella iniziale della parola successiva formano due sillabe separate. Si applica di solito quando le due vocali o la prima di esse sono accentate, come in questo verso di Dante:

1	2	3	4	5	6	7	8	9	10	11
E	tu	che	se'	co	stí	a	ni	ma	vi	va

- **Sinèresi**: consiste nel fondere in una sola sillaba, all'interno di una parola, due o piú vocali vicine, ma appartenenti a sillabe diverse, come in questo verso di Foscolo:

1	2	3	4	5	6	7	8	9	10	11
Ed	og	gi	nel	la	Tro͜a	de in	se	mi	na	ta

In questo verso sono presenti due figure metriche: la sinèresi alla sillaba 6 (Tro͜a) e la sinalèfe alla sillaba 7 (de͜ in); in questo modo l'endecasillabo risulta di 11 sillabe.

- **Dièresi**, cioè «separazione», è la figura metrica opposta alla sinèresi. In questo caso un dittongo si divide in due sillabe, in modo da rallentare e dilatare il ritmo. Essa è segnata graficamente con due puntini che vengono posti sulla vocale piú debole per indicare che i due suoni vocalici sono staccati, come in questo verso di Dante:

1	2	3	4	5	6	7	8	9	10	11
Dol	ce	co	lor	d'o	rï	en	tal	zaf	fí	ro

Applicando la normale divisione in sillabe, il verso risulterebbe di 10 sillabe; l'uso della dièresi, invece, separando le vocali *i* ed *e*, permette di arrivare a 11 sillabe.

Tipi di verso

Il numero delle sillabe all'interno di un verso varia anche a seconda della parola finale del verso stesso.

- Se l'ultima parola è **piana**, ovvero ha l'accento sulla penultima sillaba, il verso ha il numero di sillabe indicato dal suo nome, come in questi versi rispettivamente di Petrarca e di Manzoni:

1	2	3	4	5	6	7	8	9	10	11
Voi	ch'a	scol	ta	te͜ in	ri	me	spar	se͜ il	suo	no

(endecasillabo piano)

1	2	3	4	5	6	7	8	9	10
Sof	fer	ma	ti	sul	l'a	ri	da	spon	da

(decasillabo piano)

- Se la parola è **tronca**, ovvero ha l'accento sull'ultima sillaba, il verso avrà una sillaba in meno del numero indicato dal suo nome, come in questi versi di Carducci e di Manzoni:

1	2	3	4	5	6	7	8	9	10
deh	per	ché	fug	gi	ra	pi	do	co	sí

(endecasillabo tronco)

1	2	3	4	5	6	7	8	9
cert	ti͜ in	cor	del	l'an	ti	ca	vir	tú

(decasillabo tronco)

- Se la parola è **sdrucciola**, cioè ha l'accento sulla terzultima sillaba, il verso avrà una sillaba in piú del numero di sillabe indicato dal suo nome, come in questi versi di Manzoni e di Dante:

Come leggere un testo... ... poetico

1	2	3	4	5	6	7	8				
Spar	sa	le	trec	ce	mor	bi	de	(settenario sdrucciolo)			
1	2	3	4	5	6	7	8	9	10	11	12
sí	che	dal	fo	co	sal	va	l'ac	qua e	li ar	gi	ni
								(endecasillabo sdrucciolo)			

Una volta stabiliti i criteri per contare esattamente le sillabe, esaminiamo i vari tipi di verso, indicandone gli accenti ritmici.

- **Trisillabo**: ha un solo *ictus* sulla seconda sillaba, come in questa poesia di Aldo Palazzeschi:

  > Tossísce
  > tossísce
  > un pòco
  > si tàce
  > di nuòvo
  > tossísce

- **Quaternario** o **quadrisillabo**: ha due accenti, sulla prima e sulla terza sillaba. È usato molto raramente da solo, come in questa breve lirica di Guido Mazzoni:

  > C'è un castèllo
  > c'è un tesòro
  > c'è un avèllo
  > Dóve? ignòro

- **Quinario**: ha due *ictus* di cui uno fisso sulla quarta sillaba e l'altro mobile, che può cadere sulla prima o sulla seconda, come nei seguenti versi di Arnaldo Fusinato:

  > Il mòrbo infúria,
  > il pàn ti mànca:
  >
  > sul pónte svèntola
  > bandièra biànca

- **Senario**: ha *ictus* fissi sulla seconda e sulla quinta sillaba, come in questa aria di Metastasio:

  > Se cérca, se díce:
  > «L'amíco dov'è?».
  > «L'amíco, infelíce»,
  > rispóndi, «morí».

- **Settenario**: è uno dei versi piú usati per la sua duttilità e agilità; nella canzone e nell'ode si trova misto con l'endecasillabo. Ha un *ictus* fisso sulla sesta sillaba e altri mobili che possono cadere sulla prima, o sulla seconda, o sulla terza, o sulla quarta, come nei seguenti versi di Giosuè Carducci (il primo), di Ugo Foscolo (il secondo, il terzo, il quinto e il sesto) e di Alessandro Manzoni (il quarto):

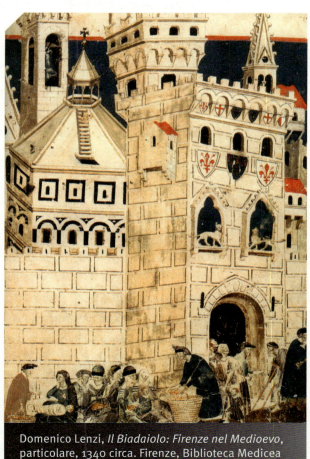

Domenico Lenzi, *Il Biadaiolo: Firenze nel Medioevo*, particolare, 1340 circa. Firenze, Biblioteca Medicea Laurenziana.

1ª-6ª:	L'**à**lbero a cui tend**é**vi
1ª-4ª-6ª:	C**ó**i rugiad**ó**si cr**í**ni
2ª-4ª-6ª:	Cos**í** dall'**é**gro t**à**lamo
2ª-6ª:	Il pr**è**zzo del perd**ó**no
3ª-6ª:	Qual dagli **à**ntri mar**í**ni
4ª-6ª:	l'astro piú c**à**ro a V**è**nere

- **Ottonario**: è un verso parisillabo, che presenta un *ictus* fisso sulla settima sillaba e un altro sulla terza, come in questi versi di Lorenzo de' Medici:

> Quant'è b**è**lla giovin**é**zza,
> che si f**ú**gge tuttav**í**a!

Talora l'*ictus* della terza sillaba può mancare oppure può cadere su una sillaba diversa, come in questo verso di Lorenzo de' Medici che presenta un accento ritmico sulla quinta sillaba e uno sulla settima:

> Arda di dolc**é**zza il c**ò**re!

- **Novenario**: nella sua forma piú comune ha *ictus* fissi sulla seconda, quinta e ottava sillaba, come nei versi pascoliani del *Gelsomino notturno*:

> E s'**à**prono i fi**ó**ri nott**ú**rni,
> nell'**ó**ra che p**è**nso a' miei c**à**ri.

Ma già nella stessa lirica l'autore opera qualche variazione:

> Sono app**à**rse in m**è**zzo ai vib**ú**rni
> le farf**à**lle cr**é**puscol**à**ri.

- **Decasillabo**: ha *ictus* sulla terza, sesta e nona sillaba, come nei due versi di Manzoni. Per il suo ritmo si presta alle cadenze piú vivaci, quasi di marcia, e per questo fu usato in molte liriche risorgimentali:

> S'ode a d**è**stra uno squ**í**llo di tr**ó**mba

> Afferm**à**ti sull'**à**rida sp**ó**nda

- **Endecasillabo**: è il verso piú usato nella poesia italiana ed è anche il piú armonioso, per la grande varietà e ricchezza di ritmi. Relativamente alla posizione degli *ictus*, i tre tipi di endecasillabo che s'incontrano piú frequentemente sono:

  - quello con *ictus* sulla sesta e sulla decima sillaba, come in questo verso di Dante:

    > Nel mezzo del camm**í**n di nostra v**í**ta

  - quello con *ictus* sulla quarta, settima e decima sillaba, come in questo verso di Dante:

    > E come qu**é**i che con l**é**na affann**à**ta

  - quello con *ictus* sulla quarta, ottava e decima sillaba, come in questo verso di Dante:

    > Mi ritrov**à**i per una s**é**lva osc**ú**ra

- Il **verso libero** è cosí chiamato perché non ubbidisce a uno schema metrico preciso, quindi non ha un numero di sillabe prestabilito né *ictus* regolari. Esso fu introdotto alla fine dell'Ottocento dai poeti simbolisti francesi e adottato in Italia prima da D'Annunzio poi da molti poeti del Novecento.

Ecco un esempio di versi liberi utilizzati da Ungaretti nella poesia *Vanità*:

D'improvv**í**so
è **à**lto
sulle mac**è**rie
il l**í**mpido
stup**ó**re
dell'immensit**à**

I versi sono costituiti da un numero vario di sillabe: il 1° e il 4° sono formati da quattro sillabe, il 2° e il 5° da tre, il 3° e il 6° da cinque. L'autore però, per una sua precisa scelta, non ha rispettato sempre le leggi ritmiche di questa tipologia di versi: gli *ictus* pertanto cadono spesso su sillabe diverse da quelle fissate dalle leggi metriche.

La *metrica libera*, entrata in scena a partire dal primo Novecento, ha modificato profondamente le regole compositive della poesia, annullando tutte le convenzioni precedentemente fissate e ristrutturando completamente il sistema della versificazione che oggi non ubbidisce piú a leggi esterne ma rispecchia una musicalità piú interiore e personalizzata.

- **Versi doppi**: nella metrica italiana esistono anche versi piú lunghi dell'endecasillabo, sono i cosiddetti **versi doppi** o **accoppiati**. Si usano doppi il quinario, il senario (senario doppio o endecasillabo), il settenario e l'ottonario.

1.2 La rima

Un altro elemento tipico della poesia, che però non ricorre in tutti i componimenti, è la rima, che serve a collegare tra loro i versi. La rima è la **perfetta uguaglianza dei suoni finali di due parole a partire dalla sillaba accentata**. Ad esempio rimano:

- colonna / gonna / donna;
- cuore / errore / amore;
- vita / smarrita;
- dura / paura.

Non rimano invece *sòlido* e *lído*, perché il primo termine è sdrucciolo, mentre il secondo è piano: non vi è dunque coincidenza fra *-òlido* e *-ído*. Si avrà invece rima tra *stòlido* e *sòlido*, che sono due parole sdrucciole e fra *lído* e *nído* che sono due parole piane.

La rima dunque collega versi vicini, sfruttando un principio fondamentale della lingua, e di quella poetica in particolare, ovvero la tensione fra identità e differenza: si basa infatti sulla somiglianza dei suoni e sulla diversità dei significati. Tuttavia, l'accostamento dei suoni finisce per creare una relazione anche tra i significati.

Consideriamo i versi iniziali della *Divina Commedia* di Dante Alighieri:

Nel mezzo del cammin di nostra vita
mi ritrovai per una selva oscura
ché la diritta via era smarrita

Ahi quanto a dir qual era è cosa dura
esta selva selvaggia e aspra e forte
che nel pensier rinnova la paura

D. Alighieri, *La Divina Commedia*

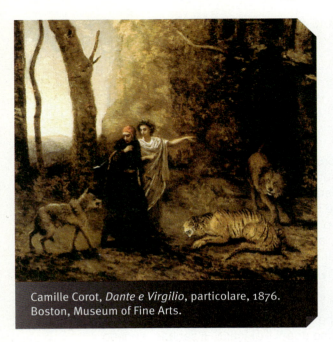

Camille Corot, *Dante e Virgilio*, particolare, 1876. Boston, Museum of Fine Arts.

Se esaminiamo le parole in rima, cioè *vita* e *smarrita*, *oscura*, *dura*, *paura*, notiamo che, a parte la somiglianza dei suoni finali, esse non sono legate apparentemente da alcuna relazione di significato. Tuttavia la rima, accostandole, fa in modo che si venga a creare anche un rapporto a livello di senso che riprende e rafforza il significato dei versi.

Il poeta, narrando l'antefatto del viaggio che lo porterà nei tre regni dell'oltretomba, dice che, a metà circa della sua vita, si è ritrovato improvvisamente in una selva buia perché aveva smarrito la via del bene. Adesso che ripensa a quell'evento, si rende conto di quanto sia difficile descrivere quella selva aspra, inaccessibile, selvaggia, tanto che solo a pensarci si rinnova nel suo animo lo sgomento.

Se isoliamo le parole in rima, ci accorgiamo che fra esse si instaurano precisi rapporti di senso: *vita* e *smarrita* mettono in luce lo smarrimento del poeta che a un certo punto della sua vita si è allontanato dalla via del bene; *dura*, *oscura*, *paura*, rafforzandosi a vicenda, comunicano le sensazioni di sgomento provate dal poeta in quel momento della sua esistenza.

Possiamo allora dire che la rima è un **accostamento di suoni da cui scaturiscono significati**. Ne consegue che il messaggio di una poesia non è dato solo dal susseguirsi delle parole considerate nel loro ordine lineare, ma anche dalle relazioni che, grazie alla rima, si vengono a creare sull'asse verticale.

Naturalmente le potenzialità espressive della rima sono tanto maggiori quanto più distanti sono i significati e le funzioni grammaticali delle parole messe in relazione dalla somiglianza fonica. Considerate sotto questo aspetto, le rime si dividono in *ricche* e *povere*. Sono **ricche** quelle nelle quali la coincidenza sonora è accompagnata da marcata differenza di significato, come nei versi di Dante che abbiamo esaminato prima. Danno invece un'impressione di **povertà** le rime, piuttosto rare in verità, fondate sulla ripetizione della stessa parola, per cui si ha uguaglianza di suono e di significato, e quelle *grammaticali*, costituite da parole che appartengono alle stesse categorie grammaticali e quindi sono accomunate da suffissi analoghi (*prendere / rendere, facilmente / difficilmente, canteranno / danzeranno*). Queste sono chiamate **rime facili** e vengono di solito evitate dai poeti.

Si definisce **equivoca** la rima fra due parole uguali per suono ma diverse per significato: ad esempio *franco* (schietto, leale) e *franco* (moneta francese antecedente all'euro).

Il verso, il ritmo, la rima sono delle leggi, delle costrizioni che incanalano l'espressività del poeta obbligandolo a scegliere determinate parole al posto di altre. In poesia infatti è la forma che comanda sul contenuto e non viceversa.

Non tutti i poeti però hanno ritenuto di dover ubbidire a queste regole. A partire dall'Ottocento, e soprattutto nel Novecento, le leggi tradizionali della poesia sono state programmaticamente violate. I poeti hanno cominciato ad adottare i **versi sciolti**, cioè non legati dalla rima, come Ugo Foscolo nel carme *Dei Sepolcri*.

Molti poeti del primo Novecento hanno preferito alla rima, troppo precisa e cadenzata, due varianti come l'**assonanza** e la **consonanza**: la prima si ha quando la parte finale di due parole, a partire dalla sillaba accentata, presenta somiglianza di vocali e differenza di consonanti (*sala / gara*); la seconda quando, al contrario, sono uguali le consonanti e diverse le vocali (*sotto / gatti*).

Come leggere un testo... ... poetico

Osserviamo questi versi del poeta Piero Bigongiari:

> Sopra ci s'è steso il sole
> come uno scialle:
> stanco, maturo il colle
> comprime le sue zolle
> che la luce piú nemmeno sbriciola
>
> P. Bigongiari, *Poesie*

L'autore ha utilizzato una rima (*colle / zolle*) e due consonanze (*scialle / colle* e *sole / sbriciola*). Nel secondo caso però ha messo in relazione una parola piana (*sole*) e una sdrucciola (*sbriciola*). Quest'ultima, inoltre, presenta suoni simili a quelli contenuti in tutte le parole finali dei versi (*s, i, o, l, a*). Infine la parola *sole* è accomunata a tutte le altre dalla presenza degli stessi suoni (*o, l, e*). In tal modo il poeta è riuscito a creare una trama musicale piuttosto varia, che suggerisce anche legami di significato: *colle* e *zolle* richiamano l'immagine della terra che la luce del *sole* avvolge con il suo calore come uno *scialle*, senza riuscire a *sbriciolarne* la compattezza. Tra i poeti del Novecento che hanno utilizzato la rima ricordiamo Gozzano, Montale e soprattutto Saba, il quale in una lirica scrive:

> ... M'incantò la rima fiore
> amore,
> la piú antica, difficile del mondo.
>
> U. Saba, *Poesie scelte*

Tipi di rime

Le rime, a seconda del modo in cui sono messe in relazione tra loro, si distinguono in:

- **baciate**, se sono in versi consecutivi, come in questi versi di Ariosto:

  | di vendicar la morte di Troiano | A |
  | sopra re Carlo imperator romano. | A |

- **alternate**, quando il primo verso rima col terzo, il secondo col quarto ecc., come in questi versi di Ariosto:

Le donne, i cavallier, l'arme, gli amori,	A
le cortesie, l'audaci imprese io canto,	B
che furo al tempo che passaro i Mori	A
d'Africa il mare, e in Francia nocquer tanto	B

- **incrociate**, quando il primo verso rima col quarto e il secondo col terzo, come in questi versi di Petrarca:

Voi ch'ascoltate in rime sparse il suono	A
di quei sospiri ond'io nudriva 'l core	B
in sul mio primo giovenile errore	B
quand'era in parte altr'uom da quel ch'i' sono	A

- **ripetute**, quando i versi sono organizzati secondo lo schema ABC, ABC, come in questi versi di Petrarca:

Ma ben veggio or sí come al popol tutto	A
favola fui gran tempo, onde sovente	B
di me medesmo meco mi vergogno;	C

e del mio vaneggiar vergogna è 'l frutto,	A
e 'l pentersi, e 'l conoscer chiaramente	B
che quanto piace al mondo è breve sogno.	C

- **incatenate**: sono quelle che legano strofe di tre versi dette terzine e seguono uno schema a catena per cui il primo verso rima col terzo e il secondo con il primo e il terzo della strofa successiva (ABA – BCB – CDC). È il metro tipico della *Divina Commedia*, ma si trova anche in altri testi poetici:

Amor, ch'al cor gentil ratto s'apprende,	A
prese costui de la bella persona	B
che mi fu tolta; e 'l modo ancor m'offende.	A

Amor, ch'a nullo amato amar perdona,	B
mi prese del costui piacer sí forte,	C
che, come vedi, ancor non m'abbandona.	B

Amor condusse noi ad una morte.	C
Caina attende chi a vita ci spense.	D
Queste parole da lor ci fuor porte.	C

- **invertite**, se seguono schemi del tipo ABC – CBA, oppure ABC – BCA, oppure ABC – ACB. Sono invertite le rime delle due terzine del sonetto foscoliano *A Zacinto*:

[...] l'acque	

cantò fatali, ed il diverso esiglio,	A
per cui bello di fama e di sventura	B
baciò la sua petrosa Itaca Ulisse.	C

Tu non altro che il canto avrai del figlio,	A
o materna mia terra; a noi prescrisse	C
il fato illacrimata sepoltura.	B

- **rima interna**: si ha quando la parola finale di un verso rima con un'altra che si trova all'interno dello stesso verso, come nell'esempio che segue, tratto da una lirica di Pascoli:

E cadenzato dalla gora viene
lo sciabor*dare* delle lavan*dare*

Un tipo particolare di rima è la cosiddetta **rima ipermetra o imperfetta**, che si ha quando un verso piano rima con uno sdrucciolo, sicché la corrispondenza fra le parole collocate a fine verso non è perfetta, in quanto in uno dei due versi c'è una sillaba in piú, come in questo esempio tratto da una poesia di Montale:

Ah l'uomo che se ne va sicuro
agli altri ed a se stesso am*íco*
e l'ombra sua non cura che la can*ícola*
stampa sopra uno scalcinato muro

Quando i versi **non sono legati dalla rima** vengono chiamati **versi sciolti**. Solitamente i versi sciolti sono usati in componimenti di ampio respiro a carattere narrativo. Ugo Foscolo ha composto in endecasillabi sciolti il carme *Dei Sepolcri*.

Per indicare le rime si usano convenzionalmente le lettere maiuscole dell'alfabeto; se in un testo sono presenti versi lunghi e brevi, nei primi le rime vengono indicate con le lettere maiuscole, i secondi con quelle minuscole.

1.3 Le strofe

I versi, in numero determinato o vario, si raggruppano in unità metriche che vengono chiamate *strofe* (dal greco *strophé*, «rivolgimento»).
Le **strofe a schema fisso**, cioè costituite da un numero determinato di versi, sono:

- *distico*: due versi;
- *terzina*: tre versi;
- *quartina*: quattro versi;
- *sestina*: sei versi;
- *ottava*: otto versi;
- *nona rima*: nove versi.

Noi ci limiteremo a descrivere le piú diffuse e precisamente: *terzina*, *quartina*, *sestina*, *ottava*.

- La **terzina** è costituita da tre versi, che possono essere a rima incatenata, come nel modello dantesco, o rimati in altro modo (ad esempio, a rima ripetuta o incrociata).

- La **quartina** è formata da quattro versi a rima alternata o incrociata.

- La **sestina** si compone di sei versi, di cui i primi quattro sono a rima alternata, gli ultimi due a rima baciata. Si può trattare o di versi dello stesso tipo (settenari o endecasillabi) o di versi differenti (settenari ed endecasillabi), come dimostrano gli esempi che seguono, tratti da Giuseppe Parini e da Ugo Foscolo:

Sestina di settenari	Torna a fiorir la rosa	a
	che pur dianzi languía	b
	e molle si riposa	a
	sopra i gigli di pria.	b
	Brillano le pupille	c
	di vivaci scintille.	c

Sestina di 5 settenari e un endecasillabo	Fiorir sul caro viso	a
	veggo la rosa, tornano	b
	i grandi occhi al sorriso	a
	insidïando, e vegliano	b
	per te in novelli pianti	c
	trepide madri, e sospettose amanti	C

- L'**ottava** è costituita da otto versi, di solito endecasillabi, di cui i primi sei a rima alternata, gli ultimi due a rima baciata, come in questi versi tratti da Angelo Poliziano:

Trema la mammoletta verginella	A
con occhi bassi, onesta e vergognosa;	B
ma vie piú lieta, piú ridente e bella,	A
ardisce aprire il seno al sol la rosa:	B
questa di verde gemma s'incappella,	A
quella si mostra allo sportel vezosa,	B
l'altra, che 'n dolce foco ardea pur ora,	C
languida cade e 'l bel pratello infiora.	C

Dalle strofe regolari si distingue la **strofa libera**, costituita da una combinazione di versi regolari (di solito endecasillabi e settenari) o liberi, che non segue uno schema fisso, ma si articola secondo l'ispirazione del poeta.

Troviamo esempi significativi di strofe libere costituite da versi regolari nei canti leopardiani, mentre nei poeti moderni sono piú frequenti i raggruppamenti strofici di versi liberi. Ecco due esempi tratti da Leopardi e da Ungaretti:

> Silvia, rimembri ancora
> quel tempo della tua vita mortale,
> quando beltà splendea
> negli occhi tuoi ridenti e fuggitivi,
> e tu, lieta e pensosa, il limitare
> di gioventú salivi?
>
> G. Leopardi, *Poesie*

Nella strofa leopardiana, costituita da sei versi, si alternano, senza un ordine preciso, settenari ed endecasillabi, non legati da rime regolari. Nella poesia di Ungaretti, *I fiumi*, invece, ci troviamo di fronte a strofe costituite da versi liberi.

> Mi tengo a quest'albero mutilato
> abbandonato in questa dolina
> che ha il languore
> di un circo
> prima o dopo lo spettacolo
> e guardo
> il passaggio quieto
> delle nuvole sulla luna
>
> G. Ungaretti, *Vita d'un uomo – Tutte le poesie*

1.4 I componimenti metrici

Come i versi, raggruppandosi insieme secondo criteri piú o meno rigidi, formano una strofa, allo stesso modo piú strofe dello stesso tipo o di tipo diverso danno vita a particolari strutture metriche che sono spesso in relazione con determinati contenuti.

I testi poetici a carattere narrativo, in cui il poeta racconta una storia, sono solitamente composti in terzine o in ottave o in endecasillabi sciolti. I componimenti lirici, cioè quelli a carattere piú soggettivo, sono costituiti da raggruppamenti di strofe diverse.

Le piú comuni fra queste strutture metriche sono:

- il **sonetto**: «inventato», secondo la tradizione, da Jacopo da Lentini, un poeta siciliano del Duecento, è il componimento piú usato nella poesia italiana. È costituito da quattordici endecasillabi raggruppati in **due quartine** e **due terzine**. Le prime possono avere rime alternate (ABAB) o incrociate (ABBA); le seconde, rime incatenate (CDC–DCD), ripetute (CDE–CDE), alternate (CDC–EFE), invertite (CDE–EDC). Il sonetto è stato adoperato per affrontare le tematiche piú svariate, da quelle amorose a quelle esistenziali o addirittura polemiche ecc.;

- la **canzone**: è la struttura usata dai poeti per gli argomenti piú nobili ed elevati. È formata da cinque o piú strofe, dette *stanze*, costituite da un numero uguale di versi, che di solito sono endecasillabi e settenari, variamente combinati. Ogni stanza è divisa in due parti: **fronte**, a sua volta articolata in due sezioni, dette *piedi*; **sírima** o coda, che può essere indivisa o articolata anch'essa in due parti, dette *volte*. Tra la fronte e la sírima può esserci un verso di collegamento detto *chiave*.

Ecco un esempio di canzone petrarchesca:

A volte la canzone è conclusa da una strofa più breve detta *commiato* o *congedo*. Dalla canzone petrarchesca, strutturata secondo uno schema fisso, si distingue la canzone libera leopardiana, formata da strofe di varia ampiezza, nelle quali endecasillabi e settenari si alternano senza regola fissa;

- la **ballata**: è uno dei componimenti più antichi della poesia italiana. Si diffuse, infatti, a partire dal Duecento e fino a tutto il Quattrocento. Come fa intendere il nome stesso, era accompagnata da un motivo musicale, al cui ritmo si eseguiva una danza. È costituita da **stanze** in cui si intrecciano endecasillabi e settenari e da un **ritornello** o ripresa, che si trova all'inizio del componimento e viene ripetuto dopo ogni stanza.

1.5 L'*enjambement*

Con questa parola francese, che letteralmente vuol dire «inarcatura, accavallamento», si indica quella discordanza che talora si verifica in un testo poetico fra la fine del verso e il significato della frase. Si ha *enjambement* quando la **fine di un verso non coincide con la fine della frase in esso contenuta e questa continua nel verso seguente**. Osserviamo la differenza fra questi due gruppi di versi appartenenti rispettivamente al sonetto di Foscolo *In morte del fratello Giovanni* e al canto leopardiano *L'infinito*.
Foscolo scrive:

> La madre or sol, suo dí tardo traendo,
> parla di me col tuo cenere muto,
> ma io deluse a voi le palme tendo;

Qui la fine del verso coincide sempre con una pausa sul piano del significato, che viene sottolineata da un segno di punteggiatura più o meno forte.

In Leopardi, invece, non sempre vi è coincidenza tra la fine del verso e la conclusione del senso logico:

> Ma sedendo e mirando, *interminati*
> *spazi* di là da quella, e *sovrumani*
> *silenzi*, e profondissima quïete
> io nel pensier mi fingo; [...]

Per ben due volte il senso della frase continua al di

Caspar David Friedrich, *Mattina nel Riesengebirge*, 1810-1811. Berlino, Nationalgalerie, Staatliche Museen zu Berlin.

là del verso e si conclude con la prima parola del verso successivo. Gli aggettivi *interminati* e *sovrumani*, infatti, sul piano del significato sono strettamente legati rispettivamente ai sostantivi *spazi* e *silenzi*, dai quali sono forzatamente separati dalla pausa metrica.

L'*enjambement* dunque forza dall'interno la struttura del componimento con effetti di volta in volta diversi, ma sempre molto efficaci sul piano del senso. Ad esempio, nell'*Infinito* leopardiano l'*enjambement* dilata la dimensione spaziale, comunicando al lettore la sensazione dell'infinito.

Altre volte invece l'*enjambement* può comunicare impressioni di frattura, di instabilità, come nei versi ungarettiani della lirica *Soldati* in cui leggiamo:

> Si sta *come*
> *d'autunno*
> sugli alberi
> le foglie

Qui l'*enjambement* che si viene a creare fra *come* e *d'autunno* crea un'impressione di precarietà attraverso la quale il poeta comunica l'idea della morte che costantemente minaccia i soldati al fronte.

L'*enjambement* risulta tanto più forte quanto più stretto è il legame logico e sintattico fra le parole separate dalla frattura del verso: ad esempio aggettivo / sostantivo, preposizione / sostantivo; due verbi legati da un rapporto di reggenza, verbo / complemento diretto ecc. *Enjambement* di questo tipo creano una sensazione di frattura e sospensione che viene ulteriormente accentuata dalla presenza di un segno di punteggiatura prima dell'*enjambement*. Ecco alcuni esempi tratti dalla *Gerusalemme liberata* di Torquato Tasso.

> Segue egli la vittoria, e la *trafitta*
> *vergine* minacciando incalza e preme

>   ... Ella già *sente*
> *morirsi*...

> La vide, la conobbe; e restò *senza*
> *e* voce e moto ...

Il poeta sta raccontando un episodio tragico: la morte della guerriera Clorinda che viene uccisa in duello proprio dall'uomo che l'ama, Tancredi, il quale non l'ha riconosciuta perché lei non indossa la sua solita armatura. Solo quando le toglie l'elmo si accorge di ciò che ha fatto e rimane pietrificato. Il poeta riesce a esprimere la tragicità della situazione utilizzando con grande perizia l'*enjambement*. Nel primo gruppo di versi la separazione forzata fra *trafitta* e *vergine* dà l'immediata percezione della ferita mortale. Nel secondo esempio l'*enjambement* fa sentire l'approssimarsi della morte. Nel terzo la fortissima frattura fra *senza* ed *e* rende l'improvviso pietrificarsi del personaggio meglio di qualsiasi descrizione.

Quando invece l'*enjambement* separa due elementi fra i quali i legami sintattici sono più deboli (elencazione di sostantivi o verbi, verbo / complemento indiretto ecc.), si ottiene un effetto di continuità e di fluidità, come nei seguenti versi di Ludovico Ariosto:

> Le donne, i cavallier, l'arme, *gli amori*,
> *le cortesie*, l'audaci imprese io canto.

> E stanco al fin, e al fin di sudor molle,
> poi che la lena vinta *non risponde*
> *allo sdegno*, al grave odio, all'ardente ira,
> cade sul prato e verso il ciel sospira.

> Poi che *i segreti d'ogni stanza bassa*
> *ha cerco invan*, su per le scale poggia.

Come leggere un testo... ... poetico

Per imparare

Giovanni Pascoli
Nella macchia

- G. Pascoli, *Poesie*, Garzanti, Milano, 1992

IN SINTESI: Questa poesia di Pascoli fa parte della raccolta *Myricae*. Il poeta erra tra le ombre di un bosco con il cuore colmo di angoscia, quando il canto di una capinera allenta improvvisamente la sua tensione e gli fa percepire la vicinanza del mondo della natura.

Forma metrica: quattro terzine di novenari piani e due quartine costituite da tre novenari e un quaternario piano a rime alternate.

| *genere:* lirica | *epoca:* 1891 | *luogo:* Italia | *lingua originale:* italiano |

Errai nell'oblio della valle
tra ciuffi di stipe fiorite,
tra quercie rigonfie di galle;

errai nella macchia piú sola,
per dove tra foglie marcite   5
spuntava l'azzurra vïola;

Dièresi

errai per i botri solinghi:
la cincia vedeva dai pini:
sbuffava i suoi piccoli ringhi
                argentini.   10

Enjambement

Sinalèfe

Io siedo invisibile e solo
tra monti e foreste: la sera
non freme d'un grido, d'un volo.

Elisione

Io siedo invisibile e fosco;
ma un cantico di capinera   15
si leva dal tacito bosco.

E il cantico all'ombre segrete
per dove invisibile io siedo,
con voce di flauto ripete,
          Io ti vedo!   20

Elisione

---

1. nell'oblio della valle: in una valle dimenticata, cioè in un luogo solitario, che sembra rispecchiare lo stato d'animo del poeta.
2. stipe: arbusti spontanei.
3. galle: escrescenze che si formano sui tronchi e sui rami di piante in decomposizione.
5. marcite: marce, in decomposizione.
7. per i botri solinghi: attraverso zone scoscese e solitarie.
8. la cincia: la cinciallegra.
20. *Io ti vedo!*: l'espressione, scritta in corsivo, vuole imitare il verso allegro e dolce della capinera e al tempo stesso esprimere la vicinanza del mondo della natura al poeta.

La lirica, che si era aperta con immagini e sensazioni di solitudine e di malinconia, si conclude con un messaggio consolatorio.

Entriamo nel testo

La struttura metrica
Il componimento è costituito da sei strofe di diversa lunghezza e tipologia:
- la prima, la seconda, la quarta e la quinta sono terzine di novenari piani a rima alternata (ABA – CBC);
- la terza e la sesta sono quartine costituite da tre novenari piani e un quaternario piano che rima con il secondo verso della quartina (DEDe).

Le figure metriche
Al verso 6 si rileva una dïèresi (*vïola*); la sinalèfe è presente nei versi 9, 11, 12, 14, 17, 18; l'elisione si riscontra nei versi 11, 14, 18.

Il ritmo e gli *enjambement*
Il ritmo del componimento è creato dagli *ictus* che cadono sulla seconda, quinta e ottava sillaba dei novenari e sulla prima e terza sillaba dei quaternari. Si rilevano due *enjambement*: ai versi 9-10 *i suoi piccoli ringhi / argentini* e ai versi 12-13 *la sera / non freme d'un grido*.

L'interpretazione del testo
A una prima lettura la poesia si presenta come la descrizione di un paesaggio nel quale il poeta si aggira malinconico e solo. Ma un'analisi attenta delle strutture e delle forme del testo ci permette di scoprire una piú densa rete di significati.
Il ritmo costante dei versi scanditi dalla ripetizione degli accenti ci fa percepire il monotono e solitario aggirarsi del poeta nella macchia oscura; la solitudine viene accentuata dalla ripetizione, ai versi 11 e 14, della stessa espressione leggermente variata: *Io siedo invisibile e solo* (v. 11), *Io siedo invisibile e fosco* (v. 14). A sua volta l'assonanza *solo / fosco* mette in relazione due termini distanti, rafforzandone il significato.
La lirica è attraversata da un susseguirsi di contrapposizioni: vita-morte, silenzio-rumore, solitudine-vicinanza. Nelle prime due quartine infatti il poeta accosta immagini di vita (le *stipe fiorite*, *l'azzurra vïola*) e di morte (le *quercie rigonfie di galle*, le *foglie marcite*). A partire dalla terza strofa il silenzio (*botri solinghi*, *la sera / non freme d'un grido*) si contrappone al canto degli uccelli (*la cincia... / sbuffava i suoi piccoli ringhi / argentini; capinera... / con voce di flauto ripete / Io ti vedo!*) e nell'ultima strofa la solitudine del poeta trova conforto nella presenza consolatoria delle creature della natura.
I due *enjambement* sottolineano rispettivamente il rumore e il silenzio, rafforzando il significato che scaturisce dall'interpretazione letterale del testo.

Esercizi

- **Competenza testuale**

1. Segna gli *ictus* su tutti i versi.
2. Individua la presenza della sinalèfe e dell'elisione nei versi in cui esse ricorrono.

- **Produzione**

3. La descrizione paesaggistica è un chiaro riflesso della condizione spirituale del poeta. Illustra in un testo scritto di circa 100 parole questo aspetto del componimento, indicando i punti nei quali, a tuo parere, è piú evidente tale correlazione.

Come leggere un testo... ... poetico

Per metterti alla prova

Valerio Magrelli
Ho spesso immaginato che gli sguardi

- V. Magrelli, *Nature e venature*, Mondadori, Milano, 1987

IN SINTESI: Valerio Magrelli è un poeta contemporaneo che ama dare concretezza a stati d'animo e modi di essere paragonandoli a oggetti quotidiani di cui coglie la vita segreta. In questa poesia immagina che gli sguardi che le persone si scambiano sopravvivano all'atto del vedere e rimangano nel chiuso di una stanza appena abbandonata, creando un intreccio di linee che egli paragona prima alle lance poi ai bastoncini dello shangai.

Forma metrica: versi di varia misura non rimati.

genere: lirica | *epoca:* 1987 | *luogo:* Italia | *lingua originale:* italiano

4. tragitti misurati: percorsi con una precisa lunghezza.
11-12. come i legni dello shangai: lo shangai è un gioco di società che consiste nel lasciar cadere su un tavolo dei bastoncini di vari colori che ciascun giocatore deve sfilare uno per volta senza muovere gli altri.

Ho spesso immaginato che gli sguardi
sopravvivano all'atto del vedere
come fossero aste,
tragitti misurati, lance
5   in una battaglia.
Allora penso che dentro una stanza
appena abbandonata
simili tratti debbano restare
qualche tempo sospesi ed incrociati
10 nell'equilibrio del loro disegno.
Intatti e sovrapposti come i legni
dello shangai.

Esercizi

- **Competenza testuale**

1. La lirica è costituita da un'unica strofa formata da versi di varia misura, fra i quali vi sono sette endecasillabi. Individuali, segnala, dove è presente, la sinalèfe, unendo con un piccolo semicerchio le vocali interessate e segna gli *ictus*.

2. Il poeta non usa la rima, ma crea all'interno del testo delle corrispondenze di suoni mediante l'assonanza e la consonanza. Individuale.

3. Sono presenti nel testo cinque *enjambement*. Individuali e stabilisci, di volta in volta, se sono forti o deboli.

1.6 Lo scarto linguistico

Accanto all'aspetto metrico-ritmico l'altro elemento che conferisce a un testo poetico la sua specificità è l'adozione di un **linguaggio che si allontana dal normale codice della comunicazione sia per le scelte lessicali sia per la disposizione delle parole**. Questa deviazione dalla norma prende il nome di *scarto linguistico*.

Prendiamo in esame i seguenti versi di alcuni fra i piú famosi poeti della nostra letteratura:

I Meriggiare pallido e assorto (E. Montale)

I È il mio cuore il paese piú straziato (G. Ungaretti)

La Chioccetta per l'aia azzurra
va col suo pigolio di stelle (G. Pascoli)

Nel primo verso il poeta Eugenio Montale, per indicare un momento della giornata (le ore intorno a mezzogiorno), ha scelto un verbo raro usato nella forma infinitiva (*meriggiare*) e vi ha accostato due aggettivi di solito riferiti a esseri umani (*pallido e assorto*). In tal modo ha creato una compenetrazione tra il mondo della natura e quello dell'uomo e, con un numero ridotto di parole, è riuscito a dare due immagini: quella della luce bianca e accecante del meriggio e quella del soggetto assorto nelle sue meditazioni.

Giuseppe Ungaretti ha istituito una relazione inconsueta tra un paese del Carso, San Martino, ridotto a un cumulo di macerie in seguito alla guerra, e il suo cuore lacerato dal ricordo di tante persone care uccise durante il conflitto.

Giovanni Pascoli gioca sul nome che i contadini sono soliti dare alla costellazione delle Pleiadi, chiamata appunto *Chioccetta*, e paragona il cielo azzurro a un'aia e il palpitare delle stelle a un *pigolio*, creando due metafore originali e molto efficaci.

In tutti e tre i casi i poeti si sono discostati dalle associazioni linguistiche proprie della comunicazione quotidiana e hanno creato **accostamenti inconsueti**, aprendo nuovi orizzonti e istituendo relazioni tra gli aspetti piú lontani della realtà: il cuore umano e un paese, una costellazione e un'aia popolata di pulcini e cosí via.

Consideriamo adesso il verso di Leopardi:

I Sempre caro mi fu quest'ermo colle

Esso si segnala non tanto per l'originalità delle scelte lessicali (a eccezione dell'aggettivo *ermo* ci troviamo di fronte a parole piuttosto consuete) quanto per la disposizione delle parole. Notiamo infatti che il soggetto (*quest'ermo colle*) è collocato alla fine del verso e il predicato nominale (*sempre caro*) precede la copula (*mi fu*). Proviamo adesso a disporre le parole nell'ordine naturale, proprio della comunicazione quotidiana; avremo «Quest'ermo colle mi fu sempre caro». Leggendo ci accorgiamo che l'effetto ritmico e musicale del verso risulta distrutto. Infatti:

- viene meno il ritmo dell'endecasillabo scandito da accenti sulla terza, sulla sesta, sull'ottava e sulla decima sillaba;
- perdono rilievo le due parole finali *ermo colle* che nel verso leopardiano giungono come ad appagare l'attesa suscitata nel lettore dalla prima parte della frase;
- viene meno quel tono soggettivo e sentimentale dato dalla collocazione a inizio di verso dell'aggettivo *caro* preceduto dall'avverbio *sempre*.

Dunque, mentre nella comunicazione quotidiana la successione delle parole ubbidisce a regole convenzionali, per cui il soggetto va prima del verbo, il verbo prima del suo complemento e cosí via, la poesia assai spesso è costruita sull'infrazione di quest'ordine e quindi sull'inversione dei termini. Naturalmente queste violazioni non sono casuali, ma servono a mettere in rilievo determinate parole e conferiscono al messaggio quel significato in più che è proprio del testo letterario e di quello poetico in particolare.

1.7 Una struttura inamovibile

Per completare questo rapido esame delle caratteristiche del testo poetico, occorre riflettere sul fatto che, mentre nella comunicazione quotidiana, anche se si varia l'ordine delle parole o si sostituisce un termine con un sinonimo, l'informazione non subisce alterazioni, nel testo poetico non è possibile operare alcuno spostamento senza turbare l'equilibrio dell'insieme. Un componimento poetico, infatti, è una *struttura inamovibile*: è costituito cioè da diversi elementi ciascuno dei quali non può essere modificato o spostato, pena la distruzione del messaggio. Abbiamo già verificato questa caratteristica nel paragrafo precedente a proposito del verso iniziale dell'*Infinito* di Leopardi. Prendiamo in esame adesso i primi versi della poesia *Veglia* di Giuseppe Ungaretti:

> Un'intera nottata
> buttato vicino
> a un compagno
> massacrato
> [...]
>
> G. Ungaretti, *Vita d'un uomo – Tutte le poesie*

Guerra di trincea.

Se nel secondo verso sostituiamo la parola *buttato* con «disteso», modifichiamo e impoveriamo il messaggio del poeta. *Buttato*, infatti, sia per l'asprezza del suono doppio della *t* sia per il significato, comunica un'impressione di abbandono, di sofferenza e di morte che manca nel più comune e delicato «disteso». Inoltre il participio *buttato* è legato, da una rima interna, all'aggettivo *massacrato*, che esprime in modo ancor più drammatico e incisivo la violenza della guerra, e dall'allitterazione al sostantivo *nottata* che lo precede. Sostituire il termine con un altro, oltre a incidere sul livello lessicale del testo, altererebbe anche la trama interna di suoni creata dal poeta.
La poesia, insomma, è un'architettura delicata e perfetta sulla quale il lettore non può intervenire se non per far emergere il contenuto di verità di quel componimento, mettendo a nudo il complesso intreccio dei piani testuali (suoni, parole, figure retoriche, strutture sintattiche, ritmo dei versi) attraverso il quale l'autore sviluppa una certa tematica e ci fa giungere il suo messaggio.

1.8 Le figure retoriche

Le figure retoriche sono tutti quegli artifici espressivi che si allontanano dal modo ordinario e naturale di usare la lingua. Possono essere adoperate anche nella comunicazione quotidiana, ma sono proprie soprattutto del linguaggio poetico, la cui caratteristica principale è la deviazione dall'uso linguistico normale. Il concetto di «deviazione» è insito nel termine stesso con il quale i Greci, che ne furono i primi maestri, indicavano questi artifici stilistici: li chiamavano infatti *trópoi*, parola derivante dal verbo *trépo*, che implica l'idea dell'allontanamento e della deviazione e significa «volgere».
Gli antichi oratori greci erano molto abili nell'uso delle figure retoriche il cui apprendimento era uno dei cardini della *retorica*, l'arte che insegnava a parlare in pubblico e a persuadere

l'uditorio con mezzi stilistici consapevolmente usati. Tale disciplina, nata nel V secolo a.C. a Siracusa, la città piú importante della Magna Grecia, ebbe grande sviluppo ad Atene e costituí il fondamento dell'educazione dell'oratore romano. I trattatisti dell'antichità classica, da Aristotele a Cicerone a Quintiliano, esaminarono il discorso retorico nelle sue varie parti e definirono le piú importanti «figure», cioè gli artifici stilistici con i quali si rendeva piú ricco ed espressivo il discorso.

A partire dal secolo scorso, però, la retorica è entrata in crisi ed è divenuta sinonimo di discorso gonfio, enfatico e spesso falso. Probabilmente questo significato negativo si deve all'abuso che dei procedimenti retorici si è fatto in un certo tipo di oratoria politica, specie alla fine dell'Ottocento e nell'epoca fascista. In realtà i procedimenti retorici fanno parte dei meccanismi naturali della lingua e servono, come si osservava sopra, a **rendere il discorso**, specie quello letterario, **piú espressivo e ricco di significati**. È pertanto utile conoscerne le caratteristiche, per un duplice scopo:

- servirsene al momento opportuno e nel modo piú adatto;
- riconoscere l'uso che ne fanno gli altri.

Le figure retoriche vengono solitamente distinte in:

- *figure del significante*, quando riguardano la ripetizione o il parallelismo dei suoni;
- *figure dell'ordine*, quando investono la disposizione delle parole in un determinato contesto;
- *figure del significato*, quando implicano delle relazioni inerenti al significato dei termini adoperati.

Figure del significante

- **Allitterazione**: è la ripetizione degli stessi suoni all'inizio e nel corpo di piú parole, come in questi versi di Petrarca e di Leopardi:

> **P**o, ben **p**uo' tu **p**ortartene la scorza
> di me con tue **p**ossenti e rapide onde

> [...] e di **l**on**ta**n rivela
> serena ogni m**onta**gna. [...]

- **Assonanza**: si ha assonanza tra due o piú parole quando, a partire dalla vocale accentata, sono uguali le vocali e diverse le consonanti, come nei versi di D'Annunzio:

> Io ti dirò verso qu**ali** re**ami**
> d'amor ci chi**ami** il fiume, [...]

- **Consonanza**: si ha invece consonanza quando, a partire dalla vocale accentata, sono uguali le consonanti e diverse le vocali, come in questo verso di Montale:

> tra gli scogli parlo**tt**a la mare**tt**a

- **Onomatopèa**: è l'imitazione dei suoni naturali, ottenuta mediante quelli delle parole, come in questi versi di Pascoli:

> veniva una voce dai campi:
> **chiú** [...]

> che un giorno ho da fare tra stanco
> **don don** di campane [...]

Si ottengono effetti onomatopeici anche quando una parola dotata di significato viene utilizzata per la sua qualità sonora, come nella seguente terzina, in cui Dante rende il rumore dell'acqua che precipita dall'alto:

> Già era in loco onde s'udía 'l **rimbombo**
> de l'acqua che cadea ne l'altro giro,
> simile a quel che l'arnie fanno **rombo**

- **Paronomàsia**: è l'accostamento di parole accomunate da somiglianza di suono, come in questi versi di Petrarca e di Leopardi:

> E son un **ghiaccio**; / [...] e **giaccio** in terra

> Ma sed**endo** e mir**ando** [...]

- **Figura etimologica**: consiste nell'accostare due parole che hanno la stessa etimologia, cioè la stessa origine, cosí che l'una è contenuta nell'altra, come *selva selvaggia*, *povera povertà*.

Figure dell'ordine

- **Anadiplosi**: è la ripetizione dell'ultimo termine di una frase, di un segmento di frase o di un verso all'inizio della frase o del verso successivo. Ecco un esempio tratto dalla poesia di Pascoli *Il lampo*:

> **Bianca bianca** nel tacito tumulo
> una casa apparí sparí d'un tratto

- **Anàfora**: è la ripetizione di una parola o di un gruppo di parole in posizione simmetrica per dare rilievo a un sentimento o un'idea, come in questi versi di Dante:

> **Per me si va** ne la città dolente,
> **per me si va** ne l'etterno dolore,
> **per me si va** tra la perduta gente.

Oppure

> Ma **Virgilio** n'avea lasciati scemi
> di sé: **Virgilio**, dolcissimo padre;
> **Virgilio**, a cui per mia salute die'mi

- **Epifora**: è una figura meno usata dell'anafora e consiste invece nel ripetere una stessa parola o un gruppo di parole alla fine di un verso o di una frase.

- **Antítesi**: è l'accostamento nella stessa frase di termini di significato opposto, come in questi versi di Dante in cui oltre all'antitesi si nota l'anafora (*non... ma*):

> Non fronda **verde**, ma di color **fosco**;
> non rami **schietti**, ma **nodosi** e **'nvolti**;
> non **pomi** v'eran, ma **stecchi** con tòsco.

L'antitesi è una delle figure retoriche preferite da Petrarca che se ne serve per esprimere il suo conflitto interiore:

> Pace non trovo e non ho da far guerra,
> e temo e spero, et ardo e son un ghiaccio,
> e volo sopra 'l cielo e giaccio in terra,
> e nulla stringo e tutto 'l mondo abbraccio.

- **Chiasmo**: significa propriamente «incrocio» e deriva dal nome della lettera greca χ (*chi*) alla cui forma questa figura retorica si richiama. È una disposizione sintattica di quattro elementi in cui l'ordine delle parole nel secondo gruppo è invertito rispetto al primo. Può riguardare:

  - rapporti di significato, come in questo verso di Ariosto:

    > Le donne, i cavallier, l'arme, gli amori

    dove il primo termine, *donne*, che indicheremo con A, si ricollega ad *amori* (A), mentre *cavallier* (B) richiama *arme* (B), sicché incolonnando i termini si avrà:

  - rapporti grammaticali, come in questo verso di Petrarca:

    > Pace non trovo e non ho da far guerra
    > A   B   B   A

    dove la relazione si instaura da una parte tra i due sostantivi, *Pace* (A) e *guerra* (A), dall'altra fra i due verbi, *trovo* (B), *ho* (B).

- **Enumerazione**: è un'elencazione di termini uniti per asindeto (ovvero senza congiunzione) o per polisindeto (con la congiunzione), in modo da creare un effetto di accumulazione, come in questi versi di D'Annunzio:

  - enumerazione per *asindeto*:

    > E io sono nel fiore
    > della stiancia, nella scaglia
    > della pina, nella bacca
    > del ginepro; io son nel fuco,
    > nella paglia marina,
    > in ogni cosa esigua,
    > in ogni cosa immane,
    > nella sabbia contigua,
    > nelle vette lontane.

  - enumerazione per *polisindeto*:

    > E l'alpi e l'isole e i golfi
    > e i capi e i fari e i boschi
    > e le foci ch'io nomai
    > non han piú l'usato nome
    > che suona in labbra umane.

- **Gradazione** o ***climax***: *climax* è una parola greca e vuol dire «scala». È un tipo di enumerazione in cui i termini sono disposti in ordine di intensità espressiva, che può essere crescente (*climax* ascendente) o decrescente (*anticlimax* o *climax* discendente). Ecco due esempi tratti da Dante:

- *climax* ascendente:

  > Quivi sospiri, pianti e alti guai
  > risonavano per l'aere sanza stelle

  che passa da espressioni di dolore meno intenso ad altre di dolore piú intenso;

- *climax* discendente o *anticlimax*:

  > Diverse lingue, orribili favelle,
  > parole di dolore, accenti d'ira,
  > voci alte e fioche, e suon di man con elle

  che passa da suoni piú articolati fino a giungere a semplici rumori.

- **Inversione**: si possono avere due tipi di inversione:

  - l'**anàstrofe**, ovvero l'inversione dell'ordine normale di due o piú termini nella costruzione della frase, come nei seguenti versi di Montale, Leopardi e Dante:

    > Spesso il **male di vivere ho incontrato**

    > Sempre **caro mi fu quest'ermo colle**

    > Ahi serva Italia, **di dolore ostello**

  - l'**ipèrbato**, che è un'alterazione dell'ordine delle parole con inserimento di uno o piú termini fra i membri del discorso che dovrebbero stare uniti, come in questi versi di Foscolo e Leopardi:

    > l'**acque** / cantò **fatali**

    > e **queta** sovra i tetti e in mezzo agli orti
    > **posa la luna**

    dove notiamo sia l'iperbato, sia l'anàstrofe (*posa la luna*);

- **Ipallage**: dal greco *hypallage*, che significa «sostituzione», è una figura retorica simile all'iperbato. Consiste in uno scambio di termini: ad esempio un aggettivo non viene accostato alla parola alla quale direttamente si riferisce, ma a un altro termine della stessa frase, in modo da creare degli accostamenti inconsueti, come in questo verso di Carducci:

  > il divino del pian **silenzio verde**

L'aggettivo *verde* si riferisce semanticamente al sostantivo *pian* (il divino silenzio della verde pianura), ma il poeta lo ha volutamente spostato in modo da accostarlo da un punto di vista grammaticale al sostantivo *silenzio*. In questo modo viene accentuata la sensazione di quiete suscitata nel poeta dalla visione della vasta campagna verdeggiante.

Figure del significato

- **Similitudine**: è un paragone che viene istituito tra due immagini ed è di solito introdotto dai nessi *come... cosí, come... tal*, come in questi versi di Manzoni:

  > **Come** sul capo al naufrago
  > l'onda s'avvolve e pesa,
  > l'onda su cui del misero,
  > alta pur dianzi e tesa,
  > scorrea la vista a scernere
  > prode remote invan;

tal su quell'alma il cumulo
delle memorie scese!

- **Metafora**: è la piú diffusa figura retorica fondata sul meccanismo del «trasferimento del significato». Essa si può definire un paragone abbreviato tra due realtà idealmente lontane, ma accomunate da un tratto di significato. Ad esempio:

La *pelle* e il *velluto* sono due realtà lontane, appartenenti rispettivamente al mondo animato e a quello inanimato, che hanno però un elemento in comune: la morbidezza. Se il confronto viene espresso in modo esplicito, avremo un paragone: *pelle morbida come il velluto*. Se invece esso è reso in modo sintetico, avremo una metafora: *pelle di velluto*.
La metafora può essere costruita con aggettivi, sostantivi, verbi, e viene espressa in forme diverse:

- con l'unione di due sostantivi legati dalla preposizione *di*: *capelli d'oro, montagna d'acqua, gregge di nuvole* ecc.;
- con l'unione di un sostantivo e di un aggettivo usato in accezione metaforica: *capelli dorati, cime dentate, pelle vellutata* ecc.;
- con l'unione di un sostantivo e di un verbo usato in accezione metaforica: *il vento urla, i prati ridono, piovono proteste* ecc.;
- con un'intera frase che mette in evidenza l'identità tra due realtà lontane unite mediante il verbo *essere*: *quel tenore è un cane, Mario è un'aquila*; ma si può anche dire *quel cane di un tenore, quell'aquila di Mario*;
- lasciando uno solo dei due termini del confronto e sottintendendo l'altro: *quel cane ha sbagliato in pieno il do di petto*.

Nell'ambito della metafora bisogna distinguere tra le **figure di uso** e le figure d'invenzione. Le prime rientrano ormai nel linguaggio quotidiano e non vengono piú sentite come metafore, per cui si dice comunemente le *candele del motore, il collo della bottiglia, le gambe del tavolo* e cosí via. Le **figure d'invenzione** sono invece quelle che si trovano nei testi letterari e si fondano su accostamenti nuovi, inediti, che fanno scoprire al lettore sfaccettature diverse della realtà e gli fanno capire che, agli occhi del poeta, essa non è qualcosa di immobile e di delimitato, ma è in continuo movimento: una cosa si trasforma in un'altra, le forme si contaminano come se fossero soggette a un'ininterrotta metamorfosi. Ecco allora che per Apollinaire la lingua diventa *un pesce rosso nell'acquario / della tua voce* e per Majakovskij la luna è un *cucchiaio d'argento* con il quale Dio *rimesta la zuppa di pesce delle stelle*. Il segreto della poesia è anche questo: creare una realtà nuova e insolita, accostando cose e immagini lontane e scoprendo tra esse segrete corrispondenze.

- Un discorso a parte va fatto per l'**analogia** che, pur fondandosi sullo stesso procedimento che sta alla base della similitudine e della metafora, non si può considerare una figura retorica vera e propria, ma piuttosto un modo di mettersi in rapporto con il mondo creando accostamenti fulminei, sintesi folgoranti, frutto di una visione assolutamente soggettiva e spesso irrazionale delle cose. L'analogia è una tecnica molto usata nella poesia moderna. Nel passaggio dalla similitudine alla metafora all'analogia si assiste a una progressiva riduzione dei termini in gioco e al loro corrispondente arricchimento semantico.

Ecco un esempio molto semplice:
- similitudine: accarezzo i tuoi *capelli neri come la notte*;
- metafora: accarezzo *la notte dei tuoi capelli* oppure *i tuoi capelli notturni*;
- analogia: *accarezzo la tua notte*.

La similitudine sottolinea in modo esplicito l'elemento che accomuna i *capelli* alla *notte*, cioè il *colore*; la metafora sottintende questo elemento mettendo direttamente in contatto i due termini del paragone; l'analogia elimina il primo termine del paragone, lasciando al lettore il compito di inferirlo sulla base del contesto. Essa inoltre fa scattare tra due elementi un rapporto di identità piuttosto che di comparazione. Ad esempio Ungaretti dice *ora ... / che la mia vita mi pare / una corolla di tenebre*: la vita del poeta non viene paragonata, alla *corolla di tenebre*, ma diventa un tutt'uno con essa. Ecco qualche altro esempio di analogia: *Sono stato / uno stagno di buio*; *La vita non mi è più / Arrestata in fondo alla gola / Che una roccia di gridi*.

- **Metonímia**: è un'altra figura retorica basata sul trasferimento del significato. Essa consiste nella sostituzione di un termine con un altro legato al primo da rapporti logici che possono essere di vario tipo:
  - la causa per l'effetto o viceversa: *guadagnarsi il pane col sudore della fronte* (il sudore è l'effetto del lavoro), *avere una bella mano* (cioè avere una bella scrittura): in questo caso si dà la causa per l'effetto;
  - il contenente per il contenuto: *bere un buon bicchiere* (per indicare il vino contenuto nel bicchiere);
  - l'astratto per il concreto o viceversa: *l'arroganza della nobiltà* (invece che dei nobili), *bisogna rispettare i capelli bianchi* (cioè la vecchiaia);
  - lo strumento per chi l'adopera: *è una buona lama* (cioè è un abile spadaccino);
  - l'autore per l'opera: *leggere Dante* (invece che la *Divina Commedia*);
  - la materia per l'oggetto: *un olio di Picasso* (un quadro dipinto a olio).

- **Sinèddoche**: è una sostituzione che si attua quando vi è una relazione di maggiore o minore estensione fra due termini (il tutto per la parte o la parte per il tutto). Ad esempio: *ho visto una vela sul mare* (per indicare una *barca a vela*), *ho acquistato una borsa di coccodrillo* (di pelle di coccodrillo).

- **Ossímoro**: consiste nell'accostare due parole di significato opposto: *peso leggero, dolce dolore, amaro miele, tacito tumulto*.

- **Sinestesía**: rientra sempre nel campo della metafora e consiste nell'accostare due termini che alludono a sensazioni diverse (olfattiva e auditiva, visiva e tattile ecc.), dando vita a un'immagine inconsueta e sorprendente, come in questi versi di Quasimodo:

> E come potevamo noi cantare
> [...] all'**urlo nero**
> della madre [...]?

Qui il poeta ha unito un sostantivo che rinvia alla

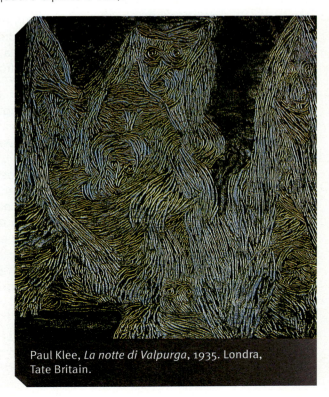

Paul Klee, *La notte di Valpurga*, 1935. Londra, Tate Britain.

sfera sensoriale dell'udito (*urlo*) e un aggettivo che comunica una sensazione visiva (*nero*), creando un'immagine che suggerisce l'idea del dolore disperato della madre. Pascoli, con un accostamento ancora piú ardito, scrive:

> e, tra l'azzurro **penduli**, gli **strilli**
> della calandra.

visualizzando, con la compenetrazione di udito (*strilli*) e vista (*penduli*), la sensazione acustica. La sinestesia è una tecnica frequentemente adoperata soprattutto dai poeti moderni.

• **Ipèrbole**: consiste nell'esprimere un concetto con termini esagerati sia per eccesso sia per difetto. È frequentissima nella lingua comune, basti pensare a espressioni del tipo: *annegare in un bicchier d'acqua, morir dalle risate* ecc. In poesia viene adoperata quando si vuole amplificare un'idea, un sentimento o un'immagine. Il poeta che vuole celebrare la bellezza di una donna, la paragona al sole o a un angelo, come in questi versi di Petrarca:

> Non era **l'andar suo** cosa mortale,
> ma **d'angelica forma** [...]

• **Litòte**: contrariamente all'iperbole, viene adoperata quando si vuole attenuare un'immagine troppo forte. Essa consiste nell'esprimere un concetto, negando il suo contrario, come fa Manzoni quando dice che don Abbondio *non era nato con un cuor di leone*, per far capire che era vile.

• **Eufemismo**: affine alla litote, consiste nel sostituire un'espressione considerata troppo dura o sconveniente con un'altra piú gradevole, per non urtare la suscettibilità dell'interlocutore: *poco perspicace*, piuttosto che *stupido*, *poco attraente*, invece che *brutto* ecc.

• **Preterizione**: consiste nell'esprimere un concetto, fingendo di non voler dire ciò che invece viene chiaramente detto. Può essere adoperata o per mettere in maggiore risalto un'affermazione, fingendo di tacerla, o per attenuare un pensiero che potrebbe suonare offensivo per colui al quale è diretto, se espresso in maniera piuttosto cruda. Ecco un esempio tratto da Petrarca:

> Cesare **taccio**, che per ogni piaggia
> fece l'erbe sanguigne
> di lor vene, ove 'l nostro ferro mise.

• **Ellissi**: si ha quando, al fine di rendere il discorso piú stringato, vengono omesse una o piú parole che si possono facilmente sottintendere. Sul piano delle strutture letterarie l'ellissi consiste nel tralasciare la narrazione di episodi negativi o dolorosi nella storia dei personaggi, a cui si fa appena riferimento, affidando il resto all'immaginazione del lettore. Ricordiamo alcune famose espressioni dantesche, come: *quel giorno piú non vi leggemmo avante* (*Inferno*, V), riferita alla storia di Paolo e Francesca; *Iddio si sa qual poi mia vita fusi* (*Paradiso*, III) o l'ancora piú nota frase manzoniana, *La sventurata rispose*, con cui Manzoni fa calare un velo di pietà sulla vicenda della monaca di Monza.

Come leggere un testo... ... poetico

Per imparare

Vincenzo Cardarelli

I gabbiani

- V. Cardarelli, *Opere*, Mondadori, Milano, 1981

IN SINTESI: Il poeta Vincenzo Cardarelli esprime in questa lirica la sua tormentata condizione interiore attraverso una nitida similitudine: paragona infatti l'irrequietezza del suo spirito al movimento incessante dei gabbiani. Essi volano senza sosta per procurarsi il cibo; il poeta è attanagliato da un'ansia indefinibile che contrasta con il suo desiderio di pace.

Forma metrica: versi di varie misure non raggruppati in strofe.

genere: lirica | *epoca:* 1942 | *luogo:* Italia | *lingua originale:* italiano

Non so dove i gabbiani abbiano il nido,
ove trovino pace.
[Similitudine] Io son come loro,
in perpetuo volo.
5   La vita la sfioro
com'essi l'acqua ad acciuffare il cibo.
E come forse anch'essi amo la quiete,
la gran quiete marina,
ma il mio destino è vivere
[Metafora] 10 balenando in burrasca.

5-6. la vita ... cibo: io sfioro la vita come essi sfiorano l'acqua per *acciuffare il cibo*.
9-10. ma il mio destino ... in burrasca: ma il mio destino è vivere tempestosamente in mezzo ai tormenti dello spirito.
– **balenando**: il verbo è usato in senso metaforico per indicare il dono della poesia che illumina lo spirito così come il lampo illumina la tempesta.

Entriamo nel testo

La struttura metrica e le rime
La lirica è costituita da **versi di varia misura** (endecasillabi, novenari, settenari, senari) che si susseguono senza rispettare un ordine strofico e sono legati da assonanze (*loro / volo, volo / sfioro, nido / cibo*) e da una rima (*loro / sfioro*). Si viene così a creare un ritmo vario, ora più lento – negli endecasillabi – ora più veloce, nei senari e settenari.

L'intero componimento si fonda sulla **similitudine** tra il poeta e i gabbiani e si conclude con la doppia **metafora** della vita paragonata a una burrasca e della luce della poesia paragonata a un lampo.

L'interpretazione del testo
La lirica è divisa in due parti. La prima (vv. 1-6) descrive la vita irrequieta dei gabbiani alla quale il poeta paragona la sua. Il primo verso, un endecasillabo scandito da *ictus* sulla terza, sesta e decima sillaba, crea un'aura di incertezza e anticipa l'atmosfera di sgomento che pervade il componimento. Il continuo volare dei gabbiani sulle onde, il non sapere dove abbiano il nido dà l'impressione che essi non sentano mai il bisogno di sostare e con loro si identifica il poeta che non trova tregua e riposo, non sosta mai nella vita, ma la sfiora, andando sempre alla ricerca di qualcosa di indefinito. I versi 2, 3, 4 e 5, più brevi e veloci sul piano ritmico, esprimono l'idea del movimento continuo e rapido. Il sesto verso, un endecasillabo scandito da accenti sulla quarta, ottava e decima sillaba, conclude questa prima sezione della lirica richiamando simmetricamente il verso iniziale.
La seconda parte della lirica (vv. 7-10) sembra capovolgere quanto è stato affermato nei primi

versi: nonostante la sua irrequietezza, il poeta dichiara di amare la quiete, come i gabbiani amano la pace delle enormi distese marine; ma il suo destino gliela nega, condannandolo a una vita tempestosa, illuminata di quando in quando dalla luce della poesia che viene paragonata al balenare di un lampo e richiama quindi immagini di tempesta e sensazioni di angoscia. L'approdo alla poesia non è mai sereno per il poeta, ma è il risultato di una ricerca spesso tormentosa e inquieta. Anche questa seconda parte si apre con un endecasillabo e continua con versi più brevi.

Esercizi

- **Competenza testuale**

1. Riconosci i diversi tipi di verso e segna gli *ictus* e le figure metriche.
2. Nella lirica c'è un verso sdrucciolo: individualo.
3. Oltre a quelle indicate nell'analisi, sono presenti nella lirica altre figure retoriche, precisamente tre ripetizioni o anafore e un'allitterazione. Riconoscile e spiega quale effetto ha voluto ottenere il poeta con esse.

Per metterti alla prova

Diego Valeri
La gioia perfetta

- D. Valeri, *Poesie vecchie e nuove*, Mondadori, Milano, 1952

IN SINTESI: È maggio: la natura è pervasa di luce, colore e vitalità, ma da tanto splendore rimane escluso un vicolo squallido e malinconico. Bastano però una finestra adorna di rose, un bambino dai grandi occhi splendenti, una mamma che canta la ninna nanna per creare un'atmosfera di gioia e serenità nella stradina buia e solitaria.

Forma metrica: sei quartine costituite da versi di varia misura: decasillabi, novenari, ottonari, variamente combinati.

genere: lirica *epoca:* 1930 *luogo:* Italia *lingua originale:* italiano

Come è triste il giorno di maggio
dentro il vicolo povero e solo!
Di tanto sole neppure un raggio;
con tante rondini, neanche un volo.

5 Pure c'era, in quello squallore,
in quell'uggia greve e amara,
un profumo di cielo in fiore,
un barlume di gioia chiara.

6. in quell'uggia greve e amara: in quell'atmosfera di oscurità e di noia malinconica e pesante. *Uggia* è propriamente l'ombra degli alberi che danneggia le piante sottostanti. Successivamente il termine ha assunto il significato di «noia, tedio, fastidio».

Come leggere un testo... ... poetico

    C'era... c'erano tante rose
10 affacciate a una finestra,
    che ridevano come spose
    preparate per la festa.

    C'era, seduto sui gradini
    d'una casa di pezzenti,
15 un bambino piccino piccino
    dai grandi occhi risplendenti.

    C'era, in alto, una voce di mamma
    – cosí calma, cosí pura! –
    che cantava la ninna nanna
20 alla propria creatura.

    E poi dopo non c'era piú nulla...
    Ma di maggio alla via poveretta
    basta un bimbo, un fiore, una culla
    per formarsi una gioia perfetta.

Esercizi

- **Comprensione e competenza testuale**

1. Individua il tipo di strofe che costituiscono il componimento.
2. Scegli almeno tre strofe del componimento, individua il tipo di versi che costituiscono ogni strofa, indica se si tratta di versi parisillabi o imparisillabi e sottolinea le figure metriche utilizzate.
3. Il poeta ha utilizzato sia rime sia assonanze e consonanze. Indica la tipologia delle rime e individua le assonanze e le consonanze.
4. La lirica è attraversata da corrispondenze di suoni anche all'interno dei versi: sottolinea tali corrispondenze indicandone la tipologia e ricostruisci cosí il tessuto fonico del testo.
5. Quali figure retoriche riconosci nella lirica?
6. Il poeta utilizza spesso dei parallelismi nella costruzione dei versi: ad esempio, *Di **tanto sole** neppure un raggio;* / *con **tante rondini**, neanche un volo*. Individua tutti i parallelismi presenti nel componimento e sottolinea i termini corrispondenti.
7. Esponi con parole tue il contenuto della lirica e illustra il messaggio che il poeta ha voluto trasmettere.

René Magritte, *La bonne parole*, 1939.
Bruxelles, Collezione privata.

2 L'analisi del testo poetico

L'analisi testuale è l'operazione attraverso la quale il lettore, utilizzando un bagaglio di specifiche competenze, scompone ed esamina nei suoi vari livelli un componimento poetico, per giungere alla piena comprensione del messaggio dell'autore, che è sempre particolarmente denso e polisemico, cioè ricco di molteplici significati. Come si è visto fin qui, per cogliere in tutte le sue sfaccettature il messaggio di un testo poetico, non basta fermarsi all'interpretazione letterale delle parole e dei versi. Occorre pervenire a quel di più di senso che il testo poetico trasmette grazie alla scelta e alla combinazione dei suoni e delle parole, al ritmo e alle immagini che scaturiscono da accostamenti inusuali.

L'intreccio di questi accorgimenti formali crea il fascino del componimento. La poesia, infatti, non è il frutto della cosiddetta «ispirazione», non è qualcosa di spontaneo e di ingenuo che sgorga naturalmente dal cuore, secondo l'immagine tradizionale e stereotipata del poeta visto come un essere sospiroso e languido o, viceversa, tormentato e passionale, che scrive sotto la spinta di un impulso immediato e incontrollabile. Al contrario, il **piacere della poesia** è prodotto **dall'accorta utilizzazione di tecniche formali** che l'autore, quando è veramente grande, sa piegare con naturalezza ed efficacia alle sue esigenze espressive.

2.1 La forma metrica

Una corretta analisi testuale comincia dalla **forma metrica** del componimento. Bisogna cioè capire se stiamo leggendo un sonetto o una canzone, una ballata o un madrigale, e individuare la tipologia dei versi. Ci sono componimenti metrici piú consueti e facilmente riconoscibili, come il sonetto o la canzone, e altri meno diffusi, come la ballata piccola o il madrigale. Solitamente nei manuali scolastici la forma metrica di un testo poetico è indicata nell'introduzione o nelle note. È buona norma pertanto leggere queste parti esplicative. In ogni caso la conoscenza delle regole fondamentali della versificazione italiana, delle figure metriche, dei tipi di strofe e di componimenti permetterà di orientarsi anche in modo autonomo. L'analisi della forma metrica riguarda anche le rime: bisognerà verificare se il testo è rimato o meno, se le rime sono regolari e come si legano tra loro.

2.2 La parafrasi

Il punto di partenza per la comprensione del testo è la **parafrasi** che permette di accostarsi al significato di base del componimento.

La parafrasi è l'operazione mediante la quale **il messaggio di un testo viene espresso con parole diverse da quelle originali**, piú vicine all'uso quotidiano e quindi piú comprensibili. Il termine *parafrasi* infatti deriva dal verbo greco *parafrázein*, che significa «dire con altre parole»: essa pertanto si configura come una vera e propria traduzione dalla lingua letteraria a quella della comunicazione quotidiana.

La parafrasi è un lavoro preliminare, che **non si sostituisce al lavoro di analisi testuale**, ma lo precede, in modo da rendere piú accessibili gli interventi successivi, che porteranno a esaminare gli altri livelli del testo. Per fare la parafrasi occorre svolgere – tutte o in parte, a seconda delle necessità – le operazioni qui di seguito elencate.

- **Ricostruire l'ordine sintattico** del discorso, quando questo è alterato, ponendo in successione soggetto, predicato, complementi, proposizioni coordinate e/o subordinate. Ad esempio, i versi iniziali del sonetto dantesco:

> Tanto gentile e tanto onesta pare
> la donna mia quand'ella altrui saluta

diventeranno: «La donna che è signora del mio cuore (dal latino *mea domina*, «mia signora»), quando rivolge il suo saluto alla gente, si manifesta cosí nobile e dignitosa...».

- **Sostituire le parole difficili o rare** con altre di uso piú comune, usando sinonimi, dove è possibile, o perifrasi. Il verso che segue:

> e par che de la sua labbia si mova,

diventa «e sembra che dal suo volto si effonda...».

- **Semplificare la sintassi**, spezzando i periodi troppo lunghi, integrando le parole mancanti in caso di ellissi, passando, se necessario, dalla subordinazione alla coordinazione. Ad esempio, dovendo fare la parafrasi dei versi seguenti tratti dalla lirica *I gabbiani* di Vincenzo Cardarelli:

> La vita la sfioro
> com'essi l'acqua ad acciuffar il cibo

sarà bene integrare la seconda frase, introducendo il verbo *sfiorare*, in modo da rendere piú chiaro il senso: «Io sfioro la vita come essi (i gabbiani) sfiorano l'acqua per acciuffare il cibo».

- **Chiarire il significato** di immagini ardite, accostamenti inusuali di parole, figure retoriche del significato. Osserviamo, ad esempio, i versi che seguono, tratti dalla lirica di Cardarelli sopra citata:

> E come forse anch'essi amo la quiete,
> la gran quiete marina,
> ma il mio destino è vivere
> balenando in burrasca

Una corretta parafrasi potrebbe essere di questo tipo: «Amo la quiete, la solenne quiete del mare, come forse anche i gabbiani la amano, ma il mio destino è vivere tempestosamente in mezzo ai tormenti dello spirito, che sono simili ai lampi che squarciano il cielo durante una tempesta».

- **Fornire le diverse interpretazioni** di certe espressioni volutamente ambigue, che sono molto frequenti nei testi poetici. Ad esempio, facendo la parafrasi dei seguenti versi della poesia *A Silvia* di Giacomo Leopardi:

> sedevi assai contenta
> di quel vago avvenir che in mente avevi

sarà opportuno sottolineare che l'aggettivo *vago* in questo contesto significa sia «bello» sia «indeterminato», per cui diremo: «sedevi, assai contenta di quell'avvenire leggiadro, ma anche indeterminato, come tutti i sogni giovanili, che andavi delineando nella tua mente».

Per imparare

Giovanni Pascoli
Rio Salto

- G. Pascoli, *Poesie*, Garzanti, Milano, 1992

IN SINTESI: In un tranquillo pomeriggio d'inverno, illuminato da una luce scialba e immobile, il poeta si abbandona al piacere di far vagare i suoi pensieri come farfalle in un giardino di rose. Intanto ai suoi occhi tutte le forme perdono i loro contorni e diventano anch'esse mobili farfalle, mentre una luce vibrante che sembra provenire da un altro mondo sfuma i contorni degli oggetti e lo innalza a Dio.

Forma metrica: due quartine di endecasillabi a rima incrociata e due terzine a rima ripetuta.

genere: lirica | *epoca*: 1891 | *luogo*: Italia | *lingua originale*: italiano

2. palafreni: cavalli. Il termine, arcaico, era utilizzato nella letteratura cavalleresca del Cinquecento.
4. gronda: orlo del tetto.
11. al dubitoso lume: alla luce incerta.
13. Brusivano soave tentennando: frusciavano dolcemente oscillando al vento.

Lo so: non era nella valle fonda
suon che s'udia di palafreni andanti:
era l'acqua che giú dalle stillanti
tegole a furia percotea la gronda.

5 Pur via e via per l'infinita sponda
passar vedevo i cavalieri erranti;
scorgevo le corazze luccicanti,
scorgevo l'ombra galoppar sull'onda.

Cessato il vento poi, non di galoppi
10 il suono udivo, né vedea tremando
fughe remote al dubitoso lume;

ma voi vedevo, amici pioppi!
Brusivano soave tentennando
lungo la sponda del mio dolce fiume.

Entriamo nel testo

La parafrasi
Il componimento, composto alla fine dell'Ottocento, contiene parole rare e lontane dal lessico quotidiano e presenta una sintassi caratterizzata da numerose inversioni. Prima di procedere alla parafrasi bisogna pertanto:
- ricostruire l'ordine sintattico del discorso;
- sostituire le parole rare con termini di uso piú comune, utilizzando le indicazioni contenute nelle note.

Esaminiamo il primo periodo del componimento, che risulta piuttosto complesso a causa della forte inversione: *Lo so: non era nella valle fonda / suon che s'udia di palafreni andanti*.
Disponendo le parole secondo il naturale ordine sintattico, avremo: «Lo so: suon che s'udia nella valle fonda non era di palafreni andanti».
Da qui, sostituendo i termini piú ricercati con parole di uso comune, si arriva alla parafrasi: «il suono che si udiva nella valle profonda non era prodotto da cavalli al galoppo».
Nelle strofe successive interveniamo sulle inversioni (*passar vedevo* diventa «vedevo

passar»; *non di galoppi il suono udivo* diventa «non udivo il suono di galoppi») e su qualche termine raro come *gronda*, che diventa «orlo del tetto» e *brusivano*, che diventa «frusciavano». Completate queste operazioni preliminari, passiamo alla parafrasi vera e propria:
«Lo so: il suono che si udiva nella valle profonda nella quale scorreva il Rio Salto, non era quello di cavalli che correvano al galoppo: era invece la pioggia che, cadendo giú dalle tegole che gocciolavano, colpiva con furia l'orlo del tetto.

Tuttavia lungo le rive del ruscello che sembravano proiettarsi nell'infinito, vedevo passare in continuazione dei cavalieri erranti; scorgevo le loro corazze luccicanti, mi sembrava di vedere la loro ombra galoppare sulle onde.
Ma poi, cessato il vento, non udivo piú il suono del galoppo né vedevo, tremante per la paura, lontani cavalieri in fuga nella luce incerta; vedevo invece solo voi, amici pioppi! Frusciavano dolcemente le loro cime oscillando lungo la sponda del mio dolce fiume».

Esercizi

- **Comprensione**

1. Il poeta descrive nella lirica due tipi di paesaggio: quello reale e quello evocato dalla sua fantasia. Individua nel testo i versi nei quali ciascuno di essi è delineato e descrivine con parole tue le caratteristiche.
2. Quali elementi del mondo reale sollecitano la fantasia del poeta e quali lo riportano alla concretezza del presente?
3. Quali elementi contenuti nel testo rinviano al titolo della poesia? Da quali elementi, cioè, possiamo comprendere che il paesaggio descritto dal poeta è quello di Rio Salto?
4. Quale legame sentimentale unisce il poeta al paesaggio?
5. Riconosci la forma metrica del componimento, i versi e la tipologia delle rime.

Marc Chagall, *Cavaliere che suona la tromba*, 1918. Collezione privata.

Per metterti alla prova

Vincenzo Cardarelli
Attesa

- V. Cardarelli, *Opere*, Mondadori, 1981

IN SINTESI: La donna che il poeta attendeva non è venuta all'appuntamento. La sua assenza gli fa chiaramente capire che non è interessata a lui. A conclusione del componimento, egli esprime sentimenti contrapposti nei confronti dell'amore che viene personificato.

Forma metrica: versi di varia misura riuniti in due strofe, una di quattordici versi, l'altra di due.

genere: lirica *epoca:* 1949 *luogo:* Italia *lingua originale:* italiano

4. tumultuava: l'assenza della donna non è solo un vuoto, ma crea uno sconvolgimento, il poeta l'avverte come un turbamento che vibra nell'aria.
6. come una stella: si riferisce alla frase precedente. La donna è scomparsa lasciando un vuoto come una stella cadente che si accende e poi si spegne all'improvviso.
10. alla mia sete: al mio amore, al mio desiderio.
11-12. L'amore ... pentimenti: il poeta vuol dire che talvolta un amore muore prima ancora di nascere, di prendere corpo. Appena apparso si ritrae, come se si pentisse.

Oggi che t'aspettavo
non sei venuta.
E la tua assenza so quel che mi dice,
la tua assenza che tumultuava,
5   nel vuoto che hai lasciato,
come una stella.
Dice che non vuoi amarmi.
Quale un estivo temporale
s'annuncia e poi s'allontana,
10   così ti sei negata alla mia sete.
L'amore, sul nascere,
ha di questi improvvisi pentimenti.
Silenziosamente
ci siamo intesi.

15   Amore, amore, come sempre,
vorrei coprirti di fiori e d'insulti.

Pablo Picasso, *Ritratto di Sabartes*, 1901. Mosca, Museo Puškin.

Esercizi

Comprensione

1. Spiega da che cosa nasce la delusione del poeta.
2. Qual è il messaggio implicito che la donna invia al poeta con la sua assenza?
3. Che cosa vuol dire il poeta quando afferma *Silenziosamente / ci siamo intesi*?
4. A chi si rivolge il poeta nella conclusione della lirica?
5. A che cosa viene paragonato il comportamento della donna?
6. Perché il poeta, a conclusione della lirica, rivolgendosi all'amore dice: *vorrei coprirti di fiori e d'insulti*?

Produzione

7. Componi la parafrasi della lirica.

2.3 I temi

Dopo aver riconosciuto la forma metrica e aver compreso il significato letterale del testo attraverso la parafrasi si passerà all'**individuazione dei nuclei tematici** del componimento. Sarà bene a questo punto rileggere il testo ed esaminare la relazione fra piano metrico e piano tematico.

Se il componimento è suddiviso in strofe, si vedrà quali temi sono affrontati in ciascuna strofa: può capitare che ogni strofa racchiuda un tema diverso o che lo stesso tema occupi piú di una strofa o, ancora, che un'unica strofa racchiuda piú tematiche. Ad esempio nella lirica *La gioia perfetta* di Diego Valeri (vedi pag. 34) notiamo che i temi sono cosí distribuiti: nelle prime due strofe il poeta descrive la malinconia del vicolo povero e solitario; nelle altre quattro affronta il tema della gioia perfetta che può scaturire da cose piccole ma al tempo stesso importanti.

Anche quando i versi si susseguono senza alcuna suddivisione strofica, il poeta articola il suo discorso in blocchi tematici che occupano un certo numero di versi. Occorrerà anche in questo caso suddividere il testo in base allo sviluppo tematico verificando quanti versi sono dedicati a ciascun tema in modo da illustrare con chiarezza il contenuto del componimento mettendolo in relazione con la struttura metrica. Ad esempio, nella lirica di Vincenzo Cardarelli *I gabbiani* (vedi pag. 33) anche se non è presente la suddivisione in strofe, è facilmente ravvisabile la distribuzione dei temi: nei vv. 1-6 il poeta paragona la sua vita irrequieta a quella dei gabbiani; nei vv. 7-10 dichiara di amare la quiete, ma di non poterla mai raggiungere perché il suo destino lo condanna a una vita tempestosa.

Individuare i temi di un componimento e riconoscerne la distribuzione all'interno del testo sono operazioni fondamentali non solo per cogliere il messaggio della lirica, ma anche per riuscire a fare un'esposizione chiara e ordinata del contenuto.

2.4 Le strutture sintattiche

L'esame del rapporto fra struttura metrica e organizzazione tematica non può prescindere dall'analisi delle **strutture sintattiche**. L'articolazione dei periodi ci dice infatti molte cose sulla visione del mondo dell'autore. Periodi lunghi, ricchi di subordinate, che sembrano avvolgersi su se stessi, sono l'immagine di un animo travagliato, che non trova pace. Ne è un esempio il primo periodo del sonetto *A Zacinto*, costituito da ben otto proposizioni prevalentemente relative e consecutive che si incastrano l'una nell'altra raffigurando anche visivamente l'idea del lungo e travagliato esilio del poeta:

> **Né piú mai toccherò** le sacre sponde
> **ove** il mio corpo fanciulletto **giacque**,
> Zacinto mia, **che** te **specchi** nell'onde
> del greco mar **da cui** vergine **nacque**
>
> Venere, **e fea** quell'isole feconde
> col suo primo sorriso, **onde non tacque**
> le tue limpide nubi e le tue fronde
> l'inclito verso di colui **che** l'acque
>
> **cantò** fatali, ed il diverso esiglio
> **per cui** bello di fama e di sventura
> **baciò** la sua petrosa Itaca Ulisse.

Il periodo si apre con una proposizione principale (*Né piú mai toccherò le sacre sponde*), dalla quale dipende una prima proposizione relativa (*ove il mio corpo fanciulletto giacque*), seguita dal vocativo *Zacinto mia*, a cui si aggancia un'altra proposizione relativa (*che te specchi nell'onde / del greco mar*); da questa scaturiscono due relative tra loro coordinate (*da cui vergine nacque / Venere, e fea quell'isole feconde / col suo primo sorriso*) e cosí via fino alla conclusione del discorso. In questo modo il poeta fa percepire al lettore il lungo vagabondare della sua vita e l'impossibilità del ritorno in patria.

Le coppie di aggettivi e sostantivi o il ricorso al chiasmo comunicano invece sensazioni di pacatezza, di quiete e di armonia. Ne sono un esempio questi versi di Francesco Petrarca:

> **Solo** e **pensoso** i piú deserti campi
> vo misurando a passi **tardi** e **lenti**

Le due coppie di aggettivi, che aprono e chiudono la proposizione, oltre a riprodurre a livello espressivo il lento girovagare del poeta, conferiscono armonia e musicalità ai versi.
Un periodare spezzettato da segni di interpunzione forti può essere utilizzato o per delineare un paesaggio in chiave impressionistica, accostando le immagini l'una all'altra, come se fossero pennellate di colore, o per rendere incisiva e sentenziosa un'affermazione.
La prima modalità è riconoscibile in questi versi di Giovanni Pascoli tratti dalla poesia *La mia sera*:

> Il giorno fu pieno di lampi;
> ma ora verranno le stelle,
> le tacite stelle. Nei campi
> c'è un breve *gre gre* di ranelle.
> Le tremule foglie dei pioppi
> trascorre una gioia leggera.
> Nel giorno che lampi! Che scoppi!
> Che pace, la sera!
>
> G. Pascoli, *Poesie*

Attraverso un susseguirsi di brevi proposizioni coordinate, il poeta delinea un paesaggio serale accostando sensazioni visive e uditive: le stelle che illuminano il cielo rasserenato dopo la tempesta, il gracidio delle rane, il vibrare delle foglie dei pioppi mosse da un venticello leggero. Ogni immagine è staccata dall'altra, ma tutte insieme creano una visione unitaria e completa.
Diverso l'effetto ottenuto da Foscolo nella terzina finale del sonetto *A Zacinto*:

> Tu non altro che il canto avrai del figlio,
> o materna mia terra; a noi prescrisse
> il fato illacrimata sepoltura.
>
> U. Foscolo, *Poesie e prose*

Anch'egli adopera delle proposizioni coordinate, ma il ricorso a un segno di punteggiatura forte e l'uso dell'*enjambement* spezzano il periodo e rendono particolarmente incisiva l'affermazione finale che risulta definitiva e immutabile come un'epigrafe tombale.

Come leggere un testo... ... poetico

Per imparare

Umberto Saba
Il fanciullo e l'averla

- U. Saba, *Poesie scelte*, a cura di G. Giudici, Mondadori, Milano, 1976

IN SINTESI: Un bambino desidera ardentemente un'averla, uccello della famiglia dei passeri, ma quando il suo desiderio viene appagato, non si occupa più della bestiola che soffre chiusa in gabbia. Solo quando l'uccellino fugge via egli lo rimpiange inutilmente.

Forma metrica: tre quartine di endecasillabi e un verso finale. La rima lega il primo e il quarto di ogni quartina e il verso finale.

genere: lirica | *epoca:* 1945 | *luogo:* Italia | *lingua originale:* italiano

L'ansia del possesso →
S'innamorò un fanciullo d'un'averla.
Vago del nuovo – interessate udiva,
di lei, dal cacciatore, meraviglie –
quante promesse fece per averla!

Il disinteresse e l'oblio →
5 L'ebbe; e all'istante l'obliò. La trista
nella sua gabbia alla finestra appesa,
piangeva sola e in silenzio, del cielo
lontano irraggiungibile alla vista.

La perdita definitiva →
Si ricordò di lei solo quel giorno
10 che, per noia o malvagio animo, volle
stringerla in pugno. La quasi rapace
gli fece male e s'involò. Quel giorno,

per quel male l'amò senza ritorno.

1. averla: è un uccello carnivoro dei passeriformi di media grandezza. Si noti la rima equivoca con il verbo *averla* del v. 4.
2. Vago del nuovo: incuriosito dalla novità.
2-3. interessate ... meraviglie: ascoltava con interesse gli straordinari racconti dei cacciatori su questo uccello.
5. l'obliò: la dimenticò, la lasciò da parte. – **La trista**: l'infelice.
7-8. del cielo ... alla vista: alla vista del cielo lontano e irraggiungibile.
11-12. La quasi ... s'involò: l'uccello, che per il suo becco a uncino è simile a un rapace, gli fece male e volò via.
13. l'amò senza ritorno: l'amò e la perse per sempre.

Karel Appel, *Child with Birds*, 1950. New York, Museum of Modern Art.

Entriamo nel testo

La parafrasi
Un fanciullo si innamorò di un'averla, e, incuriosito dalla novità, – ascoltava con interesse gli straordinari racconti dei cacciatori su questo tipo di uccello – fece mille promesse pur di ottenerla in dono. L'ebbe e subito la lasciò da parte. L'infelice, chiusa nella gabbia appesa alla finestra, piangeva sola e in silenzio alla vista del cielo lontano e irraggiungibile. Si ricordò di lei solo un giorno in cui, per noia o per il malvagio desiderio di farle del male, volle stringerla in pugno. L'uccello, che per il suo becco a uncino è simile a un piccolo rapace, gli fece male e volò via. Quel giorno, per quel duplice dolore, l'amò e la perse per sempre.

La struttura metrica e l'articolazione dei temi
La lirica è costituita da tre quartine di endecasillabi e da un verso finale isolato nel quale si addensa il significato del componimento. Le rime legano il primo e l'ultimo verso di ogni strofa, mentre quelli centrali sono sciolti dalla rima. Il verso finale rima con l'ultimo verso della strofa precedente.
La lirica ha un **andamento narrativo** e ogni strofa racchiude un momento dell'azione, espresso in uno o più periodi che si concludono con la fine della strofa, a eccezione dell'ultimo, che continua nel verso finale.

- Nella prima strofa viene descritto lo spasmodico desiderio del fanciullo per l'uccellino.
- La seconda sintetizza in poche parole l'inizio e la fine del rapporto tra il bambino e l'uccello e descrive l'infelice condizione dell'averla chiusa in gabbia, che sospira al cielo lontano e irraggiungibile.
- La terza strofa presenta il fugace riaccendersi dell'interesse del bambino per l'uccello e si conclude a sorpresa con la fuga dell'averla.
- Il verso finale sintetizza efficacemente il tema dell'amore deluso del fanciullo.

È evidente il significato simbolico del componimento che, attraverso un tessuto narrativo sapientemente costruito, mette in risalto il **complicato meccanismo dei desideri umani**, in cui l'ansia del possesso è spesso seguita dal disinteresse e dall'oblio e l'amore si riaffaccia più vivo proprio quando l'oggetto amato è definitivamente perduto.
Si nota nella lirica piena coincidenza fra piano metrico e piano tematico. Il tessuto narrativo del testo è sottolineato dalla presenza di diversi *enjambement* e dall'uso di rime volutamente povere.

Esercizi

- **Competenza testuale**

1. Sono presenti nella poesia una rima povera e una rima equivoca. Riconoscile.
2. Individua nel testo tutti gli *enjambement*.
3. I periodi presentano numerose inversioni. Ricostruisci, in ciascuno di essi, l'ordine sintattico.
4. Individua nel componimento le parole rare e ricercate e sostituiscile con altre di uso comune.

Come leggere un testo... ... poetico

Per metterti alla prova

Ada Negri
La ciocca bianca

- N. Ferrarone, *Narratori e poeti contemporanei italiani e stranieri*, Lattes, Torino, 1971

> **IN SINTESI:** Ada Negri, poetessa lombarda vissuta a cavallo tra Ottocento e Novecento (1870-1945), esprime in questa poesia il forte sentimento che la lega alla madre morta. Basta una ciocca dei capelli bianchi della madre, conservata gelosamente in uno scrigno, per infondere nel suo cuore una commossa nostalgia. Ora che anche i suoi capelli sono bianchi e anche la sua fronte è *piena di tempo*, si identifica ancor piú profondamente con la madre che vive ormai nella luce dell'eternità.

Forma metrica: endecasillabi.

genere: lirica *epoca:* 1936 *luogo:* Italia *lingua originale:* italiano

De' tuoi bianchi capelli, sí leggeri
alla carezza e pur sí folti, in uno
scrigno una ciocca serbo. Erano i miei
scuri come la notte, allor che al capo
5   tuo la recisi. Ed oggi, te cercando
in quella ciocca, sola cosa viva,
che di te mi rimanga, io mi domando
se recisa non l'ho dalle mie tempie.
E se mi guardo entro lo specchio, e in esso
10 mi smarrisco, non me, ma te ravviso,
o Madre: tua questa marmorea fronte,
piena di tempo, e immersa in una luce
che ormai è d'altra terra e d'altro cielo.

1-3. De' tuoi bianchi ... serbo: custodisco devotamente in uno scrigno una ciocca dei tuoi capelli bianchi che erano cosí leggeri sotto le carezze e al tempo stesso cosí folti.
6-7. sola cosa viva ... rimanga: la ciocca di capelli è la sola cosa viva e concreta che le rimane della madre e che lei può ancora toccare.
9-10. e in esso mi smarrisco: e, contemplando la mia immagine riflessa, perdo quasi la coscienza di me.
12. piena di tempo: la sua fronte, come un tempo quella della madre, porta i segni della vita e del passare degli anni.
13. che ormai ... cielo: è la luce dell'eternità che appartiene a una dimensione diversa da quella terrena.

Esercizi

- **Competenza testuale e produzione**

1. Individua la tipologia dei versi, le figure metriche e gli *ictus*.
2. Individua nel testo tutti gli *enjambement*.
3. Componi la parafrasi della lirica.
4. Suddividi la lirica in sezioni corrispondenti allo svolgimento della tematica e illustra in un testo scritto il contenuto del componimento.

2.5 Le parole chiave

In un testo poetico non tutte le parole hanno la stessa importanza. Alcune risultano piú espressive e dense di significato poiché **racchiudono i temi centrali del componimento** e ne **forniscono la chiave di lettura**. Per questo vengono chiamate **parole chiave**.

- Solitamente svolgono la funzione di parole chiave quei termini che ricorrono piú volte nello stesso testo, quasi a ribadire l'importanza dei significati di cui sono portatrici. Ad esempio, nella lirica *X Agosto* (vedi pag. 256) di Giovanni Pascoli notiamo che la parola *cielo* ricorre quattro volte e *nido/tetto* tre volte. Entrambe rinviano ai temi portanti non solo della poesia ma di tutta la produzione pascoliana. *Cielo* allude alla vastità dell'universo che si contrappone al male del mondo, ma distante e indifferente a esso; *nido/tetto* esprimono l'idea della casa-nido, centro di affetti profondi e di legami di sangue, in cui l'uomo si sente sicuro e protetto dal male.

- Altre volte può capitare, invece, che le parole chiave non siano contenute nel componimento, ma si possano ricavare in base all'organizzazione del lessico in aree comuni di significato (campi semantici). Ad esempio, la forza espressiva della lirica *Pianto antico* di Giosuè Carducci (on line) si concentra intorno a due parole chiave: *vita* e *morte*, che non sono però presenti nel testo. Anzi, delle due, la seconda manca del tutto, l'altra è adoperata in un'accezione abbastanza quotidiana e tutto sommato poco significativa. Eppure tutto il lessico della lirica si addensa intorno a questi due poli. Al polo della *vita* rinviano le parole che esprimono l'idea della luce, del calore, della rinascita (*verde, fior, rinverdí* ecc.), al polo della *morte* si collegano i termini che si riferiscono al buio, al freddo, all'inaridimento (*muto, solingo, inaridí, fredda* ecc.).

- Altre volte infine assurgono al ruolo di parole chiave termini particolarmente ricchi di senso che, pur citati una sola volta nel testo, racchiudono una complessa sfera di sentimenti e di idee. In questi casi esse sono messe in rilievo anche dalla posizione che occupano nel verso. È il caso delle parole *male* e *bene* nella poesia montaliana *Spesso il male di vivere ho incontrato* (vedi pag. 302), che sono evidenziate anche dall'inversione: *Spesso il male di vivere ho incontrato* invece che «Spesso ho incontrato il male di vivere» e *Bene non seppi* invece che «Non seppi bene».

Come abbiamo visto, non esiste una collocazione prestabilita delle parole chiave: ora sono evidenziate dalla rima o dalla posizione forte a inizio di verso, ora dalla ripetizione e disseminazione all'interno del testo. Una volta che sono state individuate, è bene ricercare gli altri termini che a esse si collegano creando un preciso campo semantico. Ad esempio, nel sonetto *A Zacinto* (vedi pag. 48) le parole chiave sono *onde* e *acque*, messe in risalto dalla rima. Ciascuna di esse si collega a sua volta ad altre parole, anch'esse in rima, che si raggruppano rispettivamente intorno al polo della vita e a quello della morte. *Onde*, infatti, fa rima con *sponde, feconde, fronde* ed è contenuta in ciascuna di esse; lo stesso vale per *acque* che fa rima con *giacque, nacque, tacque*. Le *onde* richiamano l'idea della vita e della fecondità, in quanto da esse è nata la dea Venere; le *acque* appaiono invece come il luogo dell'esilio e della sciagura. Le due parole chiave esprimono, in sintesi, il bipolarismo vita/morte, Foscolo/Ulisse, realtà/mito che percorre l'intero sonetto.

2.6 Il registro linguistico

In un testo poetico non va infine trascurato il **registro linguistico**. Solitamente chi scrive versi adotta un linguaggio scelto, raffinato, di tono alto, privilegia spesso parole in disuso, termini difficili e ricercati, talora di origine latina o greca. Può però accadere che il poeta preferisca adottare un linguaggio piú semplice e quotidiano o ricorra addirittura a veri e propri miscugli linguistici, inserendo nel contesto della lingua italiana parole dialettali, gergali o addirittura straniere. Ad esempio, il poeta contemporaneo Andrea Zanzotto, per descrivere il personaggio di Nene, nella lirica *Vorrei saperlo* utilizza una lingua quotidiana e prosastica:

> Se volete sapere dove c'è vino buono,
> in quale osteria o casa di contadini
> con la rama per insegna, rivolgetevi
> alla Nene [...]
>
> A. Zanzotto, *Poesie*

Si tratta di un impasto linguistico ben diverso da quello che caratterizza i seguenti versi dannunziani (*Canto della natura*), ricchi di parole latineggianti:

> [...] Dileguano lungi le grida
> per la boscaglia fluttuante a li aliti
> larghi de l'aure, scintillano l'acque del fiume
> di tra le canne curve [...]
>
> G. D'Annunzio, *Tutte le poesie*

In entrambi i casi la scelta, influenzata anche dal contesto culturale in cui l'autore opera, è funzionale al messaggio che egli ha voluto trasmettere. Nel primo componimento il poeta non solo adatta il linguaggio al mondo rappresentato, ma prende volutamente le distanze dal linguaggio tradizionale della poesia; nel secondo D'Annunzio vuole invece sottolineare la distanza fra la lingua della poesia e la comunicazione quotidiana.
Talvolta diversi registri linguistici si affiancano e si intrecciano all'interno della stessa lirica. Ne è un esempio l'avvio della *Quiete dopo la tempesta* di Leopardi, in cui egli ha accostato la parola *gallina*, appartenente al registro quotidiano e poco frequente nei testi poetici, a un termine colto come *augelli*.

> Passata è la tempesta:
> odo *augelli* far festa, e la *gallina*,
> tornata in su la via,
> che ripete il suo verso.
>
> G. Leopardi, *Poesie*

Giovanni Pascoli nel poemetto *Italy* mescola ben quattro lingue: un italiano di livello medio che rispecchia l'umiltà dell'ambiente e dei personaggi, accostato a qualche finezza letteraria, il dialetto lucchese, l'inglese parlato da Molly, una bambina americana, e l'impasto italo-americano usato dagli emigranti. In tal modo il poeta dà voce a quella mescolanza di lingue e di culture propria dell'emigrazione che è diventata un carattere del mondo in cui viviamo. Ecco qualche verso del componimento che dà un'idea del plurilinguismo pascoliano:

> Dicea: «Bambina, state al fuoco: nieva!
> nieva!» E qui Beppe soggiungea compunto:
> «Poor Molly! Qui non trovi il pai con fleva!».
>
> Oh! no: non c'era lí né pie né flavour
> né tutto il resto. Ruppe in un gran pianto:
> «Ioe, what means nieva? Never? Never? Never?».
>
> G. Pascoli, *Primi poemetti*

1. Dicea: è la nonna che parla in dialetto lucchese rivolgendosi alla nipotina Molly, nata in America, che non capisce l'italiano. – **nieva**: «nevica» in dialetto lucchese.
3. Poor Molly! ... fleva: questa frase è un misto d'inglese corretto e di parole inglesi scritte come si pronunciano: *pai, fleva*. «Povera Molly! Qui non trovi la focaccia (*pai*) con gli aromi (*fleva*)».

4. pie ... flavour: le forme inglesi corrette, corrispondenti a *pai* e *fleva*.
6. «Ioe ... Never?»: «Ioe, cosa significa nieva? Mai piú? Mai piú? Mai piú?». La bambina, fraintendendo le parole della nonna, scambia *nieva* (nevica) per *never* (mai piú). Pensa perciò che la nonna le abbia detto che non tornerà piú in America.

Per imparare

Ugo Foscolo
A Zacinto

Testo conchiglia: **I mille volti di Ulisse**

- U. Foscolo, *Poesie e prose*, a cura di G. Rispoli, Cremonese, Roma, 1959

IN SINTESI: Il poeta rievoca la sua terra natale, l'isola di Zacinto, odierna Zante nel mar Ionio, con la consapevolezza che non potrà mai piú tornarvi, perché a lui, esule, è destinata una sepoltura in terra straniera. Istituisce perciò un paragone fra se stesso e Ulisse: ma, mentre l'eroe greco, dopo tanto peregrinare, riuscí a baciare il suolo della sua petrosa Itaca, a lui non resterà che immortalare nel canto la sua terra materna, emulo in ciò, del grande Omero.

Forma metrica: sonetto con rime alternate (ABAB) nelle quartine, invertite (CDE-CED) nelle terzine.

genere: lirica | *epoca:* 1803 | *luogo:* Italia | *lingua originale:* italiano

---

L'impossibilità del ritorno

Né piú mai toccherò le sacre sponde
ove il mio corpo fanciulletto giacque,
Zacinto mia, che te specchi nell'onde
del greco mar da cui vergine nacque

La celebrazione di Zacinto

Venere, e féa quell'isole feconde 5
col suo primo sorriso, onde non tacque
le tue limpide nubi e le tue fronde
l'inclito verso di colui che l'acque

Il ricordo di Omero e di Ulisse

cantò fatali, ed il diverso esiglio,
per cui bello di fama e di sventura 10
baciò la sua petrosa Itaca Ulisse.

La morte in terra straniera

Tu non altro che il canto avrai del figlio,
o materna mia terra; a noi prescrisse
il fato illacrimata sepoltura.

---

luoghi) non poté non celebrare. *Non tacque* è una litote.
8. inclito: parola di origine latina che vuol dire «illustre», «sublime».
8-11. colui che l'acque ... Ulisse: la lunga perifrasi sta a indicare Omero, autore dell'*Odissea*, il poema epico che canta il travagliato ritorno di Ulisse in patria. – **l'acque ... fatali:** l'esilio voluto per l'eroe dal fato.
9. diverso: si può ricollegare al latino *diversus* che vuol dire «che va in direzioni diverse», ma può avere anche il significato di «differente» a sottolineare il fatto che l'esilio di Ulisse, a differenza di quello del poeta, si concluse con il ritorno in patria. – **esiglio:** esilio.
10. bello ... sventura: nobilitato dalla fama delle sue imprese e dei suoi viaggi, ma anche dalle sventure sofferte.
11. petrosa: rocciosa. Itaca è infatti un'isola montuosa.
12-13. Tu ... terra: tu, o mia terra, avrai solo il canto del tuo figlio, che ti celebrerà nei suoi versi.
13-14. a noi ... sepoltura: il fato ha stabilito per me una sepoltura in terra straniera che non sarà confortata dalle lacrime delle persone care. *Illacrimata* è una parola coniata da Foscolo.

1-11. Né piú mai ... Ulisse: non rivedrò mai piú le tue rive, dove vissi da fanciullo, o mia Zacinto, che ti specchi nelle acque del mare greco dalle quali nacque, vergine, Venere, e con il suo sorriso rese feconde quelle isole, sicché non poté non celebrare le tue nubi leggere e trasparenti e i tuoi boschi il verso illustre di Omero, il quale cantò il vagabondare attraverso i mari di Ulisse nel suo esilio voluto dal fato, in seguito al quale però egli, reso famoso e nobilitato dalle sue stesse sofferenze, poté baciare la sua rocciosa Itaca.
4. del greco mar: del mare Ionio che bagna le coste della Grecia.
4-5. da cui ... Venere: secondo una leggenda, Venere sarebbe nata dalla spuma del mare. Questo mito è stato raffigurato in un famoso quadro del pittore Sandro Botticelli dal titolo *Nascita di Venere*.
5-6. féa ... sorriso: Venere qui è vista come la natura creatrice che dà vita a tutti gli esseri.
– **féa:** rendeva. – **onde non tacque:** per cui (per la straordinaria bellezza dei

Come leggere un testo... ... poetico

Entriamo nel testo

I temi
Il sonetto si fonda sul tema dell'esilio del poeta e del suo definitivo distacco dalla patria greca Zacinto. Partendo dalla dolorosa consapevolezza dell'impossibilità del ritorno (vv. 1-2), Foscolo crea una tessitura di immagini che scaturiscono l'una dall'altra in modo fluido e naturale: il ricordo di Zacinto (vv. 3-4) lo riporta dapprima al mito di Venere nata dalle onde del mare greco (seconda quartina), poi alla poesia di Omero che con il suo canto immortalò il lungo e fatale errare di Ulisse e il suo ritorno in patria (prima terzina); l'esilio dell'antico eroe richiama quello del poeta al quale però non sarà concesso di rivedere le *sacre sponde* della sua isola. La lirica pertanto si conclude con l'immagine dolorosa dell'*illacrimata sepoltura* (seconda terzina), che riprende, rendendolo ancora più tragico e sofferto, il motivo dell'impossibilità del ritorno espresso nei versi iniziali. Nel sonetto si viene a creare un duplice rapporto tra il poeta e Ulisse e tra il poeta e Omero. Foscolo coglie una somiglianza fra il suo esilio e quello di Ulisse, ma nota anche che la sua condizione è capovolta rispetto a quella dell'eroe greco («non ritorno» vs «ritorno»; *vs* è abbreviazione di *versus*, parola latina che vuol dire «contro, in opposizione a»). Al tempo stesso si sente vicino a Omero: come il poeta greco ha cantato la bellezza di Zacinto e l'esilio di Ulisse coronato dal ritorno in patria (vv. 6-11), così egli canta la sua isola e il suo non ritorno.

Il rapporto fra metro e sintassi
La struttura metrico-sintattica del componimento è del tutto nuova rispetto alla tradizione del sonetto italiano solitamente caratterizzato dalla coincidenza fra strofe e periodi. Esso presenta infatti un primo periodo ampio e sinuoso, che si distende per ben tre strofe (le due quartine e la prima terzina), e uno più breve che occupa la seconda terzina.
Nel primo periodo il susseguirsi delle **proposizioni relative** che scaturiscono l'una dall'altra evoca l'idea del vagabondaggio, del *diverso esiglio* di Ulisse e di Foscolo e al tempo stesso ricrea l'atmosfera incantata del mito. Il tono assertivo del periodo finale invece segna il brusco passaggio dal mito alla realtà e sottolinea la ferma e orgogliosa accettazione da parte del poeta del suo destino di esule. All'inizio del sonetto i tre monosillabi messi in risalto da tre accenti ritmici consecutivi (*né più mai*), scandiscono fortemente il verso e ribadiscono a livello ritmico l'impossibilità del ritorno. Se esaminiamo i **tempi verbali** notiamo una netta prevalenza del passato nella parte centrale del sonetto (vv. 4-11) nella quale viene rievocato un mondo lontanissimo, addirittura mitico. Nei versi 1 e 12, che aprono rispettivamente la prima e l'ultima strofa, troviamo invece due futuri. In contrapposizione al passato mitico, che è solare, sereno e armonico, anche quando è travagliato dalla sofferenza, il futuro si presenta per il poeta all'insegna della negatività.

Le parole chiave
Le parole chiave del sonetto sono messe fortemente in rilievo dalle rime e dai frequenti *enjambement*. Esse si possono raggruppare in due serie: *sponde, onde, feconde, fronde* e *giacque, nacque, tacque, acque*. Le parole della prima serie racchiudono tutte il termine *onde* e quelle della seconda serie il termine *acque*; nel primo caso prevalgono le connotazioni positive della vita e della fecondità, nel secondo quelle negative dell'esilio e della sciagura. Torna pertanto anche a livello lessicale quel bipolarismo vita-morte, mito-realtà, eroe classico-eroe romantico che percorre l'intero sonetto.

Esercizi

- **Comprensione**

1. Spiega che cosa accomuna Foscolo a Ulisse e che cosa differenzia le due figure.
2. Quale rapporto instaura il poeta fra se stesso e Omero?

3. Spiega con parole tue il significato dell'espressione *bello di fama e di sventura* (v. 10). A chi si riferisce Foscolo con queste parole? A se stesso, a Ulisse o a Omero?

4. Perché l'isola di Itaca, patria di Ulisse, viene definita *petrosa*?

- **Competenza testuale**

5. Riconosci gli *enjambement* presenti nel testo e individua le parole che di volta in volta vengono messe in rilievo grazie a questo artificio metrico.

6. Uno dei mezzi di cui Foscolo si serve per conferire al componimento un tono alto e solenne sono le inversioni sintattiche. Individuale, precisando di volta in volta se si tratta di anàstrofe o di iperbato.

7. Il primo verso del sonetto è un endecasillabo atipico. Sapresti dire perché?

- **Produzione**

8. Nell'analisi del sonetto è stato sottolineato lo stretto rapporto tra la particolare struttura metrica del primo verso e il messaggio che il poeta vuole trasmettere. Illustra e sviluppa questo concetto, facendo preciso riferimento al testo.

Per metterti alla prova

Giuseppe Ungaretti
Solitudine

• G. Ungaretti, *Vita d'un uomo – Tutte le poesie*, a cura di L. Piccioni, Mondadori, Milano, 1972

IN SINTESI: In questa poesia, composta durante la prima guerra mondiale, alla quale partecipò come fante, Ungaretti esprime, fin dal titolo, la propria condizione di solitudine. Momentaneamente lontano dalla trincea – si trova infatti a Santa Maria la Longa, una località alle spalle del fronte dove i soldati venivano inviati per brevi periodi di riposo – il poeta denuncia tale condizione esistenziale mediante l'urlo di ribellione di chi, scoprendosi impotente e inascoltato da Dio, ricade sfinito nel proprio dolore.

Forma metrica: versi liberi.

genere: lirica *epoca:* 1917 *luogo:* Italia *lingua originale:* italiano

Ma le mie urla
feriscono
come fulmini
la campana fioca
5   del cielo

Sprofondano
impaurite

Santa Maria La Longa il 26 gennaio 1917

1. Ma le mie urla: la congiunzione avversativa *Ma*, collocata a inizio di verso, sembra voler stabilire una continuità tra una precedente e silenziosa riflessione del poeta e le brevi sofferte parole che ne costituiscono la necessaria conclusione. Dopo aver a lungo meditato sulla continua e inutile sofferenza dell'uomo, il poeta urla la sua rivolta. Le sue urla esplodono come fulmini nella muta cavità del cielo lontano e indifferente.
4-5. la campana ... cielo: il cielo lontano e concavo richiama al poeta l'immagine di una campana.
6-7. Sprofondano / impaurite: il periodo finale è costituito da due parole-verso che vengono pronunciate dopo una lunga pausa simboleggiata dallo spazio bianco. Le due parole esprimono l'inutilità della rivolta del poeta. Le urla che egli ha lanciato si disperdono nell'immensità del cielo vasto e silenzioso e sembrano ridursi a inutili e spauriti suoni di dolore.

Come leggere un testo... ... poetico

Esercizi

- **Competenza testuale e produzione**

1. Il componimento è costituito da:
   a. sette endecasillabi sciolti;
   b. due settenari e cinque trisillabi;
   c. versi liberi;
   d. cinque settenari e due trisillabi.
2. Illustra il contenuto della lirica mettendo in risalto il rapporto fra piano metrico, sintattico e tematico.
3. Soffermati sulla struttura sintattica del testo. Quanti sono i periodi? Da quante proposizioni sono costituiti?
4. Individua le parole chiave del componimento e mettile in relazione fra loro.
5. Riunisci i risultati dell'analisi in un testo espositivo di non piú di 30 righe.

2.7 I suoni e il senso

Nel testo poetico l'aspetto fonico influisce in modo particolare sul piano del significato. Il **ritmo** dei versi infatti non ha soltanto la funzione di rendere musicale il componimento, producendo un effetto piacevole per l'orecchio, ma conferisce particolare rilievo alle parole sulle quali cade l'accento ritmico. Ad esempio, nel verso di Francesco Petrarca *Voi ch'ascoltate in rime sparse il suono*, che apre il *Canzoniere*, sono messe in evidenza dagli accenti ritmici le parole *ascoltate*, *sparse* e *suono* che si rivelano particolarmente importanti anche sul piano del significato. Infatti *ascoltate* e *suono* esprimono il rapporto che si viene a creare tra i lettori e l'autore: i primi vengono invitati ad assumere l'atteggiamento di ascoltatori ai quali giunge il suono delle parole dell'autore. Anche se in realtà il componimento è destinato alla lettura e non alla recitazione, il poeta intende sottolineare la dimensione del canto per coinvolgere piú direttamente i destinatari e renderli partecipi della sua vicenda d'amore. L'aggettivo *sparse* allude al fatto che i componimenti del *Canzoniere* si presentano, almeno apparentemente, come frammenti autonomi attraverso i quali prende corpo la vicenda d'amore del poeta. Il verso dunque è costruito in modo che si venga a creare una **corrispondenza tra il ritmo e il significato delle parole**.
Questo tipo di relazione si può cogliere anche a livello di singoli **suoni**. Osserviamo, ad esempio, i seguenti versi tratti dalla *Divina Commedia* di Dante Alighieri (*Inferno*, canto V, vv. 28-30):

> Io venni in loco d'ogni l**u**ce m**u**to,
> che m**u**gghia come fa mar per tempesta
> se da contrari venti è combatt**u**to.

Qui il suono cupo della *u* ritorna per quattro volte in tre versi, rafforzando l'impressione di oscurità e di angoscia espressa sul piano dei significati: Dante si trova infatti in un luogo buio e tempestoso.
Il verso di Leopardi *e chiaro nella valle il fiume appare* della *Quiete dopo la tempesta* contiene cinque volte la *a* e una volta la *u*. Questo fatto, qualora si verificasse in un qualsiasi messaggio della comunicazione quotidiana, non avrebbe alcuna importanza, invece nel testo poetico è assai rilevante perché «la *a* suggerisce chiarezza e la *u* è scura», pertanto «noi vediamo un paesaggio chiaro e un punto scuro, il fiume» (L. Renzi). Ancora una volta suono e significato si corrispondono e si alleano.
Osserviamo adesso i seguenti versi tratti dalla poesia *Dall'argine* di Giovanni Pascoli nei quali la *i* ritorna dodici volte:

> Ho nell'orecchio un turbinio di squilli,
> forse campani di lontana mandra;
> e, tra l'azzurro penduli, gli strilli
>   della calandra.

Attraverso la ripetizione di questo suono acuto, che diventa quasi pungente quando è rafforzato dall'accento (*turbinío, squílli, strílli*), Pascoli esprime la sensazione di qualcosa di esile, di fragile ma al tempo stesso di penetrante come sono appunto gli *strilli / della calandra*, un piccolo uccello dalla voce acuta.
Di esempi se ne potrebbero citare a centinaia. Innumerevoli ne incontreremo nelle letture antologiche. Qui è sufficiente sottolineare l'importanza dei suoni all'interno del testo poetico, precisando però che essi in sé e per sé non sono portatori di particolari significati; è il contesto fonico e linguistico ad arricchirli di un messaggio piú profondo che può variare da poeta a poeta e da componimento a componimento.
Ad esempio, nei versi carducciani della poesia *Sogno d'estate* il suono della *r* sottolinea il movimento e insieme il rumore dei carri:

> [...] la stanza dal sole di luglio affocata
> **r**intro**r**ata da i ca**rr**i **r**otolanti su 'l ciottolato
> de la città, slargossi [...]

La sensazione comunicata dalla ripetizione della *r* è tutto sommato piacevole: ci riporta a un assolato meriggio estivo cullato dal rotolio dei carri sul selciato.
Completamente diversi sono invece gli effetti che Ungaretti ha ricavato dalla ripetizione dello stesso fonema nella poesia *Sono una creatura*:

> Come questa pie**tra**
> del San Michele
> cosí **f**redda
> cosí du**ra**
> cosí p**r**osciugata
> cosí **r**ef**r**attaria
> cosí totalmente disanimata
>
> Come questa pietra
> è il mio pianto
> che non si vede
>
> La mo**rte**
> si sconta
> vivendo

Qui la *r*, unita ad altri suoni aspri (labiali e dentali), comunica sensazioni di dolore, di sofferenza, di totale assenza di vita.
Quando si analizza un testo poetico bisogna dunque prestare particolare attenzione:

- alle parole messe in risalto dall'accento ritmico;
- all'individuazione dei suoni predominanti;
- al riconoscimento delle figure retoriche del significante;
- all'interpretazione dei rapporti fra suono e senso.

2.8 Il contesto

Per comprendere fino in fondo un testo poetico, non basta esaminarlo in se stesso, soffermandosi su tutti gli elementi che lo compongono. Occorre anche metterlo in relazione con il **contesto storico-culturale** all'interno del quale è stato prodotto. Nell'analisi del contesto bisogna prendere in considerazione sia l'esperienza biografica del poeta, sia la situazione storico-culturale del periodo in cui l'opera è stata composta. Ad esempio, il sonetto *A Zacinto* di Foscolo non può essere compreso se non si considera, da un lato, l'esperienza dell'esilio, che ha segnato profondamente la vita del poeta, dall'altro, l'atmosfera culturale dell'Italia del tempo in cui si intrecciavano componenti classicheggianti e romantiche.

A conclusione dell'analisi si giungerà a un'interpretazione complessiva del testo che scaturirà dalla compenetrazione dei diversi livelli e dalla contestualizzazione della lirica.

Piano denotativo e piano connotativo

A conclusione del nostro itinerario, dovrebbe risultare chiaro che esistono due modi di leggere un testo:

- il primo si ferma al significato di base del componimento, a cui si giunge attraverso la parafrasi;
- il secondo perviene a una comprensione piú profonda e articolata che scaturisce dalla combinazione di tutti i livelli del testo.

Nel primo caso il lettore si ferma al **piano denotativo**, cioè al significato letterale; nel secondo giunge al **piano connotativo**, cioè coglie tutto lo spessore del testo poetico che irradia il suo significato piú profondo attraverso il livello formale.

2.9 Come si compone l'analisi testuale

Abbiamo fin qui esaminato il modo in cui si analizza un testo poetico, indicando le successive tappe del lavoro. Riepiloghiamo adesso quanto è stato illustrato dando qualche suggerimento pratico per procedere alla composizione di una corretta analisi testuale.

- Si comincerà con la **preparazione di una scaletta** che conterrà in apertura essenziali informazioni sull'autore e sull'opera a cui appartiene il testo esaminato; di seguito si indicheranno i livelli testuali emersi nel corso dell'analisi e i temi predominanti.
  Va precisato che non sempre i piani testuali sono tutti ugualmente significativi: ad esempio in un componimento avrà maggiore rilievo il livello dei suoni, in un altro risulteranno piú importanti le parole chiave e le strutture sintattiche, mentre il livello fonico apparirà meno significativo e cosí via. Nel corso dell'analisi bisognerà pertanto individuare i livelli testuali piú rilevanti. Infine si elencheranno in sintesi le conclusioni a cui si è giunti.
- Completata la scaletta, si passerà alla **stesura**, durante la quale si svilupperanno le osservazioni sinteticamente riportate nella scaletta. Si potrà optare a questo punto per un discorso fluido e continuo o per una suddivisione in paragrafi coincidenti con le partizioni della scaletta. Naturalmente non sarà necessario rispettare rigidamente l'ordine seguito nella fase preparatoria; si potranno operare spostamenti e/o accorpamenti dei diversi elementi, in funzione dell'ordine e dell'armonia del discorso.
- Si procederà infine alla **revisione del testo**, nel corso della quale si baderà a:
  - eliminare le ripetizioni;
  - semplificare i periodi;
  - sostituire i termini generici con parole piú appropriate;
  - controllare l'uso dei tempi verbali;
  - controllare la punteggiatura;
  - controllare l'ortografia.

Per imparare

Giovanni Pascoli
Lavandare

- G. Pascoli, *Poesie*, Garzanti, Milano, 1992

IN SINTESI: Il poeta descrive un paesaggio autunnale, appuntando l'attenzione su situazioni, oggetti e personaggi della vita quotidiana: un aratro, un campo arato a metà, delle lavandare che, mentre sciacquano i panni in un canale, intonano un canto popolare. Non si tratta di un semplice quadretto impressionistico: oggetti e figure simboleggiano la solitudine e l'abbandono.

Forma metrica: madrigale, antico componimento che nel Cinquecento era solitamente accompagnato dalla musica (vedi pag. 72). Venne riutilizzato alla fine dell'Ottocento senza accompagnamento musicale. È formato da due terzine con rima ABA-CBC e da una quartina con rima DEFE.

genere: lirica   *epoca:* 1891   *luogo:* Italia   *lingua originale:* italiano

L'aratro dimenticato
Nel campo mezzo grigio e mezzo nero
resta un aratro senza buoi, che pare
dimenticato, tra il vapor leggero.

Il canto delle lavandare
E cadenzato dalla gora viene
lo sciabordare delle lavandare
con tonfi spessi e lunghe cantilene: 5

La malinconia e l'abbandono
Il vento soffia e nevica la frasca,
e tu non torni ancora al tuo paese!
quando partisti, come son rimasta!
come l'aratro in mezzo alla maggese. 10

(*lavandare*) che battono i panni sulle pietre.
6. spessi: frequenti.
7-10. Il vento soffia ... maggese: sono i versi di due canti popolari marchigiani ripresi dal poeta. *Ritorna, Amore mio, se ci hai speranza, per te la vita mia fa penetenza! Tira lu viente e nevega li frunna, de qua ha da vení fideli amante. Quando ch'io mi partii dal mio paese, povera bella mia, come rimase! Come l'aratro in mezzo alla maggese.* – **nevica la frasca**: le foglie secche cadono giù dagli alberi come fiocchi di neve. – **e tu**: l'innamorato lontano. – **maggese**: è il terreno lasciato per qualche tempo a riposo senza seminarlo.

1. mezzo grigio e mezzo nero: il campo è stato arato per metà, pertanto la parte in cui la terra è stata già rivoltata è più scura, quasi nera, l'altra parte è grigia.
4. gora: canale.
5. sciabordare: il rumore prodotto dalle lavandaie

Entriamo nel testo

I temi
In questa lirica il poeta Giovanni Pascoli descrive un paesaggio autunnale nel quale sono presenti tre elementi, l'aratro, le lavandare, il canto popolare. Essi sono collocati l'uno accanto all'altro come pennellate sulla tela di un quadro. Questo effetto è accentuato dalla sintassi che è costituita prevalentemente da proposizioni principali tra loro coordinate mediante la congiunzione *e*.
Nella prima terzina, in cui prevalgono le sensazioni visive, il poeta colloca in primo piano *un aratro senza buoi* – e quindi inutile – *che pare dimenticato* in mezzo a un campo anch'esso abbandonato a metà dell'aratura.
La seconda terzina delinea la scena delle *lavandare*, che si affianca alla precedente, ma è del tutto autonoma rispetto a essa. Alle sensazioni visive si sostituiscono quelle uditive: il poeta riproduce attraverso parole onomatopeiche (*sciabordare, tonfi*) il rumore dei panni sbattuti

Come leggere un testo... ... poetico

nell'acqua dalle donne che accompagnano il loro lavoro faticoso con monotone cantilene.
Nella terza strofa l'autore inserisce alcune espressioni tratte da due stornelli marchigiani che esprimono la solitudine di una donna dopo la partenza senza ritorno dell'amato. La lirica si chiude con l'immagine dell'aratro dimenticato, con la quale si era aperta.

Il registro linguistico e le parole chiave
Il **linguaggio** è volutamente **semplice e quotidiano** per adattarsi all'umiltà del mondo rappresentato.
Il poeta però introduce un interessante elemento di novità, inserendo nel contesto letterario due canti popolari marchigiani ai quali apporta solo lievi modifiche. In questo modo crea un **plurilinguismo** che conferisce modernità alla lirica.
Le parole chiave del componimento – *aratro, dimenticato, rimasta* – sono messe in rilievo rispettivamente dalla collocazione all'inizio e alla fine del madrigale (*aratro*), dall'*enjambement* (*pare / dimenticato*) e dall'assonanza (*frasca / rimasta*). Poste in relazione tra loro, esse creano una significativa trama di significati che comunica l'idea dell'abbandono.

I suoni
Sul piano fonico assumono rilievo le **parole onomatopeiche** (*cadenzato, sciabordare, tonfi spessi, cantilene*) concentrate nella seconda terzina, le rime interne (*sciabordare / lavandare*) e la disseminazione di consonanti liquide (*r*), sibilanti (*s*) e fricative (*f*) (*go*r*a, *s*ciabo*r*da*r*e,

*lavanda*r*e, ton*f*i, *s*pe*ss*i, *s*o*ff*ia, *f*ra*s*ca, pae*s*e, rima*s*ta). Le liquide creano l'impressione dei suoni ovattati dalla nebbia; le sibilanti e le fricative imitano il suono dell'acqua e il frusciare del vento.
Nell'ultima strofa, per riprodurre le forme del canto popolare, il poeta adotta, invece della rima, un'assonanza (*frasca / rimasta*) e una struttura sintattica lineare nella quale ogni frase coincide con la misura del verso in modo da dare un'impressione di semplicità. Inoltre gli accenti ritmici cadono in tutti e tre i versi sulle stesse sillabe (4ª – 8ª – 10ª) creando un effetto di monotonia. La scelta di un tipo di componimento come il madrigale, che un tempo era accompagnato dalla musica, conferisce **musicalità** alla lirica.

La contestualizzazione
L'opera si inserisce nel contesto culturale della seconda metà dell'Ottocento, quando a una letteratura attenta quasi esclusivamente all'oggettività del mondo esterno si andava sostituendo una produzione prevalentemente soggettiva che si proponeva di scoprire, al di là delle apparenze, significati più profondi e simbolici.
Infatti la lirica che, a una prima lettura, dà l'impressione di voler rappresentare in modo oggettivo il mondo umile della campagna, sottoposta a un'indagine più approfondita, rivela significati che riguardano la **sfera esistenziale dell'uomo**. Sia l'immagine dell'aratro, che apre e chiude il componimento, sia il canto delle «lavandare» simboleggiano infatti la solitudine e l'abbandono.

Esercizi

- **Interpretazione e competenza testuale**

1. Individua nel testo gli elementi che comunicano sensazioni visive e uditive.
2. Dalla lirica scaturisce una sensazione di malinconia e di abbandono. Attraverso quali oggetti, immagini, parole il poeta è riuscito a comunicare questa impressione?

- **Confronto e produzione**

3. Metti a confronto la quartina del componimento con i due stornelli marchigiani a cui il poeta si è ispirato e individua quali elementi ha ripreso e quali ha modificato per armonizzare il canto popolare con i suoi versi.
4. Descrivi un paesaggio autunnale, facendo trasparire dalla descrizione il tuo stato d'animo.

Come leggere un testo... ...poetico

Per metterti alla prova

Umberto Saba
Ritratto della mia bambina

- U. Saba, *Poesie scelte*, a cura di G. Giudici, Mondadori, Milano, 1976

IN SINTESI: Umberto Saba è un poeta triestino che si distingue nel panorama culturale del primo Novecento per la sua posizione apparentemente isolata rispetto alle avanguardie letterarie e artistiche del tempo che si proponevano di rompere nettamente con la tradizione. Egli invece predilige una poesia chiara, armoniosa e musicale che non disdegna la rima e ama rappresentare persone, luoghi, animali nella loro concretezza. Questa lirica, dedicata alla figlia Linuccia, fu composta nel 1920, quando la bambina aveva dieci anni. Era appena finita la prima guerra mondiale, Trieste era stata restituita all'Italia e si respirava un'atmosfera di euforia dalla quale il poeta fu contagiato. Scrisse allora una raccolta intitolata *Cose leggere e vaganti* che comprendeva dodici brevi poesie legate da un unico filo conduttore: l'inclinazione «ad amare le cose che per la loro leggerezza vagano come liete apparenze sopra e attraverso la pesantezza della vita».

Forma metrica: endecasillabi sciolti riuniti in un'unica strofa.

genere: lirica | *epoca:* 1920 | *luogo:* Italia | *lingua originale:* italiano

3. estiva vesticciola: il leggero abitino estivo.
5. parvenze: apparenze, immagini.
9-10. a quella scia ... sperde: al fumo azzurrino che esce dai comignoli sui tetti e che il vento disperde nel cielo.
12. che si fanno e disfanno: che si formano e si dissolvono.

La mia bambina con la palla in mano,
con gli occhi grandi colore del cielo
e dell'estiva vesticciola: «Babbo
– mi disse – voglio uscire oggi con te».
5 Ed io pensavo: Di tante parvenze
che s'ammirano al mondo, io ben so a quali
posso la mia bambina assomigliare.
Certo alla schiuma, alla marina schiuma
che sull'onde biancheggia, a quella scia
10 ch'esce azzurra dai tetti e il vento sperde;
anche alle nubi, insensibili nubi
che si fanno e disfanno in chiaro cielo;
e ad altre cose leggere e vaganti.

Esercizi

- **Competenza testuale e produzione**

1. Dal punto di vista tematico la poesia si articola in tre momenti. Individuali, isolando i diversi temi.
2. Quali figure retoriche del significato e del significante predominano nel componimento?
3. Illustra la relazione che unisce la poesia alla raccolta alla quale appartiene.
4. In quali versi e con quali tecniche il poeta crea l'impressione della leggerezza?
5. Utilizzando gli spunti suggeriti dagli esercizi precedenti e le indicazioni che ti sono state fornite nella parte teorica, componi l'analisi testuale della poesia.

ON LINE: La lettura del testo poetico
Testi: Carlo Betocchi, *Un dolce pomeriggio d'inverno*; Umberto Saba, *Quasi una moralità*

**Elementi fondamentali
dei generi**

Incontro
con il testo...

... poetico

I generi della poesia

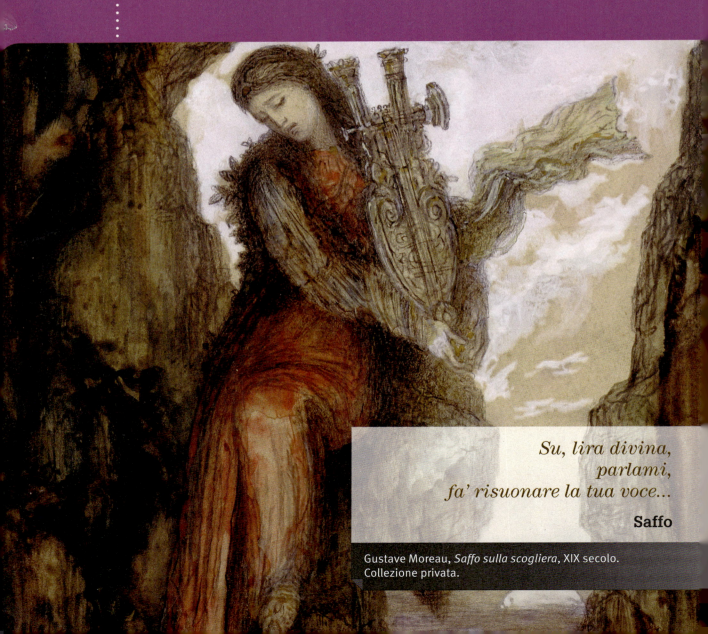

*Su, lira divina,
parlami,
fa' risuonare la tua voce...*
Saffo

Gustave Moreau, *Saffo sulla scogliera*, XIX secolo.
Collezione privata.

I generi della poesia

Sezioni:

- La poesia lirica
- La poesia civile
- La poesia satirica
- La poesia narrativa

I componimenti letterari, in base agli elementi tematici e formali che li accomunano, vengono raggruppati in quattro grandi «contenitori», i generi letterari, che sono: il genere narrativo, il genere lirico, il genere drammatico teatrale, il genere saggistico.
Se la narrativa e il teatro hanno come oggetto la realtà esterna e sono generalmente scritti in prosa, la lirica mette in primo piano l'io ed è scritta in versi.
Volendo darne una definizione, la più semplice possibile, diremo pertanto che la **lirica**, che è l'equivalente di quella che genericamente definiamo *poesia*, comprende tutti quei **componimenti in versi in cui il poeta esprime i propri sentimenti in modo soggettivo**. Gli elementi che la contraddistinguono sono:

- il **verso**;
- la **musicalità interna**, ottenuta con accorgimenti di diverso tipo (ritmo, rime, suoni);
- il **linguaggio** che si distanzia notevolmente da quello della comunicazione quotidiana e assume spesso significati simbolici;
- il frequente utilizzo di tutti i tipi di **figure retoriche**.

Il componimento lirico nasce pertanto dalla fusione di due elementi: la particolare sensibilità del poeta e la sua competenza tecnica, ovvero la capacità di manipolare le risorse della lingua per esprimere in modo personale e originale le proprie esperienze ed emozioni.
All'interno del grande contenitore della poesia non sono ravvisabili partizioni ben definite come negli altri generi letterari; possiamo però distinguere, **in base ai temi trattati** e alle corrispondenti forme espressive, i seguenti generi:

- poesia lirica;
- poesia civile;
- poesia satirica;
- poesia narrativa.

La poesia lirica

Origine ed evoluzione

La poesia lirica nel mondo greco

Alle sue origini, nel mondo greco, la lirica era una forma di **poesia accompagnata dalla musica**, piú precisamente dal suono della **lira**, antico strumento a corde, e veniva cantata o da una voce solista o da un coro. Da qui il nome.

Essa ebbe origine e si sviluppò in un arco di tempo compreso fra il VII e il V secolo a.C. quando al regime monarchico, di cui sono testimonianza i poemi omerici, si sostituirono, quasi dappertutto, i governi aristocratici. Fu questo un periodo di profondi mutamenti che avvennero sotto la spinta di due fattori importanti: la costituzione della *polis* e la colonizzazione.

La *polis* o città-stato divenne ben presto il centro della vita politica, economica e culturale. L'espansione coloniale, che portò i Greci a fondare nuove città su tutte le coste del Mediterraneo, dalla Sicilia all'Italia meridionale, fino alla Gallia, l'attuale Francia, favorí gli scambi e provocò la nascita di una nuova classe di ricchi mercanti, indebolendo la nobiltà terriera. In questa società cosí dinamica i cittadini divennero a poco a poco protagonisti della vita politica e sociale e sentirono l'esigenza di dar voce alla propria individualità.

Avviene in questo contesto il **passaggio dall'epica**, che raccontava le imprese degli eroi, rappresentando una realtà esterna al poeta, **alla lirica**, nella quale viene meno la componente narrativa e trova espressione il **mondo interiore dell'autore** che prende direttamente la parola per dar voce ai suoi sentimenti.

La lirica greca si distingueva in monodica e corale, a seconda che fosse cantata da una sola voce o da un coro. La differenza non era solo tecnica, ma investiva anche il contenuto, perché la **lirica monodica** era individuale e soggettiva e privilegiava temi come la descrizione della natura, l'amore, l'analisi dell'animo umano, mentre quella **corale** era legata alla religione e alla società, pertanto celebrava le divinità attraverso gli inni, canti processionali eseguiti da un coro; rendeva onore ai vincitori nelle gare agonistiche attraverso gli epinici; festeggiava le nozze con gli epitalami. Esponenti della lirica monodica furono Saffo, Alceo, Anacreonte; della lirica corale Simonide, Bacchilide e Pindaro.

La poesia lirica nel mondo latino

Anche nel mondo latino la nascita della poesia lirica avviene in un periodo di forti contrasti politici, qual è quello compreso tra l'età di Cesare e quella di Augusto (I secolo a.C.-I secolo d.C.). Mentre la società romana è lacerata dalle guerre civili, prima fra Mario e Silla, poi tra Cesare e Pompeo, un gruppo di poeti, che vennero definiti **poeti nuovi** o, con termine greco, **neòteroi**, presero le distanze dai generi illustri della tradizione, poesia e teatro, che erano in molti casi espressione dell'impegno politico dello scrittore, per dedicarsi a una poesia piú intima e raffinata, dal tono soggettivo, rivolta a pochi intenditori della stessa cerchia e non al vasto pubblico. A questa scelta letteraria corrispondeva un aristocratico e provocatorio rifiuto dell'impegno politico. I loro modelli letterari erano i poeti greci di età ellenistica, ovvero di quel periodo che comincia nel III secolo a.C., quando, in seguito alle imprese di Alessandro Magno, la cultura e la lingua greca si diffusero in tutti i territori da lui conquistati e Alessandria, Pergamo, Antiochia diventarono importanti centri culturali. I poeti ellenistici, detti anche alessandrini, il piú importante dei quali fu Callimaco, prediligevano una poesia breve, raffinata, erudita, nella quale non trovava espressione il sentimento individuale. I poeti nuovi latini, tra i quali il piú rappresentativo è Catullo, diedero invece un tono molto piú personale e soggettivo ai loro componimenti.

Qualche tempo dopo, quando già Augusto aveva conquistato a Roma il potere e aveva fondato l'impero, la lirica visse un'altra stagione gloriosa grazie all'opera di Orazio, il quale, a differenza dei poeti nuovi, non si ispirò più ai poeti ellenistici, ma prese a modello i lirici dell'età classica, in particolare Alceo. Le sue *Odi*, contrassegnate da misura ed equilibrio, prediligono temi esistenziali e non disdegnano la celebrazione della grandezza di Roma, in sintonia con il mutato clima politico.

La poesia lirica dal Medioevo al Seicento

Dopo la splendida fioritura della lirica greco-latina, bisogna aspettare il **Basso Medioevo**, cioè i secoli successivi all'anno 1000, per assistere a una rinascita di questo genere di poesia. È la **Provenza** il luogo in cui, a partire dal XII secolo, la lirica torna a essere cantata e accompagnata dalla musica grazie all'attività dei **trovatori**, poeti che vivevano nelle corti della Francia meridionale e nei loro componimenti cantavano prevalentemente l'amore, senza trascurare del tutto temi politici e guerreschi.

Con il trasferimento della cultura provenzale in **Sicilia**, la poesia lirica si sgancia definitivamente dal supporto esterno della musica, ma non da una sua interna musicalità data dal ritmo dei versi, dal loro raggruppamento in strofe e in componimenti metrici, dall'alternarsi e ripetersi delle rime.

La **lirica d'amore** diventa uno dei generi letterari più importanti della cultura medievale, passando attraverso l'esperienza del **Dolce stil novo** e raggiungendo la massima perfezione con Petrarca che diventerà un modello per i poeti italiani ed europei dal Trecento in poi. Da questo momento il sonetto, la canzone, la ballata, il madrigale saranno i componimenti metrici più usati dai poeti lirici.

Tra le voci più significative della lirica tra Cinquecento e Seicento vanno ricordati William Shakespeare, in Inghilterra, Pierre de Ronsard in Francia, Luis de Góngora in Spagna. A questo punto, però, il modello petrarchesco viene messo da parte dalla poesia barocca che introduce nuove tematiche e diverse modalità espressive.

La poesia lirica dall'Ottocento ai giorni nostri

Per molti secoli i poeti seguirono accuratamente le leggi metriche che regolavano la forma dei componimenti, ma ai primi dell'Ottocento, con l'affermarsi del Romanticismo, queste norme furono messe in discussione e nacque una lirica libera da qualsiasi regola prefissata e più rispondente all'espressione dell'interiorità del poeta. Sonetti, ballate, canzoni lasciarono il posto a componimenti in **versi sciolti**, a **canzoni libere** non più regolate da rigorose partizioni strofiche.

È questo un periodo in cui la poesia lirica vive la sua terza grande stagione dopo l'età classica e quella medievale. Poeti come Giacomo Leopardi in Italia, George Gordon Byron, Percy Bysshe Shelley, Samuel Coleridge, William Wordsworth in Inghilterra sono i massimi esponenti della lirica del primo Ottocento. Nella seconda metà del secolo l'influenza del Decadentismo francese favorisce la nascita di un nuovo modo di intendere la poesia che trova i suoi cantori in Charles Baudelaire, Paul Verlaine, Arthur Rimbaud, Stéphane Mallarmé in Francia e in Giovanni Pascoli e Gabriele D'Annunzio in Italia.

Altre innovazioni si verificano nel corso del Novecento allorché la lirica diventa il genere letterario dominante nell'ambito della poesia, come il romanzo lo è nella prosa. Messe definitivamente da parte le rime e le norme della versificazione, i poeti creano liriche costituite da **versi liberi** e percorse da una musicalità realizzata attraverso consonanze, assonanze, allitterazioni. La poesia dà sempre maggior rilievo al contrasto fra la parola e lo spazio bianco della pagina, abbandona definitivamente i toni alti e solenni e si apre alla lingua della comunicazione. I poeti, non più vincolati dalle norme, elaborano **tecniche sempre più individuali**, reinventando di volta in volta la fisionomia del testo poetico.

Incontro con il testo... ... poetico

Autori come Giuseppe Ungaretti, Eugenio Montale, Pablo Neruda, Mario Luzi, Sandro Penna e molti altri sono i maggiori rappresentanti della poesia lirica del Novecento e costituiscono un punto di riferimento per gli scrittori di oggi.

Caratteristiche

La poesia lirica si distingue dagli altri generi poetici perché è in essa dominante la componente soggettiva attraverso la quale il poeta filtra il suo rapporto con il mondo. Si parla pertanto di «io lirico» per indicare il poeta che esprime in prima persona i propri sentimenti e la propria visione del mondo.
Al suo interno possiamo distinguere due filoni:

- la **poesia di tono sentimentale**, che comprende tutti quei componimenti nei quali l'autore dà voce ai propri sentimenti: l'amore, l'amicizia, il rapporto con la natura, gli affetti familiari;
- la **poesia meditativo-riflessiva**, nella quale egli enuncia la sua concezione del mondo e della vita.

Queste due tematiche possono coesistere nello stesso autore e talvolta nella stessa opera: ne è un esempio Giacomo Leopardi, che nelle sue liriche intreccia l'espressione dei sentimenti alle riflessioni sulla malvagità della natura e sull'infelicità dell'uomo.

Saffo
Le stelle intorno alla bella luna

- M. Valgimigli, *Saffo, Archiloco e altri lirici greci*, Mondadori, Milano, 1968

IN SINTESI: La poesia dipinge un'immagine di tersa luminosità del cielo stellato e rischiarato dalla luna piena.

Forma metrica: Lo stato frammentario dei versi non permette di ricostruirne con sicurezza la forma metrica. In generale Saffo era solita comporre le sue liriche in strofe di quattro versi, che da lei hanno preso il nome di strofe saffiche.

genere: poesia lirica | *epoca:* VI secolo a.C. | *luogo:* Lesbo (Grecia) | *lingua originale:* greco antico

Le stelle intorno alla bella luna
velano il volto lucente
quando piena, al suo colmo,
argentea,
5   splende su tutta la terra...

L'OPERA

Dell'opera di Saffo si possedevano finora due odi quasi complete e circa 200 frammenti che hanno suscitato nel corso dei secoli l'ammirazione dei lettori comuni e dei poeti. Recentemente un papiro egiziano ha restituito due nuovi frammenti che sono ancora oggetto di studio. Il tema dominante della sua poesia è l'amore, un amore spesso tormentato che viene cantato con passione e sensualità; lo sguardo della poetessa si sofferma anche sul mondo naturale del quale lei riesce a cogliere l'essenza della bellezza.

I generi della poesia : La poesia lirica

L'autore

Saffo è una poetessa greca vissuta tra il VII e il VI secolo a.C.; probabilmente nacque nell'isola di Lesbo intorno al 612 a.C. da una famiglia forse aristocratica o di condizione altolocata. Della sua vita si conoscono notizie frammentarie: si sa che sposò un uomo ricco da cui ebbe una figlia, Cleide, oggetto di uno dei suoi componimenti. Per un certo periodo, per cause a noi sconosciute, visse a Siracusa, in Sicilia. Tornata nell'isola di Lesbo, fondò un tiaso, cioè un'associazione di fedeli dedicata a una divinità. Nel tiaso di Saffo, che era dedicato al culto di Afrodite, le ragazze imparavano il canto e la poesia e venivano preparate al matrimonio. Saffo è una delle voci più alte della lirica greca di età arcaica, tanto che una sua ode è stata riportata nel trattato greco *Sul sublime*, come esempio di grandissima poesia.

Entriamo nel testo

Il tema
Siamo di fronte a un breve frammento che appartiene a una lirica più ampia, di cui però non è rimasta traccia. In pochi versi Saffo descrive una notte di luna piena: le stelle, che solitamente illuminano il cielo, vedono offuscato il loro splendore da quello della luna che, argentea, *al suo colmo*, illumina la terra. È questo uno dei primi «notturni» della poesia europea e sicuramente uno dei più limpidi e intensi: l'immagine creata dalla poetessa greca giunge a noi da un tempo lontanissimo ancora viva, pura, essenziale, com'è nello stile di Saffo.

La natura frammentaria dei versi rende difficile spingersi oltre l'ammirazione e la suggestione che questa semplice descrizione riesce a trasmettere. Eppure, da un confronto con altri frammenti della poetessa di Lesbo e dal contesto in cui furono scritti, si può azzardare l'ipotesi che nelle strofe successive le stelle e la luna fossero paragonate a delle fanciulle. Possiamo così immaginare una ragazza bellissima che entra in una stanza dove si trovano altre giovani donne, anch'esse belle, e che il suo splendore, proprio come quello della luna, catturi di colpo l'attenzione a scapito delle altre.

Esercizi

- **Comprensione e produzione**

1. Che cosa significa l'espressione «risplende al suo colmo»?
2. Quali emozioni suscita in te questo frammento di Saffo? Rispondi in un breve componimento scritto.

Quinto Orazio Flacco
Carpe diem

Testo conchiglia
La folgorante fuga del tempo

- Orazio, *Sermo et Lyra*, a cura di A. La Penna, la Nuova Italia, Firenze, 1969, trad. nostra

IN SINTESI: Il poeta, rivolgendosi a Leuconoe, una giovane donna che sembra preoccupata del domani, la invita, con il tono di un uomo saggio e maturo, a non cercare di conoscere il futuro. Esso è ignoto e incontrollabile. Meglio accettarlo come verrà e cogliere il piacere dell'ora presente senza affidarsi a ingannevoli speranze.

Forma metrica: ode, componimento lirico di origine classica. I versi latini sono asclepiadei maggiori.

genere: poesia lirica | *epoca:* seconda metà I secolo a.C. | *luogo:* antica Roma | *lingua originale:* latino

Non domandare, a noi non è dato sapere, quale sorte
gli dei abbiano stabilito per me, quale per te, o Leuconoe,
e non interrogare gli oroscopi babilonesi.
Meglio accettare quanto avverrà.
5   Sia che Giove ci abbia assegnato piú inverni, sia che questo
che ora contro opposte scogliere affatica il mar Tirreno
sia per noi l'ultimo, sii saggia, filtra il vino
e adegua la tua speranza al breve spazio della vita.
Mentre parliamo il tempo invidioso è già fuggito:
10 cogli l'attimo presente e affidati il meno possibile al futuro.

3. non interrogare gli oroscopi babilonesi: a Roma erano numerosi gli astrologi caldei, cioè provenienti dalla Mesopotamia, che si vantavano di poter predire il futuro. Secondo la testimonianza di antichi scritti assiro-babilonesi pare che l'astrologia sia nata proprio in Mesopotamia. Grazie allo studio e alle prime osservazioni dei pianeti infatti circa 3500 anni fa i Babilonesi erano in grado di fare previsioni di vario genere: da quelle meteorologiche, necessarie per la coltivazione dei terreni, a quelle sul presunto volere degli dèi. Orazio, come tutte le persone colte, non crede alle profezie, a differenza della giovane Leuconoe che si affida alle loro improbabili previsioni. Qui però non è in discussione l'attendibilità o meno degli astrologi, quanto se sia bene o meno preoccuparsi del futuro.
7. filtra il vino: presso i romani il vino veniva filtrato con un arnese di metallo o con un pezzo di stoffa per eliminare le impurità e farlo diventare chiaro. Le parole del poeta vogliono essere un invito a bere il vino, per riscaldare il corpo e l'animo.

Lawrence Alma-Tadema, *I suoi occhi stanno con i suoi pensieri e sono cosí lontani*, particolare, 1897. Collezione privata.

I generi della poesia | La poesia lirica

L'OPERA

Le *Odi* di Orazio sono in tutto 104 suddivise in quattro libri. In esse il poeta, ispirandosi ai poeti greci dell'età classica, esprime l'aspirazione a una vita semplice e serena, dove l'amicizia riveste un ruolo importante e rasserenante e la poesia diventa una scelta di vita che eleva l'uomo verso una dimensione divina. Una delle tematiche più frequenti è quella del *carpe diem*, l'invito a vivere ogni attimo della vita senza chiedersi che cosa porterà il futuro, perché, data la precarietà dell'esistenza, il domani su cui pensiamo di contare potrebbe non arrivare mai. Le odi oraziane affrontano prevalentemente tematiche esistenziali, ma non mancano quelle che, anche per motivi di opportunità politica, sono dedicate all'esaltazione della grandezza di Roma, all'imperatore Ottaviano e alla gloria dell'Impero romano.

L'autore

Quinto Orazio Flacco nacque nel 65 a.C. a Venosa, in provincia di Potenza, ai confini della Lucania. Il padre, un liberto, possedeva un terreno e con sacrifici riuscí a mandare il figlio a studiare a Roma. Non ancora ventenne, Orazio si recò ad Atene per approfondire le conoscenze sulla filosofia e sulle arti dell'antica Grecia, e qui conobbe Bruto, l'assassino di Cesare, e si convertí alla sua causa. Deluso per la sconfitta di Filippi del 42 a.C., subíta dall'esercito di Bruto a opera di Ottaviano e Antonio, ritornò a Roma e iniziò a comporre versi che furono apprezzati da Virgilio e da Mecenate. Da quel momento la sua vita trascorse tranquilla e moderatamente agiata, dedicata alla scrittura. Egli frequentava gli ambienti letterari, e gli amici Virgilio e Mecenate lo aiutarono a inserirsi nella corte dell'imperatore Ottaviano Augusto. Morí nell'8 a.C., pochi giorni dopo la morte di Mecenate. Delle sue opere sono giunte a noi gli *Epodi*, le *Satire*, le *Odi* e le *Epistole*.

Entriamo nel testo

Dal testo al genere
Questo componimento, che viene giustamente considerato un gioiello della poesia di tutti i tempi, è un chiaro esempio di lirica a carattere meditativo-riflessivo. Il poeta, infatti, esprime, con un tono sobrio e pacato, la sua concezione del mondo ispirata ai principi della filosofia epicurea.

I temi
Proviamo a immaginare la scena delineata nella lirica. Il poeta e la giovane Leuconoe sono insieme, sicuramente all'interno di una casa. È inverno, come indica il riferimento al mare, le cui onde si infrangono con violenza contro le rocce. La giovane forse comunica al poeta la sua intenzione di recarsi da uno dei tanti astrologi babilonesi che circolavano a Roma per farsi predire il futuro. Il poeta le parla in modo dolce e pacato indicandole un diverso modo di porsi di fronte alla vita.
Nella sua brevità la lirica affronta quattro importanti tematiche:
- l'impossibilità di conoscere il futuro;
- la brevità della vita umana;
- l'accettazione distaccata e dignitosa della propria sorte;
- l'invito a vivere pienamente il presente.

Da una parte vengono messi in risalto due elementi negativi che gettano un'ombra sulla vita dell'uomo (l'impossibilità di conoscere il futuro e la brevità della vita) dall'altra viene fornito un modello di comportamento in grado di fronteggiare l'angoscia e di assicurare la serenità. L'uomo deve essere consapevole dei propri limiti e accettare con dignità quanto il futuro gli riserva, dato che non può né controllarlo né prevederlo. La morale oraziana però non si limita a questo atteggiamento, ma individua nel *carpe diem*, cioè nella **capacità di vivere pienamente e intensamente il momento presente**, un efficace antidoto alla paura e all'ansia.

L'espressione *carpe diem* («cogli l'attimo»), ormai divenuta proverbiale, non va intesa come invito al godimento immediato e gioioso, proprio di chi si abbandona spensieratamente alla bellezza del mondo e ai piaceri della vita. Il poeta vuole piuttosto sottolineare che l'unico modo che l'uomo ha per riscattarsi dalla condizione di precarietà e di impotenza in cui lo pone la brevità della vita, è il dominio sul presente. La saggezza consiste nel limitare le speranze, destinate a tramutarsi in mortificanti delusioni e nel cogliere, come se fosse un frutto o un fiore, il momento presente, considerandolo un dono da apprezzare e gustare fino in fondo. Si legge nelle parole del poeta anche l'esortazione a far buon uso del tempo perché questo, una volta fuggito, non tornerà piú.

Esercizi

- **Comprensione e interpretazione**

1. Perché il poeta esorta Leuconoe a non prestar fede agli oroscopi babilonesi?
    a. Perché considera gli astrologi dei ciarlatani.
    b. Perché ritiene che sia meglio non conoscere il futuro.
    c. Perché il futuro non si può conoscere.
    d. Perché conoscere il futuro impedisce di vivere pienamente il presente.

2. Perché il poeta definisce il tempo *invidioso*?

3. Con l'espressione *filtra il vino* il poeta:
    a. vuole invitare la fanciulla a bere per dimenticare la paura del futuro;
    b. vuole ricordare alla fanciulla che bisogna filtrare il vino prima di berlo;
    c. vuole invitare la fanciulla a godere di uno dei piaceri della vita;
    d. vuole porre fine alla conversazione invitando la fanciulla a svolgere un compito pratico.

4. In quale punto del testo viene espressa l'idea della brevità della vita?

5. Generalmente nella poesia lirica il poeta esprime in prima persona i suoi sentimenti o le sue riflessioni. Quale modalità ha invece scelto Orazio per dar voce alla sua concezione della vita?

6. Esprimi con parole tue il messaggio che scaturisce da questa ode di Orazio.

I generi della poesia : **La poesia lirica**

Francesco Petrarca
Solo e pensoso

Eugenio

• F. Petrarca, *Rime e Trionfi*, a cura di F. Neri, Utet, Torino, 1968

IN SINTESI: Il poeta innamorato si aggira solitario e pensoso in mezzo a una natura silenziosa e deserta, per evitare il contatto con i propri simili e continuare il suo colloquio con Amore, a cui inutilmente tenta di sfuggire.

Forma metrica: sonetto.

genere: poesia lirica	*epoca:* 1342-1374	*luogo:* Italia	*lingua originale:* toscano del Trecento

1-2. i piú deserti ... vo mesurando: vado percorrendo i luoghi piú deserti.
3-4. e gli occhi ... stampi: e volgo intorno gli occhi, attento a evitare i luoghi dove impronte umane segnino il terreno, cioè i luoghi frequentati dagli uomini.
5. schermo: riparo.
5-6. che ... genti: che impedisca che la gente si accorga facilmente della mia pena d'amore. – **che mi scampi:** letteralmente «che mi salvi».
7. negli atti ... spenti: nel mio comportamento privo di gioia.
8. di fuor si legge: si manifesta esteriormente. – **avampi:** arda d'amore.
9. omai: ormai. – **piagge:** pendii.
10. di che tempre: di che genere.

Solo e pensoso i piú deserti campi
vo mesurando a passi tardi e lenti,
e gli occhi porto per fuggire intenti
ove vestigio uman l'arena stampi.

5 Altro schermo non trovo che mi scampi
dal manifesto accorger de le genti,
perché negli atti d'alegrezza spenti
di fuor si legge com'io dentro avampi:

sí ch'io mi credo omai che monti e piagge
10 e fiumi e selve sappian di che tempre
sia la mia vita, ch'è celata altrui.

Ma pur sí aspre vie né sí selvagge
cercar non so ch'Amor non venga sempre
ragionando con meco, et io con lui.

11. la mia vita ... altrui: la mia vita interiore che è nascosta agli altri.

12-13. Ma pur ... cercar non so: e tuttavia non riesco a trovare luoghi cosí aspri e selvaggi.

– ch'Amor: senza che Amore.
14. ragionando: parlando. – **con meco:** con me.

L'OPERA

Il *Canzoniere* è la piú importante opera di Francesco Petrarca e uno dei testi fondamentali nel campo della lirica d'amore. È costituito da 365 componimenti, corrispondenti al numero dei giorni dell'anno, piú un sonetto d'apertura che fornisce la chiave di lettura dell'opera. In tutto, quindi, le liriche sono 366. A differenza delle raccolte dei poeti siciliani e stilnovisti, nelle quali i testi non si susseguivano secondo una linea di sviluppo, il *Canzoniere* si presenta come una struttura organica nella quale l'autore ha riunito e ordinato i suoi componimenti secondo un preciso itinerario cronologico e spirituale. Le liriche, dedicate in massima parte a Laura, la donna amata dal poeta, sono raggruppate in due sezioni: *Rime in vita* e *Rime in morte di Madonna Laura*. A questa bipartizione corrisponde una diversa disposizione spirituale dell'autore: nella prima parte il suo amore è ancora tormentato e passionale, nella seconda è piú pacato e malinconico. Non è possibile indicare la data dei singoli componimenti. Basti sapere che la composizione del *Canzoniere* si è prolungata in un arco di tempo molto ampio che va dal 1342 al momento della morte del poeta (1374).

L'autore

Francesco Petrarca è il piú importante poeta e uomo di cultura del Trecento, artefice di una nuova immagine dell'intellettuale e creatore di un linguaggio poetico la cui influenza sulla poesia italiana non è mai venuta meno nel corso dei secoli. Nacque nel 1304 ad Arezzo, dove il padre, ser Petracco, si era rifugiato dopo essere stato esiliato da Firenze. Dopo qualche anno la famiglia si trasferí in Francia, nei pressi di Avignone, sede in quegli anni del papato. Qui ser Petracco aveva ottenuto un incarico alla corte pontificia. Il giovane Francesco venne mandato a completare la sua educazione insieme con il fratello Gherardo prima a Montpellier e poi a Bologna, per frequentare la facoltà di diritto canonico. Egli però trascurò gli studi di diritto per dedicarsi alla poesia. Nel 1326, dopo la morte del padre, tornò ad Avignone e qui il venerdí santo del 1327 incontrò, nella chiesa di Santa Chiara, Laura, la donna alla quale fu legato da un amore intenso che ebbe un ruolo centrale nella sua vita di uomo e di poeta. Di lí a qualche anno le necessità economiche sempre piú impellenti lo indussero a una scelta che sarebbe stata seguita ben presto da molti altri intellettuali. Non volendo impegnarsi in un'attività professionale che non gli avrebbe consentito di dedicarsi completamente allo studio, come egli invece desiderava, preferí seguire una forma particolare di carriera ecclesiastica: prese gli ordini minori, che obbligavano al celibato, non comportavano l'esercizio dell'attività pastorale e la cura delle anime e garantivano la rendita di un beneficio ecclesiastico, cioè di una proprietà della Chiesa. In tal modo egli si assicurava l'indipendenza economica. Da questo momento la sua vita si svolse tra frequenti viaggi, compiuti ora per motivi di studio ora per svolgere delicate missioni diplomatiche, e periodi trascorsi nella quiete di Valchiusa, in Provenza, dove si dedicava allo studio, alla lettura dei classici e alla composizione delle sue opere letterarie in latino e in volgare. Le prime, se si esclude l'*Africa*, un poema epico rimasto incompiuto, hanno carattere prevalentemente saggistico; le seconde, che coincidono praticamente con il *Canzoniere*, sono componimenti in versi di argomento amoroso.

La sua fama di uomo di cultura era tale che nel 1340 venne incoronato poeta a Roma in Campidoglio con una cerimonia assai solenne. Nel 1353 si stabilí a Milano presso i Visconti, per i quali svolgeva occasionalmente incarichi diplomatici, ottenendo in cambio protezione e larga disponibilità di tempo per i suoi studi. Nel 1362 si trasferí a Padova e successivamente a Venezia. Trascorse gli ultimi anni della sua vita ad Arquà, presso Padova, dove morí nel 1374.

Entriamo nel testo

I temi

Il sonetto descrive la sofferenza del poeta innamorato che sfugge il contatto con gli altri esseri viventi e va peregrinando in solitudine in una natura deserta e malinconica senza tuttavia riuscire a sottrarsi alla presenza assillante dell'Amore. Tre sono i «protagonisti» del componimento:
- il **poeta**, logorato da una sofferenza amorosa che si manifesta nei suoi gesti: l'andare *solo e pensoso*, gli *atti d'alegrezza spenti*;
- la **natura**, che non viene descritta nella sua realtà oggettiva, ma riflette lo stato d'animo del poeta; i luoghi che egli va percorrendo sono indicati con plurali generici (*campi*, *monti*, *piagge*, *fiumi*, *selve*, *vie*) che danno l'idea di uno spazio illimitato e malinconico;
- **Amore**, fonte di sofferenza ma anche compagno indivisibile del poeta, che non può fare a meno di instaurare con lui un colloquio continuo e affettuoso. Il sonetto, che si era aperto con la figura dell'innamorato solitario, alla ricerca di luoghi aspri e selvaggi, si chiude con l'immagine del suo ininterrotto colloquio con Amore.

La metrica e la sintassi

Si nota una perfetta corrispondenza fra metro e

sintassi nella prima e nell'ultima strofa, ciascuna delle quali è occupata da un periodo concluso da un punto fermo.
Nella parte centrale, invece, la struttura sintattica travalica il limite delle strofe: un unico periodo, spezzato da un segno di interpunzione, si distende nella seconda quartina e nella prima terzina. Questa costruzione sintattica non è casuale: infatti la prima e l'ultima strofa raffigurano la situazione iniziale (ricerca della solitudine da parte del poeta) e quella finale (costante presenza dell'Amore). Le due strofe centrali contengono la descrizione dello stato d'animo dell'io lirico e danno una spiegazione psicologica del suo desiderio di solitudine e dell'impossibilità di realizzarlo appieno. Petrarca non è l'innamorato felice che cerca uno sfondo naturale per fantasticare sul suo amore. Egli vuole sottrarsi alla curiosità della gente, perché la sua sofferenza d'amore è troppo evidente. Notiamo in lui un senso di pudore per i propri sentimenti, il bisogno di nasconderli a un volgo rozzo e pettegolo che non lo capirebbe. Ma proprio la solitudine esaspera il suo sentimento e lo ingigantisce: evitando il contatto con gli altri il poeta pensa in continuazione al suo amore. Ecco perché alla fine del componimento l'innamorato e l'Amore si accampano come unici protagonisti della scena.

Il lessico

Il sonetto è contrassegnato dall'uso costante di coppie di aggettivi e sostantivi che si rafforzano tra loro (*solo e pensoso, tardi e lenti, aspre... selvagge, monti e piagge e fiumi e selve*) comunicando una sensazione di **rallentamento** e di **monotonia**. Questa scelta formale ha la funzione di riprodurre a livello espressivo il lento girovagare del poeta, l'immutabilità della sua condizione, l'impossibilità di sfuggire all'ardore interno che lo consuma. Ne scaturisce una corrispondenza tra la condizione psicologica dell'io lirico e il ritmo del componimento.
Il sonetto risulta pertanto armonioso e musicale, anche se esprime uno stato d'animo tormentato e lacerato. È questa del resto una delle caratteristiche dell'arte e della poesia. Un poeta, infatti, quando è veramente tale, riesce a ricomporre nell'armonia formale contraddizioni e dissonanze sia interiori sia esteriori.

Arnold Böcklin, *Petrarca alla fonte di Valchiusa*, particolare, 1867. Basilea, Kunstmuseum.

Esercizi

- **Comprensione**

    1. Spiega quale rapporto si viene a creare tra il poeta e gli altri uomini e tra il poeta e la natura.
    2. Perché il poeta non riesce a raggiungere la piena solitudine? Chi gli sta sempre accanto?
    3. Che cosa prova il poeta nel suo animo? Come si manifesta esteriormente la sua condizione interiore?

- **Competenza metrica e testuale**

    4. Ricostruisci lo schema delle rime e indicane la tipologia.

5. Individua tutte le coppie di aggettivi e sostantivi presenti nel testo.

6. Indica i temi presenti in ciascuna strofa.

7. Riconosci nel testo gli elementi che permettono di inserirlo nel filone della poesia lirica a carattere sentimentale.

- **Competenza lessicale**

8. La parola *vestigio* usata al verso 4 (*ove vestigio uman l'arena stampi*) vuol dire:

   a. monumento;   **c.** impronta;
   b. capo d'abbigliamento;   **d.** rudere.

9. La parola *schermo* usata al verso 5 (*Altro schermo non trovo che mi scampi*) vuol dire:

   a. derisione;   **c.** riparo;
   b. maschera;   **d.** spada.

10. Secondo te le parole *schermo*, *scherma* e *scherno* hanno la stessa origine? Se non lo sai, fai una piccola ricerca sul dizionario.

---

per l'INVALSI con *Eugenio*

1. Tema centrale del componimento è:

   a. ☐ la presenza costante dell'amore nella vita del poeta.
   b. ☐ il rapporto del poeta con la natura.
   c. ☑ la contrapposizione tra la quiete della natura e l'ossessione d'amore.
   d. ☐ il desiderio di solitudine del poeta.

2. Al verso 3 «e gli occhi porto per fuggire intenti» sono presenti due figure retoriche uguali. Si tratta di:

   a. ☐ iperbato.
   b. ☑ metonimia.
   c. ☐ chiasmo.
   d. ☐ anàstrofe.

3. «Vestigio» (v. 4) è una parola di origine latina, oggi in disuso, che ricorre in contesti linguistici di tono elevato. Con quale altra parola piú comune potresti sostituirla?

....

4. All'inizio della lirica il poeta afferma: «Solo e pensoso i piú deserti campi / vo mesurando a passi tardi e lenti» (vv. 1-2). Perché egli va alla ricerca di luoghi solitari?

   a. ☐ Per poter continuare indisturbato il suo colloquio con Amore.
   b. ☐ Per evitare che gli altri si accorgano del suo tormento d'amore.
   c. ☐ Per sfuggire alla sua ossessione amorosa.
   d. ☐ Per trovare conforto nella natura.

5. Che cosa permette alle altre persone di accorgersi della vampa d'amore che consuma il poeta?

   a. ☑ Il suo atteggiamento sognante.
   b. ☐ La sua ricerca di luoghi solitari.

I generi della poesia · La poesia lirica

c. ☐ Il suo atteggiamento malinconico.
d. ☐ La sua inquietudine.

6. Rileggi la terza strofa del sonetto: essa è occupata da piú proposizioni secondarie. Quante sono?

a. ☐ 4.
b. ☐ 5.
c. ☒ 3.
d. ☐ 6.

7. Le due strofe centrali del componimento sono occupate da un lungo periodo diviso in due parti da un segno di interpunzione forte. Individua la proposizione principale.

a. ☒ «Di fuor si legge».
b. ☐ «Io mi credo omai».
c. ☐ «Altro schermo non trovo».
d. ☐ «È celata altrui».

8. Quante sono le proposizioni relative contenute nel periodo che occupa la seconda e la terza strofa del sonetto?

a. ☒ 3.
b. ☐ 4.
c. ☐ 2.
d. ☐ 1.

9. La proposizione «di che tempre / sia la mia vita» (vv. 10-11) è:

a. ☐ una relativa.
b. ☐ una consecutiva.
c. ☐ una modale.
d. ☒ un'interrogativa indiretta.

10. La proposizione «ch'Amor non venga sempre ragionando con meco» (vv. 13-14) è:

a. ☐ una relativa.
b. ☒ un'eccettuativa.
c. ☐ una consecutiva.
d. ☐ un'interrogativa indiretta.

11. Quale funzione svolge la natura nel componimento?

a. ☒ È la confidente del poeta.
b. ☐ È la testimone del suo tormento amoroso.
c. ☐ È un'oasi di pace e di serenità.
d. ☐ È lo sfondo del suo sogno d'amore.

12. Caratteristico dello stile di Petrarca, ampiamente presente in questo sonetto, è:

a. ☐ l'uso delle coppie.
b. ☐ l'uso dell'enumerazione.
c. ☐ l'uso di suoni aspri.
d. ☒ l'uso delle antitesi.

Torquato Tasso
Qual rugiada o qual pianto

- T. Tasso, *Opere*, a cura di B. T. Sozzi, Utet, Torino, 1956, vol. II

IN SINTESI: Tasso descrive un paesaggio notturno attraversato da vibrazioni malinconiche: le gocce di rugiada sembrano lacrime, il fruscio del vento sembra un lamento. È la natura che mostra cosí la sua tristezza per la partenza della donna amata dal poeta.

Forma metrica: Madrigale, un breve componimento che veniva accompagnato dalla musica ed era destinato al canto. Generalmente trattava temi d'amore con tono galante. Caratteristiche del madrigale sono la brevità, la musicalità affidata alla ripetizione delle parole e dei suoni, la raffinatezza e la dolcezza del linguaggio. È costituito da endecasillabi e settenari che rimano secondo lo schema abAB – CDdc – Ee – Ff.

genere: poesia lirica | *epoca:* seconda metà del Cinquecento | *luogo:* Ferrara | *lingua originale:* italiano

Qual rugiada o qual pianto,
quai lagrime eran quelle
che sparger vidi dal notturno manto
e dal candido volto de le stelle?
5   E perché seminò la bianca luna
di cristalline stelle un puro nembo
a l'erba fresca in grembo?
Perché ne l'aria bruna
s'udian, quasi dolendo, intorno intorno
10 gir l'aure insino al giorno?
Fur segni forse de la tua partita,
vita de la mia vita?

2. **quai**: quali.
3. **dal notturno manto**: dalla volta del cielo notturno che viene paragonata a un manto nero.
4. **dal candido volto de le stelle**: dalle stelle luminose.
6. **di cristalline ... nembo**: uno strato di gocce di rugiada, paragonate a una distesa di stelle di cristallo.
9-10. **s'udian ... insino al giorno**: si udiva intorno il fruscio del vento che, simile a un gemito di dolore, si prolungava fino all'alba. – **gir**: andare.
11. **Fur**: furono. – **partita**: partenza.

L'autore

Torquato Tasso è il piú significativo esponente della cultura italiana della seconda metà del Cinquecento. Nato nel 1544 a Sorrento da Bernardo Tasso, fu costretto ancora fanciullo a lasciare la sua terra d'origine e la madre per seguire il padre che aveva voluto accompagnare in esilio il suo signore, Ferrante di San Severino. Da questo momento ebbe inizio un'esistenza di continue peregrinazioni: Tasso fu infatti un intellettuale perennemente in viaggio, non legato stabilmente ad alcuna città e continuamente alla ricerca di un «porto», di un approdo definitivo e sereno. Visse per un certo periodo a Urbino, quindi raggiunse a Venezia il padre e da lí si trasferí a Padova. Qui seguí i corsi universitari di diritto, che ben presto abbandonò per dedicarsi definitivamente alla letteratura. Nel 1565 si trasferí a Ferrara e iniziò la sua carriera di poeta di corte al servizio della famiglia d'Este. Qui poté godere di dieci anni di serenità e di felicità creativa. In questo periodo compose infatti le sue opere piú importanti: il dramma pastorale *Aminta* e il poema eroico *Gerusalemme liberata*. Ma le discussioni e le polemiche seguite alla composizione del poema provocarono in Tasso uno stato di insofferenza e di agitazione che sfociò in diverse esplosioni di follia in seguito alle quali fu rinchiuso nell'ospedale di Sant'Anna, dove rimase per sette anni, dal 1579 al 1586, alternando momenti di follia a periodi di lucidità. Finalmente, per intercessione di Vincenzo Gonzaga, fu liberato. Trascorse gli ultimi anni fra Napoli e Roma, dove morí nel 1595.

I generi della poesia | La poesia lirica

L'OPERA

La lirica fa parte delle *Rime*, una raccolta di circa 200 componimenti (sonetti, canzoni, madrigali) che Tasso scrisse durante tutto l'arco della sua vita. Ne curò egli stesso la pubblicazione raggruppandoli, a seconda dei temi, in tre sezioni: rime amorose, encomiastiche e religiose. Ebbe come modelli Petrarca e i lirici latini e greci.

Entriamo nel testo

Il tema
Il tema è quello, antichissimo, della **partenza della donna amata**. Esso viene però esplicitato solo nei due versi finali. Tutta la prima parte è un «notturno» straordinariamente poetico nel quale Tasso umanizza la natura rendendola partecipe della sua malinconia e della sua solitudine di amante. Umanizzazione e trasformazione degli elementi naturali sono le componenti dominanti del madrigale.
Nell'oscurità della notte scintilla sull'erba la rugiada, nel silenzio si avverte appena il sussurro flebile del vento, ma la sensibilità del poeta trasfigura le gocce di rugiada in stille di pianto e il sussurro del vento in un gemito insistente. È come se la natura stessa, umanizzata, piangesse per la partenza della donna. La notte assume dunque i contorni di una dolce e affettuosa creatura femminile, dal volto candido e dal manto scuro, che inonda di lacrime la terra.
In questo gioco ininterrotto di trasfigurazioni le gocce di rugiada, prima viste metaforicamente come lacrime delle stelle, si trasformano esse stesse in stelle luminose e trasparenti che impreziosiscono l'erba. Del resto i due elementi naturali ricorrenti nel componimento, ovvero l'acqua e l'aria, hanno come caratteristica principale la mobilità che li fa apparire animati e quindi più facilmente umanizzabili.

Le scelte lessicali
Sul piano lessicale si nota la prevalenza di parole adoperate in **chiave metaforica**. Nel verso iniziale, ad esempio, il primo termine, *rugiada*, è realistico, il secondo, *pianto*, e i successivi, *lacrime, notturno manto, candido volto, cristalline stelle, puro nembo*, sono metaforici e soggettivi. La parola chiave è *pianto*, al cui campo semantico è possibile ricondurre una serie di termini che si riferiscono al tema delle lacrime e della malinconia: *lacrime, sparger, candido volto, cristalline stelle, dolendo*.

La struttura sintattica
Sul piano sintattico si nota la prevalenza della **coordinazione** sulla subordinazione. Questa scelta non è casuale, bensì funzionale a ciò che il poeta ha inteso esprimere attraverso il contenuto. Agli occhi dell'uomo innamorato gli elementi umani e naturali si rivelano intercambiabili (le gocce di rugiada sono ora lacrime, ora stelle, il vento è un flebile sospiro, la notte ha parvenze femminili) e sono pertanto collocati tutti sullo stesso piano, senza che si stabilisca una priorità degli uni

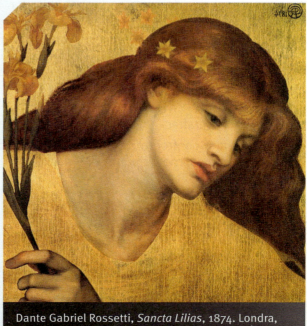

Dante Gabriel Rossetti, *Sancta Lilias*, 1874. Londra, Tate Britain.

sugli altri. Allo stesso modo la sintassi predilige la coordinazione, nella quale le proposizioni sono poste tutte allo stesso livello. Viene cosí ribadita, attraverso la struttura del discorso, l'intercambiabilità degli elementi.
Altrettanto significativa si rivela la successione delle interrogative dirette che creano un'atmosfera di attesa e di incertezza, appagata dall'interrogativa retorica che conclude il componimento. L'espressione finale, *vita de la mia vita*, rende con particolare intensità il sentimento del poeta per la sua donna.

La musicalità
Il componimento è percorso da una diffusa musicalità ottenuta con il movimento melodico dei versi brevi e lunghi (settenari ed endecasillabi) e delle rime ora alternate ora baciate.

Esercizi

Competenza trasversale:

 Acquisire ed interpretare l'informazione
 Individuare collegamenti e relazioni
  Comunicare
  Comunicare nelle lingue straniere

- **Competenza testuale**

1. Relativamente alle sensazioni visive, l'intero componimento è giocato sul contrasto fra luce e ombra, bianco e nero. Ricostruisci i due campi semantici elencando parole ed espressioni riferibili a ciascuno di essi. Quindi prova a spiegare quale piú profondo significato si può attribuire al motivo della luce e a quello delle tenebre.
2. Sottolinea tutte le parole che umanizzano gli elementi della natura.
3. Analizza adesso il livello fonico del testo, appuntando l'attenzione da una parte sulle rime, dall'altra sulla «disseminazione dei suoni»:
   a. riconosci le rime alternate e quelle baciate;
   b. individua i due fonemi predominanti nel madrigale e, lasciandoti guidare dalla tua sensibilità oltre che dalla trama dei significati presenti nel testo, prova a spiegare quali particolari sensazioni comunica la frequenza di questi suoni.

- **Produzione**

4. Fai la parafrasi del testo in forma scritta o orale.

 5. Metti a confronto questo componimento di Tasso con il «notturno» di Saffo (vedi pag. 62) e illustra oralmente punti di contatto e differenze fra le due liriche.

I generi della poesia : **La poesia lirica**

Ugo Foscolo
Alla sera

• U. Foscolo, *Poesie e prose*, a cura di G. Rispoli, Cremonese, Roma, 1959

IN SINTESI: L'atmosfera quieta e malinconica della sera suscita nel poeta il pensiero della morte, alla quale egli guarda con serenità perché sa che essa segnerà la fine di tutti i suoi affanni.

Forma metrica: sonetto con rime alternate sia nelle quartine (ABAB – ABAB) sia nelle terzine (CDC – DCD).

genere: poesia lirica | *epoca*: 1803 | *luogo*: Italia | *lingua originale*: italiano

1-2. Forse ... vieni: forse perché sei l'immagine della morte, giungi a me cosí gradita. La quiete della sera fa venire in mente al poeta la definitiva pace e calma della morte.
3-6. E quando ... meni: sia quando sei accompagnata dalle leggere nubi estive e dai venticelli sereni, sia quando dal cielo invernale (*nevoso aere*) conduci sulla terra (*all'universo*) notti lunghe e tempestose.
7-8. e le secrete ... tieni: e occupi con la tua dolcezza rasserenatrice le vie piú segrete del mio animo.
9-10. Vagar ... eterno: mi fai errare col pensiero sulle vie che conducono l'uomo alla morte. Piú semplicemente: mi fai pensare alla morte e al nulla eterno nel quale l'uomo precipita. Per Foscolo, ateo e materialista, la morte è annullamento totale.
11. reo: crudele.

Forse perché della fatal quïete
tu sei l'immago, a me sí cara vieni,
o sera! E quando ti corteggian liete
le nubi estive e i zeffiri sereni,

5 e quando dal nevoso aere inquiete
tenebre e lunghe all'universo meni,
sempre scendi invocata, e le secrete
vie del mio cor soavemente tieni.

Vagar mi fai co' miei pensier su l'orme
10 che vanno al nulla eterno; e intanto fugge
questo reo tempo, e van con lui le torme

delle cure onde meco egli si strugge;
e mentre io guardo la tua pace, dorme
quello spirto guerrier ch'entro mi rugge.

11-12. le torme delle cure: la piena degli affanni. *Torme* letteralmente significa «schiere».
12. onde ... strugge: tra i quali il tempo si consuma insieme con me. Con il trascorrere del tempo infatti anche la vita del poeta passa e il momento della morte si avvicina.
13. dorme: si placa, ma solo momentaneamente.
14. spirto guerrier ... rugge: l'animo focoso che freme dentro di me.

L'OPERA

Il poeta Ugo Foscolo scrisse in tutto 12 sonetti che pubblicò a Milano nel 1803 insieme con due odi, sotto il titolo complessivo di *Poesie*. Di questi i piú importanti sono: *Alla sera*, *Alla Musa*, *A Zacinto*, *In morte del fratello Giovanni*, nei quali il poeta ha raggiunto un perfetto equilibrio tra ricchezza sentimentale e limpidezza formale. I sonetti foscoliani presentano alcune caratteristiche espressive che li rendono riconoscibili e li distinguono dai sonetti di tipo petrarchesco, largamente presenti nella nostra tradizione letteraria. Innanzitutto hanno la forma di un dialogo tra l'autore e una realtà sentimentale nostalgicamente evocata: la sera, la musa, la terra natale, il fratello. Inoltre si aprono con dei connettivi, *né piú mai*, *forse perché*, *un dí*, *pur* ecc., che conferiscono al componimento un tono riflessivo, facendolo apparire come la continuazione commossa e appassionata di un pensiero che il poeta ha meditato a lungo dentro di sé nel silenzio della sua anima. Acquistano infine particolare rilievo nel testo le forme verbali e le locuzioni temporali che mettono in luce la condizione esistenziale del poeta, scissa tra un passato di nostalgica e irraggiungibile serenità, un presente doloroso e un futuro che si preannunzia ancora piú disperato.

L'autore

Ugo Foscolo è una delle personalità piú inquiete e appassionate dell'Ottocento italiano. Nato nel 1778 nell'isola greca di Zante da un medico veneziano, Andrea Foscolo, e da una donna greca, Diamantina Spathis, nel 1793, dopo la morte del padre, si trasferí con la famiglia a Venezia. Qui completò la sua educazione letteraria, compí i primi esperimenti poetici ed entrò in contatto con diversi intellettuali già affermati. Entusiasmatosi per gli ideali di libertà e uguaglianza sostenuti e propagati dalla Rivoluzione francese, quando, dopo la discesa di Napoleone in Italia nel 1796, anche a Venezia si instaurò una repubblica giacobina, ricoprí varie cariche pubbliche. Ma nell'ottobre del 1797, con il trattato di Campoformio Napoleone cedette Venezia all'Austria mostrando il piú totale disprezzo per gli italiani e per i valori che egli stesso aveva contribuito a diffondere. Questo gesto fece crollare tutte le speranze del giovane Foscolo il quale però, nonostante la profonda delusione, preferí arruolarsi nell'esercito napoleonico piuttosto che vivere alle dipendenze di uno Stato reazionario come l'Austria. Ebbe inizio da questo momento la sua vita errabonda: si recò dapprima a Bologna, poi a Genova e a Milano. Risale a questi anni la composizione di un romanzo epistolare intitolato *Ultime lettere di Jacopo Ortis*, a cui lavorò per tutta la vita. Appartengono allo stesso periodo due odi e dodici sonetti. Tra il 1804 e il 1806 si trasferí in Francia dove si arruolò nell'armata francese che preparava lo sbarco in Inghilterra. Dalla relazione con una giovane donna inglese ebbe una figlia, Floriana, che gli fu accanto negli anni dell'esilio. Tornato in Italia pubblicò nel 1807 i *Sepolcri*, la sua opera piú importante, nella quale celebrava la funzione civile e politica della tomba. Nel 1808 fu nominato professore di Eloquenza (termine con il quale si soleva indicare la letteratura italiana) all'Università di Pavia, ma dopo pochi mesi la cattedra venne soppressa. Deluso, si trasferí a Firenze dove soggiornò dal 1812 al 1813 e avviò la stesura di un'altra opera poetica, che però rimase incompiuta, *Le Grazie*. Nel 1814, dopo la caduta di Napoleone, venne invitato dagli austriaci, tornati a occupare l'Italia, a dirigere un giornale letterario. Sarebbe stato quello il momento della rivalsa dopo tante umiliazioni subíte dai francesi, ma Foscolo si rese conto che prestando giuramento di fedeltà agli austriaci avrebbe perduto la sua libertà di intellettuale e avrebbe tradito «la nobiltà finora incontaminata [...] del [suo] carattere», come egli stesso scrisse in una lettera alla madre. Scelse pertanto la via dell'esilio volontario che lo portò prima in Svizzera e poi in Inghilterra, dove morí in miseria nel 1827.

I generi della poesia | La poesia lirica

Entriamo nel testo

Il tema
Nel sonetto il poeta svolge una pacata **riflessione sulla morte**, il cui pensiero gli viene suggerito dall'immagine della sera. In qualunque modo essa scenda sul mondo, dolce e serena o tenebrosa e inquieta, è sempre apportatrice di pace e induce il poeta a pensare alla morte nella quale si placheranno finalmente, dissolvendosi nel nulla eterno, tutti gli affanni della vita. All'immagine della sera-morte apportatrice di pace si contrappone quella del *reo tempo* che distrugge ogni cosa e tormenta l'uomo con avversità, affanni e delusioni.

La struttura metrica e quella sintattica
Il discorso poetico si dipana armonicamente nelle quartine e nelle terzine. Le quartine, di tono descrittivo, sono occupate da periodi distesi e solenni, soprattutto il secondo che è impostato sul parallelismo *e quando... e quando* e supera la misura della strofa. Le terzine, dedicate alla riflessione, hanno un tono piú drammatico, accentuato dalla prevalenza di strutture paratattiche (*vagar mi fai... e intanto fugge... e van con lui... dorme*) e dal maggior numero di sostantivi e di verbi indicanti movimento, agitazione, angoscia. Mentre le quartine sono immerse in un'atmosfera di quiete e di serenità, le terzine sono incupite dai riferimenti alla tragicità della Storia e della vita.
Il tempo verbale dominante è il presente indicativo. Tale insistenza non è casuale. Per comprenderne il significato basta riflettere sul fatto che nell'eternità non vi è passato né futuro ma solo un eterno presente. E al *nulla eterno* tende appunto il poeta che vede in esso una protezione dalla vita e da quanto essa ha di perturbante e di incontrollabile.

Le parole chiave
Le parole chiave che riassumono gli elementi fondamentali della riflessione del poeta sono: *fatal quïete*, *sera*, *reo tempo*. Ciascuna di esse è posta in rilievo dalla collocazione nelle sedi forti del verso, cioè all'inizio (*sera, reo tempo*) e alla fine (*fatal quïete*). Fra le tre espressioni si stabilisce una duplice relazione: di identità fra le prime due (la *fatal quïete*, ovvero la morte, viene identificata con la *sera*), di opposizione fra queste e la terza (il *reo tempo*, con i suoi affanni tormentosi, si colloca in antitesi con la pace della sera-quiete). Ciascuno dei tre termini si sdoppia a sua volta in due immagini contrapposte: la *sera* viene presentata ora nella sua versione estiva, accompagnata da *nubi estive* e *zeffiri sereni*, ora in quella invernale (*nevoso aere*, *inquïete tenebre*); la *fatal quïete* rinvia da una parte al *nulla eterno*, dall'altra alla *pace*; il *reo tempo* per un verso è crudele perché distrugge l'uomo con lotte e passioni che alla fine si rivelano vane, per l'altro rappresenta il movimento, l'azione, la vita stessa che non può esistere al di fuori del tempo. A esso dunque si possono ricondurre sia termini negativi (*torme delle cure*, *si strugge*) sia positivi (*spirto guerrier*, *rugge*).

Esercizi

- **Comprensione e interpretazione**

1. Quali riflessioni suscita nella mente del poeta il calar della sera?
2. Come vede il poeta la morte? È corretto dire che essa segna per lui l'inizio di una nuova vita?
3. Quale immagine della vita del poeta scaturisce da questo sonetto?
4. A chi si riferisce il poeta quando dice: *mentre io guardo la tua pace* (v. 13)?

- **Competenza testuale**

5. Quali dei caratteri del sonetto foscoliano illustrati nell'*Opera* sono presenti in questa lirica?
6. Riconosci gli *enjambement* e stabilisci se evidenziano parole particolarmente significative.
7. Esamina le parole in rima e stabilisci fra di esse dei rapporti di significato.
8. A quale dei due filoni che abbiamo individuato nel genere della poesia lirica può essere ricondotto questo sonetto?

Emily Dickinson
L'erba ha cosí poco da fare

- E. Dickinson, *Poesie*, a cura di S. Raffo, Crocetti, Milano, 1993

IN SINTESI: L'autrice descrive la vita piccola e modesta dell'erba, che sembra esistere al solo scopo di allevare farfalle e trastullare api. Di notte si riveste di gocce di rugiada, di giorno accoglie la luce e il calore del sole e quando è secca continua a vivere come fieno profumato. Anche la poetessa vorrebbe essere fieno: per poter lasciare una traccia di sé dopo la morte.

Forma metrica: cinque quartine di ottonari e senari. | *genere*: poesia lirica | *epoca*: seconda metà dell'Ottocento | *luogo*: USA | *lingua originale*: inglese

The grass so little has to do –
A sphere of simple green
With only butterflies to brood
And bees to entertain.

5 *And stir all day to pretty tunes*
The breezes fetch along
And hold the sunshine in its lap
And bow to everything.

And thread the dews, all night, like pearls
10 *And make itself so fine*
A duchess were too common
For such a noticing.

L'erba ha poco da fare –
sfera d'umile verde
per allevare farfalle
e trastullare api.

Muoversi tutto il giorno
a melodie di brezza,
tenere in grembo il sole
ed inchinarsi a tutto.

Infilare rugiada
la notte come perle,
e farsi cosí bella
da offuscare duchesse.

---

2. sfera d'umile verde: l'erba ricopre tutta la terra, con il suo verde semplice e umile.
4. trastullare: divertire.
5. Muoversi: tutti gli infiniti a partire da questo sono riferiti all'erba, come se si dicesse: «l'erba non fa altro che muoversi...»
6. melodie di brezza: il soffio leggero del vento è per la poetessa una melodia.
7. tenere in grembo il sole: accogliere la luce e il calore del sole.
9-10. Infilare la notte ... come perle: le gocce di rugiada che si posano di notte sugli steli dell'erba sono simili a perle.
12. da offuscare duchesse: la bellezza semplice dell'erba è di gran lunga superiore all'eleganza delle donne aristocratiche.

L'OPERA

Tutti i componimenti poetici di Emily Dickinson sono riuniti in una raccolta intitolata *Poesie*. La poetessa in vita pubblicò solo sette componimenti. Dopo la sua morte, la sorella trovò nei cassetti ben 1775 poesie, che vennero pubblicate in varie edizioni. La poesia della Dickinson non fu accettata facilmente dalla cultura americana dell'Ottocento, perché troppo diversa dalle tendenze dominanti in quel tempo. Infatti i suoi versi muovono dalle immagini e dai sentimenti e sono contrassegnati da una minuziosa attenzione alle parole e ai suoni, piuttosto che alle tradizionali regole metriche. Temi dominanti sono l'amore e la morte, la natura magica, la ricerca tormentata di Dio. Solo con il trascorrere degli anni si cominciarono ad apprezzare la forza e la modernità della poesia della Dickinson che oggi è considerata tra i maggiori e piú raffinati lirici dell'Ottocento.

I generi della poesia — La poesia lirica

And even when it dies, to pass
In odors so divine
15 *As lowly spices gone to sleep,*
Or amulets of pine

And then to dwell in sovereign barns
And dream the days away.
The grass so little has to do
20 *I wish I were a hay!*

Quando muore, svanire
in odori divini
come dormienti spezie
e amuleti di pino.

Ed abitando nei granai sovrani
i suoi giorni trascorrere nel sogno.
L'erba ha poco da fare
ed io vorrei esser fieno!

13-14. svanire ... in odori divini: morendo l'erba diventa fieno odoroso, quindi svanisce dolcemente in un divino profumo.

15. come dormienti spezie: le spezie, pur riposte in luoghi chiusi, esalano il loro dolce profumo al quale la poetessa paragona quello del fieno.

16. amuleti di pino: sono le pigne, anch'esse profumate, che pendono dai rami del pino simili ad amuleti, oggetti che nelle credenze popolari hanno il potere di allontanare gli spiriti maligni.

L'autore

Emily Elizabeth Dickinson, nata nel 1830 e morta nel 1886, trascorse l'intera sua vita, apparentemente priva di eventi significativi, nel villaggio puritano di Amherst, nel Massachusetts. Significativi per lei furono l'incontro con il reverendo Charles Wadsworth, suo maestro spirituale, avvenuto a Philadelphia nel 1855 durante uno dei rarissimi soggiorni fuori da Amherst, e la successiva forzata separazione da lui. All'età di trentadue anni scelse l'isolamento quasi assoluto, vivendo praticamente da reclusa il resto dei suoi anni, di cui gli ultimi interamente vestita di bianco, tanto da essere detta «the woman in white», la dama bianca. La casa paterna diventò per lei simbolo di quella sicurezza e pace interiore che non riusciva a trovare altrove. Continuava tuttavia intensamente la sua corrispondenza affettiva con i familiari e quella epistolare con numerosi amici. Il suo strumento di comunicazione elettivo restò comunque la poesia, che fu la compagna di tutta la sua vita, nella quale trasfuse costantemente i suoi mutevoli stati d'animo.

Claude Monet, *I prati a Giverny*, 1888. Londra, Collezione privata.

Incontro con il testo... ... poetico

Entriamo nel testo

Il tema
Con un linguaggio limpido e lineare, arricchito da metafore e similitudini che ampliano l'orizzonte della lirica, la poetessa descrive **la vita semplice dell'erba** soffermandosi sui particolari piú minuti: le farfalle e le api che le volano intorno e vi trovano nutrimento, il vento leggero che muove i suoi fili creando una dolce melodia, il sole che essa accoglie nel suo grembo, il suo inchinarsi a tutte le cose; le gocce di rugiada che sembrano perle, la sua bellezza semplice che supera quella delle piú eleganti dame aristocratiche. Nelle ultime due strofe viene descritta la morte dell'erba che, divenuta fieno, continua a emanare nell'oscurità dei granai un dolcissimo profumo simile a quello delle spezie orientali o delle pigne che pendono dai rami come amuleti.
Fino a questo punto la lirica ha un andamento descrittivo e sembra voler celebrare l'armonia, la bellezza, la purezza, la semplicità della natura.
Gli ultimi due versi però imprimono una svolta al componimento e ne forniscono la chiave di lettura. Esprimendo il desiderio di essere fieno, l'autrice fa indirettamente comprendere che **anche lei vorrebbe svanire dolcemente come l'erba**, **lasciando un segno della sua presenza**, del suo passaggio sulla terra.
In effetti Emily Dickinson ha lasciato una traccia di sé, leggera e profumata: le sue poesie, che hanno la delicatezza, lo splendore, la dolcezza dell'erba.

Il ritmo
Leggendo il testo nella lingua originale è possibile cogliere il ritmo dei versi, scanditi da *ictus* che cadono, negli ottonari, sulla seconda, quarta, sesta e ottava sillaba, nei senari sulla seconda, quarta e sesta sillaba. La frequenza degli accenti ritmici conferisce una particolare musicalità al componimento, accentuata dai richiami fonici a distanza e da alcune rime.

Esercizi

- **Competenza testuale e interpretazione**

1. Individua le similitudini presenti nel testo.
2. Individua le metafore e sviluppale trasformandole in similitudini.
3. Se conosci l'inglese, prova a leggere la lirica facendo sentire gli *ictus* in modo da metterne in risalto la musicalità.
4. Prova a individuare le rime nel testo in lingua originale.
5. Che cosa vogliono dire i versi *sfera d'umile verde / per allevare farfalle / e trastullare api* (vv. 2-4)?

- **Produzione**

6. Fai la parafrasi della lirica e successivamente componi l'analisi testuale aggiungendo le tue considerazioni personali.

I generi della poesia · La poesia lirica

Corrado Govoni
Quanto poté durare

- C. Govoni, *Poesie*, a cura di G. Ravegnani, Mondadori, Milano, 1961

IN SINTESI: Il poeta si chiede quanto poté durare il martirio del figlio nell'eccidio delle Fosse Ardeatine: un'ora, un minuto? Qualunque sia stata la durata di quella sofferenza, egli ha conosciuto in un solo attimo tutto il dolore del mondo.

Forma metrica: endecasillabi.

genere: poesia lirica | *epoca:* 1946 | *luogo:* Italia | *lingua originale:* italiano

> Quanto poté durare il tuo martirio
> nelle sinistre Fosse Ardeatine
> per mano del carnefice tedesco
> ubriaco di ferocia e di viltà?
> 5 Come il lungo calvario di Gesú
> seviziato, deriso e sputacchiato
> nel suo ansante sudor di sangue e d'anima
> fosse durato o un'ora o un sol minuto;
> fu un tale peso pel tuo cuore umano,
> 10 che avrai sofferto, o figlio, e conosciuto
> tutto il dolor del mondo in quel minuto.

2-4 nelle sinistre ... di viltà: il poeta allude alla vile ferocia dei carnefici nazisti che, per rappresaglia in seguito all'attentato di via Rasella, nel corso del quale il 23 marzo 1944 avevano trovato la morte 33 soldati tedeschi, fucilarono l'indomani alle Fosse Ardeatine 335 italiani scelti a caso fra civili e militari, con un rapporto di uno a dieci fra soldati tedeschi e vittime italiane. Per la sua efferatezza, per l'alto numero di vittime e per le tragiche circostanze che portarono al suo compimento, l'eccidio delle Fosse ardeatine è divenuto l'evento-simbolo della durezza dell'occupazione tedesca di Roma.

7. nel suo ansante ... d'anima: il poeta si riferisce all'agonia fisica e spirituale di Cristo sulla croce.

L'autore

Corrado Govoni è un poeta che nel corso della sua lunga carriera ha «attraversato» esperienze letterarie tra loro assai diverse senza legarsi in modo definitivo a nessuna di esse, ma traendone stimoli per portare avanti un suo personale discorso di svecchiamento e di innovazione della poesia italiana. Nato nel 1884 vicino Ferrara da un'agiata famiglia di agricoltori, sarebbe divenuto anch'egli un facoltoso mugnaio o un proprietario terriero se una circostanza del tutto occasionale, cioè l'aver frequentato a partire dall'età di undici anni un collegio di Ferrara, non avesse determinato la sua vocazione poetica. Ancora giovane entrò in rapporti di amicizia con alcuni poeti crepuscolari e pubblicò le prime raccolte di versi: *Le fiale* (1903), *Armonie in grigio et in silenzio* (1903), *Fuochi d'artifizio* (1905), *Aborti* (1907). Trasferitosi a Milano, venne in contatto con il movimento futurista e scrisse *Poesie elettriche* (1911) e *Rarefazioni e parole in libertà* (1915). Dopo la prima guerra mondiale si trasferí a Roma, dove continuò la sua attività letteraria mentre svolgeva i lavori piú disparati. In seguito alla morte del suo primogenito Aladino, ucciso dai nazisti nel massacro delle Fosse Ardeatine, compose un libro a lui dedicato, *Aladino*, nel quale il dolore e lo strazio trovano sfogo in forme metriche ora distese ora contratte. Successivamente scrisse altre opere: *L'Italia odia i poeti* (1950), *Preghiera al trifoglio* (1953), *Manoscritto nella bottiglia* (1954), *Stradario della primavera e altre poesie* (1958). Govoni è morto a Roma nel 1965.

L'OPERA

Aladino: lamento su mio figlio morto è una raccolta di poesie incentrata sul terribile dramma della perdita di un figlio. Aladino era il maggiore dei tre figli di Corrado Govoni. Nel corso della seconda guerra mondiale aveva combattuto nei Balcani come capitano dell'esercito e dopo l'armistizio dell'8 settembre 1943 era entrato nel movimento clandestino guidando molte azioni dei partigiani contro i nazifascisti. Arrestato dai tedeschi nel febbraio del 1944, fu a lungo interrogato e sottoposto a tortura e infine venne eliminato nella strage delle Fosse Ardeatine il 24 marzo dello stesso anno. Nel 1946 Govoni compose questa accorata raccolta completamente diversa dalla precedente produzione poetica. In essa non troviamo piú la sorridente malinconia crepuscolare né lo sperimentalismo futurista, ma un linguaggio spoglio e disperato attraverso il quale parla il dolore immenso di un padre.

Entriamo nel testo

Il tema
La lirica si snoda in tre periodi che costituiscono un unico blocco concettuale. Il poeta dapprima si chiede con profonda angoscia quanto poté durare il martirio del figlio per mano dei carnefici nazisti in quelle maledette Fosse Ardeatine. Poi, istituendo un paragone con l'agonia di Cristo in croce, afferma che, qualunque sia stata la durata di quella terribile sofferenza, il figlio in quei momenti avrà sofferto tutto il dolore del mondo. Il paragone con Cristo non lascia intravedere l'idea della redenzione, del sacrificio compiuto per il bene degli altri uomini. Aladino è accomunato a Cristo solo da una **sofferenza indicibile**, troppo grande per un cuore umano.

Le rime e il ritmo
Gli endecasillabi, per la maggior parte sciolti, conferiscono un tono discorsivo al componimento. La rima lega solo tre versi (8, 10 e 11) e mette in relazione le parole *minuto*, ripetuta due volte, e *conosciuto*, sottolineando il legame fra la brevità del tempo e l'intensità insostenibile del dolore.

Esercizi

Competenza trasversale:

- **a** Acquisire ed interpretare l'informazione
- **b** Individuare collegamenti e relazioni
- **c** Comunicare
- **d** Comunicare nelle lingue straniere

- **Competenza testuale**

1. Individua nella lirica gli endecasillabi tronchi e sdruccioli.
2. Sottolinea nel testo le coppie che rendono piú intensa l'espressione dei sentimenti del poeta.

- **Produzione**

b 3. Il dolore per la morte di un figlio è un tema ricorrente nella letteratura. Metto a confronto questa lirica con *Pianto antico* di Carducci (on line) e *«Nessuno mamma ha mai sofferto tanto»* di Ungaretti (vedi pag. 298). Illustra in una relazione l'occasione da cui è nato ciascun componimento, gli elementi comuni e le differenze tematiche e formali.

a 4. Conduci una ricerca sull'eccidio delle Fosse Ardeatine e stendi una relazione sull'argomento.

I generi della poesia | La poesia lirica

Wisława Szymborska
Nulla due volte

• W. Szymborska, *Vista con granello di sabbia*, trad. di P. Marchesani, Adelphi, Milano, 2004

IN SINTESI: L'autrice riflette sul fatto che nella vita nulla si ripete e tutto, anche l'amore piú sincero, è soggetto a mutamenti continui e repentini. La diversità però non impedisce di cercare conforto nel rapporto con gli altri.

Forma metrica: Quartine di settenari occasionalmente legati da rime e assonanze.

genere: poesia lirica | *epoca:* 1957 | *luogo:* Polonia | *lingua originale:* polacco

4. senza assuefazione: senza essersi completamente abituati alla vita, proprio perché nulla accade due volte allo stesso modo.

Nulla due volte accade
né accadrà. Per tale ragione
si nasce senza esperienza,
si muore senza assuefazione.

5   Anche agli alunni piú ottusi
della scuola del pianeta
di ripeter non è dato
le stagioni del passato.

L'autore

Wisława Szymborska è stata la piú grande poetessa polacca e una delle voci piú significative della poesia del secondo Novecento. Nata nel 1923 a Poznań, un piccolo paese della Polonia, nel 1931 si trasferí con la famiglia a Cracovia. Alla fine della seconda guerra mondiale si iscrisse all'università e si accostò agli ambienti di sinistra; entrando a far parte qualche anno dopo del partito comunista. Il sistema politico imposto al paese alla fine della guerra, quando l'Europa era divisa in due blocchi – paesi democratici a occidente, paesi comunisti a est – sembrava realizzare molti degli ideali sostenuti dagli intellettuali polacchi: uguaglianza fra i cittadini, terra ai contadini, diffusione gratuita della cultura e della scienza a tutti. La Szymborska ricoprí in quegli anni l'incarico di direttrice di una rivista culturale. Nel 1966, però, la scrittrice lasciò il partito comunista per solidarietà con un altro intellettuale perseguitato per la sua protesta nei confronti della censura imposta dal partito. Si legò all'opposizione democratica e si impegnò a sostenere il sindacato clandestino Solidarność la cui azione politica sarà determinante per la caduta del comunismo e la riconquista della democrazia da parte dei polacchi.

La prima raccolta poetica della Szymborska risale al 1945 e si intitola *Cerco la parola*; a questa ne seguiranno molte altre oggi riunite nel volume *La gioia di scrivere. Tutte le poesie* (1945-2009). Nel 1996 la Szymborska è stata insignita del premio Nobel per la Letteratura. La sua piú recente raccolta intitolata *Due punti*, apparsa in Polonia il 2 novembre 2005, ha riscosso uno strepitoso successo, vendendo oltre quarantamila copie in meno di due mesi, a dimostrazione della fama di cui la scrittrice godeva nel suo paese.

La caratteristica piú evidente della produzione della Szymborska è lo stile semplice e ironico con il quale tratta argomenti etici ed esistenziali di ampio respiro, riflettendo sulla condizione degli uomini sia come individui sia come componenti della società.

È morta nel 2012.

Non c'è giorno che ritorni,
non due notti uguali uguali,
né due baci somiglianti,
né due sguardi tali e quali.

15 Ieri, quando il tuo nome
qualcuno ha pronunciato,
mi è parso che una rosa
sbocciasse sul selciato.

20 Oggi, che stiamo insieme,
ho rivolto gli occhi altrove.
Una rosa? ma cos'è?
Forse pietra, o forse fiore?

Perché tu, malvagia ora,
dai paura e incertezza?
25 Ci sei – perciò devi passare.
Passerai – e qui sta la bellezza.

Cercheremo un'armonia,
sorridenti, fra le braccia,
30 anche se siamo diversi
come due gocce d'acqua.

L'OPERA

La lirica, composta nel 1957, è stata pubblicata in Polonia nel 1996, è uscita poi in lingua inglese a New York e due anni dopo è arrivata in Italia. Successivamente è stata inserita nella raccolta *Vista con granello di sabbia*. In Polonia questa poesia è talmente nota da essere diventata una canzone popolare.

Tamara de Lempicka, *Il bacio*, 1922 circa. Collezione privata.

I generi della poesia | **La poesia lirica**

Entriamo nel testo

Il tema
La poesia della Szymborska, ironica e profonda, sa affrontare con grande semplicità argomenti che investono la sfera esistenziale dell'uomo. In questi versi, che rientrano nel filone della lirica meditativo-riflessiva, ci fa scoprire sensazioni che appartengono a tutti noi e che ciascuno ha vissuto: **il fluire incessante del tempo** nel quale niente si ripete perché, anche se una determinata azione torna innumerevoli volte nella nostra vita, non si ripresenterà mai esattamente come l'abbiamo già vissuta; il trascorrere ora lento ora veloce dell'ora buona come di quella triste; il rapido sfiorire di un amore. Di fronte alla constatazione del perpetuo divenire dell'esistenza, l'io lirico non si lascia travolgere dal vortice dell'instabilità, ma anzi scopre la bellezza e la positività del mutamento, accetta il ritmo della vita e cerca gioiosamente l'equilibrio, l'armonia, la coesistenza all'interno della diversità.

Il ritmo e lo stile
La lirica è contrassegnata da un ritmo costante e cantabile che le conferisce un tono popolare, accentuato dalle rime che legano solitamente il secondo e il quarto verso di ogni strofa.
Il tema è affrontato con ironia e leggerezza e con un linguaggio semplice nel quale non mancano raffinate figure retoriche, come l'antitesi e l'anafora (*si nasce senza esperienza / si muore senza assuefazione*).
Il discorso fluisce rapido verso la conclusione che sorprende il lettore con un'espressione che capovolge ironicamente un luogo comune: *anche se siamo diversi / come due gocce d'acqua*.

Esercizi

- **Competenza testuale e produzione**

1. Fai la parafrasi del testo, spiegando accuratamente espressioni, immagini, paragoni utilizzati dall'autrice.
2. Individua nel testo tutte le antitesi e le anafore.
3. Sottolinea rime e assonanze.

ON LINE: **La poesia lirica**
Testi: Gaio Valerio Catullo, *Sirmione*; Quinto Orazio Flacco, *A Taliarco*; Dante Alighieri, *Guido i' vorrei che tu e Lapo ed io*; Salvatore Quasimodo, *Lettera alla madre*

La poesia civile

Origine ed evoluzione

La poesia civile è un genere poetico che, ispirandosi a **problematiche civili e morali**, si rivolge a un pubblico, generalmente vasto, per **esortare, celebrare grandi valori collettivi, suggerire comportamenti di vita**.

Essa affonda le sue radici nell'**antichità classica**, in particolare nell'**età della *polis*** quando il passaggio dalla monarchia all'oligarchia (governo di un gruppo ristretto di uomini appartenenti a famiglie aristocratiche) e poi alla democrazia diede modo ai cittadini nati liberi di intervenire nelle lotte tra le fazioni e di sedere nelle assemblee, diventando attori sempre piú diretti e partecipi della vita politica del tempo. La poesia divenne allora lo strumento per dar voce agli ideali, ai valori nei quali l'individuo e la società si identificavano. Per affrontare queste tematiche politiche e civili non si ricorreva a una specifica forma espressiva; alcuni poeti utilizzarono la lirica, sia monodica sia corale, altri si servirono dell'elegia, altri ancora dell'epigramma.

La **lirica**, come si è già visto, era una poesia cantata con l'accompagnamento della lira, nella quale erano espressi sentimenti che riguardavano la sfera personale, ma Alceo, contemporaneo di Saffo e originario anch'egli dell'isola di Lesbo, ne fece un'arma di battaglia per opporsi al tiranno Pittaco, che aveva conquistato il potere e cacciato gli oligarchici di cui lo stesso Alceo faceva parte.

L'**elegia** era in origine un componimento funebre accompagnato dal flauto; non era una poesia cantata, come la lirica, ma veniva recitata ritmicamente. Con il passar del tempo anche nell'elegia vennero affrontati temi guerreschi e politici. Con un tono fermo, alto, severo, i poeti elegiaci incitavano i cittadini a difendere e ad amare la patria, proponendo modelli di eroismo nuovi rispetto a quelli celebrati dall'epica, poiché alle gesta individuali venivano preferite le azioni di gruppo. Esponenti dell'elegia greca di età classica furono nel VII secolo il poeta spartano Tirteo, che celebrò la morte in combattimento e la difesa della patria, intesa come dovere di ogni cittadino verso la *polis*; nel VI secolo l'ateniese Solone di cui si ricorda, fra le altre, la famosa elegia di Salamina con la quale esortava gli ateniesi a riprendere l'isola di Salamina conquistata dai Megaresi. Si narra che egli recitò questa elegia nella pubblica piazza (l'*agorà*) fingendosi pazzo per ovviare alla disposizione che vietava di parlare dell'isola perduta.

L'**epigramma** era un'iscrizione poetica, dedicatoria o funeraria, che veniva incisa su materiali durevoli, come la pietra o il marmo. Da questa destinazione pratica deriva la brevità del componimento, caratteristica che si mantenne anche quando, in età ellenistica, l'epigramma divenne un vero genere letterario. Un esempio di poesia civile sono gli epigrammi funerari del poeta Simonide di Ceo, vissuto nel V secolo a.C. fra i quali vanno ricordati quelli che tramandano il ricordo dei caduti a Maratona e alle Termopili durante le guerre persiane. Ma Simonide utilizzò anche la lirica corale per scopi civili: famoso è infatti l'encomio (canto di elogio) scritto in onore dei caduti alle Termopili.

Nel **mondo latino** furono soprattutto i **poemi epici** a svolgere una funzione civile. Ma anche la **lirica**, in un secondo momento, venne usata a questo fine. Ricordiamo i carmi politici e civili di Orazio, disseminati in tutti i quattro libri delle *Odi*: in particolare le prime sei odi del III libro, note come odi romane, e il *Carme secolare* composto in occasione dei *ludi saeculares*, festeggiamenti che si celebravano ogni cento anni. In questi componimenti l'autore esalta le virtú tradizionali romane in contrapposizione alla corruzione della società del tempo, suggerisce la moderazione e il ritorno ai costumi degli antichi, celebra la gloria e la grandezza di Roma e di Augusto. Questo tipo di poesia era incoraggiato e favorito dall'imperatore e dal suo consigliere Mecenate, che vi vedevano un utile supporto alla loro azione politica. Le odi civili di Orazio sono ben lontane dai toni appassionati della poesia greca: furono infatti composte per assecondare l'imperatore e non rispecchiano affatto l'ideale di vita del poeta. Durante il **Medioevo** la poesia civile trovò spazio nell'età comunale, all'epoca delle lotte fra Impero e Papato e fra le diverse fazioni contrapposte all'interno delle città. Le espressioni piú alte di poesia civile si trovano in alcune pagine della *Divina Commedia* di Dante Alighieri e nella canzone *All'Italia* di Francesco Petrarca.

Ma l'epoca nella quale questo genere ebbe maggiore diffusione fu sicuramente il **primo Ottocento**, quando i poeti sentirono l'esigenza di farsi portavoce degli idali di libertà, unità e indipendenza della patria e diedero vita a una vasta produzione di **canti patriottici**. Durante l'età romantica del resto assunse un ruolo fondamentale la figura del *poeta vate*, che si faceva interprete delle aspirazioni del popolo, le incanalava in un progetto politico e vedeva nella poesia uno strumento in grado di intervenire nella storia e modificarla. Tra i maggiori esponenti della poesia civile dell'Ottocento vanno ricordati Ugo Foscolo con i *Sepolcri*, Alessandro Manzoni con le odi civili e i cori delle tragedie, Giacomo Leopardi con le canzoni civili *All'Italia*, *Sopra il monumento di Dante*, *Ad Angelo Mai* ecc. e poi tutti i poeti risorgimentali come Giovanni Berchet, Arnaldo Fusinato, Luigi Mercantini, Goffredo Mameli, autore dell'*Inno* nazionale italiano.

Compiuta l'unità d'Italia, la poesia civile cambiò tono e da esortativa divenne celebrativa: i poeti cioè non esortavano piú il popolo all'azione politica e militare, ma celebravano la monarchia e la grandezza dell'Italia del passato, senza risparmiare qualche critica alla realtà contemporanea. Pur non risultando incisiva come era accaduto nel primo Ottocento, essa continuò a essere un genere abbastanza praticato dai letterati italiani come Giosuè Carducci, Giovanni Pascoli e Gabriele D'Annunzio.

Nel **Novecento** mutano ancora le caratteristiche della poesia civile che, messi da parte i toni retorici e solenni, diventa piú semplice ed essenziale nel linguaggio e punta soprattutto alla condanna dei regimi totalitari che caratterizzarono gran parte dell'Europa nella prima metà del secolo, come si può notare nelle *Poesie e canzoni* del tedesco Bertolt Brecht. Dai versi di poeti come Pablo Neruda e Nazim Hikmet scaturisce invece l'invito a creare una società migliore e a guardare con rinnovata speranza al futuro.

Caratteristiche

La poesia civile presenta delle caratteristiche contenutistiche e formali che la rendono facilmente riconoscibile.

Sul **piano del contenuto** si notano i seguenti elementi.

- Il poeta non pone al centro se stesso e i suoi sentimenti, bensí la **realtà esterna**, piú precisamente una specifica situazione politica o sociale del suo tempo.
- Si rivolge a dei **precisi destinatari** – il popolo, i lettori, i cittadini – per **esortarli ad agire**, a intervenire per modificare una realtà presentata come negativa e affermare nuovi e piú alti valori.
- Talora fa **riferimento a eventi del passato** nei quali vede una somiglianza con il presente.
- Spesso la poesia civile si presenta come **riflessione storico-morale** su situazioni politiche e sociali del tempo in cui vive l'autore.

Sul **piano formale**:

- sono frequenti le **formule esortative e imperative**;
- vengono utilizzate quelle **figure retoriche** che rendono piú coinvolgente il messaggio, quali la metafora e l'anafora;
- nella poesia dell'**Ottocento** è frequente il ricorso a **versi parisillabi** dal **ritmo cadenzato**, mentre i poeti del **Novecento** adottano uno **stile** volutamente **semplice e discorsivo**, **rifiutano la rima** e prediligono i **versi liberi**.

Simonide di Ceo
Per i morti alle Termopili

- S. Quasimodo, *Lirici greci*, Mondadori, Milano, 1979

IN SINTESI: Il poeta celebra la tomba dei caduti alle Termopili come un altare sacro che nulla potrà distruggere e nel quale abiterà per sempre la gloria dei greci.

Forma metrica: versi liberi.

genere: poesia civile | *epoca:* V secolo a.C. | *luogo:* Grecia | *lingua originale:* greco antico

Di quelli che caddero alle Termopili
famosa è la ventura, bella la sorte
e la tomba un'ara. Ad essi memoria
e non lamenti; ed elogio il compianto.
5   Non il muschio, né il tempo che devasta
ogni cosa potrà su questa morte.
Con gli eroi, sotto la stessa pietra,
abita ora la gloria della Grecia.

Il monumento al condottiero spartano delle Termopili, Leonida.

L'OPERA

La produzione poetica di Simonide fu molto vasta, ma di essa rimangono solo pochi passi e frammenti, citati da antichi scrittori, tra cui alcune delle sue poesie più celebrate, come quelle di ispirazione civile. Il frammento qui riportato faceva parte dell'encomio per i morti alle Termopili. L'encomio era un canto corale in cui veniva celebrato l'elogio di un personaggio.

In questo encomio Simonide celebrava l'eroica resistenza dei trecento spartani guidati da Leonida all'assalto dei Persiani nello stretto passaggio delle Termopili, durante la seconda guerra persiana. I trecento spartani furono tutti uccisi, ma riuscirono a ritardare l'avanzata nemica. A questo frammento si ispirò Leopardi nella sua *Canzone all'Italia*.

I generi della poesia La poesia civile

L'autore

Simonide nacque nel 556 a.C. a Ceo, l'isola piú occidentale dell'arcipelago delle Cicladi. Nel corso della sua lunga vita assistette a eventi di grande portata storica per la Grecia. Fu invitato alla corte di Ipparco, figlio di Pisistrato, che era stato il primo tiranno di Atene. I Greci chiamavano tiranni quei capi di Stato il cui potere assoluto era sorto in modo rivoluzionario, per distinguerli dai sovrani legittimi. Alla morte di Ipparco, nel 514, si recò presso i principi della Tessaglia. Tornò ad Atene, dove ormai si era instaurata la democrazia, nel 490 all'inizio delle guerre persiane e scrisse l'elegia per i morti di Maratona, e l'encomio e l'epigramma per gli Spartani caduti alle Termopili. Nel 476 in seguito all'oscurarsi dell'astro di Temistocle, suo amico e protettore, si trasferí in Sicilia prima alla corte di Gerone di Siracusa, poi a quella di Terone di Agrigento dove morí nel 467 a.C. Fu il poeta piú ammirato della Grecia, in particolare di Atene, della quale interpretò i sentimenti e cantò le vittorie. Scrisse elegie ed epigrammi e trattò tutte le forme della lirica corale, dagli epinici, canti di vittoria, ai *thrènoi*, canti funebri. La sua versatilità e la capacità di adeguarsi al gusto dei diversi committenti delle sue poesie fecero nascere dicerie malevole sul suo conto, soprattutto accuse di venalità. Ciò non intaccò la sua popolarità e il suo prestigio: lo dimostra il fatto che in seguito gli furono attribuiti componimenti non suoi.

Entriamo nel testo

Il tema
Il componimento esalta la «bella morte», la morte eroica affrontata per la salvezza della patria di cui Leonida e i trecento spartani morti alle Termopili sono un esempio che resterà nei secoli.
Le parole del poeta trasfigurano la realtà in simbolo: la tomba è un altare, il compianto diventa un elogio, i lamenti cedono il posto alla **memoria perenne**. Quest'ultimo tema viene ripreso nei versi successivi in cui il poeta fa intendere che, mentre una tomba di pietra viene distrutta dal tempo, la memoria trasmessa alle generazioni future potrà conservare e proteggere per sempre l'eroismo di coloro che hanno fatto la storia. A loro è riservata la *kleos*, la gloria imperitura ed essi costituiranno un esempio per tutte le generazioni che verranno.

Esercizi

Competenza trasversale:

a Acquisire ed interpretare l'informazione
b Individuare collegamenti e relazioni
c Comunicare
d Comunicare nelle lingue straniere

- **Competenza testuale**

1. Il componimento è basato su delle antitesi. Individuale.

- **Produzione**

2. Fai una ricerca sulla battaglia delle Termopili e inquadrala nel contesto della seconda guerra persiana, sottolineando l'importanza storica e strategica di questo episodio.

3. Individua su un atlante storico il punto in cui è avvenuta la battaglia delle Termopili e descrivi il percorso compiuto dai persiani prima e dopo di essa.

Ugo Foscolo
Dei Sepolcri

• U. Foscolo, *Poesie e prose* a cura di G. Rispoli, Cremonese, Roma, 1958

> **IN SINTESI:** Ci troviamo nell'ultima sezione dei *Sepolcri*. Il poeta immagina che Cassandra, l'infelice figlia di Priamo, che aveva il dono della profezia, ma la sventura di non essere mai creduta, visitando, insieme con i suoi nipoti, le antiche tombe degli antenati di Troia, profetizzi ai giovinetti il triste destino di schiavitù che li attende in seguito alla distruzione della città. Al tempo stesso però annuncia loro che un giorno un poeta cieco – Omero – verrà a visitare quei luoghi e canterà le imprese degli eroi greci e troiani, eternando la fama di Ettore, il cui ricordo, grazie alla poesia, durerà sino alla fine dei secoli.

Forma metrica: endecasillabi sciolti.

genere: poesia civile | *epoca*: 1807 | *luogo*: Italia | *lingua originale*: italiano

E dicea sospirando: – Oh se mai d'Argo,
ove al Tidíde e di Laerte al figlio
pascerete i cavalli, a voi permetta
ritorno il cielo, invan la patria vostra
5 cercherete! Le mura, opra di Febo,
sotto le lor reliquie fumeranno.
Ma i Penati di Troia avranno stanza
in queste tombe; ché de' Numi è dono
servar nelle miserie altero nome.
10 E voi, palme e cipressi che le nuore
piantan di Priamo, e crescerete ahi presto
di vedovili lagrime innaffiati,
proteggete i miei padri: e chi la scure
asterrà pio dalle devote frondi
15 men si dorrà di consanguinei lutti,
e santamente toccherà l'altare.
Proteggete i miei padri. Un dí vedrete
mendico un cieco errar sotto le vostre
antichissime ombre, e brancolando
20 pernetrar negli avelli, e abbracciar l'urne,
e interrogarle. Gemeranno gli antri
secreti, e tutta narrerà la tomba
Ilio raso due volte e due risorto
splendidamente su le mute vie
25 per far più bello l'ultimo trofeo
ai fatati Pelidi. Il sacro vate,

E diceva sospirando: – Oh se mai un giorno il destino vi permetterà di ritornare in questi luoghi dalla Grecia, dove sarete costretti a portare al pascolo i cavalli di Diomede o di Ulisse, invano cercherete la vostra patria! Le mura, un tempo costruite dallo stesso Apollo, fumeranno sotto i loro resti. Ma gli dei Penati, protettori della casa e della città di Troia, continueranno a vivere in queste tombe; perché è dono degli dèi mantenere alta la dignità del proprio nome anche nelle sventure. E voi, palme e cipressi, che siete stati piantati dalle nuore di Priamo e crescerete, ahimè, ben presto innaffiati dalle loro lacrime di vedove, proteggete i miei antenati. E colui che, spinto da un sentimento di religioso rispetto, si asterrà dal tagliare con la scure queste sacre fronde sarà meno colpito da lutti familiari e devotamente toccherà l'altare. Proteggete i miei padri. Un giorno vedrete un mendicante cieco (Omero) aggirarsi fra le vostre antichissime ombre e penetrare a tentoni nelle tombe, abbracciare le urne e interrogarle. Allora le cavità più segrete di quelle tombe gemeranno e narreranno la storia di Troia, distrutta due volte e nuovamente ricostruita in questi luoghi silenziosi per rendere più gloriosa la vittoria finale ad Achille e a suo figlio Neottolemo, entrambi discendenti di Peleo e destinati dal fato a distruggere definitivamente la città. Il sacro poeta, placando con il suo canto quelle anime af-

---

1. d'Argo: dalla città di Argo. Riferendosi specificamente ad Argo, Foscolo vuole indicare l'intera Grecia.
2. Tidíde: figlio di Tideo, cioè Diomede.
5. opra di Febo: la mitologia raccontava che le mura di Troia erano state innalzate con l'aiuto di Apollo (Febo) e di Nettuno.
23. Ilio raso ... risorto: secondo il mito, Troia era stata già distrutta due volte: una prima volta da Eracle (Ercole) e una seconda volta dalle Amazzoni, per poi rifiorire prima della spedizione greca.
26. ai fatati Pelidi: Achille e suo figlio Neottolemo vengono ritenuti esecutori del destino.

I generi della poesia : La poesia civile

placando quelle afflitte alme col canto,
i Prenci Argivi eternerà per quante
abbraccia terre il gran padre Oceano.
30 E tu onore di pianti, Ettore, avrai
ove fia santo e lacrimato il sangue
per la patria versato, e finché il Sole
risplenderà su le sciagure umane.

flitte, renderà eterna la fama dei principi greci per tutte le terre circondate dal grande fiume Oceano. E tu, o Ettore, sarai onorato e compianto in tutti i luoghi in cui verrà considerato sacro e degno di lacrime il sangue versato in difesa della patria, e la tua fama durerà finché il sole risplenderà sulle dolorose vicende degli uomini.

L'OPERA

Il carme *Dei Sepolcri* fu composto da Foscolo per contestare una disposizione napoleonica: l'editto di Saint-Cloud, emanato in Francia nel 1804 ed esteso all'Italia nel 1806. Tale editto, che raccoglieva e ordinava le precedenti e frammentarie norme sui cimiteri, stabiliva che le tombe dovevano essere poste al di fuori delle mura cittadine, in luoghi soleggiati e arieggiati, dovevano essere tutte uguali e le epigrafi dovevano essere sottoposte a un'apposita commissione. L'editto scaturiva da un lato da esigenze di ordine igienico-sanitario, dall'altro da motivazioni ideologico-politiche: si voleva cosí evitare, ispirandosi al principio di uguaglianza, che vi fossero discriminazioni tra i morti. L'estensione dell'editto all'Italia, che si trovava allora sotto la dominazione napoleonica, suscitò vivaci discussioni nelle quali si inserí anche Foscolo. Egli in un primo momento si dichiarò del tutto indifferente alla questione poiché, date le sue posizioni materialistiche, non dava alcuna importanza alla tomba; successivamente, riflettendo sulla funzione civile, politica, sociale che il sepolcro aveva rivestito nel corso dei secoli, compose un carme in 295 endecasillabi sciolti a cui diede il titolo *Dei sepolcri*. L'opera si presenta come un componimento unitario e continuo nel quale il poeta, traendo spunto dal motivo occasionale della «nuova legge», conduce un discorso di ampio respiro sulla società italiana del suo tempo, sulla funzione della tomba e della poesia e, piú in generale, sulla sua concezione dell'uomo e del mondo, spaziando dal presente al passato, da Milano all'antica Grecia, da Firenze a Maratona e alla Troade. Il passaggio da un tema all'altro è sottolineato da versi di carattere sentenzioso che segnano l'inizio delle partizioni tematiche e ne sintetizzano il significato: ad esempio, *A egregie cose il forte animo accendono / l'urne dei forti.* Ciascuna tematica viene inoltre sviluppata attraverso argomentazioni ed esempi tratti dalla storia, dall'attualità e dal mito. Per evitare una concatenazione troppo esplicita tra i concetti, il poeta mette a fuoco quelle che egli stesso definisce «idee cardinali», lasciando al lettore il compito di ricostruire i passaggi intermedi. Una tecnica che riprende dal poeta greco Pindaro il quale per primo aveva utilizzato i cosiddetti «voli pindarici». La scelta degli endecasillabi sciolti infine gli permette di sviluppare piú liberamente il suo pensiero.

Il poeta attribuisce alla tomba una molteplicità di funzioni, tutte laiche e civili: le tombe danno l'illusione al vivo di continuare il colloquio con la persona cara scomparsa; hanno segnato, insieme con l'istituzione del matrimonio, delle leggi e della religione, il passaggio dalla vita primitiva a un'esistenza regolata da norme giuridiche e sociali e sono quindi espressione di civiltà; hanno il compito, quando custodiscono i resti di personaggi che si sono distinti nella cultura, nelle arti, nella politica, di trasmettere agli uomini virtuosi il rispetto di questi valori e li stimolano a seguirne l'esempio. Questo concetto viene esemplificato attraverso la descrizione dei sepolcri di Santa Croce a Firenze, che racchiudono le spoglie dei più grandi esponenti della cultura italiana, e delle tombe di Maratona in Grecia, che ricordano il valore dimostrato dagli Ateniesi nella difesa della patria dall'attacco persiano. Quando però il tempo distrugge gli ultimi resti dei sepolcri costruiti dagli uomini, è alla poesia che deve essere affidato il compito di celebrare le virtù presenti e antiche e di tramandarne il ricordo. Simbolo della funzione eternatrice della poesia è Omero, il vate cieco, che ha tramandato ai posteri le virtú e il valore non solo dei vincitori, ma anche dei vinti.

L'opera di Foscolo è un alto esempio di poesia civile: la riflessione sulla funzione della tomba è infatti un pretesto per incitare gli italiani a emulare la gloria dei grandi uomini del passato.

Incontro con il testo... ... poetico

Entriamo nel testo

I temi
L'ultima parte dei *Sepolcri* si configura come una visione profetica di Cassandra la quale preannunzia non solo il destino di Troia ma la composizione stessa dell'*Iliade*, il poema che tramanderà attraverso i millenni le vicende della città. Dalle sue parole traspare chiaramente la funzione che Foscolo attribuisce alla **poesia**. Essa **ha il compito di tramandare nel tempo i grandi valori dell'umanità**, di cui le tombe sono una testimonianza, e di rendere giustizia all'eroismo, da qualunque parte esso si trovi.

La poesia di Omero, infatti, dà gloria immortale sia ai Greci vincitori sia ai Troiani gloriosamente sconfitti e può quindi placare le anime afflitte di questi ultimi, garantendo loro fama e immortalità. Naturalmente si tratta di un'immortalità laica, cioè di una sopravvivenza nel ricordo dei vivi, che è garantita solo a chi si è distinto per generosità, eroismo, grandezza d'animo. Sono questi gli uomini che pongono i fondamenti della civiltà, la quale può propagarsi attraverso i secoli solo grazie alla memoria storica.

Lo stile
Per trasmettere il suo messaggio Foscolo si serve di un linguaggio che si discosta volutamente da quello della comunicazione quotidiana sia per le scelte lessicali, che privilegiano termini latineggianti o comunque antichi (*alma* per «anima», *avelli* per «tombe», *fia* per «sarà» ecc.), sia per la struttura sintattica, contrassegnata da frequenti inversioni dell'ordine naturale del discorso (soggetto/predicato; predicato/complemento oggetto ecc.) e da periodi lunghi in cui la subordinazione prevale sulla coordinazione. Questo stile **alto e solenne**, denso di richiami classici, si adatta all'elevatezza del tema trattato, ma al tempo stesso limita la comprensione del messaggio del poeta a coloro che possiedono gli strumenti culturali per comprenderlo. Foscolo, del resto, non intendeva rivolgersi a un pubblico vasto, ma a un'*élite* di letterati in grado di cogliere il profondo significato della sua opera.

Guercino, *La profetessa*, XVII secolo. Cento, Fondazione Cassa di Risparmio di Cento.

Esercizi

- **Comprensione**

1. Facendoti guidare dalla parafrasi, ripristina nei versi l'ordine naturale del discorso e sottolinea sul testo tutte le inversioni.
2. Sottolinea nel testo tutte le parole che ti sembrano poco usuali e cercane sul dizionario il significato e l'origine. Alla fine del lavoro verifica quali e quante parole di origine latina sono state utilizzate dall'autore.
3. Spiega con parole tue la funzione che Foscolo attribuisce alla poesia e individua i versi in cui essa viene enunciata.

I generi della poesia — **La poesia civile**

Bertolt Brecht
Lode dell'imparare

- B. Brecht, *Poesie e canzoni*, trad. di F. Fortini e R. Leiser, Einaudi, Torino, 1959

IN SINTESI: Il poeta sottolinea con forza l'importanza della cultura, la necessità di imparare, soprattutto per i più deboli, perché solo l'istruzione e la conoscenza permettono di difendersi dai soprusi.

Forma metrica: strofe di versi liberi.

genere: poesia civile | *epoca:* 1933 | *luogo:* Germania | *lingua originale:* tedesco

1-3. Per quelli ... troppo tardi: per coloro per i quali è finalmente giunto il tempo di riscattarsi dall'oppressione e di prendere il potere, non è mai troppo tardi. L'espressione può essere intesa in due modi: non arriva mai troppo tardi il momento del riscatto; oppure quando finalmente giunge il momento di prendere il potere, non è mai troppo tardi per cominciare a imparare.

Impara quel che è più semplice! Per quelli
il cui tempo è venuto
non è mai troppo tardi!
Impara l'a b c; non basta, ma
5   imparalo! E non ti venga a noia!
Comincia! Devi saper tutto, tu!
Tu devi prendere il potere.

Impara, uomo all'ospizio!
Impara, uomo in prigione!
10 Impara, donna in cucina!
Impara, sessantenne!
Tu devi prendere il potere.

Frequenta la scuola, senzatetto!
Acquista il sapere, tu che hai freddo!
15 Affamato, afferra il libro: è un'arma.
Tu devi prendere il potere.

Due carcerati di una prigione americana studiano insieme.

L'OPERA

Brecht rifiutava l'oscurità e l'individualismo di tanta lirica del Novecento e intendeva restaurare nell'arte il predominio della ragione, recuperando moduli espressivi chiari, essenziali, comprensibili a tutti. In un suo componimento, *Tempi grami per la lirica*, definì la funzione che egli attribuiva alla poesia in questi versi: *Dentro di me si affrontano / l'entusiasmo per il melo in fiore / e l'orrore per i discorsi dell'imbianchino. / Ma solo il secondo impulso / mi spinge alla scrivania*. Voleva dire che, per quanto potesse affascinarlo la bellezza della natura, solo la volontà di contrastare la violenza e l'orrore della sua epoca (l'imbianchino a cui egli allude è Hitler) lo spingeva a scrivere. La poesia per Brecht insomma è un'arma. Le sue liriche, riunite nella raccolta *Poesie e canzoni*, affrontano temi politici, civili, sociali, con una finalità polemica e didattica. Sul piano formale sono contrassegnate da slogan, domande, invettive, tutti elementi che si imprimono nella mente del lettore. Naturalmente si tratta di una produzione fortemente segnata dalla realtà storica in cui il poeta è vissuto (il nazismo), dalle sue scelte ideologiche (il marxismo) e dalla sua esperienza biografica (l'esilio). Tali elementi la rendono spesso «datata», cioè eccessivamente legata al particolare momento storico, soprattutto nelle parti in cui più esplicite sono la propaganda e la polemica. Non mancano tuttavia testi che risultano ancora attuali per il carattere universale del messaggio che trasmettono.

Non aver paura di chiedere, compagno!
Non lasciarti influenzare,
verifica tu stesso!
20 Quel che non sai tu stesso,
non lo saprai.

Controlla il conto,
sei tu che devi pagare.
Punta il dito su ogni voce,
25 chiedi: e questo perché?
Tu devi prendere il potere.

L'autore

Bertolt Brecht è stato drammaturgo, poeta e regista teatrale tra i piú grandi del Novecento. Ha operato negli anni a cavallo del secondo conflitto mondiale, ma ha esercitato una grande influenza sulla cultura europea per buona parte del Novecento. Ancora oggi le sue opere teatrali sono rappresentate nei teatri di tutto il mondo. Nato ad Augusta (Augsburg), in Baviera, nel 1898, da una famiglia borghese, a partire dal 1913 cominciò a scrivere le prime poesie, intrise di patriottismo. Compiuti gli studi liceali, nel 1917 si iscrisse all'università di Monaco, ma fu presto richiamato a svolgere il servizio di leva con mansioni di infermiere. Fu in questo periodo che, vedendo le condizioni in cui erano ridotti i soldati feriti durante il conflitto, abbandonò gli ideali patriottici e rivolse la sua attenzione ai poveri, ai diseredati, agli oppressi. Dopo aver seguito per un certo periodo studi di scienze, di medicina e di letteratura, si dedicò definitivamente al teatro e alla poesia. Intorno al 1920 entrò in contatto con gruppi artistici d'avanguardia: dadaisti, futuristi, espressionisti, la cui parola d'ordine era «ribellione». Dal 1926 intrattenne stretti rapporti con intellettuali di tendenza socialista e le sue opere furono influenzate dallo studio degli scritti di Hegel e Marx. Compose liriche, canzoni e opere teatrali tra le quali vanno ricordate *Vita di Galileo*, *Madre Coraggio e i suoi figli*, *Santa Giovanna dei macelli*, *L'eccezione e la regola* e la notissima *Opera da tre soldi* che si avvale delle musiche di Kurt Weill. Nel 1933, in seguito all'ascesa al potere del nazismo, abbandonò la Germania e visse per molti anni in esilio a Praga, a Vienna, a Parigi, in Danimarca, in Finlandia e, a partire dal 1941, negli Stati Uniti, dove continuò a scrivere e a rappresentare le sue opere. Nel 1947, accusato di avere opinioni comuniste, venne interrogato dalla Commissione per la attività antiamericane e il giorno dopo, mentre a New York andava in scena il dramma *Vita di Galileo*, fuggí dagli Stati Uniti e si stabilí a Zurigo, dove rimase per un anno. Nel 1948 rientrò in Germania e andò a vivere a Berlino est. Qui fondò il teatro *Berliner Ensemble* che diventò una delle piú importanti compagnie teatrali europee e si dedicò soprattutto all'attività di regista. Morí nel 1956. Il suo nome è legato a una vastissima produzione di poesie, canzoni e opere teatrali contrassegnate dal forte e dichiarato impegno politico.

Entriamo nel testo

Il contesto
Ci troviamo di fronte a una poesia civile diversa da quelle finora esaminate, che erano ispirate dagli ideali patriottici. Qui il poeta lancia un messaggio che ha un **valore universale** e che potrebbe sembrare sganciato da una specifica tematica politica. In realtà sono chiari i riferimenti all'ideologia marxista e al contesto

I generi della poesia La poesia civile

da cui il componimento è scaturito.
Per quel che riguarda il primo aspetto, notiamo che Brecht esalta il **valore della cultura** non per la sua intrinseca bellezza, ma perché può diventare **strumento** di riscatto per i piú deboli; inoltre insiste sulla presa del potere da parte del proletariato, di coloro che finora sono stati oppressi e hanno subito gravi ingiustizie sociali e afferma che *per quelli il cui tempo è venuto / non è mai troppo tardi*. La lirica va inoltre inquadrata nel tempo in cui è stata composta: siamo nel 1933, Hitler, salito al potere il 29 gennaio, impone immediatamente precisi limiti alla libertà di stampa; nella notte fra il 27 e il 28 febbraio avviene l'incendio, chiaramente doloso, del Reichstag, l'edificio in cui si riuniva il Parlamento tedesco, un incendio al quale probabilmente non furono estranee le alte gerarchie naziste, che crearono in questo modo l'occasione per mettere fuori gioco la democrazia; il 10 maggio a Berlino vengono dati alle fiamme 20.000 libri di autori non graditi al regime. Alla luce di questi avvenimenti la lode dell'imparare di Brecht assume il valore di una protesta contro l'inciviltà, la barbarie, la sopraffazione del nazismo. Il libro diventa un'arma, l'unica a disposizione dei deboli per contrastare l'ingiustizia e la violenza.

Il tema
Dopo la prima strofa, nella quale il destinatario del messaggio è indicato con un generico «tu», a partire dalla seconda strofa Brecht identifica i suoi interlocutori in persone appartenenti alle **classi sociali piú deboli e indifese**: l'uomo all'ospizio, il carcerato, la donna confinata nella sua cucina, il sessantenne, il senzatetto, colui che ha freddo. A tutti costoro Brecht si rivolge non per spingerli a chiedere con forza il pane, una casa, i mezzi di sostentamento, la libertà, ma per esortarli a compiere un'operazione che, vista la situazione in cui versano, potrebbe sembrare inutile: li invita a studiare, a imparare l'a b c, anche se non è certo sufficiente, a cominciare dalle basi, perché solo attraverso il sapere e la conoscenza essi potranno prendere il potere per cambiare la società. Studiare, apprendere, chiedere ragione di ogni cosa, non accettare mai nulla passivamente, sono questi gli insegnamenti che Brecht vuol dare agli ultimi fra gli ultimi, perché possano avere una reale possibilità di riscatto.
Al di là nel momento storico in cui l'opera è nata e dell'ideologia dell'autore, il messaggio di Brecht ha una validità universale e risulta ancora attuale soprattutto in quelle situazioni in cui regimi totalitari o consuetudini arcaiche relegano i piú deboli, e fra questi soprattutto le donne, in una condizione di emarginazione, escludendoli proprio da ciò che potrebbe offrire loro una possibilità di riscatto: la cultura. La *Storia di Malala* (vedi volume *Narrativa e testi non letterari*, pag. 450) ne è un lampante esempio.

Lo stile
Lo stile è quello tipico della poesia civile: notiamo l'uso costante dell'imperativo, la presenza di un destinatario interno del testo, il ricorso all'anàfora, la ripetizione martellante dello stesso verso alla fine di ogni strofa, tranne che nella quarta, che viene conclusa da un'affermazione molto incisiva e importante, scandita in due versi: *Quel che non sai tu stesso, / non lo saprai*. L'autore vuol dire che ogni individuo deve contare su se stesso, deve conoscere i fatti, i documenti di prima mano, perché ciò che ciascuno non ha imparato, nessuno glielo dirà.

Esercizi

- **Comprensione e produzione**

1. Elenca i personaggi a cui il poeta si rivolge nella lirica.
2. Nell'ultima strofa il poeta, per sottolineare la necessità di rendersi conto di tutto ciò che accade, delle disposizioni emanate dal potere, delle scelte politiche compiute da chi comanda, usa una metafora. Quale?
3. Leggi la *Storia di Malala* (vedi volume di *Narrativa e testi non letterari*, pag. 450) e mettila a confronto con la *Lode dell'imparare* di Brecht. Quali sono gli elementi comuni? A tuo parere, Malala si riconoscerebbe in questi versi? Dai la risposta motivandola.

Salvatore Quasimodo
Uomo del mio tempo

• S. Quasimodo, *Poesie Prose Traduzioni*, Utet, Torino, 1968

IN SINTESI: Rivolgendosi all'uomo del suo tempo, il poeta lo accusa di non aver imparato nulla dalla storia e di essere rimasto al livello dell'uomo primitivo che si lasciava guidare solo dalla violenza. Oggi le armi sono diventate più complicate e precise, ma continuano a seminare morte e tragedia, come al tempo in cui Caino invitò il fratello a seguirlo nei campi per ucciderlo.

Forma metrica: Versi liberi.

genere: poesia civile | *epoca:* 1947 | *luogo:* Italia | *lingua originale:* italiano

Sei ancora quello della pietra e della fionda,
uomo del mio tempo. Eri nella carlinga,
con le ali maligne, le meridiane di morte,
– t'ho visto – dentro il carro di fuoco, alle forche,
5 alle ruote di tortura. T'ho visto: eri tu,
con la tua scienza esatta persuasa allo sterminio,
senza amore, senza Cristo. Hai ucciso ancora,
come sempre, come uccisero i padri, come uccisero
gli animali che ti videro per la prima volta.
10 E questo sangue odora come nel giorno
quando il fratello disse all'altro fratello:
«Andiamo ai campi». E quell'eco fredda, tenace,
è giunta fino a te, dentro la tua giornata.
Dimenticate, o figli, le nuvole di sangue
15 salite dalla terra, dimenticate i padri:
le loro tombe affondano nella cenere,
gli uccelli neri, il vento, coprono il loro cuore.

2. carlinga: fusoliera dell'aereo.
3. con le ali maligne: le ali dell'aereo sono dette *maligne* perché si tratta di un aereo da guerra, apportatore di morte.
– le meridiane di morte: le ali che proiettano la loro ombra minacciosa sono paragonate all'asticella della meridiana che, proiettando l'ombra sul muro, segna il passare delle ore.
6. persuasa allo sterminio: volta a scopo di morte e di distruzione.
11. quando il fratello ... fratello: si riferisce all'episodio biblico di Caino e Abele.
12. tenace: persistente.
14-15. Dimenticate ... terra: dimenticate l'eredità di sangue e di violenza lasciata dai vostri padri, simile a nuvole di sangue che si sollevano dalla terra.

Un soldato americano sull'altura di una spiaggia dell'isola Okinawa, 1945.

I generi della poesia : La poesia civile

L'OPERA

La lirica fa parte della raccolta *Giorno dopo giorno*, che segna una svolta rispetto alla precedente produzione di Quasimodo. Lo scrittore infatti appare qui orientato verso una poesia impegnata civilmente; ha sostituito all'esperienza individuale, tipica della fase ermetica, l'esperienza collettiva, alla parola-simbolo, tesa a cogliere l'essenza delle cose, un linguaggio più aperto, disteso, colloquiale. Testimone degli orrori della seconda guerra mondiale, il poeta si sente partecipe della sofferenza di tutti gli uomini e non esita a esprimere con fermezza la sua condanna nei confronti di ogni forma di violenza e di disprezzo per la dignità umana.

L'autore

Salvatore Quasimodo, nato nel 1901, è un poeta il cui percorso umano e letterario si è snodato tra la Sicilia mitica e solare e la Lombardia emblema dell'attivismo e della civiltà industriale. Nato a Modica in provincia di Ragusa nel 1901, figlio di un capostazione, trascorse l'infanzia e l'adolescenza in diversi paesi dell'isola a causa degli spostamenti del padre. Dopo aver conseguito il diploma di geometra, ottenne un impiego al Genio Civile e intanto coltivava gli studi letterari e classici. Durante un soggiorno fiorentino il cognato Elio Vittorini lo presentò al gruppo di letterari che collaboravano alla rivista «Solaria» sulla quale vennero pubblicate le sue prime poesie. Si avvicinò anche ai poeti ermetici e ne condivise le scelte letterarie.

L'Ermetismo è una corrente letteraria affermatasi in Italia fra il 1930 e il 1940, che si proponeva di realizzare una poesia volutamente oscura e attribuiva alla parola la funzione quasi sacrale di penetrare nel mistero che circonda l'uomo. Risentono dell'Ermetismo le prime raccolte poetiche di Quasimodo: *Acque e terre*, *Oboe sommerso*, *Erato e Apollion*, *Nuove Poesie* che successivamente furono ripubblicate in un unico volume intitolato *Ed è subito sera*. Nel secondo dopoguerra Quasimodo si segnalò per un attivo impegno politico e impresse una svolta anche alla sua poesia che diventò strumento di testimonianza civile e di polemica sociale e assunse toni più discorsivi. Risalgono a questo periodo le raccolte *Giorno dopo giorno*, *La vita non è sogno*, *Il falso e vero verde*, *La terra impareggiabile*, *Dare e avere*. Nel 1959 gli venne conferito il premio Nobel per la Letteratura. Morí improvvisamente a Napoli nel 1968.

Entriamo nel testo

Il tema

Rivolgendosi all'uomo del suo tempo il poeta lo accusa di essere solo portatore di morte e di violenza. Secoli di storia e di civiltà non hanno scalfito per niente la sua corazza di **brutale animalità** che lo accomuna all'uomo primitivo, armato di pietra e di fionda, e al fratricida Caino. Tra queste due immagini, che ci riportano all'origine dei tempi, si colloca la figura dell'uomo contemporaneo, pronto a dare la morte dalla carlinga di un aereo, a torturare, a giustiziare senza pietà i suoi simili, a utilizzare le scoperte della scienza per compiere i suoi stermini con maggiore esattezza e rigore. Di fronte all'appassionata denuncia del poeta non si può non pensare agli orrori delle guerre di tutti i tempi, anche se le parole della lirica richiamano più direttamente alla memoria i tragici eventi del secondo conflitto mondiale.
Dopo questo desolante quadro di morte, negli

ultimi quattro versi il poeta si rivolge ai giovani, ai figli di questi uomini crudeli che hanno torturato, giustiziato, sterminato, per esortarli a scrollarsi di dosso la pesante eredità dei padri. La lirica si chiude con una successione di immagini metaforiche che danno il senso della violenza e del cupo abbandono: da una parte *le nuvole di sangue* che si sprigionano dalla terra a simboleggiare le stragi della storia, dall'altra le tombe dei padri che *affondano nella cenere*, dimenticate e disprezzate, tra un volo di uccelli neri e un turbinio di vento.

Le tecniche espressive
La lirica ha un **andamento narrativo e colloquiale** al tempo stesso. Nella prima parte predomina il tono accusatorio, come se il poeta volesse condurre una requisitoria contro l'uomo e la sua barbarie. Gli ultimi quattro versi sono invece caratterizzati da un tono esortativo, tipico della poesia civile. Il **linguaggio** è **semplice** ed **essenziale**, quasi prosastico, soprattutto nei versi in cui piú esplicito è il riferimento al testo biblico (vv. 10-12). Qui il poeta riprende quasi letteralmente il passo delle Sacre Scritture in cui Caino conduce il fratello Abele nei campi con l'intenzione di ucciderlo: «Caino disse al fratello Abele: "Andiamo in campagna!". Mentre erano in campagna Caino alzò la mano contro il fratello Abele e lo uccise» (*Genesi*, 3, 14).

Gli unici punti in cui il lessico si discosta un po' dal registro medio sono quelli nei quali ricorrono espressioni metaforiche: ad esempio, *nuvole di sangue* e *meridiane di morte*. Quest'ultima, che è riferita alle *ali maligne* dell'aereo, è sicuramente la piú densa di significato. Come nella meridiana l'ombra proiettata dall'asticella infissa in un muro illuminato dal sole segna le ore del giorno, cosí le ali affusolate dell'aereo, proiettando la loro ombra minacciosa, segnano le ore della morte.

Esercizi

Competenza trasversale:

 Acquisire ed interpretare l'informazione

 Individuare collegamenti e relazioni

c Comunicare

d Comunicare nelle lingue straniere

- **Comprensione**

1. Che cosa vuole intendere il poeta quando, rivolgendosi all'uomo del suo tempo, gli dice: *Sei ancora quello della pietra e della fionda* (v. 1)?

2. Il poeta vede la violenza come una specie di eredità genetica che si trasmette col sangue. In quale punto del testo è possibile cogliere questo motivo?

3. Nella lirica il poeta contrappone le armi dell'uomo primitivo a quelle ben piú micidiali dell'uomo del suo tempo. Riporta in una tabella le parole usate dal poeta per indicare i diversi tipi di armi.

4. Individua quali caratteristiche della poesia civile sono presenti nel testo.

- **Produzione**

5. Scrivi la parafrasi della poesia.

  6. Spiega in un testo scritto come Quasimodo ha rappresentato l'uomo contemporaneo ed esprimi il tuo parere su questa rappresentazione. Per sostenere la tua tesi puoi fare riferimento a esempi tratti dalla storia o dall'attualità.

I generi della poesia : **La poesia civile**

per l'**INVALSI** con *Eugenio*

1. Nella lirica il poeta esprime una dura condanna nei confronti degli uomini del suo tempo perché:

a. ☐ non hanno imparato nulla dalla storia e dal passato.
b. ☐ trasmettono ai loro figli sentimenti di odio e di disprezzo nei confronti del prossimo.
c. ☐ sono sempre pronti a distruggere, sterminare, odiare.
d. ☐ sono brutali e violenti come gli uomini primitivi.

2. Secondo il poeta l'uomo ha usato la scienza soprattutto:

a. ☐ per costruire armi sempre piú micidiali.
b. ☐ per migliorare la propria condizione di vita.
c. ☐ per comprendere i misteri della natura.
d. ☐ per affermare la propria superiorità sui piú deboli.

3. Se all'inizio della poesia l'uomo moderno viene assimilato a quello primitivo, nella parte centrale della lirica (vv. 7-9) egli viene paragonato:

a. ☐ ai barbari.
b. ☐ ai suoi antenati.
c. ☐ agli animali feroci.
d. ☐ a Caino.

4. Nei versi 10-12 Quasimodo fa riferimento:

a. ☐ all'uccisione di Remo.
b. ☐ all'uccisione di Abele.
c. ☐ al fratricidio in generale.
d. ☐ alle guerre civili.

5. Nella lirica Quasimodo esprime una visione del mondo dalla quale traspare:

a. ☐ un giudizio totalmente negativo sugli uomini che non muteranno mai.
b. ☐ la netta condanna degli uomini del suo tempo accompagnata dall'invito ai giovani a non seguirne l'esempio.
c. ☐ la fiducia nella possibilità di un cambiamento dopo gli orrori della guerra.
d. ☐ la consapevolezza della perennità dell'odio e della violenza.

6. Nei versi 12-13 il poeta afferma: «E quell'eco fredda, tenace, / è giunta fino a te, dentro la tua giornata». Che cosa vuol dire con queste parole?

a. ☐ Che la violenza che ha armato la mano di Caino non si è spenta.
b. ☐ Che la vita dell'uomo moderno non è diversa da quella degli uomini del passato.
c. ☐ Che l'odio fratricida è sempre presente nell'animo dell'uomo.
d. ☐ Che il comportamento dell'uomo moderno è uguale a quello degli uomini del passato.

7. Il poeta adopera diverse metafore. Individuale e trascrivile di seguito.

....

....

....

8. La metafora «nuvole di sangue» (v. 14) si riferisce:
- **a.** □ al colore rosso sangue delle nuvole che striano il cielo, a simboleggiare la violenza della guerra.
- **b.** □ al sangue che impregna i campi di battaglia.
- **c.** □ al sangue versato dagli uomini che sembra sollevarsi dalla terra formando delle nuvole rosse.
- **d.** □ all'odio che, come una nuvola rosso sangue, avvolge l'animo dell'uomo.

9. La «cenere» (v. 16) nella quale affondano le tombe dei padri simboleggia:
- **a.** □ l'oblio nel quale precipiteranno le tombe di coloro che hanno compiuto solo il male.
- **b.** □ la distruzione delle tombe causata da sempre nuovi atti di violenza.
- **c.** □ l'indifferenza con la quale i figli guarderanno ai loro padri.
- **d.** □ il disprezzo dei posteri nei confronti di chi ha saputo solo seminare odio.

10. Oltre alla metafora, quale altra figura retorica ricorre nella lirica?
- **a.** □ Allitterazione.
- **b.** □ Anàfora.
- **c.** □ *Climax*.
- **d.** □ Iperbole.

11. Per conferire un tono incisivo e solenne alle sue parole e al tempo stesso per far avvertire la monotona ripetitività della violenza e dell'odio, il poeta ricorre spesso all'anàfora. Elenca tutte le anàfore presenti nella lirica.

....

....

....

12. Gli eventi che hanno ispirato al poeta questa lirica sono quelli:
- **a.** □ della prima guerra mondiale.
- **b.** □ della seconda guerra mondiale.
- **c.** □ della guerra del Vietnam.
- **d.** □ di tutti i conflitti che hanno insanguinato il mondo.

I generi della poesia : **La poesia civile**

Pablo Neruda
Pace per i tramonti che verranno

- P. Neruda, *Canto Generale*, traduzione di Dario Puccini, Sugarco, Carnago (Varese), 1995

IN SINTESI: Dopo aver ripercorso, nella quarta sezione del *Canto General* intitolata *Los Libertadores*, l'epopea dei difensori della terra americana, il poeta innalza un inno di gioia e di speranza che inonda l'animo del lettore. Egli esprime un augurio di pace a tutti gli uomini, rivolgendo lo sguardo soprattutto alla gente comune e ponendo l'accento sulla necessità della solidarietà e del rispetto reciproco.

Forma metrica: Versi liberi.

genere: poesia civile | *epoca:* 1948-1950 | *luogo:* Cile | *lingua originale:* spagnolo

8. Mississipi, fiume delle radici: il Mississipi è il piú importante fiume dell'America settentrionale: nasce nel Minnesota, nel nord del paese, quasi al confine con il Canada e, dopo aver attraversato longitudinalmente il territorio, sfocia nel Golfo del Messico. Neruda lo chiama *fiume delle radici* perché ha svolto un ruolo fondamentale nello sviluppo agricolo e commerciale del paese e nelle sue vicende storiche.
11. il grande colcos di Kiev: i kolchoz erano cooperative agricole nelle quali i contadini lavoravano collettivamente la terra, condividendo anche strumenti e macchinari agricoli. Furono istituite ufficialmente con l'affermarsi del Comunismo in Unione Sovietica. Kiev è una città dell'Ucraina, oggi capitale dello Stato indipendente costituitosi nel 1991 in seguito alla caduta del comunismo e alla disgregazione dell'Unione Sovietica.
13-14. il ferro / nero di Brooklin: allude al ponte di Brooklin.

Pace per i tramonti che verranno,
pace per il ponte, pace per il vino,
pace per le parole che m'inseguono
e mi sorgono nel sangue intrecciando
5   di terra e di amori l'antico canto,
pace per la città nella mattina
allorché il pane si sveglia, pace
per il Mississippi, fiume delle radici:
pace per la camicia del fratello,
10 pace sul libro come un timbro d'aria,
pace per il grande colcos di Kiev,
pace per le ceneri di questi morti
e di quest'altri, pace per il ferro
nero di Brooklyn, pace per il postino
15 che va di casa in casa come il giorno,
[...]
pace per il boliviano taciturno
come un blocco di stagno, pace
perché tu possa sposarti, pace

Paesaggio cileno.

19. Bio-Bio: è una regione del Cile. Qui nel 1947 i minatori in sciopero vennero imprigionati in carceri militari e in campi di concentramento per ordine del presidente cileno Gabriel González Videla, esponente del partito radicale, di cui Neruda aveva appoggiato la candidatura e l'elezione. Il poeta fu profondamente deluso dal comportamento del presidente e il 6 gennaio 1948 pronunciò davanti al senato cileno un drammatico discorso, chiamato in seguito «Yo acuso», in cui lesse all'assemblea l'elenco dei minatori tenuti prigionieri. Ai versi 38-39 il poeta fa un esplicito riferimento a questo episodio. La reazione del presidente fu durissima: emise immediatamente un ordine di arresto nei confronti di Neruda e mise fuorilegge il partito comunista. Il poeta fu quindi costretto alla fuga e all'esilio.

20-21. il cuore ... guerrigliera: allude alla guerra civile spagnola che venne combattuta dal 1936 al 1939 fra i repubblicani, esponenti del governo in carica, e i nazionalisti guidati dal generale Francisco Franco, autori di un colpo di stato ai danni della seconda repubblica spagnola, di ispirazione marxista, che si era costituita nel 1931.

> per tutte le segherie del Bio-Bio,
> 20 pace per il cuore lacerato
> della Spagna guerrigliera:
> pace per il piccolo Museo del Wyoming
> dove la cosa piú dolce
> è un cuscino con un cuore ricamato,
> 25 pace per il fornaio e i suoi amori
> e pace per la farina: pace
> per tutto il grano che deve nascere,
> per ogni amore che cercherà ombra di foglie,
> pace per tutti quelli che vivono: pace
> 30 per tutte le terre e tutte le acque.
> Io a questo punto vi saluto, torno
> alla mia casa, dentro i miei sogni,
> torno in Patagonia là dove
> il vento scuote le stalle
> 35 e spruzza gelo l'oceano.
> Sono soltanto un poeta: vi amo tutti,
> vado errante per il mondo che amo:
> al mio paese mettono in carcere i minatori
> e i poliziotti comandano sui giudici.
> 40 Ma io amo perfino le radici
> del mio piccolo paese freddo.
> Se dovessi mille volte morire
> là voglio morire:
> se dovessi mille volte nascere
> 45 là voglio nascere,
> accanto all'albero selvaggio dell'araucaria,

22. Wyoming: è uno Stato degli USA situato nel cuore del paese.
33. Patagonia: è l'estremità meridionale dell'America del Sud, divisa tra Argentina e Cile. La città di Parral, dove nacque Neruda, è abbastanza vicina alla Patagonia cilena.
34-35. il vento scuote ... gelo: **l'oceano**: allude al clima piuttosto rigido della regione.
46. araucaria: pianta originaria dell'emisfero meridionale.

L'OPERA

Pace per i tramonti che verranno fa parte della quarta sezione di *Canto General*, una lunga composizione in versi che costituisce una tappa fondamentale dell'opera complessiva di Neruda e un punto di riferimento obbligato per la letteratura ispanoamericana. È un'opera monumentale costituita da 15 sezioni, 231 poesie e piú di 15.000 versi. Ogni sezione, o canto, è un poemetto autonomo, ma collegato agli altri da un unico filo conduttore. Il *Canto General* viene considerato una cronaca enciclopedica di tutta l'America latina, infatti ne ripercorre la storia, dalle civiltà precolombiane ai conquistadores, alle vicende che hanno coinvolto in prima persona l'autore; al tempo stesso descrive la natura, soffermandosi sulla flora e la fauna ed esaltando anche le forme primitive di lavoro e la vita nelle comunità indigene. È sostenuto da un respiro quasi profetico, che trasforma la storia in mito e il mito in storia. Per queste sue caratteristiche molti l'hanno definito un poema epico, «la piú grande sintesi americanista» che sia mai stata realizzata nel continente. Fu pubblicato per la prima volta in Messico, nel 1950, ma era stato iniziato a partire dal 1938.

dinnanzi ai venti marini del sud,
presso le campane comprate di recente.
Nessuno pensi a me.
50 Pensiamo insieme a tutta la terra,
battendo con amore sulla mensa.
Non voglio che il sangue torni
a bagnare il pane, i fagioli,
la musica: voglio che venga con me
55 il minatore, la fanciulla,
l'avvocato, il marinaio,
il fabbricante di bambole;
entrino con me in un cinema ed escano
a bere con me il vino piú rosso.
60 Io non vengo a risolvere nulla.
Io sono venuto qui per cantare
e per sentirti cantare con me.

L'autore

Pablo Neruda è considerato il piú importante esponente della letteratura sudamericana contemporanea. Il suo vero nome era Neftalí Ricardo Reyes, che egli trasformò in Pablo Neruda per ricordare il poeta ceco Jan Neruda. Nato a Parral, nella parte meridionale del Cile nel 1904, dopo un'infanzia povera, riuscí a frequentare l'università e si avviò alla carriera diplomatica. Le sue prime opere poetiche portavano il segno di una cupa angoscia unita a una forte sensualità che si esprimeva in immagini vivide e appassionate. Successivamente, però, si orientò verso forme liriche piú interiorizzate e innovative sul piano espressivo. La partecipazione alla guerra civile di Spagna, dove si trovava come console a Madrid sin dal 1934, impresse una svolta decisiva alla sua poesia che, con la raccolta *Spagna nel cuore* del 1937, si rivolse verso temi politici e civili. Quei versi infatti esaltavano la lotta delle forze repubblicane spagnole contro Francisco Franco, sostenuto dall'appoggio del fascismo e del nazismo. Neruda, che nel frattempo aveva aderito al partito comunista, nel 1945 venne eletto senatore in Cile, ma nel 1948, a causa di contrasti con il presidente cileno Videla, fu costretto all'esilio, prima in Argentina poi a Parigi. Nel 1952 trascorse un periodo a Capri. Questo soggiorno è stato rievocato da Massimo Troisi nel film *Il postino*. Neruda rimase in esilio per molti anni e ritornò in patria solo in seguito alla presa del potere da parte di Salvador Allende, esponente del partito socialista, che venne eletto presidente del Cile nel 1970. Neruda sostenne Allende e partecipò con grande entusiasmo alla sua vittoria, divenendo ambasciatore a Parigi del nuovo Cile. L'assegnazione nel 1971 del premio Nobel per la Letteratura segnò il piú alto momento di gloria per lo scrittore che era già minato dal cancro. Quando però il governo di Allende nel 1973 fu rovesciato dal colpo di stato del generale Pinochet, Neruda, che era tornato in Cile, venne emarginato e dovette assistere, impotente, al clima di repressione politica instaurato dal dittatore. Si spense in solitudine in quello stesso anno, divenendo anche in quell'occasione simbolo di libertà e di riscatto. Neruda ha scritto numerose raccolte di poesie e *Canto General*, un lungo componimento, che ha il respiro e la solennità di un poema, nel quale sono rievocate le vicende del continente americano e le sue lotte per la liberazione.

Incontro con il testo... ... poetico

Entriamo nel testo

Il tema
Nella prima parte del componimento (vv. 1-35) il poeta delinea l'immagine di un mondo governato dalla pace, nel quale assumono un ruolo centrale gli elementi essenziali della natura (i tramonti, le foglie, l'acqua, la terra, il grano, la farina, il pane, il vino), gli uomini comuni (il fornaio, il contadino boliviano, il postino) e i grandi valori: l'amore, la fratellanza, il rispetto. In questo mondo finalmente sereno, l'**augurio di pace per i morti**, a qualunque schieramento appartengano, segna il punto di piú alto valore morale e civile della lirica. Solo quando la pietà avrà preso il posto della crudeltà e gli odi si saranno placati, sarà possibile creare un mondo migliore.

Nella seconda parte (vv. 36-62) il poeta innalza un canto d'amore alla sua terra e dichiara con semplicità e umiltà quale **funzione** attribuisce a se stesso **come poeta**. Egli non pretende di trovare soluzioni ai problemi del mondo: vuole solo levare il suo canto insieme a tutti gli altri uomini.

Lo stile
L'efficacia dei versi è affidata al linguaggio volutamente semplice e martellante e all'uso di anafore e parallelismi, come se il poeta, ripetendo innumerevoli volte la parola *pace* e legandola a tutti gli aspetti della vita, volesse magicamente farla entrare nel cuore e nella mente degli uomini.

Esercizi

Competenza trasversale:

- **a** Acquisire ed interpretare l'informazione
- **b** Individuare collegamenti e relazioni
- **c** Comunicare
- **d** Comunicare nelle lingue straniere

- **Competenza testuale e interpretazione**

1. Individua nel testo tutte le anàfore.
2. Quale particolare significato assume, secondo te, all'interno della lirica l'espressione *pace per il ponte* (v. 2)?
3. Come interpreti i versi *pace per le parole che m'inseguono / e mi sorgono nel sangue intrecciando / di terra e di amori l'antico canto* (vv. 3-5)? Quale idea ti sei fatto, leggendoli, del rapporto di Neruda con la poesia? Essa rappresenta per lui una necessità biologica ed esistenziale o è un completamento della sua vita? Quali sono i temi che ama cantare?
4. Che cosa simboleggia secondo te il grano nel verso *pace per tutto il grano che deve nascere* (v. 26-27)?
5. Attraverso quali parole e immagini il poeta esprime il suo amore verso la terra d'origine?
6. Individua nel testo gli elementi che ne segnalano l'appartenenza al genere della poesia civile.

 b 7. Ti sembra che la lirica di Neruda presenti dei punti di contatto con qualche altro componimento di poesia civile fra quelli contenuti in questa sezione? Se sí, con quale? Dai la risposta motivandola.

ON LINE: La poesia civile

Testi: Alessandro Manzoni, *Marzo 1821*; Giovanni Berchet, *Il giuramento di Pontida*; Nazim Hikmet, *Nasceranno uomini migliori*

La poesia satirica

Origine ed evoluzione

La poesia satirica è un genere di poesia che **mette in ridicolo personaggi e comportamenti con toni comici e ironici al fine di correggere, mediante il riso, il comportamento criticabile**.
Essa si distingue in satira politica e satira di costume: la prima è legata all'attualità e a precise situazioni storico-politiche, e per essere compresa a fondo richiede la conoscenza delle situazioni e dei personaggi che vengono presi di mira; la seconda prende in esame i comportamenti degli uomini e ha quindi un carattere esistenziale e una validità universale.
Nel **mondo greco** non esisteva uno specifico genere satirico pertanto, quando si voleva esprimere una critica politica o morale, ci si affidava alla commedia o alla poesia giambica, che aveva un tono pungente e aggressivo, o all'epigramma, in particolare a quello di età ellenistica, ripreso dai poeti latini, che, per la sua particolare struttura, si prestava a questo scopo. Esso era infatti un componimento breve, che si articolava in due momenti: la prima parte conteneva la descrizione dell'oggetto, della persona, della situazione presa in esame; la battuta finale, chiamata dai latini *fulmen in clausola*, giungeva inaspettata e sorprendente, come un fulmine appunto, a capovolgere le attese facendo emergere il particolare, solitamente buffo e criticabile, che suscitava il riso.
La satira come genere letterario contrassegnato da specifiche caratteristiche contenutistiche e formali, nasce nel **mondo latino**. Fatto questo di cui i letterati dell'antica Roma andavano orgogliosi, tanto che nel II secolo d.C. Quintiliano affermava: *satura tota nostra est*, «la satira è interamente nostra».
Il termine *satira* deriva dall'aggettivo latino *satura* che, unito al sostantivo *lanx*, formava l'espressione *satura lanx* con la quale si indicava un «piatto pieno di frutti di ogni tipo» che venivano offerti agli dèi per propiziarseli. Il termine venne successivamente applicato a una rappresentazione teatrale nella quale, con la tecnica dell'improvvisazione, degli attori mimi, inizialmente di origine etrusca, mescolavano musica, danza e battute licenziose.
Il passaggio dall'ambito teatrale alla poesia avvenne nel II secolo a.C. con lo scrittore latino Lucilio che codificò il genere facendone un componimento in versi caratterizzato da varietà di temi e da toni satirici e moraleggianti. La satira raggiunse i suoi esiti più alti con Orazio, che le conferí un tono bonario e sorridente e uno stile fluido e raffinato. Il genere venne ripreso in età imperiale dai poeti Persio e Giovenale che adoperarono un linguaggio più oscuro e aggressivo. Componenti satiriche sono presenti negli epigrammi di Catullo e Marziale.
Durante il **Medioevo** toni satirici, che talora sfociano nel sarcasmo e nell'invettiva, sono presenti nella *Divina Commedia* di Dante, nei canti goliardici, intonati dagli studenti delle università, nelle canzoni popolari, nei componimenti dei poeti provenzali, in alcune liriche di Jacopone da Todi che colpiscono la corruzione della Chiesa, nei sonetti di Petrarca contro la corte papale di Avignone. Si tratta comunque di elementi inseriti in opere appartenenti ad altri generi letterari.
Nel **Cinquecento** la satira torna ad affermarsi nella sua specificità e raggiunge esiti artistici di notevole livello con Ludovico Ariosto che, ispirandosi a Orazio per il tono pacato, bonariamente ironico e colloquiale, colpisce i vizi delle corti e i difetti degli uomini. Il genere ha nel corso del Cinquecento e del Seicento molti cultori: dagli italiani Gabriello Chiabrera e Salvator Rosa ai francesi Boileau e La Fontaine, che introdusse nelle sue favole temi satirici, per arrivare nel **Settecento** a Giuseppe Parini il quale scrisse un intero poemetto satirico, *Il giorno*, per colpire con toni fortemente moraleggianti e talora sarcastici la vita inutile e dissoluta della classe aristocratica.

Nell'**Ottocento** la satira, che andava assumendo connotazioni esplicitamente politiche, ebbe i suoi migliori interpreti nei poeti dialettali, dal milanese Carlo Porta al romano Gioacchino Belli. Tra gli autori che usavano la lingua italiana va ricordato Giuseppe Giusti il quale derivò dalla natia Toscana l'impulso alle sue rime di carattere altamente morale e nazionale. Nell'ambito del Romanticismo europeo è da segnalare la satira in versi *Germania fiaba d'inverno* del poeta tedesco Heinrich Heine, ancora oggi considerata una delle piú importanti opere a carattere satirico della letteratura tedesca.

Nella prima metà del **Novecento** toni satirici si trovano nelle poesie dialettali di Trilussa; risale invece al 1971 la raccolta *Satura* di Eugenio Montale con la quale il grande poeta italiano inaugura una poesia legata alle occasioni quotidiane, alla cronaca familiare, agli eventi e al costume della realtà contemporanea, che egli indaga con un'ironia capace di smascherare i falsi miti della società di massa. Nel secondo Novecento la satira come genere a sé si è andata a poco a poco dissolvendo ed è confluita in altre forme espressive legate al mondo dello spettacolo e del giornalismo: cabaret, vignette, monologhi comici ecc. Non mancano però poeti, come Wislawa Szymborska, che hanno saputo punzecchiare con garbata ironia le debolezze e i falsi ideali degli uomini di oggi.

Merita infine un accenno un particolare tipo di poesia satirica a carattere popolare che, a partire dal Cinquecento, si è espressa attraverso le «**pasquinate**», fogli contenenti versi satirici anonimi, diretti a pungere importanti personaggi pubblici, che venivano appesi alla «statua parlante» di Pasquino. Era cosí chiamata dal popolo una statua di età ellenistica raffigurante un personaggio maschile, danneggiato nel viso e mutilato degli arti, che venne scoperta a Roma casualmente nel 1501 durante gli scavi per la ristrutturazione del palazzo Orsini e fu collocata su un piedistallo nella piazza dove ancora oggi si trova e che ne ha preso il nome. Ogni mattina le guardie rimuovevano i fogli, ma ciò avveniva sempre dopo che erano stati letti dalla gente. In breve tempo la statua di Pasquino divenne fonte di preoccupazione e di irritazione per i potenti presi di mira dalle pasquinate. La consuetudine durò per molti secoli, fino al primo Novecento. L'ultima pasquinata risale al 1938, quando, in occasione della visita di Hitler a Roma, furono realizzate nella città fastose scenografie in cartone e gesso in onore dell'ospite. Allora comparve al collo della statua, che per molto tempo era rimasta muta, un cartello con questi versi:

Povera Roma mia de travertino!
T'hanno vestita tutta de cartone
pe' fatte rimirà da'n'imbianchino
venuto da padrone!

Caratteristiche

Nel mondo latino la satira era un **componimento in versi**, **senza partizioni**, di media lunghezza nel quale il poeta, traendo spunto dalla realtà che lo circondava, **colpiva mediante l'ironia** aspetti del costume o della realtà politica del tempo con l'intento di **correggerli**. Il motto della satira si può infatti sintetizzare nel verso *castigare ridendo mores*: «correggere i costumi attraverso il riso». L'esposizione era arricchita da esempi e brevi storie esemplificative.

Nella letteratura italiana si mantengono le stesse caratteristiche, con la differenza che il verso è l'**endecasillabo**, che può essere sciolto, come nel *Giorno* di Parini, o in strofe, solitamente terzine, come nelle *Satire* di Ariosto.

Lo **stile** è generalmente **colloquiale** e sottilmente **ironico**, poiché l'autore vuole dare al componimento il tono di una conversazione pacata fra amici e quindi rifugge dal linguaggio alto e dallo stile elaborato.

I generi della poesia : **La poesia satirica**

✎ Semonide di Amorgo
Le donne, grandissimo malanno

• F. Pontani, *I lirici greci*, Torino, Loescher, 1969

IN SINTESI: Il poeta, utilizzando un tono satirico e sentenzioso, delinea le caratteristiche di diversi tipi di donna, ognuna contraddistinta da un difetto: da quella pigra e immobile come la terra a quella volubile come il mare, da quella sudicia come la scrofa a quella vanitosa come la cavalla, per concludere che tutte le donne sono un vero malanno per l'uomo.

Forma metrica: giambi, un tipo di verso con un ritmo simile a quello della lingua parlata, nato per poesie satiriche o per invettive.

genere: poesia satirica	*epoca:* VII secolo a.C.	*luogo:* Grecia	*lingua originale:* greco antico

[...] Una deriva dalla scrofa
setosa; la sua casa è una lordura,
un caos, la roba rotola per terra.
Lei non si lava; veste panni sozzi
5 e stravaccata nel letame ingrassa.
[...]
Una gli dei fecero di terra
e la diedero all'uomo: minorata
non ha idee né di bene né di male.
10 Una cosa la sa: mangiare. E basta.
Se Dio manda un dannato inverno, bubbola
ma lo sgabello al fuoco non l'accosta.
Viene dal mare un'altra, e ha due nature
opposte: un giorno ride, tutta allegra,
15 sí che a vederla in casa uno l'ammira
(«non c'è al mondo una donna piú simpatica,
non c'è donna migliore»). Un altro giorno
non la sopporti neppure a vederla
o ad andarle vicino: fa la pazza,
20 e a chi s'accosta, guai! Pare la cagna
coi cuccioli, implacabile: scoraggia
nemici e amici alla stessa maniera.
Come il mare che sta sovente calmo,

7. minorata: stupida, ottusa.
11. bubbola: brontola.
20-21. Pare la cagna coi cuccioli: è aggressiva come una cagna quando ha i cuccioli.

L'OPERA

Ispirandosi al motivo, abbastanza diffuso nel mondo antico, della somiglianza fra le donne e gli animali, Semonide scrisse un lungo componimento in versi giambici nel quale delineava dieci tipologie femminili, paragonandole agli animali e agli elementi naturali, da cui discendono e da cui hanno tratto i difetti che le caratterizzano. L'unica specie che abbia una connotazione positiva è quella che discende dall'ape. Ma per Semonide questa specie è molto rara e probabilmente non esiste affatto. Perciò, concludendo il suo catalogo, egli può tranquillamente affermare che le donne sono il peggior malanno che gli dèi abbiano dato agli uomini.

Incontro con il testo... ... poetico

La dama dei gioielli, 100-110 d.C. Toronto, Royal Ontario Museum.

   non fa danno e rallegra i marinai
25 nell'estate, e sovente in un fragore
   di cavalloni s'agita e s'infuria
   tale l'umore di una simile:
   anche il mare ha carattere originale.
   [...]
30 Nasce dalla cavalla raffinata,
   tutta criniera, un'altra. Ed ecco, schiva
   i lavori servili e la fatica,
   la macina, lo staccio, l'immondizia
   e la cucina (teme la fuliggine).
35 Anche all'amore si piega per obbligo.
   Si lava tutto il giorno la sporcizia,
   due, tre volte, si trucca, si profuma.
   Sempre pettinatissima la chioma
   fonda, fluente, ombreggiata di fiori.
40 Una simile donna è uno spettacolo
   bello per gli altri: per lo sposo un guaio.
   A meno che non sia principe o re
   che di simili cose non si compiaccia.
   [...] Il più gran male che Dio fece è questo:
45 le donne. A qualche cosa par che servano,
   ma per chi le possiede sono un guaio.
   Chi sta con una donna non trascorre
   neppure un giorno sano in santa pace,
   né caccerà di casa mai la fame,
50 triste divinità, brutta inquilina.
   [...]
   E sarà meglio, quando arriva un ospite
   non ospitarlo dove c'è una donna.
   La più santarellina all'apparenza
55 è proprio quella che ti disonora;
   il marito, minchione, a bocca aperta
   e i vicini si godono la beffa.
   Loda ognuno, si sa, la propria moglie
   e critica l'altrui: però la sorte
60 è una, uguale, e non ce ne accorgiamo.

31. schiva: evita.
33. la macina, lo staccio: la macina con la quale si trituravano i cereali e il setaccio che serviva per separare i prodotti della macinazione. Si deduce da queste indicazioni quali fossero, generalmente, le mansioni domestiche della donna.
39. fonda: porta.

 L'autore

Semonide di Amorgo nacque a Samo intorno al 650 a.C., ma è detto di Amorgo perché prese parte alla fondazione di una colonia di Samii nell'isola di Amorgo. Di lui sono pervenuti vari frammenti dai quali emerge una concezione pessimistica dell'esistenza, appena attenuata da deboli esortazioni alla gioia e a ricavare dalla vita il meglio possibile. La sua fama è legata principalmente a un *Giambo contro le donne* che ci è giunto quasi integro.

I generi della poesia | La poesia satirica

Entriamo nel testo

Il tema
Il **velenoso attacco** del poeta è rivolto **contro tutte le donne**, senza alcuna distinzione. Egli tratteggia realistiche figure femminili, mettendone in risalto soltanto i difetti e facendo apparire gli uomini come vittime dell'ignavia, della vanità, dell'incostanza, della litigiosità e della sfrontatezza delle donne. Infine conclude con l'invito a non fidarsi delle apparenze, in quanto, anche se può sembrare che le donne servano a qualcosa, in realtà sono un guaio per chi le ha intorno: l'uomo infatti rischia di trovarsi sul lastrico se ha una moglie spendacciona e di essere deriso dai vicini se ha avuto la malaugurata idea di accogliere in casa sua un ospite con il quale la moglie non esiterà a tradirlo. Nessuno è al riparo da questo malanno, perché la sorte è uguale per tutti, anche se ognuno pensa che solo le mogli degli altri siano piene di difetti.

Il contesto
I versi di Semonide sono la testimonianza di un **atteggiamento di misoginia** (odio per le donne) alquanto **diffuso** nella letteratura greca a partire dall'età arcaica. Ne è un esempio il mito di Pandora, la donna alla quale si attribuiva la diffusione nel mondo di ogni tipo di male. Tale atteggiamento era una conseguenza delle reali condizioni in cui viveva la donna nella società greca: esclusa dal potere politico e dalla partecipazione alla vita pubblica, era subordinata al capofamiglia e doveva occuparsi esclusivamente della casa e della famiglia. Il suo unico compito era dare al marito dei figli legittimi e custodirne la casa. Ancora nel IV secolo a.C. l'oratore Demostene scriveva: «Noi abbiamo le etere per il nostro piacere, le concubine per la cura del corpo, le spose per avere una prole legittima ed una custode dei nostri beni».
Alla moglie legittima erano dunque contrapposte altre due figure femminili, la cui situazione non era certo migliore. La concubina era una donna di condizione inferiore che veniva talora accolta nella casa coniugale e con la quale l'uomo intratteneva rapporti sessuali stabili. I figli nati da questa relazione godevano di diritti sia pure subordinati a quelli dei figli legittimi.
L'etèra (che significa letteralmente «compagna») era invece una donna più colta e raffinata che per professione accompagnava l'uomo nei luoghi nei quali la moglie e la concubina non erano ammesse. Con lei l'uomo intrecciava, dietro compenso, una relazione gratificante sul piano sia sessuale che intellettuale.
Una collocazione, dunque, quella delle donne nell'antica Grecia subordinata esclusivamente alle esigenze dell'uomo e regolata da una serie di norme giuridiche che ne sancivano l'inferiorità.

Esercizi

Competenza trasversale:

a Acquisire ed interpretare l'informazione
b Individuare collegamenti e relazioni
c Comunicare
d Comunicare nelle lingue straniere

- **Comprensione e interpretazione**

1. Indica quali sono i difetti dei diversi tipi di donna elencati dal poeta.
2. Se la donna è connotata negativamente, neppure l'uomo esce bene dalla descrizione di Semonide. Qual è, a tuo avviso, l'immagine che ne scaturisce?

- **Produzione**

3. Servendoti di un dizionario, spiega l'etimologia del termine *misoginia*.
4. Documentati sul mito di Pandora e raccontalo per iscritto.

Quinto Orazio Flacco

Per la biografia di
Quinto Orazio Flacco
vedi pag. 65.

L'incontentabilità degli uomini

• Orazio, *Satire*, trad. di M. Ramous, Garzanti, Milano, 1989

IN SINTESI: Il poeta, partendo dalla constatazione che gli uomini non sono mai contenti di ciò che hanno, sottolinea l'assurdità e l'inutilità dell'avidità umana ed enuncia la teoria del giusto mezzo, affermando che esiste una misura in tutte le cose, che distingue e separa ciò che è giusto da ciò che non lo è.

Forma metrica: nell'originale latino il poeta adopera esametri, versi costituiti da sei piedi. Ogni piede era formato dalla successione di due sillabe lunghe o di una sillaba lunga e due brevi.

genere: poesia satirica | *epoca:* 35 a.C. | *luogo:* antica Roma | *lingua originale:* latino

Come mai, Mecenate,
nessuno, nessuno vive contento
della sorte che sceglie
o che il caso gli getta innanzi
5   e loda chi segue strade diverse?
«Fortunati i mercanti»
Esclama il soldato oppresso dagli anni
e con le membra rotte da tanta fatica;
«Meglio la vita militare»
10 ribatte il mercante sulla nave in balia dei venti.
«Che vuoi? si va all'assalto
e in breve volgere di tempo
ti rapisce la morte o
ti arride la vittoria».
15 Quando al canto del gallo
batte il cliente alla sua porta,
l'esperto di diritto invidia il contadino;
quell'altro, invece, tratto a viva forza
di campagna in città a testimoniare,
20 proclama che solo i cittadini sono felici.
Esempi simili, tanto sono numerosi,
finirebbero per rendere afono
persino un chiacchierone come Fabio.

1. Mecenate: fu uomo politico e letterato, appartenente alla classe equestre; non volle mai ricoprire incarichi ufficiali, ma ebbe poteri molto ampi. Fu ispiratore della politica culturale di Augusto e protettore di poeti, fra i quali Virgilio e Orazio, che furono legati a lui da profonda amicizia.
23. Fabio: è Quinto Fabio Massimo di Narbona in Gallia, amico di Pompeo e autore di libri di filosofia stoica. Era noto per la sua prolissità.

Navi romane al largo, I secolo a.C. circa. Roma, Museo Nazionale Romano, Palazzo Massimo alle Terme.

I generi della poesia : La poesia satirica

37. sancire: stabilire solennemente.
45. Ummidio: è un personaggio ignoto. Probabilmente si tratta di un uomo di bassa condizione, arricchitosi a dismisura.

A farla breve, ascolta
25 dove voglio arrivare:
se un dio dicesse: «Eccomi qui,
pronto a fare ciò che volete:
tu ch'eri soldato, sarai mercante,
e tu, giurista, un contadino:
30 scambiatevi le parti
e via, uno di qua, l'altro di là.
Che fate lí impalati?»
Rifiuterebbero,
eppure era possibile che fossero felici.
35 Non ha forse ragione Giove
a sbuffare irritandosi con loro
e a sancire che d'ora in poi
non sarà piú tanto arrendevole
da porgere orecchio a preghiere simili?

> A questo punto il poeta si sofferma sulla stolta avidità umana e avviandosi alla conclusione della sua conversazione, cosí ammonisce:

40 E allora smettila con questa avidità:
piú ne hai e meno devi temere la miseria;
poni termine alla fatica,
ottenuto ciò che agognavi,
se non vuoi che t'accada
45 come a quel tale Ummidio.
È storia breve:

L'OPERA

Le *Satire*, che Orazio chiamò *Sermones* («Conversazioni») per il tono discorsivo e familiare da lui usato, sono in tutto diciotto componimenti distribuiti in due libri. Il primo, pubblicato nel 35 a.C., ne contiene dieci, il secondo, pubblicato nel 30, ne contiene otto. A differenza del suo predecessore Lucilio, che aveva dato alla satira un'impronta prevalentemente politica, i sermoni oraziani sono satire di costume. Del resto, il momento storico in cui operava il poeta, contrassegnato dall'istituzione dell'impero, non si prestava certamente alle polemiche politiche, dal momento che non esistevano piú fazioni contrapposte e tutti i poteri erano di fatto riuniti nelle mani dell'imperatore. Il poeta, dunque, appunta la sua attenzione sull'uomo in generale e ci presenta una galleria di personaggi di varia tipologia: l'avaro, il seccatore, il filosofo da strapazzo, il poeta vanitoso, il cacciatore di eredità e cosí via. Nel rappresentarli con i loro difetti e le loro debolezze, egli usa un tono di bonaria ironia, lontano da qualsiasi gretto moralismo, anche perché non si sente superiore ai personaggi di cui parla e non esita a mettere in risalto anche i propri difetti. Le satire si snodano come una conversazione fra amici: il poeta passa da un argomento all'altro con semplicità e disinvoltura, senza seguire regole precise, alternando all'esposizione dei concetti le battute di dialogo con un immaginario interlocutore e introducendo favolette e raccontini che avvalorano ed esemplificano le affermazioni teoriche. Orazio però non si limita a criticare, sia pure bonariamente, ma contrappone alle debolezze, agli eccessi, alle follie degli uomini una sua filosofia di vita basata sull'equilibrio, sul rifiuto di ogni eccesso, sulla ricerca del giusto mezzo.

49. inedia: fame.
50. liberta: una schiava che era stata liberata, affrancata.
51. la piú forte delle Tindaridi: si riferisce a Clitennestra, figlia del re di Sparta Tindaro e di Leda, come la sorella Elena e i due Dioscuri Castore e Polluce. Clitennestra viene definita la piú forte delle figlie di Tindaro (Tindaridi) perché con una scure uccise il marito Agamennone al suo ritorno da Troia.
53-54. Nevio ... Nomentano: sono due oscuri personaggi che Orazio utilizza come incarnazione il primo dell'avarizia, il secondo dell'eccessiva prodigalità.
72. auriga: chi guidava il carro da guerra e partecipava alle corse dei carri nelle gare.

ricco al punto da contare i soldi a palate
e cosí gretto da non vestirsi meglio di un servo,
temette sino all'ultimo di morire d'inedia.

50   Ma ecco che una liberta,
come la piú forte delle Tindaridi,
in due lo spaccò con la scure.
«Che mi consigli allora? Di vivere come Nevio
o come Nomentano?»

55   Ti ostini a mettere di fronte
cose che fanno a pugni:
quando ti sconsiglio d'essere avaro,
non ti esorto a farti scioperato e scialacquatore.
C'è pure una via di mezzo [...]

60   c'è una misura per tutte le cose,
ci sono insomma confini precisi
al di là dei quali non può esistere il giusto.
Torno al punto d'avvio:
come mai nessuno, vedi l'avaro,

65   è contento di sé
e loda invece chi segue strade diverse,
si strugge d'invidia se la capretta del vicino
ha mammelle piú turgide
e, senza confrontarsi con la massa

70   piú povera di lui,
s'affanna a superare questo e quello?
Come l'auriga, quando scalpitando
i cavalli si lanciano coi cocchi oltre le sbarre,
incalza quelli che lo superano,

75   sprezzando chi si è lasciato indietro e scivola in coda,
cosí a lui che s'affanna
sempre si para innanzi uno piú ricco.
Ecco perché solo di rado s'incontra chi dica
d'essere vissuto felice e, pago del tempo trascorso,

80   esca di vita come un convitato sazio.

🔍 Entriamo nel testo

Il tema

Orazio all'inizio della satira si rivolge al suo amico e protettore Mecenate, al quale dedica il primo libro dei *Sermones*, per chiedergli, come mai, secondo lui, gli uomini non sono mai contenti della propria condizione e sono invidiosi di quella altrui. Non è però il ricco e saggio Mecenate l'interlocutore privilegiato del poeta e il destinatario del suo messaggio. Anzi, a partire da questo momento, egli non comparirà piú nella satira e sarà sostituito da un destinatario interno al testo, che rappresenta gli uomini in generale e con il quale l'autore instaura un vivace dialogo.

L'incontentabilità degli uomini, che occupa la prima parte della satira, viene rappresentata attraverso uno scambio di battute, quasi teatrale, tra due personaggi: il soldato e il mercante, entrambi scontenti della propria condizione e invidiosi ognuno di quella dell'altro. L'incontentabilità dell'esperto di diritto e del contadino, che, a parole, sarebbero ben contenti di scambiarsi le parti o comunque il luogo di residenza, viene invece descritta in due quadretti realistici.
A questo punto il poeta immagina che un bel giorno Giove, spazientito, si dichiari pronto a

I generi della poesia : La poesia satirica

esaudire i desideri degli uomini e a invertire le parti. Ma che succede? Nessuno, a quanto pare, vuole mutare la propria condizione, segno questo dell'incoerenza degli uomini e della loro incapacità di passare dalle parole ai fatti.
Esaurita questa prima parte, l'attenzione del poeta si appunta su un altro aspetto dell'incontentabilità dell'uomo: l'**avidità**. Nessuno è contento di ciò che possiede e tutti vorrebbero avere di piú. Per fare che cosa? Chiede il poeta. Nessuno può ingurgitare piú acqua di quanto basta a saziare la sua sete, anche se la attinge a un grande fiume. Anzi, in quel caso, per avere di piú, rischia di bere acqua torbida. A conclusione della sua conversazione, il poeta, rivolgendosi direttamente al suo interlocutore, lo esorta a mettere da parte l'avidità e, per convincerlo, gli racconta la storia di Ummidio, che era ricchissimo e spilorcio e alla fine fu ucciso dalla sua liberta che gli spaccò la testa con una scure. Morale della favola: tutti i suoi beni non gli servirono a nulla, anzi furono causa della sua morte.
Allora mi consigli di scialacquare tutto ciò che possiedo? Chiede l'interlocutore, spiazzato dalla storia di Ummidio. È a questo punto che il poeta enuncia la sua morale ispirata all'**ideale del giusto mezzo**, che era stato elaborato dai filosofi ellenistici ma che egli aveva ricavato soprattutto dalle sue esperienze di vita. *Est modus in rebus* dice Orazio, ovvero, «c'è una misura in tutte le cose». L'uomo dunque deve trovare un punto di equilibrio tra i due eccessi e non lasciarsi divorare dall'invidia, dal desiderio di essere sempre il primo. Non bisogna fare come l'auriga che, per mestiere, deve guardare sempre l'avversario che lo precede senza curarsi di quelli che ha superato. Al contrario, l'uomo deve volgere lo sguardo a chi gli sta dietro per apprezzare meglio la sua condizione. Se imparerà questo, quando giungerà la sua ora potrà allontanarsi dal banchetto della vita come un convitato sazio, senza rimpianti e senza rimorsi.
Come si può notare, Orazio alterna vari elementi all'interno della satira: l'esposizione, il dialogo, la narrazione e adopera un tono sobrio e pacato appena venato di ironia per le debolezze e i limiti degli uomini ai quali si rivolge con pazienza e con tono sorridente, perché, come afferma appunto in questa satira, «che cosa vieta di dire la verità scherzando?».

Esercizi

- **Comprensione**

1. Chi sono i personaggi che Orazio cita come esempio dell'incontentabilità umana?
2. Quante forme di incontentabilità presenta Orazio in questa satira?
3. In che modo Giove decide di accontentare gli uomini?
4. Perché, a tuo parere, gli uomini non approfittano dell'opportunità offerta loro da Giove?

- **Competenza testuale**

5. Sottolinea nel testo con colori differenti le parti dialogate, le parti narrative e le parti espositive.
6. Individua i passi in cui Orazio si rivolge al destinatario con formule imperative.
7. Distingui fra destinatari interni ed esterni al testo. Quali sono i destinatari interni? Quali quelli esterni?

- **Produzione**

8. Illustra con parole tue la morale del giusto mezzo enunciata da Orazio e arricchisci l'esposizione con degli esempi.
9. Sei d'accordo con l'ideale oraziano del giusto mezzo? Esponi le tue idee in un testo scritto della misura che ritieni adatta allo sviluppo delle tue argomentazioni.

Giuseppe Giusti
Sant'Ambrogio

• G. Giusti, *Opere* a cura di N. Sabatucci, Utet, Torino, 1969

IN SINTESI: Il poeta, rivolgendosi con tono di ironica deferenza a un non identificato funzionario austriaco, racconta un episodio che gli è capitato entrando un giorno nella basilica di Sant'Ambrogio a Milano insieme con il figlio di Alessandro Manzoni. La chiesa era piena di soldati tedeschi e questo aveva creato in lui insofferenza e disprezzo per quella gente, espressione del dominio straniero. Questi sentimenti, però, erano venuti meno quando la banda austriaca aveva intonato un brano di Verdi e successivamente i soldati avevano cantato un inno religioso tedesco. In quel momento il poeta si era reso conto che anche quegli uomini, provenienti dalle zone estreme dell'Impero asburgico, erano degli oppressi, utilizzati dal potere per dominare un altro popolo. E allora, l'iniziale disprezzo si era trasformato in un sentimento di autentica e profonda commozione.

Forma metrica: ottave di endecasillabi legati, i primi sei, da rime alternate, gli ultimi due da rime baciate, secondo lo schema ABABABCC.

| *genere:* poesia satirica | *epoca:* 1846 | *luogo:* Italia | *lingua originale:* italiano |

Vostra Eccellenza, che mi sta in cagnesco
per que' pochi scherzucci di dozzina,
e mi gabella per anti-tedesco
perché metto le birbe alla berlina,
5 o senta il caso avvenuto di fresco
a me che girellando una mattina
càpito in Sant'Ambrogio di Milano,
in quello vecchio, là, fuori di mano.

M'era compagno il figlio giovinetto
10 d'un di que' capi un po' pericolosi,
di quel tal Sandro, autor d'un romanzetto
ove si tratta di Promossi Sposi...
Che fa il nesci, Eccellenza? o non l'ha letto?
Ah, intendo; il suo cervel, Dio lo riposi,
15 in tutt'altre faccende affaccendato,
a questa roba è morto e sotterrato.

Entro, e ti trovo un pieno di soldati,
di que' soldati settentrïonali,
come sarebbe Boemi e Croati,
20 messi qui nella vigna a far da pali:
difatto se ne stavano impalati,
come sogliono in faccia a' generali,

1. Vostra Eccellenza: Giusti si rivolge a un non identificato funzionario della polizia austriaca. — **Che mi sta in cagnesco:** che mi guarda in modo ostile.
2. per que' pochi scherzucci da dozzina: l'autore si riferisce ai suoi componimenti che egli stesso chiamava «scherzi» e che qui con tono autoironico definisce *da dozzina*, cioè mediocri.
3. e mi gabella per antitedesco: mi fa passare per un oppositore dei tedeschi.
4. perché metto ... berlina: perché con i miei versi colpisco i birbanti, i disonesti.
5. di fresco: da poco, recentemente.
7. Sant'Ambrogio: è una delle più antiche chiese di Milano. Essa non è solo un monumento dell'arte paleocristiana e medievale, ma anche un fondamentale punto di riferimento della storia della città. È la chiesa più importante dopo il Duomo e ha il titolo di basilica.
9. il figlio giovinetto: Filippo Manzoni, figlio dello scrittore, che aveva allora diciotto anni.

11. di quel tal Sandro: Alessandro Manzoni.
13. fa il nesci: finge di non capire.
15. Dio lo riposi: l'espressione è scherzosamente ambigua: può significare «Dio salvaguardi il suo cervello

concedendogli un po' di riposo», oppure «Dio gli conceda il riposo eterno».
16. a questa roba ... sotterrato: è insensibile alla letteratura. Il funzionario, tanto impegnato nel suo lavoro, ma anche tanto ottuso, non può certo

dedicarsi alla lettura dei romanzi. I versi sono percorsi da una sottile e pungente ironia.
20. messi ... pali: mandati qua in Italia a sostenere il governo austriaco come pali che sostengono la vigna.

I generi della poesia : La poesia satirica

23. co' baffi di capecchio: con i baffi biondicci. Il capecchio è una specie di filamento giallognolo ottenuto dalla prima pettinatura del lino e della canapa.
25. piovuto in mezzo: capitato in mezzo.
26. maramaglia: sta per marmaglia, gentaglia.
28. che lei ... impiego: che lei (il funzionario austriaco) non prova grazie al suo impiego che la mette ogni giorno a contatto con questa gente.
29. alito di lezzo: cattivo odore.
30-32. mi parean di sego ... fin le candele: mi sembrava che persino le candele dell'altar maggiore fossero fatte di grasso e non di cera. A causa della presenza di tanti soldati si sentiva nella chiesa un odore sgradevole. A Milano era diffusa la diceria che i tedeschi usassero il sego, cioè il grasso animale, per lucidarsi i baffi e per insaporire la minestra. Ecco perché Giusti allude qui al sego.

co' baffi di capecchio e con que' musi,
davanti a Dio, diritti come fusi.

25 Mi tenni indietro, ché, piovuto in mezzo
di quella maramaglia, io non lo nego
d'aver provato un senso di ribrezzo,
che lei non prova in grazia dell'impiego.
Sentiva un'afa, un alito di lezzo;
30 scusi, Eccellenza, mi parean di sego,
in quella bella casa del Signore,
fin le candele dell'altar maggiore.

Ma, in quella che s'appresta il sacerdote
a consacrar la mistica vivanda,
35 di súbita dolcezza mi percuote
su, di verso l'altare, un suon di banda.
Dalle trombe di guerra uscian le note
come di voce che si raccomanda,
d'una gente che gema in duri stenti
40 e de' perduti beni si rammenti.

Era un coro del Verdi; il coro a Dio
là de' Lombardi miseri, assetati;
quello: «O Signore, dal tetto natio»,
che tanti petti ha scossi e inebriati.
45 Qui cominciai a non esser piú io

33-34. Ma in quella ... mistica vivanda: ma nel momento in cui il sacerdote si apprestava a consacrare l'ostia (*la mistica vivanda*).
35. súbita: improvvisa.
39. in duri stenti: in duri patimenti.
41-43. Era un coro ... natio: era un coro di Verdi, tratto dall'opera *I lombardi alla prima crociata*, quello nel quale i Lombardi, miseri e assetati, là a Gerusalemme, esprimono la dolente nostalgia per la patria. L'opera verdiana era stata rappresentata alla Scala di Milano per la prima volta nel 1843.

L'OPERA

Le numerose poesie di Giusti sono tutte riunite nelle raccolte *Versi* del 1844 e *Nuovi versi* del 1847. Egli chiamava i suoi componimenti «scherzi» per sottolinearne il carattere di improvvisazione giocosa e bizzarra. Sotto la patina del riso si coglie però un preciso intento satirico che lo spinge a colpire gli arrivisti, gli arricchiti, i voltagabbana, i falsi rivoluzionari, e anche personaggi politici di rilievo come Carlo Alberto, a cui dedicò una famosa poesia intitolata *Re travicello*. Sul piano espressivo la lingua toscana, che Giusti usa con grande padronanza e abilità, conferisce vivacità e dinamismo ai componimenti, mentre l'adozione di versi solitamente brevi, legati da rime ravvicinate, dà alle sue poesie un ritmo veloce che talora richiama la cadenza delle filastrocche e diventa un mezzo molto efficace per far emergere il vuoto del mondo descritto che appare sciocco e popolato di marionette.

Soldati austriaci a cavallo, illustrazione del 1854.

46-47. doventati fossero: fossero diventati.
48. entrai nel branco: mi avvicinai a loro.
50. suonato come va: suonato bene, come si deve.
51-52. e coll'arte ... si buttan là: quando c'è l'arte di mezzo e la mente si lascia prendere dalla bellezza, tutti i pregiudizi (*ubbie*) si mettono da parte.
53-54. Ma cessato che ... come la sa: ma una volta finito il coro, io tornavo allo stato d'animo precedente, di disgusto nei confronti di quei soldati.
56. che parean di ghiro: per i baffi folti e ruvidi come quelli di un ghiro.
58. per l'aer sacro ... le penne: si levò in alto attraverso l'aria sacra della chiesa.
60. flebile: fievole.
62. cotenne: pelli dure.
63. in que' fantocci esotici di legno: in quegli uomini stranieri, duri e impalati come pupazzi di legno.
64. potesse l'armonia ... segno: l'armonia potesse arrivare fino a tal punto.
72. in visibilio: in estasi.
75-77. Costor ... a' lor tetti: un re, preoccupato dei moti d'indipendenza italiani e slavi, strappa questi uomini alle loro case. Il re a cui allude il poeta è Ferdinando I d'Asburgo.
79. di Croazia e di Boemme: dalla Croazia e dalla Boemia. Erano queste le due regioni dell'Impero asburgico da cui solitamente provenivano i soldati inviati in Italia.
80. come mandre ... maremme: come mandrie spinte dai pascoli montani a trascorrere l'inverno nella Maremma.
81-82. A dura vita ... stanno: se ne stanno muti, soli, oggetto di derisione da parte della popolazione italiana, costretti a una vita dura e a una dura disciplina.
83-84. strumenti ciechi ... non sanno: esecutori inconsapevoli di una rapina ben calcolata e voluta, da cui non traggono vantaggio e di cui forse non si rendono conto. Si noti l'antitesi tra *ciechi* e *occhiuta*.
86. alemanno: tedesco.
87-88. a chi regna ... insieme: a chi fonda il suo potere sulla

e come se que' cosí doventati
fossero gente della nostra gente,
entrai nel branco involontariamente.

Che vuol ella, Eccellenza, il pezzo è bello,
50 poi nostro, e poi suonato come va;
e coll'arte di mezzo, e col cervello
dato all'arte, l'ubbie si buttan là.
Ma, cessato che fu, dentro, bel bello,
io ritornava a star come la sa;
55 quand'eccoti, per farmi un altro tiro,
da quelle bocche che parean di ghiro,

un cantico tedesco, lento lento
per l'aer sacro a Dio mosse le penne;
era preghiera, e mi parea lamento,
60 d'un suono grave, flebile, solenne,
tal, che sempre nell'anima lo sento:
e mi stupisco che in quelle cotenne,
in que' fantocci esotici di legno,
potesse l'armonia fino a quel segno.

65 Sentia, nell'inno, la dolcezza amara
de' canti uditi da fanciullo; il core
che da voce domestica gl'impara,
ce li ripete i giorni del dolore:
un pensier mesto della madre cara,
70 un desiderio di pace e d'amore,
uno sgomento di lontano esilio,
che mi faceva andare in visibilio.

E, quando tacque, mi lasciò pensoso
di pensieri piú forti e piú soavi.
75 Costor, – dicea tra me, – re pauroso
degl'italici moti e degli slavi,
strappa a' lor tetti, e qua, senza riposo
schiavi li spinge, per tenerci schiavi;
gli spinge di Croazia e di Boemme,
80 come mandre a svernar nelle maremme.

A dura vita, a dura disciplina,
muti, derisi, solitari stanno,
strumenti ciechi d'occhiuta rapina,
che lor non tocca e che forse non sanno;
85 e quest'odio, che mai non avvicina
il popolo lombardo all'alemanno,
giova a chi regna dividendo, e teme
popoli avversi affratellati insieme.

divisione e sull'odio reciproco dei popoli sottomessi che sono cosí piú facilmente governabili e teme che essi possano affratellarsi e combattere insieme contro l'oppressore.

I generi della poesia : La poesia satirica

91. po' poi: alla fin fine.
92. il principale: il sovrano.
93. Gioco ... come noi: scommetto che lo hanno in odio come noi.
95. mazza di nocciòlo: è il bastone di legno di nocciòlo che i caporali austriaci portavano come segno distintivo del loro grado.
96. come un piolo: come un palo.

Povera gente! lontana da' suoi;
90 in un paese, qui, che le vuol male,
chi sa, che in fondo all'anima po' poi,
non mandi a quel paese il principale!
Gioco che l'hanno in tasca come noi.
Qui, se non fuggo, abbraccio un caporale,
95 colla su' brava mazza di nocciòlo,
duro e piantato lí come un piolo.

L'autore

Giuseppe Giusti nacque a Monsummano in provincia di Pistoia nel 1809 da una famiglia agiata. Svolse studi irregolari, in parte in casa sotto la guida di un precettore, in parte presso collegi religiosi, senza ricavarne niente di buono, come lui stesso affermava, se si fa eccezione per i dieci mesi trascorsi al collegio Zaccagni Orlandini di Firenze, uno dei migliori del Granducato di Toscana. Si iscrisse poi alla facoltà di Giurisprudenza dell'Università di Pisa che frequentò saltuariamente, perché preferiva trascorrere le sue giornate tra salotti, bettole, teatri, caffè, dove improvvisava a braccio i suoi «scherzi», ottenendo grande successo. Conseguita la laurea, si stabilí a Firenze che era una delle città piú vivaci del tempo, dove giungevano gli intellettuali e gli artisti piú affermati d'Europa e circolavano clandestinamente, in barba alla censura, le opere piú eversive sul piano ideologico e politico. Qui egli frequentò gli ambienti liberali che ruotavano intorno al marchese Gino Capponi del quale divenne amico. Nel 1844 trascorse circa un mese a Napoli e vi incontrò altri patrioti e scrittori e nel 1845 si recò a Milano, dove fu ospite di Alessandro Manzoni e conobbe gli intellettuali della cerchia manzoniana. Intanto i suoi versi, che avevano suscitato l'apprezzamento dello stesso Manzoni, venivano pubblicati a sua insaputa a Lugano da un editore non troppo scrupoloso. Giusti si sentí offeso e corse ai ripari dando alle stampe un'edizione dei *Versi* da lui stesso autenticata. Nel 1848 aderí ai moti liberali, ma fu deluso dal loro fallimento; nello stesso anno fu eletto come deputato all'assemblea legislativa del Granducato di Toscana; gli venne inoltre conferita la nomina ad Accademico della Crusca. Morí di tisi nel 1850.

Entriamo nel testo

Un intreccio di generi e di temi
Sono presenti nel componimento elementi appartenenti a diversi generi poetici: l'ironia, tipica della satira, il patriottismo proprio della poesia civile, l'effusione del sentimento che caratterizza la poesia lirica e l'impianto narrativo.
La componente dominante è però l'**ironia**, che percorre tutto il testo. All'inizio viene rivolta al funzionario austriaco il cui cervello è *morto e sotterrato* sotto tante scartoffie, poi ai soldati tedeschi che riempiono di odori sgradevoli la chiesa e sembrano tanti fantocci, infine allo stesso imperatore. Un filo sottile di ironia investe anche Manzoni e il suo romanzo: Giusti assume per un momento il punto di vista del funzionario austriaco ai cui occhi il grande poeta, indicato familiarmente con il diminutivo Sandro, *è un di que' capi un po' pericolosi* per le sue idee liberali. Quanto all'opera letteraria di Manzoni, essa viene definita *un romanzetto / dove si parla di Promessi Sposi*, cosí come poco prima Giusti si era riferito ai suoi versi chiamandoli *scherzucci da dozzina*. Nella parte centrale del testo il poeta cambia tono e sostituisce all'ironia l'**emozione** suscitata

dall'improvviso levarsi nella chiesa delle note del coro verdiano, intriso di nostalgia per la patria: il brano infatti parla di un popolo che soffre fra gli stenti ricordando tutto il bene che ha perduto. Come non cogliere la somiglianza fra i crociati che soffrono a Gerusalemme rimpiangendo la patria lontana e i Lombardi, contemporanei di Manzoni e di Giusti, sottoposti all'ingiusta tirannia austriaca? Cessata la musica, nel cuore del poeta tornano i sentimenti di prima, ma ecco che un nuovo tiro viene involontariamente giocato da quelle *bocche che parean di ghiro*: un altro canto, questa volta tedesco, s'innalza verso l'altare, una preghiera che è allo stesso tempo un lamento, dal quale sembrano trasparire i sentimenti dei soldati i quali, se prima erano stati paragonati a pali di legno, a poco a poco acquistano una dimensione umana. A questo punto i sentimenti del poeta cambiano radicalmente: si sente parte di quella gente che prima aveva osservato da lontano e con disprezzo e avverte una profonda solidarietà con chi forse non soffre meno di lui. L'emozione è ancora smorzata dall'ironia che si coglie nel modo in cui vengono indicati i soldati stranieri: *dure cotenne*, *fantocci esotici di legno*.

Nella terza parte della lirica il sentimento cede il passo a una **riflessione politica**: il poeta si rende conto che quei soldati, provenienti da paesi lontani, strappati alle loro famiglie e alla loro terra, sono anch'essi vittime, strumenti inconsapevoli di un potere che domina poggiando sulla divisione, secondo l'antico motto romano: *divide et impera*, «dividi e comanda».
Nell'ultima ottava si torna all'**ironia** e allo **scherzo**: l'arguzia di Giusti arriva a definire *principale* l'imperatore e si dichiara certo che, forse, i soldati intimamente hanno voglia di mandarlo a quel paese, non diversamente dagli italiani. La lirica si conclude con l'immagine del poeta che si allontana in fretta per evitare di abbracciare, sull'onda della commozione, un caporale tedesco.
È evidente nel componimento l'influenza della poesia *Marzo 1821* di Manzoni (on line), sia nella contrapposizione tra oppressori e oppressi sia nella fratellanza fra italiani e stranieri, accomunati dalla medesima condizione. Giusti, però, non approfondisce queste tematiche e preferisce smorzarle con la sua garbata ironia ottenuta grazie alla vivacità della lingua e al gioco delle rime (*pali / generali*; *principale / caporale*).

Esercizi

Competenza trasversale:

- **a** Acquisire ed interpretare l'informazione
- **b** Individuare collegamenti e relazioni
- **c** Comunicare
- **d** Comunicare nelle lingue straniere

- **Comprensione e competenza testuale**

1. Sottolinea nel testo tutte le espressioni ironiche.
2. Illustra i diversi sentimenti che il poeta prova nei confronti dei soldati tedeschi.
3. Spiega quali elementi, secondo il poeta, accomunano gli italiani ai soldati tedeschi.
4. Da quali territori dell'Impero asburgico provengono i soldati di stanza in Italia? A che cosa vengono paragonati nella lirica?
5. Individua nel testo gli effetti ironici ottenuti grazie al gioco delle rime.
6. Spiega perché al verso 18 c'è la dieresi sulla *i* di *settentrïonali*.

- **Produzione**

 b 7. Metti a confronto questa poesia con *Marzo 1821* di Manzoni (on line) e illustra in un testo scritto quali elementi accomunano i due componimenti e per quali aspetti essi si distinguono.

I generi della poesia | La poesia satirica

Trilussa
Er sorcio de città e er sorcio de campagna

- Trilussa, *Tutte le poesie* a cura di P. Pancrazi, Mondadori, Milano, 1968

IN SINTESI: Un topo di città invita a pranzo un topo di campagna e gli elenca tutte le pietanze raffinate che potrà gustare. Il topo di campagna, appena arrivato, vede una trappola nascosta e, preoccupato, chiede spiegazioni al suo ospite, il quale lo rassicura dicendogli che le trappole sono fatte per i poveri e non per i ricchi.

Forma metrica: endecasillabi e settenari variamente rimati.

genere: poesia satirica dialettale   *epoca:* 1922   *luogo:* Roma   *lingua originale:* dialetto romanesco

1. un Sorcio: un topo.
4. come se magna: come si mangia.
5. je disse: gli disse.
6. Antro che: altro che.
7. Pasticci dorci: pasticci dolci.
9. co' li: con i – **cuccagna**: un luogo di abbondanza, dove si può mangiare finché si vuole.
10. L'istessa sera: la stessa sera.
11. ner traversà: nell'attraversare.
12. anniscosta: nascosta.
16. j'arispose: gli rispose.

Un Sorcio ricco de la capitale
invitò a pranzo un Sorcio de campagna.
– Vedrai che bel locale,
vedrai come se magna...
5 – je disse er Sorcio ricco – Sentirai!
Antro che le caciotte de montagna!
Pasticci dorci, gnocchi,
timballi fatti apposta,
un pranzo co' li fiocchi! una cuccagna! –
10 L'istessa sera, er Sorcio de campagna,
ner traversà le sale
intravidde 'na trappola anniscosta;
– Collega, – disse – cominciamo male:
nun ce sarà pericolo che poi...?
15 – Macché, nun c'è paura:
– j'arispose l'amico – qui da noi

L'OPERA

Trilussa trovò nella favola la forma espressiva piú adatta alla sua vena satirica. Vi arrivò partendo dagli esempi classici, di cui capovolgeva e distorceva la morale, cosí da dare al lettore l'impressione di qualcosa di noto e risaputo che improvvisamente rivelava una sorprendente verità. Una volta che diventò padrone del genere, inventò favole originali e da allora non smise piú. La corruzione dei politici, le ineliminabili diseguaglianze della società, il fanatismo dei gerarchi, l'arroganza dei potenti furono alcuni dei suoi bersagli preferiti, che Trilussa non colpiva mai in modo diretto, ma allusivamente attraverso il travestimento animalesco. Affollatissima la sua galleria di animali parlanti tra i quali occupano un posto d'onore il gatto e il maiale; accanto a questi, somari e leoni, l'aquila e la lupa, che non possono mancare in un poeta romano, e poi pulci, pidocchi, zanzare, grilli, lucertole, farfalle. Insomma animali che non si incontrano solitamente nella favola classica. Diversa naturalmente è anche la morale nella quale toni amari e pessimistici si affiancano e si alternano ad atteggiamenti bonari e comprensivi, soprattutto quando la sua attenzione si appunta sui vizi minuti della gente comune nella quale ciascuno di noi può riconoscersi.

17. pe' cojonatura: per scherzo, per finta.
19. se piji: si pigli.
20. ciai la tajola: hai la tagliola.
22. pe' li micchi: per gli sciocchi.
23. ce vanno drento: ci vanno dentro.

ce l'hanno messe pe' cojonatura.
In campagna, capisco, nun se scappa,
ché se piji un pochetto de farina
20 ciai la tajola pronta che t'acchiappa;
ma qui, se rubbi, nun avrai rimproveri.
Le trappole so' fatte pe' li micchi:
ce vanno drento li sorcetti poveri,
mica ce vanno li sorcetti ricchi!

L'autore

Trilussa è l'anagramma del cognome di Carlo Alberto Salustri, che egli scelse come pseudonimo. Nacque a Roma nel 1871 da una famiglia modesta, le cui condizioni economiche peggiorarono con la morte del padre, avvenuta quando Trilussa aveva appena tre anni. Completate le scuole elementari, il ragazzo non proseguí gli studi regolari; ancora sedicenne iniziò a comporre poesie in dialetto romanesco che vennero pubblicate su diversi giornali con i quali avviò una stabile collaborazione. Ben presto si rese conto che la vene poetica a lui piú congeniale era quella favolistica e satirica; intrecciando questi due generi realizzò i suoi capolavori. Nel corso degli anni pubblicò numerose raccolte: *Ommini e bestie* (1908), *Lupi e agnelli* (1919), *Favole* (1922), *La gente* (1927), che gli diedero la popolarità, ma non la sicurezza economica. Durante il fascismo la sua vena ironica e satirica ebbe modo di affinarsi: costretto dai rigori della censura a destreggiarsi, a nascondere le critiche sotto l'ambivalenza della favola, creò componimenti sempre piú allusivi e arguti che, appena usciti, circolavano a memoria e nel giro di una settimana si diffondevano in tutta l'Italia. I suoi rapporti con il regime non furono però conflittuali, anche perché egli amava definirsi non fascista piuttosto che antifascista. Con un linguaggio arguto, e una lingua che col passar degli anni si avvicinava sempre piú all'italiano comune, Trilussa ha commentato circa cinquant'anni di cronaca romana e italiana, ma la satira non è l'unica corda della sua poesia nella quale trovano posto anche quadretti idillici, interni borghesi venati da una nota di malinconia che si stempera nel sorriso. Nel 1950, poco tempo prima della sua morte, Trilussa fu nominato senatore a vita. Si dice che egli, che presagiva la sua fine, abbia argutamente commentato: «M'hanno nominato senatore a morte».

Entriamo nel testo

Il tema e il linguaggio

Questa favola di Trilussa richiama quella contenuta in una satira oraziana, la sesta del II libro, dalla quale però si discosta nella conclusione e nella morale. In Orazio, infatti, il topo di campagna, che in un primo momento era stato abbagliato dalla ricchezza della casa in cui viveva il topo di città e si era goduto la cena, quando sente l'abbaiare dei cani, scappa via e saggiamente afferma di preferire la povertà della campagna a una vita di città, ricca, sí, ma densa di pericoli. La favoletta rispecchia l'ideale di vita di Orazio, il quale nella satira dichiara di preferire la quiete della sua modesta casa in campagna alla vita frenetica della città dove sarebbe oggetto di invidia e di continue pressioni per la sua amicizia con Mecenate. La conclusione della favola di Trilussa è apparentemente rassicurante: la trappola è messa solo per figura, i due sorcetti possono continuare a mangiare tranquillamente, sicuri che non finiranno nella tagliola. La morale che ne scaturisce, però, è amara: il sorcio di città,

I generi della poesia — La poesia satirica

che è molto piú furbo ed esperto del suo collega campagnolo, fa capire, ammiccando, che **la legge** (rappresentata dalla tagliola) **non è uguale per tutti**. In campagna i poveri, se appena appena rubano un po' di farina, vengono acciuffati e debitamente puniti; invece i ricchi di città, che non sono «micchi», possono rubare a loro piacimento, sicuri che non subiranno alcuna conseguenza.
Una dura critica, quella di Trilussa, nei confronti di una società nella quale chi è povero paga, mentre chi è ricco la fa franca.
Dal confronto emerge un'altra differenza fra il poeta antico e quello moderno: il primo affianca sempre all'analisi degli aspetti negativi della società un modello di vita positivo; il secondo mette a nudo i mali del suo tempo, ma non propone soluzioni.

La favola di Trilussa è tutta giocata sui **contrasti**: fra la vita di campagna e quella di città, fra chi è punito e chi scappa, fra i poveri e i ricchi. Queste antitesi vengono messe in risalto dal gioco delle rime: infatti *micchi* fa rima con *ricchi*; *poveri* con *rimproveri*; *scappa* si contrappone ad *acchiappa* e *paura* a *cojonatura*. Pertanto, focalizzando le rime, si può ricostruire il messaggio del poeta: i ricchi, che non sono *micchi*, cioè sciocchi, non hanno paura delle leggi che stanno lí per *cojonatura*, mentre i poveri sono sempre soggetti a rimproveri, o peggio, finiscono per incappare in una tagliola.

Esercizi

Competenza trasversale:

- **a** Acquisire ed interpretare l'informazione
- **b** Individuare collegamenti e relazioni
- **c** Comunicare
- **d** Comunicare nelle lingue straniere

- **Comprensione**

1. La lirica è fondata sulle contrapposizioni. Nell'analisi del testo te ne abbiamo indicate alcune, individua le altre ed evidenziale nel testo. Poi illustra tutte le antitesi e ricostruisci il tema del componimento.

2. Individua i versi nei quali viene enunciata la morale della favola.

- **Produzione**

a 3. Ricerca la favola oraziana e mettila a confronto con quella di Trilussa. Poi illustrane oralmente punti di contatto e differenze.

Il topo di città e il topo di campagna, 1900 circa. Londra, Mary Evans Picture Library.

Wisława Szymborska
Concorso di bellezza maschile

• W. Szymborska, *Sale*, a cura di P. Marchesani, Libri Scheiwiller, Milano, 2009

Per la biografia di **Wisława Szymborska** vedi pag. 83.

IN SINTESI: Nella lirica viene descritto un atleta che mette in mostra i muscoli in un concorso di bellezza maschile e vibra colpi fingendo di combattere con animali feroci. Il suo corpo, lucido di olio profumato, è davvero divino e suscita l'entusiasmo degli spettatori. Tutto merito – osserva ironicamente l'autrice nella battuta finale – delle *giuste vitamine*.

Forma metrica: versi di varia misura, prevalentemente endecasillabi con rime alternate, baciate e interne.

genere: poesia satirica *epoca:* 1962 *luogo:* Varsavia *lingua originale:* polacco

In tensione da mascella a tallone.
Su di lui brilla olio a profusione.
Campione viene acclamato solo chi
come una treccia è attorcigliato.

5 Ingaggia una zuffa con un orso nero,
minaccioso (ma comunque non vero).
Di tre grossi giaguari invisibili
si disfa con tre colpi terribili.

Divaricato e accosciato è divino.
10 La sua pancia ha facce a dozzine.
Lo applaudono, lui fa un inchino
e ciò grazie alle giuste vitamine.

1. In tensione ... tallone: i muscoli sono tesi dalla testa ai piedi.
4. come una treccia è attorcigliato: viene acclamato campione chi mette in mostra muscoli particolarmente tesi e sviluppati che nel loro insieme appaiono come una gigantesca treccia.
9. Divaricato e accosciato: l'atleta assume pose diverse per dare risalto ai muscoli. Ora sta in piedi a gambe divaricate, ora si piega sulle ginocchia.
10. la sua pancia ... dozzine: i muscoli dell'addome in tensione sembrano tutti sfaccettati.
12. grazie alle giuste vitamine: quei muscoli cosí gonfiati sono il risultato di una buona dose di vitamine.

L'OPERA

La raccolta *Sale* riunisce trentadue poesie che, come spesso accade nella produzione della Szymborska, hanno l'aspetto di un «racconto condensato» in cui l'autrice, coniugando intelletto ed emozione, delinea con pochi tratti, precisi ed essenziali, una situazione da cui ricava considerazioni esistenziali. Il suo atteggiamento di fronte ai diversi aspetti della realtà è solitamente contrassegnato da un ironico distacco, tanto che spesso le liriche si concludono con una battuta inattesa e spiazzante. La maggior parte delle poesie della raccolta trattano l'amore, un tema che occupa un posto notevole nel mondo poetico della scrittrice e che viene cantato in modo distante dagli schemi consueti. Viene infatti presentato nelle varie situazioni della vita ed è vissuto come memoria, dolore, assenza, impossibilità. Non mancano inoltre componimenti in cui l'ironia e l'autoironia, elementi costanti della poesia della Szymborska, impregnano di sé interi componimenti, come accade appunto in *Concorso di bellezza maschile*, *La scimmia*, *La lezione* e nel disincantato epitaffio che oggi è inciso sulla sua tomba: *Qui giace come una virgola antiquata / l'autrice di qualche poesia. La terra l'ha degnata / dell'eterno riposo, sebbene la defunta / dai gruppi letterari stesse ben distante.*

I generi della poesia • La poesia satirica

Entriamo nel testo

Il tema e le tecniche espressive

L'autrice trae spunto da una scenetta reale: un atleta che mette in mostra i muscoli in un concorso di bellezza maschile. Probabilmente si tratta di un'esibizione di culturismo o *bodybuilding*, lo sport che tramite l'allenamento e un'alimentazione specifica favorisce l'aumento e la definizione della massa muscolare e la riduzione del grasso corporeo, al fine di dare al corpo una forma che richiami la perfezione delle sculture classiche.

La lirica si apre con una descrizione che punta alla messa a fuoco di alcuni particolari: il corpo teso dalla testa ai piedi e ricoperto di olio profumato, i muscoli simili a una corda intrecciata. Dovrebbe venirne fuori un'immagine di bellezza scultorea, ma il ricorso all'**iperbole**, che esagera e ingigantisce i diversi elementi, getta sulla figura dell'uomo una luce ironica: egli non è semplicemente in tensione, ma lo è in tutte le parti del corpo, anche in quelle dove non ci sono tanti muscoli, come la testa e il tallone; non è cosparso, ma inondato di olio; infine il paragone con la treccia rende perfettamente l'idea dei muscoli gonfi a tal punto da sembrare addirittura intrecciati.

Nella seconda quartina si pone l'accento sul contrasto tra apparenza e realtà: il personaggio ingaggia una zuffa con un orso nero e tre giaguari, ma le bestie feroci sono finte o invisibili. L'effetto ironico è qui ottenuto grazie all'accostamento delle **parole in rima** *orso nero* fa rima con *non vero*, *invisibili* con *terribili*.

La terza strofa si conclude con una **punta epigrammatica**, cioè con una battuta inattesa che capovolge il significato dei versi precedenti e suscita il sorriso divertito del lettore. L'atleta viene presentato mentre si esibisce ora in piedi ora piegato sulle ginocchia, in modo da mettere in mostra il suo splendido corpo, suscitando l'ammirazione degli spettatori. Ma ecco due notazioni che smontano tanto splendore, riportandolo a una dimensione molto prosaica: non solo i muscoli dell'addome vengono paragonati a dozzine di facce, piccole e sorridenti, ma tanta forza e splendore sono il risultato di un azzeccato mix di vitamine.

Dalla poesia emerge il divertito e ironico distacco dell'autrice nei confronti della realtà rappresentata. Vale la pena però ricordare anche una successiva considerazione della Szymborska su questa poesia e sulla situazione che l'aveva ispirata: «Ho visto i sollevatori di pesi avvicinarsi alla sbarra tre volte e tre volte ritirarsi. Ho visto un gigante che non ce l'ha fatta singhiozzare disperatamente tra le braccia del suo allenatore. Un anno di allenamento, sacrifici, dieta e poi tutto è deciso da frazioni di secondo. E ho pensato: "Santo Dio, forse avrei dovuto scrivere una poesia diversa su quei poveri forzuti, una con una lacrimuccia nell'occhio"».

Statue dello Stadio dei Marmi di Roma.

Esercizi

Competenza trasversale:

a Acquisire ed interpretare l'informazione
b Individuare collegamenti e relazioni
c Comunicare
d Comunicare nelle lingue straniere

- **Competenza testuale e interpretazione**

1. Riconosci nel componimento gli endecasillabi.
2. Individua i diversi tipi di rime. Quante sono le rime interne?
3. Abbiamo osservato nell'analisi che le rime accentuano l'ironia del componimento. Prendile in esame, verifica se tale effetto si riscontra sempre e spiega di volta in volta quali effetti ironici scaturiscono dagli accostamenti delle parole in rima.

- **Comprensione e interpretazione**

4. Spiega con parole tue il significato dell'ultimo verso della poesia.
5. Come interpreti le considerazioni fatte a distanza di tempo dall'autrice su questa poesia?

- **Produzione**

a 6. I concorsi di bellezza femminili e maschili sono spesso oggetto di critiche. Documentati sull'argomento, raccogli le diverse posizioni ed integrale con la tua opinione. Poi affronta la questione in un saggio breve.

c 7. La cura del corpo sta diventando oggi un'ossessione per molte persone, anche giovani, che ricorrono a cure estetiche, talora pericolose, per migliorare il proprio aspetto fisico. Qual è il tuo rapporto con il corpo? Cosa pensi del ricorso a interventi estetici o a una particolare alimentazione finalizzata a potenziare in modo abnorme i muscoli? Organizza un dibattito in classe, alla fine del quale dovrete elaborare un testo che sintetizzi le diverse opinioni.

 ON LINE: La poesia satirica
Testi: Archiloco, *Invettiva*
Schede: *L'invettiva*

La poesia narrativa

Origine ed evoluzione

L'espressione «poesia narrativa» può apparire contraddittoria perché riunisce in sé due generi con caratteristiche diverse. La narrativa infatti appunta la sua attenzione sulla realtà esterna, racconta dei fatti ed è generalmente scritta in prosa; la poesia mette in primo piano l'io, esprime sentimenti individuali o collettivi ed è scritta in versi. Questi due generi, però, a volte coesistono nella stessa opera, per esempio nei poemi epici, che sono opere narrative in versi, o nelle novelle romantiche che raccontano in versi una storia, sentimentale o patriottica, o ancora in alcune delle più importanti opere della letteratura italiana, dalla *Divina Commedia* all'*Orlando furioso*, alla *Gerusalemme liberata*, che sono narrazioni in versi. Pertanto, fermo restando il carattere ibrido di questo genere di poesia, e lasciando da parte per un verso i poemi epici, per l'altro i romanzi cortesi, facciamo rientrare nella **poesia narrativa** le seguenti tipologie di componimenti:

- il **poema didattico-allegorico** del **Medioevo**, il cui massimo esempio è la *Divina Commedia* di Dante Alighieri. Si tratta di opere in versi a carattere narrativo che hanno spesso come argomento il viaggio nel mondo ultraterreno. Questa tematica offre lo spunto per raffigurare le pene dell'inferno riservate ai malvagi e le beatitudini del paradiso a cui sono destinati i buoni. Lo scopo è **didattico**: l'autore infatti vuole educare il pubblico affinché si allontani dal male e si rivolga verso il bene. Per raggiungere questo fine si serve dell'**allegoria** che consiste nell'enunciare concetti astratti rappresentandoli attraverso immagini concrete e familiari al lettore. Ad esempio, nella *Divina Commedia* Dante, per rappresentare i tre fondamentali peccati che conducono l'uomo alla rovina, cioè la lussuria, la violenza e la frode, li incarna in tre fiere: una lonza, un leone, una lupa. Questa chiave di lettura rientra nella visione simbolica della realtà tipica della cultura medievale, secondo la quale tutti gli aspetti della realtà racchiudono un significato più profondo di carattere religioso e morale;

- il **poema cavalleresco** che, nato nel **Quattrocento**, raggiunse la massima fioritura nel **Cinquecento** con l'*Orlando furioso* di Ludovico Ariosto. Queste opere raccontano le imprese dei paladini di Carlo Magno, impegnati, per un verso, nella lotta contro i saraceni, per l'altro, in avventure individuali che li portano a lottare contro mostri, giganti e quant'altro, in un intrecciarsi di storie e personaggi. A differenza del poema didattico medievale, i poemi cavallereschi si propongono come fine il **diletto** del pubblico colto e raffinato delle corti. Nella seconda metà del secolo il genere subisce delle modifiche a livello tematico e strutturale e diventa **poema eroico**, a carattere storico-religioso: ne è un esempio la *Gerusalemme Liberata* di Torquato Tasso; nel **Seicento** assume invece venature comiche e si trasforma in **poema eroicomico** di cui il più famoso esemplare è *La secchia rapita* di Alessandro Tassoni;

- la **novella in versi** dell'**Ottocento**, in cui gli autori raccontavano brevi storie che avevano come tema l'amore o celebravano il sentimento nazionale oppure rievocavano vicende storiche del passato rileggendole in chiave patriottica;

- la **poesia narrativa** del **Novecento**: anche se la poesia novecentesca è prevalentemente lirica, non sono mancati poeti che hanno dato ai loro componimenti un taglio narrativo finendo per comporre dei veri poemetti nei quali trova posto la realtà borghese variamente rappresentata e interpretata. Rientrano in questo filone molte poesie di Guido Gozzano, attraversate dal filo sottile dell'ironia, *La ragazza Carla* di Elio Pagliarani, *La camera da letto* di Attilio Bertolucci. Si coglie in questi autori il bisogno di «sliricizzare» la lingua poetica, di allontanarla cioè dai toni lirici e da un linguaggio elevato e molto distante dalla lingua comune, per ricondurla a una misura quasi prosastica, adatta a riprodurre la quotidianità nella sua routine e nel suo grigiore. Ad esempio, *La ragazza Carla* di Elio Pagliarani, un poeta della neoavanguardia che ama sperimentare immagini nuove e accostamenti inediti, racconta la vita di una ragazza diciassettenne, Carla Dondi, che vive in una modesta casa della periferia di Milano con la madre vedova, che fa la pantofolaia, la sorella e il cognato; frequenta le scuole serali per diventare segretaria e presto trova un impiego presso una grossa ditta commerciale. La «favola urbana» di Carla viene raccontata in un poemetto suddiviso in tre parti che con un linguaggio volutamente prosastico riproduce la monotonia dei giorni tutti uguali. *La camera da letto* di Attilio Bertolucci, anch'egli esponente della linea antinovecentesca, è un lungo romanzo in versi nel quale l'autore ripercorre tutta la storia della sua famiglia.

Caratteristiche

La poesia narrativa assomma in sé i caratteri di due generi letterari: genere narrativo e genere lirico.

- **Racconta in versi** storie di varia lunghezza che vanno dal poema al poemetto alla novella in versi.
- Punta l'attenzione su una **realtà esterna** al poeta.
- Ricorre a **forme metriche** che si adattano al tono narrativo, come la terzina dantesca, l'ottava ariostesca, il verso lungo, non sempre regolato da precise leggi metriche, dei poeti del Novecento.
- Adotta un **registro linguistico** che muta a seconda delle epoche in cui le opere sono state composte: si va dal plurilinguismo dantesco, nel quale si intrecciano stile alto, stile medio e stile basso, all'elegante lingua dell'Ariosto modellata sul toscano degli scrittori del Trecento, all'abile accostamento di toni poetici e prosastici in Gozzano, alla lingua volutamente povera e quotidiana dei poeti novecenteschi, di cui sono un esempio questi versi di Pagliarani: «Carla Dondi fu Ambrogio di anni/ diciassette primo impiego stenodattilo/ all'ombra del Duomo».

Giambattista Tiepolo, *Rinaldo e Armida nel giardino (scena dalla Gerusalemme liberata)*, XVIII secolo. Chicago, The Art Institute.

I generi della poesia | La poesia narrativa

Dante Alighieri
L'ultimo viaggio di Ulisse

Testo conchiglia
I mille volti di Ulisse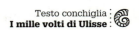

• D. Alighieri, *Inferno*, a cura di A. Gianni, D'Anna, Firenze, 2001

IN SINTESI: Siamo nell'*Inferno*, nel cerchio dei consiglieri fraudolenti, ossia di coloro che in vita hanno dato consigli astuti e malevoli. Poiché hanno portato rovina usando la parola, adesso sono avvolti in lingue di fuoco. Dante viene colpito da due anime che sono racchiuse in un'unica fiamma biforcuta e chiede di poter parlare con loro. I due sono Ulisse e Diomede, gli eroi dell'*Iliade* che insieme avevano compiuto le loro insidiose imprese e adesso sono puniti insieme. Virgilio si offre di porre lui le domande perché teme che, essendo greci, essi non riuscirebbero a comunicare con Dante; pertanto, avendo intuito che cosa il suo discepolo vorrebbe sapere, chiede a Ulisse come sia morto. L'eroe racconta allora il suo ultimo viaggio. Partito dall'isola di Circe, egli, invece di dirigersi a Itaca, preferí navigare verso occidente per conoscere ciò che si celava oltre le colonne d'Ercole. Con un breve e intenso discorso incitò i pochi compagni che gli erano rimasti a varcare quel limite per conoscere il mondo senza gente che si estendeva al di là dell'estremo occidente. I compagni accettarono e l'imbarcazione riprese il suo cammino navigando verso sud-ovest. Dopo cinque mesi ecco apparire ai loro occhi una montagna altissima: mentre si rallegravano per la scoperta della nuova terra, un turbine improvviso si abbatté sulla nave e la fece colare a picco, poi il mare si richiuse su di loro.

Forma metrica: terzine incatenate, in cui il primo verso rima col terzo e il secondo con il primo e con il terzo della terzina successiva, secondo lo schema ABA-BCB-CDC.

| *genere:* poema didattico-allegorico | *epoca:* 1304-1307 | *luogo:* Italia | *lingua originale:* toscano del Trecento |

Lo maggior corno de la fiamma antica
cominciò a crollarsi mormorando,
pur come quella cui vento affatica;

5 indi la cima qua e là menando,
come fosse la lingua che parlasse,
gittò voce di fuori e disse: «Quando

mi diparti' da Circe, che sottrasse
me piú d'un anno là presso a Gaeta,
10 prima che sí Enea la nomasse,

né dolcezza di figlio, né la pieta
del vecchio padre, né 'l debito amore
lo qual dovea Penelopè far lieta,

vincer potero dentro a me l'ardore
15 ch'i' ebbi a divenir del mondo esperto
e de li vizi umani e del valore;

ma misi me per l'alto mare aperto
sol con un legno e con quella compagna
picciola da la qual non fui diserto.

Il corno piú grande di quella fiamma, che racchiudeva un'anima cosí antica, cominciò a muoversi sibilando, come una fiamma agitata dal vento; poi, muovendo qua e là la punta, proprio come se fosse una lingua che parlasse, emise con grande sforzo la voce e disse: «Quando mi allontanai da Circe che mi trattenne presso di sé per piú di un anno, presso Gaeta, prima, però, che quel luogo fosse cosí denominato da Enea, né la tenerezza per mio figlio, né l'affetto reverente per il vecchio padre, né l'amore coniugale che avrebbe rallegrato Penelope, poterono frenare l'ardore che io avvertivo dentro di me e che mi spingeva a fare esperienza del mondo e degli uomini, con le loro virtú e i loro vizi. Perciò mi diressi verso il mare aperto con una sola nave e con quei pochi compagni dai quali non fui mai abbandonato. Nel corso della mia navigazione verso occidente, vidi la costa europea e quella africana, da una parte

---

9. prima ... nomasse: Enea aveva dato il nome alla città in onore della sua nutrice Caieta che era morta in quel luogo.

20 L'un lito e l'altro vidi infin la Spagna,
fin nel Morrocco, e l'isola d'i Sardi,
e l'altre che quel mare intorno bagna.

Io e' compagni eravam vecchi e tardi
quando venimmo a quella foce stretta
25 dov'Ercule segnò li suoi riguardi

acciò che l'uom più oltre non si metta;
da la man destra mi lasciai Sibilia,
da l'altra già m'avea lasciata Setta.

«O frati, dissi, che per cento milia
30 perigli siete giunti a l'occidente,
a questa tanto picciola vigilia

d'i nostri sensi ch'è del rimanente
non vogliate negar l'esperienza,
di retro al sol, del mondo sanza gente.

la Spagna e dall'altra il Marocco e persino l'isola di Sardegna e tutte le altre che sono bagnate da quello stesso mare (cioè la Sicilia, la Corsica, le Baleari). Io e i compagni eravamo vecchi e non più agili e forti, quando giungemmo a quello stretto dove Ercole pose le sue colonne, affinché l'uomo non procedesse oltre. A destra mi ero lasciato alle spalle Siviglia, a sinistra la città africana di Ceuta. Allora, rivolgendomi ai miei compagni, dissi: «O fratelli, che per innumerevoli pericoli siete giunti all'estremo occidente, non vogliate negare a questo piccola parte di vita che ancora ci rimane, mentre siamo ancora vigili e padroni della nostra mente e dei nostri sensi, la possibilità di conoscere il mondo disabitato che si trova ad occidente dietro il punto in cui il sole tramonta. Considera-

23-24. foce stretta ... riguardi: è lo stretto di Gibilterra secondo la mitologia Ercole, in una delle sue fatiche, giunto a quelli che erano creduti i limiti del mondo conosciuto, tagliò in due il monte che si trovava lí, creando due colonne, e vi incise la scritta *non plus ultra*, non è concesso oltrepassare.

L'OPERA

La *Divina Commedia* è l'opera principale di Dante e il fondamento della lingua e della letteratura italiana. Ecco in breve il contenuto. All'età di 35 anni Dante si smarrisce in una selva oscura, simbolo del peccato. Dopo essersi aggirato a lungo nei suoi meandri, vede in lontananza un monte, simbolo della virtú, illuminato dal sole, che rappresenta Dio. Mentre cerca di avanzare verso la cima, viene bloccato da tre fiere: una lonza (animale simile al ghepardo), un leone e una lupa. Sta per tornare indietro, quando gli appare un'ombra: è il poeta latino Virgilio, il quale gli dice che, se vuole salvarsi, deve seguirlo in un viaggio che lo condurrà prima nella voragine dell'Inferno, dove potrà vedere i dannati, poi sulla montagna del Purgatorio, dove incontrerà coloro che espiano le loro colpe per poter giungere alla beatitudine eterna e infine nei nove cieli del Paradiso, dove hanno sede i beati, ai quali lo guiderà Beatrice, la donna amata. A quel punto Virgilio dovrà lasciarlo, poiché, essendo vissuto prima di Cristo, egli non può accedere al Paradiso. Dante, pur dubbioso e intimorito, accetta e inizia il suo viaggio nell'oltretomba, che gli offre lo spunto per delineare un immenso affresco della società del suo tempo ed esprimere la propria visione del mondo. L'opera è costituita da cento canti raggruppati in tre cantiche: *Inferno*, *Purgatorio* e *Paradiso*. Ogni cantica è formata da 33 canti, a eccezione dell'*Inferno* che ne ha 34 poiché contiene il canto introduttivo. Dante immagina che l'Inferno sia un'immensa voragine che si apre sotto la città di Gerusalemme e giunge fino al centro della terra. Essa è suddivisa in nove cerchi concentrici nei quali sono distribuiti i dannati, in base ai peccati commessi, che sono via via più gravi, man mano che si procede verso il fondo. Il Purgatorio è, invece, un'altissima montagna che si trova nell'emisfero meridionale della Terra, in corrispondenza con la voragine dell'Inferno. Esso accoglie gli spiriti che si sono pentiti dei loro peccati e devono espiare le colpe nelle sette cornici del monte prima di salire al cielo. Il Paradiso è costituito da nove cieli racchiusi all'interno dell'empireo, il cielo infinito, perfetto e immobile nel quale Dio ha la sua sede. Le anime beate si fanno incontro a Dante nei diversi cieli, i quali ruotano con una velocità tanto maggiore quanto più si avvicinano a Dio.

I generi della poesia | **La poesia narrativa**

35 Considerate la vostra semenza:
fatti non foste a viver come bruti,
ma per seguir virtute e conoscenza».

Li miei compagni fec'io sí aguti,
con questa orazion picciola al cammino,
40 che a pena poscia li avrei ritenuti;

e volta nostra poppa nel mattino,
de' remi facemmo ali al folle volo,
sempre acquistando dal lato mancino.

Tutte le stelle già de l'altro polo
45 vedea la notte, e 'l nostro tanto basso,
che non surgea fuor del marin suolo.

Cinque volte racceso e tante casso
lo lume era di sotto da la luna,
poi che 'ntrati eravam ne l'alto passo,

50 quando n'apparve una montagna, bruna
per la distanza, e parvemi alta tanto
quanto veduta non avea alcuna.

Noi ci allegrammo, e tosto tornò in pianto;
ché de la nova terra un turbo nacque
55 e percosse del legno il primo canto.

Tre volte il fé girar con tutte l'acque;
a la quarta levar la poppa in suso
e la prora ire in giú, com'altrui piacque,

infin che 'l mar fu sovra noi richiuso.

te la vostra origine: non siete nati per vivere come bruti, ottusamente, ma per praticare la virtú e appagare la sete di conoscenza». Con questo breve discorso io resi i miei compagni cosí pieni di acuto desiderio che a stento poi li avrei trattenuti. Pertanto, rivolta la poppa della nave a levante e la prua verso occidente, trasformammo i nostri remi in ali per compiere quel volo che si sarebbe rivelato folle, e continuammo a navigare sempre verso sinistra (cioè in direzione di sud-ovest). Già durante la notte si vedevano tutte le costellazioni dell'emisfero meridionale, mentre quelle dell'emisfero settentrionale non comparivano piú, rimanendo sotto la linea dell'orizzonte. Per cinque volte si era illuminato e per altrettante si era oscurato l'emisfero lunare a noi visibile (erano cioè passati cinque mesi), quando apparve una montagna, indistinta a causa della lontananza, e mi sembrò tanto alta che mai ne avevo vista una simile. Noi ci rallegrammo, ma ben presto la nostra gioia si mutò in pianto, perché da quella terra nuova e misteriosa si levò un vento turbinoso che colpí la parte anteriore della nave. La fece girare per tre volte insieme con le acque che la circondavano; alla quarta volta la poppa si levò in alto e la prua sprofondò nell'acqua, come stabilí Dio, finché il mare si richiuse su di noi.

Ulisse parla a Dante e a Virgilio, XIV secolo. Venezia, Biblioteca Nazionale Marciana.

Incontro con il testo... ... poetico

L'autore

Dante Alighieri, per la profondità del suo sapere e per l'altissimo livello della sua attività culturale, è considerato il padre della letteratura italiana. Nato a Firenze nel 1265 da una famiglia della piccola nobiltà, si trovò a vivere nel momento in cui la città, dopo la vittoria dei guelfi, sostenitori del papa, sui ghibellini, sostenitori dell'imperatore, si era ulteriormente divisa in due fazioni: guelfi bianchi e guelfi neri. I Bianchi, piú gelosi della loro autonomia, si opponevano alle interferenze del papa nella vita politica della città, interferenze che i Neri, inferiori per numero, ma economicamente piú forti, erano invece disposti ad accettare. Da qui i frequenti scontri fra i due schieramenti, capitanati rispettivamente dalle famiglie dei Cerchi e dei Donati. Dante ricevette un'educazione accurata e sin dalla giovinezza cominciò a comporre rime d'amore, avvicinandosi a Guinizzelli e Cavalcanti, maestri del Dolce stil novo, una corrente poetica che aveva inaugurato un nuovo modo di cantare la donna e l'amore. Ispiratrice della sua poesia fu Beatrice, figlia di Folco Portinari, morta nel 1290 in giovane età, che egli cantò come donna-angelo nella *Vita nova* e celebrò come sua guida attraverso i cieli nella *Divina Commedia*. All'inizio del Trecento, il poeta intervenne nella vita politica di Firenze schierandosi con la fazione dei Bianchi e ricoprí diversi incarichi fra cui quello di priore. Poiché si opponeva alle ingerenze di papa Bonifacio VIII nelle questioni politiche di Firenze, nel 1301 venne allontanato dalla città col pretesto di un'ambasceria a Roma presso la Santa Sede. Durante la sua assenza i Neri, con l'appoggio del papa, presero il sopravvento sui Bianchi e Dante, insieme con altri esponenti del suo partito, nel 1302 venne condannato all'esilio. Iniziò cosí il suo girovagare per le varie corti d'Italia: si recò a Verona dove fu ospitato da Bartolomeo della Scala, a Treviso, a Padova, nel Casentino, in Lunigiana. Durante gli anni dell'esilio, a partire dal 1304, scrisse il *Convivio*, il *De vulgari eloquentia*, il *De Monarchia* e si dedicò soprattutto alla composizione della *Divina Commedia* che aveva già avviato a Firenze. Nell'ultimo periodo della sua vita fu ospitato a Ravenna presso Guido da Polenta e qui completò la stesura del *Paradiso*, l'ultima cantica della *Commedia*. Mandato come ambasciatore dei signori di Ravenna a Venezia, durante il viaggio contrasse una febbre malarica che lo portò alla morte nel settembre del 1321.

Entriamo nel testo

La struttura
La narrazione si sviluppa in **sette sequenze** cosí articolate:
- prima sequenza (vv. 1-6): la fiamma parlante;
- seconda sequenza (vv. 6-21): la decisione di Ulisse di proseguire il viaggio verso ovest invece di dirigersi a Itaca;
- terza sequenza (vv. 22-27): l'arrivo alle colonne d'Ercole, attuale stretto di Gibilterra, considerato limite invalicabile dagli uomini del tempo;
- quarta sequenza (vv. 28-36): il discorso di Ulisse ai compagni per esortarli a valicare quel limite;
- quinta sequenza (vv. 37-45): il folle volo verso occidente;
- sesta sequenza (vv. 46-51): l'avvistamento di un'altissima montagna dopo cinque mesi di navigazione;
- settima sequenza (vv. 52-58): il turbine che travolge e fa affondare la nave.

L'Ulisse di Dante
Dante non conosceva l'*Odissea*, perché fin quasi al Quattrocento gli scrittori italiani non furono in grado di leggere e capire la lingua greca. La figura di Ulisse gli giungeva perciò attraverso i riferimenti presenti in autori latini come Seneca e Cicerone che costituivano i pilastri della sua cultura e dai quali egli aveva ricavato due elementi essenziali della personalità dell'eroe: l'**astuzia** e il **desiderio di conoscenza**, quest'ultimo messo in risalto sin dai primi versi dell'*Odissea* che erano giunti

al Medioevo attraverso il poeta latino Orazio. Dall'ultimo periodo della latinità provenivano diverse leggende sulla morte di Ulisse ispirate a un passo dell'*Odissea* in cui l'indovino Tiresia prediceva all'eroe che, dopo essere tornato in patria, avrebbe dovuto compiere un altro viaggio. Grande impressione inoltre aveva suscitato al tempo di Dante il tentativo, compiuto nel 1291 dai fratelli Vivaldi, di varcare lo stretto di Gibilterra e affrontare l'oceano per raggiungere l'India, tentativo che si era concluso tragicamente, dato che dei due fratelli non si era avuta piú notizia. Fondandosi quindi in parte sulla tradizione letteraria, in parte su eventi realmente accaduti, Dante dà una soluzione originale al mistero della morte dell'eroe greco. Il suo Ulisse non torna affatto a Itaca, ma, partito dall'isola di Circe, si dirige verso occidente, varca le colonne d'Ercole e giunge in vista della montagna del Purgatorio che nella geografia dantesca è collocata nell'emisfero meridionale, agli antipodi di Gerusalemme. Egli, però, in quanto pagano, non può giungere alla salvezza, e quindi il vero Dio cristiano, e non piú il dio pagano Poseidone, che lo aveva sempre perseguitato, fa sorgere un turbine che travolge e fa colare a picco la nave. Ma qual è il giudizio di Dante sull'eroe greco? Il fatto che lo collochi nell'Inferno ci autorizza a pensare che vi sia nello scrittore medievale un atteggiamento di condanna per la «curiosità» che spinge Ulisse a varcare ogni limite? L'analisi del livello espressivo del testo, in particolare delle parole chiave, ci aiuterà a rispondere a queste domande.

Le parole chiave

L'esistenza di Ulisse oscilla tra **due poli**: la patria e il viaggio, la terra e il mare, la famiglia e il mondo esterno. Queste due dimensioni sono presenti anche nel testo dantesco. Il poeta infatti pone l'accento da una parte sui sentimenti che legano l'eroe al mondo familiare, cioè la *dolcezza di figlio*, *la pieta / del vecchio padre*, il *debito amor* per Penelope; dall'altra sul desiderio di conoscenza, *l'ardore / a divenir del mondo esperto / e de li vizi umani e del valore*. I primi dovrebbero attirarlo verso Itaca, l'isola natale, il secondo lo spinge verso *l'alto mare aperto*. Ora, mentre nell'*Odissea*, dopo che questi due poli si sono a lungo bilanciati, alla fine prevale il tema del *nostos*, del ritorno, in Dante avviene il contrario. Nessuno dei sentimenti familiari può impedire a Ulisse di girare la prua verso occidente: *ma misi me per l'alto mare aperto*,

egli dice, usando la forma *misi me* piuttosto che «mi misi», proprio per sottolineare la decisione netta del soggetto di compiere un viaggio di conoscenza piuttosto che un viaggio di ritorno. Un altro elemento a cui il poeta intende dare particolare rilievo è la **contrapposizione** fra la piccolezza dell'uomo e l'immensità dell'impresa che egli compie. Questa sembra concretizzarsi, da un lato, nella vastità del mare e del cielo, due spazi illimitati che si stendono sopra e sotto la nave, dall'altro nel mistero del *mondo sanza gente*. La piccolezza dell'uomo emerge invece dall'espressione *compagna picciola*. L'aggettivo *picciola* ricorre altre due volte nel testo e viene riferito prima all'*orazion*, cioè al discorso di Ulisse ai compagni, poi alla breve porzione di vita in cui i sensi ancora vigili possono permettere la realizzazione dell'impresa (la *tanto picciola vigilia / d'i nostri sensi*). Questi uomini *vecchi e tardi* si accingono a fare l'esperienza di un mondo vasto, sconosciuto, deserto, buio, dato che la nave passa al di là del punto in cui il sole tramonta. Superate le colonne d'Ercole, lo sconfinato *alto mare aperto* diviene un oceano di notte. I punti di riferimento geografici, indicati in abbondanza nella prima parte del viaggio (Sardegna, Spagna, Marocco), vengono a mancare; si ha l'impressione che questo pugno di uomini abbia varcato la soglia che separa il mondo terreno dall'al di là. Il viaggio diviene un **folle volo** a cui i remi fanno da ali. L'aggettivo *folle* per un verso contiene in sé l'idea di un eccesso, il voler andare oltre il limite consentito, fondandosi su una troppo grande fiducia in se stessi; per l'altro ha il significato di «ardimentoso». Ora il viaggio di Ulisse può essere considerato *folle* soprattutto nella seconda accezione del suo significato; questa follia non è altro che un magnanimo ardimento e va messa in relazione con la consapevolezza che l'uomo non è nato per vivere come un bruto, ma *per seguir virtute e conoscenza*. Il discorso di Ulisse ha spinto i compagni a considerare la loro *semenza*, il senso vero e profondo del loro essere uomini. Ecco perché subito dopo l'*orazion picciola* essi sono cosí desiderosi di continuare il viaggio che a stento egli potrebbe trattenerli. Non c'è nell'eroe greco la volontà di sfidare una divinità e di affermare prepotentemente la propria individualità violando i divieti divini. Non si possono considerare tali infatti le colonne poste da Ercole a segnare il confine del mondo allora conosciuto. Il naufragio non è una punizione divina, ma solo la riaffermazione di

limiti umani non violabili, almeno per il momento. Il testo dantesco dunque delinea per la prima volta l'immagine di Ulisse come **eroe della conoscenza**, che non si arrende di fronte a nessun ostacolo ma che, proprio per questo suo desiderio di sapere, insofferente di ogni limite, trova la morte. A partire da Dante molti altri scrittori affronteranno il tema della fine di Ulisse, interpretandolo ognuno alla luce della sua visione del mondo e delle influenze culturali del suo tempo.
All'interno della *Divina Commedia* il viaggio di Ulisse va messo in relazione con quello di Dante. Il poeta cristiano, a differenza dell'eroe pagano, non si affida solo alle facoltà umane e non agisce di sua iniziativa spinto dall'ardore della conoscenza, ma compie il viaggio nell'oltretomba per volontà divina e per purificarsi dei peccati commessi. Ecco perché il suo è un cammino ascensionale che dalle profondità dell'Inferno lo porterà prima sulla montagna del Purgatorio poi nei cieli del Paradiso, mentre la nave di Ulisse si muove in orizzontale e poi sprofonda negli abissi del mare.

Esercizi

Competenza trasversale:

 Acquisire ed interpretare l'informazione

 Individuare collegamenti e relazioni

 Comunicare

 Comunicare nelle lingue straniere

- **Comprensione**

1. Quali suggestioni hanno spinto Dante a immaginare questa conclusione della vita di Ulisse?
2. Qual è nell'*Odissea* la tappa successiva al soggiorno nell'isola di Circe? Qual è la direzione del viaggio di Ulisse nell'*Inferno* dantesco?
3. Quali luoghi vede Ulisse nella prima parte del suo viaggio nel Mediterraneo?

- **Interpretazione**

4. Raggruppa le parole chiave in base alle aree di significato nelle quali rientrano e organizzale in uno schema o in una mappa, poi spiega i rapporti di somiglianza e di contrapposizione che si possono istituire tra esse.
5. Utilizzando lo schema precedentemente realizzato, illustra i temi del testo di Dante, a partire dalle parole chiave.

- **Produzione**

a 6. Dopo esserti documentato su un dizionario mitologico, spiega in quale occasione furono collocate le colonne d'Ercole.

b 7. Istituisci un confronto fra l'Ulisse omerico (vedi volume di *Epica*) e quello dantesco, facendo emergere punti di contatto e differenze, in un testo espositivo di un paio di pagine.

b 8. Nel romanzo *Se questo è un uomo* (vedi volume di *Narrativa e testi non letterari*, pag. 429), Primo Levi affida ai versi di Dante la funzione di far ritrovare a lui e al suo compagno la dignità di uomini all'interno del lager nazista. Leggi il brano e spiega il valore che i famosi versi – *Considerate la vostra semenza: / fatti non foste a viver come bruti, / ma per seguir virtute e conoscenza* – hanno nell'opera dantesca e nel romanzo di Levi.

c 9. Rifletti ulteriormente sui versi sopra citati: ritieni che siano ancora attuali? Ti sembra che vi siano situazioni contemporanee nelle quali gli uomini si sono comportati o si comportano come se avessero dimenticato la loro *semenza*? Sapresti viceversa indicare situazioni in cui delle persone hanno espresso pienamente nelle loro azioni l'essenza dell'essere umano quale traspare dai versi danteschi?

I generi della poesia : La poesia narrativa

Testo conchiglia : 🐚
Sogni perduti :

✎ Ludovico Ariosto

Astolfo sulla luna

• L. Ariosto, *Orlando Furioso*, Mondadori, Milano, 2004

IN SINTESI: Siamo nel canto XXXIV dell'*Orlando furioso*: al centro dell'azione c'è Astolfo, uno dei personaggi piú originali e interessanti dell'opera, un cavaliere svagato e curioso che ama l'avventura per se stessa e che ha sempre a che fare con oggetti magici. Tra l'altro è venuto in possesso di un cavallo alato, l'ippogrifo, e di un corno dal suono spaventoso del quale si è servito per cacciare nell'inferno le Arpie che tormentavano Senapo, il re d'Etiopia. Poi, in groppa all'ippogrifo, è giunto in cima a un'alta montagna, dove si trova il Paradiso terrestre. Qui viene accolto da San Giovanni Evangelista, il quale gli spiega che è arrivato fin lí perché ha una missione da compiere: recuperare il senno di Orlando che si trova sulla luna. Il paladino, infatti, è impazzito dopo aver scoperto che Angelica si è unita a un giovane e umile fante saraceno e sta distruggendo ogni cosa. Astolfo viene dunque fatto salire dal santo evangelista sul carro di Elia e insieme giungono in volo sulla luna, dove, in uno stretto vallone chiuso fra due catene montuose, si trovano tutte le cose per le quali sulla terra gli uomini si sono affannati invano, ma raffigurate in altre forme, che ne mettono a nudo la meschinità e l'inautenticità. Ad esempio, i potenti regni dei popoli antichi hanno l'aspetto di gonfie vesciche al cui interno risuonano tumulti e grida; la bellezza delle donne è rappresentata da trappole ricoperte di vischio e cosí via. Quanto al senno, ha l'aspetto di un *liquor sottile e molle*, chiuso in ampolle piú o meno grandi, ognuna delle quali porta il nome di chi quel senno ha perduto, in parte o interamente. Quella che contiene il senno di Orlando è certamente la piú grande, ma Astolfo osserva stupito che molte ampolle racchiudono il senno di persone che sulla terra sono ritenute sagge. Insomma la luna è un doppione della terra, anche se una sola cosa manca in questo mondo cosí particolare: la pazzia, che, invece, è tutta quanta sul nostro pianeta.

Forma metrica: ottave di endecasillabi legati, i primi sei, da rime alternate, gli ultimi due da rime baciate secondo lo schema ABABABCC.

| *genere:* poema cavalleresco | *epoca:* 1516-1532 | *luogo:* Ferrara | *lingua originale:* italiano |

1. Tutta la sfera ... fuoco: i cosmologi antichi ritenevano che tra la terra e la luna fosse situata la sfera del fuoco.
3. Veggon: vedono.
3-4. Per la piú parte ... alcuna: la maggior parte di quel luogo, la luna, è splendente come un acciaio senza macchia.
5-6. e lo trovano ... raguna: e lo trovano uguale per estensione o poco piú piccolo di quanto sia la superficie della terra. Letteralmente: di tutto ciò che si riunisce (*raguna*) in questo piccolo globo.
8. mettendo ... serra: compreso il mare che la circonda tutta.
9. doppia meraviglia: si meravigliò doppiamente, sia per la grandezza della luna, sia perché la terra, vista di lí gli apparve davvero piccola e quasi invisibile.
10-16. che quel paese ... si

Tutta la sfera varcano del fuoco,
et indi vanno al regno de la luna.
Veggon per la piú parte esser quel loco
come un acciar che non ha macchia alcuna;
5   e lo trovano uguale, o minor poco
di ciò ch'in questo globo si raguna,
in questo ultimo globo de la terra,
mettendo il mar che la circonda e serra.

Quivi ebbe Astolfo doppia meraviglia:
10 che quel paese appresso era sí grande,
il quale a un picciol tondo rassimiglia
a noi che lo miriam da queste bande;
e ch'aguzzar conviengli ambe le ciglia,
s'indi la terra e 'l mar ch'intorno spande,
15 discerner vuol; che non avendo luce,
l'imagin lor poco alta si conduce.

conduce: (si meravigliò) perché quel paese, cioè la luna, visto da vicino era tanto grande, mentre a noi che lo guardiamo dalla terra appare davvero piccolo, e ancora perché deve proprio aguzzare gli occhi, se vuole individuare da lí la terra, con tutto il mare che si spande intorno, dal momento che, non emanando luce propria, l'immagine del nostro pianeta non arriva lontano. Ariosto vuol farci capire che il cambiamento di prospettiva ribalta la visione delle cose e infligge un duro colpo all'orgoglio dell'uomo.

Incontro con il testo... ... poetico

Altri fiumi, altri laghi, altre campagne
sono là su, che non son qui tra noi;
altri piani, altre valli, altre montagne,
20 c'han le cittadi, hanno i castelli suoi,
con case de le quai mai le piú magne
non vide il paladin prima né poi:
e vi sono ample e solitarie selve,
ove le ninfe ognor cacciano belve.

25 Non stette il duca a ricercar il tutto;
che là non era asceso a quello effetto.
Da l'apostolo santo fu condutto
in un vallon fra due montagne istretto,
ove mirabilmente era ridutto
30 ciò che si perde o per nostro diffetto,
o per colpa di tempo o di Fortuna:
ciò che si perde qui, là si raguna.

Non pur di regni o di ricchezze parlo,
in che la ruota instabile lavora;
35 ma di quel ch'in poter di tor, di darlo
non ha Fortuna, intender voglio ancora.
Molta fama è là su, che, come tarlo,
il tempo al lungo andar qua giú divora:
là su infiniti prieghi e voti stanno,
40 che da noi peccatori a Dio si fanno.

Le lacrime e i sospiri degli amanti,
l'inutil tempo che si perde a giuoco,
e l'ozio lungo d'uomini ignoranti,
vani disegni che non han mai loco,
45 i vani desideri sono tanti,
che la piú parte ingombran di quel loco:
ciò che in somma qua giú perdesti mai,
là su salendo ritrovar potrai.

Passando il paladin per quelle biche,
50 or di questo or di quel chiede alla guida.
Vide un monte di tumide vesciche,

17-18. Altri fiumi ... da noi: sulla luna si trovano fiumi, laghi, campagne diversi da quelli che ci sono da noi, perché ben piú grandi.
20. castelli: villaggi.
21-22. con case ... né poi: con case tanto grandi che il cavaliere non ne aveva visto e non ne vide mai di simili.
23. ample: ampie
24. ognor: sempre, in continuazione.
25-26. Non stette ... effetto: il duca (Astolfo) non indugiò a guardare ogni cosa, perché non era salito fin lassú a quello scopo.
29. mirabilmente ... ridutto: miracolosamente raccolto.
30-32. ciò che si perde ... raguna: tutto ciò che sulla terra si perde, o per colpa nostra o a causa del tempo o per intervento della sorte, era là

raccolto.
33. Non pur: non solo.
34. in che ... lavora: su cui opera la ruota incostante della Fortuna che può far acquistare o perdere in un solo momento regni e ricchezze.
35-36. ma di quel ... voglio ancora: ma voglio riferirmi a tutto quello che non dipende dalla Fortuna, che la Fortuna

non ha il potere di dare o di togliere. Sono tutte le cose di cui parlerà nei versi successivi: la fama, che il tempo distrugge, le preghiere, le lacrime e i sospiri degli innamorati e cosí via. Sono queste le cose per le quali gli uomini si affannano sulla terra e che vanno perdute.
37-38. Molta fama ... divora:

lassú si trova molta fama che il tempo quaggiú divora come un tarlo. La fama degli uomini infatti viene il piú delle volte distrutta dal tempo.
39. prieghi: preghiere.
44. vani disegni ... loco: vani progetti che non si realizzano.
49. biche: mucchi.
52. tumide vesciche: sacche gonfie.

I generi della poesia : La poesia narrativa

L'OPERA

La materia dell'*Orlando furioso* deriva dai due grandi filoni della narrativa in versi medievale: il ciclo carolingio e il ciclo bretone. Il primo, costituito dalle *Chansons de geste*, narrava le imprese dei paladini di Carlo Magno contro i saraceni, in difesa della Francia e della fede; il secondo, di cui facevano parte i romanzi cortesi, era incentrato sulle avventure individuali dei cavalieri di re Artú. Nel Quattrocento Matteo Maria Boiardo, poeta della corte estense, riprendendo i *cantàri* trecenteschi, componimenti in versi che rievocavano episodi dei due cicli, aveva unito i due filoni in un poema che aveva intitolato *Orlando innamorato*. In esso infatti, Orlando, campione dei paladini carolingi, che fino a quel momento era stato rappresentato come un eroe tutto d'un pezzo, interessato solo alla guerra, si innamorava di Angelica, una bellissima principessa venuta dal Catai (antico nome della Cina) per indebolire le forze cristiane. Di lei infatti si erano innamorati tutti i cavalieri che, messi da parte gli impegni militari, erano solo interessati a conquistarla. L'amore per Angelica aveva determinato una forte rivalità anche fra i due cugini Rinaldo e Orlando, entrambi presi dal fascino della giovane donna, seduttrice e sfuggente al tempo stesso. A questo punto il re Carlo Magno aveva deciso di affidare la fanciulla a un saggio e anziano guerriero e di concederla in sposa al cavaliere che nell'imminente battaglia contro i saraceni si fosse mostrato piú valoroso. Qui si interrompeva il poema di Boiardo e da questo punto ha inizio l'*Orlando furioso* di Ariosto, costituito da 46 canti in ottave, la strofa che meglio si prestava alla continuità narrativa dell'opera.

Ecco una sintesi del contenuto, attraverso le parole dello scrittore Italo Calvino.

«Tema principale del poema è come Orlando divenne, da innamorato sfortunato d'Angelica, matto furioso, e come le armate cristiane, per l'assenza del loro primo campione rischiarono di perdere la Francia, e come la ragione smarrita dal folle (il recipiente che conteneva il suo senno) fu ritrovata da Astolfo sulla Luna e ricacciata in corpo al legittimo proprietario permettendogli di riprendere il suo posto nei ranghi. Tema parallelo è quello degli ostacoli che si sovrappongono al compiersi del destino nuziale di Ruggiero e Bradamante, finché il primo non riesce a passare dal campo saraceno a quello franco, a ricevere il battesimo e sposare la seconda. I due motivi principali s'intrecciano alla guerra tra Carlo e Agramante in Francia e in Africa, alle discordie in campo d'Agramante, fino alla resa dei conti tra il fior fiore dei campioni dell'uno e dell'altro campo».

Sono questi i tre filoni principali del poema che si arricchiscono di una molteplicità di episodi organizzati in «una struttura policentrica... con vicende che si diramano in ogni direzione e s'intersecano e si biforcano di continuo, facendo proliferare episodi da episodi e creando sempre nuove simmetrie e nuovi contrasti». Per tenere sempre desta l'attenzione del lettore, Ariosto non fa coincidere mai la fine di un episodio con la conclusione del canto, ma interrompe la vicenda nel momento culminante, introduce un altro filone e poi riprende l'episodio precedente riuscendo sempre a dominare la ricchissima materia dell'opera che appare fluida, continua e armoniosa.

Gustave Doré, *Astolfo va sulla luna*, XIX secolo.

54. de la terra lida: della terra Lidia, una zona dell'Asia Minore, attuale Turchia.

55-56. che già furo ... oscuro: che un tempo furono famosi (*incliti*) e il cui nome oggi è oscuro, non viene piú ricordato.

57. Vide gran copia ... visco: vide una gran quantità di trappole ricoperte di vischio, sostanza appiccicosa che si usa per catturare piccoli uccelli. La bellezza femminile è una trappola per catturare l'uomo.

59-62. Lungo sarà ... nostre: sarebbe troppo lungo se io cercassi di riportare nei miei versi tutte le cose che gli furono qui mostrate; perché dopo un elenco di mille e mille nomi non avrei ancora finito, insomma vi sono tutte le cose che abbiamo perduto e di cui abbiamo bisogno (*occurrenzie*, le cose che ci occorrono).

65-68. Quivi ad alcuni ... forme lor diverse: qui Astolfo si rivolse a osservare alcuni giorni e azioni che aveva perduto e, se non ci fosse stato accanto a lui un interprete, San Giovanni, che gli spiegava ogni cosa, non li avrebbe riconosciuti, tanto le loro forme erano mutate.

69-70. Poi giunse ... ferse: poi arrivò a quello (il senno) che noi tutti crediamo di possedere, pertanto non rivolgiamo mai preghiere a Dio perché ce lo conceda.

71-72. e n'era quivi ... conte: e lí ve n'era un mucchio, ben piú alto di tutti quelli di cui ho finora raccontato. Il senno è insomma la cosa che gli uomini perdono in maggiore quantità.

73. suttile e molle: leggero e sfuggente.

74. atto a esalar ... chiuso: che svanisce facilmente, se non lo si tiene ben chiuso. Vuol dire che è molto facile perdere il senno se non si bada a custodirlo bene.

76. atte a quell'uso: adatte a quello scopo, cioè a contenere il senno.

77-78. Quella è maggior ... infuso: la piú grande di tutte è

quella nella quale era racchiuso (*infuso*) il senno di Orlando, il conte di Anglante.

79. quando: poiché, in quanto.

81. anco: anche.

83. franco: valoroso.

che dentro parea aver tumulti e grida;
e seppe ch'eran le corone antiche
e degli Assiri e de la terra lida,
55   e de' Persi e de' Greci, che già furo
incliti, ed or n'è quasi il nome oscuro.

[...]

Vide gran copia di panie con visco,
ch'erano, o donne, le bellezze vostre
Lungo sarà, se tutte in verso ordisco
60   le cose che gli fur quivi dimostre;
che dopo mille e mille io non finisco,
e vi son tutte l'occurrenze nostre:
sol la pazzia non v'è poca né assai;
che sta qua giú, né se ne parte mai.

65   Quivi ad alcuni giorni e fatti sui,
ch'egli già avea perduti, si converse;
che se non era interprete con lui,
non discernea le forme lor diverse.
Poi giunse a quel che par sí averlo a nui,
70   che mai per esso a Dio voti non ferse;
io dico il senno: e n'era quivi un monte,
solo assai piú che l'altre cose conte.

Era come un liquor suttile e molle,
atto a esalar, se non si tien ben chiuso;
75   e si vedea raccolto in varie ampolle,
qual piú, qual men capace, atte a quell'uso.
Quella è maggior di tutte, in che del folle
signor d'Anglante era il gran senno infuso;
e fu da l'altre conosciuta, quando
80   avea scritto di fuor: Senno d'Orlando.

E cosí tutte l'altre avean scritto anco
il nome di color di chi fu il senno.
Del suo gran parte vide il duca franco;
ma molto piú maravigliar lo fenno
85   molti ch'egli credea che dramma manco
non dovessero averne, e quivi dénno
chiara notizia che ne tenean poco;
che molta quantità n'era in quel loco.

84-87. ma molto piú ... tenean poco: ma si meravigliò molto di piú vedendo lí il senno di molti che egli credeva saggi, ai quali pensava che non ne mancasse neppure una piccola quantità

(*dramma* è la dracma, moneta greca di minimo valore, come se si dicesse oggi un centesimo) e invece era chiaro da quel che si vedeva lí che ne avevano poco.

I generi della poesia | La poesia narrativa

90. scorrendo il mare: attraversando il mare. Allude ai viaggi dei mercanti che attraversano i mari per svolgere i loro commerci.
91. altri ... signori: altri sperando nella protezione dei signori.
92. magiche sciocchezze: nelle scienze occulte, nelle predizioni dei maghi.
93. opre: opere.
94. ed altri ... apprezze: e altri andando dietro ad altre cose che ciascuno apprezza in modo particolare.
95-96. Di sofisti ... molto: vi era una grande quantità del senno di filosofi e astrologi e anche di poeti. È chiara l'autoironia di Ariosto.

Altri in amar lo perde, altri in onori,
90 altri in cercar, scorrendo il mar, ricchezze;
altri ne le speranze de' signori,
altri dietro alle magiche sciocchezze;
altri in gemme, altri in opre di pittori,
ed altri in altro che piú d'altro aprezze.
95 Di sofisti e d'astrologhi raccolto,
e di poeti ancor ve n'era molto.

L'autore

Ludovico Ariosto nacque a Reggio Emilia nel 1474 da una famiglia nobile legata alla corte degli estensi, signori di Ferrara. Interessato sin da giovane alla poesia e al teatro, seguí di malavoglia gli studi giuridici ai quali il padre lo aveva indirizzato e preferí dedicarsi alla lettura dei classici latini che perfezionò a tal punto da comporre egli stesso versi in lingua latina. In seguito alla morte del padre, avvenuta nel 1500, dovette assumersi gli obblighi di capofamiglia; nel 1503 entrò al servizio del cardinale Ippolito d'Este, ma quando questi, nel 1517, si trasferí in Ungheria, si rifiutò di seguirlo, adducendo vari pretesti. In realtà egli non voleva allontanarsi da Ferrara e dalla donna amata, Alessandra Benucci, con la quale intratteneva una relazione segreta. Il rifiuto determinò la rottura dei rapporti con il cardinale che reagí male e lo accusò di ingratitudine. Nel 1518 Ariosto passò al servizio del duca Alfonso I d'Este, signore della città, il quale nel 1521 gli diede l'incarico di governatore della Garfagnana, una regione selvaggia e difficile da amministrare. Il poeta però assolse egregiamente il suo incarico e finalmente, conclusosi il mandato, nel 1525 rientrò nell'amata Ferrara, dove acquistò una casa in contrada Mirasole, una zona appartata, circondata dai campi, proprio come piaceva a lui che, al pari di Orazio, amava la quiete e la riservatezza. Intanto continuava a dedicarsi alle sue opere letterarie: le *Satire* (ne scrisse in tutto sette, sul modello dei *Sermoni* di Orazio), le commedie e, soprattutto, il poema cavalleresco *Orlando Furioso*, che egli presentava, con una sorta di riduzione autoironica, come la *gionta*, la continuazione dell'*Orlando Innamorato* di Matteo Maria Boiardo, rimasto interrotto per la morte dell'autore. In realtà il *Furioso* è un'opera del tutto autonoma e di altissimo livello, nella quale Ariosto ha saputo raffigurare, attraverso la finzione cavalleresca, non solo la società del suo tempo, ma la molteplicità della vita e le innumerevoli sfaccettature dell'animo umano. Egli si dedicò alla revisione del poema fino alla morte, avvenuta a Ferrara nel 1533.

 Entriamo nel testo

I temi

Astolfo è un cavaliere che solitamente va girovagando spinto dalla curiosità e dall'amore per l'avventura fine a se stessa, ma in questo episodio è chiamato a svolgere una missione fondamentale per l'esito della guerra: deve recuperare il senno di Orlando. Per questo viene condotto sulla luna da una guida d'eccezione: san Giovanni Evangelista.

Il **viaggio nell'aldilà** è un motivo presente sia nel poema epico sia in quello allegorico-didattico e in entrambi ha il valore di un rito sacro che cambia la vita dell'eroe o del personaggio pellegrino e al tempo stesso svolge una funzione educativa e morale per il lettore. In Ariosto, invece, non è il protagonista a compiere il viaggio, bensí un personaggio secondario, e la **luna** non è l'aldilà, ma un'**immagine speculare e capovolta della terra**.

I fiumi, la campagne, i monti, le città e i borghi sono paragonabili a quelli che si trovano da noi, anche se *altri*, diversi, per estensione e imponenza. Vi è poi un luogo sulla luna, il *vallone fra duo monti istretto,* nel quale si deposita tutto ciò che sulla terra si perde, per colpa dell'uomo, o del tempo o della Fortuna. La luna è dunque l'immagine speculare della terra. Accade, però, che in essa le cose per le quali gli uomini si sono tanto affannati si rivelano per quello che effettivamente sono: mucchi di rifiuti accatastati nel vallone, oggetti brutti e inutili. Guardandoli, ci si rende conto della vanità delle passioni umane: gli antichi regni, per cui tanti uomini hanno combattuto e perso la vita, sono sacche gonfie di tumulti e grida; la bellezza delle donne per cui tanto si soffre è solo una trappola di vischio appiccicoso. Se sulla terra gli uomini vedessero le cose nella loro vera essenza, tante lotte e tanti contrasti verrebbero meno. Ecco il segreto del mondo della luna: esso ci offre **un altro punto di vista**, ci fa cambiare prospettiva, **capovolge** la normale visione delle cose. Anche la terra, vista dalla luna, appare minuscola, oscura e insignificante, tanto che bisogna aguzzare gli occhi per vederla, mentre la superficie della luna, osservata da vicino, è splendente come un acciaio senza macchia.

In questo mondo capovolto avviene uno scambio anche tra senno e follia. Il primo, che dovrebbe essere appannaggio degli uomini, si trova sulla luna in grandi quantità. Osservando le numerose ampolle che contengono quell'essenza cosí leggera ed evanescente, Astolfo si rende conto che di quel senno che tutti credono di possedere in grande quantità, tanto che non pregano mai Dio affinché glielo conceda, sulla terra ce n'è ben poco. E soprattutto non sta nel cervello delle persone che solitamente vengono ritenute sagge. La pazzia, invece, è tutta sulla terra ed

è responsabile di quel processo di dispersione e di spreco di energia che caratterizza il comportamento umano.

A questo punto il cerchio si chiude: gli uomini, lasciandosi guidare dalla follia, inseguono la potenza, la bellezza, il favore dei signori, l'amore, le ricchezze e tutti i loro impossibili desideri, sprecando tempo ed energia, senza rendersi conto della loro vanità. Una conclusione amara, dunque, che lascia ben poche speranze. Ma fra questi uomini che perdono vanamente il senno Ariosto mette filosofi, astrologi e poeti, quindi anche se stesso. Chi è infatti piú folle di un poeta, che inventa storie inverosimili e mondi fantastici? E a questo punto il suo sorriso ironico stempera l'amarezza delle precedenti considerazioni. Ariosto guarda agli uomini e alle loro debolezze con affettuosa comprensione, senza giudicare dall'alto: gli uomini sono fatti cosí – sembra dire – e continueranno a perdere il senno chi dietro all'amore, chi dietro a magiche sciocchezze. Egli, però, offre un antidoto alla follia: basta guardare a se stessi e alla realtà con ironico distacco e scoprire quanto possano essere interessanti i molteplici aspetti del mondo, piuttosto che concentrarsi ossessivamente su un'unica passione. Basta cosí poco, in fondo, per essere saggi.

Lo stile

L'ottava ariostesca scorre fluida e leggera adattandosi al ritmo del racconto e, anche se il linguaggio in alcuni punti si discosta dal livello della comunicazione quotidiana – non dimentichiamo che si tratta di un'opera del Cinquecento –, la comprensione è assicurata dall'assenza di periodi contorti e di inversioni troppo complesse. Ogni strofa è chiusa da un punto e può essere occupata o da un unico periodo scandito da segni di interpunzione forti o da piú periodi. L'uso delle coppie e dell'anafora conferisce armonia e musicalità al discorso soprattutto in quelle ottave in cui il poeta descrive il mondo della luna (*Altri fiumi, altri laghi, altre campagne*) oppure elenca tutte le cose per le quali l'uomo perde il senno (*Altri in amar lo perde, altri in onori, altri in cercar correndo il mar ricchezze...*).

I generi della poesia — **La poesia narrativa**

Esercizi

- **Comprensione**

1. Quando giunge sulla luna, Astolfo prova una doppia meraviglia. Perché?
2. Che cosa vuol dire che la luna è un'immagine speculare della terra? In quali punti del testo si riscontra questo aspetto?
3. Che cosa vuol dire che la luna è un'immagine capovolta della terra? Fai qualche esempio ricavato dal testo.
4. Perché gli uomini non innalzano mai preghiere a Dio perché conceda loro il senno?
5. Di che cosa si stupisce Astolfo quando vede le ampolle che contengono il senno degli uomini?
6. Perché le ampolle che contengono il senno devono stare ben chiuse?
7. Il verso 74 *atto a esalar se non si tien ben chiuso*, ha un significato metaforico. Quale?
8. Quali sono le cause che fanno perdere il senno agli uomini?

- **Competenza testuale**

9. Individua e sottolinea tutte le anafore presenti nel testo.
10. Individua e sottolinea tutte le coppie e stabilisci, di volta in volta, se sono costituite da aggettivi, sostantivi, verbi ecc.
11. Prendi in esame almeno quattro ottave e verifica se esse sono costituite da più periodi o da un unico periodo.

- **Produzione**

12. Prova a fare un elenco delle «follie» degli uomini di oggi, sostituendo, nell'ultima ottava, le parole di Ariosto (*amar*, *onori*, *ricchezze* ecc.) con altre che rispettino la misura e il ritmo dei versi. Se vuoi, puoi cambiare le rime.

Osvaldo Licini, *Amalassunta 76*, 1950. Collezione privata.

Incontro con il testo... ... poetico

Attilio Bertolucci
Il calzolaio Gelasio

- A. Bertolucci, *La camera da letto*, vol. II, Garzanti, Milano, 1988

IN SINTESI: Il passo è tratto dal poema in versi *La camera da letto*, piú precisamente dal canto XXXI, intitolato *Le scarpette di chevreau* (di capretto). Attilio e il suo amico Virgilio hanno trovato un vecchio baule contenente un campionario di abiti e scarpe di fattura inglese. Frugando nel baule Attilio, il protagonista, scopre un paio di scarpette verdi da donna e pensa di regalarle a Ninetta, sua moglie, ma le scarpe sono di misura troppo grande per il suo piede e allora decidono di recarsi dal calzolaio Gelasio che confeziona scarpe su misura, perché ne realizzi un paio uguali al modello inglese. L'artigiano, non avendo la pelle verde, consiglia un pellame di capretto marrone, da qui il titolo del canto. Questo l'antefatto. Quando Attilio e Ninetta tornano da Gelasio per la prova vedono nella bottega un signore distinto, ma silenzioso e un po' scostante, uomo di grande cultura ed eleganza, che disegna personalmente le scarpe destinate alla moglie. Ma la sua presenza comunica una sensazione di gelo ai due giovani che, uscendo, si stringono l'uno all'altra per liberarsi da quella inquietante impressione.

Forma metrica: versi liberi.

| *genere:* poesia narrativa | *epoca:* 1984-1988 | *luogo:* Italia | *lingua originale:* italiano |

10. **A.**: è l'iniziale di Attilio con cui il poeta indica se stesso cosí come con l'iniziale N. indica la moglie Ninetta.

Gelasio non è solo, sembra
arrossire quando entrano,
e con la sua vocina deve pregarli
di accomodarsi un momento. Il cliente,
5 che sta piegato sul panchetto,
non sembra accorgersi di loro: difficile
stabilire che cosa faccia
perché non parla e muove appena il braccio destro
mentre Gelasio torna a lui;
10 A. lo osserva con minuta attenzione. L'abito

L'OPERA

La camera da letto, da cui è tratto il brano proposto, è un lungo poema, o, come viene anche definito, un «romanzo in versi», nel quale Bertolucci ripercorre la storia della sua famiglia, dalla migrazione dei suoi antenati maremmani al suo trasferimento a Roma, saldandola con gli eventi della grande storia. La scelta del titolo è cosí spiegata dal poeta: «La camera da letto è il cuore della casa, in cui si nasce, in cui si muore, in cui c'è quell'accadimento necessario che è l'amore coniugale». Bertolucci ha iniziato a scrivere quest'opera monumentale, controcorrente rispetto alla lirica novecentesca, nel 1954 e ha continuato a dedicarvisi sistematicamente e quotidianamente fino al 1984. Il poema è suddiviso in 2 libri, pubblicati rispettivamente nel 1984 e nel 1988, e comprende 46 canti, ognuno dei quali racconta un episodio, un momento della vita del poeta e della sua famiglia. Il primo libro, iniziato con la migrazione dei lontani progenitori di Attilio dalla Maremma all'Appennino parmense, si chiude con la descrizione dell'amore per Ninetta e della malattia di Attilio, un disturbo al cuore che lo accompagnerà per tutta la vita. Il secondo libro si articola in tre parti: nella prima troviamo ancora l'amore di Ninetta e di Attilio, che li salva, assieme alla poesia, dalla minaccia prossima della guerra, e la nascita del primo figlio Bernardo; nella seconda si narra la fuga in campagna per sfuggire ai rastrellamenti dei tedeschi; nella terza la nascita del secondo figlio Giuseppe e il trasferimento di Attilio e Ninetta a Roma.

I generi della poesia | La poesia narrativa

13. grisaglia: un tipo di stoffa di lana, di colore grigio.
20-21. tentata urbanità: l'uomo si sforza di attenuare la durezza della voce con un tono gentile.
22. maniacale: eccessivamente insistente.
28. bemberg: è il tipo di filato di cui sono fatte le calze di Ninetta. La Bemberg era un'azienda tessile sorta in Germania ai primi del Novecento, specializzata nella produzione di filati molto sottili.

  un po' cascante della giacca che veste
  con trascuratezza una schiena lunga e curva,
  si rivela di alta qualità: una grisaglia
  anche troppo leggera per la stagione.
15 Ha finito,
  ora si capisce, mentre alza il foglio che disegnava,
  e contemporaneamente solleva le grandi
  membra stanche di uomo non piú giovane.
  Parla con voce alta,
20 nobile nella sua durezza e tentata
  urbanità: raccomanda il tacco
  con una nuova, maniacale espressione.
  Per la prova va bene quest'altro sabato?
  Gelasio l'accompagna alla porta vetrata,
25 lo lascia allontanare terribilmente solo
  nella vivace folla del borgo parmigiano.
  Non c'è bisogno che A. chieda, mentre
  N. calza sulle bemberg lucide e chiare

L'autore

Attilio Bertolucci è stato un importante poeta del secondo Novecento, forse il piú significativo per l'ampiezza e la complessità della sua opera. Figura di grande spessore umano, ha ottenuto nel corso della sua vita significativi riconoscimenti, ma ha sempre mantenuto un atteggiamento misurato e affabile. La sua vita si è svolta tra due città: Parma e Roma.
Nacque nel 1911 a San Prospero, vicino Parma, da una famiglia della media borghesia agraria. Cominciò a scrivere versi sin dall'età di sette anni. Frequentò dapprima il Convitto Nazionale «Maria Luigia» di Parma, poi il liceo classico della città. Si iscrisse all'Università nella facoltà di Giurisprudenza, che abbandonò dopo qualche anno, e nel 1935 si trasferí a Bologna per frequentare la facoltà di Lettere. Si laureò nel 1938 e nello stesso anno sposò Ninetta Giovanardi, che sarà la compagna di tutta la vita. Cominciò a insegnare a Parma, città culturalmente vivace, dove frequentava letterati e uomini di cultura, pubblicò le sue prime raccolte di versi, *Sirio* e *Fuochi in novembre*, e collaborò con giornali e riviste culturali. Nel 1951 si trasferí a Roma, su invito del suo maestro Roberto Longhi a cui era legato da un rapporto di profonda amicizia. Qui entrò in contatto con il mondo del cinema, della radio e poi della televisione e collaborò a programmi culturali e sceneggiature televisive. Ebbe due figli, Bernardo e Giuseppe, che diventeranno importanti registi cinematografici. Nel 1971 uscí la raccolta *Viaggio d'inverno*; nel 1984 pubblicò il primo libro del poema *La camera da letto*, a cui si era dedicato fin dal 1954, e nel 1988 il secondo. Nel 1990 riuní nel volume *Le poesie* tutti i testi delle raccolte precedenti. Morí a Parma nel 2000.
La poesia di Bertolucci è al tempo stesso semplice e complessa, ha un impianto descrittivo e narrativo e viene inserita dai critici nella linea «antinovecentista» che comincia con Saba e continua con Penna, Caproni, Giudici, richiamandosi ai poeti crepuscolari e a Pascoli. Bertolucci, però, amava definirsi un poeta «inclassificabile». Temi dominanti della sua poesia sono il luogo d'origine, ovvero la città di Parma, e i paesaggi della campagna in cui è nato, i legami affettivi, la natura. Le strutture metriche sono molto variabili e comprendono sia versi liberi utilizzati soprattutto nelle liriche brevi, sia versi tradizionali variamente intrecciati, presenti nei componimenti piú lunghi che possono arrivare fino al poema.

Jacob A. Riis, *Calzolaio al lavoro in casa*, 1895-1896 circa.

      le scarpe che calzano a pennello,
30   e Gelasio ha troppo bisogno di sfogarsi
      per stare zitto. Si, è il suo
      cliente migliore, ma se sapessero...
      Disegna lui i modelli, procura lui pelli introvabili a Parma,
      è esigente
35   come se dovesse portarle lui... No,
      sono per la signora che viene soltanto
      a provarle, e non parla mai. Piú giovane?
      Non si direbbe, bella, molto alta,
      come lui, s'assomigliano,
40   non parlano fra loro, mai,
      sono dei genovesi.
      I genovesi sono gente strana, questi,
      gran signori, abitano una villa
      in collina, di primavera, e d'autunno molto a lungo,
45   forse per la caccia. Hanno tanta terra
      in provincia, e tanta ne hanno
      altri, loro parenti e amici, anche
      nel piacentino... N. è felice,
      le stanno cosí bene. Ma quando
50   escono, lei e A., salutato Gelasio,
      si guardano con un'espressione grave
      negli occhi amorosi. È come se
      in questa mattina tiepida
      fossero stati investiti
55   da folate di aria fredda, e ora
      penassero a scaldarsi nuovamente

Entriamo nel testo

La struttura

Il passo ha un impianto chiaramente narrativo, tanto che lo si può dividere in sequenze. La **sequenza iniziale** (l'arrivo dei due giovani nella bottega di Gelasio) e quella **finale** (l'uscita dal negozio) delimitano con precisione l'episodio, che presenta un segmento di vita quotidiana. **Al centro** della scena la misteriosa figura del cliente di Gelasio, che viene minuziosamente descritto nell'aspetto e di cui vengono riportate parole e azioni. Con un *flashback*, costituito dal discorso dello stesso Gelasio, il lettore viene informato sulla vita e le abitudini del personaggio. Poi si ritorna alla normale successione cronologica degli eventi minimi che costituiscono la narrazione: N. è felice perché le scarpe appena provate le calzano a pennello e i due giovani escono dalla bottega e si stringono come per riscaldarsi e cacciar via l'impressione di gelo suscitata dal personaggio incontrato nella bottega.

Le componenti poetiche

A questo punto viene da chiedersi: perché dobbiamo considerare questo passo poesia? Forse perché è scritto in versi, cioè perché l'autore va a capo prima che la riga finisca? Ma perché dobbiamo definire versi queste righe nelle quali non ci sono rime?
Ce ne offre una spiegazione la studiosa Donatella Bisutti che, per prima cosa, invita a riscrivere l'inizio del brano senza gli a capo, come se si trattasse proprio di una prosa. Proviamo a farlo.

Gelasio non è solo, sembra arrossire quando entrano, e con la sua vocina deve pregarli di accomodarsi un momento. Il cliente, che sta piegato sul panchetto, non sembra accorgersi di loro: difficile stabilire che cosa faccia perché non parla e muove appena il braccio destro mentre Gelasio torna a lui; A. lo osserva con minuta attenzione. L'abito un po' cascante della giacca che veste con trascuratezza

I generi della poesia | **La poesia narrativa**

una schiena lunga e curva, si rivela di alta qualità: una grisaglia anche troppo leggera per la stagione.

«Ci accorgiamo subito che l'effetto è tutto diverso. Leggendo, per esempio, "L'abito un po' cascante della giacca che veste con trascuratezza una schiena lunga e curva, si rivela di alta qualità", la nostra attenzione è trattenuta soprattutto dalle parole *giacca*, *trascuratezza*, *qualità*. E subito la nostra mente le collegherà una all'altra attraverso un ragionamento di questo tipo: "C'è un uomo che porta una giacca che sembra di poco prezzo, ma che al contrario è costosa". Ma se rileggiamo i versi:

> ... L'abito
> un po' cascante della giacca che veste
> con trascuratezza una schiena lunga e curva,
> si rivela di alta qualità

la voce, e l'attenzione, si fermeranno soprattutto su *cascante*, *lunga*, *curva*.
Ed ecco che a un tratto ci pare di vederla, quella giacca cascante, addirittura di poterla toccare. Non sembra di avvertirne il peso scivolare giù per quella schiena lunga e curva proprio come lungo uno scivolo? E quando arriviamo a:

> ... È come se

> in questa mattina tiepida
> fossero stati investiti
> da folate di aria fredda, e ora
> penassero a scaldarsi nuovamente

non ci fa forse rabbrividire per un attimo quella folata d'aria fredda che investe anche noi nel tepore della mattina?».
Gli *enjambement* non solo mettono in risalto alcune parole, ma fanno percepire precise sensazioni: ad esempio, grazie all'*enjambement sembra / arrossire* (vv. 1-2) avvertiamo l'imbarazzo di Gelasio nel momento in cui i due giovani entrano nella sua bottega. L'*enjambement*, *difficile / stabilire* (vv. 6-7), rende lo sguardo, attento e un po' curioso, con il quale A. osserva il cliente di Gelasio, cercando di capire che cosa stia facendo.
Inoltre, se leggiamo ad alta voce i versi, ci accorgiamo che sono percorsi da un ritmo musicale e, se controlliamo il numero delle sillabe e gli *ictus*, ci rendiamo conto che per la maggior parte si tratta di versi endecasillabi e settenari. Possiamo quindi affermare che l'autore ha saputo perfettamente coniugare narrazione e poesia, in modo tale che ciascun elemento valorizzi l'altro e ne sia valorizzato.

Esercizi

- **Comprensione**

1. Che cosa sta facendo il cliente di Gelasio quando Attilio e Ninetta entrano nel suo laboratorio?
2. Che cosa raccomanda il cliente a Gelasio con particolare insistenza?
3. Quali particolari dell'aspetto fisico del personaggio vengono messi in risalto? Come appare nel momento in cui egli esce dal negozio di Gelasio?
4. Quale particolare viene messo in rilievo nell'immagine finale dei due giovani per sottolineare il loro rapporto sentimentale?

- **Competenza testuale**

5. Quali elementi tipici del genere narrativo sono presenti nel testo?
6. Quali elementi tipici della poesia sono presenti nel testo?
7. Individua nel brano almeno tre endecasillabi.
8. Individua tutti gli *enjambement*.

ON LINE: **La poesia narrativa**
Testi: Luigi Mercantini, *La spigolatrice di Sapri*

La poesia attraverso i tempi

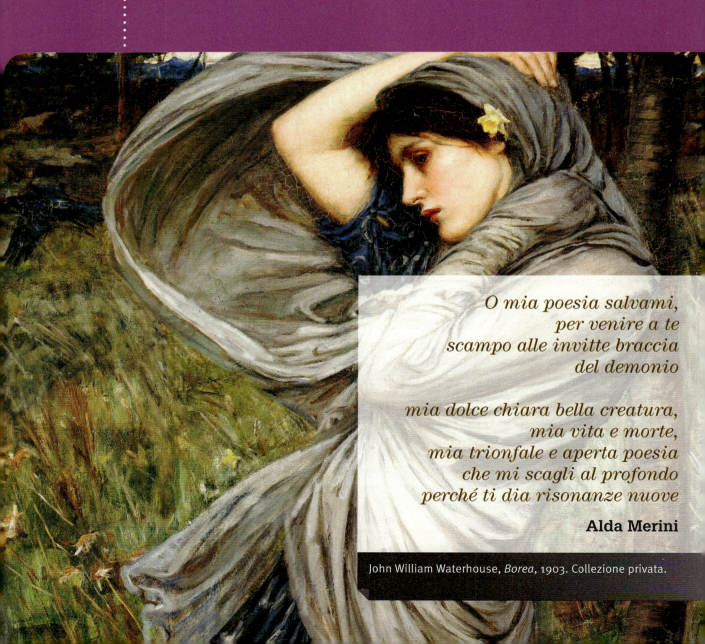

O mia poesia salvami,
per venire a te
scampo alle invitte braccia
del demonio

mia dolce chiara bella creatura,
mia vita e morte,
mia trionfale e aperta poesia
che mi scagli al profondo
perché ti dia risonanze nuove

Alda Merini

John William Waterhouse, *Borea*, 1903. Collezione privata.

La poesia attraverso i tempi

Sezioni:

- La poesia delle origini
- Dallo Stilnovo a Petrarca
- La poesia di corte
- La poesia romantica
- Alle soglie della modernità
- La rivoluzione delle avanguardie
- Fra tradizione e innovazione
- Dal secondo Novecento a oggi

Anche se un testo poetico, a qualunque epoca appartenga, mantiene i tratti fondamentali che lo caratterizzano come tale, ovvero la pluralità dei significati, la capacità di racchiudere in pochi versi una realtà piú vasta, di farci vedere il mondo con occhi nuovi, di suscitare emozioni, far percepire profumi, suoni, colori, è pur vero che, per comprendere in tutte le sue sfaccettature il messaggio che la poesia ci trasmette, occorre **contestualizzare** ogni componimento, metterlo cioè in rapporto con l'autore che l'ha composto, l'epoca in cui è nato, la corrente culturale da cui è stato influenzato. Non potremmo apprezzare fino in fondo la novità della poesia di Leopardi se non la collocassimo nel contesto della cultura italiana ed europea del primo Ottocento; non potremmo capire perché Ungaretti ha scritto poesie tanto brevi, prive di punteggiatura e di musicalità se non conoscessimo la situazione in cui sono state composte.

Il processo di contestualizzazione permette inoltre di osservare e comprendere i cambiamenti che si sono susseguiti nel modo di far poesia attraverso i secoli. Naturalmente trasformazione non equivale a evoluzione: insomma sarebbe assurdo pensare che una poesia del Novecento sia migliore di una composta nel Duecento. Ungaretti, per intenderci, non è «piú bravo» di Saffo perché è vissuto tanti secoli dopo. Sono entrambi due vette della poesia, ma non per questo sono sovrapponibili, o intercambiabili. Non si possono collocare su un fondale piatto solo perché i loro componimenti sono scritti in versi ed esprimono i sentimenti degli autori. La contestualizzazione serve a creare la prospettiva storica, a darci cioè un'immagine tridimensionale del panorama poetico che ci aiuta a capire meglio autori e opere.

In questa sezione dell'antologia troverete dunque dei testi poetici raggruppati non piú in base al genere, ma in base alle epoche in cui sono stati composti, e dunque secondo un itinerario cronologico che vi permetterà di collocare i poeti sulla linea del tempo e di comprendere gli aspetti fondamentali del contesto storico e culturale a cui ciascun autore ha fatto riferimento. Cominceremo con le **prime espressioni della letteratura italiana**, che ormai costituiscono parte integrante dell'itinerario del biennio.

Si passerà poi agli esponenti piú significativi della cultura del **Trecento**, fra i quali occupano un posto d'onore Dante e Petrarca, alla poesia di corte del **Quattrocento-Cinquecento**, per arrivare ai grandi dell'**Ottocento** e del **Novecento**, e ai piú rappresentativi poeti dei **giorni nostri**, senza trascurare scrittori meno noti, ma sicuramente affascinanti, in un percorso all'interno del quale ciascuno potrà incontrare un autore da amare o una poesia da custodire nel cuore e nella mente e in cui riconoscersi e ritrovarsi anche a distanza di molti anni.

La poesia delle origini

La letteratura italiana nasce nel XIII secolo, con un certo ritardo rispetto agli altri paesi d'Europa dove, già a partire dall'XI secolo, si era affermata una produzione letteraria nelle nuove lingue **neolatine** o **romanze** nate dalla fusione tra il latino parlato dal popolo, chiamato **latino volgare** (popolo in latino si dice *vulgus*), e gli **idiomi dei popoli invasori** che avevano occupato i territori appartenenti un tempo all'Impero romano d'occidente.

In Francia, in particolare, si erano formate due lingue: la **lingua d'oïl**, e la **lingua d'oc**. La prima, derivata dalla fusione tra il latino volgare e la lingua degli invasori Franchi, era parlata nella parte settentrionale del paese; la seconda, derivata dall'evoluzione del latino volgare, era parlata nella parte meridionale, o Provenza. Tra l'XI e il XII secolo nel nord della Francia si sviluppò una **produzione narrativa in versi** in lingua d'oïl costituita dalle *Chansons de geste*, poemi epici che cantavano le imprese di Carlo Magno e dei suoi paladini in lotta con i saraceni, e dai *romanzi cortesi*, opere narrative di argomento cavalleresco incentrate sulle avventure dei cavalieri della Tavola rotonda che facevano parte della corte di re Artù. In Provenza nel XII secolo nacque la **lirica provenzale** in lingua d'oc, di argomento prevalentemente amoroso.

In Italia, invece, fino al XIII secolo si continuò a usare il **latino** nella comunicazione scritta sia di argomento teologico, politico e giuridico sia di argomento letterario. Con il passar del tempo, però, era sempre minore il numero delle persone in grado di parlare e comprendere questa lingua: ormai la padroneggiavano soltanto i dotti, che erano esclusivamente uomini di Chiesa. Il popolo usava una **pluralità di volgari**, nati anche qui dalla fusione tra il latino parlato e le lingue portate dalle numerose e differenti popolazioni che nel corso dei secoli avevano invaso l'Italia: Longobardi e Franchi nel nord, Arabi, Normanni, Svevi al sud. Questi volgari, attraverso i quali la gente comunicava oralmente, a poco a poco cominciarono a essere adoperati anche per la comunicazione scritta, dapprima per scopi pratici (lettere, documenti) poi, a partire dal Duecento, anche per scopi letterari.

Il panorama culturale dell'Italia del XIII secolo risulta pertanto alquanto frammentato sia a causa del **particolarismo politico**, sia per la **molteplicità delle lingue parlate**. A differenza di quanto accadeva nello stesso periodo negli altri paesi europei nei quali esistevano le monarchie, la realtà italiana del Duecento non è affatto omogenea: la zona centro-settentrionale vive l'esperienza dei Comuni, città che si autogovernano e sono caratterizzate da un fiorente sviluppo della attività commerciali, artigianali, professionali; Roma e i territori limitrofi sono sottoposti all'autorità del Pontefice; nell'Italia meridionale e nella Sicilia dopo la dominazione araba si costituisce il regno normanno e successivamente quello svevo. Questa frammentarietà politica trova riscontro nella pluralità dei volgari: ogni regione, infatti, ha un proprio volgare con specifiche caratteristiche che, raffinato e depurato, viene usato anche a fini letterari. Queste le ragioni per cui le **prime espressioni della nostra letteratura** risultano alquanto frastagliate sia sul piano linguistico che su quello tematico.

- La prima opera della letteratura italiana è, per unanime riconoscimento degli studiosi, il *Cantico delle creature* o *Cantico di frate sole* di Francesco d'Assisi, che si pone all'inizio di un ricco filone di **poesia religiosa** in **volgare umbro.**
- In Sicilia tra il IX e l'XI secolo si era sviluppata una raffinata produzione letteraria in lingua araba. Molti elementi di questa tradizione confluirono nell'ambiente multiculturale della corte di Federico II di Svevia, imperatore e re di Sicilia, intorno al quale fiorì la **poesia siciliana** di argomento amoroso composta nel **volgare siciliano.**
- Il filone della poesia siciliana fu ripreso in Toscana dai **poeti siculo-toscani** che aggiunsero al tema amoroso quello politico e utilizzarono nei loro componimenti il **volgare toscano**. Nello stesso periodo furono composte, sempre in lingua toscana, le prime opere narrative in prosa, di cui è un esempio la raccolta il *Novellino*.

- Nell'Italia settentrionale infine si sviluppò una **poesia narrativa** a carattere moraleggiante e didascalico scritta in **volgare lombardo** e **veneto**.

La poesia religiosa

La **componente religiosa** è uno dei motivi piú diffusi in ogni settore della vita e della letteratura del Duecento e forse quello che, piú degli altri, contribuisce a caratterizzare la fisionomia dell'intero secolo. Essa permea la vita individuale e collettiva di tutti i ceti sociali, le arti figurative, la musica, la cultura, i trattati.

Questo straordinario fervore spirituale pervade la società in un periodo in cui essa è lacerata da una profonda crisi causata dalla mondanizzazione della Chiesa e avverte il bisogno di un ritorno ai principi evangelici. Di questa esigenza si fanno portavoce a partire dal XII secolo diversi movimenti spirituali, tutti nati dal basso, che non hanno al loro vertice né teologi né uomini di cultura, ma sono formati da laici per lo piú di umile estrazione sociale. Il loro riferimento è il Vangelo da cui riprendono l'ideale di una vita condotta all'insegna della povertà, il rifiuto di ogni potere, di ricchezze e privilegi. Le loro posizioni preoccupano la Chiesa ufficiale che vede messo in discussione il proprio potere; essi pertanto vengono dichiarati eretici e sottoposti a una durissima repressione. Tra i gruppi ereticali vanno ricordati i Càtari (dal greco *catharòs*, «puro»), diffusi in molti Paesi europei ma presenti e radicati soprattutto in Francia, i Valdesi e i Gioachimiti.

Le esigenze di purificazione e di ritorno ai principi evangelici che i gruppi ereticali portavano avanti in contrasto con il potere papale furono riprese e sviluppate all'interno della Chiesa nel XIII secolo dagli **ordini francescani** e **domenicani**, chiamati *mendicanti* perché i loro religiosi vivevano di elemosine. Essi da un lato fecero proprie certe componenti dei movimenti ereticali, come il pauperismo (una scelta di vita ispirata alla piú assoluta povertà), la predicazione, l'aspirazione alla purezza, dall'altro mantennero un atteggiamento di sottomissione alla Chiesa e, rimanendo al suo interno, contribuirono al rinnovamento spirituale delle gerarchie ecclesiastiche. Con gli ordini mendicanti fa la sua apparizione nella società del tempo la figura del **frate**, che si differenzia dal monaco perché non trascorre la sua vita chiuso in un monastero, ma vive a contatto con la gente, predica e riesce a diffondere una devozione piú vicina al popolo. Si deve infatti ai domenicani, per esempio, l'introduzione della pratica del rosario e a San Francesco l'istituzione del presepio.

Questa religiosità esercita una grande influenza anche sul **versante letterario**: l'esigenza di rivolgersi ai fedeli in una lingua che permettesse loro di comprendere piú agevolmente l'autentico messaggio evangelico contribuí, infatti, a diffondere un uso meno istintivo e piú regolare della lingua italiana, favorendo la nascita dei primi testi letterari in volgare. Alla diffusione delle confraternite laiche che intonavano canti in onore della Vergine, di Cristo e dei santi si deve l'introduzione della **lauda**, sia lirica che dialogata. Un importante filone di poesia religiosa percorre tutta la letteratura del Duecento con personaggi come San Francesco d'Assisi e Jacopone da Todi che, oltre a essere delle figure di riferimento sul piano spirituale, vengono considerati importanti esponenti della letteratura italiana del XIII secolo.

 ON LINE: La poesia delle origini

Testi: Guglielmo d'Aquitania, *Per la dolcezza della nuova stagione*; Bertran de Born, *Molto mi piace la lieta stagione di primavera*; Jacopone da Todi, *Donna de paradiso*; Jacopo da Lentini, *Amor è un desio che ven da core*; Cielo d'Alcamo, *Rosa fresca aulentissima*

Schede: *La letteratura in lingua d'oïl e in lingua d'oc; Il castello: un'innovazione del Medioevo; Dalla lauda alla sacra rappresentazione; Le «Storie di San Francesco» nella basilica superiore di Assisi; I castelli della corona; La battaglia di Montaperti; Il palazzo pubblico*

Incontro con il testo... ... poetico

San Francesco d'Assisi
Cantico delle creature

• *Poeti del Duecento*, vol. I, a cura di G. Contini, Ricciardi, Milano-Napoli, 1960

IN SINTESI: San Francesco innalza una lode a Dio celebrando il creato e sottolineando tutti gli aspetti positivi della natura e dell'uomo.

Forma metrica: il *Cantico delle creature* non rientra in nessuna delle forme metriche fissate dalla tradizione (sonetto, ballata, canzone ecc.). È costituito da versetti di varia lunghezza, simili a quelli dei salmi biblici, legati da assonanze e piú raramente da rime.

| *genere:* poesia lirico-religiosa | *epoca:* 1224-1226 | *luogo:* Assisi | *lingua originale:* volgare umbro |

Altissimu, onnipotente, bon Signore,
Tue so' le laude, la gloria e l'honore et onne benedictione.
Ad Te solo, Altissimo, se konfano,
et nullu homo ène dignu Te mentovare.

5   Laudato sie, mi' Signore, cum tucte le Tue creature,
spetialmente messer lo frate sole,
lo qual è iorno, et allumini noi per lui.
Et ellu è bellu e radiante cum grande splendore:
de Te, Altissimo, porta significatione.

10 Laudato si', mi' Signore, per sora luna e le stelle:
in celu l'ài formate clarite et pretiose et belle.

Laudato si', mi' Signore, per frate vento
et per aere et nubilo et sereno et onne tempo,
per lo quale a le tue creature dài sustentamento.

15 Laudato si', mi' Signore, per sor'acqua,
la quale è multo utile et humile et pretiosa et casta.

Laudato si', mi' Signore, per frate focu,
per lo quale enallumini la nocte:
ed ello è bello et iocundo et robustoso et forte.

....

2. Tue so' le laude: tue sono, spettano a te, le lodi. – **et onne benedictione**: e ogni benedizione.
3. se konfano: si addicono.
4. et nullo homo ... mentovare: e nessun uomo è degno di pronunciare il tuo nome.
5. Laudato sie, mi' Signore: sii lodato, mio Signore. – **cum tucte**: con tutte.
6. spetialmente messer lo frate: specialmente il signor fratello.
7. lo qual è iorno, et allumini noi

per lui: il quale ci dà la luce del giorno e tu ci illumini per mezzo di lui.
8. Et ellu: ed egli. – **radiante**: splendente.
9. de Te ... porta significatione: esso rappresenta te. Il sole, infatti, essendo la piú bella di tutte le creature, è l'unica che possa essere paragonata a Dio.
10. per ... stelle: i critici hanno a lungo discusso sul significato da dare a questo *per*. Secondo alcuni avrebbe

funzione di agente (*da*): «sii lodato da tutte le tue creature»; secondo altri avrebbe funzione mediale (*attraverso*): la grandezza di Dio è tale che egli non può essere lodato direttamente, ma solo indirettamente, attraverso la lode delle cose da lui create. Oggi si preferisce interpretarlo nel modo piú semplice, dandogli un valore causale: «sii lodato per aver creato sorella (*sora*) luna e le stelle».

11. in celu l'ài formate clarite: in cielo le hai create splendenti.
13. per aere ... tempo: per il cielo nuvoloso e sereno e per ogni variazione atmosferica.
14. per lo quale: per mezzo del quale. – **sustentamento**: nutrimento.
15. sor'acqua: sorella acqua.
16. casta: pura.
18. enallumini: illumini.
19. iocundo et robustoso: allegro e robusto.

La poesia attraverso i tempi : La poesia delle origini

20   Laudato si', mi' Signore, per sora nostra matre terra,
la quale ne sustenta et governa,
et produce diversi fructi con coloriti flori et herba.

Laudato si', mi' Signore, per quelli ke perdonano per lo Tuo amore
et sostengo infirmitate et tribulatione.
25   Beati quelli ke 'l sosterrano in pace,
ka da te, Altissimo, sirano incoronati.

Laudato si', mi' Signore, per sora nostra morte corporale,
da la quale nullo homo vivente pò skappare:
guai a quelli ke morrano ne le peccata mortali;
30   beati quelli ke trovarà ne le Tue sanctissime voluntati,
ka la morte secunda no 'l farrà male.

Laudate ed benedicete mi' Signore et rengratiate
e serviateli cum grande humilitate.

---

21. ne sustenta et governa: ci nutre e ci alleva.
23. per lo Tuo amore: in nome del tuo amore.
24. sostengo infirmitate et tribulatione: sopportano malattie e affanni.
25. ke 'l sosterrano in pace: che li sopporteranno serenamente. Il pronome ('l = le) è riferito ai due sostantivi precedenti, *infirmitate et tribulatione*.
26. ka: poiché. – **sirano incoronati**: saranno incoronati, cioè riceveranno il premio della beatitudine eterna.
27. morte corporale: la morte del corpo, in antitesi con la morte dell'anima (*morte secunda* v. 31).
28. da la ... skappare: alla quale nessun uomo può sfuggire.
29. morrano ne le peccata mortali: moriranno in peccato mortale.
30. trovarà ne le Tue sanctissime voluntati: troverà in grazia di Dio.
31. no 'l farrà male: non farà loro alcun male.
32. benedicete: benedite.
33. serviateli: servitelo.

L'autore

San Francesco d'Assisi, fondatore dell'ordine religioso che da lui ha preso il nome, è l'iniziatore della letteratura italiana. Nato ad Assisi nel 1181 (o 1182) dal mercante Pietro Bernardone e da una donna di origine provenzale, Francesco trascorse la prima giovinezza in un ambiente ricco e non privo di cultura. Dopo una malattia, fu colto da una profonda crisi spirituale e nel 1206, con un gesto clamoroso e simbolico, restituí al padre persino gli abiti che indossava, indicando in tal modo la sua rinunzia ai beni mondani. Visse per due anni in eremitaggio, quindi cominciò a predicare.

Intorno a lui si raccolse ben presto una piccola comunità di seguaci che avevano scelto di vivere in povertà assoluta e di predicare il Vangelo. Francesco decise allora di scrivere per sé e per i suoi frati una *Regola di vita* fondata su pochi e semplici principi che furono approvati sia da papa Innocenzo III sia dal suo successore Onorio III. Nacque cosí il movimento francescano destinato a una rapida espansione. Nel 1224 Francesco ricevette sul monte della Verna, dove viveva in eremitaggio, le stimmate che lo resero ancor piú simile a Cristo e due anni dopo morí fra atroci sofferenze, dopo aver dettato il suo testamento spirituale con il quale esortava i frati a una vita di povertà, di sofferenza gioiosamente accettata e di amore. Nel 1228 fu proclamato santo da papa Gregorio IX.

L'OPERA

Francesco d'Assisi, oltre alla *Regola*, scritta in latino, compose, in volgare umbro, il *Cantico delle creature*, che è considerato il più antico componimento letterario in lingua italiana. Lo scrisse con l'intenzione di offrire ai fraticelli e a tutti i fedeli un testo da cantare in lode del Signore. Si spiega così l'utilizzazione di concetti semplici, facilmente comprensibili dai devoti e il riferimento alle cose piccole e grandi della natura. Dietro la semplicità dell'impianto si può cogliere tuttavia una profonda cultura religiosa: il componimento infatti si ispira, sia per il contenuto sia per la struttura in versetti, ai salmi biblici e in particolare al *Cantico dei tre giovani*, un inno di lode a Dio innalzato da tre giovani in un momento di estremo pericolo.

Sono presenti nel testo alcuni degli ideali di vita propri del movimento francescano: l'ammirazione gioiosa per la bellezza e l'armonia del creato, la necessità della pace, l'accettazione umile e serena del dolore che purifica e conduce alla vita eterna.
Secondo la tradizione, il *Cantico* fu in gran parte composto nel 1224 in una notte di intensa sofferenza seguita da una visione celestiale. Le due strofe finali risalirebbero invece a epoche successive: la cosiddetta «strofa del perdono» sarebbe stata scritta nel 1225 in occasione di un grave contrasto fra il vescovo e il podestà di Assisi; l'ultima, nella quale si parla della morte, pare sia stata dettata dal santo poche ore prima della fine, nel 1226.

Entriamo nel testo

I temi e la loro articolazione

Il *Cantico* vuole essere un **inno di lode e di ringraziamento a Dio** per la bellezza dell'universo, che viene descritto nei suoi aspetti più positivi in quanto espressione dell'amore divino per gli uomini e immagine della perfezione del suo Creatore. Di tutti gli elementi del cosmo San Francesco mette in evidenza soprattutto due caratteristiche: la bellezza e l'utilità. Il sole, oltre a essere *bellu e radiante*, dà luce al mondo, le stelle sono *clarite et pretiose et belle*, l'alternarsi delle nuvole e del sereno consente alla terra di dare *sustentamento* alle sue creature, l'acqua è al tempo stesso *utile et pretiosa et casta*, il fuoco, oltre a essere *bello et iocundo et robustoso et forte*, dà luce e calore; la terra è adorna di erbe e fiori variopinti e dà nutrimento a tutti i suoi figli. Manca del tutto l'immagine di una natura violenta e distruttiva così come è completamente assente la svalutazione, tipica della mentalità medievale, del mondo terreno e materiale, simbolo del male in antitesi alla realtà ultraterrena ed eterna.
Nel *Cantico* si possono individuare due parti: la prima (vv. 1-22) è dedicata alla serena e gioiosa descrizione della natura; nella seconda (vv. 23-33) l'attenzione si sposta sull'umanità che è travagliata da discordie, malattie, affanni, ma riceve da Dio la forza per sopportare e perdonare. Dall'immagine del tutto positiva della natura si passa alla rappresentazione della società segnata da sofferenze, che per un verso sono connesse alla fragilità stessa della natura umana (*infirmitate et tribulatione*), per l'altro sono causate dall'egoismo degli uomini: l'accenno al perdono (*Laudato si', mi' Signore, per quelli ke perdonano per lo Tuo amore*) fa infatti supporre che ci siano state in precedenza offese e violenze.
Dal componimento scaturiscono dunque una visione drammatica della realtà, che appare attraversata da luci e ombre, ma anche un profondo sentimento di amore per il creato.

La lingua e la sintassi

Il *Cantico* è scritto nel **volgare umbro** del Duecento, come dimostrano diversi elementi linguistici, per esempio le finali in *-u* (*altissimu, nullu, bellu*) e le forme tronche (*so* per «sono», *sostengo* per «sostengono»). Non mancano un francesismo, il verbo *mentovare* (non dimentichiamo che la madre di Francesco era di origine provenzale), e residui latini come l'uso dell'*h* a inizio di parola (*honore, homo*), la congiunzione *et*, i nessi *-ti, -cti* che vanno letti *-zi*. Particolare attenzione meritano la scelta e la

La poesia attraverso i tempi | La poesia delle origini

collocazione degli attributi che sono disposti in coppie (*bellu e radiante*) o in sequenze ora di tre ora di quattro elementi.
Sul piano sintattico predominano periodi costruiti con proposizioni principali tra loro coordinate, sia per asindeto sia per polisindeto.
Tra le figure retoriche ricorre soprattutto l'anàfora (*Laudato si'*).

Esercizi

- **Comprensione e interpretazione**

1. Dopo aver letto il testo, esponi oralmente il contenuto, seguendo la suddivisione tematica proposta nell'analisi.
2. Quali sono gli attributi del sole, dell'acqua e della terra? Quali aspetti di questi tre elementi naturali vengono messi in risalto da san Francesco?
3. Quali fra i termini adoperati nel testo sono ancora utilizzati nell'italiano moderno e quali non sono più in uso?

- **Competenza testuale e sintattica**

4. Individua le coppie di sostantivi, aggettivi e verbi e le sequenze di tre e quattro elementi.
5. Distingui i periodi costruiti con la paratassi e i periodi in cui ricorrono proposizioni subordinate.
6. Sottolinea le anafore.

- **Produzione**

7. Servendoti delle note, elabora per iscritto la parafrasi del testo.

I poeti arabi di Sicilia

La dominazione araba in Sicilia, una delle tante che nei secoli si sono succedute nell'isola, ha lasciato importanti testimonianze non solo nella lingua, nelle tradizioni, nei costumi, nel cibo, nelle piante, nell'architettura e nelle decorazioni, ma anche nella letteratura. Scrivevano versi ministri, dignitari, militari e persino gli stessi emiri, tanto che nell'isola fiorirono, accanto agli studi giuridici e scientifici, importanti scuole di poesia che intrattenevano rapporti con le altre sponde del Mediterraneo. La poesia era per gli Arabi uno strumento fondamentale per trasmettere la storia e affermare l'unità delle tribù sparse su un territorio molto vasto, che andava dalla Siria all'Atlantico. Quando però l'isola verso la fine dell'XI secolo venne occupata dai Normanni, molti Arabi preferirono allontanarsi per non assistere alla conquista delle loro città e andarono girovagando attraverso la Spagna, il Marocco, l'Algeria, la Tunisia, senza trovar pace in alcun luogo, perché dovunque si sentivano in esilio. Altri invece rimasero, dato che i Normanni, avendo visto come i loro predecessori avevano reso fertile e ricca quella terra, furono disposti ad accoglierli, purché facessero atto di sottomissione. Dalla fusione di questi due popoli nacque la civiltà arabo-normanna. I poeti che scelsero l'esilio, fra i quali va ricordato Abd ar-Rahmàn, continuarono a scrivere versi e la loro poesia, che nel vivo della dominazione in Sicilia era stata caratterizzata dalla tensione verso i luoghi d'origine, dove il Profeta era vissuto e aveva predicato, divenne la **voce del rimpianto per l'isola perduta** e costituí uno dei momenti più alti della letteratura siculo-araba. Due secoli di permanenza erano bastati a imprimere nei conquistatori il senso dell'appartenenza a quella terra che, dal canto suo, cosí profondamente aveva assimilato e fatto propri tanti aspetti della loro civiltà.

Abd ar-Rahmàn
Rugiada palpitava sui narcisi

- M. Freni, *Il giardino di Hamdís*, Sellerio, Palermo, 1992

IN SINTESI: Ricordando con nostalgia la sua isola, dalla quale è stato costretto ad allontanarsi, il poeta ne rievoca gli aspetti che piú gli sono rimasti nel cuore. L'isola è la Sicilia e la voce del ricordo appartiene a un poeta arabo dell'XI secolo, per il quale essa rappresenta la patria perduta.

Forma metrica: versi liberi.

genere: poesia lirica | *epoca:* XI secolo | *luogo:* Spagna o Africa settentrionale | *lingua originale:* arabo

3. si schiudevano al sorriso: sbocciavano, si aprivano come se sorridessero.
4-5. le guance ... vergogna: si riferisce ai petali rossi degli anemoni.
8. come rami ... snelle: snelle e flessuose come i rami del salice.

Rugiada palpitava sui narcisi
come lacrime d'amante e fiori
di camomilla si schiudevano al sorriso
mentre le guance degli anemoni
5   mostravano un rossore di vergogna.
E sopra i rami i frutti
tremavano quali seni di ragazze belle
e come rami di salice ben snelle.
Di sotto ai rami l'acqua dei ruscelli
10 spada fresca era all'ombra
mentre in alto
superbe s'innalzavano le palme
adorne in cima di datteri a collana.

Katsushika Hokusai, *Iris e cavalletta*, 1833-1834. Parigi, Musée National des Arts Asiatiques.

L'OPERA

La lirica, che risale all'XI secolo, è riportata in un'agile raccolta di saggi intitolata *Il giardino di Hamdís*, nel quale lo scrittore e giornalista contemporaneo Melo Freni ripercorre alcuni momenti significativi della storia e della letteratura siciliane.

La poesia attraverso i tempi | La poesia delle origini 153

 L'autore

Abd ar-Rahmàn fa parte di quel gruppo di poeti nati e cresciuti in Sicilia verso la fine della dominazione araba che durò dal IX all'XI secolo. Di lui non abbiamo notizie; sappiamo soltanto che doveva essere vicino a Ibn Hamdís, il massimo esponente della poesia araba di Sicilia. Le loro opere ci sono giunte attraverso raccolte antologiche arabe e persiane, tradotte nell'Ottocento dallo studioso siciliano Michele Amari.

Entriamo nel testo

La struttura e i temi
Il fascino di questa poesia, semplice nella tematica e nella struttura, risiede interamente nelle immagini che operano una metamorfosi del paesaggio, trasformando la **bellezza della natura** in **bellezza femminile**.
Il poeta descrive uno di quei giardini che abbellivano le dimore arabe e nella cui costruzione gli architetti del tempo erano veri maestri: un piccolo paradiso, ricco di piante profumate, di alberi che donano frescura, attraversato dalle acque fruscianti di un ruscello e adorno di palme svettanti. Grazie al raffinato gioco delle similitudini e delle metafore, il luogo si anima. La rugiada che palpita sui narcisi viene paragonata a *lacrime d'amante*, i fiori di camomilla *sorridono*, i petali degli anemoni mostrano un *rossore di vergogna*, i frutti sono simili a *seni* di giovani donne snelle e flessuose come *rami di salice*. Alla fine della descrizione il lettore non ha piú dinanzi agli occhi un giardino, ma aggraziate figure femminili.
La lirica è costituita da tre periodi nei quali lo sguardo del poeta si sposta prima dal basso verso l'alto – dai fiori ai frutti che fanno capolino tra i rami – poi dall'alto verso il basso. Nell'ultimo periodo, infatti, l'attenzione si appunta sulla frescura dell'acqua, che viene paragonata, con un accostamento audace e immediato, a una spada, perché, come la spada, anche il ruscello che scorre dolcemente sotto i rami è stretto e freddo. Subito dopo, però, lo sguardo si solleva di nuovo verso l'alto per contemplare le palme adorne di una collana di datteri, simbolo di fertilità e di dolcezza.

Esercizi

 Competenza trasversale:

a Acquisire ed interpretare l'informazione
b Individuare collegamenti e relazioni
c Comunicare
d Comunicare nelle lingue straniere

- **Competenza testuale e produzione**

1. Individua tutte le parole che umanizzano le immagini naturali.
2. Distingui nel testo similitudini e metafore.

  a 3. Documentati sulle dominazioni araba e normanna in Sicilia e stendi una relazione illustrando lo svolgimento degli eventi storici, le caratteristiche delle due civiltà, le principali testimonianze dell'arte arabo-normanna.

I poeti siciliani

Nella prima metà del Duecento, mentre nell'Italia centro-settentrionale giungeva a maturazione la società comunale, nell'Italia meridionale e in Sicilia Federico II di Svevia costituiva una monarchia moderna, assoluta, centralizzata, che si poneva all'avanguardia, sul piano politico, amministrativo e culturale, nel contesto non solo italiano, ma anche europeo.

Nato da Enrico VI, figlio di Federico Barbarossa, e da Costanza d'Altavilla, figlia ed erede di Ruggero II, fondatore della monarchia normanna nell'Italia meridionale, Federico II ereditava per parte di padre il titolo imperiale e per parte di madre il regno di Sicilia. Tale regno, grazie alle istituzioni fondate da Ruggero II, offriva all'autorità del sovrano ampi spazi di azione. A ciò si aggiungeva la vivacità culturale di una società dove la convivenza fra comunità diverse aveva creato le condizioni per un'intensa fioritura artistica e culturale. In Sicilia si mantenevano vivi e attivi gli apporti della cultura greca, latina, araba ed ebraica nei piú svariati ambiti: dalla poesia alla scienza, dalla filosofia alla storiografia, dalla geografia alla medicina. La presenza normanna, inoltre, aveva favorito i contatti con la Francia, da cui era giunta la tradizione della narrativa epica (*Chanson de geste*).

Particolarmente innovativa fu l'azione politica di Federico II. Egli si impegnò nella costruzione di un nuovo modello di Stato fortemente centralizzato, la cui amministrazione era gestita da un complesso apparato di funzionari, che rendevano conto del loro operato esclusivamente al sovrano. Non minore attenzione l'imperatore rivolse agli aspetti culturali: fondò infatti l'Università di Napoli e favorí la nascita della **poesia siciliana**. Essa si sviluppò tra il 1230 e il 1250 ed ebbe i suoi centri piú importanti a Messina e Palermo. Ne furono esponenti poeti che erano anche funzionari presso la corte di Federico. Di estrazione borghese, essi affiancavano ai compiti burocratici e istituzionali l'attività letteraria. Svolgevano mansioni di notai, giudici, giuristi e coltivavano la poesia come evasione dalla realtà quotidiana, seguendo le convenzioni dell'amore cortese di eredità provenzale.

L'espressione **amore cortese** o *fin'amor* era stata coniata nell'ambito della poesia provenzale, sviluppatasi nel XII secolo nelle corti della Francia del sud. I poeti, che venivano chiamati *trovatori*, nei loro componimenti, che erano cantati e accompagnati dalla musica, celebravano un tipo di amore intenso ma destinato a rimanere inappagato, che si basava sulla sottomissione dell'uomo nei confronti della donna. Questa si mostrava ritrosa e altera, mentre l'uomo era obbediente, rispettoso, leale e in cambio della propria devozione otteneva uno sguardo gentile, un cenno di saluto, un sorriso. In Sicilia i modelli provenzali erano stati introdotti dai poeti tedeschi, giunti al seguito di Federico II, che li avevano assorbiti dai trovatori. I siciliani ripresero queste tematiche, introducendo alcuni elementi di novità, e le posero alla base della scuola che da loro prese il nome.

I maggiori esponenti della **scuola siciliana** sono: Federico II e i suoi figli, il Notaro Jacopo da Lentini, Pier della Vigna, che fu segretario dell'imperatore, Guido e Odo delle Colonne, che erano giudici, e ancora Rinaldo d'Aquino, Percivalle Doria, Giacomino Pugliese.

Essi, pur provenendo da varie parti d'Italia, utilizzavano per i loro componimenti il **volgare siciliano illustre**, cioè la lingua parlata tra Messina e Palermo, depurata delle espressioni municipali e nobilitata con apporti delle due lingue letterarie per eccellenza, il latino e il provenzale. I testi siciliani che noi oggi leggiamo non sono però quelli scritti nella lingua originale; dopo la morte di Federico II, infatti, le opere dei poeti della scuola furono trascritte da copisti toscani che conferirono ai componimenti una patina linguistica toscana, sostituendo le *i* e le *u* dei siciliani con le *e* e le *o*. Questo fatto produsse il fenomeno delle rime imperfette: *avere / servire*, invece di *aviri / sirviri*; *vedesse / partisse*, al posto di *vidissi / partissi*, e cosí via. L'unico esemplare di siciliano illustre originale è la canzone *Pir meu cori alligrari* di Stefano Protonotaro da Messina.

Per quanto riguarda temi e forme metriche dei loro componimenti, i poeti siciliani, pur ispirandosi direttamente alla poesia provenzale, se ne distinguono per molti aspetti.

La poesia attraverso i tempi | La poesia delle origini

A **livello tematico**:

- si concentrano esclusivamente sulla **sfera amorosa**, mettendo da parte i temi politici, che erano presenti nella poesia provenzale;
- studiano la **fenomenologia** dell'amore: esaminano cioè i modi attraverso i quali il sentimento nasce e si sviluppa, passando attraverso gli occhi e giungendo al cuore. Ai componimenti nei quali cantano la donna e la sofferenza amorosa dell'innamorato, ne affiancano altri in cui riflettono sulla natura dell'amore;
- per descrivere gli effetti dell'amore utilizzano **similitudini** e **metafore ricavate dall'ambito naturalistico**, riletto e interpretato in chiave fantastica: la tigre che guardandosi allo specchio si incanta a tal punto che possono facilmente esserle sottratti i figli, la salamandra che rinasce dal fuoco, la pantera che lascia dietro di sé un profumo particolare, e ancora l'argento vivo, la calamita, il fuoco e cosí via.

A **livello formale**:

- **dissociano la poesia dalla musica**, eliminando l'accompagnamento musicale che era presente nella lirica provenzale;
- **eliminano** alcune forme metriche come il **sirventese**, legato alla tematica politica;
- introducono, accanto alla canzone, che assume una forma metrica piú regolare, la **canzonetta** e soprattutto il **sonetto**, la cui invenzione viene attribuita a Jacopo da Lentini. Egli infatti isolò la strofa di una canzone e la suddivise in due quartine e due terzine, creando una forma metrica della misura fissa di 14 versi.

Jacopo da Lentini

- *Poeti del Duecento*, a cura di G. Contini, Ricciardi, Milano-Napoli, 1960, vol. II

> **IN SINTESI:** La canzonetta riprende il tema provenzale dell'innamorato timido che non osa rivolgere apertamente lo sguardo all'amata. Il componimento si chiude con una strofa di congedo nella quale il poeta appone la sua firma alla lirica, autodefinendosi il «Notaro ch'è nato da Lentino».

Forma metrica: canzonetta costituita da sette strofe, ciascuna formata da nove settenari che rimano secondo lo schema ABC, ABC, DDC. Le strofe I-II e IV-V sono legate dalla ripetizione dello stesso termine nell'ultimo o nel penultimo verso della strofa precedente e nel primo o nel secondo di quella successiva. Queste strofe erano chiamate, con termine provenzale, *capfinidas*.

| *genere:* poesia lirica | *epoca:* prima metà del Duecento | *luogo:* Sicilia | *lingua originale:* siciliano illustre |

Meravigliosamente
un amor mi distringe,
e mi tene ad ogn'ora.
Com'om, che pone mente
5 in altro exemplo pinge
la simile pintura,
cosí, bella, facc'eo,
che 'nfra lo core meo
porto la tua figura.

In modo nuovo, straordinario, un amore mi avvince e mi possiede in ogni momento. Come un pittore che tiene la mente rivolta a un oggetto lontano, diverso da quello che ha davanti, e ne dipinge la figura in modo conforme a esso, cosí, o bella, faccio io, che nel mio cuore porto impressa la tua immagine.

10 In cor par ch'eo vi porti,
pinta come parete,
e non pare di fore.
O Deo, co' mi par forte.
Non so se lo sapete,
15 con' v'amo di bon core;
ch'eo son sí vergognoso
ca pur vi guardo ascoso,
e non vi mostro amore.

Avendo gran disio,
20 dipinsi una pintura,
bella, voi simigliante,
e quando voi non vio
guardo 'n quella figura,
e par ch'eo v'aggia avante;
25 come quello che crede
salvarsi per sua fede,
ancor non veggia inante.

Al cor m'arde una doglia,
com' om che ten lo foco
30 a lo suo seno ascoso,
e quanto piú lo 'nvoglia,
allora arde piú loco,
e non pò star incluso:
similemente eo ardo,
35 quando pass'e non guardo
a voi, vis' amoroso.

S'eo guardo, quando passo,
inver' voi no mi giro,
bella, per risguardare;
40 andando, ad ogni passo
getto un gran sospiro
ca facemi ancosciare;
e certo bene ancoscio,
c'a pena mi conoscio,
45 tanto bella mi pare.

Pare che io vi porti dipinta nel cuore, proprio come realmente siete, e di fuori non si vede nulla. O Dio, come mi appare doloroso l'amarvi e il non poter manifestare il mio sentimento. Non so se lo sapete come io vi amo con tutto il cuore, perché io sono cosí timido che vi guardo solo di nascosto e non vi manifesto il mio amore.

Avendo un grande desiderio, ho dipinto nel mio cuore un'immagine, o bella, somigliante a voi, e quando non vi vedo, guardo quella figura e mi sembra che io vi abbia davanti a me; come accade a colui che crede di salvarsi per la sua fede, sebbene non veda davanti a sé ciò in cui crede.

Nel cuore mi fa soffrire un forte dolore; come uno che tiene del fuoco nascosto nel petto, e quanto piú lo avvolge tanto piú esso arde lí e non può stare rinchiuso: allo stesso modo io ardo quando passo e per timidezza non rivolgo a voi lo sguardo, o viso amabile.

Se io, quando passo, guardo verso di voi, non mi giro, o bella, per guardarvi una seconda volta. Continuando a camminare, a ogni passo emetto un gran sospiro che mi fa angosciare; e certamente assai mi affanno, cosí che a stento mi riconosco, tanto bella tu mi sembri.

L'OPERA

La produzione letteraria di Jacopo da Lentini è costituita da trenta componimenti riuniti in una raccolta intitolata *Rime*: si tratta di canzoni, canzonette e sonetti in cui il poeta, oltre a cantare la donna amata, si sofferma sulla natura dell'amore, considerato un'esperienza esclusivamente interiore che non sempre la parola riesce a rendere in tutta la sua complessità.

La poesia attraverso i tempi | La poesia delle origini

Assai v'aggio laudato,
madonna, in tutte le parti
di bellezze ch'avete.
Non so se v'è contato
50 ch'eo lo faccia per arti,
che voi pur v'ascondete:
sacciatelo per singa
zo ch'eo no dico a linga,
quando voi mi vedrite.

55 Canzonetta novella,
va' canta nuova cosa;
lèvati da maitino
davanti a la piú bella,
fiore d'ogn'amorosa,
60 bionda piú c'auro fino:
«Lo vostro amor, ch'è caro,
donatelo al Notaro
ch'è nato da Lentino».

Assai vi ho lodato, o mia signora, in ogni particolare della vostra bellezza. Non so se vi è stato detto che io faccio ciò per finzione, allo scopo di ingannarvi, dato che voi sempre vi nascondete. Sappiatelo per altri segni, cioè dalle emozioni e dai turbamenti visibili sul mio volto, quello che io non riesco a dire a parole, quando mi vedrete.

Vai, o canzonetta nuova, e canta cose nuove. Levati di buon mattino e presentati davanti alla donna piú bella, fiore di tutte le donne amabili, bionda piú dell'oro puro e raffinato: «Il vostro amore, che è prezioso, donatelo al notaio che è originario di Lentini».

63. ch'è nato da Lentino: Di quest'ultimo verso si possono dare due interpretazioni: una, da noi seguita, intende l'espressione *da Lentino* come riferimento geografico all'origine dell'autore, nato a Lentini, un paese della Sicilia; l'altra, proposta dal critico G. Contini, considera *da Lentino* come predicato di *è nato*, indicante il cognome dell'autore.

L'autore

Jacopo da Lentini, detto anche il *Notaro*, è il poeta piú rappresentativo della scuola siciliana e può essere considerato il fondatore della poesia di corte in volgare. Egli, infatti, non solo è il creatore del sonetto, ma nei componimenti che ci sono stati tramandati offre un campionario completo dei temi e delle forme metriche della lirica siciliana, oltre a dar prova di una straordinaria originalità nella rielaborazione dei modelli provenzali. Scarse sono le notizie sulla sua vita. Ne conosciamo la professione di notaio presso la corte di Federico II da due documenti, uno del 1233 e l'altro del 1240, che portano la sua firma.

Entriamo nel testo

Struttura e lessico
Il componimento si può suddividere in tre parti.
- Nella **prima parte**, costituita dalle strofe I-V, il poeta svolge, intrecciandoli, il tema dell'innamorato vergognoso e quello della contemplazione interiore dell'immagine della donna amata.
- Nella **seconda parte**, che coincide con la strofa VI, professa la sincerità del suo amore contro le insinuazioni dei calunniatori.
- Nella **terza parte**, costituita dalla strofa VII, attraverso la mediazione della sua canzonetta, rivolge alla donna amata una richiesta esplicita affinché doni a lui il suo amore.

La tematica è svolta attraverso il frequente

ricorso a paragoni e metafore: nella prima strofa viene introdotto il paragone con il pittore; nella terza il paragone con il credente e nella quarta il paragone con il fuoco chiuso in seno e soffocato. Sul piano linguistico sono riconoscibili **espressioni** tipicamente **siciliane** come *vio*, *sacciatelo per singa*, *zo*, *linga*, *arti*.

I temi

Al centro del componimento vi è il tema dell'**innamorato timido**, che non osa contemplare apertamente l'amata, ma la guarda di nascosto e non mostra apertamente il suo amore. Il tradizionale tema provenzale dell'uomo amante senza speranza e della donna indifferente viene qui calato in una situazione piú reale e dinamica e soprattutto subisce un processo di **interiorizzazione** e di **individualizzazione**: il poeta infatti descrive minuziosamente i sintomi dell'amore nell'animo dell'innamorato vergognoso. Come un fuoco ardente brucia con tanto piú vigore quanto piú si cerca di coprirlo e di soffocarlo, cosí l'amore del poeta non trovando sfogo nelle parole diventa ancora piú intenso, sotto forma di sospiri e di altri segni esteriori che sono rivelatori della sincerità del sentimento.

Ecco perché egli invita la donna a non dare ascolto ai calunniatori, e a riconoscere l'intensità e l'autenticità del suo amore dai segni (*sacciatelo per singa*) che esso imprime sul suo volto e nel suo comportamento.

Il tema dell'innamorato timido si intreccia con quello della **pintura**, cioè dell'immagine dell'amata impressa nel cuore del poeta. Non potendo godere della visione diretta della donna a causa della sua timidezza, l'innamorato ricorre a una sorta di compensazione. Come un pittore riesce a dipingere un oggetto che lo ha colpito, anche se questo non si trova dinanzi ai suoi occhi, cosí il poeta tiene chiusa nel suo cuore una *pintura* somigliante alla sua amata e quando non vede realmente l'oggetto dell'amore, contempla l'immagine sostitutiva che porta racchiusa nel cuore. Tale immagine acquista i connotati di un'icona sacra attraverso il paragone con il credente che ha la certezza di salvarsi per mezzo della fede, anche se non ha dinanzi agli occhi il Dio in cui crede.

Nell'ultima strofa, che prende il nome di **congedo**, il poeta, rivolgendosi direttamente alla sua canzonetta, la invita a presentarsi davanti alla donna amata e a sollecitarla affinché ricambi il suo amore; poi chiude il componimento indicando il suo nome.

Esercizi

- **Comprensione e interpretazione**

1. Uno dei temi dominanti del componimento è quello dell'interiorizzazione dell'amore. Attraverso quali immagini e paragoni esso viene espresso?

2. Perché il poeta contempla la sua donna nell'immagine impressa nel cuore e rinuncia a guardare la donna reale?

3. La lirica si fonda sul contrasto fra la segretezza dell'amore e i segni attraverso i quali esso si manifesta. Sottolinea i termini e le espressioni attraverso i quali vengono espresse queste due tematiche.

4. Ti sembra che ci sia un'evoluzione del comportamento del poeta nel passaggio dalla prima all'ultima strofa? In caso di risposta affermativa, spiega in che cosa consiste l'evoluzione e sottolinea i termini e le espressioni che la segnalano.

- **Competenza testuale**

5. Sottolinea i termini attraverso i quali si istituisce il legame fra le strofe *capfinidas*.

6. Osserva il rapporto fra struttura metrica e struttura sintattica. Come sono disposti i periodi all'interno di ciascuna strofa? Noti delle somiglianze fra le strofe nella distribuzione dei periodi e nel rapporto fra metrica e sintassi oppure ogni strofa presenta una struttura diversa?

I poeti siculo-toscani

Crollata la potenza sveva in seguito alla morte di Federico II nel 1250 e di suo figlio Manfredi nel 1266, si estingue sul piano politico l'esperimento di una monarchia centralizzata e si interrompe sul piano culturale l'esperienza della scuola siciliana. A partire dalla metà del Duecento il baricentro politico-culturale si sposta verso le regioni centro-settentrionali della penisola. Le città floride sul piano economico sono però in perpetua discordia a causa delle lotte tra fazioni contrapposte: da una parte i guelfi filo-papali, dall'altra i ghibellini filo-imperiali.

In questo ambiente, si delinea il profilo di un nuovo intellettuale: l'**intellettuale cittadino**. Laico, fornito di una solida cultura universitaria che gli permette di esercitare la professione di giudice o di notaio, egli partecipa alla vita politica, operando anche in posizione di responsabilità all'interno del Comune, e aderisce a uno degli schieramenti politici del tempo. Per questi intellettuali la poesia in lingua volgare è uno strumento per intervenire nella vita della città e nella lotta locale fra i partiti. A differenza dei poeti siciliani, che privilegiavano nei loro componimenti la tematica amorosa ed escludevano quella politica, i poeti cittadini affrontano, accanto all'amore, che costituisce ancora il filone principale della loro produzione, temi politici, morali, dottrinali. Nasce cosí la **prima poesia impegnata** della nostra letteratura, scaturita dalla volontà di incidere sulla realtà e di comunicare messaggi efficaci. Questi poeti sono stati convenzionalmente definiti **siculo-toscani**, perché si ispirano alla poesia siciliana, ma ne ampliano l'orizzonte attraverso tematiche politico-dottrinali e utilizzano il volgare toscano. I principali esponenti di questa nuova corrente poetica sono: Bonagiunta Orbicciani, Chiaro Davanzati, Monte Andrea, Paolo Lanfranchi e soprattutto Guittone d'Arezzo, considerato il piú importante intellettuale del Duecento prima di Dante.

Bonagiunta Orbicciani
A me adovene com'a lo zitello

- *Poeti del Duecento*, a cura di G. Contini, Ricciardi, Milano-Napoli, 1960, vol. II

> **IN SINTESI:** Ispirandosi a un analogo componimento di Jacopo da Lentini, Bonagiunta paragona l'effetto del fuoco d'amore sul cuore a quello provocato dalla vista di una fiamma su un bambino. Affascinato dallo splendore del fuoco, il bambino stende la mano per toccarlo e si brucia; allo stesso modo il poeta si fa cuocere dalla fiamma d'amore.

Forma metrica: sonetto con rime alternate nelle quartine (ABAB) e incatenate nelle terzine (CBC-BCB).

| genere: poesia lirica | epoca: metà del Duecento | luogo: Lucca | lingua originale: volgare toscano |

A me adovene com'a lo zitello
quando lo foco davanti li pare,
che tanto li risembla chiaro e bello,
che stendive la mano per pigliare;

5 e lo foco lo 'ncende, e fallo fello,
ché no[n] è gioco lo foco toc[c]are;
poi ch'è pas[s]ata l'ira, alora e quello
disïa inver' lo foco ritornare.

A me succede come al fanciulletto, quando vede per la prima volta il fuoco, che gli sembra luminoso e bello sicché egli tende la mano per prenderlo;

e il fuoco lo brucia e lo rende furioso, perché non è un gioco toccare il fuoco; dopo che gli è passata l'ira, allora quello desidera avvicinarsi nuovamente al fuoco.

Ma eo, che trag[g]io l'aigua de lo foco
10 (e no è null'om che lo potesse fare),
per lacrime ch'eo getto tutto coco,

chiare e salse quant'è acqua di mare.
Candela che s'aprende senza foco,
15 arde e[d] incende e non si pò amortare.

Ma io che dal fuoco traggo fuori l'acqua (e non c'è nessun uomo che lo possa fare), brucio tutto a causa delle lacrime che getto fuori dagli occhi,

lacrime chiare e salate come l'acqua di mare. Una candela che s'accende senza fuoco, spontaneamente, arde e brucia e non si può spegnere.

9-11. Ma ... coco: il poeta si riferisce alle lacrime d'amore che scaturiscono dal fuoco amoroso, creando una situazione impossibile e innaturale, qual è appunto quella del fuoco che produce acqua.

L'autore

Bonagiunta Orbicciani fu un poeta lucchese, nato probabilmente intorno al 1220. Di lui sappiamo che era notaio e scrisse componimenti poetici nei quali seguí da vicino la tradizione siciliana, in particolare la lezione di Jacopo da Lentini, e liriche dai temi moraleggianti, segno della sua disponibilità ad allargare l'orizzonte poetico ad argomenti di ampio respiro, piú consoni all'ambiente comunale.

Entriamo nel testo

L'identità amore-fuoco
Il sonetto di Bonagiunta si divide in due parti.
- Nelle quartine il poeta sviluppa il paragone tra il fanciullo attratto dal fuoco e l'amante. Come il fanciullo, affascinato dalla fiamma, stende la mano per toccarla e si scotta, ma, una volta attenuatosi il dolore, desidera avvicinarsi nuovamente al fuoco tanto la sua luce lo attira, allo stesso modo l'amante, pur avendo provato quanto l'amore bruci e faccia soffrire, non sa sottrarsi a esso.
- Nelle terzine, pur restando nell'ambito semantico del fuoco, l'autore sviluppa un ragionamento basato su un gioco di antitesi e paradossi che mettono in luce il prodigio dell'amore. Il paradosso è una situazione incredibile, in netto contrasto con l'opinione comune. In questo caso il primo paradosso capovolge la tradizionale antitesi acqua-fuoco. L'amante infatti fa scaturire prodigiosamente l'acqua, cioè le lacrime, dal fuoco (dell'amore). Il secondo paradosso si fonda sull'immagine della candela che arde da sola e non può essere spenta in alcun modo perché si riaccende spontaneamente, a significare l'impossibilità di spegnere o attutire il fuoco dell'amore.

Esercizi

- **Comprensione e competenza testuale**

1. Il componimento si fonda su diversi paragoni: a chi si paragona il poeta? A che cosa è paragonato l'amore? Che cosa rappresenta la candela?

2. Quali sono, secondo te, le parole chiave del sonetto?

3. Quale aspetto della poesia siciliana è stato qui ripreso da Bonagiunta?

Dallo Stilnovo a Petrarca

Lo sviluppo della nuova classe borghese caratterizza la vita economica, sociale e politica di molti Comuni italiani nel corso del Duecento. I centri economicamente piú fiorenti si trovano in Toscana, dove ferve l'attività di banchieri, cambiatori di valuta, artigiani, mercanti. È questo sviluppo economico, accanto alla posizione geografica della regione, collocata al centro del territorio italiano, il motivo per cui, a partire dalla fine del Duecento, e soprattutto nel corso del Trecento, il volgare toscano, in particolare quello fiorentino, acquista una supremazia rispetto agli altri volgari della penisola.

Da questo momento al policentrismo culturale che aveva caratterizzato quasi tutto il Duecento si sostituisce la preminenza della Toscana.

Alla fine del Duecento (1280-1310) tra **Bologna** e **Firenze** si afferma la scuola del **Dolce stil novo** che arricchisce la poesia d'amore di componenti spirituali. Attraverso questa esperienza il volgare fiorentino subisce un processo di raffinamento e si trasforma in una lingua sempre piú dolce ed elegante.

Nello stesso periodo a **Siena** si diffonde una poesia di tono piú popolare, la cosiddetta poesia **comico-realistica** o realistico-giocosa, che capovolge i temi e il linguaggio dello Stilnovo e arricchisce la lingua letteraria di termini piú vivaci, concreti e popolari.

Nel corso del Trecento vengono composte opere importantissime che costituiscono il fondamento della cultura italiana ed europea: la **Divina Commedia**, poema allegorico-didattico di Dante Alighieri, il **Canzoniere**, raccolta di 366 liriche d'amore di Francesco Petrarca, il **Decameron**, raccolta di cento novelle in cornice di Giovanni Boccaccio. Dante e Boccaccio conferiscono al volgare toscano eleganza sintattica, ricchezza lessicale e, soprattutto, la capacità di rappresentare i piú diversi aspetti della realtà e di esprimere le piú sottili sfumature del pensiero e del sentimento. Con Petrarca, un intellettuale nuovo che apre le porte alla successiva cultura quattrocentesca, nasce un modello di poesia d'amore che resterà valido per molti secoli. Egli, pur riallacciandosi alla tradizione letteraria del Dolce stil novo e della poesia provenzale, fa dell'amore un'esperienza fortemente soggettiva, che muta nel corso del tempo e riflette i molteplici conflitti della sua anima. Crea inoltre un linguaggio dolce e armonioso grazie alla selezione del lessico, alla sintassi limpida e all'uso frequente di coppie e antitesi.

Il Dolce stil novo

Il Dolce stil novo è una corrente di poesia sviluppatasi tra il 1280 e il 1310 a Bologna e a Firenze, e cosí chiamata da un'espressione usata da Dante nella *Divina Commedia*, piú precisamente nel canto XXIV del *Purgatorio* nel quale egli fa pronunciare al poeta Bonagiunta degli Orbicciani la seguente affermazione: «O frate, issa vegg'io – diss'elli – il nodo / che 'l Notaro e Guittone e me ritenne / di qua dal dolce stil novo ch'i' odo!» («O fratello – egli disse – adesso vedo bene il confine che trattenne il notaio Jacopo da Lentini, Guittone d'Arezzo e me al di qua dello stile dolce e nuovo di cui ora sento parlare»). Riferendosi a se stesso e a due importanti esponenti delle scuole poetiche precedenti, Bonagiunta prende atto della distanza che separa la sua generazione da quella degli autori piú giovani, che compongono in uno stile piú dolce nelle forme e piú rispondente nel contenuto ai dettami dell'Amore puro e sublime. Esponenti del movimento furono il bolognese Guido Guinizzelli e i toscani Guido Cavalcanti, Dante Alighieri, Lapo Gianni e Cino da Pistoia. Essi appartenevano in larga parte alla classe borghese, esercitavano quasi tutti un'attività professionale e partecipavano attivamente alla vita politica della loro città. Al tempo stesso coltivavano la poesia, dalla quale

bandivano ogni riferimento all'attualità e ogni argomento estraneo alla tematica amorosa. Pur collegandosi ai tradizionali modelli della poesia d'amore (provenzali e siciliani), gli stilnovisti introdussero importanti novità contenutistiche e formali.
Sul piano dei **contenuti** i più significativi elementi di rinnovamento sono:

- il concetto dell'**amore-virtú**, ovvero dell'amore inteso come strumento di elevazione spirituale, mezzo di riscatto dal peccato e di salvezza dell'anima;
- la figura della **donna-angelo**, intermediaria tra l'uomo e Dio, dispensatrice di virtú e capace quindi di nobilitare un sentimento terreno come l'amore, nel quale la Chiesa aveva fino a quel momento visto uno strumento di perdizione;
- il rapporto strettissimo tra **amore** e **cuore gentile**, cioè nobile. Sostiene infatti Guido Guinizzelli nella canzone *Al cor gentil*, considerata il manifesto poetico della scuola, che l'amore può avere sede solo in un cuore nobile. La nobiltà per gli stilnovisti non è però legata alla nascita, è piuttosto una perfezione morale, un insieme di doti spirituali che predispongono l'uomo al bene e lo rendono degno di accogliere in sé l'amore.

Dal punto di vista **espressivo** la nuova concezione dell'amore, cosí astratta e spirituale, si traduce in uno stile dolce, caratterizzato da:

- **parole piane**, preferibilmente bisillabiche, prive di consonanti aspre;
- **sintassi limpida** e semplice nella quale sono frequenti le **coppie** di aggettivi, sostantivi e verbi che conferiscono allo stile armonia e simmetria.

Motivi ricorrenti sono la **lode** della donna-angelo ovvero la celebrazione delle sue virtú, la descrizione degli effetti beatificanti del **saluto** che essa passando rivolge a quanti la incontrano, l'atteggiamento dell'innamorato che contempla estasiato l'amata e si dichiara incapace di esprimere a parole la perfezione della donna.

Dante Alighieri
Tanto gentile e tanto onesta pare

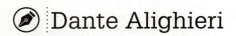

Per la biografia di **Dante Alighieri** vedi pag. 129.

- D. Alighieri, *Opere*, a cura di M. Porena, M. Pazzaglia, Zanichelli, Bologna, 1966

IN SINTESI: Dante celebra la donna amata, mettendo in luce le sue virtú morali e gli effetti beatificanti del suo saluto, e la descrive come un angelo disceso dal cielo fra gli uomini per guidarli alla salvezza eterna.

Forma metrica: sonetto con rime incrociate nelle quartine (ABBA), invertite nelle terzine (CDE – EDC).

genere: poesia lirica | *epoca:* 1280-1290 | *luogo:* Firenze | *lingua originale:* toscano

Tanto gentile e tanto onesta pare
la donna mia quand'ella altrui saluta,
ch'ogne lingua devèn tremando muta,
e li occhi no l'ardiscon di guardare.

1. gentile: nobile in senso spirituale, cioè di nobili sentimenti. – **onesta:** dignitosa nel comportamento che riflette il suo equilibrio interiore. – **pare:** in questo contesto linguistico e culturale non vuol dire «sembra», ma «si manifesta in modo evidente».
2. donna mia: colei che è la signora del mio cuore. – **altrui:** la gente.
3-4. ch'ogne lingua ... guardare: che chiunque riceva il suo saluto, còlto da un profondo turbamento simile a quello che si prova di fronte a qualcosa di divino, ammutolisce e non osa alzare gli occhi per guardarla. – **devèn:** diviene. – **li occhi:** gli occhi. – **no l'ardiscon:** non osano.

La poesia attraverso i tempi : Dallo Stilnovo a Petrarca

5. si va: avanza.
6. benignamente: con un atteggiamento dolce. – **d'umiltà vestuta**: rivestita di umiltà.
7-8. e par ... mostrare: e si manifesta nella sua essenza divina come una creatura (*cosa*) discesa dal cielo sulla terra per mostrare un miracolo. La bellezza e la virtú di Beatrice sono un vero e proprio miracolo in terra, manifestazione della potenza e dell'amore di Dio per gli uomini.
9. Mostrasi: si mostra. – **sí piacente ... mira**: cosí bella (*piacente*) a chi la contempla.

5 Ella si va, sentendosi laudare,
 benignamente d'umiltà vestuta;
 e par che sia una cosa venuta
 da cielo in terra a miracol mostrare.

 Mostrasi sí piacente a chi la mira,
10 che dà per li occhi una dolcezza al core,
 che 'ntender no la può chi no la prova:

 e par che de la sua labbia si mova
 uno spirito soave pien d'amore,
 che va dicendo a l'anima: Sospira.

10. che ... core: che attraverso gli occhi infonde nel cuore un sentimento di dolcezza.
11. che ... prova: che non può comprendere chi non la sperimenta direttamente.
12. de la sua labbia si mova: dal suo volto si effonda.

L'OPERA

La *Vita nova* è l'opera nella quale Dante ha ripreso e portato a compimento l'esperienza del Dolce stil novo. Si tratta di un libretto misto di prosa e versi in cui il poeta racconta, interpretandola in chiave morale e religiosa, la storia del suo amore per Beatrice. La parte in prosa fu composta tra il 1290, anno della morte di Beatrice, e il 1295. I versi risalgono al decennio precedente. Il titolo *Vita nova*, che vuol dire non solo «vita giovanile», ma soprattutto «vita rinnovata dall'amore», intende sottolineare il profondo mutamento verificatosi nella vita del poeta in seguito al suo amore per Beatrice. Il libretto si fonda su pochi ma significativi avvenimenti: il primo incontro con Beatrice, avvenuto all'età di nove anni, il secondo avvenuto all'età di diciotto anni, il saluto beatificante della fanciulla che gli viene tolto nel momento in cui lei lo crede colpevole di incostanza e leggerezza; l'inizio della «poesia della lode» nella quale, venuto meno il saluto, unico elemento concreto che lo legava all'amata, il poeta trova il pieno appagamento del suo amore nel celebrare le lodi di Beatrice. Da questo momento infatti non è piú cantata come una donna, ma come un angelo sceso dal cielo sulla terra per portare la beatitudine agli uomini. Di lí a poco la fanciulla muore lasciando il poeta in una condizione di profondo sconforto dal quale uscirà solo dopo l'ultima apparizione in sogno di Beatrice e la decisione di scrivere di lei cose che di nessuna donna sono state dette. Parole che sono state interpretate come il preannuncio della *Divina Commedia*.

Entriamo nel testo

I temi

Utilizzando alcuni dei motivi ricorrenti nella poesia stilnovista (la donna che passa per via, il saluto, la lode della bellezza e soprattutto delle virtú spirituali dell'amata), Dante descrive gli effetti miracolosi che l'apparizione di Beatrice produce su tutti coloro che la contemplano e che ricevono il suo saluto. Al tempo stesso mette in risalto le **virtú della donna**, che sono: la nobiltà d'animo (*gentile*), il decoro esteriore, nel quale si riflette l'equilibrio interiore (*onesta*) e l'umiltà (*benignamente d'umiltà vestuta*).
Le vie attraverso le quali queste virtú si propagano ed esercitano il loro influsso beatificante, non solo sul poeta innamorato, ma su tutti coloro che hanno la fortuna di incontrare la donna, sono due: l'apparizione e il saluto.
Gli **effetti** prodotti sugli uomini dall'apparizione

e dal saluto di Beatrice sono descritti nelle loro diverse fasi che ne scandiscono l'evoluzione:
- all'inizio un tremore reverenziale impedisce di parlare e gli occhi non osano sollevarsi a guardarla, come se temessero di restarne abbagliati (vv. 3-4);
- poi il cuore viene invaso da una dolcezza che non si può comprendere se non la si prova (vv. 9-11);
- infine la contemplazione di quella creatura straordinaria e la consapevolezza della sua essenza divina fanno scaturire dall'anima un sospiro che è il segno della tensione dello spirito verso il divino (v. 14).

Tutti questi elementi sparsi nel componimento si fondono e si concretizzano nell'immagine centrale della donna-angelo, la creatura discesa *da cielo in terra a miracol mostrare*.

Dante Gabriele Rossetti, *Beata Beatrix*, 1864-1870. Londra, Tate Britain.

I suoni e il senso

L'impressione di dolcezza e di armonia suscitata dai temi del componimento viene rafforzata dalla **musicalità dei versi** e dalla **dolcezza delle rime**. Gli endecasillabi sono scanditi da un ritmo lento e solenne, omogeneo ma non monotono: ad esempio, i primi due versi della prima quartina hanno gli accenti ritmici sulla 4ª, 8ª e 10ª sillaba, gli altri due sulla 6ª e 10ª sillaba, e cosí via. Gli accenti ritmici mettono in rilievo le parole chiave: *gentile*, *onesta*, *miracol*, *dolcezza* e cosí via.
Le parole in rima, tutte piane, sono accomunate dalla prevalenza di vocali chiare, come la *a* e la *e*, e dal suono della *r* che in questo contesto fonico acquista una particolare dolcezza. Se poi le consideriamo sul piano del significato, notiamo che esse indicano spesso una caratteristica della donna e la corrispondente reazione dell'uomo: ad esempio *pare* / *guardare*, *saluta* / *muta*.
A livello fonico notiamo la prevalenza dei gruppi consonantici -nt (*tanto*, *gentile*, *sentendosi*, *piacente*, *'ntender*), -tr (*altrui*, *tremando*, *mostrare*, *mostrasi*), -nd (*quand'*, *tremando*, *sentendosi*, *'ntender*, *dicendo*), che creano un'atmosfera dolce e incantata e comunicano una sensazione di leggerezza.
Chi legge ha l'impressione che la donna descritta dal poeta sfiori appena il terreno e che da lei emani una luce che si riverbera su chi la contempla smarrito.
Coerentemente con i principi dello Stilnovo, il poeta adopera esclusivamente parole bisillabiche e trisillabiche, piane e prive di consonanti aspre e doppie.

La sintassi e il lessico

Anche le strutture sintattiche e le scelte lessicali concorrono a diffondere nel componimento quell'atmosfera dolce e incantata che abbiamo colto a livello fonico e tematico.
Sul piano sintattico il fatto che la fine di ogni strofa coincide con la fine di un periodo conferisce **ordine ed equilibrio** al sonetto. Le numerose proposizioni consecutive sottolineano lo stretto rapporto che intercorre tra le virtú della donna e gli effetti benefici che esse provocano. Alla descrizione di Beatrice e dei suoi gesti sono riservate le proposizioni principali, mentre le subordinate contengono le reazioni di chi *mira* tanto splendore. Il legame tra le strofe è inoltre rafforzato dalla presenza in ciascuna di esse dei verbi *parere* e

mostrare che alludono al tema dell'apparizione della donna e del rivelarsi della sua perfezione divina e svolgono la funzione di parole chiave.
Altre parole chiave sono: *laudare*, *miracol*, *sospira*, che riconducono la vicenda dell'amore umano alla sfera religiosa.

L'intreccio di tutti gli elementi del testo che abbiamo colto a livello fonico, ritmico, lessicale e sintattico, ha permesso la realizzazione di un componimento armonico e perfetto che viene considerato uno dei capolavori della nostra letteratura.

Esercizi

Competenza trasversale:

 Acquisire ed interpretare l'informazione
 Individuare collegamenti e relazioni
c Comunicare
d Comunicare nelle lingue straniere

- **Comprensione e competenza metrico-ritmica**

1. Fai la parafrasi del testo, poi illustra brevemente, con parole tue, il contenuto e i temi di ogni strofa.
2. Quali sono gli effetti che la donna provoca su chiunque la guardi?
3. Quali sono le virtú della donna? Come si manifestano? A che cosa viene paragonata la donna?
4. Per Dante e, piú in generale, per i poeti del Dolce stil novo, l'amore è strettamente connesso alla sfera religiosa. Individua nel sonetto la presenza di tale componente e illustrala facendo riferimento al testo.
5. Segna su ciascun verso gli accenti ritmici e verifica se e quante volte ricorre la situazione illustrata nell'analisi, ovvero la variazione del ritmo del verso.

- **Competenza lessicale e sintattica**

 a 6. Le parole *gentile* e *onesta* sono usate da Dante in un significato diverso da quello che hanno oggi. Fai una breve ricerca, adoperando un dizionario etimologico, e spiega l'origine delle due parole e l'evoluzione del loro significato.
7. Esamina il sonetto dal punto di vista sintattico e disponi su due colonne le proposizioni principali e le subordinate consecutive in modo da verificare quanto è stato osservato nell'analisi del testo, cioè che le principali contengono la descrizione delle virtú di Beatrice e le subordinate le reazioni di chi la guarda.

La poesia comico-realistica

La poesia comico realistica o realistico-giocosa si affermò a Siena e a Firenze tra la fine del XIII e l'inizio del XIV secolo. Ne furono esponenti il senese Cecco Angiolieri e il fiorentino Rustico Filippi. Questi poeti si proponevano di capovolgere, facendone la parodia, tematiche e linguaggio della poesia stilnovista. All'amore spirituale veniva contrapposto l'**amore sensuale**, al motivo della lode quello dell'**ingiuria**, alla donna-angelo la **donna volgare** e aggressiva, alla celebrazione delle virtú morali l'elogio dei **piaceri della vita**: in particolare la donna, la taverna e il dado. Il **linguaggio** era concreto, realistico, **fortemente espressivo**, ma anche ricco di figure retoriche: elementi questi che rivelano una notevole perizia tecnica. Il poeta dava di sé l'immagine di un uomo ribelle, sempre a corto di denaro, in conflitto con il mondo e con la sua famiglia. Tanta rabbia e disperazione sfociavano però il piú delle volte nel riso e nello sberleffo.

Cecco Angiolieri
S'i' fosse foco, arderei 'l mondo

• M. Vitale, *Rimatori comico-realistici del Due e Trecento*, Utet, Torino, 1956

IN SINTESI: Con un tono tra l'amaro e il giocoso, il poeta sfoga la sua rabbia esprimendo il desiderio di distruggere il mondo intero, ma la battuta finale riconduce il componimento a un'atmosfera piú scherzosa e divertita.

Forma metrica: sonetto con rime alternate nelle quartine (ABAB) e incatenate nelle terzine (CDC-DCD).

genere: poesia lirica *epoca:* XIII-XIV secolo *luogo:* Siena *lingua originale:* toscano

S'i' fosse foco, arderei 'l mondo;
s'i' fosse vento, lo tempesterei;
s'i' fosse acqua, i' l'annegherei;
s'i' fosse Dio, mandereil' en profondo;

5 s'i' fosse papa, sare' allor giocondo,
ché tutti cristïani imbrigarei;
s'i' fosse imperator, sa' che farei?
a tutti mozzarei lo capo a tondo.

S'i' fosse morte, andarei a mi' padre;
10 s'i' fosse vita, fuggirei da lui:
similemente faria da mi' madre.

S'i' fosse Cecco, com'i' sono e fui,
torrei le donne giovani e leggiadre:
e vecchie e laide lasserei altrui.

1. **S'i' fosse**: se io fossi. – **arderei**: brucerei.
2. **lo tempesterei**: lo scuoterei con le tempeste.
3. **l'annegherei**: lo inonderei.
4. **mandereil' en profondo**: lo sprofonderei.
6. **ché ... imbrigarei**: perché metterei nei guai (*imbrigarei*) tutti i cristiani.
7. **sa' che farei?**: sai che farei?
8. **mozzarei ... a tondo**: taglierei completamente la testa a tutti.
9. **andarei ... padre**: andrei da mio padre.
11. **similemente ... madre**: la stessa cosa farei con mia madre.
12. **com'i' sono e fui**: come sono e sono stato.
13. **torrei**: prenderei per me.
14. **laide**: brutte. – **lasserei altrui**: lascerei agli altri.

La poesia attraverso i tempi — Dallo Stilnovo a Petrarca

L'autore

Cecco Angiolieri è uno scrittore senese nato nel 1260 e morto nel 1313. Figlio di un ricco banchiere, condusse una vita inquieta e dissipata e fu spesso ossessionato da problemi di denaro. Morí in miseria e carico di debiti, tanto che i figli rinunciarono all'eredità. Questi tratti biografici sembrano adattarsi perfettamente all'immagine che il poeta ha lasciato di sé nei suoi componimenti, tanto che per molto tempo i critici li hanno interpretati come sfoghi autobiografici, immediati e spontanei. In realtà tali elementi si inseriscono a pieno titolo nella corrente della poesia comico-realistica di cui Cecco Angiolieri fu il maggiore esponente. Scrisse infatti 112 sonetti riuniti in un *Canzoniere*.

Entriamo nel testo

I temi e la loro articolazione

Il sonetto si presenta come uno **scherzoso rovesciamento** della forma espressiva del *plazer* di cui è un esempio il sonetto di Dante *Guido i' vorrei che tu e Lapo ed io* (on line).
Mentre nel *plazer* venivano elencate tutte le cose belle desiderate dal poeta, e l'elenco di questi desideri «positivi» creava un'atmosfera di gioia e di armonia, qui Cecco lancia un'«ingiuria» volutamente provocatoria contro tutti gli uomini, in particolare contro i genitori. È evidente l'intento di sorprendere, ma anche di suscitare il riso con **desideri paradossali e «negativi»**. Il tono, che si mantiene crudo e violento per le prime tre strofe, si smorza nel finale: il sonetto si conclude infatti con una divertente e inattesa battuta dalla quale emerge una filosofia di vita ispirata al godimento e alla passione per le belle donne.
A una prima lettura si potrebbe avere l'impressione che il componimento sia uno sfogo immediato e spontaneo dell'autore, fra lo scherzoso e l'adirato, ma un'analisi un po' piú attenta ne rivela l'accurata e simmetrica costruzione a livello sia tematico sia espressivo. Infatti:

- nella prima quartina sono elencati i quattro elementi che costituiscono l'universo: il fuoco, l'aria (*s'i' fosse vento*), l'acqua, la terra (inclusa nel termine *mondo* del v. 1), che vengono presentati come forze violente e distruttive;
- nella seconda quartina l'attenzione si sposta sui due pilastri che reggono la società medievale: il papa e l'imperatore. Anch'essi, al pari degli elementi naturali, appaiono come entità violente: l'*imbrigare*, il *mozzare il capo a tondo* sono infatti considerati atteggiamenti connaturati all'essere papa o imperatore;
- nella prima terzina vengono presi di mira il padre e la madre, nei confronti dei quali il poeta dichiara provocatoriamente il proprio odio; assistiamo pertanto a un graduale processo di avvicinamento degli obiettivi contro i quali è rivolta l'ingiuria dell'autore: dal mondo naturale, considerato nel suo insieme, alle autorità del tempo, alla famiglia;
- nella terzina finale si passa bruscamente dai toni violenti e ingiuriosi alla battuta scherzosa, dal negativo al positivo, dalla morte alla vita, da desideri impossibili a desideri un po' piú realizzabili.

La sintassi, il lessico e le figure retoriche

All'accurata disposizione dei temi corrisponde sul piano espressivo una **struttura ordinata e simmetrica** ottenuta mediante l'uso efficace dell'anàfora (*S'i' fosse*), l'uso costante del periodo ipotetico dell'irrealtà (*S'i' fosse..., arderei*; *S'i' fosse..., tempesterei*; *S'i' fosse..., annegherei* ecc.) e il ritmo dei versi sottolineato da frequenti e forti segni di interpunzione.
Sul piano lessicale infine va rilevata la presenza di parole appartenenti al **registro basso** della lingua, nelle quali spesso sono presenti consonanti aspre e doppie che ne accentuano la materialità e la concretezza.

Esercizi

- **Comprensione e competenza sintattica**

1. Rispondi alle domande che seguono senza guardare il testo.
   a. Che cosa farebbe Cecco se fosse fuoco?
   b. E se fosse vento?
   c. E se fosse acqua?
   d. Che cosa farebbe se fosse imperatore o papa?
   e. Che cosa augura ai genitori?
   f. Che cosa desidera per se stesso?

2. Il verbo *imbrigare* non è piú adoperato nella lingua italiana, ma deriva da una parola ancora in uso. Quale? Prova a risalire all'origine del termine e spiegane il significato.

- **Competenza testuale**

3. Riconosci tutte le anafore presenti nel sonetto.
4. Elenca le parole del sonetto piú chiaramente riconducibili al registro basso della lingua.
5. Emerge dai versi finali una parodia dell'amore stilnovista. Spiega in che modo è stato ottenuto questo effetto.

La novità della lirica petrarchesca

La visione dell'amore e il modo di cantarlo subiscono con Francesco Petrarca significativi mutamenti. Certamente egli ha ereditato un patrimonio di temi, situazioni, immagini, tecniche espressive da tutta la tradizione della poesia d'amore, ma vi ha introdotto innumerevoli elementi di novità e di originalità che riguardano sia la rappresentazione della donna sia lo stato d'animo del poeta innamorato.

- Torna nella lirica petrarchesca la lode dell'amata, tipica del Dolce stil novo, che però ora è rivolta alla **bellezza fisica** piú che alle doti morali.
- All'immagine della donna-angelo, anch'essa di origine stilnovista, si è sostituita quella di una creatura bella e desiderabile per la quale il poeta prova un **amore** tutto **terreno** anche se inappagato.
- La staticità della donna stilnovista, fissata per sempre in un'eterna giovinezza, viene capovolta nella mutevolezza e vitalità della Laura petrarchesca, collocata sullo sfondo di **paesaggi naturali** nei quali ricorrono due elementi mobili per eccellenza: il vento e l'acqua.
- Laura inoltre è rappresentata nelle **diverse stagioni** della sua vita: alla creatura splendente di giovinezza si affianca l'immagine di una donna incanutita e spenta ma pur sempre amata dal poeta, il quale, dal canto suo, si studia, si analizza, proietta sul mondo esterno i suoi sentimenti.
- È ormai venuta meno in Petrarca l'idea stilnovista dell'amore-virtú, strumento di perfezionamento interiore e di avvicinamento a Dio. Il sentimento amoroso è tutto terreno e porta con sé il **pentimento**, il senso del peccato, il conflitto tra Bene e Male.

Questi temi vengono espressi in uno **stile armonico** in cui lessico, costrutti, immagini si richiamano da un componimento all'altro. Caratteristiche fondamentali del linguaggio petrarchesco sono: la voluta limitatezza del lessico, che evita i termini troppo realistici o violentemente espressivi, i vocaboli rari e quelli dialettali, la semplicità delle strutture sintattiche nelle quali la coordinazione prevale sulla subordinazione e la frequenza di coppie e antitesi. Questo tipo di lingua, proprio per la sua medietà, uniformità e armonia, ha fatto scuola imponendosi come modello in situazioni culturali diverse e lontane nel tempo.

La poesia attraverso i tempi | Dallo Stilnovo a Petrarca

Francesco Petrarca
Erano i capei d'oro a l'aura sparsi

Per la biografia e l'opera di **Francesco Petrarca** vedi pagg. 67 e 68.

• F. Petrarca, *Rime e Trionfi*, a cura di F. Neri, Utet, Torino, 1968

IN SINTESI: Petrarca rievoca il suo primo incontro con Laura e riafferma l'intensità del suo amore che si è mantenuto intatto nonostante il passare degli anni abbia offuscato la bellezza della donna.

Forma metrica: sonetto.

genere: poesia lirica | *epoca:* 1342-1348 | *luogo:* Provenza | *lingua originale:* toscano

---

Erano i capei d'oro a l'aura sparsi
che 'n mille dolci nodi gli avolgea,
e 'l vago lume oltra misura ardea
di quei begli occhi, ch'or ne son sí scarsi;

5 e 'l viso di pietosi color farsi,
non so se vero o falso, mi parea:
i' che l'esca amorosa al petto avea,
qual meraviglia se di subito arsi?

Non era l'andar suo cosa mortale,
10 ma d'angelica forma; e le parole
sonavan altro che pur voce umana.

Uno spirto celeste, un vivo sole
fu quel ch'i' vidi, e se non fosse or tale,
piaga per allentar d'arco non sana.

---

1. a l'aura sparsi: sparsi al vento.
2. gli avolgea: li intrecciava.
3-4. e 'l vago ... scarsi: e ardeva in modo straordinario la luce splendente di quei begli occhi che ora, a causa dell'avanzare degli anni, si sono offuscati.
5-6. e 'l viso ... parea: e mi sembrava, non so se fosse vero o se la mia fosse solo un'illusione, che sul suo viso si diffondesse un'espressione di pietà.
7. i' che l'esca ... avea: io che avevo l'animo predisposto all'amore.
8. qual meraviglia ... arsi?: quale meraviglia se arsi immediatamente d'amore?
9-10. Non era ... forma: il suo incedere non era quello di una creatura umana, ma di uno spirito angelico.
11. sonavan ... umana: avevano un suono diverso da quello di una voce puramente umana.
12-13. Uno spirto ... vidi: una creatura divina, una luce risplendente fu colei che io vidi. – **e ... tale:** e anche se adesso la sua bellezza si è offuscata.
14. piaga ... sana: la ferita non si rimargina anche se l'arco, dopo aver scoccato la freccia, si è allentato. L'amore del poeta è immutabile per intensità e profondità nonostante l'appannarsi della bellezza di Laura.

Entriamo nel testo

I temi e la loro articolazione

Il sonetto, che offre una delle rappresentazioni piú famose della bellezza di Laura, rievoca, sia pure indirettamente, il primo incontro fra il poeta e la donna amata, riprendendo il tema tipicamente stilnovista della «lode». Le quartine sono occupate dalla descrizione di Laura che prende avvio dalla lode dei suoi capelli biondi. Questi con una metafora vengono paragonati all'oro e sono descritti nel loro leggero scomporsi al soffio lieve del vento primaverile. Il poeta introduce nel componimento il nome della donna amata Laura attraverso l'espressione *a l'aura sparsi*, con una tecnica tipica della poesia provenzale (on line). La figura femminile viene in tal modo collocata nella natura ed è resa piú vivace e vitale dal movimento. Vengono poi descritte la luminosità dello sguardo (*e 'l vago lume oltra misura ardea*) e l'espressione del viso colta in chiave soggettiva (*e 'l viso di pietosi color farsi, / non so se vero o falso, mi parea*).
Nelle terzine ricorrono motivi piú vicini allo Stilnovo: l'incedere della donna, la dolcezza della sua voce, il paragone con l'angelo, che non implica alcun riferimento morale o religioso, ma è un ulteriore omaggio alla bellezza di Laura. In questa seconda parte l'immagine femminile è immersa in un alone di luce (*Uno spirito celeste, un vivo sole*) e di indeterminatezza (*Non era l'andar suo cosa mortale; altro che pur voce umana*), che la fa apparire come una creatura sovrumana.

Gli elementi di novità

Dalla lirica scaturisce una **rappresentazione totalmente nuova della figura femminile**, perché Petrarca si appropria in modo originale di elementi culturali preesistenti. Tre sono le componenti innovative presenti nel testo: la collocazione della donna nello sfondo della natura, la soggettività del poeta e la dimensione temporale.
Quest'ultimo è l'elemento più importante. A differenza delle donne stilnoviste, fissate in un'eterna giovinezza, Laura è soggetta all'azione del tempo che appanna la sua bellezza e la colloca nella sfera delle cose terrene, umane. Nella lirica si vengono pertanto a creare due piani temporali: il passato, l'*allora*, illuminato dalla splendente giovinezza di Laura, e il presente, l'*ora*, in cui la bellezza della donna appare sfiorita. Ma se il tempo non ha risparmiato il bel corpo femminile, intatto è rimasto il sentimento del poeta: la fiamma d'amore che lo ha bruciato al primo incontro (*qual meraviglia se di subito arsi?*) continua a tormentarlo anche ora (*piaga per allentar d'arco non sana*). Si viene pertanto a creare una contrapposizione tra mutamenti esterni e stabilità interiore.

L'**intreccio dei tempi verbali**, che oscillano tra passato e presente, sottolinea il trascorrere del tempo e i mutamenti che esso porta con sé. Tre sono i tempi verbali adoperati:
- una serie di imperfetti descrittivi, che hanno la funzione di proiettare nel passato e quindi nel ricordo la bellezza di Laura (*erano, avolgea, ardea, avea, era, sonavan*);
- tre verbi al passato remoto (*arsi, fu, vidi*), che si riferiscono al primo incontro del poeta con la donna amata;
- due presenti (*son, sana*), il primo dei quali viene utilizzato per mettere a fuoco lo scarto temporale tra passato e presente e sottolineare la fugacità della bellezza; il secondo (*piaga per allentar d'arco non sana*) è un presente atemporale a carattere sentenzioso che intende esprimere la perennità dell'amore del poeta.

Esercizi

Competenza trasversale:

a Acquisire ed interpretare l'informazione
b Individuare collegamenti e relazioni
c Comunicare
d Comunicare nelle lingue straniere

- **Comprensione e competenza testuale**

1. Individua i temi di ciascuna strofa ed esponi il contenuto del sonetto.
2. Individua e schematizza il sistema delle rime del sonetto.
3. Osserva la struttura sintattica del sonetto. Da quanti periodi sono formate le quartine? Quanti periodi sono presenti nelle terzine? In quali strofe vi è coincidenza fra struttura metrica e struttura sintattica?

- **Produzione**

4. Descrivi una persona o un paesaggio o un quadro, componendo due testi in prosa: il primo neutro e oggettivo, il secondo ricco di metafore.

 b 5. Scegli un commento musicale a questo sonetto, quindi spiega brevemente le ragioni della tua scelta.

 ON LINE: Dallo Stilnovo a Petrarca

Testi: Dante Alighieri, *Ita n'è Beatrice in l'alto cielo* • *Un dí si venne a me Malinconia*
Schede: *Il Dolce Stil novo*; *Caldi abbracci di marmo*

La poesia di corte

A partire dal Quattrocento si diffonde in tutta l'Italia il sistema politico delle Signorie e dei Principati. Le città sono governate da un signore, esponente di una famiglia aristocratica, che concentra nelle sue mani tutto il potere e impiega enormi risorse di denaro per abbellire la sua città e soprattutto il suo palazzo, al fine di ottenere fama e prestigio. Si viene così a creare un **connubio tra politica, arte e letteratura** che prende il nome di mecenatismo da Mecenate, consigliere dell'imperatore Augusto, protettore di poeti e letterati.
Nelle corti di Milano, Firenze, Mantova, Ferrara, Roma, Napoli, Urbino, convergono artisti, poeti, letterati, filosofi, che danno vita a uno straordinario intreccio di sapere, bellezza, creatività. Si assiste, nel periodo compreso fra Quattrocento e Cinquecento, al momento più splendido della nostra cultura che va sotto il nome di **Rinascimento**. Gli uomini di quest'epoca irripetibile riscoprono la lingua, le opere artistiche e letterarie degli antichi Greci e Romani e, affascinati da quel miracolo di equilibrio, di armonia, di serenità, si riconoscono in esse e le ricreano nella loro cultura e civiltà attraverso un'infinità di quadri, sculture, palazzi, chiese, testi letterari. Lorenzo il Magnifico, Ariosto, Tasso, Machiavelli, Michelangelo, Raffaello, Leonardo da Vinci, Mantegna, Botticelli, Perugino, Bramante, Tiziano, Giorgione sono solo alcuni dei nomi che hanno lasciato un'impronta indelebile nel patrimonio culturale non solo del nostro Paese ma dell'umanità.
In questo contesto si afferma anche una produzione in versi nella quale trovano espressione i grandi temi della cultura rinascimentale: la fiducia nell'uomo e nella sua capacità di plasmare il mondo, la celebrazione della bellezza sia del corpo umano sia della natura, l'invito a vivere intensamente ogni attimo della propria esistenza, ma anche la malinconica riflessione sulla fragilità dell'uomo e del suo mondo, il senso della morte e del disfacimento. Contraddizioni che riflettono la complessità di un'epoca nella quale allo splendore dei palazzi e delle città si contrappongono le distruzioni che accompagnano le invasioni degli eserciti spagnoli, francesi e imperiali che a più riprese conquistano l'Italia e la trasformano in campo di battaglia sul quale risolvere le loro contese, le crisi economiche che divorano patrimoni accumulati da secoli, le pestilenze e le carestie che decimano la popolazione, abbattendosi soprattutto sui più poveri, sui quali si riversa anche il peso delle enormi spese affrontate per costruire le splendide opere che abbelliscono le città.
Tra le corti italiane due delle più prestigiose sono sicuramente quelle di **Firenze** e di **Ferrara**. La prima deve la sua grandezza alla famiglia dei Medici, in particolare a Lorenzo il Magnifico che, nella seconda metà del Quattrocento, ne fece uno dei luoghi più splendidi d'Italia, accogliendovi artisti e letterati di altissimo valore.
Ferrara è invece legata alla famiglia d'Este che la trasformò da centro medievale, fitto di vie buie e intricate, in una splendida città rinascimentale, raddoppiandone l'estensione e arricchendola di palazzi, strade ampie e diritte e maestosi monumenti. Dal punto di vista letterario Ferrara è legata a due dei più grandi artisti del Cinquecento: Ludovico Ariosto e Torquato Tasso, autori dei maggiori poemi cavallereschi del secolo, l'*Orlando furioso* e la *Gerusalemme liberata*, e di componimenti poetici di vario argomento nei quali, soprattutto Tasso, ha saputo dar voce a quell'intreccio di tensione verso la vita e di malinconico ripiegamento interiore che costituisce la sintesi dei due poli entro i quali si muove la cultura rinascimentale.
In Inghilterra William Shakespeare, nella sua produzione poetica che affianca l'attività teatrale, introduce nuove tematiche operando una felice sintesi tra la cultura classica e quella anglosassone.

Lorenzo de' Medici
Trionfo di Bacco e Arianna

- L. de' Medici, *Scritti scelti*, a cura di L. Bigi, Utet, Torino, 1965

IN SINTESI: Osservando le figure mitologiche che adornano uno dei carri allegorici carnevaleschi ed esprimono serenità e gioia di vivere, il poeta riflette sulla fugacità della vita e, ispirandosi a poeti greci e latini, invita i destinatari del componimento a vivere intensamente ogni attimo dell'esistenza e a non proiettarsi nel futuro, del quale non si può avere alcuna certezza.

Forma metrica: ballata di ottonari costituita da sette strofe che venivano intonate dal solista, inframmezzate dal ritornello cantato dal coro.

genere: poesia lirica | *epoca:* 1490 | *luogo:* Firenze | *lingua originale:* toscano

2. si fugge tuttavia: fugge senza sosta.
3-4. Chi vuol ... certezza: chi vuol godere, lo faccia oggi, poiché non vi è certezza del futuro.
5. Quest'è ... Arïanna: questi sono Bacco e Arianna.
6. l'un ... ardenti: innamorati l'uno dell'altra.
13. lieti satiretti: satiretti allegri ed esuberanti. I *satiri* erano personaggi mitologici dall'aspetto per metà umano e per metà caprino. Vivevano nei boschi e cercavano di sedurre le ninfe.
16. han ... agguati: hanno teso loro cento tranelli amorosi.
17. da Bacco riscaldati: riscaldati dal vino.
18. ballon, salton: ballano, saltano.

Quant'è bella giovinezza,
che si fugge tuttavia!
Chi vuol esser lieto, sia:
di doman non c'è certezza.

5   Quest'è Bacco e Arïanna,
belli, e l'un dell'altro ardenti:
perché 'l tempo fugge e inganna,
sempre insieme stan contenti.
Queste ninfe ed altre genti
10 sono allegre tuttavia.
Chi vuol esser lieto, sia:
di doman non c'è certezza.

    Questi lieti satiretti,
delle ninfe innamorati,
15 per caverne e per boschetti
han lor posto cento agguati;
or da Bacco riscaldati,
ballon, salton tuttavia.
Chi vuol esser lieto, sia:
20 di doman non c'è certezza.

L'OPERA

I *Canti carnascialeschi* erano componimenti che durante il Carnevale accompagnavano le sfilate di carri allegorici che si svolgevano lungo le strade di Firenze e coinvolgevano tutta la cittadinanza. Era consuetudine popolare, in occasione di queste sfilate, intonare canti accompagnati dalla musica. Lorenzo de' Medici intervenne in questa tradizione introducendovi tematiche derivanti dalla cultura classica, che seppe amalgamare con le componenti popolareggianti. Questo componimento, scritto per il Carnevale del 1490 e giustamente considerato il migliore dei *Canti carnascialeschi*, prende il nome di *Trionfo di Bacco e Arianna* perché accompagnava un *Baccanale*, ovvero un carro trionfale dedicato a Bacco, sul quale erano raffigurati Bacco e Arianna seguiti da altre figure mitologiche: Mida, Sileno, ninfe e satiri.

La poesia attraverso i tempi — La poesia di corte

21. anche hanno caro: da parte loro hanno piacere.
22. da lor ... ingannate: di essere corteggiate da loro.
23-24. non può ... ingrate: solo le genti dall'animo rozzo e duro possono essere restie all'Amore.
26. suonon, canton: suonano, cantano.
29. soma: peso. – **drieto**: dietro.
31. ebbro: ubriaco. Essendo sempre ubriaco, Sileno non può stare eretto in groppa all'asino.
32. già ... pieno: ormai grasso e vecchio.
37. Mida: figura mitologica.
40. s'altri ... contenta?: se poi non ci si accontenta?

 Queste ninfe anche hanno caro
da lor esser ingannate:
non può fare a Amor riparo,
se non gente rozze e ingrate;
25 ora insieme mescolate
suonon, canton tuttavia.
Chi vuol esser lieto, sia:
di doman non c'è certezza.

 Questa soma, che vien drieto
30 sopra l'asino, è Sileno:
cosí vecchio è ebbro e lieto,
già di carne e d'anni pieno;
se non può star ritto, almeno
ride e gode tuttavia.
35 Chi vuol esser lieto, sia:
di doman non c'è certezza.

 Mida vien drieto a costoro:
ciò che tocca, oro diventa.
E che giova aver tesoro,
40 s'altri poi non si contenta?
Che dolcezza vuoi che senta
chi ha sete tuttavia?
Chi vuol esser lieto, sia:
di doman non c'è certezza.

L'autore

Lorenzo de' Medici fu signore di Firenze, protettore di artisti e letterati e poeta egli stesso. Per lo splendore della sua corte e per l'insostituibile ruolo di garante della pace, si guadagnò l'appellativo di «Magnifico». Nato a Firenze nel 1449 da Piero de' Medici, appartenente alla famiglia che da diversi anni ormai governava la città, fin dalla giovinezza si dedicò alla poesia inserendosi in un'«allegra brigata» di aristocratici amanti della cultura, che faceva capo al poeta Luigi Pulci, autore di opere giocose e popolareggianti. Nel 1469, alla morte del padre, divenne signore di Firenze, in un momento di grande difficoltà a causa delle tensioni tra la Toscana, lo Stato Pontificio e il Regno di Napoli. Con grande abilità diplomatica riuscí a rafforzare il potere della sua città e a stabilire buone relazioni con gli avversari, garantendo con la sua «politica di equilibrio» un lungo periodo di pace tra gli Stati italiani. Sotto di lui Firenze divenne un centro culturale e artistico di altissimo livello, grazie alla presenza di poeti e artisti che la abbellirono e ne valorizzarono la tradizione culturale. La figura di Lorenzo ebbe un tale peso nel panorama politico italiano del Quattrocento che la sua morte, avvenuta nel 1492, segnò non solo per Firenze, ma per tutta la Penisola, l'inizio di un lungo periodo di crisi. L'attività letteraria del Magnifico si muove tra due poli opposti: da un lato egli si dedicò a componimenti di tipo burlesco e popolareggiante, frutto comunque di una tecnica attenta e sorvegliata, come la *Nencia da Barberino* e i *Canti carnascialeschi*, nei quali raggiunse gli esiti migliori, dall'altro si cimentò in opere di ispirazione classicheggiante e di argomento religioso.

46. di doman ... paschi: nessuno si nutra della speranza nel futuro.
49. tristo: triste, infelice. – **caschi**: venga meno.
58. Ciò ... convien sia: accada pure quel che deve accadere.

45 Ciascun apra ben gli orecchi:
di doman nessun si paschi;
oggi siàn, giovani e vecchi,
lieti ognun, femmine e maschi;
ogni tristo pensier caschi:
50 faccian festa tuttavia.
Chi vuol esser lieto, sia:
di doman non c'è certezza.

Donne e giovinetti amanti,
viva Bacco e viva Amore!
55 Ciascun suoni, balli e canti!
Arda di dolcezza il core!
Non fatica, non dolore!
Ciò c'ha a esser, convien sia.
Chi vuol esser lieto, sia:
60 di doman non c'è certezza.

Entriamo nel testo

I personaggi mitologici

Il carro allegorico descritto nella lirica è costituito da personaggi mitologici, ognuno dei quali incarna un aspetto della vita.

- **Bacco**, corrispondente alla divinità greca Dioniso, è il dio del vino e dell'esaltazione dei sensi. Figlio di Giove e di Semele, si diceva che avesse insegnato agli uomini la coltivazione della vite e avesse avviato i popoli agli scambi e ai commerci. Veniva raffigurato come un giovane bellissimo, coronato di edera e di foglie di vite, con in pugno il tirso, un bastone ricoperto anch'esso di edera e di pampini di vite. Secondo la tradizione, si spostava su un carro trainato da tigri, pantere e linci ed era accompagnato dalle Baccanti, donne ebbre che danzavano e gridavano, e dai satiri, geni dei boschi, dei monti e delle acque, dal corpo per metà umano e per metà caprino.
- **Arianna**, figlia di Minosse e di Pasifae, era sorellastra di un terribile mostro, il Minotauro, che Minosse, re di Creta, aveva rinchiuso nel labirinto costruito da Dedalo. La città di Atene doveva ogni anno inviare in pasto al mostro un certo numero di giovani e fanciulle, finché Teseo, figlio del re di Atene, Egeo, non decise di recarsi a Creta per uccidere il Minotauro e liberare la sua città dall'odioso tributo. Arianna, innamoratasi di Teseo, gli diede un gomitolo di filo perché egli ne legasse un capo all'ingresso del palazzo e potesse cosí ritrovare facilmente l'uscita dal labirinto dopo aver ucciso il Minotauro. In compenso si fece promettere che egli l'avrebbe sposata e condotta con sé in patria. Teseo, una volta compiuta felicemente l'impresa, mantenne la promessa, ma poi abbandonò la giovane nell'isola di Nasso. Qui la trovò Dioniso al ritorno dall'India, la prese con sé e la sposò rendendola immortale.
- **Sileno** è il capo dei satiri, precettore e compagno di Dioniso, che allevò con amore e seguí fedelmente nei suoi viaggi. Veniva raffigurato come un vecchio dal ventre ampio e grinzoso e dal naso rincagnato, a cavallo di un asino malandato sul quale lo sorreggevano alcuni satiri; portava sulla testa una corona di edera a sghimbescio e teneva in mano una coppa di vino. Amava la musica e il canto ed era dotato di una profonda saggezza che lo portava alla piú schietta giocondità e al piú assoluto disprezzo per i beni materiali.
- **Mida** era il re della Frigia. Dioniso, per ricompensarlo di avergli riportato Sileno che si era smarrito nei monti della Frigia, gli aveva promesso che avrebbe esaudito ogni suo desiderio. Mida gli chiese di poter trasformare in oro tutto ciò che toccava e Dioniso lo accontentò, ma ben presto la gioia del re si trasformò in angoscia, quando si accorse che, a causa di quella sua prerogativa, rischiava

di morire di fame e di sete. Qualunque cosa portasse alla bocca, infatti, si trasformava in oro. Chiese allora a Dioniso di aiutarlo e il dio lo esaudí per la seconda volta, ordinandogli di lavarsi la testa e le mani nel fiume Pattolo, le cui acque sabbiose presentano tuttora tracce di pagliuzze d'oro.

I temi

Le strofe contengono la descrizione dei vari momenti del Baccanale che il poeta illustra man mano che il corteo avanza. L'uso dei pronomi dimostrativi che indicano di volta in volta i diversi personaggi (*quest'*, *questi*, *queste* ecc.) mette in evidenza lo stretto rapporto che univa il testo stesso alla scenografia.

Ciascun personaggio ha un preciso significato: Bacco e Arianna rappresentano la felicità, la spensieratezza, l'amore, la giovinezza; i satiri e le ninfe raffigurano l'amore sensuale; Sileno sta a significare la capacità di godere anche quando non si è piú giovani; Mida simboleggia l'avidità che turba la felicità generando insoddisfazione e impedendo di godere del presente.

Nella «ripresa» o ritornello sono presenti tre temi molto cari alla cultura del Quattrocento che li deriva dalla tradizione classica:

- il motivo della **giovinezza** e della bellezza che la accompagna (*Quant'è bella giovinezza*);
- il motivo della **fugacità del tempo** che tutto distrugge e consuma (*che si fugge tuttavia!*);
- l'**invito a godere** di qualunque attimo di felicità che il presente possa offrire (*Chi vuol esser lieto, sia: / di doman non c'è certezza*).

Le immagini di letizia e di spensieratezza si velano pertanto di una lieve malinconia che però non annulla la gioia, anzi la giustifica e la rende piú intensa. Se ogni cosa è destinata rapidamente a svanire e a consumarsi, sembra dire il poeta, è giusto gustare pienamente e fino in fondo l'attimo che fugge e che non tornerà mai piú. Questo invito al godimento percorre l'intera

ballata: lo ritroviamo infatti nella «ripresa» e viene ulteriormente amplificato nelle due strofe conclusive. Sono evidenti i richiami a Catullo (Carme V pag. 342) e a Orazio (Ode I, 11 pag. 64).

Il lessico e la sintassi

A livello lessicale sono individuabili nel testo due campi semantici:

- il primo è riconducibile ai motivi della gioia e del godimento del presente (*Quant'è bella giovinezza*; *l'un dell'altro ardenti*; *faccian festa* ecc.);
- l'altro a quello della fugacità del tempo e dell'illusorietà di ogni aspettativa futura (*che si fugge tuttavia*; *di doman non c'è certezza* ecc.).

Assume rilievo di parola chiave l'avverbio *tuttavia* che, adoperato nel significato di «continuamente, senza sosta», è ripetuto in tutte le strofe e si riferisce sia alla fugacità del tempo (*che si fugge tuttavia*) sia alla possibilità di farne buon uso godendo a piene mani e senza sosta di tutte le gioie che esso può offrire (*sono allegre tuttavia*; *suonon, canton tuttavia*).

La sintassi, piuttosto piana, lineare e agile, è caratterizzata dalla **prevalenza della coordinazione** sulla subordinazione. Nell'ultima strofa i periodi si fanno piú brevi e incalzanti per accentuare l'invito al godimento e adeguarsi al ritmo della musica e della danza che nel finale diventa sempre piú veloce e concitato.

Il ritmo

In questo componimento è particolarmente forte la relazione tra il ritmo e il significato dei versi. La ballata è costituita da strofe di ottonari, versi parisillabi fortemente scanditi da accenti ritmici che cadono sulla terza e sulla settima sillaba. La velocità del ritmo ribadisce, a livello di suoni, il tema di fondo del componimento, ovvero il rapido scorrere del tempo e la fuggevolezza della gioventú, della bellezza e della gioia.

Incontro con il testo... ... poetico

Esercizi

Competenza trasversale:

ⓐ Acquisire ed interpretare l'informazione
ⓑ Individuare collegamenti e relazioni
ⓒ Comunicare
ⓓ Comunicare nelle lingue straniere

▪ Comprensione

1. Individua nel testo i termini e le espressioni che si possono ricondurre al campo semantico della gioia e del godimento e quelli che rientrano nel campo semantico della fugacità del tempo e dell'illusorietà del futuro.
2. Osserva il testo dal punto di vista tematico. Ti sembra che dai versi scaturisca l'esortazione ad abbandonarsi a un godimento sfrenato? Dai la risposta motivandola con adeguati riferimenti ai passi che possono avvalorare la tua tesi.
3. Accanto al tema della gioia è presente nel componimento una vena di malinconia. Da che cosa scaturisce? In quali passi del testo ti sembra di poter riscontrare tale stato d'animo?
4. Da che cosa è motivato l'invito del poeta a godere delle gioie presenti?

▪ Competenza testuale

5. È presente nel testo un tono esortativo che viene espresso attraverso delle forme verbali. Quali?
6. Scegli due strofe del componimento e segna su ciascun verso gli accenti ritmici. Poi osserva le rime, ricostruiscine lo schema e indicane la tipologia.

▪ Produzione

7. Dopo aver analizzato attentamente il testo, esponi la tua opinione a proposito della concezione della vita che da esso scaturisce.

 ⓑ 8. Esamina i componimenti di Catullo (*Baci, baci e ancora baci*, vedi pag. 342) e di Orazio (*Carpe diem*, vedi pag. 64) citati nell'analisi e mettili a confronto con la ballata di Lorenzo il Magnifico. Poi elabora un testo espositivo nel quale illustrerai punti di contatto e differenze.

Annibale Carracci, *Il trionfo di Bacco e Arianna*, 1597-1600 circa. Roma, Galleria di Palazzo Farnese.

La poesia attraverso i tempi | La poesia di corte

Testo conchiglia
La folgorante fuga del tempo

 William Shakespeare

O tempo divorante, mozza al leone gli artigli

- *Shakespeare in amore*, a cura di D. Bramati e G. Galzio, Salani, Milano, 2001

IN SINTESI: Il poeta supplica il tempo di lasciare intatto il volto del suo amore, perché rimanga eternamente giovane, ma nel distico finale lo sfida a svolgere pure la sua azione distruttrice: grazie alla funzione eternatrice della poesia, il suo amore infatti resterà giovane per sempre.

Forma metrica: sonetto elisabettiano, tipico della poesia inglese. È una variante del sonetto petrarchesco, rispetto al quale risulta più flessibile: è costituito da tre quartine a rima alternata (ABAB-CDCD-EFEF) e da un distico finale a rima baciata (GG) che condensa ed enfatizza il messaggio del testo.

| *genere:* poesia lirica | *epoca:* 1592-1593 | *luogo:* Inghilterra | *lingua originale:* inglese |

evouring Time, blunt thou the lion's paws
And make the earth devour her own sweet
[brood;
Pluck the keen teeth from the fierce tiger's jaws,
And burn the long-lived Phoenix in her blood;
5 Make glad and sorry seasons as thou fleet'st,
And do whate'er thou wilt, swift-footed Time,
To the wide world and all her fading sweets;
But I forbid thee one most heinous crime

O Tempo divorante, mozza al leone gli artigli,
strappa le zanne alla tigre feroce,
fa' che la terra inghiotta i suoi teneri figli
e brucia nel suo sangue l'immortale Fenice[1].

Spargi stagioni felici e dolenti,
fa' quel che vuoi, Tempo dal piede alato,
al vasto mondo e a tutte le sue gioie fuggenti.
Ma il crimine più orrendo io ti vieto:

---

1. **l'immortale Fenice**: mitico animale del quale si diceva che rinascesse dalle sue ceneri.

L'OPERA

William Shakespeare scrisse i *Sonetti* a partire dagli anni Novanta del XVI secolo, soprattutto tra il 1592 e il 1593, quando i teatri londinesi furono chiusi a causa di una pestilenza, e li pubblicò nel 1604. La raccolta è suddivisa in due sezioni: la prima, costituita da 126 liriche, ha al centro la figura di un *fair youth*, un giovane biondo, connotato da una bellezza positiva, la seconda, che comprende i sonetti rimanenti, è dedicata a una *dark lady*, una donna bruna, affascinante e crudele. Le tematiche dei componimenti si possono raggruppare intorno a due nuclei fondamentali: l'amore e il Tempo che tutto distrugge. In alcuni sonetti Shakespeare immagina una possibile vittoria sul Tempo: la poesia, ad esempio, vince la vecchiaia e la morte e altrettanto possono fare i figli che perpetuano il ricordo e l'aspetto del padre. Nella maggior parte dei casi predomina però l'amara constatazione dei guasti che il tempo compie senza che l'uomo vi si possa in alcun modo opporre. La questione se la raccolta debba essere letta in chiave autobiografica o esclusivamente letteraria ha appassionato e continua ad appassionare lettori e studiosi, ma resta di difficile soluzione.

O, carve not with thy hours my love's fair brow,
10 *Nor draw no lines there with thine antique pen;*
Him in thy course untainted do allow
For beauty's pattern to succeeding men.

Yet, do thy worst, old Time: despite thy wrong,
My love shall in my verse ever live young.

non solcare la fronte chiara del mio amato,
dalla tua penna antica non scorrano le ore;
nel tuo corso conservalo intoccato,
ideale di bellezza per gli uomini a venire.

Fa' del tuo peggio, vecchio: a dispetto del tuo errore
vivrà in eterno giovane, nei versi, il mio amore.

13. errore: il termine è volutamente ambiguo e quindi polisemico. Può essere interpretato nel senso di «azione distruttiva», ma anche in quello di «errore, sbaglio». Compia pure il tempo la sua azione distruttiva, ma il suo sarà solo un errore. Perché l'arte avrà la meglio sulla fugacità del tempo e della bellezza.

L'autore

William Shakespeare fu uno straordinario scrittore che nel corso dei secoli ha mantenuto una presenza costante nello spirito e nella cultura di infinite generazioni. L'eterogeneità delle opere e il linguaggio ricco e raffinato che le caratterizza hanno indotto alcuni studiosi a pensare che Shakespeare fosse un nome fittizio dietro al quale si celava l'identità di qualche prestigioso pensatore inglese del Cinquecento. Oggi però questi dubbi sono stati fugati e si riconosce come storica la sua esistenza. Shakespeare nacque nel 1564 a Stratford-upon-Avon, non lontano da Birmingham. Figlio di un commerciante, ricevette un'adeguata istruzione alla Grammar School e all'età di diciotto anni sposò Anne Hathaway dalla quale ebbe tre figli. Alla fine degli anni Ottanta, a causa delle difficoltà finanziarie della famiglia, decise di trasferirsi a Londra in cerca di fortuna. Abbiamo però notizie certe della sua presenza in città solo a partire dal 1592, quando la sua attività di drammaturgo, attore e impresario cominciò a dargli fama e al tempo stesso lo pose al centro di critiche e di polemiche da parte degli avversari. La protezione di alcuni gentiluomini gli fece ottenere ampia considerazione in società. Con la riapertura dei teatri, che erano stati chiusi tra il 1593 e il 1594 a causa della peste, entrò a far parte della compagnia di Lord Chamberlain (*Lord Chamberlain's men*) che successivamente divenne compagnia reale (*King's men*), essendo stata posta sotto la diretta protezione del sovrano Giacomo I Stuart. Nel 1599 fece costruire il Globe Theatre, dove vennero rappresentati i suoi drammi più importanti. Acquistò anche delle proprietà a Stratford-upon-Avon e ottenne per il padre un titolo nobiliare. Nel 1601, il fallimento della congiura del conte di Essex contro Elisabetta I, alla quale sembra che non fosse estranea la stessa compagnia dei *Chamberlain's men*, segnò una svolta nella vita e nell'attività dello scrittore, accentuando il suo pessimismo. In questo periodo compose infatti le sue tragedie più fosche e crudeli. A partire dal 1611 si ritirò definitivamente a Stratford-upon-Avon dove morì nel 1616. Shakespeare viene ricordato soprattutto come autore di teatro: scrisse infatti ben 37 fra tragedie e commedie, ispirandosi a cronache storiche, novelle e altri drammi. Le sue opere teatrali sono ambientate in epoche e luoghi differenti: dal mondo degli antichi Romani a quello della storia inglese, dal Medioevo al Cinquecento. Esse sono inoltre caratterizzate da una straordinaria ricchezza e complessità di temi, personalità, sentimenti. Fra le più famose ricordiamo le tragedie *Otello*, *Macbeth*, *Re Lear*, *Giulio Cesare*, *Amleto*, *Antonio e Cleopatra*, *Romeo e Giulietta*, *Riccardo III*, e le commedie *La bisbetica domata*, *La commedia degli errori*, *Sogno di una notte di mezza estate*, *Molto rumore per nulla*, *Le allegre comari di Windsor*. Shakespeare fu anche un valente poeta: scrisse infatti 154 sonetti preziosi oltre che per la perfezione formale e per la ricchezza delle immagini, anche per le bellissime meditazioni sul trascorrere implacabile del tempo e sull'eternità dell'amore e della poesia.

La poesia attraverso i tempi — La poesia di corte

179

Entriamo nel testo

Il tema
Il sonetto fa parte del gruppo di componimenti in cui Shakespeare affronta, con innumerevoli variazioni, il tema del **Tempo che**, nel suo inesorabile trascorrere, **sfregia e uccide la bellezza**.
La lirica si divide in due parti:
- nella prima, costituita dalle tre quartine, il poeta, rivolgendosi al Tempo, lo esorta a esercitare pure il suo potere su tutte le cose del mondo, purché non lasci alcuna traccia del suo inesorabile trascorrere sul volto del suo amore;
- nella seconda, formata dal distico finale, ribalta la sua posizione e, quasi sfidando il vecchio dal piede alato, esalta la forza eternatrice della poesia nella quale il suo amore vivrà eternamente giovane a dispetto del Tempo divoratore.

Le parole chiave
Due sono i poli intorno a cui ruota il componimento: il Tempo divoratore e il giovane amore del poeta, che rappresentano rispettivamente la morte e la vita. A essi corrispondono le parole chiave *Time* e *my love*. Il sonetto si apre con l'espressione *Tempo divorante* (*Devouring Time*) e si chiude con l'espressione *il mio amore* (*My love*), che è collocata, nella traduzione italiana, alla fine dell'ultimo verso, nel testo inglese all'inizio, in posizione simmetrica a *Devouring Time*.
Nella prima parte predomina l'immagine negativa del Tempo distruttore che può esercitare la sua forza su tutti gli esseri viventi, persino sui più potenti e feroci, come il leone o la tigre. Alla fine vengono messi in risalto tre elementi positivi: l'amore, la poesia, la giovinezza. Artefice dello straordinario miracolo che permetterà all'amore del poeta di rimanere sempre giovane, sfuggendo alla forza distruttiva del Tempo, è la poesia. Infatti l'espressione *my verse* è collocata al centro del verso, quasi a fare da ponte fra *my love* e *young*.
La parola *Tempo* ricorre nella lirica altre due volte: alla fine del sesto verso, in cui è accompagnata dall'attributo *swift-footed* (*dal piede alato*), e nel penultimo verso, in cui il Tempo viene definito, con un tono dispregiativo *old* (*vecchio*).

Esercizi

Competenza trasversale:

- **a** Acquisire ed interpretare l'informazione
- **b** Individuare collegamenti e relazioni
- **c** Comunicare
- **d** Comunicare nelle lingue straniere

■ Comprensione

1. Spiega il significato dell'espressione: *fa' che la terra inghiotta i suoi teneri figli* (v. 3).
2. Nella traduzione italiana sono stati invertiti alcuni versi rispetto al testo inglese. Quali?
3. Qual è il *crimine più orrendo* (v. 8) che il poeta vuole vietare al Tempo?
4. Il poeta vorrebbe fermare il Tempo: in quale espressione trovi questo concetto?

ON LINE: La poesia di corte

Testi: Giambattista Marino, *Donna che si pettina*
Schede: *La rivoluzione del Barocco; Il tema dell'amore nella lirica barocca; Due opere a confronto:* La città ideale *e* Apollo e Dafne

La poesia romantica

Le parole *romantico*, *romanticismo* ricorrono frequentemente nel linguaggio quotidiano in contesti diversi e con significati polivalenti che vanno da «passionale», «avventuroso», «esotico» a «languido», «sentimentale», «sognante».
Nella parola confluisce anche il significato non del tutto positivo di eccessivo languore sentimentale, di atteggiamento sospiroso e lacrimevole, privo di forza interiore e di nerbo morale. Darne una definizione esauriente è dunque difficile. Semplificando e riducendo la complessità dei significati racchiusi in questa parola dall'eccezionale e intramontabile fortuna, possiamo dire che **romantico** è uno **stato d'animo** in cui confluiscono ricchezza e profondità di sentimenti, malinconia, sogno, senso del mistero, passionalità, ribellione, languore, sensibilità.
Ma il **Romanticismo** non è soltanto uno stato d'animo universale e perenne, è anche e soprattutto un **movimento culturale** vasto e complesso che si è affermato e diffuso in Europa nella prima metà dell'Ottocento e ha impresso una svolta a tutte le discipline.
Ebbe origine in Germania nel 1799 a opera di un gruppo di intellettuali, tra i quali vanno ricordati Friedrich e August Wilhelm Schlegel, Novalis, Ludwig Tieck, i fratelli Grimm, e si diffuse in tutta Europa. In Inghilterra ne furono esponenti George Byron, Percy Bysshe Shelley, Walter Scott, William Wordsworth e Samuel Coleridge; in Francia Madame de Staël, Alfred de Musset, Victor Hugo; in Russia Aleksàndr Puškin e Nikolaj Gogol'; in Italia Alessandro Manzoni e Giacomo Leopardi, il quale si dichiarò ostile alle idee romantiche ma, nonostante ciò, fu il vero creatore in Italia della lirica romantica.
Con il Romanticismo nasce una nuova visione della letteratura e dell'arte basata sul **rifiuto delle regole** e dell'imitazione e sull'**espressione autentica** e spontanea **del sentimento**. Non piú condizionato dalla misura della strofa, dall'obbligo di rifarsi a modelli precostituiti, il poeta si affida all'ispirazione e solo da essa si lascia guidare: il componimento pertanto dura finché dura l'ispirazione stessa dell'autore. I romantici valorizzano inoltre la poesia popolare e ingenua nella quale colgono il manifestarsi delle caratteristiche piú genuine e profonde di una nazione. Temi privilegiati della poesia romantica sono l'amore, la natura, gli ideali di libertà politica, la riflessione esistenziale.

La nuova sensibilità romantica

Nato come reazione all'eccessivo razionalismo settecentesco, il Romanticismo esprime il bisogno di dare una risposta alle eterne domande dell'uomo: chi sono? qual è il senso della vita? Al tempo stesso pone in primo piano il **sentimento** attraverso il quale l'individuo manifesta pienamente e autenticamente se stesso e si pone in rapporto con gli altri. Se la ragione rappresenta l'ordine, la legge, le convenzioni sociali, il sentimento è passione, libertà assoluta, ribellione alle leggi e alle convenzioni, estremo individualismo e soprattutto fonte di ispirazione artistica. Per i romantici infatti l'arte, nelle sue varie manifestazioni, è espressione dell'io dello scrittore che ha bisogno di espandersi liberamente, abbandonandosi al flusso dell'ispirazione senza essere frenato da regole prefissate.
Spesso in conflitto con la società che lo circonda, l'uomo romantico è animato da nobili ideali, tra i quali occupano un posto di primo piano l'amore e la patria. L'**amore** è visto come completa fusione di due anime e di due corpi e quindi strumento per raggiungere una felicità totale e assoluta, ma di breve durata. Esso, infatti, è minacciato dalla grettezza della società circostante e viene spesso avversato dal mondo esterno oppure è insidiato dalla precarietà dell'esistenza. La letteratura romantica è ricca di storie d'amore intense e infelici che si concludono tragicamente, tanto che uno dei temi dominanti di liriche e

romanzi è proprio il connubio **amore e morte**. Essendo cosí totale e travolgente, infatti, questo sentimento riesce a trovare pieno appagamento solo nei regni del sogno e della morte, dove può finalmente liberarsi da tutti i limiti e i condizionamenti che il mondo reale impone.

L'altro grande ideale romantico è l'**amore per la patria** che ha ispirato gran parte della letteratura risorgimentale. La lirica patriottica ha un carattere corale e una funzione civile: i poeti esaltano la libertà e l'unità degli italiani, invitano i lettori a prendere coscienza dell'attuale condizione dell'Italia, sottomessa da secoli alla dominazione straniera, e li incitano a combattere per liberare la patria. La riflessione sul presente si lega alla rievocazione del passato e all'immaginazione del futuro: del passato vengono ricordate quelle epoche storiche che hanno visto gli italiani lottare per la propria autonomia, come accadde nell'età comunale quando le città lombarde si ribellarono alle imposizioni dell'imperatore Federico Barbarossa; nel futuro si immagina una patria unita e libera che rinverdisca i fasti del passato, quando Roma dominava sul mondo.

Il poeta si considera un «vate», un sacerdote laico, il cui compito è quello di formare le coscienze e di calare l'ideale nel reale, di intervenire cioè nella realtà perché i grandi ideali di libertà, fratellanza, indipendenza si possano concretizzare. Ne scaturisce una poesia oratoria, densa di figure retoriche, di riferimenti storici, in bilico tra una lingua quotidiana e popolare e il ricorso a formule alte e classicheggianti.

Tra i maggiori esponenti di questo tipo di poesia che dà voce a sentimenti collettivi, condivisi da un certo tipo di autori e di pubblico – la borghesia liberale dell'epoca – ricordiamo Goffredo Mameli, autore dell'Inno nazionale, Luigi Mercantini, Arnaldo Fusinato, Giovanni Berchet, oltre a Manzoni e Leopardi che scrissero componimenti patriottici: *Marzo 1821* il primo, la *Canzone all'Italia* il secondo.

Anche la musica svolse un ruolo primario nel diffondere gli ideali nazionali: basti ricordare il coro del *Nabucco* di Giuseppe Verdi, *Va' pensiero sull'ali dorate*, nel quale la vicenda degli ebrei prigionieri a Babilonia, che sospirano la terra natia, allude alla condizione degli italiani dell'Ottocento sottoposti alla dominazione austriaca.

I segni della nuova sensibilità romantica appaiono evidenti anche nel modo in cui è rappresentato il **mondo della natura**. Al paesaggio campestre statico e stilizzato, che aveva caratterizzato la poesia dei secoli precedenti, si sostituisce un paesaggio intensamente liricizzato nel quale il poeta proietta i suoi sentimenti. Ora egli avverte una profonda sintonia tra la natura orrida e minacciosa e la cupa tristezza con cui guarda alla vita, ora sceglie luoghi malinconici, boschi autunnali o laghi per esprimere il suo struggimento interiore; quando infine vuole dar voce a uno stato di esaltazione e di felicità, predilige gli aspetti piú dolci e rasserenanti del mondo naturale: albe o tramonti sereni, distese verdeggianti, notti illuminate dalla luna. Non è possibile certamente illustrare la vasta tipologia dei paesaggi romantici; possiamo solo dire che si tratta sempre di luoghi selvaggi, primitivi, in cui la natura si manifesta allo stato puro. Sono infatti estranei alla sensibilità romantica i panorami civilizzati, che rivelano la presenza della mano ordinatrice dell'uomo. Predominano soprattutto i notturni, i chiari di luna, i paesaggi crepuscolari, le tinte smorzate dell'autunno, le desolate brume invernali.

Questi elementi caratterizzano, oltre alla poesia, anche l'**arte** e la **musica romantiche**. Pittori come Constable, Turner, Friedrich ci hanno lasciato alcune tra le piú suggestive raffigurazioni del mondo naturale percorso da segrete vibrazioni che schiudono prospettive illimitate e mettono l'anima in contatto con il sovrumano e il divino.

Anche la musica romantica sente profondamente il fascino della natura, anzi sembra essere l'unico linguaggio capace di penetrarne, con la magia dei suoni, l'essenza segreta. Lo dimostrano i capolavori di Chopin, Schumann, Mendelssohn e di tutti quei musicisti che hanno fatto dell'Ottocento il secolo d'oro della musica.

Incontro con il testo... ... poetico

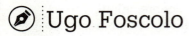 **Ugo Foscolo**

In morte del fratello Giovanni

Per la biografia e l'opera di 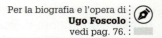 **Ugo Foscolo** vedi pag. 76.

- U. Foscolo, *Poesie e prose*, a cura di G. Rispoli, Cremonese, Roma, 1959

> **IN SINTESI:** Il poeta spera di poter un giorno visitare la tomba del fratello sul quale solo la madre si reca riunendo in un ideale abbraccio i due figli che, in modi diversi, le sono stati strappati. Egli sa, però, che questo desiderio non potrà realizzarsi e si augura soltanto che la pietà delle genti straniere consenta alle sue ossa di riposare nella terra dei padri.

Forma metrica: sonetto con rime alternate sia nelle quartine (ABAB – ABAB) sia nelle terzine (CDC – DCD).

genere: poesia lirica | *epoca:* 1803 | *luogo:* Italia | *lingua originale:* italiano

Un dí, s'io non andrò sempre fuggendo
di gente in gente, me vedrai seduto
sulla tua pietra, o fratel mio, gemendo
il fior de' tuoi gentili anni caduto.

5   La madre or sol, suo dí tardo traendo,
parla di me col tuo cenere muto,
ma io deluse a voi le palme tendo;
e se da lunge i miei tetti saluto,

sento gli avversi numi, e le secrete
10 cure che al viver tuo furon tempesta,
e prego anch'io nel tuo porto quïete.

Questo di tanta speme oggi mi resta!
Straniere genti, l'ossa mie rendete
allora al petto della madre mesta.

1. Un dí ... fuggendo: un giorno, se io non sarò costretto ad andar errando in un perpetuo esilio.
2. di gente in gente: da un popolo all'altro.
3. sulla tua pietra: sulla tua tomba.
4. il fior ... caduto: la tua giovinezza infranta come un fiore reciso. Il poeta ha utilizzato qui una metafora.
5. La madre or sol: soltanto la madre adesso. – **suo ... traendo**: trascinando il suo corpo affaticato dagli anni e dai dolori.
6. muto: insensibile.
7. ma io ... tendo: ma io tendo senza speranza verso di voi le mie braccia. Il poeta desidera invano di poter tornare nella città di Venezia dove vive la madre e dove è sepolto il fratello.
8-10. e se ... tempesta: e se da lontano saluto la mia città, questo mi fa sentire ancor piú la solitudine, l'avversità del destino e le segrete angosce che sconvolsero la tua vita portandoti alla morte.
11. e prego ... quïete: e prego di poter trovare anch'io pace nella morte.
12. Questo ... mi resta!: Solo questo mi rimane di tutte le speranze che avevo nutrito! *Speme* è un termine letterario e significa «speranza». Il pronome *Questo* può riferirsi sia al verso precedente sia a quanto è detto nei versi successivi. Nel primo caso ciò che rimane al poeta è la speranza di trovar pace nella morte. Nel secondo è la speranza che almeno le sue ossa possano essere restituite dalle genti straniere alla sua terra e all'abbraccio materno.

 ## Entriamo nel testo

I temi

Il sonetto nasce da un motivo autobiografico e da una suggestione letteraria. Nel 1801 era morto in circostanze misteriose, probabilmente suicida a causa di un debito di gioco, il fratello piú giovane del poeta, Giovanni. Qualche anno dopo Foscolo, rileggendo il carme 101 del poeta latino Catullo, scritto in occasione di una visita alla tomba del fratello, compose questo sonetto nel quale, traendo spunto dalla dolorosa vicenda familiare, meditava sulla propria esistenza per la quale vedeva come uniche prospettive l'esilio e la morte.

La lirica si apre con la **speranza** del poeta di poter un giorno visitare la tomba del fratello, una speranza che l'allusione all'esilio fa apparire immediatamente lontana e irrealizzabile. L'attenzione si sposta subito dopo sulla madre, figura maestosa e tragica, alla quale è affidata l'unica possibile ricomposizione dell'**unità familiare**: ella infatti parla al figlio morto dell'altro figlio, vivo ma irrimediabilmente lontano, che inutilmente tende le braccia verso la patria. Un'unica speranza gli resta, oltre quella di trovar pace nella morte, che un giorno le sue ossa possano essere restituite dalla pietà delle genti straniere all'abbraccio materno.
Il sonetto, che si era aperto con i temi dell'**esilio** e della **tomba**, si conclude con la ripresa degli stessi motivi, in una perfetta struttura circolare che bilancia la frammentarietà dell'articolazione sintattica.

La struttura metrica e quella sintattica
Il sonetto, a differenza degli altri due ai quali viene solitamente affiancato, *A Zacinto* (vedi pag. 48) e *Alla sera* (vedi pag. 75), presenta una **struttura sintattica** più **frammentata**. È costituito infatti da quattro periodi dei quali solo il primo coincide con la strofa; il secondo occupa la seconda quartina e la prima terzina, mentre l'ultima strofa è formata da due periodi. La frammentarietà della sintassi riproduce la drammaticità dei sentimenti del poeta.
I tempi verbali predominanti sono il **presente** (sei forme) e il **futuro** (due forme); a quest'ultimo va affiancato l'imperativo *rendete* (v. 13) che si riferisce anch'esso a un'azione futura. Il presente viene adoperato per descrivere la condizione esistenziale del poeta e della madre, contrassegnata da un dolore costante e immodificabile; il futuro, al quale vanno ricondotte anche le locuzioni temporali *un dí* (v. 1) e *allora* (v. 14), si riferisce all'esilio e alla morte, deludente approdo di una vita stanca e travagliata.
Una particolarità di questo sonetto va colta nella frequenza di **forme verbali indefinite** (participi e gerundi) collocate in rima e quindi in posizione metrica rilevante: *fuggendo*, *seduto*, *gemendo*, *caduto*, *traendo*. Se le analizziamo isolandole dal contesto linguistico nel quale sono inserite, notiamo che esse, per un verso, sintetizzano i due poli tra i quali si svolge l'esistenza del poeta, ovvero la fuga dell'esilio e l'immobilità della morte, per l'altro si configurano come metafore del destino dell'uomo, la cui vita o è stroncata improvvisamente dalla morte (*caduto*) o si consuma in una vecchiezza travagliata dal dolore (*suo dí tardo traendo*, *gemendo*).

Esercizi

Competenza trasversale:

- **a** Acquisire ed interpretare l'informazione
- **b** Individuare collegamenti e relazioni
- **c** Comunicare
- **d** Comunicare nelle lingue straniere

- **Comprensione**

1. La vita del poeta è gravata dall'ombra dell'esilio e della morte in terra straniera. Sottolinea nel testo le espressioni che si riferiscono a ciascuna di queste tematiche.
2. Per esprimere la drammaticità della morte del fratello stroncato nel pieno della giovinezza, il poeta utilizza una metafora. Individuala.
3. Si è osservato nell'analisi che la madre riunisce idealmente con il suo amore la famiglia dispersa. In quali versi è presente questa tematica?
4. Le due locuzioni temporali *un dí* e *allora*, che aprono e chiudono il sonetto, sono in questo contesto riferibili al futuro, come si può rilevare dalle due forme verbali che le accompagnano. A quali situazioni si riferisce il poeta con ciascuno dei due avverbi e che cosa egli si aspetta dalla sua vita futura?
5. Che cosa accomuna Foscolo al fratello morto?

- **Competenza testuale e metrica**

6. Riconosci e spiega le figure retoriche del significato presenti nel testo, in particolare metonimie e metafore.

7. Ricostruisci il sistema delle rime del sonetto e individua tutti gli *enjambement*.

- **Produzione**

b 8. Ti proponiamo qui di seguito la traduzione del carme 101 del poeta latino Catullo, al quale Foscolo si è ispirato per la composizione del sonetto *In morte del fratello Giovanni*. Prova a individuare i punti di contatto e le differenze fra i due componimenti, quindi illustra il confronto in un testo espositivo di circa 30 righe.

> Dopo aver vagato per molte genti e molti mari
> giungo a questa squallida tomba, o fratello,
> per consegnarti l'estremo dono di morte
> e parlare invano con il tuo cenere muto,
> poiché la sorte mi ha rapito te, proprio te,
> o infelice fratello, precocemente strappato al mio affetto.
> Ed ora accogli queste offerte che secondo il costume antico
> degli avi ti sono consegnate come dono dolente alla tomba,
> bagnate di abbondante pianto fraterno,
> e ti saluto per sempre, fratello. Addio, addio.

9. Illustra in un testo espositivo i temi del sonetto.

---

per l'INVALSI con Eugenio

1. La speranza di poter un giorno visitare la tomba del fratello è solo uno dei temi del sonetto. Quali altre tematiche vengono affrontate nella lirica?
   a. ☐ L'amore per la madre e la consapevolezza della morte in terra straniera.
   b. ☐ Il tormento esistenziale e l'esilio.
   c. ☐ Il dolore per la morte del fratello e l'amore per la madre.
   d. ☐ L'esilio e la morte.

2. I temi dell'esilio e della morte attraversano tutta la lirica; in quali parti del componimento ciascuno di essi prevale?
   a. ☐ Il tema dell'esilio nelle quartine e nei due versi finali; quello della morte nella prima terzina.
   b. ☐ Il tema dell'esilio all'inizio e alla fine del sonetto; il tema della morte nella parte centrale.
   c. ☐ Il tema dell'esilio nella prima quartina, quello della morte nella prima terzina.
   d. ☐ I due temi sono entrambi presenti in tutte le strofe del sonetto.

3. A quale figura retorica ha fatto ricorso il poeta nell'espressione «sulla tua pietra» (v. 3)?
   a. ☐ Metafora.
   b. ☐ Sineddoche.
   c. ☐ Ossimoro.
   d. ☐ Metonimia.

4. Al verso 5, «La madre or sol, suo dí tardo traendo», *dí tardo* è una metonimia. Con quale altra espressione può essere sostituita?
   a. ☐ Lenta vecchiaia.
   b. ☐ Lenti giorni.
   c. ☐ Corpo affaticato.
   d. ☐ Corpo lento.

La poesia attraverso i tempi : **La poesia romantica**

5. Al verso 7 il sostantivo «le palme» letteralmente significa:

a. ☐ le braccia.

b. ☐ le mani.

c. ☐ le dita.

d. ☐ il dorso delle mani.

6. Al verso 11 «e prego anch'io nel tuo porto quïete», il sostantivo *porto* viene usato in accezione metaforica per indicare:

a. ☐ l'affetto fraterno.

b. ☐ l'affetto della madre.

c. ☐ la morte.

d. ☐ l'abbraccio fraterno.

7. Ai versi 9-11 «sento gli avversi numi e le secrete / cure che al viver tuo furon tempesta / e prego anch'io nel tuo porto quïete» il poeta paragona la sua vita e quella del fratello a un viaggio in un mare tempestoso. Possiamo dire pertanto che egli usa una:

a. ☐ sineddoche.

b. ☐ sinestesia.

c. ☐ metafora.

d. ☐ ossimoro.

8. Al verso 12 «Questo di tanta speme oggi mi resta!» è stata utilizzata una figura retorica dell'ordine. Quale?

a. ☐ Anastrofe.

b. ☐ Iperbato.

c. ☐ Chiasmo.

d. ☐ Anafora.

9. Tre sono i personaggi intorno ai quali ruota il componimento: il poeta, il fratello morto e la madre. In quali strofe è presente la figura della madre del poeta?

....

....

10. Nel sonetto ricorrono diversi *enjambement*. Indica i versi nei quali sono presenti.

a. ☐ Versi 1/2, 2/3, 3/4, 9/10.

b. ☐ Versi 1/2, 2/3, 3/4, 9/10, 12/13.

c. ☐ Versi 2/3, 3/4, 9/10.

d. ☐ Versi 1/2, 3/4, 8/9, 9/10.

11. Le due strofe centrali del sonetto sono occupate da un unico periodo articolato in piú proposizioni. Quante sono le proposizioni principali?

a. ☐ 4 (La madre ... parla, ma io ... tendo, e... sento, e prego).

b. ☐ 2 (sento, e prego).

c. ☐ 5 (La madre ... parla, ma io ... tendo, e ... saluto, sento, e prego).

d. ☐ 6 (La madre ... parla, ma io ... tendo, e ... sento, furon, e prego).

12. Come definiresti il registro di questo sonetto?

a. ☐ Medio.

b. ☐ Alto.

c. ☐ Basso.

d. ☐ Colloquiale.

William Wordsworth
Daffodils – Narcisi

- W. Wordsworth, *Poems*, *Poesie 1798-1807*, trad. di A. Righetti, Mursia, Milano, 1997

IN SINTESI: Mentre sta vagando per la campagna, il poeta vede una distesa di narcisi gialli che danzano sotto la brezza. Tornato a casa, ripensa a quello spettacolo e ne rivive ancor piú intensamente le sensazioni.

Forma metrica: quattro sestine formate da una quartina e da un distico a rima baciata. I versi sono ottonari.

| *genere:* poesia lirica | *epoca:* 1804-1807 | *luogo:* Inghilterra | *lingua originale:* inglese |

I wandered lonely as a Cloud
That floats on high o'er Vales and Hills,
When all at once I saw a crowd
A host of golden Daffodils,
5 Along the Lake, beneath the trees,
Ten thousand dancing in the breeze.

Continuous as the stars that shine
And twinkle on the milky way,
They stretched in never ending line
10 Along the margin of a bay:
Ten thousand saw I at a glance,
Tossing their heads in sprightly dance.

The waves beside them danced, but they
Outdid the sparkling waves in glee:
15 A Poet could not but be gay,
In such a laughing company:
I gaz'd – and gaz'd – but little thought
What wealth the shew to me had brought:

For oft, when on my couch I lie
20 In vacant or in pensive mood,
They flash upon that inward eye
Which is the bliss of solitude;
And then my heart with pleasure fills,
And dances with the Daffodils.

Erravo solo come nube
che alta fluttua su valli e colli,
quando a un tratto vidi una folla,
una schiera di narcisi muover a danza;
lungo il lago e sotto gli alberi
ne danzava nella brezza una miriade.

Fitti come le stelle che brillano
e sfavillano sulla Via Lattea,
cosí si stendevano in una linea infinita
lungo le rive di una baia.
Una miriade ne colse il mio sguardo,
i fiori si lanciarono in una danza gioiosa.

Lí presso danzavano le onde scintillanti,
in letizia dai narcisi soverchiate;
un poeta non poteva ch'esser lieto
in cosí ridente compagnia.
Mirando e rimirando, poco pensai
al bene che la vista mi recava:

ché spesso quando me ne sto coricato,
senza pensieri, o pensieroso, i narcisi
mi balenano all'occhio interiore
che rende la solitudine beata,
e allora mi si ricolma il cuore
di piacere, e danza con loro.

La poesia attraverso i tempi | **La poesia romantica**

L'OPERA

La lirica fa parte di *Poesie in due volumi*, una raccolta di testi brevi composti tra il 1801 e il 1807, quando Wordsworth viveva esperienze fondamentali per la sua vita, come il matrimonio e la nascita dei figli, e talora dolorose, come il progressivo logorarsi dell'amicizia con il poeta Samuel Coleridge e la morte per naufragio del fratello. I componimenti sono raggruppati per affinità tematica e sembrano seguire le tappe di uno sviluppo interiore. Molti di essi sono ispirati al rapporto felice tra io e natura e traggono spunto dalla descrizione di un *natural object*, un oggetto o un elemento naturale semplice e umile che viene trasfigurato e talora umanizzato dalla fantasia del poeta. La lirica fu composta nel 1804 e rielaborata per la pubblicazione nel 1807. Nella prima edizione era costituita da tre strofe, alle quali, nel 1815, ne venne aggiunta un'altra che l'autore inserí dopo la prima strofa.

L'autore

William Wordsworth è considerato, insieme con Samuel Taylor Coleridge, uno dei fondatori e degli interpreti piú rappresentativi del Romanticismo inglese. Nato nel 1770 a Cockermouth, nel nord-ovest dell'Inghilterra, trascorse l'adolescenza a contatto con la natura, che sentí sempre amica e madre confortatrice. Rimasto orfano dei genitori, fu affidato alla tutela di due zii. Si laureò nel 1791 e nel 1792 soggiornò per un certo periodo in Francia, dove si entusiasmò per gli ideali della rivoluzione, ma quando questa degenerò per un verso nel terrore, per l'altro in un aggressivo espansionismo, rimase profondamente deluso e si distaccò dalle posizioni rivoluzionarie. Tornato in Inghilterra conobbe il poeta Samuel Coleridge con il quale creò un fecondo sodalizio artistico. Insieme pubblicarono nel 1798 le *Lyrical Ballads* (*Ballate liriche*), che si possono considerare il manifesto del Romanticismo inglese. I componimenti di Wordsworth esprimono una visione serena della natura, quelli di Coleridge danno voce alla componente del soprannaturale e al gusto per il mistero. I due poeti erano profondamente diversi anche per carattere: irrequieto e tormentato Coleridge, il quale era schiavo dell'oppio, oltre che irregolare e dispersivo nella sua attività poetica; piú tranquillo e sistematico anche nella produzione letteraria Wordsworth. Le differenze a poco a poco degenerarono in contrasti e provocarono nel 1810 l'allontanamento reciproco. Col passar del tempo, Wordsworth ottenne un impiego statale e si orientò verso posizioni conservatrici. La sua esistenza trascorse abbastanza serena fino al momento in cui la morte di due dei suoi figli gli inferse un colpo dal quale non si riprese mai completamente. Nel 1843 venne nominato poeta laureato. Morí nel 1850 a Rydal Mount.
La produzione di Wordsworth è molto vasta, anche se egli non pubblicò tutto ciò che andava componendo. Tra le sue opere, oltre alle *Ballate liriche*, ricordiamo *Preludio*, un poema filosofico nel quale descrive la sua formazione spirituale e poetica, pubblicato postumo, e *Poesie in due volumi*. Wordsworth apportò un radicale rinnovamento al linguaggio poetico e alla funzione della poesia che identificò con l'espressione dell'*emozione* del poeta *rivissuta con tranquillità*. I suoi versi infatti trasmettono al lettore la vertigine provocata dal guardare fissamente e dall'evocare istanti che tutti possono vivere quotidianamente, ma che solo il poeta è in grado di captare ed esprimere. Si viene cosí a creare un rapporto speculare tra il poeta e il lettore: il primo prova un'emozione, la rivive nella memoria a distanza di tempo e in tranquillità, quindi la traduce in poesia; il lettore, a sua volta, leggendo la poesia riprova l'emozione descritta dal poeta, la custodisce nella sua memoria e può rievocarla a distanza di tempo.

Entriamo nel testo

I temi

La lirica racchiude alcuni degli aspetti piú significativi del Romanticismo inglese e della poesia di Wordsworth. Il poeta descrive una distesa di narcisi dorati che egli ha visto un giorno in cui vagava solitario per la campagna, fitti e luminosi come le stelle della Via Lattea. Il loro piegarsi sotto il soffio lieve del vento primaverile ha la leggerezza di una danza spumeggiante e si armonizza con il movimento delle onde che lambiscono la spiaggia. A distanza di tempo, mentre è disteso sul suo letto in atteggiamento pensieroso, improvvisamente la visione della marea ondeggiante di narcisi riaffiora alla sua memoria suscitando in lui una sensazione di gioia e di leggerezza.

Sul piano tematico tre sono gli elementi che caratterizzano la lirica:
- il soggettivismo;
- la visione organica e vitalistica della natura;
- la capacità della memoria di riaccendere e fissare un'esperienza emotiva.

La parola con cui il componimento inizia è *I* («io»), che enfatizza il **carattere soggettivo e personale dell'esperienza** del poeta; tale sensazione viene rafforzata dall'aggettivo *lonely* («solitario»), collocato nello stesso verso. Dopo la descrizione dei narcisi, che occupa quasi per intero le prime tre strofe del componimento, l'io lirico torna in primo piano a partire dal verso 15. Attraverso la rievocazione memoriale, compiuta in solitudine e in tranquillità, il poeta infatti riesce a richiamare alla mente e a far durare l'immagine che gli ha procurato gioia ed emozione.

La **natura** appare vivificata da una vitalità interiore che pervade i diversi aspetti del paesaggio: i narcisi danzano al vento e le onde del lago accompagnano la loro danza. Essa inoltre viene **antropomorfizzata**, assume, cioè, caratteristiche umane e ciò comporta uno scambio di attributi tra uomo e paesaggio: il vagare senza meta del poeta è paragonato a quello della nuvola nel cielo; per indicare il movimento dei narcisi e il fluttuare delle onde viene usato il verbo «danzare» (*dancing* v. 6, *danced* v. 13); sia ai narcisi sia alle onde viene attribuito un sentimento umano qual è appunto la gioia (*glee* v. 14), che accomuna la natura al poeta. L'espressione *laughing company* (v. 16) esprime infatti la reciprocità del sentimento dei *daffodils* e del *poet*.

Il punto chiave della lirica va ricercato nella progressiva **interiorizzazione dello spettacolo** naturale e dell'emozione da esso suscitata. L'avvio del componimento presenta il poeta errante e solitario; a questa situazione succede un'esperienza che da visiva – la moltitudine ondeggiante dei narcisi dorati – diventa sempre piú intima e comporta una fusione tra io e natura. Tale esperienza, pur intensamente vissuta, non è però elaborata sul piano del pensiero; dice infatti il poeta: *Mirando e rimirando, poco pensai / al bene che la vista mi recava*. Solo in un secondo momento essa riceve una rivitalizzazione fulminea, espressa perfettamente dal verbo *flash* (*balenano* v. 21): il miracolo accade quando, a distanza di tempo, viene rivissuta nell'interiorità (*inward eye*). A questo punto le immagini, rimaste a lungo inerti e come sepolte nell'animo del poeta, riaffiorano con la stessa vitalità del primo momento e riempiono di gioia il cuore che torna a danzare con loro. Nell'ultima strofa, dunque, compaiono gli stessi elementi presenti nella strofa iniziale (l'io lirico, la solitudine, la danza), ma questa volta la spinta alla fusione tra soggetto e natura e la gioia che ne deriva non vengono piú da uno spettacolo esterno, ma dall'animo del poeta.

I suoni

L'intensità dell'«esperienza-sentimento» (Righetti) viene trasmessa al lettore attraverso la stretta corrispondenza tra l'organizzazione dei suoni e i significati. Il vagabondare del poeta, l'errare delle nuvole nel cielo, la danza dei narcisi, il fluttuare delle onde sono espressi attraverso gruppi vocalici lunghi e consonanti fluenti, come liquide, nasali, sibilanti. Se per un verso, dunque, la lirica è popolata da oggetti precisi (i *natural objects* cosí cari a Wordsworth), per l'altro è tutta giocata sulla **leggerezza dei suoni**. Questa sembra alludere al carattere elusivo e fuggevole dell'esperienza vissuta dal poeta che richiede necessariamente il ritorno della memoria e della riflessione sull'evento per fissare e rendere stabile l'impressione provata.

La poesia attraverso i tempi | La poesia romantica

Esercizi

Competenza trasversale:

a Acquisire ed interpretare l'informazione
b Individuare collegamenti e relazioni
c Comunicare
d Comunicare nelle lingue straniere

- **Comprensione**

  1. A quali aspetti del piú vasto mondo naturale vengono paragonati i narcisi?

  2. Quali parole nel testo inglese e in quello italiano comunicano impressioni di luce?
  3. A che cosa si paragona il poeta?
  4. Spiega quali sensazioni prova il poeta quando vede per la prima volta la distesa di narcisi e quando, a distanza di tempo, richiama alla mente quella visione.

- **Competenza testuale**

  5. Individua nel testo in lingua inglese i suoni che comunicano sensazioni di leggerezza e di movimento, quindi, servendoti della traduzione e, se le possiedi, delle tue conoscenze di inglese, verifica se vi è corrispondenza tra significato e significante, cioè se anche il significato delle parole trasmette le medesime impressioni.
  6. Come abbiamo notato nell'analisi, vi è una certa corrispondenza tra la prima e l'ultima strofa. Individua i termini attraverso i quali il poeta ha creato tale corrispondenza.

  7. Ricerca nel testo in lingua inglese rime e assonanze e verifica se la corrispondenza sul piano dei suoni crea particolari effetti a livello di significato.
  8. Quali sono, secondo te, le parole chiave del testo? Dai la risposta motivandola, quindi metti a confronto la tua scelta con quella dei tuoi compagni e discutetene in classe.

- **Produzione**

  9. Sembra che Wordsworth nel comporre questa lirica abbia tratto spunto dal diario della sorella Dorothy, con la quale condivideva una profonda affinità spirituale. Ecco cosa scriveva Dorothy, ricordando una passeggiata in campagna fatta insieme con il fratello:

     When we were in the woods beyond Gowbarrow park, we saw a few daffodils close to the water-side. We fancied that the lake had floated the seeds ashore, and that the little colony had so sprung up. But as we went along there were more and yet more; and at last, under the boughs of the trees, we saw that there was a long belt of them [...]. I never saw daffodils so beautiful. They tossed and reeled and danced, and seemed as if they laughed with the wind [...] they looked so gay, ever glancing, ever changing.

     «Quando eravamo nei boschi vicino al parco di Gowbarrow, noi vedemmo dei narcisi lungo l'acqua. Immaginammo che il lago avesse lanciato i semi sulla spiaggia e che la piccola colonia fosse fiorita cosí. Ma quando giungemmo là, ve ne erano molti ma molti di piú; e infine sotto i rami degli alberi vedemmo che c'era un'ampia cintura di quei fiori [...]. Io non avevo mai visto dei narcisi cosí belli. Essi reclinavano il capo e oscillavano e danzavano e sembrava che sorridessero insieme con il vento [...] essi sembravano cosí lieti, sempre obliqui, sempre cangianti».

     Osserva i punti di contatto tra il diario e la lirica e sottolinea i termini, le espressioni, le immagini comuni ai due testi. Noterai che, nonostante le somiglianze, il diario resta al di qua della dimensione poetica. Prova a spiegare perché, quindi metti a confronto la tua spiegazione con quella dei tuoi compagni e discutetene in classe sotto la guida dell'insegnante.

  10. Fondandoti su quanto hai letto nell'analisi e sulle osservazioni che hai ricavato svolgendo gli esercizi, scrivi un'analisi testuale del componimento.

Alessandro Manzoni
Il cinque maggio

• A. Manzoni, *Liriche e tragedie*, a cura di V. Arangio-Ruiz, Utet, Torino, 1968

IN SINTESI: Colpito dalla notizia della morte di Napoleone Bonaparte, il poeta, dopo aver ripercorso le tappe dell'azione politica dell'imperatore francese, non esprime su di lui alcun giudizio, ma riflette sulla fragilità della gloria umana a confronto con gli immortali valori cristiani.

Forma metrica: ode di diciotto strofe costituite da sei settenari di cui l'ultimo è tronco. All'interno della strofa, il secondo e il quarto verso sono piani e rimano tra loro; il primo, il terzo e il quinto sono sdruccioli e non legati dalla rima, il sesto rima con il sesto della strofa successiva (ABCBDE).

genere: poesia civile | *epoca*: 1821 | *luogo*: Milano | *lingua originale*: italiano

Ei fu. Siccome immobile,
dato il mortal sospiro,
stette la spoglia immemore
orba di tanto spiro,
5 cosí percossa, attonita
la terra al nunzio sta,

muta pensando all'ultima
ora dell'uom fatale;
né sa quando una simile
10 orma di piè mortale
la sua cruenta polvere
a calpestar verrà.

Lui folgorante in solio
vide il mio genio e tacque;
15 quando, con vece assidua,
cadde, risorse e giacque,
di mille voci al sonito
mista la sua non ha:

vergin di servo encomio
20 e di codardo oltraggio,
sorge or commosso al subito
sparir di tanto raggio;
e scioglie all'urna un cantico
che forse non morrà.

1. Ei fu: Napoleone è morto.
1-8. Siccome ... fatale: come, dopo aver esalato l'ultimo respiro, rimase immobile il corpo di Napoleone, dimentico di tutto e privo di una cosí grande vitalità (*la spoglia immemore / orba di tanto spiro*), cosí la terra (piú in generale la società) rimane colpita e sgomenta a tale annunzio, pensando alla morte di quell'uomo che a lungo aveva racchiuso nelle sue mani «il destino di un'epoca» (L. Russo).
9-12. né sa ... verrà: né riesce a prevedere quando un uomo altrettanto grande tornerà a calpestare la sua polvere insanguinata (*cruenta*). L'autore allude al bagaglio di guerre e di morte che aveva accompagnato l'ascesa di Napoleone.
13-14. Lui ... tacque: il mio ingegno poetico vide Napoleone (*Lui*) sul trono (*in solio*) nel momento del massimo fulgore e tacque, non si uní cioè al coro delle adulazioni.
15. con vece assidua: con incalzante successione.
16. cadde, risorse e giacque: allude alla sconfitta di Lipsia del 1813 alla quale seguí l'esilio nell'isola d'Elba, al ritorno sul trono durante i famosi Cento giorni (dal marzo al giugno 1815) e alla definitiva sconfitta di Waterloo, il 18 giugno 1815.
17-18. di mille ... non ha: non ha unito la sua voce al suono confuso degli adulatori.
19-20. vergin ... oltraggio: non macchiato dalla colpa di una servile adulazione e di un oltraggio vile, perché rivolto a un uomo ormai sconfitto.
21-22. sorge ... raggio: si leva ora commosso all'improvvisa scomparsa di una luce cosí grande.
23-24. e scioglie ... morrà: e intona in onore di Napoleone morto, e non dell'imperatore vivo, un canto che forse sarà ricordato proprio perché si colloca al di là sia dell'*encomio* sia del vile *oltraggio*. Il *forse* è indizio della modestia dello scrittore.

La poesia attraverso i tempi | La poesia romantica

25. Dall'Alpi: comincia da qui una rapida carrellata sulle varie campagne napoleoniche in Italia, in Egitto, in Spagna e in Germania. – **alle Piramidi**: si riferisce alla campagna d'Egitto del 1798-99.
26. Manzanarre: fiume della Spagna centrale. – **Reno**: fiume della Germania.
27-28. di quel securo ... baleno: l'azione di quell'uomo deciso seguiva immediatamente il pensiero, come la forza del fulmine si scatena immediatamente dopo che la luce del lampo è comparsa nell'aria.
29-30. scoppiò ... mar: la rapidità della sua azione colpì da un punto all'altro dell'Europa: dall'estrema punta meridionale dell'Italia (*Scilla* si trova in Calabria proprio sullo stretto di Messina) alla Russia (*Tanai* è il fiume Don in Russia), dal Mediterraneo all'Atlantico.
32. ardua: difficile. – **nui**: noi.
33-34. Massimo Fattor: Dio.
34-36. che volle ... stampar: che volle imprimere più fortemente in lui l'impronta della sua forza creativa.
37-42. La procellosa ... sperar: la tempestosa e trepidante gioia di un disegno grandioso, l'ansiosa attesa di un animo che serve impaziente,

25 Dall'Alpi alle Piramidi,
   dal Manzanarre al Reno,
   di quel securo il fulmine
   tenea dietro al baleno;
   scoppiò da Scilla al Tanai,
30 dall'uno all'altro mar.

   Fu vera gloria? Ai posteri
   l'ardua sentenza: nui
   chiniam la fronte al Massimo
   Fattor, che volle in lui
35 del creator suo spirito
   più vasta orma stampar.

   La procellosa e trepida
   gioia d'un gran disegno,
   l'ansia d'un cor che indocile
40 serve, pensando al regno;
   e il giunge, e tiene un premio
   ch'era follia sperar;

   tutto ei provò: la gloria
   maggior dopo il periglio,
45 la fuga e la vittoria,
   la reggia e il tristo esiglio:
   due volte nella polvere,
   due volte sull'altar.

Jacques-Louis David, *Napoleone attraversa il Passo del San Bernardo*, 1801. Rueil, Parigi, Musée National du château de Malmaison.

custodendo il progetto di conquistare un regno, e lo raggiunge e ottiene un premio che sarebbe stato una follia solo sperare.
44. periglio: pericolo.
46. esiglio: esilio.
47-48. due volte ... altar: allude alle due sconfitte di Lipsia e di Waterloo e alla conquista dell'impero prima e dopo la sconfitta di Lipsia.

L'OPERA

Il 5 maggio del 1821 moriva nell'isola di Sant'Elena, dove era stato esiliato dopo la sconfitta di Waterloo, Napoleone Bonaparte che, prima come portavoce delle idee rivoluzionarie, poi come esponente dell'alta borghesia e infine come imperatore, aveva improntato di sé tutta un'epoca della storia europea, sconfiggendo, alla testa delle sue armate, i potenti eserciti messi in campo dalle coalizioni che si erano formate contro di lui. La notizia della morte giunse in Europa solo il 16 luglio e in quella data venne pubblicata sulla «Gazzetta di Milano». Si era ormai in piena Restaurazione, l'Italia faceva parte dell'impero asburgico e le imprese napoleoniche erano un ricordo lontano. Tuttavia la notizia della scomparsa di quell'uomo, che per circa vent'anni aveva dettato legge in Europa, suscitò una profonda impressione. Manzoni sentí il bisogno di commentare immediatamente l'avvenimento, e, con insolita rapidità, in soli tre giorni, scrisse l'ode nella quale il vero senso della vicenda napoleonica viene colto non alla luce della Storia e della politica, ma in una prospettiva esclusivamente religiosa. La censura impedí la pubblicazione dell'ode della quale però circolarono clandestinamente diverse copie che la resero nota anche all'estero.

Incontro con il testo... ... poetico

49. Ei si nomò: egli pronunciò il suo nome.
49-50. due ... armato: sono il Settecento e l'Ottocento in contrasto tra loro perché il primo fu caratterizzato dall'Illuminismo ateo e materialista, il secondo dal Romanticismo spiritualista.
51. sommessi ... volsero: si rivolsero a lui in silenzio. Attraverso la personificazione dei due secoli che sembrano attendere un giudizio da Napoleone, il poeta vuole sottolineare il ruolo decisivo svolto da Bonaparte e l'impronta che egli ha lasciato nella storia.
52. come ... fato: come attendendo da lui una sentenza definitiva che segnasse il loro destino.
54. s'assise: sedette.

> Ei si nomò: due secoli,
> 50 l'un contro l'altro armato,
> sommessi a lui si volsero,
> come aspettando il fato;
> ei fe' silenzio, ed arbitro
> s'assise in mezzo a lor.

L'autore

Alessandro Manzoni è uno dei piú autorevoli esponenti della letteratura italiana dell'Ottocento e fondatore in Italia del romanzo storico. Nato nel 1785 a Milano dal conte Pietro Manzoni e da Giulia Beccaria, trascorse l'infanzia in vari collegi poiché i suoi genitori, assai diversi per età, cultura e carattere, si erano separati pochi anni dopo il matrimonio. Insoddisfatto della formazione culturale arretrata e bigotta che gli veniva impartita, preferí orientarsi verso le novità provenienti soprattutto dalla Francia, che in quegli anni era agitata dalla rivoluzione. Dopo i primi esperimenti letterari ispirati agli ideali rivoluzionari di libertà, uguaglianza e fratellanza, nel 1805 si trasferí a Parigi presso la madre che viveva con il conte Carlo Imbonati, uomo di grande cultura e nobiltà d'animo. Ma quando arrivò a Parigi l'Imbonati era morto da poco e il giovane Manzoni, per confortare la madre, scrisse il suo primo componimento di un certo impegno e valore artistico, il carme *In morte di Carlo Imbonati*, in cui delineava il suo programma di vita morale. Durante il soggiorno parigino ebbe occasione di frequentare un gruppo di intellettuali, gli ideologi, che professavano ideali di libertà e di giustizia in aperta polemica con Napoleone. Dagli incontri con gli ideologi derivò al giovane Manzoni l'interesse per la storia e una spiccata attenzione ai problemi morali e alla dimensione del divino. Dopo il matrimonio con Enrichetta Blondel, fervente calvinista, e la conversione di questa al cattolicesimo, Manzoni si accostò con piena convinzione alla religione, che da quel momento – siamo nel 1810 – avrebbe costituito la guida e il punto di riferimento di tutta la sua vita. Rientrato in Italia dopo la «conversione», diede inizio a una fervida stagione creativa che si prolungò ininterrottamente dal 1812 al 1827. Compose gli *Inni sacri* (1812-1815), in cui celebrava le principali feste del calendario liturgico, e alcune odi di argomento politico, tra le quali la piú nota è *Marzo 1821*. Nel 1821 in soli tre giorni scrisse *Il cinque maggio* in occasione della morte di Napoleone. Tra il 1816 e il 1822 compose due tragedie: *Il Conte di Carmagnola*, e *Adelchi*. Contemporaneamente si dedicava a opere saggistiche, nelle quali esponeva le sue idee sulla poesia che, secondo una famosa definizione, doveva proporsi «il vero per soggetto, l'utile per iscopo e l'interessante per mezzo». Manzoni infatti era orientato verso una produzione letteraria che si occupasse della realtà e soprattutto dell'uomo e dei suoi problemi morali e che facesse riflettere il lettore educandone l'anima e la mente. Fondandosi su queste chiare posizioni, nel 1821 cominciò a comporre la sua opera piú importante, *I promessi sposi*, che pubblicò una prima volta nel 1827 e una seconda volta nel 1840 ottenendo immediatamente uno straordinario successo. Nel 1860 fu nominato da Vittorio Emanuele II senatore del Regno d'Italia. La vita privata dello scrittore fu però turbata da molti lutti: gli morirono sia la prima sia la seconda moglie e la maggior parte dei numerosi figli avuti da Enrichetta. Il suo pessimismo si fece sempre piú cupo e dopo la composizione del romanzo egli preferí abbandonare la letteratura e dedicarsi a opere di storia e di saggistica. Morí ultraottuagenario nel 1873. Nell'anniversario della sua scomparsa, il 22 maggio 1874, venne eseguita per la prima volta la *Messa da requiem* composta in suo onore da Giuseppe Verdi.

E sparve, e i dí nell'ozio
chiuse in sí breve sponda,
segno d'immensa invidia
e di pietà profonda,
d'inestinguibil odio
e d'indomato amor.

Come sul capo al naufrago
l'onda s'avvolve e pesa,
l'onda su cui del misero,
alta pur dianzi e tesa,
scorrea la vista a scernere
prode remote invan;

tal su quell'alma il cumulo
delle memorie scese!
Oh quante volte ai posteri
narrar se stesso imprese,
e sull'eterne pagine
cadde la stanca man!

Oh quante volte, al tacito
morir d'un giorno inerte,
chinati i rai fulminei,
le braccia al sen conserte,
stette, e dei dí che furono
l'assalse il sovvenir!

E ripensò le mobili
tende, e i percossi valli,
e il lampo de' manipoli,
e l'onda dei cavalli,
e il concitato imperio,
e il celere ubbidir.

Ahi! forse a tanto strazio
cadde lo spirto anelo,
e disperò; ma valida
venne una man dal cielo,
e in piú spirabil aere
pietosa il trasportò;

55-56. E sparve ... sponda: e tuttavia, nonostante tanta grandezza, egli scomparve e concluse i suoi giorni nella piú totale inattività, egli che era stato uomo d'azione, e in un'isola cosí piccola (Sant'Elena, sperduta nell'Atlantico), lui che aveva dominato l'Europa.
57-60. segno ... amor: ancora oggetto di passioni non placate: di immensa invidia e di profonda pietà, di odio inestinguibile da parte dei nemici e di amore indomabile da parte dei suoi seguaci.
61-66. Come sul capo ... invan: come sul capo del naufrago s'avvolge e grava l'onda sulla quale il misero fino a poco prima spingeva la sua vista nella vana speranza di scorgere la costa.
67-68. tal ... scese!: allo stesso modo, con la pesantezza dell'onda che travolge il naufrago, scese su quell'anima il peso dei ricordi.
70. narrar ... imprese: cominciò a scrivere le sue memorie per i posteri.
71-72. e sull'eterne ... man!: e su quelle pagine che sarebbero rimaste eterne nel ricordo dei posteri, cadde la sua mano stanca. Il ricordo troppo doloroso del passato impedirà a Napoleone di terminare la stesura delle sue memorie.
73-78. Oh quante ... sovvenir!: oh quante volte al silenzioso tramonto di un giorno trascorso in una forzata inattività, abbassati gli occhi lampeggianti, strette le braccia al petto, se ne stette immobile e fu assalito dai ricordi.
79-80. le mobili ... valli: le tende degli accampamenti rapidamente spostate da un luogo all'altro e le trincee colpite dal fuoco nemico.
81. il lampo de' manipoli: lo scintillare delle armi dei plotoni durante i combattimenti.
82. l'onda dei cavalli: il rapido avanzare dei cavalli.
83-84. il concitato ... ubbidir: i comandi secchi e rapidi e la loro altrettanto rapida esecuzione.
86. cadde ... anelo: si abbatté l'animo affannato.
87-88. ma valida ... cielo: ma dal cielo scese in suo aiuto la misericordia divina.
89-90. e in piú spirabil ... trasportò: e lo trasportò pietosa in un'atmosfera piú serena.

91-92. l'avvìo ... speranza: lo guidò lungo i sentieri fioriti della speranza.
93. ai campi eterni: in cielo.
94-96. che i desideri ... passò: al premio della beatitudine eterna che supera qualsiasi desiderio umano, rispetto al quale la gloria terrena non è altro che oscurità e silenzio.
98. avvezza: abituata.
99. Scrivi ... allegrati: segna anche questo trionfo e rallegrati.
100-102. ché più superba ... chinò: perché nessun uomo più grande di Napoleone si è mai chinato dinanzi alla croce.
– **disonor del Golgota:** è una perifrasi che sta a indicare la croce; si riferisce al fatto che per gli ebrei la crocifissione era un supplizio infamante. Golgota è il monte sul quale fu crocifisso Gesú.
103-104. Tu ... parola: tu allontana dalle ceneri di quell'uomo cosí provato ogni parola malevola.
105. atterra e suscita: abbatte e solleva.
107. sulla deserta coltrice: sul letto abbandonato da tutti ma non dalla misericordia divina.
108. accanto ... posò: fu accanto a lui per confortarlo nel momento della morte.

e l'avviò, pei floridi
sentier della speranza,
ai campi eterni, al premio
che i desideri avanza,
95 dov'è silenzio e tenebre
la gloria che passò.

Bella Immortal! benefica
fede ai trionfi avvezza!
Scrivi ancor questo, allegrati;
100 ché piú superba altezza
al disonor del Golgota
giammai non si chinò.

Tu dalle stanche ceneri
sperdi ogni ria parola:
105 il Dio che atterra e suscita,
che affanna e che consola,
sulla deserta coltrice
accanto a lui posò.

Entriamo nel testo

I temi

L'elemento testuale che immediatamente si impone all'attenzione del lettore è la **duplice ellissi** del titolo e del primo verso. Nel titolo manca l'indicazione dell'anno e questo ci fa capire che ci troviamo in presenza di una data storica cosí importante e straordinaria che qualunque ulteriore precisazione risulterebbe superflua. Nel primo verso il nome di Napoleone è sostituito da un pronome di terza persona accompagnato dal passato remoto del verbo *essere* (*Ei fu*). I due monosillabi racchiudono in uno spazio brevissimo l'intero arco di un'esistenza eccezionale. La frase comunica la sensazione della brevità e piccolezza della vita umana di fronte alla grandezza divina. Dal punto di vista tematico l'ode si può suddividere in cinque sezioni di diversa ampiezza:

- le prime due strofe descrivono lo stupore che ha colto l'Europa all'annunzio della morte di Napoleone;
- nelle due strofe successive (3 e 4) il poeta precisa quale è stata la sua posizione di fronte all'ascesa e alla caduta dell'eroe;
- quindi ha inizio un'ampia sezione (strofe 5-10) che racchiude l'intera parabola della vita dell'imperatore: le vittorie, le sconfitte, la rivincita e la definitiva caduta;
- segue la descrizione di Napoleone relegato nell'isola solitaria e travagliato dall'accavallarsi dei ricordi (strofe 11-14);
- giunge infine a placare quello spirito affannato, ormai sull'orlo della disperazione, la mano di Dio che guida l'uomo alla fede e alla speranza e dà significato alla sua vita (strofe 15-18).

È evidente che Manzoni non intende esprimere nell'ode un giudizio storico e politico sulla figura di Napoleone; quel che a lui interessa è svolgere delle **riflessioni morali** su un argomento cosí complesso. Considerata in una prospettiva umana, la vicenda dell'imperatore francese appare straordinaria per gli altissimi traguardi raggiunti nell'ascesa e per la rapidità della caduta, ma, vista in una prospettiva religiosa, essa è un **esempio della fragilità e dei limiti della gloria terrena che non è in grado di dare all'uomo la vera felicità**. È proprio nel momento della solitudine e della sconfitta, invece, che Napoleone trova, attraverso la **fede**, il suo approdo. A questo punto tutto si capovolge: i successi politici e militari non contano piú nulla, il culmine della grandezza coincide con il momento in cui l'uomo, un tempo grande e temuto, si prostra dinanzi alla croce, umile e indifeso come la piú debole delle creature.

La poesia attraverso i tempi : La poesia romantica

Il lessico e la sintassi

Nel testo si alternano momenti di grande rappresentanzione epica contrassegnati dal dinamismo e momenti di riflessione caratterizzati dall'immobilità. Il **dinamismo** predomina nelle parti in cui viene rievocata la vicenda terrena di Napoleone (vv. 15-16; 25-30; 37-48; 79-84). Qui il linguaggio si fa teso e concitato e le frasi sono brevi e paratattiche.
Nelle parti di riflessione e di commento (vv. 1-25; 31-36; 49-78) e in quelle che descrivono la sconfitta di Napoleone le strutture sintattiche si distendono per piú strofe e racchiudono ampie similitudini, trasmettendo una sensazione di **immobilità**. L'impressione di **movimento**, ma piú pacato e lieve, affiora nuovamente nelle ultime strofe (vv. 85-108). L'effetto è ottenuto grazie all'uso di verbi che indicano movimento dall'alto verso il basso (*venne*, *chinò*) e dal basso verso l'alto (*trasportò*, *avviò*).

Esercizi

Competenza trasversale:

a Acquisire ed interpretare l'informazione
b Individuare collegamenti e relazioni

c Comunicare
d Comunicare nelle lingue straniere

▪ Comprensione e competenza testuale

1. Qual è la reazione del poeta all'annuncio della morte di Napoleone? Quali le reazioni della società?
2. Da che cosa è stata caratterizzata la vita di Napoleone?
3. Quali sentimenti prova l'imperatore durante il suo esilio a Sant'Elena?
4. Qual è il suo rapporto con la fede nell'ultimo periodo di vita?
5. Che tipo di versi costituiscono quest'ode manzoniana?
6. Che cos'è un'ode?
7. Individua tutti i versi tronchi presenti nel componimento e spiega perché si chiamano cosí.
8. Come si è osservato nell'analisi, l'ode è contrassegnata da una costante oscillazione fra i poli del dinamismo e dell'immobilità. Esamina il componimento dal punto di vista lessicale e disponi su due colonne le parole che comunicano sensazioni di movimento e quelle che comunicano sensazioni di immobilità.
Indica, quindi, per ciascuna parola trovata, a quale situazione si riferisce.
9. Nel testo ricorre per quattro volte il pronome *ei* riferito a Napoleone. Descrivi brevemente le diverse situazioni della vita di Napoleone a cui di volta in volta esso allude.

▪ Produzione

a 10. Servendoti di un libro di storia o di un'enciclopedia, ricostruisci i momenti della vicenda politica di Napoleone a cui il poeta allude nell'ode, in modo da delineare un profilo storico del personaggio.
11. Dopo aver letto l'ode ed esserti documentato su Napoleone, ti sarai fatto un'idea del carattere del personaggio e delle sue reazioni di fronte agli eventi. Prova allora a tracciarne per iscritto un ritratto psicologico dal momento dell'ascesa a quello della sconfitta. Potrà esserti utile anche osservare qualche ritratto di Napoleone dal quale potrai trarre spunto per arricchire il profilo con delle notazioni di tipo fisiognomico.

Emily Dickinson
Tiene il ragno un gomitolo d'argento

- E. Dickinson, *Poesie*, trad. di M. Guidacci, Rizzoli, Milano, 1995

Per la biografia e l'opera di
Emily Dickinson
vedi pagg. 78 e 79.

IN SINTESI: La tela del ragno, che viene tessuta rapidamente e ricopre anche gli oggetti piú preziosi e che all'improvviso si interrompe e penzola da un manico di scopa, sta a simboleggiare la vita umana nel suo dispiegarsi e nel suo interrompersi.

Forma metrica: dodici versi liberi raggruppati in tre quartine.

genere: poesia lirica | *epoca:* metà dell'Ottocento | *luogo:* USA | *lingua originale:* inglese

The Spider holds a Silver Ball
In unperceived Hands –
And dancing softly to Himself
His Yarn of Pearl – unwinds –

5 He plies from Nought to Nought –
In unsubstantial Trade –
Supplants our Tapestries with His –
In half the period –

An Hour to rear supreme
10 His Theories of Light –
Then dangle from the Housewife's Broom –
His Sophistries – forgot

Tiene il ragno un gomitolo d'argento
Con due mani invisibili
In una danza dolce e solitaria
Sdipana il filo di perla.

Di nulla in nulla avanza
Col suo lavoro immateriale.
Ricopre i nostri arazzi con i suoi
Nella metà del tempo.

Gli basta un'ora ad innalzare estreme
Teorie di luce.
Pende poi dalla cima di una scopa,
Dimenticando ogni sua sottigliezza.

1-4. Tiene ... perla: il ragno ha un gomitolo di filo prezioso che disfa con movimenti di danza solitaria.
5-8. Di nulla ... del tempo: la tela del ragno viene paragonata alla nostra esistenza che, come la ragnatela, si dispiega dal nulla che precede la nascita al nulla che segue alla morte. Essa si forma in breve tempo e va a coprire i nostri oggetti piú preziosi, rappresentati dagli arazzi.

9-12. Gli basta ... sottigliezza: la ragnatela, come la vita, avanza rapidamente, poi all'improvviso penzola da un manico di scopa e di essa nulla resta. – **Teorie di luce**: letteralmente l'espressione significa cortei di luce e si riferisce alle ragnatele sottili e luminescenti che il ragno innalza. In chiave simbolica allude alle mete piú alte che un uomo può raggiungere durante la vita.

La poesia attraverso i tempi — La poesia romantica

Entriamo nel testo

I temi e la loro distribuzione

Nella prima strofa il ragno assume connotazioni umane e questo elemento è indicativo della dimensione simbolica che si va via via delineando. Infatti il dipanare *il filo di perla / Di nulla in nulla* ci fa pensare al **trascorrere dell'esistenza** che si svolge tra due nullità prima della nascita e dopo la morte. Al ragno basta pochissimo tempo per innalzare *estreme / Teorie di luce*, come all'uomo può capitare di raggiungere rapidamente il vertice del successo, ma improvvisamente pende... dalla cima di una scopa e cade nell'oblio.

La lirica è scandita in tre strofe ognuna delle quali coincide con un concetto: nella prima assistiamo alla danza dolce e solitaria attraverso la quale viene sdipanato il gomitolo della vita; nella seconda emerge il concetto della vita che si svolge tra due nullità; nella terza vi è la contrapposizione tra la rapidità con cui si può passare dalla più alta vetta del successo al più completo oblio.
La suggestione della lirica è affidata alla leggerezza delle immagini e alle raffinate metafore utilizzate dall'autrice.

Esercizi

Competenza trasversale:

- **a** Acquisire ed interpretare l'informazione
- **b** Individuare collegamenti e relazioni
- **c** Comunicare
- **d** Comunicare nelle lingue straniere

- **Comprensione e competenza testuale**

1. Spiega in forma scritta il significato della prima strofa.
2. Trascrivi le metafore presenti nella poesia e spiegane il significato.

d 3. Leggi il testo in lingua inglese e individua le parole chiave.

- **Produzione**

4. Scrivi la parafrasi della poesia.
5. Scrivi in un breve testo le emozioni e le riflessioni che suscita in te questa poesia.

Ritratto d'autore
Giacomo Leopardi

La biografia

A. Ferrazzi, *Giacomo Leopardi*, 1820. Recanati, Casa Leopardi.

Giacomo Leopardi è il più grande poeta lirico del nostro Ottocento. Nasce nel 1798 a Recanati, una cittadina dello Stato Pontificio, geograficamente e ideologicamente lontana dai grandi centri nei quali si svolgeva la vita politica e culturale del tempo. A Recanati le idee nuove giungevano in ritardo, mutilate e distorte dalla censura pontificia. Nella famiglia Leopardi, di antica nobiltà, ma economicamente decaduta, l'atmosfera era alquanto fredda e cerimoniosa. Il padre, conte Monaldo, aveva impiegato gran parte del patrimonio ereditato per arricchire la sua biblioteca nella quale si contavano migliaia di libri di ogni genere. La madre, Adelaide Antici, una donna rigida e bigotta, aveva sostituito il marito, incapace di amministrare i beni di famiglia, nella gestione degli affari della casa, imponendo un regime di vita molto rigoroso. Il giovane Leopardi, secondo la consuetudine delle famiglie aristocratiche, viene educato in casa insieme con i fratelli da un precettore ecclesiastico il quale ben presto non ha più nulla da insegnargli. Egli allora continua a studiare da solo utilizzando la sterminata biblioteca paterna; impara il greco e l'ebraico e si dà a lavori di profonda erudizione che ottengono il plauso e l'ammirazione di importanti studiosi del tempo, italiani e stranieri. Sono «sette anni di studio matto e disperatissimo», come egli stesso li definì, dal 1811 al 1818, che hanno gravi ripercussioni sulla sua salute già malferma. Il giovane Leopardi ne esce con il fisico rovinato e con la vista gravemente indebolita. Risalgono a questo periodo le traduzioni dal latino e dal greco, la stesura di imponenti opere di erudizione e i primi componimenti poetici fra i quali le liriche civili, di cui la *Canzone all'Italia* è certamente la più nota.

Man mano che si allargano gli interessi culturali, cresce anche l'insofferenza per l'ambiente recanatese gretto e meschino. Intanto egli va maturando le sue convinzioni politiche, filosofiche e poetiche. Agli anni 1819-21 risale la composizione degli *Idilli*: *Alla luna*, *La sera del dí di festa*, *L'infinito*, *La vita solitaria*, *Il sogno*. Finalmente nel 1822 riesce ad allontanarsi da Recanati e si reca a Roma, ospite degli zii materni. Ma l'ambiente sociale e la vita culturale della città lo deludono profondamente, cosí dopo pochi mesi decide di tornare a Recanati dove rimane fino a tutto il 1824.

Risale al 1825 la seconda uscita dal borgo natio. È questo uno dei periodi piú fervidi della vita di Leopardi durante il quale egli si reca a Milano, a Bologna, a Firenze, a Pisa, dove

incontra importanti intellettuali e riceve manifestazioni di stima e di ammirazione. Rientrato nel 1828 a Recanati, vi ritrova l'atmosfera degli anni giovanili che, osservata con occhi nuovi, suscita in lui emozioni e ricordi. Da questo stato d'animo scaturiscono alcune delle sue liriche piú alte: *A Silvia, Il sabato del villaggio, La quiete dopo la tempesta, Le ricordanze, Il canto notturno di un pastore errante dell'Asia.*
La permanenza a Recanati dura due anni; nel 1830, grazie agli amici toscani che lo sovvenzionano economicamente, Leopardi può partire per Firenze. Qui incontra Fanny Targioni Tozzetti, una donna della quale si innamora senza essere corrisposto. Questa passione gli ispira cinque componimenti d'amore, il cosiddetto *Ciclo di Aspasia.*
A Firenze rivede anche Antonio Ranieri che aveva già conosciuto qualche anno prima e con lui si trasferisce prima a Roma e poi a Napoli dove trascorre gli ultimi anni della sua vita.
Muore nel 1837 durante un'epidemia di colera senza aver ottenuto in vita quella fama che gli sarebbe stata ampiamente tributata solo dopo la morte.

Il pessimismo leopardiano

Il 1819 fu un anno cruciale nella biografia leopardiana. Colpito da una malattia agli occhi che gli impedí per un anno intero di leggere e scrivere, cominciò a riflettere sulla condizione dell'uomo e sulla sua infelicità, elaborando un sistema di pensiero basato sul conflitto natura-ragione. È questa la prima fase del pessimismo leopardiano che prende il nome di **pessimismo storico** perché il poeta attribuisce la responsabilità dell'infelicità dell'uomo al progresso che lo ha portato ad allontanarsi dallo stato di natura.
Secondo Leopardi, infatti, la natura aveva posto gli uomini in una condizione di assoluta felicità, celando, come una madre benevola, «l'arido vero» con il velo delle illusioni e con la forza della fantasia che negli antichi era molto sviluppata. L'uso della ragione, però, ha indotto gli uomini a squarciare il velo delle illusioni e a poco a poco essi, spinti dal desiderio di migliorare le loro condizioni di vita, sono passati dalla felicità all'infelicità, hanno smarrito gli antichi valori e sono precipitati in una condizione di meschinità e di ignavia. Solo alcuni individui dall'animo nobile osano combattere contro la decadenza dei valori, ispirandosi a grandi ideali, fra cui l'amore per la patria, ma sono destinati alla sconfitta. Questo atteggiamento prende il nome di **titanismo**.
Col passar del tempo però Leopardi modifica questa concezione del mondo e approda al **pessimismo cosmico** cioè a un pessimismo totale ed esistenziale nell'ambito del quale la responsabilità dell'infelicità è attribuita alla natura; la sofferenza non scaturisce piú soltanto dall'antitesi fra i grandi ideali e la realtà meschina, ma dagli stessi meccanismi della vita, diremmo da una legge di natura che è comune a tutti gli esseri viventi. Non soffrono soltanto gli uomini, ma anche gli animali e le piante, perché tutti sono stritolati dal meccanismo freddo e indifferente della natura che procede nel suo cammino in un perpetuo alternarsi di creazione e distruzione. La fine della giovinezza, le malattie, la vecchiaia, la morte, le sofferenze fisiche sono i mali che affliggono l'umanità, alla quale nessun piacere è consentito al di là di quello, fittizio e momentaneo, che scaturisce dalla cessazione di un dolore o dall'attesa di un bene futuro. Unico antidoto alla sofferenza è la dignità della ragione, che viene adesso rivalutata: essa permette all'uomo di rendersi conto della propria condizione e può portarlo a un atteggiamento di solidarietà nei confronti degli altri suoi compagni di sventura.
Nonostante questo profondo pessimismo, comunque, i versi di Leopardi non inducono mai alla disperazione: egli invita l'uomo ad accettare dignitosamente la sua condizione, a non sfuggire alla verità rifugiandosi in vane illusioni e a sentirsi unito a tutti gli altri esseri viventi da quella che chiama la **social catena**, un rapporto di amore e solidarietà che aiuta a sopportare i mali della vita.

Le opere

La produzione letteraria di Leopardi, nonostante la brevità della sua esistenza, è sterminata e spazia dalla poesia alla prosa, dalla lirica alla saggistica. Ci limiteremo qui a ricordare solo le sue opere più importanti: i *Canti*, che riuniscono i componimenti in versi a partire dal 1818; lo *Zibaldone*, un'enorme raccolta di appunti, pensieri, riflessioni filosofiche, politiche, letterarie, insomma una sorta di diario spirituale che egli tenne dal 1817 al 1832; le *Operette morali*, 24 dialoghi satirici in prosa nei quali il poeta, ispirandosi allo scrittore greco Luciano di Samosata, medita ora con ironia ora con partecipazione sulla condizione dell'uomo. Anche se ogni componimento affronta una tematica specifica, l'opera fornisce una sistemazione chiara e organica del pensiero filosofico di Leopardi.

I *Canti*

Nei *Canti* Leopardi riunì tutti quei componimenti che rispondevano alla sua idea di poesia come **lirica**, **canto che sgorga dall'animo del poeta** e trova ordine, misura, armonia al suo interno e non in schemi prestabiliti. Si coglie in questa idea della poesia l'influenza del Romanticismo, anche se Leopardi non accettò fino in fondo tutti gli aspetti di questa corrente culturale e si definì più volte antiromantico. Essa, secondo Leopardi, deve suscitare, attraverso le parole e le immagini, il senso del **vago** e dell'**indefinito**, si nutre del ricordo, o meglio della **rimembranza**, e si esprime in un linguaggio vivo e familiare, impreziosito da alcune **parole peregrine**, cioè antiche e lontane dall'uso.

Nella raccolta dei *Canti* un posto particolare occupano gli *Idilli*, cinque poesie (*L'infinito*, *Alla luna*, *La sera del dí di festa*, *Il sogno*, *La vita solitaria*) composte fra il 1819 e il 1821 a cui il poeta diede questo nome perché richiamavano, per la tematica ispirata al mondo della natura, gli *Idilli* dei poeti dell'antica Grecia: Mosco e Teocrito. Nel mondo greco l'idillio era un breve componimento di argomento pastorale dai toni vivaci e dal taglio descrittivo, talora a carattere dialogico. Leopardi si riallaccia a questa tradizione, ma la rinnova profondamente. La sua non è «poesia d'immaginazione» come quella degli antichi, che guardavano alla natura con gli occhi della fantasia, la trasfiguravano e la personificavano; è invece «**poesia sentimentale**» nella quale il poeta dà voce al respiro della sua anima, cioè ai sentimenti, all'onda di ricordi e di emozioni suscitati in lui da uno spettacolo naturale: la luna che illumina il giardino paterno, la sera di un giorno di festa, una siepe che impedisce al suo sguardo di spaziare lontano. Successivamente i critici hanno accostato agli *Idilli* i canti recanatesi del 1828-30. È pertanto invalsa la consuetudine di definire i primi *piccoli idilli*, i secondi *grandi idilli* sia per la maggiore ampiezza sia perché il poeta allarga la sua visione dalla sfera soggettiva a quella universale. Infatti, partendo dall'osservazione di un evento naturale o di un momento della vita del borgo, egli medita sulla condizione degli uomini e sul loro destino di sofferenza e di morte.

Nei *piccoli idilli* Leopardi adotta l'endecasillabo sciolto, nei *grandi idilli* invece elabora una soluzione metrica nuova: la canzone libera, costituita da strofe nelle quali si alternano liberamente endecasillabi e settenari.

La **lingua** leopardiana degli *Idilli* è un miracolo di **equilibrio**, **purezza** e **armonia**. Vi confluiscono termini della lingua poetica tradizionale, vocaboli semplici e quotidiani, parole che danno il senso della vastità e dell'infinito come *tanto*, *lontano*, *antico*, e parole «peregrine», cioè arcaiche e poco usate, che accentuano la sensazione di indefinito con cui Leopardi fa coincidere l'essenza della poesia.

La poesia attraverso i tempi — Giacomo Leopardi

L'infinito

- G. Leopardi, *Poesie*, a cura di G. Ferretti, Utet, Torino, 1966

IN SINTESI: Il poeta si trova su un colle solitario, in uno spazio limitato da una siepe, ma la sua immaginazione si proietta al di là di quel limite nella dimensione dell'infinito che gli procura insieme sgomento e piacere.

Forma metrica: endecasillabi sciolti.

genere: poesia lirica — *epoca:* 1819 — *luogo:* Recanati — *lingua originale:* italiano

---

Sempre caro mi fu quest'ermo colle,
e questa siepe, che da tanta parte
dell'ultimo orizzonte il guardo esclude.
Ma sedendo e mirando, interminati
5   spazi di là da quella, e sovrumani
silenzi, e profondissima quïete
io nel pensier mi fingo; ove per poco
il cor non si spaura. E come il vento
odo stormir tra queste piante, io quello
10 infinito silenzio a questa voce
vo comparando: e mi sovvien l'eterno,
e le morte stagioni, e la presente
e viva, e il suon di lei. Cosí tra questa
immensità s'annega il pensier mio:
15 e il naufragar m'è dolce in questo mare.

---

1. ermo: solitario. – **colle:** allude al colle Tabor, un'altura a breve distanza dal palazzo Leopardi, oggi nota con il nome di «colle dell'infinito».
2-3. che ... esclude: che sottrae alla mia vista tanta parte del lontano orizzonte.
4-7. Ma sedendo ... mi fingo: ma, mentre sto seduto a contemplare, immagino nella mia mente sconfinati spazi al di là di quella siepe e sovrumani silenzi e una profondissima calma.
7-8. ove ... spaura: tanto che il cuore prova quasi un senso di sgomento di fronte a tanta vastità.
8. E come: e non appena.
9-11. io ... comparando: io metto a confronto il tempo con l'eterno, la voce del vento con il silenzio dell'infinito. – **mi sovvien:** mi viene in mente.
12. le morte stagioni: il tempo passato.
12-13. e la presente ... di lei: e il tempo presente che pulsa dei rumori della vita.
13-14. Cosí ... mio: cosí il mio pensiero sprofonda nell'immensità dell'infinito.
15. e il naufragar ... mare: ed è dolce per me affondare e annullarmi in questo mare.

Entriamo nel testo

Il tema

Il componimento, che fa parte dei *piccoli idilli*, svolge un tema assai diffuso nella cultura del tempo: la **tensione verso l'infinito**, fortemente sentita dagli scrittori romantici italiani ed europei. La meditazione nasce nella lirica da una situazione in cui la possibilità visiva di spaziare fino all'estremo orizzonte è impedita da un ostacolo: la siepe. Ma proprio questo attiva l'immaginazione del poeta, che in un primo momento si raffigura mentalmente l'immensità dell'infinito, poi viene riportato dalla voce del vento alla dimensione limitata del presente, infine si immerge e si annulla con un brivido di piacere nel mare dell'infinito.

A livello tematico la lirica si articola in quattro sezioni.

- Nella prima (vv. 1-3) viene descritta la situazione iniziale: il poeta si trova in un luogo determinato e familiare (*quest'ermo colle*), chiuso da una frontiera (*questa siepe*) che limita la sua vista.
- Nella seconda (vv. 4-8) assistiamo allo scatto della mente, che supera l'ostacolo della siepe e immagina l'infinito, le cui caratteristiche sono

Ritratto d'autore

l'assenza di limiti (*interminati / spazi*), il silenzio (*sovrumani / silenzi*), la quiete (*profondissima quïete*). Di fronte a tanta vastità il cuore prova un moto di sgomento.

- Nella terza sezione (vv. 8-13) il poeta viene ricondotto alla realtà dalla voce del vento e comincia a istituire mentalmente un paragone tra il finito e l'infinito, spostandosi dalla dimensione spaziale a quella temporale. Il finito questa volta si identifica con il fluire del tempo (*le morte stagioni*) e con la vita pulsante di suoni e di movimento (*la presente / e viva, e il suon di lei*); l'infinito con la quiete dell'eterno. Un'analoga relazione aveva istituito Foscolo nel sonetto *Alla sera* tra la pace della sera-morte e il tumulto della Storia (vedi pag. 75).
- Nell'ultima sezione (vv. 13-15) il poeta approda nuovamente all'infinito che torna a essere connotato con indicazioni spaziali (*questo mare*). Questa volta però egli non cerca di accoglierlo dentro di sé, ma si immerge totalmente in esso fino a sprofondarvi, provando, in questo totale annullamento del suo essere, una sensazione di sconfinata dolcezza.

La forma metrica

Le sensazioni espresse sul piano tematico trovano conferma negli altri livelli del testo, a cominciare da quello metrico. Pur adottando un numero di versi vicino a quelli del sonetto (15 endecasillabi a fronte dei 14 del sonetto), Leopardi rifiuta la tradizionale partizione in quartine e terzine e si serve dell'endecasillabo sciolto, creando una **struttura continua** che riproduce il fluire ininterrotto dell'immaginazione e si configura come uno dei procedimenti attraverso i quali il poeta suscita in chi legge la sensazione dell'infinito.
Una funzione importantissima in questo senso assolvono gli *enjambement* che sono molto numerosi (10 su un totale di 15 versi) e determinano altrettante sfasature fra struttura metrica e struttura sintattica. In particolare essi assolvono alla funzione di mettere in rilievo alla fine o all'inizio dei versi i termini che sul piano del significato evocano l'idea dell'infinito.

I suoni

Per quel che riguarda l'organizzazione dei suoni va messa in evidenza la «rilevanza strategica» del suono aperto della *a* che occupa numerose posizioni toniche (*càro, tànta pàrte* ecc.) e si trova in molte parole che evocano il senso dell'infinito, dell'indeterminato e sono quindi «poetiche» (*t**a**nt**a**, intermin**a**ti, sovrum**a**ni, profondissim**a**, immensità*).
Va anche notata la frequenza di parole caratterizzate dai gruppi consonantici *-nt*, *-ns*, *-nz*, *-nf* che creano effetti di amplificazione dei suoni. Anche in questo caso il fenomeno investe spesso parole legate per il significato all'idea dell'infinito.

Le scelte lessicali

La tensione tra finito e infinito si può cogliere anche a livello lessicale. Notiamo infatti che, mentre nei primi due versi in cui viene descritto il luogo chiuso e limitato che rappresenta il finito il poeta adopera esclusivamente parole monosillabiche e bisillabiche (*Sempre caro mi fu quest'ermo colle, / e questa siepe, che da tanta parte*), a partire dal verso 3, e con sempre maggior frequenza nei successivi, in cui si passa dalla dimensione del finito a quella dell'infinito, si nota la predominanza di **parole polisillabiche** ulteriormente dilatate dall'*enjambement* (*ultimo orizzonte; sedendo e mirando; interminati; sovrumani; profondissima*). L'alternanza di parole bisillabiche e polisillabiche si può rilevare anche nelle altre due sezioni del testo, a seconda che il poeta parli del finito o dell'infinito.

Le strutture sintattiche

Sul piano sintattico l'attenzione va rivolta a due aspetti: l'uso dei deittici *questo* e *quello* e la struttura dei periodi.

- Partendo dal dato indiscutibile che *questo* indica vicinanza e *quello* lontananza, osserviamo che l'autore, attraverso l'uso alternato dei deittici, guida il lettore in un **cammino oscillante tra finito e infinito**. *Questo*, in funzione di aggettivo, viene adoperato per esprimere vicinanza ora al finito ora all'infinito; *quello*, in funzione di pronome o di aggettivo, è usato per indicare la lontananza dal finito o dall'infinito. Ad esempio, nei versi 1-2 in cui il poeta si trova in un luogo chiuso e determinato, i due oggetti simbolo del finito, cioè il colle e la siepe, sono accompagnati dall'aggettivo *questo* (*quest'ermo colle, / e questa siepe*). Viceversa al verso 5, quando il poeta si è proiettato nell'immaginazione dell'infinito, la siepe è indicata con il pronome

La poesia attraverso i tempi · **Giacomo Leopardi**

quella (*di là da quella*). Ciò significa che il poeta è lontano dal finito. La stessa tecnica ricorre nelle altre due sezioni della lirica.

- Per quel che riguarda l'organizzazione dei periodi, l'**inversione delle strutture sintattiche** riproduce a livello formale il duplice rapporto del soggetto con l'infinito. Nei versi 4-7 l'ampia inversione, collocando in primo piano i complementi oggetto (*interminati / spazi, sovrumani / silenzi, profondissima quïete*) e relegando in fondo al periodo il soggetto (*io nel pensier mi fingo*), lo fa apparire, come in effetti è, sopraffatto e quasi spaurito di fronte all'immaginazione dell'infinito.
Nei versi 9-13 la struttura viene capovolta: il soggetto, che chiudeva l'enunciato precedente, si trova, invece, all'inizio del periodo (*io quello / infinito silenzio ... / vo comparando: e mi sovvien*). L'io lirico riacquista padronanza di sé e passa a un atteggiamento dinamico che lo porta a confrontare il finito con l'infinito, il tempo con l'eterno.
Nell'ultimo verso il pronome personale, ridotto a un unico fonema (*m'*), è collocato al centro delle due parole chiave *naufragar* e *dolce* quasi a esprimere anche sintatticamente l'idea dell'immersione dell'io nell'infinito. Il brivido di piacere connesso all'annullamento dell'essere nel tutto è reso attraverso l'ossimoro che lega un verbo di morte come *naufragar* all'aggettivo *dolce*.

A conclusione dell'analisi risulta evidente la compenetrazione dei diversi livelli del testo: i due concetti di finito e di infinito sono di volta in volta espressi non solo attraverso il significato delle parole, ma mediante l'intreccio delle strutture foniche, metriche, lessicali e sintattiche.

Caspar David Friedrich, *Nuvole in movimento*. San Pietroburgo, Museo dell'Ermitage.

Incontro con il testo... ... poetico

Esercizi

Competenza trasversale:

a Acquisire ed interpretare l'informazione
b Individuare collegamenti e relazioni
c Comunicare
d Comunicare nelle lingue straniere

- **Comprensione e interpretazione**

1. Esamina il testo dal punto di vista dello spazio. Noterai che il poeta per rappresentare sia il finito sia l'infinito si serve di immagini spaziali. Quali sono e quali caratteristiche hanno i luoghi attraverso i quali viene raffigurato il finito? Quali sono e quali caratteristiche hanno quelli che si riferiscono all'infinito?

2. Come abbiamo osservato nell'analisi, i deittici *questo* e *quello* vengono adoperati per segnalare rispettivamente vicinanza e lontananza dal finito o dall'infinito. Ti abbiamo fatto rilevare questo uso nei primi versi della lirica. Continua l'analisi nei versi successivi.

3. Tutte le volte che si riferisce all'infinito, il poeta adopera parole al plurale e aggettivi al superlativo. Verifica questa affermazione sul testo. Ti sembra che ci sia una qualche relazione fra queste scelte espressive e l'idea dell'infinito? Se sí, quale?

- **Competenza testuale**

4. Leopardi non adopera la rima, tuttavia il testo è percorso da una costante armonia ottenuta, tra l'altro, anche grazie alle assonanze. Individuale nel testo.

5. Individua tutte le inversioni presenti nella lirica.

6. Spiega che cos'è un ossimoro.

7. Individua tutti gli *enjambement* e indica quali parole vengono messe in risalto attraverso questo artificio metrico.

8. Ricerca la parole chiave del testo e mettile in relazione in modo da ricostruire l'organizzazione tematica del componimento.

- **Produzione**

9. Fai la parafrasi del testo.

b 10. *L'infinito* di Leopardi presenta dei punti di contatto con il sonetto *Alla sera* di Ugo Foscolo (vedi pag. 75). Entrambi i poeti, partendo da un dato paesaggistico, giungono a una riflessione esistenziale e meditano sul rapporto tra il tempo e l'eterno e tra l'uomo e l'infinito. Metti a confronto i due testi e individua somiglianze e differenze. Per avviare l'analisi puoi servirti della traccia di lavoro che qui di seguito ti proponiamo.

   a. Quali immagini naturali inducono i due poeti alla riflessione esistenziale?
   b. Con quale appellativo i due poeti definiscono rispettivamente la *sera* e l'*ermo colle*?
   c. Quali riflessioni suscita in Foscolo la contemplazione della sera? Che cosa prova Leopardi contemplando il colle e la siepe?
   d. Quali sentimenti prova Foscolo al pensiero del *nulla eterno*? Che cosa prova Leopardi dinanzi all'infinito?
   e. Di quali espressioni si servono rispettivamente Foscolo e Leopardi per raffigurare la dimensione del tempo e della Storia?

   A conclusione del lavoro di analisi illustra in un testo espositivo i punti di contatto e le differenze fra le due liriche.

La poesia attraverso i tempi · **Giacomo Leopardi**

Il passero solitario

• G. Leopardi, *Poesie*, op. cit.

IN SINTESI: Il poeta si paragona a un passero solitario: come questo trascura i voli con gli altri uccelli e preferisce starsene sulla cima di un'antica torre e levare il suo canto che si diffonde nella campagna, cosí lui ama la solitudine ed evita la compagnia dei coetanei. C'è però una differenza tra i due: l'uccellino, la cui vita è guidata dall'istinto naturale, non avrà motivo di rammaricarsi di questa sua scelta; il poeta, invece, giunto alla vecchiaia, si pentirà inutilmente della sua vita solitaria.

Forma metrica: canzone libera, costituita da tre strofe di settenari ed endecasillabi variamente alternati e rimati.

genere: poesia lirica | *epoca:* 1819-1831 | *luogo:* Recanati | *lingua originale:* italiano

D' in su la vetta della torre antica,
passero solitario, alla campagna
cantando vai finché non more il giorno;
ed erra l'armonia per questa valle.
5 Primavera d'intorno
brilla nell'aria, e per li campi esulta,
sí ch'a mirarla intenerisce il core.
Odi greggi belar, muggire armenti;
gli altri augelli contenti, a gara insieme
10 per lo libero ciel fan mille giri,
pur festeggiando il lor tempo migliore:
tu pensoso in disparte il tutto miri;
non compagni, non voli,
non ti cal d'allegria, schivi gli spassi;
15 canti, e cosí trapassi
dell'anno e di tua vita il piú bel fiore.

Oimè, quanto somiglia
al tuo costume il mio! Sollazzo e riso,
della novella età dolce famiglia,
20 e te german di giovinezza, amore,
sospiro acerbo de' provetti giorni,
non curo, io non so come; anzi da loro
quasi fuggo lontano;
quasi romito, e strano
25 al mio loco natio,

1. D'in su la vetta: dall'alto della cima. – **della torre antica**: è la torre della chiesa di Sant'Agostino a Recanati; *antica* è una delle parole poetiche leopardiane.
2. passero solitario: uccello dal piumaggio scuro, appartenente alla famiglia dei tordi, che ha l'abitudine di stazionare sui ruderi. – **alla campagna**: dalla parte della campagna; dipende da *cantando vai*.
3. cantando vai ... giorno: trascorri il tempo cantando fino al tramonto.
4. erra: si diffonde.
6. brilla nell'aria ... esulta: splende nella luce limpida del cielo e si manifesta nei colori vivaci dei campi.
7. sí ... core: cosí che nel contemplarla il cuore si intenerisce.
8. Odi: si ode.
9. augelli: forma arcaica per «uccelli».
11. pur festeggiando ... migliore: tutti intenti a festeggiare la stagione della primavera che per loro è la piú bella.
12. il tutto miri: contempli ogni cosa.
13. non compagni, non voli: non cerchi compagni né voli.
14. non ti cal ... spassi: non t'importa dell'allegria, eviti i divertimenti.
15. trapassi: trascorri.
16. dell'anno ... fiore: la parte

piú bella dell'anno, cioè la primavera, e della tua vita, la giovinezza.
18. costume: modo di vita. – **Sollazzo e riso**: il divertimento e il riso; i due sostantivi dipendono da *non curo*: non cerco (v. 22).
19. della novella ... famiglia:

dolci compagni della giovinezza.
20. e te ... amore: e non cerco (*non curo*) neppure te, amore, fratello della giovinezza.
21. sospiro ... giorni: amaro rimpianto della vecchiaia.
22. io non so come: neppure io riesco a comprendere il

perché di questo mio atteggiamento.
22-23. anzi ... lontano: anzi cerco addirittura di evitarli, mi tengo lontano dai divertimenti propri dell'età giovanile.
24-26. quasi ... primavera: trascorro la primavera della mia vita, cioè la giovinezza, quasi

Ritratto d'autore

solitario (*romito*) ed estraneo al mondo in cui sono nato.
27. Questo giorno: il 15 giugno, giorno in cui cade la festa di san Vito, patrono di Recanati.
– **ch'omai ... sera**: che ormai si avvia al tramonto.
28. festeggiar ... borgo: si suole festeggiare nel nostro paese.
29. Odi ... squilla: si ode per il cielo sereno un suono di campana.
30. tonar di ferree canne: sono gli spari di armi da fuoco in segno di allegria.
31. che rimbomba ... villa: che rimbomba fino ai casolari piú lontani; il termine *villa* indica qui un isolato raggruppamento di case nella campagna.
34. si spande: si riversa.
35. e mira ... e in cor s'allegra: si compiace di guardare e di farsi guardare con ammirazione e si rallegra.
36. solitario: da solo, in disparte.
36-37. in questa ... uscendo: avviandomi verso la parte piú solitaria della campagna.
39. indugio: rimando. Il verbo regge i due complementi oggetto *diletto e gioco*.
39-44. e intanto ... vien meno: e intanto il mio sguardo rivolto verso l'aria luminosa è colpito dai raggi del sole che, tramontando dietro i monti lontani alla fine della giornata, sembra volermi ricordare che anche la lieta giovinezza si dilegua rapidamente.
45-46. solingo ... stelle: solitario uccellino, giunto alla fine della vita che il destino ti concederà.
47-48. del tuo costume ... dorrai: non avrai motivo di rimpianto per il tuo modo di vivere.
48-49. che di natura ... vaghezza: perché ogni vostro atteggiamento, per quanto possa apparire strano, è frutto di un istinto naturale.

passo del viver mio la primavera.
Questo giorno ch'omai cede alla sera,
festeggiar si costuma al nostro borgo.
Odi per lo sereno un suon di squilla,
30 odi spesso un tonar di ferree canne,
che rimbomba lontan di villa in villa.
Tutta vestita a festa
la gioventú del loco
lascia le case, e per le vie si spande;
35 e mira ed è mirata, e in cor s'allegra.
Io solitario in questa
rimota parte alla campagna uscendo,
ogni diletto e gioco
indugio in altro tempo: e intanto il guardo
40 steso nell'aria aprica
mi fere il Sol che tra lontani monti,
dopo il giorno sereno,
cadendo si dilegua, e par che dica
che la beata gioventú vien meno.

45 Tu, solingo augellin, venuto a sera
del viver che daranno a te le stelle,
certo del tuo costume
non ti dorrai; che di natura è frutto
ogni vostra vaghezza.
50 A me, se di vecchiezza
la detestata soglia
evitar non impetro,
quando muti questi occhi all'altrui core,
e lor fia vòto il mondo, e il dí futuro
55 del dí presente piú noioso e tetro,
che parrà di tal voglia?
che di quest'anni miei? che di me stesso?
Ahi pentirommi, e spesso,
ma sconsolato, volgerommi indietro.

50-57. A me, se di vecchiezza ... che di me stesso?: a me, invece, se non otterrò di morire giovane e di evitare cosí l'odiosa soglia della vecchiaia, quando i miei occhi non diranno piú nulla al cuore altrui, e il mondo apparirà a essi vuoto e il futuro si presenterà piú noioso e oscuro del presente, che cosa sembrerà di questo mio strano modo di vivere? che cosa penserò della mia vita? che cosa di me stesso?
58. pentirommi: mi pentirò.
58-59. e spesso ... indietro: e spesso con tristezza mi volgerò indietro nel vano tentativo di recuperare il tempo trascorso.

 Entriamo nel testo

I temi
Questo componimento fu ideato nel 1819, ma scritto o rielaborato fra il 1829 e il 1831. Per il tema, in cui prevale l'aspetto autobiografico, è piú vicino agli *Idilli* giovanili e infatti Leopardi nell'edizione dei *Canti* lo inserí accanto a questi. Il canto è costituito da tre strofe: la prima (vv. 1-16) descrive il costume di **vita del passero**

solitario; la seconda, piú ampia (vv. 17-44), descrive la **condizione del poeta**; la terza (vv. 45-59) mette in evidenza, attraverso il confronto, la radicale diversità dei due atteggiamenti e il diverso destino delle due creature: l'uccello, che ha agito guidato dall'istinto naturale, non avrà motivo di dolersi del suo costume di vita, il poeta, invece, rimpiangerà invano di non aver goduto delle uniche gioie dell'esistenza riservate alla giovinezza.

- Precise **corrispondenze** tematiche e lessicali e accurate simmetrie interne legano le prime due strofe. In entrambe vengono presentati due differenti stili di vita: quello contrassegnato dall'isolamento e dalla solitudine, rappresentato dal passero e dal poeta, e quello ispirato alla gioia e alla vitalità, simboleggiato dagli altri uccelli e dalla gioventú di Recanati. Le due strofe presentano la stessa struttura. Osserva lo schema:

I strofa (vv. 1-16)	II strofa (vv. 17-44)
Descrizione del costume di vita del passero (vv. 1-4)	Descrizione della vita del poeta (vv. 17-26)
Descrizione del festoso paesaggio primaverile (vv. 5-8)	Descrizione del giorno di festa nel borgo (vv. 27-31)
Descrizione del costume di vita degli altri uccelli (vv. 9-11)	Descrizione della gioventú di Recanati (vv. 32-35)
Descrizione del comportamento del passero (vv. 12-16)	Descrizione del comportamento del poeta (vv. 36-44)

- Nella terza strofa il parallelismo tra la vita del passero e quella del poeta si capovolge in una **drammatica contrapposizione**: *Tu ... non ti dorrai* vs *pentirommi*. L'aggiunta al verbo del pronome enclitico (*pentirommi*), l'abile collocazione di *sconsolato* interposto nel corpo della frase accentuano lo strazio del poeta e danno piú peso all'inutilità del suo volgersi indietro verso un passato che non può piú richiamare.

La lirica si conclude con la descrizione della vecchiaia che appare contrassegnata da tre elementi:
- il venir meno di quello scambio di sguardi in cui consiste la gioia della giovinezza (*quando muti questi occhi all'altrui core* richiama per antitesi il *mira ed è mirata* del verso 35);
- la caduta delle illusioni sul mondo;
- il crollo delle speranze nel futuro.

Le parole chiave
Le parole chiave comunicano, per un verso, sensazioni di **solitudine** e **immobilità**, per l'altro esprimono **movimento** e **socialità**.
Da una parte quindi abbiamo: *pensoso, romito e strano, schivo, non curo, fuggo*; dall'altra: *sollazzo e riso, amore, compagni, voli, mira ed è mirata, mille giri*.

Particolare attenzione meritano i versi dedicati alla *gioventú del loco* nei quali Leopardi riesce a cogliere, con eccezionale semplicità di mezzi stilistici, la gioia dello stare insieme, di comunicare i propri sentimenti, di farsi belli per gli altri, di compiacersi degli sguardi di ammirazione. A Leopardi basta la ripetizione di un verbo, *mira ed è mirata*, per esprimere lo scambio fuggevole degli sguardi e la felicità che ne scaturisce. Sulla spensieratezza della gioventú sembra però gettare un'ombra l'immagine del sole al tramonto che segna la fine della giornata ma ricorda anche che il tempo trascorre velocemente e che *la beata gioventú vien meno*.
Altrettanto significative sono le corrispondenze che legano la descrizione paesaggistica (vv. 5-11) e quella ambientale (vv. 29-31). Entrambe sono contrassegnate da movimento, allegria, suoni variegati che rompono la quiete della campagna e del borgo: i versi degli animali, le note acute delle campane, quelle gravi e cupe prodotte dagli spari. Interessante il rapporto a distanza che si viene a creare tra *brilla* del verso 6 e *squilla* del verso 29. Le due parole, collocate in posizione simmetrica, simili per suono, ma diverse per significato comunicano un'analoga impressione di festosità e di cristallina trasparenza.

Esercizi

Competenza trasversale:

a Acquisire ed interpretare l'informazione
b Individuare collegamenti e relazioni
c Comunicare
d Comunicare nelle lingue straniere

- **Comprensione**

1. Spiega con parole tue il contenuto della lirica, mettendo soprattutto in rilievo quali elementi accomunano il poeta e il passero solitario e quali li differenziano.
2. Quali sentimenti prova il poeta verso i suoi coetanei?
3. Quale immagine della vita del piccolo borgo scaturisce dalla lirica?

- **Competenza metrica**

4. La canzone libera leopardiana è costituita da endecasillabi e settenari liberamente accostati. Individua tutti i settenari e segna su di essi gli accenti ritmici.
5. Nella lirica ricorrono anche delle rime interne. Individuale e sottolineale.
6. Segnala tutti gli *enjambement* presenti nel testo e verifica in quali casi l'uso di questo artificio metrico provoca particolari effetti sul piano del significato.

- **Competenza testuale**

7. Leopardi adopera in questo componimento molte delle parole che egli definisce poetiche o perché comunicano il senso dell'indefinito o perché, essendo arcaiche, si discostano dall'uso e suscitano un'impressione di lontananza. Prova a individuare nel testo le parole poetiche suddividendole in due gruppi a seconda che appartengano al primo o al secondo tipo.
8. Quale particolare effetto, secondo te, ottiene Leopardi adoperando al verso 2 e al verso 37 l'espressione *alla campagna*?
9. Individua e sottolinea tutte le coppie di aggettivi, sostantivi, verbi presenti nella lirica.

- **Produzione**

10. Il bisogno di stare insieme, la vita di gruppo sono caratteristiche proprie della giovinezza che sembrano essere rimaste immutate nonostante il passare del tempo. Anche oggi infatti i giovani amano stare con gli amici e condividere i gusti dei loro coetanei. Ti sembra che l'immagine della giovinezza che scaturisce da questa poesia di Leopardi sia valida anche oggi? Quali sono i punti di contatto e quali le differenze fra quell'immagine e la realtà dei nostri giorni? Scrivi su questa tematica un testo espositivo-argomentativo.
11. Utilizzando le osservazioni contenute nell'analisi e quelle che hai ricavato svolgendo gli esercizi, scrivi un'analisi della lirica.

La poesia attraverso i tempi — **Giacomo Leopardi**

A Silvia

- G. Leopardi, *Poesie*, op. cit.

IN SINTESI: Il poeta rievoca la figura di Silvia, una giovane i cui sogni sono stati spezzati dalla morte, e la mette a confronto con la propria vicenda esistenziale: anche le sue speranze infatti si sono infrante nell'impatto con la realtà. Le due storie parallele rappresentano il destino di tutti gli uomini ai quali non è concessa la felicità.

Forma metrica: canzone libera leopardiana. Il componimento è costituito da sei strofe di diversa lunghezza nelle quali si alternano, senza seguire uno schema precostituito, endecasillabi e settenari variamente rimati.

genere: poesia lirica   *epoca:* 1828   *luogo:* Recanati   *lingua originale:* italiano

Silvia, rimembri ancora
quel tempo della tua vita mortale,
quando beltà splendea
negli occhi tuoi ridenti e fuggitivi,
5   e tu, lieta e pensosa, il limitare
di gioventú salivi?

Sonavan le quïete
stanze, e le vie d'intorno,
al tuo perpetuo canto,
10   allor che all'opre femminili intenta
sedevi, assai contenta
di quel vago avvenir che in mente avevi.
Era il maggio odoroso: e tu solevi
cosí menare il giorno.

15   Io gli studi leggiadri
talor lasciando e le sudate carte,
ove il tempo mio primo
e di me si spendea la miglior parte,
d'in su i veroni del paterno ostello
20   porgea gli orecchi al suon della tua voce,
ed alla man veloce
che percorrea la faticosa tela.
Mirava il ciel sereno,
le vie dorate e gli orti,
25   e quinci il mar da lungi, e quindi il monte.

---

1. rimembri: ricordi.
3. quando beltà splendea: quando la bellezza risplendeva. La forma dell'imperfetto in *-ea* è tipica della lingua poetica antica. L'abbiamo infatti trovata in Petrarca (*Erano i capei d'oro, a l'aura sparsi*).
4. ridenti e fuggitivi: gli occhi di Silvia sono pieni di allegria e al tempo stesso schivi. La fanciulla, per il pudore che la contraddistingue, evita, vergognosa, lo sguardo altrui. L'aggettivo *fuggitivi* fa però pensare anche alla mobilità di quegli occhi, che sono vivaci e si spostano rapidamente da un'immagine all'altra.
5-6. e tu ... salivi: e tu lieta e insieme pensierosa, riflessiva, varcavi la soglia della giovinezza.
7. Sonavan: risuonavano. – **quïete:** silenziose.
10. allor ... intenta: quando, occupata nei lavori domestici.
12. vago: bello, leggiadro, ma anche indeterminato, come tutti i sogni e i progetti giovanili e per questo ancor piú affascinante.
13. odoroso: profumato.
14. menare: trascorrere.

15-16. gli studi leggiadri ... carte: interrompendo i miei lavori letterari che erano per me fonte di diletto, ma richiedevano anche impegno e fatica.
17-18. ove ... parte: sui quali consumavo la mia giovinezza e la parte migliore di me, tutte le mie energie.
19. d'in su i veroni ... ostello: dai balconi della casa paterna.
20-22. porgea ... tela: ascoltavo il suono della tua voce e il rumore prodotto dalla tua mano che si muoveva velocemente sul telaio per compiere un lavoro che ti costava fatica.
23. Mirava: contemplavo con gli occhi ma anche con l'anima.
24-25. le vie dorate ... il monte: le vie illuminate dal sole e i giardini e da una parte vedevo in lontananza il mare, dall'altra i monti.

Ritratto d'autore

26-27. Lingua ... seno: non è possibile esprimere a parole quello che io provavo nell'animo.
29. che cori: quali sentimenti. Con una metonimia il poeta indica quella che convenzionalmente viene ritenuta la sede del sentimento (il cuore), al posto del sentimento stesso.
30-31. Quale allor ... il fato!: come ci sembravano belli e carichi di promesse la vita e il destino che ci attendeva!
32. Quando sovviemmi ... speme: quando mi tornano alla mente tutte quelle speranze.
33-34. un affetto ... sconsolato: un inconsolabile senso di amarezza mi opprime.
35. e tornami ... sventura: e ricomincio a dolermi della mia sventura.
36-39. O natura ... figli tuoi?: o natura, o natura, perché non mantieni nell'età adulta quello che hai promesso nella giovinezza? Perché inganni tanto i tuoi stessi figli?
40. pria ... verno: prima che il freddo invernale facesse inaridire la vegetazione, cioè in autunno. Ma il verso ha anche un significato simbolico: prima che l'età adulta cancellasse le illusioni della giovinezza.
41. da chiuso ... vinta: combattuta e sopraffatta da una malattia insidiosa, nascosta nel tuo organismo (la tisi).
42. perivi, o tenerella: morivi, o giovane e fragile creatura.
42-43. E non vedevi ... tuoi: e non vedevi il fiorire della tua gioventù.
44-48. non ti molceva ... d'amore: non ti intenerivano e rallegravano il cuore i dolci complimenti rivolti ora ai tuoi capelli neri ora ai tuoi occhi pudichi pieni d'amore e capaci di suscitarlo; né nei giorni di festa scambiavi con le compagne confidenze d'amore.
49-50. Anche peria ... dolce: poco dopo la tua morte sarebbero crollate anche le mie dolci speranze giovanili.
50-52. agli anni miei ... giovanezza: anche a me, come a te, il destino ha negato la giovinezza.
54. dell'età mia nova: della mia giovinezza.
55. mia lacrimata speme!: o mia rimpianta speranza.
56-58. Questo ... insieme?: questo che mi trovo davanti è quel mondo tanto sognato? Sono questi i piaceri, l'amore, i progetti, le azioni di cui abbiamo così a lungo parlato insieme, o mia speranza?
59. questa ... genti?: è questo il destino degli esseri umani?
60-63. All'apparir ... lontano: all'apparire della crudele verità, tu, o infelice speranza, sei svanita: e con la mano mi indicavi da lontano la fredda morte e una tomba spoglia e abbandonata.

Lingua mortal non dice
quel ch'io sentiva in seno.

Che pensieri soavi,
che speranze, che cori, o Silvia mia!
30 Quale allor ci apparia
la vita umana e il fato!
Quando sovviemmi di cotanta speme,
un affetto mi preme
acerbo e sconsolato,
35 e tornami a doler di mia sventura.
O natura, o natura,
perché non rendi poi
quel che prometti allor? perché di tanto
inganni i figli tuoi?

40 Tu pria che l'erbe inaridisse il verno,
da chiuso morbo combattuta e vinta,
perivi, o tenerella. E non vedevi
il fior degli anni tuoi;
non ti molceva il core
45 la dolce lode or delle negre chiome,
or degli sguardi innamorati e schivi;
né teco le compagne ai dí festivi
ragionavan d'amore.

Anche peria fra poco
50 la speranza mia dolce: agli anni miei
anche negaro i fati
la giovanezza. Ahi come,
come passata sei,
cara compagna dell'età mia nova,
55 mia lacrimata speme!
Questo è quel mondo? questi
i diletti, l'amor, l'opre, gli eventi
onde cotanto ragionammo insieme?
questa la sorte dell'umane genti?
60 All'apparir del vero
tu, misera, cadesti: e con la mano
la fredda morte ed una tomba ignuda
mostravi di lontano.

La poesia attraverso i tempi **Giacomo Leopardi**

Entriamo nel testo

La struttura e i temi

Quattro sono le figure intorno alle quali ruota il componimento: Silvia, il poeta, la speranza, la natura. Silvia e il poeta sono accomunati dall'infrangersi dei sogni della giovinezza contro la spietata realtà della morte e della sofferenza. Responsabile di tutto ciò è la natura, idolo indifferente e crudele, che non mantiene le sue promesse e condanna l'uomo al dolore. Nella lirica pertanto coesistono e si intrecciano due toni: quello evocativo, che predomina nei punti in cui viene richiamato alla memoria il passato, e quello polemico, che il poeta adopera quando si rivolge alla natura e muove le sue accuse contro di lei.
Il canto presenta una **struttura armonica** ed **equilibrata**. È costituito da sei strofe, delle quali la prima è introduttiva, la seconda e la terza rievocano la giovinezza di Silvia e del poeta, la quarta funge da intermezzo e da raccordo fra passato e presente, la quinta e la sesta, anch'esse parallele, presentano la morte fisica di Silvia e quella spirituale del poeta.

- La **prima strofa** si apre con il nome di Silvia e si chiude con il verbo *salivi* che ne è l'anagramma, come se, attraverso l'inconscia ripetizione del nome, il poeta volesse esprimere la sua affettuosa partecipazione alla dolorosa vicenda esistenziale della fanciulla, che viene rievocata nel momento in cui varca la soglia della giovinezza. Di lei viene messo in risalto un unico particolare fisico: lo sguardo luminoso e schivo che tutta la illumina e ne sottolinea la spensieratezza, ma anche la pacata riflessività.
- La **seconda strofa** descrive la vita quotidiana di Silvia, che canta, lavora, sogna, immaginando un avvenire sereno, dai contorni indefiniti, ma proprio per questo ancor piú bello e attraente. La felicità della giovane si armonizza con lo sfondo di una primavera luminosa e profumata; la descrizione paesaggistica è condotta con un movimento progressivo dall'interno all'esterno, dalle *quïete stanze* ai profumi della primavera, in un graduale aprirsi e allargarsi della dimensione spaziale.
- La **terza strofa**, in parallelo con la precedente, descrive la vita giovanile del poeta, anch'essa divisa tra il piacere e l'impegno dello studio. Tra i due giovani si viene a creare un rapporto a distanza, sottolineato dal canto della fanciulla che dalla stanza in cui lei lavora giunge fino ai balconi ai quali il giovane di tanto in tanto si affaccia per ammirare il paesaggio. Anche in questa strofa la figura umana viene collocata sullo sfondo naturale che via via si allarga dai *veroni del paterno ostello* verso spazi sempre piú aperti: *il ciel sereno, le vie dorate, gli orti, il mar, il monte*.
- La **quarta strofa** segna la svolta dalla gioia al dolore, dalle speranze alla delusione, dal tono evocativo a quello polemico nei confronti della natura, colpevole di deludere sempre le attese degli uomini. Significativa sotto questo aspetto la rima *sventura / natura* che sottolinea come la natura sia responsabile del dolore umano, un dolore che è inevitabile e ineliminabile perché connaturato all'uomo. Mutano anche i tempi verbali che dall'imperfetto durativo passano al presente. Nelle strofe successive ritorna il passato, ma in una situazione completamente cambiata: non vi è piú la contemplazione del sogno, bensí la fine delle speranze.
- La **quinta** e la **sesta strofa** corrispondono perfettamente alla seconda e alla terza, ma ne capovolgono la tematica. In esse infatti vengono rappresentate la morte fisica di Silvia e quella spirituale del poeta. Silvia, stroncata da una malattia contro la quale ha inutilmente combattuto con tutte le sue forze, non ha potuto godere della gioia che scaturisce dallo stare insieme agli altri e dal condividere emozioni e turbamenti. Il poeta, che ha continuato a vivere, ha visto crollare tutti i suoi sogni. Alla morte di Silvia corrisponde dunque la *tomba ignuda* che la speranza mostra da lontano al poeta. Nel corso dell'ultima strofa la figura di Silvia subisce una trasformazione da personaggio reale a simbolo delle speranze giovanili cadute *all'apparir del vero*.

Silvia: personaggio reale e mito

La fanciulla cantata da Leopardi con il nome letterario di Silvia è un personaggio realmente esistito: si tratta di Teresa Fattorini, la figlia del cocchiere di casa Leopardi, morta ventunenne di tisi nel 1818. Nella lirica essa appare nella sua concretezza di donna reale; la vediamo lavorare al telaio, cantare, sognare; possiamo immaginare quali sarebbero state le sue semplici gioie se la

Ritratto d'autore

morte non l'avesse portata via prematuramente: le confidenze con le amiche, i primi turbamenti d'amore, il piacere scaturito da un timido corteggiamento. Neppure la descrizione fisica mira all'idealizzazione del personaggio: le *negre chiome*, gli *occhi ridenti e fuggitivi*, gli *sguardi innamorati e schivi* appartengono a una donna reale e non a un'immagine letteraria. Per altro verso, però, Silvia presenta i tratti di una figura evanescente e simbolica. Questo aspetto affiora nella prima strofa, quando la vediamo varcare *il limitare di gioventù*, come una creatura mitica e incorporea, e si accentua nella strofa finale, quando essa si trasfigura nell'immagine della speranza. Le due figure, Silvia e la speranza, si sovrappongono e si confondono anche perché sono legate da precise simmetrie:

- a entrambe il poeta si rivolge con un'invocazione: *Silvia, rimembri ancora...*; *come passata sei, / cara compagna dell'età mia nova, / mia lacrimata speme*;
- la morte di Silvia e quella della speranza sono espresse in modo simile: *Tu ... perivi, o tenerella*; *Tu, misera, cadesti*;
- i sogni che hanno accomunato il poeta a Silvia (*Che pensieri soavi, / che speranze, che cori, / o Silvia mia,*) sono simili a quelli che lo legavano alla speranza (*Questi i diletti, l'amor, l'opre, gli eventi / onde cotanto ragionammo insieme?*).

La sintassi e il lessico

Ai due toni dominanti nella lirica, quello evocativo e quello polemico, corrispondono **scelte sintattiche e lessicali differenti**. Quando prevale la dimensione del ricordo, i periodi sono lunghi, ricchi di subordinate e si snodano lentamente, distendendosi nel ritmo pacato delle coppie: *ridenti e fuggitivi, lieta e pensosa, innamorati e schivi* ecc. È come se il poeta indugiasse nella rievocazione per rivivere e riassaporare immagini, suoni, profumi di un tempo felice. Quando invece prevale la polemica contro l'ingiustizia della natura, i periodi diventano brevi, spezzati, si affollano interrogative retoriche, proposizioni esclamative, anafore, iterazioni.
Il lessico poggia su una base linguistica che non si discosta molto dall'uso, nella quale però spiccano sia parole che danno un senso di vastità e di indeterminatezza (*vago, mirava, da lungi, cotanta*), sia alcune parole *peregrine*,

cioè antiche, dotte e disusate (*veroni, rimembri, ostello, giovanezza*). Tra le prime, particolare attenzione merita l'aggettivo *vago* che nel contesto in cui è usato si carica di diversi significati che non si escludono, ma si potenziano a vicenda. Può significare «bello», ma anche «indefinito» o ancora «vagheggiato, desiderato». Tra le seconde notiamo in particolare *giovanezza* che in questa forma arcaica risulta più poetica di «giovinezza», forse perché il suono della *a* al posto della *i* la fa apparire ancora più lontana, luminosa e irrimediabilmente perduta.
Un posto di rilievo assume anche la parola *speme* che compare due volte in rima (*speme / preme, speme / insieme*), e risulta essere una delle parole chiave del testo insieme con *gioventù / giovanezza* e *natura*. I temi del testo infatti si raggruppano intorno a tre aree semantiche ben definite:

- la **giovinezza**, a cui si riconducono, accanto alle parole e alle espressioni che si riferiscono direttamente a essa, anche gli aggettivi e i sostantivi che comunicano sensazioni di dolcezza e di piacere;
- la **speranza** legata ai sogni e alle illusioni del passato;
- la **natura**, legata ai temi del dolore, del disinganno e della morte.

I tre piani non sono nettamente distinti, ma si intersecano tra loro: anche nelle parti in cui predominano i temi della giovinezza e della speranza si insinuano infatti aggettivi che sembrano preannunciare il dolore futuro, come *mortale* e *pensosa*.

La musicalità della lirica

L'armonia del componimento è ottenuta non con un gioco prestabilito di rime, ma attraverso **raccordi fonici** più dissimulati:

- le rime, se si escludono quelle baciate, sono distanti fra loro e si alternano alle assonanze (*mortale / limitare*) e alle consonanze (*canto / intenta*);
- la frequenza di suoni aperti, come *a, e, o*, e la finale in *-ea* dell'imperfetto indicativo producono una diffusa sensazione di dolcezza;
- le coppie degli aggettivi, di ascendenza petrarchesca, rallentano il ritmo e gli conferiscono armonia.

La poesia attraverso i tempi — Giacomo Leopardi

Esercizi

- **Comprensione**

1. Individua i passi in cui si ravvisa chiaramente ciascuna delle quattro figure intorno a cui ruota il componimento: Silvia, il poeta, la speranza e la natura.
2. Sottolinea tutte le parole e le espressioni con le quali viene indicata la giovinezza e quelle che indicano la speranza.
3. Sottolinea con colori diversi i passi della lirica in cui Silvia appare come creatura reale e quelli in cui si trasfigura in simbolo.
4. Quali particolari dell'aspetto fisico di Silvia vengono messi in risalto dal poeta? In che cosa Leopardi si richiama alla tradizione della lirica in lode di una donna e in che cosa se ne distanzia?
5. Nel corso del componimento anche l'immagine della speranza si modifica, assumendo connotati diversi a seconda che sia legata alla giovinezza o all'età adulta. Illustra questa trasformazione, facendo riferimento alle parole dalle quali essa viene segnalata.
6. Spiega quali sono le accuse che Leopardi rivolge alla natura.
7. La lirica si basa sulla contrapposizione fra la giovinezza e l'età adulta. Raggruppa in una tabella tutte le parole che si riferiscono a queste due età della vita e, sulla base dell'analisi condotta, illustra quali sono, secondo Leopardi, le caratteristiche della giovinezza e quali quelle dell'età adulta.
8. Ricostruisci il sistema delle parole chiave, raggruppandole nelle tre aree semantiche illustrate nell'analisi.

- **Competenza testuale**

9. Sottolinea tutte le coppie presenti nella lirica.
10. Ricostruisci lo schema delle rime e verifica in particolare se il primo verso di ogni strofa è in rima, se lo è l'ultimo e quali sono i tipi di rima più frequenti.
11. Riconosci nella lirica endecasillabi e settenari.
12. Individua tutte le assonanze presenti nel testo.
13. Ricerca le metafore usate dal poeta e indica a che cosa si riferiscono.
14. Individua tutte le inversioni e stabilisci di volta in volta se si tratta di anàstrofe o di iperbato.

La quiete dopo la tempesta

- G. Leopardi, *Poesie*, op. cit.

IN SINTESI: Il poeta trae spunto dall'osservazione del comportamento degli uomini alla fine di un temporale, per riflettere sulla condizione esistenziale di tutti gli esseri viventi per i quali la gioia non è mai un dato di fatto reale, ma solo un momentaneo intervallo di sollievo in mezzo al dolore e alle sofferenze fisiche e spirituali che costantemente li affliggono.

Forma metrica: canzone libera, costituita da tre strofe di settenari ed endecasillabi variamente alternati e rimati.

genere: poesia lirica | **epoca:** 1829 | **luogo:** Recanati | **lingua originale:** italiano

Passata è la tempesta:
odo augelli far festa, e la gallina,
tornata in su la via,
che ripete il suo verso. Ecco il sereno
5 rompe là da ponente, alla montagna;
sgombrasi la campagna,
e chiaro nella valle il fiume appare.
Ogni cor si rallegra, in ogni lato
risorge il romorio
10 torna il lavoro usato.
L'artigiano a mirar l'umido cielo,
con l'opra in man, cantando,
fassi in su l'uscio; a prova
vien fuor la femminetta a côr dell'acqua
15 della novella piova;
e l'erbaiol rinnova
di sentiero in sentiero
il grido giornaliero.
Ecco il Sol che ritorna, ecco sorride
20 per li poggi e le ville. Apre i balconi,
apre terrazzi e logge la famiglia:
e, dalla via corrente, odi lontano
tintinnio di sonagli; il carro stride
del passeggier che il suo cammin ripiglia.

25 Si rallegra ogni core.
Sí dolce, sí gradita
quand'è, com'or, la vita?
quando con tanto amore
l'uomo a' suoi studi intende?

---

2. augelli: forma arcaica per «uccelli».
5. rompe ... alla montagna: compare all'improvviso fra le nubi dalla parte della montagna.
6. sgombrasi: si libera dalla nebbia e dai vapori.
9. risorge il romorio: si sentono nuovamente i rumori e i suoni della vita che riprende.
10. usato: solito.
11-13. L'artigiano ... l'uscio: l'artigiano si affaccia sulla porta a guardare (*mirar*) il cielo ancora umido di pioggia, tenendo in mano l'oggetto al quale sta lavorando, e canta per l'allegria. – **a prova:** a gara con le altre.
14. la femminetta: la donnetta; è detto in senso affettuosamente riduttivo, poiché si tratta evidentemente di una popolana. – **a côr:** a raccogliere.
15. della novella piova: della pioggia appena caduta. Le donne si affrettano a raccogliere l'acqua che ancora scorre dai tetti e dalle grondaie.
16. l'erbaiol: l'erbivendolo, venditore ambulante di verdura.
20. per li poggi e le ville: sulle collinette e i gruppi di case sparse per la campagna.
21. logge: gallerie poste ai piani superiori degli edifici con colonne e finestre o balconi.
– **la famiglia:** la servitú.
22. dalla via corrente, odi lontano: dalla strada maestra si ode in lontananza.
23. stride: cigola.
24. passeggier: viandante.
26-27. Sí dolce ... la vita?: quando la vita appare all'uomo cosí dolce e desiderabile come in questi istanti, quando cioè l'uomo si sente sollevato per essere scampato a un pericolo?
29. a' suoi studi intende: si applica alle sue occupazioni.

La poesia attraverso i tempi — Giacomo Leopardi

30. all'opre: al lavoro. – **o cosa nova imprende**: o intraprende una nuova attività.
32. Piacer figlio d'affanno: il piacere scaturisce dal dolore, o meglio dalla fine di un dolore.
34-41. onde ... vento: a causa del quale si riscosse ed ebbe paura della morte anche chi odiava (*aborria*) la vita; a causa del quale le genti oppresse da un lungo tormento, fredde, silenziose, pallide per la paura, sudarono e palpitarono, vedendo accanirsi contro il genere umano tutte le forze della natura: fulmini, nubi tempestose e vento.
42. cortese: è detto in senso ironico.
44. diletti: gioie.
45. porgi: offri.
45-46. Uscir ... noi: la fine di un dolore è per noi motivo di gioia.
47-48. Pene ... sorge: tu spargi in abbondanza sofferenze fisiche e spirituali; il dolore nasce spontaneo, come qualcosa di naturale per l'uomo.
48-50. e di piacer ... guadagno: e quel poco di piacere che per prodigio o miracolo talvolta nasce dal dolore è considerato una grande conquista.
50-51. Umana ... eterni!: stirpe umana cara agli dèi. È detto anche qui in senso ironico.
52-53. se respirar ... dolor: se ti è consentito avere un momento di tregua dal dolore. – **beata**: piú che felice.
54. se te ... risana: se la morte ti guarisce da ogni dolore.

<blockquote>

30 o torna all'opre? o cosa nova imprende?
quando de' mali suoi men si ricorda?
Piacer figlio d'affanno;
gioia vana, ch'è frutto
del passato timore, onde si scosse
35 e paventò la morte
chi la vita aborria;
onde in lungo tormento,
fredde, tacite, smorte,
sudâr le genti e palpitâr, vedendo
40 mossi alle nostre offese
folgori, nembi e vento.

O natura cortese,
son questi i doni tuoi,
questi i diletti sono
45 che tu porgi ai mortali. Uscir di pena
è diletto fra noi.
Pene tu spargi a larga mano; il duolo
spontaneo sorge: e di piacer, quel tanto
che per mostro e miracolo talvolta
50 nasce d'affanno, è gran guadagno. Umana
prole cara agli eterni! assai felice
se respirar ti lice
d'alcun dolor: beata
se te d'ogni dolor morte risana.

</blockquote>

Entriamo nel testo

I temi

La quiete dopo la tempesta è una delle poesie piú note di Giacomo Leopardi, insieme con *Il sabato del villaggio* (on line) che presenta la stessa struttura compositiva. Entrambe sono liriche di tono meditativo e affrontano, sotto forma di apologo, un tema assai caro al poeta: quello della **illusorietà della felicità** che non esiste mai in positivo, come godimento presente e reale nella vita dell'uomo, ma viene percepita sempre in negativo, come cessazione di un qualche dolore (*La quiete dopo la tempesta*) o come attesa di un bene futuro (*Il sabato del villaggio*).
Il canto, al di là della divisione metrica in tre strofe, presenta a livello tematico una struttura bipartita. La prima parte, che coincide con la prima strofa (vv. 1-24), è descrittiva; la seconda, che occupa le altre due strofe (vv. 25-54), è meditativa.

- Nella strofa iniziale il poeta presenta con evidenza e vivacità di immagini un momento della vita del borgo: la ripresa del corso normale dell'esistenza e delle attività quotidiane dopo un temporale estivo.
- Nella seconda parte i versi 25-31, costituiti da una successione di interrogative, segnano il passaggio dal particolare all'universale: la tempesta che ha sconvolto il piccolo mondo di Recanati diviene metafora dei pericoli ben piú gravi che periodicamente minacciano la vita degli uomini.
- A partire dal verso 32 fino al verso 41 il poeta

illustra in un discorso di tipo meditativo la crudele legge di natura sintetizzata in un'espressione sentenziosa: *Piacer figlio d'affanno*. L'unica gioia per l'uomo consiste nella cessazione di un dolore, nel breve intervallo che separa una sofferenza dall'altra. La sua unica speranza è la morte che pone fine a ogni dolore. Se nella prima strofa il poeta ha descritto il sollievo e la gioia della semplice gente del borgo per la fine della tempesta, nei versi 34-41 rappresenta l'angoscia e la paura delle genti, *fredde*, *tacite*, *smorte*, dinanzi all'infuriare degli elementi.

- Ed è proprio alla natura, ironicamente definita *cortese*, che Leopardi si rivolge nella strofa finale nella quale alterna toni ironici o addirittura sarcastici (*O natura cortese*; *Umana / prole cara agli eterni!*) a considerazioni dolorosamente serie (*Pene tu spargi a larga mano*).

Francesco Paolo Michetti, *Guardiana di polli*, 1877. Collezione privata.

Risulta evidente che il poeta partecipa alla vita dell'umile gente del borgo e ne condivide i sentimenti, ma qualcosa lo distingue dal mondo semplice di Recanati: *l'artigiano*, *la femminetta*, *l'erbaiol*, *il passeggier*, i servi godono della ripresa della vita in modo spontaneo e immediato; nel poeta invece c'è l'amara consapevolezza della crudele legge della natura. Egli sa bene che quella felicità è illusoria e momentanea e che ben presto nuovi affanni tormenteranno l'esistenza degli uomini.

Il dolore, infatti, è un fardello ineliminabile che accompagna la vita di tutti gli esseri viventi, senza distinzione di cultura, di condizione sociale, di sensibilità.

Le scelte lessicali e sintattiche

Osserviamo adesso il testo sotto l'aspetto lessicale. Nella prima strofa, in sintonia con la rappresentazione del piccolo e semplice mondo di Recanati, pervaso da una rinnovata energia vitale, notiamo la presenza, accanto a **parole** più propriamente **letterarie** (*augelli*, *fassi*, *romorio*, *femminetta*), di **termini quotidiani** come *gallina*, *tempesta*, *artigiano*, certamente poco consueti nella poesia ottocentesca. L'ordine delle parole non si discosta da quello proprio della comunicazione quotidiana. Si ha quasi l'impressione che il poeta voglia aderire anche linguisticamente alla semplicità del mondo rappresentato.

Le **rime** sono **frequenti** e facili: *tempesta/festa*, *montagna/campagna*, *lato/usato*, *prova/piova*, *sentiero/giornaliero*.

A livello fonico la prevalenza del suono chiaro e aperto della *a* si armonizza perfettamente con l'immagine del paesaggio che si illumina e si libera dalla nebbia e con la sensazione di sollievo che allarga il petto dell'umile gente del borgo (*Ecco il sereno / rompe là da ponente, alla montagna; / sgombrasi la campagna, / e chiaro nella valle il fiume appare*). In questo contesto di suoni aperti assume particolare evidenza l'unica vocale chiusa, la *u* di *fiume* al verso 7 che, come fa notare il critico Lorenzo Renzi, raffigura a livello di suoni la linea scura del fiume in mezzo alla valle illuminata dal sole.

A partire da quella che possiamo definire l'affermazione chiave del componimento, *Piacer figlio d'affanno*, la **struttura sintattico-lessicale muta**: i **periodi** si fanno più lunghi, **complessi** e

La poesia attraverso i tempi | Giacomo Leopardi | 217

ricchi di inversioni, le **parole** in fine di verso sono **aspre** e drammatiche (*scosse*, *aborria*, *smorte*), le **rime meno frequenti**, il tessuto linguistico è prevalentemente costituito da termini che comunicano sensazioni di angoscia, di sofferenza, di morte. Significativo anche il fatto che il poeta crei effetti ora drammatici ora amaramente ironici accostando parole tra loro in antitesi come *piacer/affanno*, *gioia vana/passato timore*, *paventò la morte/vita aborria*, *pena/diletto*, *morte/risana*.

Esercizi

- **Comprensione**

  1. In quale punto del testo il poeta rappresenta lo stato d'animo degli uomini durante la tempesta e in quale il loro stato d'animo alla fine del temporale?
  2. Quali sono le attività che segnano la ripresa della vita normale dopo la tempesta? Che cosa fanno i personaggi che popolano il piccolo borgo?
  3. Quali accuse il poeta rivolge alla natura?
  4. Spiega il significato dell'affermazione *Piacer figlio d'affanno* (v. 32).
  5. Con quale stato d'animo il poeta guarda alla morte nella parte finale della lirica? Il suo atteggiamento è simile a quello della gente del borgo?

- **Competenza testuale e metrica**

  6. Riconosci tutti gli endecasillabi presenti nel testo e segna su ciascuno di essi gli accenti ritmici.
  7. Ricerca ed evidenzia tutti gli *enjambement* presenti nel testo.
  8. Sono frequenti nella lirica le ripetizioni (*Ogni cor... in ogni lato*, v. 8), i parallelismi (*risorge il romorio / torna il lavoro usato*, vv. 9-10), e non manca un'anafora. Individua queste figure retoriche ed elencale.
  9. Osserva dal punto di vista fonico i versi 23-24. Quale rumore ti sembra che il poeta abbia voluto riprodurre attraverso l'organizzazione dei suoni? Di quali suoni si è servito per ottenere tale effetto?
  10. Esamina le strutture sintattiche delle ultime due strofe, individua le inversioni e ricostituisci l'ordine normale degli elementi dei periodi.

- **Produzione**

  11. Servendoti delle note del testo, scrivi la parafrasi della poesia.

ON LINE: La poesia romantica

Testi: Alessandro Manzoni, *Natale*; Giacomo Leopardi, *La sera del dí di festa* • *Il sabato del villaggio*; Emily Dickinson, *Non avrò vissuto invano*; Walt Whitman, *Capitano, mio Capitano*
Schede: *La poesia del ricordo in Leopardi*; *Friedrich e Turner: due interpreti dell'anima romantica*; *Il Notturno*

Alle soglie della modernità

La **seconda metà dell'Ottocento** è caratterizzata dal trionfo dell'industrializzazione nelle più avanzate nazioni europee, dalla competizione sempre più spietata, dalla lotta per la ricerca di nuovi mercati che porta al colonialismo. Solo ciò che produce guadagno è apprezzato in una società che ha come scopo principale la ricerca del profitto. I grandi ideali del primo Ottocento (sentimento nazionale, solidarietà tra i popoli oppressi ecc.) sono stati sostituiti da un individualismo sempre più sfrenato, dalla competizione e dalla sopraffazione dei più deboli da parte dei più forti, sia all'interno delle Nazioni sia a livello internazionale. In questa società il poeta si trova in una condizione di estremo disagio. Egli rifiuta la logica dell'utile, avverte la marginalità del suo ruolo in un mondo esclusivamente volto al profitto, di fronte al quale si ritrae, inorridito dal cattivo gusto e dalla volgarità; al tempo stesso si compiace di provocare, con atteggiamenti e opere dissacranti, il moralismo della classe borghese che giudica ipocrita e corrotta.

Se fino a qualche decennio prima gli scrittori della generazione romantica ritenevano di poter condividere i valori e gli ideali della comunità a cui appartenevano e della quale si sentivano le guide morali, adesso si delinea la figura del **poeta maledetto**. Egli avverte di non poter comunicare alcuna verità a una società che sente estranea e ostile, ha un rapporto conflittuale con il pubblico e, tormentato da una profonda disperazione, si autodistrugge abbandonandosi all'alcool e alle droghe. Si afferma in questo periodo una nuova corrente letteraria che prende il nome di Decadentismo e i cui esponenti sono, in Francia i *poeti maledetti* Charles Baudelaire, Paul Verlaine, Arthur Rimbaud, Stéphane Mallarmé, in Inghilterra lo scrittore Oscar Wilde, in Italia Giovanni Pascoli e Gabriele D'Annunzio.

- Nasce con il Decadentismo un **nuovo modo di intendere la realtà** che non è più oggettiva, inquadrata nelle categorie spazio-temporali, e quindi descrivibile secondo i canoni della letteratura tradizionale, ma appare fluida, sfuggente, frammentaria.
- Alla poesia si apre una sfera inesplorata e affascinante: il poeta non si limita più a descrivere la superficie delle cose, ma va al di là delle apparenze, **penetra nel mistero**, coglie le corrispondenze fra aspetti lontani del reale, ma soprattutto tra il visibile e l'invisibile, **percepisce il valore simbolico** degli oggetti e delle immagini che si caricano di significati profondi, astratti, misteriosi secondo relazioni del tutto soggettive.
- Questo nuovo rapporto con il mondo e con il proprio io richiede naturalmente un **nuovo stile**. Al linguaggio della poesia tradizionale, descrittivo, immediatamente legato con i sentimenti e il pensiero, si sostituisce un **linguaggio allusivo**, spesso oscuro, **soggettivo** che privilegia i procedimenti dell'analogia e della sinestesia (vedi pagg. 30-31), e si affida alla suggestione evocativa dei suoni.

Non tutti gli scrittori del secondo Ottocento si riconoscono, però, nel Decadentismo. Rimane più legata alla tradizione la produzione di Giosuè Carducci, che incarna ancora il ruolo di «poeta vate». È cioè uno scrittore che si propone di svolgere, attraverso la sua opera, la funzione di maestro e di guida della società, celebrando quegli ideali morali e politici ai quali ritiene debba ispirarsi la vita dell'uomo del suo tempo. In sintonia con questa finalità la sua lirica si mantiene fedele a forme espressive alte, solenni e classicheggianti.

La poesia attraverso i tempi | Alle soglie della modernità

Giosuè Carducci
San Martino

- G. Carducci, *Poesie*, Garzanti, Milano, 1985.

IN SINTESI: Il poeta descrive un paesaggio autunnale battuto dalla pioggia e dal vento. Il mare è in tempesta e la nebbia avvolge le cime dei monti, ma dentro le case regnano il calore e l'allegria perché in occasione della festività di san Martino viene spillato dalle botti il vino novello, il cui odore aspro rallegra i cuori.

Forma metrica: odicina anacreontica formata da quattro quartine di settenari. Questo componimento metrico deriva il suo nome da un raffinato poeta greco, Anacreonte, che amava comporre brevi liriche di argomento amoroso o conviviale.

genere: poesia lirica | *epoca:* 1883 | *luogo:* Italia | *lingua originale:* italiano

La nebbia a gl'irti colli
piovigginando sale,
e sotto il maestrale
urla e biancheggia il mar;

5   ma per le vie del borgo
dal ribollir de' tini
va l'aspro odor di vini
l'anime a rallegrar.

Gira su' ceppi accesi
10 lo spiedo scoppiettando:
sta il cacciator fischiando
su l'uscio a rimirar

tra le rossastre nubi
stormi d'uccelli neri,
15 com'esuli pensieri,
nel vespero migrar.

1-2. La nebbia ... sale: la nebbia, accompagnata da una leggera pioggia autunnale, sale verso i colli coperti di alberi dai rami secchi e spogli.
3. maestrale: vento freddo di nord-ovest.
4. urla e biancheggia il mar: il mare rumoreggia e si copre di spuma bianca, essendo sferzato dal vento che fa sollevare le onde.
6. dal ribollir de' tini: dai tini nei quali fermenta il vino nuovo.
7-8. va ... rallegrar: si diffonde l'aspro odore del vino che rallegra gli animi.
9-10. Gira ... scoppiettando: il poeta descrive l'interno di una casa o di un'osteria. Lo spiedo nel quale sono stati infilzati dei pezzi di carne gira scoppiettando sul fuoco del camino.
11-16. sta il cacciator ... migrar: il cacciatore se ne sta sulla porta a contemplare gli uccelli neri che sul far della sera volano a stormi, probabilmente per migrare verso climi più caldi; agli occhi del poeta essi appaiono simili a pensieri che vagano lontano.

L'OPERA

Rime nuove è la più ampia raccolta carducciana e comprende liriche composte fra il 1861 e il 1887. Il titolo allude a una svolta dell'itinerario poetico dello scrittore che, dopo le prime raccolte dei tomi accesi con cui aveva colpito gli aspetti negativi della società e della politica del suo tempo, si rivolge adesso a temi più individuali. Accanto alle rievocazioni storiche e ai paesaggi autunnali che riportano il poeta alla stagione dell'adolescenza, occupano una posizione centrale nella raccolta i temi della morte, della tomba, del buio, contrapposti alle immagini di luce e alla vivacità coloristica, simboli, per Carducci, di una vita sana e naturale. La lirica *San Martino* fu composta nel dicembre del 1883 e venne intitolata *Autunno*. Nel 1887 fu inserita nella raccolta *Rime nuove* con il titolo definitivo.

L'autore

Giosuè Carducci nacque nel 1835 a Val di Castello in provincia di Lucca, dove il padre, di idee liberali, esercitava la professione di medico. Trascorse l'infanzia in Maremma e successivamente studiò a Firenze e a Pisa. Laureatosi in Lettere, insegnò a San Miniato; nel 1860 fu chiamato dal ministro della pubblica istruzione Terenzio Mamiani a ricoprire la cattedra di Letteratura italiana presso l'Università di Bologna, dove rimase ininterrottamente fino al 1904, quando dovette abbandonare l'insegnamento per ragioni di salute. Nel 1906, un anno prima della morte, gli fu assegnato il premio Nobel. Carducci esprime nella sua opera una concezione della vita sana, fiera, operosa, animata da nobili ideali morali e civili. Predilige una poesia ispirata ai modelli classici, pertanto i suoi componimenti, ricchi di riferimenti al mondo latino e greco, sono contrassegnati da un linguaggio controllato, limpido, ricercato e da una sintassi che ricalca la struttura del periodo latino. Non mancano però, specialmente nella seconda fase della sua carriera poetica, toni nuovi, piú malinconici e individuali, di chiara matrice romantica. Tra le sue opere ricordiamo *Giambi ed epodi*, *Rime nuove*, *Odi barbare*, *Rime e ritmi*.

Entriamo nel testo

I temi

La lirica fu composta al ritorno da un lungo soggiorno romano durante il quale il poeta aveva avuto modo di osservare da vicino l'ambiente corrotto e falso della capitale. Rientrando a Bologna passò per la Maremma e dal contrasto fra la vita romana e quella maremmana scaturí questo breve componimento nel quale egli rievoca la **semplicità della sua terra** ancora immune dagli artifici e dalle ipocrisie del mondo cittadino. Carducci delinea con pochi e vivaci tratti un quadretto d'ambiente simile a quelli che nello stesso periodo i pittori impressionisti facevano vivere sulla tela con rapide pennellate di colore. La lirica si fonda sulla **contrapposizione fra esterno e interno**, fra l'inclemenza della natura e il calore rassicurante del borgo, fra la **malinconia** e l'**allegria**.

- La prima quartina raffigura un esterno autunnale: la nebbia, i colli coperti di alberi spogli e brulli, il mare in tempesta.
- Nella seconda quartina l'attenzione si sposta sulle vie del paese profumate dall'odore del vino novello che rallegra gli animi. È infatti l'11 novembre, il giorno di San Martino, quando per consuetudine si spilla il vino nuovo. Dalle sensazioni di freddo e di tristezza predominanti nella prima quartina si passa a una realtà piú calda e vivace, da un paesaggio vasto e lontano a uno piú delimitato e vicino. Il passaggio è sottolineato dalla congiunzione avversativa *ma*, collocata a inizio di verso.
- Nella terza strofa il campo visivo si restringe ancora di piú e mette a fuoco un interno accogliente e animato dalla presenza del cacciatore.
- Nell'ultima strofa assistiamo a un duplice mutamento: dall'interno si torna all'esterno, dall'allegria alla pensosità. Riaffiora infatti la malinconia con cui si era aperto il componimento; questa volta vi cogliamo un tono piú intimo grazie al suggestivo paragone fra gli *stormi d'uccelli neri* e gli *esuli pensieri* che vagano lontano e si perdono nell'infinito. La malinconia però sembra appartenere piú al poeta che al cacciatore, espressione di un mondo sano e semplice, legato a valori autentici, dove ogni cosa si svolge secondo il ritmo antico e rassicurante della natura. Il poeta, al contrario, vive in un mondo col quale non si sente in armonia, pertanto soffre di un profondo disagio esistenziale che si traduce in una pensosa malinconia.

La struttura

Come si può dedurre dall'analisi delle singole

quartine, la lirica è costruita in modo che la duplice dimensione spaziale (esterno/interno) e i due stati d'animo (gioia/malinconia) occupino alternativamente le strofe, disposte in modo da formare un chiasmo: prima quartina, Malinconia, paesaggio ampio e lontano (i colli, il mare); seconda quartina, Allegria, paesaggio piú delimitato e familiare (le vie del borgo); seconda quartina, Allegria, paesaggio piú delimitato e familiare (le vie del borgo); terza quartina, Allegria, interno; quarta quartina, Malinconia, esterno.

Il lessico
Esaminando il livello lessicale del componimento, notiamo che ricompare la contrapposizione tra la sensibilità del poeta e il mondo del borgo individuata a livello tematico: nelle due strofe centrali (2ª e 3ª) in cui viene descritta la realtà semplice del paese il **linguaggio** è piú **quotidiano**, mentre la prima e l'ultima quartina, in cui il punto di vista è quello del poeta, sono costruite con un linguaggio prevalentemente **letterario**.

Esercizi

- **Comprensione e interpretazione**

1. Nella lirica sono frequenti i termini (verbi e aggettivi) che esprimono sensazioni di malinconia e di gioia. Individuali e riportali su una tabella.
2. Spiega con parole tue la similitudine con cui si conclude la poesia. Perché il poeta ha usato il colore nero a proposito degli uccelli?
3. Il primo titolo della poesia era *Autunno*, poi il poeta lo mutò in *San Martino*. Secondo te questo cambiamento ha modificato il significato complessivo della poesia? Se sí, in quale direzione?

- **Competenza lessicale e testuale**

4. Dal punto di vista lessicale, si possono individuare due campi semantici riconducibili uno al tema della malinconia, l'altro a quello dell'allegria. Raggruppa le parole del testo a seconda dei campi semantici.
5. Isola nel testo i termini letterari e indica quanti di essi ti capita di usare frequentemente, di quanti conosci il significato anche se non li adoperi spesso, quanti ti sono sconosciuti. Quindi dai di ciascuno una breve definizione usando il vocabolario per le parole che non conosci.
6. Nella prima strofa alcune parole riproducono con il loro suono il rumore del mare. Individuale e poi indica le vocali e le consonanti con le quali il poeta ha ottenuto questo effetto.

- **Produzione**

7. Fai la parafrasi del componimento accompagnandola con una breve analisi testuale.

1. Il tema centrale del componimento è:
   a. ☐ la descrizione di un borgo dove si è appena spillato il vino nuovo.
   b. ☐ la malinconia autunnale accresciuta dalla visione degli uccelli neri fra le nubi rossastre.
   c. ☐ la contrapposizione tra un paesaggio autunnale freddo e piovoso e l'allegria e il calore che si diffondono per le vie del borgo.
   d. ☐ l'atmosfera di un borgo collinare nel giorno di San Martino, sospesa fra malinconia e allegria.

2. Nella lirica è molto importante la dimensione spaziale. Nel corso del componimento, infatti, l'autore:

a. ☐ sposta la sua attenzione dall'alto al basso e viceversa.
b. ☐ sposta la sua attenzione dal lontano al vicino e viceversa.
c. ☐ si sofferma su due paesaggi: uno marino, l'altro montano.
d. ☐ descrive uno spazio chiuso, caldo e accogliente, sullo sfondo del mare in tempesta.

3. Nel verso 1 l'espressione «agl'irti colli» è un:

a. ☐ complemento di termine.
b. ☐ complemento di stato in luogo.
c. ☐ complemento di moto a luogo.
d. ☐ complemento di causa.

4. L'aggettivo «irto» nel suo significato di base vuol dire:

a. ☐ ripido.
b. ☐ acuminato.
c. ☐ pungente.
d. ☐ diritto.

5. Nel contesto della poesia l'espressione «irti colli» (v. 1) vuol dire che i colli:

a. ☐ presentano punte aguzze e scoscese.
b. ☐ sono coperti di piante spinose.
c. ☐ sono coperti di alberi dai rami stecchiti.
d. ☐ sono coperti di sassi acuminati.

6. Il gerundio «piovigginando» (v. 2) ha nel contesto della lirica valore:

a. ☐ causale.
b. ☐ temporale.
c. ☐ strumentale.
d. ☐ modale.

7. Trasforma il gerundio «piovigginando» (v. 2) in una frase esplicita.

....

8. I due versi centrali di ogni strofa (3-4, 6-7, 10-11, 14-15) sono legati da rime:

a. ☐ baciate.
b. ☐ alternate.
c. ☐ ripetute.
d. ☐ incrociate.

9. Nell'espressione «Gira su' ceppi accesi / lo spiedo» (vv. 9-10) si rileva una figura retorica. Quale?

a. ☐ Anàstrofe.
b. ☐ Anàfora.
c. ☐ Allitterazione.
d. ☐ Iperbato.

10. Al verso 10 nell'espressione «lo spiedo scoppiettando» si nota una figura retorica del suono. Si tratta di:

a. ☐ assonanza.
b. ☐ consonanza.
c. ☐ allitterazione.
d. ☐ onomatopea.

11. Nelle ultime due strofe si nota la ripetizione di uno stesso fonema che è adoperato 14 volte in 8 versi. Qual è?

a. ☐ La «p».
b. ☐ La «r».
c. ☐ La «l».
d. ☐ La «s».

12. Con quale altra parola di uso piú comune puoi sostituire il termine «uscio» al verso 12?

....

13. La lirica si chiude con un paragone tra gli stormi di uccelli neri che volano sul far della sera e i pensieri che vagano lontano. Il paragone permette di dedurre che i pensieri a cui allude il poeta sono:

a. ☐ malinconici.
b. ☐ lieti.
c. ☐ d'amore.
d. ☐ indefiniti.

La poesia attraverso i tempi | **Alle soglie della modernità**

Charles Baudelaire
Corrispondenze

- Ch. Baudelaire, *I fiori del male*, trad. di G. Raboni, Mondadori, Milano, 1973

IN SINTESI: Il poeta, affidandosi alla sua sensibilità, sa andare al di là delle apparenze e coglie le misteriose e segrete corrispondenze fra le cose. Il mondo della natura, del quale viene messa in risalto la sacralità, lascia intravedere al poeta altre dimensioni che sfuggono all'occhio dell'uomo qualunque.

Forma metrica: sonetto di versi alessandrini (versi dodecasillabi propri della metrica francese) che rimano secondo lo schema ABBA – CDDC – EFE – FEE.

| *genere:* poesia lirica | *epoca:* 1857 | *luogo:* Francia | *lingua originale:* francese |

La Nature est un temple où de vivants piliers
Laissent parfois sortir de confuses paroles;
L'homme y passe à travers des forêts de symboles
Qui l'observent avec des regards familiers.

5 *Comme de longs échos qui de loin se confondent*
Dans une ténébreuse et profonde unité,
Vaste comme la nuit et comme la clarté,
Les parfums, les couleurs et les sons se répondent.

La Natura è un tempio dove incerte parole
mormorano pilastri che son vivi,
una foresta di simboli che l'uomo
attraversa nel raggio dei loro sguardi familiari.

Come echi che a lungo e da lontano
tendono a un'unità profonda e buia
grande come le tenebre o la luce
i suoni rispondono ai colori, i colori ai profumi.

---

2. pilastri che son vivi: si riferisce agli alberi che agli occhi del poeta si trasformano nelle colonne del tempio della Natura. Essi inviano all'uomo messaggi confusi e misteriosi che solo il poeta è in grado di intendere.

3. una foresta di simboli: il mondo della Natura si arricchisce di significati simbolici: ogni immagine non vale in se stessa, ma allude a qualcosa di più profondo e misterioso.
3-4. che l'uomo ... familiari:

l'uomo comune si aggira nel mondo della Natura senza rendersi conto che quella realtà a lui consueta e familiare cela significati più profondi.
5-8. Come echi ... profumi: corrispondenze segrete

legano fra loro le sensazioni più diverse, che si richiamano a distanza e si fondono in un'unità vasta come le tenebre o la luce. Accade pertanto che un suono rinvii a un colore, un colore a un profumo.

L'OPERA

Questa lirica appartiene alla raccolta *I fiori del male* (pubblicata nel 1857 e ripubblicata in un'edizione ampliata nel 1860), un insieme di poesie raggruppate per tematiche. Esse sviluppano i diversi aspetti del rapporto che il poeta ha con il mondo, in un alternarsi di massime elevazioni e profonde cadute nell'abisso del male, fino alla morte considerata come mezzo per la scoperta dell'ignoto, sconosciuto a tutti. L'anima di Baudelaire è scissa fra la tensione alla purezza e alla perfezione dell'arte e l'attrazione verso l'abisso del male. Si comprende allora il significato del titolo della raccolta, *I fiori del male*: il fiore rappresenta la perfezione e la bellezza dell'arte; esso però nasce dalla terra, considerata un grembo malato, e si sviluppa nell'aria slanciando il proprio stelo verso il cielo. Come il fiore, neppure l'arte ha scopi pratici ed esiste solo nella propria assoluta bellezza: ecco perché l'autore è considerato l'inventore della «poesia pura». Baudelaire nelle sue opere cerca di rappresentare i messaggi misteriosi della natura, le relazioni segrete fra le cose utilizzando un linguaggio musicale, ricco di analogie, metafore, sinestesie, come troviamo nella poesia in esame.

*Il est des parfums frais comme des chairs
                                    [d'enfants,*
10 *Doux comme les hautbois, verts comme les
                                     [prairies,
– Et d'autres, corrompus, riches et triomphants,*

*Ayant l'expansion des choses infinies,
Comme l'ambre, le musc, le benjoin et l'encens
Qui chantent les transports de l'esprit et des
                                      [sens.*

Profumi freschi come la pelle d'un
                                    [bambino,
vellutati come l'oboe e verdi come i
                                    [prati,
altri d'una corrotta, trionfante ricchezza

che tende a propagarsi senza fine – cosí
l'ambra e il muschio, l'incenso e il benzoino
a commentare le dolcezze estreme dello spirito
                                    [e dei sensi.

9-12. Profumi ... fine: alcuni profumi richiamano la sensazione di freschezza propria della pelle di un bambino, altri il suono dolce e vellutato dell'oboe, altri il colore verde dei prati, altri ancora le atmosfere corrotte e sensuali del mondo orientale che invadono ogni luogo e sembrano non aver mai fine.
13. ambra: è l'ambra grigia, una sostanza di origine animale utilizzata per fare profumi. – **muschio**: sostanza dall'odore aromatico e penetrante che viene secreta dalle ghiandole di alcuni mammiferi nel periodo degli amori come richiamo sessuale ed è usata in profumeria. – **incenso**: resina aromatica ricavata da alcuni alberi che crescono nel Medio Oriente e nell'Africa orientale. – **benzoino**: è una pianta originaria della Malesia dalla quale si ottiene una resina usata per la preparazione di profumi.
14. a commentare ... sensi: i profumi orientali citati nel verso precedente sono i piú adatti ad accompagnare la dolcezza delle sensazioni fisiche e spirituali.

René Magritte, *Il regno incantato*, particolare, 1953. Knokke-Heist, Casinò Knokke Le Zoute.

L'autore

Charles Baudelaire nacque a Parigi nel 1821, in una famiglia agiata. La morte del padre e il secondo matrimonio della madre segnarono la vita del poeta. Nel periodo del liceo, che frequentò a Parigi, iniziò una vita sregolata e dispendiosa in contrasto con la normalità borghese della famiglia, che per allontanarlo dagli ambienti dissoluti lo mandò in India. Egli ritornò a Parigi prima del previsto, venne in possesso dell'eredità del padre e riprese a far uso di alcool e di droghe, esprimendo cosí la sua ribellione contro la società benpensante. Sempre a Parigi venne a contatto con i letterati del suo tempo e con le opere di Edgar Allan Poe, che influenzò la sua poetica e il suo stile. Nel 1857 fu pubblicata la raccolta di poesie *I fiori del male*, che suscitò un tale scandalo da far subire un processo sia all'autore che all'editore. Continuò a scrivere, pur senza successo, in una condizione di sofferenza fisica e di miseria economica. Nel 1864, durante un soggiorno a Bruxelles, fu colto da paralisi e fu riportato a Parigi, dove morí nel 1867. Con Baudelaire nasce la figura del *poeta maledetto* tormentato da laceranti conflitti interiori, estraneo al mondo che lo circonda, attirato dalla purezza e dalla perfezione per lui irraggiungibili se non nella poesia.

Entriamo nel testo

Il tema
Il tema centrale del componimento è il **rapporto tra il poeta e la Natura**. Baudelaire rifiuta la conoscenza tradizionale che si affida alla logica e si ferma all'apparenza sensibile delle cose e le contrappone una nuova forma di conoscenza che si fonda piuttosto sulle suggestioni dell'inconscio, sulle sensazioni libere da ogni controllo razionale. La Natura è una *foresta di simboli* e il poeta è interprete e traduttore dei messaggi misteriosi che essa invia, scopre le segrete corrispondenze tra i diversi ambiti di sensazioni e tra il visibile e l'invisibile, servendosi di un linguaggio musicale, ricco di analogie, metafore, sinestesie, che offrono l'immagine di un mondo mutevole, inafferrabile, simbolico.
Questa tematica così sfuggente e misteriosa viene espressa con un discorso limpido, contrassegnato dalla sostanziale corrispondenza fra struttura metrica e organizzazione dei temi e da una sintassi regolare.

- La prima quartina contiene una dichiarazione solenne: *La Natura è un tempio* le cui colonne inviano a tratti messaggi indistinti; l'uomo avanza in mezzo a questa *foresta di simboli* dall'apparenza familiare senza accorgersi che quanto lo circonda cela dietro di sé una verità invisibile e misteriosa. Tre sono i temi che si intrecciano in questi versi: la sacralità della Natura e indirettamente della poesia che è il mezzo più adatto a penetrarne i misteri; il carattere simbolico della realtà che circonda l'uomo; la contrapposizione fra le apparenze familiari e il loro valore simbolico.
Due le conseguenze che scaturiscono da questa nuova visione della natura e che il testo suggerisce senza esprimerle esplicitamente: l'impossibilità di penetrare in questa dimensione simbolica con gli strumenti della ragione e la **funzione privilegiata del poeta** che, a differenza degli altri uomini sordi e ciechi, ha occhi per vedere e parole per interpretare il messaggio della Natura. Viene quindi rivalutato il ruolo del poeta che appare come il decifratore del mistero, capace di strappare il velo che copre le cose e di svelarne la vera essenza sotto le apparenze illusorie.
- Se nella prima quartina vengono messe in evidenza le corrispondenze «verticali» tra il visibile e l'invisibile, tra apparenza e realtà, con la seconda quartina l'attenzione del poeta si appunta sulle corrispondenze «orizzontali» che legano i cinque sensi: in questa nuova dimensione, nella quale sono stati abbattuti tutti i confini tra la luce e le tenebre, i profumi, i colori, i suoni si rispondono in un'unità profonda e buia.
- Nelle due terzine si passa dall'affermazione all'esemplificazione. Il poeta, attraverso il meccanismo della sinestesia, mette in relazione sensazioni olfattive, tattili, auditive e visive. L'ultimo verso ripropone nuovamente una corrispondenza «verticale» fra l'estasi dei sensi e quella dello spirito. Nella nuova dimensione percepita dal poeta non vi è più infatti antitesi tra le sensazioni fisiche e quelle spirituali, ma le une sono il riflesso delle altre.

La metrica, i suoni e il lessico
Per analizzare il livello formale del testo è bene considerare il componimento in lingua originale.

- Il **ritmo** nelle quartine è lento e solenne, in sintonia con la sacralità delle affermazioni del poeta. I periodi occupano ciascuno una quartina comunicando un'impressione di ordine e di chiarezza. Le terzine sono percorse invece da un ritmo più rapido e leggero e sono occupate da un unico periodo che scavalca il limite della strofa e si distende in quella successiva.
- Alle corrispondenze espresse sul piano tematico fanno riscontro altrettante corrispondenze a livello sia fonico sia lessicale. Per quel che riguarda il primo aspetto notiamo la **trama di suoni** che lega *longs*, *loin*, *confondent*, *dans*, *profonde*, *sons*, *répondent*, e *enfants*, *triomphants*, *ayant*, *chantent*; significativa anche, nell'ultima strofa, la frequenza di *s* che sottolinea il motivo delle *dolcezze estreme dello spirito e dei sensi*. Sul piano lessicale vanno rilevate le relazioni che legano alcune **parole in rima**, ad esempio *paroles* e *symboles* (l'accostamento in questo caso sottolinea la funzione simbolica che il poeta attribuisce alla parola), *se confondent* e *se répondent*, che ribadiscono il motivo del superamento delle tradizionali barriere fra le sensazioni, *encens* e *sens*, che alludono alla compenetrazione fra le dolcezze dello spirito e quelle della carne.

Incontro con il testo... ... poetico

Esercizi

Competenza trasversale:

a Acquisire ed interpretare l'informazione   **c** Comunicare
b Individuare collegamenti e relazioni   **d** Comunicare nelle lingue straniere

- **Comprensione**

  1. Perché le parole che la Natura invia all'uomo sono *incerte* e giungono come un mormorio?
  2. Che cosa vuole indicare il poeta con l'espressione *pilastri che son vivi* (v. 2)? Questa immagine come si pone in relazione con quella della Natura-tempio?
  3. Nella prima strofa il poeta scrive che l'uomo passa attraverso *una foresta di simboli* che lo osservano con *sguardi familiari*. Che cosa ha voluto dire secondo te con questa espressione?
     a. Che l'uomo si aggira tra immagini familiari senza accorgersi del loro significato misterioso.
     b. Che i simboli gli inviano messaggi benevoli e sono pronti a svelarsi a lui.
     c. Che esiste una corrispondenza fra i diversi simboli.
     d. Che esiste un rapporto tra l'uomo e la natura.
     Ti sembra che l'espressione del poeta si presti a un'unica interpretazione o che racchiuda in sé diversi significati?
  4. Nella seconda quartina il poeta vede le cose della natura e le sensazioni che da esse scaturiscono fondersi in *un'unità profonda e buia / grande come le tenebre o la luce*. Perché per definire tale unità adopera gli aggettivi *profonda* e *buia*? Perché la paragona sia alle tenebre sia alla luce? Quale elemento accomuna le tenebre e la luce?

- **Interpretazione**

  5. Nel testo in francese l'ottavo verso suona cosí: *Les parfums, les couleurs et les sons se répondent.* Ti sembra che la traduzione italiana renda in modo efficace l'originale? Che cosa c'è in piú o in meno nel testo italiano?

  6. Osserva adesso l'ordine delle parole e la posizione degli aggettivi nel testo francese. Ti sembra che rimangano uguali nella traduzione italiana? Isola i passi nei quali i due testi si discostano maggiormente l'uno dall'altro e illustra le differenze piú significative.

- **Competenza testuale**

  7. L'espressione *Profumi freschi* (v. 9) è:
     a. una metafora;   b. una similitudine;   c. una sinestesia;   d. un ossimoro.
  8. Nella strofa iniziale la Natura viene definita dapprima *un tempio*, poi *una foresta di simboli*. Delle tre figure retoriche sotto indicate, il poeta ha qui utilizzato:
     a. la similitudine;   b. la metafora;   c. la sinestesia.
  9. Sottolinea tutte le figure retoriche presenti nella lirica, assegna loro il nome e scrivilo a margine del testo.
  10. Nella prima terzina il poeta mette in relazione la sensazione olfattiva del profumo con sensazioni di altro tipo. Scrivi che effetto ottiene con questa tecnica.
  11. Sottolinea le espressioni del testo dalle quali possiamo dedurre la superiorità del poeta rispetto all'uomo comune.

- **Produzione**

  12. Spiega con parole tue, in un testo di 20 righe, il significato di questa poesia.

La poesia attraverso i tempi | Alle soglie della modernità

Arthur Rimbaud
Vocali

• A. Rimbaud, *Opere in versi e in prosa*, trad. di D. Bellezza, Garzanti, Milano, 1989

IN SINTESI: Abbandonandosi ad associazioni alogiche e irrazionali, il poeta accosta ciascuna delle vocali a colori, immagini, figure, creando una trama di sensazioni e connessioni che allargano l'orizzonte della lirica e aprono dinanzi agli occhi del lettore mondi insospettati.

Forma metrica: Sonetto costituito da due quartine a rima incrociata, ABBA – BAAB, e da due terzine che rimano secondo lo schema CCD – EED.

genere: poesia lirica	*epoca:* 1871	*luogo:* Francia	*lingua originale:* francese

A noir, E blanc, I rouge, U vert, O bleu:
                          [voyelles,
Je dirai quelque jour vos naissances latentes:
A, noir corset velu des mouches éclatantes
Qui bombinent autour des puanteurs cruelles,

5 *Golfes d'ombre; E, candeurs des vapeurs et*
                          [des tentes,
Lances des glaciers fiers, rois blancs, frissons
                          [d'ombelles;
I, pourpres, sang craché, rire des lèvres belles
Dans la colère ou les ivresses pénitentes;

10 *U, cycles, vibrements divins des mers virides,*
Paix des pâtis semés d'animaux, paix des rides
Que l'alchimie imprime aux grands fronts
                          [studieux;

O, suprême Clairon plein des strideurs étranges,
Silences traversés des Mondes et des Anges:
– O l'Oméga, rayon violet de Ses Yeux!

A nera, E bianca, I rossa, U verde, O blu:
                          [vocali,
io dirò un giorno le vostre nascite latenti:
A, nero corsetto villoso delle mosche lucenti
che ronzano intorno a fetori crudeli,

golfi d'ombra; E, candori di vapori e
                          [di tende,
lance di ghiacciai superbi, re bianchi, brividi
                          [di umbelle;
I, porpora, sangue sputato, riso di labbra belle
nella collera o nelle ebbrezze penitenti;

U, cicli, vibrazioni divine dei verdi mari,
pace dei pascoli seminati di animali, pace di rughe
che l'alchimia imprime nelle ampie fronti
                          [studiose;

O, suprema Tuba piena di stridori strani,
silenzi solcati dai Mondi e dagli Angeli:
– O l'Omega, raggio violetto dei Suoi occhi!

---

2. le vostre nascite latenti: la vostra origine misteriosa.
3. nero ... villoso: corpo nero e vellutato.
8. nelle ebbrezze penitenti: nell'estasi della penitenza.
11. l'alchimia: si può considerare l'antenata della chimica moderna. È un'antica teoria a metà fra la magia e la scienza, che studiava la combinazione dei diversi elementi che stanno alla base delle sostanze naturali.

12. O, suprema Tuba: o tromba del giudizio universale.
13. silenzi ... Angeli: silenzi dei cieli percorsi dal movimento dei pianeti e dal volo degli Angeli.
14. Omega: è l'ultima lettera dell'alfabeto greco e viene di solito adoperata per indicare la morte. **– raggio ... occhi:** allude al balenare misterioso degli occhi della morte.

L'OPERA

Nel 1871 Rimbaud componeva una delle sue prime raccolte, intitolata *Poesie*, in cui è evidente l'influenza di Baudelaire. Di tale raccolta fa parte la lirica *Vocali*.

L'autore

Arthur Rimbaud è il tipico «poeta maledetto», ribelle e innovatore, punto di riferimento per tutti i movimenti di avanguardia del Novecento. Nato nel 1854 a Charleville, cittadina al confine tra la Francia e il Belgio, da una famiglia autoritaria e conservatrice, lasciò ben presto la città natale e si trasferí a Parigi dove si abbandonò a una vita irrequieta e disordinata. Partecipò alla rivoluzione seguita alla caduta di Napoleone III piú per spirito di ribellione che per un autentico interesse politico. Giovanissimo cominciò a scrivere versi e nel 1871 inviò alcune sue poesie a Verlaine, esponente di spicco del movimento culturale del Decadentismo, che riconobbe immediatamente nel giovane poeta un autentico genio. I due intrecciarono una relazione omosessuale che si concluse in modo drammatico. A questo periodo risalgono due importanti opere: *Una stagione all'inferno*, raccolta di poemetti in prosa in cui attraverso un ossessionante intreccio di visioni Rimbaud scandaglia l'inferno della sua vita, e *Illuminazioni*, prose poetiche che portano alle estreme conseguenze le corrispondenze baudelairiane, dando vita, attraverso un linguaggio nuovo, musicalissimo, ricco di allitterazioni e di metafore, a una fusione di colori, luci, suoni, profumi. Questa straordinaria e intensa produzione venne realizzata nel giro di soli cinque anni. Nel 1875 Rimbaud diede l'addio definitivo alla poesia e cominciò a viaggiare, prima in Europa, poi in Africa, dove svolse le piú svariate attività, fra cui anche quella di mercante di schiavi. Colpito da un tumore a un ginocchio, nel 1891 ritornò in Francia per farsi curare. A Marsiglia gli venne amputata la gamba, ma il male continuò a propagarsi ed egli morí nello stesso anno.

Entriamo nel testo

Il tema

In questa lirica famosissima, della quale sono state date le piú svariate interpretazioni, Rimbaud, applicando la «poetica delle corrispondenze», si abbandona al **gioco delle libere associazioni** e collega a ogni vocale un colore in modo assolutamente soggettivo e arbitrario; i colori rinviano a una successione di immagini e queste, a loro volta, diventano simboli di altrettanti sentimenti e stati d'animo.

- Nel primo verso ogni vocale richiama un colore: la A è nera, la E bianca, la I rossa, la U verde, la O blu. Qualche critico sostiene che il poeta nel creare queste associazioni si sia ricordato dell'abbecedario a colori usato da bambino, altri hanno cercato spiegazioni molto piú complesse, ma queste chiavi di lettura ci sembrano le meno adatte a intendere la poesia di Rimbaud che è basata sul voluto **deragliamento di tutti i sensi** e rifiuta quindi ogni spiegazione di tipo razionale. Per gustarla bisogna solo abbandonarsi al libero fluire delle visioni create dal poeta e giocare con esse, magari cercando di ricostruire il percorso creativo senza però pretendere di imporre un'unica interpretazione.

- A partire dal terzo verso assistiamo al passaggio dai colori alle immagini attraverso un succedersi di **analogie**. Il nero della A richiama il corpo vellutato e lucente delle mosche ronzanti intorno a *fetori crudeli* che sanno di morte. L'immagine dei *golfi d'ombra* che chiude la prima serie di associazioni è ambigua: per un verso ci fa pensare all'addensarsi delle mosche, per l'altro all'inconsistente mondo di ombre in cui finiscono tutti i morti. Al nero della A si contrappone il bianco della E simboleggiato da immagini lievi e vibranti: i candidi vapori, le tende di un accampamento, le lance di ghiaccio, i bianchi re, probabilmente emiri arabi, i petali leggeri che sembrano percorsi da un brivido. Sarà stata la forma appuntita della I a richiamare al poeta il rosso dell'ira e del sangue, della porpora e delle labbra aperte nel riso o nell'estasi della penitenza? Non lo sappiamo, ma possiamo immaginarlo. Del resto una poesia come quella di Rimbaud coinvolge direttamente il lettore

La poesia attraverso i tempi | Alle soglie della modernità

nell'interpretazione e lo stimola a partecipare al gioco della creazione. Nella successione delle immagini collegate alla U gli elementi guida sembrano essere due: la forma della vocale, che richiama quella dei golfi marini, e il colore verde azzurro del mare. Il verde marino porta al verde dei pascoli, mari d'erba anch'essi, che comunicano un senso di pace, la stessa che si distende sulla fronte ampia degli studiosi. La O infine, in quanto corrisponde all'omega, l'ultima lettera dell'alfabeto greco solitamente usata per indicare la fine della vita, non può che far pensare alla morte. Da qui l'immagine delle trombe del giudizio universale, quella dei cieli blu solcati da pianeti e angeli e infine il colore violetto degli occhi di una creatura misteriosa che possiamo identificare con la morte.

Tutte le immagini scaturite dal gioco delle analogie e delle sinestesie non sono fine a se stesse, ma diventano a loro volta simboli di concetti profondi che si richiamano e si contrappongono: la morte e lo slancio vitale, le passioni e la quiete del pensiero, e su tutto, il silenzio della fine, l'enigma della morte che apre e chiude il componimento.

I suoni
Anche per questo sonetto, come per quello di Baudelaire, l'analisi dei significanti sarà condotta sul testo in lingua originale. Come si può notare anche dall'esame del livello tematico, sebbene il poeta si abbandoni al libero gioco delle associazioni, il componimento presenta una struttura attentamente meditata. Questa caratteristica ritorna nell'**organizzazione delle rime**: a partire dalla seconda strofa infatti possiamo notare che le rime sono per così dire contenute l'una nell'altra: **tentes** / péni**tentes**; **belles** / om**belles**; **rides** / vi**rides**; **Anges** / ét**ranges**; **yeux** / stud**ieux**. È possibile allora supporre che sia stato anche il gioco delle rime a guidare il poeta nella ricerca delle immagini.

Esercizi

Competenza trasversale:

a Acquisire ed interpretare l'informazione
b Individuare collegamenti e relazioni
c Comunicare
d Comunicare nelle lingue straniere

- **Interpretazione e competenza testuale**

1. Isola nel testo le parti dedicate a ciascuna vocale. A quali vocali viene dedicato più spazio? Questa scelta è casuale o ritieni che abbia un particolare significato? Se sí, quale?
2. Che tipo di relazione lega secondo te la vocale U all'immagine evocata dalla parola *cicli*?
3. Nel testo ricorrono tre figure retoriche: l'analogia, la sinestesia e la metafora. Individua tutti i punti in cui esse vengono usate. Spiega qual è il meccanismo su cui si basa l'analogia e illustra la differenza fra analogia, metafora e similitudine.

d 4. Se conosci il francese, ricerca nel testo le corrispondenze interne di suoni.
5. Osserva adesso la struttura sintattica del componimento. Quante sono le forme verbali? È frequente l'ellissi del verbo? Come sono costruiti gli enunciati? Esiste secondo te una relazione tra la struttura sintattica del sonetto e il fatto che a livello tematico le immagini si susseguano per libere associazioni? Se sí, quale?

- **Produzione**

6. Dopo aver letto il componimento, chiudi il libro e prova a ricordare quali immagini si legano per associazione a ciascuna vocale.
7. Adesso lavora tu alla maniera di Rimbaud e associa a ogni vocale almeno tre immagini utilizzando analogie, sinestesie e metafore.

Gabriele D'Annunzio
La pioggia nel pineto

• G. D'Annunzio, *Poesie*, Garzanti, Milano, 1982

IN SINTESI: Attraverso una sinfonia di suoni, il poeta riproduce il variegato rumore della pioggia sulle fronde di una pineta nella quale egli si addentra insieme alla donna amata. Cosí intenso è il loro rapporto con la natura che i due innamorati hanno l'impressione di trasformarsi in elementi naturali.

Forma metrica: la lirica è costituita da quattro strofe di 32 versi ciascuna. All'interno di ogni strofa si susseguono senza alcuna regolarità versi di tre, sei, sette e nove sillabe. L'ultimo verso di ogni strofa è costituito dal nome della donna a cui il poeta si rivolge: Ermione.

| *genere:* poesia lirica | *epoca:* 1902 | *luogo:* Italia | *lingua originale:* italiano |

Taci. Su le soglie
del bosco non odo
parole che dici
umane; ma odo
5 parole piú nuove
che parlano gocciole e foglie
lontane.
Ascolta. Piove
dalle nuvole sparse.
10 Piove su le tamerici
salmastre ed arse,
piove su i pini
scagliosi ed irti,
piove su i mirti
15 divini,
su le ginestre fulgenti
di fiori accolti,
su i ginepri folti
di coccole aulenti,
20 piove su i nostri volti
silvani,
piove su le nostre mani
ignude,
su i nostri vestimenti

1. Taci: il poeta si rivolge alla donna amata e la invita a tacere per meglio ascoltare la musica della pioggia.
10. tamerici: arbusti dalle foglie a squame che crescono sulla riva del mare.
11. salmastre ed arse: ricoperte di salsedine che le inaridisce.
13. scagliosi ed irti: dalla scorza a scaglie e dalle foglie aghiformi.
17. accolti: uniti insieme.
19. coccole aulenti: bacche odorose.
21. silvani: i volti del poeta e della donna sembrano confondersi con il bosco.

L'OPERA

D'Annunzio aveva elaborato il piano di un'ampia opera in versi, intitolata *Laudi*, che avrebbe dovuto comprendere 7 libri, tanti quante erano le stelle della costellazione delle Pleiadi. Riuscí però a comporre soltanto 5. Fra tutti il libro piú riuscito è sicuramente *Alcyone* del 1903, in cui l'autore delinea il diario di una vacanza estiva in Versilia che si svolge tra la fine della primavera e il morire dell'estate. Le liriche di *Alcyone* si segnalano per la musicalità dei versi e per la presenza del tema della metamorfosi dalla dimensione naturale a quella umana e viceversa. Tali motivi sono evidenti nella poesia *La pioggia nel pineto*.

La poesia attraverso i tempi — Alle soglie della modernità

29. la favola bella: le illusioni della vita e dell'amore.
32. Ermione: per nobilitare la figura femminile il poeta le dà il nome mitologico di Ermione, la figlia di Elena e Menelao.
35. verdura: verzura, erba verde.
43. pianto australe: la pioggia, vista come *pianto* del cielo, che viene portata dal vento del Sud.
44. impaura: impaurisce.
45. cinerino: color cenere.
56. ebro: inebriato dal piacere della pioggia.
60. auliscono: profumano.
71. mesce: mescola, unisce.

25 leggieri,
su i freschi pensieri
che l'anima schiude
novella,
su la favola bella
30 che ieri
t'illuse, che oggi m'illude,
o Ermione.

Odi? La pioggia cade
su la solitaria
35 verdura
con un crepitío che dura
e varia nell'aria
secondo le fronde
piú rade, men rade.
40 Ascolta. Risponde
al pianto il canto
delle cicale
che il pianto australe
non impaura,
45 né il ciel cinerino.
E il pino
ha un suono, e il mirto
altro suono, e il ginepro
altro ancóra, stromenti
50 diversi
sotto innumerevoli dita.
E immersi
noi siam nello spirto
silvestre
55 d'arborea vita viventi;
e il tuo volto ebro
è molle di pioggia
come una foglia,
e le tue chiome
60 auliscono come
le chiare ginestre,
o creatura terrestre
che hai nome
Ermione.

65 Ascolta, ascolta. L'accordo
delle aeree cicale
a poco a poco
piú sordo
si fa sotto il pianto
70 che cresce;
ma un canto vi si mesce
piú roco
che di laggiú sale,

dall'umida ombra remota.
75 Piú sordo e piú fioco
s'allenta, si spegne.
Sola una nota
ancor trema, si spegne,
risorge, trema, si spegne.
80 Non s'ode voce del mare.
Or s'ode su tutta la fronda

L'autore

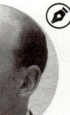

Gabriele D'Annunzio è lo scrittore italiano di fine Ottocento piú famoso e discusso. Egli infatti seppe «costruire» la sua vita, imponendosi all'attenzione del pubblico con gesti clamorosi e comportamenti che provocavano, a seconda degli ambienti, scandalo, sfrenata ammirazione, desiderio di emulazione. Nato a Pescara nel 1863, da una famiglia agiata, compí gli studi liceali nel prestigioso collegio Cicognini di Prato e ancora giovanissimo compose le prime poesie che suscitarono grande interesse. Nel 1881 si trasferí nella capitale per compiere gli studi universitari che però non portò mai a termine. Si diede invece a frequentare i salotti piú esclusivi della città, collaborò come cronista mondano al giornale «La Tribuna» e alla rivista letteraria «Cronaca bizantina» e fece parlare di sé per la sua tumultuosa vita sentimentale. Dopo essersi legato alla famosa attrice Eleonora Duse, visse per piú di dieci anni a Settignano presso Firenze in una sontuosa villa detta «La Capponcina». Costretto a riparare in Francia a causa dei debiti, poté rientrare in patria solo nel 1915, poco prima dell'intervento italiano nella prima guerra mondiale che egli sostenne con infiammati discorsi. Partecipò al conflitto segnalandosi per alcuni atti di valore e gesti clamorosi. Durante un atterraggio ebbe un incidente in seguito al quale perse un occhio e venne gravemente ferito all'altro sicché fu costretto a restare a lungo completamente bendato. Risale a questo periodo il *Notturno*, un insieme di notazioni e riflessioni che scrisse utilizzando delle strisce di carta che faceva scorrere nella scanalatura di una tavoletta di legno. Alla fine della guerra, nel 1919, messosi a capo di un gruppo di soldati da lui chiamati «legionari», prese con la forza la città di Fiume che il trattato di pace non aveva assegnato all'Italia e proclamò la Repubblica del Carnaro, ma l'anno successivo il governo italiano inviò l'esercito e lo fece sloggiare da Fiume per ottemperare a quanto stabilito negli accordi internazionali. Dal 1920 ha inizio l'ultimo periodo della vita di D'Annunzio contrassegnato da ambigui e contrastanti rapporti con il fascismo che egli appoggiò attivamente, senza però ricevere, almeno in un primo momento, adeguati riconoscimenti. Dopo l'impresa di Fiume, D'Annunzio si trasferí in una villa a Gardone Riviera dove trascorse gli ultimi anni senza piú occuparsi attivamente di politica e dedicandosi a ingrandire e arredare la villa, chiamata «Vittoriale degli italiani», che divenne un vero e proprio museo della vita e dell'arte dannunziane. Morí a Gardone nel 1938. D'Annunzio si è cimentato nei piú svariati generi, dalla novella (*Terra vergine*) al romanzo (*Il piacere, Le vergini delle rocce, Il fuoco*), dalla lirica al teatro (*La fiaccola sotto il maggio*). Il suo merito maggiore va colto soprattutto nell'eccezionale abilità espressiva, nella capacità di sperimentare le innumerevoli possibilità ritmiche, lessicali, musicali della lingua italiana che nelle sue mani diviene uno strumento dalle mille corde. Pertanto, nonostante la retorica e l'artificiosità di certi suoi ideali e atteggiamenti che oggi appaiono «datati», non si può negare che abbia esercitato un'influenza notevolissima su tutta la poesia del Novecento, come riconobbe lo stesso Montale, il quale dichiarò: «Il debito nei suoi confronti non solo è certo, ma doveroso [...]; non aver appreso nulla da lui sarebbe un pessimo segno».

84. che monda: che pulisce.
85-87. il croscio ... men folta: il rumore della pioggia scrosciante che varia secondo che cada su fronde piú o meno fitte.
89. la figlia dell'aria: la cicala.
91. limo: fango.
100. virente: verdeggiante.
107. polle: sorgenti.
108. alvèoli: gli alvei in cui sono infissi i denti.
110. di fratta in fratta: da una macchia all'altra.
112-114. verde vigor ... ginocchi: i ramoscelli verdi delle piante si avvolgono alle caviglie e alle ginocchia del poeta e della sua donna.

crosciare
l'argentea pioggia
che monda,
85 il croscio che varia
secondo la fronda
piú folta, men folta.
Ascolta.
La figlia dell'aria
90 è muta; ma la figlia
del limo lontana,
la rana,
canta nell'ombra piú fonda,
chi sa dove, chi sa dove!
95 E piove su le tue ciglia,
Ermione.

Piove su le tue ciglia nere
sí che par tu pianga
ma di piacere; non bianca
100 ma quasi fatta virente,
par da scorza tu esca.
E tutta la vita è in noi fresca
aulente,
il cuor nel petto è come pèsca
105 intatta,
tra le pàlpebre gli occhi
son come polle tra l'erbe,
i denti negli alvèoli
son come mandorle acerbe.
110 E andiam di fratta in fratta,
or congiunti or disciolti
(e il verde vigor rude
ci allaccia i mallèoli
c'intrica i ginocchi)
115 chi sa dove, chi sa dove!
E piove su i nostri volti
silvani,
piove su le nostre mani
ignude,
120 su i nostri vestimenti
leggieri,
su i freschi pensieri
che l'anima schiude
novella,
125 su la favola bella
che ieri
m'illuse, che oggi t'illude,
o Ermione.

Michail Larionov, *La pioggia*, 1904. Collezione privata.

Entriamo nel testo

I temi

La pioggia nel pineto, una delle piú famose composizioni dannunziane, è un esempio di come la **parola** possa essere **usata per le sue componenti foniche e musicali** piú che per il significato connesso al suo valore referenziale. Il poeta trae spunto da un'occasionale passeggiata nella pineta della Versilia insieme con la donna amata, alla quale dà il nome classico di Ermione, per creare una **sinfonia di suoni** attraverso i quali riesce a riprodurre il vario modularsi della pioggia sulle piante del bosco. A questo, che è l'aspetto piú evidente e superficiale del testo, si intrecciano altri temi: quello della **metamorfosi**, presente in tutta la raccolta, quello dell'**amore** e quello della **magia della parola poetica**.

La lirica si apre con un invito al silenzio che il poeta rivolge a Ermione. L'imperativo *Taci*, seguito da un segno di interpunzione forte, crea un'atmosfera di sospensione e di attesa. Il silenzio è indispensabile per poter udire la musica della pioggia, le *parole piú nuove / che parlano gocciole e foglie / lontane*. L'esortazione all'ascolto viene rinnovata (*Odi?* v. 33; *Ascolta* v. 65) ogni volta che un suono nuovo, prima quello della cicala, poi quello della rana, si aggiunge alle mille modulazioni della pioggia. Nella prima strofa il poeta imita la musica prodotta dal cadere delle gocce d'acqua sulle innumerevoli piante del bosco: *tamerici, pini, mirti, ginestre*. Nella seconda al crepitio della pioggia, che viene paragonata al pianto del cielo, si aggiunge il canto delle cicale. Nella terza il poeta riproduce il verso sordo e roco della rana che a poco a poco si spegne nell'ombra: *chi sa dove, chi sa dove!* Con l'ultima strofa le sensazioni uditive cedono il posto a quelle visive: non sentiamo piú i suoni della natura, vediamo invece il poeta e la sua donna trasfigurarsi in creature arboree.

Il tema della metamorfosi si snoda secondo un percorso inverso rispetto a quello musicale. Affiora appena nella prima strofa in cui l'espressione *piove su i nostri volti / silvani* fa intendere che gli esseri umani si stanno confondendo con il bosco, sembrano fatti della stessa sostanza. Viene ripreso in modo piú esplicito nell'ultima parte della seconda strofa attraverso una serie di paragoni fra alcune parti del corpo della donna e gli elementi della natura: il volto è paragonato a una foglia, i capelli alle chiare ginestre. Infine domina incontrastato nella strofa finale nella quale assistiamo alla completa trasformazione dei due amanti in esseri vegetali: il cuore è una *pèsca*, gli occhi sono due sorgenti d'acqua, i denti *mandorle acerbe*. I due personaggi costituiscono ormai un tutt'uno con il bosco che li avvince in un abbraccio di rami e di arbusti. I versi finali sono identici a quelli che concludono la strofa iniziale, sicché l'intero componimento è racchiuso in una **struttura circolare**.

Un terzo tema presente nel testo è quello dell'amore, sentito dal poeta come **un'illusione**: *la favola bella / che ieri / t'illuse, che oggi m'illude*. Questo motivo, al di là dei versi nei quali viene direttamente espresso, sembra pervadere l'intero componimento dal quale scaturisce un'immagine della vita come qualcosa di lieve, fuggevole e illusorio.

Altro motivo chiave della lirica è la funzione magica ed evocatrice della parola poetica. La musica della pioggia, il canto delle cicale e delle rane resterebbero infatti relegati nella sfera dei suoni naturali se non intervenisse il linguaggio del poeta a tradurli in parola, interpretandoli e fissandoli prima che svaniscano.

La sintassi, il lessico e i suoni

La sintassi è semplice: prevalgono le proposizioni principali spesso brevissime e tra loro coordinate. Ogni strofa comprende piú periodi che presentano **simmetrie** e **ripetizioni**:

> ... non **odo**
> **parole** che dici
> umane, ma **odo**
> **parole** piú nuove...
>
> **Piove su** le tamerici...
> **piove su** i pini...
>
> **su** le ginestre fulgenti...
> **su** i ginepri folti...

Altra caratteristica della sintassi dannunziana è l'**enumerazione** solitamente accompagnata dall'anàfora: *piove su le tamerici / piove su i pini / piove su i mirti*.

Va infine sottolineata la distribuzione delle **parole chiave** che rientrano in due aree semantiche: quella della pioggia-pianto della natura, che comprende *piove, pioggia, pianto* e quella del silenzio e

dell'attenzione che comprende *taci, odi, ascolta.* La musicalità straordinaria di questa lirica è ottenuta grazie alla **ricca trama di rime** sia esterne che interne (*umane* v. 4 / *lontane* v. 7; *pianto / canto* v. 41 ecc.) di assonanze (*parole... nuove* v. 5, *illuse... illude* v. 31, *stromenti / diversi* vv. 49-50), consonanze (*secondo... fronde* v. 38), allitterazioni (*piove... pini, ginestre... ginepri*), parole onomatopeiche (*crepitio, croscio, coccole*) e soprattutto attraverso l'accorta combinazione dei suoni vocalici e consonantici.
Nella prima strofa, ad esempio, prevalgono le *i* con le quali il poeta riproduce il ticchettío ancora sommesso della pioggia (*Piove su le tamerici / ... piove su i pini / scagliosi e irti, / piove su i mirti / divini* ecc.); nella seconda invece predomina prima il suono aperto della *a* (*ascolta. Risponde / al pianto il canto / delle cicale / che il pianto australe / non impaura*), poi quello piú pieno della *o* (*E il pino / ha un suono e il mirto / altro suono* ecc.), per giungere infine nella terza strofa all'accumulazione delle sibilanti che riproducono il crosciare della pioggia (*cresce... si mesce... crosciare... cròscio*).

Esercizi

Competenza trasversale:

 a Acquisire ed interpretare l'informazione   **c** Comunicare
b Individuare collegamenti e relazioni   **d** Comunicare nelle lingue straniere

- **Competenza testuale**

1. Ricerca nel testo le rime interne ed esterne, le assonanze e le allitterazioni.
2. D'Annunzio si serve di un linguaggio abbastanza semplice nel quale sono qua e là incastonati termini colti. Sottolinea le parole inconsuete e quelle che appartengono a un registro alto e spiegane il significato.
3. Individua nel testo i parallelismi, le ripetizioni e le anàfore.
4. Nella lirica predomina il tema della metamorfosi degli esseri umani in creature vegetali. Tuttavia è presente anche il motivo dell'umanizzazione della natura. Individuali entrambi nel testo.

- **Produzione**

  b **5.** In un'annotazione del 1899 contenuta in uno dei suoi *Taccuini*, D'Annunzio descrive la situazione e il paesaggio che qualche anno dopo avrebbe immortalato nella *Pioggia nel pineto*.

> La Pineta è selvaggia tutta chiusa da cespugli fitti, da mirti, da tamerici. Qua e là le ginestre fiorite risplendono con i loro gialli fiori. La pioggia discende su la verdura con un crepitío che varia secondo la densità del fogliame. I pini hanno in cima i rametti simili a dita [...]. Le cicale, che cantavano ancora sotto il cielo cinerino, a poco a poco ammutoliscono. Il loro canto si fa sordo sotto la pioggia; poi si rallenta; poi si spegne. Di tanto in tanto, una nota roca e fioca risorge, spira. E su tutta la foresta si spande il suono della pioggia tiepida, un suono infinitamente dolce e persuasivo. Le ginestre sono cosí chiare che sembrano illuminare i luoghi dove fioriscono. Dal crepitio piú forte mi accorgo della maggiore densità del bosco. [...] Le mie scarpe sono basse, i malleoli sono coperti da una calza di seta quasi trasparente. Sento il contatto delle erbe, dei rami, quasi su la carne viva. [...] Avevamo leggeri sandali legati ai malleoli con corregge sottili. [...] E andavamo cosí nella selva. [...]
>
> (G. D'Annunzio, *Altri taccuini*, a cura di E. Bianchetti, Mondadori, Milano, 1976)

Metti a confronto il testo in prosa con la lirica e individua: i punti di contatto e i mutamenti lessicali operati nel passaggio dalla prosa alla poesia.
Puoi trarre spunto dal confronto per discutere con l'insegnante su ciò che distingue il testo poetico da quello in prosa. Ti può essere utile, a questo proposito l'analisi della poesia di Attilio Bertolucci, *Il calzolaio Gelasio* (vedi pag. 140).

Incontro con il testo... ... poetico

Costantinos Kavafis

Itaca

Testo conchiglia: **I mille volti di Ulisse**

- C. Kavafis, *Settantacinque poesie*, trad. di N. Risi e M. Dalmàti, Einaudi, Torino, 1992

IN SINTESI: L'isola di Itaca è nella lirica metafora della vita, concepita come un viaggio verso una meta che, più che un approdo definitivo, funge da stimolo per il viaggio. Il poeta afferma che non bisogna aver fretta di giungere a destinazione, alla propria Itaca, cioè all'obiettivo prefissato. Invita piuttosto ad approfittare del viaggio per fare esperienza, conoscere il mondo, arricchirsi spiritualmente. Anche se alla fine la meta sarà deludente, non importa: Itaca è solo un pretesto per viaggiare; ciò che conta non è raggiungere la meta, ma compiere il viaggio, cioè vivere la vita in tutti i suoi aspetti.

Forma metrica: versi liberi.

genere: poesia lirica	epoca: fine Ottocento-primo Novecento	luogo: Egitto	lingua originale: greco moderno

3. fertile in avventure e in esperienze: ricca di avventure e di esperienze. L'aggettivo *fertile* vuole sottolineare il carattere positivo delle esperienze del viaggio, ciascuna delle quali produce un arricchimento della personalità.

4-8. I Lestrigoni ... il tuo corpo: non temere i possibili ostacoli che incontrerai lungo il tuo cammino; essi non potranno arrecarti alcun danno se il tuo pensiero rimane saldo e se un sentimento forte guiderà il tuo spirito e il tuo corpo. Il poeta rappresenta le difficoltà della vita facendo riferimento ai Lestrigoni e ai Ciclopi, che sono tra i personaggi più feroci e ostili incontrati da Ulisse nel suo viaggio.

9-12. In Ciclopi ... mette contro: i veri ostacoli, vuol dire il poeta, non sono quelli che vengono dall'esterno, ma quelli prodotti dalla mente: le paure, i condizionamenti che non permettono di affrontare la vita con un atteggiamento positivo.

Quando ti metterai in viaggio per Itaca
devi augurarti che la strada sia lunga
fertile in avventure e in esperienze.
I Lestrigoni e i Ciclopi
5 o la furia di Nettuno non temere,
non sarà questo il genere d'incontri
se il pensiero resta alto e un sentimento
fermo guida il tuo spirito e il tuo corpo.
In Ciclopi e Lestrigoni, no certo
10 né nell'irato Nettuno incapperai
se non li porti dentro
se l'anima non te li mette contro.

Devi augurarti che la strada sia lunga.
Che i mattini d'estate siano tanti
15 quando nei porti – finalmente e con che gioia
toccherai terra tu per la prima volta:

L'OPERA

Le *Settantacinque poesie* sono una raccolta postuma di alcune delle più significative liriche di Kavafis. I curatori dell'antologia avevano già pubblicato nel 1968 *Cinquantacinque poesie* che contribuirono in maniera decisiva alla conoscenza del poeta nel nostro paese. Nel 1992 aggiunsero alla primitiva raccolta altri venti componimenti. L'opera offre un ampio panorama della produzione di Kavafis, che oscilla fra tematiche esistenziali e meditazioni storico-culturali rivolte soprattutto alla cultura greca.

La poesia attraverso i tempi — Alle soglie della modernità

17. negli empori fenici indugia: soffermati nei ricchi mercati fenici. Nel mondo antico i Fenici erano famosi navigatori e commercianti, pertanto i loro mercati erano ricchi di ogni tipo di merce. Qui il poeta vuole invitare il suo ideale interlocutore a guardarsi intorno, a soffermarsi su tutto ciò che lo circonda, vivendo secondo un ritmo lento e naturale che gli permetta di apprezzare tutte le cose che il mondo e la natura gli offrono.

18. madreperle coralli ebano e ambre: sono prodotti preziosi molto diffusi nei mercati orientali. L'ebano è un legno pregiato di colore nero intenso, usato per costruire mobili di lusso e strumenti musicali. L'ambra è una resina fossile, trasparente, di colore giallo che può racchiudere al suo interno insetti o infiorescenze. Viene usata per realizzare gioielli e oggetti raffinati. La madreperla è la parte interna della conchiglia di alcuni molluschi, spesso iridescente, utilizzata per intarsi o per piccoli oggetti di lusso. Il corallo è un piccolo polipo marino che una volta venuto a contatto con l'aria si indurisce e viene utilizzato per creare gioielli.

28-29. ricco dei tesori ... strada: naturalmente non si tratta di ricchezze concrete ma del bagaglio di esperienze e di conoscenze accumulate durante il viaggio.

---

negli empori fenici indugia e acquista
madreperle coralli ebano e ambre
tutta merce fina, anche profumi
20 penetranti d'ogni sorta, piú profumi
inebrianti che puoi,
va' in molte città egizie
impara una quantità di cose dai dotti.

Sempre devi avere in mente Itaca
25 raggiungerla sia il pensiero costante.
Soprattutto, non affrettare il viaggio;
fa' che duri a lungo, per anni, e che da vecchio
metta piede sull'isola, tu, ricco

dei tesori accumulati per strada
30 senza aspettarti ricchezze da Itaca,
Itaca ti ha dato il bel viaggio,
senza di lei mai ti saresti messo
in viaggio: che cos'altro ti aspetti?

E se la trovi povera, non per questo Itaca ti avrà deluso.
35 Fatto ormai savio, con tutta la tua esperienza addosso,
già tu avrai capito ciò che Itaca vuole significare.

Henri-Edmond Cross, *La barca blu*, 1899. Digione, Museo di Belle Arti.

Incontro con il testo... ... poetico

L'autore

Costantinos Kavafis è stato uno dei più grandi poeti del primo Novecento. Nacque ad Alessandria d'Egitto nel 1863 da una famiglia facoltosa di origine greca che, quando egli era ancora bambino, si trasferí in Inghilterra. Nel 1869 morí il padre e, dopo alcuni anni di viaggi tra la Francia, Costantinopoli (l'odierna Istanbul) e la Grecia, il ragazzo fece ritorno con la madre nella vivace città egiziana, meta di viaggiatori ed emigranti in cerca di fortuna e punto di incontro tra persone di diverse culture. Qui trascorse l'adolescenza e gran parte della sua vita. Impiegato presso il ministero dei lavori pubblici d'Egitto, coltivò quasi segretamente il suo amore per la poesia. In Europa allora dominavano i poeti decadenti francesi, in Egitto era viva la tradizione della poesia araba, ma Costantinos per ragioni familiari era vicino anche alla poesia greca ellenica di Omero, Saffo, Alceo, Anacreonte. La Grecia fu la sua patria ideale, anche se egli nel corso della sua esistenza vi si recò solo tre volte e il greco lo studiò durante l'adolescenza per sentirsi fino in fondo ellenico. Scrisse in tutto 154 liriche che vennero pubblicate dopo la sua morte, avvenuta nel 1933. Egli infatti in vita aveva preferito stampare i suoi scritti su fogli volanti, destinandoli a una ristretta cerchia di amici. Fra i temi della sua poesia, che sono la nostalgia, l'amore, il ricordo, ritorna spesso la rilettura in chiave moderna ed esistenziale dei miti, delle leggende e degli eventi storici del mondo classico.

Entriamo nel testo

I temi

La lirica è percorsa da numerosi riferimenti all'*Odissea* che vengono filtrati attraverso la sensibilità del poeta e assumono significati nuovi che non avevano nel poema omerico. Uno dei temi della poesia decadente, che era sicuramente nota a Kavafis, è il **viaggio senza meta**, nel quale la cosa piú importante è partire, evadere da una realtà oppressa dalla noia e dall'angoscia esistenziale, affrontare il rischio del naufragio, girovagare in terre sterili e abbandonate. Egli riprende questa tematica, calandola nel contesto della cultura greca nella quale particolarmente si riconosceva.
Nella lirica l'isola di Itaca diventa un'immagine simbolicamente forte nella quale confluiscono le tre tematiche fondamentali del componimento: la patria, il viaggio, il ritorno.
In primo luogo essa rappresenta la **patria**, familiare, nota, rassicurante, una patria piccola, arida, pietrosa, ma non per questo meno cara a chi in essa è nato. È però la patria dalla quale si è lontani, non si sa se per scelta o per necessità, e quindi diventa il luogo del **ritorno**, la meta verso cui si tende. Tra questi due estremi – la partenza, che appare come una realtà già data, e il ritorno – si colloca la dimensione spazio-temporale del **viaggio**, che diventa il tema centrale della lirica. Ed è qui che il poeta sorprende il lettore. Chi si aspettava dal testo il canto nostalgico per la patria perduta, l'ansia del ritorno, rimane disorientato: *Quando ti metterai in viaggio per Itaca / devi augurarti che la strada sia lunga* dice il poeta. La lunghezza del viaggio non è piú, come nel poema omerico, la conseguenza di una maledizione divina, non è un ostacolo alla realizzazione del desiderio, ma, al contrario, qualcosa di desiderabile. Il concetto viene ribadito nella parte iniziale di ogni strofa: *devi augurarti che la strada sia lunga* (v. 13); *Soprattutto non affrettare il viaggio; fa' che duri a lungo, per anni* (vv. 26-27). In tal modo il poeta ci fa capire che è questo il messaggio piú importante del testo e che il viaggio di cui parla non è un qualsiasi itinerario, ma il viaggio della vita.
Man mano che si procede, il tema centrale si arricchisce di ulteriori sviluppi.
- Nella prima strofa il poeta contrappone agli ostacoli esterni le paure della mente. I veri mostri – i Lestrigoni, i Ciclopi, l'ira di Nettuno – non stanno fuori di noi, ma sono il prodotto delle nostre paure, delle incertezze che ci bloccano. Se l'animo è forte e sereno, non potremo incappare in questi pericoli nel corso del viaggio.
- Nella seconda strofa, le raccomandazioni, che

finora erano state espresse in forma negativa, si rovesciano in positivo (*indugia, acquista, va, impara*). Il percorso deve essere lungo per permettere l'indugio nei porti, l'incontro con la dottrina, l'arricchimento spirituale. Ecco allora che la funzione del viaggio a poco a poco muta: esso non è più il *nostos* greco, cioè il viaggio di ritorno in patria, ma un'esperienza che va vissuta in sé stessa, senza altri scopi o giustificazioni esterne, perché racchiude in sé il suo significato e la sua finalità.

- Nella terza strofa ricompare l'immagine di Itaca: essa rappresenta la meta che bisogna sempre avere in mente e nel cuore, ma che non deve mai essere stimolo o pretesto per affrettare il cammino. In questo caso, infatti, si perderebbe una parte di quell'arricchimento interiore che solo gli indugi, le soste, le deviazioni possono consentire. E neppure bisogna aspettarsi ricchezze una volta giunti a Itaca: l'isola ci ha già fatto il suo dono più grande offrendoci il pretesto per compiere il viaggio (*Itaca ti ha dato il bel viaggio / senza di lei mai ti saresti messo in viaggio*).

- Nell'ultima strofa, che è molto più breve delle precedenti, il poeta esprime in modo allusivo il messaggio finale del componimento. Egli non ci dice esplicitamente che cosa significa Itaca, ma lascia al lettore il compito di dare una sua chiave di lettura. A noi sembra che in definitiva il messaggio possa essere questo: nel viaggio della vita, così come in qualsiasi viaggio effettivamente compiuto, non è tanto importante la meta da raggiungere, quanto il percorso che conduce a essa. È durante quel percorso che si cresce e si matura, grazie a esperienze, difficoltà, errori, incontri, avventure e delusioni. Solo quando saremo giunti alla meta, voltandoci indietro, potremo capire qual è stato il nostro viaggio e dove ci ha portato.

Esercizi

Competenza trasversale:

 Acquisire ed interpretare l'informazione

 Individuare collegamenti e relazioni

 Comunicare

d Comunicare nelle lingue straniere

- **Comprensione e interpretazione**

1. Leggi ad alta voce la lirica, rispettando le pause e i segni di punteggiatura in modo da trasmettere efficacemente i significati del testo.

2. Individua nel testo i punti nei quali vengono sviluppate le tematiche del componimento che ti sono state illustrate nell'analisi.

3. Che cosa rappresentano nella lirica i Lestrigoni, i Ciclopi e Nettuno? Che cosa rappresentano i porti fenici e le città egizie?

4. Quale visione della vita emerge dalla poesia di Kavafis?

 c 5. Nell'analisi ti abbiamo proposto una chiave di lettura della lirica, in particolare degli ultimi due versi. Ti convince questa interpretazione? Secondo te se ne potrebbe avanzare qualche altra? Discutine in classe con l'insegnante e con i compagni e sintetizza in un testo di una ventina di righe il risultato della discussione.

- **Produzione**

 6. Rileggi l'ode oraziana del *Carpe diem* (vedi pag. 64). Ti sembra di poter cogliere qualche punto di contatto con la lirica di Kavafis? Discutine in classe con l'insegnante e i compagni ed esponi le conclusioni a cui sei giunto.

Ritratto d'autore
Giovanni Pascoli

Ritratto di Giovanni Pascoli.

La biografia

Giovanni Pascoli è il poeta che in Italia ha segnato il passaggio dall'Ottocento al Novecento e ha aperto la via alla poesia moderna. Nacque nel 1855 a San Mauro di Romagna, quarto di dieci figli. Il padre Ruggero era amministratore di alcune proprietà dei principi di Torlonia e la famiglia, pur numerosa, godeva di un certo benessere. La fanciullezza del poeta trascorse serena fino al 10 agosto 1867, quando Ruggero Pascoli venne ucciso misteriosamente sulla strada fra Cesena e San Mauro. L'assassino o gli assassini non furono scoperti e le cause di quella morte non vennero mai chiarite. Anche per questo motivo la disgrazia impresse nell'animo di Pascoli un segno incancellabile che lo condizionò per il resto della vita. Spesso nelle sue poesie torna infatti il ricordo della tragica morte del padre, unito al tema del «nido» distrutto dalla violenza degli uomini. Di lí a poco altri lutti colpirono la famiglia: morirono una sorella, la madre, a cui il poeta era legatissimo, e due fratelli. Nonostante le difficoltà economiche, Giovanni riuscí, a prezzo di grandi sacrifici, a continuare gli studi e si iscrisse alla facoltà di Lettere dell'Università di Bologna, che poté frequentare grazie a una borsa di studio. Durante gli anni universitari seguí con interesse le lezioni di Carducci e si accostò agli ideali del socialismo. Nel 1879 venne arrestato per aver partecipato a una manifestazione in favore degli anarchici. Laureatosi nel 1882, iniziò la carriera di professore di latino e greco nei licei e, grazie alla sicurezza economica ormai raggiunta, poté acquistare a Castelvecchio di Barga in provincia di Lucca una casa nella quale ricostituí, insieme alle sorelle Ida e Maria, il «nido» familiare. Frattanto affiancò all'attività di insegnante e di studioso quella di poeta. Pubblicò infatti nel 1891 la sua prima raccolta di liriche intitolata *Myricae* a cui seguirono i *Poemetti*, i *Canti di Castelvecchio* e i *Poemi conviviali*. Passato all'insegnamento universitario, ricoprí la cattedra di letteratura latina prima all'Università di Messina e successivamente a Pisa e a Bologna dove venne chiamato nel 1906 a sostituire Carducci che si era ritirato dall'insegnamento. In questi anni la sua poesia muta registro e passa dalla rappresentazione del mondo semplice della campagna, cantato in chiave simbolica, a temi storici e celebrativi come dimostrano le raccolte *Odi e inni*, *Poemi italici* e *Poemi del Risorgimento*. Un posto importante nella produzione poetica del Pascoli occupano anche le poesie latine, riunite nella raccolta *Carmina* (Carmi), con le quali il poeta vinse piú volte il concorso di poesia latina di Amsterdam. Ammalatosi gravemente nel 1908, continuò l'attività letteraria fin quasi alla morte, avvenuta a Bologna nel 1912.

Le opere

La produzione poetica di Pascoli è molto vasta; egli infatti scrisse numerose raccolte di liriche che si possono suddividere in due gruppi: le raccolte nelle quali piú evidenti sono gli elementi della nuova poesia decadente, dai toni allusivi e simbolici, e quelle nelle quali assume il tono del poeta vate e celebra personaggi e temi della tradizione.

Myricae è la prima e forse la piú amata raccolta pascoliana. Il titolo deriva da un verso della quarta *Ecloga* del poeta latino Virgilio: *iuvant arbusta humilesque myricae*, «piacciono gli alberi e le umili tamerici». Con questo titolo Pascoli vuole alludere per un verso al tono volutamente basso della sua poesia che paragona alle tamerici, umili piante che si elevano poco da terra, per l'altro alla tematica della raccolta che «può intendersi come un diario minuto e liberissimo di una giornata trascorsa in campagna a contatto con gli eventi agresti, le voci dei campi, il trascolorare delle ore» (M. Tropea). Il poeta lascia volutamente da parte gli argomenti impegnati sul piano politico e civile per cantare le piccole cose, il mondo semplice della natura nel quale egli scopre significati profondi, corrispondenze segrete. Al tema della natura si intreccia quello delle vicende familiari, un'esperienza umana piú dolorosa che lieta che il poeta rievoca con tristezza e sgomento. Nei lutti che hanno colpito la sua famiglia egli vede infatti il segno di una società feroce e disumana alla quale contrappone la natura, madre dolcissima e confortatrice. La prima edizione di *Myricae*, costituita da 22 poesie, fu pubblicata nel 1891. Negli anni successivi il poeta continuò ad arricchire la raccolta con altri componimenti e la ripubblicò ben nove volte, fino all'edizione definitiva del 1903 che comprende 156 liriche.

I temi di *Myricae* ritornano nella raccolta *Canti di Castelvecchio* che comprende componimenti piú lunghi nei quali occupa uno spazio maggiore la rievocazione dei lutti familiari. Hanno un taglio narrativo i *Poemetti*, distinti in *Primi poemetti* e *Nuovi poemetti*, che ripercorrono la vita dei contadini della Garfagnana colta nelle varie fasi del lavoro dei campi (l'aratura, la semina, il raccolto) e negli eventi quotidiani, da quelli lieti (il matrimonio, la famiglia) a quelli tristi (l'emigrazione, la malattia, la morte).

Si ispirano alla cultura classica i *Poemi conviviali*, che cantano personaggi del mondo antico rivisitati in chiave moderna.

Meno significative sono le ultime raccolte che trattano argomenti storico-civili.

Novità della poesia pascoliana

A una prima lettura la poesia pascoliana dà l'impressione di un'inconsueta facilità: canta infatti le cose umili della campagna con un linguaggio che talora può sembrare ingenuo e fanciullesco. Ma questa semplicità è solo apparente. Pascoli infatti è convinto che la realtà nasconda sempre un significato piú profondo che non può essere indagato con gli strumenti della ragione: ecco perché una delle componenti della sua poesia è il **simbolismo**, presente soprattutto nei componimenti in cui egli descrive la natura e la vita della campagna. Un lampo che squarcia il buio della notte, il verso di un uccello divengono presenze inquietanti e misteriose che inviano messaggi di morte.

Nelle poesie di Pascoli incontriamo due elementi che ricorrono di frequente: il tema del «**nido**» e la poetica del «**fanciullino**». Il «nido» è il simbolo con il quale egli rappresenta la famiglia, che vede come un luogo caldo, chiuso, protettivo, del quale fanno parte tutti coloro che sono uniti da legami di sangue, sia vivi sia morti. Tutto ciò che sta fuori dal «nido» è sentito come una minaccia che può da un momento all'altro abbattersi su questo piccolo mondo e distruggerlo. Il «fanciullino» è il simbolo del poeta che, per essere veramente tale, deve avere la capacità di cogliere l'essenza della realtà con gli occhi ingenui di un bambino che apprezza e scopre le piccole cose della natura. Solo se l'uomo sa tenere vivo il «fanciullino» che è in lui può recepire il mistero della vita.

Altre due caratteristiche della poesia pascoliana sono l'**impressionismo** e l'**espressionismo**. L'impressionismo consiste nella rappresentazione della realtà naturale per immagini staccate, simili a pennellate di vari colori che descrivono le diverse impressioni suscitate dal paesaggio nell'animo del poeta. L'espressionismo è invece la rappresentazione deformata e stravolta della natura, attraverso la quale l'io lirico dà voce e consistenza visiva alla sua visione angosciosa del mondo. Un qualunque elemento del paesaggio (una casa, un suono, un animale) non è descritto nella sua oggettività, ma viene isolato dal contesto, ingigantito, deformato, per cui assume contorni inquietanti. Il poeta insomma proietta sulla realtà esterna il proprio disagio interiore che lo porta a vedere la natura come qualcosa di minaccioso e sconvolgente.

Ma la novità più significativa della poesia di Pascoli è il **linguaggio**, contrassegnato dalla mescolanza di parole quotidiane e letterarie, da onomatopee, da termini tecnici e gergali. L'ardito sperimentalismo linguistico e la visione simbolica del reale sono il segno dell'inquietudine esistenziale del poeta, della sua incapacità di orientarsi in un mondo misterioso e oscuro che sfugge a qualsiasi controllo razionale.

Per questi aspetti la poesia pascoliana si pone sulla stessa linea delle contemporanee esperienze dei poeti decadenti francesi e apre la via alla lirica italiana del Novecento.

Giuseppe Pellizza da Volpedo, *Sole nascente*, 1904. Roma, Galleria Nazionale d'Arte Moderna.

La poesia attraverso i tempi — Giovanni Pascoli

Novembre

- G. Pascoli, *Poesie*, Garzanti, Milano, 1992

IN SINTESI: Siamo a novembre, ma l'aria è limpida, il sole luminoso, tanto che si ha l'impressione di essere alla vigilia dell'estate. Tanti piccoli segnali – il leggero rumore delle foglie che si staccano dagli alberi, il terreno duro, il cielo privo di uccelli – ricordano però che si tratta di un'estate fittizia: *l'estate, fredda, dei morti.*

Forma metrica: strofe costituite da tre endecasillabi e da un quinario a rima alternata (ABAb – CDCd – EFEf), che riproducono la struttura della strofa saffica greca.

genere: poesia lirica | *epoca:* 1891 | *luogo:* Italia | *lingua originale:* italiano

1. Gèmmea: limpida come una gemma.
2-4. che tu ricerchi … nel cuore: che hai l'impressione di essere in primavera e allora ti guardi intorno a cercare gli albicocchi in fiore e ti sembra di avvertire il profumo amaro del biancospino.
5. stecchite: dai rami spogli.
6. di nere … sereno: tracciano un disegno nero sullo sfondo del cielo limpido.
7. vuoto: senza voli d'uccelli.
– **cavo … sonante:** il terreno risuona duro e asciutto sotto i piedi, come se all'interno fosse vuoto.
9. alle ventate: al soffio del vento.

Gèmmea l'aria, il sole cosí chiaro
che tu ricerchi gli albicocchi in fiore,
e del prunalbo l'odorino amaro
    senti nel cuore...

5 Ma secco è il pruno, e le stecchite piante
di nere trame segnano il sereno,
e vuoto il cielo, e cavo al piè sonante
    sembra il terreno.

Silenzio, intorno: solo, alle ventate,
10 odi lontano, da giardini ed orti,
di foglie un cader fragile. È l'estate,
    fredda, dei morti.

11. di foglie … fragile: si sente da lontano il rumore delle foglie secche e perciò fragili che cadono dagli alberi e vengono calpestate; *fragile* è sintatticamente riferito al verbo sostantivato *cadere* invece che a *foglie* a cui va collegato a livello di significato.
11-12. È l'estate … morti: è l'estate di san Martino, che cade nei primi giorni di novembre, poco dopo la ricorrenza dei morti.

Entriamo nel testo

Il tema e la trama dei suoni
In questa lirica Pascoli descrive la natura in quel particolare periodo dell'anno che prende il nome di estate di san Martino. Sono i giorni vicini all'11 novembre durante i quali il clima improvvisamente si addolcisce, il sole splende nell'aria tersa, sicché si ha l'impressione che sia tornata l'estate. Il poeta, però, piuttosto che celebrare la sia pur breve rinascita della bella stagione e la vitalità che a essa si accompagna, pone l'accento sull'«illusività delle apparenze» (M. Tropea), sull'**inganno della natura** che cela dietro illusorie immagini di vita la realtà della morte.

La lirica è costituita da tre quadri staccati, ciascuno dei quali coincide con una strofa.
- La prima ci presenta immagini di **luce**, di **vita** e di **calore**. Il raffinato aggettivo *gèmmea* che apre il componimento sembra racchiudere in sé per un verso l'idea della luminosità e della purezza cristallina, per l'altro quella della vita (*gèmmea* richiama infatti anche la parola *gemma* nel significato di «germoglio»). Queste sensazioni sono accentuate dalla successione di suoni chiari e aperti (*gèmmea, aria, chiaro*) e da una trama di rime, assonanze (*sole/fiore*) e consonanze (*chiaro/fiore, amaro/cuore*).

- Nella seconda strofa, introdotta dalla congiunzione avversativa *ma*, assistiamo a un capovolgimento delle immagini iniziali che rivelano tutta la loro ingannevole illusorietà. La realtà è ben diversa dalle apparenze: **segnali di morte** giungono da ogni aspetto della natura che è connotata da assenza di vita (*secco è il pruno, le stecchite piante, vuoto il cielo, cavo ... il terreno*), di luce (*nere trame*), di suono: nel cielo non si ode il cinguettio degli uccelli. Anche qui gli elementi del significato trovano riscontro sul piano del significante: il gioco delle allitterazioni (**s**ecco, **s**tecchite, **s**egnano, **s**ereno, **s**onante, **s**embra; **n**e**r**e **t**rame; **v**uoto, ca**v**o) rafforza l'impressione di durezza e di aridità. Si viene dunque a creare una netta contrapposizione fra la prima e la seconda strofa: nella prima predominano immagini di luce e vita che sono solo apparenza; nella seconda immagini di oscurità e di morte che rappresentano la realtà.
- La terza strofa accentua le **sensazioni di morte** affiorate nei versi precedenti. Tre sono i punti di forza di quest'ultima parte della lirica:
  - il dato uditivo collocato all'inizio del primo verso (*silenzio*), che crea un'atmosfera funebre;
  - la ipallage *cader fragile* dove l'aggettivo *fragile*, particolarmente caro a Pascoli, legato al verbo piuttosto che al sostantivo, rafforza l'idea della precarietà e della morte. Se sul piano letterale sono le foglie a essere definite fragili, a livello simbolico l'immagine allude alla precarietà della vita umana. Il suono della parola inoltre sembra riprodurre il rumore delle foglie secche quando vengono calpestate;
  - l'ossímoro *estate, / fredda, dei morti* che costituisce l'immagine chiave del componimento, il nucleo da cui l'intera lirica è scaturita. Con questo accostamento, sottolineato dall'*enjambement*, l'estate di san Martino viene accostata alla ricorrenza della commemorazione dei defunti e si carica di un significato funebre. Inoltre la collocazione dell'aggettivo *fredda* nell'ultimo verso della lirica, in posizione simmetrica rispetto a *gèmmea*, ribadisce l'**opposizione vita/morte** sulla quale poggia l'intero componimento.

La sintassi

Sono ravvisabili nella lirica alcuni caratteri tipici della sintassi pascoliana: la prevalenza della paratassi, la frequente ellissi del verbo copulativo, la punteggiatura che frantuma i versi creando pause innaturali che rendono affannoso il periodo.

Esercizi

Competenza trasversale:

  a Acquisire ed interpretare l'informazione   **c** Comunicare
b Individuare collegamenti e relazioni   **d** Comunicare nelle lingue straniere

- **Comprensione e competenza testuale**

1. Nella prima e nella seconda strofa troviamo elementi contrapposti. Sottolineali nel testo con colori diversi.
2. Sottolinea le figure retoriche presenti, assegna loro il nome e scrivilo a margine nel testo.
3. Cerca il significato di *prunalbo* (v. 3).

- **Produzione**

4. Scrivi la parafrasi del testo e accompagnala con una breve esposizione del significato del componimento in cui dovrai sintetizzare le osservazioni contenute nell'analisi.

 b 5. Metti a confronto *Novembre* di Pascoli con *San Martino* di Carducci (vedi pag. 219), cogliendo punti di contatto e differenze.

La poesia attraverso i tempi • Giovanni Pascoli

per l'**INVALSI** con *Eugenio*

1. Nella poesia *Novembre* Pascoli descrive:

a. ☐ un paesaggio autunnale.
b. ☐ una giornata di sole in autunno.
c. ☐ l'estate di san Martino.
d. ☐ le sensazioni suscitate dal cadere delle foglie in autunno.

2. Il poeta non si limita a descrivere un particolare momento della vita della natura, ma vuole far riflettere il lettore su una tematica molto piú profonda. Quale?

a. ☐ L'illusorietà delle apparenze che nella natura, come nella vita, sono ingannevoli e celano la morte dietro immagini di vita.
b. ☐ Il comportamento ingannevole di chi ostenta onestà e sincerità, ma in realtà prepara inganni e tranelli.
c. ☐ Il disagio esistenziale del poeta che scopre il dolore e la morte anche nelle immagini piú gioiose.
d. ☐ L'angoscia della morte che il poeta scorge in tutti gli aspetti della natura.

3. L'aggettivo «gémmea», riferito ad «aria» (v. 1) vuol dire che:

a. ☐ l'aria è limpida come una pietra preziosa.
b. ☐ nell'aria si avverte il profumo delle gemme che spuntano dai rami per il ritorno del bel tempo.
c. ☐ l'aria risplende dei raggi del sole, che è la gemma del cielo.
d. ☐ il ritorno della primavera che scalda l'aria è un dono prezioso come una gemma.

4. Gli «albicocchi in fiore» (v. 2), il «prunalbo» (v. 3) sono le piante a cui fa riferimento il poeta nella prima strofa della poesia. Si tratta di piante che:

a. ☐ fanno parte del paesaggio descritto dal poeta.
b. ☐ sono presenti solo nell'immaginazione del poeta.
c. ☐ egli vorrebbe vedere in quel momento perché associate a immagini di gioia.
d. ☐ egli cerca intorno a sé sollecitato dall'illusione di una rinata primavera.

5. L'espressione «odorino amaro» (v. 3) è una figura retorica. Quale?

a. ☐ Metafora.   b. ☐ Ossimoro.   c. ☐ Sinestesia.   d. ☐ Litote.

6. L'espressione «alle ventate» (v. 9) ha nel contesto della lirica valore:

a. ☐ strumentale.   b. ☐ causale.   c. ☐ temporale.   d. ☐ modale.

7. Lo schema metrico del componimento riproduce un particolare tipo di strofa utilizzata da:

a. ☐ Archiloco.   b. ☐ Saffo.   c. ☐ Orazio.   d. ☐ Virgilio.

8. Nel verso 11, l'espressione «di foglie un cader fragile» contiene una figura retorica. Si tratta di:

a. ☐ anàstrofe.   c. ☐ metonimia.
b. ☐ ipallage.   d. ☐ iperbato.

9. Nella lirica prevale a livello sintattico la paratassi. Quante sono, invece, le proposizioni subordinate?

a. ☐ Nessuna.   c. ☐ Due.
b. ☐ Una.   d. ☐ Tre.

Arano

- G. Pascoli, *Poesie*, op. cit.

IN SINTESI: Il poeta descrive il lavoro dei contadini che arano un campo in un'atmosfera autunnale e sono osservati da un passero e da un pettirosso che pregustano il momento in cui potranno beccare qualche chicco in mezzo alle zolle.

Forma metrica: madrigale costituito da due terzine e una quartina di endecasillabi a rima alternata (ABA – CBC – DEDE).

genere: poesia lirica *epoca:* 1891 *luogo:* Italia *lingua originale:* italiano

A l campo, dove roggio nel filare
qualche pampano brilla, e dalle fratte
sembra la nebbia mattinal fumare,

arano: a lente grida, uno le lente
5   vacche spinge; altri semina; un ribatte
le porche con sua marra paziënte;

ché il passero saputo in cor già gode,
e il tutto spia dai rami irti del moro;
e il pettirosso: nelle siepi s'ode
10   il suo sottil tintinno come d'oro.

1. Al campo: nel campo. – **roggio**: rossastro. – **filare**: tra le viti piantate in fila.
2. pampano: forma toscana al posto del piú comune *pampino*. È la foglia della vite. – **brilla**: si distingue per il colore vivace che mette una nota di luce nel grigio paesaggio autunnale. – **fratte**: cespugli.
3. sembra ... fumare: la nebbia mattutina si leva dalle zolle simile a un fumo leggero.
5-6. ribatte ... paziënte: rivolta le zolle (*porche*) pazientemente con la zappa (*marra*). L'aggettivo *paziënte* è sintatticamente legato a *marra*, ma si riferisce logicamente al contadino. Questa figura retorica prende il nome di ipallage.
7. saputo: esperto. – **in cor già gode**: pregusta in cuore la gioia del cibo: spera infatti di beccare i semi.
8. e il tutto spia: e osserva attentamente ogni cosa. – *irti*: secchi e pungenti.
9. e il pettirosso: anche il pettirosso spia il lavoro dei contadini. L'espressione è fortemente ellittica.
10. tintinno come d'oro: cinguettio simile allo squillo leggero di un campanello d'oro.

 Entriamo nel testo

Gli elementi della descrizione
Pascoli sembra offrirci con questo madrigale un tradizionale quadretto campestre costituito da tre elementi: il paesaggio autunnale, i contadini intenti alla semina, gli uccelli che scrutano la scena pronti a beccare i semi. A una prima lettura si ha l'impressione di trovarsi di fronte a una descrizione realistica, minuziosa e oggettiva: i gesti dei contadini si incidono netti sullo sfondo del paesaggio delineato con pochi ma precisi tocchi in tutti i suoi aspetti; altrettanto evidenti sono le due immagini del *passero saputo* che dai *rami irti del moro* (l'indicazione precisa della pianta è un altro tratto realistico) pregusta in cuor suo il cibo, e del pettirosso che leva dalla siepe il suo canto limpido e sottile come il trillo di un campanello d'oro.
Ma osserviamo piú da vicino il testo.
- La prima terzina è contrassegnata da **sensazioni visive**: il colore rossastro delle foglie di vite reso piú vivo dal verbo *brilla* del secondo verso, la nebbia leggera che, viceversa, sembra sfumare i colori.
- Nella quartina predomina la **sensazione auditiva** del trillo del pettirosso che dall'ultimo verso si diffonde per tutta la quartina grazie all'effetto onomatopeico dei fonemi *t* ed *s* disseminati nei versi (*sottil tintinno*, *siepi* ecc.).
- La seconda terzina differisce invece dalle altre perché dà l'impressione di una totale **assenza**

La poesia attraverso i tempi — **Giovanni Pascoli**

di colore, di suono e di movimento. Eppure se consideriamo il livello denotativo del testo vi troviamo sia suoni che gesti. L'aria deve essere piena di voci e di rumori, dato che i contadini sono intenti al lavoro dell'aratura e uno di loro incita le vacche con grida continue. Tuttavia la sensazione che se ne ricava, come osserva il critico Giacomo Debenedetti, è quella di una «immensità silenziosa», «come se un cristallo si frapponesse fra noi e quella scena». La **scena** perde dunque i suoi connotati realistici e diviene **astratta**, **quasi irreale**.

La sintassi, i suoni e il ritmo

Per capire di quali mezzi si è servito il poeta per ottenere questi particolarissimi effetti, osserviamo il testo dal punto di vista sintattico e ritmico. Cominciamo dalla punteggiatura che nella seconda terzina è adoperata in modo tale da rallentare il ritmo dei versi. L'intera strofa è infatti scandita da pause forti e frequenti che spezzano l'andamento del periodo e comunicano una **sensazione di lentezza** e quasi **di immobilità** in contrasto con quanto viene espresso sul piano del significato. Le pause inoltre sembrano distanziare l'una dall'altra le azioni che appaiono lontane come proiettate in una vastità infinita. Nella prima e nella terza strofa, invece, dove non è più necessario comunicare questa impressione di lentezza, la punteggiatura si accorda con le pause del verso e i periodi si snodano in modo fluido e disteso.

Se ora consideriamo le strutture sintattiche notiamo che nella seconda terzina **la sintassi è frantumata**, slegata. Pascoli, osserva ancora Debenedetti, «ha preso a martellate» il periodo frantumandolo in una serie di proposizioni elementari, scarne, rese ancor meno fluide dalle inversioni e dall'*enjambement* (*a lente / grida, uno le lente / vacche spinge*). Queste proposizioni, brevi, collocate l'una accanto all'altra come schegge irte, frenano la naturale cadenza del verso. Per rafforzare ulteriormente l'effetto ottenuto con la punteggiatura e la sintassi, il poeta ricorre anche a degli **urti di suoni**: ad esempio al verso 4 la ripetizione dell'aggettivo *lente* e l'allitterazione (*a **le**nte grida, uno **le le**nte / vacche*) creano difficoltà di pronuncia; il verso 6 con la dieresi su *paziënte* e la fastidiosa successione di *r* (*ribatte / le porche con sua marra*) sembra percorso da una specie di «antimusica». La seconda terzina, insomma, ha un doppio ritmo: quello naturale dell'endecasillabo che procede verso la cadenza finale e quello nascosto, ottenuto con i mezzi stilistici sopra esaminati, che procede in senso inverso al primo e lo frena, lo altera creando un'impressione di silenziosa immobilità ma anche di fatica. La lentezza del ritmo infatti riproduce la **lentezza faticosa del lavoro** contadino che si ripete sempre uguale di anno in anno e di generazione in generazione.

Esercizi

- **Competenza testuale**

1. Osserva le parole in rima della prima terzina: *filare, fratte, fumare*. Esse sono legate non solo dalla rima ma anche da altri rapporti di suono. Quali? Ti sembra che tali elementi fonici creino qualche effetto particolare?
2. Di quali mezzi si serve il poeta al verso 4 per conferire particolare risalto al verbo *arano*?
3. Gli ultimi due versi della poesia sono costruiti in modo che la struttura sintattica, fortemente ellittica, renda ambiguo e polivalente il messaggio del poeta. A che cosa infatti si lega sintatticamente l'espressione *e il pettirosso*? Sul piano del significato, invece, quali versi indicano l'azione del pettirosso?

- **Competenza lessicale e produzione**

4. Si intrecciano nella lirica parole colte, termini appartenenti al registro medio della lingua e qualche tecnicismo. Individua, sottolineandoli con colori diversi, questi tre tipi di linguaggio.
5. Illustra in un testo di circa 30 righe il tema e le tecniche espressive del componimento.

Ritratto d'autore

Temporale

- G. Pascoli, *Poesie*, op. cit.

IN SINTESI: Il poeta descrive, utilizzando la tecnica impressionistica, l'avvicinarsi di un temporale: il cielo si fa scuro, in lontananza si ode il rumore del tuono, all'orizzonte balenano i primi lampi. In mezzo a una natura che si incupisce sempre più, l'immagine di un casolare che si profila sullo sfondo appare rassicurante e protettiva. Ma è proprio così?

Forma metrica: ballata piccola di settenari. Il primo verso, staccato dagli altri, costituisce la ripresa. Lo schema delle rime è ABC BCCA.

genere: poesia lirica   *epoca:* 1894   *luogo:* Italia   *lingua originale:* italiano

1. **bubbolío**: è una parola onomatopeica, che indica il rumore del tuono.
2-3. **Rosseggia ... come affocato a mare**: l'orizzonte, dalla parte del mare è rosso a causa dei lampi e sembra infuocato (*affocato*).
4. **nero di pece**: dalla parte dei monti il cielo è nero come la pece.

Un bubbolío lontano...

Rosseggia l'orizzonte,
come affocato a mare:
nero di pece a monte,
stracci di nubi chiare:
tra il nero un casolare:
un'ala di gabbiano.

5

6-7. **un casolare ... gabbiano**: il colore chiaro del casolare che si distingue nell'oscurità appare agli occhi del poeta simile all'ala di un gabbiano.

 Entriamo nel testo

La tecnica impressionistica

In questa lirica Pascoli descrive l'inizio di un temporale estivo attraverso un susseguirsi di sensazioni uditive e visive, concluse da un'associazione analogica, che non mirano a dare un quadro realistico e oggettivo del paesaggio, ma vogliono **comunicare le sensazioni dell'io lirico**. La tecnica richiama quella dei pittori impressionisti francesi che, pochi anni prima, avevano rivoluzionato la pittura e scandalizzato il pubblico, sostituendo, al disegno e alle linee definite, rapide pennellate di colore accostate le une alle altre con le quali comunicavano all'osservatore impressioni e sensazioni: le variazioni della luce e le vibrazioni dell'acqua, la densità della nebbia e gli sbuffi di vapore di una locomotiva, insomma tutta una realtà in movimento, filtrata dall'occhio dell'artista. Anche

Pascoli procede per «rapide pennellate».
Il componimento infatti si apre con una
sensazione uditiva resa mediante una parola
onomatopeica (*bubbolío*) seguita dall'aggettivo
lontano e dai puntini di sospensione che
sottolineano il perdersi in lontananza del rumore
del tuono.
Lo spazio bianco, che separa la *ripresa* dalla
strofa, marca lo stacco fra le **sensazioni** uditive e
visive. I due piani sono semplicemente accostati
senza che fra essi si instaurino rapporti logici.
La descrizione del paesaggio è affidata a una
successione di notazioni coloristiche: il rosso
dell'orizzonte illuminato dai lampi, il nero del
cielo, la tinta più chiara delle nubi che sono
come sfilacciate e quindi vengono paragonate
a degli stracci, il bianco del casolare, che non è
indicato espressamente, ma viene suggerito dal
paragone con l'ala di gabbiano. L'immagine che
ne scaturisce non è oggettiva, realistica, definita,
bensí soggettiva e indeterminata: noi vediamo la
scena attraverso gli occhi del poeta e proviamo le
sue sensazioni. Ciò accade perché ogni aspetto
del paesaggio non è presentato in modo neutro,
ma viene reso attraverso paragoni, metafore,
analogie che esprimono la soggettività dell'io lirico:
l'orizzonte appare *come affocato*; il colore del cielo
è paragonato a quello della pece, le nubi sono simili
a stracci.
L'accostamento più audace è quello finale nel
quale il poeta non ricorre né a un paragone né a
una metafora, bensí a un'**associazione analogica**:
accosta cioè senza alcuna mediazione due
realtà assai distanti fra loro, il *casolare*, oggetto
inanimato, solido, ben piantato sulla terra e l'*ala di
gabbiano*, elemento animato, leggero, fluttuante
nell'aria. È chiaro che entrambi gli oggetti poetici si
caricano di un significato simbolico: la casa, che in
Pascoli rappresenta sempre il nido familiare, caldo,
chiuso, protettivo, è un argine allo scatenarsi
degli eventi, allude a una speranza, a qualcosa di
positivo. L'impressione sembrerebbe accentuata
dall'associazione all'*ala di gabbiano*, suggerita al
poeta dalla somiglianza cromatica. Anche l'uccello
nella produzione pascoliana ha solitamente una
valenza positiva, perché rappresenta la capacità
di staccarsi da una realtà sofferente ed è spesso
mediatore fra l'uomo e il mistero che lo circonda.
Le due immagini, però, si prestano anche a un'altra
interpretazione, suggerita dalla scelta dei termini.

Quella che vediamo intanto non è una casa, bensí
un *casolare*, cioè una casa di campagna, piccola,
isolata, e quindi fragile in uno spazio vasto e
minaccioso, tanto che il poeta la associa non al
gabbiano, bensí all'ala di un gabbiano, mettendo in
questo modo a fuoco un particolare staccato dal
contesto. Quell'ala di gabbiano, che immaginiamo
perduta e quasi sballottata nel cielo dall'infuriare
degli elementi, preannunziato dalla precedente
descrizione, accentua l'impressione di fragilità
e di smarrimento. Vediamo quindi che nella
parte conclusiva del componimento alla **tecnica**
impressionistica si affianca quella **espressionistica**
che introduce un'atmosfera ancora più inquietante.
A questo punto il temporale si arricchisce di
una valenza simbolica: rappresenta l'universo
misterioso e minaccioso le cui leggi sfuggono
all'uomo, il quale è una presenza minima e
insignificante, sballottata in un mondo che non può
comprendere né dominare.

La sintassi
La sintassi è strettamente funzionale agli effetti
che il poeta vuole suscitare, come si rileva dalle
caratteristiche formali del componimento.
- Poiché mancano le azioni, la lirica poggia
esclusivamente su **espressioni nominali**.
L'unico verbo, *Rosseggia*, contiene una
notazione coloristica.
- I **segni di interpunzione**, frequentissimi e
posti alla fine dei versi, sottolineano lo stacco
tra una pennellata e l'altra, accentuando la
frammentarietà della rappresentazione.
- Mancano le congiunzioni, coerentemente con
l'assenza di un'organizzazione gerarchica della
descrizione.
- Le **parole in rima** capovolgono le poche
connessioni logiche create sul piano sintattico,
distruggendo quel minimo di ordine suggerito
dalla successione dei versi. Leggendo la poesia,
infatti, notiamo che il poeta prima descrive il
cielo dal lato del mare, poi da quello dei monti,
quindi osserva le nubi e infine rivolge lo sguardo
verso terra per ritornare al cielo con l'ultimo
verso. Se, invece, osserviamo le rime, vediamo
che *orizzonte* è legato a *monte*, *mare* a *chiare*
e a *casolare*, *gabbiano* a *lontano*. Insomma è
come se, attraverso il gioco delle rime, il poeta
avesse voluto rimescolare le carte, suggerendo
altre associazioni mentali.

Esercizi

Competenza trasversale:

a Acquisire ed interpretare l'informazione
b Individuare collegamenti e relazioni
c Comunicare
d Comunicare nelle lingue straniere

- **Competenza testuale**

1. Individua le metafore presenti nella lirica.
2. Trasforma l'associazione analogica tra il *casolare* e l'*ala di gabbiano* in una similitudine.
3. Osserva la trama dei suoni all'interno della lirica: con quali mezzi fonici il poeta comunica sensazioni di angoscia?
4. *Affocato* ti sembra una parola comune? Che sensazione suscita in te? Con quali altre parole più consuete potresti sostituirla? Inserisci adesso nel verso al posto di *affocato* una delle parole che hai trovato: ti sembra che l'effetto cambi? Se sí, come?
5. Ricostruisci il sistema delle rime.

- **Interpretazione e produzione**

6. La poesia *Temporale* è nata dalle impressioni suscitate nel poeta da un temporale in cui si era imbattuto durante un viaggio a Siena. Successivamente quelle impressioni si trasformarono in un componimento poetico passato attraverso varie redazioni. Te ne proponiamo alcune per un lavoro di confronto.

Primo abbozzo in ottonari non rimati senza titolo	Terza redazione con titolo e forma metrica definita
	Temporale
M'è davanti un rosseggiare tetro come di vulcano. Come è nero alla sinistra: tutto sparso a fiocchi bianchi una casa vi biancheggia come un cigno	Lontano il tuon rimbomba Rosseggia l'orizzonte, come affocato a mare: nero di pece a monte con fiocchi grigi: appare tra il nero un casolare [come] un'ala di colomba

Metti a confronto il primo abbozzo, la terza redazione e il componimento definitivo e indica le differenze fra i tre testi.
Passando adesso al lavoro di interpretazione, spiega quale mutamento ha determinato sul piano del significato simbolico della lirica la sostituzione di *casa* con *casolare* e delle immagini del cigno e della colomba con quella del gabbiano.
Infine esponi in una relazione il risultato di tutto il tuo lavoro.

7. Cerca su un'enciclopedia, su un libro di storia dell'arte o su internet il quadro di Claude Monet, intitolato *Dopo la pioggia*, del 1868 e mettilo a confronto con la poesia di Pascoli *Temporale*. Noti delle somiglianze? Se sí, quali?

8. Ricerca sul vocabolario delle parole onomatopeiche che riproducano il rumore del tuono, dell'acqua e del fuoco e prova a costruire con esse una breve lirica.

La poesia attraverso i tempi — **Giovanni Pascoli**

L'assiuolo

- G. Pascoli, *Poesie*, op. cit.

IN SINTESI: Il verso dell'assiuolo in un paesaggio notturno illuminato dal candore perlaceo della luna suscita nel poeta sensazioni di angoscia e di morte, suggerite dal ricordo di antichi culti e di credenze contadine.

Forma metrica: quartine doppie di novenari a rima alternata (ABABCDCd). L'ultimo verso di ogni strofa è costituito dalla voce onomatopeica *chiú* con la quale il poeta riproduce il verso dell'uccello.

genere: poesia lirica | *epoca:* 1897 | *luogo:* Italia | *lingua originale:* italiano

Dov'era la luna? ché il cielo
notava in un'alba di perla,
ed ergersi il mandorlo e il melo
parevano a meglio vederla.
5 Venivano soffi di lampi
da un nero di nubi laggiú;
veniva una voce dai campi:
chiú...

Le stelle lucevano rare
10 tra mezzo alla nebbia di latte:
sentivo il cullare del mare,
sentivo un fru fru tra le fratte;
sentivo nel cuore un sussulto,
com'eco d'un grido che fu.
15 Sonava lontano il singulto:
chiú...

Su tutte le lucide vette
tremava un sospiro di vento;
squassavano le cavallette
20 finissimi sistri d'argento
(tintinni a invisibili porte
che forse non s'aprono piú?...);
e c'era quel pianto di morte...
chiú...

1-2. Dov'era? ... perla: non si vede la luna nel cielo, ma se ne intuisce la presenza per il chiarore diffuso, simile a quello perlaceo dell'alba.
10. tra mezzo: in mezzo.
13. sentivo ... sussulto: il poeta sente all'improvviso un sussulto, un palpito quasi in risposta a un grido lontano e funereo. Sono tutte impressioni angoscianti suscitate dal verso dell'uccello.
17. lucide vette: le cime delle montagne sono lucide per il chiarore diffuso nel cielo.
19-20. squassavano ... d'argento: le cavallette, con il loro frinire, sembrano suonare sottilissimi strumenti d'argento. I sistri erano strumenti musicali egizi costituiti da lamine metalliche che venivano percosse su una lamina piú grossa piegata a *u*. Erano usati nelle cerimonie in onore di Iside, la divinità che aveva fatto rivivere il marito Osiride dopo averne raccolto le membra.
21-22. tintinni ... piú?: per capire il senso di questa domanda bisogna tener conto del fatto che il culto di Iside era legato all'idea della resurrezione dopo la morte. I sistri d'argento, a cui poco prima il poeta ha paragonato il frinire delle cavallette, con il loro suono sembravano bussare alle porte invisibili della morte.

Entriamo nel testo

Il tema
In questa lirica, che i critici hanno unanimemente definito «il punto piú alto raggiunto dalla poesia pascoliana», il poeta trae spunto da una credenza popolare secondo la quale l'assiuolo, un rapace notturno simile al gufo, detto anche *chiú* per il suo particolare verso, quando canta sul far dell'alba preannuncia disgrazie. Il componimento si presenta come una descrizione naturale nella quale si realizza un perfetto equilibrio di «determinato» e «indeterminato» (Contini) che produce un'**impressione di incertezza**, di sottile **turbamento**, che trapassa rapidamente nell'**angoscia**. I pochi dati naturalistici si caricano di significati simbolici che, proprio perché non sono esplicitamente dichiarati, risultano particolarmente suggestivi.
La lirica si apre con una proposizione interrogativa a cui non viene data risposta (*Dov'era la luna?*), segue una causale (*ché il cielo / notava in un'alba di perla*) che, non essendo retta da alcuna proposizione principale, rimane anch'essa sospesa. Questa struttura sintattica rende a livello espressivo la perplessità del poeta il quale vede l'oscurità illuminata da un chiarore perlaceo, simile a quello dell'alba, che gli fa supporre la presenza della luna nel firmamento e invece scopre il cielo vuoto. Da questo sfondo indeterminato emergono in primo piano i profili degli alberi: il mandorlo e il melo che, quasi umanizzati, sembrano ergersi a cercare la luna. Anche nelle altre due strofe si ripropone l'intreccio di «determinato» e «indeterminato» a livello di sensazioni sia visive che uditive: ai colori incerti e lattiginosi (*nebbia di latte*) si alternano bagliori piú vividi e precisi (il luccichío delle stelle, l'alitare dei lampi); i suoni naturali ora sono costanti, indeterminati e malinconici (*il cullare del mare; un sospiro di vento*) ora improvvisi, definiti e angoscianti (*un fru fru tra le fratte; un sussulto, / com'eco d'un grido che fu; Sonava lontano il singulto; squassavano le cavallette / finissimi sistri d'argento*).
Man mano che si procede si vanno accentuando **i significati simbolici della lirica** e si fanno piú incalzanti ed espliciti i segnali di morte. Il trapasso dal dato naturale al simbolo raggiunge il culmine nell'ardito collegamento che il poeta istituisce fra il suono metallico delle cavallette e quello dei sistri d'argento che inutilmente bussano alle porte invisibili della morte. Al tempo stesso assistiamo al graduale incupirsi dei versi che chiudono ogni strofa prima del ritornello onomatopeico *chiú*:

1ª strofa:
veniva una voce dai campi:
chiú...

2ª strofa:
Sonava lontano un singulto:
chiú...

3ª strofa:
e c'era quel pianto di morte...
chiú...

Il verso dell'uccello, che nella prima strofa è solo una voce che viene dai campi, nella seconda si trasforma in un singulto e nella terza diventa addirittura un pianto di morte. È evidente che i fenomeni naturali descritti non hanno in sé e per sé un particolare significato luttuoso; è il poeta che, proiettando su di essi la propria angoscia esistenziale, li interpreta come **messaggi di morte**.

I suoni e le figure retoriche
La lirica è contrassegnata, oltre che dal simbolismo delle immagini, anche da una raffinata **trama di suoni** che accrescono le sensazioni di angoscia. Quest'effetto è piú evidente nell'ultima strofa, nella quale ricorrono con significativa frequenza i fonemi *s* e *i*. Presi isolatamente questi suoni, come qualunque altro fonema, non hanno alcun significato, però il fatto che siano disseminati soprattutto nei versi 20-21 (*finissimi sistri, tintinni, invisibili*) li carica di valore semantico. Ecco allora che il suono della *i* finisce per comunicare il senso della fragilità, l'idea di qualcosa di flebile, di sottile e di misterioso, mentre la *s* riproduce il sibilo del vento che fa da sfondo al tintinnio delle cavallette e dei sistri d'argento.
Altrettanto efficaci sono le onomatopee *chiú* e *fru fru*. Quest'ultima, oltre a essere potenziata dall'allitterazione (**fr**u **fr**u tra le **fr**atte), è preceduta dall'articolo che la trasforma in un sostantivo.
Un altro elemento tipico della poesia pascoliana, che assume in questa lirica particolare rilievo, è il frequente ricorso alle metafore nelle quali il poeta

La poesia attraverso i tempi — **Giovanni Pascoli**

o adopera sostantivi che suggeriscono sensazioni coloristiche come *alba di perla* e *nebbia di latte*, oppure usa l'aggettivo sostantivato come in *nero di nubi* che è sicuramente piú efficace di «nubi nere». Particolare attenzione merita la metafora-sinestesia *soffi di lampi*. Gli elementi che la compongono infatti appartengono a due diversi ambiti di sensazioni: *soffi* appartiene al campo delle sensazioni tattili, *lampi* a quello delle sensazioni visive. Con questo singolare accostamento l'autore è riuscito a comunicare l'impressione dell'apparizione improvvisa e silenziosa della luce nel cielo, rendendo l'atmosfera del componimento ancora piú tesa ed inquietante.

Esercizi

- **Competenza testuale**

1. Ricerca tutte le metafore presenti nel testo e trasformale in paragoni individuando il tratto di significato che accomuna gli elementi dai quali ciascuna metafora è costituita. Ad esempio:
   nebbia di latte = nebbia bianca come il latte.
   tratto comune: colore.

2. Il poeta istituisce un parallelismo tra la frase *sentivo il cullare del mare* (v. 11) e le due successive (vv. 12-13). Di quale figura retorica si è servito per accentuare tale parallelismo?

3. Nella poesia la natura viene spesso umanizzata. Sottolinea tutti i passi nei quali ti sembra che si possa cogliere questa caratteristica e individua i mezzi adoperati di volta in volta dal poeta per conseguire questo effetto.

4. Sottolinea nella terza strofa i suoni della *i* e della *s* in modo da rendere evidente la tessitura fonica del testo.

5. Pascoli usa frequentemente l'articolo per sostantivare verbi aggettivi ecc. Individua nei componimenti pascoliani che hai finora letto tutti i casi in cui l'articolo, determinativo o indeterminativo, svolge questa funzione.

- **Produzione**

6. Illustra oralmente i temi della lirica e le tecniche utilizzate dal poeta, esprimendo anche le impressioni che il componimento ha suscitato in te.

Eugène Jansson, *Notte d'inverno*, 1901. Stoccolma, Thielska Galleriet.

Ritratto d'autore

Il lampo

- G. Pascoli, *Poesie*, op. cit.

IN SINTESI: Illuminati dalla luce di un lampo, il cielo e la terra rivelano un volto tragico, angosciante e pauroso, mentre una casa che appare all'improvviso, bianca e isolata, invece di comunicare una sensazione di sicurezza e di protezione sembra trasformarsi in un immenso occhio dilatato dalla paura.

Forma metrica: ballata piccola di endecasillabi. Il primo verso, staccato dagli altri, costituisce la ripresa.

genere: poesia lirica *epoca:* 1894 *luogo:* Italia *lingua originale:* italiano

E cielo e terra si mostrò qual era:

la terra ansante, livida, in sussulto;
il cielo ingombro, tragico, disfatto:
bianca bianca nel tacito tumulto
5   una casa apparí sparí d'un tratto;
come un occhio, che, largo, esterrefatto,
s'aprí si chiuse, nella notte nera.

---

1. cielo ... qual era: il cielo e la terra, illuminati dalla luce del lampo, si rivelano nella loro effettiva realtà, come presenze inquietanti e angosciose.
2. ansante: come se respirasse affannosamente sotto il peso del cielo coperto di nubi e gravido di pioggia.
– **livida**: di colore plumbeo.
– **in sussulto**: come pervasa da una agitazione.
3. ingombro: coperto di nuvole.
– **tragico**: cupo. – **disfatto**: sconvolto.
4. nel tacito tumulto: tutta la natura è agitata, sconvolta, ma al tempo stesso immersa in un silenzio profondo, come se fosse in attesa del rumore terribile del tuono.
5. apparí sparí d'un tratto: la casa viene improvvisamente illuminata dalla luce tragica del lampo e subito dopo piomba nuovamente nell'oscurità.
6. esterrefatto: dilatato per il terrore.

Entriamo nel testo

Il tema

Con pochi rapidi tocchi il poeta delinea un paesaggio improvvisamente illuminato dalla luce livida di un lampo. Ci offre cosí una visione stravolta e allucinata della natura, simbolo del **caos del mondo** che sfugge a ogni intervento ordinatore. Come si deduce dalle carte del poeta, pare che con questi versi egli abbia voluto riferirsi alla **morte del padre**, in particolare alle ultime immagini fissatesi nel suo sguardo al momento dell'agonia.
Il verso iniziale, isolato per mezzo dello spazio bianco dal resto della lirica e introdotto dalla congiunzione *E*, che sembra legarlo a qualcosa di non detto, a una precedente meditazione del poeta, ha la solennità di una sentenza biblica che enuncia una tragica verità. La luce improvvisa del lampo mette a nudo, anche se solo per un attimo, la vera essenza dell'universo solitamente celata dietro immagini falsamente rassicuranti. Il mondo non appare piú compatto, ordinato e armonioso, bensí tragicamente lacerato e deforme. Se all'inizio *cielo e terra* appaiono ancora uniti, a partire dal secondo verso li vediamo scissi da una frattura insanabile. Entrambi hanno l'aspetto di esseri animati, tormentati da una sofferenza disperata. La terra è descritta con espressioni che fanno pensare all'agonia di un essere vivente: *ansante, livida, in sussulto*; il cielo è ridotto a puro caos. I tre aggettivi che si riferiscono a esso, *ingombro, tragico, disfatto*, comunicano l'idea di una catastrofe che ha fatto ripiombare il mondo nel caos originario.

La poesia attraverso i tempi — Giovanni Pascoli

Allo sconvolgimento degli elementi naturali si contrappone la casa, simbolo dell'opera dell'uomo, del suo tentativo di imprimere nella natura un segno della sua presenza. Ma essa non è un rifugio sicuro e protettivo, al contrario appare fragile e precaria nel *tacito tumulto*, nel rimescolamento dell'universo che è tanto piú terribile perché avviene in un silenzio allucinato, il silenzio del lampo non ancora seguito dal tuono. Il bianco della casa, che si contrappone al nero della notte, è un colore altrettanto funebre, è segno di morte e allude alla fragilità dell'uomo. I due verbi *apparí sparí* che si succedono senza essere legati da una congiunzione, se sul piano letterale si riferiscono al rapidissimo accendersi e spegnersi del lampo, simbolicamente alludono alla **precarietà dell'uomo** la cui permanenza sulla terra è brevissima e può essere stroncata in un attimo.

Il terzo elemento del quadro è l'*occhio ... largo, esterrefatto* al quale viene paragonata la casa illuminata dal lampo. Con questa immagine stravolta e allucinata la deformazione della realtà raggiunge il culmine. Il poeta isola la casa e l'occhio, ne stravolge le dimensioni (l'occhio acquista le stesse dimensioni della casa e del paesaggio), e li pone sullo stesso piano, eliminando ogni distinzione e ogni gerarchia. In tal modo proietta sul mondo esterno la sua visione disperata e convulsa e lo rappresenta *in modo espressionistico*, cioè non come esso è, ma come egli lo vede. Come la casa anche l'occhio ha una sua valenza simbolica che sta al lettore decifrare. Si potrebbe ad esempio interpretare il suo aprirsi e chiudersi come la resa della mente ordinatrice di fronte al caos e al male del mondo.

La sintassi

Dal punto di vista sintattico uno degli elementi piú rilevanti è la **ricchezza dell'aggettivazione**. In sette versi si trovano infatti undici aggettivi. Nel secondo e nel terzo verso i due sostantivi, *cielo* e *terra*, sono accompagnati da aggettivi qualificativi disposti in gradazione crescente; altri aggettivi compaiono ai versi 6-7. Acquistano particolare risalto inoltre la ripetizione dell'aggettivo *bianca*, che accentua l'impressione di fragilità e di morte, l'ossimoro *tacito tumulto* e l'aggettivo *nera* che chiude il componimento con un'immagine di buio in antitesi con il verso iniziale percorso dalla luce rivelatrice del lampo.

Esercizi

- **Competenza testuale**

1. Attraverso quale elemento sintattico il poeta ha espresso nel primo verso l'unità di cielo e terra?

2. Osserva l'ordine in cui si succedono nei primi tre versi le parole *cielo* e *terra*. Quale figura retorica vi riconosci?

3. Il primo e l'ultimo verso della lirica sono legati dalla rima; noti in essa qualcosa di particolare? Quali rapporti di significato riesci a individuare tra tutte le rime del componimento?

4. Osserva il legame che unisce il titolo al testo: possiamo dire che il titolo fa parte integrante del componimento? Se mancasse, la comprensione della lirica ne risulterebbe in qualche modo limitata? Dai la risposta motivandola.

- **Produzione**

5. Esponi con parole tue il contenuto della poesia e illustra le tecniche utilizzate dal poeta per comunicare il suo messaggio al lettore.

6. Sia *Il lampo* sia *X Agosto* (vedi pag. 256) sono poesie collegate alla rievocazione della morte del padre del poeta. Mettile a confronto e illustra il diverso modo in cui questa tematica è stata affrontata nei due componimenti: piú simmetrico e descrittivo il primo, piú simbolico ed espressionistico il secondo.

X Agosto

- G. Pascoli, *Poesie*, op. cit.

IN SINTESI: Il poeta istituisce un suggestivo parallelismo fra la morte del padre, ucciso da un misterioso assassino mentre tornava a casa, e la morte di una rondine, uccisa anch'essa per pura crudeltà. Di fronte a tanto male commesso dagli uomini, il cielo non può far altro che piangere. A un pianto di stelle il poeta paragona infatti le stelle cadenti che nella notte di san Lorenzo solcano il cielo.

Forma metrica: sei quartine di decasillabi e novenari con rime alternate (ABAB).

| *genere:* poesia lirica | *epoca:* 1896 | *luogo:* Italia | *lingua originale:* italiano |

San Lorenzo, io lo so perché tanto
di stelle per l'aria tranquilla
arde e cade, perché sí gran pianto
nel concavo cielo sfavilla.

5 Ritornava una rondine al tetto:
l'uccisero: cadde tra spini:
ella aveva nel becco un insetto:
la cena de' suoi rondinini.

Ora è là come in croce, che tende
10 quel verme a quel cielo lontano;
e il suo nido è nell'ombra, che attende,
che pigola sempre piú piano.

Anche un uomo tornava al suo nido:
l'uccisero: disse: Perdono;
15 e restò negli aperti occhi un grido:
portava due bambole in dono...

Ora là nella casa romita,
lo aspettano, aspettano in vano:
egli immobile, attonito, addita
20 le bambole al cielo lontano.

E tu, Cielo, dall'alto dei mondi
sereni, infinito, immortale,
oh! d'un pianto di stelle lo inondi
25 quest'atomo opaco del Male.

1. San Lorenzo: il 10 agosto è il giorno consacrato a san Lorenzo. In questa notte, per un particolare fenomeno astronomico, le stelle cadenti sono molto numerose.
1-2. tanto di stelle: la forma partitiva sta a indicare una quantità indeterminata di stelle.
3. sí gran pianto: il poeta paragona, mediante una metafora, le stelle cadenti alle lacrime versate dal cielo a causa della malvagità degli uomini.
4. concavo cielo: il cielo, guardato dalla terra, appare cavo, come una grande cupola che ricopre il mondo.
9. come in croce: la rondine è distesa sugli spini con le ali aperte, come se fosse in croce.
9-10. che tende ... lontano: la rondine, tendendo al cielo lontano e indifferente il verme che avrebbe costituito il cibo per i suoi piccoli, sembra voler chiedere il perché della sua inutile morte.
12. che pigola ... piano: i piccoli, incapaci di nutrirsi da soli e privi della madre, sono destinati a morte certa, infatti via via che passa il tempo il loro pigolio si affievolisce sempre piú.
15. e restò ... un grido: è il muto terrore che rimane stampato negli occhi dell'uomo ucciso. Qui il poeta, mediante una sinestesia, ha reso la sensazione visiva (il terrore che deforma il viso dell'uomo) con un termine (*grido*) che esprime una sensazione uditiva.
17. romita: solitaria e desolata. L'aggettivo allude all'abbandono in cui la casa è caduta dopo la morte del padre.
19. attonito: quasi sbigottito per la malvagità degli uomini. Sia questo aggettivo sia il *grido* di terrore e di sorpresa che rimane stampato negli occhi dell'ucciso sottolineano che la morte è giunta all'uomo del tutto inaspettata e inspiegabile.
19-20. addita le bambole ... lontano: anche questo gesto dell'uomo morente, come il verme teso dalla rondine al cielo, esprime insieme una domanda e una protesta per una morte assurda e ingiusta. Come i rondinini privi di cibo sono condannati a una morte certa, cosí le bambine, a cui erano destinate le due bambole, saranno private per sempre dell'affetto, della guida e dell'amore del padre.
23. lo inondi: inondalo. Rivolgendosi al cielo il poeta gli chiede di inondare la terra con un pianto di stelle, quasi a volerla purificare dal male.
24. atomo opaco del Male: rispetto all'immensità dell'universo la terra è solo un piccolo frammento (*atomo*) dominato dal male. L'aggettivo *opaco* letteralmente indica che la terra è priva di luce propria, ma simbolicamente allude al suo essere refrattaria al bene, simboleggiato dalla luce.

La poesia attraverso i tempi Giovanni Pascoli

Entriamo nel testo

I temi e il simbolismo

A trent'anni dalla morte del padre, ucciso il 10 agosto del 1867, Pascoli rievoca, in una delle sue poesie piú rigorose ed essenziali, la tragedia che ha segnato la sua vita e quella dell'intera famiglia. Per sottolineare l'**assurdità di quella morte** il poeta la paragona all'uccisione di una rondine che torna al nido con la cena per i suoi rondinini e avvia una serie di corrispondenze e di parallelismi che gli consentono di dilatare la vicenda domestica e personale a livello universale, facendone il simbolo dell'**ingiustizia e della malvagità del mondo** di cui sono vittime gli esseri piú deboli e innocenti.

Sono presenti nella lirica alcuni dei simboli che piú frequentemente ricorrono nella poesia di Pascoli.

- Il primo è il **nido**, parola chiave, che ritorna per due volte nel componimento (al v. 11 nel suo significato letterale, al v. 13 con valore metaforico) e viene richiamato dalle parole *tetto* (v. 5) e *casa* (v. 17) che rientrano nello stesso ambito semantico. Con una voluta inversione di significato il poeta usa *nido* a proposito dell'uomo (*anche un uomo tornava al suo nido*) e riferisce *tetto* alla rondine, servendosi di una metonimia (il tetto è il luogo presso il quale si trova il nido). Come sappiamo, nella poesia pascoliana il «nido» rappresenta la famiglia con tutto ciò che in essa vi è di caldo, chiuso, protettivo. Esso difende chi ne fa parte dalla negatività del mondo esterno, ma al tempo stesso è fragile e può essere distrutto, spesso senza motivo, dalla violenza e dalla malvagità degli uomini, come appare chiaro dalla lirica.
- Un altro termine fortemente simbolico è **cielo** che compare quattro volte nel componimento (vv. 4, 10, 20, 21) e nell'ultima strofa è scritto con l'iniziale maiuscola. Esso rappresenta la dimensione del divino che il poeta sente lontana dall'uomo e incapace di correggere le storture del mondo. Al cielo si ricollegano le stelle che simboleggiano per un verso la luce e quindi la perfezione e lo splendore, per l'altro la pietà e il dolore (*pianto di stelle*) per il male del mondo.
- Al cielo si contrappone la **terra**, *atomo opaco del male*. Le due realtà, connotate rispettivamente dalla luce e dal buio, dal bene e dal male, appaiono divise da una distanza incolmabile. Nessun intervento divino può redimere il male del mondo, al cui fatale trionfo può opporsi solo quel pianto che in apertura e in conclusione della lirica inonda il pianeta terra.
- Anche la **rondine** e l'**uomo**, entrambi uccisi senza un perché, hanno un significato simbolico. Essi rappresentano infatti tutte le vittime innocenti ingiustamente perseguitate dalla malvagità degli uomini e richiamano in qualche modo il sacrificio di Cristo, a cui rinvia anche l'immagine della rondine con le ali aperte *come in croce*. Qui però il sacrificio non comporta, come quello di Cristo, alcuna redenzione dal male, alcun riscatto dalla colpa. Esso rimane solo a testimoniare il prevalere del male nella società.

La struttura

La lirica è costruita con una rigorosa simmetria e poggia su parallelismi e opposizioni che il poeta si è preoccupato di rendere evidenti.

- Risulta chiara la **struttura circolare** del componimento sottolineata dalla corrispondenza fra la strofa iniziale e quella finale: in entrambe compaiono le immagini del *pianto di stelle* e del *cielo concavo* e *lontano*. Mentre però nella prima strofa prevale l'idea della luce, nell'ultima risultano dominanti il buio e il male. Le stelle cadenti, che all'inizio potevano sembrare soltanto un fenomeno naturale, dopo che il poeta ha messo in risalto, attraverso la morte della rondine e del padre, la malvagità degli uomini, diventano in modo ancor piú netto ed esplicito un pianto, segno del dolore e dell'impossibilità del riscatto.

Ritratto d'autore

- Delle quattro strofe centrali, **le prime due** sono dedicate all'uccisione della rondine, **le altre due** all'assassinio del padre.
- Una perfetta **simmetria** si instaura inoltre fra la seconda e la quarta strofa in cui il **parallelismo** è sottolineato dalla ripetizione di espressioni identiche o molto simili.
- Anche la terza e la quinta strofa si richiamano: entrambe si aprono con la **stessa espressione** (*Ora è là...*; *Ora là...*) e comunicano un'eguale sofferenza e un'identica inutile protesta nei confronti dell'indifferenza del cielo verso il male della terra. Inoltre il verme teso dalla rondine al *cielo lontano* corrisponde alle bambole che l'uomo addita al cielo; i rondinini che pigolano sempre più piano sono l'equivalente dei familiari del padre del poeta che lo aspettano invano nella *casa romita*.
- Questa geometrica simmetria fa sì che l'intera lirica riproduca visivamente l'**immagine della croce**, forte elemento simbolico del componimento: infatti la prima e l'ultima strofa costituiscono l'asse verticale, mentre le quattro strofe centrali, raggruppate a due a due, formano l'asse orizzontale.

Ai parallelismi fanno riscontro le **contrapposizioni** orizzontali e verticali disseminate all'interno del testo:
- lo spazio interno, chiuso e protettivo, del nido/tetto/casa si contrappone allo spazio esterno del mondo dominato dalla violenza (opposizione orizzontale);
- il cielo si contrappone alla terra (opposizione verticale).

I richiami letterari
Per la composizione di questa lirica il poeta da una parte si è ispirato a una **leggenda popolare** secondo la quale le stelle cadenti sarebbero le lacrime di san Lorenzo, dall'altra ha ripreso immagini ed espressioni della **tradizione letteraria**. Il *pianto di stelle* richiama infatti l'inizio di un madrigale di Tasso *Qual rugiada o qual pianto* (on line) mentre l'aggettivo *immobile* è di ascendenza manzoniana (*Il cinque maggio*, vedi pag. 190). Come si può notare, dunque, un componimento letterario è costituito da molteplici elementi che solo il genio del poeta sa ricomporre creando qualcosa di nuovo e di originale.

Esercizi

- **Competenza metrica**

1. Riconosci nella lirica i decasillabi e i novenari; quindi scegli una strofa e segna sui versi gli accenti ritmici.
2. Individua tutti gli *enjambement* presenti nella lirica e spiega quali effetti di volta in volta il poeta ha ottenuto con l'uso di questa tecnica (Ha messo in risalto una parola? E quale? Ha dilatato il verso? Ha creato un effetto di continuità o di frattura? ecc.).
3. Segna nella lirica lo schema delle rime, strofa per strofa. C'è qualche rima che si ripete? Se sì, dove? Quale parola viene messa in risalto dalla ripetizione della rima?

- **Competenza testuale**

4. Ricerca tutte le corrispondenze di termini e di intere espressioni presenti nel testo.
5. Sottolinea nel testo tutte le parole chiave e spiega la rete di significati che le unisce.
6. Ricopia la lirica su un foglio, disponendo le strofe in modo da visualizzare la struttura a croce di cui si parla nell'analisi.

La poesia attraverso i tempi · **Giovanni Pascoli**

Le Sirene

Testo conchiglia:
I mille volti di Ulisse

• G. Pascoli, *Poemi conviviali*, Zanichelli, Bologna, 1924

IN SINTESI: Ulisse, ormai vecchio, ha deciso riprendere il mare insieme con alcuni dei suoi compagni per rivedere i luoghi delle sue avventure. È tornato nell'isola di Circe, ma l'ha trovata deserta; è approdato alla terra dei Ciclopi, ma, invece di Polifemo, vi ha trovato un tranquillo e ospitale pastore con la sua famiglia; ha ripercorso tutte le tappe del suo viaggio e dovunque ha trovato malinconia e squallore. Alla fine la corrente lo spinge verso l'isola delle Sirene. Egli vorrebbe udire di nuovo il loro canto e soprattutto trovare finalmente la risposta ai suoi perché. Ma le Sirene immobili sono due scogli contro cui la nave si infrange.

Forma metrica: endecasillabi sciolti, inframmezzati da un ritornello costituito da due versi a rima baciata.

| *genere:* poesia narrativa | *epoca:* 1904 | *luogo:* Italia | *lingua originale:* italiano |

E la corrente tacita e soave
più sempre avanti sospingea la nave.
E il divino Odisseo vide alla punta
dell'isola fiorita le Sirene,
5   stese tra i fiori, con il capo eretto
su gli oziosi cubiti, guardando
il roseo sole che sorgea di contro;
guardando immote; e la lor ombra lunga
dietro rigava l'isola dei fiori.
10   Dormite? L'alba già passò. Già gli occhi
vi cerca il sole tra le ciglia molli.
Sirene, io sono ancora quel mortale
che v'ascoltò, ma non poté sostare.
E la corrente tacita e soave
15   più sempre avanti sospingea la nave.
E il vecchio vide che le due Sirene,
le ciglia alzate su le due pupille,
avanti sé miravano, nel sole
fisse, od in lui, nella sua nave nera.
20   E su la calma immobile del mare,
alta e sicura egli innalzò la voce.
Son io! Son io, che torno per sapere!
Ché molto io vidi, come voi vedete
me. Sí; ma tutto ch'io guardai nel mondo,
25   mi riguardò; mi domandò: Chi sono?
E la corrente rapida e soave,
più sempre avanti sospingea la nave.
E il vecchio vide un gran mucchio d'ossa
d'uomini, e pelli raggrinzate intorno,
30   presso le due Sirene, immobilmente

1-2. E la corrente ... sospingea la nave: la corrente silenziosa e dolce sospingeva la nave sempre più avanti verso l'isola delle Sirene. Sul mare si è stesa una calma incantata e la nave avanza spinta soltanto dalla corrente.

5-7 con il capo ... sorgea di contro: le Sirene stavano in ozio, con il capo eretto, appoggiate sui gomiti e guardavano il sole roseo che sorgeva di fronte a loro.

8. immote: immobili.

8-9. e la lor ombra ... l'isola dei fiori: e le loro lunghe ombre si proiettavano dietro di loro sull'isola dei fiori. In Omero infatti sull'isola delle sirene c'era un prato di fiori.

10-11. Dormite? ... le ciglia molli: l'immobilità delle Sirene che, in realtà sono soltanto degli scogli, fa pensare a Ulisse che esse stiano dormendo. Egli perciò cerca di scuoterle dicendo che l'alba è già passata e che i raggi del sole cercano i loro occhi tra le morbide ciglia, invitandoli ad aprirsi.

18. miravano: guardavano.

24-25. ma tutto ... Chi sono?: ma tutto ciò che io osservai nel mondo, nel tentativo di comprenderlo, ha continuato a rivolgermi la stessa domanda; Chi sono? Il mondo insomma non ha dato risposta alle domande dell'uomo, anzi ha continuato a rinviarle a lui.

Incontro con il testo... ... poetico

32-33. Vedo. Sia pure ... parlate!: Alla vista delle ossa e dei cadaveri di tanti uomini la cui nave si è infranta su quegli scogli, Ulisse capisce che la stessa sorte attende lui ed è pronto a morire, pur di avere dalle Sirene finalmente una risposta alle sue domande.	stese sul lido, simili a due scogli. Vedo. Sia pure. Questo duro ossame cresca quel mucchio. Ma, voi due, parlate! Ma dite un vero, un solo a me, tra il tutto, 35 prima ch'io muoia, a ciò ch'io sia vissuto! E la corrente rapida e soave, piú sempre avanti sospingea la nave. E s'ergean su la nave alte le fronti, con gli occhi fissi, delle due Sirene. 40 Solo mi resta un attimo. Vi prego! Ditemi almeno chi sono io! Chi ero! E tra i due scogli si spezzò la nave.	**35. A ciò ch'io sia vissuto!**: Affinché la mia vita abbia avuto un senso, perché io possa dire di non esser vissuto invano. **38-39 E s'ergean ... due Sirene**: E di fronte alla nave si ergevano, con gli occhi fissi, le alte fronti delle due Sirene.

Arnold Böcklin, *Odisseo sulla spiaggia*, 1869. Collezione privata.

 Entriamo nel testo

La struttura e i significati del testo

Il componimento si articola in **quattro sequenze**, ciascuna delle quali è introdotta da due versi a rima baciata che hanno la funzione di un ritornello e al tempo stesso con la loro ripetizione creano un'atmosfera incantata e magica.

Man mano che la nave si avvicina all'isola assistiamo a una duplice trasformazione. Da una parte le Sirene, inizialmente presentate come creature viventi, oziosamente appoggiate sui gomiti, con gli occhi chiusi rivolti al sole, si rivelano per quello che veramente sono: esseri pietrificati, anzi veri e propri scogli sui quali si infrange la nave di Ulisse. Dall'altra le **domande dell'eroe** si fanno sempre più pressanti e ansiose: all'inizio egli chiede una spiegazione del mondo, quella spiegazione che non è riuscito a darsi nel corso della sua lunga vita; poi implora le Sirene di dirgli almeno una verità affinché egli possa dare un senso alla sua esistenza; con l'ultima domanda, quando non gli è rimasto che un soffio di vita, chiede: chi sono? Anzi, chi ero? Ma l'unica risposta è il fragore della nave che si schianta contro gli scogli.

I richiami letterari

Pascoli sul piano espressivo ha tenuto presente soprattutto Omero, dal quale ha ripreso diversi elementi della descrizione delle Sirene. Sul piano

La poesia attraverso i tempi — **Giovanni Pascoli**

del contenuto ha invece seguito, variandolo profondamente, il modello dantesco di un Ulisse che fra la quieta vita familiare e il mare sceglie quest'ultimo. Molto diverse sono le sfaccettature del personaggio nei tre poeti che, non dimentichiamolo, appartengono a epoche e mondi assai lontani. L'**Ulisse di Omero** è un eroe classico che possiede un sistema di valori sui quali non nutre alcun dubbio: crede negli dèi e li rispetta, fa di tutto per tornare in patria, si mantiene entro i limiti connessi alla sua umanità e ubbidisce alle prescrizioni che gli vengono imposte. Il suo desiderio di conoscenza, se talvolta lo espone a dei rischi (pensiamo per esempio alla decisione di esplorare la grotta di Polifemo e di aspettare il Ciclope per poterlo vedere da vicino invece di allontanarsi rapidamente da quei luoghi) non lo spinge mai a dimenticare quelli che per lui sono i valori piú alti: gli affetti familiari, l'amore per la sua terra. Nell'**Ulisse di Dante** il desiderio di *divenir del mondo esperto / e de li vizi umani e del valore* prende invece il sopravvento e lo induce addirittura a volgere le spalle alla patria e a dirigersi verso occidente per esplorare il *mondo sanza gente* che nessun uomo ha mai visto. Vi è in lui qualcosa di grande e di eroico che dà senso e dignità alla sua morte: alla fine giunge davvero là dove nessun altro è arrivato prima e se la sua gioia si muta in pianto ciò dipende dal fatto che egli ha quasi superato i limiti inerenti alla sua condizione di pagano a cui non è concesso entrare nella dimensione della salvezza cristiana. L'**Ulisse di Pascoli** invece è un inquieto uomo del Novecento: insofferente della normalità, egli riprende il mare per ritrovare i sogni della sua giovinezza e subisce una duplice delusione. Si accorge che tutto ciò che aveva custodito nel suo cuore non esiste piú o forse non è mai esistito e al tempo stesso non trova risposta alle sue domande. A differenza degli altri due personaggi che avevano la certezza della loro identità e individualità, egli non sa chi è, né perché ha vissuto.

Esercizi

 Competenza trasversale:

a Acquisire ed interpretare l'informazione

b Individuare collegamenti e relazioni

c Comunicare

d Comunicare nelle lingue straniere

- **Interpretazione e confronti**

1. Individua nel testo tutti gli elementi che segnano il graduale passaggio delle Sirene da creature viventi a esseri pietrificati.

b 2. Metti a confronto il testo di Pascoli con il corrispondente passo omerico in cui si narra l'episodio delle Sirene (vedi volume di *Epica*) e individua gli elementi che il poeta del Novecento ha ripreso da Omero.

b 3. Confronta l'Ulisse di Dante (vedi pag. 127) con quello di Pascoli e individua i passi dai quali emerge il carattere eroico dell'Ulisse dantesco e quelli nei quali il corrispondente personaggio pascoliano manifesta tutte le sue inquietudini e incertezze.

4. Ricerca nel testo pascoliano le parole chiave, raggruppale in base all'area di significato a cui appartengono e, a partire da esse, illustra i temi espressi nel brano.

 ON LINE: Alle soglie della modernità

Testi: Giosuè Carducci, *Pianto antico*; Charles Baudelaire, *L'albatro*; Gabriele D'Annunzio, *L'onda* • *La sera fiesolana*; Giovanni Pascoli, *La cavalla storna* • *Il tuono*
Schede: *Da Omero a Pascoli; Monet e Van Gogh*

La rivoluzione delle avanguardie

Il termine *avanguardia* è tratto dal linguaggio militare e designa un avamposto, una colonna di soldati, solitamente esploratori e guastatori, che vanno avanti per preparare la strada all'esercito. Nel campo della letteratura e dell'arte prendono il nome di avanguardie quei movimenti artistici e letterari i cui esponenti si pongono **polemicamente e provocatoriamente in contrasto con la tradizione** e con la società del loro tempo, rifiutano in blocco i modelli del passato e adottano linguaggi assolutamente nuovi, compiacendosi di stupire e di scandalizzare il pubblico.

- Lo strumento principale attraverso il quale i movimenti d'avanguardia enunciano il loro programma è il «Manifesto» che, oltre a contenere in forma enfatica e volutamente provocatoria i principi ai quali il gruppo si ispira, è esso stesso un testo letterario nel quale viene spesso sperimentato un linguaggio nuovo, solitamente declamatorio e concitato, ricco di affermazioni incisive che richiamano gli slogan pubblicitari.
- Una delle caratteristiche dei movimenti d'avanguardia è la loro **interartisticità**: molti di essi infatti investono sia l'ambito letterario sia quello artistico e i loro esponenti si cimentano in vari campi.

Le avanguardie artistico-letterarie hanno caratterizzato la produzione del primo ventennio del Novecento segnando una svolta radicale che ha continuato a influenzare la cultura anche negli anni successivi quando, messa da parte la furia distruttiva, l'arte e la letteratura sono ritornate a forme più tradizionali. Tra i movimenti d'avanguardia europei ricordiamo:

- il **Futurismo**, nato a Parigi ma affermatosi in Italia e in Russia, che ha impresso una svolta sia alla letteratura sia all'arte in tutte le sue manifestazioni;
- il **Cubismo**, sorto a Parigi, che ha costituito il punto di partenza di tutta l'arte moderna e ha segnato il passaggio da una pittura naturalistica a una pittura astratta;
- l'**Espressionismo**, nato in Germania, che ha operato in direzione di uno stravolgimento esasperato della realtà per farne emergere le contraddizioni e l'angoscia attraverso la deformazione delle linee e la mescolanza dei linguaggi;
- il **Dadaismo**, sorto a Zurigo, che rifiutava nell'arte e nella letteratura ogni forma di razionalità per affermare in modo provocatorio e beffardo il non-senso, il gioco, la combinazione casuale delle parole. Pare che il nome del movimento sia stato scelto infilando a caso un tagliacarte in un dizionario e prendendo la prima parola della pagina che risultò essere *dada*, un vocabolo francese appartenente al linguaggio infantile che indica un balbettio senza senso proprio dei bambini che non sanno ancora parlare;
- il **Surrealismo**, sorto in Francia negli anni Venti del Novecento, che sosteneva l'abolizione di ogni costrutto razionale e l'utilizzazione degli strumenti della psicoanalisi (le libere associazioni) allo scopo di liberare l'inconscio e dar voce a sogni, visioni, fantasie, allucinazioni.

Rientrano nella poesia d'avanguardia italiana i **crepuscolari** e i **futuristi**. L'esigenza di un rinnovamento radicale si è però manifestata anche in scrittori che, pur non essendosi legati a specifici movimenti, hanno impresso un marchio di novità alle loro opere e hanno introdotto tecniche espressive considerate rivoluzionarie e guardate con sospetto dai critici e dal pubblico più tradizionale. Ne è un esempio **Giuseppe Ungaretti**, uno dei più importanti poeti del nostro Novecento.

Gli elementi che caratterizzano la poesia d'avanguardia sono:

- **la consapevolezza** da parte del poeta **della propria inutilità e marginalità**: egli si identifica ora con un fanciullo che piange, ora con un saltimbanco, ora con un uomo di pena; non ha messaggi rassicuranti da inviare al lettore e può solo mettere a nudo, con toni irridenti e provocatori o con espressioni amare e dolenti, la negatività dell'esistenza;

La poesia attraverso i tempi | **La rivoluzione delle avanguardie**

- **la brevità e l'essenzialità dei componimenti poetici** che prediligono un linguaggio quotidiano e ironico oppure aspro e violento o ancora dolente e malinconico;
- **il rifiuto delle forme metriche tradizionali** alle quali vengono sostituiti o i versi lunghi e prosastici dei crepuscolari o le parole in libertà e le tavole parolibere dei futuristi o i versicoli ungarettiani privi di segni di punteggiatura.

I poeti crepuscolari

Con l'espressione *poeti crepuscolari* si suole indicare un gruppo di scrittori che operarono in Italia nel primo decennio del Novecento e furono accomunati, oltre che da rapporti di amicizia, dal gusto per una **poesia dai toni grigi, dimessi, quotidiani, malinconici**. La loro produzione letteraria faceva pensare alla luce incerta del crepuscolo dopo lo splendore della grande stagione poetica dannunziana e pascoliana che poteva essere paragonata alla luce accecante del meriggio. Da questa considerazione, fatta da un critico del tempo, Giuseppe Antonio Borghese, derivò il nome del movimento che nacque tra il 1903 e il 1911 e si sviluppò a Roma, Torino e Ferrara. Tra i suoi esponenti ricordiamo Sergio Corazzini, Fausto Maria Martini, Guido Gozzano, il poeta piú importante del gruppo, Aldo Palazzeschi, Corrado Govoni e Marino Moretti.

- Vissuti in un'epoca nella quale era ancora imperante il modello dannunziano sia negli atteggiamenti di vita sia nelle scelte culturali, i poeti crepuscolari se ne distaccano completamente. Prediligono piuttosto la **poesia pascoliana delle piccole cose** e si agganciano a **modelli europei**, in particolare a Paul Verlaine, ai fiamminghi Maurice Maeterlinck e Georges Rodenbach e ai francesi Francis Jammes e Jules Laforgue, scrittori intimisti e malinconici.
- Essi non si sentono integrati nella realtà in cui vivono: avvertono il **vuoto** e la falsità degli **ideali ottocenteschi** (*Dio, Patria, Umanità, parole che i retori han fatto nauseose*, scrive Gozzano) e al tempo stesso non sanno adattarsi alle leggi della società borghese, gretta, meschina, volta all'utile, nei confronti della quale assumono un atteggiamento oscillante tra rifiuto e rassegnata, ironica accettazione.
- Sanno che il ruolo del poeta vate si è ormai esaurito e prendono coscienza con rassegnata malinconia e spesso con ironia dell'**inutilità della poesia** nella moderna società di massa.
- Cantano i **piccoli eventi** di una vita provinciale monotona e tranquilla: quieti e noiosi pomeriggi domenicali, giardini abbandonati abitati da statue consumate dal tempo, corsie d'ospedale, organetti di Barbería, suorine pallide e silenziose, interni di case borghesi.
- Le **donne** che compaiono nei loro componimenti non hanno nulla di fatale e di misterioso, i loro nomi, Carlotta, Speranza, Felicita, sono vecchiotti e rassicuranti, la loro bellezza è semplice e campagnola.
- Una sensazione di **malinconia**, di **stanchezza**, una lieve **ombra di morte** attraversa questo mondo umile e dimesso, in sintonia con l'esistenza stessa degli autori, alcuni dei quali (Corazzini, Gozzano) morirono giovani, consunti dalla malattia del secolo: la tisi.
- Alla semplicità e quotidianità dei temi corrisponde sul versante stilistico un voluto abbassamento del linguaggio: il **lessico** è **umile**, la **sintassi lineare**, i versi sono lunghi, prosastici, zoppicanti, le **rime imperfette** e spesso facili.

Pur restando almeno apparentemente ai margini del panorama letterario italiano, i poeti crepuscolari hanno esercitato una notevole influenza sulla poesia novecentesca che ne ha ereditato tematiche, atteggiamenti e tecniche espressive. Del resto la definizione stessa di crepuscolari è duplice e ambigua. Come il crepuscolo indica quel momento di passaggio tra la luce e il buio che si verifica sia al tramonto sia all'alba, cosí la poesia crepuscolare segna per un verso la conclusione della grande stagione poetica di fine Ottocento, per l'altro l'inizio della poesia moderna.

Incontro con il testo... ... poetico

 ## Guido Gozzano
La signorina Felicita

- G. Gozzano, *Poesie e prose*, a cura di A. De Marchi, Garzanti, Milano, 1966

IN SINTESI: Un foglio di calendario sul quale è segnata la ricorrenza di Santa Felicita fa riaffiorare nel poeta il ricordo di una signorina di provincia, conosciuta durante un soggiorno ad Agliè, un paesino nei pressi di Ivrea. La signorina Felicita, non piú giovanissima, possiede, nella sua bellezza casalinga, un'ingenua civetteria che incanta e un buon senso che dà sicurezza. Il poeta è attratto dal fascino di quel mondo tanto diverso dal suo, ma si rende conto di essere ormai troppo disincantato per mettere radici in una tranquilla vita borghese, sicché oscilla fra un sincero desiderio d'abbandono e una sottile ironia.

Forma metrica: sestine formate da endecasillabi rimati secondo lo schema ABBAAB che però non viene sempre rispettato.

genere: poesia narrativa *epoca*: 1911 *luogo*: Italia *lingua originale*: italiano

Signorina Felicita, a quest'ora
scende la sera nel giardino antico
della tua casa. Nel mio cuore amico
scende il ricordo. E ti rivedo ancora,
5 e Ivrea rivedo e la cerulea Dora
e quel dolce paese che non dico.

Signorina Felicita, è il tuo giorno!
A quest'ora che fai? Tosti il caffè
e il buon aroma si diffonde intorno?
10 O cuci i lini e canti e pensi a me,
all'avvocato che non fa ritorno?
E l'avvocato è qui: che pensa a te.

[...]

Sei quasi brutta, priva di lusinga
nelle tue vesti quasi campagnole,
15 ma la tua faccia buona e casalinga,
ma i bei capelli di color di sole,
attorti in minutissime trecciuole,
ti fanno un tipo di beltà fiamminga...

---

5. la cerulea Dora: la Dora Baltea, dalle acque azzurrine. L'espressione è ripresa dalla poesia *Piemonte* di Giosuè Carducci. Da Carducci deriva anche la successiva espressione *dolce paese*, con cui inizia la famosa lirica *Traversando la maremma toscana*: *Dolce paese onde portai conforme / l'abito fiero e lo sdegnoso canto*. Con questi scoperti e ironici richiami letterari al poeta vate per eccellenza dell'Italia unita, Gozzano finge di voler conferire un tono elevato ai suoi versi.
6. quel dolce paese che non dico: è Agliè, nel Canavese, dove il poeta villeggiò spesso in una sua villa chiamata «Il Meleto».
7. è il tuo giorno: il 10 luglio, ricorrenza di Santa Felicita.
10. i lini: il tessuto di lino, di cui è fatta la biancheria personale e di casa.
13. priva di lusinga: priva di fascino.
18. ti fanno ... fiamminga: la carnagione chiara della signorina Felicita, i capelli di un biondo che tende al rosso la fanno assomigliare a certe figure femminili dipinte da pittori fiamminghi, come Vermeer, Ruysdael e altri, che prediligevano la rappresentazione di personaggi e ambienti concreti, semplici, reali.

L'OPERA

La raccolta *I Colloqui*, da cui è tratta la lirica, si presenta come una sorta di itinerario autobiografico attraversato da un filo sottile di ironia. Gozzano infatti si distingue dagli altri crepuscolari proprio per l'ironia con la quale guarda sia ai miti dannunziani sia alla realtà borghese oggetto della sua poesia. Al mondo sublime di D'Annunzio, popolato di donne fatali e di piante dai nomi esotici, egli contrappone la quotidiana realtà borghese nei confronti della quale nutre un sentimento misto di affettuosa simpatia e di ironico distacco. Questo mondo viene descritto con un linguaggio apparentemente prosastico e sciatto, in realtà frutto di un'accurata elaborazione formale.

La poesia attraverso i tempi | La rivoluzione delle avanguardie

19. vermiglia: rossa.
22. efelidi: lentiggini, piccole macchie cutanee, tipiche delle persone dai capelli biondi o rossi e dalla carnagione chiara.
23. iridi: l'iride è la parte dell'occhio rotonda e variamente colorata da individuo a individuo che circonda la pupilla.
24. d'un azzurro di stoviglia: il poeta paragona l'azzurro degli occhi della signorina Felicita al colore di certi piatti decorati in uso nelle famiglie borghesi del tempo.
26. una blandizie femminina: un tentativo di allettamento tipicamente femminile. La signorina Felicita si sente attratta dall'avvocato e vorrebbe conquistarlo.
27. sottili schermi: cercando di nascondere, senza però riuscirvi, la volontà di conquista.
39. la falena: la farfalla notturna.
41-42. Maddalena decrepita: è la donna di servizio, in età avanzata.
44-45. l'inclito ... locale: sono le autorità del piccolo centro, il notaio, il sindaco, il dottore, che con un pizzico di ironia l'autore definisce come l'illustre rappresentanza della politica locale.
47. trasognato: distratto, incantato.
56. disponeva ... detersi: rimetteva a posto le stoviglie dopo averle lavate.
59-60. accordavo ... acciottolio: mentalmente componevo versi, accordandone il ritmo con il rumore delle stoviglie che Maddalena lavava e riassettava.

E rivedo la tua bocca vermiglia
20 cosí larga nel ridere e nel bere,
e il volto quadro, senza sopracciglia,
tutto sparso d'efelidi leggiere
e gli occhi fermi, l'iridi sincere
azzurre d'un azzurro di stoviglia...

25 Tu m'hai amato. Nei begli occhi fermi
rideva una blandizie femminina.
Tu civettavi con sottili schermi,
tu volevi piacermi, Signorina;
e piú d'ogni conquista cittadina
30 mi lusingò quel tuo voler piacermi!

Ogni giorno salivo alla tua volta
pel soleggiato ripido sentiero.
Il farmacista non pensò davvero
un'amicizia cosí bene accolta,
35 quando ti presentò la prima volta
l'ignoto villeggiante forestiero.

Talora – già la mensa era imbandita –
mi trattenevi a cena. Era una cena
d'altri tempi, col gatto e la falena
40 e la stoviglia semplice e fiorita
e il commento dei cibi e Maddalena
decrepita, e la siesta e la partita...

Per la partita, verso ventun'ore
giungeva tutto l'inclito collegio
45 politico locale: il molto Regio
Notaio, il signor Sindaco, il Dottore;
ma – poiché trasognato giocatore –
quei signori m'avevano in dispregio...

M'era piú dolce starmene in cucina
50 tra le stoviglie a vividi colori:
tu tacevi, tacevo, Signorina:
godevo quel silenzio e quegli odori
tanto tanto per me consolatori,
di basilico d'aglio di cedrina...

55 Maddalena con sordo brontolio
disponeva gli arredi ben detersi,
rigovernava lentamente ed io,
già smarrito nei sogni piú diversi,
accordavo le sillabe dei versi
60 sul ritmo eguale dell'acciotolio.

Sotto l'immensa cappa del camino
(in me rivive l'anima d'un cuoco

Vilhelm Hammershøi, *Ragazza*, 1905. Parigi, Museo d'Orsay.

66. vedevo Pinocchio: il poeta allude all'episodio del grillo parlante nelle *Avventure di Pinocchio* di Collodi.
67. questa vita che m'avanza: questa vita che ancora mi resta.
68. grevi: tristi, malinconici.
71. i motti brevi: le frasi brevi.

forse...) godevo il sibilo del fuoco;
la canzone d'un grillo canterino
mi diceva parole, a poco a poco,
e vedevo Pinocchio e il mio destino...

Vedevo questa vita che m'avanza:
chiudevo gli occhi nei presagi grevi;
aprivo gli occhi: tu mi sorridevi,
ed ecco rifioriva la speranza!
Giungevano le risa, i motti brevi
dei giocatori da quell'altra stanza.
[...]

L'autore

Guido Gozzano è il piú importante esponente del Crepuscolarismo. Nacque nel 1883 ad Agliè, nei pressi di Torino da una famiglia borghese. Compí gli studi a Torino dove si iscrisse alla facoltà di Legge, ma non conseguí la laurea. Preferí infatti seguire le lezioni di letteratura del critico e poeta Arturo Graf e lesse con grande interesse sia i poeti fiamminghi e francesi, Maeterlinck, Laforgue, Jammes, sia le opere di D'Annunzio. La sua vita si svolse fra Torino, dove partecipò all'attività culturale della città collaborando a giornali e riviste, e la villa di Agliè nella quale trascorreva le vacanze. Gli unici avvenimenti degni di rilievo sono la relazione con la scrittrice Amalia Guglielminetti e un viaggio in India che intraprese nel 1912 nella speranza di trarne beneficio per la sua salute. A partire dal 1907 aveva infatti cominciato ad avvertire i primi segni della tubercolosi che lo avrebbe portato alla morte. Dall'esperienza del viaggio nacque un libro di prose: *Verso la cuna del mondo*. I componimenti in versi sono invece pubblicati in due raccolte: *La via del rifugio* del 1907 e *I Colloqui* del 1911. Morí a Torino nel 1916.

Entriamo nel testo

I temi e i richiami letterari

La Signorina Felicita ovvero La Felicità, di cui sono qui proposte alcune parti, è quasi un poemetto in versi suddiviso in otto sezioni e viene unanimemente considerato il capolavoro di Guido Gozzano. Vi si ritrovano i temi fondamentali della poesia crepuscolare reinterpretati dal poeta piemontese che riesce a realizzare e mantenere un perfetto equilibrio tra adesione sentimentale al semplice e autentico mondo provinciale, distacco ironico e raffinata elaborazione letteraria.
La poesia prende le mosse da un foglio del calendario sul quale il poeta legge la ricorrenza di Santa Felicita. Tanto basta per immergerlo nella rievocazione di un breve periodo della sua vita trascorso in un paesino di provincia a contatto con un prosaico mondo borghese al centro del quale si colloca la Signorina Felicita, il cui nome è già una promessa di felicità. Lo spunto della data, come quello della foto che accende il ricordo, presente in altre liriche gozzaniane (vedi *L'amica di nonna Speranza* on line), deriva dal poeta francese Francis Jammes, uno degli autori francobelgi a cui si ispirarono i crepuscolari.
Nella seconda strofa comincia a delinearsi il profilo della signorina Felicita e dell'ambiente provinciale che le fa da cornice. È evidente che il poeta intende esplicitamente **capovolgere il modello della donna fatale dannunziana**: bella, colta, raffinata e perversa, sempre collocata su sfondi preziosi e descritta con un linguaggio elevato e distante da quello quotidiano. Gozzano presenta infatti la signorina Felicita intenta alle piú prosaiche faccende domestiche, mentre tosta il caffè,

cuce, canta e pensa allo strano ospite di una sola stagione. Un sereno interno familiare nel quale si intravede il profilo di un'altra figura femminile, la Silvia di Leopardi, immortalata anche lei mentre canta e tesse, sognando un vago avvenire. Gozzano esordisce con un *Sei quasi brutta* che è l'esplicita negazione di tutto l'armamentario della tradizionale poesia d'amore e di lode utilizzato dai piú grandi poeti, a partire da Dante; poi continua con un'altra negazione (*priva di lusinga*), quindi mette in risalto alcuni particolari non certo aggraziati dell'aspetto della signorina Felicita: la *bocca... larga, il volto quadro, senza sopracciglia ... sparso d'efelidi leggiere*. Tuttavia dalla descrizione non emerge l'immagine di una donna brutta e sgradevole, anzi accade proprio il contrario, sia perché il poeta corregge immediatamente la prima impressione con altre notazioni positive (*la faccia buona e casalinga, i capelli di color di sole*, gli occhi azzurri) sia perché mette in risalto la bontà e la sincerità della signorina Felicita.

A questo punto l'attenzione si sposta dal personaggio all'**ambiente**: vengono cosí rievocate l'occasione del primo incontro, le serate trascorse in famiglia, le cene alla buona, le soste in cucina fra il rumore dei piatti lavati dalla domestica e i profumi *di basilico d'aglio di cedrina*, cosí lontani dalle esotiche essenze celebrate nei romanzi dannunziani e in generale nella poesia dei decadenti francesi.

A poco a poco il fuoco del componimento si appunta sull'**io lirico** che, distanziandosi dai modelli tradizionali del poeta ispirato dalla Musa, si colloca all'interno di una prosaica cucina e si descrive mentre accorda i versi sull'*acciottolio* dei piatti, modula le parole seguendo il *cri cri* di un grillo e si vede come un novello Pinocchio, ovvero come un poeta burattino e saltimbanco. Se pensa alla sua vita, la vede gravata da tristi presagi, a causa della malattia, ma quando, dopo una breve meditazione, riapre gli occhi, il sorriso della signorina Felicita fa rifiorire in lui la speranza.

Le scelte lessicali e il ritmo dei versi

Nella sua apparente antiletterarietà, il componimento di Gozzano è un **testo** estremamente **prezioso e raffinato** sia per i frequenti, dissimulati o ironici richiami letterari, sia per il tessuto linguistico nel quale parole ricercate e preziose si incastonano in un impasto lessicale volutamente colloquiale e prosaico. Anche le variazioni delle rime, che non seguono sempre lo stesso schema, vogliono dare l'impressione di un componimento scritto da un poeta poco esperto che mette insieme le parole un po' a caso. Il ritmo dei versi, costante e quasi cantilenante, viene spezzato dagli *enjambement* che conferiscono un tono ora prosastico ora ironico al componimento. I puntini di sospensione, collocati talvolta alla fine delle strofe, creano una sensazione di attesa e proiettano in una dimensione ancora piú lontana il mondo rappresentato.

Esercizi

- **Comprensione**

1. Suddividi in sequenze il componimento, seguendo le partizioni suggerite nell'analisi.
2. Quali particolari dell'aspetto fisico della signorina Felicita vengono descritti dal poeta? In che modo l'autore si rapporta alla tradizione? Come modifica il convenzionale modello letterario?

- **Competenza testuale**

3. Ricostruisci in ogni strofa lo schema delle rime e illustra tutte le variazioni apportate dal poeta allo schema base.
4. Individua tutti gli *enjambement* e indica quando servono a rendere prosastico il ritmo e quando conferiscono un tono ironico al contenuto dei versi.
5. Le rime sono volutamente casuali, come se il poeta si fosse lasciato guidare solo dalla ricerca di una somiglianza di suoni, senza badare alle relazioni di significato. Verifica se questa affermazione trova conferma nel testo, esaminando tutte le parole in rima e sottolineando i casi in cui, a tuo parere, si creano invece interessanti relazioni a livello di significato.

I poeti futuristi

Il Futurismo nacque ufficialmente a Parigi il 20 febbraio 1909 quando Filippo Tommaso Marinetti pubblicò sul giornale «Le Figaro» il primo **Manifesto futurista** che conteneva i fondamenti del movimento. Eccone alcuni dei punti più significativi:

1. Noi vogliamo cantare l'amor del pericolo, l'abitudine all'energia e alla temerità.
2. Il coraggio, l'audacia, la ribellione, saranno elementi essenziali della nostra poesia.
3. La letteratura esaltò fino ad oggi l'immobilità pensosa, l'estasi ed il sonno. Noi vogliamo esaltare il movimento aggressivo, l'insonnia febbrile, il passo di corsa, il salto mortale, lo schiaffo ed il pugno.
4. Noi affermiamo che la magnificenza del mondo si è arricchita di una bellezza nuova; la bellezza della velocità. Un automobile da corsa col suo cofano adorno di grossi tubi simili a serpenti dall'alito esplosivo... un automobile ruggente, che sembra correre sulla mitraglia, è più bello della Vittoria di Samotracia.
[...]
9. Noi vogliamo glorificare la guerra – sola igiene del mondo – il militarismo, il patriottismo, il gesto distruttore dei libertari, le belle idee per cui si muore e il disprezzo della donna.
10. Noi vogliamo distruggere i musei, le biblioteche, le accademie d'ogni specie, e combattere contro il moralismo, il femminismo e contro ogni viltà opportunistica e utilitaria.
11. Noi canteremo le grandi folle agitate dal lavoro, dal piacere o dalla sommossa: canteremo le maree multicolori e polifoniche delle rivoluzioni nelle capitali moderne; canteremo il vibrante fervore notturno degli arsenali e dei cantieri, incendiati da violente lune elettriche; le stazioni ingorde, divoratrici di serpi che fumano; le officine appese alle nuvole per i contorti fili dei loro fumi; i ponti simili a ginnasti giganti che scavalcano i fiumi, balenanti al sole con un luccichio di coltelli; i piroscafi avventurosi che fiutano l'orizzonte, e le locomotive dall'ampio petto, che scalpitano sulle rotaie, come enormi cavalli d'acciaio imbrigliati di tubi, e il volo scivolante degli aeroplani, la cui elica garrisce al vento come una bandiera e sembra applaudire come una folla entusiasta.

È dall'Italia che noi lanciamo per il mondo questo nostro manifesto di violenza travolgente e incendiaria col quale fondiamo oggi il FUTURISMO perché vogliamo liberare questo paese dalla sua fetida cancrena di professori, d'archeologi, di ciceroni e d'antiquari. [...]
E vengano dunque gli allegri incendiari dalle dita carbonizzate! Eccoli! Eccoli!... Suvvia! Date fuoco agli scaffali delle biblioteche!... Sviate il corso dei canali per inondare i musei!... Oh, la gioia di veder galleggiare alla deriva, lacere e stinte su quelle acque, le vecchie tele gloriose!... Impugnate i picconi, le scuri, i martelli, e demolite, demolite senza pietà le città venerate!

In Italia il Futurismo ebbe i suoi centri principali a Milano, Roma e Firenze, ma si affermò in tutta la penisola in un arco di tempo abbastanza lungo che va dal 1909 al 1944, anno della morte di Marinetti. In questa ampia parabola si possono distinguere due momenti: una prima fase «eroica», dirompente, che giunge fino alle soglie della prima guerra mondiale, e una seconda contrassegnata da importanti iniziative soprattutto nell'ambito delle **arti figurative**. Proprio in questo settore del resto il Futurismo ha raggiunto i risultati più validi dal pun-

Attilio Badodi, *Il gruppo futurista in casa Marinetti*, 1912-1913. Spilimbergo, Centro di Ricerca e Archiviazione della Fotografia (CRAF).

to di vista estetico con artisti quali Umberto Boccioni, Giacomo Balla, Carlo Carrà, Fortunato Depèro e molti altri. Sul piano letterario ha svolto invece soprattutto una funzione di rottura nei confronti della tradizione accademica e passatista e ha aperto la via al rinnovamento della poesia novecentesca. Ma, se si escludono i Manifesti, non ha lasciato opere significative. Tra gli esponenti di rilievo ricordiamo, accanto a Marinetti, Paolo Buzzi, Ardengo Soffici, Gian Pietro Lucini, Luciano Folgore.

- Uno dei tratti più caratteristici del Futurismo è il suo volersi porre come **arte totale**, cioè come un progetto che coinvolgeva tutti gli aspetti della vita e della cultura. Lo dimostrano gli innumerevoli Manifesti, circa cinquanta, che seguirono al primo e che investivano i più svariati settori: dall'arte alla moda, dalla letteratura alla cucina, dalla politica al cinema.
- Il Futurismo inoltre, come suggerisce il nome scelto dai suoi fondatori, si ispira alla **modernità**. Esalta l'industrializzazione, la macchina, la velocità, il dinamismo in antitesi con ogni forma di tradizionalismo e di «passatismo».
- I futuristi rifiutano nettamente la tradizione e dichiarano di voler **distruggere** musei, biblioteche e accademie, custodi dell'arte e della cultura del passato.
- Esaltano la violenza, la **guerra**, il militarismo.
- Nel campo della letteratura proclamano la distruzione della sintassi e l'abolizione della punteggiatura per velocizzare l'espressione in sintonia con la velocità del progresso e propongono l'uso delle **parole in libertà** e dell'**immaginazione senza fili**. Realizzano così le **poesie visive** e le **tavole parolibere**, testi nei quali si mescolano parole, disegni, colori, caratteri tipografici differenti in modo da riprodurre la simultaneità delle sensazioni e la vitalità e il dinamismo della materia.
- Oltre che attraverso i Manifesti, i futuristi propagandavano le loro idee anche durante le famose **serate futuriste** nel corso delle quali venivano recitate opere letterarie, eseguite musiche e rappresentati testi teatrali futuristi la cui caratteristica era l'eccezionale brevità: duravano infatti solo pochi minuti e per questo prendevano il nome di «sintesi futuriste». L'intenzione degli autori era evidentemente quella di sorprendere e scandalizzare il pubblico dei benpensanti che reagiva a sua volta in modo violento alle provocazioni, sicché le serate futuriste si trasformavano in vivaci scontri, non solo verbali, e talora degeneravano in vere e proprie risse.

Nel Futurismo posizioni radicalmente innovatrici e moderne convivono con la celebrazione di valori tradizionali (patriottismo, nazionalismo) e con un pericoloso culto della violenza. Atteggiamenti, questi, che possono spiegare l'avvicinamento al fascismo di alcuni esponenti del movimento, fra cui lo stesso Marinetti che nel 1929 fu chiamato da Mussolini a far parte dell'Accademia d'Italia. Il Futurismo tuttavia ha svolto un ruolo fondamentale nella nostra letteratura, poiché ha scardinato le forme tradizionali della poesia e ha inciso notevolmente su poeti quali Govoni, Palazzeschi, Ungaretti, che lo hanno «attraversato» per poi muoversi in altre e più personali direzioni.

Filippo Tommaso Marinetti, *Parole in libertà (Irredentismo)*. Collezione privata.

Corrado Govoni
Autoritratto

• C. Govoni, *Poesie*, a cura di G. Ravegnani, Mondadori, Milano, 1961

Per la biografia di **Corrado Govoni** vedi pag. 81.

IN SINTESI: *Autoritratto* è una «poesia visiva» che fu pubblicata prima nella rivista «Lacerba», successivamente, con alcune modifiche, nella raccolta *Rarefazioni e parole in libertà*. Il poeta disegna con tratti volutamente semplici e quasi infantili il suo autoritratto e commenta ogni parte del volto con delle definizioni sorprendenti che sono disposte in modo da creare a loro volta dei disegni, ora circolari all'interno degli occhi, ora costituiti da raggi a indicare le ciglia e cosí via. Nell'insieme immagini e parole si fondono in un tutt'uno creando una perfetta «poesia visiva».

genere: poesia visiva   *epoca:* 1915   *luogo:* Italia   *lingua originale:* italiano

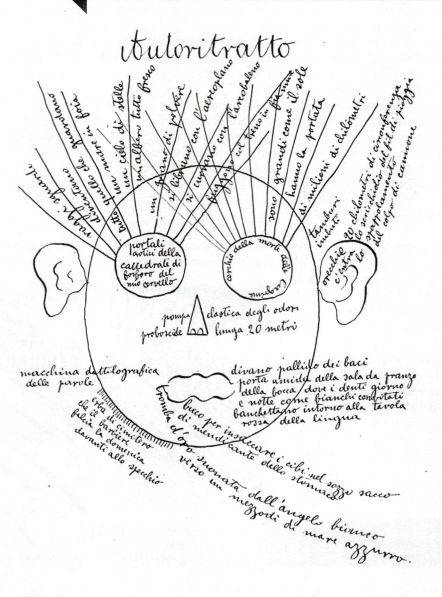

L'OPERA

I futuristi, andando alla ricerca di nuove forme comunicative che rompessero radicalmente i legami con la tradizione e al tempo stesso riuscissero a esprimere la visione rapida e simultanea della realtà, introdussero due tecniche davvero rivoluzionarie: il *paroliberismo* e la *poesia visiva*. Il paroliberismo consiste nel creare dei testi in cui le parole non hanno fra loro alcun legame sintattico e grammaticale, sono «parole in libertà», scritte con caratteri tipografici di diversa misura e tipologia (grassetto, corsivo) e disposte sulla pagina ora in orizzontale, ora in verticale, ora in direzione obliqua. Vengono eliminati i segni di punteggiatura, gli aggettivi, gli avverbi, sostituiti da segni matematici (+, –, =). La poesia visiva, invece, trasmette i contenuti tramite parole e disegni, accostati e complementari, nel senso che le prime danno una spiegazione dei secondi. L'uso contemporaneo dei due codici rompe le barriere fra le discipline e risponde all'esigenza futurista di un fruizione globale della cultura.

Rarefazioni e parole in libertà è l'opera in cui Govoni utilizza entrambe queste modalità espressive raggiungendo risultati di grande impatto visivo e verbale al tempo stesso. L'adesione al Futurismo non determina però uno stacco netto dalla precedente esperienza poetica, ma piuttosto un'accentuazione di alcune caratteristiche già presenti nella sua poesia, come il gusto delle metafore ardite o l'accostamento di immagini non cementate da alcun filo logico.

Entriamo nel testo

Parole e immagini
Seguiamo, partendo dall'occhio sinistro le definizioni che il poeta dà di ogni parte del suo viso.

Occhio sinistro
portali
gotici della
cattedrale di fosforo del
mio cervello

Ciglia
raggi sguardi
diventano
tutto quello che guardano
un mare di fiori
un cielo di stelle
un albero tutto fresco
un grano di polvere
si librano con l'aeroplano
si curvano con l'arcobaleno
fuggono col treno in fiamme

Occhio destro
cerchio della morte delle lagrime

Ciglia
sono grandi come il sole
hanno la portata
di milioni di chilometri

Orecchio destro
tamburi
imbuti

orecchio 20 chilometri di circonferenza
c'entra lo scricchiolio del fili di pioggia
lo spappolamento
del colpo di cannone

Naso
pompa elastica degli odori
proboscide lunga 20 metri

Labbra
macchina dattilografica
delle parole

divano pallido dei baci
porta umida della sala da pranzo
della bocca dove i denti giorno

e notte come bianchi convitati
banchettano intorno alla tavola
rossa della lingua

buco per insaccare i cibi nel sozzo sacco
di mendicante dello stomaco

tromba d'oro suonata dall'angelo bianco
verso un mezzodí di mare azzurro

Barba
erba di cimitero
che il barbiere
falcia la domenica
davanti allo specchio

Metafore talvolta scherzose, talvolta stimolanti e sorprendenti descrivono il volto di un artista vivace, dinamico e creativo. Ogni immagine scaturisce dall'altra e tutte insieme creano una realtà piú vasta cosí che il volto del poeta finisce per identificarsi con il mondo intero.
Gli occhi sono *portali / gotici della / cattedrale di fosforo del / mio cervello*: il fosforo fa pensare al fiammifero, al fuoco, quindi a qualcosa di vivace e di elettrizzante, com'è appunto il cervello del poeta.
Le parole *raggi* e *sguardi*, scritte sulle linee che raffigurano le ciglia sono accostate senza alcun nesso in modo da creare un'associazione immediata e fulminante. Gli sguardi sono raggi e accolgono in sé il mondo, dato che diventano quello che guardano: fiori, cielo, stelle, polvere. Ma sono anche mobili, come l'aeroplano o il treno.
Le orecchie sono insieme *tamburi* (associazione suggerita probabilmente dal timpano che è una parte dell'orecchio) e *imbuti*: come gli occhi accolgono le immagini, cosí le orecchie accolgono i suoni.
Il naso, con una metafora scherzosa, viene paragonato prima a una *pompa elastica* che assorbe gli odori, poi a una enorme *proboscide / lunga 20 metri*.
Anche le labbra sono viste sotto vari aspetti: per la loro forma vengono paragonate a un divano, per la loro funzione vengono definite *porta umida della sala da pranzo della bocca*. L'immagine della sala da pranzo si arricchisce subito dopo di ulteriori particolari: la lingua diventa la tavola intorno alla quale banchettano giorno e notte i denti, simili a bianchi convitati. Infine, siccome dalla bocca escono suoni e parole, ecco altre due metafore: quella piú poetica della *tromba d'oro* e quella volutamente prosastica della *macchina dattilografica delle parole*.
Anche le due metafore riferite alla barba sono di tono diverso: una piú malinconica, l'altra piú quotidiana e divertente.
In conclusione il poeta ha creato una **sintesi futurista**, accostando parole e immagini e giocando essenzialmente con le metafore, com'è nel suo stile.

Esercizi

- **Comprensione**

1. Spiega il significato della metafora *si curvano con l'arcobaleno* e indica a che cosa si riferisce.
2. Nell'espressione *buco per insaccare i cibi nel sozzo sacco / di mendicante dello stomaco*, sono presenti due figure retoriche. Quali?
3. Quale sensazione suscita in te l'immagine, riferita alla bocca, della *tromba d'oro suonata dall'angelo bianco / verso un mezzodí di mare azzurro*?

- **Produzione**

4. Prova a giocare anche tu con le metafore e, sull'esempio di Govoni, crea una poesia visiva che abbia per tema il tuo autoritratto.

La poesia attraverso i tempi | La rivoluzione delle avanguardie

Aldo Palazzeschi
Chi sono?

• A. Palazzeschi, *L'incendiario*, Edizioni futuriste di «Poesia», Milano, 1913

IN SINTESI: Con un tono apparentemente divertito e leggero, Palazzeschi si interroga sulla funzione della poesia e giunge alla conclusione che il poeta è solo un saltimbanco, un burattino che non si propone di dare al suo pubblico messaggi seri e solenni.

Forma metrica: libera alternanza di versi di varia misura.

genere: poesia lirica | *epoca:* 1910 | *luogo:* Italia | *lingua originale:* italiano

Chi sono?
Son forse un poeta?
No certo.
Non scrive che una parola, ben strana,
5   la penna dell'anima mia:
«follia».
Son dunque un pittore?
Neanche.
Non ha che un colore
10   la tavolozza dell'anima mia:
«malinconia».
Un musico, allora?
Nemmeno.
Non c'è che una nota
15   nella tastiera dell'anima mia:
«nostalgia».
Son dunque... che cosa?
Io metto una lente
davanti al mio cuore
20   per farlo vedere alla gente.
Chi sono?
Il saltimbanco dell'anima mia.

Anton Giulio e Arturo Bragaglia, *Dattilografia*, 1913. Collezione privata.

L'OPERA

L'incendiario è la raccolta che documenta uno dei momenti di maggiore vicinanza di Palazzeschi al Futurismo. Il titolo è tratto dal poemetto di apertura che mette in scena un «incendiario» chiuso in gabbia per i suoi attentati da piromane. Intorno a lui si assiepa una folla di curiosi e di benpensanti che gli lanciano accuse. Solo il poeta ne canta gli elogi, celebrando la potenza distruttiva del fuoco e alla fine lo libera perché riscaldi con le sue fiamme *la gelida carcassa / di questo vecchio mondo*.
Il tema del fuoco come elemento distruttore che fa piazza pulita delle convenzioni e dei residui di un passato ormai morto è un motivo caro sia a Palazzeschi sia ai futuristi.

Incontro con il testo... ... poetico

L'autore

Aldo Palazzeschi è uno scrittore divertente, ironico e rivoluzionario che nel corso della sua lunga esistenza ha visto succedersi le piú significative esperienze culturali del Novecento e le ha «attraversate» interpretandole in modo personalissimo, senza legarsi stabilmente ad alcuna di esse. Nacque a Firenze nel 1885 da un'agiata famiglia borghese. Il suo vero nome era Aldo Giurlani, ma quando decise di darsi alla poesia, per non farsi individuare da amici e conoscenti dal momento che stava intraprendendo un'attività che tutti giudicavano da «morti di fame», adottò come pseudonimo il cognome della nonna materna, Palazzeschi appunto. Nel 1905 pubblicò la sua prima raccolta di versi per l'editore Cesare Blanc. In realtà il giovane e sconosciuto autore non aveva trovato alcun editore disposto a rischiare, perciò se ne era inventato uno a cui aveva dato il nome del suo gatto, Cesare Blanc. Qualche anno dopo Marinetti lesse le poesie di Palazzeschi, ne rimase favorevolmente colpito e lo invitò a far parte del movimento futurista.
Risalgono a questo periodo *L'incendiario* (1910), raccolta di poesie di ispirazione futurista, *Il codice di Perelà* (1911), vero e proprio antiromanzo che racconta la storia surreale di un uomo di fumo, e un Manifesto futurista intitolato *Contro-dolore* (1914). Palazzeschi si staccò dal Futurismo nel 1914 perché non ne condivideva gli atteggiamenti nazionalistici e favorevoli alla guerra.
Sul piano letterario si aprí a questo punto una nuova stagione caratterizzata dalla prevalenza della narrativa sulla poesia e dal ritorno a forme piú tradizionali. L'opera piú famosa di questa seconda fase è il romanzo *Le sorelle Materassi* del 1934, storia dolce-amara di due anziane signorine, famosissime ricamatrici, che vedono la loro tranquilla e agiata vita di provincia allegramente sconvolta dall'arrivo di un giovane nipote, Remo, il quale, dopo averle sfruttate, le abbandona per sposare una ricca ereditiera americana.
Nel 1937 viene pubblicata la raccolta di racconti *Il palio dei buffi* di cui sono protagonisti personaggi che, per il fatto di avere un difetto fisico, un carattere non comune o una qualche mania, vivono in una condizione di disagio che riescono però a trasformare in sberleffo provocatorio, irrisione e capovolgimento delle convenzioni della cosiddetta società normale.
A partire dagli anni Sessanta ha inizio il terzo momento dell'attività letteraria di Palazzeschi. Lo scrittore, ormai ottantenne, si riallaccia sia in prosa sia in poesia alle sperimentazioni giovanili. Tra il 1967 e il 1971 escono tre romanzi: *Il doge*, *Stefanino*, *Storia di un'amicizia* e due raccolte di poesie nelle quali compaiono nuovamente personaggi buffi, fiabeschi e surreali. Palazzeschi è morto nel 1974, dopo aver dato l'addio alla poesia con una lirica stravagante, sospesa fra allegria e malinconia, in cui, fra l'altro, dichiarava: *Muoiono i poeti / ma non muore la poesia / perché la poesia / è infinita / come la vita.*

Entriamo nel testo

Il tema

Chi sono? è un autoritratto ironico e divertente del poeta che si interroga sulla sua identità, ma anche, piú in generale, sul ruolo della poesia. Tramontata ormai la figura del poeta che guida la società con i suoi messaggi seri e solenni, l'unica via praticabile è quella dello scherzo, del divertimento, della follia.
Per tutta la prima parte del componimento (vv. 1-15) l'autoritratto è costruito «in negativo». La domanda *Chi sono?*, che costituisce il titolo e il primo verso della poesia, viene ripresa dalle interrogative che ricorrono nel testo ogni cinque versi con lievi variazioni (*Son forse un poeta? ... Son dunque un pittore? ... Un musico, allora? ... Son dunque... che cosa?*) e poi ricompare a chiusura della lirica. Ogni volta però la risposta è negativa: Palazzeschi dichiara di non essere né

un poeta, né un pittore, né un musico. Rifiuta insomma i connotati della poesia tradizionale della quale si suol dire che gareggia con la musica per l'armonia del ritmo, con la pittura per la capacità di riprodurre stati d'animo, situazioni, paesaggi. Delle tre figure rifiutate, il poeta, il pittore, il musico, Palazzeschi salva ogni volta un solo aspetto: la *follia*, la *malinconia*, la *nostalgia*. Comincia cosí a delinearsi in controluce una nuova immagine di poeta, i cui tratti per un verso rinviano al mondo crepuscolare (*malinconia*, *nostalgia*, in rima con *anima mia*), per l'altro mettono in risalto la disposizione al gioco, al divertimento, al rovesciamento parodico delle convenzioni, in una parola, la *follia*.
Il ritratto viene completato negli ultimi sei versi da una piú precisa definizione, questa volta in positivo, della **nuova identità del poeta**. Palazzeschi si serve di due immagini giocose e buffe. Una è quella della *lente* che egli applica non, come ci si aspetterebbe, ai suoi occhi per guardare meglio la realtà esterna, ma al suo cuore per rivelarlo, metterlo a nudo davanti al pubblico in modo da togliere alla poesia ogni residua connotazione di fatto intimo, privato. L'altra è l'immagine conclusiva del *saltimbanco* che capovolge la serietà dell'arte in riso, fa scendere definitivamente la poesia dalla sfera del sublime e la immette nel mondo del circo popolato di clown e di funamboli il cui unico scopo è quello di divertire.

Le tecniche espressive
Sul piano formale la poesia è costruita con una **simmetria** volutamente **rigida**, quasi meccanica. Alle domande, che si susseguono sempre nella stessa forma, fanno eco risposte tra loro simili (*No certo*, *Neanche*, *Nemmeno*), ognuna delle quali occupa un intero verso. L'espressione *anima mia* è ripetuta quattro volte sempre nella stessa posizione e fa rima, di volta in volta, con *follia*, *malinconia*, *nostalgia*, parole coincidenti anch'esse con un verso. Questa struttura comunica l'impressione di un mondo automatico, popolato di marionette che si muovono a scatti ma anche con grande leggerezza. Lievissime e quasi impalpabili sono ad esempio le parole *follia*, *malinconia*, *nostalgia*. Viene quindi riproposta anche a questo livello del testo l'idea del poeta saltimbanco e burattino.

Esercizi

Competenza trasversale:

- **a** Acquisire ed interpretare l'informazione
- **b** Individuare collegamenti e relazioni
- **c** Comunicare
- **d** Comunicare nelle lingue straniere

- **Competenza testuale**

1. Come si è osservato nell'analisi, la lirica ha una struttura rigorosamente simmetrica. Individua tutti gli elementi che conferiscono simmetria al componimento.

2. La musicalità del testo scaturisce non soltanto dalle rime, ma anche dal gioco delle consonanze e delle assonanze. Individua ed evidenzia tutti i richiami fonici presenti nella lirica.

- **Produzione**

3. Individua nella lirica le parole chiave e, fondandoti su di esse, delinea per iscritto in circa 10 righe, la nuova immagine del poeta che scaturisce dalla lirica di Palazzeschi.

 b 4. L'immagine del saltimbanco, del burattino, del funambolo è presente in diversi poeti del primo Novecento. Oltre che in Palazzeschi la troviamo anche nel *Palombaro* di Govoni (on line) e nella poesia *I fiumi* di Ungaretti (vedi pag. 294). Prova a rintracciarla nei componimenti di questi autori e illustra in un breve testo scritto o orale quale significato assume in ciascuno di essi.

per l'INVALSI con *Eugenio*

1. Il poeta, interrogandosi sulla sua identità, propone tre possibili profili di sé, che però immediatamente rifiuta. Quali sono queste figure?

....

2. Se si esclude la domanda che dà il titolo alla lirica, *Chi sono?*, tutte le altre che il poeta pone a se stesso e al lettore, ai versi 2, 7, 12, non sono vere e proprie interrogative, perché contengono già la risposta. Come definiresti queste proposizioni?

....

3. Come definiresti il tono di questa lirica?

    a. ☐ Serio e impegnato.
    b. ☐ Solenne e retorico.
    c. ☐ Ironico e dissacrante.
    d. ☐ Pungente e polemico.

4. Palazzeschi vive nella prima metà del Novecento. In quale contesto culturale collocheresti la lirica *Chi sono*?

    a. ☐ Crepuscolarismo.
    b. ☐ Romanticismo.
    c. ☐ Decadentismo.
    d. ☐ Futurismo.

5. Come si definisce il poeta alla fine della lirica?

    a. ☐ Burattino.
    b. ☐ Clown.
    c. ☐ Saltimbanco.
    d. ☐ Acrobata.

6. In tre punti della lirica Palazzeschi, volendo rifiutare i connotati della poesia tradizionale, nega di possedere le caratteristiche del poeta, del pittore, del musico, adoperando il medesimo costrutto: «Non scrive che una parola» (v. 4); «Non ha che un colore» (v. 9); «Non c'è che una nota» (v. 14). Come si può esprimere lo stesso concetto contenuto nella prima frase, utilizzando un'altra forma?

    a. ☐ Non scrive alcuna parola.
    b. ☐ Scrive una sola parola.
    c. ☐ Non scrive una parola.
    d. ☐ Scrive soltanto questa parola.

7. L'anima del poeta viene di volta in volta messa in relazione con un oggetto diverso, tipico di una determinata attività. Quali sono i tre oggetti citati nella lirica?

    a. ☐ La penna, la tavolozza, la corda.
    b. ☐ Il libro, il pennello, la tastiera.
    c. ☐ La penna, la tavolozza, la tastiera.
    d. ☐ Il foglio, i colori, la tastiera.

8. Il fine del poeta, secondo Palazzeschi, è:
   a. ☐ rappresentare la realtà.
   b. ☐ mettere in discussione le regole della società e della poesia.
   c. ☐ provocare l'irritazione dei benpensanti.
   d. ☐ divertire il pubblico.

9. Nonostante la componente giocosa, si rilevano nella lirica toni piú seri e intimi. Da quali elementi sono suggeriti?
   a. ☐ Dalle parole «malinconia» e «nostalgia» che occupano un verso ciascuna.
   b. ☐ Dall'immagine della lente con la quale il poeta mostra agli altri la parte piú intima della sua anima.
   c. ☐ Dalla consapevolezza che il poeta non può avere nella società nessun altro ruolo se non quello del saltimbanco.
   d. ☐ Dalla consapevolezza che la poesia ha perduto quei tratti che la accomunavano alla pittura e alla musica.

10. L'origine della parola «saltimbanco» (v. 22) va ricondotta al fatto che questi personaggi che si esibivano nei circhi o nelle fiere in giochi di destrezza:
   a. ☐ svolgevano i loro numeri su un tavolo o su un banco.
   b. ☐ erano soliti superare con i loro salti un tavolo o un banco.
   c. ☐ ballavano su un tavolo o un banco.
   d. ☐ saltavano da terra su tavoli o banchi posti ad altezze sempre maggiori.

ON LINE: La rivoluzione delle avanguardie

Testi: Guido Gozzano, *L'amica di nonna Speranza*; Corrado Govoni, *Il Palombaro* • *Le cose che fanno la domenica* • *Crepuscolo ferrarese*; Aldo Palazzeschi, *E lasciatemi divertire*; Giuseppe Ungaretti, *Allegria dei naufragi* • *Il porto sepolto* • *In memoria* • *La madre* • *Tutto ho perduto*
Schede: *Pablo Picasso*: Guernica
Leggiamo insieme: *Antologia di Spoon River* di Edgard Lee Masters

Ritratto d'autore
Giuseppe Ungaretti

Ritratto di Giuseppe Ungaretti.

La biografia

Giuseppe Ungaretti è il poeta che ha innovato nel modo piú radicale il linguaggio della poesia, costituendo un punto di riferimento per tanta parte della produzione letteraria novecentesca. Nato nel 1888 ad Alessandria d'Egitto dove il padre lavorava allo scavo del canale di Suez, trascorse in questa città la prima giovinezza, riportandone un ricco patrimonio di esperienze di vita e di ricordi: i racconti favolosi ed esotici, le cantilene dei beduini, i miraggi del deserto. L'Egitto, la cui importanza strategica era stata in quegli anni accresciuta dall'apertura del canale di Suez, era un ambiente internazionale: nei porti era normale sentire le parlate piú diverse, dall'arabo allo spagnolo, dall'inglese all'italiano, alle lingue orientali. Questa internazionalità consentí a Ungaretti di formarsi in condizioni di estrema apertura a tutte le correnti di pensiero europee, in particolare a quelle francesi. L'essere nato all'estero gli conferí inoltre due caratteristiche apparentemente opposte: un non comune attaccamento alla patria, ma anche la concezione della vita come vagabondaggio che lo portò a spostarsi con estrema adattabilità da un luogo all'altro come un nomade per tutta la sua esistenza.

Nel 1912 si trasferí a Parigi dove entrò in contatto con i piú significativi esponenti delle avanguardie artistiche novecentesche da Picasso ad Apollinaire. Vi rimase per due anni, fino allo scoppio della prima guerra mondiale alla quale partecipò come soldato semplice dopo essere stato, alla pari di tanti altri intellettuali del suo tempo, un acceso interventista. La guerra di trincea, accompagnata dalla degradazione fisica, dalla lotta giornaliera contro la sporcizia, i pidocchi, la fame, gli agenti atmosferici, dall'angoscia della morte costantemente in agguato, lo segnò profondamente. Scaturirono da questa esperienza le sue prime e piú significative raccolte: *Il porto sepolto* del 1916 e *Allegria di naufragi* del 1919, confluite nel 1931 nell'*Allegria*.

Dopo la guerra Ungaretti visse per qualche anno ancora a Parigi, dove sposò Jeanne Dupoix, quindi si trasferí a Roma, dove nel 1933 pubblicò la raccolta *Sentimento del tempo*. Risale a questi anni il suo riavvicinamento alla religione cattolica.

Nel 1936 si trasferí in Brasile sia perché era stato invitato dal rettore della costituenda Università di San Paolo ad accettare la cattedra di Letteratura italiana sia perché la tensione antifrancese venutasi a creare in Italia in seguito all'entrata in guerra a fianco della

La poesia attraverso i tempi — **Giuseppe Ungaretti**

Germania faceva sentire a disagio la moglie Jeanne. Durante il soggiorno brasiliano, che durò fino al 1942, Ungaretti scoprí l'esuberante natura tropicale, il cielo australe gremito di astri sconosciuti, l'estrosa architettura barocca, la musica, i riti magici, ma da tutti questi elementi non scaturirono versi nuovi fino alla tragica morte del figlio Antonietto di nove anni, avvenuta nel 1939 in seguito a un attacco di appendicite mal curato e degenerato in peritonite. Da questa esperienza nacque la raccolta *Il dolore*, pubblicata nel 1947.

Allo scoppio della seconda guerra mondiale Ungaretti decise di rimanere in Brasile e ritornò in Italia solo quando, nell'imminenza dell'intervento brasiliano a favore degli Stati Uniti e dell'Inghilterra, contro l'Asse Germania-Italia, dovette scegliere fra il rimpatrio e l'internamento. In patria fu accolto con tutti gli onori, divenne Accademico d'Italia, la piú alta onorificenza esistente durante il fascismo, e ottenne «per chiara fama» la cattedra di Letteratura italiana moderna e contemporanea presso l'Università di Roma. Durante l'occupazione della città da parte dei tedeschi, visse momenti difficili, ma continuò a scrivere. Risalgono a questo periodo alcune sezioni della raccolta *Il dolore*, che esprimono l'angoscia e la sofferenza per l'imbarbarimento dell'animo umano.

Finita la guerra non poté godere serenamente la gioia della Liberazione perché fu sottoposto a tre gradi di giudizio e sospeso dall'insegnamento in quanto ritenuto compromesso con il fascismo, avendo ottenuto dal regime importanti riconoscimenti; ma i processi si conclusero a suo favore e di lí a poco venne riammesso con tutti gli onori alla cattedra universitaria, grazie anche alla stima e alla solidarietà manifestate dai piú prestigiosi intellettuali del tempo.

Ungaretti, che gli amici chiamavano familiarmente «Ungà», era ormai considerato un maestro ed egli stesso si compiaceva di recitare la parte del «poeta»: leggeva in televisione le sue liriche sottolineando con la voce e la pronuncia l'asprezza dei suoni e il ritmo singhiozzante dei versi. Ciò lo rese uno degli scrittori piú noti al grande pubblico. Intanto continuava a viaggiare per il mondo, fedele alla sua concezione della vita come vagabondaggio, ricevendo da ogni parte premi e riconoscimenti e facendosi amare e apprezzare per la sua straordinaria vitalità. Tra le sue ultime raccolte vanno ricordate *La terra promessa*, *Un grido e paesaggi*, *Il taccuino del vecchio*. Nel 1969, un anno prima della morte, volle riunire tutta la sua produzione nella raccolta *Vita d'un uomo*.

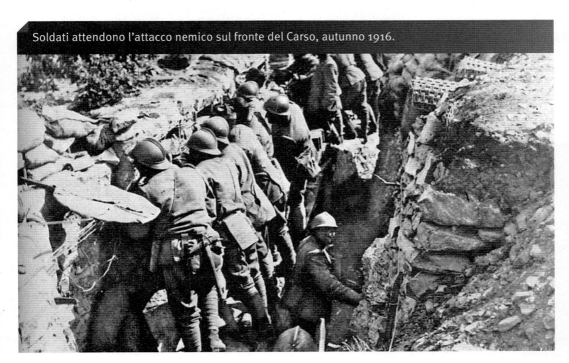

Soldati attendono l'attacco nemico sul fronte del Carso, autunno 1916.

Il contesto storico e culturale

«Non so che poeta io sia stato in tutti questi anni. Ma so di essere stato un uomo: perché ho molto amato, ho molto sofferto, ho anche errato, cercando di riparare al mio errore come potevo, e non ho odiato mai. Proprio quello che un uomo deve fare: amare molto, anche errare, molto soffrire e non odiare mai». Queste parole, pronunciate da Ungaretti in occasione del suo ottantesimo compleanno, mettono in risalto un elemento caratteristico della sua produzione poetica: lo stretto legame tra poesia e vita.

L'esperienza che più di ogni altra lo segnò fu sicuramente la guerra. In quegli anni gli intellettuali italiani, con pochissime eccezioni, erano tutti favorevoli, pur con motivazioni diverse, all'intervento dell'Italia nel conflitto che vedeva contrapposte Francia e Inghilterra ad Austria e Germania. C'era chi vedeva nella guerra l'occasione sognata per il bel gesto, chi la considerava l'unica possibilità per un ritorno all'Italia delle terre irredente, Trento e Trieste, ancora sotto il dominio asburgico. Non c'è perciò da stupirsi se anche Ungaretti fu un acceso interventista e si arruolò come volontario. Mandato sul Carso, però, si rese conto della degradazione della condizione umana provocata dalla guerra di trincea che costringeva alla promiscuità, alla lotta giornaliera contro la sporcizia, i pidocchi, la fame e gli agenti atmosferici. Il Carso, che dallo scrittore Scipio Slataper era stato cantato come il luogo verde e sereno dei tempi di pace, si rivelò un deserto pietroso e fangoso segnato dalla morte e dal dolore. Si aggiungeva a tutto questo la quotidiana constatazione dell'inutilità, stupidità e atrocità del conflitto. Eppure da questa situazione scaturirono alcune delle liriche più belle di Ungaretti, che riuscí a contrapporre all'odio e alla morte l'amore per la vita e la solidarietà e operò la più grande rivoluzione espressiva della poesia novecentesca, spezzando il verso tradizionale e isolando le parole nella pagina bianca.

Il ritorno a Roma, alla fine del conflitto, determinò un cambiamento nella poesia ungarettiana. Erano quelli gli anni della dittatura fascista in Italia e del «ritorno all'ordine» in letteratura. Dopo la rivoluzione delle avanguardie, gli intellettuali del tempo auspicavano il ritorno a una poesia che, pur non rinunziando alla forza espressiva della parola, mettesse da parte certi radicali sperimentalismi per recuperare la musicalità e la lunghezza del verso tradizionale. Anche Ungaretti fu influenzato dal nuovo clima culturale e da una nuova spiritualità che avvertiva dentro di sé. Testimonianza della svolta è la raccolta *Sentimento del tempo*.

Ancora diverso è il contesto ambientale e culturale nel quale Ungaretti si trovò a vivere durante il soggiorno brasiliano: spazi immensi, una natura lussureggiante, mescolanza di razze e di culture. Il paesaggio rigoglioso e inquietante del Brasile compare, accanto a quello romano devastato dalla guerra, nella raccolta *Il Dolore* del 1947 che nasce dalla fusione tra il dolore universale prodotto dalla guerra e il dolore individuale causato dalla morte del figlio. Nell'ultimo periodo della sua vita Ungaretti ebbe modo di riflettere sul problema del rapporto tra l'uomo e la verità. I tempi erano ormai cambiati: l'Italia dell'industria e del miracolo economico si proiettava in una dimensione nuova nella quale andavano occupando un posto sempre più rilevante i beni di consumo, la pubblicità, lo spettacolo. In questo contesto Ungaretti rifletteva sulla vana illusione dell'uomo di raggiungere la verità. «All'uomo pare di volare più vicino alla verità – egli diceva – perché pone in orbita i suoi satelliti, è sbarcato sulla luna, ma il buio cresce sempre di più intorno a noi, il sentimento del divino si attenua e la frattura fra noi e la conoscenza della verità si va facendo sempre più fonda». Parole che sembrano avere la forza della profezia.

La seduta della Camera in cui si annuncia la fine della neutralità dell'Italia.

La poesia attraverso i tempi : Giuseppe Ungaretti

Le opere

L'Allegria

L'Allegria è una raccolta nata nel 1931 dalla fusione di due precedenti volumetti di versi: *Il porto sepolto* e *Allegria di naufragi*. Questa prima fase della produzione ungarettiana è contrassegnata da una forte componente autobiografica.

Le liriche di *Porto sepolto*, stampate nel 1916 a Udine in 80 esemplari a cura di Ettore Serra, amico del poeta, sono state tutte composte al fronte, nelle trincee del Carso, su «cartoline in franchigia, margini di vecchi giornali, spazi bianchi di care lettere ricevute». Quei foglietti, sui quali il poeta appuntava sensazioni ed emozioni, non erano inizialmente destinati alla pubblicazione, ma si configuravano come un quotidiano e necessario esame di coscienza. Di fronte all'orrore e alla meschinità dell'esperienza bellica, ben lontana, nella sua cruda realtà, dall'avventura eroica ed esaltante che il giovane Ungaretti aveva immaginato sull'onda dell'entusiasmo interventista, la reazione del poeta è duplice: da un lato lo assalgono dolore e angoscia, dall'altro sente il bisogno di reagire alla morte, attaccandosi alla vita e ai ricordi del passato e sentendosi vicino ai suoi compagni e alle cose della natura, fino quasi ad annullarsi in esse. Anche *Allegria di naufragi*, del 1919, è costituita da liriche composte in tempo di guerra; qui però non vi sono riferimenti diretti agli eventi bellici, prevale piuttosto un desiderio di calma e di abbandono, il bisogno di evadere dall'inquieta vita del fronte verso un mondo domestico e sereno raffigurato nelle immagini del paesino coperto di neve o del caldo del focolare. Il titolo della raccolta allude alla capacità del poeta di reagire alle cadute e alle esperienze dolorose traendo da esse la forza di riprendere il percorso, di continuare a vivere con rinnovato coraggio. A questo atteggiamento dignitoso e virile egli dà il nome di *allegria*.

Sul piano espressivo Ungaretti opera nei confronti della tradizione una radicale rottura che nasce da una necessità morale. Di fronte al dolore, all'umiliazione, all'offesa arrecata alla dignità umana dalla guerra, il poeta sente che, per esprimere le tracce lasciate nel suo spirito da tanto orrore, non può adoperare il solenne e raffinato codice della poesia tradizionale. Adotta pertanto un lessico povero, aspro, essenziale, una parola isolata nello spazio bianco e quindi piú carica di significato. Il verso viene frantumato: dagli endecasillabi e dai settenari si passa a versicoli brevissimi di tre e persino due o una sola sillaba. La parola, isolata nella pagina bianca, che assurge a simbolo del silenzio interiore necessario per dar voce al pensiero e al sentimento, acquista maggiore densità semantica, diventa piú incisiva e si fissa nella memoria. Inoltre, aderendo alla proposta futurista di distruggere la sintassi e di abolire la punteggiatura, Ungaretti riduce il periodo a proporzioni minime ed elimina i segni di interpunzione che vengono sostituiti dagli «a capo». Si crea cosí una perfetta corrispondenza fra metrica e sintassi: ogni periodo coincide con una strofa, che inizia con la lettera maiuscola sottintendendo il punto fermo. Contrario alle rime, Ungaretti utilizza altri accorgimenti: anafore e ripetizioni, che rendono piú incisiva l'espressione; similitudini e analogie, che creano accostamenti e sintesi di particolare densità semantica.

Sono una creatura

- G. Ungaretti, *Vita d'un uomo – Tutte le poesie*, a cura di L. Piccioni, Mondadori, Milano, 1972

IN SINTESI: È tale l'angoscia del poeta di fronte all'orrore della guerra, che egli si sente come pietrificato nel suo dolore e guarda alla morte come all'unico approdo di pace a cui si può giungere solo dopo aver attraversato l'inferno della vita.

Forma metrica: versi liberi. | *genere:* poesia lirica | *epoca:* 1916 | *luogo:* Italia | *lingua originale:* italiano

Valloncello di Cima Quattro il 5 agosto 1916

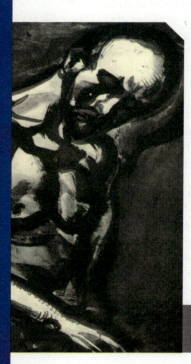

Come questa pietra
del S. Michele
cosí fredda
cosí dura
5   cosí prosciugata
cosí refrattaria
cosí totalmente
disanimata

Come questa pietra
10 è il mio pianto
che non si vede

La morte
si sconta
vivendo

6. **refrattaria:** impenetrabile.
8. **disanimata:** priva di vita.

Georges Rouault, *Il duro mestiere di vivere*, particolare, 1922.

Entriamo nel testo

Il tema
È questa una delle liriche piú disperate di Ungaretti, che esprime in modo totale e assoluto l'**angoscia della guerra** senza riuscire a trovare, come accade in altre poesie (*I fiumi, Veglia, Fratelli*) quella spinta vitalistica, quel sentimento di fratellanza che lo aiutano ad andare avanti. Immerso nella desolazione dell'altopiano carsico (San Michele è una delle vette del Carso a lungo contese durante la prima guerra mondiale dagli eserciti contrapposti), il poeta si paragona a una di quelle pietre dure, fredde, refrattarie, totalmente prive di vita che dominano il paesaggio. L'orrore della guerra ha prodotto in lui una sorta di pietrificazione; il suo dolore è cosí profondo e immenso che non riesce piú a trovare sfogo nelle lacrime e quindi si concentra in sé, fa gruppo tanto che può essere reso solo con l'immagine della pietra. Ora se pensiamo che nella poesia ungarettiana il mare, i fiumi, l'acqua in generale sono simboli di vita,

possiamo meglio cogliere il significato di morte, di annullamento di ogni elemento vitale racchiuso nella **similitudine con la pietra**.
La lirica è interamente costruita sui **contrasti**:
- il titolo, *Sono una creatura*, richiama un'idea di umanità che viene negata dal contenuto del componimento, percorso, viceversa, dal motivo dell'aridità, dell'assenza di vita, della durezza;
- il poeta istituisce una similitudine tra *pietra* e *pianto*, cioè tra due elementi opposti sul piano del significato anche se assimilati da una certa somiglianza di suoni, per cui si viene a creare l'identità *pietra prosciugata = pianto che non si vede*;
- la conclusione si contrappone, con l'incisiva pacatezza di una sentenza, all'intensità drammatica delle prime due strofe ed è contrassegnata da un'inversione di valori: la morte, in quanto tregua, liberazione da tutti gli affanni, viene sentita come un bene che si deve scontare attraverso la sofferenza della vita.

I suoni, il lessico e le figure retoriche
La lirica è costituita da tre strofe che man mano che procedono verso la fine diventano sempre piú brevi, a sottolineare che il percorso del poeta straziato tende verso il silenzio. Le figure retoriche dominanti sono la similitudine, l'anafora e il *climax* ascendente. Dei cinque aggettivi e participi mediante i quali il poeta sottolinea la non-vita della pietra, *fredda* e *dura* indicano delle qualità oggettive. Gli altri tre segnano il graduale passaggio dall'esterno all'interno: *prosciugata* fa pensare al lento e ineluttabile processo di inaridimento, *refrattaria* allude all'impenetrabilità della pietra; il prefisso *dis-* di *disanimata* esprime l'idea della frattura violenta, dell'assenza di vita e di sensibilità, sicché in questa parola finiscono per associarsi l'idea della morte e quella dell'aridità.
L'aggettivo *disanimata*, messo ancor piú in risalto dall'avverbio *totalmente*, è il piú intenso ed espressivo del gruppo e costituisce il punto di arrivo del *climax* ascendente ottenuto con la successione di termini sempre piú forti e drammatici. La durezza del significato è accentuata dall'asprezza dei suoni, fra i quali prevalgono le dentali, le liquide e le labiali.

Esercizi

- **Interpretazione**

1. Quale effetto provoca, secondo te, l'accostamento dell'avverbio *totalmente* all'aggettivo *disanimata*? Il poeta avrebbe ottenuto lo stesso effetto collocando le due parole nello stesso verso? Dai la risposta motivandola.

2. L'ultima strofa della lirica si presta a piú di un'interpretazione. Noi l'abbiamo intesa nel senso che la morte, vista come tregua, liberazione, è un bene che si deve scontare pagando un prezzo altissimo: la fatica del vivere. Prova tu a dare un'altra interpretazione, partendo magari da un dizionario della lingua italiana nel quale potrai riscontrare i diversi significati del verbo *scontare*. Quindi metti a confronto la tua interpretazione con quelle dei compagni e discutetene in classe.

3. Nella prima redazione di questa lirica Ungaretti non aveva staccato con lo spazio bianco le prime due strofe. Quale effetto, secondo te, ha ottenuto il poeta introducendo questa variazione? Quale funzione svolge nelle poesie di Ungaretti lo spazio bianco? A che cosa ti fa pensare?

- **Competenza testuale**

4. La lirica si fonda su una metafora frequentemente usata nella comunicazione quotidiana: «essere impietrito dal dolore». Il poeta, traendo probabilmente spunto da essa, ha creato una poesia di straordinaria efficacia e profondità. Come ha lavorato? Prova a ricostruire il suo percorso.

- **Produzione**

5. Illustra in un testo di 20 righe il significato complessivo della lirica.

San Martino del Carso

- G. Ungaretti, *Vita d'un uomo – Tutte le poesie*, op. cit.

IN SINTESI: Il paese di San Martino del Carso assurge a simbolo della distruzione provocata dalla guerra. Di esso non è rimasto in piedi *che qualche brandello di muro*; ma agli uomini è toccata una sorte ancora piú atroce: di alcuni di loro non è rimasta alcuna traccia. Essi però continuano a vivere nel cuore del poeta che li ricorderà per sempre.

Forma metrica: versi liberi.

genere: poesia lirica *epoca:* 1916 *luogo:* Italia *lingua originale:* italiano

San Martino del Carso dopo i bombardamenti.

Valloncello dell'Albero Isolato il 27 agosto 1916

Di queste case
non è rimasto
che qualche
brandello di muro

5 Di tanti
che mi corrispondevano
non è rimasto
neppure tanto

Ma nel cuore
10 nessuna croce manca

È il mio cuore
il paese piú straziato

Entriamo nel testo

Il tema
La **compenetrazione uomo-natura**, che implica lo scambio fra mondo animato e inanimato, è un tema costante della poesia ungarettiana. Se in *Sono una creatura* abbiamo assistito alla pietrificazione del cuore del poeta, in *San Martino del Carso* assistiamo all'umanizzazione di un paese. Il poeta osserva lo scempio che la guerra ha operato a San Martino del Carso, un villaggio del quale non è rimasto in piedi che qualche *brandello di muro*, e immediatamente pensa a tanti compagni dei quali non sono rimasti neppure brandelli di carne. Ma il loro ricordo è sempre vivo nel suo cuore, che è simile a un cimitero nel quale *nessuna croce manca*. È il cuore *il paese piú straziato* perché la morte di ciascun compagno è come un'amputazione del proprio essere di cui l'uomo Ungaretti porterà per sempre i segni dentro di sé.

La sintassi e le figure retoriche
La lirica è costituita da quattro strofe che si corrispondono a due a due sotto l'aspetto sia metrico sia sintattico. La prima coppia è formata da due quartine che presentano la stessa struttura sintattica: complemento partitivo-verbo-soggetto. Il **parallelismo** è ulteriormente sottolineato dall'anafora (*Di queste case ... Di tanti*) e dalle iterazioni (*non è rimasto ... non è rimasto; tanti ... tanto*). Particolarmente

La poesia attraverso i tempi — **Giuseppe Ungaretti**

suggestiva è la metafora *brandello di muro*. L'espressione infatti, oltre a conferire umanità al mondo inanimato, richiama l'immagine di corpi mutilati, straziati, ridotti a brandelli. Fulmineo è dunque il passaggio dal *brandello di muro* al «brandello di carne».
La seconda parte della lirica, costituita da due distici, si apre con un *Ma* fortemente avversativo che ribalta l'affermazione precedente. Anche se nulla è rimasto dei compagni morti, il loro ricordo è vivo nel cuore del poeta. Le tecniche adoperate sono identiche a quelle osservate nella prima parte: ritornano infatti sia il parallelismo (*Ma nel cuore ... È il mio cuore*) sia l'analogia (*cuore = paese*). L'immagine finale del cuore straziato richiama quella iniziale del *brandello di muro* racchiudendo il componimento in un cerchio di dolore.

Esercizi

- **Comprensione**

1. Sviluppa e chiarisci l'analogia fra il cuore del poeta e il paese straziato dalla guerra.
2. L'identità cuore-paese, che domina il secondo distico, è anticipata già nel primo. Da quale immagine?
3. Riferendosi ai compagni morti il poeta dice: *Di tanti / che mi corrispondevano*. Quale significato ha in questo caso il verbo *corrispondevano*? Quale idea del rapporto tra il poeta e i suoi compagni ti suggerisce l'uso di questo verbo?

- **Produzione**

4. Sulla base delle osservazioni contenute nell'analisi e di quelle che hai potuto trarre svolgendo gli esercizi, esponi per iscritto il contenuto della lirica e illustra le tecniche di cui si è servito il poeta per trasmettere il suo messaggio.

1. Il tema centrale della lirica va individuato:
   a. ☐ nel ricordo dei compagni morti.
   b. ☐ nell'identificazione del cuore straziato del poeta con il paese di San Martino del Carso.
   c. ☐ nella condanna della distruzione provocata dalla guerra.
   d. ☐ nella descrizione di San Martino del Carso, un paese martoriato dalla guerra.

2. La prima e la seconda strofa della lirica sono collegate da una figura retorica. Quale?
   a. ☐ Anafora.
   b. ☐ Iterazione.
   c. ☐ Metafora.
   d. ☐ Analogia.

3. L'espressione «brandello di muro» (v. 4) è una:
   a. ☐ metonimia.
   b. ☐ sineddoche.

c. □ sinestesia.

d. □ metafora.

4. «Di queste case» (v. 1) e «Di tanti» (v. 5) sono complementi:

a. □ di specificazione.

b. □ partitivi.

c. □ di materia.

d. □ di argomento.

5. All'interno dei versi 1-4, l'espressione «che qualche brandello di muro» è un complemento:

a. □ di esclusione.

b. □ partitivo.

c. □ di limitazione.

d. □ di quantità.

6. Nell'espressione «Di tanti che mi corrispondevano» (vv. 5-6) il *che* è:

a. □ congiunzione che introduce una proposizione eccettuativa.

b. □ pronome relativo che introduce una proposizione relativa.

c. □ congiunzione che introduce una proposizione limitativa.

d. □ congiunzione in correlazione con «tanto» (v. 8) che introduce una proposizione consecutiva.

7. Il titolo della poesia è indispensabile alla comprensione del testo perché indica:

a. □ un paese del Carso che il poeta conosce direttamente.

b. □ un luogo simbolo della distruzione provocata dalla guerra.

c. □ un paese del Carso dove vivevano molti amici di Ungaretti.

d. □ un paese del Carso raso al suolo per rappresaglia dalle truppe nemiche.

8. La produzione poetica di Ungaretti abbraccia un arco di tempo molto lungo, ma le sue prime raccolte si distinguono dalle altre perché il poeta:

a. □ ha usato un linguaggio volutamente povero e incisivo.

b. □ ha subito l'influenza della corrente artistico-letteraria del Futurismo.

c. □ ha operato una radicale rivoluzione metrica ed espressiva.

d. □ ha voluto stupire il lettore utilizzando versi brevissimi e isolando le parole nella pagina bianca.

9. La lirica è costituita da versi liberi. Con questa terminologia si indicano:

a. □ versi liberi dalla rima.

b. □ versi non raggruppati in strofe tradizionali.

c. □ versi che non seguono una precisa struttura metrica.

d. □ versi molto brevi.

10. Dalla lirica emerge l'atteggiamento del poeta nei confronti del mondo rappresentato. Esso è contrassegnato da un sentimento di:

a. □ sdegno nei confronti della guerra.

b. □ rifiuto della guerra e dei suoi orrori.

c. □ pietà e amore per uomini e cose travolti dalla distruzione della guerra.

d. □ esaltazione del ricordo che salva dall'oblio.

La poesia attraverso i tempi Giuseppe Ungaretti

Fratelli

- G. Ungaretti, *Vita d'un uomo – Tutte le poesie*, op. cit.

IN SINTESI: Due gruppi di soldati si incontrano nella notte e, per riconoscersi, si chiedono scambievolmente a quale reggimento appartengano, chiamandosi l'un l'altro «fratelli». La parola affiora nella notte come una tenue speranza di umanità e di salvezza. È tenera e fragile come una foglia appena spuntata sul ramo, ma racchiude in sé la forza dell'amore che si oppone alla violenza e alla morte.

Forma metrica: versi liberi.

genere: poesia lirica   *epoca:* 1916   *luogo:* Italia   *lingua originale:* italiano

Mariano il 15 luglio 1916

Di che reggimento siete
fratelli?

Parola tremante
nella notte

5   Foglia appena nata

Nell'aria spasimante
involontaria rivolta
dell'uomo presente alla sua
fragilità

10   Fratelli

 Entriamo nel testo

Il tema
Due gruppi di soldati si incontrano nella notte e si interrogano, spinti dal **bisogno di riconoscersi**: *Di che reggimento siete / fratelli?* La domanda rimane senza risposta proprio perché ciò che conta non è la domanda in sé, ma l'appellativo *fratelli* di cui ciascuna delle tre brevi strofe centrali offre una definizione sempre più incisiva: *Parola tremante / nella notte*, sottolinea che si ha quasi paura di pronunciare la parola in mezzo all'odio generato dalla guerra. *Foglia appena nata* dà l'idea di una piccola vita che si affaccia al mondo debole e indifesa. *Involontaria rivolta* esprime l'istintiva ribellione alla guerra da parte dell'uomo che, consapevole della sua fragilità, si sforza di contrapporre all'odio la ricerca di una difficile fratellanza.
La lirica si chiude con la ripresa della parola *Fratelli* che, se all'inizio era solo un saluto, adesso racchiude in sé tutti i significati di cui il poeta l'ha arricchita nel corso del componimento.

Le parole chiave
La parola chiave della lirica è *fratelli*; essa si lega, per il suono e il significato, a *Foglia* (v. 5) e *fragilità* (v. 9). Difficile e precaria, quindi fragile, è la fratellanza fra gli uomini, ma essa è anche l'unica speranza per creare un mondo migliore. E alla speranza rinvia il verde tenero della *Foglia appena nata*.

Esercizi

Competenza trasversale:

a Acquisire ed interpretare l'informazione
b Individuare collegamenti e relazioni
c Comunicare
d Comunicare nelle lingue straniere

- **Interpretazione e competenza testuale**

1. La prima definizione che il poeta dà della parola *fratelli* è *Parola tremante / nella notte*. Quale idea comunica, secondo te, il participio *tremante* unito a *parola*?

2. *Tremante* fa rima con *spasimante*. Ti sembra che la relazione fonica tra le due parole crei un rapporto anche sul piano del significato? Se sí, quale? Perché l'aria è definita *spasimante*? Quale procedimento tipico di Ungaretti riconosci in questa espressione?

3. Un'affinità di suoni lega le parole *fratelli-Foglia-fragilità-Fratelli*. Come si chiama questa figura retorica?

4. Quali figure retoriche sono riconoscibili nell'espressione *involontaria rivolta*?

- **Confronto e produzione**

5. Di questa poesia, come di molte altre, esistono diverse redazioni. Riportiamo qui di seguito la prima. Confrontala con l'edizione definitiva che ti abbiamo proposto e, con l'aiuto dell'insegnante, metti in evidenza le differenze fra i due testi.

   Di che reggimento siete
   fratelli?

   Fratello
   tremante parola
   nella notte
   come una fogliolina
   appena nata

   saluto
   accorato
   nell'aria spasimante
   implorazione
   sussurrata
   di soccorso
   all'uomo presente alla sua
   fragilità

   A conclusione dell'analisi, rispondi per iscritto alle seguenti domande.
   a. In quale direzione ha operato il poeta durante il suo lavoro di revisione?
   b. Che cosa ha aggiunto?
   c. Che cosa ha tolto?
   d. Che cosa ha modificato?
   e. Quale delle due redazioni ti sembra piú efficace e perché?
   f. Quale effetto ha ottenuto, secondo te, passando da *implorazione / sussurrata / di soccorso* a *involontaria rivolta / dell'uomo*?

La poesia attraverso i tempi — Giuseppe Ungaretti

Veglia

Eugenio

- G. Ungaretti, *Vita d'un uomo – Tutte le poesie*, op. cit.

IN SINTESI: La vita in trincea costringeva spesso i soldati a restare per interminabili ore accanto ai cadaveri dei compagni uccisi. Il poeta trascorre un'intera nottata in questa situazione che fa nascere nel suo animo non solo una profonda compassione per il commilitone morto, ma anche un più forte desiderio di vita e di amore.

Forma metrica: versi liberi.

genere: poesia lirica | *epoca:* 1915 | *luogo:* Italia | *lingua originale:* italiano

Cima Quattro il 13 dicembre 1915

Un'intera nottata
buttato vicino
a un compagno
massacrato
5   con la sua bocca
digrignata
volta al plenilunio
con la congestione
delle sue mani
10 penetrata
nel mio silenzio
ho scritto
lettere piene d'amore

Non sono mai stato
15 tanto
attaccato alla vita

Soldati impegnati nella dura guerra di trincea, 1916.

6. digrignata: contratta e distorta.
7. volta al plenilunio: il volto del soldato, qui rappresentato dalla bocca, è rivolto verso il cielo illuminato dalla luna piena. È una forte immagine, che evidenzia il contrasto tra un corpo massacrato e l'immagine placida, ma insensibile al dolore umano, del cielo inondato dalla luce lunare.
8-11. con la congestione ... silenzio: le mani del soldato morto sono gonfie e livide per l'accumulo del sangue che non circola più nei tessuti, e la loro immagine penetra nell'anima del poeta: è il momento che segna il passaggio dalla descrizione dell'immagine alla sua dimensione psicologica.
12-13. ho scritto ... piene d'amore: l'immagine della devastazione e dell'orrore della morte produce nel poeta il senso di attaccamento alla vita e al bisogno di amore.

Entriamo nel testo

Il tema

Il poeta trascorre un'intera nottata in trincea, accanto al corpo di un compagno orribilmente sfigurato dalla morte. Eppure l'atrocità di questa esperienza non indurisce il suo cuore, né fa nascere in lui sentimenti di odio verso il nemico; al contrario egli scopre in sé una sorprendente **volontà di vivere e di amare** il suo prossimo. Anche se l'indicazione del luogo e della data di composizione sembrano radicare la lirica in un preciso contesto storico, in realtà il tema della guerra è affrontato in termini di assolutezza e di astoricità. Si ha cioè la netta impressione che il poeta non voglia parlare soltanto della guerra nella quale è personalmente coinvolto, ma della guerra in assoluto, della guerra di tutti i tempi che, oggi come ieri, continua a provocare desolazione e offende la dignità dell'uomo. È presente nel componimento il binomio vita-morte che ricorre spesso nella poesia di

Ritratto d'autore

Ungaretti. La morte predomina nella prima strofa, dove si concretizza nella figura del *compagno / massacrato* del quale vengono messi a fuoco alcuni particolari fisici: la bocca fissata nella smorfia dolorosa della morte, le mani gonfie e paonazze. La scelta di termini volutamente aspri, sgradevoli (*massacrato, digrignata, congestione, penetrata*) conferisce una violenta deformazione espressionistica alla descrizione che è come «urlata». Lo stesso Ungaretti leggeva questa poesia con voce roca, dura, accentuando l'asprezza dei suoni e prolungandone la durata per sottolineare le sensazioni di sofferenza e di angoscia morale. Eppure verso la fine della prima strofa comincia ad affiorare con l'immagine del plenilunio una dolcezza nuova e inattesa che si manifesta esplicitamente negli ultimi due versi: *ho scritto / lettere piene d'amore*. Il poeta afferma cosí la **funzione salvifica e consolatrice della parola poetica**.

La seconda strofa, separata dalla prima da uno spazio bianco, è interamente dominata dal tema della vita a cui conferisce rilievo l'enfatizzazione dell'avverbio *tanto* che occupa un intero verso ed è come dilatato dall'*enjambement*. La lenta sillabazione delle parole, quasi tutte monosillabiche e bisillabiche, esprime lo stupore del poeta per la sorprendente volontà di vivere che egli scopre dentro di sé.

La sintassi

La lirica ungarettiana è solitamente caratterizzata da periodi lineari e semplici. Qui invece il poeta adopera nella prima strofa una sintassi **disarticolata e ambigua**. Osserviamola da vicino:

- l'espressione iniziale *Un'intera nottata* è sintatticamente indeterminata: potrebbe essere il complemento oggetto di un verbo sottinteso, «Ho trascorso un'intera nottata», ma potrebbe anche svolgere la funzione di complemento di tempo, «per un'intera nottata», legato al predicato verbale *ho scritto*;
- nel periodo si succedono ben cinque participi passati (*buttato, massacrato, digrignata, volta, penetrata*) che creano un ritmo martellante e ossessivo e danno l'impressione della fissità e irreversibilità della morte. Tale sensazione si spiega con l'assenza di qualsiasi idea di movimento e di durata, tipica della forma verbale del participio passato;
- il predicato verbale (*ho scritto / lettere*) risulta a questo punto completamente sganciato da quanto precede sia a livello di significato (dopo la descrizione di tanto orrore non ci aspetteremmo una simile forza vitale) sia a livello sintattico (nulla lo lega all'avvio della lirica: *Un'intera nottata*). È evidente che il poeta ha voluto rendere con maggiore vigore il passaggio dall'orrore della morte all'affermazione della vita e dell'amore.

Il lessico e i suoni

Per quel che riguarda l'aspetto lessicale notiamo che quattro dei sedici versi della lirica sono costituiti da un'unica parola che, isolata com'è nella pagina bianca, assume maggior risalto anche perché, a causa dell'*enjambement*, viene staccata dai termini ai quali logicamente e sintatticamente è legata. Nella prima strofa predominano parole appartenenti al registro basso della lingua (*buttato, massacrato, digrignata*) che rendono in modo essenziale ed efficace la violenza della guerra. Costante è l'attenzione alla scelta dei suoni in funzione dei significati che il poeta intende esprimere. Nelle parole che comunicano l'idea della sofferenza e della morte prevale il suono secco e duro delle dentali, sono frequenti le consonanti doppie e i gruppi *tr, ch, gr* (*buttato, massacrato, digrignata, penetrata*). Le parole orientate verso il polo della vita (*plenilunio, amore, tanto, vita*) contengono invece suoni piú dolci e gradevoli (liquide e nasali).

Esercizi

- **Comprensione**

   1. Di quante strofe è composta la lirica? Qual è il tema di ciascuna strofa? Che rapporto ha instaurato il poeta tra la prima e la seconda strofa?

   2. Quale immagine della guerra scaturisce dal componimento?

La poesia attraverso i tempi · **Giuseppe Ungaretti**

3. Quali sono le reazioni del poeta di fronte alla morte?

4. Quali espressioni si rapportano alla morte e quali alla vita?

5. Spiega la relazione che intercorre tra il titolo e il componimento.

6. A che cosa si riferiscono le indicazioni della data e del luogo poste all'inizio della lirica? Che cosa ha voluto esprimere Ungaretti con questa scelta che ricorre in tutti i componimenti della sua prima raccolta?

■ **Competenza testuale**

7. Individua le parole chiave presenti nella lirica e mettile in relazione fra loro in modo da ricostruire il messaggio del testo.

8. Individua le figure retoriche e gli *enjambement* presenti nel testo.

9. Osserva la trama dei suoni e spiega quali relazioni intercorrono fra il tema di ciascuna strofa e le scelte foniche prevalenti in essa.

■ **Interpretazione**

10. Nella lirica si coglie il passaggio da una dimensione oggettiva, predominante nella prima strofa, a una soggettiva che affiora nella seconda parte del componimento. Individua le forme sintattiche che segnalano il passaggio dal piano oggettivo a quello soggettivo. Quindi verifica se questa stessa tecnica è presente anche in altre liriche fra quelle qui riportate.

11. L'avvio della lirica è sintatticamente ambiguo. Nell'analisi ti abbiamo proposto due possibili interpretazioni. Scegli quella che ti sembra piú efficace, spiegando brevemente le motivazioni della tua scelta.

12. I poeti spesso adoperano le parole in un'accezione diversa da quella corrente e ormai codificata, introducendo sensi nuovi persino nei termini piú comuni e meno poetici. È quanto Ungaretti ha fatto con il participio *digrignata*. Ricerca sul vocabolario il significato di base di questo verbo e verifica in quale nuova accezione esso è stato adoperato dal poeta.

13. Osserva attentamente i seguenti versi della lirica: *con la congestione / delle sue mani / penetrata / nel mio silenzio.* Anche in questo caso Ungaretti ha creato un accostamento inconsueto tra termini appartenenti a differenti ambiti di sensazioni. Con l'aiuto dell'insegnante individua le componenti dell'inedito accostamento e prova a spiegare quale effetto il poeta ha in tal modo ottenuto.

14. «Silenzio» e «parola» sono due elementi spesso accostati nella poesia ungarettiana. La parola poetica infatti nasce dal silenzio, dal raccoglimento. Individua quali delle liriche ungarettiane riportate nell'antologia presentano questo motivo.

■ **Produzione**

15. Componi un'analisi testuale della lirica, inquadrandola nel contesto storico-culturale in cui è stata scritta.

Soldati

- G. Ungaretti, *Vita d'un uomo – Tutte le poesie*, op. cit.

IN SINTESI: Il poeta paragona la vita dei soldati al fronte a quella delle foglie autunnali che in breve tempo appassiscono e possono da un momento all'altro staccarsi dal ramo e morire.

Forma metrica: versi liberi.

genere: poesia lirica | *epoca:* 1918 | *luogo:* Italia | *lingua originale:* italiano

Bosco di Courton luglio 1918

Si sta come
d'autunno
sugli alberi
le foglie

 Entriamo nel testo

Il tema

È questo uno dei casi in cui il titolo fa parte integrante del componimento che, senza di esso, non rivelerebbe appieno il suo significato; *Soldati* infatti è il primo termine del paragone che viene sviluppato nei quattro versetti del testo. Il componimento, scritto durante una pausa dei combattimenti nel Bosco di Courton, sul fronte italo-francese, esprime la **precarietà dell'esistenza** dei soldati che si sentono sospesi tra la vita e la morte, come le foglie sugli alberi in autunno, quando basta un soffio di vento per farle cadere. Al di là della situazione eccezionale della guerra, la similitudine delle foglie, che giunge al poeta da lontano, addirittura dalla *Bibbia*, da Omero e da Dante, ed è quindi come sedimentata nella sua memoria letteraria, intende rappresentare la condizione di tutti gli uomini, in ogni tempo e in ogni circostanza. La vita infatti è precaria e si svolge ciclicamente: come le foglie nascono e muoiono per lasciare il posto ad altri germogli, cosí si succedono le generazioni degli uomini. Ancora una volta, come nella lirica *Fratelli*, Ungaretti riconosce nella caducità il vincolo che accomuna tutti gli esseri viventi.

La metrica e la sintassi

La lirica è costituita da un unico periodo spezzettato in quattro versi brevissimi a cui l'isolamento nella pagina bianca conferisce essenzialità e purezza. L'elemento piú rilevante del testo è costituito dall'«a capo» dopo il *come*, che capovolge in precarietà e instabilità l'idea di stabilità connessa al verbo «stare» (*si sta*). La scelta del poeta risulta tanto piú significativa se si considera che in una precedente redazione della lirica egli aveva scritto *Si sta / come d'autunno / sugli alberi / le foglie*. Il mutamento del verso, che comporta l'introduzione di un *enjambement*, rende piú denso ed efficace il messaggio. Infatti quel *come*, unito a *si sta* e separato da *d'autunno*, a cui logicamente si riferisce, dà al lettore l'impressione di una frase antigrammaticale, che non sta in piedi, e crea **un effetto di sospensione**, riproponendo a livello metrico-sintattico il messaggio espresso sul piano dei significati. Si viene pertanto a creare una connessione fra la precarietà e instabilità delle foglie sul ramo, la precarietà della vita dei soldati e la precarietà delle strutture grammaticali.

La poesia attraverso i tempi   Giuseppe Ungaretti

Esercizi

Competenza trasversale:

a Acquisire ed interpretare l'informazione
b Individuare collegamenti e relazioni
c Comunicare
d Comunicare nelle lingue straniere

- **Comprensione**

  c
1. Qual è l'argomento della lirica? Spiegane brevemente il senso con parole tue.
2. Il verbo *si sta* è formato con il *si* impersonale (e pertanto non richiede l'espressione del soggetto); prova a porre questo verbo in forma personale: quale soggetto gli attribuisci?

- **Produzione**

  b
3. Come si è osservato nell'analisi, il paragone tra la vita dell'uomo e le foglie giunge a Ungaretti da lontano, ma egli lo reinventa alla sua maniera, conferendogli nuova freschezza. Ti proponiamo di seguito alcuni passi in cui ricorre questo motivo. Individua quali elementi sono confluiti nella lirica ungarettiana, quali sono stati tralasciati dal poeta e quali spunti originali egli ha introdotto, quindi esponi in un testo scritto di circa 30 righe il risultato dell'analisi e del confronto.

Tutti quanti appassiamo come una foglia / e le nostre iniquità ci portan via come il vento

Isaia 64,5

Come stirpi di foglie, cosí le stirpi degli uomini; / le foglie alcune ne getta il vento a terra, altre le salva / fiorente le nutre al tempo di primavera / cosí le stirpi degli uomini; nasce una, l'altra dilegua

Omero, *Iliade*, VI, vv. 146-149

Noi come le foglie genera la fiorita stagione

Mimnermo, poeta greco del VI secolo a.C.

Come d'autunno si levan le foglie l'una appresso de l'altra, finché 'l ramo vuole a la terra tutte le sue spoglie.

D. Alighieri, *Inferno*, III, vv. 112-114

Perché tutti raccoglie / la morte insieme / come d'autunno d'ogni albero le foglie

C. Govoni, *I mendicanti di campagna*, 1915

George Grosz, *Soldati all'attacco*, 1927. Proprietà dell'artista.

I fiumi

- G. Ungaretti, *Vita d'un uomo – Tutte le poesie*, op. cit.

IN SINTESI: Il poeta, immergendosi nelle acque dell'Isonzo in un momento di pausa dei combattimenti, si sente miracolosamente in armonia con l'universo e ripercorre le tappe della sua vita, ognuna delle quali è segnata dal rapporto con un fiume: il Serchio, a cui hanno attinto l'acqua i suoi antenati, il Nilo, legato agli anni dell'infanzia e dell'adolescenza trascorsi in Egitto, la Senna, che attraversa Parigi, la città in cui ha vissuto parte della giovinezza, e l'Isonzo che sembra riunirli tutti nelle sue acque.

Forma metrica: versi liberi.

genere: poesia lirica | *epoca:* 1916 | *luogo:* Italia | *lingua originale:* italiano

Cotici il 16 agosto 1916

Mi tengo a quest'albero mutilato
abbandonato in questa dolina
che ha il languore
di un circo
5   prima o dopo lo spettacolo
e guardo
il passaggio quieto
delle nuvole sulla luna

Stamani mi sono disteso
10   in un'urna d'acqua
e come una reliquia
ho riposato

L'Isonzo scorrendo
mi levigava
15   come un suo sasso

Ho tirato su
le mie quattr'ossa
e me ne sono andato
come un acrobata
20   sull'acqua
Mi sono accoccolato
vicino ai miei panni
sudici di guerra
e come un beduino
25   mi sono chinato a ricevere
il sole

---

2. abbandonato: può riferirsi all'albero o al poeta. In questo secondo caso alluderebbe a uno stato d'animo disposto all'abbandono e alla confidenza, probabilmente suscitato dalla malinconia del paesaggio. – **dolina:** cavità naturale di forma circolare molto frequente nel Carso.
3. languore: malinconia.
10. urna d'acqua: le acque del fiume accolgono e racchiudono in sé il corpo del poeta come in un'urna.
11. reliquia: con questo termine si indicano solitamente i resti mortali di un uomo. La parola è suggerita al poeta dalla precedente metafora dell'*urna d'acqua*.
13. Isonzo: fiume che attraversa il territorio carsico nel Friuli.
22-23. vicino ... guerra: accanto agli abiti che sono impregnati del sudiciume fisico e morale della guerra.
24. beduino: abitante dei territori dell'Africa settentrionale, abituato a vivere nomade nel deserto.

Questo è l'Isonzo
e qui meglio
mi sono riconosciuto
30 una docile fibra
dell'universo

Il mio supplizio
è quando
non mi credo
35 in armonia

Ma quelle occulte
mani
che m'intridono
mi regalano
40 la rara
felicità

Ho ripassato
le epoche
della mia vita

45 Questi sono
i miei fiumi

Questo è il Serchio
al quale hanno attinto
duemil'anni forse
50 di gente mia campagnola
e mio padre e mia madre

Questo è il Nilo
che mi ha visto
nascere e crescere
55 e ardere d'inconsapevolezza
nelle estese pianure

Questa è la Senna
e in quel suo torbido
mi sono rimescolato
60 e mi sono conosciuto
Questi sono i miei fiumi
contati nell'Isonzo

Questa è la mia nostalgia
che in ognuno
65 mi traspare
ora ch'è notte
che la mia vita mi pare
una corolla
di tenebre

30-31. una docile ... universo: il poeta si sente in armonia con il mondo che lo circonda, ha l'impressione di essere una fibra dell'immenso tessuto dell'universo e di potersi dolcemente adeguare alle sue leggi semplici ed eterne.
36. occulte: segrete, nascoste.
38. m'intridono: m'inzuppano d'acqua fino a farmi sentire un tutt'uno con la natura stessa.
42. ripassato: ripercorso nella memoria.
47. Serchio: fiume della Toscana che scorre nel territorio di Lucca.
48. attinto: preso l'acqua per irrigare la campagna.
49-51. duemil'anni ... madre: i miei antenati piú lontani, gente di campagna, e i miei genitori.
52. Nilo: il fiume egiziano che bagna Alessandria, la città natale di Ungaretti.
55. ardere d'inconsapevolezza: in Egitto il poeta ha trascorso l'età dell'adolescenza, densa di turbamenti e di ardori, quando si è ancora lontani dalla conoscenza di sé e del mondo.

57. Senna: il fiume che attraversa Parigi, la città nella quale Ungaretti si recò dopo essersi allontanato dall'Egitto.
58. torbido: nelle sue acque torbide. L'aggettivo va inteso non tanto in senso letterale quanto in senso metaforico: allude infatti alla ricchezza e contraddittorietà di elementi di vita e di cultura che caratterizzano la città di Parigi.
59. mi sono rimescolato: il poeta si immerge nel mondo parigino e acquista per la prima volta coscienza di sé.
61-62. i miei fiumi ... Isonzo: il poeta ha l'impressione che tutti i fiumi che hanno segnato le tappe fondamentali della sua vita (il Serchio, il Nilo, la Senna) siano idealmente confluiti nelle acque dell'Isonzo.
65. mi traspare: affiora. La nostalgia e la malinconia che si annidano nel cuore del poeta sono suscitate dai ricordi che emanano da ciascuno dei fiumi.
68-69. una corolla di tenebre: un fiore dai petali oscuri come le tenebre.

Entriamo nel testo

Il tema
Parlando di questa poesia Ungaretti la definiva «una carta d'identità» poiché essa contiene tutti i «segni» che gli permettono di riconoscersi. L'occasione che mette in moto questo processo di riconoscimento è un evento minimo. Mentre combatte sul Carso, durante un momento di quiete sottratto all'inferno della guerra, il poeta si immerge nelle acque dell'Isonzo, quasi a purificarsi di ogni scoria fisica e morale, e ripercorre le varie epoche della sua vita, legate ciascuna a un fiume: il Serchio, il Nilo, la Senna, l'Isonzo. Il Serchio rappresenta le radici della sua esistenza, è il fiume al quale i suoi avi hanno attinto acqua per secoli e quindi gli permette di gettare un ponte tra il presente e un passato lontano, addirittura prenatale. Il Nilo coincide con l'innocenza della fanciullezza vissuta lungo le sue rive ai limiti del deserto. Alla Senna è legato il primo torbido risveglio dell'autocoscienza (*mi sono conosciuto*) provocato dal contatto con la cultura e con la storia. L'Isonzo rappresenta l'esperienza della guerra, la conquista di una piú ricca e dolente umanità e di una nuova parola poetica. Ma il **riconoscimento del poeta** è qualcosa di piú della ricapitolazione delle epoche della sua vita: nel momento in cui è immerso nelle acque dell'Isonzo egli si sente **finalmente in armonia con la natura**, si riconosce *una docile fibra / dell'universo* e sa di poter trarre da questa recuperata innocenza la forza di reagire all'angoscia della guerra e al male del mondo.

La struttura
La lirica, pur essendo stata scritta di getto, presenta una struttura **equilibrata e simmetrica**. Si apre e si chiude con la descrizione di un paesaggio notturno collocato, dal punto di vista temporale, nel presente:

Mi tengo a quest'albero mutilato
[...]
e *guardo*
il passaggio quieto
delle nuvole sulla *luna* (vv. 1-8)

Questa è la mia nostalgia
che in ognuno
mi traspare
ora ch'è *notte*
che la mia vita *mi pare*
una corolla
di *tenebre* (vv. 63-69)

La parte centrale si configura invece come un viaggio nel passato che muove da quello piú vicino (*Stamani mi sono disteso / in un'urna d'acqua*) per estendersi a ritroso nella memoria fino a giungere a un'epoca prenatale, in una sistematica ricerca delle radici. Vi si possono distinguere chiaramente due sezioni di uguale ampiezza: nella prima (vv. 9-41) il contatto purificatore con l'acqua dell'Isonzo favorisce il raggiungimento di un rapporto armonico con la natura; nella seconda (vv. 42-62) il «riconoscimento» del poeta avviene sul piano storico-biografico.

Le parole chiave
La prima strofa contiene tre elementi paesaggistici: l'*albero mutilato*, la *dolina* carsica, la cui forma fa pensare a un circo, ma può suggerire anche l'immagine di un nido, di un luogo chiuso e protettivo, e la *luna*. Di questi elementi solo il primo richiama esplicitamente la guerra per la presenza dell'aggettivo *mutilato* che umanizza l'albero e si presenta come l'esito finale di un'analogia sottintesa: l'albero è straziato dalla guerra allo stesso modo in cui sono stati straziati e continuano a esserlo i corpi di tanti uomini. Le altre immagini comunicano invece un'impressione di quiete che trova conferma nelle strofe successive, ricche di similitudini e di metafore. Il poeta si paragona ora a una *reliquia*, ora a un *sasso*, ora a un *acrobata*, ora a un *beduino*. Di particolare efficacia è la metafora dell'*urna d'acqua* che anticipa il tema del sentirsi in armonia con l'universo e racchiude in sé il polo della vita (l'*acqua*) e quello della morte (l'*urna*). Le immagini dominanti sono quelle dell'acqua e del sole, simboli di purificazione e di rigenerazione carichi di un'intensa religiosità naturale nella quale si intrecciano elementi cristiani e musulmani. Il paragone con l'acrobata, se per un verso è suggerito dall'iniziale motivo del circo, per l'altro richiama la figura di Cristo che cammina sulle acque. Mentre l'accoccolarsi per ricevere il sole ricorda il rituale atto di preghiera musulmano. L'acqua, il sole, il silenzio creano un'atmosfera di raccoglimento propizia alla rivelazione che sta per compiersi. La guerra, simboleggiata dai *panni sudici* che giacciono distanti dal corpo nudo e purificato, è lontana. Siamo alle soglie del momento piú alto e intenso della lirica che si distende per tre strofe e coincide con la scoperta da parte del poeta della sua

La poesia attraverso i tempi — Giuseppe Ungaretti

capacità di aderire in modo semplice, elementare e armonico all'universo. Questa verità viene espressa due volte: la prima in positivo (*mi sono riconosciuto / una docile fibra / dell'universo*), la seconda in negativo (*Il mio supplizio / è quando / non mi credo in armonia*).

Una volta conquistata la propria identità sul versante umano e spirituale, Ungaretti può compiere la stessa operazione sul piano storico-biografico. Anche in questa parte della lirica il tema dominante è quello dell'acqua: ogni tappa della vita del poeta infatti è rappresentata da un fiume e alla fine tutti e tre i fiumi si mescolano idealmente con l'Isonzo da cui è partito il processo di riconoscimento. Ricompare qui la struttura circolare che abbiamo osservato nella costruzione complessiva della lirica: l'intero viaggio nel passato infatti è introdotto e concluso dalla ripetizione della stessa frase, *Questi sono i miei fiumi* (vv. 45-46, v. 61).

L'ultima strofa segna la fine dell'itinerario sacrale del poeta. La *rara felicità* ha lasciato il posto alla *nostalgia* e a un brivido d'angoscia dal quale sembra scaturire l'analogia finale della *corolla di tenebre* con cui il poeta identifica la sua vita. Il simbolo, come spesso accade in poesia, è ricco di molteplici significati: la *corolla* fa pensare per un verso alla fragilità di un fiore i cui petali sono oscuri e misteriosi come misteriosa e inconoscibile è la vita; per l'altro rinvia, con la sua circolarità, alle immagini iniziali della *dolina*, che è insieme circo e nido, e dell'*urna d'acqua*, caricandosi quindi di una duplice simbologia di vita e di morte.

La sintassi

La sintassi, come quasi sempre accade nella poesia di Ungaretti, è **semplice e lineare**. Lo stile paratattico, il ricorso a parole nude e scarne che indicano elementi basilari della natura (*sasso*, *acqua*, *sole*), l'uso frequente dell'anàfora conferiscono al componimento una sacralità che lo avvicina al *Cantico delle creature* di san Francesco. Particolare rilievo acquista sul piano semantico l'anàfora del deittico *questo* che, incastonato a metà verso nella prima strofa (*Mi tengo a quest'albero mutilato / abbandonato in questa dolina*) sale in posizione dominante, cioè a inizio di verso, nel momento cruciale del riconoscimento: *Questo è l'Isonzo*. Il dimostrativo ha una duplice valenza: da una parte esprime la vicinanza del poeta alla dimensione naturale, dall'altra comunica una sensazione di stabilità in contrapposizione allo scorrere delle immagini fluviali e al continuo trasfigurarsi del soggetto nella successione dei paragoni.

Esercizi

- **Comprensione**

1. Nella prima parte della lirica predomina una sensazione di quiete e di abbandono. Quali immagini e quali parole contribuiscono a suscitare questa impressione?
2. Si coglie nel componimento una ricerca dell'essenzialità non solo a livello espressivo ma anche nella rappresentazione che il poeta dà di sé. Individua nel testo le immagini che possono confermare questa impressione.
3. Nella prima parte della lirica si intrecciano il polo della vita e quello della morte. Ricerca nel testo le parole che rinviano all'uno e all'altro.

- **Competenza testuale**

4. Tema di fondo della poesia è la presa di coscienza da parte del poeta della sua identità, che si realizza a livello sia esistenziale sia storico. Individua nel testo le parole chiave che sintetizzano questa duplice tematica.
5. Ricerca le figure retoriche dell'ordine e del significato presenti nel testo.
6. Le similitudini, le metafore, le analogie presenti nella lirica sono spesso suggerite da immagini precedenti. Ad esempio, il paragone con l'acrobata è sollecitato dall'iniziale immagine del circo che a sua volta è suggerita dalla forma circolare della dolina carsica. Ricerca nel testo altri casi analoghi.

Il dolore

La raccolta *Il dolore*, pubblicata nel 1947, comprende le poesie composte durante il soggiorno brasiliano e quelle ispirate al poeta, al suo ritorno in Italia, dal dramma collettivo della seconda guerra mondiale. In Brasile Ungaretti fu duramente provato, prima dalla morte del fratello, poi da quella del figlio Antonietto, morto a soli nove anni per un attacco di appendicite mal curato e degenerato in peritonite. Da questa esperienza lacerante, nacquero a caldo, sotto la morsa immediata del dolore, i versi di *Gridasti: soffoco*, una straziante cronaca della morte del bambino che Ungaretti pubblicò solo dopo dieci anni, quando la sofferenza si era un po' decantata. A partire dal 1940 egli compose la maggior parte delle poesie del *Dolore*, nelle quali fuse insieme la morte del fratello, che aveva segnato la perdita dei ricordi dell'infanzia, la morte del figlio e l'inferno della seconda guerra mondiale. Ne scaturí un libro al massimo grado antiletterario e antiretorico, fortemente realistico e profondamente sofferto dal poeta nella sua stessa carne. Le poesie del *Dolore* si distinguono dalle altre raccolte ungarettiane per i versi lunghi, spezzati spesso da puntini di sospensione che rendono l'affanno e la disperazione dell'uomo ferito. Il poeta però non si chiude in una sterile autocommiserazione, ma sa anche aprirsi alla speranza, fiducioso che l'anima del suo bambino sopravviva luminosa nella dimensione eterna e possa tornare ogni tanto a consolarlo.

«Nessuno, mamma, ha mai sofferto tanto...»

• G. Ungaretti, *Vita d'un uomo – Tutte le poesie*, op. cit.

IN SINTESI: Il poeta rievoca, con accenti di forte commozione, la morte del figlio Antonietto, oscillando fra la disperazione per la perdita del bambino, l'intensità del ricordo e il timido affiorare della consolazione.

Forma metrica: strofe di endecasillabi e settenari alternati.

genere: poesia lirica | *epoca:* 1940-1946 | *luogo:* Italia | *lingua originale:* italiano

1. «Nessuno ... tanto»: sono le parole che il bambino rivolge alla mamma per comunicarle la sua sofferenza.
12. Come può ... notte?: come è possibile che io resista a tanto dolore?

1

«Nessuno, mamma, ha mai sofferto tanto...»
E il volto già scomparso
Ma gli occhi ancora vivi
Dal guanciale volgeva alla finestra,
5 E riempivano passeri la stanza
Verso le briciole dal babbo sparse
Per distrarre il suo bimbo...

2

Ora potrò baciare solo in sogno
Le fiduciose mani...
E discorro, lavoro,
10 Sono appena mutato, temo, fumo...
Come si può ch'io regga a tanta notte?...

La poesia attraverso i tempi — **Giuseppe Ungaretti** — 299

22. dai crucci: dalle preoccupazioni. – **un uomo stanco**: è lo stesso poeta.
23-24. La terra ... di favola: la terra ha ormai disfatto il corpo del bambino, ha cancellato la sua voce, ma essa rimane viva nel ricordo del padre, immersa in un passato lontano, quasi fiabesco.

3

Mi porteranno gli anni
Chissà quali altri orrori,
Ma ti sentivo accanto,
15 M'avresti consolato...

4

Mai, non saprete mai come m'illumina
L'ombra che mi si pone a lato, timida,
Quando non spero piú...

5

Ora dov'è, dov'è l'ingenua voce
20 Che in corsa risuonando per le stanze
Sollevava dai crucci un uomo stanco?...
La terra l'ha disfatta, la protegge
Un passato di favola...

[...]

8

25 E t'amo, t'amo, ed è continuo schianto!...
[...]

Entriamo nel testo

I temi
La lirica, scritta nell'arco di sei anni, è formata da 17 strofe qui riportate in parte. Il poeta rievoca gli ultimi momenti della vita del bambino, ma anche la sua voce, la sua presenza, instaurando con lui e con se stesso un intenso colloquio spirituale. Ogni strofa racchiude un frammento di vita, un'immagine, un sentimento, un ricordo, una speranza.
La prima strofa delinea una **scena commovente e dolorosa**: il bambino grida alla mamma tutta la sua sofferenza, il suo viso, sempre piú affilato, sembra quasi scomparire, affondato nel cuscino, ma gli occhi, ancora vivi, si lasciano attrarre dai passerotti che si sono posati sul davanzale a beccare le briciole di pane sparse dal babbo che cerca cosí di distrarre il suo bambino, di fargli dimenticare per un momento il dolore fisico. Questo padre, che trova ancora la forza di giocare con il figlio, pur sapendo che da un momento all'altro lo perderà, è una figura straordinariamente umana, amorevole e coraggiosa che è difficile dimenticare.
Nelle due strofe successive il poeta dà voce al suo dolore e mette a confronto il presente col passato. Adesso che il bambino non c'è piú, che solo in sogno egli può ancora baciare quelle piccole mani che si protendevano fiduciose verso di lui, la vita sembra continuare con i soliti ritmi: egli lavora, parla con la gente, fuma, sembra solo un poco diverso da prima, ma quando si guarda dentro si chiede come potrà andare avanti in mezzo a tanto buio. Alla dolorosa realtà del presente si contrappone il passato, quando la presenza del bambino gli dava la forza di affrontare tutte le difficoltà della vita. È il momento di piú profonda **disperazione**: intorno sembra aprirsi il vuoto, e l'assenza diventa insostenibile.
Ma poi qualcosa cambia: una timida **consolazione** si fa strada in mezzo a tanto dolore. Il poeta sente accanto a sé la presenza del figlio. Quella piccola ombra lo consola, lo illumina nei momenti piú bui, gli dà la forza per andare avanti. Il cammino però è lungo e doloroso. Il breve illusorio conforto fa ricordare al poeta il conforto vero e concreto che il bambino gli dava con la sua voce infantile quando gli correva incontro festante facendogli dimenticare ogni preoccupazione. Quella voce oggi

Ritratto d'autore

non esiste piú, rimane solo il suo ricordo proiettato in un *passato di favola*.
L'amore cresce ogni giorno di piú e insieme con esso il dolore, che schianta il cuore del poeta.

La poesia delle parole
La bellezza di questa lirica cosí dolorosa e commovente va ricercata, oltre che nell'autenticità del sentimento, anche in alcune parole ed espressioni che risultano piú delle altre ricche di significato e di poesia.
Gli occhi ancora vivi, *le fiduciose mani*, *l'ingenua voce* sono gli attributi attraverso i quali il poeta fa rivivere il suo bambino. Dei tre aggettivi, quello nel quale si avverte tutto il dolore del padre è *fiduciose*: esso ci fa intuire il senso di colpa che probabilmente ha gravato l'animo del poeta al pensiero di non essere riuscito a salvare il suo bambino che tanta fiducia aveva in lui. Chissà quante volte si sarà detto che forse avrebbe potuto fare qualcosa di piú, che se l'avesse fatto curare in un altro ospedale, da altri medici, forse il piccolo sarebbe ancora vivo.
L'ombra... timida che il padre sente accanto a sé è il segno dell'unione spirituale che in qualche momento gli permette di superare la separazione fisica.
Gli ultimi due versi della quinta strofa, infine, collocano il bambino in un'atmosfera fiabesca: l'espressione *la terra l'ha disfatta*, pur alludendo alla morte, comunica l'impressione che la terra abbia compiuto con delicatezza, quasi con leggerezza, la sua opera distruttiva; mentre *passato di favola*, pur riferendosi sul piano logico alla distanza e alla dolcezza del ricordo del poeta, idealmente sembra un luogo fatato nel quale è dolce immaginare che il bambino continui a condurre una vita di gioia senza fine.

Esercizi

Competenza trasversale:

 Acquisire ed interpretare l'informazione   Comunicare
b Individuare collegamenti e relazioni **d** Comunicare nelle lingue straniere

- **Comprensione e competenza metrica e testuale**

1. Ricostruisci l'ordine normale del discorso nei versi 2-7.
2. Quale figura retorica ha usato il poeta nel verso *Come si può ch'io regga a tanta notte?...*
3. Riconosci nella lirica endecasillabi e settenari e segna gli accenti ritmici.

- **Produzione**

4. L'espressione *risuonando per le stanze* ricorda il verso di Leopardi *Sonavan le quïete / stanze*. Da quale lirica è tratto? Che cosa accomuna le due situazioni? Rispondi in un testo scritto di circa 20 righe.

  5. Metti a confronto questa poesia con *Pianto antico* di Carducci (on line), anch'essa scritta per la morte del figlio del poeta e illustra in un testo espositivo i modi in cui ciascun autore ha affrontato questo tema cosí doloroso.

Fra tradizione e innovazione

Dopo la rivoluzione delle avanguardie, a partire dalla metà degli **anni Venti del Novecento**, la poesia italiana ed europea ritorna a forme piú tradizionali: ricompaiono nei componimenti poetici i versi lunghi (endecasillabi, settenari, novenari) pur affiancati ai piú moderni versi liberi; ritornano immagini e termini della classicità, privi però di qualsiasi funzione ornamentale. La lezione delle avanguardie non è stata dimenticata, ma piuttosto è stata ricondotta entro forme piú pacate.

Sul piano tematico l'**angoscia esistenziale**, l'**esigenza di indagare il mistero** che circonda l'uomo costituiscono i temi fondamentali della poesia italiana almeno fino alle soglie del secondo conflitto mondiale, quando la violenza della guerra induce i poeti a prendere posizione, a scrivere **componimenti impegnati** sul piano politico e ideologico, a tradurre in parola l'orrore della morte e delle devastazioni.

In questo contesto si svolge l'attività letteraria di alcuni dei poeti piú significativi del Novecento, quali Eugenio Montale, Umberto Saba, Salvatore Quasimodo. Ciascuno di essi segue un percorso individuale del tutto originale, ma le loro strade spesso si incontrano, anche perché tutti e tre attraversano le stesse esperienze storiche e culturali. Mentre però Montale e Quasimodo nel corso degli anni imprimono una svolta al loro itinerario, sperimentando strade diverse, Umberto Saba si mantiene fedele a se stesso e inaugura una linea poetica volutamente estranea a ogni rinnovamento, una «poesia onesta», come egli stesso la definisce, che non esita a usare le forme tradizionali e le rime piú facili e scontate.

Due di questi poeti, precisamente Quasimodo e Montale, hanno ricevuto il premio Nobel per la Letteratura, un riconoscimento molto prestigioso che dimostra quanto sia stata produttiva questa stagione poetica del nostro Novecento.

Eugenio Montale
Spesso il male di vivere ho incontrato

- E. Montale, *Tutte le poesie*, Mondadori, Milano, 1977

IN SINTESI: Il poeta, osservando alcuni aspetti consueti e «normali» della natura – le acque ingorgate di un ruscello, una foglia secca, un cavallo abbattuto dalla fatica – vi scorge il segno del dolore che sembra essere connaturato alla vita stessa. Raro è il bene e consiste, piú che in qualcosa di positivo, nel non lasciarsi travolgere dai sentimenti, nel mantenere un atteggiamento di distacco, simboleggiato dall'immagine di un falco che vola alto nel cielo.

Forma metrica: due quartine di versi endecasillabi, eccetto l'ultimo che è un settenario doppio, cioè è costituito da due settenari uniti insieme.

| genere: poesia lirica | epoca: 1925 | luogo: Italia | lingua originale: italiano |

4. riarsa: secca e accartocciata.
5-6. Bene non seppi ... divina Indifferenza: non ho conosciuto altro bene a eccezione del miracolo prodotto da un atteggiamento di distacco dal male, simile a quello degli dèi, i quali non sono mai sfiorati dalle cose terrene.
7-8. era la statua ... levato: la

Spesso il male di vivere ho incontrato:
era il rivo strozzato che gorgoglia,
era l'incartocciarsi della foglia
riarsa, era il cavallo stramazzato.

5 Bene non seppi, fuori del prodigio
che schiude la divina Indifferenza:
era la statua nella sonnolenza
del meriggio, e la nuvola, e il falco alto levato.

capacità di non lasciarsi travolgere dal dolore è rappresentata dalla statua solitaria nella calura del meriggio, dalla nuvola, dal falco che vola alto nel cielo completamente distante dal male di vivere.

L'OPERA

Ossi di seppia è la raccolta che ha segnato l'esordio di Montale nel 1925. Il titolo allude, per un verso, alla novità stilistica dei versi nei quali si avverte l'esigenza di restituire una spina dorsale alla lingua italiana, di puntare a un'estrema precisione dei termini, riducendoli all'osso anche a costo di annullarne ogni musicalità e gradevolezza. Considerato sul versante tematico, il titolo della raccolta allude a cose morte, inaridite. L'osso di seppia è infatti la cartilagine della seppia, che risulta visibile solo una volta che l'animale è decomposto. Uno dei temi dominanti della raccolta è infatti *il male di vivere* che viene rappresentato attraverso immagini concrete come quelle del *rivo strozzato*, del *cavallo stramazzato*, della *foglia riarsa*.
È questa la tecnica del «correlativo oggettivo» che Montale riprende dal poeta inglese Thomas Stearns Eliot. Essa consiste nel mettere in campo oggetti concreti e definiti con precisione attraverso i quali il poeta esprime un particolare stato d'animo creando un nesso indissolubile tra i due elementi in modo che l'immagine richiami immediatamente lo stato d'animo e viceversa. Sul piano metrico, Montale rifiuta la totale libertà del verso predicata dai futuristi e ripresa, sia pure con esiti diversi, da Ungaretti, che avrebbe contrastato con l'andamento discorsivo e logicamente concatenato della sua poesia. Egli adopera pertanto il verso tradizionale, evitando però ogni forma di sonorità e conferendo ai suoi componimenti un andamento prosastico e colloquiale.

L'autore

Eugenio Montale è considerato il poeta più rappresentativo del Novecento italiano. Nato a Genova nel 1896 da una famiglia borghese, trascorse la fanciullezza tra Genova e Monterosso, nelle Cinque Terre. Quel paesaggio ligure, marino e assolato, ma anche arido e scosceso, sarà sempre presente nella sua poesia e ne costituirà una delle componenti più tipiche. A causa della salute un po' malferma, venne avviato agli studi di ragioneria, ma egli si appassionò soprattutto ai libri di poesia e di narrativa suggeritigli dalla sorella Marianna. Cominciò così a porre le basi di una vastissima cultura che andò arricchendo di anno in anno in modo del tutto autonomo dalle istituzioni scolastiche. Prese anche lezioni di canto, ben presto interrotte per la morte del suo maestro. Ma la musica restò sempre una delle sue passioni predilette tanto che, negli anni della maturità, collaborò come critico musicale ad alcuni importanti quotidiani tra cui il «Corriere della Sera». Dopo aver partecipato alla prima guerra mondiale, tornò a Genova, dove conobbe alcuni importanti intellettuali del tempo tra i quali il poeta Camillo Sbarbaro e Piero Gobetti, uomo di cultura e prestigioso esponente dell'antifascismo, che nel 1925 curò l'edizione della sua prima raccolta di versi, *Ossi di seppia*. Nel 1927 si trasferì a Firenze dove ottenne il posto di direttore del «Gabinetto Vieusseux», prestigioso centro culturale della città. Nel 1938 però fu costretto a dimettersi da questo incarico perché si era rifiutato di prendere la tessera del partito fascista. In quegli anni frequentò importanti uomini di cultura: Salvatore Quasimodo, Carlo Emilio Gadda, Elio Vittorini, con i quali si incontrava spesso al caffè *Giubbe Rosse*, e conobbe Drusilla Tanzi che sarebbe diventata sua moglie. Nel 1939 pubblicò il secondo libro di poesie, *Le occasioni*. Dopo la seconda guerra mondiale si trasferì a Milano e si dedicò stabilmente all'attività di giornalista presso il «Corriere della Sera». Appartiene a questo periodo la terza raccolta, *La bufera e altro*, pubblicata nel 1956, alla quale seguì un lungo periodo di silenzio poetico. Erano gli anni del cosiddetto miracolo economico: si assisteva a un processo di massificazione della società, a un sempre maggiore potere dei *mass media* a cui faceva riscontro la degradazione della cultura. Montale guardava con amarezza e distacco questa realtà nella quale la poesia sembrava aver perso definitivamente il suo ruolo e per lungo tempo abbandonò l'attività poetica. Solo nel 1971 riprese a scrivere, dando avvio alla sua seconda e ricca stagione, alla quale appartengono *Satura, Diario del '71 e del '72, Quaderni dei quattro anni* e *Altri versi*, opere nelle quali, con toni ironici e disincantati e con un linguaggio volutamente basso e prosastico, offre un'immagine fortemente negativa della società contemporanea. Nominato nel 1967 senatore a vita per i suoi meriti letterari, nel 1975 ricevette il premio Nobel per la Letteratura. È morto a Milano nel 1981.

Entriamo nel testo

I temi e le tecniche espressive

La lirica è costituita da **due strofe**, contrapposte per quel che riguarda la tematica, ma **simmetriche nella struttura** e nelle tecniche adoperate.
La prima rappresenta, attraverso immagini concrete tratte dalla vita quotidiana, **il male**, cioè **il dolore**, che è connaturato all'esistenza. Il poeta ricava questi emblemi della sofferenza dal mondo naturale e animale, quasi a dimostrare che essa è cosmica, universale e che non le si può sfuggire una volta che si è entrati nella vita. I tre correlativi oggettivi si susseguono secondo un percorso di intensificazione del dolore: si passa dal ruscello ingorgato, in cui si coglie solo un impedimento al fluire dell'acqua, alla foglia inaridita, fino alla morte violenta del cavallo stramazzato a terra. L'avverbio *Spesso* e l'anafora (*era*) mettono in luce la presenza continua del dolore nella vita; mentre il tempo commentativo *ho incontrato* sottolinea la partecipazione del poeta a questa condizione.

La seconda strofa contiene altre tre immagini, questa volta riferite al bene, che non viene visto in positivo, bensí in negativo: esso consiste nel raggiungere la *divina Indifferenza* che non vuol dire superiorità né egoismo, bensí **distacco dalle cose**, capacità di sopportazione e di resistenza alla piena del male. Essa si concretizza in tre figure che comunicano l'idea dell'impassibilità (la statua) e di aerea lontananza (la nuvola e il falco). La maggiore lunghezza dell'ultimo verso, la frequenza di consonanti liquide e l'assonanza *alto levato* fanno percepire il movimento del falco che vola sempre piú in alto. Se nella prima strofa il poeta aveva sottolineato la ripetitività del male, qui mette in risalto l'eccezionalità del bene che non è sempre presente nella vita dell'uomo, ma può essere raggiunto solo raramente, quasi per un miracolo (*prodigio*); inoltre, mentre la presenza del male era enunciata in positivo (*Spesso il male di vivere ho incontrato*), il bene è introdotto in forma negativa (*Bene non seppi*). Anche la trama dei suoni mette in risalto la contrapposizione fra le due strofe. Nella prima prevalgono consonanti aspre e doppie; nella seconda troviamo suoni piú dolci in particolare nasali e liquide.

Gli echi letterari

La lirica sintetizza in pochi versi la dolorosa concezione del mondo del poeta ligure, che appare molto simile a quella di Leopardi. Chiunque legga questa poesia, infatti, non può non ricordare un famoso passo dello *Zibaldone*, riportato nell'esercizio 6, nel quale un giardino ricco di fiori e di erbe, che sembra vivere la sua piú splendida stagione, viene paragonato a un vasto ospedale.

Esercizi

Competenza trasversale:

 Acquisire ed interpretare l'informazione
 Individuare collegamenti e relazioni
c Comunicare
d Comunicare nelle lingue straniere

- **Comprensione e competenza testuale**

1. Individua nel testo le parole chiave e, partendo da esse, illustra la tematica affrontata nel componimento.
2. Osserva le parole legate dalla rima: quali relazioni intercorrono tra esse? Solo la parola *prodigio* non è rimata. Sapresti dare un'interpretazione di questo fatto?
3. L'espressione *male di vivere* è una figura retorica. Di quale figura si tratta?
4. L'autore segue generalmente l'ordine normale della frase, tranne che in due punti in cui adopera l'anàstrofe. Individua le inversioni e spiega quale effetto producono.
5. Osserva il lessico del componimento: in esso coesistono termini consueti e parole rare. Individua queste ultime e spiegane il significato.

- **Produzione**

 b 6. Metti a confronto la poesia di Montale con la pagina tratta dallo *Zibaldone* di Leopardi che trovi qui riportata e illustra punti di contatto e differenze fra i due testi.

«Entrate in un giardino di piante, d'erbe, di fiori. Sia pur quanto volete ridente. Sia nella piú mite delle stagioni dell'anno. Voi non potete volger lo sguardo in nessuna parte che voi non vi troviate nel patimento. [...] Là quella rosa è offesa dal sole, che gli ha dato la vita; si corruga, langue, appassisce. Là quel giglio è succhiato crudelmente da un'ape, nelle sue parti piú sensibili, piú vitali. [...] Quell'albero è infestato da un formicaio, [...] quell'altro ha piú foglie secche [...]. Quella pianta ha troppo caldo, questa troppo fresco, troppa luce, troppa ombra; [...] ogni giardino è quasi un vasto ospitale [...], certo è che il non essere sarebbe per loro assai meglio che l'essere»

(Bologna, 22 Aprile 1826).

La poesia attraverso i tempi | Fra tradizione e innovazione

 Eugenio Montale
Non chiederci la parola

Per la biografia e l'opera di
Eugenio Montale
vedi pagg. 302 e 303.

- E. Montale, *Tutte le poesie*, op. cit.

> **IN SINTESI:** Alla poesia, afferma Montale, non si possono chiedere verità assolute e certezze, né chiavi interpretative del mondo. Il poeta può scrivere solo qualche sillaba arida attraverso la quale esprime il suo rifiuto della realtà presente nella quale non si riconosce.

Forma metrica: tre strofe di quattro versi di varia lunghezza, legati nelle prime due strofe da rime incrociate, nell'ultima da rime alternate.

genere: poesia lirica meditativa *epoca:* 1923 *luogo:* Italia *lingua originale:* italiano

Non chiederci la parola che squadri da ogni lato
l'animo nostro informe, e a lettere di fuoco
lo dichiari e risplenda come un croco
perduto in mezzo a un polveroso prato.

5   Ah l'uomo che se ne va sicuro,
agli altri ed a se stesso amico,
e l'ombra sua non cura che la canicola
stampa sopra uno scalcinato muro!

Non domandarci la formula che mondi possa aprirti,
10 sí qualche storta sillaba e secca come un ramo.
Codesto solo oggi possiamo dirti,
ciò che *non* siamo, ciò che *non* vogliamo.

1-2. che squadri ... informe: che definisca in termini chiari e sicuri il nostro animo che non ha certezze positive e quindi sfugge a ogni forma. – **a lettere di fuoco**: con caratteri netti e indelebili.
3. lo dichiari: ne spieghi con chiarezza tutte le sfumature. – **croco**: è una pianta erbacea, detta anche zafferano selvatico, frequente nei prati; ha lo stelo corto e fiori a forma di imbuto dal colore giallo-rosso.
5-8. Ah l'uomo ... muro!: il poeta in questi versi delinea l'immagine dell'uomo sicuro di sé che crede di vivere in armonia con se stesso e con gli altri e non si preoccupa dell'ombra, simbolo della fragilità e dell'inquietudine dell'esistenza, che il sole stampa su un muro scrostato.
9. la formula ... aprirti: la formula semplice e chiara che possa spiegare il senso delle cose e dare delle certezze.
10. storta sillaba e secca: il poeta può offrire solo qualche sillaba smozzicata e dura, ovvero una poesia antieloquente che non comunica sicurezze e neppure alimenta sogni e illusioni, ma esprime il dolore che si annida nella vita e i dubbi che tormentano l'uomo.

 ## Entriamo nel testo

I temi
La lirica è una riflessione sulla **funzione della poesia**. Nella prima quartina Montale, parlando a nome di tutti i poeti della sua generazione (per questo motivo usa la prima persona plurale) e rivolgendosi direttamente al lettore, lo esorta a non chiedere alla poesia risposte definitive, capaci di tradurre in ordine e razionalità il caos informe del mondo e dell'animo umano. Questa posizione viene ribadita con toni ancora piú netti e definitivi nella terza strofa che si conclude con una dichiarazione divenuta famosa: *Codesto solo oggi possiamo dirti, / ciò che **non** siamo, ciò che **non** vogliamo.* In una realtà oscura e indecifrabile, la poesia non può trasmettere messaggi consolatori né offrire una proposta che si basi su precisi contenuti e valori; può **comunicare** solo **una mancanza**, **un'assenza**, **un rifiuto** dell'esistente che viene ulteriormente ribadito dalla sottolineatura del *non*, scritto in corsivo nel testo.
In antitesi a questo messaggio negativo,

che occupa la prima e la terza strofa del componimento, si colloca la quartina centrale nella quale si accampa l'immagine dell'uomo che procede senza dubbi e incertezze, sorretto da sicurezze psicologiche e intellettuali. A differenza del poeta, egli presume di possedere la *formula* risolutiva capace di aprire il mondo. Perfettamente integrato nella realtà in cui vive e soddisfatto di sé, non si preoccupa dell'*ombra sua... che la canicola / stampa sopra uno scalcinato muro.* Simbolo, quest'ombra, del groviglio interiore, della parte oscura e indecifrabile che ogni individuo porta con sé. Anche l'uomo che se ne va sicuro dunque è scisso e lacerato, è uomo e ombra al tempo stesso, ma, a differenza del poeta che vive a occhi aperti la sua condizione, egli è inconsapevole della disarmonia e della frattura che lo separa dal mondo e dal suo essere piú profondo e solo su ciò poggia la sua sicurezza che si rivela quindi del tutto inconsistente.

Il lessico e la sintassi

La lirica si apre con un imperativo negativo (*Non chiederci la parola*) che viene ripreso all'inizio della terza strofa (*Non domandarci la formula*). È questo un modulo espressivo tipicamente montaliano che indica la sua esigenza di fare della poesia uno strumento di comunicazione con gli altri uomini.
La **sintassi** è **semplice**, scandita da periodi che coincidono esattamente con le strofe e sono essenziali, rigorosi, incisivi come sentenze.
Il tema dell'impossibilità di decifrare il mondo mediante la parola è espresso attraverso un fitto gioco di **opposizioni** e di **rimandi lessicali**.
Squadri è in antitesi con *informe*; la *formula che mondi possa aprirti* si contrappone alla *storta sillaba e secca* e cosí via. Il *croco* e il *ramo* sono «correlativi oggettivi» di due modi opposti di intendere la poesia: da una parte una parola poetica luminosa e consolatoria, effimero

conforto nel deserto della vita (il *croco* è infatti *perduto* in mezzo a un *polveroso prato*), dall'altra la poesia dell'oggi, arida, secca, ridotta all'osso, ma capace di scuotere gli animi, di far prendere coscienza all'uomo della sua reale condizione.

I suoni e la struttura metrica

Il componimento è contrassegnato da una perfetta coerenza fra tutti i livelli del testo, per cui il tema della negatività viene espresso non solo sul piano tematico e su quello sintattico-lessicale, ma anche a livello di suoni. Prevalgono infatti nel testo **suoni aspri** (*s*, *r*, *p*, *st*) la cui durezza è spesso potenziata dalle allitterazioni.
Anche a livello metrico Montale evita la regolarità e l'armonia; si serve infatti di versi di varia lunghezza che lega con rime sia esterne sia interne. Talora la **rima** risulta **irregolare** come nel caso di *amíco/canícola*. Qui ci troviamo di fronte a una rima ipermetra, derivata cioè dall'incontro fra una parola piana e una sdrucciola, che attenua ancora di piú la corrispondenza di suoni.

Dal testo al contesto

Anche se il messaggio montaliano ha un valore prevalentemente esistenziale, come ebbe a dichiarare lo stesso poeta, non si può trascurare il contesto storico in cui è stato composto e alla luce del quale assume un significato ancora piú profondo. Erano quelli i primi anni della dittatura fascista che sbandierava falsi miti di potenza e di sicurezza e inculcava negli animi certezze indiscutibili senza lasciare spazio a dubbi, ombre, perplessità interiori. Su questo sfondo il duro e scarno messaggio montaliano assumeva un **valore** fortemente **polemico**, era un invito indiretto, ma non per questo meno incisivo, alla resistenza, a un'opposizione intellettuale, prima ancora che politica e militare, e in questo senso fu inteso da tanti giovani che lo tradussero in azione politica antifascista.

Esercizi

Competenza trasversale:

 Acquisire ed interpretare l'informazione
 Individuare collegamenti e relazioni

c Comunicare
d Comunicare nelle lingue straniere

- **Comprensione**

1. Che cosa rappresenta l'ombra che *la canicola / stampa sopra uno scalcinato muro*?
2. Che cosa può dare il poeta al suo lettore?
3. Spiega il senso dell'ultimo verso del componimento e chiarisci perché il poeta ha voluto evidenziare il *non*.
4. Scaturisce dalla lirica l'immagine di un paesaggio desolato. Quali espressioni contribuiscono a creare questa sensazione?
5. Individua tutti i «correlativi oggettivi» presenti nella lirica.

- **Competenza testuale**

6. La lirica è costituita da versi di varia misura. Individua gli endecasillabi e segna gli accenti ritmici e le figure metriche che incontri (sinalèfe, dialèfe ecc.).
7. Individua tutte le inversioni che ricorrono nella lirica, specificando di volta in volta se si tratta di anàstrofe o di iperbato. Sottolinea sul testo le allitterazioni.
8. Individua nella lirica tutti i termini riconducibili a un ambito scientifico.

- **Produzione**

9. Descrivi in un testo di circa 10 righe il paesaggio evocato dal poeta nella lirica.
 b 10. Metti a confronto questa poesia di Montale con la lirica di Ungaretti *Il porto sepolto* (on line) e, con l'aiuto dell'insegnante, delinea la concezione della poesia che scaturisce da ciascuno dei due componimenti.

Edward Hopper, *Ombre nella notte*, 1921. New York, Whitney Museum of American Art.

Eugenio Montale
Antico, sono ubriacato...

E. Montale, *Tutte le poesie*, op. cit.

IN SINTESI: Il poeta, che ha vissuto l'adolescenza e la giovinezza in Liguria, si rivolge al mare, che considera come un padre, un maestro, un amico, dal quale, nelle estati lontane trascorse lungo le sue rive, ha appreso una profonda lezione di vita. Egli allora si sentiva un tutt'uno con il mare e da lui aveva imparato a liberarsi di ogni impurità, recuperando purezza e autenticità a contatto con la natura. Ora che è adulto, si è staccato da quel mondo e non se ne sente più degno, ma quella lezione gli è rimasta nel cuore e non lo abbandonerà mai.

Per la biografia **Eugenio Montale** vedi pag. 303.

Forma metrica: versi liberi.

genere: poesia lirica | *epoca:* 1925 | *luogo:* Italia | *lingua originale:* italiano

Antico, sono ubriacato dalla voce
ch'esce dalle tue bocche quando si schiudono
come verdi campane e si ributtano
indietro e si disciolgono.
5   La casa delle mie estati lontane,
t'era accanto, lo sai,
là nel paese dove il sole cuoce
e annuvolano l'aria le zanzare.
Come allora oggi in tua presenza impietro,
10   mare, ma non più degno
mi credo del solenne ammonimento
del tuo respiro. Tu m'hai detto primo
che il piccino fermento
del mio cuore non era che un momento
15   del tuo; che mi era in fondo
la tua legge rischiosa: esser vasto e diverso
e insieme fisso:
e svuotarmi così d'ogni lordura
come tu fai che sbatti sulle sponde
20   tra sugheri alghe asterie
le inutili macerie del tuo abisso.

5. La casa ... lontane: il poeta da ragazzo trascorreva le vacanze estive a Monterosso, un paesino delle Cinque Terre.
9. Come allora ... impietro: anche adesso che è adulto, quando si trova dinanzi al mare, il poeta prova la stessa sensazione che provava da ragazzo. Si sente come impietrito, immobilizzato dinanzi alla sua grandezza e alla sua forza.
10-11. ma non più degno ... ammonimento: ora però non mi ritengo più degno del tuo solenne insegnamento. Ciò accade sia perché egli ha perduto l'innocenza di un tempo, sia perché adesso non può più obbedire all'istintività fanciullesca, ma deve seguire la legge della razionalità.
12-15. Tu m'hai detto ... del tuo: tu mi hai detto che il fermento che io sento dentro di me negli anni della mia adolescenza era simile al tuo, anche se più piccolo e limitato. Il mare gli ha insegnato dunque che esiste un'identità tra uomo e natura.
15-17. che mi era in fondo ... fisso: tu mi hai insegnato che era in me la tua stessa legge pericolosa e difficile da seguire. Quella cioè di essere sempre diverso, di accogliere ogni idea, ogni sentimento (*vasto*), senza rinunciare alla mia identità.
20. asterie: stelle marine.

L'OPERA

La lirica fa parte di *Mediterraneo* una delle sezioni in cui si articola la raccolta *Ossi di seppia*. *Mediterraneo* è una sorta di poemetto, diviso in nove liriche dedicate al mare, di cui Montale offre una duplice immagine. Da un lato lo vede come un simbolo di purezza con il quale vorrebbe identificarsi annullando la sua dimensione umana, dall'altro ne coglie la componente istintiva, irrazionale, espressione di un modo di essere che, se può essere seguito negli anni della fanciullezza, non si addice più all'uomo adulto, il quale deve saper contrapporre all'istinto la ragione, al mare la terra. La lirica, al di là del significato che assume all'interno della raccolta montaliana, esprime in modo intenso e coinvolgente la forza vitale di questo mare antico che tutto accoglie in sé, ma sa anche svuotarsi delle *inutili macerie* del suo abisso e conquistare ogni volta una rinnovata purezza.

Entriamo nel testo

I temi e le tecniche espressive

Sul piano tematico la lirica si divide in tre parti:
- l'**attrazione** del poeta **per il mare**, che egli chiama *antico* a sottolineare che esso esiste da sempre, ma anche che è carico di storia;
- la **rievocazione del passato**, dell'infanzia lontana trascorsa in un paese assolato;
- la **triplice lezione del mare**, dal quale ha appreso che esiste un'identità tra uomo e natura, che bisogna saper accogliere dentro di sé il mondo, rimanendo però sempre fedele a se stessi, che occorre svuotarsi di ogni impurità per ricominciare rinnovati e purificati la propria vita.

L'immagine del mare è affidata soprattutto alla voce e al movimento. La prima è resa attraverso l'ardita sinestesia delle *verdi campane* nella quale il poeta unisce due parole che richiamano rispettivamente una sensazione visiva e una uditiva. Le onde del mare vengono paragonate alle campane sia per la forma, il movimento, il colore, sia per il suono ritmico che producono infrangendosi piú o meno violentemente sulla spiaggia. Il tema del movimento attraversa tutta la lirica, ma si rafforza all'inizio e alla fine, quando il poeta pone l'accento sul continuo rinnovarsi del mare che, rimescolandosi fin nel profondo, lascia sulla spiaggia le *inutili macerie* del suo abisso, riconquistando in ogni momento la sua purezza.

Esercizi

- **Comprensione e produzione**

1. Fa' la parafrasi del testo e poi illustrane il contenuto con parole tue.
2. Con quali termini Montale definisce le sensazioni che prova di fronte al mare? Di che tipo di sensazioni si tratta? Da che cosa sono provocate?
3. Abbiamo detto che per Montale il mare è come un padre. Quali espressioni contenute nel testo confermano questa interpretazione?
4. Nella lirica affiora una contrapposizione fra la terra e il mare. Quali sono le caratteristiche della terra e quali quelle del mare?

Guido Gualberto Guerrazzi, *L'onda*, 1900 circa. Roma, Collezione Gian Filippo Liverziani.

Umberto Saba
Trieste

• U. Saba, *Il Canzoniere*, Einaudi, Torino, 1988

IN SINTESI: Il poeta descrive con tenerezza Trieste, la sua città, paragonandola alla grazia un po' scontrosa di un *ragazzaccio aspro e vorace*. La osserva dall'alto, da un cantuccio isolato, e la esplora nelle sue strade più segrete, spingendo lo sguardo dalle colline che le fanno corona fino alla spiaggia e scoprendo tutt'intorno un'aria speciale, l'aria natia. La città è affollata di gente, ma egli sa che in essa potrà sempre trovare un piccolo spazio a misura della sua vita pensosa e appartata.

Forma metrica: tre strofe di diversa lunghezza, nelle quali si alternano endecasillabi, settenari e quinari variamente rimati.

genere: **poesia lirico-narrativa**	epoca: **1912**	luogo: **Trieste**	lingua originale: **italiano**

2. erta: strada ripida, in salita.
10. vorace: affamato.
13-14. come ... gelosia: la città è paragonata a un amore geloso.
16. mena: porta. – **ingombrata**: affollata.

Ho attraversata tutta la città.
Poi ho salita un'erta,
popolosa in principio, in là deserta,
chiusa da un muricciolo:
5   un cantuccio in cui solo
siedo; e mi pare che dove esso termina
termini la città.

Trieste ha una scontrosa
grazia. Se piace,
10   è come un ragazzaccio aspro e vorace,
con gli occhi azzurri e mani troppo grandi
per regalare un fiore;
come un amore
con gelosia.
15   Da quest'erta ogni chiesa, ogni sua via
scopro, se mena all'ingombrata spiaggia,

L'OPERA

Il *Canzoniere* è il libro nel quale Saba ha riunito tutte le sue raccolte poetiche, costruendo quasi un romanzo autobiografico in versi. Le poesie, composte in un arco di tempo molto lungo che va dal 1911 al 1954, si susseguono in ordine cronologico e sono ricche di personaggi, luoghi, eventi descritti con vivace realismo. Un grande spazio occupano le persone amate dal poeta, soprattutto la moglie Lina, la figlia Linuccia, la nutrice, gli amici. Nei versi di Saba appare anche la folla incontrata per le vie della città, nei caffè, al porto, nei mercati; numerose sono le figure di ragazzi adolescenti, di cui il poeta coglie l'istintiva vitalità, e quelle degli animali che esprimono nella loro semplicità e naturalezza l'essenza della vita. La stessa Trieste, con le piazze, le strade e soprattutto le viuzze dei quartieri popolari, è protagonista indiscussa del *Canzoniere*. I caratteri più evidenti della poesia di Saba sono dunque, sul piano tematico, l'autobiografismo e il realismo, sul piano formale, la ricerca della musicalità, una sintassi ricca di inversioni e un lessico nel quale termini della lingua quotidiana si affiancano a parole proprie del più scontato codice poetico, quali *amore*, *cuore*, *fiore*, *anima*, che però non risultano mai né logore né convenzionali.

La poesia attraverso i tempi : **Fra tradizione e innovazione**

17. cui: alla quale.
19-22. Intorno ... natia: intorno a ogni cosa circola un'aria un po' malinconica nella quale il poeta si identifica completamente.
25. schiva: appartata.

o alla collina cui, sulla sassosa
cima, una casa, l'ultima, s'aggrappa.
Intorno
20 circola ad ogni cosa
un'aria strana, un'aria tormentosa,
l'aria natia.

La mia città che in ogni parte è viva,
ha il cantuccio a me fatto, alla mia vita
25 pensosa e schiva.

L'autore

Umberto Saba

è stato un poeta controcorrente nel panorama della cultura italiana del primo Novecento. Nacque a Trieste da Ugo Poli, discendente da una nobile famiglia veneziana, e da Rachele Cohen, appartenente a una famiglia ebraica di piccoli commercianti. Il matrimonio dei suoi genitori però non fu felice: il padre abbandonò la famiglia prima ancora della nascita del figlio tanto che Saba poté conoscerlo solo all'età di vent'anni. La disgregazione del nucleo familiare, l'amarezza della madre, le ristrettezze economiche resero piuttosto travagliata l'infanzia del poeta. Egli tuttavia trovò comprensione e amore nella balia slovena Beppa Shabaz alla quale la madre lo affidò nei primi anni di vita. La donna, che aveva perso un figlio, si legò moltissimo al bambino e ne fu intensamente ricambiata tanto che, divenuto adulto, Saba trasse dal cognome della donna lo pseudonimo con il quale pubblicò i suoi versi e fu conosciuto dal pubblico.

Di grande importanza per comprendere fino in fondo la particolare posizione di Saba nel panorama della cultura italiana è la sua origine triestina. Trieste era allora il porto piú importante dell'Impero austro-ungarico al quale apparteneva e continuò ad appartenere fino alla prima guerra mondiale. Era pertanto un luogo di traffici dove si incontravano persone delle piú svariate etnie: greci, sloveni, turchi, italiani, ebrei. Culturalmente era aperta alle grandi correnti della cultura centroeuropea, mentre gli influssi della cultura italiana vi giungevano in ritardo e ridotti. Questo spiega perché nella sua formazione Saba fu influenzato soprattutto dai poeti della nostra tradizione: Dante, Petrarca, Foscolo, Leopardi, Manzoni, Tasso, alla cui lettura si dedicò con passione dopo aver interrotto gli studi regolari. Cominciò ben presto a comporre versi che non ottennero però alcun apprezzamento presso gli intellettuali del tempo. Erano quelli gli anni in cui si andavano affermando le avanguardie, in particolare il Futurismo, pertanto la poesia di Saba, volutamente semplice e tradizionale, appariva attardata ed eccessivamente legata al passato. Sul piano privato gli eventi piú importanti della vita del poeta furono il matrimonio con Carolina Woefler, la Lina cantata in alcune delle sue poesie piú belle, e la partecipazione al primo conflitto mondiale. Dopo la guerra Saba aprí a Trieste una libreria antiquaria che costituí, insieme con la poesia, l'occupazione di tutta la sua vita. Nel 1921 pubblicò la prima edizione del *Canzoniere* nella quale confluirono le precedenti raccolte. Colpito dalle leggi razziali per la sua origine ebraica, lasciò Trieste e si recò prima a Parigi e poi a Roma dove venne colto dallo scoppio della seconda guerra mondiale. Negli anni dell'occupazione nazista fu aiutato da molti amici fra cui Ungaretti e Montale che gli offrirono ospitalità e protezione. Finita la guerra tornò a Trieste. La critica intanto cominciava ad apprezzare le sue opere, in particolare il *Canzoniere*, ed egli ottenne premi e riconoscimenti. Risalgono agli anni del dopoguerra le opere in prosa, tra le quali, *Storia e cronistoria del «Canzoniere»*, una sorta di commento al *Canzoniere* scritto in terza persona. Saba morí nel 1956 in una clinica di Gorizia.

Entriamo nel testo

I temi e la struttura del testo

Il componimento, che fa parte della sezione del *Canzoniere* intitolato *Trieste e una donna*, esprime la perfetta **sintonia tra il poeta e la sua città**. Trieste non è una città dolce, armoniosa, accogliente, ma ha la grazia un po' spigolosa di un adolescente. È una città dai volti contrastanti: ora vivace e chiassosa ora solitaria e deserta. Ma proprio questi contrasti la rendono cara al poeta che si riconosce perfettamente nella sua aria *strana* e *tormentosa* e sa di potervi trovare sempre un cantuccio appartato adatto a lui.
Nel componimento si alternano e si intrecciano **parti narrative**, **descrittive**, **riflessive**. La prima strofa ha un andamento narrativo-descrittivo. La componente narrativa, segnalata dalla successione delle azioni (*Ho attraversata; Poi ho salita* ecc.), prevale nei primi due versi. Successivamente il poeta descrive la strada in salita che lo porta verso la collina: essa all'inizio è affollata, vivace, rumorosa, man mano che si allontana dalla città diventa sempre piú solitaria, finché sbocca in un piccolo spazio chiuso da un muricciolo, un *cantuccio* che segna agli occhi del poeta il confine della città. Lí egli siede solo, ma non separato dal mondo che ama.
La seconda strofa, che è la piú lunga, si articola in due sezioni. La prima (vv. 8-14) si apre con il paragone fra Trieste e il *ragazzaccio aspro e vorace*. Gli occhi azzurri del ragazzo richiamano il colore del mare in cui Trieste si specchia, le sue mani troppo grandi per un gesto gentile richiamano l'atmosfera della città, alla quale essa deve parte del suo fascino. Dal primo paragone ne scaturisce un altro: quello fra la città e un amore tormentato dalla gelosia che è forse la proiezione dello stato d'animo del poeta. Nella seconda sezione della strofa (vv. 15-22) lo sguardo di Saba torna a posarsi su Trieste che egli può abbracciare interamente dal suo angolo di osservazione. Ancora una volta la città gli si presenta sotto un duplice aspetto: affollata di gente sulla spiaggia, solitaria e silenziosa verso la collina sulla cui cima si erge, aggrappata al terreno, un'unica casa. Anche Saba nella sua vita è stato scisso tra un **bisogno di solitudine** e un'altrettanto profonda **esigenza di aderire** pienamente alla natura, al mondo, **alla** calda **vita** degli uomini. La città, nella sua ambivalenza, rispecchia dunque i contrasti interiori del poeta che in essa pienamente si riconosce.
Negli ultimi tre versi ritorna il bipolarismo folla-solitudine, movimento-stasi. Dal suo cantuccio preferito il poeta guarda la vita che ferve intorno a lui senza partecipare a essa, ma senza neppure sentirsi totalmente estraneo a quel mondo. Sa infatti di poter trovare nella sua città

Molo San Carlo di Trieste, primi del Novecento.

cosí multiforme uno spazio adatto alla sua vita *pensosa e schiva*.
Il forte rapporto affettivo tra il poeta e la città si coglie nel mutamento dei termini con cui egli la indica nel corso della poesia. Nella prima strofa la definisce genericamente *la città*; all'inizio della seconda strofa la chiama *Trieste*; nella terza strofa passa a un'espressione piú personale e affettuosa: *la mia città*. È evidente il graduale spostamento dal piano oggettivo al piano soggettivo.
Gli *enjambement* separano termini strettamente connessi sul piano logico e del significato, spezzando l'armonia del verso e mettendo in risalto le parole chiave.

Esercizi

- **Comprensione e interpretazione**

1. La descrizione della città è contrassegnata dal bipolarismo fra vivacità e solitudine. Individua i passi in cui è presente tale contrapposizione.
2. La città per un verso è descritta nei suoi dati oggettivi, per l'altro è vista con gli occhi del poeta che proietta su di essa il suo stato d'animo servendosi soprattutto di aggettivi. Sottolinea gli aggettivi che segnalano il passaggio dal dato oggettivo allo stato d'animo dell'autore.
3. Spiega quali sono gli elementi che accomunano il poeta alla sua città.
4. Nonostante il paragone con il *ragazzaccio aspro e vorace*, Trieste assume nella lirica i tratti di una figura femminile che accoglie maternamente il poeta nel suo cantuccio, ma suscita anche un amore inquieto e tormentato dalla gelosia. Individua i passi in cui Trieste appare simile a una donna e illustrali.

Umberto Boccioni, *Visioni simultanee*, 1911. Wuppertal, Von der Heydt-Museum Wuppertal.

Umberto Saba

Per la biografia e l'opera di **Umberto Saba** vedi pagg. 310 e 311.

La capra

- U. Saba, *Il Canzoniere*, op. cit.

IN SINTESI: Il poeta viene colpito dal triste belato di una capra legata in mezzo a un prato, e quindi impossibilitata a sfuggire alla pioggia che continua a cadere. Nella tristezza dell'animale egli riconosce il dolore suo personale e della sua gente, il popolo ebraico, costretto a subire nei secoli umiliazioni e persecuzioni.

Forma metrica: tre strofe irregolari per numero di versi costituite da settenari, endecasillabi e un quinario.

genere: poesia lirica *epoca:* 1909-1910 *luogo:* Trieste *lingua originale:* italiano

Ho parlato a una capra.
Era sola sul prato, era legata.
Sazia d'erba, bagnata
dalla pioggia, belava.

5 Quell'uguale belato era fraterno
al mio dolore. Ed io risposi, prima
per celia, poi perché il dolore è eterno,
ha una voce e non varia.
Questa voce sentiva
10 gemere in una capra solitaria.

In una capra dal viso semita
sentiva querelarsi ogni altro male,
ogni altra vita.

5. quell'uguale belato: quel belato sempre uguale, ininterrotto. – **fraterno:** simile, affine.
7. celia: scherzo.
9. sentiva: sentivo.
11. semita: ebraico, simile a quello degli ebrei. Nella capra il poeta legge il dolore del popolo ebreo che egli sentiva particolarmente vicino per l'origine ebraica della madre.
12. querelarsi: lamentarsi.

Entriamo nel testo

Il tema

La lirica, che fa parte della sezione del *Canzoniere* intitolata *Casa e campagna*, è un esempio della capacità di Saba di trasformare un elemento umile e quotidiano in un simbolo universale. È frequente nel poeta triestino lo scambio tra mondo umano e mondo naturale. Nella lirica *A mia moglie*, ad esempio, la donna è paragonata ai *sereni animali / che avvicinano a Dio*; in *Trieste* la città assume i tratti di un ragazzo dall'aria scontrosa; qui il dolore universale si materializza nel belato di una capra.

- Il primo verso della poesia delinea con semplicità e naturalezza una situazione quanto meno inconsueta che sorprende il lettore e al tempo stesso lo prepara al messaggio che sta per accogliere: il poeta vede in un prato una capra e le «parla». La capra è sola, bagnata dalla pioggia, legata. Nonostante sia ormai sazia d'erba, non può allontanarsi, cercare un rifugio ed è costretta a subire l'inutile fastidio della pioggia e del freddo. Le notazioni descrittive (*sola, bagnata, legata*) sottolineano la condizione di solitudine e di pena che umanizza l'animale segnando il passaggio dal piano realistico a quello simbolico. Quella che si va delineando sotto gli occhi del lettore infatti non è una bestia dimenticata in mezzo a un prato, ma un'**immagine di sofferenza**.
- Nella seconda strofa il processo di umanizzazione si accentua. Il dolore dell'animale si concretizza in un belato lamentoso e continuo che il poeta prima avverte come un'eco del suo personale dolore:

La poesia attraverso i tempi | Fra tradizione e innovazione

Quell'uguale belato era fraterno / al mio dolore. In un secondo momento vi riconosce la voce del **dolore eterno e universale** che accomuna tutti gli esseri viventi.
- Nell'ultima strofa le sensazioni uditive, predominanti nei versi precedenti in cui ricorrono parole come *belato, voce, gemere* si intrecciano con quelle visive (*In una capra dal viso semita*). Il belato della capra assume una precisa dimensione storica e diventa l'**emblema della dolorosa condizione del popolo ebraico** oppresso e perseguitato nel corso dei secoli.

Il lessico e i suoni

Il graduale e costante processo di umanizzazione dell'animale è segnalato dall'uso di termini propri della sfera umana che vengono riferiti alla capra: *Ho parlato a una capra* (v. 1); *Quell'uguale belato era fraterno / al mio dolore* (vv. 5-6); *Questa voce sentiva / gemere in una capra solitaria* (vv. 9-10), *In una capra dal viso semita sentiva / querelarsi* (vv. 11-12). La frequenza di queste parole va aumentando man mano che il componimento si avvia alla conclusione.
Il processo di umanizzazione dell'animale scaturisce da un corrispondente percorso compiuto dal poeta che passa da un atteggiamento di incredulità e di indifferenza a una sempre maggiore consapevolezza: se in un primo momento risponde per celia al belato della capra, quasi a voler ribadire la distanza che lo separa dall'animale, poi avverte che quel lamento è simile al suo e affonda le radici in una identica condizione di sofferenza che accomuna tutti gli esseri viventi indistintamente sottoposti ai mali dell'esistenza. Alla fine della lirica dunque, grazie all'uso dell'aggettivo *semita*, comprendiamo che la capra rappresenta il poeta stesso e, più in generale, il dolore di tutti gli uomini, soprattutto quello del popolo ebraico.
A livello fonico si nota nella prima e nell'ultima strofa la predominanza del suono aperto della *a* che con la sua monotonia riproduce il belato della capra e al tempo stesso comunica l'idea della presenza costante e ossessiva del dolore nella vita degli esseri viventi.

Paesaggio con le capre. Città del Vaticano, Museo Pio-Clementino.

Esercizi

- **Comprensione e competenza testuale**

1. Ricerca nel testo i termini appartenenti al lessico colto.
2. Spiega quali elementi inducono il poeta a identificare la situazione della capra con quella dell'uomo.
3. Individua nel testo tutti gli *enjambement* e spiega quali effetti producono.
4. Individua i punti in cui si coglie il passaggio dal dolore individuale al dolore universale.

Umberto Saba

Goal

- U. Saba, *Il Canzoniere*, op. cit.

IN SINTESI: La lirica descrive la gioia suscitata nei giocatori da un goal durante una partita di calcio; il poeta però non trascura l'umiliazione e la tristezza del portiere sconfitto e il gesto affettuoso di un compagno che lo consola, mentre gli avversari esultano.

Per la biografia e l'opera di **Umberto Saba** vedi pagg. 310 e 311.

Forma metrica: tre strofe di sei endecasillabi ciascuna.

genere: poesia narrativa *epoca:* 1933-1934 *luogo:* Trieste *lingua originale:* italiano

Il portiere caduto alla difesa
ultima vana, contro terra cela
la faccia, a non veder l'amara luce.
Il compagno in ginocchio che l'induce,
5   con parole e con mano, a rilevarsi,
scopre pieni di lacrime i suoi occhi.

La folla – unita ebbrezza – par trabocchi
nel campo. Intorno al vincitore stanno,
al suo collo si gettano i fratelli.
10   Pochi momenti come questo belli,
a quanti l'odio consuma e l'amore,
è dato, sotto il cielo, di vedere.

Presso la rete inviolata il portiere
– l'altro – è rimasto. Ma non la sua anima,
15   con la persona vi è rimasta sola.
La sua gioia si fa una capriola,
si fa baci che manda di lontano.
Della festa – egli dice – anch'io son parte.

1-2. caduto ... vana: caduto nell'ultima inutile difesa della porta. – **cela:** nasconde per la rabbia e l'umiliazione.
3. a non veder: per non vedere. – **l'amara luce:** la luce del sole che è per lui amara perché illumina la sua sconfitta.
4-5. che l'induce ... a rilevarsi: che con le parole e con le mani lo esorta a rialzarsi.
7. unita ebbrezza: è apposizione di *folla*. La folla è tutta un'ebbrezza collettiva, è esaltata per il goal. – **par trabocchi:** sembra volersi riversare nel campo.
10-12. Pochi ... vedere: pochi momenti belli come questo è concesso di vedere e di vivere agli uomini costantemente consumati dall'odio e dall'amore.
13. il portiere: è il portiere della squadra avversaria la cui rete è rimasta inviolata.
14-15. Ma non ... sola: ma la sua anima non è rimasta insieme con la persona, separata dai compagni alla cui gioia anch'egli vuol partecipare.
16-18. La sua gioia ... son parte: la sua gioia si esprime in una capriola, in baci che manda da lontano per comunicare agli altri che anch'egli fa parte della festa.

 Entriamo nel testo

Il tema
Goal è una delle *Cinque poesie per il gioco del calcio* che Saba ha dedicato negli anni 1933-34 alle **imprese della squadra di calcio** cittadina, la «Triestina». L'argomento è insolito nella letteratura, nonostante l'illustre precedente della canzone leopardiana *A un vincitore nel pallone*.

Saba affronta il tema con la consueta semplicità e insieme con grande serietà e partecipazione, cogliendo l'aspetto umano e non puramente agonistico della vittoria e della sconfitta.
- La poesia mette a fuoco il momento culminante della partita, quello del goal, che risolve il gioco di squadra in un confronto diretto fra

l'attaccante e il portiere. Poiché a Saba interessa soprattutto il risvolto psicologico dell'evento, egli rivolge immediatamente l'attenzione al portiere sconfitto colto nel momento in cui, dopo essersi slanciato in un'ultima vana difesa, affonda la faccia a terra in un moto di rabbia e di umiliazione. Un solo compagno gli si inginocchia accanto per consolarlo con un gesto istintivo di solidarietà e di affetto.
- Con la seconda strofa lo sguardo del poeta si sposta dai singoli personaggi alla folla, la cui ebbrezza non può essere contenuta negli spalti e sembra traboccare sul campo. I componenti della squadra vincitrice si accalcano intorno all'autore del goal, lo abbracciano, si uniscono a lui come fratelli. Alla descrizione seguono alcuni versi di riflessione e di commento che lo stesso Saba giudicava «freddi».
- L'ultima strofa è legata alla prima da un rapporto di somiglianza e di antitesi. Il poeta delinea questa volta la figura del portiere avversario che rimane fermo presso la rete inviolata, ma con l'anima è anch'egli vicino ai compagni esultanti. La sua gioia si concretizza in gesti agili e leggeri (la capriola, i baci) che si contrappongono a quelli pesanti e disperati del portiere sconfitto con i quali la lirica si era aperta. L'ultimo verso ripropone il tema della partecipazione sentimentale all'evento nella quale il poeta coglie la caratteristica piú profondamente umana del gioco del calcio.

Il lessico e la sintassi

Particolarmente efficace risulta in questa lirica il contrasto tra la quotidianità dell'evento descritto e la **ricercatezza del linguaggio** e **della sintassi**. Sul piano lessicale notiamo il raro verbo *rilevarsi* adoperato al posto del piú consueto «rialzarsi», l'uso del sostantivo astratto *ebbrezza* per indicare metaforicamente la folla esultante e compatta, i raffinati attributi *ultima vana* e *amara*, quest'ultimo riferito a *luce*. La sintassi presenta inversioni e iperbati che innalzano il tono del discorso.

Esercizi

Competenza trasversale:

- **a** Acquisire ed interpretare l'informazione
- **b** Individuare collegamenti e relazioni
- **c** Comunicare
- **d** Comunicare nelle lingue straniere

- **Comprensione e competenza testuale**

1. Nella lirica il poeta ha rappresentato sia la vittoria che la sconfitta, ponendo l'accento su situazioni simili ma antitetiche. Individuale, elencando su due colonne le espressioni corrispondenti.
2. Ritorna piú volte nella lirica il motivo della partecipazione dei singoli e della folla sia alla gioia che al dolore, rispettivamente del vincitore e dello sconfitto. Individua i passi nei quali ricorre questo motivo.
3. Riconosci le inversioni e gli iperbati presenti nella lirica.

Produzione

4. Descrivi i momenti piú significativi di una partita di calcio che ti ha particolarmente entusiasmato, soffermandoti sui risvolti umani dell'evento.

Federico García Lorca
Le stelle

- F. García Lorca, *Le poesie*, trad. di C. Bo, Garzanti, Milano, 1979

IN SINTESI: Il poeta osserva le stelle del cielo, paragonandole a delle ragazze in attesa di un amore e promette loro che quando sarà morto le porterà via sul suo cavallo di nebbia.

Forma metrica: diciassette versi di varia lunghezza, suddivisi in quattro strofe di diversa composizione.

| *genere:* poesia lirica | *epoca:* primo trentennio del Novecento | *luogo:* Spagna | *lingua originale:* spagnolo |

Las estrellas
no tienen novio.

¡Tan bonitas
como son las estrellas!

5 Aguardan un galán
que las remonte
a su ideal Venecia.

Todas las noches salen
a las rejas
10 – ¡oh cielo de mil pisos! –
y hacen líricas señas
a los mares de sombra
que las rodean.

Pero aguardad, muchachas,
15 que cuando yo me muera
os raptaré una a una
en mi jaca de niebla.

Le stelle
non hanno fidanzato.

Cosí belle
come sono le stelle!

Aspettano un principe azzurro
che le porti
a un'ideale Venezia.

Tutte le notti vanno
alle griglie
– o cielo di mille piani –
e fanno lirici segnali
ai mari d'ombra
che le circondano.

Però state attente, ragazze.
Quando morrò
vi rapirò una per una
sulla mia cavalla d'ombra.

1-2. le stelle ... fidanzato: in questi versi troviamo la personificazione delle stelle. **8-10. tutte le notti ... piani!**: il cielo è raffigurato come un palazzo alle cui finestre sono affacciate le stelle, dietro le inferriate (le *griglie*). **11-13. e fanno ... circondano**: e lanciano segnali per attirare l'attenzione verso l'immensità oscura che si trova attorno a loro. **14-17. Però ... d'ombra**: il poeta personifica le stelle chiamandole ragazze, esortandole a stare pronte e all'erta perché alla sua morte egli le porterà via con sé.

L'OPERA

La produzione poetica di García Lorca, molto vasta e complessa, affonda le radici nella cultura andalusa in cui si fondono elementi arabi e gitani. Centrata principalmente sui temi del destino, della morte e della compenetrazione tra sogno e realtà, canta passioni elementari con un linguaggio ricco di metafore e di accostamenti surreali. Questa lirica fa parte della raccolta *Poesie scelte*, precisamente di un gruppo di tre poesie dal titolo *Stampe del cielo* che García Lorca dedica «alla signorina Aregimira Lopez, che non mi ha voluto».

La poesia attraverso i tempi | Fra tradizione e innovazione

L'autore

Federico García Lorca, poeta e drammaturgo spagnolo, nacque nel 1898 a Fuente Vaqueros, nei pressi di Granada, in una famiglia di agricoltori. Egli è, fra i poeti spagnoli del XX secolo, uno dei piú conosciuti e ammirati in tutto il mondo. Trascorse l'infanzia in Andalusia (regione della Spagna meridionale), poi si trasferí a Madrid, dove entrò in contatto con le correnti letterarie d'avanguardia fiorenti nella capitale spagnola. Dopo la pubblicazione di alcune opere che non ottennero grandi apprezzamenti, raggiunse il successo con le raccolte di poesie *Canciones* e *Romancero gitano* e con il dramma *Mariana Pineda*. Intorno al 1929 cadde in una profonda depressione a causa dei sensi di colpa derivanti dalla sua omosessualità che non riusciva piú a mascherare con parenti e amici. La famiglia allora decise di mandarlo negli Stati Uniti, dove frequentò per qualche tempo la Columbia University; da lí si spostò a Cuba e poi tornò in patria, proprio quando cadeva la dittatura di Primo Rivera e si ristabiliva il governo democratico. García Lorca ebbe dal governo repubblicano l'incarico di direttore di una compagnia teatrale itinerante. In questo periodo scrisse le sue opere piú famose tra cui *La Casa di Bernardas Alba* e il *Compianto per Ignazio* dedicato alla morte dell'amico torero Ignacio Sánchez Mejías. Insieme con altri scrittori fondò l'associazione degli intellettuali antifascisti. Quando nel 1936 scoppiò la guerra civile spagnola tra le forze repubblicane e i falangisti comandati dal generale Francisco Franco, Lorca ritornò da Madrid a Granada, pur sapendo che la città era nelle mani dei conservatori. Venne immediatamente arrestato, fucilato senza processo e gettato in una fossa comune. Tutto il mondo civile mostrò sdegno e risentimento per questo crimine e i maggiori poeti scrissero versi per commemorare la sua morte. Solo dopo la caduta della dittatura franchista le sue opere sono state pubblicate in Spagna.

Vincent Van Gogh, *La notte stellata sul Rodano*, 1888. Parigi, Musée d'Orsay.

Incontro con il testo… … poetico

Entriamo nel testo

Il tema e le immagini
Yo tengo el fuego en mis manos, «ho il fuoco nelle mani», diceva Federico García Lorca per definire l'origine della sua ispirazione poetica. Nella sua poesia, cosí passionale e concreta, la **natura** non è solo descrizione e non è nemmeno simbolo, ma diventa quasi un **quadro animato**. In questa lirica García Lorca ci presenta un cielo notturno in cui le stelle appaiono personificate, rappresentate come ragazze che, nel pieno della loro fulgente bellezza, sono in attesa di un fidanzato. Tutte le sere, pazientemente, si affacciano dietro le grate del cielo e lanciano i loro segnali di seduzione, mentre sognano di essere corteggiate amorevolmente e accompagnate dal loro innamorato nei luoghi piú romantici affinché il loro amore possa essere alimentato. Nell'ultima strofa il poeta si rivolge direttamente alle stelle, chiamandole familiarmente ragazze, e le invita ad attenderlo: dopo la morte, egli salirà fino a loro sul suo cavallo di nebbia e le porterà via con sé a una a una.

La bellezza di queste stelle, che tutte le notti puntualmente si affacciano alla volta del cielo, palpitanti, in attesa, è fin dall'inizio sottolineata dagli unici tre versi che rimano tra loro (*stelle, belle, stelle* dei vv. 1, 3, 4). Per rappresentare la dimensione illimitata dello spazio il poeta fa ricorso alla figura retorica dell'iperbole (*mille piani*) e alla metafora (*mari d'ombra*); anche la **personificazione delle stelle** è ottenuta attraverso un sapiente gioco di metafore, mentre la musicalità è affidata principalmente alla ripetizione e alle corrispondenze dei suoni (per esempio il suono della *s* che ritorna in *estrellas, bonitas, pisos, señas, sombra* ecc.).

Esercizi

Competenza trasversale:

a Acquisire ed interpretare l'informazione

b Individuare collegamenti e relazioni

c Comunicare

d Comunicare nelle lingue straniere

- **Comprensione e interpretazione**

1. Perché il poeta cita Venezia al verso 7?
2. Procurati, anche con l'uso di internet, una copia della carta geografica della Spagna, individua Granada ed evidenzia i contorni dell'Andalusia.
3. Sottolinea le figure retoriche, assegna loro il nome e scrivilo a margine del testo.

- **Produzione**

 b 4. Metti a confronto questo «notturno» di García Lorca con quello di Saffo (vedi pag. 62) e illustra per iscritto punti di contatto e differenze fra i due testi.

 ON LINE: Fra tradizione e innovazione

Testi: Camillo Sbarbaro, *Padre, se anche tu non fossi il mio*; Eugenio Montale, *Meriggiare pallido e assorto*; Umberto Saba, *Amai* • *Mio padre è stato per me «l'assassino»* • *Donna* • *Tre vie*; Attila Jòzsef, *Il dolore*; Thomas Stearns Eliot, *Gli uomini vuoti*; Bertolt Brecht, *Sia lode al dubbio*; Primo Levi, *Se questo è un uomo*; Erri De Luca, H_2O_2; Joyce Lussu, *Scarpette rosse*

Schede: Paul Gauguin: *Da dove Veniamo? Chi siamo? Dove andiamo?*

La poesia attraverso i tempi — Fra tradizione e innovazione

Salvatore Quasimodo
Ed è subito sera

Per la biografia di **Salvatore Quasimodo** vedi pag. 97.

- S. Quasimodo, *Tutte le poesie*, Mondadori, Milano, 1994

IN SINTESI: In pochi versi il poeta enuncia la condizione dell'uomo sulla terra: ciascuno è solo e la vita ha la durata di un bagliore di luce, immediatamente seguito dalle ombre della sera.

Forma metrica: versi liberi.

genere: poesia lirica | *epoca:* 1929 | *luogo:* Italia | *lingua originale:* italiano

Ognuno sta solo sul cuor della terra
trafitto da un raggio di sole:
ed è subito sera

Giovanni Fattori, *Marina al tramonto*, 1890-1895. Firenze, Galleria d'Arte Moderna.

L'OPERA

La breve lirica è tratta da *Acque e terre*, la prima raccolta poetica di Quasimodo che, pubblicata nel 1930, riunisce le poesie composte tra il 1920 e il 1929. In queste liriche il poeta parla di sé, della sua solitudine impenetrabile e della Sicilia, cantata come il luogo dell'infanzia perduta. Il linguaggio è essenziale e ricco di analogie folgoranti. La parola mantiene la sua concretezza, è spesso descrittiva e non si chiude volutamente alla comprensione del lettore. Nel 1942 il poeta fece confluire tutta la produzione degli anni Trenta in una più vasta raccolta intitolata *Ed è subito sera*.

Entriamo nel testo

I temi e le parole chiave

È questa una delle liriche più significative di Quasimodo, tanto che ha dato il nome alla raccolta che costituisce la sintesi di tutto il primo tempo della sua poesia. Si tratta di tre versi che assumono il valore di una verità universale e si presentano come una riflessione fulminea sulla **solitudine dell'uomo** e sulla **brevità della vita**. Nel primo verso, incisivo come una sentenza, il poeta esprime il senso di solitudine dell'uomo che, pur vivendo al centro delle cose (*sul cuor della terra*), è condannato all'isolamento e all'incomunicabilità. La forza espressiva del verso è racchiusa nell'antitesi fra *solo* e *cuor*, fra un termine che comunica in modo netto e inequivocabile l'idea della solitudine, e uno che richiama il pulsare della vita, la ricchezza di passioni e sentimenti. Tra i due poli non c'è alcuna possibilità di incontro e di fusione.

Anche il secondo verso è costruito su un'antitesi che risulta ancor più drammatica della precedente: l'immagine positiva del raggio di sole, simbolo di vita, di luce e di calore, si capovolge in simbolo di morte, di pena e di dolore per l'inedito e sconvolgente accostamento al participio *trafitto*, che coglie di sorpresa il lettore e crea un'impressione di angoscia e di sofferenza. *Trafitto* vuol dire, infatti, trapassato, ferito e implica, quindi, l'idea della **sofferenza** che fatalmente accompagna l'avventura della vita. L'energia che ci fa vivere è la stessa che ci fa soffrire, il raggio di sole diventa un dardo di morte. Ma chi è trafitto è anche inchiodato, bloccato in un'immobilità che non gli consente di comunicare con gli altri. Pertanto l'immagine dell'uomo trafitto da un raggio di sole, inchiodato *sul cuor della terra*, racchiude in sé anche l'idea della solitudine, espressa in apertura del testo. L'ultimo verso, separato dal precedente da un forte segno di interpunzione, ma legato a esso dalla congiunzione, comunica l'idea della brevità della vita. La sera-morte sopraggiunge all'improvviso a spegnere la luce della vita e a porre fine alle sofferenze dell'uomo. Essa è quindi dolorosa e liberatrice al tempo stesso e colpisce inaspettatamente. L'uomo crede di avere tanto tempo dinanzi a sé, quando all'improvviso giunge la sera a significare che il suo breve viaggio è già finito. Solitudine, pena di vivere, brevità dell'esistenza sono i tre temi della lirica. Nel primo verso la parola chiave che restituisce l'idea di solitudine e precarietà è *solo*, nel secondo *trafitto*, nel terzo *subito*.

Dal primo verso all'ultimo le parole diminuiscono di numero e acquistano una forza tutta particolare, grazie anche all'uso delle metafore (*trafitto*, *sera*).

Esercizi

Competenza trasversale:

a Acquisire ed interpretare l'informazione
b Individuare collegamenti e relazioni
c Comunicare
d Comunicare nelle lingue straniere

- **Comprensione e competenza testuale**

1. Sottolinea sul testo le allitterazioni presenti nel primo e nell'ultimo verso.
2. Spiega il significato delle metafore presenti nella poesia.

- **Produzione**

3. Per quale motivo, a tuo parere, il numero delle parole va riducendosi dal primo all'ultimo verso?
4. Scrivi in un breve testo le emozioni e le riflessioni che suscita in te questa poesia.
5. Metti a confronto questa poesia con il sonetto *Alla sera* di Foscolo (vedi pag. 75). Noti dei punti di contatto? Se sí, quali? In che modo i due poeti trattano il tema della sera-morte?

La poesia attraverso i tempi — Fra tradizione e innovazione

Salvatore Quasimodo
Alle fronde dei salici

Per la biografia e l'opera di **Salvatore Quasimodo** vedi pag. 97.

- S. Quasimodo, *Poesie Prose Traduzioni*, Utet, Torino, 1968

IN SINTESI: Il poeta istituisce un confronto a distanza fra la condizione di schiavitù degli ebrei a Babilonia e quella dell'Italia al tempo dell'occupazione tedesca durante la seconda guerra mondiale. In entrambi i casi la perdita della libertà e l'orrore della guerra impediscono ai poeti di intonare il canto sulle loro cetre che rimangono idealmente appese ai rami di un salice e oscillano al vento.

Forma metrica: endecasillabi sciolti.

genere: poesia lirica | *epoca:* 1947 | *luogo:* Italia | *lingua originale:* italiano

E come potevamo noi cantare
con il piede straniero sopra il cuore,
fra i morti abbandonati nelle piazze
sull'erba dura di ghiaccio, al lamento
5   d'agnello dei fanciulli, all'urlo nero
della madre che andava incontro al figlio
crocifisso sul palo del telegrafo?
Alle fronde dei salici, per voto,
anche le nostre cetre erano appese,
10 oscillavano lievi al triste vento.

1. come potevamo ... cantare: come noi poeti potevamo comporre versi.
2. con il piede ... cuore: il poeta allude all'occupazione nazista durante la seconda guerra mondiale.
4. erba dura di ghiaccio: indica, a un primo livello di lettura, l'erba indurita dal ghiaccio. Tuttavia l'espressione, interpretata in chiave metaforica, allude al raggelarsi di tutti i sentimenti causato dalla guerra e testimoniato dall'immagine precedente dei morti abbandonati nelle piazze.
4-5. lamento ... fanciulli: in questa espressione confluiscono per un verso il ricordo degli agnelli sgozzati nei sacrifici pagani, per l'altro l'immagine cristiana dell'agnello simbolo di Cristo. Il paragone tra i fanciulli e l'agnello, animale mansueto e indifeso per eccellenza, accentua la crudeltà disumana della guerra che si accanisce sui piú deboli.
5-7. urlo ... telegrafo: l'esecuzione dell'uomo, forse un partigiano, è paragonata all'uccisione di Cristo, mentre la madre che va incontro al figlio ricorda Maria ai piedi della croce. Ma l'espressione piú intensamente drammatica è l'*urlo nero della madre*, una sinestesia che concentra in sé una molteplicità di significati. L'aggettivo *nero*, che qui ha il valore di «funebre, luttuoso», trasmette una fortissima sensazione visiva: dinanzi agli occhi del lettore si staglia l'immagine di una bocca spalancata in un grido. Quel nero ci fa percepire l'abisso di dolore che si spalanca nel cuore della madre e fa risuonare nel nostro animo il suo urlo straziante.
8-10. Alle fronde ... vento: dopo tanta tensione, negli ultimi tre versi si distendono immagini piú pacate, anche se tristi. All'urlo si è sostituito il silenzio: le cetre che oscillano leggere alle fronde dei salici rappresentano l'impotenza e l'inutilità della poesia di fronte all'imbarbarimento del mondo.

Entriamo nel testo

Il tema
La lirica trae spunto dal *Salmo 136* della *Bibbia* che esprime il dolore degli ebrei durante l'esilio e la schiavitú in Babilonia: «Sui fiumi di Babilonia, là sedemmo e spargemmo lacrime, ricordandoci di Sion (Israele). Ai salici, in mezzo ad essa, appendemmo i nostri strumenti. Come canteremo un cantico del Signore in terra straniera?». Come gli ebrei non possono intonare il loro canto a Dio durante l'esilio e la schiavitú, cosí la poesia non può che tacere di fronte alla violenza della guerra che colpisce i deboli, lacera i piú sacri vincoli d'amore, cancella ogni forma di umana compassione. Il **silenzio della parola poetica** dunque è segno di pietà e di rispetto per chi soffre, è sacrificio del poeta che offre in *voto* a Dio la sua rinunzia al canto, è protesta contro le atrocità commesse.
Il gesto di appendere le cetre alle fronde dei salici può essere però inteso anche come allusione al mutamento della poesia di Quasimodo. Egli abbandona la cetra, simbolo di lirica pura, individuale, per approdare a una poesia corale, profondamente calata nella tragicità della Storia.

Le tecniche espressive

La poesia è costituita da due periodi: il primo è una **lunga interrogazione** sul significato e sul ruolo della poesia in un mondo oppresso e sconvolto dalla guerra (vv. 1-7). All'interno di questo ampio periodo il poeta allinea immagini di morte e di violenza appuntando lo sguardo sulle vittime. Gli ultimi tre versi contengono la risposta a quella domanda.
È una **risposta in negativo**, che sancisce l'impossibilità e l'inutilità della poesia (o forse di un particolare tipo di poesia) quando la rabbia e l'istinto bestiale prevalgono sulla ragione e sulla civiltà delle quali la parola poetica è la piú alta manifestazione. La congiunzione che dà avvio al componimento (*E come*) ci fa capire che la domanda si pone a conclusione di una lunga riflessione scaturita forse dal ricordo di quei momenti atroci. L'uso dell'imperfetto (*potevamo*) colloca infatti nel passato la situazione descritta e ne indica il superamento, testimoniato dalla rinascita del canto poetico: il poeta è tornato alla poesia attraverso la quale rievoca la precedente situazione di dolore.
La lirica è un esempio del **nuovo stile** di Quasimodo. Lo dimostrano l'uso della prima persona plurale (il poeta è passato dall'io al noi, dalla soggettività alla coralità), la sintassi distesa e colloquiale, la predilezione per un lessico piú semplice e quotidiano. Non mancano però analogie, metafore e sinestesie di particolare densità (*erba dura di ghiaccio*, *lamento d'agnello*, *urlo nero*).

Dal testo al contesto

Anche se la lirica può essere interpretata come una riflessione universale sull'orrore della guerra, non si può trascurare il fatto che essa è stata ispirata al poeta da un evento storico determinato: la seconda guerra mondiale e in particolare il momento della **lotta tra partigiani e nazifascisti** dopo l'armistizio dell'8 settembre 1943.
A questo punto l'Italia centro-settentrionale risultò divisa tra i repubblichini, appartenenti all'esercito della Repubblica Sociale di Salò, che collaboravano con gli occupanti nazisti, e le forze partigiane che combattevano contro fascisti e tedeschi. Il conflitto fu sia guerra di Liberazione, poiché era combattuto contro l'occupante tedesco e contro il regime fascista, sia guerra civile, poiché vedeva contrapposti uomini che appartenevano allo stesso Paese e alla stessa generazione. A questo momento della guerra, segnato da un'estrema durezza e crudeltà, da deportazioni ed esecuzioni sommarie, si riferiscono i versi di Quasimodo.
Il 25 aprile del 1945 l'insurrezione finale liberò le città del nord prima ancora che arrivassero gli Alleati e pose fine alla guerra.

Esercizi

Competenza trasversale:

 Acquisire ed interpretare l'informazione
 Individuare collegamenti e relazioni
c Comunicare
d Comunicare nelle lingue straniere

- **Comprensione e competenza testuale**

1. A chi si riferisce il poeta con il pronome *noi* (v. 1)?
2. Nel penultimo verso il poeta scrive *anche le nostre cetre erano appese*. A quali altre cetre egli fa riferimento?
3. Rileggi l'ultimo verso della lirica e spiega perché il *vento* viene definito *triste*.
4. L'espressione *con il piede straniero* (v. 2) è una figura retorica. Sapresti riconoscerla? Quali altre figure retoriche sono presenti nella lirica?

- **Produzione**

  5. Quale funzione il poeta attribuisce alla poesia in un momento di tragedia collettiva? Concordi con la posizione di Quasimodo? Esponi le tue considerazioni in un testo scritto di 30 righe.

Dal secondo Novecento a oggi

Delineare un panorama della poesia italiana dal secondo Novecento ai nostri giorni non è cosa semplice per la varietà delle tendenze che si intrecciano, coesistono, si sovrappongono negli stessi anni e talvolta negli stessi poeti. Ci limiteremo pertanto a indicare, in modo assai schematico, alcune linee di sviluppo ormai riconosciute dalla critica, senza naturalmente pretendere di esaurire in tal modo la vastità e complessità della produzione poetica piú vicina a noi.

- Diversi poeti del secondo Novecento, tra i quali vanno ricordati Sandro Penna, Attilio Bertolucci, Giorgio Caproni, hanno trovato in Umberto Saba il loro principale punto di riferimento. Ecco perché la **corrente** a cui appartengono è definita **antinovecentesca** o **sabiana**. Essi hanno ripreso dal poeta triestino l'attenzione verso un mondo semplice e autentico e la preferenza per una lingua «normale» e comprensibile che non rinunzia all'armonia della rima.
- Parallela al filone antinovecentesco scorre la cosiddetta **linea lombarda** che ha avuto i suoi maggiori esponenti in Vittorio Sereni, Bartolo Cattafi, Nelo Risi. Essi si collegano alla linea Pascoli-Gozzano-Montale, guardano al reale e prediligono un linguaggio essenziale e talora prosastico.
- Su un altro versante si colloca il **Neosperimentalismo** di Pier Paolo Pasolini, Roberto Roversi, Francesco Leonetti che hanno ricercato sperimentazioni stilistiche di tipo nuovo, affidate alla libera invenzione individuale e al tempo stesso hanno recuperato l'impegno politico e civile, contrapponendosi alle ideologie ufficiali del loro tempo.
- Di segno diverso è stata l'esperienza della **Neoavanguardia** che, come suggerisce il nome stesso, si rifaceva alle avanguardie del primo Novecento: Futurismo, Crepuscolarismo, Surrealismo ecc. Tra i suoi esponenti ricordiamo Antonio Porta, Nanni Balestrini, Edoardo Sanguineti, che costituirono il cosiddetto *Gruppo '63*.
- Dopo il 1968, contrassegnato dalla contestazione studentesca, da una straordinaria vitalità sul piano dell'impegno politico e da una vera e propria rivoluzione nel costume e nella cultura, si assiste, a partire dalla seconda metà degli anni Settanta, al crollo degli ideali sessantotteschi. È questa l'epoca del cosiddetto *riflusso*, in cui viene meno l'impegno politico e gli intellettuali ritornano alla **dimensione del privato** e alla **riflessione esistenziale**.
- Oggi la poesia è contrassegnata dalla piú assoluta **libertà stilistica**: non si seguono piú regole dettate da questa o quella corrente letteraria e si predilige un linguaggio aperto alla comprensione, spesso venato di ironia, talora caratterizzato da una sorta di plurilinguismo e pluristilismo.
- Nel corso del Novecento ha assunto infine una sua specificità la **poesia al femminile**, scritta da donne che parlano in prima persona di se stesse. Tra le autrici piú significative vanno ricordate Sylvia Plath e Alda Merini.

Nel mondo contemporaneo la poesia sembra aver perso la sua capacità di costituire un punto di riferimento ideale e spirituale per l'uomo. Nonostante ciò i poeti continuano a scrivere. È forse una dimostrazione del fatto che, nonostante tutto, la poesia è ancora per molti un bisogno insopprimibile? Non lo sappiamo, ma comunque ci sembra un buon segno, perché se la poesia è, come dice il poeta contemporaneo Giuseppe Conte, la «capacità di vedere il mondo con occhi nuovi, sorpresi, innocenti, agitati dalla luce, e di saperlo inventare e cantare divinamente e di nuovo», possiamo sperare che «finché risuonerà la musica di un endecasillabo, le forze dell'orrore non prevarranno».

Incontro con il testo... ... poetico

 Sandro Penna

Sul molo il vento soffia forte

- S. Penna, *Tutte le poesie*, Garzanti, Milano, 1993

IN SINTESI: Il poeta delinea in pochi versi uno scorcio di vita: la luce fredda di una giornata invernale illumina il molo spazzato dal vento, una vela in corsa sul mare, i capelli rossi di un ragazzo a cui una folata di vento ha portato via il cappello.

Forma metrica: strofa formata da otto endecasillabi e un settenario.

genere: poesia lirica | *epoca:* 1950 | *luogo:* Italia | *lingua originale:* italiano

Sul molo il vento soffia forte. Gli occhi
hanno un calmo spettacolo di luce.
Va una vela piegata, e nel silenzio
la guida un uomo quasi orizzontale.
5   Silenzioso vola dalla testa
di un ragazzo un berretto, e tocca il mare
come un pallone il cielo. Fiamma resta
entro il freddo spettacolo di luce
la sua testa arruffata.

L'autore

Sandro Penna è un poeta che si distingue nel panorama letterario del Novecento per la limpidezza e l'apparente semplicità del linguaggio poetico con il quale riesce a catturare luminosi brandelli di realtà. Nato a Perugia nel 1906, dopo aver condotto studi irregolari, si diplomò in ragioneria. A ventitré anni si trasferì a Roma presso la madre che viveva separata dal marito. Qui svolse lavori svariati e saltuari, collaborò ad alcune riviste letterarie e si dedicò soprattutto alla poesia. I suoi versi vennero particolarmente apprezzati da Saba, grazie al quale poté pubblicare nel 1939 la prima raccolta intitolata *Poesie*. Recatosi a Firenze, entrò in contatto con il gruppo di intellettuali che si riunivano al caffè delle «Giubbe Rosse» e strinse amicizia con Montale. Se si esclude questo episodio e un breve soggiorno a Milano durante il quale lavorò come commesso in una libreria, la vita di Penna si svolse quasi esclusivamente a Roma dove il poeta condusse per sua scelta un'esistenza solitaria, rallegrata solo dai rapporti con pochi amici sinceri fra i quali vanno ricordati Umberto Saba, Pier Paolo Pasolini e Dario Bellezza. È morto a Roma nel 1977.
L'opera di Penna è costituita da varie raccolte poetiche tra le quali ricordiamo *Appunti* del 1950 e *Una strana gioia di vivere* del 1956. Lo stesso autore, sollecitato da Pasolini, curò l'edizione completa dei suoi scritti una prima volta nel 1957 (*Poesie*) e successivamente nel 1970 (*Tutte le poesie*). Altre liriche sono apparse dopo la sua morte a cura degli amici.

L'OPERA

La lirica fa parte di *Appunti,* il secondo libro di versi del poeta. La poesia di Penna è caratterizzata, sin dalle prime prove, da temi ricorrenti che la rendono riconoscibile: l'attenzione al reale, l'amore omosessuale cantato con toni leggeri e gioiosi, oggetti e immagini che richiamano l'idea del movimento, come il mare, il vento, il treno, il mutare della luce. Egli ama cantare nelle sue liriche personaggi semplici (marinai, soldati, operai), ambienti umili (osterie, cinematografi di periferia, treni, strade) che vengono riscattati dalla purezza e dalla musicalità della parola. Al «male di vivere», tema dominante della poesia novecentesca, Penna contrappone la «gioia di vivere», anzi una «strana gioia di vivere», come il poeta stesso la definisce nel titolo di una delle sue raccolte. «Strana» perché accompagnata da sgomento e malinconia, sentimenti dovuti a una condizione di emarginazione accettata, ma non per questo meno dolorosa.
Per esprimere queste tematiche, Penna, riprendendo la lezione di Saba, privilegia componimenti brevi, adotta forme metriche tradizionali, fa spesso ricorso alla rima e soprattutto utilizza un linguaggio limpido e armonioso di facile comprensione.

Entriamo nel testo

Il tema e il linguaggio
Una distesa marina immersa nella luce e nel silenzio di una fredda giornata invernale, il vento che soffia forte, una barca a vela piegata sulle onde, un uomo che la guida quasi disteso, un ragazzo sul molo a cui il vento porta via il berretto, scoprendo una testa arruffata di capelli rossi. Servendosi di pochi e semplici elementi – una vela, un uomo, un ragazzo, un berretto – Penna crea un quadro limpido e vivacemente mosso. Le componenti dominanti della poesia sono: **il silenzio**, **la luce**, che rende cristallini i contorni degli oggetti e delle persone, **il movimento**.

Di particolare efficacia il paragone tra il berretto che tocca il mare e il pallone che sfiora il cielo e la metafora della testa-fiamma. Il primo crea una duplice traiettoria alto/basso-basso/alto che unisce mare e cielo, comunicando una sensazione di apertura e di libertà. La seconda, rafforzata dall'antitesi e dall'allitterazione che accostano due termini opposti come *Fiamma* e *freddo*, proietta sul quadretto invernale una piacevole sensazione di calore e di allegria.
Il **linguaggio** è **semplice** e la **sintassi lineare** per la presenza di proposizioni principali legate dalla coordinazione.

Henri Edmond Cross, *Il mare che sciaborda*, 1903 circa. Collezione privata.

Esercizi

- **Competenza testuale e interpretazione**

1. La ripetizione è un elemento che torna spesso nelle poesie di Penna. Individua le ripetizioni presenti nel componimento e spiega quale effetto esse producono.
2. Ricerca nel testo gli *enjambement*.
3. Silenzio, luce, movimento sono le componenti fondamentali della lirica. Individua tutte le espressioni che si riferiscono a ciascuna di esse.
4. Osserva la sintassi del componimento: ci sono proposizioni subordinate? Quante sono le proposizioni coordinate per polisindeto? Ci sono ellissi del verbo?
5. Perché, secondo te, il poeta ha concluso la lirica con un settenario?

per l'INVALSI con Eugenio

1. **Nella lirica il poeta si sofferma sugli effetti prodotti dal vento che soffia forte sul molo. Quali effetti provoca il vento?**
   a. ☐ Agita le acque del mare e fa volar via il berretto dalla testa di un ragazzo.
   b. ☐ Piega una barca a vela, costringendo l'uomo che la guida a distendersi orizzontalmente per governarla.
   c. ☐ Piega la vela di una barca, costringe l'uomo che la guida a distendersi orizzontalmente per governarla, fa volar via il berretto di un ragazzo.
   d. ☐ Piega la vela di una barca, costringe l'uomo che la guida a distendersi orizzontalmente per governarla, fa volare in alto un pallone.

2. **Nell'espressione «Va una vela piegata» (v. 3) la parola *vela* è una:**
   a. ☐ metonimia.
   b. ☐ metafora.
   c. ☐ iperbole.
   d. ☐ sineddoche.

3. **Il poeta usa due volte l'espressione «spettacolo di luce» (v. 2 e v. 8) per descrivere la luminosità dell'atmosfera. Da quali aggettivi è accompagnata questa espressione nei due punti del testo in cui ricorre?**

   ....
   ....

4. **Nel delineare il paesaggio e i personaggi che ne fanno parte, il poeta mette in risalto due elementi. Uno di essi è la luce. Qual è l'altro?**
   a. ☐ Il silenzio.
   b. ☐ Il colore rosso.
   c. ☐ Il freddo.
   d. ☐ Il mare.

La poesia attraverso i tempi : **Dal secondo Novecento a oggi**

5. Un'altra componente della lirica è il movimento. Individua tutti i termini che esprimono l'idea del movimento.

....

....

6. Nel periodo conclusivo della lirica «Fiamma resta / entro il freddo spettacolo di luce / la sua testa arruffata» (vv. 7-9) il sostantivo *fiamma* svolge la funzione di:

a. ☐ soggetto.
b. ☐ complemento oggetto.
c. ☐ complemento predicativo del soggetto.
d. ☐ secondo termine di paragone.

7. La poesia si chiude con una nota di colore: i capelli rossi e arruffati del ragazzo, a cui il vento ha portato via il berretto, che il poeta paragona a una fiamma, servendosi di una figura retorica. Quale?

a. ☐ Similitudine.
b. ☐ Metafora.
c. ☐ Sineddoche.
d. ☐ Iperbole.

8. La lirica è costituita da un susseguirsi di proposizioni principali, ognuna delle quali è retta da un verbo all'indicativo. C'è solo una frase che presenta l'ellissi del verbo. Quale?

....

....

9. Dopo aver esaminato la lirica, come definiresti il componimento?

a. ☐ Realistico.
b. ☐ Meditativo.
c. ☐ Ironico.
d. ☐ Polemico.

10. Nella lirica sono presenti tre figure retoriche del significato. Scrivi quali sono e riporta l'espressione corrispondente a ciascuna di esse.

....

....

11. Sandro Penna appartiene a una corrente letteraria del secondo Novecento che prende le distanze sia dall'Avanguardia sia dall'Ermetismo. Qual è questa corrente?

a. ☐ Neosperimentalismo.
b. ☐ Linea lombarda.
c. ☐ Neorealismo.
d. ☐ Antinovecentismo.

Abdellatif Laâbi
Tu che porti la metà della volta celeste

- *Lingue di mare, Lingue di terra*, 2, a cura di C. Ferrini, Mesogea, Messina, 2000

IN SINTESI: Il poeta si rivolge alla sua donna, nella quale vede rappresentate tutte le donne del mondo, augurandosi di poter scrivere una poesia capace di esprimere tutta la fecondità e la ricchezza che ella racchiude in sé e dona al mondo. Nel corso dei secoli non solo le donne hanno dovuto subire l'oppressione di tradizioni che hanno avvilito la loro individualità, ma il canto dei poeti ha falsificato la realtà, vedendo la donna come oggetto d'amore, senza tentare di comprenderla realmente. Egli pertanto si augura che finalmente la condizione delle donne cambi sotto ogni latitudine e che le loro braccia tintinnino gioiosamente di braccialetti con l'immagine del sole, simbolo di vita.

Forma metrica: strofe di versi liberi. | *genere*: poesia lirica | *epoca*: 1981 | *luogo*: Marocco | *lingua originale*: francese

Toi qui portes la moitié de la voûte céleste	Tu che porti la metà della volta celeste
ma femme	mia donna
et la Femme	e la Donna
je voudrais hisser le poème	vorrei innalzare la poesia
5 jusqu'à recouvrer	fino a ricuperare
tout les charriages de ta fécondité	tutti i carriaggi della tua fecondità
et en toi	e in te
par toi	attraverso di te
soulever les tonnes	sollevare le tonnellate
10 de voiles avilissants	di veli avvilenti
qui lestent autant de mains miraculeuses	che zavorrano così tante mani miracolose

---

1. Tu che porti ... volta celeste: il poeta riprende una famosa frase del leader politico cinese Mao Tse Tung, il quale nel 1949 aveva affermato che «le donne reggono l'altra metà del cielo».
6. i carriaggi: letteralmente il termine indica un insieme di veicoli da trasporto, ma l'intera espressione va interpretata in senso metaforico, come indice di grande quantità, ricchezza.
9-11. le tonnellate ... zavorrano: la zavorra è una massa pesante che serve a far restare a fondo la parte immersa della barca; più genericamente indica un peso, come sono qui i veli che hanno appesantito le mani delle donne. Il riferimento ai veli richiama la condizione femminile nei paesi dell'Islam dove la donna, in nome di una precisa tradizione religiosa, non può mostrarsi se non coperta con un velo che può avere diverse forme e nomi (*hijab, chador, haiq, jelaba, purdah, burqa*); può coprire solo la testa e la parte inferiore del viso, o l'intero corpo, mani comprese. Corto o lungo che sia, esso ha lo scopo di nascondere il corpo della donna agli sguardi e ai desideri maschili ed è considerato dal poeta un simbolo dell'oppressione femminile. Ecco perché il poeta vuole sollevare *le tonnellate di veli avvilenti* che pesano come zavorra sulla donna schiacciata e umiliata.
11. miracolose: capaci, nonostante la zavorra, di fare tante cose. Il termine vuole evidenziare la creatività e l'abilità femminili.

L'OPERA

Tu che porti la metà della volta celeste è il titolo, oltre che della poesia qui riportata, anche dell'intera raccolta di liriche scritte in lingua francese dal poeta marocchino Abdellatif Laâbi e pubblicate nel 1981, che rispecchiano alcuni degli aspetti più caratteristici della cultura islamica.

de nos femmes prostrées	delle nostre donne prostrate
et si je me le permets	e se me lo permetto
si je te le permets	se te lo permetto
15 *c'est parce que tu n'es pas l'Autre*	è perché tu non sei l'Altro
fruit exotique	frutto esotico
ou chair promise à coloniser	o carne promessa da colonizzare
c'est parce que tu es mon égale	è perché tu sei mia eguale
parce que tu es le muscle de mon coeur	perché sei il muscolo del mio cuore
20 *et la profusion de mes doigts*	e la profusione delle mie dita
c'est parce que tu es	è perché tu sei
ce que j'ai intégré de la permanence	ciò che ho integrato della permanenza
sous toutes les latitudes	sotto tutte le latitudini
donc femme	dunque donna
25 *m'entends-tu*	mi senti
je ne t'écris pas des «poèmes d'amour»	io non ti scrivo «poesie d'amore»
et j'accuse	e io accuso
tant de nos poètes amoureux	tanti nostri poeti innamorati
de n'avoir que pornographié	di aver solo pornografato
30 *faussaires*	falsari
ayant permis	avendo permesso
après tant de romances	dopo tante romanze
avec tant de romances	con tante romanze
que la femme	che la donna
35 *notre femme*	la nostra donna
laissée s'écrouler depuis tant de siècles	lasci crollare dopo tanti secoli
la moitié de la voûte céleste	la metà della volta celeste
et c'est d'abord le poète qui est coupable	ed è anzitutto il poeta a essere colpevole
oui	sí
40 *l'amour est à réinventer*	l'amore è da reinventare

12. prostrate: avvilite, chine sotto quei pesi.
20. la profusione: indica abbondanza, ricchezza. Qui si può rendere come «il prolungamento» delle stesse mani del poeta il cui cuore e il cui corpo sono tutt'uno con quelli della donna.
22-23. ciò ... latitudini: la donna è per il poeta una ricchezza maggiore di quella fatta andando in giro per il mondo.
29. pornografato: scritto cose inaccettabili, falsando l'immagine della donna (cosa che per il poeta è oscena al pari della pornografia).
32. romanze: composizioni poetiche.

L'autore

Abdellatif Laâbi nato a Fès nel 1942, è uno dei poeti e degli intellettuali piú importanti del Marocco contemporaneo. Nel 1966 è stato tra i fondatori della rivista «Souffles», di cui divenne direttore. Nel 1969 ha pubblicato il primo dei suoi numerosi romanzi, *L'occhio e la notte*. Nel 1972 è stato arrestato con gli altri dirigenti della redazione di «Souffles» e condannato, per «reato di opinione», a dieci anni di carcere. Liberato nel 1980, ha pubblicato il racconto-poema *Storia dei sette crocifissi della speranza*, cui seguiranno varie raccolte di poesie. Ha scritto anche opere teatrali e saggi. Del 2010 è la sua seconda raccolta di poesie, *Oeuvre poétique II*, La Différence.

donc femme	dunque donna
m'entends-tu	mi senti
il s'agit comme pour toutes les autres défaites	si tratta come per tutte le altre sconfitte
de regrouper les survivants	di riunire i superstiti
45 *de tirer le maximum des édifices dévastés*	di trarre il massimo dagli edifici devastati
et se remettre à la tâche	e rimettersi in cammino
pour que s'épanouisse la cité des femmes nouvelles	affinché sbocci la città delle nuove donne
et que leurs bras	e che le loro braccia
leurs beaux bras tintant toujours	le loro belle braccia sempre tintinnanti
50 *de bracelets rutilants à effigie de soleils*	di braccialetti rutilanti con l'effigie del sole
que leurs bras forment grappes	che le loro braccia formino grappoli
forment tour d'énergie	formino torri di energia
obélisque qui monte, monte	obelisco che sale, sale
pour redresser	per raddrizzare
55 *la moitié écroulée de la voûte céleste*	la metà crollata della volta celeste

44. i superstiti: ciò che è rimasto.
50. rutilanti: splendenti.

Entriamo nel testo

La struttura e i temi della lirica

Il poeta all'inizio della lirica (v. 2) si rivolge in modo specifico alla sua donna, ma subito dopo estende il discorso alla Donna in generale – per questo usa la lettera maiuscola – e la presenta come colei che *porta la metà della volta celeste*. In questo modo riconosce immediatamente che il suo ruolo nella vita e nella società è uguale e complementare a quello dell'uomo. Quindi esprime il desiderio di poter scrivere una poesia capace di recuperare tutta la fecondità e la ricchezza che la donna racchiude in sé e dona al mondo. Qui la parola *fecondità* non allude soltanto alla capacità generatrice della donna dal punto di vista fisico, ma anche alle sue doti spirituali di intelligenza e creatività spesso soffocate e umiliate. Attraverso la sua donna quindi egli intende **riscattare tutte le donne** dalle *tonnellate di veli avvilenti* che pesano come una zavorra sulle *mani miracolose* di tante creature oppresse. Precisa però che questo suo atteggiamento non va interpretato come una concessione fatta cadere dall'alto: egli, in quanto uomo, non si sente per nulla superiore alla donna; al contrario può permettersi di sollevare le *tonnellate di veli avvilenti* proprio perché non vede nella donna l'Altro da sé, l'oggetto del desiderio da conquistare, il corpo da usare e dominare, ma piuttosto la metà di se stesso. La donna è il muscolo del suo cuore, vale a dire la parte più vitale del suo essere, quella senza la quale la vita stessa non esisterebbe; è il prolungamento delle sue dita; è l'altra parte di sé sempre e dovunque. I due versi finali si prestano a una lettura polivalente: è possibile infatti che il poeta voglia alludere anche al fatto che questa condizione di complementarità uomo-donna non vale solo per lui, ma per tutti gli uomini, a qualunque Paese appartengano.

Nella seconda strofa si istituisce una **contrapposizione tra la nuova poesia**, che riconosce la vera essenza della donna, **e quella tradizionale**, accusata di essere complice della condizione di subordinazione a cui l'universo femminile è stato per secoli condannato. Laâbi si rifiuta di scrivere «*poesie d'amore*» (le virgolette hanno qui la funzione di sottolineare la falsità e la convenzionalità della tradizionale lirica amorosa), e accusa i poeti di aver falsificato la realtà, di aver fatto solo pornografia, cantando la donna come oggetto d'amore, senza coglierne la vera essenza; di aver indebolito, con le loro sdolcinate romanze sentimentali, l'universo femminile, rischiando di far crollare l'altra metà del cielo che alla donna era stata assegnata. Se dunque il mondo non ha per secoli riconosciuto la dignità femminile, **la colpa è anche dei poeti**, e l'amore stesso è da reinventare. Ciò significa rifiutare l'idea stereotipata dell'amore come corteggiamento di una creatura apparentemente innalzata a dama e

signora del cuore dell'uomo, ma in effetti privata del riconoscimento del suo ruolo. Amore è, invece, procedere insieme nel rispetto reciproco, dividendosi compiti, fatiche, gioie, dolori, e mettendo al bando qualsiasi prevaricazione.
La terza strofa riprende e sviluppa, fondendoli in una nuova sintesi, i temi delle strofe precedenti. Preso atto della sconfitta dell'universo femminile, il poeta invita la donna a riunire le forze, a trarre il massimo dagli edifici devastati, a riprendere il cammino come si fa dopo ogni sconfitta, dopo ogni naufragio, per far nascere *la città delle nuove donne*, donne non più sepolte dai veli, ma capaci di levare in alto le braccia tintinnanti di braccialetti che scintillano. Queste braccia dovranno formare grappoli e torri di energia, dovranno diventare un obelisco che si leva verso l'alto per raddrizzare la metà crollata della volta celeste.

Lo spazio e il suo significato
Il senso della lirica si coglie anche attraverso il modo in cui è organizzato lo spazio. Esso è sempre **diviso in due**, ma questa divisione ora è verticale (*la metà della volta celeste*) a indicare la complementarità tra uomo e donna; ora è orizzontale a indicare prima l'oppressione, poi la liberazione. Quando viene espressa l'oppressione il movimento va dall'alto verso il basso (*le tonnellate / di veli avvilenti che zavorrano così tante mani miracolose; che ... la nostra donna / lasci crollare ... / la metà della volta celeste*); quando si esprime la liberazione il movimento va dal basso verso l'alto: ecco allora la città delle nuove donne che *sboccia*, le braccia che formano *torri di energia* e che si slanciano in alto come un *obelisco*. Tutta l'ultima parte della lirica è inoltre attraversata dall'idea del movimento, del cammino di rinascita, segno che il poeta ha fiducia nella possibilità di cambiare il mondo.

Il fascino delle immagini
Il particolare fascino del componimento è racchiuso soprattutto nelle immagini mediante le quali il poeta esprime i significati della lirica: *le tonnellate di veli avvilenti*, le braccia tintinnanti di braccialetti, l'obelisco fatto di mani e di braccia di donne e così via. A proposito di queste immagini vanno fatte due considerazioni.
- La prima riguarda il rapporto fra la lingua originale e quella della traduzione. Notiamo che la lingua francese, con la particolarità dei suoi suoni, trasmette in modo più efficace certe sensazioni. Ad esempio l'espressione *les tonnes de voiles avilissants* fa percepire meglio il contrasto tra la pesantezza di *tonnes* e di *avilissants* e la leggerezza di *voiles*.
- La seconda considerazione riguarda il fatto che, nonostante gli espliciti riferimenti all'area culturale da cui proviene l'autore, il componimento non può essere ricondotto esclusivamente alle problematiche relative alla condizione della donna nel Medio Oriente. L'intero discorso deve essere collocato in una prospettiva più ampia e quindi va applicato anche alla realtà femminile del mondo occidentale ancora condizionata, nonostante l'emancipazione, da pregiudizi e spesso da un rapporto disarmonico fra i due sessi.

Esercizi

Competenza trasversale:

a Acquisire ed interpretare l'informazione
b Individuare collegamenti e relazioni
c Comunicare
d Comunicare nelle lingue straniere

- **Comprensione e produzione**

1. Spiega con parole tue il significato della poesia e le immagini attraverso le quali il poeta lo esprime.
d 2. Se conosci il francese, leggi la lirica nella lingua originale e, con l'aiuto dell'insegnante, esamina il livello fonico e lessicale del testo e riconosci le figure retoriche.
a 3. Conduci una ricerca sull'origine della tradizione del velo nei Paesi islamici ed esponi i risultati in una relazione.

Poesia al femminile

Pensata, scritta, immaginata, cantata dai poeti, dipinta o scolpita dagli artisti, la donna è stata, nel corso dei secoli, la protagonista della letteratura, della musica, dell'arte, ma solo come creatura da raffigurare e celebrare, musa ispiratrice. Marginale o addirittura assente invece come protagonista attiva, con una voce tutta sua, un ruolo, uno spazio nel quale esprimere il proprio punto di vista sul mondo e su se stessa, con una scrittura personale, non condizionata dai codici poetici stabiliti dall'universo maschile. Naturalmente non si possono ignorare nomi come quelli di Saffo, poetessa greca vissuta nel VII secolo a.C., o di Veronica Franco e di Vittoria Colonna, apprezzate autrici di versi del Cinquecento, o ancora dell'americana Emily Dickinson, delle sorelle Brontë e di Elizabeth Barrett Browning vissute nell'Inghilterra dell'Ottocento. Ma si tratta pur sempre di una sparuta minoranza, e comunque, se si escludono le scrittrici piú antiche, la loro vena poetica è rimasta in ombra durante la vita, anche perché la loro esistenza si è dipanata in ambienti e in epoche in cui alle donne non era concesso scrivere.

Bisogna aspettare il **Novecento** per sentire in poesia la voce di donne finalmente impegnate a **ricercare e affermare consapevolmente la propria identità**. È a questo periodo dunque che rivolgeremo la nostra attenzione, nel tentativo di offrire uno spaccato, sia pure incompleto, dell'universo poetico al femminile, solitamente poco indagato e studiato al di fuori di circuiti piú specialistici.

Il Novecento si apre con tre figure di donne scrittrici dalla forte personalità: Ada Negri (1870-1945), Sibilla Aleramo (1876-1960) e Amalia Guglielminetti (1881-1941) che privilegiano il tema dell'amore, mettendo in risalto il conflitto tra le proprie aspirazioni personali e il modello ideologico dominante che le vorrebbe esclusivamente mogli e madri. Esprimere in prima persona il sentimento amoroso, pur con sfumature diverse, è per ciascuna di loro un modo, l'unico, forse, per dichiarare la propria presenza nel mondo della letteratura. I moduli espressivi rimangono ancora legati alla tradizione ottocentesca, ma il segno femminile si avverte nella forza con cui tutte e tre affermano la propria identità.

Piú moderne e sofferte le esperienze letterarie di Antonia Pozzi (1912-1938) e Margherita Guidacci (1921-1992): la prima si identifica totalmente con la poesia e vive drammaticamente i soprusi dell'ambiente sociale e familiare che vuole impedirle di scrivere; la seconda mette a nudo un io lacerato, una doloroso dissidio fra anima e corpo, un'anima sepolta sotto una falsa identità. Infine Alda Merini, una delle voci piú importanti della poesia italiana contemporanea, la cui vita è stata segnata dalla follia e dal dolore. Non diversa l'esperienza biografica e letteraria di Sylvia Plath morta suicida in giovane età e assurta a simbolo delle rivendicazioni femministe del Novecento.

Oggi la donna ha superato i condizionamenti che la relegavano in una posizione di secondo piano e non è piú costretta ad utilizzare codici espressivi che non le appartengono, tuttavia l'esperienza poetica continua ad essere profondamente sofferta: «Le piú belle poesie» dice infatti la Merini «si scrivono sopra le pietre / coi ginocchi piagati / e le menti aguzzate dal mistero».

La poesia attraverso i tempi | **Dal secondo Novecento a oggi**

Sylvia Plath
Io sono verticale

- S. Plath, *Opere*, trad. di A. Ravano, Mondadori, Milano, 2002

IN SINTESI: L'autrice attraverso le due dimensioni – verticale e orizzontale – esprime il suo conflitto interiore. Da un lato vorrebbe esprimere se stessa nel mondo e nella vita, dall'altro si sente attratta dalla morte che le permetterà di entrare in comunione totale con la natura.

Forma metrica: versi liberi.

genere: poesia lirica | *epoca:* 1961 | *luogo:* Inghilterra | *lingua originale:* inglese

But I would rather be horizontal.
I am not a tree with my root in the soil
Sucking up minerals and motherly love
So that each March I may gleam into leaf,
5 *Nor am I the beauty of a garden bed*
Attracting my share of Ahs and spectacularly
                                            [*painted,*
Unknowing I must soon unpetal.
Compared with me, a tree is immortal
And a flower-head not tall, but more startling,
10 *And I want the one's longevity and the other's*
                                            [*daring.*
Tonight, in the infinitesimal light of the stars,
The trees and the flowers have been strewing
                                            [*their cool odors.*
I walk among them, but none of them are
                                            [*noticing.*
Sometimes I think that when I am sleeping
15 *I must most perfectly resemble them*

Ma preferirei essere orizzontale.
Non sono un albero con la radice nel suolo
che succhia minerali e amore materno
per poter brillare di foglie ogni marzo,
e nemmeno sono la bella di un'aiola
che attira la sua parte di Ooh, dipinta di colori
                                            [stupendi,
ignara di dover presto sfiorire.
In confronto a me, un albero è immortale,
la corolla di un fiore non alta, ma piú sorprendente,
e a me manca la longevità dell'uno e l'audacia
                                            [dell'altra.
Questa notte, sotto l'infinitesima luce delle stelle,
alberi e fiori vanno spargendo i
                                            [loro freschi profumi.
Cammino in mezzo a loro, ma nessuno
                                            [mi nota.
A volte penso che è quando dormo
che assomiglio loro piú perfettamente

Franz Dvorak, *Purezza e passione*, XIX secolo. Collezione privata.

Thoughts gone dim.	I pensieri offuscati.
It is more natural to me, lying down.	L'essere distesa mi è più naturale.
Then the sky and I are in open conversation,	Allora c'è aperto colloquio tra il cielo e me
And I shall be useful when I lie down finally:	e sarò utile quando sarò distesa per sempre:
20 *Then the trees may touch me for once, and the*	forse allora gli alberi mi toccheranno e i
[flowers have time for me.	[fiori avranno tempo per me.

L'OPERA

La lirica, composta nel 1961, fa parte della raccolta *Attraverso l'acqua* pubblicata nel 1970. La poesia, per questa sensibile e tormentata scrittrice, è ferrea disciplina formale e, al tempo stesso, l'unica forma di conforto al suo dolore interno. A livello formale le sue liriche sono contrassegnate dalla musicalità e dall'uso della metafora. A livello tematico, invece, l'elemento dominante è un'angoscia profonda scaturita dal conflitto fra la sua ansia di vivere e di esprimersi e il ruolo tradizionale di moglie e madre, fra il bisogno di essere autenticamente se stessa e l'esigenza di compiacere gli altri. Da questa lacerazione interiore nasce un disagio esistenziale che la porterà a corteggiare per tutta la sua vita Madama Morte.

L'autore

Sylvia Plath, nata nel 1932 nei pressi di Boston da genitori di origine austro-tedesca, trascorre l'infanzia e l'adolescenza in famiglia all'interno di un ambiente colto e conservatore. Il padre, a cui è legata da un rapporto ambivalente di amore e odio, muore a causa di un diabete degenerato in cancrena quando lei ha otto anni. La Plath per il resto della sua vita continuerà a sentirsi in colpa per questa morte: «era un autocrate – dirà – lo amavo e detestavo e probabilmente ho desiderato spesso che morisse. Quando morí, immaginai di essere stata io ad ucciderlo». Bambina e studentessa modello, timida e introversa, inizia a scrivere molto presto e a inviare i suoi scritti a riviste e premi scolastici, finché non viene invitata a New York da una rivista della città. La vita della metropoli mette in crisi il suo fragile equilibrio psichico e cominciano i ricoveri in clinica, gli elettroshock e i tentativi di suicidio. Il primo risale al 1953. Dimessa dall'ospedale, si laurea l'anno seguente con lode e nel 1956 sposa il poeta inglese Ted Hughes, unica relazione importante della sua vita, che diventa il centro del suo grande bisogno di amore. I due vivono a Londra, dove Sylvia pubblica la prima raccolta di poesie intitolata *The Colossus*, ispiratale dall'amore per il marito. L'unione all'inizio sembra felice; ma con la nascita del secondo bambino il matrimonio si incrina e Ted nel 1962 se ne va definitivamente con un'altra donna. Sylvia resta sola nella casa di Londra ed è scissa fra gli obblighi familiari e la necessità di scrivere. Compone in questo periodo le sue opere piú famose, pubblicate postume: il romanzo *La campana di vetro*, le raccolte di poesie *Ariel* e *Attraverso l'acqua*. L'11 febbraio del 1963 prepara la colazione ai figli, li porta a scuola, torna a casa e predispone accuratamente la propria morte. Sigilla porte e finestre, lascia sul tavolo del pane imburrato per i bambini, scrive l'ultima poesia, intitolata *Orlo*, apre il gas e si toglie la vita mettendo la testa nel forno. Sarà il marito a curare l'edizione di tutte le sue opere, compresi gli interessanti *Diari* e le lettere alla madre. Quasi sconosciuta in vita, Sylvia Plath è diventata con il passar degli anni oggetto di culto per gli studiosi di letteratura americana e per il pensiero femminista che ne ha fatto il simbolo dell'oppressione a cui la donna soggiace nell'universo chiuso della dimensione domestica. Nel 2003 è stato tratto dalla sua vita un film, *Sylvia*, interpretato da Gwyneth Paltrow.

La poesia attraverso i tempi | Dal secondo Novecento a oggi   337

Entriamo nel testo

Il tema
L'elemento che colpisce immediatamente in questa lirica è lo stretto legame fra il titolo e il testo: il primo verso infatti si contrappone al titolo e non si comprenderebbe senza di esso. È evidente inoltre, sul piano tematico, l'**attrazione** dell'autrice **verso la morte** che scaturisce dal suo sentirsi inutile nel mondo. Questa sensazione viene espressa attraverso la contrapposizione verticale/orizzontale, natura/individuo.

- Nella prima parte del componimento (vv. 1-13) la Plath si mette a confronto con la natura: il suo essere verticale la accomuna agli alberi e ai fiori, ma, a differenza dei primi, a lei mancano le radici che succhiano amore materno; a differenza dei secondi, a lei manca l'audacia, la capacità di mostrare il suo essere. Mentre durante la notte gli alberi e i fiori spargono il loro profumo ed entrano così in contatto con il mondo, l'autrice cammina ignorata da tutti, quasi invisibile.

- Nella seconda parte della lirica (vv.14-21) si assiste al passaggio dalla dimensione verticale a quella orizzontale: quest'ultima è sentita dalla Plath come la più affine a lei così come le sono più congeniali la notte e il sonno, allorché i pensieri sono offuscati e il buio la protegge. Solo quando sarà distesa sotto il cielo, e quindi morta, si sentirà finalmente in comunione con la natura e gli alberi e i fiori la ameranno e le presteranno attenzione.

Scaturisce dalla lirica, attraverso il gioco delle metafore, il **bisogno di amore** della poetessa e il suo sentirsi invisibile e trascurata proprio dalle persone a cui con più intensità e insistenza chiede amore. Questo sconforto non si traduce in effusione sentimentale né in toni retorici; al contrario la Plath esprime la sua sofferenza esistenziale in immagini delicate, limpide, essenziali che non comunicano angoscia, anche se fanno sentire l'irresistibile attrazione della scrittrice verso la morte.

Esercizi

Competenza trasversale:

- **a** Acquisire ed interpretare l'informazione
- **b** Individuare collegamenti e relazioni
- **c** Comunicare
- **d** Comunicare nelle lingue straniere

- **Competenza testuale**

1. Sono presenti nel testo due poli tematici riconducibili rispettivamente alla natura e all'io lirico. Il primo è raffigurato attraverso immagini di luce e di bellezza, il secondo è caratterizzato da toni malinconici. Individua nel testo italiano e in quello inglese le parole chiave relative alle due aree di significato.

 d 2. Leggendo il testo originale è possibile cogliere l'accurata trama di suoni realizzata dall'autrice attraverso rime, assonanze, consonanze, allitterazioni. Sottolinea nel testo le rime e le diverse figure retoriche del significante che riesci ad individuare.

3. Si è detto che l'uso della metafora è una costante della poesia di Sylvia Plath. Individua e spiega tutte le metafore presenti nella lirica.

- **Produzione**

 b 4. Metti a confronto la biografia e i componimenti di Sylvia Plath e di Antonia Pozzi (on line) e illustra in un testo espositivo di 30 righe i punti di contatto fra le due autrici.

Alda Merini
L'uccello di fuoco

- A. Merini, *La Terra Santa e altre poesie*, Einaudi, Torino, 1984

IN SINTESI: In un unico periodo che si snoda per dodici versi, la poetessa allude, attraverso le immagini di due uccelli, il passero grigio e l'uccello di fuoco, alla sua malattia mentale che è certamente dolorosa, ma nella quale riesce a trovare l'ispirazione poetica che le permette di sentirsi viva.

Forma metrica: versi liberi.

genere: poesia lirica | *epoca:* 1984 | *luogo:* Italia | *lingua originale:* italiano

L'uccello di fuoco
della mia mente malata,
questo passero grigio
che abita nel profondo
5 e col suo pigolio
sempre mi fa tremare
perché pare indifeso,
bisognoso d'amore,
qualche volta ha una voce
10 cosí tenera e nuova
che sotto il suo trionfo
detto la poesia.

René Magritte, *Le prince charmant*, particolare, 1948. Collezione privata.

L'autore

Alda Merini nata a Milano nel 1931, è stata un'importante poetessa italiana. Il primo a notarla fu il critico Giacinto Spagnoletti che inserí i suoi versi nell'*Antologia della poesia italiana 1909-1949*; successivamente venne apprezzata anche da Eugenio Montale. A partire dal 1947 cominciarono a manifestarsi i segni di una malattia mentale che la costringerà a trascorrere lunghi periodi in manicomio. Nel 1953 si sposò e fino al 1961 continuò a pubblicare le sue raccolte poetiche. Dopo un nuovo internamento in manicomio nel 1965, seguito da un lungo silenzio poetico, riprese a scrivere a partire dal 1979. In seguito alla morte del marito si legò al poeta Michele Pierri che sposò nel 1983. Nel 1996 vinse il premio Viareggio e oggi viene considerata una delle piú importanti voci della poesia italiana contemporanea. Numerosissime le sue raccolte poetiche contrassegnate da un intreccio di toni mistici ed erotici e da riferimenti alle sue vicende autobiografiche, in particolare alla malattia. Ricordiamo, fra le altre, *La presenza di Orfeo* (1953), *Paura di Dio* (1955), *La Terra Santa e altre poesie* (1984), *Vuoto d'amore* (1991), *Ballate non pagate* (1995). È morta a Milano nel 2009.

La poesia attraverso i tempi | Dal secondo Novecento a oggi | 339

L'OPERA

La Terra Santa e altre poesie è la raccolta che ha segnato il ritorno della Merini alla scrittura dopo circa vent'anni di malattia e di silenzio. La poetessa vi trasfigura in chiave simbolica la sua esperienza in manicomio: la Terra Promessa è appunto il manicomio; i malati sono il popolo prediletto da Dio e numerosi sono i riferimenti ai testi sacri. La sofferenza individuale si amplia nella tragedia di una moltitudine silenziosa e l'io si annulla nel noi. Il linguaggio rifiuta volutamente qualsiasi oscurità e astrattezza.

Entriamo nel testo

Il tema e la struttura sintattica

La poesia è costituita da un unico periodo che si snoda per dodici versi e si articola in **tre blocchi**:
- il blocco del soggetto (vv. 1-3) in cui attraverso le due metafore dell'*uccello di fuoco* e del *passero grigio* l'autrice allude alla sua malattia;
- il blocco costituito da due proposizioni relative che si legano al soggetto (vv. 4-8) in cui viene descritta l'origine del male che si annida nel profondo e nasce da un inappagato bisogno d'amore;
- il blocco finale (vv. 9-12) che contiene il verbo principale e prelude alla conclusione della lirica espressa con una proposizione consecutiva. Negli ultimi due versi l'autrice ci fa assistere al miracolo della poesia che nasce dal suo io malato e indifeso nel quale però è racchiusa una forza capace di dettarle un canto denso di vita e di passione.

La **malattia** viene quindi vista sia come **sofferenza** che come **generatrice di poesia**; duplice è anche l'io della poetessa: umile e indifeso come un passero, forte e appassionato come un uccello di fuoco. Il tono pacato, il lessico semplice, la sintassi lineare, rivelano il legame con la linea poetica antinovecentesca.

Esercizi

- **Competenza testuale**

1. Osserva la struttura sintattica del componimento e indica la tipologia delle proposizioni che lo costituiscono.
2. Attraverso quali metafore la poetessa allude alla sua malattia?
3. Nel componimento la malattia viene presentata con una connotazione esclusivamente negativa? Dai la risposta motivandola e facendo precisi riferimenti al testo.
4. Dalla lirica scaturisce una duplice sensazione di debolezza e di forza. Indica le parole che rinviano a questi due poli tematici.
5. Spiega il significato degli ultimi due versi della lirica, soffermandoti in particolare sul valore che l'autrice ha dato alla parola *trionfo* collocata in posizione forte alla fine del verso 11.

ON LINE: Dal secondo Novecento a oggi

Testi: Sandro Penna, *La vita... è ricordarsi di un risveglio*; Davide Maria Turoldo, *Colloquio Notturno*; Mario Luzi, *Meditazioni sulla Via Crucis*; Giovanni Giudici, *Via Stilicone*; Lucio Zinna, *A volte qualcuno rimane • Questi maledetti poeti*; Sibilla Aleramo, *Senza parole*; Antonia Pozzi, *Parole*; Margherita Guidacci, *Madame X*

Un tema attraverso i secoli: l'amore

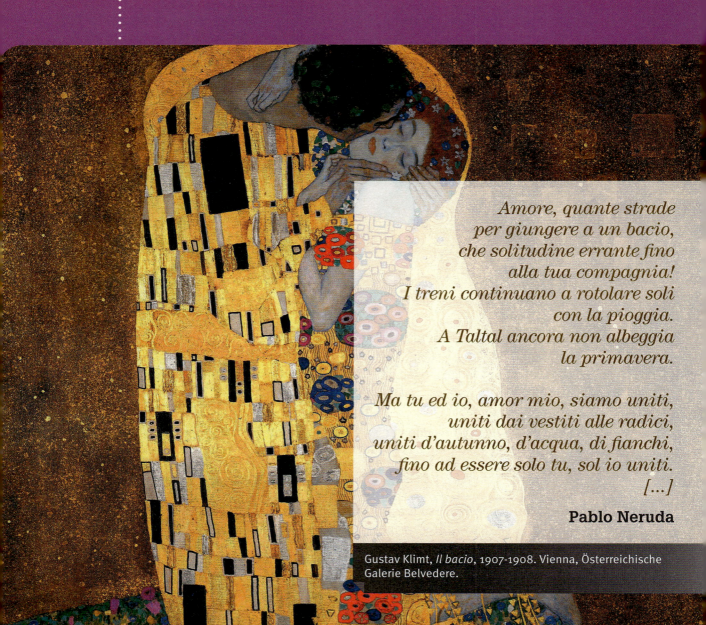

*Amore, quante strade
per giungere a un bacio,
che solitudine errante fino
alla tua compagnia!
I treni continuano a rotolare soli
con la pioggia.
A Taltal ancora non albeggia
la primavera.*

*Ma tu ed io, amor mio, siamo uniti,
uniti dai vestiti alle radici,
uniti d'autunno, d'acqua, di fianchi,
fino ad essere solo tu, sol io uniti.*
[...]

Pablo Neruda

Gustav Klimt, *Il bacio*, 1907-1908. Vienna, Österreichische Galerie Belvedere.

Un tema attraverso i secoli: l'amore | L'amore

La poesia parla di emozioni e sentimenti, dipinge attraverso le parole, fotografa i suoni, scolpisce il tempo. È un sentimento che si fa colore, suono e parola. Poiché il sentimento per eccellenza è sicuramente l'amore, che è stato cantato in mille modi dai poeti, sotto tutte le latitudini e in tutti i tempi, proviamo a conoscerlo attraverso le parole dei poeti. Scopriremo allora che, pur nel mutare delle situazioni e delle tecniche espressive, esiste un filo rosso che unisce il passato al presente. Scopriremo che Catullo e Prévert, a due millenni di distanza, hanno provato le stesse emozioni che abbiamo provato noi poco tempo fa, come se avessero spiato i nostri sogni e desideri. Condivideremo con Dante, anche lui segretamente innamorato di quella ragazza inavvicinabile, i turbamenti e l'incanto del primo innamoramento; proveremo con Petrarca lo sgomento per la morte dell'amata. Non nutriremo piú dubbi sull'eternità dell'amore, avendo dalla nostra parte Shakespeare e Neruda e ci sentiremo imbattibili e capaci di cambiare l'universo intero, assieme a De Luca. Tanti altri poeti ci saranno compagni di viaggio in questa cavalcata attraverso i secoli e quando giungeremo alla fine, forse ci accorgeremo di aver capito qualcosa di piú di

> Questo amore
> cosí violento
> cosí fragile
> cosí tenero
> cosí disperato
> ....
> Questa cosa sempre nuova
> Che non è mai cambiata
> Vera come una pianta
> Tremante come un uccello
> Calda viva come l'estate.
>
> Jacques Prévert

Incontro con il testo... ... poetico

Gaio Valerio Catullo
Baci, baci e ancora baci

Testo conchiglia
La folgorante fuga del tempo

- G. V. Catullo, *Carme V*, in *Carmi*, a cura di R. Giomini, A. Signorelli, Roma, 1959 (traduzione nostra)

IN SINTESI: Il componimento rievoca un momento particolarmente felice della vicenda d'amore di Catullo e Lesbia. I due giovani si sono innamorati da poco e Catullo invita la sua donna a dargli cento, mille e ancora mille baci, senza preoccuparsi delle critiche di qualche vecchio moralista. La vita è breve e bisogna gustarla attimo per attimo, prima che ogni cosa sia avvolta dall'oscurità della morte. Il componimento si chiude con uno sberleffo indirizzato agli invidiosi che non potranno gettare il malocchio sui due giovani perché non sapranno mai quante migliaia di baci essi si sono scambiati.

Forma metrica: nell'originale latino il testo è scritto in versi di undici sillabe chiamati endecasillabi faleci.

genere: poesia lirica *epoca:* I sec. a.C. *luogo:* Roma *lingua originale:* latino

Viviamo, o mia Lesbia, e amiamoci
e i mugugni dei vecchi troppo severi
stimiamoli tutti un soldo.
I giorni possono tramontare e risorgere:
5 ma non appena muore la breve luce della nostra vita,
una continua, eterna notte ci attenderà.
Dammi mille baci e poi cento
e ancora altri mille e poi di nuovo cento
e poi di seguito mille e poi di nuovo cento.
10 Quando ce ne saremo dati a migliaia,
li mescoleremo, affinché nessun maligno
possa farci il malocchio,
sapendo che possono esistere tanti baci.

L'autore

Gaio Valerio Catullo è un poeta latino dell'età della Repubblica. Nacque a Verona, secondo alcuni nell'87 a.C., secondo altri nell'84, e morí all'età di trent'anni. Proveniva da una famiglia agiata e autorevole e perciò ebbe la possibilità di recarsi a Roma, dove si inserí nell'ambiente colto e mondano e frequentò diversi scrittori appartenenti al gruppo dei «poeti nuovi». L'avvenimento piú importante della sua vita fu l'incontro con Lesbia, una donna affascinante e corrotta, appartenente all'alta società romana. Lesbia era in realtà lo pseudonimo di Clodia, sorella del tribuno Clodio, sposata con Quinto Metello Celere. L'amore di Catullo per questa donna fu profondo e coinvolgente, ma anche tormentato e infelice, a causa dei frequenti tradimenti di lei. Sappiamo che nel 55 esso era cessato dopo una logorante vicenda di rotture e riavvicinamenti. Di lí a poco Catullo moriva, lasciando un'unica opera, un *Libro* di componimenti poetici, la maggior parte dei quali dedicati a Lesbia.

Un tema attraverso i secoli : L'amore

L'OPERA

Il *Liber catullianus* (Libro catulliano) è costituito da 116 componimenti suddivisi in tre sezioni: *Nugae* (piccole cose, sciocchezze), *Carmina docta* (componimenti eruditi) ed *Epigrammi* (componimenti brevi conclusi da una battuta pungente ed essenziale). Il poeta, accanto all'amore, che occupa la posizione preminente, canta l'amicizia, gli affetti familiari, la bellezza della sua terra, le vicende di antiche eroine, senza risparmiare punzecchiature ai poetastri e agli uomini politici del suo tempo.
Il carme qui riportato è espressione di uno dei momenti più felici della storia d'amore tra Catullo e Lesbia, che ben presto sarebbe stata segnata da delusioni e sofferenze. Eppure il giovane Catullo non cesserà mai di nutrire per la donna amata un sentimento profondo e intenso che, anche quando si trasformerà in odio e in disprezzo, non sarà cancellato del tutto dal suo animo. Egli, nonostante i tradimenti, continuerà ad amare Lesbia, anzi l'amerà di più, anche se le vorrà bene di meno. Il voler bene infatti è un sentimento che implica affetto, stima, rispetto; l'amore è una passione che travolge l'animo e i sensi e sfugge a qualsiasi controllo.

Entriamo nel testo

I temi

Il testo si può dividere in quattro parti, ciascuna delle quali corrisponde a un periodo.
Nella **prima parte** (vv. 1-3) l'invito a vivere e ad amare che il poeta rivolge alla sua donna è più forte dei mugugni dei vecchi, a cui il giovane Catullo dichiara di non voler dare alcun peso.
La **seconda parte** (vv. 4-6) è dominata dall'ombra della morte: alla ripetitività dei cicli della natura, al continuo e rassicurante alternarsi del giorno e della notte si contrappone la brevità della vita umana e l'infinita durata della morte che avvolge ogni cosa.
Nella **terza parte** (vv. 7-9), quasi per esorcizzare il brivido di angoscia suscitato dalle riflessioni precedenti, il poeta sembra volersi ubriacare di baci e non si stanca di chiederne alla sua donna, protraendo oltre ogni limite la felicità.
La **conclusione** (vv. 10-13) riprende l'inizio del componimento: compare infatti negli ultimi versi la figura dell'invidioso che richiama quelle dei vecchi brontoloni. Sapendo che i due innamorati si sono scambiati tanti baci, egli potrebbe essere tentato di gettare su di loro il malocchio. Il poeta, però, ha un'arma infallibile contro di lui: mescolerà tutti i baci in modo che non se ne possa conoscere il numero e così renderà vana ogni minaccia.
La gioia di vivere e l'**invito a godere e ad amare**, che si effondono impetuosi nei versi iniziali e vengono ripresi con intensità ancora maggiore nella terza parte, non sono il frutto di un'inconsapevole spensieratezza giovanile, ma scaturiscono dalla consapevolezza della brevità e della precarietà della vita umana che li rende ancora più intensi e struggenti.
Insomma, la felicità, sembra volerci dire Catullo, non è mai totalmente libera e piena. C'è sempre qualcosa che la turba e la vela, ma proprio quest'ombra ne esalta il valore e ce la fa apprezzare ancora di più.
Altro elemento che emerge dalla lirica è la stretta connessione fra **amore e libertà**: i due innamorati appaiono capaci di liberarsi dalle catene che vorrebbero tenerli legati alle convenzioni ed evadono in un loro mondo chiuso e protetto, in cui si lasciano avvolgere dall'infinito numero dei baci che li ripara dall'invidia e dal malocchio.

Lawrence Alma-Tadema, *Non chiedermelo più*, 1886. Collezione privata.

Esercizi

- **Comprensione**

1. Da che cosa può essere insidiato l'amore tra i due giovani? Quale atteggiamento il poeta suggerisce alla sua donna per contrastare tutto ciò che può turbare la loro felicità?
2. Quale differenza c'è, secondo il poeta, fra il corso del sole e la vita dell'uomo?

- **Interpretazione**

3. Individua le parole chiave e spiega quali relazioni intercorrono tra esse.

- **Produzione**

4. Scrivi un componimento d'amore a imitazione di quello di Catullo.

Dante Alighieri
Ne li occhi porta la mia donna Amore

Per la biografia e l'opera di **Dante Alighieri** vedi pagg. 129 e 164.

- D. Alighieri, *Opere*, a cura di M. Porena, M. Pezzaglia, Zanichelli, Bologna, 1966

IN SINTESI: È questo uno dei sonetti della *Vita nova* più tipicamente stilnovisti: è infatti ispirato al tema della lode dell'amata. L'amore, che è un tutt'uno con la donna, si diffonde dai suoi occhi e ingentilisce ogni cosa o persona su cui lei posa lo sguardo, con un effetto di purificazione e beatificazione. Quanto al suo sorriso, esso è così dolce che nessuna parola potrebbe descriverlo.

Forma metrica: sonetto con rime incrociate nelle quartine (ABBA) e invertite nelle terzine (CDE-EDC).

genere: poesia lirica | *epoca*: 1285-1290 | *luogo*: Firenze | *lingua originale*: volgare toscano

Ne li occhi porta la mia donna Amore,
per che si fa gentil ciò ch'ella mira;
ov'ella passa, ogn'om ver lei si gira,
a cui saluta fa tremar lo core,
5 sí che, bassando il viso, tutto smore,
e d'ogni suo difetto allor sospira:
fugge dinanzi a lei superbia ed ira,
Aiutatemi, donne, farle onore.

---

1. **Ne li occhi ... Amore**: l'amore ha sede negli occhi della donna e da essi emana per compiere i suoi effetti beatificanti.
2. **per che ... mira**: in conseguenza di quanto è stato detto precedentemente, tutto ciò a cui ella rivolge il suo sguardo si nobilita (ricorda che nella lingua del Medioevo *gentile* vuol dire «nobile»).
3. **ogn'om**: ogni uomo.
4. **a cui saluta ... lo core**: Beatrice fa palpitare il cuore di coloro che hanno il privilegio di ricevere il suo saluto.
5. **bassando il viso**: abbassando lo sguardo. Si riferisce alla persona che riceve il saluto di Beatrice. – **smore**: impallidisce.
6. **e d'ogni suo difetto ... sospira**: e si rammarica, sospirando, della sua imperfezione, dei suoi difetti.

Un tema attraverso i secoli : L'amore

9-10. ogne dolcezza ...parlar la sente: dolcezza e pensieri umili sorgono nel cuore di chi ascolta le sue parole.
11. ond'è laudato ... vide: cosí che è degno di lode chi prima degli altri la vede. Chiunque veda Beatrice, la senta parlare o riceva il suo saluto, viene ingentilito, nobilitato dalla sua presenza, si trasforma in una persona umile e dolce, anche se prima non lo era e quindi diventa degno di lode, di apprezzamento.

Ogne dolcezza, ogne pensero umíle
nasce nel core a chi parlar la sente,
ond'è laudato chi prima la vide.

Quel ch'ella par quando un poco sorride,
non si po' dicer né tenere a mente,
sí è novo miracolo e gentile.

12-13. Quel ch'ella ... a mente: il modo in cui ella appare, si manifesta, quando accenna a un sorriso non lo si può descrivere né fissare nella memoria.

14. sí è novo ... gentile: cosí straordinario (*novo*) e nobile è questo miracolo.

Entriamo nel testo

Il tema

Il poeta descrive nel sonetto l'effetto beatificante che Beatrice produce, attraverso lo sguardo, il saluto, la parola e il sorriso, su tutti coloro che hanno la fortuna di incontrarla, di essere salutati da lei, di parlarle, di vederla sorridere. Sono, questi, elementi tipici del Dolce stil novo che si ritrovano anche nel piú famoso sonetto dantesco, *Tanto gentile e tanto onesta pare* (vedi pag. 162), collocato nella *Vita nova* a non grande distanza da questo. In questo componimento Dante è riuscito a esprimere quell'incantamento che è proprio del momento magico in cui ci si innamora e si attribuiscono all'essere amato tutte le qualità piú belle che esistono.

Il componimento prende le mosse dall'**identificazione fra la donna e Amore**: quest'ultimo, quasi personificato, ha sede nello sguardo di Beatrice che, in conseguenza di ciò, nobilita qualunque cosa o persona su cui si posi. È evidente qui la lezione del poeta Guido Guinizzelli, considerato il fondatore della corrente, che per primo aveva colto il nesso tra *amore* e *cor gentile*, cioè tra amore e nobiltà interiore. Ma mentre questo istituiva uno stretto collegamento tra l'amore e coloro che possedevano già un cuore nobile, Dante attribuisce a Beatrice la facoltà di nobilitare chiunque entri in contatto con lei, anche se non possiede in partenza una gentilezza d'animo.

Subito dopo il poeta si sofferma sugli **effetti del saluto** che fa tremare il cuore di colui che lo riceve. Anche *tremare* è una parola cara alla tradizione stilnovista: è presente infatti in un famoso verso di Cavalcanti che dice: *Chi è questa che vèn ch'ogn'om la mira / che fa tremar di chiaritate l'are*.

Nella seconda quartina l'attenzione si appunta sul **comportamento dell'uomo** che ha ricevuto il saluto: egli abbassa lo sguardo come davanti a qualcosa di sacro e immediatamente ha la percezione della propria imperfezione. Altra conseguenza del saluto è la scomparsa di qualsiasi sentimento negativo (*superbia ed ira*). La quartina si conclude con l'invito alle altre donne ad aiutare il poeta affinché renda onore nel migliore dei modi all'amata. Spesso Dante nei suoi componimenti coinvolge le donne «gentili» nella lode di Beatrice e intreccia con loro, che si mostrano comprensive e compassionevoli nei suoi confronti, un dialogo che verte sempre sulla perfezione dell'amata.

La prima terzina riprende in positivo quanto era stato detto nella strofa precedente. Non solo superbia ed ira fuggono dinanzi a Beatrice, ma ella induce nell'animo di chi la sente parlare sentimenti di **dolcezza e umiltà**, tanto che anche coloro che non possedevano in precedenza tali qualità, se ne sentono inondati grazie alla presenza di lei.

Ma il miracolo piú straordinario si verifica quando la donna lievemente **sorride**: di fronte a tanta bellezza cedono sia la parola sia la memoria.

Incontro con il testo... ... poetico

Esercizi

Competenza trasversale:

a Acquisire ed interpretare l'informazione
b Individuare collegamenti e relazioni
c Comunicare
d Comunicare nelle lingue straniere

▪ Comprensione

1. Quali effetti provoca la presenza di Beatrice su coloro che entrano in contatto con lei?

2. Quali sono, in questo sonetto, le componenti stilnoviste? Quale motivo ricorrente dello Stilnovo non è qui presente in modo esplicito?

▪ Competenza testuale

3. Una caratteristica dei componimenti stilnovisti è l'uso delle proposizioni consecutive per descrivere gli effetti provocati dalla presenza della donna. Verifica se anche in questo sonetto è stata usata questa tecnica.

4. Le *a*, le *e* e le *o* sono le vocali che più frequentemente ricorrono nei componimenti stilnovisti. Verifica se sono presenti anche in questo sonetto e in che misura (sono poche o molte? Sono presenti in tutti i versi o solo in alcuni?)

▪ Produzione

b 5. Metti a confronto questo sonetto con *Tanto gentile e tanto onesta pare* (vedi pag. 162) e illustra oralmente quali sono gli elementi comuni e in che cosa i due componimenti differiscono. Soffermati in particolare sul livello lessicale del testo e verifica quali parole sono usate in entrambi i componimenti.

b 6. Ti proponiamo una breve lirica dello scrittore contemporaneo Erri De Luca che celebra la bellezza di una donna utilizzando in chiave moderna alcuni motivi presenti nella poesia stilnovista:

Bella

Bella, era cosí bella
che lo vedevi in faccia
alla gente per strada,
s'era sciacquata gli occhi:
lei era appena passata
e durava un minuto lo stupore

E. De Luca, *Solo andata*

Mettila a confronto con i due sonetti di Dante *Negli occhi porta* e *Tanto gentile* e individua quali sono i motivi comuni ai tre componimenti e in che modo il poeta contemporaneo ha utilizzato e modernizzato la lezione dantesca.

Sir Edward Coley Burne-Jones, *Beatrice*, 1870. Collezione privata.

Un tema attraverso i secoli • L'amore

347

Francesco Petrarca
La vita fugge, et non s'arresta una hora

Per la biografia e l'opera di **Francesco Petrarca** vedi pagg. 67 e 68.

• F. Petrarca, *Canzoniere*, CCLXXII, in *Rime e Trionfi*, a cura di F. Neri, Utet, Torino, 1968

IN SINTESI: Il poeta medita sulla fugacità della vita e sull'angoscia che costantemente lo accompagna: né il ricordo del passato, né le prospettive future riescono a rasserenarlo, anzi egli ha la percezione che la sua vita stia per naufragare come una nave travolta da venti tempestosi. Tale angoscia ha una motivazione ben precisa: si sono spenti per sempre gli occhi della sua donna che erano per lui una guida e una luce.

Forma metrica: sonetto con rime incrociate nelle quartine (ABBA-ABBA) e ripetute nelle terzine (CDE-CDE).

genere: poesia lirica • *epoca*: 1340 circa • *luogo*: Provenza • *lingua originale*: volgare toscano del Trecento

1-4. La vita ... anchora: la vita scorre velocemente senza mai fermarsi, la morte avanza rapidamente, il passato, il presente e il futuro suscitano turbamenti. *Et* è la congiunzione latina che significa «e».

5-8. e 'l rimembrare ... fòra: il ricordo genera dolore, come pure il pensiero del futuro è doloroso, tanto che se il poeta non avesse compassione di se stesso avrebbe posto fine a questa sofferenza con la morte.

9-11. Tornami ... i venti: i ricordi sono dolorosi perché riportano alla memoria dolcezze ormai perdute, le aspettative sono dolorose perché il futuro è irto di pericoli (il *mio navigar* è metafora della vita).

12-14. Veggio ... spenti: i pericoli della vita, rappresentati dai venti, sono tanti e il poeta non riesce a fronteggiarli, la

La vita fugge, et non s'arresta una hora,
et la morte vien dietro a gran giornate,
et le cose presenti, et le passate
mi dànno guerra, et le future anchora;

5 e 'l rimembrare et l'aspettar m'accora
or quinci or quindi, sí che 'n veritate,
se non ch'i' ho di me stesso pietate,
i' sarei già di questi pensier fòra.

Tornami avanti, s'alcun dolce mai
10 ebbe 'l cor tristo; e poi da l'altra parte
veggio al mio navigar turbati i venti;

veggio fortuna in porto, et stanco omai
il mio nocchier, e rotte àrbore e sarte,
e i lumi bei, che mirar soglio, spenti.

ragione (il *nocchier*) è stanca di guidarlo, la tempesta (*fortuna*) anche verso la fine della vita (*in porto*) lo perseguita, visto che gli occhi che era solito ammirare come guida sicura sono ormai spenti, essendo morta la sua donna. – **àrbore e sarte**: alberi e cordami della nave rappresentano le qualità di fermezza e tenacia.

Entriamo nel testo

Il tema
Il sonetto ha una dimensione tutta interiore e pone al centro l'io del poeta: fatto nuovo rispetto alla tradizione del Medioevo, quando al centro delle liriche veniva posta la donna amata. In questa poesia l'unico riferimento a Laura si trova nell'ultimo verso, in cui gli occhi dell'amata sono descritti ormai *spenti*.
Protagonista quindi è **il poeta**, il quale appare in preda a una crisi profonda che lo condurrebbe al suicidio, se non lo trattenesse la compassione per se stesso. I motivi di tale turbamento interiore

emergono chiaramente già nella prima quartina, in cui campeggiano la **precarietà della vita**, la fuga inarrestabile del tempo, l'incombere della morte; Petrarca inoltre è tormentato dalle vicende del presente, dai ricordi del passato e dal pensiero del futuro.
La seconda quartina ribadisce la **pena** per una vita che il poeta sente, tanto angosciante da essere indotto a desiderare di porre fine alle sofferenze.
Nelle due terzine compare la metafora della vita raffigurata come una **nave** in mezzo alla tempesta che lo perseguita fino al *porto*, quando, cioè, è ormai giunto quasi alla fine dei suoi giorni. Il poeta dice di essere ormai privo degli strumenti per fronteggiare le avversità, in quanto il *nocchier* (che rappresenta la ragione) è stanco e le virtú di fermezza e tenacia che dovrebbero sorreggerlo sono spezzate; ma, ancor di piú, sono ormai spenti *i lumi* dei begli occhi di Laura, i fari illuminanti del suo cammino a cui egli era solito guardare come a una guida sicura.
Finché non si arriva all'ultimo verso il sonetto può sembrare l'espressione di una profonda crisi esistenziale del poeta, sottilmente indagata, la cui causa sembra essere la consapevolezza della precarietà del vivere e l'incombere della morte. Solo il verso finale riconduce il componimento alla tematica dell'amore. Sono gli occhi spenti di Laura, ormai morta, la vera causa di tanto dolore, che non trova conforto, come accadeva in Dante, nella certezza della sopravvivenza ultraterrena. Il poeta rimane ancorato alla dimensione umana e soffre perché si trova in un buio profondo non illuminato piú dalla sua stella-guida.

Le tecniche espressive
Dal punto di vista formale, nella prima quartina il **ritmo** è **concitato**: a sottolineare l'incalzare implacabile degli eventi troviamo il verbo *fugge*, l'espressione *a gran giornate* e il susseguirsi di proposizioni ellittiche. In seguito, l'uso di espressioni ripetitive e l'anafora danno l'impressione di un malessere inesorabile che investe l'intera vita del poeta in ogni momento della sua giornata. Da notare poi le contrapposizioni (*fugge... arresta, presenti... passate*), le coppie, la ripetizione della congiunzione *et* che conferiscono alla lirica un ritmo ribattuto e monotono, quasi un'idea fissa che viene ripetuta. Infine, nell'ultima terzina, si noti il ritmo spezzato dei versi e il distaccarsi dal contesto dell'ultimo termine (*spenti*), quasi come se su di esso si appoggiasse il significato della lirica e tutto il motivo del malessere del poeta.

Esercizi

- **Competenza lessicale e testuale**

1. Sottolinea le figure retoriche presenti nel testo e scrivi a margine il nome di ognuna.
2. Nella poesia sono presenti delle inversioni nella costruzione di alcune frasi: individuale e riscrivi le frasi nell'ordine naturale.
3. Trascrivi le parole che ti risultano di difficile comprensione e ricercane il significato.

- **Produzione**

4. Scrivi la parafrasi e l'analisi testuale della poesia.
5. Il concetto della vita che fugge è presente, con accenti meno pessimistici, in un'altra poesia presente in questa sezione. Dopo averla individuata, scrivi un confronto tra le due liriche.
6. Il poeta paragona la sua vita a una nave che affronta una tempesta; scrivi almeno due metafore che rappresentino la tua vita, confrontale con quelle che hanno scritto i tuoi compagni, poi tutti assieme componete in aula un cartellone con le metafore della vita che avete individuato.

Un tema attraverso i secoli | L'amore

William Shakespeare
Lei non ha occhi come il sole ardenti

Per la biografia e l'opera di **William Shakespeare** vedi pagg. 177 e 178.

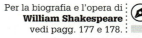

- W. Shakespeare, *Shakespeare in amore*, a cura di D. Bramati e G. Gallio, Salani, Milano, 2000

IN SINTESI: Il poeta tesse le lodi della sua donna, capovolgendo il tradizionale contenuto del sonetto di lode di cui Petrarca aveva fissato il modello che era stato successivamente imitato durante tutto il Quattrocento e il Cinquecento sia in Italia sia in Europa. Evitando quelli che definisce falsi paragoni, Shakespeare ammette che la sua donna non ha la pelle candida come la neve né le labbra rosse come il corallo e che i suoi capelli non hanno il colore dell'oro. Tuttavia lei è unica e speciale e ha le stesse doti delle donne esaltate dai poeti.

Forma metrica: sonetto elisabettiano, tipico della poesia inglese. È una variante del sonetto petrarchesco, rispetto al quale risulta più flessibile: è costituito da tre quartine a rima alternata e da un distico finale a rima baciata che solitamente condensa ed enfatizza il messaggio del testo.

genere: poesia lirica | *epoca:* 1592-1593 | *luogo:* Inghilterra | *lingua originale:* inglese

My mistress' eyes are nothing like the sun,
Coral is far more red than her lips red;
If snow be white, why then her breasts are dun,
If hairs be wires, black wires grow on her head.
5 I have seen roses damark'd, red and white,
But no such roses see I in her cheeks;
And in some perfumes is there more delight
Than in the breath that from my mistress reeks.

I love to hear her speak, yet well I know
10 That music hath a far more pleasing sound;
I grant I never saw a goddess go:
My mistress, when she walks, treads on the ground.

And yet, by heaven, I think my love is rare
As any she belied by false compare.

Lei non ha occhi come il sole ardenti,
meno rosse le labbra ha del corallo;
se candida è la neve, i suoi seni sono spenti;
se fili d'oro i riccioli, i suoi scuro metallo.

Rosse, bianche, screziate, ho visto rose,
vederle sul suo volto è cosa vana;
ci sono essenze ben più deliziose
del profumo che il suo respiro emana.

Amo che parli, ma ho chiara l'idea
che la musica ha un suono più soave:
non vidi mai incedere di dea,
e la mia donna passi in terra muove:

ma la mia donna è rara, e ha altrettanti doni,
quanto quella esaltata con falsi paragoni.

Entriamo nel testo

I temi, la metrica e la sintassi
Il sonetto si divide in due parti: la prima, costituita dalle tre quartine, capovolge il tradizionale modello della lode della donna; la seconda, costituita dal distico finale contiene l'esaltazione della donna amata dal poeta, una donna vera e rara che nulla ha da invidiare a quella esaltata con falsi paragoni.

Il componimento si presenta come un **raffinato gioco letterario**, che presuppone da parte del lettore la conoscenza dei luoghi comuni della poesia di lode basata sulla celebrazione di una donna angelica, dai capelli biondi e dalle labbra di corallo, dalla pelle bianca e dal colorito rosato, dall'alito profumato, dalla voce melodiosa e dall'incedere simile a quello di una dea che sfiora appena la terra. Negando tutte queste qualità che hanno fissato nella tradizione letteraria un modello di bellezza ideale, il poeta fa emergere il ritratto reale della sua donna: la dama bruna, dalla pelle e dai capelli scuri, che quando cammina poggia saldamente i piedi a terra e parla con una voce gradevole, ma sicuramente non melodiosa come quella di un angelo. Dal sogno si è passati alla realtà, che viene enunciata con un linguaggio chiaro e concreto nei due versi conclusivi.

Si nota nel sonetto una perfetta corrispondenza fra temi, metrica e sintassi. Ogni quartina è occupata da un periodo che puntualizza un aspetto della descrizione e si conclude con un punto fermo; il distico finale contiene la conclusione che colpisce e sorprende il lettore. La rima baciata, accostando, in inglese, l'aggettivo *rare* e il sostantivo *compare* e in italiano i due sostantivi *doni* e *paragoni*, sottolinea la contrapposizione fra la **realtà della donna** e la **falsità della tradizione letteraria**.

Esercizi

Competenza trasversale:

a Acquisire ed interpretare l'informazione
b Individuare collegamenti e relazioni
c Comunicare
d Comunicare nelle lingue straniere

- **Competenza testuale e interpretazione**

d **1.** Ricostruisci lo schema delle rime delle quartine e del distico sia nel testo inglese sia nella traduzione italiana. Esamina adesso le parole in rima, se conosci l'inglese, in entrambi i testi, altrimenti solo in quello italiano, e stabilisci i rapporti che tra esse intercorrono in base al significato: se e quando si richiamano l'una con l'altra, se e quando sono in antitesi e cosí via.

b **2.** Evidentemente Shakespeare, nel momento in cui scriveva il sonetto, aveva ben chiaro il modello della tradizionale poesia di lode. Tenendo presenti il sonetto di Dante *Tanto gentile e tanto onesta pare* (vedi pag. 162) e quello di Petrarca *Erano i capei d'oro a l'aura sparsi* (vedi pag. 169) individua quali elementi presenti in essi compaiono nel componimento di Shakespeare e come vengono modificati.

- **Competenza lessicale e morfosintattica**

3. L'aggettivo *screziato* (v. 5) vuol dire:
   a. spezzato;
   b. macchiettato;
   c. colorato;
   d. misto.

4. Esamina la struttura sintattica del componimento e distingui i periodi formati da proposizioni coordinate e quelli costituiti da una proposizione principale e da una o piú subordinate.

Un tema attraverso i secoli : L'amore

per l'**INVALSI** con *Eugenio*

1. **Il sonetto sembra sviluppare una polemica contro quei poeti che celebrano una donna non reale, esageratamente bella, ispirandosi a un modello molto in voga a quel tempo. Quale poeta aveva creato questo modello?**
   - **a.** ☐ Dante Alighieri.
   - **b.** ☐ Francesco Petrarca.
   - **c.** ☐ Christopher Marlowe.
   - **d.** ☐ Torquato Tasso.

2. **Shakespeare adopera un tipo di sonetto che differisce da quello tradizionale per:**
   - **a.** ☐ il numero dei versi.
   - **b.** ☐ la tipologia delle rime.
   - **c.** ☐ il numero delle strofe.
   - **d.** ☐ il raggruppamento dei versi.

3. **La descrizione della donna è condotta attraverso una serie di «paragoni negativi» che contrappongono i due termini della comparazione invece di associarli. Indica per ogni elemento della descrizione il secondo termine di paragone.**

   Esempio: I suoi occhi (non sono come) il sole.
   - **a.** ☐ Le sue labbra (non sono come) ....
   - **b.** ☐ I suoi seni (non sono come) ....
   - **c.** ☐ I suoi capelli (non sono come) ....
   - **d.** ☐ Il suo volto (non è come) ....
   - **e.** ☐ Il profumo del suo respiro (non è come quello) ....
   - **f.** ☐ La sua voce (non è come) ....
   - **g.** ☐ Il suo incedere (non è come quello di) ....

4. **Per descrivere la sua donna un poeta petrarchesco avrebbe adoperato paragoni convenzionali. Completa lo schema legando in modo tradizionale i due termini di ciascun paragone, come nell'esempio.**

   Esempio: I suoi occhi *sono ardenti come* il sole.
   - **a.** ☐ Le sue labbra .... corallo.
   - **b.** ☐ I suoi seni .... neve.
   - **c.** ☐ Il suo volto .... rose.
   - **d.** ☐ Il suo respiro .... essenze deliziose.
   - **e.** ☐ La sua voce .... musica soave.
   - **f.** ☐ Il suo incedere .... dea.

5. **Nella prima parte del sonetto il poeta descrive la donna in modo oggettivo, facendo parlare la ragione. Nella seconda dà voce ai suoi sentimenti. Ritraccia i versi che contengono la descrizione oggettiva e quelli nei quali predomina il sentimento.**

   ....

6. **Quale tecnica ha utilizzato Shakespeare in questo sonetto per descrivere la sua donna?**
   - **a.** ☐ Metafore.
   - **b.** ☐ Immagini contrapposte.

c. ☐ Paragoni negativi.

d. ☐ Allusioni indirette.

7. **Che cosa suggerisce la «ragione» al poeta?**

   a. ☐ Che la sua donna è molto bella.

   b. ☐ Che la sua donna, pur non essendo perfetta, è dotata di fascino.

   c. ☐ Che la bellezza della sua donna è concentrata solo in alcuni aspetti della sua fisicità.

   d. ☐ Che la sua donna non rispecchia i tradizionali canoni della bellezza.

8. **Quale reazione il poeta vuole provocare nel lettore con la descrizione contenuta nelle tre quartine?**

   a. ☐ Disgusto.

   b. ☐ Sorpresa.

   c. ☐ Ammirazione.

   d. ☐ Passione.

9. **Come può essere definito questo sonetto di Shakespeare?**

   a. ☐ Convenzionale.

   b. ☐ Romantico.

   c. ☐ Originale.

   d. ☐ Adulatorio.

10. **Si nota nel componimento una certa ironia. Chi è il bersaglio della satira del poeta?**

    a. ☐ La donna amata che si crede piú bella di come effettivamente è.

    b. ☐ Un poeta rivale che compone sonetti sdolcinati.

    c. ☐ Francesco Petrarca, considerato l'inventore del sonetto d'amore.

    d. ☐ Gli scrittori petrarcheschi che idealizzano la donna.

11. **All'inizio del componimento il poeta scrive «Lei non ha occhi come il sole ardenti» (v. 1). A quale termine contenuto nel sonetto si riferisce il pronome *Lei*?**

    a. ☐ «la mia donna» (v. 12).

    b. ☐ «quella» (v. 14).

    c. ☐ «dea» (v.11).

    d. ☐ «la mia donna» (v. 13).

12. **L'espressione «del profumo» al verso 8 è:**

    a. ☐ complemento di specificazione.

    b. ☐ secondo termine di paragone.

    c. ☐ complemento di qualità.

    d. ☐ complemento partitivo.

13. **Nel periodo «Amo che parli, ma ho chiara l'idea /che la musica ha un suono piú soave» (vv. 9-10) vi sono due proposizioni introdotte dalla congiunzione *che*. Di che proposizioni si tratta?**

    a. ☐ Un finale e un'oggettiva.

    b. ☐ Due oggettive.

    c. ☐ Una consecutiva e un'oggettiva.

    d. ☐ Una finale e una consecutiva.

Un tema attraverso i secoli — L'amore

Edgar Allan Poe
Annabel Lee

- E. Allan Poe, *Annabel Lee*, trad. di G. Davico Bonino, in *Lunario dei giorni d'amore*, Einaudi, Torino, 1998

IN SINTESI: Annabel Lee è una fanciulla che sembra uscita da un libro di fiabe: vive in un regno vicino al mare e ama, riamata, il poeta. Ma gli angeli, invidiosi di tanto amore, fanno uscire da una nuvola un vento furioso che la porta via. I due amanti, però, non saranno separati neppure dalla morte: Annabel Lee infatti visita tutte le notti in sogno il poeta ed egli giace al suo fianco.

Forma metrica: sei strofe di sei, sette o otto versi di varia lunghezza, nei quali ricorre costantemente la rima *sea* (mare) / *Lee* / *me* (me).

| *genere:* poesia lirica | *epoca:* 1849 | *luogo:* USA | *lingua originale:* inglese |

It was many and many a year ago,
In a kingdom by the sea,
That a maiden there lived whom you may know
By the name of Annabel Lee;
5 *And this maiden she lived with no other thought*
Than to love and be loved by me.

I was a child and she was a child,
In this kingdom by the sea;
But we loved with a love that was more than
                                    [love–
10 *I and my Annabel Lee–*
With a love that the winged seraphs of heaven
Coveted her and me.

And this was the reason that, long ago,
In this kingdom by the sea,
15 *A wind blew out of a cloud, chilling*
My beautiful Annabel Lee;
So that her highborn kinsman came
And bore her away from me,
To shut her up in a sepulchre
20 *In this kingdom by the sea.*

The angels, not half so happy in heaven,
Went envying her and me–
Yes! – that was the reason (as all men know,
In this kingdom by the sea)
25 *That the wind came out of the cloud by night,*
Chilling and killing my Annabel Lee.

Molti e molti anni or sono,
in un regno vicino al mare,
viveva una fanciulla che potete chiamare
col nome di Annabel Lee:
aveva quella fanciulla un solo pensiero:
amare ed essere amata da me.

Io fanciullo, e lei fanciulla,
in quel regno vicino al mare;
ma ci amavamo d'amore ch'era altro che
                                      [amore
io e la mia Annabel Lee;
di tanto amore i serafini alati del cielo
invidiavano lei e me.

E proprio per questo, molto molto tempo fa,
in quel regno vicino al mare,
uscí un gran vento da una nuvola e raggelò
la mia bella Annabel Lee;
e cosí giunsero i nobili suoi genitori
e la portarono lontano da me,
per chiuderla dentro una tomba
in quel regno vicino al mare.

Gli angeli, molto meno felici di noi in cielo,
invidiavano lei e me:
e fu proprio per questo (come sanno tutti
in quel regno vicino al mare),
che, di notte, un gran vento uscí dalle nubi,
raggelò e uccise la mia Annabel Lee.

---

9. d'amore ch'era altro che amore: di un amore che andava al di là dell'amore stesso. **11. i serafini**: sono gli angeli piú vicini a Dio, i quali, nonostante il loro stato di perfezione, invidiano l'amore del poeta e di Annabel Lee.

But our love it was stronger by far than the love
Of those who were older than we–
Of many far wiser than we–
30 *And neither the angels in heaven above,*
Nor the demons down under the sea,
Can ever dissever my soul from the soul
Of the beautiful Annabel Lee.
 	
For the moon never beams without bringing
                                            [me dreams*
35 *Of the beautiful Annabel Lee;*
And the stars never rise but I feel the bright eyes
Of the beautiful Annabel Lee;
And so, all the night-tide, I lie down by the side
Of my darling – my darling – my life and my
                                            [bride,*
40 *In the sepulchre there by the sea–*
In her tomb by the sounding sea.
	Ma il nostro amore era molto, molto piú saldo
	dell'amore dei piú vecchi di noi
	(e di molti di noi assai piú saggi):
	né gli angeli, in cielo, lassú,
	né i demoni, là sotto, in fondo al mare
	mai potranno separare la mia anima
	dall'anima di Annabel Lee.
	
	Mai, infatti, la luna risplende ch'io non
	                                   [sogni
	la bella Annabel Lee:
	né mai sorgono le stelle ch'io non veda
	splendere gli occhi della bella Annabel Lee,
	e cosí, per tutta la notte, giaccio a fianco
	del mio amore: il mio amore, la mia vita,
	la mia sposa, nella sua tomba, là vicino
	                                   [al mare,
	nel suo sepolcro, sulla sponda del mare.

Marc Chagall, *Amanti in verde*, 1916-1917. Parigi, Musée national d'art moderne, Centre Georges Pompidou.

L'OPERA

Annabel Lee non fa parte di una raccolta organica di componimenti. Poe compose questa poesia nel maggio del 1849, poco prima di morire. La lirica si inserisce a pieno titolo nell'atmosfera del Romanticismo, ancora viva nella cultura europea e americana di metà Ottocento: in essa infatti si fondono la componente dell'amore e quella fiabesca.

Sull'identità di Annabel Lee sono state avanzate diverse ipotesi. Molte donne, con le quali Poe aveva avuto occasionali relazioni, dichiararono di essere state le ispiratrici del componimento. È molto più probabile, invece, che la poesia adombri la storia d'amore di Poe e Virginia, la giovane moglie morta di tisi due anni prima.

Un tema attraverso i secoli L'amore

L'autore

Edgar Allan Poe nacque nel 1809 a Boston da una coppia di attori girovaghi. I genitori morirono quando egli aveva appena due anni e l'immagine della madre avvolta nel sudario costituí il primo ricordo cosciente del piccolo Edgar, che ne restò segnato per tutta la vita. Egli venne accolto da una conoscente della madre, Frances Allan, moglie di un mercante scozzese. I coniugi Allan non arrivarono mai a una vera adozione, ma aggiunsero il loro cognome a quello del bambino che si chiamò cosí Edgar Allan Poe. Nel 1815 la famiglia si trasferí in Inghilterra, dove Edgar venne avviato agli studi che continuò poi in America. Ben presto però si abbandonò a una vita sregolata, segnata dagli eccessi, dall'alcool, dal gioco d'azzardo. Iscrittosi all'Accademia Militare di West Point, si fece espellere dopo pochi mesi e questo episodio portò alla rottura definitiva fra Poe e John Allan. Intanto il giovane si fece apprezzare per il suo talento letterario: scrisse poesie e racconti e venne assunto in un giornale di Richmond. Questo fu un periodo felice per Poe, che sposò una giovanissima cugina e ottenne un grande successo nel 1845 con la poesia *Il corvo*. La serenità però non durò a lungo: Poe perse rapidamente il suo denaro e quando la moglie morí, nel 1847, egli non aveva neppure un lenzuolo nel quale avvolgerla. Gli ultimi anni furono contrassegnati da un'alternanza fra momenti di ripresa e di ritorno alla normalità e momenti in cui ricadde nella sua vita disordinata, finché, nel 1849, venne ritrovato misteriosamente in coma in una strada di Baltimora. Morí pochi giorni dopo, senza riprendersi dal suo stato di incoscienza.

Entriamo nel testo

I temi
Il componimento poggia su due temi: il connubio tra amore e morte e il fiabesco.
La coppia **amore-morte**, che congiunge due elementi tra loro fortemente uniti e, al tempo stesso, contrapposti, genera, nel corso della lirica, altre coppie antitetiche: amore-invidia; terra-cielo; freddo-caldo; unione-separazione; buio-luce; realtà-sogno. Osserviamole da vicino.

- All'amore che lega i due innamorati fanciulli si contrappone l'invidia dei serafini.
- Si viene pertanto a creare un capovolgimento del tradizionale rapporto terra-cielo: il cielo, ovvero il paradiso, non appare piú come il luogo della perfezione; questa sembra invece soggiornare in terra nel perfetto amore che lega i due giovani.
- L'invidia dei serafini produce il vento gelido che si contrappone al caldo dell'amore e, provocando la morte di Annabel Lee, separa i due innamorati.
- Alla separazione causata dalla morte si aggiunge quella voluta dai genitori della fanciulla, che portano via il corpo della figlia e lo chiudono in una tomba.
- La vicenda dei due innamorati, però, non si conclude qui: l'amore è piú forte della morte; nulla possono contro di esso né gli angeli del cielo né i demoni che si annidano nelle profondità del mare. Sfuggendo agli ostacoli opposti dal mondo terreno (la tomba che chiude il corpo di Annabel Lee) e da quello ultraterreno (la morte che ha portato via la fanciulla), i due innamorati si ritagliano uno spazio che è solo loro e che nessuno potrà insidiare: lo spazio del sogno che li unisce al di là della vita e della morte.
- A questo punto all'opposizione realtà-sogno si affianca quella luce-buio. Come il buio della notte è rischiarato dalla luna e dalle stelle, cosí il sogno del poeta è visitato dalla presenza di Annabel Lee che lo illumina con lo splendore dei suoi occhi. Il componimento, che si era aperto con la felice unione in vita dei due ragazzi innamorati, si conclude con la loro unione al di là della vita, nella sfera del sogno.

Il secondo tema della poesia è costituito dall'**atmosfera fiabesca** in cui tutta la vicenda è collocata. La lontananza nel tempo, il regno accanto al mare, l'amore dei due innamorati fanciulli, i nobili genitori, la furia del vento gelido che uccide

Annabel Lee sono i tipici ingredienti della fiaba, alla quale ci riportano anche alcune formule ricorrenti, come la ripetizione del verso *In this kingdom by the sea* (*in quel regno vicino al mare*) e l'avvio del componimento *It was many and many a year ago* (*Molti e molti anni or sono*) che richiama il tipico inizio di tutte le fiabe: *C'era una volta...*

La struttura metrica e le parole chiave
La principale novità introdotta dalla poesia romantica, accanto alla centralità del sentimento, era il rifiuto delle tradizionali leggi metriche che fino a quel momento avevano regolato la produzione dei componimenti in versi. Per il poeta romantico la poesia è canto che sgorga dall'anima e non può essere imbrigliato da regole esterne a esso. Perfettamente in linea con questa importantissima rivoluzione espressiva che ha impresso una svolta epocale alla scrittura poetica, Poe non segue uno schema metrico precostituito. La sua poesia non è una canzone, non è una ballata, non è un sonetto. Il poeta conclude il componimento nel momento in cui ritiene di aver espresso ciò che aveva nell'animo e assegna a ciascuna strofa un numero variabile di versi di diversa misura.
Anche nell'ambito delle rime, per le quali era consuetudine seguire gli schemi fissati dalla tradizione (rime alternate, baciate, incrociate ecc.), si è mosso con grande libertà. Se osserviamo il testo in lingua originale, notiamo infatti che nella prima strofa i versi sono legati da rime alternate, ma questo schema non ritorna nelle altre strofe nelle quali addirittura la rima o scompare oppure viene sostituita da rime interne, assonanze, allitterazioni. Una sola rima si mantiene costante in tutto il componimento, quella che lega le tre parole chiave della lirica: *sea* (mare), *Lee* e *me* (me). Questi tre monosillabi rappresentano il cerchio magico che racchiude e protegge l'amore tra i due giovani: Annabel Lee, il poeta e il regno fatato vicino al mare.

Esercizi

Competenza trasversale:

 a Acquisire ed interpretare l'informazione
b Individuare collegamenti e relazioni
 c Comunicare
d Comunicare nelle lingue straniere

- **Competenza testuale**

1. Sottolinea nel testo tutte le espressioni che conferiscono al componimento un tono fiabesco e motiva ogni volta la tua scelta.
2. Individua nel componimento tutte le parole o le espressioni che possono essere ricondotte a ciascuna delle coppie indicate nell'analisi (amore-morte, cielo-terra, luce-buio ecc.) e raggruppale in modo da avere un quadro completo delle opposizioni su cui si basa il testo.

 d 3. Abbiamo individuato come parole chiave del testo *sea / Lee / me*. Secondo te, se ne possono individuare altre? Se sí, quali?

d 4. Se conosci l'inglese, individua tutte le corrispondenze di suoni presenti nel testo (assonanze, allitterazioni, rime interne), continuando il lavoro avviato nell'analisi.

d 5. Se conosci l'inglese, prova a tradurre tutti i versi in cui compare la rima *sea / Lee / me* e osserva se, letti di seguito, trasmettono un particolare messaggio e quale relazione li lega.

- **Produzione**

6. Esponi per iscritto il contenuto della lirica e il suo significato ed esprimi i sentimenti e le riflessioni che essa ha suscitato in te.

  b 7. Il cantautore Fabrizio De André nella sua *Canzone di Marinella* sembra essersi ispirato a questa lirica di Edgar Allan Poe. Leggi il testo della canzone, che trovi on line, e istituisci un confronto fra i due componimenti mettendo in risalto gli elementi comuni.

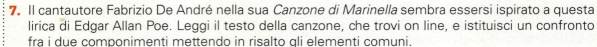

Un tema attraverso i secoli | L'amore

Jacques Prévert
I ragazzi che si amano

• J. Prévert, *Amori*, trad. di M. Cucchi e G. Raboni, a cura di R. Paris, TEA, Milano, 1995

IN SINTESI: La lirica descrive l'amore fresco e irridente dei ragazzi che si baciano lungo le strade, protetti dalla notte, mentre i passanti, invidiosi e scandalizzati, li guardano con disapprovazione, senza capire che gli innamorati sono ben lontani dalla realtà che li circonda, protetti e racchiusi nella luce accecante del loro primo amore.

Forma metrica: tredici versi liberi, di varia lunghezza, riuniti in una sola strofa.

genere: poesia lirica | *epoca:* 1946 | *luogo:* Francia | *lingua originale:* francese

Les enfants qui s'aiment s'embrassent debout
Contre les portes de la nuit
Et les passants qui passent les désignent du doigt
Mais les enfants qui s'aiment
5 Ne sont là pour personne
Et c'est seulement leur ombre
Qui tremble dans la nuit
Excitant la rage des passants
Leur rage leur mépris leurs rires et leur envie
10 Les enfants qui s'aiment ne sont là pour personne
Ils sont ailleurs bien plus loin que la nuit
Bien plus haut que le jour
Dans l'éblouissante clarté de leur premier amour

I ragazzi che si amano si baciano
In piedi contro le porte della notte
I passanti che passano li segnano a dito
Ma i ragazzi che si amano
Non ci sono per nessuno
E se qualcosa trema nella notte
Non sono loro ma la loro ombra
Per far rabbia ai passanti
Per far rabbia disprezzo invidia riso
I ragazzi che si amano non ci sono per nessuno
Sono altrove lontano piú lontano della notte
Piú in alto del giorno
Nella luce accecante del loro primo amore

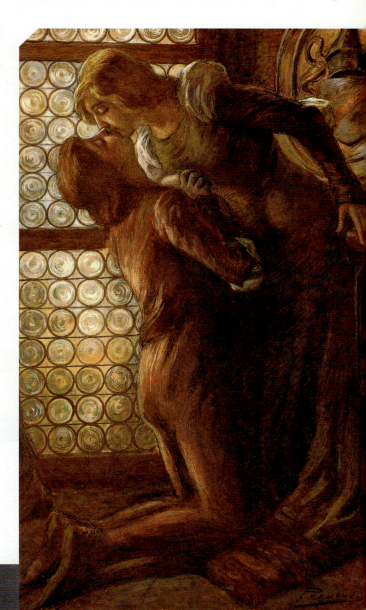

Gaetano Previati, *Il bacio*, XIX secolo. Milano, Collezione privata.

Incontro con il testo... ... poetico

L'OPERA

La lirica, che fa parte della raccolta *Paroles*, è il testo di una canzone scritta nel 1946 per il film *Les portes de la nuit* (Mentre Parigi dorme) di Marcel Carné, che è stata musicata da Joseph Kosma, autore delle musiche di altri famosi testi di Prévert. Ci troviamo di fronte a un classico esempio del modo di poetare di questo scrittore francese, che ama cantare un amore impudico, malizioso, ribelle, anticonformista, ma assolutamente sincero e autentico. L'amore è per il poeta l'elemento portante dell'esistenza, da cui si dipartono tutti gli altri sentimenti: l'amicizia, la rabbia, la gelosia. Ma, soprattutto, esso racchiude in sé la forza di ribellarsi all'ipocrisia, alla sopraffazione, ai totalitarismi di tutti i tempi. Non bisogna dimenticare infatti che le liriche di Prévert sono state composte negli anni della seconda guerra mondiale e in quelli immediatamente successivi, quando era ancora vivo il ricordo dell'oppressione e dei condizionamenti che la mancanza di libertà aveva portato con sé. Se per un verso l'amore coincide con la libertà, per l'altro esso costituisce un tutt'uno con la poesia. Secondo Prévert, insomma, non si può parlare d'amore se non in versi. Ciò che più affascina nei suoi componimenti è appunto la semplicità e la freschezza delle parole, che riescono ad arrivare al grande pubblico, mantenendo la purezza e la nitidezza proprie dei classici.

L'autore

Jacques Prévert è un poeta francese del primo Novecento, che ha riscosso grande successo tra il pubblico per la sua capacità di tradurre in parole fresche, semplici e leggere un sentimento universale come l'amore. Nato a Neuilly-sur-Seine nel 1900, dopo aver trascorso l'infanzia in Bretagna, si trasferì a Parigi, dove frequentò le scuole. Strinse rapporti di amicizia con pittori e poeti appartenenti al movimento surrealista dal quale si distaccò intorno al 1930, pur continuando a partecipare intensamente alla vita culturale parigina. Lavorò nel cinema, scrivendo soggetti e sceneggiature per famosi registi del tempo, tra cui Jean Renoir e Marcel Carné. Compose anche canzoni che vennero interpretate e portate al successo da cantanti famosi come Yves Montand e Juliette Gréco. Pubblicò diverse raccolte di poesie, tra le quali vanno ricordate *Paroles* (Parole) e *Histoires* (Storie) del 1946, *Spectacles* (Spettacoli) del 1951, *La pioggia e il bel tempo* del 1955. È morto a Parigi nel 1977.

Entriamo nel testo

I temi

Sul piano tematico la lirica presenta tre sezioni. L'**apertura** (vv. 1-3) ci mostra i ragazzi che si baciano, in piedi, nell'oscurità della notte, mentre i passanti invidiosi disapprovano. Sin dall'inizio dunque l'amore viene presentato come una forza vitale, capace di spaventare, indignare, suscitare rabbia e invidia negli animi gretti, meschini, attaccati alle apparenze, che vedono in esso qualcosa di peccaminoso, che va nascosto e sottratto alla vista altrui.

La **seconda parte** (vv. 4-10) è costruita sull'antitesi presenza-assenza: i giovani, chiusi nel loro amore, non si accorgono di nulla, non ci sono per nessuno. Quelle che i passanti vedono sono solo ombre, che sembrano essere state lasciate là per far rabbia e suscitare invidia e indignazione. Questa seconda sezione è racchiusa tra due espressioni identiche che ne sintetizzano il tema centrale: *I ragazzi che si amano non ci sono per*

nessuno. La struttura circolare sembra raffigurare visivamente quella sfera magica che cela e protegge gli innamorati. Nei versi 8 e 9 troviamo un'anàfora.
La **terza parte** (vv. 11-13) ci fa toccare con mano l'infinita distanza nella quale l'amore ha proiettato i ragazzi che si baciano. Essi sono lontani dalla notte e dalla realtà meschina, volano piú in alto del giorno e, se prima l'oscurità li proteggeva dagli sguardi indiscreti, adesso è la luce accecante dell'amore che impedisce loro di vedere ciò che li circonda. Essi vivono l'uno per l'altra e tutto il mondo è racchiuso nel cerchio dei loro occhi che sono capaci di vedere solo il volto della persona amata e nient'altro.
La lirica si basa dunque su un fitto gioco di antitesi che mettono in risalto la forza dirompente dell'amore.

Esercizi

- **Comprensione e interpretazione**

1. Nel verso 2 il poeta, descrivendo i giovani innamorati, dice che si baciano *in piedi contro le porte della notte*. È chiaro il significato complessivo della frase: gli innamorati si baciano in piedi nell'oscurità. L'espressione *contro le porte della notte*, però, ha un significato metaforico. Quale tra queste ti sembra l'interpretazione piú convincente?
    a. L'oscurità è come una porta che immette nella notte.
    b. L'oscurità è simile a una porta alla quale gli innamorati si appoggiano.
    c. La notte apre le sue porte agli innamorati per proteggerli.

2. Spiega il significato dei versi 11 e 12.

3. Che cosa vuol dire, secondo te, il poeta quando scrive che *i ragazzi che si amano / non ci sono per nessuno* (vv. 4-5)?

- **Produzione**

4. Scrivi la parafrasi della poesia, mettendo in evidenza le contrapposizioni presenti.

5. Individua fra le liriche proposte in questa sezione quelle che si soffermano sul rapporto tra gli innamorati e la gente e esamina il modo in cui ciascun poeta svolge questo tema. Poi esponi il risultato dell'analisi in una relazione.

Umberto Saba
A mia moglie

- U. Saba, *Poesie scelte*, a cura di G. Giudici, Mondadori, Milano, 1976

IN SINTESI: Il poeta descrive con infinito amore la moglie, paragonandola alle *femmine di tutti i sereni animali che avvicinano a Dio*: la pollastra, la giovenca, la cagna, la coniglia, la formica, l'ape. Di ciascuna ella possiede le qualità migliori, che in nessun'altra donna si ritrovano.

Forma metrica: sei strofe costituite da versi di varia misura.

genere: poesia lirica | *epoca:* 1909-1910 | *luogo:* Trieste | *lingua originale:* italiano

5. raspa: gratta con le zampe.
8. incede: avanza.
9. pettoruta: impettita.
16-17. fra queste ... donna: a queste creature semplici, belle e autentiche, tu puoi essere paragonata e a nessun'altra donna.
18-19. assonna le gallinelle: invita al sonno le gallinelle.
20. mettono voci: esse emettono suoni quasi umani.
21. onde: con le quali.
22. ti quereli: ti lamenti.
27-28. senza gravezza: non ancora appesantita.
30. volge: gira.
30-31. ove ... carne: dove la sua carne si tinge di un colore lievemente rosato.

Tu sei come una giovane,
una bianca pollastra.
Le si arruffano al vento
le piume, il collo china
5   per bere, e in terra raspa;
ma, nell'andare, ha il lento
tuo passo di regina,
ed incede sull'erba
pettoruta e superba.
10 È migliore del maschio.
È come sono tutte
le femmine di tutti
i sereni animali
che avvicinano a Dio.
15 Cosí se l'occhio, se il giudizio mio
non m'inganna, fra queste hai le tue uguali,
e in nessun'altra donna.
Quando la sera assonna
le gallinelle,
20 mettono voci che ricordan quelle,
dolcissime, onde a volte dei tuoi mali,
ti quereli, e non sai
che la tua voce ha la soave e triste
musica dei pollai.

25 Tu sei come una gravida
giovenca;
libera ancora e senza
gravezza, anzi festosa;
che, se la lisci, il collo
30 volge, ove tinge un rosa
tenero la sua carne.
Se l'incontri e muggire
l'odi, tanto è quel suono
lamentoso, che l'erba
35 strappi, per farle un dono.

Un tema attraverso i secoli — **L'amore**

53. pavida: paurosa, timida.
59. che: poiché.
60-61. di cui ... si rannicchia: mentre, quando è priva di cibo, si rannicchia su se stessa.

È cosí che il mio dono
t'offro quando sei triste.

Tu sei come una lunga
cagna, che sempre tanta
40 dolcezza ha negli occhi,
e ferocia nel cuore.
Ai tuoi piedi una santa
sembra, che d'un fervore
indomabile arda,
45 e cosí ti riguarda
come il suo Dio e Signore.
Quando in casa o per via
segue, a chi solo tenti
avvicinarsi, i denti
50 candidissimi scopre.
Ed il suo amore soffre
di gelosia.

Tu sei come la pavida
coniglia. Entro l'angusta
55 gabbia ritta al vederti
s'alza,
e verso te gli orecchi
alti protende e fermi;
che la crusca e i radicchi
60 tu le porti, di cui
priva in sé si rannicchia,
cerca gli angoli bui.

Francesco Paolo Michetti, *Ritratto di donna*, 1891. Collezione privata.

64. **ritoglierle**: toglierle nuovamente.
64-67. **chi il pelo ... partorire**: chi potrebbe portarle via il pelo che si è strappato di dosso per rendere piú soffice il nido dove poi partorirà?
75. **questo che**: questa grazia con la quale.
77. **provvida**: previdente.
78-81. **Di lei ... l'accompagna**: quando la nonna esce insieme con il nipotino verso la campagna, gli parla della laboriosità e della previdenza della formica.
82. **pecchia**: ape.

Chi potrebbe quel cibo
ritoglierle? chi il pelo
65 che si strappa di dosso,
per aggiungerlo al nido
dove poi partorire?
Chi mai farti soffrire?
Tu sei come la rondine
70 che torna in primavera.
Ma in autunno riparte;
e tu non hai quest'arte.
Tu questo hai della rondine;
le movenze leggere;
75 questo che a me, che mi sentiva ed era
vecchio, annunciavi un'altra primavera.

Tu sei come la provvida
formica. Di lei quando
escono alla campagna,
80 parla al bimbo la nonna
che l'accompagna.
E cosí nella pecchia
ti ritrovo, ed in tutte
le femmine di tutti
85 i sereni animali
che avvicinano a Dio
e in nessun'altra donna.

Entriamo nel testo

Il significato della lirica
È questa sicuramente la poesia piú famosa di Saba che del resto ne era perfettamente consapevole. Infatti cosí scriveva in *Storia e cronistoria del «Canzoniere»*: «*A mia moglie* è la prima grande poesia nella quale si imbatte chi legga per la prima volta il *Canzoniere* [...]. Diremo di piú: se di questo poeta si dovesse conservare una sola poesia, noi conserveremmo questa». Il fatto che nella lirica il poeta paragoni la moglie a tutti gli animali della creazione suscitò all'inizio un certo scandalo nel pubblico e procurò un moto di risentimento anche nella stessa Lina, quando egli gliela fece ascoltare per la prima volta. In realtà è proprio questa particolarissima scelta che rende originale e inconsueto il componimento. Nella tradizione letteraria, infatti, la donna era stata solitamente cantata come una creatura eterea e angelica, del tutto sganciata da qualsiasi riferimento alla realtà materiale, e questa immagine col tempo si era trasformata in un vero e proprio stereotipo. Si può comprendere pertanto quale forza dirompente abbiano avuto i versi di Saba. Va però precisato che il paragone con gli animali non ha qui lo scopo di sorprendere il lettore, ma assume un significato morale e religioso: gli animali infatti rappresentano per il poeta triestino il **mondo sano e autentico della natura** regolato da virtú antiche ed eterne (l'amore, la fedeltà, la cura per i piccoli). Non è estranea al componimento anche una certa infantile ingenuità, messa in luce dallo stesso Saba il quale cosí scrive: «Se un bambino potesse sposare e scrivere una poesia per sua moglie, scriverebbe questa».

L'articolazione del tema
La lirica è costituita da sei strofe di varia lunghezza, ciascuna delle quali si apre con l'espressione *Tu sei come* che introduce il **paragone con un animale domestico**. Ciascun animale è delineato con pochi tratti, a volte con

un solo aggettivo che richiama una caratteristica fisica o morale o di comportamento che anche la donna possiede. Saba insomma con la dolcezza, la semplicità, l'ingenuità di un adulto-bambino scopre nella moglie le virtú della pollastra, della giovenca, della cagna e cosí via e in tal modo realizza la «poesia onesta» alla quale aspira.

- Il primo paragone è fra la donna e la *bianca pollastra* che viene vista sotto due aspetti: quando è arruffata e quando avanza con il *lento ... passo di regina*. Dietro queste immagini vediamo Lina ora indaffarata nelle faccende domestiche, ora nella naturale eleganza del suo portamento. Piú avanti sono i suoni dolci e malinconici emessi dalle *gallinelle* a ricordare al poeta il tono sommesso e soave della voce della moglie quando si lagna dei suoi mali.

- Nella seconda strofa l'elemento comune su cui poggia il paragone fra la giovenca e la donna è la maternità gioiosa e leggera. Ancora una volta assistiamo a un intreccio di sensazioni visive (*ove tinge un rosa / tenero la sua carne*), tattili (*se la lisci*) e auditive (*Se... muggire / l'odi*) che suscitano un sentimento di tenerezza verso la donna amata, dal quale scaturisce il bisogno di consolarla nei momenti di malinconia.

- Nella *lunga / cagna* dagli occhi pieni di dolcezza, protagonista della terza strofa, Saba riconosce l'amore geloso di Lina, devoto ed esclusivo fino alla ferocia. La cagna viene fissata in due atteggiamenti che ne esprimono appunto la devozione e la ferocia protettiva: il primo (vv. 42-46) si manifesta nell'intimità della casa, il secondo (vv. 47-50) in presenza di estranei.

- Nella quarta strofa Saba pone in primo piano la mansuetudine e l'amore materno della coniglia che si strappa persino il pelo di dosso per rendere piú caldo e accogliente il *nido* dei suoi piccoli. La sua vulnerabilità è tale da allontanare ogni pensiero di offesa (*Chi potrebbe quel cibo / ritoglierle?*). Nell'ultimo verso il poeta con un rapidissimo scarto segnalato dall'uso del pronome di seconda persona, passa dall'animale alla donna (*Chi mai farti soffrire?*), facendoci cosí capire che anche tutto quello che ha detto prima si riferiva a lei.

- Il paragone con la rondine mette in rilievo la leggerezza aggraziata di Lina e la sua capacità di far rinascere la giovinezza nel cuore del poeta. Dall'uccello migratore la distingue invece la stabilità, la fedeltà alla casa e alla famiglia.

- Nell'ultima strofa la donna viene accostata alla formica e all'ape, due animali spesso presenti nelle favole, che rappresentano la laboriosità e la previdenza. In questo caso il rapporto non investe per nulla il piano fisico ma solo quello morale. Gli ultimi versi della lirica (vv. 83-87) si riagganciano a quelli iniziali, racchiudendo il componimento in una perfetta struttura circolare, e riprendono la dichiarazione d'amore del poeta alla moglie, già espressa nella prima strofa (vv. 16-17). Agli occhi dell'uomo che l'ama, Lina non è paragonabile a nessun'altra donna; solo nell'autenticità dei *sereni animali / che avvicinano a Dio* egli può trovare riscontro alla sua bellezza fisica e morale, all'eleganza delle sue movenze, alla dolcezza della sua voce, alla sua cura gelosa della casa e delle persone care.

Le tecniche espressive

La poesia si basa sull'uso sistematico dei **parallelismi** che legano tra loro le singole strofe e compaiono all'interno di ciascuna di esse. Ogni strofa infatti:

- è introdotta anaforicamente da *Tu sei come*;
- presenta la descrizione di un animale, a eccezione dell'ultima strofa che ne presenta due;
- è strutturata sintatticamente in modo che ogni animale sia prima definito da uno o piú aggettivi, poi da una o piú frasi principali o relative.

Sono questi parallelismi a conferire alla poesia quell'andamento da **inno religioso** che l'ha fatta paragonare da molti critici al *Cantico delle creature* di san Francesco.

Quanto agli aggettivi con i quali vengono connotati gli animali, notiamo che ciascuno di essi coglie il tratto fisico piú rilevante, quello nel quale si manifesta pienamente l'essenza dell'animale. Ecco allora sfilare la *giovane, / ... bianca pollastra*, la *gravida / giovenca*, la *lunga / cagna*, la *pavida / coniglia*, la *provvida / formica*. Solo la *rondine* e la *pecchia* sono prive di attributi. Quattro di questi aggettivi sono messi in rilievo dal forte *enjambement* che separa ciascuno di essi dal sostantivo al quale si riferisce.

La semplicità del discorso, incentrato sui paragoni, sull'anàfora e sulla prevalenza della paratassi, viene innalzata da qualche ricercatezza lessicale (*ti quereli*, *gravezza* ecc.) e soprattutto dalle **inversioni sintattiche** (*il collo china*, *in terra raspa* ecc.) che conferiscono letterarietà al componimento. La stessa funzione svolgono le coppie di aggettivi, di sostantivi o di intere proposizioni (*pettoruta e superba*, *soave e triste*, *dolcezza... negli occhi, / e ferocia nel cuore* ecc.). Viceversa i frequenti *enjambement* smorzano la cadenza della rima e orientano il discorso poetico in direzione della prosa.

Esercizi

Competenza trasversale:

 Acquisire ed interpretare l'informazione
 Individuare collegamenti e relazioni
 Comunicare
 Comunicare nelle lingue straniere

- **Competenza testuale**

1. La lirica può dare l'impressione di essere costruita come un susseguirsi di quadri staccati. Vi sono però alcuni elementi formali che conferiscono unità al testo. Prova a individuarli.
2. Individua almeno cinque *enjambement* oltre quelli che ti abbiamo segnalato nell'analisi.
3. Individua tutte le coppie presenti nel testo e disponile su tre colonne, a seconda che si tratti di coppie di aggettivi, di sostantivi, o di intere proposizioni.
4. Nel tessuto lessicale del componimento si intrecciano termini quotidiani e parole ricercate. Individua queste ultime.
5. La poesia è ricca di rime che non colpiscono immediatamente il lettore perché sono tra loro distanti, tuttavia creano un effetto complessivo di armonia. Sottolinea nella lirica tutte le rime.

- **Competenza lessicale**

6. Elenca tutte le parole ricercate e inconsuete che trovi nel testo. Poi, servendoti di un dizionario, ricostruiscine l'etimologia e spiegane il significato. Infine indica per ciascuna di esse uno o più termini dello stesso significato e di uso più comune.

- **Produzione**

7. Utilizzando le osservazioni contenute nell'analisi e quelle che hai ricavato svolgendo gli esercizi, componi un'analisi della lirica.
8. Delinea un ritratto fisico e psicologico della moglie di Saba, ricavandone gli elementi essenziali dai paragoni con gli animali contenuti nella poesia.

9. Rileggi la satira contro le donne del poeta greco Semonide (vedi pag. 107). Si ha l'impressione che Saba abbia ripreso, capovolgendola in positivo, l'idea dei paragoni fra la donna e gli animali. Verifica la possibilità di questa chiave di lettura mettendo a confronto i due componimenti.

Un tema attraverso i secoli · **L'amore**

Eugenio Montale

Ho sceso, dandoti il braccio, almeno un milione di scale

Per la biografia di **Eugenio Montale** vedi pag. 303.

- E. Montale, *Tutte le poesie*, Mondadori, Milano, 1977

IN SINTESI: Il poeta ricorda la moglie morta, *mosca*, come la chiamavano affettuosamente gli amici, con la quale ha condiviso gli eventi quotidiani di una lunga vita trascorsa insieme. Adesso che lei non c'è più il poeta si affida alla ripetizione di quei piccoli gesti che tradivano la loro lunga intesa e complicità, nel vano tentativo di ritrovarla accanto a sé, pronta ad appoggiarsi a lui ma anche a dargli sostegno.

Forma metrica: versi liberi.

genere: poesia lirica | *epoca:* 1963-1970 | *luogo:* Italia | *lingua originale:* italiano

3. **il nostro lungo viaggio**: la vita coniugale trascorsa insieme.
4. **mi occorrono**: mi servono.
6. **gli scorni**: i disguidi, i contrattempi.
11. **pupille ... offuscate**: allude al fatto che la moglie soffriva di una forte miopia e aveva quindi la vista molto debole.

Ho sceso, dandoti il braccio, almeno un milione di scale
e ora che non ci sei è il vuoto ad ogni gradino.
Anche cosí è stato breve il nostro lungo viaggio.
Il mio dura tuttora, né piú mi occorrono
5   le coincidenze, le prenotazioni,
le trappole, gli scorni di chi crede
che la realtà sia quella che si vede.
Ho sceso milioni di scale dandoti il braccio
non già perché con quattr'occhi forse si vede di piú.
10   Con te le ho scese perché sapevo che di noi due
le sole vere pupille, sebbene tanto offuscate,
erano le tue.

L'OPERA

Fra il 1962 e il 1970 Montale compose una raccolta di poesie che intitolò *Satura* per sottolinearne da un lato il tono ironico e satirico, dall'altro la varietà dei temi trattati. Il termine latino *satura*, piú precisamente *lanx satura*, indicava infatti nell'antica società romana un piatto contenente diverse primizie che veniva offerto in dono agli dèi. Un gruppo di liriche, riunite nella sezione *Xenia*, è dedicato alla moglie del poeta, Drusilla Tanzi, *mosca* come la chiamavano affettuosamente il marito e gli amici forse per la sua corporatura esile e minuta, morta nel 1963. La donna viene fissata in semplici episodi della vita quotidiana, nelle piccole avventure di un'esistenza normale e senza pretese che lei ha saputo vivere con dignità e con ironica saggezza. *Xenia* erano, nella tradizione classica, i brevi componimenti che accompagnavano i doni fatti a un ospite nel momento in cui lasciava la casa che lo aveva accolto. Questo piccolo canzoniere, che nella sua semplicità costituisce uno degli esiti piú alti della poesia montaliana, è appunto il dono che il poeta fa alla moglie nel momento della sua partenza senza ritorno.

Entriamo nel testo

I temi

La lirica si può suddividere in due parti.
Nella prima (vv. 1-7) Montale rievoca una cara consuetudine della sua vita coniugale (scendere le scale dando il braccio alla moglie), misurando il **vuoto** e l'**assenza** che ormai invadono la sua vita. Il loro lungo viaggio insieme a *mosca* è finito e per lui, rimasto solo, non hanno più senso tutte le cose che appartengono alla quotidianità della vita: le piccole occupazioni, i contrattempi che turbano l'esistenza di quanti si fermano alla superficie delle cose poiché credono *che la realtà sia quella che si vede*.
La seconda parte del componimento (vv. 8-12) riprende e sviluppa il tema del «**vedere**».
Esistono due modi di «vedere»: uno fisico, l'altro intellettuale e morale. Durante il viaggio della vita sembrava che fosse il poeta a guidare la moglie incerta nel cammino per la sua scarsa vista; in realtà era lui che si affidava a lei, alle sue *pupille ... offuscate* che sapevano andare al fondo delle cose e non si fermavano alle apparenze.
I versi, piuttosto lunghi, hanno un andamento prosastico, volutamente privo di esplicita musicalità e di toni alti. L'ultimo, brevissimo, mette in risalto il pronome possessivo *tue*, a sottolineare il ruolo di guida che la moglie ha sempre avuto nella vita del poeta.

Esercizi

- **Comprensione**

1. Spiega con parole tue il significato degli ultimi tre versi della lirica.
2. Nel testo è presente un'anàfora. Individuala.
3. Conduci su un dizionario una ricerca sull'origine e il significato di base della parola *scorno* e spiega il passaggio dal significato letterale a quello metaforico con cui il termine è adoperato nella lirica di Montale.
4. Spiega il significato dei vv. 8-9. Che cosa vuol dire il poeta quando afferma *Ho sceso milioni di scale dandoti il braccio / non già perché con quattr'occhi forse si vede di più*?

Henri Cartier-Bresson, *Scalinate del cimitero Père-Lachaise*, 1932. Parigi.

Un tema attraverso i secoli | L'amore

Eugenio Montale

Per la biografia e l'opera di
Eugenio Montale
vedi pagg. 303 e 365.

Avevamo studiato per l'aldilà

- E. Montale, *Tutte le poesie*, op. cit.

IN SINTESI: Punto dalla nostalgia per la moglie morta, il poeta modula il fischio con il quale era solito chiamarla, nella speranza di ritrovarsi miracolosamente accanto la compagna della sua vita.

Forma metrica: versi liberi.

genere: poesia lirica | *epoca:* 1963-1970 | *luogo:* Italia | *lingua originale:* italiano

Avevamo studiato per l'aldilà
un fischio, un segno di riconoscimento.
Mi provo a modularlo nella speranza
che tutti siamo già morti senza saperlo.

Entriamo nel testo

Il tema
La lirica ha la forma di un dolce e malinconico epigramma. L'epigramma, che letteralmente significa «iscrizione», era un breve componimento di origine greca che inizialmente aveva carattere funebre o votivo. Col passar del tempo si sganciò dalla sua funzione pratica e divenne un testo letterario. Era costituito da pochissimi versi e si concludeva con una battuta ironica o sentenziosa, che aveva lo scopo di sorprendere e divertire il lettore.
La struttura dell'epigramma è chiaramente riconoscibile in questo componimento nel quale il poeta tenta di recuperare il rapporto con la moglie morta e per farlo si affida a una cara consuetudine dell'esistenza passata: modula il solito fischio di riconoscimento, nella speranza di ritrovarsi per un miracolo improvviso al di là del confine che separa la vita dalla morte.
La prima parte della lirica descrive la situazione iniziale; l'ultimo verso coglie di sorpresa il lettore. Ci aspetteremmo infatti che la speranza del poeta sia quella di rivedere accanto a sé miracolosamente la moglie richiamata dal suo fischio. Egli invece dichiara che la sua speranza è di trovarsi miracolosamente nel regno dei morti.

Esercizi

Competenza trasversale:

a Acquisire ed interpretare l'informazione
b Individuare collegamenti e relazioni
c Comunicare
d Comunicare nelle lingue straniere

- **Competenza testuale e produzione**

1. Quale fonema ricorre frequentemente nella lirica? Come spieghi questa scelta del poeta?

a 2. Tra i racconti mitologici riguardanti storie d'amore, uno dei più famosi è quello di Orfeo ed Euridice, i cui protagonisti, spinti dall'intensità dei loro sentimenti, varcano il confine che separa la vita dalla morte. Ti sembra che Montale si sia in qualche modo ispirato a questo mito? Che cosa accomuna le due vicende? Che cosa le differenzia?

Eugenio Montale
Caro piccolo insetto

Per la biografia e l'opera di **Eugenio Montale** vedi pagg. 303 e 365.

- E. Montale, *Tutte le poesie*, op. cit.

IN SINTESI: Mentre sta leggendo un passo della *Bibbia*, il poeta avverte accanto a sé la presenza di *mosca*, la moglie morta, ma una barriera invisibile e insormontabile li separa.

Forma metrica: versi liberi.

genere: poesia lirica *epoca:* 1963-1970 *luogo:* Italia *lingua originale:* italiano

> Caro piccolo insetto
> che chiamavano mosca non so perché,
> stasera quasi al buio
> mentre leggevo il Deuteroisaia
> 5 sei ricomparsa accanto a me,
> ma non avevi occhiali,
> non potevi vedermi
> né potevo io senza quel luccichío
> riconoscere te nella foschia.

Entriamo nel testo

Il tema
Se in *Avevamo studiato per l'aldilà* (vedi pag. 367) era il poeta che sperava di trovarsi all'improvviso nel mondo dei morti, qui egli avverte presso di sé la **presenza silenziosa della moglie**. Tutto è propizio all'incontro fra il poeta e la sua *mosca*: è sera, è quasi buio, egli è immerso nella lettura di un testo biblico. Ma una barriera invisibile lo separa dalla donna e impedisce il colloquio. Torna nella lirica il tema, caro a Montale, delle pupille offuscate e degli occhiali il cui *luccichío* ha rappresentato durante la vita la luce, la guida, la salvezza provenienti dalla persona amata. Adesso, spentosi quel lume, il poeta resta irrimediabilmente avvolto nel buio dell'esistenza. Nella poesia si può cogliere anche un parallelismo tra la figura di *mosca* e la poesia. Come *mosca*, pur entrata nel mondo dei defunti, riappare al poeta, cosí la **poesia**, per la quale sembrano non esserci piú spazi nella moderna società dei consumi, torna a vivere nonostante tutto.

Esercizi

- **Competenza testuale**

1. La lirica è divisa in due parti. Quale elemento sintattico segnala il passaggio dalla prima alla seconda parte? Quale tema prevale nella prima parte? Quale nella seconda?
2. Individua nel testo le rime che sono come dissimulate, in sordina.
3. La parola *foschia* (v. 9) racchiude in sé una pluralità di significati. Quali?
4. In quale altra poesia di Montale è presente il motivo della vista offuscata e tuttavia penetrante di *mosca*?

Un tema attraverso i secoli   L'amore

Pablo Neruda
Mia brutta... mia bella

Per la biografia di **Pablo Neruda** vedi pag. 114.

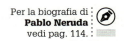

- P. Neruda, *Cento sonetti d'amore*, a cura di G. Bellini, Passigli Editori, Firenze, 1996

IN SINTESI: Il poeta compone uno scherzozo sonetto di lode alla sua donna sottolineando quelle che possono apparire come delle imperfezioni fisiche e che invece fanno di lei una creatura unica, nella quale si fondono luce e ombra.

Forma metrica: sonetto non rimato.   *genere:* poesia lirica   *epoca:* 1959   *luogo:* Cile   *lingua originale:* spagnolo

Mia fea, eres una castaña despeinada,
mi bella, eres hermosa como el viento,
mi fea, de tu boca se pueden hacer dos,
mi bella, son tus besos frescos como sandías.

5 Mi fea, donde están escondidos tus senos?
Son minimo como dos copas de trigo.
Me gustaría verte dos lunas en el pecho:
las gigantescas torres de tu soberanía.

Mia brutta, sei una castagna spettinata,
mia bella, sei bella come il vento,
mia brutta, della tua bocca se ne può fare due,
mia bella, son freschi i tuoi baci come angurie.

Mia brutta, dove stan nascosti i tuoi seni?
Son minuscoli come due coppe di frumento.
Mi piacerebbe vederti due lune sul petto:
le torri gigantesche della tua sovranità.

---

1. una castagna spettinata: allude ai capelli ricci e ribelli della donna, che paragona al riccio di una castagna.

3. della tua bocca ... due: sta a significare che la bocca della donna è larga, tanto che di una se ne potrebbero fare due.

7-8. Mi piacerebbe ... sovranità: mi piacerebbe che i tuoi seni fossero simili a due lune, a simboleggiare, come due torri gigantesche, la tua sovranità sul mio cuore.

L'OPERA

La produzione letteraria di Neruda è contrassegnata da due importanti tematiche: quella politica e civile e quella individuale, che si manifesta attraverso la celebrazione della natura, dell'amore, dei primordiali sentimenti umani e delle piccole cose elementari. Appartengono a questo filone i *Cento sonetti d'amore*, dai quali è tratta la lirica. L'opera è dedicata alla moglie Matilde Urrutia, alla quale il poeta fu legato da profondo amore. Matilde è per lui la terra, la natura, la luce, insomma si identifica con l'universo. I termini che più frequentemente ricorrono nelle liriche sono infatti luna, sole, luce, fuoco, pane, ovvero gli elementi essenziali della vita. La morte, pur presente, non insidia l'amore, anzi è sconfitta da esso, perché la forza vivificatrice del sentimento continua a vivere nella donna amata e in tutte le cose della natura. Per manifestare la sincerità e l'autenticità del suo amore, Neruda rinnova la forma metrica del sonetto, abolendo le rime della tradizione che suonano al suo orecchio come argenteria, cristallo o cannonata. Egli stesso, nella dedica a Matilde, dichiara di aver voluto scrivere dei sonetti di legno, essendo il legno una materia pura. «Edificai – dice – piccole case di quattordici tavole perché in esse vivano i tuoi occhi che adoro e canto... sonetti di legno che solo s'innalzarono perché tu gli desti la vita».

Mi fea, el mar no tiene tis uñas en su
                                    [tienda,
10 *mi bella, flor a flor, estrella por esterella,*
ola por ola, amor, he contado tu cuerpo:

mi fea, te amo por tu cintura de oro,
mi bella, te amo por una arruga en tu frente,
amor, te amo por clara y por oscura.

Mia brutta, il mare non ha le tue unghie nella sua
                                    [bottega,
mia bella, fiore a fiore, stella per stella,
onda per onda, amore ho contato il tuo corpo:

mia brutta, t'amo per la tua cintura d'oro,
mia bella, t'amo per una ruga sulla tua fronte,
amore, t'amo perché sei chiara e perché sei oscura.

9. il mare ... bottega: il mare non ha unghie affilate come le tue.

10-11. fiore ... corpo: ho esplorato il tuo corpo in tutte le sue bellezze, fiore per fiore, stella per stella, onda per onda. Il fiore, la stella, l'onda alludono al profumo, alla luminosità, all'armonia del corpo della donna.

Entriamo nel testo

Il tema e le parole chiave
Il poeta celebra la **donna amata** nella sua **unicità** e **concretezza**, rifuggendo dai consueti paragoni letterari e la definisce alternativamente brutta e bella, con parole che tradiscono un amore profondo e sensuale. Quelle caratteristiche fisiche che potrebbero apparire dei difetti, in quanto non rientrano nei canoni della bellezza tradizionale e convenzionale, diventano emblemi di un fascino e di una personalità assolutamente individuali.
Le parole chiave della lirica sono *mia brutta* e *mia bella*, che aprono alternativamente la maggior parte dei versi del sonetto.
Il linguaggio è semplice e si avvale di una sintassi lineare in cui è predominante la coordinazione.

Esercizi

Competenza trasversale:

a Acquisire ed interpretare l'informazione
b Individuare collegamenti e relazioni
c Comunicare
d Comunicare nelle lingue straniere

- **Comprensione e interpretazione**

1. Individua tutti i paragoni utilizzati dal poeta.
2. Quale figura retorica è predominante nel sonetto? Se conosci lo spagnolo, fai riferimento alla poesia nella sua lingua originale.
3. Il poeta contrappone spesso un elemento negativo dell'aspetto fisico della donna a un elemento positivo. Individua queste contrapposizioni.

- **Produzione**

4. In quali altri componimenti fra quelli che ti sono stati fin qui proposti è presente il capovolgimento della tradizionale lode della bellezza femminile? A quale di essi, a tuo parere, potrebbe essersi ispirato Neruda?

Wystan Hugh Auden
Blues in memoria

- W. H. Auden, *La verità, vi prego, sull'amore*, trad. di G. Forti, Adelphi, Milano, 1994

IN SINTESI: Il poeta esprime il suo dolore per la morte dell'amato affermando che nulla ha piú valore per lui che ha perduto ogni punto di riferimento.

Forma metrica: quattro quartine di versi di varia misura legati a due a due da rime baciate.

genere: poesia lirica | *epoca*: anni Trenta del Novecento | *luogo*: Inghilterra | *lingua originale*: inglese

Stop all the clocks, cut off the telephone,
Prevent the dog from barking with a [juicy bone,
Silence the pianos and with muffled drum
Bring out the coffin, let the mourners come.

5 Let aeroplanes circle moaning overhead
Scribbling on the sky the message He Is Dead,
Put crêpe bows round the white necks of the [public doves,
Let the traffic policemen wear black cotton [gloves.

He was my North, my South, my East and West,
10 My working week and my Sunday rest,
My noon, my midnight, my talk, my [song;
I thought that love would last for ever: I was [wrong.

The stars are not wanted now: put out every one;
Pack up the moon and dismantle the sun;
15 Pour away the ocean and sweep up the wood;
For nothing now can ever come to any good.

Fermate tutti gli orologi, isolate il telefono,
fate tacere il cane con un osso [succulento,
chiudete i pianoforte, e tra un rullio smorzato
portate fuori il feretro, si accostino i dolenti.

Incrocino aeroplani lamentosi lassú
e scrivano sul cielo il messaggio Lui È Morto,
allacciate nastri di crespo al collo bianco dei [piccioni,
i vigili si mettano guanti di tela [nera.

Lui era il mio Nord, il mio Sud, il mio Est ed Ovest,
la mia settimana di lavoro e il mio riposo la domenica,
il mio mezzodí, la mezzanotte, la mia lingua, il mio [canto;
pensavo che l'amore fosse eterno: e avevo [torto.

Non servon piú le stelle: spegnetele anche tutte;
imballate la luna, smontate pure il sole;
svuotatemi l'oceano e sradicate il bosco;
perché ormai piú nulla può giovare.

L'OPERA

Questa poesia era stata composta come testo di una canzone del musicista Benjamin Britten, compositore, direttore d'orchestra e pianista, una delle figure piú significative del panorama musicale del Novecento. Successivamente entrò a far parte della raccolta *La verità, vi prego, sull'amore*, che riunisce dieci poesie una delle quali dà il titolo all'opera. Esse parlano prevalentemente dell'amore nelle sue diverse sfaccettature che vanno dall'esaltazione alla desolazione. Il tono tagliente e incisivo le rende molto efficaci e fa sí che si imprimano nella mente del lettore.

L'autore

Wystan Hugh Auden è stato uno dei piú importanti poeti in lingua inglese del Novecento, oltre che drammaturgo e compositore di libretti d'opera. Nato nel 1907 a York in Inghilterra da una famiglia borghese, dopo aver concluso gli studi superiori, si iscrisse all'università di Oxford. Qui incontrò diversi studenti molto brillanti fra i quali Christopher Isherwood, al quale fu legato dapprima da un rapporto sentimentale poi da una profonda amicizia che durò tutta la vita. Nel 1928 si recò a Berlino dove conobbe Bertolt Brecht, che lo influenzò nella sua attività di drammaturgo. Nel 1935 sposò Erika Mann, figlia dello scrittore tedesco Thomas Mann, allo scopo di farle ottenere il passaporto inglese e permetterle di uscire dalla Germania nazista, ma i due non vissero mai insieme. Nel 1937 partecipò alla Guerra civile spagnola come autista e rimase profondamente turbato dalle atrocità commesse da entrambe le parti. Da questa esperienza scaturí la poesia *Spain* (Spagna). Nel 1939 si trasferí negli Stati Uniti insieme con Christopher Isherwood e nel 1946 prese la cittadinanza americana. In quegli anni conobbe a New York Chester Simon Kallman, con il quale ebbe una lunga relazione. Nel 1958 lasciò gli Stati Uniti e si trasferí in un tranquillo paese vicino Vienna dove rimase fino alla morte avvenuta nel 1967. La sua produzione si può dividere in due periodi: nel primo prevale l'attenzione ai problemi della realtà che si accompagna a un linguaggio chiaro ed essenziale, nel secondo si nota un'evoluzione verso temi morali e religiosi a cui corrisponde la ricerca di un linguaggio piú oscuro e di una accentuata sperimentazione formale.

Entriamo nel testo

La struttura
La lirica, il cui titolo allude all'originaria destinazione musicale del componimento (il *blues* è un tipo di musica afroamericana), è costituita da quattro quartine di versi di varia misura che nell'originale inglese sono accentati sull'ultima sillaba e legati a due a due da rime baciate. Questi accorgimenti creano un ritmo fortemente cadenzato, che è accentuato dai numerosi imperativi, molti dei quali sono costituiti da parole monosillabiche e quindi risultano ancor piú incisivi, e dal susseguirsi di brevi proposizioni principali coordinate per asindeto. Solo l'ultima è una subordinata.

Il tema
Il tema della lirica è il **dolore inconsolabile** per la morte dell'amato. Nella prima quartina il poeta invita al silenzio uomini, oggetti, animali, in segno di rispetto per il feretro che viene portato fuori dalla casa. Nella seconda chiede che gli aeroplani scrivano nel cielo il doloroso messaggio: «Lui è morto» e che tutti si vestano a lutto. L'evento singolo, strettamente individuale, diventa un evento universale. Nella terza strofa il poeta grida il suo amore con parole che richiamano quelle rivolte da Andromaca a Ettore nel loro ultimo incontro. L'amato per chi ama è tutto: il nord e il sud, l'est e l'ovest, il lavoro e il riposo, il giorno e la notte, la lingua e il canto. Questa intensa enumerazione si conclude con una dolente ammissione di sconfitta: io pensavo che l'amore fosse eterno e invece mi sbagliavo. Nel testo inglese l'ultima affermazione è resa piú lugubre e profonda dai suoni cupi e dall'allitterazione.
Con l'ultima quartina il poeta invita il mondo a chiudere i battenti: morto il suo amore nulla esiste piú per lui, nulla gli serve. Da qui un susseguirsi di immagini iperboliche espresse con un linguaggio concreto e quasi prosastico: spegnete le stelle, imballate la luna, smontate il sole, svuotate l'oceano, sradicate il bosco, fino alla conclusione in cui il tono si abbassa nella desolata constatazione che per lui il mondo è finito.
La lirica, che ha l'intensità di una dichiarazione d'amore e insieme di un disperato addio all'amato, è stata recitata nel film *Quattro matrimoni e un funerale* da uno dei personaggi durante il funerale del proprio compagno. Le parole del poeta, semplici e affilate, fanno capire la natura e la forza del vero amore, sia esso eterosessuale od omosessuale.

Esercizi

- **Comprensione e competenza testuale**

1. Nella lirica il poeta trasforma l'evento individuale in un evento universale. Individua nel testo le parole attraverso le quali viene espressa questa tematica.
2. Individua nel testo inglese tutti gli imperativi monosillabici.
3. Se conosci l'inglese, prova a leggere la poesia nella lingua originale facendo sentire il ritmo cadenzato del componimento.

- **Confronti e produzione**

4. Verifica se fra le liriche presenti in questa sezione ve ne è qualcuna che esprima la stessa tematica, ovvero il dolore per la morte della persona amata, e esamina i modi in cui ciascun poeta ha affrontato l'argomento.
5. Prova ad ascoltare la canzone di cui la lirica di Auden costituisce il testo. Ti sembra che le parole della poesia siano valorizzate o sminuite dalla musica? Esponi la tua opinione in un breve testo argomentativo.

Erri De Luca
Due

Per la biografia e l'opera di Erri De Luca vedi on-line.

- E. De Luca, *Solo andata. Righe che vanno troppo spesso a capo*, Feltrinelli, Milano, 2005

IN SINTESI: In questa lirica si esalta la coppia intesa come una unità inscindibile basata sulla condivisione.

Forma metrica: sedici versi liberi, non raggruppati in strofe.

genere: poesia lirica *epoca:* 2005 *luogo:* Italia *lingua originale:* italiano

3. come il dente ... secondo: come il dente di latte e quello che nasce al suo posto quando il primo cade.
7. come i tempi del battito: come i tempi che scandiscono i battiti del cuore.
8. i colpi ... respiro: come due sono i momenti della respirazione.
10-11. nessuno sarà uno ... di nessuno: nessuno esisterà come singolo.

Quando saremo due saremo veglia e sonno,
affonderemo nella stessa polpa
come il dente di latte e il suo secondo,
saremo due come sono le acque, le dolci e le salate,
5   come i cieli, del giorno e della notte,
due come sono i piedi, gli occhi, i reni,
come i tempi del battito
i colpi del respiro.

Quando saremo due non avremo metà
10 saremo un due che non si può dividere con niente.
Quando saremo due, nessuno sarà uno,
uno sarà l'uguale di nessuno
e l'unità consisterà nel due.
Quando saremo due
15 cambierà nome pure l'universo
diventerà diverso.

Incontro con il testo... ... poetico

Entriamo nel testo

Il tema
Il tema centrale della lirica è l'**amore di coppia**, il rapporto a due, raffigurato nella prima parte con immagini metaforiche e similitudini all'interno delle quali sono contenute una serie di antitesi. Dopo avere così sottolineato le diversità esistenti all'interno della coppia, nella seconda parte della lirica il poeta ne sostiene l'inscindibilità, ed infine dichiara che due persone che si amano si trasformano in una unità capace di far cambiare nome anche all'universo intero. Si assiste quindi a una dilatazione del sentimento d'amore che, a partire da una dimensione privata si estende ad influenzare tutto l'universo.

Il lessico e la struttura metrica
Il linguaggio, nel complesso semplice e facilmente comprensibile, si presenta ricco di riferimenti concreti e ordinato in un impianto sintattico altrettanto semplice e lineare. I concetti sono rafforzati dall'anafora *Quando* che apre ciascuno dei quattro periodi in cui si articola il componimento. A livello metrico il poeta mescola versi liberi, endecasillabi e settenari, senza seguire uno schema preciso. I versi sono legati da frequenti assonanze e da qualche rima.

Esercizi

Competenza trasversale:

a Acquisire ed interpretare l'informazione
b Individuare collegamenti e relazioni
c Comunicare
d Comunicare nelle lingue straniere

- **Competenza testuale e comprensione**

1. Individua e sottolinea i paragoni, le anàfore, le rime e le assonanze.
2. Dividi il testo in nuclei tematici.
3. Spiega il significato dei versi 10-12.

- **Produzione**

  b 4. Leggi questo sonetto di Neruda e mettilo a confronto con la lirica di De Luca. Noti dei punti di contatto? Se sí, quali? In quali punti del testo? Sviluppa il confronto in un testo espositivo di trenta righe.

> Due amanti felici fanno un solo pane,
> una sola goccia di luna nell'erba,
> lascian camminando due ombre che s'uniscono,
> lasciano un solo sole vuoto in un letto.
>
> Di tutte le verità scelsero il giorno:
> non s'unirono con fili, ma con un aroma,
> e non spezzarono la pace né le parole.
>
> È la felicità una torre trasparente.
>
> L'aria, il vino vanno coi due amanti,
> gli regala la notte i suoi petali felici,
> hanno diritto a tutti i garofani.
>
> Due amanti felici non han fine né morte,
> nascono e muoiono piú volte vivendo,
> hanno l'eternità della natura.
>
> Pablo Neruda, *Cento sonetti d'amore*

ON LINE: Un tema attraverso i secoli: l'amore

Testi: William Shakespeare, *Nulla a nozze di veri sentimenti*; Fabrizio De André, *La canzone di Marinella*; Rabindranath Tagore, *Risuoni il tuo amore nella mia voce*; Jacques Prévert, *Questo amore*; Pablo Neruda, *Quando morrò voglio le tue mani sui miei occhi*
Schede: (nel cinema) *Il postino*

Guida all'esplorazione
dei testi e al piacere
di leggere

Primi passi
verso il testo ...

... teatrale

1 Leggere i testi teatrali

Oggi andremo a teatro per assistere alla rappresentazione di una famosa tragedia greca, **Antigone**. Sappiamo già che essa è stata scritta dal poeta ateniese Sofocle nel V secolo a.C. e che fu rappresentata per la prima volta in un teatro di Atene nell'anno 442 a.C. Lo spettacolo comincia; vediamo sulla scena due giovani donne abbigliate con morbide tuniche alla maniera degli antichi Greci: leggiamo nel programma che sono due sorelle, Antigone e Ismene. Inizia il dialogo tra loro.

Una moderna rappresentazione teatrale dell'*Antigone*.

ANTIGONE – Sorella, consanguinea, Ismene carissima, conosci sventura, fra quante hanno origine da Edipo, che a noi due sopravvissute Zeus risparmierà[1]? No, non c'è dolore o rovina, non c'è vergogna o disonore che io non abbia riconosciuto nei miei, nei tuoi mali. E ora cos'è mai questo editto, che il generale[2], a quanto dicono, ha proclamato or ora per tutta la città? Ne sei al corrente? Hai udito qualcosa? O ignori le insidie che i nostri nemici tramano contro chi ci è caro?
ISMENE – Nessuna notizia mi è giunta, Antigone, dei nostri cari, né lieta né triste, da quando noi due abbiamo perduto i nostri due fratelli, caduti nello stesso giorno l'uno per mano dell'altro[3]. Nient'altro so, che mi rallegri o mi rattristi, dopo che l'armata argiva[4], nel corso di questa notte, è fuggita.
ANTIGONE – Lo prevedevo: e perciò ti ho fatto chiamare fuori dal palazzo, perché tu sola mi udissi.
ISMENE – Di che si tratta? Un pensiero, evidentemente, ti turba.
ANTIGONE – Sí, è cosí. Dei nostri due fratelli, Creonte non ha forse deciso di concedere all'uno onorata sepoltura e di lasciare l'altro indegnamente insepolto[5]? Eteocle, dicono, ritenendo giusto di trattarlo secondo le norme rituali, lo ha fatto seppellire, perché avesse onore fra i morti sotterranei; ma il cadavere del misero Polinice ha ordinato, si dice, che nessun cittadino lo seppellisca e lo pianga, bensí che sia lasciato illacrimato, insepolto, tesoro agognato per soddisfare la fame degli uccelli all'erta nel cielo[6]. Tale, dicono, è l'editto che il buon[7] Creonte ha proclamato per te e per me – per me, dico![8] E sta per venire egli stesso ad annunciare apertamente il suo divieto a chi ancora lo ignora. Non prende la cosa alla

---

1. **conosci ... risparmierà**: forse conosci una sventura che Zeus, il sovrano degli dèi, risparmierà a noi due, le uniche rimaste in vita tra tutti i figli di Edipo? Edipo era il mitico re di Tebe, figlio di Laio e di Giocasta.
2. **il generale**: è indicato cosí Creonte, che è appena divenuto re di Tebe.
3. **i nostri ... dell'altro**: sono Eteocle e Polinice, gli altri due figli di Edipo. Alla morte del padre i due fratelli avevano deciso di regnare su Tebe per un anno ciascuno; tuttavia Polinice, mentre era re Eteocle, organizzò una spedizione armata contro la città, con l'aiuto di altri eroi greci. Eteocle e Polinice si scontrarono in un duello tanto accanito che entrambi morirono. L'azione della tragedia si svolge il giorno successivo a questo scontro mortale.
4. **l'armata argiva**: l'esercito di guerrieri greci che ha accompagnato l'attacco di Polinice contro Tebe.
5. **Creonte ... insepolto**: Creonte era fratello di Giocasta, quindi cognato di Edipo e zio dei suoi quattro figli (Antigone e Ismene, Eteocle e Polinice). Con la morte di Eteocle è divenuto il re di Tebe. In questa veste, ha prescritto una onorata sepoltura per Eteocle (*l'uno*), mentre ha ordinato che il corpo di Polinice (*l'altro*), colpevole di aver portato le armi contro la patria, rimanga senza sepoltura (*insepolto*).
6. **tesoro ... cielo**: un tesoro gradito (*agognato*) per soddisfare la fame degli uccelli che stanno in agguato (*all'erta*) nel cielo.
7. **il buon**: è detto in senso ironico.
8. **per me, dico!**: Antigone ripete e sottolinea l'espressione per indicare di sentirsi la destinataria diretta del divieto di Creonte di seppellire Polinice: essa, infatti, è unita al fratello da uno stretto legame di sangue e si sente obbligata dal dovere morale di avere cura del suo cadavere e di seppellirlo.

leggera: a danno dei trasgressori è prevista la morte per pubblica lapidazione. Questi sono i fatti: e ora mostrerai se sei nata nobile[9] o non sei altro che la figlia degenere di nobili genitori.

ISMENE – Ma se le cose stanno cosí, mia povera sorella, che vantaggio ne avrei ad agire o a non agire?[10]

ANTIGONE – Ti vuoi impegnare? Intendi aiutarmi? Decidi.

ISMENE – In quale impresa? A cosa pensi?

ANTIGONE – Aiuterai questa mia mano a sollevare il cadavere?

ISMENE – Vuoi seppellirlo, infrangendo il pubblico divieto?

ANTIGONE – Sí, anche se tu rifiuti, seppellirò mio fratello... e tuo: nessuno dirà che l'ho tradito.

ISMENE – Come, temeraria, se Creonte lo vieta?

ANTIGONE – Non ha il diritto di separarmi dai miei[11].

Sofocle, *Antigone*, trad. di F. Ferrari, in *Il teatro greco*, Rizzoli, Milano, 2007

9. ora mostrerai se sei nata nobile: con questa espressione Antigone sta richiamando anche Ismene ai suoi doveri morali verso il fratello. Pur non avendolo ancora detto in modo esplicito, Antigone intende esortare la sorella ad agire insieme a lei nel seppellire Polinice.

10. Ma ... agire?: Ismene è piena di timore a causa dell'ordine di Creonte ed è esitante, combattuta tra la paura della punizione e il desiderio di seguire la sorella nel suo progetto. Perciò non si esprime chiaramente e risponde solo mediante domande che,

nella loro genericità, manifestano tutti i timori del suo animo e sostanzialmente esprimono il suo rifiuto di infrangere il divieto dello zio.

11. Non ha ... dai miei: l'espressione sintetizza la posizione interiore di Antigone che verrà descritta chiaramente piú avanti nel corso della tragedia: un ordine o una norma decretata da un uomo non deve essere in contrasto con un diritto superiore e con i principi morali, tra cui il dovere di rispettare e onorare i propri consanguinei anche dopo la loro morte.

Durante lo svolgimento di questa azione scenica abbiamo appreso che vi è stata una crudele battaglia in cui si sono affrontati tra loro e reciprocamente uccisi Eteocle e Polinice, i due fratelli di Antigone e Ismene, e che il re Creonte ha ordinato, pena la morte, che il corpo di Polinice, che ha mosso guerra contro la sua patria, non debba ricevere sepoltura. Nel corso della tragedia, Antigone, nonostante le paure della sorella Ismene, disobbedisce all'ordine di Creonte provvedendo al rito di sepoltura del fratello: essa ritiene, infatti, che il principio morale e religioso di seppellire i propri cari sia superiore al comando del re.

Il coraggio della fanciulla, però, verrà punito senza pietà: il re la condanna a morte nonostante la dura protesta di Emone, fidanzato di Antigone e figlio del re Creonte. Antigone, mentre viene condotta nella sua prigione, eleva un canto di dolore in cui non rinnega l'azione compiuta ma rimpiange con grande commozione la perdita della sua giovane vita e delle felici aspettative per il matrimonio. Nella sua prigione, infine, Antigone si uccide ed Emone si suicida accanto a lei.

Al termine della rappresentazione, durata circa due ore, usciremo dal teatro con l'animo commosso e con la mente rivolta al grande problema posto nella tragedia: è giusto disobbedire a ordini che riteniamo moralmente ingiusti? Avremmo noi il coraggio di rischiare la vita e le speranze nel futuro per seguire i nostri principi? Avremmo avuto il coraggio di Antigone, oppure avremmo manifestato gli stessi timori di Ismene, rifiutando di impegnarci in un'impresa giusta ma pericolosa?

In teatro abbiamo seguito lo svolgersi della vicenda rappresentata, siamo stati travolti non solo dalla sua tematica ma anche dalla presenza degli attori in carne e ossa, dai loro movimenti e dalle parole che ci giungono formulate sul momento dalle loro voci.

Non è per noi un'esperienza nuova assistere alla rappresentazione di storie e vicende, siamo da sempre abituati alle proiezioni dei film: come mai il teatro ci appare cosí differente e ci affascina in una maniera tanto diversa? Che cos'è realmente il teatro e quali sono le sue caratteristiche?

2 Che cos'è il teatro

2.1 Che cosa indichiamo con «teatro»

Con il termine *teatro* ci si riferisce a piú aspetti, che sono collegati tra loro ma che è bene precisare e distinguere.

- In primo luogo, si chiama *teatro* lo **spazio**, l'edificio, in cui si svolgono le rappresentazioni drammatiche, che varia secondo i luoghi e gli ambienti culturali e che si è trasformato e diversificato col passare dei secoli.
- Questo termine, poi, serve a indicare gli **spettacoli** che si svolgono nello spazio teatrale; essi possono essere di vario tipo, anche se lo spettacolo teatrale per eccellenza è quello drammatico che consiste nella rappresentazione di testi appositamente prodotti per questo scopo. Nell'evento della rappresentazione, tuttavia, intervengono anche elementi non verbali, che non provengono dal testo: sono elementi visivi come i gesti e i movimenti, l'organizzazione dello spazio, i costumi, la scenografia, le luci, ed elementi uditivi, come le intonazioni della voce e le pause del parlato, i rumori, la musica. Dello spettacolo fanno parte anche gli spettatori, i quali con la loro partecipazione completano il circuito comunicativo che si instaura con l'evento della rappresentazione.
- Infine, con *teatro* si intende un **genere letterario**, che comprende l'insieme dei testi scritti per essere rappresentati e recitati. I **testi** teatrali, detti anche **drammatici**, sono opere letterarie in cui una vicenda non viene raccontata, ma viene rappresentata dai personaggi che agiscono direttamente sulla scena, imitando la realtà. Sono detti teatrali perché il luogo propriamente destinato alla rappresentazione è il teatro; sono anche detti drammatici perché contengono una storia che, quando è rappresentata sulla scena, è detta dramma.

2.2 Il lessico del teatro

- **Teatro** è un nome che deriva dal greco *théatron*, sostantivo collegato con il verbo *theàomai* che significa «osservare, guardare, essere spettatore»; dunque *théatron* indica il «luogo in cui si guarda, si è spettatori».
- **Dramma** deriva dal greco *dràma* che, collegato alla radice del verbo *drào* («agire»), significa «evento» o «azione» in generale, e in particolare «azione teatrale», quindi «dramma»; il termine dunque designa ogni forma letteraria destinata alla rappresentazione scenica. L'aggettivo derivato *drammatico* viene usato con il medesimo significato di «teatrale».
- **Spettacolo** e **spettatore** derivano dai sostantivi latini *spectaculum* e *spectator*, derivati dalla radice del verbo *spectare*, che significa «guardare, osservare con attenzione», sicché *spectaculum* significa in primo luogo «vista» e quindi anche «spettacolo»; nel momento della rappresentazione teatrale, *spectator* è «colui che osserva», e quindi anche lo «spettatore» a teatro.

- **Attore** deriva dal latino *actor* che, come il sostantivo *actio* («l'atto del muovere, dell'operare, dell'agire») e il verbo *agere* («agire» e «far muovere, spingere») è collegato con la radice act- che porta in sé il significato del movimento, dell'attività. Dunque, *actor* è «colui che agisce, che fa movimenti» e, nel teatro, il termine *attore* designa la persona che recita e interpreta la parte di un personaggio. Nel teatro antico spesso un attore sosteneva le parti di piú personaggi che non erano presenti contemporaneamente sulla scena, facendosi riconoscere nei diversi ruoli indossando di volta in volta l'abbigliamento che caratterizzava ogni personaggio.
- **Personaggio** deriva dal termine latino *persona*, che indicava la «maschera» portata dagli attori nelle rappresentazioni teatrali e, successivamente, il ruolo svolto da un attore; dunque, il «personaggio» è la parte che viene interpretata da un attore e a cui l'autore dell'opera teatrale attribuisce un nome, un ruolo e caratteristiche specifiche.
- **Scena** è il termine con cui si indica, oggi, lo spazio teatrale in cui si svolge la rappresentazione degli attori. Tuttavia, nel teatro greco antico con *skené* (giunto in italiano attraverso il latino *scaena*) veniva indicato lo sfondo o fondale dello spazio destinato alla rappresentazione, e *skenographía* (in italiano *scenografia*, cioè l'insieme degli strumenti e degli oggetti con cui è realizzato l'ambiente della scena) era la «pittura del fondale». La nostra «scena» dagli antichi Greci era indicata col termine *orkèstra*, per il fatto che lo spazio scenico serviva per la danza (in greco «danzare» si diceva *orkèomai*) dei componenti del coro che, con evoluzioni di danza e canti, accompagnava o si alternava all'azione dei personaggi del dramma.
- Il termine **coreografia** indica l'arte di realizzare un balletto teatrale e anche l'insieme delle figure che costituiscono il balletto in uno spettacolo, mentre il **coreografo** è l'ideatore e il direttore della coreografia. Questi termini sono formati sul nome greco *choròs* («coro») e sul suo derivato *chorèia* («danza eseguita dal coro»).

2.3 Le rappresentazioni teatrali

Il teatro ha delle **affinità col cinema**, dato che entrambi presentano delle storie in forma visiva e cinetica (dal verbo greco *kinèo*, «muovere»; le storie, quindi, sono viste nello svolgersi dei movimenti delle cose e dei personaggi). Tuttavia, il cinema si differenzia sia per la varietà delle inquadrature e dei luoghi in cui si svolgono le vicende, sia, soprattutto, perché ci offre una realizzazione definitiva e immutabile: infatti, una volta che il film è stato «girato» e impresso nella pellicola, rimane sempre identico a ogni rappresentazione.

Al contrario, la messa in scena di uno **spettacolo teatrale**, anche se corrisponde a un copione fisso e definitivo, è sempre diversa dalle altre, e costituisce ogni volta un **evento unico e irripetibile**. Col mutare degli attori e del regista, infatti, possono cambiare sia l'interpretazione, che poggia sugli aspetti gestuali (i gesti, le espressioni del volto, i movimenti e la gestione dello spazio sulla scena) e sulle realizzazioni foniche (le intonazioni e l'intensità della voce, le pause, il ritmo), sia tutti quelle componenti estranee al testo che sono però essenziali alla messa in scena, come i costumi e le scenografie, le luci, le musiche. Anche se esaminiamo le **repliche di un** medesimo **allestimento teatrale**, rileviamo che esse non sono **mai assolutamente identiche tra loro**, perché sulla resa degli attori in scena influiscono molti elementi di varia natura, che vanno dalle condizioni fisiche degli stessi attori sino al tipo di partecipazione del pubblico, il cui umore è in grado di influenzare la recitazione.

La peculiarità, dunque, della **scrittura teatrale** consiste nel fatto che il testo raggiunge la sua **completa realizzazione** nello spettacolo, cioè nel momento in cui viene **rappresentato sulla scena**. Il testo teatrale, infatti, è un **testo scritto per essere recitato**; ciò non impedisce, ovviamente, che esso possa essere anche compreso e analizzato mediante la lettura, come accade per ogni altro prodotto letterario in sé compiuto.

La messa in scena nel teatro

Quando un testo drammatico viene messo in scena nel teatro, riveste grande importanza il ruolo del **regista**, il quale dirige gli attori sulla base della propria interpretazione dell'opera. Il compito del regista, dopo aver assegnato le parti agli attori, consiste nel curare la rappresentazione in tutti i particolari: egli dà le istruzioni agli scenografi, ai costumisti e ai truccatori; istruisce e guida gli attori nella recitazione e nell'uso dei toni di voce e delle pause; valuta un'eventuale presenza di musiche o di suoni di varia natura. Inoltre, il regista può operare modifiche, adattamenti o tagli nel testo, tenendo conto del tipo di teatro o di pubblico, oppure può proporre un'elaborazione personale o un'attualizzazione dell'opera. Ad esempio, una tragedia greca può essere rappresentata col rispetto assoluto del testo e della ricostruzione del contesto culturale antico, oppure può anche subire un adattamento che rispetta la trama e il significato fondamentale dell'opera, ma attualizza la vicenda ambientandola nel nostro tempo. A ogni modo, la messa in scena è sempre il prodotto di due componenti: il testo scritto, che è stato fissato una volta per tutte dall'autore, e l'azione del regista, il cui intervento caratterizza ogni specifica produzione.

3 L'evoluzione delle forme e delle rappresentazioni teatrali

Le origini

Possiamo considerare come prima forma di teatro le esibizioni realizzate tra **gruppi sociali primitivi** quando, in occasione di **riti e cerimonie religiose**, si iniziò a usare i movimenti del corpo per comunicare qualcosa agli altri e a mimare e a danzare davanti al gruppo. In seguito il teatro è diventato un legame sociale, un mezzo di conoscenza e anche uno specchio della società in cui si realizza.

Il teatro in Grecia

Troviamo nell'**antica Grecia**, e soprattutto ad Atene, le prime forme di attività teatrale. Le rappresentazioni teatrali erano legate alle grandi feste sacre ed erano sentite come un momento importantissimo della vita sociale e religiosa della comunità cittadina. I teatri erano all'aperto, generalmente nelle vicinanze dei templi, con le gradinate di pietra, che si adagiavano su un pendio naturale, disposte a semicerchio intorno a una pedana circolare che fungeva da scena. Alle rappresentazioni partecipava tutto il popolo, pagando un biglietto d'ingresso di entità modesta; gli spettatori prendevano posto nelle gradinate, e durante le ore del giorno (mai di notte, anche per la mancanza di strumenti di illuminazione) venivano rappresentate ogni volta opere di due autori, tra i quali il pubblico sceglieva e il vincitore veniva solennemente proclamato. Gli spettacoli erano organizzati e allestiti a spese dello Stato e dei cittadini piú ricchi; venivano rappresentate opere scritte da grandi poeti: i piú famosi ancor oggi sono gli autori di **tragedie** Eschilo, Sofocle ed Euripide e di **commedie** Aristofane e Menandro. Gli argomenti delle tragedie, tratti dalla tradizione mitica ed epica, erano molto seri e avevano lo scopo di proporre temi di riflessione morale e religiosa, mentre le commedie si incentravano sull'attualità politica e sociale.

Il teatro a Roma

Anche gli **antichi Romani** amavano molto gli spettacoli teatrali, che venivano allestiti a spese pubbliche prima nel circo, poi in locali provvisoriamente adibiti a teatro e solo piú tardi in appositi edifici. Gli spettacoli, anche se venivano organizzati in occasione di feste religiose, non avevano il carattere di rappresentazioni sacre come in Grecia: infatti a Roma il teatro ebbe un carattere profano, al punto che sia il mestiere di autore sia, soprattutto, quello di attore era ritenuto umile e degradante socialmente. Il pubblico, appartenente a tutti i ceti sociali, mostrò sempre una spiccata predilezione per gli spettacoli comici rispetto a quelli tragici, sicché il genere tipico del teatro romano fu la **commedia**. I piú famosi commediografi sono Plauto e Terenzio, nelle cui commedie si riflettono lo spirito, il carattere di vita, i modi di pensare delle popolazioni italiche dell'epoca. Le loro commedie, caratterizzate dal lieto fine, presentano situazioni ambigue, la cui comicità è basata sugli intrecci e sugli equivoci, sullo scambio di persona e sul riconoscimento finale.

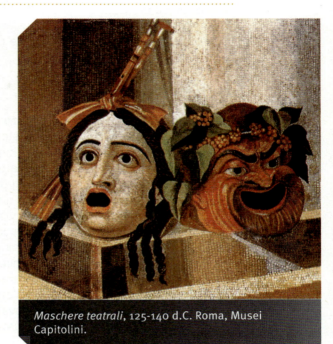

Maschere teatrali, 125-140 d.C. Roma, Musei Capitolini.

Il teatro nel Medioevo

Durante il **Medioevo**, gli spettacoli teatrali erano popolari e di carattere religioso: in Italia, come anche in altri Paesi europei, tra cui principalmente Francia e Spagna, il teatro era costituito quasi esclusivamente dalle *sacre rappresentazioni*, che avevano per argomento episodi della vita di Cristo o dei santi, che prima i religiosi, poi attori di professione mettevano in scena sulla piazza o sul prato davanti alle chiese con lo scopo di coinvolgere emotivamente il pubblico di fedeli. In questi secoli ci furono anche forme di spettacolo profano, che però erano oggetto di riprovazione morale e anche di scomunica da parte della Chiesa. Tutta questa attività teatrale di tipo popolare, sacra e profana, operava sulla base di testi conservati e trasmessi per lo piú oralmente, sicché abbiamo di essa solo pochi testi scritti che sono entrati nella nostra tradizione letteraria.

Il teatro nel Rinascimento

Nel **Rinascimento**, a partire dalla fine del Quattrocento, nacque negli ambienti di cultura una nuova produzione teatrale sul modello delle opere dei classici antichi, destinata non al grande pubblico ma a una *élite* intellettuale e colta. Sulla base di testi scritti, gli spettacoli venivano presentati inizialmente da attori dilettanti a corte e nei palazzi dei signori e dei cardinali. La diffusione del teatro colto si manifestò nel propagarsi dei generi di tradizione antica, ma nuovi per la letteratura italiana: la **commedia**, la **tragedia**, il **dramma pastorale**. Verso la fine del Cinquecento comparvero i primi edifici adibiti alle rappresentazioni: si trattava di teatri veri e propri, in cui erano nettamente separati il palcoscenico e lo spazio per il pubblico. Tra i primi teatri, famoso è il Teatro Olimpico di Vicenza (1580), ideato da Andrea Palladio, in cui lo spazio per il pubblico è organizzato in gradinate; queste, nei teatri costruiti successivamente, furono sostituite dalla platea e dai palchi sovrapposti in piú ordini disposti a ferro di cavallo, come nel posteriore Teatro alla Scala di Milano (1778). Il palcoscenico era dotato di elementi sofisticati, come quinte e fondali mutevoli, macchine di scena, sipario che scendeva dall'alto; l'illuminazione artificiale, inoltre, permetteva di rappresentare spettacoli a qualunque ora, preferibilmente di sera.

La commedia dell'arte

Nella **seconda metà del Cinquecento** comparve in vari Paesi europei anche un'altra forma di teatro esterno alla corte e destinato a un pubblico popolare, fatto da attori di mestiere che furono detti *comici dell'arte*, e il loro genere fu chiamato **commedia dell'arte**. Queste compagnie di attori (che, a differenza delle compagnie di corte, comprendevano anche le donne) erano itineranti e si recavano dove si svolgevano le feste popolari; qui mettevano in scena lavori in cui non seguivano un testo scritto ma solo un «canovaccio» (su cui era indicata la trama), e andavano improvvisando le battute nel corso della rappresentazione. Gli attori, esperti in doti mimiche, acrobatiche, musicali ecc., rivestivano il ruolo di personaggi convenzionali e delineati con una tipologia fissa (detti anche *maschere* per la consuetudine di indossare maschere, come Arlecchino, Pulcinella, Brighella, Pantalone ecc., distribuiti per lo più secondo le diverse regioni italiane) con caratteri semplificati e comportamenti stereotipati e quindi prevedibili, prodotti dall'elaborazione della commedia classica trasmessa dalla tradizione. La commedia dell'arte aveva anche aspetti di sconcezza, per cui contro la professione dell'attore furono mosse censure e scomuniche da parte della Chiesa.

Il teatro nel Seicento

Nel **Seicento** il teatro popolare rimase soprattutto quello delle compagnie di girovaghi che davano spettacolo nelle piazze e nei cortili sul modello della commedia dell'arte, mentre il teatro più colto, legato alla letteratura, restava appannaggio di una *élite* intellettuale, inaccessibile alla maggioranza della popolazione. Questo teatro colto raggiunse, comunque, altissimi vertici artistici in Paesi come Francia, Inghilterra e Spagna: risalgono a questo periodo la produzione drammatica di William Shakespeare (1564-1616) in Inghilterra, i lavori di Lope Félix de Vega (1562-1635) e Pedro Calderón de la Barca (1600-1681) in Spagna, le tragedie di Pierre Corneille (1606-1684) e di Jean Racine (1639-1699) e le commedie di Molière (1622-1673) in Francia.

Nel XVII secolo, nacque anche un nuovo genere di arte teatrale, tipicamente italiano, il **melodramma**, basato sull'associazione della musica al canto nell'azione scenica, da cui si sviluppò nel secolo successivo l'opera lirica.

Nicolas Lancret, *Una scena della Commedia dell'arte italiana*, 1734 circa. Londra, The Fallace Collection.

Il teatro nel Settecento

Verso la metà del **Settecento** si ebbe la riforma della commedia operata da **Carlo Goldoni** (1707-1793), il quale sostituí ai «canovacci» della commedia dell'arte dei testi interamente scritti, che l'attore doveva limitarsi a imparare a memoria e a recitare, e conferí al genere quei caratteri che poi mantenne anche nei secoli successivi. La commedia divenne con Goldoni rappresentazione di una vicenda dall'esito felice, inquadrata in una precisa realtà sociale, di cui i personaggi erano espressione; vennero meno i tipi fissi e nacque il «personaggio» con le sue sfaccettature e i suoi contrasti interiori; egli non rappresentò piú l'avaro o il geloso, ma un avaro borghese, un geloso aristocratico o popolano, ciascuno connotato in relazione all'ambiente cui apparteneva.
Le commedie del nostro Carlo Goldoni, se pur seguite da un certo pubblico borghese e commentate dalle Gazzette nelle città in cui venivano rappresentate, trovarono una cerchia di spettatori sempre ristretta. Solamente dalla fine del Settecento, in seguito alle grandi trasformazioni sociali legate alla Rivoluzione francese, il teatro si diffuse anche presso il pubblico popolare. Gli attori, che lo erano ormai di professione, erano guardati con sospetto dalla Chiesa, ma dal pubblico venivano idolatrati, ed erano ammessi alle corti e spesso trattati con familiarità dai sovrani.

Il teatro nell'Ottocento

Col **Romanticismo** si verificò il vero rinnovamento del teatro: il dramma fu visto come un modo per agitare i problemi dell'anima, e per tutto l'Ottocento il teatro ebbe la caratteristica essenziale di voler creare una nuova morale e di esercitare una profonda influenza sociale.
Sotto il profilo organizzativo, nel corso dell'Ottocento il teatro di prosa vide la nascita in tutta l'Europa (con molto ritardo, però, in Italia) di **teatri stabili**, che sostituirono le antiche compagnie nomadi, e fu attribuita maggiore dignità sociale agli attori, che incominciarono a essere considerati come artisti. Anche l'architettura teatrale fu oggetto di maggiori e piú diffuse elaborazioni: nacquero il modello teatrale francese e quello tedesco. Il modello francese, esemplificato nel teatro dell'Opéra di Parigi, vede crescere la separatezza tra il palco e la sala per gli spettatori, che è disposta a semicerchio, con una sola fila di palchi sovrastata da una galleria. Nel modello tedesco, concretizzato nel teatro voluto dal compositore Wagner a Bayreuth, ricompaiono le gradinate per il pubblico disposte in cerchio con i palchi solo sulla parete di fondo, mentre il palcoscenico diventa piú grande allo scopo di non distrarre il pubblico dallo spettacolo; per l'orchestra viene creato uno spazio apposito, in basso davanti al palcoscenico: è il «golfo mistico», presente tuttora nei teatri e operativo quando l'orchestra accompagna l'azione scenica, ad esempio nell'opera lirica e nell'operetta.

Il dramma borghese

Intorno alla **metà del XIX secolo** si attuò un'evoluzione nei generi teatrali: si dissolse la distinzione tra la tragedia e la commedia «regolari», cioè costruite secondo le norme di ciascun genere a partire dall'antichità classica, lasciando il posto a una nuova forma teatrale, il **dramma borghese**. La comparsa di questo genere, che, come il romanzo, conobbe la massima fioritura nel secondo Ottocento e subí una progressiva trasformazione nel Novecento, fu correlata con l'evoluzione del mondo economico e sociale: l'emergere della società borghese europea fece rivolgere l'interesse verso un teatro in cui essa potesse rispecchiarsi e che rappresentasse il suo mondo e le sue problematiche.
In Italia ci furono vari autori di drammi, fra i quali emergono quelli dialettali, e anche testi narrativi veristi (come la *Cavalleria rusticana* di Giovanni Verga) vennero ridotti a testo teatrale. In Europa toccarono alti vertici il norvegese Henrik Ibsen (1828-1906), che nei suoi

tredici drammi rappresentò la crisi delle istituzioni borghesi e le contraddizioni interiori dei personaggi, lo svedese August Strindberg (1849-1912), e il russo Anton Čechov (1860-1904), nei cui drammi i personaggi parlano senza riuscire a comunicare realmente, nel contesto di una vita quotidiana grigia e di propositi velleitari e illusori.

Il teatro nel Novecento

Una particolare evoluzione del dramma borghese è rappresentata dall'opera di Luigi Pirandello (1867-1936), che denunciò i limiti ideologici e sociali della borghesia, manifestati nel conflitto tra l'individuo e il mondo esterno, ovvero tra ciò che l'individuo è e ciò che gli altri ritengono che sia o lo costringono a essere, fino allo smarrimento dell'identità.

Nei **primi decenni del Novecento** si è manifestata la tendenza ad annullare la distanza tra gli spettatori e il pubblico, modificando l'architettura teatrale mediante l'abolizione della distinzione tra palcoscenico e platea. La concezione di un simile «teatro totale» (come fu proposto in Germania dal regista Erwin Piscator e dall'architetto Walter Gropius) pone il palcoscenico in mezzo alla platea in modo che gli spettatori osservino gli attori da tutti i lati e partecipino allo spettacolo non solo con adesione emotiva, ma soprattutto con maggiore riflessione critica e consapevolezza. Si tratta di una nuova idea di teatro che si propone non tanto come un luogo di evasione quanto come un'occasione di riflessione e di presa di coscienza.

Aderí a questo nuovo teatro politico e didattico il drammaturgo tedesco Bertolt Brecht (1898-1956), che con il suo «teatro epico» segnò un totale rinnovamento del linguaggio teatrale nelle forme, nei contenuti e nel rapporto col pubblico, esercitando la funzione critica e rivoluzionaria del teatro nella società industriale capitalistica. Brecht sceglie come soggetto un singolo fatto e cerca di estrapolarne il senso universale, con lo scopo di provocare negli spettatori un atteggiamento di critica razionale dell'avvenimento messo in scena e di destare la volontà di agire per cambiare la realtà.

A partire **dagli anni Cinquanta**, il teatro ha sviluppato i temi della solitudine, dell'incapacità di comunicare, dell'alienazione. Emblematico è il «teatro dell'assurdo», i cui principali rappresentanti sono due autori di lingua francese: Samuel Beckett (1906-1989) ed Eugène Ionesco (1912-1994). I loro drammi non ruotano intorno a una vicenda o una situazione emblematica, ma evidenziano, mediante modelli comunicativi surreali e privi di nessi logici, l'assurdità della condizione umana in una società che ostacola una reale autonomia interiore.

Non lontano dalle radici dell'assurdo, ma rivolto alla denuncia delle imposizioni con cui l'arroganza del potere opprime l'uomo contemporaneo, si pone in Italia il teatro di Dario Fo (nato nel 1926). Come riconoscimento per l'appassionato impegno morale e sociale della sua attività teatrale, Fo ha ricevuto il premio Nobel per la Letteratura nel 1997 con la seguente motivazione: «Mescolando il riso e le riflessioni serie, non solo ha fatto prendere coscienza degli abusi e delle ingiustizie della vita sociale, ma ha mostrato anche come possano inserirsi in una prospettiva storica piú ampia».

Dal monologo teatrale, a iniziare dal *Mistero buffo* di Dario Fo, trae origine il **teatro di narrazione**, una particolare forma di rappresentazione teatrale basata sulla narrazione condotta da un attore che si muove sul palcoscenico con la propria identità, anziché interpretare dei personaggi. L'attore, quindi, si presenta come persona narrante e fa leva sul coinvolgimento del pubblico, al quale si rivolge direttamente.

L'attore Harald Paulsen interpreta il personaggio di Mackie Messer nella prima rappresentazione a Berlino de *L'opera da tre soldi* di Brecht, tenutasi al Berliner Theater nel 1928.

Strumenti di analisi

Come leggere un testo...

... teatrale

1 Il teatro come genere letterario

I testi scritti per essere rappresentati sulla scena del teatro costituiscono il **genere letterario teatrale** o drammatico, che si differenzia e si caratterizza rispetto agli altri generi.

Noi possiamo conoscere le opere teatrali mediante la lettura del loro testo, tuttavia si deve tenere presente che questi testi non sono stati creati per essere letti ma per venir **rappresentati sulla scena**. Pertanto la lettura, rispetto alla rappresentazione, risulta meno efficace perché è limitata alle parole che compongono il testo, mentre restano affidati all'immaginazione del lettore tutti gli elementi che attribuiscono spessore alla realizzazione scenica come i gesti, i movimenti, i suoni e i rumori, i toni della voce, l'uso dello spazio scenico da parte degli attori.

In compenso, rispetto allo spettatore, il lettore ha il vantaggio di potersi soffermare sul testo, rallentare o ripetere la lettura; in tal modo egli può esercitare la riflessione e l'analisi con i propri tempi invece che con quello stringente e progressivo dello spettacolo.

1.1 Le caratteristiche del genere letterario teatrale

Un testo teatrale ha un aspetto in comune con il testo narrativo: entrambi si basano su **una storia**, **intorno a cui è costruita la vicenda** narrata o messa in scena.

Essi, tuttavia, si differenziano per alcuni aspetti essenziali: il *narratore*, il *tempo*, lo *spazio*.

- Mentre l'autore di un testo narrativo affida il racconto a un narratore, nel testo drammatico l'autore comunica con il pubblico o con i lettori attraverso i dialoghi e i gesti attribuiti ai personaggi che agiscono sulla scena. Pertanto:
  - nel testo narrativo è presente il narratore che, in prima o in terza persona, racconta gli eventi e descrive i personaggi;
  - nel **testo teatrale non c'è il narratore**, dato che i fatti vengono direttamente rappresentati dagli attori che «agiscono» sulla scena.

  Infatti, il **testo drammatico** è **costituito** essenzialmente **dalle parole pronunciate dagli attori** accompagnate dai gesti che vengono compiuti sulla scena, mentre tutto ciò che riguarda gli avvenimenti precedenti o esterni, oppure un commento agli eventi rappresentati, viene eventualmente affidato a particolari accorgimenti, come le didascalie o, nei testi classici, il prologo e i cori.
- Nella narrazione si possono avere vari livelli temporali, mentre **l'azione scenica si svolge** solo **nel presente** e in modo progressivo.
- Nella narrazione il campo d'azione è illimitato, mentre nel teatro **la scena è uno spazio concretamente delimitato** e riproduce in modo simbolico il luogo in cui si svolgono gli eventi rappresentati.

Il fatto che un testo drammatico sia finalizzato alla rappresentazione teatrale pone dei **condizionamenti all'autore** nel momento in cui lo produce. Egli, infatti, deve strutturare lo svolgimento della vicenda in modo che possa essere rappresentata in uno spazio limitato (quello del palcoscenico) e con il minimo possibile di spostamento dell'ambientazione nei luoghi; inoltre, deve trasmettere interamente attraverso i dialoghi (anche se le didascalie eventualmente presenti sono di aiuto) tutte le informazioni utili per conoscere il tempo e il luogo dell'azione, le caratteristiche dei personaggi (età, aspetto fisico, carattere) e i rapporti che intercorrono tra loro, gli antefatti della vicenda ecc.

2 Come è fatto un testo teatrale

Un testo teatrale è, fra tutti gli altri, facilmente riconoscibile per le sue caratteristiche formali. Esaminiamo gli elementi tipici che lo caratterizzano.

2.1 L'elenco dei personaggi

All'inizio di un testo drammatico viene presentato l'**elenco dei personaggi** che intervengono e agiscono nell'opera. Accanto al nome di ciascuno di essi viene in genere indicata la caratteristica fondamentale (ad esempio, il re, la regina, il padrone di casa, la merciaia, l'usciere ecc.) e il rapporto con gli altri personaggi (ad esempio, fratello del re, la moglie, figlio del padrone di casa, l'amica di famiglia ecc.).
I personaggi non devono essere confusi con gli attori. I personaggi sono le figure che agiscono nell'opera teatrale, indicati con un nome, dotati delle caratteristiche volute dall'autore e posti in relazione con gli altri personaggi; gli attori, invece, sono le persone alle quali viene affidato l'incarico di rappresentare un personaggio del quale assumono il ruolo e le caratteristiche; essi trovano le istruzioni per interpretare il personaggio secondo le intenzioni dell'autore nelle didascalie.

2.2 La suddivisione in atti

L'intero testo dell'opera drammatica viene suddiviso in **atti**, che corrispondono indicativamente ai capitoli che incontriamo nelle ampie opere narrative. Anche la vicenda rappresentata in un'opera drammatica è usualmente sviluppata in modo ampio, cosicché la divisione in atti scandisce il mutamento del luogo e dell'ambientazione o il passaggio a un successivo momento del tempo. Nel corso delle rappresentazioni al teatro, al termine di un atto vi è un «intervallo» di cui fruiscono gli spettatori.
Nella stesura scritta del testo teatrale (senza, tuttavia, interrompere la continuità della recitazione nel teatro) è presente anche la suddivisione di ciascun atto in **scene**: usualmente, una nuova scena viene segnalata da un cambiamento dei personaggi presenti sulla scena, mediante l'uscita di un personaggio oppure l'entrata di uno nuovo.
Differente è la **strutturazione** del testo **nel teatro antico**, in cui le rappresentazioni non prevedevano alcuna interruzione. Il testo delle antiche commedie e tragedie non era suddiviso in atti, ma articolato diversamente secondo principi collegati con l'origine dei generi drammatici. La suddivisione era determinata dal fatto che il teatro antico prevedeva sempre la presenza del **coro**, al quale era affidato un canto lirico che interrompeva più volte lo svolgimento dell'azione.
Le tragedie greche, ad esempio, erano articolate nel modo seguente:

- il **prologo**, con cui iniziava la tragedia, durante il quale uno o due personaggi avevano modo di illustrare gli antefatti o la problematica intorno a cui si sarebbe svolta l'azione;
- la *pàrodos*, cioè il canto eseguito dal coro entrando in scena;
- gli **episodi**, da tre a cinque, durante i quali i personaggi agivano; la «trama» di una tragedia si sviluppava nel corso degli episodi;
- gli **stàsimi**, ovvero i canti lirici elevati dal coro tra l'uno e l'altro episodio;
- l'**èsodo**, parte finale della tragedia che consisteva nell'ultimo canto che il coro eseguiva uscendo dalla scena.

2.3 I discorsi diretti

Un testo teatrale si differenzia dai testi narrativi per il fatto di essere costituito essenzialmente dalle parole che vengono pronunciate dai personaggi e che sono formulate mediante i discorsi diretti, che sono anche detti «battute». Mentre nei testi narrativi l'autore può riportare quanto viene detto dai personaggi anche in forma di discorso indiretto, nei testi teatrali vi sono soltanto discorsi diretti.

Le battute dei **dialoghi** possono essere di varia lunghezza, anche molto brevi, come accade anche nei testi narrativi. Un lungo discorso, che un personaggio pronuncia per sviluppare un ampio ragionamento oppure per esporre una narrazione di fatti avvenuti in altro tempo o luogo, è detto **monologo** (nel teatro greco viene definito *rèsis*).

Una particolare forma di monologo è il **soliloquio**, che l'attore pronuncia trovandosi da solo sulla scena; è il mezzo usato per comunicare i pensieri del personaggio, il quale può assumere l'atteggiamento di una persona che medita fra sé e sé, oppure che si rivolge direttamente al pubblico.

2.4 Le didascalie

Nei testi drammatici moderni, composti a partire dal XVII secolo, sono presenti anche le **didascalie** inserite dallo stesso autore. I testi piú antichi erano privi di didascalie; tuttavia, esse vengono talvolta introdotte dai moderni traduttori in base alla loro interpretazione delle intenzioni dell'autore.

Le didascalie contengono le indicazioni e i suggerimenti che l'autore fornisce per la rappresentazione scenica dell'opera. Esse possono riguardare:

- la **scenografia**, ovvero la descrizione dell'ambientazione in cui si svolge l'azione, la disposizione degli oggetti e degli arredi ecc.;
- l'**entrata in scena** o l'**uscita di scena** dei personaggi;
- la **recitazione** degli attori: i movimenti sulla scena, la gestualità, il tono della voce ecc.;
- particolari **modalità del dialogo**, come l'«a parte» o «da sé» e la «pausa». La modalità dell'«a parte» o «da sé» (espressioni che si equivalgono) si verifica quando un personaggio pronuncia parole destinate a essere ascoltate dal pubblico, ma che non devono essere udite dagli altri personaggi presenti sulla scena; la «pausa» segnala un intervallo silenzioso anche all'interno della stessa battuta di un personaggio.

Le didascalie non contengono, dunque, né opinioni né riflessioni dell'autore, il quale nel testo drammatico risulta del tutto esterno e assente, poiché affida alle parole e ai comportamenti degli attori i significati che intende trasmettere con la sua opera.

La funzione delle didascalie è sempre importante ai fini dell'allestimento della rappresentazione teatrale; esse, tuttavia, diventano essenziali in alcuni autori del XIX secolo (come, ad esempio, Luigi Pirandello, Samuel Beckett, Eugène Ionesco, Bertolt Brecht), nel cui teatro i silenzi e i gesti hanno altrettanta importanza delle parole e spesso le didascalie sono usate per sostituire ampi tratti di parlato. Addirittura, Samuel Beckett ha scritto un testo drammatico, *Atto senza parole* (1956), costituito unicamente da didascalie: in esso l'unico personaggio sulla scena non pronuncia neppure una parola ed esprime solo con i gesti e i movimenti del corpo le intenzioni comunicative dell'autore.

Nel testo teatrale in genere le didascalie sono scritte in corsivo e, quando si trovano inserite all'interno delle battute dei personaggi, vengono poste tra parentesi.

Per imparare

Carlo Goldoni
Per chi è il ventaglio?

- C. Goldoni, *Il ventaglio*, Mondadori, Milano, 1993

IN SINTESI: Il brano che segue, tratto dalla commedia *Il ventaglio* di Carlo Goldoni (1707-1793), è un esempio di testo teatrale nel quale i dialoghi sono accompagnati da numerose didascalie.
La vicenda è ambientata in un ristretto ambiente di provincia, in cui ogni avvenimento diventa oggetto di pettegolezzo; il filo conduttore della trama è un ventaglio, intorno al quale si crea una serie di equivoci. Evaristo ha donato un ventaglio a Candida come pegno d'amore; poiché il ventaglio si è rotto, Evaristo si reca a comprarne un altro dalla merciaia Susanna per farne omaggio alla giovane. Siccome sta partendo per la caccia, egli affida il nuovo ventaglio a Giannina affinché, in segreto, lo consegni a Candida. La manovra non sfugge agli occhi attenti dei paesani e viene mal interpretata: tutti pensano che Evaristo non voglia più sposare Candida e corteggi invece Giannina.

Personaggi *(Elenco dei personaggi)*

Il signor Evaristo	La signora Susanna, *merciaia*
La signora Geltruda, *vedova*	Coronato, *oste*
La signora Candida, *sua nipote*	Crespino, *calzolaio*
Il Barone del Cedro	Moracchio, *contadino fratello di* Giannina
Il Conte di Rocca Marina	Limoncino, *garzone di caffè*
Timoteo, *speziale*	Tognino, *servitore delle due signore*
Giannina, *giovane contadina*	Scavezzo, *servitore d'osteria*

(Indicazione dell'Atto e della scena)
Atto unico – Scena IV

La scena è una villa del Milanese delle Case nuove.

(Didascalie)
Evaristo e Susanna *escono dalla bottega.* Candida *a seder sulla terrazza.* Giannina, *da paesana, sedendo vicino alla porta filando.* Coronato *sedendo sulla banchetta, vicino all'osteria, con un libro di memorie in mano ed una penna da lapis*[1]. Crespino *a sedere al suo banchetto, e lavorando da calzolaro con una scarpa in forma.* 5

Evaristo – Mi dispiace che non sia qualche cosa di meglio.
Susanna – Non ne ho, né di meglio, né di peggio: questo è il solo[2], questo è l'ultimo che m'era restato in bottega.
Evaristo – Benissimo. Mi converrà valermi di questo. 10
Susanna – *(ridendo)* M'immagino che ne vorrà fare un presente[3].
Evaristo – Certo ch'io non l'avrò comprato per me.
Susanna – Alla signora Candida?
Evaristo – *(da sé)* (È un poco troppo curiosa la signora Susanna). Perché credete voi ch'io voglia darlo alla signora Candida? 15
Susanna – Perché ho veduto che si è rotto il suo.

---

1. **penna da lapis**: una matita.
2. **questo è il solo**: si riferisce al nuovo ventaglio che Evaristo ha appena comprato.
3. **un presente**: un dono; Susanna è curiosa e cerca di scoprire le intenzioni di Evaristo.

Giacomo Favretto, *Una dichiarazione*, 1887. Trieste, Museo Revoltella.

EVARISTO – No, no, il ventaglio l'ho disposto diversamente.
SUSANNA – Bene, bene, lo dia a chi vuole. Io non cerco i fatti degli altri (*siede e lavora*[4]).
EVARISTO – (*da sé, e si accosta a Giannina*) (Non li cerca, ma li vuol sapere. Questa volta però non le è andata fatta[5]).
CANDIDA – (*s'avanza un poco e da sé*) (Gran segreti colla merciaia. Sarei bene curiosa di sapere qualche cosa).
EVARISTO – (*piano accostandosi*) Giannina.
GIANNINA – (*sedendo e lavorando*) Signore.
EVARISTO – Vorrei pregarvi d'una finezza[6].
GIANNINA – Oh, cosa dice! comandi, se la posso servire.
EVARISTO – So che la signora Candida ha dell'amore[7] per voi.
GIANNINA – Sí signor, per sua grazia.
EVARISTO – Anzi m'ha ella parlato perché m'interessi presso di vostro fratello[8].
GIANNINA – (*fila con sdegno*) Ma è una gran disgrazia la mia! Sono restata senza padre e senza madre, e mi tocca essere soggetta ad un fratello ch'è una bestia, signore, è veramente una bestia.
EVARISTO – Ascoltatemi.
GIANNINA – (*altiera, filando*) Parli pure, che il filare non mi tura le orecchie.
EVARISTO – (*ironico, da sé*) (Suo fratello è stravagante; ma anch'ella ha il suo merito[9], mi pare).
SUSANNA – (*da sé*) (Che mai avesse comprato il ventaglio per Giannina? non credo mai).
CORONATO e CRESPINO – (*mostrano curiosità di sentir quel che dice Evaristo a Giannina, ed allungano il collo per sentire*)[10].
CANDIDA – (*da sé, e si avanza sulla terrazza*) (Interessi colla merciaia, interessi con Giannina! non capisco niente[11]).
EVARISTO – (*a Giannina*) Posso pregarvi di una finezza?
GIANNINA – Non le ho detto di sí? Non le ho detto che mi comandi? Se la ròcca[12] le dà fastidio, la butterò via (*s'alza, e getta la ròcca con dispetto*).
EVARISTO – (*da sé*) (Quasi quasi non direi altro, ma ho bisogno di lei).
CANDIDA – (*da sé*) (Cosa sono mai queste smanie?)
CRESPINO – (*da sé*) (Getta via la ròcca?) (*colla scarpa e martello in mano si alza e s'avanza un poco*).
CORONATO – (*da sé*) (Mi pare che si riscaldino col discorso!) (*col libro s'alza e s'avanza un poco*).

4. siede e lavora: questa didascalia indica che Susanna finge non solo con le parole, ma anche con l'atteggiamento di disinteressarsi alle intenzioni di Evaristo.
5. non le è andata fatta: non le è andata bene. Evaristo è soddisfatto di aver evitato di soddisfare la curiosità di Susanna.
6. una finezza: una cortesia, un favore.
7. dell'amore: della simpatia, dell'affetto.
8. perché m'interessi presso di vostro fratello: perché io vi aiuti parlando a vostro fratello in favore della vostra situazione; c'è del tenero tra Giannina e il calzolaio Crespino, mentre il fratello ha promesso la ragazza a Coronato, l'oste.
9. ha il suo merito: ha la sua parte di stravaganze.
10. CORONATO e CRESPINO ... per sentire): i due sono rivali in amore per Giannina e sono molto interessati al colloquio della ragazza con Evaristo, soprattutto perché, avendo seguito ciò che accadeva, hanno saputo che Evaristo non ha comprato il ventaglio per Candida.
11. Interessi ... niente: anche Candida ha assistito a tutta la scena e comincia a preoccuparsi e a essere gelosa.
12. la ròcca: lo strumento per filare.

SUSANNA – (*da sé, osservando*) (Se le facesse un presente, non anderebbe in collera).

GIANNINA – (*ad Evaristo*) Via, eccomi qua, mi comandi.

EVARISTO – (*fra loro*[13]) Siate buona, Giannina.

GIANNINA – Io non so di essere mai stata cattiva.

EVARISTO – Sapete che la signora Candida ha rotto il ventaglio?

GIANNINA – (*con muso duro*) Signor sí.

EVARISTO – Ne ho comprato uno dalla merciaia.

GIANNINA – (*come sopra*[14]) Ha fatto bene.

EVARISTO – Ma non vorrei lo sapesse la signora Geltruda[15].

GIANNINA – (*come sopra*) Ha ragione.

EVARISTO – E vorrei che voi glielo deste secretamente[16].

GIANNINA – (*come sopra*) Non lo posso servire.

EVARISTO – (*da sé*) (Che risposta villana!)

CANDIDA – (*da sé*) (Mi dà ad intendere che va alla caccia, e si ferma qui).

CRESPINO – (*da sé*) (Quanto pagherei sentire!) (*s'avanza e mostra di lavorare*).

CORONATO – (*da sé*) (Sempre piú mi cresce la curiosità) (*s'avanza fingendo sempre di conteggiare*[17]).

EVARISTO – (*a Giannina*) Perché non volete farmi questo piacere?

GIANNINA – (*fra loro*) Perché non ho ancora imparato questo bel mestiere[18].

EVARISTO – Voi prendete la cosa sinistramente[19]. La signora Candida ha tanto amore per voi.

GIANNINA – È vero; ma in queste cose...

EVARISTO – Mi ha detto che vorreste maritarvi a Crespino... (*Dicendo cosí si volta, e vede li due che ascoltano*) Che fate voi altri? Che baronata è questa?

CRESPINO – Io lavoro, signore (*torna a sedere*).

CORONATO – Non posso scrivere e passeggiare? (*torna a sedere*).

CANDIDA – (*da sé*) (Hanno dei segreti importanti).

SUSANNA – (*da sé*) (Che diavolo ha costei, che tutti gli uomini le corrono dietro?).

GIANNINA – (*ad Evaristo*) Se non ha altro da dirmi, torno a prendere la mia ròcca (*prende la ròcca*).

EVARISTO – (*fra loro*) Sentite: mi ha pregato la signora Candida, acciò[20] m'interessi per voi, per farvi avere delle doti[21], e acciò Crespino sia vostro marito.

GIANNINA – (*cangia tuono*[22] *e getta via la ròcca*) Vi ha pregato?

EVARISTO – Sí, ed io sono impegnatissimo perché ciò segua[23].

GIANNINA – Dov'avete il ventaglio?

EVARISTO – L'ho qui in tasca.

GIANNINA – Date qui, date qui, ma che nessuno veda.

EVARISTO – Eccolo (*glielo dà di nascosto*).

CRESPINO – (*da sé tirando il collo*[24]) (Le dà qualche cosa).

CORONATO – (*tirando il collo*) (Cosa mai le ha dato?)

SUSANNA – (*a sé*) (Assolutamente le ha donato il ventaglio).

CANDIDA – (*da sé*) (Ah sí, Evaristo mi tradisce. Il conte[25] ha detto la verità).

---

13. *fra loro*: questa didascalia è significativa, perché sottolinea che Evaristo e Giannina parlano tra loro senza far sentire agli altri ciò che dicono. In questo modo si acuisce la curiosità e il sospetto da parte di tutti gli altri.
14. come sopra: come la

didascalia precedente, e cioè *con muso duro*.
15. la signora Geltruda: è la zia e tutrice di Candida.
16. secretamente: in segreto, di nascosto.
17. *conteggiare*: fare i conti.
18. questo bel mestiere: fare da intermediaria, da mezzana.

19. sinistramente: in malo modo.
20. acciò: allo scopo che.
21. delle doti: una dote, necessaria per potersi sposare.
22. *cangia tuono*: cambia tono, cambia atteggiamento.
23. sono impegnatissimo perché ciò segua: mi sono preso forte

impegno perché ciò accada.
24. *tirando il collo*: allungando il collo per poter vedere meglio.
25. Il conte: un altro personaggio della commedia; un conte ficcanaso che si era intromesso nei rapporti tra Candida ed Evaristo.

EVARISTO – (*a Giannina*) Ma vi raccomando la segretezza.
GIANNINA – (*fra loro*) Lasci fare a me, e non dubiti niente.
EVARISTO – Addio.
GIANNINA – A buon rivederla.
EVARISTO – Mi raccomando a voi.
GIANNINA – Ed io a lei (*riprende la ròcca, siede e fila*).

Entriamo nel testo

L'importanza delle didascalie

Le numerose didascalie presenti nel testo sono state composte dall'autore, che le riteneva necessarie per la recitazione e la regia della scena. Tuttavia, esse risultano utili anche per la sola lettura del testo, perché guidano l'immaginazione del lettore a configurare la scena, a interpretare correttamente i **destinatari** di molte battute degli attori, a trarre informazioni sulle **caratteristiche dei personaggi**.
Iniziamo dall'ampia didascalia introduttiva: da essa non solo si trae l'indicazione riguardo alla **disposizione dei personaggi sulla scena**, ma anche si può comprendere che Coronato è un oste, dato che siede vicino all'osteria, e che Crespino è calzolaio.
La didascalia *da sé* ricorre frequentemente per segnalare le parole, peraltro qui scritte tra parentesi, che un personaggio esprime fra sé e sé; esse corrispondono ai **pensieri** che, ovviamente, gli altri personaggi non devono conoscere, ma sono una parte importante dell'azione scenica destinata al pubblico. Il ricorso al *da sé* risulta particolarmente significativo nei testi teatrali che, come questo, vogliono distinguere ciò che i personaggi pensano da ciò che dicono agli altri.

Ad esempio, ciò che pensa Evaristo mentre parla con Susanna, *È un poco troppo curiosa la signora Susanna* (riga 14), è fondamentale per interpretare il valore delle parole che in realtà pronuncia: *Perché credete voi ch'io voglia darlo alla signora Candida?* Purtroppo, le parole dette a voce alta da Evaristo sono tali da far crescere la curiosità di Susanna e causare l'equivoco sulla donna a cui il ventaglio è destinato. Il pubblico e i lettori, invece, conoscendo il pensiero di Evaristo, sono in grado di comprendere che egli si comporta così perché è indispettito per la curiosità di Susanna.
Risulta anche importante il tipo di didascalia che non accompagna una battuta, ma che segnala un movimento o un gesto compiuto da un personaggio. Qui, ad esempio, l'indicazione *mostrano curiosità di sentir quel che dice Evaristo a Giannina, ed allungano il collo per sentire* (righe 44-46) è molto efficace per segnalare la partecipazione agli eventi da parte di Coronato e Crespino; essi non si esprimono con le parole ma con i gesti, mostrando di prendere parte attiva alla scena e predisponendosi a reagire sulla base della loro interpretazione su quanto sta avvenendo.

Esercizi

- **Comprensione e interpretazione**

1. L'acquisto del nuovo ventaglio da parte di Evaristo suscita una grande curiosità. In quali personaggi tale curiosità si evidenzia? Quali espressioni la manifestano? Sono principalmente espressioni pronunciate *da sé* oppure manifestate apertamente?

2. Quali sono le reazioni di Coronato, Crispino, Candida e Susanna vedendo il colloquio tra Evaristo e Giannina, senza però udire ciò che si dicono? Tali reazioni consistono in parole o in gesti? In quale modo ognuno cerca di nascondere la propria reazione?

3. Per quale motivo, secondo quanto si può comprendere dal testo, Evaristo non consegna di persona il ventaglio a Candida, ma ricorre all'aiuto di Giannina?

4. Per quale motivo Giannina si rifiuta, all'inizio, di consegnare il ventaglio a Candida? Perché poi, invece, accetta di consegnarlo?

- **Competenza testuale**

5. Seguendo le indicazioni delle didascalie, descrivi come sono collocati i personaggi sulla scena all'inizio dell'episodio.

6. Prendi in esame le didascalie presenti nel testo e per ognuna indica se dà agli attori istruzioni per:
- compiere determinati gesti o movimenti;
- il tono di voce da usare per pronunciare la battuta;
- rivolgere la battuta che segue a un determinato destinatario.

- **Produzione**

7. Racconta l'episodio presentato nella scena teatrale in forma di testo narrativo: in qualità di narratore, descrivi l'ambiente e i personaggi; racconta il contenuto dei discorsi in forma di discorso diretto o indiretto, secondo la tua preferenza; distingui quanto appartiene ai pensieri dei personaggi da quanto viene comunicato a voce alta.

Per metterti alla prova

Anton Čechov
Le tre sorelle

- A. Čechov, *Tre sorelle*, trad. di G. Guerrieri, Einaudi, Torino, 1953

IN SINTESI: Il dramma *Le tre sorelle* dello scrittore russo Anton Pavlovich Čechov (1860-1904) è ambientato in una casa della provincia russa in cui vivono Andrèj Prozorov insieme alle sue tre sorelle: Olga, insegnante di ginnasio, Masha, delusa dal marito sposato a diciotto anni, Irina, che attende il grande amore. Le tre donne sono soffocate dalla noia della provincia e sognano di tornare a Mosca, dove hanno vissuto da bambine, che rappresenta per loro il miraggio della felicità. Andrèj, che è sposato con Natasha e ha un bambino, è deluso perché, invece di essere diventato docente all'università di Mosca, vive un'esistenza grigia in provincia, dove ha un impiego che non lo realizza.
Nel brano, tratto dal secondo atto, l'azione scenica è ambientata nel salotto di casa; in essa, nonostante esista una conversazione tra i personaggi, non c'è un vero dialogo tra loro, perché ognuno, preso dalle proprie malinconie, sembra seguire un proprio discorso interiore, senza prestare ascolto a quanto dicono gli altri. Dunque esistono le battute dei personaggi sulle quali procede l'azione scenica, ma esse servono a dare la misura di quanto ogni personaggio viva in una propria solitudine interiore. Ognuno dei personaggi sembra seguire il filo del proprio pensiero e non ascolta quanto dicono gli altri. Ogni battuta non costituisce la risposta a ciò che l'interlocutore ha detto, ma spesso si aggancia a una parola o un'immagine della battuta dell'altro per continuare a esprimersi seguendo il filo del proprio pensiero. I personaggi partecipano ai dialoghi solo in apparenza, perché i loro discorsi equivalgono in realtà a dei monologhi da cui gli altri personaggi restano estranei.
Ognuno ha i propri ricordi, le proprie delusioni, i propri sogni, ma nessuno vive realmente la realtà che lo circonda. Anche gli argomenti che vengono presi come oggetto della conversazione sono tendenzialmente generici e pieni di luoghi comuni, sembrano utili solo a riempire un silenzio.
Un elemento che sottolinea questa caratteristica della scena sono le numerose pause che costellano i dialoghi rallentandoli; queste pause accentuano la sensazione di solitudine e di incomunicabilità che stringe i personaggi ed è causa della loro angoscia, di cui peraltro sono consapevoli solo in parte. Dunque, le didascalie che indicano le pause sono decisamente significative e fanno parte integrante del modo in cui l'autore ha costruito la scena e ha delineato la condizione interiore dei personaggi.

PERSONAGGI

ANDRÈJ SERGÈEVICH PROZOROV
NATALJA IVÀNOVNA (Natasha), *sua moglie*
OLGA, *sorella di Andrèj Prozorov*
MASHA, *sorella di Andrèj Prozorov*
IRINA, *sorella di Andrèj Prozorov*
FËDOR ILÍCH KULYGIN, *professore di ginnasio e marito di Masha*
ALEKSÀNDR IGNÀTEVICH VERSHININ, *tenente colonnello e comandante di batteria*
NIKOLÀJ LVOVICH TUZENBACH, *barone, tenente*
VASILIJ VASÍLEVICH SOLËNYJ, *primo capitano*
IVÀN ROMÀNOVICH CHEBUTYKIN, *ufficiale medico*
ALEKSÈJ PETROVICH FEDOTIK, *sottotenente*
VLADIMIR KÀRLOVICH RODÈ, *sottotenente*
FERAPÒNT, *vecchio usciere del Consorzio*
ANFISA, *vecchia balia ottantenne*

ANDRÈJ – Oh, illustre, come andiamo?
FERAPÒNT[1] – Questo libro e queste carte. Le manda il presidente (*porge il libro e il pacchetto*).
ANDRÈJ – Bene. Grazie. Potevi venire un po' piú tardi. Sono le otto passate.
FERAPÒNT – Chi?[2]
ANDRÈJ – (*piú forte*) Ho detto sei venuto tardi! Sono le otto passate.
FERAPÒNT – Ah sí. Ero venuto di giorno. Dice: no, il padrone ha da fare[3]. Va bene, ha da fare, faccia, io non gli corro dietro. (*Credendo che Andrèj gli abbia detto qualche cosa*) Chi?
ANDRÈJ – Niente (*dà un'occhiata al libro*). Domani è venerdí, non c'è riunione, ma io ci vado lo stesso tanto per ammazzare il tempo. A casa che faccio? (*Pausa*). Cambia, la vita, vecchio. Che scherzi ti combina! Oggi non sapendo che fare, ho preso in mano questo libro, vecchie dispense[4] dell'università di Mosca; m'è venuto da ridere... E io sto qui a fare il segretario del consorzio presieduto da Protopopov! E il massimo onore a cui posso aspirare è diventare membro! Dio mio! Membro di un consorzio provinciale: io che sogno ancora tutte le notti di diventare professore dell'università di Mosca, scienziato di fama mondiale, vanto e lustro della patria!
FERAPÒNT – Ma, chi sa?... Non sento.
ANDRÈJ – Se tu sentissi ti parlerei? Io ho bisogno di parlare con qualcuno, ma mia moglie non capisce, delle mie sorelle ho paura: paura che mi ridano in faccia, non so... Io non bevo, non sono un buongustaio, ma come starei volentieri adesso in un ristorante di Mosca, da Testov o da...
FERAPÒNT – A Mosca[5], ha detto un sensale[6] al

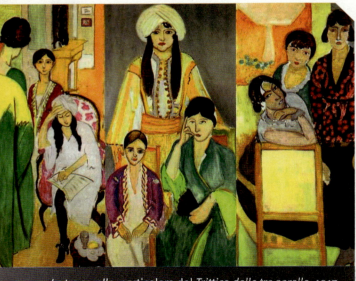

Le tre sorelle, particolare dal *Trittico delle tre sorelle*, 1917. Merion, The Barnes Foundation.

---

1. **FERAPÒNT**: è un vecchio usciere, venuto a portare ad Andrèj alcune carte da firmare per conto di Protopopov, il presidente del consorzio cittadino.
2. **Chi?**: evidentemente Ferapònt è debole di udito e non ha capito le parole di Andrèj.
3. **Dice: no, il padrone ha da fare**: in modo discorsivo e sintetico Ferapònt riferisce ciò che gli era stato detto da un servitore quando egli era venuto la volta precedente (*Ero venuto di giorno*).
4. **dispense**: fascicoli universitari a uso didattico.
5. **A Mosca**: osserviamo come del malinconico pensiero di Andrèj, segno del suo profondo disagio esistenziale, Ferapònt recepisce solo la menzione del nome della capitale e da questa prende spunto per un discorso vuoto e banale.
6. **sensale**: mediatore commerciale.

Come leggere un testo... ... teatrale

consorzio, certi mercanti mangiavano frittelle: uno ne ha mangiate quaranta, ed è morto. Quaranta, cinquanta. Non mi ricordo.

ANDRÈJ – A Mosca, seduto nel salone di un gran ristorante[7], nessuno ti conosce, non conosci nessuno, ma non ti senti un estraneo. Qui conosci tutti, tutti ti conoscono, ma ti senti un estraneo... Estraneo, solo come un cane.

FERAPÒNT – Chi? (*Pausa*). Poi, ha detto il sensale[8] – ma chi sa se è vero – hanno steso una corda per tutta Mosca.

ANDRÈJ – Perché?[9]

FERAPÒNT – Chi lo sa. Cosí ha detto.

ANDRÈJ – Frottole (*legge il libro*). Sei mai stato a Mosca, tu?

FERAPÒNT – (*dopo una pausa*). No. Il Signore non l'ha permesso. (*Pausa*). Posso andare?

ANDRÈJ – Vai, vai. Saluti. (*Ferapònt se ne va*). Saluti (*legge*). Domani mattina torna a prendere queste carte... Cammina, vai... (*Pausa*). Se n'è andato. (*Suona il campanello*). Sempre da fare...

Dietro le quinte canta la bambinaia cullando il bambino[10], entrano Masha e Vershinin[11]. Mentre parlano entra la cameriera che accende la lampada e le candele.

MASHA – Non lo so. Non lo so. Certo l'abitudine fa molto[12]. Dopo la morte di papà, per esempio, ce n'è voluto per abituarci a fare a meno dell'attendente[13], ma abitudini a parte non credo di essere ingiusta. Altrove non so, ma qui le uniche persone di una certa distinzione, di una certa classe, di una certa linea, sono i militari[14].

VERSHININ – Che sete. Berrei del tè[15].

MASHA – (*guarda l'orologio*) Non dovrebbe tardare. M'hanno sposata a diciott'anni, avevo il terrore di mio marito perché era professore, e io ero appena uscita dalla scuola, mi sembrava un mostro d'intelligenza, di cultura, di personalità... Il contrario di adesso, purtroppo.

VERSHININ – Certo... già.

MASHA – Lasciamo andare mio marito; a lui ormai ho fatto l'abitudine; ma fra i borghesi[16] è veramente raro trovare gentilezza, signorilità, cavalleria, c'è tanta di quella volgarità. La volgarità mi ferisce, non posso ammettere una persona poco fine, indelicata, scorretta! Ogni volta che mi tocca avvicinare i colleghi di mio marito, che le devo dire? Sto male.

VERSHININ – Già... una gran differenza però io non la trovo... Militari e borghesi, in questa città almeno, sono su uno stesso piano. Perfettamente identico! Qui, per chiunque lei parli, borghese o militare di una certa educazione, la moglie è una maledizione, la

---

7. A Mosca ... ristorante: l'insulsa chiacchiera di Ferapònt non ha interrotto il filo del pensiero di Andrèj, che continua a sviluppare il suo discorso come un solitario monologo.

8. Poi, ha detto il sensale: anche Ferapònt prosegue, come Andrèj, il suo discorso. È evidente che i due personaggi non si ascoltano e svolgono i loro pensieri parallelamente, senza alcun punto di contatto tra loro.

9. Perché?: Andrèj si scuote e si allontana dalla sfera mentale in cui era immerso creando un punto di contatto con l'interlocutore; a questo punto, tuttavia, emerge come sia impossibile istituire un dialogo tra i due.

10. il bambino: il bambino di Andrèj e Natasha.

11. Vershinin: è un colonnello dell'esercito che, sposato con una donna affetta da grave depressione, ha intrecciato una relazione affettuosa con Masha.

12. Non lo so ... fa molto: è la prosecuzione della conversazione iniziata tra i due personaggi prima di entrare sulla scena.

13. fare a meno dell'attendente: il padre era un generale dell'esercito zarista e, per la sua carica, aveva diritto ad avere un attendente. L'attendente è un soldato addetto agli ordini e ai servizi personali di un ufficiale.

14. qui le uniche ... militari: è un discorso generico e impostato come luogo comune che Masha fa riferendosi sia al ricordo del padre sia al fatto che Vershinin è un militare. È, comunque, un indizio di un complessivo disagio e insoddisfazione nell'animo di Masha.

15. Che sete. Berrei del tè: le parole che Vershinin pronuncia segnalano chiaramente che egli si sente estraneo al discorso di Masha.

16. i borghesi: cioè i civili, contrapposti ai militari.

famiglia è una maledizione, la proprietà una maledizione, i cavalli una maledizione[17]! Insomma, dico io, il russo[18] ha dimostrato di possedere una concezione elevata del mondo: perché deve perdersi in queste meschinità? Mi dica: perché?
MASHA – Perché?
VERSHININ – Perché i suoi figli, sua moglie, devono essere una maledizione per lui[19]? E lui, una maledizione per la moglie e per i figli?
MASHA – Lei oggi è un po' depresso.
VERSHININ – Può darsi. Oggi non ho mangiato, sono a stomaco vuoto da stamattina. Una delle mie figlie sta poco bene. E quando le mie figliole si ammalano, mi prende un'angoscia, un rimorso, mi sento colpevole di aver dato loro una madre di quel genere. L'avesse vista stamattina, che miseria; ha cominciato a litigare alle sette, alle nove ho sbattuto la porta e me ne sono andato. (*Pausa*). Non ne parlo mai, chi sa perché, sono confidenze che faccio solo a lei (*le bacia la mano*). Non mi sgridi, sono solo al mondo... non ho altri che lei...
MASHA – Come geme la stufa. Anche prima che morisse papà gemeva. Come adesso[20].
VERSHININ – È superstiziosa?
MASHA – Sí.
VERSHININ – Curioso (*le bacia la mano*). Che donna stupenda, incantevole! Incantevole, stupenda. Qui è buio, ma come sfavillano i suoi occhi!
MASHA – (*siede su un'altra sedia*) Qui è meno buio.
VERSHININ – Io l'amo, io l'amo, io l'amo... Amo i suoi occhi, i suoi gesti, fino a sognarmeli... Stupenda incantevole creatura!
MASHA – Quando lei parla cosí, è inutile, non so perché mi viene da ridere. Che sofferenza. La smetta, la prego... (*A mezza voce*). Oppure no, continui, è lo stesso. (*Si copre il viso con le mani*). Tanto per me è lo stesso. Viene gente, cambi discorso.

Mikhail Aleksandrovich Vrubel', *Ritratto di Nadezhda Ivanovna Zabela-Vrubel' su sfondo di betulle*, 1904. San Pietroburgo, Museo di Stato Russo.

17. la moglie ... maledizione: apparentemente è una risposta a quanto Masha ha detto, ma in realtà Vershinin ha iniziato un suo personale discorso, aprendo il tema delle sue personali insoddisfazioni.
18. il russo: sta per «i russi» in generale.
19. lui: riferito a *il russo*.
20. Come geme ... adesso: Masha sembra schivare la scivolata sentimentale di Vershinin. Tuttavia, questo atteggiamento non appare determinato da pudore o da senso dell'opportunità, ma dal fatto che essa non è, in realtà, toccata dall'apertura umana di Vershinin che, peraltro, appare un po' formale e convenzionale.

 ## Esercizi

- **Comprensione e interpretazione**

    1. Quale attività svolge Andrèj nella località di provincia in cui vive? Che cosa avrebbe desiderato fare?

    2. Mediante quali parole egli esprime chiaramente la sua noia e insoddisfazione per la vita familiare?

    3. Chi è il personaggio di Protopopov, che viene citato da Andrèj?

4. Andrèj e Ferapònt sono protagonisti di un dialogo che è solo apparente perché ognuno segue una linea autonoma di discorso: esponi separatamente il filo del discorso di Andrèj e quello di Ferapònt.

5. Nelle parole di Masha emergono motivi di insoddisfazione per l'ambiente e per la sua vita. Indica gli elementi della sua insoddisfazione che derivano dall'ambiente in cui essa vive, e i motivi di insoddisfazione determinati dagli avvenimenti della sua esperienza di vita.

6. Per quali motivi Masha riscontra maggiori qualità nei militari rispetto ai *borghesi*?

7. Le insoddisfazioni di Vershinin, come quelle di Masha e Andrèj, emergono dalle sue parole: quali sono?

8. Come reagisce Masha agli approcci sentimentali di Vershinin?

- **Competenza testuale**

9. Spiega come le didascalie siano importanti per segnalare, nella parte conclusiva del colloquio tra Andrèj e Ferapònt, la difficoltà, e quasi impossibilità, di un dialogo tra i due personaggi.

10. La conclusione del colloquio tra Masha e Vershinin (nelle ultime quattro battute) è segnata dalla presenza di alcune didascalie: sono suggerimenti per l'interpretazione o indicazioni di gesti da compiere? Sono essenziali per completare la descrizione del comportamento dei personaggi?

3 Come si analizza un testo teatrale

Abbiamo già chiarito che un testo drammatico è accomunato a un testo narrativo per il fatto di rappresentare una vicenda che ha una trama, che è collocata in una dimensione di spazio e di tempo, e nella quale agiscono personaggi in qualche modo posti in relazione tra loro. Pertanto, quando si legge un testo teatrale è necessario porre la dovuta attenzione a tutte le espressioni dalle quali emergono non solo lo svolgimento della vicenda, ma anche tutte le indicazioni sul tempo, sul luogo, sugli antefatti, sulle caratteristiche dei personaggi ecc., che nei testi narrativi sono usualmente forniti dal narratore.

Per una lettura completa e attenta di un'opera teatrale, dunque, si identificano gli stessi piani del testo narrativo, ma utilizzando gli adeguati segnali e indicazioni.

3.1 Le azioni

Relativamente al piano delle **azioni**, si comincia effettuando la divisione in macrosequenze e sequenze, secondo la porzione di testo da esaminare. Questa divisione, nei testi moderni, è in genere già segnalata nello stesso testo mediante la distinzione degli atti e delle scene. Si procede, quindi, all'**analisi** e all'**interpretazione della vicenda**, mettendo a fuoco, attraverso lo svolgimento della trama, la questione o il problema su cui si è incentrata l'intenzione creativa dell'autore.

Spesso è anche necessario ricostruire eventi che si sono svolti in un tempo precedente a quello dell'azione rappresentata; si tratta degli **antefatti** che, in molti casi, hanno determinato la situazione presente e che vengono richiamati dai personaggi. Spetta, ovviamente, all'autore dell'opera costruire i discorsi in modo da far emergere i fatti precedenti: si richiede al lettore l'analisi delle espressioni da cui sia possibile trarre le indicazioni per ricostruire e comprendere gli antefatti. Ad esempio, nel brano di Anton Čechov tratto da

Tre sorelle attraverso i dialoghi dei personaggi è possibile trarre numerose informazioni sugli eventi passati che hanno determinato le condizioni della vita di Andrèj e di Masha. Le commedie e le tragedie antiche cominciano di solito con il **prologo** che, oltre a dare avvio alla rappresentazione, **fornisce** agli spettatori le **informazioni sugli antefatti** e sulla situazione che si è determinata all'inizio dello svolgimento della vicenda rappresentata.

3.2 Il tempo e lo spazio

Tenendo presente che una rappresentazione teatrale si svolge su una scena e in un tempo ridotto (circa da un'ora a tre ore), l'autore deve avere cura di organizzare il testo in modo adatto a essere rappresentato.

- Il **tempo** in cui si svolge la vicenda è presentata in modo **progressivo**, e cioè in ordine cronologico. La suddivisione dell'opera in atti permette di effettuare salti di tempo, poiché un nuovo atto può riferirsi a eventi che si svolgono in un momento successivo anche di molto rispetto al tempo in cui era collocata l'azione dell'atto precedente.
  Spesso vengono rammentati o raccontati dai personaggi gli eventi accaduti nel passato rispetto all'azione recitata: essi costituiscono gli antefatti della vicenda, che non vengono rappresentati, e corrispondono al *flashback* che ricorre nei testi narrativi.
- Per quanto riguarda lo **spazio**, il teatro evidenzia maggiormente la sua grande differenza rispetto a un film: questo viene ambientato in luoghi «reali», che possono essere visualizzati da varie angolazioni e che possono rapidamente cambiare da una scena all'altra. Nel teatro, invece, l'azione si svolge in un unico ambiente, scelto in modo tale che vi possano accedere tutti i personaggi; ad esempio, la scena tratta da *Il ventaglio* di Goldoni (vedi pag. 389) è ambientata nella piazza del paese, la scena tratta da *Tre sorelle* di Čechov (vedi pag. 393) è ambientata nel salotto di una casa; la vicenda di molte tragedie greche è ambientata in uno spazio pubblico davanti l'ingresso della reggia o dell'abitazione del protagonista ecc. Comunque, nel teatro lo spazio è **rappresentato in maniera simbolica e metaforica**: ciò significa che l'ambiente in cui si svolge l'azione, qualunque esso sia, è solo la ricostruzione sul palcoscenico di un luogo reale, ottenuta mediante oggetti di arredamento significativi (ad esempio divano e tavolino per un salotto, scrivania e schedario per un ufficio ecc.) e mediante un fondale opportunamente pitturato; sulla base di questa ricostruzione simbolica gli spettatori sono in grado di collocare mentalmente gli eventi nella loro dimensione reale.
  Come il tempo, anche lo spazio può cambiare nel passaggio da un atto al seguente, grazie al fatto che durante l'intervallo la costruzione della scena può essere cambiata.

Leggendo un testo teatrale, per situare la vicenda nel tempo e nello spazio, sono fondamentali le indicazioni presenti nelle didascalie. Inoltre, soprattutto se il testo non contiene le didascalie, è possibile trarre dalle espressioni presenti nei dialoghi le informazioni relative al luogo in cui si svolge l'azione e al procedere del tempo; ciò risulta particolarmente importante per individuare un eventuale mutamento di luogo o di tempo nel passaggio da un atto al successivo.

3.3 I personaggi

Per quanto riguarda i **personaggi**, oltre alle informazioni fornite nell'elenco posto in apertura dell'opera e nelle didascalie, sarà possibile ricomporre il quadro dei loro tratti individuali (fisici, spirituali, morali, ideologici ecc.) mediante l'**analisi dei discorsi**, **delle azioni** e **dei comportamenti** in modo simile a come operiamo di fronte a dei testi narrativi.

Come leggere un testo... ... teatrale

Attraverso i dialoghi e lo svolgimento delle azioni è possibile anche delineare i rapporti che legano tra loro i personaggi, i ruoli e il sistema in cui questi si situano (protagonista, antagonista, aiutanti, oppositori ecc.).
Come nei testi narrativi, le informazioni sui personaggi e le loro caratteristiche possono essere ricavate in modo diretto (mediante ciò che il personaggio dice parlando di sé e attraverso il suo comportamento) o in modo indiretto (mediante ciò che gli altri personaggi dicono di lui).

Per imparare

Samuel Beckett
Atto senza parole

- S. Beckett, *Atto senza parole*, in *Teatro*, trad. di F. Fruttero, Einaudi, Torino, 1970

IN SINTESI: Questa è una particolare opera teatrale costituita soltanto da didascalie e del tutto priva di battute: il messaggio comunicato dall'autore è affidato ai movimenti e ai gesti compiuti dall'unico personaggio presente sulla scena. Ne è autore Samuel Beckett (Dublino, 1906 – Parigi, 1989), uno scrittore irlandese che, dopo essersi stabilito a Parigi nel 1939, iniziò a comporre le sue opere teatrali e narrative in francese. All'inizio degli anni Cinquanta dette inizio, insieme a Eugène Ionesco, al «teatro dell'assurdo», definito così perché mirava a mostrare la solitudine e l'assurdità dell'esistenza umana facendo ricorso a personaggi stralunati e situazioni illogiche. Nel 1969 a Beckett fu conferito il premio Nobel per la Letteratura, in riconoscimento della profondità con cui, nei romanzi e nei drammi, ha saputo rappresentare le angosce dell'uomo moderno.
In questa breve *pièce*, composta nel 1956, l'azione drammatica si esplica, in un'assoluta mancanza di dialogo e di parole, tramite la pura mimica, che trasmette il particolare messaggio dell'autore: in assenza di certezze che la sostengano, la vita è priva di senso e, nell'assurdità della condizione umana, sia le parole che i gesti sono privi di scopo e di importanza; di conseguenza, la condizione umana conduce a un'unica soluzione, quella del silenzio e dell'inattività.

Le sequenze e le azioni dei personaggi
Personaggio: Un uomo. Gesto abituale: spiega e ripiega il fazzoletto.
Scena: Deserto. Luce abbagliante.
Azione: Spinto violentemente in scena da destra, all'indietro, l'uomo barcolla, cade, si rialza immediatamente, si spolvera, riflette.

Prima sequenza
Le reazioni dell'uomo nell'udire i colpi di fischietto
– Colpo di fischietto da destra. L'uomo riflette, esce a destra. 5
Subito rigettato in scena, barcolla, cade, si rialza immediatamente, si spolvera, riflette.
Colpo di fischietto da sinistra. L'uomo riflette, esce a sinistra.
Subito rigettato in scena, barcolla, cade, si rialza immediatamente, si spolvera, riflette.
Colpo di fischietto da sinistra.
L'uomo riflette, si dirige verso la quinta[1] sinistra, si ferma prima di giungervi, si getta 10
all'indietro, barcolla, cade, si rialza immediatamente, si spolvera, riflette.

Seconda sequenza
La reazione del personaggio all'apparire dell'albero
– Un alberello cala dall'alto, tocca terra. Un unico ramo a tre metri dal suolo e in cima un magro ciuffo di palme che proietta un'ombra esigua.
L'uomo continua a riflettere. Colpo di fischietto dall'alto.
L'uomo si volta, vede l'albero, riflette, si dirige verso l'albero, si siede all'ombra, si guarda le mani. 15

---
1. **la quinta**: le quinte sono pannelli posti ai lati della scena, che delimitano lo spazio scenografico.

Terza sequenza
La reazione del personaggio all'apparire delle forbici

– Un paio di forbici da sarto calano dall'alto, si fermano davanti all'albero a un metro da terra.
L'uomo continua a guardarsi le mani. Colpo di fischietto dall'alto.
L'uomo alza la testa, vede le forbici, riflette, le prende e comincia a tagliarsi le unghie. 20
Le palme si afflosciano contro il tronco, l'ombra sparisce. L'uomo lascia cadere le forbici, riflette.

Quarta sequenza
La reazione del personaggio all'apparire dell'acqua

– Una piccola caraffa, munita d'una grande etichetta rigida che reca la scritta ACQUA[2], cala dall'alto, si ferma a tre metri da terra.
L'uomo continua a riflettere. Colpo di fischietto dall'alto. 25
L'uomo alza gli occhi, vede la caraffa, riflette, si alza, si mette sotto la caraffa, cerca invano di raggiungerla, si volta, riflette.

– Un grosso cubo cala dall'alto, tocca terra. L'uomo continua a riflettere.
Colpo di fischietto dall'alto.
L'uomo si volta, vede il cubo, lo guarda, guarda la caraffa, prende il cubo, lo mette sotto 30
la caraffa, ne saggia[3] la stabilità, vi sale sopra, tenta invano di raggiungere la caraffa, scende, riporta il cubo al suo posto, si volta, riflette.
– Un secondo cubo, piú piccolo, cala dall'alto, tocca terra. L'uomo continua a riflettere.
Colpo di fischietto dall'alto.
L'uomo si volta, vede il secondo cubo, lo guarda, lo mette sotto la caraffa, ne saggia la 35
stabilità, vi sale sopra, tenta invano di raggiungere la caraffa, scende, sta per riportare il cubo al suo posto, ci ripensa, lo posa, va a prendere il cubo grande, lo mette sopra il cubo piccolo, ne saggia la stabilità, vi sale sopra, il cubo grande precipita, l'uomo cade, si rialza immediatamente, si spolvera, riflette.

Quinta sequenza
Ripetuti tentativi dell'uomo per raggiungere la caraffa dell'acqua utilizzando i cubi

Prende il cubo piccolo, lo mette sopra quello grande, ne saggia la stabilità, vi sale sopra 40
e sta per raggiungere la caraffa quando questa risale di un piccolo tratto e si ferma fuori della sua portata.
L'uomo scende, riflette, riporta i cubi al loro posto, uno dopo l'altro, si volta, riflette.
– Un terzo cubo, ancora piú piccolo, cala dall'alto, tocca terra.
L'uomo continua a riflettere. Colpo di fischietto dall'alto. 45
L'uomo si volta, vede il terzo cubo, lo guarda, riflette, torna a voltarsi, riflette.
Il terzo cubo risale e sparisce in alto.

Sesta sequenza
Altri tentativi di raggiungere l'acqua utilizzando anche la corda

– Accanto alla caraffa, una corda a nodi cala dall'alto, si ferma a un metro da terra.
L'uomo continua a riflettere. Colpo di fischietto dall'alto.
L'uomo si volta, vede la corda, riflette, si arrampica sulla corda e sta per raggiungere la 50
caraffa quando la corda si allunga e lo riporta a terra.
L'uomo si volta, riflette, cerca con lo sguardo le forbici, le vede, va a raccoglierle, ritorna verso la corda e comincia a tagliarla.
La corda si tende, comincia a risalire verso l'alto, l'uomo vi si aggrappa, riesce a tagliare la corda, ripiomba a terra, lascia cadere le forbici, cade, si rialza immediatamente, si 55
spolvera, riflette.
La corda risale d'un solo colpo e sparisce in alto.
Col pezzo di corda che gli è rimasto prepara un lasso[4] col quale tenta di acchiappare la caraffa.
La caraffa risale d'un solo colpo e sparisce in alto. L'uomo si volta, riflette. 60

Con il lasso in mano si dirige verso l'albero, guarda il ramo[5], si volta, guarda i cubi, torna

---

2. caraffa ... ACQUA: ricordando che la scena è ambientata nel deserto, e immaginandovi un sole cocente, l'acqua si propone all'uomo come un bene necessario per la sopravvivenza.
3. saggia: prova.
4. lasso: laccio di corda a forma di nodo scorsoio.
5. Con il lasso ... ramo: l'uomo pensa al suicidio, utilizzando i

Come leggere un testo... ... teatrale

Settima sequenza
I due vani tentativi di suicidio prima con la corda e poi con le forbici

a guardare il ramo, lascia cadere il lasso, si dirige verso i cubi, prende quello piccolo e lo porta sotto il ramo, torna indietro a prendere il cubo grande e lo porta sotto il ramo, sta per metterlo sopra quello piccolo, ci ripensa, mette il cubo piccolo sopra quello grande, ne saggia la stabilità, guarda il ramo, si volta e si china per raccogliere il lasso. 65
Il ramo si affloscia lungo il tronco.
L'uomo si rialza col lasso in mano, si volta, constata. Si volta, riflette.
– Colpo di fischietto da destra. L'uomo riflette, esce a destra.
Subito rigettato in scena, barcolla, cade, si rialza immediatamente, si spolvera, riflette.
Colpo di fischietto da sinistra. L'uomo non si muove. 70
Si guarda le mani, cerca con lo sguardo le forbici, le vede, va a raccoglierle, comincia a tagliarsi le unghie, s'interrompe, riflette, passa il dito sulla lama delle forbici, la pulisce col fazzoletto, va a posare forbici e fazzoletto sul cubo piccolo, si volta, si sbottona il colletto, denuda il collo e lo palpa[6]. Il cubo piccolo risale e sparisce in alto portando via lasso, forbici e fazzoletto. 75

Ottava sequenza
Il raggiungimento della totale assenza di reazione da parte dell'uomo

L'uomo si volta per riprendere le forbici, constata, si siede sul cubo grande. Il cubo si scuote, gettandolo a terra, risale e sparisce in alto.
L'uomo resta sdraiato sul fianco, volto verso il pubblico, lo sguardo fisso.
La caraffa cala dall'alto, si ferma a mezzo metro sopra di lui.
L'uomo non si muove. Colpo di fischietto dall'alto. L'uomo non si muove. 80
La caraffa scende ancora, si dondola intorno alla sua faccia.
L'uomo non si muove.
La caraffa risale e sparisce in alto.
Il ramo dell'albero si rialza, le palme si riaprono, l'ombra ritorna.
Colpo di fischietto dall'alto. L'uomo non si muove. L'albero risale sparisce in alto. L'uo- 85
mo si guarda le mani.

cubi per raggiungere il ramo a cui appendere la corda per impiccarsi. Il tentativo, tuttavia, verrà vanificato dal fatto che il ramo si affloscia lungo il tronco.
6. si sbottona ... palpa: evidentemente l'uomo sta esaminando la possibilità di uccidersi tagliandosi la gola. Anche questo tentativo di suicidio viene annullato dalla risalita degli oggetti.

Entriamo nel testo

Il significato del testo

Il testo di questo *Atto senza parole* si articola in sequenze distinte in base alla tipologia delle azioni compiute dal personaggio.
La scena è una landa desolata, illuminata da una luce accecante, evidentemente colpita da un grande calore solare; unica presenza umana è un personaggio, la cui identità è ignota. I fili dell'azione sono diretti da colpi di fischietto, che arrivano da un lato o dall'alto; a essi si aggiungono oggetti legati alla soddisfazione di un bisogno, come l'ombra di un albero, la caraffa con acqua, le forbici, cubi di diversa grandezza, una corda. Questi oggetti scendono dall'alto o vi risalgono, con movimenti di oscura origine: non sembra, però, che si muovano guidati solo dal caso; sembra, invece, che possiedano una vita propria e rispondano alla volontà di condizionare e «programmare» il personaggio, invitandolo ad azioni che poi vengono impedite e vanificate.
Da destra, da sinistra e dall'alto giunge ripetutamente il suono di un fischio che richiama l'attenzione del personaggio, lo spinge ad agire, gli permette o limita i movimenti, come fosse una sorta di comando. Dall'alto vengono calati degli oggetti che, nell'ambiente desertico e assolato, acquistano un grande valore perché legati al sollievo, come l'ombra dell'albero, o alla sopravvivenza, come l'acqua; essi sembrano offrirsi all'uomo: rappresentano i bisogni per la cui soddisfazione bisogna darsi da fare, utilizzando gli strumenti a disposizione. I tentativi fatti dal

personaggio, tuttavia, vengono continuamente vanificati; l'uomo si trova di fronte una forza sconosciuta che si fa beffe di lui, offrendo e ritirando, illudendolo e mortificandolo.
Solo gli strumenti per il suicidio, la corda e le forbici, gli sono momentaneamente lasciati, ma presto anch'essi vengono resi inutilizzabili: la corda per l'afflosciarsi del ramo, le forbici perché ritirate in alto.
Che cosa rimane, dunque, all'uomo, se non restare immobile guardandosi le mani?

Questo angosciante *Atto senza parole* appare, dunque, come la metafora dell'esistenza umana: **la vita offre possibilità** che sembrano facilmente realizzabili, **ma poi ne intralcia e impedisce la realizzazione**; l'essere umano risponde alle sollecitazioni dell'intelligenza e della conoscenza, ma viene messo nell'impossibilità di concretizzarne i frutti e di realizzare se stesso. Niente altro può fare se non reprimere l'impulso della volontà e scegliere, oltre al silenzio, anche la totale inattività.

Esercizi

- **Comprensione e interpretazione**

1. In quale ambiente si svolge la scena?
2. Che cosa fa il personaggio udendo, all'inizio, il colpo di fischietto a destra? Che cosa gli accade? Che cosa fa quando ode per la prima volta il colpo di fischietto a sinistra? Che cosa gli accade? Subito dopo, udendo di nuovo il colpo di fischietto a sinistra, si muove ma non arriva fino alla quinta: quali movimenti compie? Perché, secondo te, si comporta come se fosse arrivato alla quinta?
3. Per quale motivo, secondo te, all'apparire della palma e, quindi, delle forbici, il personaggio usa questo strumento per tagliarsi le unghie? Perché a questo punto i rami si afflosciano lungo il tronco e sparisce l'ombra che offriva all'uomo un riparo dal sole del deserto?
4. Quanti tentavi utilizzando i cubi effettua il personaggio per raggiungere la caraffa con l'acqua? Con quale esito? Per quale motivo, secondo te, quando scende dall'alto il terzo cubo egli lo ignora e non lo utilizza per tentare di raggiungere l'acqua?
5. Quale significato si può attribuire al fatto che, quando il personaggio è infine sul punto di raggiungere la caraffa dell'acqua, questa risale di un piccolo tratto fermandosi fuori della sua portata?
6. Quali azioni effettua il personaggio con la corda che cala dall'alto? Perché? Quale ne è l'esito?
7. Perché al termine della vicenda, quando ode il colpo di fischietto da sinistra, l'uomo non si muove?
8. Perché, quando infine la caraffa dell'acqua si dispone vicina al personaggio e a portata delle sue mani, egli la ignora continuando a non fare alcun movimento? Si può dire che egli ha «imparato» qualche cosa dalla sua esperienza? Che cosa?
9. I colpi di fischietto provengono talvolta da un lato, da destra o da sinistra, altre volte dall'alto: verso che cosa l'uomo viene sollecitato o richiamato dai colpi di fischietto provenienti da un lato? Verso che cosa dai colpi di fischietto provenienti dall'alto?

- **Produzione**

10. Esamina il comportamento dell'uomo all'inizio della vicenda e il suo atteggiamento alla fine: mentre all'inizio egli reagisce agli stimoli mediante azioni concrete, alla fine si mostra deciso a non compiere piú alcuna azione. Quali sono i motivi di questa trasformazione? Quale nuova convinzione sembra che egli abbia acquisito? Attraverso la rappresentazione di questa trasformazione, quale messaggio ritieni che l'autore intenda trasmettere?
Esponi in un testo scritto le tue considerazioni e riflessioni in merito a questi interrogativi.

Come leggere un testo... ... teatrale

 Per metterti alla prova

Luigi Pirandello
Sono gli altri a decidere per lei

- L. Pirandello, *La signora Morli, una e due*, in *Maschere nude*, Mondadori, Milano, 1986

IN SINTESI: Luigi Pirandello (1867-1936) scrisse la commedia *La signora Morli, una e due* nel 1920 e poi la pubblicò nel 1922 con il titolo *Due in una*. In quest'opera Pirandello affronta il tema dell'essere umano in cerca della propria stabile identità, a fronte delle differenti immagini che gli altri gli attribuiscono. La protagonista è Evelina Morli, che viene posta di fronte a due diverse e contrastanti realtà di vita, in ognuna delle quali essa riconosce una parte di se stessa, che la obbligano a una scelta. Il primo modello di esistenza è quello che ha condotto con il marito Ferrante, uomo allegro e pieno di vita, amante dei piaceri della vita e capace di coinvolgere anche la moglie in un'esistenza gaia e divertente; purtroppo, questi aspetti dell'uomo sono accompagnati dal senso di mancanza di sicurezza e da una leggerezza nella gestione economica, che lo ha portato a doversi sottrarre con la fuga a una condanna per debiti. Il secondo modello di vita è offerto da Lello, avvocato serio e solido, che offre un affetto sicuro e una buona posizione sociale; tuttavia è metodico e preciso, privo di guizzi di fantasia e vivacità, e attribuisce a Evelina il ruolo di moglie attenta alla casa e ai rapporti sociali. Simbolico è il diverso modo con cui i due uomini abbreviano il nome di Evelina: per Ferrante essa è Eva, la donna libera e appassionata, per Lello essa è Lina, o «la signora Lina» per i conoscenti, donna silenziosa, appartata e austera. Tra le due, qual è la vera Evelina? Il ritorno di Ferrante dall'esilio crea l'occasione per un confronto, perché Aldo Morli, il figlio che ritrova suo padre dopo tanto tempo, vuole andare a vivere con lui a Roma e, fingendo una malattia, vi chiama anche la madre. Così, per una settimana Evelina torna a essere di nuovo Eva, e vive questo rinnovato rapporto a tre con gioia e allegria, riconoscendo dentro di sé quella parte di identità per la quale aveva amato Ferrante. A questo punto, però, giunge la notizia che Titti, la bambina rimasta col padre Lello a Firenze, è malata per davvero, probabilmente perché intristita per la mancanza della madre. Evelina si affretta a ritornare a casa, dove ritrova il nuovo ruolo assunto accanto a Lello e si accorge di dover fare una scelta, che non è la scelta tra due uomini ma tra due parti di identità, ognuna delle quali esige un definitivo cambio di vita. Nell'impossibilità di ricomporre un'unica verità, Evelina decide di rimanere con Lello e con la piccola Titti, tanto più che questa scelta si configura come più vera e genuina perché non condizionata né da un rapporto legale come il matrimonio né dalle convenienze sociali.
Il brano che proponiamo presenta l'evento iniziale del dramma, in cui Ferrante dialoga con Lello fingendosi un'altra persona, prima che Evelina, entrando in scena, riconosca nello sconosciuto il marito, provando emozione ma non l'intenzione di ricostruire il precedente nucleo familiare. La successiva entrata del figlio Aldo, che accoglie con gioia la presenza del vero padre ed esprime l'intenzione di andare a vivere con lui, segna l'inizio del cambiamento nell'equilibrio di vita che si era stabilito nella casa di Lello.

PERSONAGGI

EVELINA MORLI
FERRANTE MORLI, *suo marito*
LELLO CARPANI, *avvocato*
ALDO MORLI, *figlio di Evelina e Ferrante*
TITTI CARPANI, *figlia di Evelina e di Lello*
DECIO, *amico di Aldo*
L'AVVOCATO GIORGIO ARMELLI, *socio del Carpani*

LUCIA ARMELLI, *sua moglie*
La signora TUZZI, *amica di Evelina*
LISA, *vecchia cameriera*
FERDINANDO, *cameriere*
TOTO
Una giovane, la signora vedova, una vecchia zia, la nipote, Miss Write

LELLO – Ferrante Morli è ritornato? Ma come? Dove? Quando è ritornato?
FERRANTE[1] – Da sei giorni.

---

1. **FERRANTE**: come abbiamo detto nell'*In sintesi*, Ferrante si è presentato fingendo di essere un amico del signor Morli; pertanto qui parla di se stesso in terza persona.

Fausto Pirandello, *Ritratto di Luigi Pirandello*, 1933. Collezione privata.

Lello – Da sei giorni? E dove? Qua?
Ferrante – Non qua. Ha mandato me. Si calmi, per carità; mi lasci dire.
Lello – (*senza dargli ascolto, indietreggiando e squadrandolo*) Manda lei? E che vuole? Che cosa può pretendere dopo quattordici anni?
Ferrante – Ecco: niente! Vorrei che mi lasciasse dire...
Lello – Ma che mi vuol dire! Che mi vuol dire! È uno scompiglio! Uno sconquasso[2], ora...
Casca a sedere.
Uno ch'era sparito, lei lo capisce? Cancellato dalla memoria, come se fosse morto...
Ferrante – (*con strana espressione*) Ecco, precisamente.
Lello – (*stordito, voltandosi a guardarlo*) Che, precisamente?
Ferrante – Quand'uno parte (come partí lui) e ritorna dopo quattordici anni...
Lello – (*balzando di nuovo in piedi*) Si ha tutto il diritto di considerarlo come morto!
Ferrante – (*con l'espressione di prima*[3]) Ecco, precisamente.
Lello – Lei sa come se ne partí? Saprà anche, allora, che fui io a cavarlo dal carcere!
Ferrante – Ah no, questo, scusi...
Lello – Sissignore! Minacciato d'arresto...
Ferrante – Se ne partí...
Lello – (*con forza*) Se ne fuggí! E allora lo cavai io, qua, da tutto quel groviglio d'imprese sballate, per cui non aveva veduto altro scampo che nella fuga.
Ferrante – (*turbato, ritenuto, come sospeso in una costernata meraviglia*) Ah, lei... lei riuscí a chiarire la situazione del Morli?
Lello – Io! sissignore!
Ferrante – Ma... so che c'era anche un forte ammanco – distorsione d'altri[4], lei lo saprà – ma di cui purtroppo il responsabile era lui.
Lello – (*mostrando di non volersi indugiare nella discussione risponde, seccato, come se per lui la cosa non abbia importanza*) Per quell'ammanco intervenne la moglie.
Ferrante – (*facendo un violentissimo sforzo su se stesso per dominare lo stupore e la commozione*) La moglie? Come?
Lello – (*c. s.*) Con la dote. Contro il mio parere, badiamo. Non avrei voluto a nessun costo.
Ferrante – (*non riuscendo a nascondere il dolore e la commozione*) Ma sí! Fu male! Non doveva mai!
Con ansia:
E allora... allora la signora perdette la dote?
Lello – (*dopo averlo osservato un po'; con freddezza*) No, non la perdette... Ma lei forse ha da comunicarmi qualche cosa, per cui questa notizia la turba tanto?
Ferrante – (*cercando di riprendersi per rimediare*) No... è... è che lui ignora affatto che la moglie... Mi disse anzi, ch'era sicuro, allontanandosi forse per sempre, ch'ella – almeno materialmente – mercé la dote[5] che le restava intatta e cospicua, non avrebbe patito di quella sua rovina.

2. **È uno ... sconquasso**: Lello teme che l'ormai inattesa ricomparsa del legittimo marito stravolga l'equilibrio familiare e affettivo che si è stabilito tra lui ed Evelina.
3. **con l'espressione di prima**: cioè, con strana espressione.
4. **distorsione d'altri**: sottrazione di denaro fatta da altri.
5. **mercé la dote**: grazie alla dote.

Come leggere un testo...   ... teatrale   405

Di nuovo con ansia:

Ma lei mi dice che non la perdette?

LELLO – Grazie a me, non la perdette, caro signore. Se si fosse rivolta a un avvocato meno scrupoloso...

FERRANTE – (*con fervore di gratitudine*) Ne sono convinto! Ne sono convinto!

LELLO – (*interpretando male quel fervore*[6]) Oh, sa? Tanto per prevenire qualche sottintesa ironia...

FERRANTE – (*subito*) Ma no! Per carità!

LELLO – No, dico, se mai! Posso dichiararle senz'ambagi[7] che m'interessai tanto alla sorte della signora, abbandonata a ventitré anni, con un bambino di quattro, sola, bella, inesperta... [...]

E so io quel che dovetti penare per far valere – prima su quell'intenzione di sacrifizio; poi, a poco a poco, sui sentimenti della signora – quell'interesse che, come le dicevo, presi subito alla sua sorte[8]

reciso[9] *con forza:*

per amore, sí – non esito affatto, ripeto, a dichiararlo – per l'amore che mi nacque improvviso allora per lei – giovane anch'io...

Subito:

Badi, però; poteva essermi di vantaggio ch'ella sacrificasse al marito scomparso la sua dote, e si riducesse povera e bisognosa di ajuto e di sostegno. – Non volli! La difesi contro me stesso[10]!

FERRANTE – Ah, bello!

LELLO – Le feci costituire la dote a garanzia dei creditori; domandai una dilazione per dipanare tutta quella matassa arruffata d'affari; mettere in chiaro le spese, coprir quell'ammanco... – Un anno d'inferno! – Non certo – lei capirà – per salvare il signor Morli!

FERRANTE – Ma giustissimo! Per salvare la dote!

LELLO – La dote, sí, ma perché lei potesse disporre di sé, non solo liberata da ogni difficoltà materiale, ma anche secondo la sua elezione, senza piú nessun ostacolo a ricongiungersi, se voleva, col marito, richiamandolo a sé, in patria, senza piú pericolo che fosse arrestato.

FERRANTE – Bello! Ah bello! Bello!

LELLO – No – ecco... onesto; e – creda – non facile!

FERRANTE – Se permette, io dico bello. – Onesto, mi scusi, se lei non avesse amato la signora.

LELLO – Anzi perché l'amavo!

FERRANTE – Lei, sí; ma la signora? La signora, è chiaro che doveva ancora amar molto, molto suo marito!

LELLO – (*con stizza, subito*) Gliel'ho già detto io stesso, mi pare!

FERRANTE – Appunto. E perciò bello! Lei, mi perdoni, forse non sentí tanto il bisogno dell'onestà, quanto di farsene bello di fronte a quell'amore di lei, quasi per sfidarlo col paragone tra la viltà del marito che se n'era scappato e codesta sua abnegazione[11] che glielo ridava libero di ritornare a un suo richiamo.

LELLO – Ebbene? Quand'anche fosse cosí?

6. *interpretando male quel fervore*: evidentemente a Lello è sembrato che Ferrante attribuisse l'aiuto offerto a un suo interesse o uno scopo nascosto.
7. *senz'ambagi*: senza giri di parole.
8. *so io ... sorte*: quanto mi è costato far capire alla signora il mio interesse per lei, vincendo prima la sua volontà di sacrificarsi per il marito e poi i suoi stessi sentimenti.
9. *reciso*: deciso, brusco, risoluto.
10. La difesi contro me stesso: tutelai i suoi interessi scartando la possibilità di usare il vantaggio su di lei. Lello dichiara di non aver voluto condizionare i sentimenti di Evelina, creandole – come dirà tra un momento – una situazione di libertà e autonomia nelle scelte affettive.
11. abnegazione: disinteresse, spirito di sacrificio e altruismo.

FERRANTE – Ah no, niente! Per chiarire la mia idea...

LELLO – Ma nient'affatto! Perché non m'arrestai qua, io, caro signore! Dopo averlo cava- 95
to dagli imbrogli, fui ancora io ad avviar tutte le ricerche possibili e immaginabili presso
i nostri consolati per rintracciarlo all'estero e fargli sapere che poteva ritornare tran-
quillo a casa sua! Le ho detto perciò che io, io piú di tutti, ho il diritto di considerarlo
come morto!

FERRANTE – Già! Ma veda, non era possibile, ch'egli avesse notizia di codeste ricerche... 100

LELLO – Voglio essere franco in tutto. Contai su questa... non dirò impossibilità...

FERRANTE – Ma sí, impossibile! E del resto, quand'anche codeste ricerche lo avessero
raggiunto, lui non sarebbe ritornato lo stesso. Perduto ogni credito, rovinato per colpa
d'altri piú che sua, non si sarebbe mai acconciato a vivere qua sulla dote della moglie.

LELLO – Ma se ora è ritornato, scusi, prima della prescrizione di quella condanna che 105
s'aspettava e per cui era fuggito?

FERRANTE – È segno, lei dice, che deve aver saputo che nessuna condanna piú pendeva
su lui?

LELLO – Mi pare!

FERRANTE – Lo seppe, difatti, pochi mesi or sono; e s'affrettò a liquidare i suoi affari per 110
il ritorno.

LELLO – Ma sperando che cosa? Dopo...

FERRANTE – (*interrompendolo subito*) Ecco... mi lasci dire! Dopo quattordici anni, vuol
farmi osservare; spezzato ogni vincolo...

LELLO – (*con impeto*) Non si sarà mica aspettato che la moglie stesse ancora in attesa 115
di lui! Da pazzo – una simile speranza! Perché morta tutt'al piú – ecco, morta – avrebbe
potuto trovarla, se contava ch'ella fosse innamorata di lui fino al punto di poterlo aspet-
tare per quattordici anni, cosí, senza saperne piú nulla!

FERRANTE – (*dopo aver tentato parecchie volte d'interromperlo, invano*) Quel che
dico io! Quel che dico io! 120

LELLO – (*c. s.*) Ma no, caro signore!
Bisogna non aver niente qua
si picchia sul petto
per non immaginare che il cuore d'u-
na donna innamorata, d'una moglie 125
giovane, che si vede abbandonata da
un momento all'altro, col suo bam-
bino, avrebbe potuto schiantarsi,
schiantarsi – come difatti rischiò di
schiantarsi! – Questo lei non lo sa, 130
caro signore, e che io mi dibattei nel-
la disperazione per piú di tre anni, a
vedermela morire per un altro, che
– spassi, estri, follie; uh! cinque anni
di vita in comune, tutt'un giuoco d'ar- 135

Edward Hopper, *Conference at night*, 1949.
Wichita, Wichita Art Museum.

... teatrale | 407

tifizio: pim! pam![12] – Si fa presto cosí a prendersi tutta l'anima d'una donna! E ora lei viene a dirmi, calmo calmo, che quest'uomo non vuol niente![13]

FERRANTE – Ha ragione! Ha ragione, avvocato! Ma scusi, quando uno dice niente! Meno di cosí?

LELLO – No, io rispondo a ciò che m'ha detto lei: che il signor Morli s'è affrettato a ritor- 140 nare. – Ricco di nuovo, eh?

FERRANTE – Sí, ricco...

LELLO – E pronto, è vero, a riprendersi, come se non fosse avvenuto nulla, la moglie, il figliuolo...

FERRANTE – Ma no, santo Dio! Pronto ad accettare, ritornando, tutto ciò che la sorte, i 145 casi della vita gli avrebbero fatto trovare[14].

LELLO – Glielo dico io che cosa gli hanno fatto trovare!

FERRANTE – Ne è già informato... [...]

LELLO – (*con forza [...]*) Da undici anni la signora convive con me!

FERRANTE – Sí sí, va bene. 150

LELLO – No, aspetti! Trattata, considerata, rispettata da tutti come una legittima moglie!

FERRANTE – E madre anche...

LELLO – Sissignore, d'una ragazza che ha ora sette anni: mia figlia!

FERRANTE – Va benissimo. Dunque...

LELLO – No. Aspetti. Ho fatto da padre in tutto questo tempo al suo figliolo – quel giovi- 155 notto che lei ha veduto e riconosciuto[15] anche... eccessivamente vivace come il padre – sí, purtroppo![16]

FERRANTE – Tutte queste cose, le dico...

LELLO – Aggiungo, no, aggiungo che profittando delle ricerche riuscite vane, trascorso il tempo che la legge prescrive per la ricomparsa del coniuge, avrei potuto anche regolare 160 legalmente col matrimonio la situazione mia e della signora...

FERRANTE – Ecco, già. E sarebbe stato bene, io credo, che lei lo avesse fatto.

LELLO – Perché? Per dare al signor Morli adesso la soddisfazione di farlo annullare?

FERRANTE – Ma no, scusi, avvocato. Se sono qua per farle sapere che il signor Morli, informato di tutto al suo arrivo, vuole che tanto lei quanto la signora stiano tranquilli 165 e sicuri ch'egli non darà la minima ombra e non farà nulla, da parte sua, per alterare le condizioni di vita che si sono stabilite durante la sua assenza...

---

12. che – spassi ... pim! pam!: è il modo sintetico ed espressivo con cui Lello descrive la vita di Evelina con Ferrante nei cinque anni del loro matrimonio. È evidente che l'esuberanza e l'allegria che aveva caratterizzato quel modello di vita è ben lontano dall'impostazione mentale di Lello, che esprime su di esso, neppure troppo velatamente, la sua disapprovazione. Lello è consapevole che Evelina ha trovato con lui la sicurezza e la tranquillità, ma in fondo teme che essa nutra rimpianto per gli *spassi, estri, follie* con cui Ferrante aveva conquistato il suo amore.

13. ora lei ... niente!: Lello continua a essere preoccupato e a temere che Ferrante sia una minaccia per il suo rapporto affettivo con Evelina.

14. Pronto ... trovare: è un'espressione che, in apparenza, rinforza quanto Ferrante ha sinora dichiarato, di «non volere niente»; tuttavia essa è anche un po' ambigua, perché non esclude la possibilità che *la sorte* e *i casi della vita* agiscano in suo favore, attraverso l'eventuale decisione di Evelina di ritornare con lui. Questa frase, infatti, provoca la reazione di Lello, che vorrà sottolineare i vantaggi offerti a Evelina e il legame creatosi nella nuova famiglia.

15. quel giovinotto ... riconosciuto: Aldo, il figlio di Ferrante, da questi incontrato nel momento in cui è entrato in casa di Lello.

16. eccessivamente ... purtroppo!: Lello esprime ancora la sua disapprovazione per la vivacità di vita di Ferrante, che è presente anche nel figlio e che Lello considera un difetto.

Esercizi

- **Comprensione e competenza testuale**

1. Con quali intenzioni Ferrante dichiara di presentarsi, al suo rientro in patria, a casa di Lello?
2. Per quale motivo Ferrante si agita ansioso nell'apprendere che Evelina potrebbe aver perduto la sua dote?
3. Quali sono le motivazioni che adduce Lello per spiegare la sua volontà di salvaguardare la dote di Evelina?
4. Descrivi le reazioni di Lello nell'apprendere della ricomparsa del marito di Evelina. Qual è la sua principale preoccupazione?
5. Esaminando la configurazione del testo sotto il profilo della lunghezza o brevità delle frasi pronunciate, della punteggiatura (soprattutto per la frequenza del punto interrogativo, del punto esclamativo e dei tre puntini) indica le parti in cui, secondo te, il dialogo procede più rapido e concitato e quelle in cui è più lento.
6. Prendi in esame le didascalie che accompagnano il dialogo: ti sembra che siano indispensabili per la comprensione e la messa in scena, cioè contengono o no indicazioni che sarebbe possibile ricavare dalle parole del dialogo?
7. Analizza la natura delle didascalie presenti in questo testo: qual è il genere di indicazioni in esse contenute? Danno suggerimenti per l'ambiente in cui si svolge la scena? Contengono, almeno in qualche caso, indicazioni direttamente fornite dall'autore sui pensieri dei personaggi?
8. Suddividi il testo in sequenze e scrivi nel colonnino posto a fianco del testo il contenuto di ognuna di esse.

- **Comprensione e produzione**

9. Sulla base delle informazioni tratte dal dialogo, ricostruisci e racconta gli eventi che hanno spinto Ferrante alla fuga e le successive operazioni condotte da Evelina con il sostegno di Lello.
10. Immagina che Evelina fosse presente al dialogo tra Ferrante e Lello: esprimi in un breve scritto i commenti e le considerazioni che supponi la donna avrebbe formulato.

ON LINE

Testi: Euripide, *La storia di Admeto e Alcesti*

**Elementi fondamentali
dei generi**

Incontro
con il testo...

... teatrale

Il teatro classico

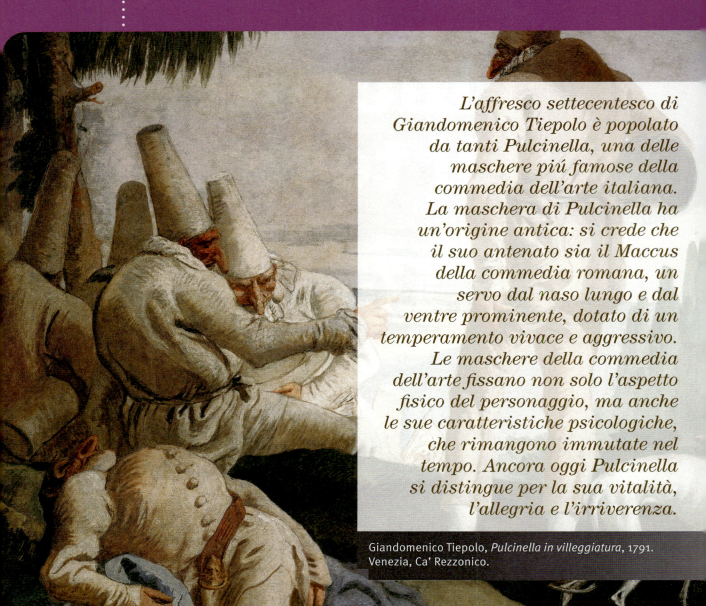

L'affresco settecentesco di Giandomenico Tiepolo è popolato da tanti Pulcinella, una delle maschere piú famose della commedia dell'arte italiana. La maschera di Pulcinella ha un'origine antica: si crede che il suo antenato sia il Maccus della commedia romana, un servo dal naso lungo e dal ventre prominente, dotato di un temperamento vivace e aggressivo. Le maschere della commedia dell'arte fissano non solo l'aspetto fisico del personaggio, ma anche le sue caratteristiche psicologiche, che rimangono immutate nel tempo. Ancora oggi Pulcinella si distingue per la sua vitalità, l'allegria e l'irriverenza.

Giandomenico Tiepolo, *Pulcinella in villeggiatura*, 1791. Venezia, Ca' Rezzonico.

Il teatro classico

Sezioni:
- La commedia
- La tragedia

Nella storia della cultura occidentale le prime forme di teatro divenute testi letterari appartengono ai generi della commedia e della tragedia.
La commedia e la tragedia nacquero e si svilupparono nell'antica Grecia, in particolare ad Atene, a partire dalla fine del VI secolo a.C. e, dopo circa due secoli, furono riprese dai Romani che le acquisirono adattandole alle proprie tradizioni e alla propria impostazione culturale.
Alcuni elementi differenziano il teatro in Grecia e a Roma. In Grecia il teatro ebbe un'origine legata alla religiosità; le rappresentazioni si svolgevano in occasione di feste e cerimonie religiose e costituivano un elemento di coesione sociale. I testi teatrali elaboravano tematiche umane e sociali sviluppate in armonia con la morale religiosa e con la tradizione mitica; inoltre, anche quando si richiamavano a eventi della storia contemporanea, non miravano a darne la rappresentazione ma un'interpretazione o un'analisi, talvolta in chiave esortativa o didascalica. A Roma, invece, il teatro ebbe un carattere profano e non collegato con lo spirito religioso e gli spettacoli teatrali erano finalizzati al divertimento del pubblico.
Tuttavia, il teatro antico greco e romano si caratterizza, differenziandosi dal teatro moderno, per alcuni elementi.
In primo luogo, i testi, sia delle commedie che delle tragedie, erano scritti in versi e non in prosa, prevedevano la presenza di un coro che interveniva con canto e danza costituendo degli intervalli in mezzo allo svolgimento dell'azione scenica.
Le rappresentazioni teatrali erano allestite a spese dello Stato o dei cittadini più ricchi, si svolgevano in teatri all'aperto e durante le ore del giorno, anche per la mancanza di adeguati mezzi di illuminazione artificiale.
Gli attori che agivano sulla scena erano solamente uomini, che utilizzavano travestimenti e maschere perché rivestivano i ruoli di più personaggi anche quelli femminili. Inoltre, benché il teatro rappresentasse un momento importante della vita sociale, gli attori non diventavano dei divi come nel mondo moderno: essi, infatti, restavano anonimi e fruivano di scarsissima considerazione sociale talché, in particolare a Roma, venivano reclutati anche tra gli schiavi.
A partire dal Medioevo, i generi della commedia e della tragedia si trasformarono secondo il mutare dei tempi e seguirono storie differenti. Mentre la tragedia divenne un genere letterario di *élite* conservando la considerazione dei modelli di riferimento dell'antica tragedia greca, la commedia si accostò gradualmente alle rappresentazioni popolari, fino ad acquisire nel Seicento e nel Settecento, una nuova fisionomia letteraria più adatta al mondo moderno.

La commedia

Evoluzione e caratteristiche

La commedia è un testo drammatico con *fabula* che (per seguire la definizione di Aristotele) imita «persone piú volgari dell'ordinario», le cui vicende e caratteristiche sono tali da suscitare il riso.

Il genere della commedia è nato nell'antica Grecia. La sua origine, come quella della tragedia, è connessa alla sfera rituale e precisamente alle cerimonie *dionisiache*, feste allegre e chiassose in onore del dio Dioniso, legate alla terra e al vino, e deriva dai canti corali in cui venne successivamente inserito il dialogo. Il genere raggiunse grande sviluppo ad Atene nel V secolo a.C. con Aristofane, che produsse un tipo di commedia, definita **commedia antica**, strettamente legata alla realtà sociale e politica del tempo e ricca di allusioni e attacchi ai personaggi piú rappresentativi dell'epoca. In essa era affidata al coro la funzione di rivolgersi direttamente al pubblico con invettive e battute satiriche. Infatti, come nella tragedia, anche nella commedia, la musica, la danza, il canto si affiancavano alla recitazione dei personaggi.

Fra il IV e il III secolo a.C., col venir meno della democrazia, le mutate condizioni politiche non consentirono piú una cosí grande libertà di parola e la commedia antica cedette il posto alla **commedia nuova**, incentrata sullo sviluppo dell'azione e su una maggiore attenzione ai caratteri dei personaggi. La vicenda, che era per lo piú amorosa, presentava una situazione iniziale ingarbugliata e densa di ostacoli, che si concludeva felicemente. Di questo tipo di commedia il maggiore rappresentante fu Menandro.

Presso i Romani le rozze e primitive forme di comicità popolare italica si fusero con l'imitazione del modello della commedia nuova acquisito dai Greci, dando vita, con Plauto, a opere scoppiettanti di vivacità, che riescono tuttora a divertire il pubblico e, con Terenzio, a commedie che danno piú risalto ai risvolti umani e morali delle vicende rappresentate.

Verso la fine del XVI secolo nacque in Italia la cosiddetta **commedia erudita** o **classicheggiante**, modellata sugli esempi antichi greci e latini e destinata al pubblico aristocratico delle corti. Gli intellettuali del tempo vollero estendere al genere comico quell'insieme di norme che erano state applicate al genere della tragedia, dopo averle tratte dalla *Poetica* di Aristotele, il testo ritenuto fondamentale per la definizione dei generi letterari. Pertanto, furono fissate anche per la commedia le cosiddette unità di tempo e di luogo, ovvero la vicenda si doveva svolgere nell'arco di una giornata e nello stesso luogo. Al contrario della tragedia, invece, per la commedia non si fissò l'unità di azione: cioè non si richiedeva che una commedia presentasse lo svolgimento di un'unica azione, ma si preferí lasciare libero l'autore di svolgere l'intreccio in modo complesso e talvolta ingarbugliato, con innumerevoli colpi di scena, scambi di persona e riconoscimenti finali.

Una svolta venne impressa a questo genere teatrale con l'affermarsi della **commedia dell'arte**, che si sviluppò tra la metà del Cinquecento e il Settecento. Contrassegnata dalla predominanza dell'azione rispetto alla parola, e cioè dello «spettacolo» rispetto al testo, essa poteva essere gustata da un pubblico sia italiano che straniero e proposta con uguale successo sia nelle piazze e nelle taverne sia nelle dimore signorili. I suoi caratteri specifici sono i seguenti.

- **L'improvvisazione**: gli attori non recitavano un testo prestabilito e definitivamente fissato dall'autore, ma seguivano le indicazioni contenute nel «canovaccio», una sorta di copione che comprendeva l'argomento, fissato nelle linee essenziali, l'elenco dei personaggi e delle «robe di scena», e talora anche le entrate e le uscite dei singoli personaggi.

Per il resto l'attore improvvisava, attingendo a un repertorio di battute e dialoghi che egli adattava alle diverse situazioni, a brevi scene di carattere mimico o acrobatico, a canzoni, scherzi e lazzi. Questi ultimi erano dei frammenti minimi di recitazione, dotati di un forte effetto comico che l'attore, con calcolato tempismo, proponeva allo spettatore interrompendo per brevissimo intermezzo il corso del dialogo e dell'azione. Come si vede, l'improvvisazione non significava superficialità o approssimazione, ma competenza tecnica e professionalità. Del resto, la parola *arte*, in questo contesto, vuol dire «professione» e *professionisti* erano appunto gli attori che svolgevano questa **attività per mestiere** e non per divertimento.

- Le **maschere**: nello spettacolo della commedia dell'arte i ruoli principali erano ricoperti dalle maschere (Pantalone, Brighella, Arlecchino, Pulcinella, Colombina ecc.) cioè da figure che, con le stesse caratteristiche e con lo stesso costume, ritornavano in tutti gli spettacoli. Esse erano riconoscibili, oltre che dalla maschera che portavano sul viso, anche dall'abbigliamento e dai gesti (la presenza della maschera, infatti, sminuiva l'importanza della mimica facciale e accresceva quella della gestualità), e anche dal dialetto che usavano, dato che ogni maschera era legata a una determinata area regionale. A differenza del personaggio, che è la rappresentazione di una individualità problematica e irripetibile, la maschera raffigurava **un tipo umano** fissato in alcune connotazioni più evidenti e necessariamente generiche (avarizia, sensualità, stupidità, ingordigia ecc.) che venivano, peraltro, esasperate per conseguire l'effetto comico. La maschera, pertanto, era rigida e ripetitiva, sicché anche le possibilità di azione che essa offriva erano limitate; da ciò derivava la necessità di ravvivare la monotonia dei «canovacci» con le battute scherzose e pungenti degli attori.
- Il **plurilinguismo**: esso è strettamente connesso con la presenza delle maschere, ciascuna delle quali si esprimeva, come abbiamo visto, nel dialetto della sua regione. Ciò conferisce alla commedia dell'arte un **carattere popolare**, distinguendola dalla letteratura colta e aristocratica composta nella lingua letteraria.

La commedia dell'arte entrò in crisi verso la metà del XVIII secolo soprattutto in seguito alla riforma operata da Carlo Goldoni, il quale sostituí ai «canovacci» le commedie interamente scritte, che l'attore doveva limitarsi a recitare. Goldoni conferí al genere quei caratteri che esso mantenne anche nei secoli successivi; pertanto, la commedia divenne la rappresentazione di una vicenda dall'esito felice, inquadrata in una precisa realtà sociale, di cui i personaggi erano espressione. Seguendo il modello tracciato da Goldoni, da allora vennero meno nella commedia i tipi fissi e **nacque il personaggio** con il suo carattere e la sua individualità che vanno definendosi durante la rappresentazione, nel corso dell'azione. Le vicende, inoltre, sono strettamente legate all'ambiente e al contesto sociale cui i personaggi appartengono.

Comici francesi e italiani intenti in un'azione della Commedia dell'arte, 1670 circa. Parigi, Comédie Française.

Menandro
Il misantropo

Testo conchiglia
Avidità e avarizia

- Menandro, *Commedie*, trad. di G. Paduano, Mondadori, Milano, 1980, vv. 81-178; 639-773, (righe 1-79; 173-205)
- *Menandro e la Commedia Nuova*, trad. di F. Ferrari, Einaudi, Torino, 2001, vv. 784-820 (righe 80-172)

IN SINTESI: Presentiamo i brani piú significativi che consentono di seguire lo sviluppo della commedia *Dýskolos*, o «Il misantropo». Nel brano iniziale, Sostrato si trova insieme all'amico Cherea nei pressi della casa di Cnemone e attende il ritorno del servo Pirria, inviato a chiedere informazioni sul padre della ragazza amata. Irrompe sulla scena Pirria correndo, messo in fuga da Cnemone a suon di minacce e di lanci di zolle. È questa la presentazione indiretta del vecchio, che poco dopo appare direttamente in scena, sfogandosi e manifestando la sua insofferenza per i contatti umani.
Il secondo brano presenta la disavventura provvidenziale della caduta nel pozzo di Cnemone, che viene salvato e ammette quanto sia importante la solidarietà reciproca.
Nell'ultimo brano Sostrato convince il proprio padre che la propria ricchezza non è un ostacolo al matrimonio con chi non ha beni, mostrando come i denari siano un bene effimero e che è giusto che vengano usati con generosità.

genere: commedia nuova | *epoca:* 317-316 a.C. | *luogo:* Atene | *lingua originale:* greco antico

---

1. **Attenzione ... mi insegue:** mentre Sostrato si trova con l'amico Cherea nei pressi della casa di Cnemone, arriva correndo Pirria, il servo di Sostrato, da questi mandato nella campagna di Cnemone per avere informazioni su di lui. L'incontro tempestoso tra Pirria e il vecchio misantropo si è svolta fuori scena, nella campagna circostante, e prosegue con la fuga di Pirria, che si crede ancora inseguito dal *matto*.
2. **Ti tirano ... sciagurato?:** le parole di Sostrato indicano il suo stupore, perché non si rende conto di quanto sta accadendo.
3. **questa porta:** indica la porta della casa di Cnemone.
4. **Avrà combinato qualche guaio:** Sostrato pronuncia tra sé queste parole; non conoscendo il carattere misantropo di Cnemone, pensa che il suo servo lo abbia provocato con qualche azione scorretta.
5. **una vecchia disgraziata:** è l'anziana serva di Cnemone, Simiche.
6. **farsene una gogna:** il termine greco indica sia il giogo dell'aratro sia la gogna; il gioco di parole viene usato da Pirria per fare una battuta offensiva contro il vecchio

PIRRIA – Attenzione, attenzione, toglietevi di mezzo tutti, c'è un matto che mi insegue[1].
SOSTRATO – Che c'è?
PIRRIA – Scappate.
SOSTRATO – Ma che c'è?   5
PIRRIA – Mi tira addosso zolle, pietre. Sono morto.
SOSTRATO – Ti tirano addosso... Ma dove vai sciagurato?[2]
PIRRIA – Non m'insegue piú?
SOSTRATO – Ma no.
PIRRIA – Credevo.   10
SOSTRATO – Ma che dici?
PIRRIA – Andiamocene, ti supplico.
SOSTRATO – Dove?
PIRRIA – Via da questa porta[3]; il piú lontano possibile. È un matto, un disperato, un indemoniato quello che abita qui. Povero me. Mi sono rotto quasi   15
tutte le dita.
SOSTRATO – ... Avrà combinato qualche guaio[4].
CHEREA – ... È chiaro.
PIRRIA – Ma no, te lo giuro. Mi possa venire un accidente. Ma tu sta' in guardia, Sostrato. Non riesco a parlare: mi manca il fiato. Busso alla porta   20
di casa dicendo: «Chiamate il padrone», e mi vien fuori una vecchia disgraziata[5], la quale, stando dove vi parlo io in questo momento, me lo mostra che stava su una collina al lavoro, a raccogliere pere; o piuttosto legna, per farsene una gogna[6].
CHEREA – Sei proprio arrabbiato.   25
PIRRIA – Che ci vuoi fare? Vado nel campo, e ancora camminando, già da

bisbetico: è andato a raccogliere legna per fare un aratro, me che si faccia piuttosto una gogna!

lontano, volendo mostrarmi amichevole e garbato, lo chiamo. «Vengo – dico – per un certo affare personale, che ti riguarda». E lui subito: «Maledetto, vieni nel mio campo? Che vuoi?». Prende una zolla e me la tira in
30 faccia.

CHEREA – Al diavolo!

PIRRIA – E in un batter d'occhio, mentre sto dicendo «Per Posidone» lui prende un bastone e m'investe dicendo «Che abbiamo a che fare, io e te?» e ancora «Non conosci la strada pubblica?», e strilla come un'aquila.

35 CHEREA – Questo contadino è matto completo, a quel che dici.

PIRRIA – Non basta; io sono scappato e lui dietro per forse quindici stadi[7], prima sulla collina, poi scendendo fin qui nel bosco, tirandomi dietro zolle, pietre, e anche le pere, quando non aveva più altro. Una brutta faccenda, un vecchio maledettissimo. Andatevene, ve ne prego.

40 SOSTRATO – Sarebbe una vigliaccheria.

PIRRIA – Ma non sapete che razza di malanno è quell'uomo. Vi mangia vivi.

CHEREA – Può essere che fosse irritato per qualche contrattempo. Sostrato, io penso che per ora convenga rimandare la visita. Tieni conto che in tutte le cose è meglio scegliere il momento opportuno[8].

7. quindici stadi: è una distanza corrispondente a quasi tre chilometri, quindi indubbiamente eccessiva e iperbolica. Con essa Pirria vuole sottolineare la violenza dell'inseguitore e la paura dell'inseguito.

8. io penso che ... opportuno: era stata intenzione di Sostrato recarsi dal padre della ragazza di cui è innamorato per fargli la richiesta di matrimonio; Cherea ha accompagnato l'amico senza prevedere che si sarebbero trovati in una situazione difficile e adesso coglie l'occasione per defilarsi.

L'OPERA

Il misantropo è l'unica commedia che ci è pervenuta pressoché intera di tutta la vasta opera di Menandro. Appartiene alla produzione giovanile, ma presenta già le caratteristiche e i profili della cultura e dei valori del suo autore. Il titolo greco della commedia che qui leggiamo, *Dýskolos*, è un aggettivo che può essere tradotto in vario modo: oltre che «misantropo», anche «bisbetico», «intrattabile» e «scontroso», dato che ognuno di questi attributi è adatto a descrivere il personaggio intorno a cui ruota la vicenda.

La trama della commedia è articolata in scene, che allargano lo sviluppo del tema principale, ed è caratterizzata da continue entrate e uscite dei vari personaggi principali e secondari; tuttavia si muove intorno a un filo conduttore che si sviluppa dall'inizio alla fine.

L'opera ha inizio con il prologo impersonato dal dio Pan, che informa gli spettatori sugli antefatti: nella campagna di File, in Attica, vive un vecchio burbero, Cnemone, insieme alla figlia e a un'anziana serva. Per il suo cattivo carattere la moglie lo ha abbandonato per andare a vivere, in una casa non lontana, insieme al figlio di primo letto, Gorgia, anch'egli contadino. La figlia di Cnemone è devota al dio Pan, che ha voluto premiare la sua devozione facendo innamorare di lei il giovane e ricco Sostrato. A questo punto inizia l'azione scenica, che vede il giovane innamorato presso la casa di Cnemone, dove si è recato per esprimergli l'intenzione di sposare sua figlia, ma il comportamento aggressivo del vecchio lo fa desistere. Sostrato incontra Gorgia e lo convince delle proprie oneste intenzioni nei riguardi della sorella. Si finge quindi contadino, seguendo il consiglio dello stesso Gorgia, per far credere al vecchio Cnemone di essere un gran lavoratore. Sopraggiunge la vecchia serva Simiche, in grande angoscia per il proprio destino: infatti ha fatto cadere nel pozzo il secchio e poi, tentando di recuperarlo, anche la zappa che adesso il terribile padrone sta cercando. Simiche rientra in casa, ma poco dopo ne esce chiedendo aiuto: il padrone per riprendere la zappa è scivolato dentro il pozzo. Gorgia accorre in aiuto e insieme a Sostrato salva Cnemone, che è colpito dall'atto di solidarietà nei suoi confronti e ammette i suoi errori: riconoscendo la generosità del figliastro, gli affida il patrimonio e lo incarica di trovare un marito per la figlia. Così Sostrato ottiene di sposare la ragazza di cui è innamorato e, nello stesso momento, combina il matrimonio tra sua sorella e Gorgia, vincendo le resistenze del proprio padre Callippide nei riguardi della meno agiata condizione economica di Cnemone. La commedia si conclude con la festa del duplice matrimonio, durante la quale i servi di Sostrato si fanno beffe di Cnemone.

9. Un contadino ... tutti: le parole di questo personaggio riflettono i pregiudizi degli abitanti benestanti della città nei riguardi degli abitanti della campagna soprattutto se poco abbienti; esse, tuttavia, non rappresentano il pensiero di Menandro, il quale, nel corso della commedia, presenterà il

Pirria – È giusto.
Chera – Un contadino povero è un essere scorbuticissimo, non lui solo, ma quasi tutti[9]. Domani all'alba andrò da lui, io solo. La casa la conosco; tu ritorna a casa e aspettami. Vedrai che le cose andranno bene. (*Esce*)
Pirria – Facciamo cosí.
Sostrato – Non gli è parso vero di cogliere a volo il pretesto. È chiaro che non veniva volentieri con me e non approva affatto il matrimonio. (*A Pirria*) Gli dèi tutti ti fulminino, disgraziato!

L'autore

Menandro, nato ad Atene fra il 342 e il 341 a.C., apparteneva a una ricca famiglia borghese ed ebbe la formazione culturale propria dei migliori giovani della sua epoca. Fu avviato all'arte drammatica dal poeta Alessi, e come allievo, frequentò la scuola filosofica diretta da Teofrasto, successore di Aristotele. Non partecipò attivamente alla vita politica, ma non volle allontanarsi da Atene, dove rappresentò le sue commedie, nonostante gli inviti a trasferirsi presso le corti di Macedonia e di Alessandria d'Egitto. Morí nel 291 annegando mentre nuotava in mare.
Nell'arco di trent'anni Menandro compose e rappresentò piú di cento commedie, scritte in versi, delle quali possediamo solo un testo intero, *Il misantropo*, e numerosi frammenti che ci permettono di conoscere il contenuto delle commedie *Lo scudo*, *L'arbitrato*, *La ragazza tosata*, *La fanciulla di Samo*, *L'odiato*, *Il Sicionio*.
Menandro visse nel periodo che vide l'inizio del declino politico di Atene, iniziato con la perdita dell'autonomia della Grecia sotto il dominio macedone di Alessandro Magno seguita dalle tensioni politiche all'interno della città. Le mutate condizioni politiche, sociali e culturali determinarono anche il cambiamento delle forme teatrali e della commedia in particolare, la quale viene perciò definita commedia nuova: da un lato, la mancanza di autonomia aveva tolto lo spazio per le questioni politiche che avevano caratterizzato la precedente commedia antica di Aristofane, dall'altro, il cittadino ateniese si recava ormai a teatro con l'aspettativa di uno spettacolo disimpegnato politicamente, divertente e spensierato, oltre che lontano dalle problematiche quotidiane. Menandro fu un abile interprete di queste nuove esigenze producendo un teatro di evasione rivolto a un pubblico appartenente al ceto medio benestante, del quale riproduce il linguaggio, i valori e i modi di vita. Egli mette in scena vicende verosimili, ma caratterizzate da intrecci complicati con colpi di scena, intrecci e rivelazioni, in cui operano personaggi psicologicamente ben connotati; le storie si risolvono sempre con il rassicurante lieto fine e la vittoria del personaggio positivo per valori morali e comportamento misurato e corretto. Dallo svolgimento delle vicende emergono i valori morali trasmessi da Menandro, basati sulla fiducia nella possibilità degli uomini di comunicare e superare le divergenze, sul senso della solidarietà, del riconoscimento dei propri limiti e della comprensione nei riguardi degli altri uomini. Dopo la sua morte Menandro fu considerato un grande poeta e le sue commedie furono rappresentate in tutto il mondo ellenico, in cui si moltiplicarono le copie scritte dei testi. Per i commediografi romani dei decenni successivi le commedie di Menandro costituirono il modello e la principale fonte di ispirazione per le trame, i temi e le tipologie dei personaggi. Seppure fino alla tarda antichità i testi delle commedie di Menandro fossero diffusamente letti, durante il Medioevo non furono replicati e andarono perduti. Restavano solo la fama del poeta e alcuni frammenti dell'opera, conservati come citazioni in opere di altri autori antichi. All'inizio del Novecento, le campagne archeologiche condotte in Egitto restituirono papiri che contenevano parti di commedie di Menandro. La piú importante scoperta avvenne nel 1952, quando furono rinvenuti 22 papiri, uno dei quali conteneva il testo pressoché intero della commedia *Dýskolos*, cioè *Il misantropo*, che fu pubblicato nel 1959.

PIRRIA – Ma che ho fatto?
SOSTRATO – Hai combinato qualcosa, là nel campo.
PIRRIA – Non ho rubato nulla.
SOSTRATO – E ti voleva picchiare per nulla?
PIRRIA – Eccolo che viene. Io me ne vado. Parlaci tu. (*Esce; entra Cnemone*)
SOSTRATO – Non posso; non sono capace di persuadere la gente... Non ha l'aria amichevole, per Zeus! Che cipiglio! Mi scosterò un po' dalla sua porta; sarà meglio. Cammina e grida da solo; non sembra tutto sano. Perché non dirlo, in nome degli dèi? Mi fa paura[10].
CNEMONE – Quant'era fortunato Perseo[11]! E per due ragioni: perché grazie alle ali non si trovava tra i piedi quelli che camminavano per terra, e perché tutti gli scocciatori poteva trasformarli in pietre. Magari potessi anch'io! Non ci sarebbero altro che statue di pietra in giro[12]. Non si può piú vivere; entrano nel mio podere e parlano, parlano. Sembra che passi il mio tempo in mezzo alla strada, quando invece non coltivo piú neppure questa parte del campo per sfuggire alla gente che passa. Niente, ora mi vengono a dare la caccia sulla collina. Una folla soffocante. E ora chi è quest'altro che se ne sta impalato davanti alla mia porta[13]?
SOSTRATO – Che mi voglia picchiare?
CNEMONE – Non ci si può godere la solitudine da nessuna parte, neanche se ci si volesse impiccare!
SOSTRATO – Ce l'ha con me? (*A Cnemone*) Sto aspettando una persona; eravamo rimasti d'accordo di trovarci qui.
CNEMONE – Lo dicevo io! L'avete preso per un portico, per un luogo di riunione. Se volete vedervi davanti alla mia porta, fate le cose per bene: costruite dei sedili, magari anche una sala. Povero me! Mi sembra che questa sia una sopraffazione bella e buona. (*Entra in casa*)

Sopraggiunge Gorgia, figlio di primo letto della moglie di Cnemone, che accusa Sostrato di avere cattive intenzioni nei riguardi della sorella, ma dopo essere stato convinto sulla serietà dei sentimenti del giovane, gli suggerisce di fingersi contadino, allo scopo di mostrare al burbero misantropo di essere un gran lavoratore e non un ricco perdigiorno. Sostrato si affatica zappando per ore nei campi vicini a quelli di Cnemone con la speranza di incontrarlo, ma il piano fallisce perché il vecchio è rimasto in casa. Mentre Sostrato e Gorgia tornano dalla campagna, esce di casa Simiche, l'anziana serva, in preda alla piú grande agitazione per aver lasciato cadere nel pozzo il secchio e poi la zappa, che adesso il padrone va cercando. Cnemone fa una breve entrata in scena inseguendo Simiche e minacciandola di atroci punizioni. Poco dopo l'anziana serva si precipita fuori di casa chiedendo aiuto: il padrone è caduto nel pozzo nel tentativo di recuperare il secchio e la zappa. Il primo ad accorrere è Sicone, un cuoco che, per incarico dalla madre di Sostrato, sta eseguendo poco lontano un sacrificio propiziatorio in onore del dio Pan, e subito dopo Gorgia e Sostrato, che entrano in casa lasciando Sicone solo sulla scena.

superamento di questo luogo comune.

10. Mi fa paura: anche Sostrato, adesso che ha visto direttamente il personaggio, comincia a provare le stesse sensazioni e opinioni di Pirria.

11. Perseo: era l'eroe che possedeva sandali alati e si spostava in volo. Con l'aiuto degli dèi tagliò la testa della Medusa, una creatura mostruosa che con i suoi occhi trasformava in pietra tutti coloro che la guardavano. Dopo averla decapitata Perseo mise la testa della Medusa in una sacca e se ne servì per trasformare in pietra i suoi avversari.

12. Non ci ... in giro: Cnemone, se avesse come Perseo la testa della Medusa, trasformerebbe tutti in pietra, perché tutti per lui sono *scocciatori*.

13. quest'altro ... porta?: è Sostrato, rimasto solo dopo che Pirria e Cherea se ne sono andati.

Adriaen van Ostade, *La rissa*, XVII secolo. San Pietroburgo, Museo dell'Ermitage.

14. mi rifiuti ... sacrificio: nel corso degli eventi precedenti, Sicone aveva bussato alla porta di Cnemone per chiedergli un recipiente (un *lebete*) necessario per il sacrificio ed era stato maltrattato e cacciato, secondo gli usuali costumi del vecchio misantropo.

15. imbanditore: il cameriere che serve a tavola.

16. Sento piangere ... «papà caro»: è, evidentemente, la voce della figlia di Cnemone.

17. [...]: con questo segno convenzionale viene indicata la mancanza di una parte piú o meno ampia del testo; in questo caso il segno corrisponde a un danno (erosione, foro ecc.) nel foglio di papiro su cui ci è pervenuto il testo della commedia, per cui non è possibile leggere i segni o le parole che originariamente vi erano scritti.

18. né a quelli ... ingaggiare: il cuoco lavorava su ordinazione, ingaggiato di volta in volta per sacrifici e cerimonie importanti. Qui Sicone sta pensando al suo interesse, augurando che non accada niente di male ai suoi potenziali datori di lavoro.

19. stavo là ... da poco: Sostrato si trova vicino all'amata e rimane come incantato, incapace di pensare ad altro.

20. Atlante: personaggio della mitologia greca che, per punizione inflitta da Zeus, sosteneva il mondo sulle sue spalle. Narra il mito che egli fu pietrificato da Perseo, che gli mostrò la testa della Medusa per punirlo di non averlo ospitato, e si trasformò nella catena montuosa che si trova nella parte nord-occidentale dell'Africa.

21. Chiama tua madre: la richiesta di chiamare la moglie, da cui è separato di fatto, è il primo chiaro segnale della trasformazione di Cnemone, che viene manifestata nel monologo che segue poco dopo.

22. Nessuno ... cambiare idea: l'inizio del discorso di Cnemone manca perché

SICONE – Gli dèi esistono, per Dioniso! Tu, sacrilego, mi rifiuti il lebete per il sacrificio[14]; bene, beviti l'acqua del pozzo, non ne dare a nessuno nemmeno una goccia. È giusto cosí; le Ninfe hanno fatto la mia vendetta. Nessuno che faccia del male ad un cuoco può uscirne indenne. La nostra arte è una religione; all'imbanditore[15], viceversa, puoi fare quel che ti pare. 80

Ma non è morto? Sento piangere e gridare «papà caro»[16]. 85

[...][17] Ve la immaginate la sua faccia quando lo tireranno su, tremante e bagnato? Carina! Mi voglio proprio godere lo spettacolo. E voi donne per questo fate libagioni, pregate che il vecchio si salvi, ma resti azzoppato, maledizione! Cosí non farà piú male a nessuno, né ai vicini, né al dio, né a quelli che celebrano sacrifici. Questo è quello che importa a me, che mi vengano a ingaggiare[18]. 90

[*entra Sostrato*]

SOSTRATO – Per Demetra, per Asclepio, per tutti gli dèi, non ho mai visto nessuno affogare (quasi) in un momento piú opportuno. È stata una bellissima esperienza. Appena arrivati, Gorgia salta giú in fretta; io e la ragazza restiamo su senza far nulla; del resto non c'era niente da fare. Tranne che lei si strappava i capelli, si batteva il petto ed io, scemo, stavo là come una specie di nutrice, a pregarla e supplicarla di non fare cosí, con gli occhi fissi su di lei, bella come una statua, e non da poco[19]. Del disgraziato che stava giú, non me ne fregava niente, altro che tirare la corda, e anche quello poco volentieri. Per poco anzi non lo ammazzo perché due o tre volte, guardando la ragazza, stavo per lasciare andare la corda. Ma Gorgia, un vero Atlante[20], teneva duro e con molti sforzi alla fine l'ha riportato su. Appena è uscito dal pozzo, io sono venuto qui; perché non ce la facevo piú a trattenermi dalla voglia di baciarla. L'amore è grande [...]. Ora mi preparo... Ma stanno sbattendo la porta. Zeus salvatore, che strano spettacolo! 95 100 105

[*entrano Cnemone, sua figlia e Gorgia*]

GORGIA – Hai bisogno di qualcosa?

CNEMONE – [...] Sto male.

GORGIA – Coraggio! 110

CNEMONE – Coraggio ne ho. Cnemone non vi darà piú fastidi per l'avvenire.

GORGIA – Vedi il guaio della solitudine? Per poco non eri morto. Alla tua età bisogna pure che ti si tenga d'occhio.

CNEMONE – Mi sento male. Chiama tua madre[21], Gorgia.

[...] 115

Nessuno mi farà cambiare idea[22], e su questo mi darete ragione anche voi. L'unico errore è forse stato quello di credermi il solo autosufficiente, di non avere bisogno di nessuno. Ora che ho visto da vicino la morte, rapida, imprevedibile, ho capito che sbagliavo. Bisogna sempre avere vicino qualcuno che ti possa dare un aiuto. Ma, per Efesto, sono stato messo fuori strada dal vedere il modo di vivere degli altri, i loro calcoli, l'attenzione esclusivamente rivolta al guadagno. Non avrei mai pensato che ci fosse tra tutti una persona capace di fare il bene altrui[23]. Questo era l'ostacolo 120

corrisponde a un danno del papiro su cui è pervenuto il testo della commedia.

23. sono stato .... bene altrui: la motivazione portata da Cnemone per il suo

comportamento antisociale poggia sulla critica al comportamento diffuso tra gli uomini di rincorrere il guadagno e il proprio interesse. È una critica che

Menandro trasmette al suo pubblico in modo leggero, evitando di trasformarla in una analisi sociale moralmente impegnativa.

Il teatro classico : La commedia

che avevo davanti. Solo Gorgia ora mi ha dato coi fatti la prova di essere
125 un uomo generoso[24]. Io non lo lasciavo neppure avvicinare alla mia porta;
non l'ho mai aiutato, non gli ho mai dato neppure una parola di saluto, una
parola gentile... eppure mi ha salvato. Un altro avrebbe detto, e con ragio-
ne: «Non mi vuoi nella tua casa? E io non ci vengo. Non mi hai mai fatto
un piacere? E neanche io lo faccio a te[25]». Che c'è, ragazzo? Se muoio – e
130 credo proprio di sí, sto male – e anche se sopravvivo, ti adotto come mio
figlio. Tutto quello che ho, fa' conto che sia tuo. Ti affido mia figlia, trovale
un marito. Io non potrei farlo neanche se fossi sano; nessuno mi piacereb-
be. Quanto a me, se vivo, lasciatemi vivere come mi piace. E anche il resto
curalo tu al posto mio; hai senno abbastanza, grazie agli dèi. Del resto, è
135 giusto che sia tu ad occuparti di tua sorella. Dalle in dote metà dei miei
beni; l'altra metà deve servire al mantenimento mio e di tua madre. Figlia
mia, aiutami a sdraiarmi: parlare piú del necessario non è da vero uomo.
Però devi sapere ancora una cosa, poche parole a proposito del mio carat-
tere. Se tutti fossero come me, non ci sarebbero tribunali, né prigioni, né
140 guerra, e tútti si accontenterebbero di poco[26]. Ma a voi piace di piú questo
modo di vivere. E allora, comportatevi come vi pare, e il vecchio bisbetico
se ne va fuori dai piedi.
GORGIA – Accetto; ma bisogna al piú presto, e con il tuo consenso, trovare
un marito per la ragazza[27].
145 CNEMONE – Il mio pensiero l'ho già detto[28]; non mi dare piú noia, perdio!
GORGIA – C'è una persona che ti vuole vedere...
CNEMONE – Ma neanche per idea[29]!
GORGIA – Per chiederti di sposare la ragazza.
CNEMONE – Non me ne importa nulla.
150 GORGIA – Ma ha dato una mano a salvarti.
CNEMONE – E chi è?[30]
GORGIA [a Sostrato] – Vieni avanti.
CNEMONE – Com'è bruciato dal sole! È un contadino?[31]
GORGIA – Certo, mica è uno che vive nel lusso e va in giro tutto il giorno
155 senza far niente[32].
CNEMONE – [...] Portatemi dentro.
GORGIA – [...] Prenditi cura di lui. [Cnemone è riportato in casa]
SOSTRATO – Ora non rimane che promettermi tua sorella.
GORGIA – Prima devi riferire queste cose a chi di dovere[33], Sostrato.
160 SOSTRATO – Mio padre non si opporrà.
GORGIA – Io dunque te la concedo davanti agli dèi[34] [...] secondo giustizia.
Hai affrontato questa storia con animo semplice e sincero, disposto a fare
di tutto per questo matrimonio. Pur essendo abituato al lusso, hai preso

---

24. Solo Gorgia ... generoso:
l'affermazione mostra come il
pentimento di Cnemone sia
stato suscitato dalla
dimostrazione di solidarietà
disinteressata da parte di
Gorgia, il figliastro che è
sempre stato da lui trattato
con freddezza e distacco.
25. Un altro ... faccio a te: il
misantropo pentito è

consapevole di meritarsi un
trattamento uguale a quello
che egli ha riservato al suo
prossimo; del resto, poco
prima Sicone, privo della
sensibilità umana di Gorgia, si
è comportato proprio nel
modo qui descritto da
Cnemone.
26. Se tutti ... di poco: piú che
una interpretazione, peraltro

anche troppo semplicistica,
delle cause dei litigi tra gli
esseri umani (se ognuno
pensasse per sé senza
comunicare con gli altri non
litigherebbe con nessuno),
queste parole rappresentano
una forma di giustificazione e
auto-assoluzione che
Cnemone attribuisce al
proprio comportamento

scontroso.
27. ma bisogna ... la ragazza: le
parole di Giorgia da un lato
mostrano che egli si sta
prendendo cura del problema
di Sostrato (fare la sua
proposta di matrimonio),
dall'altro servono a riavviare
l'azione, riportando
l'attenzione sulla vicenda
amorosa intorno a cui ruota la
trama della commedia.
28. Il mio pensiero ... detto: nel
suo discorso Cnemone ha
affidato a Gorgia il compito di
trovare un marito per la
ragazza.
29. Ma neanche per idea!: il
radicato spirito di avversione
per il prossimo non è
scomparso nel vecchio
misantropo, che, di fronte alla
frase *una persona che ti vuole
vedere* ha l'immediata
reazione di rifiuto.
30. E chi è?: è il primo
momento in cui Cnemone
mostra un seppur piccolo
interesse per Sostrato, dopo
aver sentito che egli ha
prestato il suo aiuto nel
salvataggio.
**31. Com'è bruciato ...
contadino?:** Sostrato è bruciato
dal sole perché poco prima ha
lavorato nei campi di
Cnemone su consiglio di
Gorgia, con lo scopo di
incontrare il vecchio altrimenti
inavvicinabile.
32. mica è uno ... niente: in
realtà Sostrato è davvero un
giovane benestante che – in
base alla mentalità dell'epoca
che considerava «lavoro» solo
le attività manuali – *va in giro
tutto il giorno senza fare
niente*, ma Gorgia vuole
evitare che Cnemone non
ritenga Sostrato uno sposo
adatto alla figlia per la
differenza sociale.
33. a chi di dovere: allude al
padre di Sostrato; secondo le
usanze, il matrimonio tra due
giovani doveva ottenere la
preventiva ed esplicita
approvazione dei rispettivi
padri.
34. te la concedo ... dèi: Gorgia,
su incarico del padre della
ragazza, pronuncia la formula
ufficiale di approvazione del
matrimonio.

Tre attori mascherati da donne siedono a un banchetto; la scena è tratta da una commedia di Menandro; mosaico da Pompei, 200-90 a.C. Napoli, Museo Archeologico Nazionale.

la zappa, hai zappato, hai accettato di faticare. In queste situazioni, quando si tratta per il ricco di farsi uguale al povero, si vede il vero uomo[35]. Sarà capace allora di affrontare qualsiasi rovescio di fortuna. Tu mi hai dato prova sufficiente del tuo carattere. Ti auguro soltanto di restare come sei.

SOSTRATO – E anche migliore, magari. Ma è una brutta cosa lodare se stessi. Ecco che arriva mio padre[36], in buon punto.

Entra in scena Callippide, il padre di Sostrato. Dopo che Gorgia si è ritirato in casa, padre e figlio dialogano da soli sulla scena.

SOSTRATO – Con me non ti comporti affatto, padre mio, né come avrei desiderato né come mi sarei aspettato[37].
CALLIPPIDE – Come? Non ti ho forse dato il consenso a sposare la ragazza che ami? Anzi, non solo lo desidero ma dico che devi farlo.
SOSTRATO – Non mi sembra.
CALLIPPIDE – E invece sí, per gli dèi del cielo! Mi rendo conto che per un giovane il matrimonio poggia su basi sicure se si sente spinto a questo passo dall'amore.
SOSTRATO – Ma se io prendo in sposa la sorella di questo giovane perché lo considero [degno] di noi, come mai [tu] non [accetti] di concedergli la mano di mia sorella?[38]
CALLIPPIDE – Sarebbe una vergogna. Non ho intenzione di prendere due pezzenti in una volta sola: uno ci basta e avanza[39].
SOSTRATO – Parli di quattrini: un bene effimero[40]. Se credi che ti accompagneranno per tutto il tempo a venire, fai bene a non condividere la ricchezza con nessuno; ma se è vero che non ne sei tu il padrone e che tutto quello che hai non appartiene a te ma alla fortuna, non esserne geloso, padre mio. Lei, la fortuna, può strapparti tutti i tuoi beni e consegnarli nelle mani di qualcun altro che magari non li merita. Proprio per questo, padre, ti dico che fin quando rimangono sotto il tuo controllo devi usarne con spontanea generosità, aiutando tutti e favorendo il benessere di quanta piú gente puoi. Questo è un bene che non muore e se dovessi incontrare qualche momento di crisi potrai contare a tua volta sulla generosità del prossimo.

35. quando si tratta ... vero uomo: parole che concludono il ragionamento di Gorgia sui motivi per cui egli ritiene Sostrato degno di entrare nella sua famiglia. Queste parole rappresentano un importante momento della commedia perché esprimono il pensiero che Menandro vuole trasmettere agli spettatori: gli uomini devono essere valutati secondo la loro integrità morale nell'ambito di uno spirito di fratellanza e comprensione reciproca, indipendentemente dalla loro condizione sociale. Non si tratta di una posizione politica o della proposta di una rivoluzione sociale, ma di un invito all'individuale apertura generosa verso gli altri e al superamento degli attriti in nome della comune condizione umana.

36. Ecco che arriva mio padre: la frase ha la funzione scenica di introdurre un nuovo personaggio non ancora mostrato agli spettatori: è il padre di Sostrato, che deve dare l'approvazione al matrimonio del figlio e che offrirà a Menandro l'occasione di esprimere un altro concetto fondamentale da comunicare agli spettatori.

37. Con me non ti ... aspettato: Sostrato si riferisce evidentemente a qualcosa che si è svolto prima e fuori dalla scena.

38. Come mai ... mia sorella?: si deduce che in precedenza si sia svolto un colloquio in cui Sostrato ha conosciuto la resistenza del padre al matrimonio della propria figlia con Gorgia.

39. Non ho intenzione ... avanza: Callippide incarna l'ideologia diffusa basata sul senso della superiorità sociale degli appartenenti alla classe benestante rispetto ai meno abbienti.

40. un bene effimero: l'idea che il possesso del denaro sia transitorio e non duraturo (*effimero*) perché soggetto ai capricci della fortuna è ricorrente in Menandro; anche Gorgia poco prima ha elogiato la capacità del ricco di *farsi uguale al povero*, affermando che in tal modo *sarà capace di affrontare qualsiasi rovescio di fortuna*.

Un amico alla luce del sole vale assai piú di un tesoro segreto come quello che hai nascosto sotto terra[41].

CALLIPPIDE – Tu sai, Sostrato, come vanno le cose: i beni che ho accumulato non potrò portarli nella tomba con me. Sono tuoi. Vuoi farti amico qualcuno di cui hai potuto apprezzare le qualità? Bene, tanti auguri, ma basta con le prediche. Va', regala, spartisci: mi hai convinto in tutto e per tutto[42].

SOSTRATO – Sei davvero convinto?

CALLIPPIDE – Convintissimo, non avere perplessità.

SOSTRATO – Allora chiamo Gorgia.

La commedia si conclude con la celebrazione delle doppie nozze in casa di Callippide, durante le quali il cuoco Sicone e il servo Geta sbeffeggiano Cnemone e lo rendono ridicolo costringendolo a danzare, acciaccato com'è per la caduta nel pozzo.

41. Un amico ... sotto terra: queste parole concludono l'insegnamento morale affidato a Sostrato nei riguardi del padre, ma in realtà rivolto da Menandro a tutti gli spettatori; esse contengono la condanna dell'opinione diffusa che attribuisce alle ricchezze un valore fondamentale nella vita, ricordando che il possesso di beni materiali è nelle mani della sorte, cosí come lo è la buona fortuna; l'uso generoso del proprio denaro è una forma di solidarietà sociale ma anche una sicurezza per il futuro, perché garantisce l'aiuto degli altri nel momento del bisogno.

42. mi hai convinto in tutto e per tutto: può sembrare una convinzione raggiunta troppo velocemente, ma si deve considerare che tutto deve risolversi nello spazio della commedia. Del resto Menandro, pur scrivendo con lo scopo di divertire il pubblico, trasmette i suoi messaggi morali sperando di promuovere almeno un avvio alla riflessione nella mente degli spettatori.

Entriamo nel testo

La trama e i personaggi

La trama della commedia ruota intorno all'evoluzione di due vicende: la **storia amorosa** di **Sostrato** e il **ravvedimento di Cnemone**. L'innamoramento di Sostrato rivolto verso la figlia di Cnemone ha la funzione di dare avvio alla storia, tanto che l'autore ritiene di doverne dare la motivazione attribuendolo all'intervento del dio Pan, e segna la fine della vicenda con la cerimonia delle nozze; inoltre, esso giustifica la presenza del giovane presso la casa di Cnemone, che è l'ambiente in cui si svolge l'azione scenica. Del resto, la figura del giovane innamorato è costantemente presente nelle commedie dell'epoca e ne costituisce un elemento caratterizzante.

Tuttavia, il tema preponderante e piú coinvolgente della commedia è rappresentato dalla figura di Cnemone, che non a caso dà il titolo all'opera. L'uomo intrattabile, scorbutico e misantropo attrae la maggiore attenzione non solo degli spettatori e dei lettori, ma anche dell'autore stesso, che lo ha delineato con particolare cura, sia nei suoi atteggiamenti iniziali sia nel momento del pentimento e della trasformazione interiore.

Cnemone, personaggio centrale

Presentato prima in modo indiretto, attraverso le parole del servo Pirria messo in fuga con insulti e lancio di zolle, e poi direttamente, nel momento della sua tumultuosa entrata in scena, Cnemone viene **dipinto in modo quasi caricaturale**. Povero e dedito al faticoso lavoro nei campi, si mostra bisbetico e asociale, rifiutando ogni pur minimo contatto con gli altri esseri umani; proprio a causa del suo pessimo carattere è stato abbandonato dalla moglie e cosí limita i suoi rapporti domestici alla vecchia serva Simiche, nella quale incute solo timore per i suoi maltrattamenti. Poche informazioni emergono sul rapporto con la figlia, di cui solo il dio Pan, nel prologo, offre l'indicazione di una buona indole e della devozione; alla ragazza, cui non viene attribuito neppure il nome e viene sempre designata come «la figlia di Cnemone», l'autore ha assegnato un ruolo chiaramente subalterno: da un lato quello di vittima della misantropia paterna, dall'altro quello dell'oggetto del desiderio, seppure finalizzato al serio scopo del matrimonio, di Sostrato, per il cui raggiungimento la vicenda trae avvio.

Gli aspetti del carattere di Cnemone vengono presentati come negativi sia ai fini dello svolgimento della storia, in cui costituiscono l'ostacolo per la richiesta di matrimonio, sia in base a considerazioni morali piú ampie, perché si contrappongono all'ideale propugnato da Menandro di una impostazione filantropica dei rapporti umani. Tuttavia, l'autore dipinge il comportamento misantropo di Cnemone con grande cura, anche al fine di assegnare rilievo maggiore al fatto che il lieto fine della storia viene determinato proprio dal ravvedimento del personaggio. Il breve monologo pronunciato da Cnemone al suo primo apparire sulla scena rappresenta una splendida raffigurazione dell'avversione che il vecchio scorbutico nutre verso tutti i rappresentanti del genere umano i quali hanno la sola colpa di esistere, a partire dal paradossale desiderio di poter tramutare tutti in pietra come Perseo, fino al sentirsi soffocare da una folla di seccatori al solo vedere Sostrato nei pressi della sua casa.

Pieter Bruegel il Vecchio, *Il misantropo*, XVI secolo. Napoli, Museo Nazionale di Capodimonte.

La disavventura provvidenziale

La svolta che avvia la storia verso il suo scioglimento e il lieto fine è un evento fortuito, una disavventura che si trasforma in evento provvidenziale. Mentre ancora Sostrato non ha trovato il modo di dichiarare a Cnemone l'intenzione di sposarne la figlia, il vecchio cade dentro il pozzo ed è prontamente soccorso da Gorgia e Sostrato. La scena della caduta non è rappresentata in modo diretto (anche perché il pozzo si trova nel cortile di casa e quindi fuori dello spazio scenico), ma riferita da due personaggi che la raccontano secondo due punti di vista soggettivi e ben diversi tra loro: prima Sicone, il cuoco che aveva già sperimentato il brutto carattere di Cnemone, che interpreta la caduta del vecchio come una meritata punizione divina; dopo Sostrato, che, presente al salvataggio seppur con poca partecipazione, è contento di avere avuto così l'occasione di stare vicino alla fanciulla amata. Dalle parole di Sostrato emerge anche la generosa dedizione di Gorgia, che si è impegnato con ogni sforzo nel salvataggio del patrigno, nonostante questi lo abbia sempre trattato dal patrigno con freddezza e scontrosità.

La nuova apparizione in scena di Cnemone, scampato al pericolo, mostra un uomo diverso dal precedente, perché l'esperienza appena vissuta gli ha dimostrato l'errore commesso nel disprezzare gli altri: si era chiuso in un maniacale isolamento per la convinzione che tutti gli uomini ignorino il bene, l'onestà e l'altruismo, ma pensino solo al loro meschino tornaconto. Adesso, colpito profondamente dalla disinteressata generosità del figliastro, per la prima volta la sua convinzione gli appare errata: ammette di aver sbagliato perché ha compreso l'importanza della solidarietà e si è reso conto che la presenza degli altri esseri umani è una difesa di fronte alla fragilità umana. In Cnemone non si realizza una conversione, e neanche l'abbandono di un modo di essere ormai connaturato, ma la presa di coscienza riguardo agli svantaggi dell'isolamento e l'accettazione negli altri di un diverso modo di essere.

I valori morali

Anche se le commedie di Menandro sono concepite e strutturate per offrire al pubblico uno spettacolo piacevole e disimpegnato, esse rispecchiano i valori morali e le concezioni dell'autore. In questa opera emerge un **fondamentale ottimismo** nella possibilità per l'uomo di comprendere i propri limiti e istituire rapporti di mutua solidarietà, come viene dimostrato attraverso l'esperienza di Cnemone. In questa visione complessiva si innesta la valorizzazione dell'**integrità morale** come metro di valutazione degli uomini, indipendentemente dalla condizione sociale e dalle ricchezze possedute. Il rapporto di amicizia nato tra Sostrato e Gorgia è determinato dalla constatazione dei buoni principi morali posseduti da entrambi, che pure appartengono l'uno al ceto benestante e l'altro alla classe dei contadini. Nella commedia è chiara anche la critica nei riguardi degli esseri umani che considerano il denaro l'obiettivo fondamentale della vita, come viene dichiarato da Cnemone (*sono stato messo fuori strada dal vedere il modo di vivere degli altri, i loro calcoli, l'attenzione esclusivamente rivolta al guadagno*) e da Sostrato che, nel corso del colloquio con il padre, sottolinea l'inconsistenza di un bene effimero come la ricchezza, destinato a soccombere di fronte a ideali più alti come l'amore e l'amicizia.

Il teatro classico — **La commedia**

Esercizi

- **Comprensione**

1. Con quali aggettivi Pirria descrive Cnemone a Sostrato, mentre fugge credendosi inseguito dal vecchio contadino?
2. Indica le parole con cui Sostrato descrive l'atteggiamento di Cnemone nella sua entrata in scena.
3. Per quali motivi Cnemone afferma che Perseo era fortunato?
4. Scrivi la proposizione condizionale sottintesa adatta a completare la frase di Cnemone (riga 65): *Non ci sarebbero altro che statue di pietra in giro* se ....
5. A chi si riferisce Cnemone con la frase *ora mi vengono a dare la caccia sulla collina* (righe 68-69)?
6. In quale momento del testo è presente una informazione indiretta del sentimento di affetto della figlia di Cnemone verso il padre?
7. Con quali motivazioni Cnemone spiega la sua avversione a frequentare gli esseri umani?
8. Descrivi le istruzioni e i compiti che Cnemone affida a Gorgia dopo la paura provata con la caduta nel pozzo.

- **Interpretazione e competenza testuale**

9. Il termine *dýskolos*, che costituisce il titolo originale della commedia, si riferisce a:
   a. il nome proprio di un personaggio;
   b. il carattere di un personaggio;
   c. il ceto sociale di un personaggio;
   d. l'attività svolta da un personaggio.
10. Quale definizione, secondo te, si adatta maggiormente a Cherea, l'amico che nel brano iniziale accompagna Sostrato?
    a. Un amico fedele e sincero.
    b. Un amico falso e opportunista.
    c. Un uomo saggio e prudente.
    d. Un uomo limitato dai pregiudizi.
11. Quale momento rappresenta la *Spannung* della commedia?
12. Grazie a che cosa la storia rappresentata trova la sua soluzione?
    a. Un evento casuale e imprevedibile.
    b. Un intervento esterno da parte di una divinità.
    c. L'intervento di un nuovo personaggio nell'azione.
    d. L'iniziativa decisiva di un personaggio.
13. Nella commedia vi sono due figli, Sostrato e Gorgia, e i rispettivi padri, Callippide e Cnemone. In quale modo Menandro rappresenta, nel complesso, il rapporto tra genitori e figli?
    a. Dominato dall'autoritarismo paterno e senza alcuna possibilità di dialogo.
    b. Unicamente orientato verso la realizzazione dei desideri e dei bisogni dei figli.
    c. Talvolta difficile, ma aperto alla possibilità di dialogo e comprensione reciproca.
    d. Caratterizzato sempre dal rispetto verso gli anziani e dall'obbedienza incondizionata.

- **Produzione**

14. Sulla base delle informazioni tratte dalle parole di Pirria nel suo agitato dialogo con Sostrato, racconta con parole tue l'incontro di Pirria con Cnemone.
15. Racconta in un testo scritto l'episodio del salvataggio di Cnemone dal pozzo in cui è caduto, descrivendo il comportamento di ognuno dei personaggi presenti all'azione.
16. Esponi le affermazioni sul denaro espresse da Sostrato nel suo colloquio con il padre, aggiungendo le tue considerazioni sulla misura in cui condividi o non condividi le affermazioni di Sostrato.

Incontro con il testo... ... teatrale

Plauto
È una pentola o una ragazza?

Testo conchiglia
Avidità e avarizia

Eugenio

- Plauto, *Aulularia*, trad. di M. Scandola, Rizzoli, Milano, 1985

IN SINTESI: Di questo testo presentiamo due brani: la parte iniziale della commedia, in cui – dopo il prologo – si evidenzia chiaramente il carattere di Euclione, e il dialogo basato sull'equivoco tra Liconide e il vecchio in lacrime per il furto della pentola.

genere: commedia   *epoca:* seconda metà del III secolo a.C.   *luogo:* Roma   *lingua originale:* latino

1. Prologo: le opere teatrali antiche, commedie e tragedie, iniziavano sempre con l'esposizione degli antefatti della vicenda, fatta da un personaggio o da una divinità. In questo caso la funzione del prologo è affidata a una divinità, il Lare domestico. I *Lari* erano divinità minori del mondo romano che proteggevano la casa e la famiglia.

Prologo[1]

IL LARE DOMESTICO – (*uscendo dalla casa di Euclione, rivolto al pubblico*) Vorrete sapere chi sono. Perché nessuno rimanga con questa curiosità, ve lo spiegherò in due parole. Io sono il Lare domestico di questa dimora da cui m'avete veduto uscire; dimora che io occupo e abito ormai da molti anni, già dal tempo del padre e del nonno di colui che oggi la possiede. Ora suo nonno con fervide preghiere m'affidò un tesoro, di nascosto da tutti: lo sotterrò in mezzo al focolare, supplicandomi di custodirlo. In punto di morte – talmente era avaro – non volle assolutamente rivelare il segreto a suo figlio e preferí lasciarlo senza mezzi, anziché mostrargli quel tesoro.   5

   10

L'OPERA

Il testo è tratto da *Aulularia*, commedia il cui titolo deriva da *aula*, che in latino significa «pentola». La vicenda, infatti, ruota intorno a una pentola piena d'oro posseduta da un vecchio avaro, Euclione, che ha rinvenuto il tesoro nascosto nella sua casa da un antenato, ma ne ha nascosto a tutti l'esistenza per paura che glielo rubino, perciò finge di essere povero. Euclione ha una figlia, Fedra, che è stata sedotta dal giovane Liconide e ora, all'insaputa di tutti, sta per partorire. La vicenda inizia quando Megadoro, zio di Liconide, vecchio ma ricco, chiede in moglie Fedra; Euclione acconsente, a condizione che le spese delle nozze siano sostenute dallo sposo. Nel frattempo, il servo di Liconide, spiando i movimenti di Euclione sempre alla ricerca di un posto sicuro per nascondere il suo oro, scopre la pentola e gliela ruba. Il giovane Liconide, alla notizia delle prossime nozze di Fedra, si reca da Euclione per rivelare la sua colpa e chiedere di sposare la ragazza, ma trova il vecchio in lacrime e disperato per aver scoperto il furto della pentola. Si crea cosí un equivoco che dà luogo a un dialogo di alta comicità: il giovane crede che Euclione pianga perché ha saputo della vergogna della figlia, mentre il vecchio parla della sua pentola.

La commedia si interrompe a questo punto, perché il testo della parte finale non ci è pervenuto; tuttavia si può supporre che infine la pentola sarà restituita al suo proprietario e che Fedra, con la dote, sposerà Liconide. Tra le commedie di Plauto questa è un po' particolare, poiché in essa l'attenzione è rivolta principalmente al «carattere» dell'avaro, piuttosto che basarsi sulla vicenda amorosa e sull'equivoco seguito dallo scioglimento finale, come si riscontra invece nella maggior parte delle commedie plautine. Molti secoli dopo, intorno alla metà del Seicento, il francese Molière trasse ispirazione dall'*Aulularia*, riproponendo i tratti principali del «carattere» dell'avaro nella figura di Arpagone, nella sua commedia *L'avaro*.

Il teatro classico · La commedia

Gli lasciò un modesto lotto di terra, perché ci campasse alla bell'e meglio a prezzo di grandi fatiche. Una volta morto colui che mi affidò quell'oro, cominciai ad osservare se il figlio avesse per me piú rispetto di quanto ne avesse avuto il padre. Ma quello si curava sempre meno di me e mi lesinava i dovuti onori, lo stesso feci io con lui: ed egli morí allo stesso modo in cui era vissuto. Anch'egli ha lasciato un figlio – quello che ora abita qui[2] – di carattere identico a quello del padre e del nonno. Ha un'unica figlia; ella ogni giorno mi sacrifica incenso, vino, qualche cosa, insomma; e mi offre corone. Per riguardo a lei, diedi modo ad Euclione, il padre, di trovare il tesoro, perché gli fosse piú facile sposarla[3], se voleva. Un giovane di nobilissima famiglia, infatti, l'ha sedotta e questo giovane sa bene chi ella sia; lei invece non lo conosce, e il padre non sa nulla di quanto è accaduto. Oggi io farò in modo che il vecchio che abita qua vicino la chieda in moglie; lo farò allo scopo di facilitare il matrimonio della fanciulla col suo seduttore. Perché il vecchio che la chiederà in sposa è lo zio del giovane che le ha usato violenza, una notte, durante le feste di Cerere. Ma ecco che il vecchio, là dentro, sta già gridando, secondo il solito. Sta scacciando fuori la vecchia[4], perché non scopra il segreto. Credo che voglia dare un'occhiata al suo oro, che non glielo rubino. (*Rientra in casa*)

2. quello che ora abita qui: Euclione, l'avaro protagonista della commedia.
3. sposarla: farla sposare, darla in moglie.
4. la vecchia: la sua serva.

L'autore

Tito Maccio Plauto, o piú semplicemente Plauto, fu uno dei piú grandi commediografi dell'antichità. Visse a Roma nell'epoca delle guerre puniche, fra il 255 circa e il 184 a.C. Della sua vita si hanno poche notizie e queste sono avvolte nella leggenda. Dovette comunque essere un autore piuttosto famoso, se alla sua morte gli venne attribuito un gran numero di commedie; di queste, però, il grammatico romano Varrone accettò la genuinità solo di 21, e questa valutazione è rimasta valida fino a oggi. Tra esse ricordiamo le piú famose: *Asinaria* («La commedia dell'asino»), *Captivi* («I prigionieri»), *Curculio* («Il parassita»), *Miles gloriosus* («Il soldato fanfarone»), *Menaechmi* («I due fratelli identici»), *Mostellaria* («La commedia degli spiriti»), *Poenulus* («Il Cartaginese»), *Rudens* («Il canapo»), oltre ad *Aulularia* («La commedia della pentola»).
Le commedie di Plauto ruotano intorno a un intreccio e a un limitato numero di «tipi umani», di «caratteri», che ricorrono in tutte le opere: il servo astuto, il vecchio, il giovane innamorato, il parassita, il fanfarone; l'intreccio è per lo piú costituito da una situazione in cui sorgono equivoci e a cui fa sempre seguito il lieto fine, con il riconoscimento di un'ingiustizia o dell'identità di qualcuno. Il linguaggio molto vivace riflette vari aspetti dell'oralità quotidiana, ed è arricchito da giochi di parole, doppi sensi, enigmi, allusioni scherzose, insomma da tutti quei mezzi utili non solo a far divertire gli spettatori ma anche a trattenere l'attenzione del pubblico romano, che era particolarmente indisciplinato e rumoroso.
Le commedie plautine, scritte in versi, sono state conosciute e apprezzate nel corso dei secoli e, a partire dal Rinascimento, sono state imitate dal teatro colto; in seguito hanno offerto infiniti spunti per la rappresentazione di situazioni, di trame e di personaggi – sul cui modello completato ed esasperato sono nate le maschere – alla commedia dell'arte prima, quindi al commediografo francese Molière e al nostro Carlo Goldoni.

5. STAFILA: è la serva di Euclione.

6. *scacciando fuori di casa la serva*: la didascalia sottolinea quanto è già stato detto nel prologo, e cioè che Euclione sta gettando fuori di casa la serva Stafila, con lo scopo di allontanarla dalla cucina dove egli tiene nascosto il suo tesoro. Ciò ha anche una motivazione di strategia teatrale: poiché l'azione della commedia si svolge in un unico luogo, l'autore ha scelto uno spazio esterno (strada o piazza) in cui possono transitare tutti i personaggi e possono essere ambientati tutti gli eventi. È necessario, dunque, che Euclione e Stafila escano di casa per dar luogo alla scena.

7. staffili: erano i paletti aguzzi con cui venivano colpiti e pungolati gli animali e gli schiavi. *Terra da staffili* è un insulto plautino che significa «terreno da essere battuto con gli staffili».

8. i lunga: la *i* maiuscola; è un modo per intendere la forma assunta da un impiccato.

ATTO I – SCENA I

EUCLIONE, STAFILA[5]

EUCLIONE – (*scacciando fuori di casa la serva*[6]) Esci, ti dico, esci, su! Per Ercole! Devi uscir fuori di qua, spiona, con quegli occhi che si ficcano dappertutto!

STAFILA – Ma perché mi batti, disgraziata che sono?

EUCLIONE – Perché tu sia veramente disgraziata e abbia a passare una brutta vecchiaia, degna della tua bruttezza!

STAFILA – Per qual motivo adesso m'hai scacciata fuori di casa?

EUCLIONE – Dovrei renderne conto a te, terra da staffili[7]. Tirati via da quella porta; là, se ti pare. Guarda un po' come cammina. Lo sai cosa t'aspetta? Per Ercole! Se oggi prenderò in mano un bastone o uno staffile, ti farò allungare codesto passo da tartaruga!

STAFILA – Che gli dèi mi spingano su una forca, piuttosto che servire in casa tua a queste condizioni!

EUCLIONE – Guarda la scellerata, come brontola dentro di sé! Per Ercole! Te li caverò, codesti occhi, sfacciata, perché tu non possa spiare le mie mosse. Allontanati ancora, ancora, an... Oh! fermati là. Per Ercole! Se ti scosti di là la grossezza d'un dito o la larghezza di un'unghia, o se ti volti indietro prima che te ne dia l'ordine, immediatamente ti manderò a scuola su una croce, per Ercole! (*tra sé*) Certo che non ho mai visto un essere più scellerato di questa vecchia; ho una tremenda paura che mi tenda un tranello, cogliendomi di sorpresa, e che scopra col suo fiuto dov'è nascosto l'oro. Ha occhi perfino sulla nuca, quel pessimo arnese! Ed ora andiamo a vedere se l'oro sta ancora come l'ho nascosto. Quante preoccupazioni mi dà, povero me! (*Rientra in casa*)

ATTO I – SCENA II

STAFILA – (*sola*) No, per Castore! Non so che dire; non riesco a comprendere che male ha colpito il mio padrone, che pazzia l'ha preso. Povera me! Spesso mi scaccia fuori di casa in questo modo dieci volte al giorno! Non so proprio – per Polluce! – quali furie lo possiedano. Veglia tutte le notti; di giorno, poi, dalla mattina alla sera, se ne sta seduto in casa come un ciabattino zoppo. E non vedo ormai come si possa nascondere la vergogna della padroncina, il cui parto è imminente... No, non v'è cosa migliore per me, io credo, che trasformarmi in una i lunga[8], dopo essermi stretta un laccio al collo.

ATTO I – SCENA III

EUCLIONE, STAFILA

EUCLIONE – (*a parte, uscendo di casa*) Ora finalmente esco di casa con l'animo sollevato, dopo aver constatato che tutto è a posto là dentro. (*A Stafila*) Rientra, adesso, e fa' buona guardia.

STAFILA – Ma davvero? Dovrei fare buona guardia? Per paura che qualcuno si porti via la casa? Ma che altro vi potrebbero guadagnare i ladri, se essa non è piena che di vuoto e di ragnatele?

EUCLIONE – È davvero strano che Giove, per amor tuo, non faccia di me un re, un Filippo o un Dario[9], vecchia strega! Voglio che me le custodiscano, quelle tele di ragno. Io sono povero[10], lo confesso; mi ci adatto; mi accontento di ciò che mi danno gli dèi. Va' dentro e chiudi la porta; sarò subito qua. Bada di non far entrare in casa alcun estraneo. Qualcuno potrebbe chiederti del fuoco; voglio che lo si spenga: nessuno avrà più motivo di chiedertelo. Se il fuoco sarà ancora vivo, morirai tu, di botto. Se dovessero chiederti dell'acqua, dirai che è scomparsa. Coltello, scure, pestello, mortaio, gli utensili insomma che i vicini chiedono continuamente, dirai che son venuti i ladri e li han rubati. In breve, voglio che in mia assenza nessun s'introduca in casa mia. E voglio dirti un'altra cosa: se dovesse venire la Buona Fortuna in persona, non farla entrare.

STAFILA – Per Polluce! è lei, io credo, che si guarda bene dall'entrare. Infatti non s'è mai avvicinata alla nostra casa, benché sia qua vicina[11].

EUCLIONE – Zitta! Va' dentro!

STAFILA – Sto zitta e me ne vado.

EUCLIONE – E chiudi la porta a doppio catenaccio, per favore. Io sarò qua subito. (*Stafila rientra in casa*) Ho il cuore in pena, a dover allontanarmi dalla casa. Per Ercole! me ne allontano assai malvolentieri; ma so io che ho da fare. Il presidente della nostra curia[12] ha detto che avrebbe distribuito un denaro d'argento per persona. Se io vi rinuncio e non lo reclamo, subito tutti sospetteranno ch'io ho dell'oro a casa. È inverosimile, infatti, che un pover'uomo disprezzi a tal punto un denaro, per poco che sia, da rinunciarvi. E già adesso che mi sforzo di nascondere a tutti il mio segreto sembra che tutti lo conoscano, e tutti mi salutano più cortesemente di quanto non mi salutassero prima. Mi si avvicinano, si fermano, mi stringono la mano; non fanno che chiedermi come sto, cosa faccio, come vanno i miei affari… Ora andrò dove son diretto; poi tornerò a casa più presto che potrò. (*S'allontana per la via della piazza*)

9. un Filippo o un Dario: nomi di re antichi, famosi per la ricchezza.
10. Io sono povero: Euclione fa di tutto per nascondere il fatto di possedere l'oro, sia vivendo miseramente sia continuando a ripetere di essere povero.
11. qua vicina: la dea Fortuna aveva il suo tempio, che era evidentemente vicino alla casa di Euclione.
12. curia: il popolo romano era diviso in curie, precisamente in trenta.
13. Al pubblico: la comicità del monologo di Euclione, che si dispera per la perdita del suo tesoro, viene resa più efficace mediante il coinvolgimento del pubblico, a cui l'attore chiede di partecipare alle sue sventure, suscitando le risate degli spettatori.

> La pentola con il tesoro è stata sottratta all'avaro Euclione, che si dispera drammaticamente. Ignorando tutto ciò, il giovane Liconide si reca da Euclione per chiedergli in sposa la figlia Fedra. Si sviluppa tra i due personaggi un dialogo destinato a suscitare un gran divertimento negli spettatori: questi sono i soli, infatti, a comprendere che fra i due è nato un grande equivoco: il vecchio ha in mente solo la sua pentola, mentre il giovane sta parlando della ragazza.

ATTO IV – SCENA IX

EUCLIONE, poi LICONIDE

EUCLIONE – Sono perduto! Sono morto! Sono assassinato! Dove correre? Dove non correre? Fermalo, fermalo! Fermare chi? Chi lo fermerà? Non so, non vedo nulla, cammino alla cieca. Dove vado? Dove sono? Chi sono? Non riesco a stabilirlo con esattezza. (*Al pubblico*[13]) Vi scongiuro, vi prego, vi supplico, aiutatemi voi: indicatemi l'uomo che me l'ha rubata. (*A uno*

Rivisitazione della commedia plautina della compagnia siciliana *La Bottega del Pane*, in scena nel 2010.

14. toga imbiancata, a gesso: le toghe bianche erano indossate dalla gente ricca, che a teatro occupava i posti piú vicini alla scena. Il popolo, in tuniche scure, occupava le parti piú alte e lontane; per questi, dunque, doveva risultare divertente lo scherzo di veder accusare di furto i cittadini piú in vista e «perbene».

15. lei: il pronome femminile contribuisce a mantenere l'equivoco su cui si basa tutta la scena: Liconide lo usa riferendosi a Fedra, mentre Euclione intende il pronome *lei* con riferimento alla «pentola» che contiene il tesoro.

spettatore) Che ne dici tu? Voglio crederti: lo capisco dalla faccia, che sei una brava persona... Che c'è? Perché ridete? Vi conosco tutti: so che qua ci sono parecchi ladri, che si nascondono sotto una toga imbiancata, a gesso[14], e se ne stanno seduti, come fossero dei galantuomini... Eh? Non ce l'ha nessuno di costoro? Mi hai ucciso! Dimmi dunque, chi l'ha? Non lo sai? Ah, povero, povero me! Sono morto! Sono completamente rovinato, sono conciato malissimo: troppe lacrime, troppe sventure, troppo dolore mi ha portato questo giorno; e fame, e miseria!... Sono il piú sventurato tra gli esseri della terra. Che bisogno ho di vivere, ora che ho perduto tutto quell'oro che avevo custodito con tanta cura! Mi sono imposto sacrifici, privazioni; ed ora altri godono della mia sventura e della mia rovina. Non ho la forza di sopportarlo.

LICONIDE – (*a parte, uscendo dalla casa di Megadoro*) Chi sta lamentandosi? Chi piange e geme davanti a casa nostra? Ma è Euclione, mi pare. Sono completamente perduto; s'è scoperto tutto! Senza dubbio sa già che sua figlia ha partorito. Ora non so che fare. Devo andarmene o rimanere? Affrontarlo o evitarlo? Per Polluce! Non so che fare.

ATTO IV – SCENA X

EUCLIONE, LICONIDE

EUCLIONE – Chi sta parlando là?

LICONIDE – Sono io, un infelice.

EUCLIONE – Infelice sono io, e sventurato! Io che sono stato colpito da sí grande disgrazia, da sí grande dolore!

LICONIDE – Fatti coraggio.

EUCLIONE – Farmi coraggio! Come potrei, di grazia?

LICONIDE – Il misfatto, che t'angustia il cuore, sono stato io a compierlo: lo confesso.

EUCLIONE – Cosa mi tocca sentire?

LICONIDE – La verità.

EUCLIONE – Che male t'ho dunque fatto, o giovane, perché tu agissi cosí e rovinassi me e i miei figli?

LICONIDE – È un dio che mi ci ha indotto e mi ha attratto verso di lei[15].

EUCLIONE – Come?

LICONIDE – Confesso d'aver commesso un torto; so di essere colpevole. E cosí vengo a pregarti di essere indulgente, di perdonarmi.

EUCLIONE – Come hai osato fare una cosa simile: toccare ciò che non era tuo?

LICONIDE – Che vuoi farci? Ormai è fatta; non si può disfare. È stato il volere degli dèi, senza dubbio: certo, senza la loro volontà, non sarebbe accaduto.

EUCLIONE – E allora credo che gli dèi abbiano anche voluto che io ti facessi crepare in catene, in casa mia.

LICONIDE – Non dir questo!

EUCLIONE – Perché dunque hai toccato, contro il mio volere, una cosa mia?

LICONIDE – È stata colpa del vino e dell'amore.

EUCLIONE – Sfrontatissimo essere! Aver osato presentarti a me con un simile discorso! Impudente! Se esiste un diritto che ti permette di scusare una simile azione, non ci resta che andare a rubare pubblicamente gioielli alle matrone, in pieno giorno; e se poi dovessimo essere arrestati, ci scuserem-

Il teatro classico : **La commedia**

mo dicendo che l'abbiamo fatto in stato d'ebbrezza, per amore! Varrebbero troppo poco, il vino e l'amore, se l'ubriaco e l'innamorato avessero il diritto di soddisfare impunemente i loro capricci.

Liconide – Ma io vengo di mia spontanea volontà a supplicarti di perdonare la mia follia.

Euclione – Non mi piacciono gli individui che si scusano dopo aver fatto del male. Tu sapevi che essa non era tua; non avresti dovuto toccarla.

Liconide – Dal momento che ho osato toccarla, non voglio cercare dei pretesti, ma tenerla nel migliore dei modi.

Euclione – Tu vorresti tenere, contro il mio volere, una cosa mia?

Liconide – Non pretendo d'averla contro il tuo volere; ma penso ch'essa mi spetti. Converrai subito tu stesso, Euclione, ch'essa deve spettare a me.

Euclione – E io – per Ercole! – ti trascinerò subito dal pretore e t'intenterò un processo, se non restituisci...

Liconide – Cosa dovrei restituirti?

Euclione – Ciò che mi hai rubato.

Liconide – Io? Rubato? Dove? Cosa significa?

Euclione – (*ironicamente*) Che Giove ti protegga, com'è vero che tu non sai niente!

Liconide – A meno che tu non mi dica cosa stai cercando...

Euclione – La pentola dell'oro, dico! Ecco ciò che ti chiedo di restituirmi; quella che m'hai confessato di avermi rubata.

Liconide – Per Polluce! Io non ho mai detto né fatto una cosa simile.

Euclione – Vuoi negarlo?

Liconide – Sí che lo nego, recisamente! Io non so nulla di nulla né dell'oro né della pentola! Che pentola è?

Euclione – Quella che hai portato via dal bosco di Silvano[16]. Dammela! Su, restituiscila. Piuttosto farò a metà con te. Benché tu sia un ladro, non ti darò noie. Su, andiamo, restituiscila.

Liconide – Non sei in te: darmi del ladro! Io pensavo, Euclione, che tu fossi venuto a sapere un'altra cosa, una cosa che mi riguarda; una cosa importante, di cui vorrei parlarti con comodo, se ti fa comodo.

Euclione – Dimmi sinceramente: non sei stato tu a rubarmi l'oro?

Liconide – No, sinceramente.

Euclione – E non sai chi l'abbia rubato?

Liconide – Non so nemmeno questo, sinceramente.

Euclione – E se venissi a sapere chi me l'ha rubato, me l'indicheresti?

Liconide – Lo farò.

Euclione – E non acconsentirai a spartirlo con colui che lo possiede, non accoglierai il ladro?

Liconide – No.

Euclione – E se dovessi mancare alla tua promessa?

Liconide – Allora il grande Giove faccia di me ciò che vuole.

Euclione – Mi basta. Su, ora dimmi tutto quello che vuoi.

16. bosco di Silvano: la pentola di Euclione era stata rubata dall'ultimo nascondiglio in cui il vecchio – spostandola dalla cucina che non sembrava sufficientemente sicura – l'aveva sotterrata, cioè il bosco del dio Silvano, protettore dei boschi e dei campi.

Entriamo nel testo

L'esigenza di divertire il pubblico

Nel teatro romano l'inizio della rappresentazione di una commedia era un momento importante e delicato, perché il pubblico andava a teatro per trovare divertimento e si distraeva facilmente; quindi l'autore doveva attirare sin dalle prime battute l'attenzione degli spettatori e destarne la curiosità. Prima dell'avvio dell'azione, nel prologo un personaggio si rivolgeva direttamente al pubblico e, in modo veloce e discorsivo, esponeva una breve narrazione degli antefatti, presentava i personaggi e predisponeva a seguire la vicenda.

In questa commedia, tocca alla divinità protettrice della casa il compito di attirare l'attenzione degli spettatori e di incuriosirli con l'illustrazione degli antefatti.

La situazione prospettata ha, poi, tutti gli ingredienti per assicurare il divertimento. In primo luogo, i fatti si presentano complicati e di difficile soluzione: da un lato vi è un padre rustico e avaro che, pur di salvare in segreto il tesoro trovato, vuole dare in sposa la figlia a uno che la prende senza dote, dall'altro lato la figlia sta per partorire senza neppure sapere chi sia il padre del nascituro.

In secondo luogo, il mondo rappresentato è molto diverso da quello della società romana dell'epoca, i cui costumi erano improntati al rispetto per la famiglia e la religione, all'obbedienza dei figli e dei servi, e soprattutto alla castità femminile. Dunque, questa commedia non intende essere lo specchio della realtà romana ma, al contrario poggia sulla tacita convenzione che si rappresenti **un mondo lontano e fantastico**, in cui sono ammessi i possibili comportamenti che i Romani, nella loro vita, avrebbero condannato.

Questa finzione scenica permette all'autore di far ridere il pubblico mettendo in scena non solo gli insulti di Euclione e la reazione impertinente della serva Stafila, ma anche la vicenda scabrosa della seduzione e della gravidanza segreta della giovane Fedra.

La tecnica dell'equivoco

Deve essere sottolineata l'abilità con cui Plauto ha creato il dialogo tra Euclione e Liconide: il giovane, pentito di aver causato la gravidanza di Fedra e volendo sposare la ragazza, confessa il proprio misfatto a Euclione, il quale, però, sconvolto per la perdita della sua pentola d'oro, crede che la confessione riguardi il furto dell'oro e non l'onore della figlia, evidentemente per lui

meno prezioso. Tutta la scena, prolungata sino al limite in uno scioglimento che preannuncia il lieto fine della commedia, è imperniata, dunque, su un equivoco. L'equivoco è un **meccanismo su cui si basa la comicità**; già presente nelle commedie greche del IV e III secolo a.C. da cui Plauto trae ispirazione, il ricorso all'equivoco è destinato, dopo l'autore latino, a reincarnarsi numerose volte nelle trame teatrali di autori di differenti aree letterarie.

Il rapporto con la commedia di Menandro

Al di là dello spirito italico che permea la sua produzione e dell'abilità di Plauto di rispondere ai gusti del pubblico romano, traspare chiaramente l'ispirazione tratta dai modelli della commedia ateniese del secolo precedente. In particolare nell'*Aulularia* si riscontrano numerose somiglianze strutturali e tematiche con *Il misantropo* di Menandro, a cominciare dalla costruzione del personaggio di Euclione, che ha molti tratti in comune con Cnemone, il protagonista della commedia menandrea. Anche se Plauto ha connotato il suo personaggio con l'introduzione della caratteristica dell'avarizia e del culto del denaro, entrambi i protagonisti sono scontrosi e in guerra con il mondo intero, uno per la paura che gli venga sottratto il suo tesoro, l'altro per la totale sfiducia nel genere umano.

Anche la costruzione della trama presenta molte affinità. In entrambi i casi il prologo illustra gli antefatti ed è affidato alla divinità che, proteggendo la figlia del protagonista, avvia lo sviluppo dell'azione: in Plauto, il Lare che fa venire alla luce la pentola piena d'oro, in Menandro, il dio Pan che desta in un ricco giovane di città l'amore nei riguardi della figlia di Cnemone. Comuni sono anche le figure delle vecchie serve, che vengono maltrattate e minacciate in modo simile dai rispettivi padroni. Il lieto fine è sempre costituito dal matrimonio, che corona una vicenda d'amore nata in una situazione difficile e piena di ostacoli. Sebbene non sia conservata la parte finale dell'*Aulularia*, possiamo con una certa sicurezza ritenere che la storia si chiuda, come nel *Misantropo*, con il rinsavimento del vecchio padre e un allegro banchetto.

Il teatro classico | **La commedia** | 431

Esercizi

- **Comprensione e interpretazione**

  1. Nel prologo sono citati cinque personaggi importanti della commedia: ricerca i loro nomi ed evidenzia i rapporti che li legano tra loro.
  2. Chi sono i destinatari del discorso del prologo: i personaggi della commedia o gli spettatori?
  3. Dal prologo non risulta che Stafila è la serva di Euclione: in quale punto del dialogo si capisce il suo ruolo? Qual è il suo atteggiamento nei riguardi di Euclione? E quale nei riguardi di Fedra?
  4. Nel dialogo tra Euclione e Stafila emergono i due temi fondamentali, il tesoro e il parto di Fedra. Ricerca nel testo tutti i punti in cui essi compaiono ed evidenzia da quale dei due personaggi sono citati.
  5. La scena del dialogo tra Euclione e Liconide è basata sull'equivoco: i due personaggi parlano di cose differenti, ma ciascuno di loro crede che l'interlocutore parli della stessa cosa. Mentre Euclione parla della sua pentola rubata, Liconide ritiene che egli sia indignato per l'affronto fatto alla figlia, di cui proprio lui è il responsabile. Ricerca nelle battute della scena le espressioni e i termini intorno a cui ruota l'ambiguità. L'equivoco ha termine quando infine uno dei due personaggi esprime con termini chiari e non ambigui l'oggetto del suo discorso: quali parole, in questo dialogo, segnano la fine dell'equivoco?
  6. Indica l'argomento di ciascuna delle scene in cui si suddivide il testo proposto.

- **Competenza testuale**

  7. Prendi in esame il lungo discorso fatto nel prologo: esso è costituito da un vero e proprio testo narrativo, in cui gli eventi sono esposti secondo il loro ordine cronologico. Dividilo in sequenze, in base al tempo in cui si svolgono gli eventi narrati. Tra le sequenze distingui quelle in cui:
     - si raccontano gli antefatti;
     - si preannuncia ciò che sta per verificarsi nell'azione teatrale e che il Lare conosce già;
     - si entra nel presente dell'azione scenica.
  8. Il linguaggio usato nella commedia ti sembra realistico e simile alla vivacità del parlare quotidiano o solenne e austero come si addice a una rappresentazione che veicola alti significati etici?

- **Produzione**

  9. Gli aspetti del carattere di Euclione sono delineati fin dal primo atto con chiarezza ed evidenza, elemento tipico della commedia antica, che mette in scena personaggi facilmente identificabili nelle loro caratteristiche. Esamina i comportamenti e le espressioni di Euclione nel primo atto, e delineane le caratteristiche.
  10. Le didascalie non sono presenti nel testo originale di Plauto, ma sono state aggiunte dai traduttori moderni per facilitare la comprensione del testo. Immagina di leggere il testo senza la loro presenza. Troveresti difficoltà a riconoscere i destinatari di tutte le espressioni e battute? Saresti in grado di ricostruire i luoghi in cui si svolgono le scene, le entrate e le uscite di scena?
  11. Riscrivi l'incontro tra Euclione e Liconide senza ricorrere ai discorsi diretti.

per l'**INVALSI** con *Eugenio*

1. Il testo teatrale che hai letto è:
a. ☐ la parte finale di una commedia.
b. ☐ due parti distinte di una commedia.
c. ☐ una intera commedia.
d. ☐ il prologo di una commedia.

2. Il discorso del Lare domestico nel prologo contiene:
a. ☐ una anticipazione degli eventi che si svolgono nel corso della commedia.
b. ☐ la narrazione degli eventi accaduti prima dell'inizio dell'azione scenica.
c. ☐ la descrizione dei personaggi che si incontreranno nel corso della commedia.
d. ☐ la descrizione dell'ambiente in cui si sta per svolgere l'azione scenica.

3. Analizza il periodo «Perché nessuno rimanga con questa curiosità, ve lo spiegherò in due parole» (righe 3-4). Qual è la natura delle proposizione subordinata?
a. ☐ Finale.
b. ☐ Causale.
c. ☐ Oggettiva.
d. ☐ Interrogativa indiretta.

4. A chi si riferisce il Lare mediante l'espressione «colui che oggi la possiede» (riga 6)?

....

5. Chi ha sotterrato il tesoro in mezzo al focolare?

....

6. Il Lare dichiara di non aver rivelato il segreto del tesoro nascosto al padre dell'attuale padrone di casa. Per quale motivo?
a. ☐ Perché i proventi della terra gli bastavano per vivere.
b. ☐ Perché non dimostrava rispetto per il Lare.
c. ☐ Perché questa era stata la volontà del nonno.
d. ☐ Perché morí prima che il Lare gli mostrasse il tesoro.

7. Per quale motivo il Lare ha deciso di far trovare a Euclione il tesoro nascosto?
a. ☐ Perché Euclione è devoto al Lare domestico.
b. ☐ Perché la figlia di Euclione abbia una dote per sposarsi.
c. ☐ Perché la figlia di Euclione è devota al Lare domestico.
d. ☐ Perché il nonno aveva stabilito che il tesoro fosse destinato al nipote.

8. Analizza l'espressione «la grossezza d'un dito o la larghezza di un'unghia» (riga 48): quale complemento esprimono le parole *la grossezza* e *la larghezza*?
a. ☐ Complemento oggetto.
b. ☐ Complemento di separazione o allontanamento.
c. ☐ Complemento di qualità.
d. ☐ Complemento di quantità o misura.

9. Perché Euclione pretende che nessuno entri in casa e in particolare nella cucina?
a. ☐ Perché il tesoro è nascosto nel focolare.
b. ☐ Per non far vedere la povertà della sua casa.

c. ☐ Perché non vuole prestare niente ai vicini.
d. ☐ Perché nessuno interrompa i lavori di Stafila.

10. Quale complemento viene espresso dalle parole «alla cieca» (riga 108)?
a. ☐ Complemento di termine.
b. ☐ Complemento di moto verso luogo.
c. ☐ Complemento di modo.
d. ☐ Complemento di qualità.

11. Nella scena IX dell'atto IV Euclione esprime tutta la sua disperazione. Rintraccia nel testo le parole che egli usa per indicare la causa della sua disperazione.

....

....

12. Nel testo alle righe 167 e 168 entrambi i personaggi usano la parola «toccarla», ma riferendo il pronome *la* a due cose differenti. Scrivi i due diversi referenti del pronome *la* nella frase di Euclione e in quella di Liconide.

....

....

13. Rintraccia nel testo la battuta con cui si comincia a chiarire l'equivoco che si è creato tra Euclione e Liconide.

....

....

....

William Shakespeare
Il mercante di Venezia

Testo conchiglia
Avidità e avarizia

• W. Shakespeare, *Tutte le opere*, a cura di M. Praz, Sansoni, Firenze, 1964

IN SINTESI: Presentiamo alcune scene dall'atto III e dall'atto IV. È arrivata a Venezia la notizia, sebbene non confermata, del naufragio di una nave di Antonio con un ricco carico. Lo sgomento si diffonde tra gli amici di Antonio, anche perché questa perdita economica impedirà ad Antonio di pagare il debito contratto con Shylock. Uno di questi amici, incontrando l'ebreo, cerca di saggiare le sue intenzioni, ottenendo in risposta l'espressione del suo odio contro Antonio e della sua rabbia per il disprezzo di cui è oggetto dai cristiani di Venezia a causa della sua origine ebrea. Deciso ad avere vendetta su Antonio, Shylock lo fa arrestare, in attesa del procedimento giudiziario. Nella scena successiva, Shylock incontra Antonio appena arrestato e gli conferma la sua decisione di esigere l'esecuzione della crudele forma di pagamento, secondo quanto previsto nel contratto. Nella scena I dell'atto IV si svolge, davanti al doge di Venezia e alla Corte di giustizia, il dibattito in merito alla causa aperta da Shylock per ottenere il pagamento del debito da parte di Antonio nella forma prevista nell'accordo, fino alla inaspettata conclusione.

genere: commedia | *epoca:* 1598 | *luogo:* Londra | *lingua originale:* inglese

ATTO III – SCENA I

Venezia. Una strada.

SHYLOCK – Ecco per me un altro cattivo affare![1] Un fallito, uno scialacquatore[2], uno che ora osa appena mostrare la faccia a Rialto[3], uno straccione che era solito di venir sulla piazza del mercato tutto agghindato! Pensi alla sua obbligazione![4] Aveva l'abitudine di chiamarmi usuraio. Pensi alla sua obbligazione! Aveva l'abitudine di prestar danaro per cristiana compiacenza[5]. Pensi alla sua obbligazione!

SALERIO – Ebbene, son sicuro che s'egli manca all'impegno tu non vorrai prenderti la sua carne[6]. A che ti servirebbe?

SHYLOCK – A farne esca per i pesci. Se essa non potrà alimentar altro, alimenterà per lo meno la mia vendetta. Egli mi ha vituperato[7], mi ha impedito di guadagnar mezzo milione, ha riso delle mie perdite, si è burlato dei miei guadagni, ha insultato il mio popolo[8], osteggiato[9] i miei affari, ha raffreddato i miei amici, riscaldato i miei nemici. E per qual motivo? Sono un ebreo. Ma non ha occhi un ebreo? Non ha un ebreo mani, organi, membra, sensi, affetti, passioni? Non si nutre degli stessi cibi, non è ferito dalle stesse armi, non è soggetto alle stesse malattie, non si cura con gli stessi rimedi, non è riscaldato e agghiacciato dallo stesso inverno e dalla stessa estate come lo è un cristiano?[10] Se ci pungete, non facciamo sangue? Se ci fate il solletico, non ridiamo? Se ci avvelenate, non moriamo? E se ci oltraggiate, non dobbiamo vendicarci? Se siamo simili a voi in tutto il rimanente, vogliamo rassomigliarvi anche in questo. Se un cristiano è oltraggiato da un ebreo, qual è la sua mansuetudine? La vendetta![11] Se un ebreo è oltraggiato da un cristiano, quale può essere, sull'esempio cristiano, la sua tolleranza? Ebbene, la vendetta! La malvagità che mi insegnate[12] la metterò in opera, e sarà difficile che io non abbia a superare i maestri.

[...]

ATTO III – SCENA III

Venezia. Una strada.
Entrano SHYLOCK, SALERIO[13], ANTONIO *e un Carceriere.*

SHYLOCK – Carceriere, stagli attento[14]. Non mi parlare di pietà. Costui è quell'imbecille che prestava gratis il danaro[15]. Stagli attento, carceriere.
ANTONIO – Ascoltami tuttavia, buon Shylock.

---

1. Ecco per ... cattivo affare!: Shylock sta parlando con Salerio, un amico di Antonio che gli ha accennato al naufragio della nave di Antonio.

2. Un fallito, uno scialacquatore: si riferisce ad Antonio.

3. Rialto: nome del piú antico nucleo di Venezia, famoso per il suo ponte e per il mercato che, all'epoca, era il punto di riferimento dei mercanti.

4. sua obbligazione: il debito contratto con Shylock e sottoscritto mediante un documento scritto.

5. chiamarmi usuraio ... cristiana compiacenza: Antonio prestava il denaro senza interessi, in coerenza con la religione cristiana che condanna l'usura.

6. non vorrai ... sua carne: la libbra di carne che Shylock aveva il diritto di prendere dal corpo di Antonio nel caso della sua insolvenza.

7. vituperato: insultato e offeso.

8. ha insultato il mio popolo: ha insultato Shylock in quanto ebreo, e quindi ha insultato tutti gli ebrei. È il tema centrale del monologo di Shylock, che si vede oggetto di disprezzo dai veneziani per il fatto di essere ebreo.

9. osteggiato: ostacolato e avversato.

10. non ha occhi ... un cristiano?: questa serie di domande retoriche segna il momento di maggiore tensione emotiva del monologo di Shylock, peraltro molto appassionato nel suo complesso. In esse Shylock si appunta sull'identità umana che accomuna sia gli ebrei che i cristiani, per cui tutti provano le stesse sensazioni fisiche e gli stessi sentimenti. Sono frasi centrali non solo del monologo, ma dell'intera opera, assunte come emblema del dolore non solo di Shylock, ma di tutti gli ebrei che nei secoli sono stati oltraggiati con la persecuzione razzista.

11. se ci oltraggiate ... La vendetta!: se la risposta alle offese adottata dai cristiani contro gli ebrei è la vendetta, allora anche un ebreo oltraggiato, seguendo l'esempio dei cristiani e in omaggio all'uguaglianza con essi, ricorrerà alla vendetta. Queste frasi di accusa al comportamento ingeneroso da cui gli ebrei sono colpiti costituiscono, nella struttura del monologo, il passaggio di collegamento tra la proclamazione dell'uguaglianza umana che accomuna ebrei e cristiani e le motivazioni della spietatezza di cui Shylock è intenzionato a dare prova.

12. La malvagità che mi insegnate: gli esempi di malvagità offerti dai cristiani nei suoi riguardi sono per Shylock l'insegnamento per il suo comportamento futuro.

13. SALERIO: un amico di Antonio e di Bassanio.

14. Carceriere, stagli attento: il carceriere sta accompagnando Antonio in carcere, su richiesta dello stesso Shylock.

15. Costui è ... il danaro: dunque Shylock nutre desiderio di vendetta nei riguardi di Antonio perché questi (*Costui*), prestando denaro senza interesse, intralciava gli affari usurai dell'ebreo.

Il teatro classico : **La commedia**

35 SHYLOCK – Io voglio l'esecuzione del mio contratto: non dir nulla contro il mio contratto. Ho fatto il giuramento di volerne l'esecuzione. Tu mi chiamavi cane[16] senza che ne avessi alcuna ragione. Ebbene, dal momento che sono un cane, guardati dalle mie zanne. Il doge[17] mi renderà giustizia. Mi meraviglio che tu, balordo carceriere, sia cosí tenero da andare in giro con 40 lui a suo piacere.

ANTONIO – Ti prego, ascolta una parola.

SHYLOCK – Voglio l'esecuzione del mio contratto. Non voglio ascoltare i tuoi discorsi. Voglio l'esecuzione del contratto: perciò non mi dir niente. Non si farà di me un di quei minchioni dagli occhi tonti che scuotono il capo,

16. Tu mi chiamavi cane: Shylock è risentito anche per l'atteggiamento ostile che lo colpisce non solo da parte di Antonio ma da parte di tutto l'ambiente sociale a motivo della sua origine ebrea; in realtà l'avversione dei Veneziani non è dovuta tanto all'origine ebrea in se stessa di Shylock, quanto al fatto che egli è un ebreo usuraio.
17. doge: il doge era la massima carica della Repubblica di Venezia.

L'OPERA

La commedia in versi e in prosa in cinque atti *Il mercante di Venezia*, scritta a Londra nel 1598 e pubblicata nel 1600, elabora una vicenda inquadrata, come anche il titolo indica, nell'ambiente mercantile di Venezia nel XVI secolo.

Il giovane Bassanio è provvisto di scarsi mezzi, ma desidera sposare la bella e ricca Porzia. Si rivolge, quindi, a un ricco usuraio ebreo, Shylock, per ottenere un prestito di tremila ducati; poiché occorre un garante, si offre come tale l'amico Antonio, mercante impegnato in rischiosi commerci, che sottoscrive la crudele obbligazione imposta dall'usuraio: se non potrà restituire il prestito entro tre mesi, dovrà dare a Shylock una libbra (poco meno di mezzo chilo) della propria carne, presa vicino al cuore. Passano i tre mesi, durante i quali Bassanio ottiene la mano di Porzia, ma arriva anche la notizia che una nave di Antonio, con un carico importante, è naufragata, con la conseguente difficoltà di onorare il debito contratto con l'usuraio. Shylock è da un lato offeso dall'atteggiamento sociale a lui ostile a causa della sua origine ebrea, dall'altro è furioso perché la figlia lo ha depredato fuggendo con il suo innamorato; inoltre, odia Antonio perché questi presta il denaro senza interesse, ostacolando gli affari usurai di Shylock nella città. L'ebreo, pertanto, esulta alla notizia della sventura economica di Antonio e si mostra implacabile nell'esigere il suo credito, pretendendo una libbra del corpo del suo debitore, del quale chiede l'arresto. La questione viene portata davanti al doge e ai magistrati della città, presso i quali Shylock sostiene il suo diritto a esigere il pagamento del debito nei termini stabiliti nell'accordo con Antonio, rifiutando un risarcimento pari al doppio del debito che gli viene offerto da Bassanio con i denari di Porzia. La situazione è drammatica: riesce a risolverla l'intervento di Porzia la quale, travestita da uomo, riesce con uno stratagemma a farsi accogliere davanti alla Corte di giustizia in qualità di un qualificato dottore in legge. Essa, fingendo di dare applicazione alla richiesta di Shylock, prova invece come non sia possibile per il creditore tagliare esattamente una libbra di carne del corpo di Antonio e, soprattutto, farlo senza versare neppure una stilla di sangue, dato che di esso non si fa alcuna menzione nel contratto.

La vicenda si conclude con una punizione inflitta dalle autorità a Shylock per aver attentato alla vita di un cittadino, punizione consistente in una multa e nella donazione dei suoi beni alla figlia. La storia, quindi, ha un lieto fine, ma ciò non sminuisce la potenza della raffigurazione dell'avido Shylock e degli esiti a cui può portare un'avidità esasperata e implacabile.

Questo filo narrativo che abbiamo selezionato si intreccia, nella commedia, alla vicenda del rapporto amoroso tra Porzia e Bassanio; nell'ambito della trama questa vicenda ha la funzione di motivare prima il prestito richiesto all'usuraio e poi l'intervento risolutivo di Porzia in favore di Antonio, ma anche dimostra la capacità di fondere insieme i vari aspetti della vita umana e di rappresentare la vasta gamma delle passioni dell'animo che caratterizzano la potenza dell'intera produzione drammatica shakespeariana.

18. cedono ... cristiani: le parole segnalano il senso di estraneità di Shylock dall'ambiente cristiano che lo circonda, e sottolineano la sua indifferenza di fronte agli interventi di mediazione (*intercessioni*) a cui sono sensibili i cristiani nei loro rapporti sociali.

19. ho liberato dalle sue penalità: oltre a prestare senza interessi, Antonio ha riscattato i debiti contratti da persone che non potevano rimborsarli a Shylock, il quale perdeva il guadagno delle penalità supplementari che avrebbe ricavato.

20. i privilegi ... Stato: la Repubblica di Venezia basava la propria ricchezza sulla floridezza degli affari mercantili, garantendo la protezione anche agli stranieri (*forestieri*) che operando nella città contribuivano al suo prestigio economico e politico.

21. Graziano, Solanio: sono due amici di Antonio e di Bassanio.

s'inteneriscono, sospirano, e cedono ad intercessioni di cristiani[18]. Non mi venir dietro; non voglio discorsi. Voglio l'esecuzione del contratto. (*Esce.*)
SALERIO – È il cane piú spietato che sia mai vissuto fra gli uomini.
ANTONIO – Lasciatelo andare: non lo perseguirò piú con preghiere inutili. Egli vuole la mia vita e ne so la ragione. Spesso ho liberato dalle sue penalità[19] molti che piú volte vennero da me a raccomandarsi piangendo. È per questo che mi odia.
SALERIO – Son sicuro che il doge non permetterà mai che si prenda una simile penalità.
ANTONIO – Il doge non può negar corso alla giustizia; perché se non fossero riconosciuti i privilegi che i forestieri hanno qui da noi in Venezia, il fatto screditerebbe la giustizia dello Stato[20], dal momento che il commercio e la floridezza della città dipendono da tutte le nazioni. Andiamo dunque. Questi dispiaceri e queste perdite mi hanno ridotto in tale stato che a mala pena potrò mettere insieme domani una libbra di carne per il mio sanguinario creditore. Suvvia! Andiamo, carceriere. Dio voglia che possa giungere Bassanio per vedermi pagare il suo debito; e poi non m'importa di nulla! (*Escono.*)

ATTO IV – SCENA I

Venezia. Una Corte di giustizia.
Entrano il DOGE, *i Magnati,* ANTONIO, BASSANIO, GRAZIANO, SOLANIO[21] *ed altri.*

DOGE – Ebbene, c'è Antonio?
ANTONIO – Presente, agli ordini di Vostra Serenità.
DOGE – Mi dispiace per te. Tu vieni a rispondere ad un avversario duro come un macigno, a un essere disumano, incapace di pietà, completamente privo del piú piccolo senso di compassione.
ANTONIO – Ho saputo che Vostra Serenità si è data la piú grande premura per moderare la sua rigida azione giudiziaria; ma dal momento ch'egli rimane ostinato, e per nessun mezzo legale io posso uscir fuori della cerchia del suo malvolere, opporrò la mia pazienza alla sua rabbia, e sono armato a sopportare con la tranquillità del mio spirito la crudeltà e la ferocia del suo.
DOGE – Qualcuno vada a dire all'ebreo di presentarsi dinanzi alla Corte.
SOLANIO – È qui pronto alla porta. Ecco che viene, mio signore.

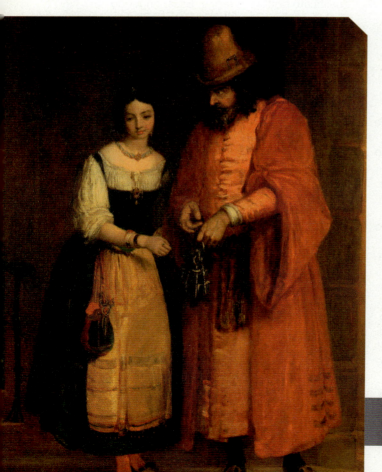

Gilbert Stuart Newton, *Shylock e Jessica*, 1830. New Haven (USA); Yale Center for British Art.

Il teatro classico | **La commedia**

Entra Shylock.

Doge – Fategli posto e stia dinanzi alla nostra persona. Shylock, tutti credono, e cosí credo anch'io, che tu voglia sostenere codesta tua parte di
90 spietato soltanto sino all'ultimo momento del dramma[22]; allora si pensa che vorrai far mostra della tua compassione e di una pietà piú strana che non sia la tua strana crudeltà apparente[23]; e mentre esigi ora la penale che con-

22. che tu voglia ... del dramma: il doge sa bene che Shylock ha un animo duro e privo di compassione ma, con molta abilità strategica, gli offre la possibilità di esercitare un atto di clemenza senza apparire un debole e senza sconfessare la propria immagine di creditore spietato.

23. vorrai far ... apparente: la pietà di cui darebbe prova Shyock risulterebbe ancora piú strana della crudeltà finora dimostrata; l'abilità psicologica del doge prosegue suggerendo che l'immagine sociale di Shylock trarrebbe vantaggio dalla dimostrazione che la sua crudeltà è solo *apparente*.

L'autore

William Shakespeare, nacque a Stratford-upon-Avon nel 1564, non lontano da Birmingham. Figlio di un rispettabile commerciante, ricevette un'adeguata istruzione alla liceale *Grammar School*. Ancora in giovane età (aveva solo 18 anni) sposò Anne Hathaway. Da questo momento le notizie biografiche si fanno tradizionalmente esigue e difficilmente documentabili. Nel 1589 era probabilmente a Londra, dove rimase per il periodo 1592-94 quando i teatri furono chiusi a causa della peste. A questo periodo vengono attribuite le due opere non drammatiche *Venere e Adone* e *Il ratto di Lucrezia*. Alla riapertura dei teatri, si associò alla compagnia dei Lord Chamberlain's Men; nel 1599 era al Globe Theatre, dove produsse e rappresentò i suoi piú grandi drammi. Quando Giacomo I Stuart divenne re nel 1603 la denominazione dei Lord Chamberlain's Men mutò in King's Men, in quanto sotto il diretto patrocinio del sovrano. Nel 1610 Shakespeare fu nuovamente a Stratford, dove morí nel 1616.
La sua produzione poetica, oltre alle due citate opere non drammatiche, comprende 154 sonetti, preziosi oltre che per la perfezione formale per le bellissime meditazioni sull'inesorabile trascorrere del tempo e sull'eternità dell'amore e della poesia.
La produzione drammatica comprende 37 tra commedie, drammi storici, tragedie, composte presumibilmente tra il 1590 e il 1613 (secondo la cronologia Chambers). Emergono tra i drammi storici *Riccardo II*, *Enrico IV* (parte prima e seconda), *Riccardo III,*; tra le commedie *Il mercante di Venezia, La commedia degli errori, La bisbetica domata, Sogno di una notte d'estate, A piacer vostro, Molto rumore per nulla*; tra le grandi tragedie *Giulio Cesare, Amleto, Otello, Macbeth, Re Lear, Antonio e Cleopatra*. Menzione a parte meritano *Romeo e Giulietta* e l'ultima «favola» scritta poco prima della morte, *La tempesta*. Per le sue tragedie Shakespeare non inventò gli intrecci ma trasse spunto da cronache storiche, novelle, racconti, altri drammi, sicché le sue opere sono ambientate in differenti luoghi e in epoche diverse: dal mondo degli antichi Romani alla storia nazionale, dal mondo mitico a quello favolistico. Egli non seguí le regole aristoteliche dell'unità di tempo, luogo e azione, ma rappresentò in piena libertà compositiva la varietà dei destini umani e la complessità dell'animo dell'uomo, all'interno del quale risiedono tutte le passioni e le contraddizioni da cui scaturisce il motivo del dramma. Ogni tragedia, infatti, non rappresenta il caso individuale, seppur idealizzato ed elevato a livello eroico, di un personaggio che subisce un destino esterno e a lui estraneo, ma è sempre la rappresentazione di un conflitto interiore, del dilemma dell'uomo che viene posto di fronte alla scelta fra il Bene e il Male e cerca nell'esistenza terrena la risposta ai dubbi e alle angosce esistenziali.

24. petti di bronzo: cuori duri e inflessibili come il bronzo.

25. strappar ... dolce cortesia: avendo capito che a Shylock preme conservare la sua immagine di uomo duro e spietato, il doge paragona l'ebreo ai Turchi e ai Tartari, famosi per la loro crudele inflessibilità, e afferma che persino quei popoli, che hanno fama di tanta durezza, proverebbero compassione verso Antonio, un uomo già tanto colpito dalla sorte per la perdita delle navi.

26. il nostro santo Sabato: il sabato è il giorno sacro per gli Ebrei.

27. sulla vostra ... vostra città: sull'immagine dello stato di Venezia e sui privilegi economici di cui godevano le sue attività commerciali internazionali.

28. carne guasta: carne tratta da un corpo umano e certamente inadatta a ogni forma di utilizzazione.

29. se la mia ... farlo avvelenare?: Shylock, ricorrendo al paragone offensivo tra Antonio e un topo che infesta la casa, vuole affermare che rispetto al denaro preferisce togliersi la soddisfazione di disfarsi di una persona a lui sgradita. Osserviamo anche che Shylock attribuisce al topo molesto il valore di diecimila ducati (una cifra peraltro enorme), mentre il debito di Antonio, e quindi il «valore» a lui attribuito, è di tremila ducati, cioè meno di un terzo.

30. zampogna: un antico strumento musicale formato da una sacca, detta *otre*, da cui escono due canne in cui si soffia l'aria; la sacca è realizzata con una intera pelle di capra o di pecora, per cui, poco più avanti, la zampogna viene definita *lanosa*.

31. grugno spalancato: con la bocca spalancata; il *grugno*, alla lettera, indica il muso di un animale.

32. inveterato: antico e profondamente radicato.

33. C'è forse ... uccidere?: in forma di domanda retorica Shylock afferma che ogni

---

siste in una libbra di carne di questo disgraziato mercante, vorrai non solo rinunziare a codesto tuo diritto ma, tocco da gentilezza e simpatia umana, condonargli anche una parte della somma, gettando uno sguardo di pietà sulle perdite che ultimamente si sono accumulate sulle sue spalle, tali che bastano ad abbattere un mercante reale e a strappar commiserazione per il suo stato a petti di bronzo[24], a rudi cuori di macigno, ad inflessibili Turchi e Tartari, non abituati mai ad atti di dolce cortesia[25]. Noi tutti aspettiamo, ebreo, una gentile risposta. 100

SHYLOCK – Io ho informato Vostra Serenità delle mie intenzioni. E per il nostro santo Sabato[26] ho giurato che avrò ciò che mi è dovuto in esecuzione del mio contratto. Se voi me lo negate, ne ricada il pericolo sulla vostra carta e sulle franchigie della vostra città[27]. Mi chiedete perché io preferisca di ricevere una libbra di carne guasta[28] anzi che tremila ducati? Non risponderò. Fate conto che sia un mio capriccio. Non è questa una risposta? Che cosa avrei da rispondere se la mia casa fosse molestata da un topo e a me piacesse spendere diecimila ducati per farlo avvelenare[29]? Ebbene, non vi basta questa risposta? Vi sono uomini a cui non piace vedere sulla mensa un maiale col limone in bocca, altri che danno in ismanie se vedono un gatto, ed altri che, quando una zampogna[30] manda il suo suono nasale, non possono contenere l'orina; perché la sensibilità, signora delle reazioni corporali, le governa ad arbitrio di ciò che a lei piace o ripugna. Ora, per tornare alla risposta che mi chiedete, come non c'è nessuna solida ragione del perché uno non può soffrire un porco col grugno spalancato[31] e un altro un gatto innocuo ed utile e un altro una lanosa zampogna, ma deve forzatamente sottomettersi ad un inevitabile biasimo di offendere, ricevendo egli stesso offesa, così io non posso e non voglio dare alcuna ragione, all'infuori di un odio inveterato[32], e di una ferma ripugnanza che ho per Antonio, del motivo perché io sostengo contro di lui una causa che è per me tanto rovinosa. Vi basta questa risposta?

BASSANIO – Questa non è, uomo insensibile, una risposta tale da giustificare l'impeto della tua crudeltà.

SHYLOCK – Non sono obbligato a farti piacere con le mie risposte.

BASSANIO – Forse che tutti gli uomini uccidono gli esseri che non amano? 125

SHYLOCK – C'è forse qualche uomo che odii un essere che egli non vorrebbe uccidere?[33]

BASSANIO – Ma non ogni risentimento porta con sé, fin dal principio, anche l'odio.

SHYLOCK – Come! Vorresti che un serpente ti mordesse due volte? 130

ANTONIO – Vi prego, pensate che voi discutete con un ebreo. Tanto varrebbe stare sulla spiaggia e dire all'oceano di abbassare il suo abituale livello. Tanto varrebbe disputare col lupo perché ha fatto belar la pecora per l'agnello[34]. Tanto varrebbe ancora impedire ai pini della montagna di agitare le loro alte cime e di non far rumore quando sono tormentati dalle raffiche dei cieli. Tanto varrebbe compier l'impresa più dura, quanto cercar di ammollire – e che cosa e più dura di questa? – il suo cuore di ebreo[35]. Vi scongiuro perciò di non fare altre offerte, di non impiegare altri mezzi, ma 135

---

uomo che ne odia un altro lo vorrebbe uccidere.

34. ha fatto ... per l'agnello: a causa della sua presenza la

pecora ha belato ponendosi a protezione del suo agnellino.

35. Tanto varrebbe ... di ebreo: addolcire il cuore di un ebreo

è un'impresa più dura che impedire al vento di scuotere le cime degli alberi.

lasciate che, con tutta la brevità e semplicità consentite, io m'abbia la mia
140 sentenza, e l'ebreo ciò che richiede.
BASSANIO – Per i tuoi tremila ducati eccone sei.
SHYLOCK – Se ciascuno dei seimila ducati fosse diviso in sei parti, e ciascuna parte fosse un ducato, non li prenderei; io voglio l'adempimento del mio contratto.
145 DOGE – Quale pietà puoi tu sperare quando non ne usi alcuna?
SHYLOCK – E qual giudizio devo temere quando non faccio nulla di male? Voi avete fra voi molti schiavi che avete comprati e adoperati, come i vostri asini, i vostri cani e i vostri muli, in bassi, abbietti servigi, perché li avete comprati. Posso io dirvi: «Lasciateli liberi, ammogliateli con le vostre ere-
150 di? Perché devono sudare sotto il carico? Lasciate che si facciano i loro letti soffici come i vostri e che i loro palati siano stuzzicati da vivande come le vostre». Voi mi risponderete: «Gli schiavi sono nostri». Cosí rispondo io a voi: «La libbra di carne che io pretendo da lui è stata comprata a caro prezzo: è mia e voglio averla. Se voi me la negate, onta alla vostra legge![36]
155 Le leggi di Venezia non hanno piú forza. Io sto qui per attendere la vostra sentenza. Rispondetemi: l'avrò?».
DOGE – Per i miei poteri io posso aggiornare la Corte, a meno che non arrivi oggi Bellario, un valente dottore che ho mandato a cercare per risolvere il caso[37].
160 SOLANIO – Signore, è qui fuori, venuto da Padova, un messo, con lettere da parte del dottore.
DOGE – Portateci le lettere e fate entrare il messo.
BASSANIO – Sta' di buon animo, Antonio! Coraggio ancora, amico! L'ebreo avrà la mia carne, il mio sangue, le mie ossa, tutto, prima che tu debba
165 perdere per me una stilla di sangue.
ANTONIO – Io sono la pecora infetta del gregge, la piú adatta alla morte. Il frutto piú debole cade per il primo al suolo, e cosí lasciate che sia di me. Voi non potete meglio essere impiegato, Bassanio, che a vivere ancora e a scrivere il mio epitaffio[38].

36. onta alla vostra legge!: sarà una vergogna che ricadrà sulla vostra legge, perché essa sarebbe inapplicata.
37. Bellario ... risolvere il caso: di fronte alla difficoltà posta dalla questione, il doge ha chiesto l'intervento del qualificato dottore in legge dell'università di Padova. Nel frattempo (come abbiamo appreso nell'atto III), Porzia aveva appreso di questa richiesta di intervento e, siccome Bellario è suo cugino, di nascosto a tutti e in particolare a Bassanio e Antonio, si era fatta consegnare da Bellario una veste di dottore in legge e un documento di delega a operare a nome suo.
38. epitaffio: iscrizione sulla tomba.

> A questo punto sopraggiunge un messaggero recante documenti da parte del dottor Bellario, il quale delega a operare in sua vece Baldassarre, giovane ma dotto dottore in legge. Il messaggero altri non è che la cameriera di Porzia, la quale, nel frattempo, all'insaputa di tutti, si è travestita assumendo l'identità del dottor Baldassarre.
> Dopo essere stata accolta dal doge e aver preso posto nella Corte di giustizia, Porzia invita caldamente quanto inutilmente Shylock alla clemenza; quindi dichiara che, in base al contratto, Shylock può legalmente reclamare una libbra di carne di Antonio, da tagliarsi proprio vicino al cuore.

Messa in scena del *Mercante di Venezia* nel 2012. Da sinistra, Bassanio, Antonio, Shylock.

39. ma se nel ... di Venezia: questo è il momento chiave di tutta la vicenda: la giovane Porzia, abile e intelligente sebbene non sia dottore in legge, ha trovato il punto debole della causa cominciando a dimostrare come la richiesta cruenta di Shylock sia, in pratica, irrealizzabile nei termini in cui era stata disposta nel contratto. In questo modo Porzia ha rovesciato la situazione, trasformando la posizione dell'ebreo, che da accusatore arrogante e pretenzioso si troverà a doversi difendere dal pericolo di perdere i suoi beni nonché la vita.

40. O giustissimo ... dotto giudice!: Graziano, amico di Antonio e Bassanio, ha capito la strategia favorevole all'amico messa in atto da colui che si ritiene essere Baldassarre ed esprime con questo intervento, come con gli altri che seguiranno, la gioia derivante dal sollievo di intravedere la salvezza per Antonio.

41. Allora accetto ... sia libero: siccome Shylock sa che non gli sarà possibile estrarre la carne viva di Antonio senza versare il suo sangue, di fronte al pericolo che adesso è lui a correre, si affretta ad accettare la proposta che prima aveva rifiutato, cioè sciogliere il debito di Antonio accettando la somma tre volte più alta offerta da Bassanio.

42. Egli non ... che la penale: adesso che Shylock ha cominciato a capire che le cose si mettono male per lui, è il giudice, cioè Porzia, che rifiuta ogni forma di conciliazione: essa ribadisce che l'ebreo non deve avere denaro ma solo la *penale*, ovvero la libbra di carne di Antonio come stabilito nel contratto, sapendo bene che ciò non sarà possibile, come verrà meglio chiarito nella battuta successiva.

43. il piatto ... di un capello: il piatto della bilancia mostra una differenza di peso anche piccolissima.

PORZIA – Una libbra della carne di questo mercante è tua. La Corte te l'aggiudica e la legge te la concede. 170

SHYLOCK – Giustissimo giudice!

PORZIA – E voi dovete tagliar questa carne dal suo petto. La legge ve la concede e la Corte ve l'aggiudica.

SHYLOCK – Dottissimo giudice! Che sentenza! Vieni; preparati! 175

PORZIA – Aspetta un momento; c'è qualcos'altro. Questa obbligazione non ti dà neppure una stilla di sangue. Le precise parole sono: «una libbra di carne». Attienti dunque ad essa e prenditi la tua libbra di carne; ma se nel tagliarla tu versi una sola goccia di sangue cristiano, le tue terre e i tuoi beni sono, in forza delle leggi di Venezia, confiscati a favore dello Stato di Venezia[39]. 180

GRAZIANO – O giustissimo giudice! Vedi, ebreo, che dotto giudice![40]

SHYLOCK – È questa la legge?

PORZIA – Tu stesso puoi vederne il testo; poiché dal momento che insisti sulla giustizia, sta' pur sicuro che avrai giustizia, piú di quanto desideri.

GRAZIANO – O dotto giudice! Vedi, ebreo, che dotto giudice! 185

SHYLOCK – Allora accetto l'offerta. Mi si paghi tre volte la somma dell'obbligazione e il cristiano sia libero[41].

BASSANIO – Ecco il danaro.

PORZIA – Un momento. L'ebreo deve aver intera giustizia. Un momento! Senza fretta! Egli non deve avere altro che la penale[42]. 190

GRAZIANO – O ebreo! Un giustissimo giudice, un dotto giudice!

PORZIA – Perciò preparati a tagliar la carne. Non versar sangue e non tagliare né piú né meno di un'esatta libbra di carne. Se ne tagli piú o meno di una libbra esatta, tanto solo che la renda, nel suo peso totale, piú leggera o piú pesante di una frazione che sia la ventesima parte di un solo grano, o, 195 meglio, se il piatto sgarra solo per la differenza di un capello[43], tu muori e i tuoi beni sono confiscati.

GRAZIANO – Un secondo Daniele[44]! Un Daniele, o ebreo! Ora, o miscredente, ti tengo sotto.

PORZIA – Perché esita l'ebreo? Prenditi la tua penale. 200

SHYLOCK – Datemi soltanto il mio capitale e lasciatemi andare.

BASSANIO – L'ho qui pronto per te: eccolo.

PORZIA – L'ha rifiutato in piena Corte. Egli deve ottenere semplicemente giustizia, e l'esecuzione del contratto.

GRAZIANO – Un Daniele, torno a dire; un secondo Daniele! Ti ringrazio, 205 ebreo, d'avermi insegnata questa parola.

SHYLOCK – Non avrò neppur semplicemente il capitale mio?

PORZIA – Tu non devi aver altro che la penalità, da prendersi a tuo rischio, o ebreo.

SHYLOCK – Ebbene, che il diavolo gliene faccia far buon pro! Non voglio rimaner qui piú a lungo a discutere[45]. 210

PORZIA – Aspetta, ebreo. La legge ha un'altra presa su di te. È stabilito nelle leggi di Venezia che se si può provare contro uno straniero[46] che egli con

44. Un secondo Daniele: Daniele è un profeta di cui si parla nell'Antico Testamento: deportato a Babilonia sotto il re Nabuccodonosor, dette prova di grande saggezza.

45. Non voglio ... a discutere: ormai Shylock ha capito che non otterrà niente e intuisce che è piú prudente andarsene senza approfondire ulteriormente la discussione.

46. uno straniero: sebbene Shylock viva liberamente a Venezia, non è un cittadino originario del luogo ma un residente di origine straniera.

Il teatro classico | La commedia

attentati diretti o indiretti insidia la vita di qualche cittadino, la persona
215 contro cui ha tramato può impadronirsi di una metà dei suoi beni, men-
tre l'altra metà va nella cassetta privata dello Stato e la vita del reo è alla
mercè del doge unicamente, contro ogni appello. Io affermo che tu cadi
sotto questa disposizione di legge, perché dal tuo modo di agire appare
manifesto che indirettamente ed anche direttamente hai tramato proprio
220 contro la vita del querelato e sei incorso nella pena da me sopra ricordata.
Inginocchiati dunque e invoca la clemenza del doge.
[...]
DOGE – Affinché tu possa vedere la differenza dei nostri animi[47], ti fo grazia
della vita, prima che tu me ne faccia domanda. In quanto ad una metà delle
225 tue ricchezze, essa è d'Antonio, l'altra metà va direttamente allo Stato, ma
la tua sottomissione può ridurla ad una semplice ammenda.
PORZIA – Sí, per ciò che spetta allo Stato, non ad Antonio[48].
SHYLOCK – Ma allora prendetevi la mia vita e tutto il resto; non mi fate grazia
di essa. Voi mi portate via la casa quando mi portate via proprio il sostegno
230 che la regge: mi togliete la vita, quando mi togliete i mezzi coi quali vivo[49].
PORZIA – Che concessione gli potete fare, Antonio?
GRAZIANO – Una corda[50] gratis; nient'altro, per amor di Dio!
ANTONIO – Se piacesse al doge, mio signore, e a tutta la Corte di rimettergli
l'ammenda che gli si prende in luogo di una metà dei suoi beni, io sarei
235 contento, purché egli m'affidi in deposito l'altra metà, per restituirla, alla
sua morte, nelle mani del gentiluomo che gli ha recentemente rapita la
figliuola[51]; ma a questo indulto[52] siano poste due condizioni: l'una, che egli
si faccia subito cristiano, l'altra, che firmi qui davanti alla Corte un atto di
donazione di tutto ciò che possederà alla sua morte a favore del suo genero
240 Lorenzo e della sua figliuola.
DOGE – Egli farà questo; diversamente revoco la grazia che ho testé con-
cessa.
PORZIA – Ti contenti cosí, ebreo? Che rispondi?
SHYLOCK – Mi contento...
245 PORZIA – Scrivano, stendete un atto di donazione.
SHYLOCK – Vi prego, permettetemi di andar via di qua. Non mi sento bene.
Mandatemi a casa l'atto, e lo firmerò.
DOGE – Va' pure, ma firmalo.

47. Affinché tu ... dei nostri animi: il doge sottolinea la propensione alla generosità dei Veneziani il cui valore emerge maggiormente se paragonato alla cruda inflessibilità di cui Shylock ha dato prova sin dall'inizio della discussione giudiziaria.

48. per ciò che ... ad Antonio: Porzia sottolinea che la parte di ricchezze di Shylock che spetta ad Antonio può essere ridotta ad una ammenda come la parte che spetta allo Stato.

49. Ma allora ... coi quali vivo: la prospettiva di perdere i beni su cui basa la propria esistenza fa quasi preferire a Shylock di perdere la vita.

50. Una corda: per impiccarsi.

51. nelle 'mani ... figliuola: per sottrarsi alle imposizioni paterne, la figlia di Shylock è fuggita per sposare l'amato Lorenzo portando via con sé una parte dei beni familiari; perciò Shylock l'ha rinnegata e diseredata.

52. indulto: condono della pena.

🔍 Entriamo nel testo

Venezia e gli ebrei

Anche se la tradizionale suddivisione delle opere di Shakespeare annovera *Il mercante di Venezia* tra le commedie, questo dramma dai critici moderni è stato definito «tragicommedia» per sottolineare in esso la fusione di elementi appartenenti alla piú cupa tragicità umana in un impianto generale che con la commedia condivide motivi leggiadramente favolistici nonché il lieto fine che conclude la storia.

La vicenda si svolge nella Venezia del Cinquecento, Repubblica indipendente con proprie leggi che tutelano gli affari mercantili che arricchiscono la città, ospitale e tollerante con gli stranieri, soprattutto quelli che contribuiscono alla floridezza e al benessere economico e sociale. Anche gli ebrei che si stabilirono nella città – soprattutto dopo la loro espulsione da tutti i territori spagnoli sancita nel 1492 – erano allora accolti e tutelati dalle medesime leggi; fu anche riservato loro fin dal XIV secolo un apposito quartiere come residenza e sede di attività: fu chiamato *Ghetto*, termine poi rimasto nell'uso generale ma di origine veneziana perché questo fu il piú antico ghetto della storia. Tuttavia, in tutta l'area europea era diffuso il pregiudizio contro questo popolo, considerato come «diverso» e senza patria, accusato di essere avido di denaro e dedito alla pratica dell'usura. In questo contesto storico, a Venezia gli ebrei esercitavano i loro affari con libertà e sotto la tutela delle leggi valide per tutti, ma il conformismo della mentalità dei cittadini li aveva resi oggetto di disprezzo e di emarginazione.

L'ebreo Shylock

Shylock è un rappresentante degli ebrei veneziani, gode dei privilegi e delle tutele legali offerte ai cittadini; tuttavia egli avverte la sua estraneità e l'ostilità dei mercanti a motivo della sua attività di usuraio per lo piú esercitata con inflessibilità e durezza d'animo. Perciò egli è isolato, emarginato e abitualmente insultato, con il conseguente irrigidimento del suo atteggiamento e il desiderio di rivalsa nei riguardi dei concittadini, ai quali egli muove la contro-accusa di essere cristiani, stupidamente generosi e morbidi d'animo.
Nel III atto, e soprattutto nel monologo iniziale, Shylock sfoga l'agitazione del suo animo, ferito dal disprezzo che lo colpisce; perseguitato per il fatto di essere ebreo, di fronte all'emarginazione che isola il suo popolo difende l'essenza umana che accomuna ebrei e cristiani e, paradossalmente, individua nella violenza e nella vendetta la chiave per dimostrare l'uguaglianza tra gli uni e gli altri.
Nel dramma, dunque, la durezza e la manifestazione di crudeltà di cui dà prova Shylock mostrano un retroterra di soprusi subiti e si configurano per lui come una necessità ai fini di ottenere una sorta di ricoscimento di parità sociale con i cristiani.

Antonio, il mercante veneziano

Di fronte a Shylock si pone Antonio, il *mercante di Venezia* a cui è dedicato il titolo del dramma; egli è dedito alle attività mercantili che conduce con onestà e rispetto delle leggi, è un cristiano che, come prescritto dalla sua religione, non pratica l'usura, ma di fronte al bisogno altrui fa generosamente credito senza richiedere il pagamento di interesse. Da tale modo di operare, l'attività usuraia degli ebrei e in particolare di Shylock trae danno non solo nell'immagine sociale ma anche negli affari.
Finalmente a Shylock si offre l'occasione della vendetta: Antonio, trovandosi in un momento transitorio di scarsità di denaro liquido – per aver investito in una carico di merci di cui attende l'arrivo –, per non scontentare l'amico Bassanio che ha bisogno di denaro, si rivolge all'ebreo per un prestito, da restituire entro tre mesi, il tempo di ricevere le merci attese. Quale gioia per Shylock chiedere e ottenere per contratto una singolare garanzia: in caso di mancato pagamento avrà una libbra di carne tratta dal corpo di Antonio, propro vicino al cuore. In pratica, questa è la richiesta della vita di Antonio, la cui morte vale per l'ebreo piú di qualunque somma di denaro. Perché il mercante veneziano sottoscrive questa condizione cosí iniqua e pericolosa? In realtà egli è sicuro di avere la somma entro i termini e, soprattutto, è disposto a tutto pur di far contento Bassanio, per il quale il denaro rappresenta la possibilità di chiedere la mano dell'amata, e dunque la felicità. Sembra ancora che la sorte dia una mano a Shylock quando si viene a sapere del naufragio delle navi che recano le merci di

Una veduta cinquecentesca di Venezia nel *Miracolo della reliquia della Croce*, di Vittore Carpaccio. Venezia, Gallerie dell'Accademia.

Antonio, e con esse la perdita del denaro per coprire il debito.

Una libbra di carne umana

Davanti al doge e alle autorità della città si concretizza lo scontro tra due opposti punti di vista e due opposte energie: da un lato, la giustizia cristiana, che cerca di salvare Antonio tentando invano di appellarsi alla clemenza del creditore e di trasformare in denaro la libbra di carne umana, dall'altro lato l'ebreo, che non conosce mediazione né perdono perché deve sanare con la vendetta le ferite ricevute dall'ostilità sociale. L'inflessibilità dell'usuraio poggia sull'applicazione delle leggi che tutelano i mercanti portandole fino alle estreme conseguenze, leggi che non avevano previsto la possibilità di una contrattazione cosí paradossale. In tale situazione, il linguaggio della giustizia è incapace di reagire e trovare le espressioni adatte a fronteggiare l'eloquenza dell'ebreo, il quale, a sostegno della propria crudeltà, raffigura le motivazioni del suo agire mediante immagini spietate. Mentre l'animo di Antonio cede preparandosi alla violenza che sta per travolgerlo, il doge, inavvezzo alla crudezza delle immagini raffigurate dall'usuraio, si trova circoscritto in un lessico limitato all'ambito semantico della pietà, della generosità e della comprensione, valori del tutto estranei e inconciliabili con il linguaggio del suo duro interlocutore. Né il diritto né la clemenza sembrano in grado ormai di placare l'animo esacerbato di Shylock e di salvare la vita di Antonio, agnello sacrificale sull'altare del rito di vendetta preteso dall'ebreo.

A trovare la soluzione è una donna, Porzia, che vive al di fuori delle pratiche mercantili ma è dotata dell'acutezza per comprendere che, usando lo stesso linguaggio concreto e determinato di Shylock, si può vincere la legge applicandola alla lettera e ribaltando le posizioni: alla fine il diritto vantato dal creditore si è trasformato nella causa della precarietà della sua posizione, nella minaccia della perdita dei suoi beni e della vita, e infine nello smacco per l'imposizione di lasciare alla figlia le sue ricchezze e di diventare cristiano. La vicenda assume, quindi, la fisionomia di una storia a lieto fine con la punizione conclusiva del «cattivo»; essa, tuttavia, ha anche mostrato come nella vita umana il «cattivo» sa spiegare le ragioni della sua cattiveria, che nasce sempre da violenze subite, e come, assumendo il potere del denaro a motivo e criterio dell'esistenza, diventi esile il limite che lo distingue dai valori interiori che devono guidare la vita individuale e i legami morali che regolano la vita sociale.

Esercizi

- **Comprensione**

1. Quale immagine di Antonio emerge attraverso le parole di Shylock, all'inizio del testo?
2. Descrivi i motivi per cui Shylock dichiara di odiare Antonio, nel suo monologo, nella scena I del terzo atto.
3. Elenca gli aspetti che vengono ricordati da Shylock nel suo monologo per mostrare l'uguaglianza umana tra ebrei e cristiani.
4. Sottolinea le espressioni con cui, nella scena III del terzo atto, Shylock disapprova e rinnega ogni forma di generosità e clemenza d'animo.
5. Quale stato d'animo esprime Antonio riguardo alla propria situazione dopo l'uscita di scena di Shylock nel terzo atto?
6. Con quali espressioni il doge descrive Shylock all'inizio del quarto atto?
7. Con quale appellativo i personaggi si rivolgono al doge?
8. Nel discorso del doge dopo l'entrata in scena di Shylock sottolinea tutte le parole che indicano sentimenti di buona disposizione d'animo verso gli altri.

9. Nel discorso di Shylock in risposta al doge (righe 104-121) indica le immagini che vengono evocate come paragone al suo desiderio di ottenere una libbra di carne di Antonio.

10. A quale offerta si riferisce Shylock con l'espressione *Allora accetto l'offerta* (riga 186)?

11. Sottolinea le parole con cui Porzia dimostra in modo definitivo l'impossibilità per Shylock di ottenere la libbra di carne di Antonio.

12. A chi si riferisce Porzia con il termine *querelato* (riga 220)?

13. Quali sono le due condizioni poste da Antonio al termine del processo perché Shylock non perda tutti i suoi beni?

■ **Interpretazione**

14. Descrivi le ragioni con cui Shylock motiva la sua durezza e inclemenza nei riguardi di Antonio.

15. Nella scena III del terzo atto, perché Antonio si rivolge all'ebreo con l'espressione *buon Shylock* (riga 34)?
  a. Perché Shylock si è avvicinato con atteggiamento gentile e benevolo.
  b. Perché spera di ammorbidire l'atteggiamento di Shylock.
  c. Perché sa che nonostante le apparenze l'animo di Shylock è buono.
  d. Perché questa era la formula di saluto con cui si usava rivolgersi agli ebrei.

16. Per quale motivo Shylock definisce *imbecille* Antonio (riga 33)?

17. Qual è il contratto che Shylock richiede venga rispettato?

18. Per quale motivo Shylock rifiuta la somma di seimila ducati che gli vengono offerti da Bassanio?

19. Analizzando quanto viene espresso dal doge prima dell'intervento di Porzia, quale tra le seguenti affermazioni ti sembra la piú corretta?
  a. Vorrebbe applicare la legge dando esecuzione alla richiesta di Shylock, ma teme la reazione dei cristiani di Venezia.
  b. Vorrebbe applicare la legge dando esecuzione alla richiesta di Shylock, ma preferisce che la decisione venga espressa da un dottore in legge.
  c. Vorrebbe rifiutare la richiesta di Shylock in favore di Antonio, ma non sa trovare le motivazioni nelle leggi.
  d. Vorrebbe rifiutare la richiesta di Shylock in favore di Antonio, ma teme la reazione degli ebrei residenti a Venezia.

20. In quale momento e con quale espressione Porzia imprime una svolta alla discussione, cominciando a segnalare che la richiesta di Shylock non potrà essere attuata?

21. Quale funzione hanno le frasi con cui Graziano interviene durante l'intervento di Porzia?

■ **Produzione**

22. Descrivi l'atteggiamento di Antonio durante il processo prima dell'intervento di Porzia.

23. Componi un testo in cui esponi con parole tue il contenuto del testo che hai letto.

Il teatro classico | La commedia

Carlo Goldoni
Mirandolina, locandiera astuta o donna saggia?

- C. Goldoni, *Commedie*, Garzanti, Milano, 1988

IN SINTESI: Nelle scene che presentiamo, vediamo come Mirandolina, utilizzando le sue astuzie femminili, riesce a vincere le difese che il Cavaliere di Ripafratta ha eretto contro le donne, facendolo infine innamorare di lei.

genere: commedia   *epoca:* 1753   *luogo:* Venezia   *lingua originale:* italiano

Atto I – Scena XV

MIRANDOLINA *colla biancheria, e detto*[1]

MIRANDOLINA – (*entrando con qualche soggezione*[2]) Permette, illustrissimo?
5 CAVALIERE – (*con asprezza*) Che cosa volete?
MIRANDOLINA – (*s'avanza un poco*) Ecco qui della biancheria migliore.
CAVALIERE – (*accenna il tavolino*) Bene. Mettetela lí.
MIRANDOLINA – La supplico almeno degnarsi vedere se è di suo genio.
CAVALIERE – Che roba è?
10 MIRANDOLINA – (*s'avanza ancor piú*) Le lenzuola sono di rensa[3].
CAVALIERE – Rensa?
MIRANDOLINA – Sí signore, di dieci paoli[4] al braccio. Osservi.
CAVALIERE – Non pretendevo tanto. Bastavami qualche cosa meglio di quel che mi avete dato.
15 MIRANDOLINA – Questa biancheria l'ho fatta per personaggi di merito: per

1. *e detto*: il Cavaliere.
2. *entrando con qualche soggezione*: la scena si svolge nella camera del Cavaliere, che alloggia nella locanda gestita da Mirandolina.
3. *rensa*: tela bianca di lino.
4. *paoli*: monete dell'Italia centrale del valore di poco piú di mezza lira.

L'OPERA

Il testo è tratto da *La locandiera*, una delle piú famose commedie goldoniane «di carattere» scritta in tre atti nel 1753, periodo del soggiorno veneziano. In essa, tutte le figure, e soprattutto quella del personaggio principale, Mirandolina, hanno la loro precisa connotazione sociale, che ne influenza il comportamento, i gesti, la psicologia; quest'ultima, soprattutto, viene attentamente delineata ed emerge con nettezza e precisione in tutte le sue sfumature.
Mirandolina non è una donna qualsiasi, ma la proprietaria di una locanda che opera tutte le sue scelte, anche quelle sentimentali, guidata dalla logica della classe a cui appartiene. Ella rifiuta la corte insistente dello spiantato Marchese di Forlimpopoli e del neo-arricchito Conte d'Albafiorita, che ostenta con grande boria un titolo nobiliare da poco acquistato a suon di fiorini, e si impegna, invece, con tutte le sue capacità a far innamorare di sé il Cavaliere di Ripafratta, burbero e nemico dichiarato delle donne, per il gusto della conquista. Una volta riuscita nell'intento, però, Mirandolina, con sana logica borghese, rientra nel suo mondo e sposa Fabrizio, cameriere della locanda, che il padre prima di morire le aveva destinato.

quelli che la sanno conoscere; e in verità, illustrissimo, la do per esser lei, ad un altro non la darei.
CAVALIERE – Per esser lei! Solito complimento.
MIRANDOLINA – Osservi il servizio di tavola.
CAVALIERE – Oh! Queste tele di Fiandra, quando si lavano perdono assai. Non vi è bisogno che le insudiciate per me.
MIRANDOLINA – Per un cavaliere della sua qualità, non guardo a queste piccole cose. Di queste salviette ne ho parecchie, e le serberò per V. S. illustrissima.
CAVALIERE – (*da sé*) Non si può però negare che costei non sia una donna obbligante.
MIRANDOLINA – (*da sé*) Veramente ha una faccia burbera da non piacergli le donne.

L'autore

Carlo Goldoni, nato a Venezia nel 1707, mostrò fin da giovane grande propensione per il teatro. Mandato dal padre a studiare a Rimini, preferí fuggire a Chioggia con una compagnia di comici; in seguito si laureò in legge a Padova e iniziò la professione di avvocato a Pisa. Durante quegli anni scrisse per svago commedie, tragedie e melodrammi, che fece rappresentare in varie città d'Italia. Quando conobbe il capocomico Giacomo Madebac, preferí seguirlo e nel 1748 tornò a Venezia, dove si dedicò alla composizione di opere teatrali ottenendo grande successo. A motivo della radicale riforma da lui intrapresa nel teatro proponendo commedie interamente scritte al posto dei «canovacci», che costituivano il modello di lavoro nell'ambito della commedia dell'arte, ebbe forti contrasti con l'ambiente teatrale, in particolare con Carlo Gozzi. Quindi, invitato in Francia, nel 1762 si recò a Parigi, dove fu accolto con onore, ma le sue commedie francesi non piacquero molto. Fu nominato maestro di italiano delle principesse reali, ma con la Rivoluzione rimase senza stipendio reale, sicché morí in grande miseria nel 1793.
Oltre ai *Mémoires*, cioè la sua autobiografia scritta in francese, assommano a oltre cento le opere teatrali di Goldoni, tra cui *La famiglia dell'antiquario*, *La putta onorata*, *La buona moglie*, *Il bugiardo*, *La vedova scaltra*, *La bottega del caffè*, *Il campiello*, *La locandiera*, *I rusteghi*, *Sior Todero brontolon*, *Le baruffe chiozzotte*, *Le smanie della villeggiatura*, *Le avventure della villeggiatura*, *Il ritorno dalla villeggiatura*, *Il ventaglio*, *Il burbero benefico*. Goldoni fu il rinnovatore del teatro comico, segnando la conclusione della formula della «commedia a soggetto» che per alcuni secoli era stato il modo operativo della commedia dell'arte: gli autori non scrivevano il copione, ma una trama (il «canovaccio») che veniva affidata all'esecuzione e alla fantasia degli attori. Egli introdusse, progressivamente ma con fermezza, il copione scritto come base per la rappresentazione, elevandolo a dignità letteraria, anche per la scelta in molte delle sue commedie (accanto ad altre in veneziano) della lingua italiana, cioè di quella lingua toscana ormai accettata in tutta la penisola come lingua letteraria.
Il teatro goldoniano, pur conservando alcuni legami con la commedia dell'arte, ad esempio nella presenza delle maschere, non ruota intorno all'intreccio avventuroso e all'esasperazione dei caratteri di derivazione classica, ma mira a una realistica e talora ironica rappresentazione di un preciso ambiente sociale, quello della borghesia settecentesca che sta affermando i suoi valori, fatti di buon senso, laboriosità, onestà, coscienza dei propri limiti, in antitesi con il fatiscente mondo aristocratico. In questo quadro acquistano significato anche le connotazioni psicologiche dei personaggi.

CAVALIERE – Date la mia biancheria al mio cameriere, o ponetela lí in qualche luogo. Non vi è bisogno che v'incomodiate per questo.
MIRANDOLINA – Oh, io non m'incomodo mai, quando servo cavaliere di sí alto merito.
CAVALIERE – Bene, bene, non occorr'altro. (*Da sé*) Costei vorrebbe adularmi. Donne! Tutte cosí.
MIRANDOLINA – La metterò nell'arcova[5].
CAVALIERE – (*con serietà*) Sí, dove volete.
MIRANDOLINA – (*da sé; va a riporre la biancheria*) Oh! vi è del duro. Ho paura di non far niente.
CAVALIERE – (*da sé*) I gonzi sentono queste belle parole, credono a chi le dice, e cascano.
MIRANDOLINA – (*ritornando senza la biancheria*) A pranzo, che cosa comanda?
CAVALIERE – Mangerò quello che vi sarà.
MIRANDOLINA – Vorrei pur sapere il suo genio[6]. Se le piace una cosa piú dell'altra, lo dica con libertà.
CAVALIERE – Se vorrò qualche cosa, lo dirò al cameriere.
MIRANDOLINA – Ma in queste cose gli uomini non hanno l'attenzione e la pazienza che abbiamo noi altre donne. Se le piacesse qualche intingoletto, qualche salsetta, favorisca di dirlo a me.
CAVALIERE – Vi ringrazio: ma né anche per questo verso vi riuscirà di far con me quello che avete fatto col Conte e col Marchese.
MIRANDOLINA – Che dice della debolezza di quei due cavalieri? Vengono alla locanda per alloggiare, e pretendono poi di voler far all'amore[7] colla locandiera. Abbiamo altro in testa noi, che dar retta alle loro ciarle. Cerchiamo di fare il nostro interesse; se diamo loro delle buone parole, lo facciamo per tenerli a bottega[8]; e poi, io principalmente, quando vedo che si lusingano, rido come una pazza.
CAVALIERE – Brava! Mi piace la vostra sincerità.
MIRANDOLINA – Oh! non ho altro di buono che la sincerità.
CAVALIERE – Ma però, con chi vi fa la corte, sapete fingere.
MIRANDOLINA – Io fingere? Guardimi il cielo. Domandi un poco a quei due signori che fanno gli spasimanti per me, se ho mai dato loro un segno d'affetto. Se ho mai scherzato con loro in maniera che si potessero lusingare con fondamento. Non li strapazzo, perché il mio interesse non lo vuole, ma poco meno. Questi uomini effeminati[9] non li posso vedere. Sí come abborrisco anche le donne che corrono dietro agli uomini. Vede? Io non sono una ragazza. Ho qualche annetto; non son bella, ma ho avute delle buone occasioni; eppure non ho mai voluto maritarmi, perché stimo infinitamente la mia libertà.
CAVALIERE – Oh sí, la libertà è un gran tesoro.
MIRANDOLINA – E tanti la perdono sciocсamente.
CAVALIERE – So ben io quel che faccio. Alla larga.
MIRANDOLINA – Ha moglie V. S. illustrissima?
CAVALIERE – Il cielo me ne liberi. Non voglio donne.
MIRANDOLINA – Bravissimo. Si conservi sempre cosí. Le donne, signore... Basta, a me non tocca dirne male.
CAVALIERE – Voi siete per altro la prima donna ch'io senta parlar cosí.

5. **arcova**: alcova. Parte piú intima della camera in cui si trova il letto, separata da un arco o chiusa da tendaggi.
6. **genio**: gusto.
7. **far all'amore**: qui equivale a «fare la corte».
8. **tenerli a bottega**: conservarli come clienti.
9. **effeminati**: che vanno appresso alle donne.

Jean-Étienne Liotard, *La bella cioccolataia*, 1774-1775. Dresda, Gemäldegalerie.

10. compatisco: giustifico, comprendo.
11. Sarebbe ... deliquio: sarebbe svenuto per la commozione.
12. attacchi: attaccamenti affettivi.
13. caricature: esagerazioni.
14. satiro: metafora per indicare una persona burbera e di maniere aspre e selvatiche.
15. assaissimo: moltissimo.

MIRANDOLINA – Le dirò: noi altre locandiere vediamo e sentiamo delle cose assai; e in verità compatisco[10] quegli uomini che hanno paura del nostro sesso. 80

CAVALIERE – (*da sé*) È curiosa costei.

MIRANDOLINA – (*finge voler partire*) Con permissione di V. S. illustrissima.

CAVALIERE – Avete premura di partire? 85

MIRANDOLINA – Non vorrei esserle importuna.

CAVALIERE – No, mi fate piacere; mi divertite.

MIRANDOLINA – Vede, signore? Cosí fo con gli altri. Mi trattengo qualche momento; sono piuttosto allegra, dico delle barzellette per divertirli, ed essi subito credono... Se la m'intende, e' mi fanno i cascamorti. 90

CAVALIERE – Questo accade perché avete buona maniera.

MIRANDOLINA – (*con una riverenza*) Troppa bontà, illustrissimo.

CAVALIERE – Ed essi s'innamorano.

MIRANDOLINA – Guardi che debolezza! Innamorarsi subito di una donna!

CAVALIERE – Questa io non l'ho mai potuta capire. 95

MIRANDOLINA – Bella fortezza! Bella virilità!

CAVALIERE – Debolezze! Miserie umane!

MIRANDOLINA – Questo è il vero pensare degli uomini. Signor Cavaliere, mi porga la mano.

CAVALIERE – Perché volete ch'io vi porga la mano? 100

MIRANDOLINA – Favorisca; si degni; osservi, sono pulita.

CAVALIERE – Ecco la mano.

MIRANDOLINA – Questa è la prima volta che ho l'onore d'aver per la mano un uomo che pensa veramente da uomo.

CAVALIERE – (*ritira la mano*) Via, basta cosí. 105

MIRANDOLINA – Ecco. Se io avessi preso per la mano uno di que' due signori sguaiati, avrebbero tosto creduto ch'io spasimassi per lui. Sarebbe andato in deliquio[11]. Non darei loro una semplice libertà, per tutto l'oro del mondo. Non sanno vivere. Oh benedetto il conversare alla libera! senza attacchi[12], senza malizia, senza tante ridicole scioccherie. Illustrissimo, perdoni la mia 110 impertinenza. Dove posso servirla, mi comandi con autorità, e avrò per lei quell'attenzione che non ho mai avuto per alcuna persona di questo mondo.

CAVALIERE – Per qual motivo avete tanta parzialità per me?

MIRANDOLINA – Perché, oltre il suo merito, oltre la sua condizione, sono almeno sicura che con lei posso trattare con libertà, senza sospetto che voglia fare cattivo uso delle mie attenzioni, e che mi tenga in qualità di serva, senza tormentarmi con pretensioni ridicole, con caricature[13] affettate. 115

CAVALIERE – (*da sé*) Che diavolo ha costei di stravagante, ch'io non capisco!

MIRANDOLINA – (*da sé*) Il satiro[14] si anderà a poco a poco addomesticando. 120

CAVALIERE – Orsú, se avete da badare alle cose vostre, non restate per me.

MIRANDOLINA – Sí signore, vado ad attendere alle faccende di casa. Queste sono i miei amori, i miei passatempi. Se comanderà qualche cosa, manderò il cameriere.

CAVALIERE – Bene... Se qualche volta verrete anche voi, vi vedrò volentieri. 125

MIRANDOLINA – Io veramente non vado mai nelle camere dei forestieri, ma da lei ci verrò qualche volta.

CAVALIERE – Da me... Perché?

MIRANDOLINA – Perché, illustrissimo signore, ella mi piace assaissimo[15].

CAVALIERE – Vi piaccio io? 130

Il teatro classico : **La commedia**

MIRANDOLINA – Mi piace, perché non è effeminato, perché non è di quelli che s'innamorano. (*Da sé, parte*) Mi caschi il naso, se avanti domani non l'innamoro.

ATTO I – SCENA XVI

135 Il CAVALIERE *solo*

Eh! So io quel che fo. Colle donne? Alla larga. Costei sarebbe una di quelle che potrebbero farmi cascare piú delle altre. Quella verità, quella sciolttez-za di dire[16], è cosa poco comune. Ha un non so che di straordinario; ma non per questo mi lascerei innamorare. Per un poco di divertimento, mi 140 fermerei piú tosto con questa che con un'altra. Ma per far all'amore? Per perdere la libertà? Non vi è pericolo. Pazzi, pazzi quelli che s'innamorano delle donne. (*Parte*[17])

ATTO II – SCENA XVII

MIRANDOLINA *con un foglio in mano, e detto*[20]

145 MIRANDOLINA – (*mestamente*) Signore.
CAVALIERE – Che c'è, Mirandolina?
MIRANDOLINA – (*stando indietro*) Perdoni.
CAVALIERE – Venite avanti.
MIRANDOLINA – (*mestamente*) Ha domandato il suo conto; l'ho servita.
150 CAVALIERE – Date qui.
MIRANDOLINA – (*si asciuga gli occhi col grembiale, nel dargli il conto*) Eccolo.
CAVALIERE – Che avete? Piangete?
MIRANDOLINA – Niente, signore, mi è andato del fumo negli occhi.
155 CAVALIERE – Del fumo negli occhi? Eh! basta... quanto importa il conto? (*Legge*) Venti paoli? In quattro giorni un trattamento sí generoso: venti paoli?
MIRANDOLINA – Quello è il suo conto.
CAVALIERE – E i due piatti particolari che mi avete dato questa mattina, non 160 ci sono nel conto?
MIRANDOLINA – Perdoni. Quel ch'io dono, non lo metto in conto.
CAVALIERE – Me li avete voi regalati?
MIRANDOLINA – Perdoni la libertà. Gradisca per un atto di... (*Si copre, mo-strando di piangere*)
165 CAVALIERE – Ma che avete?
MIRANDOLINA – Non so se sia il fumo, o qualche flussione di occhi.
CAVALIERE – Non vorrei che aveste patito, cucinando per me quelle due preziose vivande.
MIRANDOLINA – Se fosse per questo, lo soffrirei... volentieri... (*Mostra trat-* 170 *tenersi di piangere*)
CAVALIERE – (*da sé*) Eh, se non vado via! Orsú, tenete. Queste sono due doppie[18]. Godetele per amor mio... e compatitemi... (*S'imbroglia*[19])
MIRANDOLINA – (*senza parlare, cade come svenuta sopra una sedia*)
CAVALIERE – Mirandolina! Ahimè! Mirandolina. È svenuta. Che fosse inna-

16. Quella verità ... di dire: quel suo modo di dire la verità, e di esprimersi liberamente e sinceramente.
17. Parte: cioè esce di scena. Si conclude cosí il primo atto.
18. due doppie: la doppia era una moneta d'oro; quella veneziana equivaleva a circa quindici lire. Le due doppie, quindi, che il Cavaliere dà a Mirandolina valevano quasi il triplo dei venti paoli richiesti nel conto.
19. S'imbroglia: turbato, non trova le parole.
20. e detto: sempre il Cavaliere.

21. ampolle: boccettine per essenze e oli.

morata di me? Ma cosí presto? E perché no? Non sono io innamorato di lei? 175
Cara Mirandolina... Cara? Io cara ad una donna? Ma se è svenuta per me.
Oh, come tu sei bella! Avessi qualche cosa per farla rinvenire. Io che non
pratico donne, non ho spiriti, non ho ampolle[21]. Chi è di là? Vi è nessuno?
Presto... Anderò io. Poverina! Che tu sia benedetta! (*Parte, e poi ritorna*)
MIRANDOLINA – Ora poi è caduto affatto. Molte sono le nostre armi, colle 180
quali si vincono gli uomini. Ma quando sono ostinati, il colpo di riserva si-
curissimo è uno svenimento. Torna, torna. (*Si mette come sopra*)
CAVALIERE – (*torna con un vaso d'acqua*) Eccomi, eccomi. E non è ancor
rinvenuta. Ah, certamente costei mi ama. (*La spruzza, ed ella si va mo-
vendo*) Animo, animo. Son qui, cara. Non partirò piú per ora. 185

ATTO II – SCENA XVIII

Il SERVITORE *colla spada e cappello, e detti*

SERVITORE – (*al Cavaliere*) Ecco la spada ed il cappello.
CAVALIERE – (*al Servitore, con ira*) Va' via.
SERVITORE – I bauli... 190
CAVALIERE – Va' via, che tu sia maledetto.
SERVITORE – Mirandolina...
CAVALIERE – Va', che ti spacco la testa. (*Lo minaccia col vaso; il Servitore
parte*) E non rinviene ancora? La fronte le suda. Via, cara Mirandolina,
fatevi coraggio, aprite gli occhi. Parlatemi con libertà. 195

ATTO II – SCENA XIX

Il MARCHESE *e il* CONTE, *e detti*

MARCHESE – Cavaliere?
CONTE – Amico?
CAVALIERE – (*va smaniando*) Oh maledetti! 200
MARCHESE – Mirandolina.
MIRANDOLINA – (*s'alza*) Ohimè!
MARCHESE – Io l'ho fatta rinvenire.
CONTE – Mi rallegro, signor Cavaliere.
MARCHESE – Bravo quel signore, che non può vedere le donne. 205
CAVALIERE – Che impertinenza?
CONTE – Siete caduto?
CAVALIERE – Andate al diavolo quanti siete. (*Getta il vaso in terra, e lo
rompe verso il Conte ed il Marchese, e parte furiosamente*)
CONTE – Il Cavaliere è diventato pazzo. (*Parte*) 210
MARCHESE – Di questo affronto voglio soddisfazione. (*Parte*)
MIRANDOLINA – L'impresa è fatta. Il di lui cuore è in fuoco, in fiamma, in
cenere. Restami solo, per compiere la mia vittoria, che si renda pubblico il
mio trionfo, a scorno degli uomini presuntuosi, e ad onore del nostro sesso.
(*Parte*) 215

Il teatro classico | La commedia 451

Entriamo nel testo

I personaggi, gli oggetti, lo spazio
Nelle scene esaminate un elemento attira la nostra attenzione, ed è **la finzione**. Mirandolina imposta tutto il suo comportamento sulla finzione: finge di essere indifferente all'attenzione degli uomini, finge di piangere per amore del Cavaliere, finge di svenire. In questo la sua azione si accorda con quella degli altri personaggi della commedia: il Conte finge una ricchezza che non ha, il Marchese finge una nobiltà autentica, il Cavaliere nasconde la sua timidezza e il suo impaccio dietro un apparente odio per le donne che ben presto si trasforma in passione.
La finzione di Mirandolina è però finalizzata a uno scopo ben preciso che essa persegue e raggiunge con un comportamento freddo e calcolatore, tipicamente borghese. Del personaggio borghese, infatti, la locandiera ha tutti i connotati, positivi e negativi, interni ed esterni. Vediamoli uno a uno: è linda nella persona e negli abiti: *Favorisca; si degni; osservi, sono pulita*, dice porgendo la mano al cavaliere; mantiene un atteggiamento rispettoso, ma non servile, nei confronti di chi le è superiore per ceto; è intelligente, arguta, cortese, ma sa essere ipocrita e calcolatrice, anche se lo fa per puro divertimento; non si abbandona ai sentimenti, ma si lascia guidare dalla ragione e soprattutto dalla logica dell'utile; è consapevole dell'esistenza di precise barriere tra le classi e le accetta: dopo aver dimostrato la propria abilità di conquistatrice rientrerà, infatti, nel proprio mondo e sposerà un uomo appartenente al proprio ceto sociale.
Anche gli oggetti e lo spazio rivestono, in questo brano, un ruolo fondamentale poiché segnano in modo concreto e prosastico le tappe dell'innamoramento del Cavaliere, che culmina nella scena XVII del secondo atto, con lo svenimento, naturalmente finto, di Mirandolina. Quanto alla dimensione spaziale, va sottolineato che la protagonista entra, sí, nello spazio del suo «antagonista», recandosi piú volte nella sua camera, quasi a voler fare atto di sottomissione nei suoi confronti, ma di fatto è lei che muove le fila e fa in modo che sia il Cavaliere a piegarsi e a cedere nel suo gioco.

Esercizi

Competenza trasversale:

a Acquisire ed interpretare l'informazione
b Individuare collegamenti e relazioni
c Comunicare
d Comunicare nelle lingue straniere

- **Comprensione e interpretazione**

1. Prendi in esame la scena XV del primo atto: attraverso quali passaggi si trasforma l'atteggiamento del Cavaliere nei riguardi di Mirandolina? Quali mezzi essa usa per far cambiare al Cavaliere le sue opinioni su di lei? Mirandolina mira a far cambiare al Cavaliere il suo atteggiamento nei riguardi delle donne in genere oppure soltanto di se stessa?
2. Individua nel testo le battute in cui i personaggi manifestano con maggiore evidenza i modi di pensare e i valori morali propri della classe sociale cui appartengono.

- **Competenza testuale**

3. Come avrai certo osservato, nel testo di questa commedia ci sono numerose didascalie. Prendile in esame e distingui volta per volta se esse danno indicazioni su gesti e azioni, entrate e uscite di scena, il tono della voce, il destinatario della battuta.
4. Una didascalia particolare è costituita dall'espressione, spesso ricorrente, *da sé*, che accompagna una battuta o una parte di essa scritta tra parentesi. Questa didascalia indica che le parole

poste tra parentesi esprimono il pensiero di un personaggio, e quindi una comunicazione rivolta non all'interlocutore sulla scena ma agli spettatori. Questo tipo di comunicazione, che lo studioso Cesare Segre ha chiamato «fuga di notizie», serve per rivelare le intenzioni recondite e il reale atteggiamento interiore del personaggio, che devono restare celati agli altri personaggi ma che evidentemente l'autore vuol far conoscere agli spettatori. Ricerca nel testo le battute che sono pronunciate *da sé*, e analizza in quale modo esse contribuiscono allo scopo di farci capire da un lato le intenzioni e il comportamento di Mirandolina, e dall'altro le reazioni interiori del Cavaliere.

5. Il dialogo è caratterizzato da battute brevi e veloci, oppure da monologhi e interventi lunghi? Secondo la tua opinione questa scelta contribuisce a trattenere maggiormente l'attenzione dello spettatore?

6. Come definiresti il linguaggio usato in questo brano tra le definizioni che seguono: artificioso, solenne, elevato, quotidiano, simile al parlato, volgare?

- **Produzione**

7. Esponi in un testo scritto il contenuto del brano, ponendo in evidenza gli aspetti che ritieni più caratteristici.

  8. Secondo la tua opinione, Mirandolina è astuta e opportunista, oppure una donna saggia e prudente? Esponi le tue considerazioni in un breve testo scritto.

La tragedia

Caratteristiche

La tragedia è un genere di rappresentazione teatrale nato nell'antica Grecia; essa, come scrisse il filosofo Aristotele, presenta lo svolgimento di «una serie di casi che suscitano pietà e terrore» allo scopo di sollevare profonde passioni nell'animo degli spettatori.
I **personaggi** della tragedia sono nobili, eroici e, come nel poema epico, superiori al livello comune; essi si esprimono in un linguaggio alto e solenne e vivono vicende dolorose che li portano all'infelicità o alla morte.
Presso gli antichi Greci la tragedia, come la commedia, non veniva solo recitata, ma era anche accompagnata dalla musica, dal canto e dalla danza: le parti cantate, affidate al coro, si alternavano a quelle recitate dagli attori.
La vicenda rappresentata è costituita da un'**unica azione**, invece che da un intreccio di fatti come nella commedia, e si fonda sul passaggio del protagonista da uno stato di felicità a uno di infelicità, attraverso la **peripezia**, ovvero il «mutamento improvviso da una condizione nella condizione contraria».
L'**azione** si articola in due momenti:

- il **nodo**, ovvero l'insieme dei fatti che accadono facendo passare il personaggio da una situazione di serenità a una condizione di infelicità;
- lo **scioglimento**, ovvero la serie di fatti che conducono alla fine tragica dei personaggi.

Origine ed evoluzione

La **tragedia greca** traeva gli argomenti dai miti più noti e svolgeva un'importante **funzione nella formazione civile e umana del cittadino**. Alle rappresentazioni tragiche, infatti, partecipava tutta la popolazione, che aveva l'opportunità di riflettere sui più importanti problemi etici e politici che venivano dibattuti nelle opere messe in scena. Dopo i tre grandi autori del V secolo a.C., Eschilo, Sofocle ed Euripide, il teatro tragico decadde e i Romani non aggiunsero niente a questo genere letterario.
La tragedia venne ripresa nel **Cinquecento**, nell'ambito di quel processo di imitazione del mondo classico che caratterizza la cultura italiana in questo secolo. Si colgono, però, alcune differenze fondamentali rispetto alla tragedia greca. In primo luogo, presso i Greci essa era un evento che coinvolgeva un pubblico molto vasto, mentre nel Cinquecento divenne uno **spettacolo di** *élite*, riservato a coloro che appartenevano al mondo aristocratico della corte, nel quale, soltanto, circolava la cultura. Inoltre, la riflessione teorica che Aristotele aveva operato nel IV secolo con la sua *Poetica* divenne una normativa molto rigorosa a cui ogni autore doveva uniformarsi, al di là delle stesse indicazioni aristoteliche. Vennero, pertanto, fissate le **unità di luogo, tempo, azione**: la vicenda doveva svolgersi in uno stesso luogo, nell'arco di ventiquattro ore e doveva vertere su un'unica azione.
Nacque così la **tragedia moderna**, che sostituisce assai spesso i temi mitici con argomenti di carattere storico e mette in scena eroi nobili e sventurati, adottando uno stile alto e sublime. Il **conflitto** intorno al quale ruota la vicenda è **interiore** piuttosto che esterno e assume significati universali. Spesso, tuttavia, gli autori non rispettano le tre unità classiche, per dare un respiro più ampio e complesso alle loro opere. Mentre in Italia mancarono grandi autori di opere tragiche, in Francia emersero autori come Pierre Corneille (1606-1684) e Jean Racine (1639-1699) e in Inghilterra nacquero i grandi capolavori di William Shakespeare (1564-1616).

Nell'età del **Romanticismo**, tra la fine del Settecento e i primi decenni dell'Ottocento, la tragedia sopravvisse nell'opera di alcuni autori (i tedeschi Johann Wolfgang von Goethe e Johann Christoph Friedrich von Schiller, gli italiani Vittorio Alfieri e Alessandro Manzoni), ma venne progressivamente sostituita dal genere del dramma, piú adeguato alle esigenze dell'emergente classe della borghesia.

I testi e gli spettacoli tragici nell'antica Grecia

- I testi delle antiche tragedie greche sono **scritti in versi** poetici e sono costituiti dai nomi dei personaggi e dalle parole che essi pronunciano di volta in volta; non esistono né le didascalie né le descrizioni di luoghi e ambienti in cui si svolgono le vicende. Poiché la rappresentazione era continua e non vi erano intervalli, la vicenda rappresentata si svolgeva in un unico scenario che restava immutato dall'inizio sino alla fine dell'azione.
- **Gli attori erano solo uomini** e si presentavano in scena con una maschera e con un abbigliamento che rendeva riconoscibili al pubblico i vari personaggi; il numero degli attori era limitato a due o tre, e ognuno di essi poteva rappresentare piú di un personaggio, maschile o femminile.
- Una funzione importante era rivestita dal **coro**, composto da 12 (in Eschilo) e poi (in Sofocle ed Euripide) da 15 coreuti, che recitavano accompagnati dalla musica e facevano evoluzioni di danza; per lo piú eseguivano i loro canti alternandosi con le parti recitate dagli attori, ma spesso intrecciavano un dialogo con un personaggio. Il coro era formato da un insieme di persone omogenee (gli o le abitanti di una città, le figlie di un re, le madri di guerrieri caduti ecc.), accomunate da uguali opinioni o sentimenti, che esprimevano all'unisono come se fossero un unico personaggio.
- La tragedia iniziava con il **prologo**, parte affidata a uno o due personaggi per introdurre gli spettatori nella vicenda o per spiegare gli antefatti; quindi entrava il coro, che restava sempre in scena durante l'azione drammatica e la cui uscita segnava il termine della rappresentazione.
- Le rappresentazioni teatrali si svolgevano negli appositi **teatri**, che erano all'aperto, di solito nelle vicinanze dei templi. Erano costituiti da gradinate di pietra che si adagiavano su un pendío naturale ed erano disposti a semicerchio intorno a un'area circolare che fungeva da scena; gli spettatori prendevano posto sulle gradinate e durante il giorno (mai di notte, vista la carenza di illuminazioni artificiali) venivano rappresentate ogni volta opere di due autori, tra i quali il pubblico sceglieva il vincitore, che veniva proclamato solennemente.
- Gli spettacoli erano allestiti **a spese dello Stato** e dei cittadini piú ricchi; il pubblico comprendeva tutti i cittadini e gli stranieri presenti in città, e **vi erano ammesse anche le donne e gli schiavi**; gli spettatori pagavano un biglietto di modesta entità, che ai meno abbienti veniva rimborsato dallo Stato. In tutto il mondo greco, e in particolare ad Atene, le rappresentazioni tragiche costituivano un momento importantissimo nella vita della città e lo Stato vi rivolgeva grande attenzione, scegliendo i testi e affidandone l'allestimento a persone di provata abilità.
- Le rappresentazioni si svolgevano in occasione di grandi feste sacre e avevano lo scopo di **elevare l'animo dei cittadini**, stimolando la riflessione su problematiche morali e religiose; pertanto, gli autori delle opere traevano le vicende e i personaggi dalla tradizione mitica, nota a tutti e rispettata per la sua autorevolezza, ma ne fornivano un'elaborazione atta a suscitare emozioni negli spettatori e a stimolarli alla riflessione sui valori esistenziali.

Il teatro classico | **La tragedia**

Sofocle
Edipo re

• Sofocle, *Edipo re*, trad. dell'Istituto Nazionale del Dramma Antico diretto da G. Monaco, Siracusa, 1992

IN SINTESI: La scena che presentiamo fa parte del terzo episodio (gli episodi nella tragedia antica corrispondono agli atti della drammaturgia moderna) e costituisce il momento culminante dell'azione: l'arrivo del messo da Corinto fa improvvisamente intuire la verità a Giocasta che, con sollecitudine di madre piú che di moglie, vorrebbe impedire a Edipo di continuare a indagare per scoprire la propria identità. Ma il re fraintende le sue parole e compie l'ultimo passo che lo porterà finalmente nel cuore dell'orribile verità.

| *genere:* tragedia | *epoca:* 430 a.C. | *luogo:* Atene | *lingua originale:* greco antico |

GIOCASTA[1] – Signori del paese, ho deciso di presentarmi supplice ai templi degli dèi, portando con le mie mani queste ghirlande e questi incensi. Edipo è troppo smarrito, troppo agitato nel cuore da angosce d'ogni genere; e non sa mettere in rapporto i fatti nuovi con i precedenti, come fa uno che
5 ragiona, ma è preda di chiunque parli, se prospetta paure. Con i miei consigli non riesco a rincuorarlo; e vengo con queste offerte, a te, Apollo Liceo[2], che hai sede qui vicino: ti supplico, procuraci una liberazione purificatrice. Ora siamo tutti sbigottiti a vederlo spaventato[3]: è il pilota della nave!
NUNZIO DA CORINTO[4] – Sapreste indicare a un forestiero dov'è il palazzo del
10 sovrano Edipo? Anzi, ditemi dov'è lui, se lo sapete.
CORO – La casa è questa, e lui si trova dentro, o straniero; e questa donna è la madre dei suoi figli.
NUNZIO – Sia sempre felice, con i suoi cari felici, lei che è la sposa perfetta del re.
15 GIOCASTA – Altrettanto a te, straniero. Lo meriti per la tua cortesia. Ma dimmi, che cosa desideri, che notizie porti?
NUNZIO – Buone per tuo marito e per l'intera casa, o signora.
GIOCASTA – Di che si tratta? Chi ti manda?
NUNZIO – Vengo da Corinto; e quello che sto per dirti ti darà gioia, certa-
20 mente... ma anche cruccio[5], forse.
GIOCASTA – Che cos'è? Com'è che ha questo doppio effetto?
NUNZIO – Re stanno per farlo gli abitanti della regione dell'Istmo[6]! Lo dicevano tutti!

---

1. GIOCASTA: come comprendiamo dalle sue stesse parole, la regina entra in scena seguita da due ancelle e portando ghirlande di fiori e grani di incenso per fare un sacrificio rituale sull'altare di Apollo. Questa scena, come anche tutta la tragedia, si svolge davanti al palazzo reale; si può dedurre che presso la porta della reggia vi sia l'altare di Apollo. Sulla scena, in questo momento, vi è la sola Giocasta insieme ai componenti del coro, a cui rivolge le sue parole.
2. Liceo: epiteto di Apollo.
3. siamo tutti sbigottiti a vederlo spaventato: i Tebani sono meravigliati e turbati nel vedere che il loro re, Edipo, solitamente caratterizzato da saggezza ed equilibrio, è spaventato di fronte a eventi di cui non comprende né la causa né il rimedio.
4. NUNZIO DA CORINTO: entra in scena un nuovo personaggio; il messaggero che viene da Corinto ad annunciare la morte del re di questa città, Pòlibo, che Edipo ha sempre ritenuto suo padre e presso il quale ha vissuto sino a quando, giunto a Tebe, ha sposato Giocasta.
5. cruccio: dispiacere.
6. Re ... dell'Istmo: gli abitanti di Corinto, città posta sull'istmo che da essa trae nome, stanno per fare di Edipo il loro re, dato che, come il nunzio dirà tra poco, il sovrano Pòlibo è morto.

7. Dove siete, oracoli degli dèi?: si comprende il valore della domanda ponendola in relazione con le parole che seguono immediatamente. L'oracolo del dio Apollo aveva predetto che Edipo avrebbe ucciso il proprio padre e sposato la propria madre; poiché Edipo riteneva di essere figlio di Pòlibo e di sua moglie Mèrope, si era allontanato da Corinto. Adesso, la notizia della morte naturale di Pòlibo spinge Giocasta a mettere in discussione la veridicità degli oracoli. Tra poco, anche Edipo esprimerà la medesima considerazione sulla falsità dell'antico oracolo.

8. focolare profetico di Delfi: il tempio di Apollo a Delfi, dove si ricevevano le profezie.

9. agli uccelli che stridono in cielo: anche dal volo degli uccelli gli antichi traevano indicazioni sul futuro e sulle volontà degli dèi.

10. fuorviato: ingannato.

11. E di sposare ... timore?: anche se non si è rivelato veritiero l'oracolo nei riguardi di Pòlibo, Edipo teme ancora che possa realizzarsi l'altra parte dell'oracolo, secondo cui egli avrebbe sposato la propria madre.

12. Tu non aver paura delle nozze con tua madre: l'oracolo aveva predetto a Edipo che avrebbe sposato la propria madre.

GIOCASTA – Come? Il vecchio Pòlibo non è piú al potere?

NUNZIO – No, è morto, sepolto. 25

GIOCASTA – Come hai detto? È morto Pòlibo?

NUNZIO – Se dico menzogna, devo morire!

GIOCASTA – Ancella mia, corri a portare questa notizia al padrone! Dove siete, oracoli degli dèi?[7] Per tanto tempo Edipo si è tenuto lontano da Corinto, proprio perché temeva di uccidere quell'uomo, che ora si è spento 30 per mano della sorte, non di Edipo!

EDIPO – Giocasta, mia moglie amatissima, perché mi hai fatto chiamare?

GIOCASTA – Ascolta quest'uomo, e osserva bene dove sono andati a finire i venerati oracoli del dio.

EDIPO – Chi è? Che viene a dirmi? 35

GIOCASTA – Da Corinto, per informarti che tuo padre, Pòlibo, non è piú, è morto!

EDIPO – È cosí, straniero? Dammela tu stesso, la notizia.

NUNZIO – Se è questa la prima cosa che devo annunziarti, ecco: se n'è andato, morto! 40

EDIPO – Una congiura o una malattia?

NUNZIO – Basta una piccola spinta per abbattere un uomo già anziano.

EDIPO – Dunque è una malattia che l'ha finito, poveretto!

NUNZIO – Sí, e l'età molto avanzata.

EDIPO – Ohi, ohi, che riguardo si può avere, moglie mia, al focolare profe- 45 tico di Delfi[8] o agli uccelli che stridono in cielo?[9] Mi avevano predetto che sarei stato l'assassino di mio padre: e invece egli è morto e sotterrato, e io qua, senz'aver toccato spada; tranne che non sia morto per la mia lontananza: solo in questo modo potrei averlo ucciso io. Dunque Pòlibo giace nella tomba, e s'è portato via i nostri oracoli, che non valgono niente. 50

GIOCASTA – Non te lo dicevo io, da tanto tempo?

EDIPO – È vero, ma io ero fuorviato[10] dalla paura.

GIOCASTA – Allora, non preoccuparti piú degli oracoli.

EDIPO – E di sposare mia madre, non devo aver timore?[11]

GIOCASTA – Ma che cosa può temere l'uomo, se la sorte domina su tutto e 55 non esiste sicura previsione di niente? La cosa migliore vivere alla giornata, come capita. Tu non aver paura delle nozze con tua madre[12]: già molti

L'autore

Sofocle, nato nel 496 a.C., visse ad Atene nel periodo piú importante nella storia della città, che vide il culmine della sua gloria con l'età di Pericle e la rovina con il disastro della guerra del Peloponneso. Sofocle apparteneva a una ricca famiglia e partecipò alla vita pubblica ricoprendo importanti cariche politiche a fianco di Pericle.

Esordí come autore tragico partecipando a 28 anni alla gara degli spettacoli drammatici e riportando la vittoria, nonostante tra i contendenti vi fosse anche il grande Eschilo. L'apprezzamento degli Ateniesi non lo abbandonò mai e nelle gare degli spettacoli drammatici ottenne la vittoria ventiquattro volte. Morí, sempre ad Atene, nel 406 a.C. Delle circa 130 opere teatrali che gli vengono attribuite, a noi restano solo sette tragedie: *Aiace, Antigone, Trachinie, Edipo re, Elettra, Filottete, Edipo a Colono.*

Il teatro classico : **La tragedia**

si sono congiunti con la madre in sogno. Chi non dà importanza a queste cose, vive meglio di tutti.

60 EDIPO – Tutto bene quello che dici, se mia madre fosse ancora viva. Ma è viva, e io devo aver paura, anche se tu ragioni bene.

GIOCASTA – Eppure la tomba di tuo padre è un grande segnale[13].

EDIPO – Grande, lo capisco, ma è per la viva che ho timore.

NUNZIO – Chi è la donna dei vostri timori?

65 EDIPO – Mèrope, o vecchio, la moglie di Pòlibo.

NUNZIO – Cosa c'è, in lei che vi spaventa?

EDIPO – Un orrendo vaticinio mandato dal dio, o straniero.

NUNZIO – Si può dire? O è un segreto?

EDIPO – Ma sí! Disse Apollo una volta che io avrei dovuto congiungermi con

70 la madre mia e versare il sangue paterno con le mie mani. Perciò mi sono tenuto sempre lontano da Corinto: con buona fortuna, sí, ma pure è tanto dolce vedere i genitori.

13. Eppure la tomba di tuo padre è un grande segnale: era stato predetto a Edipo che, oltre che sposare la madre, avrebbe ucciso il padre; adesso la morte di Pòlibo, avvenuta non per mano di Edipo, è la prova (*segnale*) della falsità dell'intera previsione.

L'OPERA

Il testo è tratto da *Edipo re*, tipico esempio di tragedia classica, composta intorno al 430 a.C., contrassegnata dalla dolorosa «peripezia» del protagonista, la cui situazione nel corso della vicenda subisce un totale e sconvolgente capovolgimento. Edipo, divenuto re di Tebe dopo aver sposato Giocasta, vedova del defunto sovrano Laio, governa con saggezza ed equilibrio ed è amato e rispettato dai suoi sudditi, quando una terribile pestilenza si abbatte sulla città. L'oracolo di Delfi annuncia che la peste colpirà la città finché essa sarà contaminata dall'impura presenza dell'uccisore di Laio. Edipo si accinge, allora, a chiarire il mistero della morte del suo predecessore, fiducioso nella forza della sua intelligenza che già una volta gli ha consentito di sciogliere l'enigma della Sfinge. Ma ogni passo che egli compie in direzione della verità lo avvicina alla sua stessa rovina; infine, scopre con orrore di essere proprio lui l'inconsapevole uccisore di Laio. Era accaduto che, mentre si allontanava da Corinto, la sua città, per sfuggire all'orribile profezia di un oracolo secondo la quale era destinato a uccidere suo padre e sposare sua madre, Edipo aveva incontrato un vecchio con un carro e dei servi e, nel corso di una lite, lo aveva casualmente ucciso. Quel vecchio era Laio. L'arrivo di un messaggero da Corinto, che gli annuncia la morte del padre Pòlibo, gli fa scoprire che in realtà egli era solo figlio adottivo di Pòlibo, al quale era stato portato da un pastore che veniva da Tebe. Ormai è a un passo dall'atroce verità: è lui il figlio di

Laio, quello che il re aveva fatto portare su un monte inaccessibile, dopo aver appreso da un oracolo che un giorno sarebbe morto per mano sua; lui ha inconsapevolmente ucciso suo padre e, altrettanto inconsapevolmente, ha sposato sua madre, Giocasta. Edipo, l'eroe innocente che, senza alcuna colpa, si è macchiato dei piú orrendi delitti, dopo aver appreso che la donna che gli è stata moglie e madre si è impiccata, si cava gli occhi, quegli occhi con cui aveva fino in fondo voluto scrutare la verità, e si condanna a un perpetuo esilio. La tragedia si svolge col ritmo serrato di un «giallo» in cui, però, la verità è nota sin dall'inizio sia all'autore che al pubblico, il quale assiste angosciato ai tentativi del protagonista di ricercare, guidato dalla luce della ragione, una verità che alla fine lo accecherà. La cecità a cui Edipo si condanna è quasi una autopunizione per aver guardato, per aver voluto sapere; non a caso «guardare» e «sapere» sono in greco strettamente collegati: la forma verbale *òida* («io so») è il perfetto di *orào* («io vedo») e significa, dunque, «io so perché ho visto, ho guardato». La tragedia dimostra anche che non è concesso all'uomo di sfuggire al destino che continuamente lo incalza e gli si para davanti proprio quando egli crede di essersene liberato. La vita di Edipo, come quella di tanti altri personaggi sofoclei, è certamente un disastro, eppure egli riesce a dare un significato alla sua disfatta e la accetta con dignità e coerenza, senza apparire mai definitivamente prostrato e sconfitto.

14. Citerone: monte vicino a Tebe.

15. Un oltraggio ... fasce: è un danno (*oltraggio*) antico che ho da quando ero in fasce.

16. il nome che porti: Edipo: in greco il nome *Oidípous* significa «piedi gonfi». Apprendiamo cosí che il piccolo Edipo era stato abbandonato dai genitori sul monte Citerone, con le caviglie traforate da un chiodo in modo da tenere legati i piedi. Per questa deformità a Corinto gli venne dato il nome di *Oidípous*. Questo particolare non è sufficiente a Edipo per trarre conclusioni sulla propria nascita, ma sono molto significativi per Giocasta, che comincia a capire tutta la terribile verità.

Nunzio – Davvero è questo il motivo della tua lunga assenza?
Edipo – Sicuro! Non volevo diventare l'assassino di mio padre.
Nunzio – E allora, signor mio, se sono qui come amico, perché non ti ho già liberato da questa paura? 75
Edipo – Ti ricompenserei adeguatamente.
Nunzio – Bene, sono venuto proprio per questo: farti tornar in patria guadagnandoci qualcosa.
Edipo – Non mi avvicinerò mai ai miei genitori. 80
Nunzio – Figlio mio, si vede bene che non sai quello che fai...
Edipo – Come! Spiegami, in nome degli dèi!
Nunzio – ... se è per questo che eviti di tornare a casa.
Edipo – Ho paura che si avveri l'oracolo di Apollo.
Nunzio – Che tu sia contaminato dai genitori? 85
Edipo – Proprio questo, o vecchio, questo mi spaventa, sempre!
Nunzio – Lo sai che non hai motivo di temere?
Edipo – E come no, se i miei genitori sono quelli?
Nunzio – Perché Pòlibo con te non aveva parentela.
Edipo – Come hai detto? Pòlibo non è mio padre? 90
Nunzio – Come lo sono io, tale e quale.
Edipo – Chi ha generato può essere uguale a chi non ha generato?
Nunzio – Non è stato lui a farti nascere, e nemmeno io!
Edipo – E allora, perché mi chiamava suo figlio?
Nunzio – Ecco: ti aveva preso in dono dalle mie mani. 95
Edipo – Mi aveva preso da altri e mi amava tanto?
Nunzio – Non aveva avuto figli.
Edipo – E tu, che mi consegnasti a lui, mi avevi comprato? O ero figlio tuo?
Nunzio – Ti avevo trovato nelle valli boscose del Citerone[14]. 100
Edipo – Com'è che passavi per quei luoghi?
Nunzio – Guidavo il gregge, sul monte.
Edipo – Eri pastore nomade, a servizio?
Nunzio – E tuo salvatore, figlio, in quel momento. 105
Edipo – Che male avevo, quando mi prendesti in braccio?
Nunzio – Le giunture dei tuoi piedi possono attestarlo.
Edipo – Ohi, cos'è quest'antico male di cui mi parli? 110
Nunzio – Avevi le caviglie perforate, e io ti sciolsi.
Edipo – Un oltraggio incredibile ho avuto dalle fasce[15]! 115
Nunzio – Per questa sorte ti fu dato il nome che porti: Edipo[16].

Jean-Auguste-Dominique Ingres, *Edipo e la Sfinge*, 1808-1827. Parigi, Museo del Louvre.

Il teatro classico : La tragedia

EDIPO – In nome degli dèi, da mia madre o da mio padre? Dimmelo.
NUNZIO – Non so. Quello che ti consegnò a me... sarà meglio informato.
120 EDIPO – Mi prendesti da un altro? Non fosti tu a trovarmi?
NUNZIO – No, ti diede a me un altro pastore.
EDIPO – Chi? Me lo sai dire?
NUNZIO – Uno dei servi di Laio[17], mi pare.
EDIPO – Di quello che una volta era re di questo paese?
125 NUNZIO – Sí, era un suo pastore.
EDIPO – È ancora vivo? Voglio vederlo!
NUNZIO – Lo sapete meglio voi, che siete di qui!
EDIPO – C'è qualcuno, di voi qui presenti, che conosce questo pastore di cui parla lui, e lo ha visto o in campagna o qui in città? Ditemelo, perché è ora
130 che tutto sia messo in chiaro.
CORO – Credo che sia proprio quello della campagna, che volevi vedere già prima. Ma qui c'è Giocasta: lei può dirlo meglio di tutti.
EDIPO – Moglie mia, ricordi l'uomo che poco fa abbiamo mandato a chiamare? È di lui che parla il forestiero?
135 GIOCASTA – Che importa di chi parla? Non badarci. Quello che ha detto, non ricordarlo nemmeno. Non serve!
EDIPO – Che io, con questi indizi fra le mani, rinunzi a scoprire la mia origine, non è possibile!
GIOCASTA – No, per gli dèi, non insistere in questa ricerca, se hai cara la vita.
140 Basta ciò che soffro io[18].
EDIPO – Coraggio! La tua nobiltà non sarà toccata, neanche se si troverà che sono tre volte schiavo, figlio di una madre schiava da tre generazioni[19].
GIOCASTA – Sí, ma ascoltami, ti prego, non farlo.
EDIPO – Non posso ascoltarti. Non rinunzio a sapere la verità.
145 GIOCASTA – Ma io so quel che dico, per il bene tuo!
EDIPO – Questo, che per te è il mio bene, per me è il mio tormento.
GIOCASTA – Sventurato! Che tu non sappia mai chi sei!
EDIPO – Qualcuno vada e mi porti qua il pastore: e lei, lasciate che si compiaccia della sua famiglia di ricchi.
150 GIOCASTA – Ohi, ohi, sciagurato! Solo questo posso dirti e nient'altro, mai piú[20].
CORO – Perché è andata via, Edipo, come spinta da una pena feroce? Ho paura che da questo silenzio debbano scoppiare sventure!
EDIPO – Esploda ciò che vuole. Io la mia origine, anche se è modesta, voglio
155 conoscerla. Forse lei, nel suo orgoglio femminile, si vergogna dei miei bassi natali. Invece io mi ritengo figlio della sorte, quella che dispensa il bene, e non avrò disonore. Sí, quella è mia madre[21]; e i mesi cresciuti insieme con me mi hanno fatto piccolo e grande. Se cosí sono nato, non posso risultare diverso e non ho motivo di ignorare la mia stirpe.

17. Uno dei servi di Laio: nel corso della sua investigazione, Edipo aveva appreso di essere stato lui l'uccisore di Laio, ma ignorava di esserne il figlio. Adesso, mediante queste nuove informazioni, apprende non soltanto di non essere figlio di Pòlibo, ma anche di essere originario della città di Laio. Tuttavia, ancora Edipo non comprende la verità, anche perché è troppo terribile per lui. Tutti gli indizi bastano, invece, a Giocasta che cercherà subito, ma invano, di distogliere Edipo dal proseguire nella sua indagine.
18. Basta ciò che soffro io: queste parole indicano chiaramente che Giocasta ha compreso tutto ciò che nel passato era accaduto e, di fronte a questa tremenda immagine, non può che provare indicibile sofferenza.
19. La tua ... generazioni: Edipo non capisce l'atteggiamento di Giocasta e lo attribuisce al timore che si scopra che Edipo è di origini non nobili o addirittura servili.
20. sciagurato! ... mai piú: con un estremo grido Giocasta esce di scena rientando nel palazzo. Sono le ultime parole di Giocasta, dopodiché esce definitivamente di scena. Essa, ormai consapevole della veridicità dell'oracolo e incapace di trattenere Edipo dal giungere anch'egli alla verità, pronuncia cosí le ultime parole della sua esistenza: rientrata nella reggia, si toglierà la vita impiccandosi.
21. quella è mia madre: si riferisce a una madre sconosciuta che in questo momento pensa che sia di origini umili e che, tuttavia, non intende rinnegare.

Entriamo nel testo

La particolare struttura dell'*Edipo re*
Solitamente nella rappresentazione delle tragedie greche assistiamo alla presentazione di eventi che si svolgono dall'inizio verso la soluzione finale, anche posti in relazione con fatti accaduti precedentemente. Diversamente, nell'*Edipo re* l'azione che si svolge sulla scena è molto esile, perché tutti gli eventi su cui la tragedia si basa

sono accaduti precedentemente; la trama – come avviene nei moderni romanzi «gialli» – è costituita dalla ricostruzione graduale di una verità che affonda nel passato, mediante l'acquisizione progressiva di segmenti di conoscenza.
La tecnica con cui è costruito l'*Edipo re* è, dunque, complessa: **la *fabula* e l'intreccio non coincidono**, in quanto l'azione scenica inizia quando tutti gli eventi si sono già svolti e sono ormai in atto le conseguenze, sotto forma di una peste, che durerà fino a quando l'uccisore di Laio non verrà punito e allontanato. Tutta l'azione scenica consiste in una **serie di flashback**, ognuno dei quali apporta un tassello alla ricostruzione degli eventi passati. Nessuno dei personaggi conosce l'intera verità, ma ognuno sa qualcosa che contribuisce a ricostruirla; mediante l'aggiunta delle singole informazioni, l'arte di Sofocle ricompone drammaticamente gli eventi del passato in modo tale che le emozioni e il senso di orrore crescono parallelamente all'accertamento della verità.
Il mito che viene in tal modo elaborato apparteneva alla tradizione culturale greca ed era noto al pubblico al quale, pertanto, non si richiedeva lo sforzo mentale di seguire la ricostruzione dei fatti.

Agli spettatori, invece, era proposta la riflessione sulla condizione e sul destino di Edipo: un uomo che per molto tempo si è creduto non solo felice, ma anche sicuro della forza del suo intelletto, nel breve arco di un giorno vive la disgregazione delle sue certezze con l'acquisizione dell'orribile verità che, a sua insaputa, aveva «contaminato» e compromesso sin dalle origini i motivi su cui egli aveva fondato il suo orgoglio.

Il tema del «sapere» e del «vedere»

In tutta la tragedia è presente una tematica che si configura come un'**antitesi**: quella della luce dell'intelligenza e della vista, che si contrappone all'oscurità che copre gli antefatti e alla «cecità» di Edipo, che non conosce e non vede la realtà del suo passato.
Infatti, all'inizio della tragedia Edipo è illuminato da un'acuta intelligenza che gli fa capire tante cose e grazie alla quale ha potuto risolvere l'enigma della Sfinge, un successo che gli ha aperto la strada per essere accolto a Tebe, sposare Giocasta e diventare il re della città. Tuttavia, sebbene egli sia dotato della facoltà della vista mediante gli occhi, non riesce a vedere con la mente e vive nell'oscurità della conoscenza.

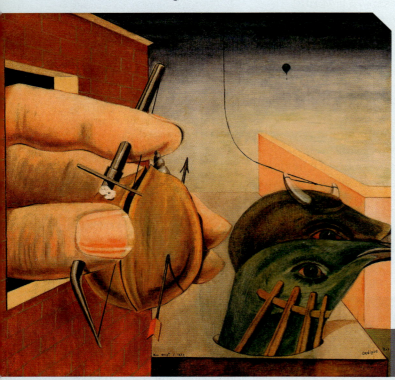

Durante lo svolgimento dell'azione scenica, Edipo obbedisce inesorabilmente alla sua esigenza di conoscere e di sapere, poggiando sulla forza dell'intelligenza e sulla sicurezza di aver sempre agito in modo corretto e giusto: in realtà non si accorge di avviarsi verso la rovina.
Il momento della catastrofe finale arriverà quando, giunto al termine della sua investigazione, Edipo finalmente riuscirà a sapere, e quindi «vedere» con la mente, la verità della sua colpevolezza. Allora, riconoscendo la propria cecità di fronte alla potenza del destino e l'inutilità della propria intelligenza, egli si infliggerà una forma di autopunizione particolarmente emblematica accecandosi, e cioè togliendosi la luce di quegli occhi che non erano stati in grado di vedere tutto l'orrore della sua condizione.

Max Ernst, *Oedipus Rex*, 1922. Collezione privata.

Il teatro classico | **La tragedia**

Esercizi

Competenza trasversale:

a Acquisire ed interpretare l'informazione
b Individuare collegamenti e relazioni
c Comunicare
d Comunicare nelle lingue straniere

■ Comprensione

1. In che cosa consistono la *gioia* e il *cruccio* che, come afferma il messaggero al suo arrivo a Tebe, sta per portare a Edipo (righe 19-20)?
2. Per quale motivo Edipo dichiara di essersi allontanato da Corinto?
3. Chi sono coloro i quali Edipo ritiene essere i suoi genitori? In quale città vivono? Chi sono, invece, come emerge al termine della tragedia, i veri genitori di Edipo? Qual è la loro città?
4. Chi aveva trovato il piccolo Edipo con i piedi perforati? A chi l'aveva consegnato?
5. Perché Giocasta, ascoltato il dialogo tra Edipo e il nunzio, esorta Edipo dicendo *Non badarci. Quello che ha detto, non ricordarlo nemmeno. Non serve* (righe 135-136)?
6. Quale motivazione Edipo attribuisce al fatto che Giocasta non voglia che si ricerchi l'origine di lui?

■ Interpretazione

7. Il messaggero, dichiarando che Edipo non è figlio di Pòlibo, crede di liberare il re dall'angoscia del vaticinio, mentre invece con le sue parole getta una luce sinistra sui fatti e fa intendere, per il momento alla sola Giocasta, la verità. Indica quali sono le parole del messaggero caratterizzate da questa duplice valenza.
8. L'ingresso in scena di Giocasta è contrassegnato dalla fiducia nella divinità e dalla speranza che le sue preghiere gioveranno a qualcosa; ma quando alla fine si allontana, la regina è una donna distrutta che si avvia alla morte. Indica le successive fasi di questa trasformazione e le espressioni da lei pronunciate che segnalano la sua acquisizione della comprensione della verità.

■ Competenza testuale

9. In quale momento Edipo entra in scena? Da quali parole del testo si trae questa informazione?
10. I testi delle tragedie greche sono costituiti solo dalle parole attribuite ai personaggi e non contengono didascalie. Immagina di essere il regista e di mettere in scena questo episodio. Inserisci nel testo le didascalie che ritieni opportune per dirigere la recitazione degli attori, indicando con esse l'entrata in scena dei personaggi, il loro atteggiamento e il tono della loro voce, la descrizione di ogni personaggio e degli oggetti che recano in mano.

■ Produzione

11. Racconta in un testo scritto gli eventi della storia di Edipo che hai tratto dalla lettura del brano disponendoli nel loro ordine cronologico, a cominciare dalla nascita di Edipo sino al giorno dell'arrivo a Tebe del nunzio.

  12. Consultando testi di mitologia greca o ricorrendo a internet, fai una ricerca sulla storia dei sovrani di Tebe, su Laio e Giocasta, sulla storia di Edipo e dell'enigma della Sfinge da lui risolto.

per l'**INVALSI** con *Eugenio*

1. Quale aspetto caratterizza l'organizzazione della trama nel testo?

   a. ☐ Il testo presenta gli eventi mentre stanno accadendo sulla scena.
   b. ☐ Il testo ricostruisce gli eventi che sono accaduti nel passato.
   c. ☐ Il testo preannuncia eventi che potrebbero accadere in futuro.
   d. ☐ Il testo contiene un *flashback* che si inserisce tra le azioni che accadono sulla scena.

2. Quale ruolo riveste Giocasta nella tragedia?

....

3. Quale funzione ha nel testo il termine «supplice» (riga 1)?

   a. ☐ Complemento di modo.
   b. ☐ Predicativo del complemento oggetto.
   c. ☐ Soggetto.
   d. ☐ Predicativo del soggetto.

4. Nella tragedia si parla del re di Tebe e del re di Corinto. Quali sono i loro nomi?

....

5. A chi si riferisce l'espressione «è il pilota della nave» (riga 8)?

....

6. Quale notizia porta a Edipo il messaggero venuto da Corinto?

   a. ☐ Che Edipo sta per diventare re di Corinto.
   b. ☐ Che il re di Corinto è gravemente malato.
   c. ☐ Che il re di Corinto è stato ucciso.
   d. ☐ Che gli abitanti di Corinto soffrono per la lontananza di Edipo.

7. Perché la notizia data dal nunzio che Pòlibo è morto è destinata a causare cruccio oltre che gioia?

   a. ☐ Perché Edipo, divenendo re di Corinto, dovrà governare un regno troppo grande.
   b. ☐ Perché Giocasta teme che Edipo la abbandoni andando a Corinto.
   c. ☐ Perché Edipo diventa re di Corinto, però suo padre è morto.
   d. ☐ Perché Giocasta nutre rancore verso gli abitanti di Corinto.

8. Perché Edipo era rimasto a lungo lontano da Corinto?

....

....

9. Il messaggero dimostra a Edipo che la previsione dell'oracolo non avrebbe potuto realizzarsi. Per quale motivo?

   a. ☐ Perché Edipo era rimasto lontano dal padre.
   b. ☐ Perché il re di Corinto non era il padre di Edipo.
   c. ☐ Perché ormai il padre era morto.
   d. ☐ Perché gli oracoli dicono cose false e non valgono niente.

10. Perché si riteneva che Edipo fosse figlio del re di Corinto?
   a. ☐ Perché era sempre vissuto nella reggia.
   b. ☐ Perché il re di Corinto non aveva avuto figli.
   c. ☐ Perché Edipo assomigliava al re di Corinto.
   d. ☐ Perché il re di Corinto aveva adottato Edipo.

11. Dalle parole del messaggero che cosa apprende Edipo riguardo alle proprie origini?
   a. ☐ Di essere nato nella famiglia del messaggero.
   b. ☐ Di appartenere a una famiglia di umile stato sociale.
   c. ☐ Di essere stato trovato in una campagna.
   d. ☐ Di essere figlio di uno dei pastori del re.

12. L'apprendere di essere stato trovato da un servo di Laio che cosa fa capire a Edipo?
   a. ☐ Che il nunzio non ha detto la verità.
   b. ☐ Di essere stato allevato in una famiglia di servi.
   c. ☐ Di essere nato non a Corinto ma a Tebe.
   d. ☐ Che è stato trovato in una casa e non in campagna.

13. Quale funzione ha nella frase «È di lui che parla il forestiero?» (riga 134) l'espressione *di lui*?
   a. ☐ Complemento di specificazione.
   b. ☐ Complemento di argomento.
   c. ☐ Complemento di limitazione.
   d. ☐ Complemento di denominazione.

14. L'espressione «scoppiare sventure» (riga 153) contiene una figura retorica. Quale?
   ....

15. Osserva l'espressione «io mi ritengo figlio della sorte» (riga 156). Quale funzione ha la parola *figlio*?
   a. ☐ Complemento oggetto.
   b. ☐ Predicativo del soggetto.
   c. ☐ Predicativo del complemento oggetto.
   d. ☐ Complemento di termine.

 ON LINE: **La tragedia**

Schede: *Tragedie in scena... sui vasi*; (Dal libro al film) *Shakespeare in Love*

Euripide
Meglio imbracciare lo scudo che partorire una volta sola

- Euripide, *Medea*, trad. di M. G. Ciani, Istituto Nazionale del Dramma Antico, Siracusa, 1996

IN SINTESI: Medea si trova a Corinto, dove è giunta con il marito Giasone. Questi, però, ha deciso di abbandonarla per contrarre un nuovo matrimonio con la giovane figlia del re. Di fronte a questo tradimento si scatenano il dolore e il furore di Medea, della quale giungono gli strazianti lamenti dall'interno della casa. La nutrice della protagonista e le donne di Corinto – dalle quali è formato il coro della tragedia – sono profondamente turbate ed esortano Medea a uscire dalla casa per trovare sfogo e sollievo parlando con loro. La protagonista, dunque, compare sulla scena e avvia con le donne corinzie un dialogo finalizzato a ottenere la loro comprensione e solidarietà femminile: in comune, infatti, esse vivono una condizione subalterna rispetto agli uomini, dipendendo da questi in tutto ed essendo prive di una reale autonomia. Ancora di piú è desolata la particolare situazione di Medea, lontana dalla patria e dalla famiglia d'origine, per la quale il tradimento del marito rappresenta una tragica sciagura che merita vendetta; in nome della solidarietà femminile, Medea chiede dalle donne corinzie la complicità del silenzio: che esse non rivelino la trama che lei ordirà per far pagare all'uomo il suo tradimento!

genere: tragedia   *epoca:* 431 a.C.   *luogo:* Atene   *lingua originale:* greco antico

---

CORO – Ho sentito la voce, ho sentito gridare[1] l'infelice donna straniera[2], non ha proprio mai pace? Parla, nutrice. L'ho sentita urlare. Il dolore di una famiglia, che mi è cara, mi addolora, nutrice.
NUTRICE – Questa famiglia non c'è piú, è finita. Lui sta a letto con la figlia del re[3], lei, consuma la sua vita senza un amico, nessuno che la conforti. 5
MEDEA[4] – Perché, perché non mi colpisce il fulmine celeste? Perché devo vivere ancora? Vorrei lasciare questa odiosa vita, vorrei scomparire nella morte.
CORO – O Terra, o Luce, lo sentite il grido della sposa infelice? Che cos'è questo pazzo desiderio di un abbraccio mortale[5]? Non chiamare la morte, 10
verrà presto. Se il tuo sposo si gode un'altra donna non consumarti in lacrime per lui: Zeus[6] ti vendicherà.
MEDEA – Era legato a me con giuramenti solenni quest'uomo maledetto: vorrei vederlo annientato, lui, sua moglie, con la casa intera, loro che mi hanno offesa[7]. [...] 15
NUTRICE – Sentite quel che dice e come grida? Placare la sua collera non sarà facile.
CORO – Perché non viene qui, davanti a noi, e non ascolta le nostre parole?

---

1. Ho sentito ... gridare: sulla scena si trovano la nutrice (specie di governante di Medea sin dalla sua nascita) e il coro, composto da un gruppo di donne di Corinto; la voce di Medea giunge da *fuori scena*. L'ambiente rappresentato è l'esterno della casa della protagonista, mentre la voce e i lamenti di Medea giungono dall'interno della casa.

2. l'infelice donna straniera: Medea, che è straniera a Corinto sia perché è originaria della lontana Colchide, sia perché è arrivata a Corinto con Giasone dalla Tessaglia, regione della Grecia settentrionale. Il fatto che Medea sia una *straniera* rappresenta un elemento importante nella tragedia e in questo episodio in particolare, tanto che l'attributo risulta ben evidenziato nelle parole del coro e, poco piú avanti, la stessa Medea ne sottolineerà le conseguenze negative.

3. Lui sta ... re: l'espressione dura mira a evidenziare il cuore della situazione e del problema: Giasone ha spostato il suo interesse affettivo riversandolo sulla giovane figlia del re, sua nuova sposa.

4. MEDEA: sino a quando non compare in scena, il personaggio di Medea è rappresentato dalla sua voce che giunge da *fuori scena*.

5. un abbraccio mortale: cioè, il desiderio di morire.

6. Zeus: il dio, che nel *pantheon* greco è il sovrano degli dèi, viene qui invocato perché ritenuto il garante della giustizia.

7. sua moglie ... offesa: Medea si ritiene offesa dal tradimento del marito e considera traditori anche la nuova sposa con tutta la sua famiglia.

L'OPERA

Il testo è tratto da *Medea*, tragedia che fu rappresentata per la prima volta ad Atene nel 431 a.C. *Medea* viene considerata, nella produzione di Euripide, una delle piú potenti per la capacità di rappresentare le passioni dell'animo femminile, che è profondamente orientato verso i profili della vita affettiva e familiare. Come tutte le tragedie greche, anche questa trae il materiale dalla tradizione mitica, collegandosi alla spedizione degli Argonauti che, guidati da Giasone, navigarono dalla Grecia verso una terra lontana per impadronirsi della pelle d'oro di un agnello magico; tuttavia, il segmento mitico qui utilizzato non è relativo alle peripezie di questo avventuroso viaggio, ma a un momento successivo; il tradizionale racconto mitico, pertanto, costituisce l'antefatto della tragedia. Giasone era ritornato dalla spedizione portando con sé non solo l'aurea pelle dell'agnello, dopo averla sottratta al re della Colchide che la custodiva gelosamente, ma anche Medea, la giovane figlia del re, la quale, innamoratasi dell'eroe, lo aveva aiutato nell'impresa ingannando il padre e infine era fuggita con lui in Grecia. Dopo il ritorno in patria, Giasone era stato esiliato dal re della sua città e si era recato a Corinto dove aveva vissuto per dieci anni con Medea. La vicenda della tragedia trova adesso il suo inizio, poiché Creonte, il re di Corinto, ha promesso in sposa la propria figlia Glauce a Giasone, il quale ha lasciato Medea, dalla quale ha avuto due figli, per unirsi alla giovane principessa. In preda alla disperazione e al furore, Medea non nasconde i suoi sentimenti sicché il re Creonte decreta l'esilio immediato per lei e i suoi figli. Invano la donna tradita ricorda a Giasone i giuramenti che le aveva fatto, il legame di amore che li aveva uniti e i figli nati dalla loro unione, l'aiuto fornito per il furto della pelle d'oro e la responsabilità da lui assunta nel condurla in terra straniera: Giasone è irremovibile e anzi rinfaccia alla donna di non mostrargli gratitudine sia perché per merito di Giasone è potuta venire da un paese barbaro nella civile Grecia, sia perché potrà vedere i propri figli in una condizione piú agiata grazie alle nozze regali. Ferita da questa arroganza, Medea decide di vendicarsi ricorrendo alle arti magiche; dopo aver ottenuto dal re il rinvio di un giorno per l'esilio, utilizza questo tempo per mettere in atto la sua vendetta: invia a Glauce, con l'apparenza di doni nuziali, una veste intrisa di un potente veleno. La giovane sposa, indossati i doni, viene divorata da fiamme inestinguibili, che avvolgono anche il padre accorso in suo aiuto. Infine, Medea completa la vendetta uccidendo, seppur con acuto dolore, i propri figli, per ferire piú profondamente Giasone e lasciarlo assolutamente privo di affetti. L'uomo accorre per punirla, ma apprende della morte dei figli e vede Medea in alto, sul carro del Sole, con i corpi dei piccoli uccisi: essa si allontana, negandogli anche il conforto di un ultimo addio ai figli.

Il brano che qui leggiamo appartiene al primo episodio; siamo, quindi, nella fase iniziale degli eventi della tragedia. Medea ha appena appreso dell'editto con cui il re l'ha condannata all'esilio immediato; invitata dalle donne corinzie a sfogare con loro la propria disperazione, rivolge loro un lungo e abile discorso tutto al femminile che, finalizzato a ottenerne la complicità nell'azione, illustra e lamenta le condizioni dell'antica donna greca, relegata in casa e sottoposta in tutto al potere maschile.

Forse mitigherebbe quest'ira cupa, questi folli pensieri. Conserverò il mio
20 affetto alle persone che amo. Va' dunque, falla venire fuori, dille che le
vogliamo bene. Ma presto, prima che faccia del male a qualcuno, là dentro;
perché il suo dolore è come un'onda che sale.
NUTRICE – Lo farò; anche se temo di non persuaderla, mi sforzerò, per amor
tuo. Se qualcuno dei servi le si avvicina per dirle una parola, con sguardo
25 feroce essa lo fulmina, come una leonessa appena sgravata.

Dopo aver pronunciato queste parole la nutrice esce dalla scena, dove rimangono
solo le donne che compongono il coro; subito dopo entra Medea. In tal modo si rea-

Incontro con il testo... ... teatrale

Maria Callas interpreta *Medea* nell'omonimo film di Pier Paolo Pasolini.

lizza il dialogo tra i due personaggi, Medea e il coro, mentre l'attore uscito di scena muta il proprio aspetto, deponendo le vesti della nutrice e indossando quelle di un altro personaggio che reciterà nell'episodio successivo.

CORO – Ho sentito gemiti e lamenti; è lei che grida il suo dolore acuto contro lo sposo crudele.

MEDEA – Donne di Corinto[8], ecco, sono uscita[9] perché non abbiate da ridire. Ci sono molti, lo so, che per i loro modi riservati si sono procurati la cattiva fama di persone superbe. Ma non c'è giustizia negli occhi di coloro che, solo a vederlo, odiano un uomo prima di conoscere il suo cuore. Certo è necessario che uno straniero si adatti alla città che lo accoglie; ma non apprezzo neppure il cittadino arrogante che per la sua ignoranza si rende odioso.

La sciagura mi ha colpito all'improvviso, mi ha spezzato il cuore; è finita, ho perduto la gioia di vivere, voglio solo morire. Lui[10], che era tutto per me, si è rivelato il peggiore degli uomini.

Di tutte le creature che hanno anima e cervello[11] noi donne siamo le piú infelici; per prima cosa dobbiamo, a peso d'oro,

---

8. Donne di Corinto: il coro è formato da donne corinzie.
9. sono uscita: questo è il momento in cui Medea compare sulla scena, uscendo dalla casa e presentandosi al pubblico per la prima volta, dopo aver fatto sentire soltanto la sua voce. La sua presentazione agli spettatori coincide, sotto il profilo dell'azione, con l'inizio dell'incontro con le donne di Corinto, con le quali avvia il dialogo e imposta il rapporto di comunanza e solidarietà femminile.
10. Lui: il marito Giasone, che ha lasciato Medea per ricercare le nozze con la figlia del re.
11. Di tutte ... cervello: cioè, tra tutti gli esseri umani.

L'autore

Euripide, tragediografo greco che visse ad Atene nel V secolo a.C. (nacque intorno al 485 e morí in Macedonia nel 406), è uno dei tre grandi scrittori di tragedie dell'antica Grecia insieme a Eschilo e Sofocle. Questi furono a lui quasi contemporanei, ma egli viene citato cronologicamente come terzo per le innovazioni del suo teatro sia nelle strutture compositive sia, soprattutto, nell'ideologia. Euripide, infatti, risulta nell'ambito della cultura greca il piú moderno dei poeti tragici, per la concezione della vita umana e dei rapporti tra gli uomini e gli dèi (in quanto ritiene che gli dèi non intervengano a determinare le sorti e i sentimenti degli uomini), per la concezione della tragicità (di cui riconosce la forza non solo nella vita di individui eroici ma anche nella normale dimensione esistenziale), per l'attenzione rivolta alle donne, ai loro sentimenti e alle loro condizioni di vita. Per queste sue caratteristiche Euripide fu meno compreso dai contemporanei rispetto a Eschilo e Sofocle, sicché i giudizi su di lui furono controversi e talvolta accompagnati da derisione. Nelle epoche successive alla sua morte, tuttavia, il suo teatro ebbe grande notorietà e apprezzamento, e divenne oggetto di studio e di ispirazione per molti compositori di tragedie e di opere poetiche.

La tradizione accredita a Euripide la produzione di 92 opere teatrali, ma a noi sono pervenute solo 17 tragedie (secondo l'ordine cronologico della loro rappresentazione ad Atene: *Alcesti, Medea, Ippolito, Eraclidi, Andromaca, Ecuba, Supplici, Elettra, Eracle, Troiane, Ifigenia in Tauride, Elena, Ione, Fenicie, Oreste, Ifigenia in Aulide, Baccanti*) e il dramma satiresco *Ciclope*.

comperarci un marito, che diventa padrone del nostro corpo – e questo è il male peggiore. Ma c'è un rischio piú grande: sarà buono o cattivo? Separarsi è un disonore per le donne, e ripudiare lo sposo è impossibile. Se poi
45 vieni a trovarti tra nuove usanze e abitudini diverse da quelle di casa tua, dovresti essere un'indovina per sapere come comportarti con il tuo compagno. Se le cose vanno bene, e il marito sopporta volentieri la convivenza, la vita è bella; se no meglio morire. Quando si stanca di stare a casa, l'uomo può andare fuori a distrarsi; noi donne invece dobbiamo restare sempre
50 con la stessa persona. Dicono che viviamo in casa, lontano dai pericoli, mentre loro vanno in guerra; che follia! È cento volte meglio imbracciare lo scudo piuttosto che partorire una volta sola.

Ma questo semmai vale per te e non per me; tu sei nella tua città, hai la tua casa, una vita serena, l'affetto dei tuoi cari; io sono sola, senza patria
55 e l'uomo che mi ha rapita da una terra straniera come una preda[12], ora mi oltraggia; non ho una madre, un fratello, dei parenti dove trovare rifugio in questa mia sciagura.

Da te vorrei una cosa sola: se mai trovassi un modo, un mezzo per far pagare a quell'uomo il male che mi ha fatto, tu non parlare, taci![13] Di solito una donna è piena di paura, non sa usare la forza, trema al vedere un'arma; ma quando è offesa nei suoi diritti di moglie, non c'è cuore piú sanguinario del suo.

Coro – Tacerò, Medea. È giusto che tu voglia vendicarti del tuo sposo, e non mi meraviglio se piangi sulle tue sventure.

12. l'uomo ... preda: Medea non era stata rapita da Giasone, ma l'aveva spontaneamente seguito per amore; tuttavia, con questa espressione essa sottolinea la responsabilità che l'uomo si era assunto, sradicandola dalla sua terra, e di cui si è dimostrato indegno.

13. tu non parlare, taci!: l'abile discorso di Medea mira a ottenere, da parte delle donne di Corinto, la complicità mediante il silenzio: essa, cioè, non vuole che esse la tradiscano, facendo quindi fallire il piano di vendetta di Medea. Il silenzio delle donne del coro è indispensabile soprattutto perché l'eroina si accinge – in loro presenza – a convincere il re Creonte a rimandare di un giorno la sua espulsione dalla città: senza questo rinvio essa non avrebbe il tempo di mettere in atto tutte le azioni vendicative che ha progettato.

Entriamo nel testo

Il mondo femminile degli affetti

Nelle tragedie di Euripide i personaggi appartengono alla tradizione mitica ed eroica, ma non come protagonisti di vicende problematiche collegate al mondo religioso; essi, invece, offrono l'autorevolezza della loro fama per rappresentare gli aspetti che piú dolorosamente e profondamente colpiscono le **esistenze dei normali esseri umani**. Questi eroi e queste eroine, insomma, sono colpiti, soffrono e reagiscono – seppure con intensità estrema – provando gli stessi sentimenti e sulla base delle stesse motivazioni della normale dimensione umana. In particolare, la sensibilità euripidea è rivolta alle donne, delle quali egli ha evidenziato sia la singolare capacità di reagire nelle piú dure prove della vita, sia la condizione esistenziale di subalternità in un mondo in tutto regolato dagli uomini. In questa tragedia, l'eroina non è la protagonista dell'impresa mitica di Giasone e degli Argonauti, ma incarna la figura di una donna colpita in quanto ha di piú prezioso nella vita: il suo mondo affettivo e il suo ruolo di moglie. Medea si trova in una situazione di grande fragilità sociale: vive nell'antico mondo greco, in cui le donne sono relegate alla sfera di vita domestica ed escluse dalla partecipazione alla vita pubblica, in tutto dipendenti da una figura maschile, il padre prima e quindi il marito; è isolata in una terra straniera, per aver abbandonato la sua patria e la sua famiglia d'origine; trova la sua realizzazione e la sua dimensione esistenziale unicamente nel rapporto affettivo con l'uomo per il quale ha tradito le sue radici e a cui ha affidato tutta se stessa. Ma Giasone, l'uomo amato, unica fonte di identità sociale e di speranze, ha rotto il vincolo di affetti e preferisce una nuova sposa, che possiede tutti i privilegi di cui Medea è priva: è giovane e al suo primo rapporto matrimoniale; è greca, e non una straniera; vive nella casa del padre e ha l'appoggio della sua famiglia; ha il piú elevato ruolo sociale, in quanto addirittura figlia del re. Quale piú grande tragedia potrebbe sconvolgere la vita di Medea? È a questo punto che questo personaggio femminile assume le caratteristiche per le quali è divenuta un'eroina tragica famosa nei secoli, fonte di ispirazione per tanti poeti e, nella seconda metà del Novecento, protagonista di pregevoli opere cinematografiche (da quella di

Pier Paolo Pasolini del 1970, a quelle di Lars von Trier del 1988 e di Dennis Neal Vaughn del 1997). In preda allo strazio piú angosciante, che viene consumato e urlato tra le solitarie pareti della casa, Medea subisce una sorta di **rivoluzione interiore**. Il dolore è cosí forte e profondo che il cuore diviene insensibile e la mente acquista una sovrana lucidità; l'animo femminile, di solito abituato a essere timoroso, quando è stato «offeso nei suoi diritti» diventa sanguinario: Medea esce dalla sfera delle emozioni ed entra in quella della pura razionalità; trasforma il suo comportamento e il suo linguaggio, che non sono piú sfoghi emotivi ma manifestazioni guidate dalla mente; mette in azione tutte le sua capacità di pensiero per elaborare la vendetta contro i responsabili della sua sofferenza. Consapevole degli ostacoli che può incontrare nell'attuazione del suo piano a causa dell'isolamento in cui vive, essa ricerca la solidarietà delle donne della città, in modo da poter ottenere la loro complicità e il loro silenzio. Esce dunque dalla solitudine della sua casa e inizia la sua operazione di «conquista» delle donne corinzie, facendole destinatarie di un discorso lucido e razionale, costruito con grande abilità.

Il discorso di Medea

Il discorso è organizzato intorno a tre motivi successivi.

- La **costruzione della buona disposizione d'animo** delle donne corinzie nei propri confronti. Per ottenere ciò, Medea giustifica il fatto di non aver ancora stabilito la confidenza con le sue ascoltatrici, spiegando che ciò è stato determinato non dall'orgoglio o dalla superbia, ma da un'interiore riservatezza e dal rispetto dovuto da una straniera verso le abitanti della città da cui è accolta: sono parole destinate a far dissolvere in chi le ascolta ogni senso di diffidenza e di sospetto e a sollecitare apprezzamento e comprensione. Quindi, Medea dimostra di aprire il proprio animo esponendo la sua disgrazia e la sua disperazione, in modo da commuovere i sensibili animi femminili delle sue ascoltatrici.

- La **creazione del senso di solidarietà** umana e femminile. Medea fa appello a sentimenti condivisi, sottolineando gli elementi che accomunano lei stessa con le sue ascoltatrici e che consistono nelle condizioni in cui la società ha relegato le donne: esse sono creature prive di diritti civili e destinate alla sottomissione, per le quali la sorte felice o infelice è determinata dagli uomini e in particolare dal marito. Oltre a ciò, la situazione di Medea è ancora piú penosa, perché aggravata dall'essere straniera e quindi isolata e priva di qualunque aiuto per sopportare le disgrazie. Sono parole che – oltre a disegnare per noi il quadro di una reale situazione storica – sono studiate dall'eroina per fare leva sugli animi delle altre donne, che riconoscono la propria debolezza sociale e giungono a ritenere legittimo il desiderio di rivalsa dell'ancor piú fragile Medea.

- La **richiesta di complicità**, al fine di esercitare la propria difesa e attuare la giusta punizione del traditore. Questa richiesta rappresenta lo scopo essenziale di tutto il discorso di Medea, che ha progettato un terribile e completo piano di vendetta mirata non solo contro Giasone, ma

Evelyn De Morgan, *Medea*, 1889. Birkenhead, Williamson Art Gallery and Museum.

anche contro la nuova sposa e la sua famiglia; l'eroina, tuttavia, non scopre tutto questo orrore alle donne del coro, per non spaventarle e alienarsi il loro appoggio, esprime solo quanto può essere da esse condiviso, e cioè una punizione diretta solo contro il cattivo marito che l'ha **offesa nei suoi diritti di moglie**.

Le donne corinzie, di fronte a una richiesta formulata con tale abilità oratoria, non possono che fare la promessa del silenzio, coinvolte sinceramente in una complicità per un comportamento che al loro animo e in rapporto alle loro condizioni di vita si configura come giusto e condivisibile.

Esercizi

Competenza trasversale:

 Acquisire ed interpretare l'informazione

 Individuare collegamenti e relazioni

c Comunicare

d Comunicare nelle lingue straniere

- **Comprensione e interpretazione**

1. Ricerca nel testo le espressioni, usate dai diversi personaggi, che mettono in evidenza la capacità di Medea di eseguire azioni spietate per sfogare la sua collera e attuare la sua vendetta.

2. Prendi in esame la similitudine presente nell'espressione *con sguardo feroce essa lo fulmina, come una leonessa appena sgravata* (righe 24-25): spiega il suo significato e indica il modo in cui essa contribuisce a delineare l'animo del personaggio.

3. Ricerca le espressioni che evidenziano la solitudine di Medea.

4. Iniziando il suo discorso rivolto al coro, Medea spiega i motivi per cui è uscita di casa per dialogare con le donne corinzie: essa non vuole essere criticata da loro. Quindi indica due tipi di persone (a cui appunto lei non vuole assomigliare) che *hanno cattiva fama* e *si rendono odiosi* ai propri concittadini: ricerca le espressioni che designano questi due tipi di persone e le cause per le quali essi vengono criticati.

5. Prendendo in esame gli interventi di Medea, poni a confronto le espressioni pronunciate fuori dalla scena (quindi provenienti dall'interno della casa) con quelle che compongono il discorso al coro: in quali prevalgono i periodi brevi? In quali predomina l'emotività e la forma di domande retoriche e di esclamazioni? In quali predomina la forma di discorso affermativo e compiutamente organizzato in periodi complessi? Quali sono sfoghi emotivi e quali invece sono prodotti dalla lucida razionalità?

6. I sentimenti e l'atteggiamento interiore nei riguardi di Medea da parte delle donne che compongono il coro rimane immutato oppure si modifica alla fine dell'episodio rispetto all'inizio? Quali sono, secondo te, gli elementi che determinano lo stato d'animo del coro alla fine dell'episodio?

- **Competenza testuale**

7. Il testo delle tragedie antiche non contiene didascalie e tuttavia è possibile trarre dalle parole dei personaggi le indicazioni riguardo all'entrata in scena dei personaggi e ai loro movimenti. Rintraccia nel brano le espressioni che indicano, all'inizio, l'assenza di Medea dalla scena e, successivamente, la sua comparsa in scena.

8. Quali personaggi si trovano sulla scena durante lo svolgersi di questo episodio?

9. Suddividi in sequenze il discorso di Medea alle donne di Corinto, in modo da mettere in evidenza l'organizzazione logica del suo discorso.

- **Produzione**

a **10.** Seguendo le indicazioni che si possono trarre dalle parole di Medea, illustra le condizioni di vita delle donne di quell'epoca e di quella società.

11. Per quali motivi, secondo la tua opinione, Medea conclude la sua richiesta alle donne corinzie con le considerazioni sulle capacità di azione delle donne? Esprimi anche le tue opinioni in merito al contenuto di queste considerazioni fatte da Medea.

William Shakespeare
Macbeth

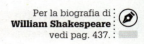

Per la biografia di **William Shakespeare** vedi pag. 437.

- W. Shakespeare, *Tutte le opere*, a cura di M. Praz, Sansoni, Firenze, 1964

IN SINTESI: Presentiamo alcune scene tratte dagli Atti I, III e IV che permettono di seguire la vicenda nel suo intero sviluppo, fin quasi alla conclusione della tragedia.

genere: tragedia *epoca:* 1601 *luogo:* Londra *lingua originale:* inglese

Personaggi

Duncan, *re di Scozia*
Malcolm ⎫
Donalbain ⎬ *suoi figli*
Macbeth ⎫
Banquo ⎬ *generali dell'esercito del re*
Macduff
Lennox
Ross
Menteith ⎬ *nobili scozzesi*
Angus
Caithness
Fleance, *figlio di* Banquo
Siward, *conte di Northumberland e generale delle forze inglesi*

Il giovane Siward, *suo figlio*
Seyton, *ufficiale del seguito di* Macbeth
Un ragazzo, *figlio di* Macduff
Un dottore inglese
Un dottore scozzese
Un soldato. Un portiere. Un vecchio
Lady Macbeth
Lady Macduff
Una dama del seguito di Lady Macbeth
Ecate e tre streghe
Pari, gentiluomini, ufficiali, soldati, persone del seguito e messi
Lo spettro di Banquo, e altre apparizioni

Atto I – Scena III

Macbeth e Banquo, generali dell'esercito del re di Scozia Duncan, reduci da una guerra vittoriosa contro i ribelli nella quale Macbeth ha dato prove di grande valore e coraggio, incontrano in una landa deserta tre streghe che fanno loro oscure profezie.

Entrano Macbeth *e* Banquo.

Macbeth – Un giorno così brutto e così bello, ad un tempo, non l'ho mai visto.

5 BANQUO – Quanto si dice che vi sia di qui a Forres? Che sono quelle figure tutte grinzose, e cosí selvagge nel loro vestire, che non hanno l'aspetto degli abitatori della terra, e pur vi stanno sopra? Vivete, o siete qualche cosa a cui si possa rivolgere una domanda? Sembra che mi intendiate, dal fatto che ciascuna di voi, proprio nel medesimo tempo, posa il suo dito rugoso
10 sulle smunte[1] labbra: voi dovete esser donne, ma tuttavia la vostra barba mi impedisce di persuadermi che lo siete davvero.
MACBETH – Parlate, se potete: che cosa siete?
1ª STREGA – Salve, Macbeth! salute a te, signore di Glamis!
2ª STREGA – Salve, Macbeth! salute a te, signore di Cawdor[2]!
15 3ª STREGA – Salve, Macbeth, che un giorno sarai re!
BANQUO – Mio buon signore, perché trasalite, e sembra che abbiate paura di cose che suonano cosí belle? In nome del vero, siete creature della fantasia, o siete in realtà ciò che esteriormente sembrate? Voi salutate il mio nobile compagno con un titolo di onore ch'egli già possiede, e con sí alta
20 predizione di nobile acquisto e di regale speranza, ch'egli ne sembra rapito fuor di sé: a me non parlate. Se voi potete penetrare con lo sguardo dentro i semi del tempo, e dire quale granello germoglierà e quale no, allora parlate a me, che non sollecito né temo i vostri favori e l'odio vostro.
1ª STREGA – Salve!
25 2ª STREGA – Salve!
3ª STREGA – Salve!
1ª STREGA – Inferiore a Macbeth, e piú grande di lui.
2ª STREGA – Non cosí felice, ma pur molto piú felice.
3ª STREGA – Tu genererai dei re, senza esser tale tu stesso: cosí, salute,
30 Macbeth e Banquo!
1ª STREGA – Banquo e Macbeth, salute!
MACBETH – Restate, favellatrici oscure, ditemi di piú. Che per la morte di Sinel[3] io sono signore di Glamis, lo so: ma come di Cawdor? il signore di Cawdor è vivo, e prospero gentiluomo; e in quanto all'essere re, ciò non ha la prospet-
35 tiva di una cosa credibile, piú che l'essere, io, signore di Cawdor. Dite, donde avete questa strana informazione? e perché su questa landa desolata arrestate il nostro cammino con tal saluto profetico? Parlate, ve lo ingiungo.

Le streghe spariscono.

1. **smunte**: molto magre.
2. **signore di Cawdor**: Macbeth aveva già il titolo di «signore (*Thane* nel testo originale, titolo simile a barone) di Glamis»; salutarlo come «signore di Cawdor» appare come una promessa di accrescimento del suo potere.
3. **Sinel**: il padre di Macbeth.

Dimitra Theodossiou nel ruolo di Lady Macbeth in una messa in scena.

L'OPERA

Il testo è tratto da *Macbeth*, tragedia composta nel 1601, con successive rielaborazioni (soprattutto in funzione dell'ascesa al trono di Giacomo I Stuart, alla cui dinastia l'opera venne considerata un omaggio), fino alla versione definitiva, accreditata al 1605-1606. L'argomento del *Macbeth* fu tratto dalle *Cronache di Inghilterra, Scozia e Irlanda* di Raphael Holinshed (1577); tuttavia Shakespeare rielaborò i personaggi, rappresentandone i caratteri in maniera assai diversa dalla fonte storica. Macbeth e Banquo, generali di Duncan re di Scozia, tornando da una vittoriosa campagna contro i ribelli, incontrano in una brughiera tre streghe, le quali profetizzano che Macbeth sarà signore di Cawdor e poi re, e che Banquo genererà dei re, sebbene egli non sia destinato a esserlo. Subito dopo messaggeri del re salutano Macbeth signore di Cawdor. Tentato dalla profezia in parte avveratasi e da sua moglie, lady Macbeth, che cancella in lui dubbi ed esitazioni, Macbeth assassina nel sonno il re Duncan mentre questi è ospite nel suo castello. I figli del re assassinato, Malcolm e Donalbain, fuggono. Macbeth è ora un tiranno che tutti temono, ma il pensiero della profezia delle streghe a Banquo rode la sua mente, sicché egli decide di sopprimere Banquo e suo figlio Fleance; quest'ultimo però riesce a fuggire. Perseguitato dallo spettro di Banquo, Macbeth torna a interrogare le streghe per essere rassicurato: esse gli dicono di guardarsi da Macduff, signore di Fife, e aggiungono che nessun «partorito da donna» ha potere contro di lui e che egli non sarà vinto che quando «il bosco di Birnam non l'assalga salendo al monte Dunsinane». Macduff si unisce a Malcolm per raccogliere un esercito contro Macbeth che, per questo, ne uccide la moglie e i figli. Gli eventi corrono verso la fine: lady Macbeth perde la ragione e si uccide; i nobili abbandonano Macbeth; l'esercito di Malcolm e Macduff muove contro Dunsinane: ciascun uomo, traversando il bosco di Birnam, taglia un ramo e avanza dietro questa cortina. Macduff, che non è stato partorito ma estratto prematuramente coi ferri dal ventre materno, affronta Macbeth e lo uccide. La profezia si è avverata e Malcolm diviene re di Scozia. La chiave di lettura della tragedia appare incentrata sull'«equivocazione»: l'oscura formulazione della predizione e l'equivocata interpretazione di essa consentono a Macbeth di operare deliberatamente il male per raggiungere il trono, operando al tempo stesso, nella piena libertà della volontà, la sua stessa rovina. Nel secondo incontro con le streghe l'«equivocazione» addirittura si raddoppia nell'ambiguità del responso: le streghe dicono la verità, eppure mentono a Macbeth perché lo ingannano mediante l'oscurità delle loro parole spingendolo verso un'errata interpretazione della predizione. *Macbeth* mostra la potenza distruttiva dell'ambizione, che viene seguita dal suo primo nascere (il primo incontro con le streghe) fino al suo sviluppo e alla sua esplosione; essa è capace di dominare la ragione impedendo di distinguere tra bene e male, spingendo al delitto e alla follia.

---

4. costoro son di quelle: le streghe sono come le bolle d'aria, che svaniscono.

BANQUO – La terra ha le sue bolle, come l'acqua, e costoro son di quelle[4]. Dove sono sparite? 40

MACBETH – Nell'aria; e ciò che in loro sembrava corporeo s'è dissipato come un fiato al vento. Cosí fossero rimaste!

BANQUO – Quegli esseri dei quali parliamo, sono stati qui veramente, o noi abbiamo mangiato di quella radice insana che fa prigioniera la ragione?

MACBETH – I vostri figli saranno re. 45

BANQUO – Voi sarete re.

MACBETH – E signore di Cawdor, anche; non sonava cosí?

BANQUO – Su questo medesimo tono, e con queste medesime parole. Chi viene?

Entrano ROSS *e* ANGUS. 50

Ross – Macbeth, il re ha ricevuto con gioia la notizia del tuo successo; e quando legge del pericolo che tu hai corso personalmente nella zuffa col ribelle, la sua meraviglia e il suo elogio vengono a contesa, chi dei due debba esser tuo, o suo: costretto al silenzio da questa perplessità, esaminando il resto di quella medesima giornata, ti ritrova in mezzo alle forti schiere norvegesi impavido dinanzi alle inusitate immagini di morte, che erano tua opera stessa. Fitti come la grandine piovevano i messi, l'uno dopo l'altro, e tutti recavano le tue lodi per la tua grande difesa del suo regno, e le versavano ai suoi piedi.

Angus – Noi siamo mandati a renderti grazie da parte del nostro regale signore; veniamo soltanto per accompagnarti davanti a lui, non per ricompensarti.

Ross – E, come pegno di un onore anche piú grande, egli mi ha ordinato di salutarti, da parte sua, signore di Cawdor: sotto il quale titolo, salve, nobilissimo signore! giacché esso ti appartiene.

Banquo – Che! il diavolo[5] può dire la verità?

Macbeth – Il signore di Cawdor vive: perché mi rivestite di abiti d'accatto[6]?

Angus – Colui che era signore di Cawdor[7] è ancora vivo: ma sotto il peso di un ben grave giudizio egli conserva quella vita che merita di perdere. Se egli fosse d'accordo con quelli di Norvegia, o abbia dato mano al ribelle con nascosti aiuti e agevolezze, ovvero abbia lavorato con gli uni e con l'altro alla rovina della sua patria, lo ignoro: ma un alto tradimento, provato e confessato, lo ha perduto.

Macbeth – (*a parte*) Glamis, e signore di Cawdor: il meglio è da venire. Grazie della vostra premura. Non avete, dunque, speranza che un giorno i vostri figli siano re, una volta che coloro che hanno dato a me il titolo di signore di Cawdor, non hanno promesso di meno ad essi?

Banquo – Quella profezia, creduta alla lettera, potrebbe anche accendervi fino al conseguimento della corona, oltre il titolo di signore di Cawdor. Ma è strano: e spesse volte, per portarci alla nostra perdizione, i ministri delle tenebre[8] ci dicono il vero; ci seducono con delle inezie oneste, per tradirci in cose del piú grave momento. Cugini, una parola, vi prego.

Macbeth – (*a parte*) Due verità, intanto, sono state dette, che sono come i lieti prologhi al fastoso atto del tema imperiale[9]. Io vi ringrazio, signori. (*A parte*) Questo incitamento soprannaturale non può essere cattivo, e non può esser buono: se cattivo, perché mi ha dato garanzia di successo cominciando con una verità? Io sono signore di Cawdor: se buono, perché io cedo ad una tentazione la cui orrenda immagine mi fa rizzare i capelli, e spinge il cuore, ch'è pur saldamente fissato, a battermi alle costole contro il natural costume? Le paure effettive sono minori delle orribili fantasticherie. Il mio pensiero, il cui assassinio ancora non è che im-

5. il diavolo: Banquo si riferisce alle streghe, creature del Male.
6. abiti d'accatto: abiti non miei, che non mi spettano.
7. Colui che ... Cawdor: Macdonald, ribelle al re Duncan, aveva avuto l'appoggio del re di Norvegia; ma, sconfitto da Macbeth e Banquo, è colpito dalla grave accusa di tradimento e condannato a morte.
8. i ministri delle tenebre: gli strumenti delle forze del Male. La riflessione di Banquo, con cui egli osserva che le forze del Male sono traditrici perché conducono alla rovina l'uomo dopo averlo allettato con qualche verità su cose marginali, sembra presagire lo sviluppo della tragedia.
9. come i lieti ... imperiale: sono come le premesse (il prologo era, nel teatro classico, la parte introduttiva del dramma) dell'atto che ha per argomento la conquista del trono regale.

Alexander Runciman, *Macbeth e le streghe*, 1771-1772 circa. Edimburgo, National Gallery of Scotland.

10. l'attività ... esiste: la mente è cosí scossa dall'immagine dell'omicidio da non essere in grado di vedere nulla se non il prodotto dei propri pensieri (*ciò che non esiste*).

maginario, scuote a tal punto la mia compagine d'uomo, che l'attività della mente resta ingorgata in quella supposizione, e per me non esiste altro che ciò che non esiste[10].

BANQUO – Guardate come è tutto assorto il nostro compagno.

MACBETH – (*a parte*) Se la sorte vuol ch'io sia re, ebbene, la sorte può incoronarmi, senza che io muova un passo.

BANQUO – I nuovi onori si attagliano a lui come a noi i nostri abiti nuovi: essi non aderiscono bene al corpo, se non con l'aiuto dell'uso.

MACBETH – (*a parte*) Accada quello che può accadere, il tempo e l'ora fuggono attraverso il piú triste dei giorni.

BANQUO – Nobile Macbeth, noi attendiamo il vostro comodo.

MACBETH – Concedetemi il vostro perdono: il mio inerte cervello era preoccupato dietro a cose dimenticate. Gentili signori, le vostre premure sono registrate in un libro, di cui ogni giorno io sfoglio le pagine per rileggervele. Andiamo dal re. (*A Banquo*) Riflettete a quel che è accaduto, e a miglior tempo, quando un certo intervallo sia trascorso per pesarlo bene, parliamoci a cuore aperto.

BANQUO – Molto volentieri.

MACBETH – Fino allora, non piú una parola. Venite, amici.

Escono.

Esercizi

- **Comprensione e interpretazione**

1. In questa scena, la prima in cui Macbeth compare, vengono proposti tutti gli elementi da cui nasce e si sviluppa il dramma. La prima profezia delle streghe (le «sorelle del destino», *Weird Sisters*, nel testo in inglese) pone Macbeth di fronte alla possibilità di accrescere il suo potere e diventare re: la tentazione di dare credito a questa possibilità si insinua nell'animo dell'uomo, che comincia a desiderare nuovi grandi onori e insieme teme gli ostacoli che vi si frappongono. Si è già configurata la lotta tra il Bene e il Male, il dilemma della scelta tra ciò che è giusto e ciò che è delittuoso. Le streghe si sono limitate a comunicare a Macbeth le proprie profezie, ma non l'hanno invitato a realizzarle né gli hanno dato istruzioni in proposito; tuttavia l'ambizione e il fascino del potere, che sono presenti nell'animo umano, vengono sollecitati e obbligano alla responsabilità di scegliere liberamente il proprio comportamento e le proprie azioni. Sottolinea nel testo le espressioni in cui emerge lo sviluppo dei sentimenti e dei pensieri di Macbeth, ponendo in evidenza quelle in cui appare la sua ambizione di essere re e quelle in cui egli esprime i dubbi e i timori di fronte al delitto necessario per soddisfare la sua ambizione. Alla fine di questa scena qual è la posizione interiore di Macbeth: ha preso una decisione? Oppure lascia in sospeso rimandando la soluzione del suo dilemma?

2. Quale rapporto riscontri tra il contenuto di ciò che Macbeth pronuncia a parte, comunicandoci in tal modo il suo pensiero, e ciò che egli esprime rivolgendosi agli altri personaggi sulla scena?

3. Esamina il comportamento di Banquo. Qual è la sua reazione di fronte alle profezie delle streghe? Mostra di rendersi conto della trasformazione interiore di Macbeth?

Il teatro classico : **La tragedia**

ATTO I – SCENA V

> Nel castello di Macbeth a Inverness sua moglie, lady Macbeth, riceve una lettera del marito che la informa della profezia delle tre streghe, in parte già realizzatasi, e dell'arrivo nel castello del re stesso.
> La reazione della donna di fronte alla prospettiva di diventare regina è chiara e immediata: lontana dalle titubanze e dai dubbi di Macbeth, la sua mente diabolicamente precorre i tempi della grandezza e del delitto. Nel dramma essa si configura come istigatrice alla colpa, spingendo il marito all'azione delittuosa e assumendo su di sé una buona parte della colpa. Non mostra debolezze né dubbi, mirando determinata al suo scopo; soltanto alla fine della tragedia, quando la catena dei delitti si sarà allungata, sarà assalita dal rimorso e, incapace ormai di resistere a tanto orrore, perderà la ragione e si toglierà la vita.

Inverness.
Una stanza nel Castello di Macbeth.

125 *Entra* LADY MACBETH, *leggendo una lettera.*

LADY MACBETH – «Esse[1] mi incontrarono il giorno della vittoria; ed io ho appreso dalla piú autorevole informazione che in loro è una scienza piú che mortale. Nel momento in cui ardevo dal desiderio di interrogarle ancora, si trasformarono in aria, e in essa scomparvero. Mentre ne ero ancora
130 compreso di stupore, giungevano messaggeri da parte del re, i quali mi salutarono "signore di Cawdor"; col quale titolo, appunto, prima mi avevan salutato queste sorelle, e mi avevano rinviato al tempo avvenire, con queste parole: "Salve, o tu che dovrai essere re!". Ciò ho pensato bene di far subito noto a te, o mia carissima compagna di grandezza, affinché tu non
135 perdessi la tua parte di godimento, restando ignara della grandezza che ti è promessa. Riponi questa in fondo al tuo cuore, e addio». Tu sei Glamis e Cawdor; e sarai ciò che ti è stato promesso. Ma temo della tua natura; essa è troppo imbevuta del latte della bontà umana, per prender la via piú breve[2]. Tu vorresti esser grande; non sei senza ambizione: ma non hai
140 il malvolere che dovrebbe accompagnarla: ciò che desideri sommamente, tu lo vorresti avere santamente; tu non vorresti agire in modo sleale, ma tuttavia vorresti ottenere ingiustamente: tu, o magnanimo Glamis, vorresti avere ciò che ti grida: «cosí devi fare, se lo devi avere»; e vorresti quel che hai piú timore di commettere che desiderio che non sia commesso[3]. Affret-
145 tati a venir qua, affinché io possa versarti nell'orecchio il mio coraggio, e riprovare, col valore della mia lingua, tutto ciò che ti allontana dal cerchio d'oro, col quale il destino e un aiuto soprannaturale sembra ti vogliano incoronato. (*Entra un messo*) Che notizie portate?
MESSO – Il re giunge qui stasera.
150 LADY MACBETH – Tu sei pazzo a dirlo. Il tuo padrone non è con lui? se fosse cosí, come tu dici, egli mi avrebbe avvisata per i preparativi necessari.
MESSO – Non vi dispiaccia, ma è vero; il signor nostro è per la via: uno dei miei compagni l'ha precorso, e, mezzo morto dall'ànsima[4], aveva poco piú del fiato necessario per compiere l'ambasciata.
155 LADY MACBETH – Occupatevi di lui; egli reca grandi nuove. (*Esce il messo*) Il corvo medesimo[5] che gracchia il fatale ingresso di Duncan sotto i miei spalti è rauco. Venite, o voi spiriti che vegliate sui pensieri di morte,

---

1. **Esse**: le streghe.
2. **la via piú breve**: cioè il delitto, l'assassinio del re.
3. **vorresti quel che hai ... commesso**: vorresti seguire la voce che ti spinge all'assassinio del re, ma insieme hai timore di commetterlo piú di quanto non vorresti che fosse compiuto.
4. **ànsima**: respiro ansante e affannato di colui che è reduce da una corsa.
5. **Il corvo medesimo**: il messaggero è paragonato al corvo, uccello annunciatore di sciagure; anche la sua voce è roca, come per sottolineare simbolicamente che la notizia che ha portato è funesta. Lady Macbeth, infatti, ha già in mente di uccidere il re Duncan che sta per arrivare nel suo castello (*sotto i miei spalti*).

6. occludete … disegno: impedite che nel mio animo possa entrare la pietà, affinché il feroce progetto di morte non venga indebolito da un naturale sentimento di compassione e di pentimento.

7. affiderete … signoria: lady Macbeth ha chiaramente delineato nella sua mente il progetto di uccidere durante la notte il re Duncan (*la grande faccenda di questa notte*), approfittando del fatto che questi è ospite nel suo castello. Con le parole che ha appena rivolto al marito essa si assume la piena responsabilità non solo morale ma anche operativa del delitto, perpetrato esplicitamente per l'impulso dell'ambizione e della sete di potere.

in quest'istante medesimo snaturate in me il sesso, e colmatemi tutta, da capo a piedi, della piú atroce crudeltà. Spessite il mio sangue, occludete ogni accesso ed ogni via alla pietà, affinché nessuna contrita visita dei sentimenti naturali scuota il mio feroce disegno[6] o stabilisca una tregua fra lui e l'esecuzione. Venite alle mie poppe di donna, e prendetevi il mio latte in cambio del vostro fiele, o voi ministri d'assassinio, dovunque (nelle vostre invisibili forme) siate pronti a servire il male degli uomini. Vieni, o densa notte, e ammàntati del piú perso fumo d'inferno, affinché il mio affilato pugnale non veda la ferita che fa, e il cielo non possa affacciarsi di sotto la coltre delle tenebre, per gridare: «Ferma, ferma!»... (*Entra* MACBETH) Grande Glamis! nobile Cawdor! Piú grande di ambedue, per l'augurale saluto dell'avvenire! La tua lettera mi ha trasportata al di là di questo ignaro presente, ed io sento già il futuro in quest'attimo stesso. 170

MACBETH – Mio carissimo amore, Duncan giunge qui stasera.

LADY MACBETH – E quando va via di qui?

MACBETH – Domani, secondo le sue intenzioni.

LADY MACBETH – Oh, quel domani non vedrà mai il sole! La vostra faccia, signor mio, è un libro in cui gli uomini possono leggere strane cose; per 175 ingannare i tempi, assumete l'aspetto stesso dei tempi: abbiate il «benvenuto» nell'occhio, nella mano e sulla lingua; prendete l'apparenza del fiore innocente, ma siate il serpe che sta sotto. Bisogna occuparci di colui che arriva: e voi affiderete a me il disbrigo della grande faccenda di questa notte, che sola potrà dare a tutte le nostre notti e i giorni avvenire assoluta 180 sovrana autorità e signoria[7]...

MACBETH – Ne riparleremo.

LADY MACBETH – Solamente, mostratevi sereno; mutar di aspetto è cosa della quale si deve aver sempre paura. Lasciate a me tutto il resto.

Escono. 185

ATTO I – SCENA VII

Il re Duncan giunge al castello di Inverness insieme a Banquo, ai due figli e altri notabili del suo seguito e viene accolto da lady Macbeth con grandi dimostrazioni di cortesia. Da solo, in una sala del castello, Macbeth esprime in un lungo monologo gli angoscianti dubbi che lo tormentano.

Lo stesso luogo.
Una stanza nel castello.
Oboi e torce. Entrano, e passano sulla scena, un ufficiale di mensa, e alcuni servi con pietanze e piatti. Poi entra MACBETH. 190

1. Se tutto fosse fatto: se il delitto fosse portato a compimento. Macbeth, solo con se stesso, sta riflettendo sul progetto delittuoso ideato dalla moglie.

2. su questa secca del tempo: nel limitato spazio della vita terrena.

3. qui: nella vita terrena.

MACBETH – Se tutto fosse fatto[1], una volta fatto, allora sarebbe bene che fosse fatto presto: se l'assassinio potesse arrestar nella rete le conseguenze, e con la cessazione di esse assicurare l'esito, sicché questo solo colpo fosse il principio e la fine del mio atto, qui, qui soltanto, su questo banco, su questa secca del tempo[2] noi arrischieremmo, con un salto, la vita futura. Ma 195 in casi come questo, noi abbiamo da subire un giudizio anche qui[3]: giacché noi non facciamo che insegnare opre di sangue, le quali, appena insegnate, finiscono per punire il maestro. Questa giustizia dalla mano imparziale

porge alle nostre labbra stesse la miscela del nostro calice avvelenato. Egli
qui riposa sopra una duplice fiducia: prima di tutto, perché io sono suo parente e suo suddito, forte ritegno, l'una e l'altra cosa, a commettere l'atto; in secondo luogo, perché io sono suo ospite, e come tale dovrei chiudere la porta in faccia al suo assassino, non tenere il pugnale io stesso. Inoltre, questo Duncan ha esercitato cosí mitemente i suoi poteri, è stato cosí puro nel suo alto ufficio[4], che le sue virtú, come angeli dalla voce di tromba, grideranno alla dannazione eterna della sua soppressione; e la pietà, simile a un pargolo che ignudo cavalca la tempesta, o ai cherubini del cielo, montati sui corsieri invisibili dell'aria, soffierà negli occhi a tutti l'orrendo misfatto, sicché le lacrime affogheranno il vento. Io, per pungere i fianchi del mio disegno, non ho altro sprone che l'ambizione, la quale balza in sella con un salto troppo lungo e ricade dall'altra parte... (*Entra* LADY MACBETH) Ebbene! Quali nuove?

LADY MACBETH – Ha quasi finito di cenare. Perché avete lasciato la stanza?

MACBETH – Ha domandato di me?

LADY MACBETH – Non lo sapete, che v'ha cercato?

MACBETH – Noi non andremo piú oltre in questa faccenda: egli mi ha colmato di onori recentemente; ed io ho acquistato una reputazione d'oro presso ogni sorta di gente, della quale io dovrei rivestirmi ora che essa è in tutto il suo piú fresco splendore, e non gettarla da una parte cosí presto.

LADY MACBETH – La speranza, nella quale vi eravate ammantato, era dunque ubriaca? Da quel momento ha sempre dormito, e si sveglia ora, per guardare cosí verde e pallida ciò che aveva compiuto cosí facilmente? Da questo istante, io tengo nel medesimo conto l'amor tuo. Hai dunque paura di essere nell'azione e nel coraggio quello stesso che tu sei nel desiderio? Pretenderesti di avere ciò che tu stimi essere il decoro della vita, e vivere da vigliacco nella tua stima stessa, lasciando che «io non oso», stia al servizio di «io vorrei» come fa il povero gatto del proverbio[5]?

MACBETH – Ti prego, taci. Io ho il coraggio di fare tutto quello che ad un uomo può essere decoroso fare; chi osa far di piú, non è un uomo.

LADY MACBETH – Allora che bestia era quella che vi indusse a palesarmi questo disegno? Allorché osavate compierlo, eravate un uomo; e ad essere piú di quello che allora eravate, tanto piú sareste un uomo. Né il tempo né il luogo si prestavano, e voi, nondimeno, volevate farli propizi l'uno e l'altro: essi si sono fatti tali da sé, e questa loro favorevole condizione ora disfà voi. Io ho dato latte: e so quanta tenerezza si prova nell'amare il bambino che prende la poppa: ebbene, io avrei, mentre egli mi avesse guardata sorridendo, strappato il capezzolo dalle sue morbide gengive, e gli avrei fatto schizzar via il cervello, se lo avessi giurato, come voi avete giurato questo.

4. suo alto ufficio: il suo esercizio del potere di sovrano.
5. il povero gatto del proverbio: è il gatto che voleva mangiarsi il pesce senza bagnarsi le zampe.

Johann Heinrich Füssli, *Lady Macbeth afferra i pugnali*, 1812. Londra, Tate Gallery.

6. il ricettacolo ... lambicco: la ragione sarà contenuta in un alambicco. L'alambicco è uno strumento che viene utilizzato per la distillazione degli alcolici.

7. quelle spugne dei suoi ufficiali: gli ufficiali che avevano bevuto come delle spugne.

MACBETH – Se il colpo ci dovesse fallire?

LADY MACBETH – Noi fallire! Sol che voi vogliate stringer la corda del vostro coraggio al suo punto di fermezza, noi non falliremo. Una volta che Duncan sia preso dal sonno (al quale il faticoso viaggio della giornata lo inviterà anche piú profondamente), io col vino e le libazioni talmente sopraffarò i suoi due ciambellani, che in loro la memoria, ch'è la sentinella del cervello, diventerà una nebbia, e il ricettacolo della ragione un semplice lambicco[6]. Quando i loro spiriti vitali, saturi dal bere, saranno immersi in un sonno bestiale, come in una specie di morte, che cosa non potremo compiere, voi ed io, su Duncan indifeso? Quale responsabilità non potremo buttare addosso a quelle spugne dei suoi ufficiali[7], i quali dovranno portare la colpa del nostro grande eccidio?

MACBETH – Metti alla luce figli maschi soltanto: poiché la tua indomita tempra non dovrebbe formare che maschi. Quando avremo segnato col sangue quei due dormiglioni addetti alla sua camera, e adoperato proprio i loro pugnali stessi, non si crederà che siano stati loro?

LADY MACBETH – Chi oserà credere diversamente, mentre noi faremo ruggire le nostre grida di dolore per la sua morte?

MACBETH – Io sono risoluto, e tendo ogni mia facoltà corporale a questo terribile atto. Andiamo, e inganniamo la gente con il piú gaio aspetto: un viso falso bisogna che nasconda quello che sa il falso cuore.

Escono.

Esercizi

- **Comprensione e interpretazione**

1. Nella scena V prendi in esame quanto dice lady Macbeth dopo la lettura della lettera. Il discorso sembra rivolto al marito, che è assente; in realtà la donna esprime le sue idee sulla personalità di Macbeth, sottolineando gli aspetti che potrebbero essere di ostacolo alla messa in atto di operazioni violente e delittuose, e quindi potrebbero impedire la realizzazione del progetto di diventare i regnanti di Scozia.
Quale immagine di Macbeth viene a configurarsi attraverso queste parole? E che cosa essa dichiara di poter fare per influire sulle scelte del marito?

2. Lady Macbeth non parla mai esplicitamente dell'omicidio, ma sempre ne accenna con metafore e allusioni: ricerca queste espressioni nel testo.

3. Nel suo lungo soliloquio, posto in apertura della scena settima, Macbeth prende in esame tutti i motivi che stanno alla base dei suoi angosciosi dubbi sull'uccisione del re Duncan. Questo discorso, pur dettato da una profonda attività emotiva, presenta la struttura propria di un testo argomentativo, in cui a uno a uno i vari aspetti del problema vengono formulati e analizzati. Macbeth mette soprattutto in luce le motivazioni che costituiscono un ostacolo morale all'omicidio del re, mentre a favore compare soltanto, alla fine, l'ambizione che *balza in sella con un salto troppo lungo e ricade dall'altra parte* (righe 210-211), cioè rischia di far osare troppo e perciò di far cadere miseramente.
Ripercorri il discorso di Macbeth, individuando ed elencando le motivazioni dei suoi dubbi.
Sottolinea i connettivi la cui presenza caratterizza la struttura argomentativa del testo; quindi potrai osservare che da soli sono in grado di mostrare l'ossatura del discorso e il modo di procedere del pensiero di Macbeth; ad esempio, la parte iniziale del discorso può essere schematizzata cosí:

se ...., allora ....;
se ...., (allora ellittico) ....;
ma ...., giacché ....

4. Il secondo colloquio di Macbeth con sua moglie, nella scena VII, segna il passaggio tra la fase di incertezza e l'accettazione del proprio destino, anche se i dubbi non sono scomparsi del tutto. L'incitamento al delitto da parte di lady Macbeth mira soprattutto a fugare dall'animo dell'uomo le esitazioni e le paure.
Ricerca nel testo le espressioni che essa usa per raggiungere questo scopo. A quali aspetti della personalità del marito essa accenna? Su quali profili del suo carattere essa mira e fa leva e quali cerca di sollecitare?

5. Nel corso di tutto il dialogo tra i due coniugi la posizione interiore di Macbeth si va gradualmente modificando, fino all'accettazione definitiva del progetto delittuoso. Potrai osservare come le parole conclusive di Macbeth richiamino direttamente quelle con cui lady Macbeth lo aveva incitato nelle due ultime battute della scena V.
Esamina, nel procedere del lungo dialogo, i successivi momenti in cui si può rilevare attraverso le sue parole la graduale trasformazione dell'animo di Macbeth.

ATTO III – SCENA IV

Durante la notte Macbeth uccide Duncan pugnalandolo nel sonno e riesce a far cadere la colpa sulle guardie che accompagnano il re. Con la fuga in Inghilterra dei due figli del re, Macbeth diviene il sovrano di Scozia; tuttavia col passare del tempo (la cui misura nella tragedia viene supposta ma lasciata indefinita) egli continua a essere tormentato dal ricordo della profezia delle streghe, secondo cui non i figli di Macbeth ma i discendenti di Banquo avrebbero ereditato la corona reale. Cosí, il delitto già compiuto una volta con angoscia e turbamento interiore, si ripropone per Macbeth come scelta deliberata e necessaria per liberarsi di Banquo e di suo figlio Fleance. Per questo delitto, che è il primo atto del tiranno, Macbeth trova con se stesso due giustificazioni: la prima, che è bene sopprimere chi si teme; la seconda è che, se la profezia delle streghe fosse vera, egli avrebbe consegnato l'anima al demonio (*ho dato il mio gioiello eterno al nemico comune dell'uomo*) uccidendo il re Duncan per poi consegnare la corona reale alla progenie di Banquo.
Egli dunque invita a un grande banchetto al castello Banquo e Fleance, e intanto dà incarico a fidati sicari di assassinare i due in un agguato vicino al castello: durante l'assalto Banquo viene ucciso, mentre Fleance riesce a fuggire.
Inizia il banchetto, con la presenza dei nobili di Scozia, e Macbeth finge di attendere Banquo, anche dopo che il sicario gli ha comunicato l'avvenuto delitto. Improvvisamente appare lo spettro di Banquo, che va a occupare il posto del re e soltanto da lui è visto, mentre i presenti non comprendono il terrore di Macbeth, che sembra perdere la ragione.

Una sala d'apparato nel Palazzo.
Un banchetto è preparato. Entrano MACBETH, LADY MACBETH, ROSS, LENNOX, *signori e gente del seguito.*

MACBETH – Ognuno di voi conosce il proprio grado; mettetevi, dunque, a sedere; dal principio alla fine, a tutti il mio cordiale benvenuto!
SIGNORI – Grazie a Vostra Maestà.
MACBETH – Noi stessi vogliamo essere della vostra brigata[1], e far la parte di

1. brigata: compagnia.

2. il primo sicario: uno dei sicari a cui Macbeth ha dato l'incarico di uccidere Banquo.
3. claustrato: chiuso in una gabbia.
4. la serpicina: il serpente piccolo, cioè il figlio di Banquo che viene invece chiamato la *serpe grossa*.

un semplice ospite. La nostra castellana rimane al suo posto d'onore; ma al momento piú opportuno le chiederemo il suo benvenuto. 275

LADY MACBETH – Esprimetelo voi per me, signore, a tutti i nostri amici; poiché il mio cuore parla e dice ch'essi sono i benvenuti.

Si affaccia all'uscio il primo sicario[2].

MACBETH – Vedi, essi ti contraccambiano con i loro cordiali ringraziamenti. I 280 due lati della tavola sono al completo: io mi siederò qui nel mezzo. Abbandonatevi pure all'allegria; ora berremo subito una coppa, facendola girare attorno alla tavola. (*Avvicinandosi al sicario*) Tu hai del sangue sul viso.

1° SICARIO – Allora è quello di Banquo.

MACBETH – Meglio addosso a te che dentro a lui. È spacciato? 285

1° SICARIO – Signor mio, egli ha la gola squarciata; gli feci io stesso questo servizio.

MACBETH – Tu sei il migliore dei tagliagole; tuttavia è altrettanto bravo colui che ha fatto lo stesso a Fleance: se sei stato tu, sei senza pari.

1° SICARIO – Regalissimo signore, Fleance è scappato. 290

MACBETH (*a parte*) – Allora mi ritorna l'angoscia; altrimenti io sarei stato perfetto: intero come il marmo, saldo come la roccia, libero, e diffuso, come l'aria che ci fascia. Ora, invece, io sono compresso, claustrato[3], confinato, incatenato a dubbi e a timori insolenti. Ma Banquo è al sicuro?

1° SICARIO – Sí, mio buon signore, egli sta al sicuro in una fossa, con venti 295 squarciate ferite sulla testa, la piú piccola delle quali è la morte della vita.

MACBETH – Di questo ti ringrazio. (*A parte*) Là giace la serpe grossa: la serpicina[4] che è fuggita, ha tale natura, che a suo tempo produrrà veleno, per ora non ha denti. Vattene, domani ci riparleremo.

Esce il sicario. 300

LADY MACBETH – Mio regale signore, voi non date il segnale dell'allegria. È un banchetto a pagamento quello che, mentre ha luogo, non mostra ripetutamente di esser dato con cordialità: per mangiare soltanto si sta meglio a casa propria; fuori di essa, la salsa delle vivande è la cortesia, senza la quale una riunione sarebbe squallida. 305

MACBETH – Mia dolce rammemoratrice! Ora, una buona digestione venga al servizio dell'appetito, e la salute al servizio dell'una e dell'altra!

LENNOX – Vostra Altezza vuole avere la compiacenza di sedersi?

Lo spettro di Banquo entra, e siede al posto di Macbeth.

MACBETH – Ora noi accoglieremmo qui sotto il nostro tetto l'onor della pa- 310 tria, se la nobile persona del nostro Banquo fosse presente. Possa io aver ragione di rimproverarlo per una scortesia, piuttosto che di compiangerlo per una disgrazia!

ROSS – La sua assenza, sire, getta biasimo sulla sua promessa. Vorrebbe Vostra Altezza onorarci della sua regale compagnia? 315

MACBETH – La tavola è al completo.

LENNOX – Qui c'è un posto riservato per voi, signore.

MACBETH – Dove?

LENNOX – Qui, mio buon signore. Che cosa è che turba Vostra Altezza?

320 Macbeth – Chi di voi ha fatto questo?[5]
Signori – Che cosa, mio buon signore?
Macbeth – Tu non puoi dire che sono stato io: non mi scuotere in faccia le tue chiome insanguinate.
325 Ross – Signori, alzatevi; Sua Altezza non si sente bene.
Lady Macbeth – Sedete, nobili amici. Il signor mio spesso sta cosí, e ciò gli accade fin dalla sua gioventú: vi prego, riprendete il vostro po-
330 sto; l'accesso è momentaneo; in un attimo egli starà bene di nuovo. Se fate molto caso a lui, l'offenderete, e prolungherete il suo accesso di delirio; mangiate, e non vi occupate di lui. (*A parte a Macbeth*) Siete un uomo?
335 Macbeth – Sí, e un uomo cosí audace, che oso guardare ciò che potrebbe atterrire il diavolo.
Lady Macbeth – Oh, bella roba! Questo non è se non ciò che vi dipinge la vostra paura: è come il pugnale campato in aria, che, a sentir voi, vi
340 condusse da Duncan. Oh! questi parossismi, e questi sussulti, impostori della paura vera, starebbero bene nel racconto fatto d'inverno, accanto al fuoco, da una donnicciola, sulla garanzia della nonna. Vera vergogna! Perché fate quelle smorfie? Dopo tutto, voi non guardate che uno sgabello[6].
345 Macbeth – Ti prego, vedi là! guarda! osserva! ecco!... Che dici? Ah, che cosa mi turba? Se tu puoi far cenni col capo, oh, parla anche! Se i carnai e le tombe debbono rimandarci indietro quelli che noi seppelliamo, i nostri sepolcri, d'ora innanzi, saranno gli stomaci degli avvoltoi.

Lo spettro sparisce.

350 Lady Macbeth – Come! avete perduto ogni qualità d'uomo, nella vostra follia?
Macbeth – Quanto è vero che sono qui, io l'ho visto!
Lady Macbeth – Via, vergogna!
Macbeth – Prima d'ora, anche nei tempi antichi, è stato versato sangue,
355 avanti che delle leggi umane avessero purgato la società e l'avessero ingentilita; sí, ed anche dopo sono stati commessi assassinii troppo orribili a sentire; v'è stato un tempo che quando il cervello era schizzato fuori dalla testa, l'uomo moriva, ed era finita: ma ora, i morti risuscitano anche con venti ferite mortali nella testa, e ci cacciano dai nostri scanni. Questo è piú
360 strano che non un assassinio di tal fatta.
Lady Macbeth – Mio nobile signore, i vostri egregi amici vi desiderano.
Macbeth – Io mi dimentico... Miei nobilissimi amici, non vi stupite di me, io ho una strana infermità, che non è nulla per chi mi conosce. Su, dunque, il mio affetto e la salute a tutti; e quindi mi metterò a sedere. Datemi del vino;
365 empite fino all'orlo; io bevo alla gioia generale di tutta quanta la tavola, e al nostro caro amico Banquo, di cui sentiamo l'assenza: cosí fosse egli qui! Noi vogliamo bere a tutti, e a lui! ad ognuno di voi vadano tutti i nostri auguri!
Signori – I nostri doveri, e il nostro brindisi.

Theodore Chasseriau, *Lo spettro di Banquo*, 1854. Reims, Musée des Beaux Arts.

5. Chi ... questo?: Macbeth ha visto ora lo spettro di Banquo seduto nel proprio posto e mostra, con queste parole, di credere in un primo momento che sia il corpo vero dell'ucciso posto lí da qualcuno. Le battute che dirà subito dopo, come se lo stesso Banquo lo stia accusando, sono la manifestazione del suo terrore e del suo senso di colpa.
6. sgabello: lady Macbeth pensa che il marito sia turbato dall'assenza di Banquo; infatti essa non vede lo spettro e davanti a Macbeth appare esserci solo un sedile vuoto.

7. ircana: dell'Ircania, regione del mar Caspio.

8. per decidere chi sia delle due: per sapere se è notte o mattina.

9. Macduff: nobile della corte di Scozia, non è presente al banchetto perché è fuggito in Inghilterra per preparare la vendetta contro Macbeth.

10. Avete mandato per lui: avete mandato a cercarlo, a chiedere notizie su di lui.

11. fatali sorelle: le streghe, che Macbeth decide di andare a consultare una seconda volta.

Rientra lo spettro.

MACBETH – Vattene, fuggi la mia vista! La terra ti nasconda! Le tue ossa sono 370 senza midollo, il tuo sangue è freddo; tu non hai virtú visiva in cotesti occhi che sbarri.

LADY MACBETH – Nobili pari, considerate ciò come cosa non piú che abituale in lui; non è altro: soltanto, essa guasta il piacere della serata.

MACBETH – Ciò che un uomo può osare, io l'oso; avvicinati sotto la forma 375 dell'irsuto orso della Russia, del rinoceronte armato, o della tigre ircana[7]; assumi qualunque forma fuor che cotesta, ed i miei saldi nervi non tremeranno mai: oppure ritorna in vita, e provocami in un deserto colla tua spada; se io vi dimorerò tremante di paura, dichiarami una pupattola. Via di qui, orribile ombra, illusione beffarda, via di qui! (*Lo spettro sparisce*) 380 Ecco, appena se n'è andato, io ritorno un uomo. Vi prego, sedete ancora.

LADY MACBETH – Voi avete cacciata via l'allegria e guastata la bella festa con uno stranissimo vaneggiamento.

MACBETH – Possono tali cose esistere, e giungerci sopra all'improvviso, come una nuvola d'estate, senza suscitare il nostro piú grande stupore? 385 Voi mi fate dimenticare perfino l'agitazione alla quale io sono in preda, quando penso che potete contemplare visioni come queste, e conservare il naturale rubino delle vostre guance, mentre il mio si fa bianco dalla paura.

ROSS – Quali visioni, signore?

LADY MACBETH – Vi prego, non parlate; egli sta sempre peggio, ogni doman- 390 da lo fa andare in furia; una volta per tutti, buona notte: non badate all'etichetta, in quanto all'ordine con cui dovete uscire, ma uscite tutti insieme.

LENNOX – Buona notte; ed una miglior salute assista Sua Maestà!

LADY MACBETH – La mia cortese buona notte a tutti!

Escono i signori e i servi. 395

MACBETH – Vi sarà sangue, dicono: sangue vuol sangue; si è saputo di pietre che si sono mosse, e di alberi che hanno parlato; àuguri e ben intesi raccostamenti, per mezzo di piche, di gracchi e di corvi, hanno fatto scoprire l'assassino il piú nascosto. A che punto è la notte?

LADY MACBETH – Quasi alle prese con la mattina, per decidere chi sia delle due[8]. 400

MACBETH – Che ne dici di Macduff[9], il quale rifiuta la sua persona al nostro invito sovrano?

LADY MACBETH – Avete mandato per lui[10], signore?

MACBETH – Lo sento dire per caso; ma manderò. Non c'è uno solo di loro, nella cui casa io non tenga un servo prezzolato. Domani anderò, e di buon'ora, dal- 405 le fatali sorelle[11]; esse dovranno parlare di piú, perché ormai io son risoluto a conoscere il peggio coi mezzi peggiori. Ogni ragione dovrà cedere dinanzi al mio proprio interesse. Io mi sono inoltrato nel sangue fino a tal punto, che se non dovessi spingermi oltre a guado, il tornare indietro mi sarebbe pericoloso quanto l'andare innanzi. Ho in testa strani progetti, ai quali metterò mano, 410 che devono essere eseguiti prima di poter essere ben ponderati.

LADY MACBETH – A te manca il balsamo di tutti gli esseri: il sonno!

MACBETH – Vieni, andiamo a dormire. La mia strana illusione è la paura dell'iniziato, che ha bisogno d'una dura pratica. Noi siamo ancora dei novizi all'opera.

Escono. 415

Il teatro classico : La tragedia

Esercizi

- **Comprensione e interpretazione**

1. La scena è caratterizzata dalla presenza dello spettro di Banquo, che durante il banchetto entra ed esce due volte. Prendi in esame il comportamento di Macbeth, evidenziando la forma duplice del suo comportamento, nei momenti alternati dell'apparizione e della scomparsa di Banquo: come si trasforma il suo stato d'animo, tradotto nelle parole, ogni volta che appare e ogni volta che scompare lo spettro?

2. Abbiamo in vari punti accennato al fatto che i sentimenti di Macbeth prevalenti in questa scena sono la paura e il rimorso. Ricerca nel testo i termini e le espressioni in cui compare la paura, che viene contrapposta al coraggio, e in cui si riconoscono i segnali che indicherebbero una forma di rimorso per l'assassinio di Banquo.
Quale ti appare, tra i due sentimenti, quello prevalente? Ti sembra che il rimorso si configuri come pentimento del delitto? Oppure ha una diversa connotazione? Quale?
Qual è l'oggetto della paura di Macbeth? Il terrore di fronte alla sola vista dello spettro? Il timore di forze soprannaturali non dominabili? La paura della punizione? Il timore di non essere riuscito nel progetto di negare il trono alla dinastia di Banquo?

3. Esaminando le parole di Macbeth, ti sembra che emerga in lui la consapevolezza che l'uccisione di Banquo non segni la fine dei delitti, ma che invece cominci a configurarsi una sorta di assuefazione all'idea di dover uccidere ancora, di dover spargere altro sangue, per rafforzare il proprio potere?

4. Esamina il diverso comportamento di Macbeth e di lady Macbeth: dove ti appaiono particolarmente evidenti le differenze? Quali ritieni siano i motivi per i quali i due personaggi hanno un atteggiamento interiore differente?

Atto V – Scena V

Macbeth si reca a consultare le streghe dalle quali ottiene come risposta il consiglio di guardarsi da Macduff e in più una previsione che, per la sua ambiguità, egli interpreta come rassicurante: solo un uomo «non partorito da donna» potrà essere pericoloso per lui; inoltre egli non sarà vinto se non quando «il bosco di Birnam non l'assalga salendo al monte Dunsinane»; gli eventi imminenti, tuttavia, mostreranno quanto Macbeth sia stato tratto in inganno dalla sua facile interpretazione favorevole. Macduff si unisce a Malcolm per raccogliere un esercito contro Macbeth che, per questo, ne fa assassinare la moglie e i figli. Lady Macbeth perde la ragione e si uccide. L'esercito di Malcolm e Macduff muove contro Dunsinane: ciascun uomo, traversando il bosco di Birnam, taglia un ramo e avanza dietro questa cortina, realizzando l'immagine del bosco che assale la cima di Dunsinane; Macduff, che è stato non partorito ma estratto prematuramente coi ferri dal ventre materno, sta per affrontare Macbeth e lo ucciderà.
In questa scena, vicina alla conclusione degli eventi, Macbeth, sugli spalti del castello di Dunsinane, attende lo scontro finale con l'esercito nemico. Lo raggiunge la notizia della morte di lady Macbeth: per un attimo il sanguinario tiranno rivela l'uomo, preso in una intensa e dolente meditazione sul significato della vita.

Dunsinane. Dentro il Castello.
Entrano, con tamburi e bandiere, MACBETH, SEYTON, *e soldati.*

MACBETH – Spiegate le vostre bandiere sulle mura esterne; il grido è sempre quello: «Vengono!». La forza del nostro castello si riderà di un assedio:

1. per udire una simile parola: ci sarebbe stato un momento piú opportuno per morire.

restino pur là, finché la fame e la febbre se li divorino. Se non fossero rinforzati da coloro che dovrebbero essere dei nostri, noi avremmo potuto affrontarli arditamente, faccia a faccia, e ricacciarli, battuti, a casa loro. Che cos'è questo rumore? (*Grido di donne di dentro*).
SEYTON – È un grido di donne, mio buon signore.

Esce.

MACBETH – Io ho quasi scordato il sapore della paura. Passato è il tempo, in cui i miei sensi si sarebbero agghiacciati per uno strido notturno, e la mia chioma, ad un racconto orrendo, si sarebbe drizzata e mossa sulla mia testa, come se la vita l'animasse. Io mi sono satollato di orrori: lo spavento, familiare ai miei pensieri omicidi, non può farmi piú sussultare. (*Rientra* SEYTON) Per cos'era quel grido?
SEYTON – La regina è morta, signor mio!
MACBETH – Avrebbe dovuto morire piú tardi; non sarebbe mancato il momento opportuno per udire una simile parola[1]. Domani, poi domani, poi domani: cosí, da un giorno all'altro, a piccoli passi, ogni domani striscia via fino all'ultima sillaba del tempo prescritto; e tutti i nostri ieri hanno rischiarato, a degli stolti, la via che conduce alla polvere della morte. Spengiti, spengiti, breve candela! La vita non è che un'ombra che cammina; un povero commediante che si pavoneggia e si agita, sulla scena del mondo, per la sua ora, e poi non se ne parla piú; una favola raccontata da un idiota, piena di rumore e di furore, che non significa nulla. (*Entra un messaggero*) Tu vieni per adoperare la lingua: il tuo racconto, presto!
MESSO – Mio grazioso signore, io dovrei riferirvi ciò che affermo di avere visto; ma non so come fare.
MACBETH – Via, parlate, messere!
MESSO – Mentre stavo di guardia sul colle, ho volto lo sguardo verso Birnam, e ad un tratto, mi è parso che il bosco incominciasse a camminare.
MACBETH – Mentitore, ribaldo!
MESSO – Ch'io sopporti l'ira vostra, se non è cosí. Voi potete vederlo avanzare in questo tratto di tre miglia; vi dico che è un bosco in marcia.
MACBETH – Se dici il falso, sarai appeso, vivo, all'albero piú vicino, finché la fame ti secchi: se le tue parole sono vere, non m'importa che tu faccia altrettanto di me. Io vacillo nella mia sicurezza, e incomincio a dubitare degli equivoci del demonio, il quale mentisce pur sembrando dire la verità: «Non temere, finché il bosco di Birnam non venga a Dunsinane»... ed ecco che un bosco si avanza verso Dunsinane!... All'armi, all'armi, e fuori! Se ciò che costui afferma si vede, non c'è né da fuggire di qui, né da indugiare qui. Io comincio ad essere stanco del sole, e vorrei che la fabbrica del mondo fosse distrutta... Si suoni la campana d'allarme!... Soffia, o vento; vieni, o naufragio! Voglio almeno morire con le mie armi indosso.

Escono.

John Singer Sargent, *Ellen Terry nel ruolo di Lady Macbeth*, 1889. Londra, Tate Gallery.

Il teatro classico : La tragedia

Entriamo nel testo

Il prezzo dell'ambizione del potere

Macbeth rappresenta la tragedia dell'uomo che, spinto dall'ambizione, giunge fino al delitto e prepara la propria rovina, ma è anche il dramma della volontà, della responsabilità dell'uomo di fronte alle motivazioni che determinano le sue azioni. Shakespeare, che è maestro nello scavare nell'animo umano, fa emergere con grande efficacia il diverso atteggiamento di Macbeth e della consorte di fronte a decisioni delittuose che sconvolgono il loro mondo interiore. All'inizio della vicenda, al primo apparire di Macbeth, vengono proposti tutti gli elementi da cui nasce e si sviluppa il dramma. La prima profezia delle streghe (le «sorelle del destino», *Weird Sisters*, nel testo in inglese) pone Macbeth di fronte alla possibilità di accrescere il suo potere e diventare re: la tentazione di dare credito a questa possibilità si insinua nell'animo dell'uomo, che comincia a desiderare nuovi grandi onori e insieme teme gli ostacoli che vi si frappongono. Si è già configurata la lotta tra il Bene e il Male, il dilemma della scelta tra ciò che è giusto e ciò che è delittuoso. Le streghe si sono limitate a comunicare a Macbeth le proprie profezie, ma non l'hanno invitato a realizzarle né gli hanno dato istruzioni in proposito; tuttavia l'ambizione e il fascino del potere vengono sollecitati e obbligano alla responsabilità di scegliere il proprio destino. Nel suo animo Macbeth subisce l'allettamento della prospettiva di diventare re, pur con il timore di dover ricorrere a un delitto. Al suo primo entrare in scena, lady Macbeth appare forte, determinata, monolitica di fronte alla decisione assunta di uccidere il re Duncan per farne assumere il ruolo al marito. A sostegno invoca anche gli spiriti perché la colmino di *atroce crudeltà*, *spessiscano* il suo sangue e occultino ogni accesso alla pietà; si rivolge poi agli elementi della natura, alla *densa notte* e al *cielo*, perché *non possa affacciarsi di sotto la coltre delle tenebre* e fermare il suo disegno. In contrapposizione a tanta determinazione comincia a delinearsi attraverso le parole di lady Macbeth la personalità del marito, con particolare attenzione a quegli aspetti che potrebbero essere di ostacolo alla messa in atto di operazioni violente e delittuose e che potrebbero impedire la realizzazione del progetto di diventare i regnanti di Scozia. Egli, infatti, appare *troppo imbevuto del latte della bontà umana*, non abbastanza sleale e timoroso; di fronte alle sollecitazioni della moglie non sa rispondere altro che *ne riparleremo*. Segue il lungo soliloquio di Macbeth, posto in apertura della scena VII, in cui egli, in preda a una profonda attività emotiva, prende in esame tutti i motivi che stanno alla base dei suoi angosciosi dubbi sull'uccisione del re Duncan. Macbeth mette soprattutto in luce le motivazioni che costituiscono un ostacolo morale all'omicidio del re, mentre a favore compare soltanto, alla fine, l'ambizione che rischia di far osare troppo e perciò di far cadere miseramente. Il secondo colloquio di Macbeth con la moglie, nella scena VII, segna il passaggio tra le fasi del rifiuto, dell'incertezza e infine dell'accettazione del proprio destino, anche se i dubbi non sono scomparsi del tutto. Infatti nel corso del dialogo appare chiaro come la condizione interiore di Macbeth si vada gradualmente modificando, spronata dall'incitamento martellante di lady Macbeth che puntualmente ribatte con fermezza ogni esitazione del marito, fino a condurlo all'accettazione definitiva del progetto delittuoso. Infine assistiamo al banchetto, durante il quale Macbeth vede comparire lo spettro di Banquo. Questa, che è una delle scene più famose del teatro shakespeariano, rispondente ai gusti del pubblico dell'epoca, amante delle apparizioni soprannaturali, rappresenta l'angoscia, le paure e i rimorsi che tormentano l'animo di Macbeth.

Esercizi

- **Comprensione e interpretazione**

1. Quale concezione della vita esprime Macbeth in questa scena? Quali immagini metaforiche usa, con quale significato?

2. Che cosa ti sembra che voglia esprimere Macbeth con le parole *Avrebbe dovuto morire più tardi; non sarebbe mancato il momento opportuno per udire una simile parola* (righe 435-436)?

Il teatro moderno

Edward Hopper preferisce ritrarre il momento dell'attesa di un evento, piuttosto che l'evento in sé. Il teatro viene qui raffigurato nel momento che precede lo spettacolo, quando è ancora quasi completamente vuoto. Cominciano ad arrivare i primi eleganti spettatori: un uomo è ripreso nel gesto di sfilarsi il cappotto; vicino a lui, la sua signora si prepara a prendere posto. Una donna siede già nei palchi, ingannando l'attesa che precede l'inizio dell'evento con la lettura di un libro. Così Hopper crea un senso di sospensione e di attesa silenziosa che trasforma un luogo comune in un moderno scenario mitologico, assorto ed evocativo, in cui il tempo sembra fermarsi.

Edward Hopper, *Due nel corridoio*, 1927. Ohio, The Toledo Museum of Art.

Il teatro moderno

Sezioni:
- Il dramma moderno
- Il teatro di narrazione

Dal XIX secolo il teatro vede la nascita di nuove forme: il dramma moderno, che si sviluppa a partire dall'Ottocento, e, nella seconda metà del Novecento, il teatro di narrazione.
Il **dramma moderno** nasce dalla dissoluzione delle forme teatrali classiche, dalle quali riprende il senso del comico e del tragico, superandoli mediante la loro fusione per raffigurare la complessità delle sfaccettature che caratterizzano la vita umana. Questo genere viene anche detto **dramma borghese**, perché rappresenta il mondo, i problemi e le angosce di questa nuova classe sociale emergente. Vari sono i modi e le articolazioni in cui si declina questa rappresentazione del mondo borghese, dal teatro psicologico di Pirandello a quello politico e «didattico» di Brecht e al teatro dell'assurdo di Ionesco e Beckett. Tutte queste articolazioni, tuttavia, muovono da un substrato tematico comune, basato sul **rapporto dell'individuo con il contesto sociale** che lo circonda e lo opprime, tenta di modellarlo secondo schemi comuni e soffoca il pensiero critico autonomo. Il dramma borghese rappresenta, dunque, una lotta che si svolge non nel mondo degli eroi ma tra gli uomini comuni contro le convenzioni e il conformismo sociale.
Nella seconda metà del Novecento, con il superamento delle problematiche borghesi e la complessità dell'articolazione sociale, si diffonde una nuova sensibilità che trasforma le problematiche individuali in tematiche di dimensioni più ampie, collegate allo sviluppo economico e alla globalizzazione, quali, ad esempio, la critica al potere politico, la diffusione della criminalità urbana, le differenze sociali e le migrazioni dei popoli. Come tutto il contesto culturale e letterario, anche il teatro si trasforma nelle tematiche e nel modo di gestire l'azione scenica.
Nasce così la nuova forma di rappresentazione, definita **teatro di narrazione** perché si realizza mediante l'azione scenica di un solo attore che «narra», ovvero racconta drammaticamente un avvenimento o un fatto, per sottolinearne i punti critici e mettere sotto i riflettori un problema sociale o politico. Si tratta di un teatro di denuncia e di accusa, che non mira però a individuare le responsabilità specifiche di qualcuno, ma a condannare la responsabilità morale di un atteggiamento di silenzio, apatia o trascuratezza da parte di tutti gli appartenenti al consesso civile.
Questo modello di rappresentazione teatrale è stato inizialmente proposto da Dario Fo e oggi risponde al gusto di gran parte del pubblico.

Il dramma moderno

Caratteristiche

Nel corso dell'Ottocento e, definitivamente, nel Novecento venne meno la tradizionale distinzione fra tragedia e commedia e nacque il **dramma moderno**, o **dramma borghese**. Questo nuovo genere, nato dalla fusione della tragedia e della commedia, risponde ai principi della verosimiglianza prendendo a oggetto gli aspetti della realtà quotidiana in cui hanno largo spazio il conflitto dei sentimenti e il contrasto tra individuo e ambiente sociale, presentati con un tono che sta in equilibrio tra il senso tragico e quello comico dell'esistenza.

Il dramma rappresenta sempre **situazioni e personaggi della vita quotidiana**, appartenenti a diversi ambienti sociali che sono, però, alle prese con un **problema serio e spesso commovente**; muovendosi intorno a un soggetto importante, lo elabora con un intreccio semplice in cui **i caratteri dei personaggi** hanno **fisionomie ben delineate e approfondite**, e in cui le situazioni scaturiscono dalle dinamiche messe in moto dai caratteri dei personaggi e non sono frutto di colpi di scena. La vicenda può sciogliersi felicemente ma, molto piú frequentemente, la conclusione è dolorosa e sancisce la sconfitta del protagonista. Tipici esempi di dramma moderno sono le opere teatrali di Henrik Ibsen, Luigi Pirandello, Bertolt Brecht, Samuel Beckett, Eugène Ionesco.

I «drammi didascalici» di Bertolt Brecht

La maggior parte degli scrittori del Novecento, da Pirandello a Svevo a Kafka, riconducono a una dimensione esistenziale le contraddizioni e la «malattia» dell'uomo contemporaneo, ritenendo che tale condizione sia connaturata alla vita umana e quindi immodificabile. Brecht è, invece, l'unico che dà una spiegazione storica e sociale della crisi: egli, infatti, ne individua la causa nelle storture del capitalismo e nelle ingiustizie di una società divisa in classi, per la quale prospetta una via d'uscita nella trasformazione delle strutture esistenti e nella realizzazione dei principi del marxismo. In questo processo di trasformazione, la letteratura e il teatro hanno una funzione di rilievo: essi non devono riflettere staticamente la realtà, ma devono operare in modo dinamico, al fine di modificarla.

Il «teatro dell'assurdo»

Per le sue caratteristiche, il teatro di Ionesco e di Beckett è stato definito «teatro dell'assurdo»; i loro drammi, infatti, mettono in scena vicende in modo volutamente antirealistico, che giocano sull'assurdo e sul non-senso, con personaggi che sembrano agire come robot con i congegni guasti e danno luogo a dialoghi inconcludenti e pieni di banalità. Tuttavia, dietro la comicità paradossale si rivelano significati profondi, rafforzati dalla stessa apparente assurdità del modello comunicativo; è una forma artistica che, denunciando il problema dell'incomunicabilità, costituisce anche una satira dei mezzi espressivi del teatro e dell'arte in genere. Un esempio di questa forma drammatica è *Atto senza parole*, di Beckett (vedi pag. 399). Anche Ionesco evidenzia la tragicità della condizione umana contemporanea, ridicolizza il perbenismo e la banalità dei convenzionali comportamenti borghesi, mostra la riduzione dell'uomo a oggetto come ogni altro prodotto industriale in serie e la perdita dell'autonomia in una società che tende a massificare e standardizzare.

Henrik Ibsen
Non sono una bambola

- H. Ibsen, *Casa di bambola*, trad. di E. Pocar, Mondadori, Milano, 2002

IN SINTESI: Il brano che presentiamo costituisce la conclusione dell'opera e rappresenta efficacemente il senso che l'autore ha attribuito al dramma, e cioè la presa di coscienza della protagonista e le motivazioni della sua nuova scelta di vita.

genere: dramma moderno *epoca:* 1879 *luogo:* Copenhagen *lingua originale:* norvegese

NORA – (*gettandogli le braccia al collo*) Buona notte, Torvald, buona notte.
HELMER – (*la bacia in fronte*) Buona notte, mio uccellino canoro. Dormi bene, Nora. Adesso vado a leggere la corrispondenza. (*Entra nello studio e chiude la porta dietro di sé*)
NORA – (*con lo sguardo folle, tocca qua e là, prende il domino[1] di Helmer, se lo butta addosso e mormora rapidamente, con voce rauca e spezzata*) Non rivederlo mai piú. Mai, mai[2]. (*Si copre la testa con lo scialle*) E neanche i bambini. Nemmeno loro. Mai. Mai. Oh, l'acqua nera e gelida. L'abisso senza fondo... Fosse almeno passata! Adesso ha la lettera fra le mani. Ora la legge[3]. No, no, non ancora! Torvald, addio... Addio, bambini! (*Si slancia per uscire dall'anticamera. Nello stesso momento Helmer spalanca la sua porta e appare con in mano la lettera aperta*)
HELMER – Nora!
NORA – (*getta un grido*) Ah!
HELMER – Che cos'è questo? Sai che cosa dice questa lettera?
NORA – Lo so. Lasciami andare! Lasciami uscire!
HELMER – (*la trattiene*) Dove vuoi andare?
NORA – (*cercando di divincolarsi*) Torvald, tu non devi salvarmi![4]

---

1. domino: grande mantello con cappuccio, usato per mascherarsi. Nora e Helmer sono appena tornati a casa da un ballo in maschera.

2. Non rivederlo mai piú. Mai, mai: Nora pensa di uccidersi per salvare il marito, dato che crede che questi vorrà proteggerla, assumendosi al suo posto la colpa della falsificazione della firma.

3. Adesso ... legge: Nora sa che con la posta è arrivata la lettera che rivela al marito la falsificazione della firma.

4. Torvald, tu non devi salvarmi!: Nora è ancora convinta che il marito accorrerà in suo soccorso e si rovinerà pur di aiutarla.

Foto di scena di *Casa di bambola*, con la regia di Carey Perloff. Helmer nell'appartamento di famiglia.

L'OPERA

Il testo è tratto da *Casa di bambola*, dramma in prosa in tre atti che Ibsen scrisse e fece rappresentare a Copenaghen nel 1879. L'opera diventò immediatamente famosa in tutta l'Europa per aver rappresentato la ribellione di una moglie in un'epoca in cui le donne erano obbligate per legge a obbedire ai loro mariti. Il pubblico e la critica si divisero tra quanti disapprovavano e quanti condividevano le idee trasmesse nell'opera. Il testo di Ibsen, infatti, sostiene che anche la donna ha, come ogni altro individuo di sesso maschile, il bisogno e il dovere di vivere pienamente se stessa e di realizzare in modo autonomo la propria identità, ma si scontra con i pregiudizi e i condizionamenti sociali che tolgono spontaneità e autenticità ai rapporti familiari e personali. Il dramma poggia su una riflessione di natura sociale, che nasce dal conflitto della protagonista con la mentalità dominante e con i ruoli da questa stabiliti, e si realizza attraverso l'approfondimento psicologico e l'interiorità dei personaggi.

La novità e la forza della tematica proposta da Ibsen infiammarono gli animi dei contemporanei al punto che sui biglietti d'invito ai ricevimenti delle piú elevate famiglie scandinave talvolta fu scritta la raccomandazione: «Si prega di non parlare assolutamente di Nora»; in Germania tale fu lo sdegno dei benpensanti che venne cambiato il finale dell'opera in due diverse maniere: o a conclusione del dramma Nora decideva di rimanere accanto ai suoi figli, o era aggiunto un altro atto che mostrava Nora «ravveduta» e felice dopo la nascita del suo quarto figlio. Sul versante opposto, le organizzazioni femministe del Nord-Europa esaltarono il dramma di Ibsen, anche se questi dichiarò pubblicamente di non aver scritto volontariamente un dramma femminista e di ritenere che non esiste «la causa delle donne ma la causa dell'essere umano».

Ibsen si caratterizza tra gli autori della sua epoca anche per lo stile: abolisce i lunghi monologhi e costruisce il dialogo mediante battute per lo piú brevi e veloci senza alcuna notazione superflua e nelle quali ogni elemento è finalizzato a completare il quadro d'insieme. I periodi sono brevi e con forte prevalenza della coordinazione; il linguaggio è vicino a quello comune e quotidiano, in cui la raffinatezza consiste nell'efficacia della comunicazione ma non nella preziosità del lessico.

La vicenda si svolge in una casa borghese in Norvegia, alla fine dell'Ottocento. La protagonista, Nora, moglie di Torvald Helmer, da poco nominato direttore di banca, conduce una vita apparentemente serena e felice, ma ha un segreto: alcuni anni prima, per curare il marito gravemente ammalato, si è fatta prestare di nascosto il denaro occorrente e ha falsificato la firma di garanzia del proprio padre (dato che questi era in punto di morte) sull'obbligazione di pagamento, sobbarcandosi in silenzio il sacrificio di una faticosa economia per restituire gradualmente il denaro. Adesso, però, è stata ricattata da Krogstad, l'uomo che le aveva prestato i soldi, il quale la minaccia di rendere pubblico l'atto illegale della falsificazione qualora essa non impedisca al marito di licenziarlo dalla banca, cosa che lei non è in condizione di fare. Purtroppo Krogstad ha inviato a Helmer una lettera con cui gli rivela tutti i fatti. Nora, pensando che il marito si assumerà la responsabilità per proteggerla, è in preda alla disperazione e medita di uccidersi per non nuocere alla sua carriera. Tuttavia, come Helmer legge la lettera di Krogstad, cade nel panico e, preoccupato unicamente dello scandalo che travolgerà la sua posizione, inveisce contro Nora: esprime il suo disprezzo per la moglie, definendola irresponsabile e criminale e minacciandola di sottrarle i figli perché incapace di allevarli. L'arrivo di una seconda lettera di Krogstad, che consegna l'obbligazione falsificata facendo decadere il motivo del ricatto, trasforma il comportamento di Helmer, che diventa nuovamente affettuoso verso Nora, ma mantiene l'atteggiamento di superiorità e continua a trattare la moglie come una bambina immatura. A questo punto Nora, oltre a essere ferita dall'incomprensione e dall'egoismo del marito, comprende di essere stata sempre trattata come una bambola e sviluppa la consapevolezza di dover cercare se stessa e realizzare la propria autonomia; dopo aver espresso a Helmer i motivi della sua amarezza e della sua delusione, gli comunica di voler lasciare immediatamente la casa: neppure l'affetto dei tre figli piccoli la trattiene dal dovere morale che sente verso se stessa. Incredulo, il marito la vede uscire di casa sbattendo la porta dietro di sé.

20 HELMER – (*arretrando*) È dunque vero? È vero ciò che scrive? Orribile! No, non può esser vero.
    NORA – Sí, è vero. Sopra tutto al mondo ho amato te.
    HELMER – Non tirar fuori queste misere scuse!
    NORA – (*avvicinandosi d'un passo*) Torvald!
25 HELMER – Disgraziata... cos'hai fatto?
    NORA – Lasciami andare! Non devi scontare tu per me. Non addossarti tu la colpa![5]
    HELMER – Non facciamo la commedia! (*Chiude l'anticamera*) Adesso rimani qui e rispondi. Hai un'idea di ciò che hai fatto? Rispondi! Ne hai un'i-
30 dea?[6]
    NORA – (*lo guarda fisso e parla irrigidendosi*) Sí, adesso incomincio a capire[7].
    HELMER – (*passeggiando*) Oh, che tremendo risveglio! In questi otto anni... lei che è stata la mia gioia e il mio orgoglio... una simulatrice, una bugiar-
35 da... peggio, peggio ancora... una delinquente! Oh, quale orrore senza fondo! Vergogna, vergogna![8]
    NORA – (*tace e lo guarda con gli occhi fissi*).
    HELMER – (*si ferma davanti a lei*) Avrei dovuto essere preparato. Dovevo prevedere. I principi leggeri di tuo padre... Taci! Hai ereditato la leggerezza
40 di tuo padre. Niente religione, niente morale, niente senso del dovere... Oh, come sono punito per avere avuto indulgenza con lui[9]. E l'ho fatto per amor tuo. E cosí mi ricompensi!
    NORA – Sí... cosí[10].

5. Non devi ... colpa!: Nora continua a ingannarsi e ritenere il marito pronto ad addossarsi la colpa.

6. Hai un'idea ... un'idea?: queste domande di Helmer segnalano il suo atteggiamento di fronte a ciò che Nora ha fatto: egli ritiene che la moglie abbia agito per superficialità e senza capire il valore dei suoi atti, ma non ne approfondisce la motivazione, cioè la necessità di curare la sua malattia (che, come si comprenderà piú avanti, era illustrata nella lettera ricevuta). È evidente che egli non considera Nora come una persona capace di un comportamento autonomo e responsabile.

7. Sí, adesso incomincio a capire: questo è il momento dell'inizio della trasformazione di Nora poiché, di fronte all'incomprensione e alla condanna del marito, si rende conto all'improvviso del suo errore di valutazione su di lui.

8. Oh, che tremendo ... vergogna!: mentre Nora rimane come impietrita di fronte alla reazione per lei inaspettata di Helmer, questi emette espressioni di disprezzo e condanna per la moglie accusandola di averlo ingannato negli otto anni di rapporto matrimoniale.

9. Avrei dovuto ... con lui: le espressioni emotive di Helmer proseguono muovendo pesanti allusioni sul padre di Nora; è un atteggiamento scorretto, di cui l'uomo si serve per rendere piú completa la condanna di Nora, alla quale attribuisce una disonestà congenita per averla ereditata dal padre.

10. Sí ... cosí: queste parole di Nora non significano che essa accetta quanto va esprimendo il marito su di lei e suo padre, ma segnalano la trasformazione del modo di agire della donna. Nora non entra in discussione sulle accuse ricevute, ma inizia a prendere le distanze con queste parole che Helmer non è in grado di decifrare: essa ripensa – in risposta all'espressione del marito *cosí mi ricompensi!* – alle angosce di cui si è fatta carico per curarlo.

L'autore

Henrik Ibsen nacque a Skien, nella Norvegia sud-orientale, nel 1828 e morí a Cristiania, l'attuale Oslo, nel 1906. Il padre era un ricco commerciante, ma un tracollo finanziario obbligò la famiglia a trasferirsi in una fattoria e il giovane Henrik a trovare lavoro come apprendista in una farmacia, pur proseguendo i suoi studi. Iniziò a scrivere in versi e in prosa e quindi passò alla composizione di opere teatrali; dopo il primo successo assunse la direzione artistica del teatro di Cristiania. Ebbe una serie di disavventure di carattere economico e solo grazie a una pensione statale iniziò a viaggiare all'estero, prevalentemente in Italia e in Germania. A Roma scrisse il lavoro teatrale *Peer Gynt*, nel 1867, ricevendo un buon apprezzamento in Europa ma non in Norvegia; seguí un lungo periodo di fecondissima produzione di drammi, tra cui *Casa di bambola*, *Spettri*, *L'anatra selvatica*, *La donna del mare*. Ritornato definitivamente in patria nel 1891, compose gli ultimi drammi, tra cui *Quando noi morti ci destiamo*. Dopo che fu colpito da paralisi nel 1900, visse a Cristiania fino alla morte.

11. Sono ... scrupoli: allude a Krogstad, l'autore della lettera, che approfitta della falsificazione della firma fatta da Nora per ricattare Helmer e non farsi licenziare.

12. Bisognerà ... l'apparenza: dopo le recriminazioni e le accuse, Helmer pensa al da farsi e la sua prima e principale preoccupazione è rivolta alle apparenze e all'immagine da mostrare alla gente, insieme a una sorta di punizione di Nora, condannata all'emarginazione familiare.

13. Sí, è proprio... salvo!: la seconda lettera di Krogstad, che restituisce il documento con la falsa firma di Nora, genera in Helmer il sollievo per il pericolo scampato, ma questa gioia è da lui vissuta come un fatto personale: egli dice «sono salvo», e non «siamo salvi». L'esclusione di Nora, del resto, era già stata segnata quando Helmer, visto il mittente, ha ritenuto legittimo appropriarsi della lettera.

14. obbligazione: il nome legale del documento del prestito firmato da Nora.

HELMER – Tutta la mia felicità hai distrutto. Tutto il mio avvenire hai annientato. È orribile il solo pensarci. Sono nelle mani di un uomo senza scrupoli[11]; può fare di me ciò che vuole; pretendere ciò che gli viene in mente; comandarmi a piacimento... e io non devo aprir bocca. E cosí miseramente devo affondare e perire per causa della leggerezza di una donna!

NORA – Quando non sarò piú in questo mondo, sarai libero.

HELMER – Lascia le buffonate! Codeste frasi le aveva sempre pronte anche tuo padre. Che mi gioverebbe che tu non fossi in questo mondo, come dici? Niente affatto mi gioverebbe. Egli può ugualmente render nota ogni cosa. E se lo fa, potrei essere sospettato di aver saputo del tuo atto delittuoso. Si potrà anche credere che io ti abbia spalleggiato... che io stesso ti abbia istigata a farlo. E tutto ciò lo devo a te, a te, che ho portato in palmo di mano durante tutto questo tempo. Capisci ora che cosa mi hai fatto?

NORA – (*con fredda calma*) Sí.

HELMER – È cosí incredibile che ancora non me ne rendo conto. Ma dobbiamo cercare il modo di uscirne. Via quello scialle! via ti dico! Devo cercare di accontentare quell'uomo in qualche modo. Bisognerà mascherare la cosa ad ogni costo. E in quanto a te e a me deve sembrare che tutto sia fra noi come prima. Beninteso soltanto agli occhi del mondo. Tu dunque resterai in casa come sempre; questo va da sé. Ma non dovrai educare i bambini. Non ho il coraggio di affidarli a te. Oh, dover dire ciò alla donna che ho amato cosí profondamente e che ancora...! Ebbene, bisogna finirla. Da oggi in poi non si tratta piú di felicità, ormai si tratta soltanto di salvare le rovine, i rimasugli, l'apparenza[12]... (*Suonano in anticamera. Helmer rimane interdetto*) Che c'è? A quest'ora? Forse l'orrore piú grave... che sia lui? vai a nasconderti, Nora! Di' che sei malata. (*Nora rimane immobile. Helmer va ad aprire la porta dell'anticamera*)

LA CAMERIERA – (*semivestita in anticamera*) Una lettera per la signora.

HELMER – Dammela! (*Prende la lettera e chiude la porta.*) Sí, è di lui. Tu non l'avrai. La leggerò io stesso.

NORA – E leggi!

HELMER – (*vicino alla lampada*) Quasi non ne ho il coraggio. Forse siamo perduti tu e io. Eppure... devo, devo sapere. (*Strappa la lettera, scorre alcune righe, nota un foglio incluso e manda un grido di gioia*) Nora!

NORA – (*gli lancia uno sguardo interrogativo*)

HELMER – Nora!... oh, bisogna che legga un'altra volta. Sí, è proprio cosí. Sono salvo, Nora, sono salvo![13]

NORA – E io?

HELMER – Anche tu, beninteso. Siamo salvi tutti e due, tu e io. Guarda. Ti rimanda l'obbligazione[14]. Scrive che si rammarica ed è pentito... che un felice cambiamento nella sua vita... Ma ciò che scrive è del tutto indifferente. Noi siamo salvi, Nora! Nessuno può prendersela con te. Oh, Nora, Nora... mettiamo via queste brutte cose. Vediamo... (*Dà un'occhiata al documento*) No, non voglio vedere. Tutta questa faccenda deve essere per me soltanto un sogno. (*Lacera l'obbligazione e le lettere, butta ogni cosa nella stufa e sta a guardare*

Foto di scena di *Casa di bambola*, con la regia di Carey Perloff.

95 *come arde*) Ecco, ora non esiste piú. Scriveva che tu, dalla vigilia di Natale... oh Nora, devono essere stati tre giorni terribili per te.

NORA – In questi tre giorni ho combattuto un'aspra battaglia.

HELMER – E hai sofferto e non hai trovato altra via d'uscita se non... ma, seppelliamo tutte queste brutte cose. Vogliamo gioire e ripetere: è passata,

100 è passata! Però, ascoltami, Nora. Pare che tu non abbia ancora capito: è passata. Ma perché... codesto viso impietrito? Oh, mia povera piccola Nora, capisco, capisco, non vuoi ancora credere che ti ho perdonata. Cosí è però. Nora, ti giuro che ti ho perdonato tutto. So che ciò che hai fatto l'hai fatto per amor mio[15].

105 NORA – È la verità.

HELMER – Mi hai amato come una moglie deve amare il marito. Ti è mancata soltanto l'esperienza per valutare i mezzi. Ma credi forse che ti ami meno perché non sai agire senz'aiuto? Suvvia, appoggiati a me, ti sarò io consigliere e guida. Non sarei uomo se proprio questo impaccio femminile non ti

110 rendesse ai miei occhi doppiamente attraente. Non badare alle parole dure che ho detto nel primo spavento, quando mi pareva che tutto mi dovesse crollare addosso. Ti ho perdonato, Nora, ti giuro che ti ho perdonato.

NORA – Ti ringrazio del tuo perdono[16]. (*Esce a destra*)

HELMER – Su, rimani... (*Guarda dentro*) Che fai lí nell'alcova[17]?

115 NORA – (*dal di dentro*) Mi levo il costume[18].

HELMER – (*sulla soglia*) Fai bene. Cerca di riprenderti e di ritrovare l'equilibrio, mio spaventato uccellino canoro[19]. Riposa tranquillamente. Ti coprirò con le mie ali forti. (*Passeggia davanti alla porta*) Oh, com'è bella e comoda la nostra casa, Nora. Qui puoi stare al sicuro. Ti terrò come una

120 colomba inseguita che io abbia strappato agli artigli assassini dello sparviero. Porterò la calma nel tuo povero cuore palpitante. A poco a poco, Nora... credi a me. Già domani vedrai tutto con altri occhi e presto tutto sarà come prima. Non occorrerà che ti ripeta molte volte di averti perdonato. Tu stessa sentirai con certezza che è cosí. Come ti è venuta l'idea che potessi ri-

125 pudiarti o farti rimproveri? Nora, tu non conosci il cuore di un uomo vero. Per l'uomo c'è qualcosa di incredibilmente soave e soddisfacente nella coscienza di aver perdonato alla sua donna... di averle perdonato con tutto il cuore, con tutta la sincerità. Tant'è vero che è diventata sua due volte, per cosí dire, come se egli l'avesse messa al mondo una seconda volta. È

130 diventata, dirò cosí, la sua donna e la sua creatura a un tempo. Cosí sarai per me d'ora in poi, mia piccola sconsigliata. Non aver paura di nulla, Nora, sii soltanto sincera con me e io sarò la tua volontà e anche la tua coscienza. Come? Non vai a letto? Ti sei cambiata?

NORA – (*col solito abito di tutti i giorni*) Sí, Torvald, mi sono cambiata.

135 HELMER – Ma perché? Adesso? Cosí tardi?

NORA – Questa notte non dormirò.

HELMER – Ma, cara Nora...

NORA – (*guarda l'orologio*) Non è ancora troppo tardi. Siedi, Torvald. Noi due abbiamo ancora molto da discorrere. (*Si siede alla tavola*)

140 HELMER – Nora... che c'è? Quel volto rigido...

NORA – Siedi. Sarà lunga. Devo parlarti di molte cose.

HELMER – (*si siede di fronte a lei*) Mi fai paura, Nora. E non ti capisco.

NORA – Già, questo è il punto. Tu non mi capisci. E nemmeno io ho capito te... fino a questo momento. Ti prego di non interrompermi. Devi star a

145 sentire, Torvald. È una resa di conti.

---

15. So che ... amor mio: solo adesso che il pericolo è passato Helmer accenna al fatto che, se Nora aveva sbagliato, l'aveva fatto per curare e proteggere lui.

16. Ti ringrazio del tuo perdono: non sfugge il senso di amara ironia di queste parole.

17. alcova: parte interna della camera da letto.

18. il costume: l'abbigliamento indossato per il ballo in maschera. Tuttavia, Nora non si sta spogliando per la notte, ma indossa un normale abito; questo cambio della veste, dunque, ha anche il significato simbolico della trasformazione della donna, che depone con la maschera anche la personalità di «bambola» per assumere quella di donna matura e responsabile.

19. uccellino canoro: è lo stesso appellativo che Helmer usa di solito con Nora, anche all'inizio di questa scena. Per lui, evidentemente, quanto è successo è rimasto senza conseguenze, sicché egli ha nuovamente collocato Nora nel suo ruolo di creatura fragile e dipendente.

20. imperterrita: imperturbabile, senza scomporsi.

21. come ... alla bocca: come una mendicante, e cioè alla giornata. Il concetto espresso da Nora è che essa ha vissuto elemosinando l'approvazione del padre e del marito mediante un comportamento infantile e privo di identità.

22. Tanto ... bambini: Helmer non ha mutato la considerazione di Nora come immatura e irresponsabile. Mentre sembra promettere una rinnovata considerazione per la moglie, in realtà Helmer procede imperterrito nel suo atteggiamento mentale, incapace di vedere in tutto ciò che Nora ha detto poco prima la manifestazione di una nuova consapevolezza e di una nuova autonoma identità.

HELMER – Che vuoi dire?

NORA – (*dopo breve silenzio*) Eccoci qui seduti... non ti viene in mente niente?

HELMER – Che cosa?

NORA – Siamo sposati da otto anni. Non noti che noi due, tu e io, marito e moglie, facciamo oggi per la prima volta un discorso serio? 150

HELMER – Un discorso serio... Che vuoi dire?

NORA – Otto anni interi... anzi piú ancora, dal primo giorno in cui ci siamo conosciuti, non abbiamo mai scambiato una parola seria intorno a cose serie. 155

HELMER – Avrei dovuto metterti sempre al corrente di seccature che in ogni caso non avresti potuto condividere con me?

NORA – Non parlo di seccature. Dico soltanto che non ci siamo mai trovati insieme seriamente per ponderare qualcosa a fondo.

HELMER – Ma, cara Nora, non erano cose adatte a te. 160

NORA – Eccoci al punto. Non mi hai mai compresa. Avete commesso, Torvald, gravi errori a mio danno, prima il babbo, poi tu.

HELMER – Come? Noi due? Noi due che ti abbiamo amata piú di ogni cosa al mondo!

NORA – (*scuotendo la testa*) Voi non mi avete mai amata. Vi faceva soltan- 165 to piacere di essere innamorati di me.

HELMER – Ma che cosa dici, Nora?

NORA – Sí, Torvald, proprio cosí. Quando ero a casa col babbo, egli mi comunicava tutte le sue opinioni, sicché avevo le medesime opinioni. Ma se qualche volta ero d'opinione diversa, glielo nascondevo, perché ciò non 170 gli sarebbe andato a genio. Mi chiamava la sua bambola e giocava con me come io giocavo con le mie bambole. Poi entrai in casa tua...

HELMER – Che parola adoperi per il nostro matrimonio?

NORA – (*imperterrita*[20]) Voglio dire che passai dalle mani del babbo nelle tue. Tu regolasti ogni cosa sul tuo gusto e io ebbi lo stesso gusto tuo. Ma 175 fingevo soltanto: non so piú con sicurezza... Forse era l'uno e l'altro: ora cosí, ora cosà. Se adesso ci ripenso, ho l'impressione di essere vissuta qui come una mendica... dal naso alla bocca[21]. Vivevo presentandoti atti di bravura. Ma eri tu che volevi cosí. Tu e il babbo vi siete resi gravemente colpevoli nei miei confronti. Vostra è la colpa se non sono riuscita a niente. 180

HELMER – Come sei ridicola e ingrata, Nora! Qui non sei stata forse felice?

NORA – No, mai. Ho creduto, ma non lo sono stata mai.

HELMER – Non... non felice?

NORA – ... soltanto allegra. E tu sei sempre stato tanto gentile con me. Ma la nostra casa non era altro che una stanza da gioco. Qui sono stata la tua 185 moglie bambola come in casa del babbo ero la figlia bambola. E i nostri figli erano a loro volta le mie bambole. Quando tu mi prendevi e giocavi con me, mi divertivo come si divertivano i bambini quando li prendevo e giocavo con loro. Questa, Torvald, è stata la nostra vita coniugale!

HELMER – C'è qualcosa di vero nelle tue parole, per quanto siano esagerate 190 e esaltate. Ma d'ora in poi tutto sarà diverso. I giorni del gioco sono passati, ora viene il tempo dell'educazione.

NORA – Educazione di chi? La mia o quella dei bambini?

HELMER – Tanto la tua quanto quella dei bambini[22], mia cara Nora.

NORA – Oh, Torvald, tu non sei uomo da educare me a diventare la donna 195 che fa per te.

HELMER – E lo dici cosí?
NORA – E io... sono io forse preparata al compito di educare i bambini?
HELMER – Nora!
200 NORA – Non hai detto tu stesso poc'anzi... che non puoi affidarmi questo compito?
HELMER – In un momento di agitazione! Come puoi darvi peso?
NORA – Invece sí. Avevi ragione. Non sono pari al compito. C'è un altro compito che prima devo assolvere. Devo cercare di educare me stessa e tu
205 non sei uomo da aiutarmi. Devo farlo da me. Perciò ti abbandono.
HELMER – (*balza in piedi*) Che cosa dici?
NORA – Devo esser sola se voglio raccapezzarmi in me stessa e nel mondo. Perciò non posso piú rimanere con te.
HELMER – Nora, Nora!
210 NORA – Ti lascio subito. Per questa notte mi accoglierà Kristine[23]...
HELMER – Sei fuor di senno! Non puoi farlo. Te lo proibisco.
NORA – Da oggi non ha piú scopo proibirmi qualcosa. Prendo ciò che mi appartiene. Da te non voglio nulla né oggi, né mai.
HELMER – Quale follia!
215 NORA – Domani me ne andrò a casa... cioè al mio paese. Là mi sarà piú facile trovare qualcosa da fare.
HELMER – Oh, creatura inesperta e accecata!
NORA – Devo far di tutto, Torvald, per acquistare esperienze.
HELMER – Lasciare la tua casa, tuo marito e i tuoi figli! Pensa: che cosa dirà
220 la gente?
NORA – Questo non può riguardarmi. So soltanto che per me è necessario.
HELMER – È rivoltante. Cosí ti sottrai ai tuoi doveri piú sacri?
225 NORA – Quali sarebbero secondo te i miei doveri piú sacri?
HELMER – Devo dirtelo io? Non sono i doveri verso tuo marito e verso le tue creature?
NORA – Ho altri doveri che sono altrettanto sa-
230 cri.
HELMER – Non è vero. Che doveri potrebbero essere?
NORA – I doveri verso me stessa.
HELMER – In primo luogo sei moglie e madre.
235 NORA – Non lo credo piú. Credo d'essere prima di tutto una creatura umana al pari di te... o almeno voglio tentare di diventarlo. So bene, Torvald, che il mondo darà ragione a te e che qualcosa di simile si legge nei libri. Ma ciò che
240 dice il mondo e ciò che si legge nei libri non può piú essere norma per me. Io stessa devo riflettere per vederci chiaro nelle cose. [...]
HELMER – Tu stai male, Nora; hai la febbre; penso addirittura che vaneggi.
245 NORA – Non sono mai stata cosí limpida e sicura come ora.
HELMER – E limpida e sicura te ne vai da tuo ma-

23. Kristine: amica di Nora e di Helmer.

L'attrice Alla Nazimova nei panni di Nora e Sir Alan Hale in quelli di Helmer, nella versione cinematografica di *Casa di bambola* del 1922.

24. lodoletta: allodola; espressione simile a *uccellino canoro*.
25. a brani: a pezzi.

rito e dai tuoi figli?

NORA – Precisamente.

HELMER – Allora, c'è ancora una spiegazione possibile. 250

NORA – Quale?

HELMER – Tu non mi ami piú.

NORA – Perfettamente.

HELMER – Nora! E lo dici cosí?

NORA – Ne sono profondamente addolorata, Torvald, perché sei sempre 255
stato cosí buono con me. Ma che vuoi farci? Non ti amo piú.

HELMER – (*sforzandosi di dominarsi*) È anche questa una tua convinzio-
ne limpida e sicura?

NORA – Limpidissima e sicura. E per questa ragione non voglio piú rimane-
re qui. 260

HELMER – E potresti anche spiegarmi in che modo ho perduto il tuo amore?

NORA – Sí, te lo spiego. È stato questa sera quando il miracolo non è acca-
duto. Allora mi sono accorta che non sei l'uomo che credevo.

HELMER – Sii piú precisa. Non ti capisco.

NORA – Per otto anni ho aspettato pazientemente, poiché, mio Dio, capi- 265
vo anch'io che il miracolo non può accadere tutti i giorni. Poi mi piombò
addosso la rovina; e allora ero incrollabilmente convinta che il miracolo
sarebbe accaduto. Quando c'era là fuori la lettera di Krogstad... non pensai
nemmeno un istante che tu potessi accettare le condizioni di costui. Ero
fermamente persuasa che gli avresti obiettato: fallo pur sapere al mondo 270
intero! E dopo di ciò...

HELMER – Ebbene? Se avessi esposto mia moglie alla vergogna e all'igno-
minia?...

NORA – In questo caso, cosí credevo fermissimamente, ti saresti fatto avanti
caricando tutto sulle tue spalle e dicendo: il colpevole sono io. 275

HELMER – Nora!

NORA – Credi che avrei mai accettato da te un simile sacrificio? No, be-
ninteso. Ma a cosa sarebbero valse le mie assicurazioni di fronte alle tue?
Questo era il miracolo che speravo con angoscia e ansietà. E per impedirlo
mi sarei tolta la vita. 280

HELMER – Nora, con gioia lavorerei giorno e notte per te, sopporterei dolori
e preoccupazioni. Ma nessuno sacrifica il suo onore per coloro che ama!

NORA – Lo hanno fatto centomila donne!

HELMER – Ahimè, tu pensi e parli come una bambina irragionevole.

NORA – Può darsi. Ma tu, tu non pensi né parli come colui al quale potrei 285
unirmi. Quando fu placata la tua angoscia non per ciò che minacciava me,
ma per ciò che avrebbe potuto colpire te, quando ogni pericolo fu passa-
to... facesti come non fosse successo niente... Come sempre ridiventai la
tua lodoletta[24], la tua bambola che intendevi portare in palma di mano con
raddoppiata cautela perché era tanto debole e fragile. (*Si alza*) Torvald, 290
in quel momento ho avuto l'intuizione di aver abitato qui otto anni con un
estraneo e di avere avuto con lui tre figlioli. Oh, non ci devo pensare! Mi
farei a brani[25].

HELMER – (*malinconico*) Vedo, infatti... tra noi si è aperto un abisso. Ma,
Nora, che non ci sia modo di valicarlo? 295

NORA – Cosí come sono non sono la donna che fa per te.

HELMER – Io ho la forza di diventare diverso.

NORA – Sí, forse... se ti si toglie la bambola.

Il teatro moderno | Il dramma moderno

HELMER – Staccarmi... staccarmi da te? No, no, Nora, non riesco a concepirlo.
NORA – (*entra a destra*) Tanto piú risolutamente bisogna farlo. (*Ritorna con cappello e soprabito e con una valigetta che posa sulla sedia accanto alla tavola*)
HELMER – No, Nora, non adesso. Aspetta fino a domani.
NORA – (*si infila il soprabito*) Non posso passare la notte nella casa di un estraneo.

Tra le ultime espressioni di protesta di Helmer, Nora infila i guanti e il cappello, prende una valigia ed esce dalla porta verso l'anticamera. Mentre Helmer cade sgomento su una sedia e rimane solo sulla scena, si ode la porta di casa chiudersi con fracasso.

Entriamo nel testo

Il significato simbolico dell'opera

Tutto il dramma è costruito per preparare la scena conclusiva che abbiamo letto e che contiene il nucleo del significato dell'opera: il desiderio, da parte di una donna, di ricercare la propria identità e conquistare la dignità di «persona». La vicenda di Nora si inserisce in un contesto storico concreto e reale, rappresentato da un mondo borghese nel quale i ruoli sono determinati dai rapporti economici e dalla mentalità socialmente condivisa. Tuttavia, è anche una vicenda simbolica, che non mira a mettere in evidenza i rapporti tra uomo e donna per sostenere la parità dei sessi, ma in cui il problema centrale è legato al **riconoscimento della dignità e dell'autonomia umana**, rappresentato in questo caso da una donna, relegata da una storia millenaria nel ruolo di dipendenza sociale. La vita di Nora si è svolta come hanno voluto suo padre e suo marito ed è stata costretta ad accontentarsi del premio del loro affetto, modellando le proprie opinioni alle loro e comportandosi come una *bambola* da vezzeggiare e coccolare. Tuttavia, è stata in grado di compiere un atto audace e coraggioso, quando si è accollata tutto il peso di un prestito necessario per curare il marito; ha dato una prova, in tal modo, non solo di amore ma anche di senso di responsabilità e capacità di decisioni autonome. Per tutto questo si aspettava il riconoscimento, se non anche la gratitudine, di suo marito Torvald. Ben diversa, invece, è la reazione dell'uomo che, incapace di mutare le proprie opinioni e di staccarsi dalla mentalità convenzionale, attribuisce a irresponsabilità e immaturità il comportamento di Nora.
La scena conclusiva del dramma mette a confronto i due personaggi, il cui rapporto di unione matrimoniale subisce il primo esame, severo per la spietatezza con cui mette a nudo la qualità umana dei protagonisti. Lo svolgimento del colloquio è guidato dal precipitare degli eventi: quanto l'atteggiamento di Torvald Helmer nei riguardi di Nora è, all'arrivo della prima lettera, ostile e accusatorio, altrettanto ritorna paternalistico e magnanimo con la seconda lettera, che scioglie ogni problema legale; cambiano le reazioni, ma non lo spirito che le determina, che è basato sulla mancanza di sensibilità e di considerazione nei confronti della moglie come identità autonoma. Diverso è il comportamento di Nora, che dimostra la grande capacità femminile di trasformare e potenziare il proprio animo di fronte ai grandi eventi traumatici della vita. Posta davanti alla nuova immagine tremendamente deludente e meschinamente insensibile di Helmer, depone il timore e il senso di soggezione, acquista la lucidità per analizzare la propria esistenza e prende la sua decisione definitiva: esce dal suo ruolo di moglie, rinuncia ai vantaggi di sicurezza economica e di considerazione sociale, abbandona la sua casa e i suoi figli, allo scopo di non essere piú una bambola ma di ritrovare la sua dignità e l'identità umana.

Esercizi

Competenza trasversale:

a Acquisire ed interpretare l'informazione
b Individuare collegamenti e relazioni
c Comunicare
d Comunicare nelle lingue straniere

- **Comprensione e interpretazione**

1. L'evento presentato è continuo e senza interruzioni nello svolgimento del tempo; ritieni possibile calcolare approssimativamente la durata del tempo di questa scena? Ci sono momenti in cui possono esserci pause del dialogo o momenti di silenzio (sulla base di quanto indicato nelle didascalie e dei gesti segnalati nel dialogo)?

2. Esaminando la configurazione del dialogo (gli argomenti e i significati espressi) e la punteggiatura (soprattutto i tre puntini) indica le parti in cui, secondo te, la recitazione procede più rapida e spedita e quelle in cui è più lenta.

3. Prendi in esame singolarmente le didascalie che spesso accompagnano le battute del dialogo: ti sembra che siano indispensabili per la comprensione e la messa in scena oppure contengono indicazioni che sarebbe possibile ricavare anche dalle parole del dialogo?

4. Nel corso della vicenda i due protagonisti subiscono una trasformazione interiore?

5. Ricerca nel testo e indica i momenti in cui Nora prende coscienza della superficialità e dell'egoismo di Helmer. Illustra poi i motivi per cui Nora esprime la delusione per il comportamento di Helmer.

6. Nora dichiara a Helmer di non amarlo più. Come giudichi questa asserzione? Secondo te, è vero che Nora non prova più amore, oppure l'ha detto perché provocata dalle parole di Helmer?

7. Poni a confronto i due discorsi di Helmer (righe 58-70 e righe 116-133), mettendo in evidenza le differenze nel tono usato e nei sentimenti manifestati.

8. Il richiamo alla durata del loro matrimonio viene fatto dai due in modo e con valore differente: descrivi queste differenze esaminando il contesto in cui si trova l'espressione di Helmer *In questi otto anni...* (riga 33) e quello delle parole di Nora *Siamo sposati da otto anni* (riga 150).

9. Helmer mostra di porre molta attenzione alle apparenze e alle opinioni della gente. Anche per Nora questo è un problema? Quale posizione assume nei riguardi del giudizio del mondo e della gente?

- **Interpretazione e produzione**

10. Al termine della descrizione fatta da Nora sulla propria esistenza essa dice *Vostra è la colpa se non sono riuscita a niente* (riga 180). Spiega il significato di questa espressione, quindi esponi le tue opinioni e riflessioni sulla responsabilità che Nora attribuisce al padre e al marito.

11. Ricostruisci il carattere e il sistema dei valori morali di Helmer, illustrandoli in una breve esposizione scritta.

12. La colpa commessa da Nora era quella di aver chiesto un prestito di nascosto e di aver falsificato la firma di garanzia del padre allo scopo di poter curare il marito: rispetto a questa colpa, l'autore del dramma mostra di condannare maggiormente l'incomprensione del marito. Sei d'accordo su questa valutazione di Ibsen? Esponi le tue opinioni in merito.

13. Nora sceglie la solitudine per cominciare ad avere la possibilità di pensare a se stessa: come giudichi questa scelta? Che significato ha il fatto che abbandoni i propri figli? Componi un testo scritto in cui esponi le tue riflessioni sul comportamento e sulla scelta di vita fatta da Nora.

14. Helmer sostiene che *nessuno sacrifica il suo onore per coloro che ama*; cosa risponde Nora? Ritieni che sia giusto sacrificare la propria dignità all'amore? Esponi le tue opinioni in merito.

Il teatro moderno | Il dramma moderno

b 15. Poni a confronto la figura di Nora con quella di Medea nel brano *Meglio imbracciare lo scudo che partorire una volta sola* (vedi pag. 464), tratto dalla tragedia di Euripide: la prima agisce perché spinta dalla ricerca di vendetta per l'affronto subito; la seconda desidera recuperare autonomia e dignità umana. Scrivi un breve saggio in cui analizzi le vicende di Medea e di Nora, evidenziando gli elementi che le accomunano e quelle che le differenziano.

Luigi Pirandello
Cosí è (se vi pare)

- L. Pirandello, *Cosí è (se vi pare)*, in *Maschere nude*, Mondadori, Milano, 1971, vol. I

> **IN SINTESI:** Quelle che seguono sono le ultime due scene dell'atto I, che si svolge nel salotto della casa del consigliere Agazzi, dove i padroni di casa, insieme ad alcuni conoscenti, discutono tra loro sul comportamento degli altri personaggi assenti. Nella scena precedente era stata presente anche la signora Frola, suocera del signor Ponza; essa aveva spiegato che, per rispettare il desiderio del genero, non si recava mai a casa della figlia, limitandosi a scambiare messaggi scritti che la figlia le calava dalla finestra con un panierino.
> In queste due scene si presentano separatamente prima il signor Ponza e poi di nuovo la signora Frola: essi espongono ai presenti le loro verità, che rivelano aspetti decisamente contrastanti tra loro.

genere: **dramma moderno** | *epoca:* **1917** | *luogo:* **Italia** | *lingua originale:* **italiano**

Personaggi

Il consigliere Agazzi
La signora Amalia, sua moglie, sorella di Laudisi
Dina, loro figlia
Laudisi
Il signor Sirelli
La signora Sirelli
Il signor Ponza
La signora Frola

1. **Detti:** la signora Sirelli, il consigliere Agazzi e la signora Amalia.
2. **questo mostro:** dalla illustrazione degli eventi che aveva fatto la signora Frola, il signor Ponza era apparso come un uomo egoista e insensibile.

Atto I – Scena V

Scena: Salotto in casa del Consigliere Agazzi.
Cameriere, Detti[1], *poi il* signor Ponza.

Cameriere (*presentandosi sulla soglia*) – Signor Commendatore, c'è il
5 signor Ponza che chiede d'esser ricevuto.
signora Sirelli – Oh! lui!
Sorpresa generale e movimento di curiosità ansiosa, anzi quasi sbigottimento.
Agazzi – Ricevuto da me?
10 Cameriere – Sissignore. Ha detto cosí.
signora Sirelli – Per carità, lo riceva qua, Commendatore! – Ho quasi paura; ma una grande curiosità di vederlo da vicino, questo mostro[2]!

3. perché –: la lineetta indica che la frase viene interrotta dalle parole di un altro personaggio.

AMALIA – Ma che vorrà?

AGAZZI – Sentiremo. Sedete, sedete. Bisogna star seduti.

Al cameriere:

Fallo passare.

Il cameriere s'inchinerà e andrà via. Entrerà poco dopo il signor Ponza. Tozzo, bruno, dall'aspetto quasi truce, tutto vestito di nero, capelli neri, fitti, fronte bassa, grossi baffi neri. Stringerà continuamente le pugna e parlerà con sforzo, anzi con violenza a stento contenuta. Di tratto in tratto si asciugherà il sudore con un fazzoletto listato di nero. Gli occhi, parlando, gli resteranno costantemente duri, fissi, tetri.

AGAZZI – Venga, venga avanti, signor Ponza!

Presentandolo:

Il nuovo segretario signor Ponza: la mia signora – la signora Sirelli – la signora Cini – la mia figliuola – il signor Sirelli – Laudisi mio cognato. – S'accomodi.

PONZA – Grazie. Un momento solo e tolgo l'incomodo.

AGAZZI – Vuol parlare a parte con me?

PONZA – No, posso... posso anche davanti a tutti. Anzi... È... è una dichiarazione doverosa, da parte mia.

AGAZZI – Dice per la visita della sua signora suocera? Può farne a meno; perché –[3]

PONZA – non per questo, signor Commendatore. Tengo anzi a far sapere che la signora Frola, mia suocera, sarebbe venuta senza dubbio prima che la sua signora e la signorina avessero la bontà di degnarla d'una loro visita,

---

L'OPERA

Il testo è tratto da *Così è (se vi pare)*, dramma in tre atti, che Pirandello trasse da una sua novella intitolata *La signora Frola e il signor Ponza suo genero*. Pirandello è stato l'indagatore e l'interprete più acuto della crisi dell'uomo contemporaneo, privo di certezze e incapace di integrarsi in una società che lo opprime e lo aliena. Uno dei motivi che più frequentemente tornano nella sua vastissima produzione è il tema dell'impossibilità dell'uomo di conoscere sia gli altri sia se stesso. Ciò dipende dal fatto che non esiste, secondo Pirandello, una realtà oggettiva valida per tutti; esistono, invece, tante verità soggettive quanti sono gli uomini. L'impossibilità di raggiungere la verità è il tema di fondo di *Così è (se vi pare)*, dramma che si configura come un'inchiesta nella quale si svolge una duplice rappresentazione teatrale. Un'intera città di provincia si unisce a condurre un'inchiesta su due personaggi assai grigi ma colpevoli di essere «diversi», perché ciascuno di loro ha una convinzione opposta circa l'identità di una stessa persona. Il signor Ponza sostiene che la donna che vive con lui è la sua seconda moglie: la prima moglie, figlia della signora Frola, a suo dire, sarebbe morta da tempo. La signora Frola, invece, sostiene che la moglie del signor Ponza è proprio sua figlia. L'inchiesta assume toni inquisitori e crudeli da parte dei benpensanti provinciali, che esercitano una sorta di linciaggio morale nei riguardi dei due personaggi. La comparsa della misteriosa donna dovrebbe chiarire la verità. Lei però si presenta con il volto coperto da un velo e afferma di essere sia la seconda moglie del signor Ponza sia la figlia della signora Frola. Per quanto riguarda se stessa afferma: «Per me, io sono colei che mi si crede».

se io non avessi fatto di tutto per impedirglielo, non potendo permettere che ella faccia visite o ne riceva[4].
40 AGAZZI (*con fiero risentimento*) – Ma perché, scusi?
PONZA (*alterandosi sempre piú, nonostante gli forzi per contenersi*) – Mia suocera avrà parlato a lor signori della sua figliuola; avrà detto che io le proibisco di vederla, di salire in casa mia?
AMALIA – Ma no! La signora è stata piena di riguardo e di bontà per lei!
45 DINA – Non ha detto di lei altro che bene!
AGAZZI – E che s'astiene lei, di salire in casa della figliuola, per un riguardo a un suo sentimento, che noi francamente le diciamo di non comprendere.
SIGNORA SIRELLI – Anzi, se dovessimo dire proprio ciò che ne pensiamo...
PONZA – Sono qua appunto per chiarir questo, signor Commendatore. La
50 condizione di questa donna è pietosissima. Ma non meno pietosa è la mia,

4. la signora Frola ... o ne riceva: la signora Frola, da poco divenuta vicina di casa del consigliere Agazzi, aveva tardato a recarsi in visita, come richiesto dalle buone usanze sociali, venendo per questo criticata; adesso il signor Ponza ne spiega la motivazione.

L'autore

Luigi Pirandello

nacque ad Agrigento nel 1867 da una famiglia della media borghesia e, dopo aver compiuto gli studi liceali a Palermo, frequentò la facoltà di Lettere a Roma; in seguito a un litigio con un professore, si trasferí a Bonn, dove si laureò. Tornato a Roma, accettò la cattedra di letteratura italiana presso l'Istituto Superiore di Magistero e si dedicò alla composizione di novelle e romanzi che pubblicò prima su riviste e quotidiani, poi in volume. Protagonisti delle sue opere sono individui modesti, appartenenti all'ambiente piccolo borghese, torturati da conflitti interiori, incapaci di adattarsi alla realtà, sempre dolorosamente sconfitti. Essi si aggirano, privi di certezze e di valori assoluti, in un mondo disarmonico nel quale un evento casuale basta a sconvolgere un'esistenza apparentemente ordinata e tranquilla, facendo prendere coscienza all'individuo dell'inconsistenza di qualsiasi verità e dell'impossibilità di comunicare con i suoi simili e addirittura con se stesso. In seguito a un crack finanziario della famiglia paterna, la vita di Pirandello si fece piú difficile, anche a causa della malattia mentale della moglie che egli assisté dividendosi tra il lavoro e la famiglia. A partire dal 1916, i primi successi teatrali gli dettero fama internazionale, e lo portarono a viaggiare per il mondo seguendo le compagnie che mettevano in scena i suoi lavori. Nel 1934 ottenne il Premio Nobel per la letteratura; nel 1936 morí in seguito a una polmonite contratta negli stabilimenti di Cinecittà mentre assisteva alle riprese della versione cinematografica del suo romanzo piú famoso, *Il fu Mattia Pascal*. La produzione pirandelliana spazia in tutti i generi letterari, dalla narrativa alla poesia, dal teatro alla saggistica. A parte le giovanili raccolte di liriche, vanno ricordati:

- i romanzi *L'esclusa* (1901), *Il turno* (1902), *Suo marito* (1912), *Il fu Mattia Pascal* (1904), *I vecchi e i giovani* (1913), *Si gira* (1915), *Uno, nessuno e centomila* (1925-26);
- le *Novelle per un anno*, una raccolta di circa 230 novelle raggruppate in 15 volumi che Pirandello compose a partire dal 1894 per tutto l'arco della sua esistenza;
- i saggi, tra cui il piú significativo è *L'Umorismo* nel quale l'autore esprime la sua concezione della vita e della letteratura;
- le opere teatrali, una vastissima produzione ancora oggi ampiamente rappresentata, che diede a Pirandello il successo internazionale. Tra i titoli piú famosi ricordiamo *Cosí è (se vi pare)*, *Il piacere dell'onestà*, *Sei personaggi in cerca d'autore*, *Il gioco delle parti*, *Questa sera si recita a soggetto*, *Ma non è una cosa seria*, *Enrico IV*. Tutti i drammi pirandelliani furono raccolti in un volume con il titolo di *Maschere nude*, quasi a voler significare che l'autore aveva voluto mettere a nudo la maschera che ogni individuo è costretto a portare per vivere.

5. una violenza come questa: in queste parole appare una critica al comportamento degli altri personaggi, i quali, con la loro curiosità, costringono il signor Ponza a esporre a persone estranee gli aspetti della sua intimità familiare.

anche per il fatto che mi obbliga a scusarmi, a dar loro conto e ragione d'una sventura, che soltanto... soltanto una violenza come questa[5] poteva costringermi a svelare.

Si fermerà un momento a guardare tutti, poi dirà lento e staccato:

La signora Frola è pazza.   55
Tutti (*con un sussulto*) – Pazza?
Ponza – Da quattro anni.
signora Sirelli (*con un grido*) – Oh Dio, ma non pare affatto!
Agazzi (*stordito*) – Come, pazza?
Ponza – Non pare, ma è pazza. E la sua pazzia consiste appunto nel credere   60
che io non voglia farle vedere la figliuola.

Con orgasmo d'atroce e quasi feroce commozione:

Quale figliuola, in nome di Dio, se è morta da quattro anni la sua figliuola?
Tutti (*trasecolati*) – Morta? – Oh!... – Come? – Morta?
Ponza – Da quattro anni. È impazzita proprio per questo.   65
Sirelli – Ma dunque, quella che lei ha con sé? –
Ponza – l'ho sposata da due anni: è la mia seconda moglie.
Amalia – E la signora crede che sia ancora la sua figliuola?
Ponza – È stata la sua fortuna, se cosí può dirsi. Mi vide passare per via con
questa mia seconda moglie, dalla finestra della stanza dove la tenevano   70
custodita; credette di rivedere in lei, viva, la sua figliola; e si mise a ride-
re, a tremar tutta; si sollevò d'un tratto dalla tetra disperazione in cui era
caduta, per ritrovarsi in quest'altra follia, dapprima esultante, beata, poi
a mano a mano piú calma, ma angustiata cosí, in una rassegnazione a cui
s'è piegata da sé; e tuttavia contenta, come han potuto vedere. S'ostina a   75
credere che non è vero che sua figlia sia morta, ma che io voglia tenermela
tutta per me, senza fargliela piú vedere. È come guarita. Tanto che, a sen-
tirla parlare, non sembra piú pazza affatto.
Amalia – Affatto! Affatto!
signora Sirelli – Eh sí, dice proprio che è contenta cosí.   80

Ponza – Lo dice a tutti. E ha per me veramente affetto e gratitudine. Perché io cerco d'assecondarla quanto piú posso, anche a costo di gravi sacrifizii. Mi tocca tener due case. Obbligo mia moglie, che per fortuna si presta caritatevol-   85
mente, a raffermarla di continuo in quella illusione: che sia sua figlia. S'affaccia alla finestra, le parla, le scrive. Ma, carità, ecco, dovere, fino a un certo punto, signori! Non posso costringere mia moglie a convivere con lei. E intanto è come   90
in carcere, quella disgraziata, chiusa a chiave, per paura che ella non le entri in casa. Sí, è tranquilla, e poi cosí mite d'indole; ma, capiranno, si sentirebbe raccapricciare da capo a piedi, mia moglie, alle carezze che ella le farebbe.   95
Amalia (*scattando, con orrore e pietà insieme*) – Ah, certo, povera signora, immaginiamoci!

Il *Cosí è (se vi pare)* messo in scena.

SIGNORA SIRELLI (*al marito e alla signora Cini*) – Ah, vuole dunque lei – sentite? – star chiusa a chiave!

PONZA (*per troncare*) – Signor Commendatore, intenderà che io non potevo lasciar fare, se non forzato, questa visita.

AGAZZI – Ah, intendo, intendo, ora; sí sí, e mi spiego tutto.

PONZA – Chi ha una sventura come questa deve starsene appartato. Costretto a far venire qua mia suocera, era mio obbligo fare davanti a loro questa dichiarazione: dico, per rispetto al posto che occupo[6]; perché a carico d'un pubblico ufficiale non si creda in paese una tale enormità: che per gelosia o per altro io impedisca a una povera madre di veder la figliuola.
Si alzerà.
Signor Commendatore!

S'inchinerà; poi, davanti a Laudisi e Sirelli, chinando il capo:
Signori.
E andrà via per l'uscio comune.

AMALIA (*sbalordita*) – Uh... è pazza, dunque!

SIGNORA SIRELLI – Povera signora! Pazza.

DINA – Ecco perché! Si crede la madre, e quella non è la sua figliuola!
Si nasconde la faccia con le mani per orrore.
Oh Dio!

SIGNORA CINI – Ma chi l'avrebbe mai supposto!

AGAZZI – Eppure... eh! dal modo come parlava –

LAUDISI – Tu avevi già capito?

AGAZZI – No... ma, certo che... non sapeva lei stessa come dire!

SIGNORA SIRELLI – Sfido, poverina: non ragiona!

SIRELLI – Però, scusate: è strano, per una pazza! Non ragionava, certo. Ma quel cercare di spiegarsi perché il genero non voglia farle vedere la figliuola; e scusarlo, è adattarsi alle scuse trovate da lei stessa.

AGAZZI – Oh bella! Appunto questa è la prova che è pazza! In questo cercar le scuse per il genero, senza poi riuscire a trovarne una ammissibile.

AMALIA – Eh sí! diceva; si disdiceva[7].

AGAZZI (*a Sirelli*) – E ti pare che, se non fosse pazza, potrebbe accettare queste condizioni di non veder la figliuola se non da una finestra, con la scusa che adduce, di quel morboso amore del marito che vuol la moglie tutta per sé?

SIRELLI – Già! E da pazza le accetta? E vi si rassegna? Mi sembra strano, mi sembra strano.
A Laudisi:
Tu che ne dici?

LAUDISI – Io? Niente!

ATTO I – SCENA VI

CAMERIERE, DETTI, *poi la* SIGNORA FROLA.

CAMERIERE (*picchiando all'uscio e presentandosi sulla soglia, turbato*) – Permesso? C'è di nuovo la signora Frola.

AMALIA (*con sgomento*) – Oh Dio, e adesso? Se non possiamo piú levarcela d'addosso?

SIGNORA SIRELLI – Eh, capisco: a saperla pazza!

SIGNORA CINI – Dio, Dio! Chi sa che altro verrà a dire adesso? Come vorrei sentirla!

---

6. per rispetto al posto che occupo: il signor Ponza lavora negli uffici della Prefettura ed è un subalterno del consigliere Agazzi. Nell'ambiente di provincia e nell'epoca in cui si svolge la vicenda, i diversi livelli nella gerarchia della burocrazia statale determinano i ruoli sociali delle persone e creano obblighi verso i superiori anche per gli aspetti della vita personale.

7. diceva; si disdiceva: faceva affermazioni e poi affermava il contrario di esse.

8. lo sgarbo, ... previsto le conseguenze: allude al fatto che, nei giorni precedenti, per due volte la signora Agazzi si era recata in visita a casa della signora Frola, senza però essere ricevuta. Come conseguenza di ciò, il signor Ponza si è recato dai signori Agazzi, obbligato a dare le sue spiegazioni.

9. (c.s.): la didascalia contiene le iniziali di «come sopra», e cioè *ferita, costernata*.

DINA – Ma sí, mamma! Non c'è da aver paura: è cosí tranquilla!

AGAZZI – Bisognerà riceverla, certo. Sentiamo che cosa vuole. Nel caso, si provvederà. Ma seduti, seduti. Bisogna star seduti.

Al cameriere:

Fa' passare.

Il cameriere si ritirerà.

AMALIA – Ajutatemi, per carità! Io non so piú come parlarle adesso!

Rientrerà la signora Frola. La signora Amalia si alzerà e le verrà impaurita incontro; gli altri la guarderanno sgomenti.

SIGNORA FROLA – Permesso?

AMALIA – Venga, venga avanti, signora. Sono qua ancora le mie amiche, come vede –

SIGNORA FROLA (*con mestissima affabilità, sorridendo*) – Che mi guardano... e anche lei, mia buona signora, come una povera pazza, è vero?

AMALIA – No, signora, che dice?

SIGNORA FROLA (*con profondo rammarico*) – Ah, meglio lo sgarbo, signora, di lasciarla dietro la porta, come feci la prima volta! Non avrei mai supposto che lei dovesse ritornare e costringermi a questa visita, di cui purtroppo avevo previsto le conseguenze[8]!

AMALIA – Ma no, creda: noi siamo liete di rivederla.

SIRELLI – La signora s'affligge... non sappiamo di che; lasciamola dire.

SIGNORA FROLA – Non è uscito di qua or ora mio genero?

AGAZZI – Ah, sí! Ma è venuto... è venuto, signora, per parlare con me di... di certe cose d'ufficio, ecco.

SIGNORA FROLA (*ferita, costernata*) – Eh! codesta pietosa bugia che ella mi dice per tranquillarmi...

AGAZZI – No, no, signora, stia sicura; le dico la verità.

SIGNORA FROLA (*c.s.*)[9] – Era calmo, almeno? Ha parlato calmo?

AGAZZI – Ma sí, calmo, calmissimo, è vero?

Tutti annuiscono, confermano.

SIGNORA FROLA – Oh Dio, signori, loro credono di rassicurare me, mentre vorrei io, al contrario, rassicurar loro sul conto di lui!

SIGNORA SIRELLI – E su che cosa, signora? Se le ripetiamo che –

AGAZZI – ha parlato con me di cose d'ufficio...

SIGNORA FROLA – Ma io vedo come mi guardano! Abbiano pazienza. Non è per me! Dal modo come mi guardano, m'accorgo ch'egli è venuto qua a dar prova di ciò che io per tutto l'oro del mondo non avrei mai rivelato! Mi sono tutti testimoni che poc'anzi io qua, alle loro domande che – credano – sono state per me molto crudeli, non ho saputo come rispondere; e ho dato loro, di questo nostro modo di vivere, una spiegazione che non può soddisfare nessuno, lo riconosco! Ma potevo dirne loro la vera ragione? O potevo dir loro, come va dicendo lui, che la mia figliuola è morta da quattro anni e che io sono una povera pazza che la crede ancor viva e che lui non me la vuol far vedere?

AGAZZI (*stordito dal profondo accento di sincerità con cui la signora Frola avrà parlato*) – Ah... ma come? La sua figliuola?

SIGNORA FROLA (*subito, con ansia*) – Vedono che è vero? Perché vogliono nascondermelo? Ha detto loro cosí...

SIRELLI (*esitando, ma studiandola*) – Sí... difatti... ha detto...

Il teatro moderno : **Il dramma moderno**

SIGNORA FROLA – Ma se lo so! E so purtroppo che turbamento gli cagiona il vedersi costretto a dir questo di me! È una disgrazia, signor Consigliere, che con tanti stenti, attraverso tanti dolori, s'è potuta superare; ma cosí, a patto di vivere come viviamo. Capisco, sí, che deve dar nell'occhio alla
200 gente, provocare scandalo, sospetti. Ma d'altra parte, se lui è un ottimo impiegato, zelante, scrupoloso. Lei lo avrà già sperimentato, certo.

AGAZZI – No, per dir la verità, ancora non ne ho avuto occasione.

SIGNORA FROLA – Per carità non giudichi dall'apparenza! È ottimo; lo hanno dichiarato tutti i suoi superiori. E perché si deve allora tormentarlo con
205 questa indagine della sua vita familiare, della sua disgrazia, ripeto, già superata e che, a rivelarla, potrebbe comprometterlo nella carriera?

AGAZZI – Ma no, signora, non s'affligga cosí! Nessuno vuol tormentarlo.

SIGNORA FROLA – Dio mio, come vuole che non mi affligga nel vederlo costretto a dare a tutti una spiegazione assurda, via! e anche orribile! Posso-
210 no loro credere sul serio che la mia figliuola sia morta? che io sia pazza? che questa che ha con sé sia una seconda moglie? – Ma è un bisogno, credano, un bisogno per lui dire cosí! Gli s'è potuto ridar la calma, la fiducia, solo a questo patto. Avverte lui stesso però l'enormità di quello che dice e, costretto a dire, si eccita, si sconvolge: lo avranno veduto!

215 AGAZZI – Sí, difatti, era... era un po' eccitato.

SIGNORA SIRELLI – O Dio, ma come? ma allora, è lui?[10]

SIRELLI – Ma sí, che dev'esser lui!

Trionfante

Signori, io l'ho detto!

220 AGAZZI – Ma via! Possibile?

Viva agitazione in tutti gli altri.

SIGNORA FROLA (*subito, giungendo le mani*) – No, per carità, signori! Che credono? È solo questo tasto che non gli dev'esser toccato! Ma scusino, lascerei la mia figliuola sola con lui, se veramente fosse pazzo? No! E poi
225 la prova lei può averla all'ufficio, signor Consigliere, dove adempie a tutti i suoi doveri come meglio non si potrebbe.

AGAZZI – Ah, ma bisogna che lei ci spieghi, signora, e chiaramente, come stanno le cose! Possibile che suo genero sia venuto qua a inventarci tutta una storia?

230 SIGNORA FROLA – Sissignore, sí, ecco, spiegherò loro tutto! Ma bisogna compatirlo, signor Consigliere!

AGAZZI – Ma come? Non è vero niente che la sua figliuola è morta?

SIGNORA FROLA (*con orrore*) – Oh no! Dio liberi!

AGAZZI (*irritatissimo, gridando*) – Ma allora il pazzo è lui!

235 SIGNORA FROLA (*supplichevole*) – No, no... guardi...

SIRELLI (*trionfante*) – Ma sí, perdio, dev'esser lui!

SIGNORA FROLA – No, guardino! guardino! Non è, non è pazzo! Mi lascino dire! – Lo hanno veduto: è cosí forte di complessione; violento... Sposando, fu preso da una vera frenesia d'amore. Rischiò di distruggere, quasi, la mia fi-
240 gliuola, ch'era delicatina. Per consiglio dei medici e di tutti i parenti, anche dei suoi (che ora, poverini, non sono piú!) gli si dovette sottrarre la moglie di nascosto, per chiuderla in una casa di salute. E allora lui, già un po' alterato, naturalmente, a causa di quel suo... soverchio[11] amore, non trovandosela piú in casa... – ah, signore mie, cadde in una disperazione furiosa;
245 credette davvero che la moglie fosse morta; non volle sentir piú niente; si volle vestir di nero; fece tante pazzie; e non ci fu verso di smuoverlo piú da

10. ma allora, è lui?: la domanda significa: ma allora, il pazzo è lui?
11. soverchio: eccessivo.

quest'idea. Tanto che, quando (dopo appena un anno) la mia figliuola già rimessa, rifiorita, gli fu ripresentata, disse di no, che non era piú lei: no, no; la guardava – non era piú lei. Ah, signore mie, che strazio! Le si accostava, pareva che la riconoscesse, e poi di nuovo no, no... E per fargliela riprendere, con l'ajuto degli amici, si dovette simulare un secondo matrimonio.
SIGNORA SIRELLI – Ah, dice dunque per questo che...
SIGNORA FROLA – Sí, ma non ci crede piú, certo, da un pezzo, neanche lui! Ha bisogno di darlo a intendere agli altri; non può farne a meno! Per star sicuro, capiscono? Perché forse, di tanto in tanto, gli balena ancora la paura che la mogliettina gli possa essere di nuovo sottratta.
A bassa voce, sorridendo confidenzialmente:
Se la tiene chiusa a chiave per questo – tutta per sé. Ma l'adora! Sono sicura. E la mia figliuola è contenta.
Si alzerà:
Me ne scappo, perché non vorrei che tornasse subito da me, se è cosí eccitato.
Sospirerà dolcemente, scotendo le mani giunte:
Ci vuol pazienza! Quella poverina deve figurare di non esser lei, ma un'altra; e io... eh! io, d'esser pazza, signore mie! Ma come si fa? Purché stia tranquillo lui! Non s'incomodino, prego, so la via. Riverisco, signori, riverisco.
Salutando e inchinandosi si ritirerà in fretta, per l'uscio comune. Resteranno tutti in piedi, sbalorditi, come basiti, a guardarsi negli occhi. Silenzio.
LAUDISI (*facendosi in mezzo a loro*) – Vi guardate tutti negli occhi? Eh! La verità?
Scoppierà a ridere forte:
Ah! Ah! Ah! Ah!
Tela

Entriamo nel testo

La doppia verità

Emerge dall'azione scenica la «doppia verità» di cui sono portavoce i due protagonisti, il signor Ponza e la signora Frola. Apparentemente in antitesi tra loro, di fatto essi sono legati da un profondo sentimento di pietà reciproca che li induce a proteggere e a rispettare ciascuno l'illusione dell'altro, anche a costo di «recitare» la parte della follia. Profondamente conflittuale è, invece, il rapporto che li oppone alla società borghese, il cui falso desiderio di chiarezza e di moralità nasconde una meschina e crudele curiosità.
Accade pertanto che all'interno della prima rappresentazione si svolga un secondo dramma, quello della follia, che i due personaggi rappresentano dinanzi al sano mondo borghese, che va alla ricerca della verità altrui ignorando l'inconsistenza della propria verità e del proprio essere. Diversa è la posizione di Laudisi, il «personaggio ragionatore», che si limita a osservare i fatti, comprendendoli sino in fondo, senza poterli modificare.
I veri «pazzi» dunque non sono il signor Ponza e la signora Frola, che anzi rispettano ciascuno la verità dell'altro, bensí i borghesi benpensanti, chiusi nelle loro false certezze che li rendono crudeli e intolleranti.
Se osserviamo i personaggi dal punto di vista della loro condizione sociale, ci accorgiamo che esiste uno stacco tra la posizione dirigenziale del Consigliere Agazzi e del mondo che lo circonda e la posizione subalterna del signor Ponza, semplice impiegato. Una contrapposizione ribadita e che giustifica quella sorta di processo a cui i due personaggi, diversi e subalterni, vengono sottoposti. Come ha evidenziato lo studioso di letteratura R. Alonge (in *Pirandello tra realismo e mistificazione*, Guida, Napoli, 1972), «il salotto

borghese si trasforma in uno spazio ambiguo che sta tra l'aula del tribunale e la camera della tortura». All'idea del processo rinviano sia alcuni termini ricorrenti sia le meccaniche entrate e uscite dei due personaggi, che richiamano (usiamo ancora le parole di R. Alonge) «il movimento tipico di un tribunale dove imputati e testi sono introdotti in successione immediata». Alla fine, però, le due vittime, pur sottoposte a una crudele tortura, riusciranno a dare scacco matto ai loro carnefici, la cui curiosità resterà inappagata, sicché la superiorità sociale del mondo borghese si capovolge in una sconfitta intellettuale.

Esercizi

- **Comprensione e interpretazione**

1. Perché il signor Ponza afferma che la sua dichiarazione ai personaggi presenti è doverosa?
2. In quale momento, secondo le parole del signor Ponza, la signora Frola è diventata pazza?
3. In quale occasione la signora Frola ha cominciato ad assumere un comportamento da persona folle?
4. In che cosa consiste, secondo il signor Ponza, la follia della signora Frola?
5. Come reagisce la seconda moglie del signor Ponza di fronte alla follia della signora Frola?
6. Quando il signor Ponza esce di scena che cosa fanno i personaggi che restano nel salotto?
7. Che cosa dichiara la signora Frola nel salotto del consigliere Agazzi?
8. Secondo la signora Frola, la moglie del signor Ponza è:
   a. sua figlia, la prima moglie, guarita dopo una lunga malattia;
   b. la seconda moglie, sposata dopo la morte della prima.
9. In quale modo la signora Frola spiega il fatto che suo genero sia convinto di avere sposato la seconda moglie?
10. Il signor Ponza e la signora Frola si descrivono reciprocamente mediante accuse ed espressioni di disprezzo? Oppure esprimono stima e comprensione reciproca?
11. Secondo te, quale significato esprime la risata forte di Laudisi con cui si conclude la scena?
    a. Commento spassoso alla vicenda descritta dal signor Ponza e dalla signora Frola.
    b. Divertimento per il fatto di aver conosciuto due pazzi.
    c. Amarezza ironica di fronte all'impossibilità di stabilire la verità assoluta.
    d. Divertimento nel vedere le facce sbalordite dei personaggi presenti.
12. Ricerca nel testo le espressioni che rivelano la crudeltà che è insita nel comportamento sociale: esso esercita una violenza obbligando le persone a sottoporre al giudizio degli altri i propri problemi e comportamenti privati.
13. Come reagiscono gli altri personaggi di fronte ai ripetuti accenni all'accusa di violenza del dover dare spiegazioni dei propri fatti privati?

- **Competenza testuale**

14. Analizza le didascalie: distingui quelle che contengono istruzioni per la recitazione degli attori da quelle per il regista ai fini della messa in scena.
15. È presente la descrizione dell'aspetto fisico di qualche personaggio? In quale parte del testo essa è presente?

Bertolt Brecht
L'eccezione e la regola

- B. Brecht, *Teatro*, a cura di E. Castellani, Einaudi, Torino, 1970

IN SINTESI: L'ultima scena, che qui presentiamo, si svolge in tribunale. La moglie del portatore chiede giustizia e il risarcimento per sé e per il figlio piccolo, ma il giudice assolve il mercante con questa motivazione: in una società fondata sulla violenza e sull'egoismo, il portatore, con la sua umanità e la sua mancanza di risentimento, rappresenta l'«eccezione»; il mercante, non potendo prevedere un tale comportamento, ha agito secondo la «regola» e ha creduto in buona fede di dover uccidere per legittima difesa.

genere: dramma moderno | *epoca:* 1930 | *luogo:* Germania | *lingua originale:* tedesco

ATTO UNICO – SCENA IX

GIUDICE – (*al mercante*) Voi avete ucciso quell'uomo?
MERCANTE – Sí. Mi aveva aggredito.
GIUDICE – Come vi aggredí?
MERCANTE – Cercò di colpirmi alle spalle con una pietra. 5
GIUDICE – Sapreste spiegarci i motivi dell'aggressione?
MERCANTE – No.
GIUDICE – Avevate costretto i vostri uomini a sforzi eccessivi?
MERCANTE – No.
GIUDICE – È presente la guida che fu congedata e che vi accompagnò nella 10
prima parte del viaggio?
GUIDA – Eccomi.
GIUDICE – Qual è la vostra opinione?
GUIDA – A quanto ne so, si trattava per il mercante di arrivare il piú presto
possibile ad Urga per ottenere una concessione. 15
GIUDICE – (*al capo della seconda carovana*) Voi avete l'impressione che
la carovana che vi precedeva avanzasse a velocità eccezionale?
CAPO DELLA SECONDA CAROVANA – No, non eccezionale. Erano in anticipo di
un'intera giornata e conservarono l'anticipo.

L'OPERA

Il testo è tratto da *L'eccezione e la regola*, composto nel terzo decennio del Novecento. È uno dei cosiddetti «drammi didattici» di Brecht, un complesso di opere molto brevi, in cui meglio si esprime la volontà educativa dell'autore. La vicenda è piuttosto semplice: un mercante, accompagnato da una guida e da un portatore, attraversa un deserto, in un imprecisato paese, probabilmente la Mongolia, in gara con altri concorrenti; chi arriverà per primo concluderà un affare relativo a una concessione petrolifera. Durante il viaggio il portatore offre la sua borraccia d'acqua al mercante, il quale però la scambia per una pietra e, credendo che l'uomo voglia assalirlo, lo uccide con un colpo di pistola. Il dramma si conclude con il processo del mercante omicida.

Il teatro moderno : **Il dramma moderno**

20 GIUDICE – (*al mercante*) Per ottenere questo, voi avete dovuto incitare il portatore?

MERCANTE – Io? Niente affatto. Era compito della guida.

GIUDICE – (*alla guida*) L'accusato non vi ha mai ordinato di rivolgere al portatore un incitamento eccezionale?

25 GUIDA – Non l'ho incitato piú del normale, anzi meno.

GIUDICE – Perché siete stato licenziato?

GUIDA – Perché secondo il mercante ero troppo gentile con il portatore.

GIUDICE – E invece non dovevate esserlo? Il portatore col quale non vi era dunque consentito intrattenere rapporti cordiali, vi ha dato l'impressione 30 di una natura ribelle?

GUIDA – No, sopportava tutto, perché – cosí mi disse – aveva paura di perdere il posto. Non era iscritto ai sindacati.

GIUDICE – Doveva dunque sopportare molti soprusi? Rispondete, senza perdere tanto tempo per riflettere a quel che dite. La verità viene sempre a 35 galla.

GUIDA – Ho accompagnato la spedizione soltanto fino al posto di Han. [...]

GIUDICE – (*al mercante*) E in seguito si è prodotto qualche avvenimento che giustificasse l'aggressione del portatore?

MERCANTE – No, da parte mia nulla.

40 GIUDICE – Sentite, non fatevi piú innocente di quel che siete. Non è cosí che potrete cavarvela. Se aveste veramente trattato il portatore con tanti riguardi, come spiegate il suo odio contro di voi? Invece, se riuscirete a dare una ragione plausibile di quest'odio, potrete anche far apparire plausibile che abbiate agito in stato di legittima difesa. Un po' di attenzione, 45 perbacco!

MERCANTE – Devo confessare che una volta l'ho bastonato.

GIUDICE – Ah! E ritenete che una sola volta sia bastata a far concepire al portatore un odio cosí feroce?

MERCANTE – No. Ma quando si rifiutò di attraversare il fiume, gli puntai la 50 pistola alle spalle. E attraversando il fiume si ruppe un braccio. Anche questo per causa mia.

GIUDICE – (*sorridendo*) Dal punto di vista del portatore...

MERCANTE – (*sorridendo anch'egli*) Naturalmente. In realtà, sono stato io a tirarlo fuori.

55 GIUDICE – Oh, dunque: dopo il licenziamento della guida avete dato al portatore motivo di odiarvi. E prima? (*Alla guida, con insistenza*) Ammettetelo: il portatore odiava il mercante. Del resto, riflettendo, è comprensibilissimo. Un uomo mal pagato, obbligato con la violenza ad esporsi a ogni sorta di pericoli, che per gli interessi di un altro viene perfino menomato 60 nella sua incolumità, e insomma rischia la vita per poco o nulla... È naturale che debba odiarlo.

GUIDA – Lui non lo odiava.

GIUDICE – Adesso interrogheremo l'albergatore del posto di tappa di Han. Forse ci potrà chiarire i rapporti che correvano tra il mercante e il suo 65 personale. (*All'albergatore*) Come trattava i suoi dipendenti, il mercante?

ALBERGATORE – Bene.

GIUDICE – Desiderate che faccia uscire i presenti? Temete di compromettere il vostro lavoro dicendo la verità?

ALBERGATORE – No, in questo caso non è necessario.

70 GIUDICE – Come volete.

ALBERGATORE – Ha perfino regalato del tabacco alla guida. Gli ha pagato immediatamente l'intero salario dovuto. E anche il portatore era ben trattato.
GIUDICE – Han è l'ultima stazione di polizia su quella pista?
ALBERGATORE – Sí, dopo incomincia il grande deserto di Jahí.
GIUDICE – Ah, ecco! Dunque la gentilezza del mercante alla tappa di Han era piú che altro dovuta alle circostanze: una gentilezza provvisoria, tattica, per cosí dire. Anche durante la guerra gli ufficiali, piú ci si avvicinava al fronte, tanto piú umanamente trattavano la truppa. Gentilezze di questo genere non contano, è chiaro.
MERCANTE – Per esempio, mentre camminava, cantava sempre. Dal momento in cui l'ho minacciato con la pistola per fargli attraversare il fiume, non l'ho piú sentito cantare.
GIUDICE – Cioè, si era inasprito. È comprensibile. Anche in guerra – ritorno al mio esempio di prima – si capiva benissimo che gente semplice dicesse a noi ufficiali: «Già voi fate la vostra guerra, ma noi facciamo la guerra per voi». E cosí anche il portatore avrebbe potuto dire al mercante: «Tu fai i tuoi affari, ma io faccio gli affari tuoi!».
MERCANTE – Devo confessare anche questo: quando abbiamo perso la strada ho diviso con lui una borraccia di acqua, ma la seconda me la son voluta bere io solo.

L'autore

Bertolt Brecht, nacque nel 1898 ad Augusta, in Baviera, da una famiglia di agiata borghesia. Dopo aver seguito per un certo periodo gli studi di medicina, entrò in contatto, intorno al 1920, con gruppi artistici d'avanguardia. Compose liriche, canzoni e opere teatrali tra le quali vanno ricordate *Vita di Galileo*, *Madre Courage e i suoi figli*, *Santa Giovanna dei macelli*, *L'anima buona di Sezuan*, *Il cerchio di gesso del Caucaso*, *Ascesa e rovina della città di Mahagonny*, *L'eccezione e la regola* e la notissima *Opera da tre soldi*, che si avvale delle musiche di Kurt Weill (da essa è tratta la famosa *Ballata di Mackie Messer*). Nel 1933, in seguito all'ascesa al potere del nazismo, abbandonò la Germania e visse per molti anni in esilio a Praga, a Vienna, a Parigi, in Danimarca, in Finlandia e, a partire dal 1941, negli Stati Uniti. Finita la guerra, rientrò in Germania e si stabilí a Berlino est, dove diede vita alla celebre compagnia «Berliner Ensemble». Morí nel 1956. Tutta la sua produzione è contrassegnata da un forte e dichiarato impegno politico. Nel campo della poesia Brecht rifiutò l'individualismo di tanta lirica moderna e recuperò il predominio della ragione, con moduli espressivi chiari, essenziali, comprensibili a tutti. Le sue liriche sono contrassegnate da *slogan*, domande, invettive, tutti elementi che si imprimono nella mente del lettore. Si tratta di una produzione fortemente segnata dalla realtà storica nella quale è vissuto, dalle sue scelte ideologiche e dall'esperienza dell'esilio. Tali elementi la rendono spesso eccessivamente legata a un particolare momento storico, soprattutto nelle parti in cui i riferimenti al nazismo sono piú espliciti. Brecht scardina i principi su cui si reggeva il dramma tradizionale, che coinvolge emotivamente lo spettatore distogliendolo dai propri problemi, lo spinge a una fruizione passiva della finzione teatrale esaurendone l'attività critica. Diversamente, il teatro epico di Brecht mira a far assumere allo spettatore un atteggiamento di indagine e di critica nei confronti della vicenda esposta senza immedesimarsi nell'azione e nei personaggi, suscita una serie di problemi e di riflessioni generando volontà di agire per cambiare la realtà.

Giudice – E lui, vi ha visto bere?
Mercante – È quello che ho supposto, quando mi si è avvicinato con la pietra in mano. Sapevo che mi odiava. Quando siamo arrivati nel deserto sono stato sul chi vive giorno e notte. Avevo tutte le ragioni di credere che mi avrebbe aggredito alla prima occasione. Se non lo avessi ucciso io, mi avrebbe ucciso lui.
Moglie – Vorrei dire una cosa. È impossibile che l'abbia aggredito. Non ha mai aggredito nessuno.
Guida – Stia tranquilla. Ho in tasca la prova della sua innocenza.
Giudice – È stata ritrovata la pietra con cui il portatore vi ha minacciato?
Capo della seconda carovana – Quell'uomo (*indica la guida*) l'ha raccolta dalle mani del morto.

La guida mostra la borraccia.

Giudice – È questa la pietra? La riconoscete?
Mercante – Sí, è questa.
Guida – Allora guarda qual era il contenuto della pietra. (*Fa sgorgare l'acqua*).
Primo giudice aggiunto – È una borraccia, non una pietra.
Secondo giudice aggiunto – Si direbbe proprio che non avesse alcuna intenzione di ucciderlo.
Guida – (*abbraccia la vedova del morto*) Hai visto che potevo testimoniare della sua innocenza? Per pura combinazione! Fui io a dargli questa borraccia quando partí da Han: l'albergatore è testimone: e questa borraccia è mia.
Albergatore – (*tra sé*) Imbecille! Ormai anche lui è rovinato.
Giudice – Non può essere questa la verità. (*Al mercante*) Possibile che vi abbia offerto da bere!
Mercante – Era sicuramente una pietra.
Giudice – Non era una pietra. Era una borraccia, lo vedete.
Mercante – Ma io come potevo supporre che fosse una borraccia? Non c'era ragione perché quell'uomo mi offrisse da bere. Non gli ero amico.
Guida – E invece gli ha offerto da bere.
Giudice – Ma perché gli ha offerto da bere? Perché?

Il tribunale (ritratti di R. Bertelé, J. Paulhan, G. van Bruaene), 1950. Parigi, Fondation Jean Dubuffet.

GUIDA – Perché ha creduto che il mercante avesse sete. (*I giudici si scambiano un'occhiata sorridendo*) Per umanità, probabilmente. (*I giudici sorridono ancora*) Forse per stupidità. Credo che non serbasse rancore al mercante. 130

MERCANTE – Allora doveva essere molto stupido, davvero. Quell'uomo per causa mia era stato rovinato, magari per tutta la vita. Un braccio rotto! Rendermi la pariglia sarebbe stata pura giustizia.

GUIDA – Pura giustizia. 135

MERCANTE – Per pochi soldi quell'uomo faceva la strada con me che ho molto denaro. Ma il cammino era ugualmente faticoso per entrambi.

GUIDA – Dunque lo sa!

MERCANTE – Quando fu stanco, si prese delle bastonate.

GUIDA – E questo non è giusto? 140

MERCANTE – Ammettere che il portatore non mi avrebbe aggredito alla prima occasione, sarebbe come ammettere che era privo di senso comune.

GIUDICE – In altre parole, voi avete avuto ragione di supporre che il portatore nutrisse rancore contro di voi. Avreste, cioè, ucciso un uomo che nella fatti-specie era innocuo, ma del quale voi non potevate sapere che era 145 innocuo. Qualche volta capita lo stesso alla polizia. Sparano sulla massa dei dimostranti, su uomini pacifici, soltanto perché non riescono a capire come mai quegli uomini non li abbiano ancora sbalzati di sella e linciati. Questi poliziotti sparano perché hanno paura, ecco tutto. E questo è prova di buon senso. Voi non potevate sapere che quel portatore rappresentava 150 l'eccezione! Non è cosí?

MERCANTE – Bisogna basarsi sulla regola, non sull'eccezione.

GIUDICE – Sí, questo è il punto: che motivo poteva avere quell'uomo di dare da bere al suo aguzzino?

GUIDA – Nessun motivo ragionevole! 155

GIUDICE – (*canta*)
La regola è: occhio per occhio!
il folle si aspetta l'eccezione.
Che il suo nemico gli offra da bere
non può aspettarsi l'uomo saggio. 160

(*Al tribunale*) La Corte delibera.

Il tribunale si ritira.
GUIDA – (*canta*)
Nel sistema che hanno costruito
l'esser umani è un'eccezione. 165
Perciò chi si dimostra umano
ne paga lo scotto.
Abbiate timore di chi vi fa buon viso!
Trattenete
chi vuole soccorrere il prossimo! 170
Accanto a te c'è un assetato: presto, chiudi gli occhi!
Tappati gli orecchi: accanto a te qualcuno geme!
Trattieni il piede: c'è chi implora il tuo aiuto!
Guai a chi si lascia andare!
Si porge da bere a un uomo, ed è 175
un lupo che beve.

CAPO DELLA SECONDA CAROVANA – (*alla guida*) E adesso, non hai paura di non trovare piú lavoro?

GUIDA – Dovevo dire la verità.

180 CAPO DELLA SECONDA CAROVANA – (*sorridendo*) Eh! Se proprio dovevi...

Il tribunale rientra.

GIUDICE – (*al mercante*) La corte vi deve ancora porre una domanda: l'uccisione del portatore non vi ha per caso recato qualche vantaggio?

MERCANTE – Al contrario! Egli mi era indispensabile per concludere il mio
185 affare ad Urga. Portava con sé le carte e le tabelle che mi erano necessarie. Da solo non avrei mai potuto trasportare il mio bagaglio.

GIUDICE – E cosí non siete riuscito a concludere il vostro affare?

MERCANTE – Naturalmente no. Sono arrivato troppo tardi. Sono rovinato.

GIUDICE – Allora posso pronunciare la sentenza. La corte considera come
190 provato il fatto che il portatore non si è avvicinato al suo padrone con una pietra, ma con una borraccia. Ma anche ciò stabilito, si deve ritenere che il portatore con quella borraccia avesse piuttosto intenzione di uccidere il suo padrone, che non di offrirgli da bere. Il portatore apparteneva a una classe che ha un motivo ben preciso di sentirsi trattata ingiustamente. Per
195 un uomo come lui era pura ragionevolezza difendersi da un sopruso nella divisione dell'acqua. Anzi, per questa gente, dal loro punto di vista limitato e unilaterale, che non sa trascendere la piú piatta realtà, vendicarsi del proprio aguzzino è addirittura un atto di giustizia. Hanno tutto da guadagnare, il giorno della resa dei conti. Il mercante e il portatore apparteneva
200 vano a classi diverse, e il mercante doveva aspettarsi da lui il peggio. Non poteva credere a un atto di amicizia da parte del portatore, dato che (come ha confessato lui stesso) lo aveva maltrattato. La ragione lo avvertiva che stava correndo un grave pericolo. La completa solitudine in cui si trovava lo riempiva di logica preoccupazione. L'assenza di polizia e tribunali ren-
205 deva possibile al suo dipendente di estorcergli la sua parte di acqua, e anzi ve lo incoraggiava. L'accusato quindi ha agito in stato di legittima difesa, e poco importa che fosse realmente minacciato o che solo supponesse di esserlo: date le circostanze doveva necessariamente sentirsi in pericolo. L'accusato è pertanto assolto. L'istanza della moglie del defunto è respinta.

210 GLI ATTORI

Cosí termina
la storia di un viaggio.
Avete ascoltato e avete veduto
ciò ch'è abituale, ciò che succede ogni giorno.
215 Ma noi vi preghiamo:
se pur sia consueto, trovatelo strano!
Inspiegabile, pur se normale!
Quello che è usuale, vi possa sorprendere!
Nella regola riconoscete l'abuso
220 e dove l'avete riconosciuto
procurate rimedio!

Entriamo nel testo

La struttura e il significato del testo

In maniera simile a quanto avviene in un testo narrativo, anche in un'opera drammatica di solito gli eventi giungono a un punto in cui la tensione raggiunge il suo livello piú alto (*Spannung*) sicché negli spettatori si verifica l'adesione emotiva al dramma. Anche in questo brano (tanto piú perché comprende le conclusioni e la fine della vicenda) si giunge a un punto di grande tensione: qui, però, Brecht non consente che si verifichi una partecipazione emotiva, operando una trasformazione nei mezzi della comunicazione. Infatti due personaggi eseguono un canto, tramite il quale esprimono il loro commento (come faceva il coro nella tragedia greca antica), e cosí ottengono che la **partecipazione** degli spettatori non sia emotiva ma **intellettuale**. Questo è uno dei mezzi cui ricorre Brecht per conseguire l'effetto dello «straniamento» di cui abbiamo parlato analizzando il contesto relativo al brano. Poiché l'opera appartiene alla raccolta di drammi scritti con intento educativo, dove ritroviamo nel testo proposto tale intento? Nel brano che abbiamo letto ritroviamo la seguente **analisi della situazione umana**: la società per reggersi ha bisogno di standard comportamentali che seguono regole chiare e accettate in generale; **chi esce dallo schema non viene compreso**, anzi da vittima si trasforma in colpevole agli occhi degli altri. In questo caso il portatore, insultato e minacciato ripetutamente dal mercante, invece di reagire nel modo previsto cercando di aggredirlo con una pietra, compie un gesto nobile, di aiuto e non di offesa, e paga con la vita questo suo atteggiamento fuori dagli schemi. La difesa del mercante è: *bisogna basarsi sulla regola e non sull'eccezione*.

Nel discorso finale espresso in versi dagli attori, troviamo l'insegnamento: veniamo messi in guardia rispetto all'osservanza acritica delle regole e sollecitati a riconoscere gli abusi anche in ciò che è abituale e a cercare di rimediarvi quando se ne ravvisano.

Esercizi

Competenza trasversale:

- **a** Acquisire ed interpretare l'informazione
- **b** Individuare collegamenti e relazioni
- **c** Comunicare
- **d** Comunicare nelle lingue straniere

Comprensione e interpretazione

1. Fra i vari personaggi presenti in questo brano, i principali sono il giudice, il mercante e la guida; ricerca e sintetizza le opinioni sostenute da ognuno di essi.

2. Dal suo comportamento nella ricostruzione del delitto, ti sembra che il giudice sia obiettivo e imparziale, come di norma è un magistrato durante un dibattito giudiziario, oppure ti sembra che tenda a dimostrare una sua idea precostituita?

3. Esaminando in particolare gli interventi del giudice, sei in grado di ritrovare nelle sue parole le espressioni con cui egli espone le sue convinzioni nell'ambito politico e sociale?

4. Nelle parole cantate dal giudice e dalla guida ti sembra che vi sia la medesima convinzione? Se teniamo conto di tutto quanto hanno detto nel corso del dibattito, ti sembra che entrambi esprimano con serena convinzione interiore il loro commento ai fatti? Oppure vi è un'amarezza nell'avere scoperto l'esistenza di un aspetto della vita sociale deludente e disumano?

5. Dividi il testo in sequenze, indicando l'argomento di ciascuna di esse.

- **Competenza testuale**

6. Prendi in esame le didascalie presenti nel testo. Ti sembra che siano numerose? La loro presenza è importante e significativa? Ti sembra che contengano indicazioni per la messa in scena, oppure forniscono una comunicazione importante anche solo per la lettura del testo scritto?

7. Sapresti dire perché in questo brano il canto della guida, con la sua funzione di espressione intellettuale, è stato affidato proprio a questo personaggio?

- **Produzione**

8. Ti sembra che Brecht proponga la sua visione della realtà come la piú giusta, oppure che offra allo spettatore un motivo di riflessione e un'occasione per rivedere eventualmente le proprie idee? Esprimi le tue considerazioni in un breve testo scritto.

9. Esponi in un testo scritto la tesi di fondo espressa in questo dramma, quindi analizza ed esprimi le tue riflessioni su di essa.

Eugène Ionesco
La cantatrice calva

- E. Ionesco, *Teatro*, Einaudi, Torino, 1961, vol. I

IN SINTESI: Nella prima scena assistiamo al dialogo tra la signora e il signor Smith, inglesi all'esasperazione, che in salotto conversano su argomenti futili; nella scena successiva assistiamo al dialogo tra i coniugi Martin, ospiti nella casa dei signori Smith, che inizialmente si comportano come estranei, poi finiscono per abbracciarsi, dopo un inaspettato «riconoscimento».

| genere: dramma moderno | epoca: 1950 | luogo: Francia | lingua originale: francese |

Atto unico – Scena I

Interno borghese inglese, con poltrone inglesi. Serata inglese. Il signor Smith, inglese, nella sua poltrona e nelle sue pantofole inglesi, fuma la sua pipa inglese e legge un giornale inglese accanto a un fuoco
5 *inglese. Porta occhiali inglesi; ha baffetti grigi, inglesi. Vicino a lui, in un'altra poltrona inglese, la signora Smith, inglese, rammenda un paio di calze inglesi. Lungo silenzio inglese. La pendola inglese batte diciassette[1] colpi inglesi.*

Signora Smith – Già le nove. Abbiamo mangiato minestra, pesce, patate
10 al lardo, insalata inglese. I ragazzi hanno bevuto acqua inglese. Abbiamo mangiato bene, questa sera. La ragione si è che abitiamo nei dintorni di Londra e che il nostro nome è Smith.
Signor Smith – *(continuando a leggere, fa schioccare la lingua)*
Signora Smith – Le patate sono molto buone col lardo, l'olio dell'insalata
15 non era rancido. L'olio del droghiere dell'angolo è di qualità assai migliore dell'olio del droghiere di fronte, ed è persino migliore dell'olio del droghie-

1. diciassette: una pendola, qualunque ora sia, non può battere piú di dodici colpi. Il particolare, qui, sottolinea l'irrealtà dell'atmosfera in cui la scena si svolge.

re ai piedi della salita. Non voglio dire però che l'olio di costoro sia cattivo.

SIGNOR SMITH – (*continuando a leggere, fa schioccare la lingua*)

SIGNORA SMITH – Ad ogni modo l'olio del droghiere dell'angolo resta il migliore...

SIGNOR SMITH – (*continuando a leggere, fa schioccare la lingua*)

SIGNORA SMITH – Questa volta Mary ha cotto le patate proprio a dovere. L'ultima volta non le aveva fatte cuocere bene. A me piacciono solo quando son ben cotte.

SIGNOR SMITH – (*continuando a leggere, fa schioccare la lingua*) [...]

SIGNORA SMITH – Il nostro bambino avrebbe voluto bere della birra, un giorno o l'altro non lo terrà piú nessuno. Ti rassomiglia. Hai visto, a tavola, come fissava la bottiglia? Ma io gli ho riempito il bicchiere con l'acqua della caraffa. Aveva sete e l'ha bevuta. Elena invece rassomiglia a me: brava donna di casa, economa, suona il piano. Non chiede mai di bere birra inglese. È come la piú piccola, che beve solo latte e non mangia che pappa. Da ciò si può capire che ha appena due anni. Si chiama Peggy...

Il pasticcio di cotogne e fragole era formidabile. Alla frutta avremmo forse potuto concederci un bicchierino di Borgogna australiano, ma non ho voluto mettere in tavola il vino per non dare ai ragazzi un cattivo esempio di golosità. Bisogna insegnar loro ad essere parchi e misurati nella vita.

SIGNOR SMITH – (*continuando a leggere, fa schioccare la lingua*)

SIGNORA SMITH – La signora Parker conosce un droghiere rumeno, chiamato Popesco Rosenfeld, che è appena arrivato da Costantinopoli. È un gran specialista in yogurt. È diplomato alla scuola dei fabbricanti di yogurt di Adrianopoli. Domani andrò da lui a comprare una grossa pentola di yogurt rumeno folkloristico. Non si trovano sovente cose cosí nei dintorni di Londra.

SIGNOR SMITH – (*continuando a leggere, fa schioccare la lingua*)

SIGNORA SMITH – Lo yogurt è quel che ci vuole per lo stomaco, le reni, l'appendicite e l'apoteosi. Me l'ha detto il dottor Mackenzie-King, che cura i bambini dei nostri vicini, i Johns. È un bravo medico. Si può aver fiducia in lui. Non ordina mai dei rimedi senza averli prima esperimentati su di sé. Prima di far operare Parker, ha voluto farsi operare lui al fegato, pur non essendo assolutamente malato.

L'OPERA

Il testo è tratto da *La cantatrice calva*, commedia in un atto che fin dal sottotitolo «anticommedia» mostra l'intenzione dell'autore di uscire dai canoni tradizionali, anche se apparentemente ne ricalca la struttura, con gli attori che recitano le loro parti secondo il copione e con la partizione consueta delle scene.

La vicenda è costituita soltanto da una conversazione in cui i personaggi parlano senza seguire una logica consequenziale, ripetendo luoghi comuni e banalità stereotipate, e mostrando la loro mediocrità piccolo-borghese con i loro pregiudizi e le loro ridicole convenzioni. La commedia è la presentazione di tre momenti successivi della conversazione: prima i coniugi Smith da soli nel salotto della loro casa; poi, con l'arrivo dei coniugi Martin che vengono a far visita, nasce una serata mondana in cui una reale noia viene mascherata con un finto divertimento per le sciocche storielle raccontate e con un infondato e inspiegabile litigio; infine, dopo il passaggio di un estraneo capitato per caso, la conversazione riprende con le stesse battute che avevano dato inizio alla prima scena.

L'epilogo è, infine, un antiepilogo, perché non c'è niente che debba venire concluso.

50 Signor Smith – Come si spiega allora che il dottore se l'è cavata, mentre Parker è morto?
Signora Smith – Evidentemente perché sul dottore l'operazione è riuscita, mentre su Parker no.
Signor Smith – Quindi Mackenzie non è un bravo medico. L'operazione
55 avrebbe dovuto riuscire su tutti e due, oppure tutti e due avrebbero dovuto soccombere.
Signora Smith – Perché?
Signor Smith – Un medico coscienzioso dovrebbe morire insieme col malato, se non possono guarire assieme. Il comandante di una nave perisce con
60 la nave, nei flutti. Non sopravvive mica.
Signora Smith – Non si può paragonare un malato a una nave.
Signor Smith – E perché no? Anche la nave ha le sue malattie; d'altronde il tuo medico è sano come un pesce; ragione di piú, dunque, per perire assieme al malato come il dottore con la sua nave.
65 Signora Smith – Ah! Non ci avevo pensato... Forse hai ragione... E allora che cosa si deve concludere?
Signor Smith – Che tutti i medici sono ciarlatani. E anche tutti i malati. Solo la marina è sana, in Inghilterra.
Signora Smith – Ma non i marinai.
70 Signor Smith – Beninteso.
Pausa.
(Sempre col giornale in mano) C'è una cosa che non capisco. Perché nella rubrica dello stato civile è sempre indicata l'età dei morti e mai quella dei nati? È un controsenso.
75 Signora Smith – Non me lo sono mai domandato!

Altro silenzio. La pendola suona sette volte. Silenzio. La pendola suona tre volte. Silenzio. La pendola non suona affatto.
[...]

La scena che segue si svolge dopo che i Signori Martin sono giunti in visita dai Signori Smith; all'improvviso. I Signori Martin si siedono l'uno di fronte all'altro e iniziano a parlare tra loro come se non si conoscessero. Il loro non è un atteggiamento scherzoso, e la serietà con cui vivono questo momento è fonte di ilarità per gli

L'autore

Eugène Ionesco, di padre romeno e di madre francese, nacque nel 1912 a Bucarest. Con la famiglia visse alternativamente in Romania e a Parigi, dove si trasferí definitivamente nel 1945. Svolgendo umili lavori, si dedicò all'attività di scrittore e drammaturgo; conobbe la fortuna nel 1950, dopo il successo delle sue prime opere concepite come «antiteatro», *La cantatrice calva* e *La lezione*, che dal 1957 sono rimaste ininterrottamente iscritte al cartellone del Théâtre de la Huchette nella loro messa in scena originale. Fecero seguito altri lavori teatrali, tra cui *Le sedie*, *Il nuovo inquilino*, *Assassino senza movente*, *Il rinoceronte*, *Il solitario*, *L'uomo con le valigie*, *Gioco al massacro*, *Macbeth*, *Questo formidabile bordello*. Drammaturgo, narratore, pittore, Ionesco fu celebrato nel mondo intero ed entrò nell'Accademia di Francia. È morto a Parigi nel 1994.

spettatori, ma anche il simbolo della drammaticità che scaturisce dall'indifferenza e dall'incomprensione nelle relazioni tra persone unite da un rapporto consolidato come quello del matrimonio.

Scena IV

Signor Martin – Mi scusi, signora, non vorrei sbagliare, ma mi pare di averla già incontrata da qualche parte.
Signora Martin – Anche a me, signore, pare di averla incontrata da qualche parte.
Signor Martin – Non l'avrò, signora, per caso intravvista a Manchester?
Signora Martin – Potrebbe darsi. Io sono nativa di Manchester! Tuttavia non ricordo bene, signore; non potrei dire se è là che l'ho vista, o no!
Signor Martin – Dio mio, è veramente curioso! Anch'io sono nativo di Manchester, signora!
Signora Martin – Veramente curioso!
Signor Martin – Veramente curioso!... Sta di fatto però che io, signora, ho lasciato Manchester circa cinque settimane fa.
Signora Martin – Veramente curioso! Bizzarra coincidenza! Anch'io, signore, ho lasciato Manchester circa cinque settimane fa.
Signor Martin – Io ho preso il treno delle otto e mezzo del mattino, quello che arriva a Londra un quarto alle cinque, signora.
Signora Martin – Veramente curioso! Veramente bizzarro! Incredibile coincidenza! Io ho preso lo stesso treno, signore!
Signor Martin – Dio mio, veramente curioso! Non potrebbe darsi allora, signora, che io l'abbia vista in treno?
Signora Martin – È possibile, verosimile e plausibile, e, dopo tutto, perché no?... Io però non me ne ricordo, signore!
Signor Martin – Io viaggiavo in seconda classe, signora. In Inghilterra non esiste seconda classe, ma io viaggiavo ugualmente in seconda classe.
Signora Martin – Veramente bizzarro! Veramente curioso! Incredibile circostanza! Anch'io viaggiavo in seconda classe!
Signor Martin – Veramente curioso! Noi possiamo benissimo esserci incontrati in seconda classe, cara signora!
Signora Martin – La cosa è possibile, e persino verosimile. Ma io non ne ho un ricordo chiaro, caro signore!
Signor Martin – Il mio posto era nel vagone numero otto, sesto scompartimento, signora!
Signora Martin – Curioso! Anche il mio posto era nel vagone numero otto, sesto scompartimento, caro signore!
Signor Martin – Veramente curiosa questa coincidenza! Non potrebbe darsi, cara signora, che noi ci siamo incontrati nel sesto scompartimento?

Jean Dubuffet, *Altri luoghi del matrimonio*, 1958. Parigi, Fondation Jean Dubuffet.

Signora Martin – Dopo tutto, è estremamente possibile! Io però non me ne ricordo, caro signore.

Signor Martin – A dire il vero, cara signora, non me ne ricordo neppure io; ciò non toglie però che noi possiamo esserci visti proprio là: anzi piú ci penso, piú la cosa mi pare possibile.

Signora Martin – Oh! Certamente, signore, certamente!

Signor Martin – Com'è curioso!... Io avevo il posto numero tre, vicino alla finestra, cara signora.

Signora Martin – Oh, mio Dio, com'è curioso e com'è bizzarro: io avevo il posto numero sei, vicino alla finestra, in faccia a lei, caro signore!

Signor Martin – Oh, mio Dio, che curiosa coincidenza!... Noi eravamo, dunque, faccia a faccia, cara signora! È certamente là che ci siamo visti!

Signora Martin – Veramente curioso! La cosa è possibile, ma io non me ne ricordo, caro signore!

Signor Martin – A vero dire, cara signora, non me ne ricordo neppure io. Tuttavia è possibilissimo che noi ci siamo visti in quell'occasione.

Signora Martin – È vero, ma non ne sono completamente sicura, signore.

Signor Martin – Non è lei, cara signora, la signora che mi ha pregato di metterle la valigia sulla reticella e che dopo mi ha ringraziato e permesso di fumare?

Signora Martin – Ma sí, dovrei proprio essere io, signore! Com'è curiosa, curiosissimamente curiosa questa coincidenza!

Signor Martin – Che curiosa e bizzarra coincidenza! Non le pare, signora, che noi potremmo esserci conosciuti in quel momento?

Signora Martin – Oh! È certamente una curiosa circostanza! È possibile, caro signore! Tuttavia non credo di ricordarmene.

Signor Martin – Neppure io, signora.

Un momento di silenzio. La pendola suona due colpi, poi un colpo.

Dal mio arrivo a Londra, io abito in via Bromfield, cara signora.

Signora Martin – Quant'è curioso, quant'è bizzarro! Anch'io dal mio arrivo a Londra abito in via Bromfield, caro signore.

Signor Martin – Curioso! Ma allora, allora noi possiamo esserci incontrati in via Bromfield, cara signora.

Signora Martin – Oh, quant'è curioso e quant'è bizzarro tutto ciò! È davvero possibile, se ci si pensa, ma io non me ne ricordo, caro signore.

Signor Martin – Io abito al numero 19, cara signora.

Signora Martin – Com'è curioso! Anch'io abito al numero 19, caro signore.

Signor Martin – Ma allora, allora, allora, allora, che ne direbbe, cara signora, se ci fossimo incontrati in quella casa?

Signora Martin – È possibile, ma io non me ne ricordo, caro signore.

Signor Martin – Il mio appartamento è al quinto piano, il numero 8, cara signora.

Signora Martin – Oh! com'è curiosa, com'è bizzarra, Dio mio, questa coincidenza! Anch'io abito al quinto piano, nell'appartamento numero 8, caro signore!

Signor Martin – (*sognante*) Curiosa, curiosissima, incredibilmente curiosa circostanza! Nella mia camera da letto c'è un letto. Il mio letto è coperto da un piumino verde. Questa camera, con il suo letto e il suo piumino verde, si trova in fondo al corridoio, tra il water e la biblioteca, cara signora!

Signora Martin – Quale coincidenza, gran Dio, quale coincidenza! La mia camera da letto ha un letto con piumino verde e si trova in fondo al corridoio, tra la biblioteca, caro signore, e il water!

Signor Martin – Quant'è bizzarro, curioso e strano! Mi lasci dunque dire, cara signora, che noi abitiamo nella medesima camera e che dormiamo nello stesso letto, cara signora. È forse là che ci siamo incontrati!

Signora Martin – Oh! La curiosa coincidenza! È veramente possibile che sia là che ci siamo incontrati, e potrebbe persino darsi la scorsa notte. Ma io non me ne ricordo, caro signore!

Signor Martin – Io ho una figlioletta e questa figlioletta abita con me, cara signora. Essa ha due anni, è bionda, ha un occhio bianco e un occhio rosso, è molto graziosa e si chiama Alice, cara signora.

Signora Martin – Bizzarra coincidenza! Anch'io ho una figlioletta, essa pure ha due anni, un occhio bianco e uno rosso, è molto graziosa e si chiama Alice, caro signore!

Signor Martin – (*sempre con voce strascicata e monotona*) Curiosa e bizzarra coincidenza! Forse è la stessa, cara signora!

Signora Martin – Curiosissimo! È davvero possibile, caro signore.

Lungo silenzio... La pendola batte ventinove colpi.

Signor Martin – (*dopo aver lungamente riflettuto, si alza lentamente e senza fretta si dirige verso la signora Martin, la quale, stupita dall'aria solenne del signor Martin, si è alzata pure lei, molto tranquillamente; il signor Martin con la solita voce fiacca, vagamente cantante*) Allora, cara signora, io credo che non vi siano piú dubbi, noi ci siamo già visti e lei è la mia legittima sposa... Elisabetta, ti ho ritrovata!

La signora Martin si avvicina al signor Martin senza affrettarsi. Si abbracciano senza espressione. La pendola batte un colpo molto forte. Il colpo dev'essere tanto forte da far sussultare gli spettatori. I coniugi Martin non lo odono.

Signora Martin – Donald, sei tu, darling!

Entriamo nel testo

L'assurdo e l'incapacità di comunicare

L'opera rivela la sua portata rivoluzionaria nei contenuti e nel linguaggio: il titolo non ha alcun collegamento col contenuto, le scene si succedono senza un criterio di consequenzialità logica, manca una trama ben individuabile e l'opera si conclude come è cominciata, segnalando la reale inconsistenza della vicenda. Ionesco trasse ispirazione dalla lettura di un manuale di conversazione per imparare l'inglese, in cui scoprí una serie di banalità proposte come specchio del mondo reale e la vuotezza delle parole; ricopiando le frasi per impararle a memoria, la commedia si era scritta, per cosí dire, da sola; l'autore credeva di averne fatto una **tragedia del linguaggio**, eppure risultò comica. Infine decise di darle come titolo *La cantatrice calva*, «perché – dichiarò – in essa non compare nessuna cantante, né calva, né capelluta». Ionesco ha scritto ancora: «La mia intenzione era di svuotare le parole del loro contenuto, di designificare il linguaggio, vale a dire di abolirlo. Cercai di esprimere il vuoto, l'inesprimibile. Quel testo era proprio un'opera drammatica: non c'era azione, è vero, non c'era intrigo, non c'erano i personaggi, ma un linguaggio che si faceva persone, movimento, ritmi».

Ionesco ha connotato intenzionalmente i personaggi con la **quotidianità**, l'usualità e la **banalità**, come appare immediatamente anche dalla scelta dei loro nomi: Smith, ma anche Martin, sono cognomi esemplarmente diffusi fra gli inglesi. Anche i loro discorsi sono improntati a un alto livello di ovvietà e spesso sono paradossali, con affermazioni talvolta assurde. L'opera è costituita da un atto unico, ma è strutturata in scene, delle quali sono state qui presentate la prima e la quarta. I passaggi tra scena e scena sono marcati dai colpi della pendola.

La prima scena è un classico esempio di **incomunicabilità fra coniugi**; la moglie parla di argomenti quotidiani ma assurdi: di *Borgogna australiano*, della *scuola dei fabbricanti di yogurt di Adrianopoli*, dello *yogurt rumeno folkloristico*. Si tratta di pure invenzioni: il primo è un vino che prende il nome dalla regione francese della Borgogna in cui viene prodotto, e quindi non può essere australiano; quanto al resto, semplicemente non esistono né una simile scuola di Adrianopoli, né uno yogurt rumeno folkloristico. Nel frattempo il marito continua imperterrito a leggere il giornale, interrompendosi solo per fare osservazioni su un'operazione chirurgica e considerazioni assurde, fonti di ilarità. Nella seconda scena proposta il signore e la signora Martin, seduti nel salotto degli Smith, parlano tra loro come perfetti estranei. Il loro non è un atteggiamento scherzoso e la serietà con cui vivono questo momento è fonte di ilarità per gli spettatori, ma anche simbolo della drammaticità che scaturisce dall'**indifferenza** e dall'**incomprensione** nelle relazioni tra persone unite da un rapporto consolidato come quello del matrimonio.

Oskar Kokoschka, *Hans Tietze and Erica Tietze-Conrat*, 1909. New York, The Museum of Modern Art.

Esercizi

Competenza trasversale:

a Acquisire ed interpretare l'informazione
b Individuare collegamenti e relazioni
c Comunicare
d Comunicare nelle lingue straniere

- **Comprensione e interpretazione**

1. Come abbiamo detto nell'analisi, l'autore si era ispirato per i dialoghi dei personaggi a un manuale di conversazione inglese per studenti stranieri principianti: ricerca nel testo i passaggi delle battute in cui questa origine ti appare particolarmente evidente.

2. Nella prima scena la signora Smith parla di *Borgogna australiano*, della *scuola dei fabbricanti di yogurt di Adrianopoli*, dello *yogurt rumeno folkloristico*. Come abbiamo sottolineato nell'analisi del testo, essi sono frutto della fantasia dell'autore: il nome di Borgogna indica solo il vino prodotto nell'omonima provincia francese similmente, neppure esiste uno yogurt rumeno folkloristico né, tantomeno, una scuola dedicata a trasmettere la sua produzione. Sai fare qualche ipotesi sulle motivazioni di queste invenzioni?

3. I personaggi ti sembrano caratterizzati da una loro psicologia? Oppure sono intercambiabili, e potremmo mettere Martin al posto di Smith e viceversa senza conseguenze?

4. *La cantatrice calva* è stata considerata una commedia comica: su cosa ti sembra che poggi la comicità?

5. A tuo avviso la satira di Ionesco è rivolta a una precisa classe sociale o a una mentalità diffusa?

6. Esamina il numero dei colpi che la pendola batte al passaggio da una scena all'altra: ti sembra che servano a segnalare il reale progredire del tempo della vicenda? Oppure il numero dei colpi è irreale e privo, quindi, di senso logico? Sapresti formulare un'ipotesi sul perché, in apertura, la signora Smith dichiara che sono le nove?

- **Competenza testuale**

7. Dividi il testo in sequenze, e assegna un titolo a ciascuna di esse.

8. Prendiamo in esame le didascalie presenti nel testo. Sappiamo che in un testo drammatico esse servono a dare indicazioni o per la scenografia o per la recitazione degli attori; ti sembra che in questo brano abbiano solo queste funzioni? Oppure servono anche a sostituire le parole, divenendo così parte integrante del dramma?

9. I discorsi dei personaggi sono pieni di argomentazioni, oppure sono brevi e senza sostanza? Usano un lessico ampio, variato e con termini rari, oppure ristretto, usuale e ripetitivo? I costrutti sintattici pongono problemi di analisi?

- **Produzione**

10. Uno degli aspetti principali che la commedia vuole evidenziare, come ha dichiarato anche l'autore, è quello della incomunicabilità tra gli esseri umani: secondo te, con quali mezzi essa viene messa in evidenza?

11. Pensi che questa commedia aiuti lo spettatore a prendere coscienza di qualche problema? In caso affermativo, di quale o quali problemi? Su che cosa basi le tue affermazioni?

b 12. Ionesco, parlando di questa sua commedia in *La tragédie du langage*, ha scritto: «Gli Smith, i Martin non sanno più parlare perché non sanno più pensare, non sanno più commuoversi, non hanno più passioni, non sanno più essere. [...] I personaggi comici, gli imbecilli, sono la gente che non esiste». Cerca di spiegare questa affermazione, esprimendo a tal proposito le tue riflessioni.

Il teatro moderno | **Il dramma moderno**

Stefano Benni
Sherlock Barman

- S. Benni, *Teatro*, Feltrinelli, Milano, 1999

IN SINTESI: L'atto unico, che presentiamo in forma integrale, è una satira dei racconti gialli nei quali l'investigatore, protagonista, risolve brillantemente il caso solo sulla base di pochi indizi. L'investigatore è impersonato dal barista, che riesce a ricostruire le vicissitudini sentimentali dell'avventore analizzando piccoli particolari e a prevedere senza esitazioni gli eventi successivi, dall'arrivo della donna alla sparatoria. Il finale inaspettato rappresenta un vero e proprio colpo di scena e sorprende tanto i personaggi quanto il pubblico.

genere: **dramma moderno** | *epoca:* **1997** | *luogo:* **Italia** | *lingua originale:* **italiano**

(*Un bar, luce bassa, notturna*)
Barista – Qualcosa da bere, signore?
Cliente – Qualcosa di forte, di molto forte.
Barista – Ha bisogno di tirarsi su, signore?
5 Cliente – Ebbene sí.
Barista – Un *Bloody Mary* andrebbe bene?
Cliente – Ehm, sí.
Barista – Una delusione d'amore?
Cliente – Come lo ha capito?
10 Barista – Dal sospiro, signore.
Cliente – Dal sospiro?
Barista – Esattamente. Il sospiro dell'innamorato deluso è assai diverso dal sospiro del bancarottiere o del semplice depresso. Faccio il barista da trent'anni e non mi è difficile riconoscerlo: lei ha tutti i sintomi di un uomo
15 abbandonato di fresco.
Cliente – Be', non ci vuole molto. Basta guardarmi in faccia.
Barista – Certo. Una ragazza alta e bionda, vero?
Cliente – Questo come fa a saperlo?
Barista – Deduzione di barista. Lei ha un capello biondo sulla spalla e un
20 segno recente di rossetto sulla tempia. Essendo lei di buona statura, solo una ragazza alta almeno un metro e settantacinque può lasciarle un segno cosí.
Cliente – Straordinario. E mi sa dire altro, caro il mio Sherlock Barman?

L'OPERA

Stefano Benni, molto noto come narratore satirico e surreale oltre che come giornalista, ha pubblicato anche opere teatrali. Questa che presentiamo è tratta dalla raccolta *Teatro*, in cui sono presenti sei opere scritte espressamente per essere rappresentate, tutte abbastanza brevi tranne una, *La Signorina Papillon (nel paese dei brutti sogni)*, che è piú estesa. Anche in queste opere emergono le caratteristiche dello scrittore: fantasia, satira, comicità. Nelle opere teatrali l'autore dimostra una spiccata capacità di catturare l'attenzione dello spettatore, simile all'abilità di avvincere il lettore tipica della sua narrativa.

BARISTA – La donna si chiama Maria, fa la hostess, le piacciono gli animali e andare al Luna Park.

CLIENTE – È tutto vero. Ma lei è un medium, indovino o cosa?

BARISTA – Le ripeto, semplice spirito di osservazione baristica. Lei ha trasalito quando ho detto il nome del cocktail *Bloody Mary*, dal che ho dedotto che Maria, o Marina, doveva essere il nome della donna che la turba. Inoltre lei ha posto qui sul bancone un pacchetto di sigarette senza marca da bollo, e non essendo tipo da acquistare al contrabbando, ne deduco che glieli compri lei sull'aereo, e anche la sua cravatta è di un modello che si vende nelle boutique aeroportuali. Inoltre quell'accendino con il cockerino, via, non è da lei. È un regalo di Maria, vero? Infine quello lí, vicino all'accendino, è un gettone da Luna Park, autoscontri o qualcosa di simile.

CLIENTE – È tutto esatto. Ma allora mi può dire anche perché Maria mi ha lasciato?

BARISTA – Be', anzitutto la sua gelosia morbosa per quel pilota.

CLIENTE – Vero anche questo. Ma lei come fa...

BARISTA – Ovviamente, se lei è innamorato di una hostess non può che essere geloso di un pilota, infatti vedo che lei indossa giacca celeste e occhiali scuri, quindi inconsciamente tende a vestirsi come un pilota, per competere col fantasma del suo rivale.

CLIENTE – Va bene, va bene, Sherlock Barman. Ma adesso non mi dica che sa anche perché abbiamo litigato.

BARISTA – I piatti, signore?

CLIENTE – Per dio, è vero. Ha tirato a indovinare?

BARISTA – No, le riassumo com'è andata. Maria torna a casa stanca, tuttavia acconsente a cucinare per lei. Quella macchia di pomodoro fresco sul suo abito lo testimonia, ed è uno schizzo che viene da un tegame casalingo, non da un tavolo di ristorante. Poi Maria le chiede di lavare almeno i piatti. Lei mugugna, ma inizia a farlo, maldestramente però, come testimonia l'odore di detersivo che viene dalla manica della sua camicia. Ma poi rompe subito un piatto e si ferisce l'indice della mano destra, proprio lí...

L'autore

Stefano Benni è nato a Bologna nel 1947 e ha iniziato a pubblicare i suoi scritti negli anni Ottanta del Novecento, con la raccolta di poesie satiriche *Prima o poi l'amore arriva* seguita dal romanzo *Terra!*, con il quale ottiene consensi dalla critica. La sua carriera è sempre in crescita: scrive opere con smaccata connotazione politica sulla situazione della realtà contemporanea, sia sociale sia politica, utilizzando la satira per rappresentare i vizi e i difetti dell'Italia degli ultimi vent'anni. Nelle sue opere l'aspetto surreale è ben integrato con la realtà, tanto che il lettore si lascia trasportate in questa dimensione armonica. Collabora con i settimanali «Panorama» e «L'espresso», i quotidiani «la Repubblica» e «il manifesto», e con i giornali satirici, «Cuore» e «Tango».

È universalmente riconosciuto come scrittore di talento e abile a farci ridere della pochezza del mondo. Fra le sue opere ricordiamo alcuni romanzi e raccolte di novelle, come *Bar Sport*, *La Compagnia dei Celestini*, *Saltatempo*, *Margherita Dolcevita*, le raccolte di brani teatrali *Teatro* e *Teatro 2*, e *Prima o poi l'amore arriva* e *Ballate*, raccolte di poesie.

55 CLIENTE – Ma...
BARISTA – Non m'interrompa, Maria si arrabbia e grida «sei un incapace», lei la afferra per i polsi, noto il segno del braccialetto sul palmo della mano, Maria la graffia sul collo, vi avvinghiate e, come spesso succede in questi casi, vi eccitate e state per fare l'amore.
60 CLIENTE – Questo come lo sa?
BARISTA – Camicia slacciata, pantaloni abbottonati storti, un vago odore di liquidi capronici che lei ancora emana. Ma poi Maria si ribella perché lei la vuole prendere da dietro, e le dà un colpo col tacco delle scarpe sullo stinco, ecco laggiú il segno, e poi le appioppa un gran ceffone sul collo.
65 Scoppia la rissa, vi bombardate di piatti e ne fracassate a dozzine, infatti nel risvolto dei suoi pantaloni noto delle schegge di porcellana. Maria si strappa la collana che lei le ha regalato urlando «non voglio piú niente di tuo» ed esce sbattendo la porta. Lei meccanicamente raccoglie qualche perla e se la mette nel taschino, eccole lí, poi cerca di raggiungerla ma sul
70 pianerottolo inciampa nelle perle e cade, infatti è entrato qui zoppicando e tenendosi la schiena.
CLIENTE – Lei mi fa paura...
BARISTA – Poi lei corre in strada, senza neanche il cappotto, ma non trova piú Maria. E ora è qui davanti a me, disperato.
75 CLIENTE – Allora se sa tutto, mi sa dire anche come finirà?
BARISTA – Posso provarci. Maria è inviperita. Le hostess hanno forti squilibri nervosi per via dei cambiamenti di fuso orario. La sua ormai, mi scusi, ex donna corre a farsi consolare dal suo pilota al Bar Rudy, quello dove si ritrovano tutti i piloti d'aereo a quest'ora. Ma oggi è lunedí e il Bar Rudy è
80 chiuso. Allora fa cento metri e lo trova al Bar Paolo, ma Maria dice al pilota «ti prego, non restiamo in questo posto». Perché «Paolo» è il suo nome, signore, c'è scritto sulla piastrina che ha al collo, e Maria è cosí furente che non vuole nulla che le ricordi lei!
CLIENTE – Va bene. Ma allora,
85 che fanno?
BARISTA – Dato che cinque minuti fa si è messo a piovere, si rifugiano nel bar piú vicino.
CLIENTE – E cioè?
90 BARISTA – Questo, signore. Secondo i miei calcoli dovrebbero entrare qui piú o meno fra un minuto...
CLIENTE – E cosa accadrà allo-
95 ra?
BARISTA – Penso che lei, signore, andrà su tutte le furie, perché non sopporterà la vista dei

Vincent Van Gogh, *Il caffè di notte*, 1888. New Haven, The Yale University Art Gallery.

due abbracciati, poiché niente come la pioggia avvicina sentimentalmente e carnalmente una hostess e un pilota. Inoltre, essendo la sua Maria un bel caratterino, penso che la provocherà.
Cliente – E allora?
Barista – Allora lei estrarrà la pistola che incidentalmente ho intravisto sotto la giacca. Ma è un grosso errore. Perché lí a quel tavolo, vede, c'è un poliziotto in borghese, lo riconosco dal taglio dei capelli e dalle scarpe. L'agente tirerà fuori la pistola d'ordinanza che porta infilata alla cintura, vede lí sotto il rigonfio, e la fredderà in meno di un istante...
Cliente – Ridicolo. E poi il minuto è passato e non si è ancora visto nessuno.
Barista – Già! Dimenticavo che qua, proprio all'angolo, c'è un negozio di casalinghi. Maria non resisterà alla tentazione di guardare se c'è un servizio di piatti adatto a sostituire quello appena distrutto nel litigio.
Cliente – Quindi?
Barista – Quindi c'è un lieve ritardo. Ma ecco, come previsto, eccoli qua... (*entrano un uomo e una donna*)
Cliente – Oh dio, no!
Barista – Stia calmo signore!
Maria – Ah, sei qui Paolo, ancora tra i piedi. Ma non avevi detto che andavi a spararti?
Cliente – Maria, non provocarmi.
Maria – E chi vuole provocarti? Ti presento il comandante Serioli, il pilota del mio aereo.
Il comandante – Piacere...
Cliente – Piacere un cazzo! Hai fatto in fretta a sostituirmi, eh, troia?
Maria – Paolo, sei il solito cafone!
Il comandante – Le proibisco di insultare la signorina...
Cliente – Ah sí? Perché se no cosa fai, bellimbusto? Credi di farmi paura?
Maria – Paolo, sei pazzo, metti giú quella pistola!
Cliente – No, la devi pagare, puttana, e anche tu, bastardo, chissà da quanti anni mi prendevate in giro voi due, ma la pagherete!
Il poliziotto – Fermo! Polizia! Metta giú quell'arma o sparo!
Cliente – Troia, ti uccido!
1. Sparo.
2. Urlo.
3. Tonfo.
(*Voci di gente, nella penombra*)
– Oh dio, l'ha ucciso.
– Ho dovuto sparare signorina, quel pazzo stava per fare fuoco...
– Aiuto, muoio...
– Chiamate un'ambulanza.
– Perde molto sangue, non ce la farà.
– Cos'è successo?
– C'è stata una sparatoria, un agente ha sparato a un uomo ma quello si è abbassato di colpo ed è stato colpito a morte il barista.

Il teatro moderno | **Il dramma moderno**

Entriamo nel testo

Un «giallo» a sorpresa
È un atto unico, con un'unica scena; il titolo stesso dell'opera fa intuire che si tratta di una satira dei racconti di sir Arthur Conan Doyle. La vicenda si svolge in un bar, di sera; nel testo ci sono pochissime didascalie, tutto è spiegato nei dialoghi tra il barista e l'avventore. L'opera inizia con osservazioni di piccoli particolari, con battute brevi, spesso monosillabiche, e procede con un graduale crescendo, sia nelle motivazioni del pensiero, che diventano puntuali ed esaurienti, quasi come se il barista entrasse nella sfera personale dell'avventore, sia nella tensione dell'attesa. Il cliente è tanto preso dalle spiegazioni del barista da chiedergli anticipazioni sul futuro, che questi fornirà volentieri. Lo spettatore viene stimolato e diventa sempre piú curioso e attento al dialogo fino a quando la vicenda raggiunge la *Spannung*, il momento di massima tensione, seguito da una improvvisa e immediata conclusione. Importante è il linguaggio utilizzato, semplice, discorsivo, essenziale, studiato per favorire il raggiungimento dell'effetto voluto.

Esercizi

- **Comprensione e interpretazione**

1. Quali sono gli elementi che spingono il cliente a chiedere al barista se è un medium o un indovino?
2. In base a quali elementi il barista descrive il litigio tra il cliente e Maria?
3. In che modo l'autore spiega l'epilogo della vicenda?

- **Competenza testuale**

4. Dividi il testo in sequenze e assegna un titolo a ciascuna.
5. A tuo parere l'autore avrebbe dovuto introdurre un maggior numero di didascalie? Motiva la tua risposta.
6. Sottolinea le espressioni del cliente che indicano lo stupore per le affermazioni del barista.
7. Quali sono gli elementi di comicità? Trascrivili e commentali con i tuoi compagni di classe.

- **Produzione**

8. Trasforma l'atto unico in un racconto.
9. Attribuisci almeno tre aggettivi qualificativi a ognuno dei personaggi dell'opera.

---

per l'**INVALSI** con *Eugenio*

1. Il testo teatrale che hai letto è:
- **a.** ☐ una scena di una commedia.
- **b.** ☐ una scena di una tragedia.
- **c.** ☐ un atto unico.
- **d.** ☐ il prologo di una commedia.

2. Quando si apre il sipario all'inizio della rappresentazione teatrale, quanti e quali personaggi si trovano sulla scena?

a. ☐ Soltanto il barista e il cliente presso il bancone del bar.
b. ☐ Il barista e il cliente presso il bancone del bar e il poliziotto seduto a un tavolino.
c. ☐ Il barista da solo, in piedi dietro il bancone del bar.
d. ☐ Il barista e il cliente presso il bancone del bar, Maria e il comandante in piedi presso la porta del bar.

3. Analizza la frase pronunciata dal barista «Ha bisogno di tirarsi su, signore?» (riga 4). Che cosa vuol dire in questo contesto _tirarsi su_?

a. ☐ Alzarsi in piedi.   **c.** ☐ Discutere sul prezzo.
b. ☐ Impiccarsi.   **d.** ☐ Risollevarsi il morale.

4. A quale parte del discorso appartiene la forma «Ehm» (riga 7)?

a. ☐ Onomatopea.   **b.** ☐ Interiezione.   **c.** ☐ Esclamazione.   **d.** ☐ Avverbio.

5. Perché il cliente chiama il barista «Sherlock Barman»?

a. ☐ Per richiamarsi ironicamente a un grande detective inglese.
b. ☐ Perché è irritato sempre di piú man mano che quello indovina le sue vicende.
c. ☐ Per prenderlo in giro facendogli capire che è un imbroglione.
d. ☐ Per convincerlo ad aiutarlo nella soluzione della sua vicenda.

6. Come fa il barista a sapere che la fidanzata del cliente si chiama Maria?

a. ☐ Lo deduce dalla reazione del cliente nel sentire il nome del cocktail.
b. ☐ Lo sa già, perché nel passato li ha visti venire insieme nel suo bar.
c. ☐ Lo capisce dalla piastrina che il cliente porta appesa al collo.
d. ☐ Lo sa perché li ha sentiti gridare mentre litigavano.

7. Qual è il nome proprio del personaggio indicato come «Cliente»?

....

8. Nella seguente parte di testo: «Lei ha trasalito quando ho detto il ... il cockerino, via, non è da lei» (righe 27-34), quale tipo di rapporto logico tra porzioni di testo viene segnalato dall'avverbio _inoltre_?

a. ☐ L'aggiunta di un argomento nuovo.
b. ☐ L'opposizione a quanto è stato detto prima.
c. ☐ La conclusione del ragionamento fatto.
d. ☐ L'inizio della spiegazione di quanto è stato accennato.

9. Quali indizi fanno dedurre al barista che Maria sia una hostess?

a. ☐ Il pacchetto di sigarette e la cravatta.
b. ☐ L'accendino e il gettone.
c. ☐ La cravatta e l'accendino.
d. ☐ Il pacchetto di sigarette e l'accendino.

10. Che cos'è «il cockerino» (righe 33-34) sull'accendino del cliente?

a. ☐ Un gioco di carte.   **b.** ☐ Un cagnolino.   **c.** ☐ Un gattino.   **d.** ☐ La foto di Joe Coker.

11. Perché secondo il barista il cliente indossa una giacca simile a quella dei piloti?

a. ☐ Perché la fidanzata gliel'ha comprata in aeroporto.
b. ☐ Per sentirsi piú attraente e sicuro di sé di fronte alla fidanzata.
c. ☐ Per convincere la fidanzata che è certo di non avere rivali.
d. ☐ Per entrare inconsapevolmente in competizione col rivale in amore.

12. Il barista afferma che il litigio tra il cliente e Maria si è svolto in casa. Rintraccia nel testo le frasi che indicano gli elementi da cui il barista ha tratto questa deduzione.

....

13. In quale giorno della settimana si svolge la vicenda?

....

14. Osserva la seguente frase: «Allora lei estrarrà la pistola che incidentalmente ho intravisto sotto la giacca» (righe 103-104). Che cosa significa *incidentalmente*?
- **a.** ☐ Per sfortuna.
- **b.** ☐ Per fortuna.
- **c.** ☐ Per caso.
- **d.** ☐ Per un incidente.

15. Da quali indizi il barista riconosce un poliziotto nell'uomo seduto a un tavolo del bar?
- **a.** ☐ Dal fatto che indossa la divisa.
- **b.** ☐ Dal suo modo di sedersi al tavolo.
- **c.** ☐ Dalla pistola infilata alla cintura.
- **d.** ☐ Dal taglio dei capelli e dalle scarpe.

16. Una parte di questo testo è costituita dalle battute di personaggi non individuati e manca di didascalie. Qual è questa parte?

....

17. Da che cosa è costituita la parte del testo che hai evidenziato?
- **a.** ☐ Dalle istruzioni utili al regista per l'allestimento teatrale.
- **b.** ☐ Dai pensieri non espressi a parole da parte dei personaggi.
- **c.** ☐ Dalle frasi pronunciate da persone non precisate.
- **d.** ☐ Dalle reazioni che si prevedono tra gli spettatori.

18. Esamina la frase «Ho dovuto sparare signorina, quel pazzo stava per fare fuoco...» (riga 138). A quale personaggio deve essere attribuita?

....

19. Tra le battute conclusive del testo, da chi viene pronunciata la frase «Aiuto, muoio» (riga 139)?

....

20. Gli eventi con cui si conclude l'azione scenica si possono ricostruire tramite le ultime frasi pronunciate. Qual è l'ordine in cui si ricostruiscono gli eventi conclusivi?
- **a.** ☐ Paolo spara al poliziotto; il poliziotto risponde al fuoco; la pallottola colpisce Paolo.
- **b.** ☐ Il comandante vuole sparare a Paolo; il poliziotto si abbassa e spinge da un lato Paolo; la pallottola colpisce il barista.
- **c.** ☐ Il poliziotto fa fuoco contro Paolo; il barista è sulla traiettoria ma si abbassa; la pallottola colpisce il comandante.
- **d.** ☐ Paolo vuole sparare a Maria; il poliziotto spara a Paolo; Paolo si abbassa; la pallottola colpisce il barista.

ON LINE: Il dramma moderno
Testi: GLuigi Pirandello, *L'uomo dal fiore in bocca*
Schede: (in musica) *Patty Pravo:* La bambola

Il teatro di narrazione

Caratteristiche del teatro di narrazione

Il teatro di narrazione è una particolare forma di rappresentazione teatrale che si realizza mediante la narrazione **condotta da un attore** che si muove sul palcoscenico con la propria identità, anziché interpretare un personaggio. L'attore, quindi, si presenta come persona narrante che, in una sorta di **monologo**, racconta una storia invece di rappresentarla, facendo leva sul coinvolgimento del pubblico a cui si rivolge direttamente.
L'attore narrante deve possedere particolari e specifiche abilità, non solo per tenere vivo l'interesse degli spettatori, ma soprattutto per **sostituire** efficacemente **con la sola narrazione le azioni da cui normalmente sono costituite le rappresentazioni teatrali**. Per ottenere questo scopo vengono utilizzati tutti gli strumenti propri della narrazione: descrizioni, anticipazioni, *flashback*, citazioni, digressioni.
L'esposizione è sempre priva di eccessi e il **linguaggio** è **semplice e colloquiale**, tale da essere immediatamente recepito da spettatori di ogni classe sociale e cultura.
La **scenografia** è in genere molto **povera ed essenziale**, mentre sono talvolta utilizzati materiali audiovisivi, proiezioni di foto e video, arrangiamenti musicali che supportano e sottolineano i momenti della narrazione.
I protagonisti del teatro di narrazione raccontano storie vere o immaginarie, appartenenti alla tradizione o legate all'attualità politica e sociale, ma sempre vicine alla sensibilità collettiva. Si tratta, infatti, di un **teatro di impegno e di denuncia**, di protesta, di rivelazione o di educazione civile, che poggia sulla ricerca accurata dei fatti e sulla loro elaborazione critica, e che mira a tenere desta la coscienza degli spettatori e della società civile in genere.

Il teatro di narrazione in Italia

In Italia inizia negli **anni Ottanta**, quando alcuni attori hanno voluto recuperare l'arte del racconto orale, ponendosi come cantastorie dei nostri giorni. Trae le sue origini dal monologo teatrale, a iniziare dal *Mistero buffo* di Dario Fo, per arrivare all'elaborazione di proposte innovative raccolte in Europa.
Tra i primi rappresentanti del teatro di narrazione ricordiamo Marco Baliani, Laura Curino e Marco Paolini, i quali hanno fatto presa sul pubblico con il racconto di avvenimenti tragici che hanno segnato profondamente gli ultimi decenni della nostra storia. Hanno ottenuto grande successo sia presso gli spettatori sia presso i critici le opere: *Il racconto del Vajont* e *I-TIGI* di Paolini, *Corpo di stato* e *Kohlhaas* di Baliani e *Passione* e *Olivetti* della Curino. Queste opere di narrazione vengono presentate sia nell'ambito del teatro serale, sia in quello del teatro per ragazzi, al quale si sono indirizzati alcuni autori quali Roberto Anglisani e Carlo Presotto.
Negli ultimi anni del Novecento è emersa la cosiddetta **seconda generazione di autori** della narrazione, come Mario Perrotta che presenta *Italiani Cincali!* e *La Turnàta*, Giulio Cavalli con *Linate 8 Ottobre 2001: la strage*, Davide Enia con *Italia-Brasile 3 a 2* e Ascanio Celestini con *Radio Clandestina* e *Scemo di guerra*.
In tempi più recenti ha ottenuto un successo di pubblico Giuliana Musso, che presenta per lo più brevi frammenti ridicoli, atti a suscitare ilarità, anche perché conditi con tic e macchiette che ricordano un po' il programma televisivo *Zelig*. In lei, come in altri narratori contemporanei, si vanno perdendo la tensione e l'impegno politico, per lasciare il campo a un disorientamento ideologico preoccupante. A questo proposito possiamo ricordare la

polemica della Musso in *Nati in casa*, in cui «se la prende» con il progresso tecnologico e farmacologico. Alcuni autori hanno presentato opere che si possono definire esperienze di confine tra i diversi generi e dimostrano maggiore spessore nell'approfondimento delle tematiche proposte attraverso l'insieme di due generi artistici diversi, che si rafforzano vicendevolmente. È il caso di Moni Ovadia, che arricchisce la sua narrazione con la musica, Giacomo Verde, che unisce video e narrazione, e Andrea Cosentino, che occupa una posizione tra narrazione e cabaret.
Degni di nota sono i lavori del Teatro dell'Argine, di Salvatore Arena e di Massimo Barilla che fanno parte del filone detto «teatro civile», in quanto le narrazioni vertono su particolari aspetti della politica e della società attuali.

Un ritratto di Ascanio Celestini, attore, scrittore e drammaturgo italiano.

Dario Fo
Mistero buffo

• D. Fo, *Mistero buffo*, Einaudi, Torino, 1977

IN SINTESI: Il brano che viene qui presentato costituisce la parte iniziale del *Mistero buffo*, in cui l'attore esordisce sulla scena illustrando il contesto storico e culturale da cui prende le mosse questo lavoro teatrale, prima di procedere con la prima scena. Questa è l'unica di tutta l'opera in cui il testo del *mistero* in dialetto non viene «drammatizzato» ma recitato dall'unico attore, che fa una presentazione indiretta del testo letterario. In essa Dario Fo analizza un testo poetico del XIII secolo e, poggiando su argomentazioni che rivelano una profonda conoscenza del mondo medievale, smantella in modo ironico e leggiadramente comico le interpretazioni colte e seriose che la tradizione ufficiale e scolastica ha attribuito al testo. Oggetto della scena (di cui presentiamo solo una parte) è il testo noto come *Rosa fresca aulentissima* (del poeta siciliano Ciullo o Cielo d'Alcamo), costituito da un dialogo in versi tra un corteggiatore intraprendente e una ragazza, che prima si mostra riluttante e poi finisce col cedere.

genere: teatro di narrazione   *epoca:* 1975   *luogo:* Italia   *lingua originale:* italiano

ATTORE – «Mistero» è il termine usato già nel II, III secolo dopo Cristo per indicare uno spettacolo, una rappresentazione sacra.
Ancora oggi, durante la messa, sentiamo il sacerdote che declama: «Nel primo mistero glorioso... nel secondo mistero...», e via dicendo. Mistero

1. drammatizzato: il termine è qui usato nell'accezione dell'ambito teatrale, e vale per «messo in atto» e quindi «rappresentato».

2. Ciullo (o Cielo) d'Alcamo: poeta siciliano del XIII secolo, del quale non abbiamo ulteriori informazioni, e anche l'esatta lettura del suo nome è controversa. A lui la tradizione attribuisce la sola composizione poetica che trae nome dal suo primo verso: *Rosa fresca aulentissima*, «Rosa fresca profumatissima».

3. mistificato: intenzionalmente falsato.

vuol dire dunque: rappresentazione sacra; mistero buffo vuol dire: spettacolo grottesco.

Chi ha inventato il mistero buffo è stato il popolo.

Fin dai primi secoli dopo Cristo il popolo si divertiva, e non era solo un divertimento, a muovere, a giocare, come si diceva, spettacoli in forma ironico-grottesca, proprio perché per il popolo, il teatro grottesco, è sempre stato il mezzo primo d'espressione, di comunicazione, ma anche di provocazione e di agitazione delle idee. Il teatro era il giornale parlato e drammatizzato[1] del popolo.

ROSA FRESCA AULENTISSIMA

Per quanto riguarda la nostra storia, o meglio la storia del nostro popolo, uno dei testi primi del teatro comico-grottesco, satirico, è Rosa fresca aulentissima di Ciullo (o Cielo) d'Alcamo[2]. Ebbene, perché noi vogliamo parlare di questo? Perché è il testo piú mistificato[3] che si conosca nella storia della nostra letteratura, in quanto mistificato è sempre stato il modo di presentarcelo.

Al liceo, al ginnasio, quando ci propongono quest'opera, ci fanno la piú grossa truffa che si sia mai messa in opera in tutta la storia della scuola.

Prima di tutto ci fanno credere che sia un testo scritto da un autore aristocratico, che, pur usando il volgare, ha voluto dimostrare d'essere talmente dotato da tramutare «il fango in oro». È riuscito cioè a scrivere un'opera

L'OPERA

Il testo è tratto da *Mistero buffo*, il cui titolo fa riferimento alle sacre rappresentazioni medievali. Il primo nucleo dell'opera è del 1969, poi ampliato e completato fino alla sua veste definitiva nel 1975.

Traendo spunto dai fatti della *Bibbia* e dai *Vangeli*, l'autore, nel suo modo consueto, tra un lazzo e una risata, narra, medita, insegna. L'opera consiste di una serie di singole scene, ognuna delle quali è collegata alla precedente mediante un'introduzione recitata dall'attore (unico sulla scena a recitare l'intera opera) che colloca la scena nel contesto storico da cui trae origine o nel complesso testuale in cui si inserisce. L'intero ciclo di scene comprende: *Rosa fresca aulentissima, Lauda dei battuti, Strage degli innocenti, Moralità del cieco e dello storpio, Le nozze di Cana, La nascita del giullare, La nascita del villano, Resurrezione di Lazzaro, Bonifacio VIII*.

Unico attore è il giullare che, solo in mezzo alla scena, come un antico cantastorie, recita all'uditorio, vestendo gli abiti di decine di personaggi e dando voce ai potenti e ai poveracci, con l'efficacia e la credibilità di colui che riferisce senza essere il protagonista, ma che, uscendo dal ruolo, esprime la sua opinione.

Prima di procedere alla lettura di *Mistero buffo*, ti proponiamo due passi tratti da interviste rilasciate da Dario Fo a proposito di quest'opera; essi possono servire a meglio illustrare e inquadrare il contesto culturale e l'intendimento con cui Fo l'ha elaborata.

«Nel Medioevo esistevano due culture ben distinte. Quella aristocratica, che non si interessava all'esistenza del popolo, veniva elaborata nelle abbazie, era legata alla tradizione bizantina. A fianco, le collettività popolari hanno potuto elaborare da sole la loro cultura, legata concretamente al lavoro e che si esprime nei canti, nelle danze, nella medicina, nei riti».

«Fin dal Mille, il giullare andava in giro per i paesi, per le piazze a recitare le sue *clowneries*, che erano delle vere e proprie tirate grottesche contro i potenti. Il giullare era una figura che nasceva dal popolo, che dal popolo prendeva la rabbia per ritrasmettergliela, mediata dal grottesco».

Il teatro moderno · Il teatro di narrazione

d'arte: grazie alla grazia di cui solo un poeta aristocratico come lui poteva essere intriso. Tanto da far giungere un tema cosí triviale, cosí rozzo come un dialogo «d'amore carnale», a livelli straordinari di poesia «culta», propria della «classe superiore»!

30 Ecco, dentro questo sforzo di farci passare quest'opera come momento ispirato di un autore aristocratico, ci è capitato dentro quasi tutto, diciamo tutte le capriole e i salti mortali dei sacri autori borghesi dei testi scolastici [...]. Dirò che il primo a fare un gioco di truffa è stato Dante Alighieri. Infatti, piú o meno esplicitamente, nel suo *De Vulgari Eloquentia*, dice con una certa

35 sufficienza che «... d'accordo, c'è pure qualche crudezza in questo "contrasto"[4], qualche rozzezza, ma certamente l'autore è un erudito, un colto».
Non parliamo poi di cosa hanno detto gli studiosi verso il Settecento e l'Ottocento a proposito dell'origine «culta» di questo testo.
[...]

40 A buttare all'aria tutta questa bella impostazione sono arrivati due mascalzoni, nel senso cordiale naturalmente della parola, mascalzoni per la cultura borghese e aristocratica: un certo Toschi e un altro che si chiama De Bartholomaeis[5], due cattolici, per l'esattezza. Costoro hanno combinato una vera e propria carognata, cioè hanno dimostrato che il «contrasto» in

45 questione è un testo straordinario ma opera indiscutibilmente del popolo. Come? Ecco qua, basta farne l'esame. Cominciamo col decifrare per bene cosa dice questa giullarata (poiché quello che parla è giullare[6]). Dice: *«rosa fresca aulentissima ch'apari inver' la state»* [rosa fresca e profumata che appari verso l'estate]. Chi declama questo verso è un gabelliere,

50 piú precisamente uno che come lavoro si preoccupa di ritirare le gabelle[7] nei mercati. Oggi in Sicilia si chiamano «bavaresi» perché pare che l'ultima concessione fosse data da un re borbonico ai bavaresi; ma anticipatamente questi personaggi, che oggi si chiamano, magari, vigili urbani, si chiamavano in un modo abbastanza fantasioso: esattamente gru o grue. Perché?

55 Perché avevano un libro, un registro, attaccato ad una coscia con una cinghia e quando dovevano ritirare i soldi per segnare l'introito e il nome e il cognome di quello che aveva versato il denaro spettante al padrone per la terra data in affitto, si mettevano in questa posizione abbastanza comoda per scrivere, cioè, appoggiavano il piede destro al ginocchio sinistro re-

60 stando in piedi su di una gamba sola, appunto come le gru o gli aironi. Ora questo gru o grue si trova a fare dichiarazione d'amore ad una ragazza. E come il ragazzo, nascondendosi il libro che ha sulla coscia con una falda del mantello o con la sottana, si fa credere nobile e ricco, cosí anche la ragazza, che è affacciata ad una finestra, si fa passare per la figlia del padrone, del

65 proprietario della casa. In verità si tratta di una donna di servizio, forse di una sguattera. Da cosa lo si capisce? Da un'ironia che fa proprio il ragazzo, che ad un certo punto dice: *«di canno* [da quando] *ti vististi lo maiuto* [vestita di maiuto, vestita di saio] / *bella, da quello jorno so' feruto*[8] [ferito]». Il saio era proprio quello dei frati e anche delle suore, ma qui, in

70 verità, il termine è canzonatorio: si allude ad una specie di grembiulone, una «pazienza» appunto, senza maniche, che, essendo naturalmente apprettata[9], evitava alle lavandaie di bagnarsi quando andavano alla roggia[10]. Ora, si sa benissimo in quale posizione si mettano le lavandaie... Oddio, lo sanno le persone che le hanno viste, le lavandaie. Oggi ci sono le lavatrici,

75 cosí una delle cose piú belle della natura non si vede piú. Alludo a quelle rotondità oscillanti in moto che le lavandaie offrivano ai passanti.

---

4. "contrasto": termine con cui viene indicata la struttura dialogica di una composizione poetica medievale di origine provenzale. Anche il testo analizzato qui da Dario Fo è un dialogo tra una ragazza e il suo corteggiatore.

5. Toschi ... De Bartholomaeis: studiosi e critici letterari dei primi decenni del Novecento.

6. giullare: i giullari, molto diffusi nel Medioevo, erano giocolieri e cantastorie che vivevano del loro mestiere di esecutori di testi poetici, di cui talvolta erano anche autori. Essi vagavano per città e villaggi, e si esibivano nelle corti o nelle piazze alternando danze, acrobazie e giochi a recite e canti. I testi che cantavano (vite dei santi, imprese eroiche, leggende, casi dell'inquieta realtà quotidiana) erano affidati alla loro memoria e tramandati oralmente di generazione in generazione.

7. gabelle: imposte che dovevano essere pagate sui beni di consumo quando erano portati da un luogo a un altro.

8. di canno ... feruto: l'intera frase significa «da quando ti sei vestita di saio, o bella, da quel giorno sono ferito».

9. apprettata: cosparsa di una sostanza perché acquisti speciali qualità (consistenza, irrestringibilità, impermeabilità e simili).

10. roggia: fossa o piccolo canale dove si recavano le lavandaie per lavare i panni.

Scuola italiana, *Donna alla finestra*, 1510-1530.
Londra, National Gallery.

Ecco perché il giullare, carogna, dice: «quando ti vidi nella posizione del lavare... quando avevi addosso il saio, di te m'innamorai».

S'innamorò, come dice Brecht, «di quello che il padreterno creò con grazia maestosa», io credo, nel settimo giorno, quello di riposo: giacché gli occorreva tutta la concentrazione possibile per fabbricare tanta perfezione dinamica: il perno di tutto il creato. Dunque: «del tuo perno mi innamorai».

Ora conosciamo l'origine sociale dei due personaggi: la ragazza che millanta la propria posizione aristocratica e il ragazzo che fa altrettanto.

Il ragazzo declama: «rosa fresca aulentissima ch'apari...»: è un linguaggio aulico[11], raffinato, proprio di chi vuol farsi passare per nobile. Egli ne fa una caricatura, ma non fine a se stessa, vedremo poi la vera ragione.

[...]

Ora, andando avanti, si scopre ancora un altro gioco abbastanza brutale del modulo. Continua il testo: «*tràgemi d'este focora, se t'este a bolontate*... fammi uscire da questo fuoco, se hai volontà, ragazza», la prega il giovane. E si sa benissimo come riescano le ragazze a far uscire dal fuoco e dal desiderio i ragazzi, quando ne abbiano volontà: ma qui, non si dice niente... sono cose che non interessano, e si va avanti. C'è subito la risposta della ragazza, che va giú un pochettino a piedi giunti e scopre proprio poca eleganza di modi, infatti si esprime piú o meno cosí: «Puoi andare ad arare il mare e a seminare al vento, con me a fare all'amore non ci arriverai mai. Tutti i soldi, tutti i tesori di questa terra puoi raccogliere, ma non ci sarà niente da fare con me. Anzi, ti dirò di piú, che se tu insisti, io, piuttosto di accettare di fare l'amore con te, *li cavelli m'aritonno*, mi faccio radere i capelli, vado suora, e cosí non ti vedo piú... ah, come starò bene!» E il ragazzo risponde: «Ah sí? Tu ti vai a *aritonnere i cavelli*? E allora anch'io mi faccio tondere il cranio... vado frate... vengo nel tuo convento, ti confesso... e al momento buono... *sgnácchete*!». Lo sgnácchete l'ho aggiunto io[12], ma è implicito.

La ragazza impallidisce e urla: «Ma sei un anticristo, sei un essere vergognoso... ma come ti permetteresti?... Piuttosto che accettare la tua violenza io mi butto nel mare e mi annego».

«Ti anneghi? Anch'io... no, non mi annego: mi butto nel mare anch'io, ti vengo a prendere laggiú, nel fondo, ti trascino sulla riva, ti stendo sulla spiaggia e, annegata come sei, *sgnácchete*! Faccio all'amore».

«Con me, annegata?».

«Sí!».

«Oheau! – esclama la ragazza, con molto candore: – ma non si prova nessun piacere a fare all'amore con le annegate!»

Sa già tutto, naturalmente. Una sua cugina era annegata, è passato uno di

11. **aulico**: ufficiale ed elevato.
12. **l'ho aggiunto io**: è, ovviamente, l'attore che parla in prima persona.

lí, s'è guardato intorno, «Io ci provo... Ha provato... Donnacore! che schifezza... meglio il pescespada!».

130 Ad ogni modo la ragazza profondamente si scandalizza e lo minaccia: «Senti, se tu ti provi soltanto a farmi violenza, io mi metto ad urlare, arrivano i miei parenti e ti ammazzeranno di legnate!».

E il ragazzo risponde sbruffone (non dobbiamo dimenticare che sta recitando il personaggio del ricco aristocratico): «Se i tuoi parenti *trovanmi*
135 che ti ho appena violentata o che ti sto facendo violenza, e che mi posson fare? *Una defensa mèttoci di dumili' agostari* (duemila augustari)».

Cosa vuol dire? L'augustario era la moneta di Augusto, inteso Federico II. Infatti siamo nel 1231-32, proprio al tempo in cui in Sicilia governava Federico II di Svevia. Duemila augustari equivalevano, piú o meno, a set-
140 tantacinquemila lire odierne.

E che cosa è questa *defensa*? Fa parte di un gruppo di leggi promulgate a vantaggio dei nobili, dei ricchi, dette «leggi melfitane», volute proprio da

L'autore

Dario Fo è nato nel 1926 a San Giano, in provincia di Varese. Il padre Felice era un ferroviere socialista, obbligato dal suo lavoro a trasferirsi continuamente da un paesino all'altro, tanto che l'artista ricorda quegli anni come «una fuga in Egitto». Al tempo stesso questi trasferimenti consentirono a Fo di vivere la sua adolescenza in una zona ricca di cultura legata soprattutto alla tradizione popolare dei fabulatori che tanta importanza hanno avuto nella sua formazione. Nel 1945 si iscrisse alla facoltà di Architettura di Brera, dove privilegiò lo studio degli spazi e delle prospettive pittoriche rinascimentali. Lasciò l'Università a sette esami dalla laurea per dedicarsi a quelle attività (attore, scrittore, regista, scenografo, costumista), imprescindibili l'una dall'altra, che hanno fatto di lui, dagli anni Sessanta a oggi, il nostro autore di teatro piú discusso in patria (dal 1962 al 1977 venne addirittura esiliato dalla televisione) e piú rappresentato all'estero. Debuttò, nei primi anni Cinquanta, come comico emergente alla radio; con il gruppo Parenti-Fo-Durano iniziò la sua carriera in teatro con gli spettacoli *Il dito nell'occhio* (1953) e *Sani da legare* (1954), due vere aggressioni al tradizionale «teatro leggero», in cui già si delineava la satira alle ipocrisie e ai pregiudizi della società. Nel 1960 affrontò l'esperienza, rimasta unica, del cinema, come co-sceneggiatore e protagonista del film *Lo svitato*. Tornò definitivamente alle scene con una sua compagnia nel 1957-58, rappresentando un collage di farse sotto il titolo di *Ladri, manichini e donne nude*, seguíto l'anno successivo, da *Comica finale*, una serie di farse ottocentesche tratte dal repertorio dei guitti. Con lui recitava la moglie Franca Rame, figlia d'arte, erede della tradizione del teatro delle marionette e dei guitti girovaghi; da quel momento essa fu costantemente al fianco di Fo, collaboratrice ma soprattutto presenza significativa nelle scelte, non solo artistiche, del marito.

Dal 1959 in poi, Dario Fo produsse le sue opere piú note e rappresentative tra cui *Gli Arcangeli non giocano a flipper*, *Settimo: ruba un po' di meno*, *La colpa è sempre del diavolo*, *Mistero buffo*, *L'operaio conosce 300 parole, il padrone 1000: per questo lui è il padrone*, *Morte accidentale di un anarchico*, *Fanfani rapito*, *Parliamo di donne*.

Nel 1997 è stato insignito del premio Nobel per la Letteratura; nelle motivazioni di Stoccolma è scritto tra l'altro: «Mescolando il riso e le riflessioni serie, Fo non solo ha fatto prendere coscienza degli abusi e delle ingiustizie della vita sociale, ma ha mostrato anche come possano inserirsi in una prospettiva storica piú ampia».

Federico II, per permettere un privilegio meraviglioso a difesa della persona degli altolocati.

Cosí, un ricco poteva violentare tranquillamente una ragazza; bastava che nel momento in cui il marito o i parenti scoprivano la cosa, il violentatore estraesse duemila augustari, li stendesse vicino al corpo della ragazza violentata, alzasse le braccia e declamasse: «*Viva lo 'imperadore, grazi' a Deo!*». Questo era sufficiente a salvarlo. Era come avesse detto: «Arimorta! Attenti a voi! Chi mi tocca verrà subito impiccato».

Infatti chi toccava l'altolocato che aveva pagato la *defensa* veniva immediatamente impiccato, sul posto, o un po' piú in là.

Ecco che la potete immaginare da voi tutta la scena.

Grande vantaggio per il violentatore medievale era dato dal fatto che, allora, le tasche non facevano parte dei pantaloni. Erano staccate: erano delle borse che si appendevano alla cintola, il che poteva permettere una condizione vantaggiosissima dell'amatore: nudo, ma però con la borsa. Perché, nel caso: «Ah! Mio marito!» trac... *defensa*... op... «Arimorta! Ecco i quattrini!». Naturalmente bisognava avere i soldi contati, è logico, non si può: «Scusi, aspetti un attimo... gli spiccioli!... Ha da cambiarmi per favore?». Subito, subito, lí, veloci! Le madri che s'interessavano della salute dei propri figlioli, una madre nobile naturalmente, e ricca, diceva sempre: «Esci? Hai preso la *defensa*?». «No no, vado con gli amici...». «Non si sa mai, magari incontri...».

Ah, perché la *defensa* valeva anche per la violenza a base di coltello. Uno dava una coltellata a un contadino... zac... *defensa*! Che naturalmente era minore, centocinquanta massimo. Se poi ammazzava l'asino insieme al contadino, allora si faceva cifra tonda.

Ad ogni modo questo vi fa capire quale fosse la chiave della «legge» del padrone: la brutalità di una tassa che permetteva di uscire indenni da ogni violenza compiuta da quelli che detenevano il potere. Ecco perché non ce lo spiegano mai questo «pezzo» a scuola.

Mi ricordo che sul mio libro di testo al liceo tutta questa strofa non esisteva, era stata censurata. Su altri testi c'era, ma non veniva mai spiegata. Perché? È logico! Per una ragione molto semplice: attraverso questo pezzo si scopre chi ha scritto il testo. Non poteva essere altro che il popolo.

Fortunato Depero, *Marionette per Balli plastici*, 1916. Milano, Collezione privata.

Il teatro moderno : Il teatro di narrazione

Entriamo nel testo

Le caratteristiche del teatro di Dario Fo

Il titolo di questa opera teatrale nasce dall'accostamento di due termini, il primo dei quali (*Mistero*) è usato nella tradizione letteraria per indicare una rappresentazione sacra popolare, spesso caratterizzata da toni drammatici e patetici, e quindi è dotato di una connotazione di serietà; il secondo termine (*buffo*), invece, è un aggettivo appartenente al campo semantico della comicità e dell'ilarità.

Le tematiche affrontate indicano sempre piú chiaramente l'**impegno sociale e politico** di Fo, sottolineato dall'abbandono dei grandi teatri per le sale di periferia, le cooperative, gli androni delle fabbriche, le università, le piazze. Sul piano letterario, l'uso del **paradosso**, del **luogo comune** stravolto nel significato, lo snodarsi strampalato dei dialoghi e delle situazioni, lo squilibrato prorompere, volutamente fuori misura, del **grottesco**, ricordano Brecht, Pirandello e l'assurdo di Ionesco. Sul piano personale, Fo, giullare e mimo, dissociato robot-manichino del surreale, genio della risata, coinvolge e provoca il suo pubblico alla ricerca della verità.

Per l'elaborazione dei testi, Fo compie una laboriosa opera di ricerca e di confronto con fonti autentiche, quando esistono; piú spesso utilizza spunti tratti da cronache medievali o canovacci originali appartenenti alla tradizione delle sacre rappresentazioni medievali. Fo non rimaneggia i testi, ma la sua operazione artistica è ben piú profonda: egli reinventa i testi, o addirittura li inventa di sana pianta, astraendo storie e personaggi dalla versione ufficiale e cristallizzata della Chiesa per leggerli in chiave di cultura popolare.

Ciò che differenzia questo lavoro teatrale dalle forme del teatro classico non è solo la presenza di un unico attore recitante, che è in grado di rappresentare anche piú personaggi assumendone le rispettive voci e gli atteggiamenti; la peculiarità consiste soprattutto nel fatto che **gli interlocutori** (non solo, quindi, destinatari) della rappresentazione **sono gli spettatori**, ai quali l'attore si rivolge direttamente, non al fine di un coinvolgimento emotivo ma con un intento sottilmente etico e didascalico.

L'enorme successo di quest'opera ha poggiato, al suo comparire sulle scene, da un lato sul plauso convinto di coloro che vedevano in Fo un artista colto e argutamente intelligente, dall'altro sullo scandalo dei benpensanti che lo accusavano di essere irriverente e gratuitamente provocatorio. La lingua dei testi delle scene è quella nobile del teatro delle maschere, il **dialetto**, che qui diventa il «padano», un misto, curioso e geniale, di antico lombardo, veneto, piemontese; le introduzioni, invece, sono in **linguaggio contemporaneo**, in un registro colto ma volutamente chiaro e comprensibile, spesso con accenni di tono colloquiale, in quanto rivolto anche a un pubblico non necessariamente preparato culturalmente.

Esercizi

Competenza trasversale:

a Acquisire ed interpretare l'informazione
b Individuare collegamenti e relazioni
c Comunicare
d Comunicare nelle lingue straniere

- **Comprensione e interpretazione**

1. Nel brano che hai letto puoi trovare elementi per spiegare il titolo dell'opera?
2. Esaminando la parte introduttiva dell'opera, rispondi alle seguenti domande.
   a. A quando risale il termine *mistero*?
   b. Con quale significato il termine è nato?
   c. Che cosa significa *mistero buffo*?

d. Per rispondere a quali esigenze è nato il *mistero buffo*?
e. Esso era una creazione colta e letteraria, oppure è nato e si è diffuso tra le classi popolari?

3. In che cosa consiste la «truffa», di cui l'autore parla nelle righe 21-29, operata nella scuola ai danni degli studenti del liceo e del ginnasio?

4. Nelle righe 65-76 apprendiamo la condizione sociale e il lavoro della ragazza: quali sono le argomentazioni di ciò? E svolgendo quale delle sue mansioni essa ha attratto l'attenzione del corteggiatore?

5. Ti diamo una guida per la divisione in sequenze, indicando le righe relative a ogni sequenza, ciò che devi fare è esprimere il contenuto di ognuna:
- righe 15-22: ....
- righe 23-29: ....
- righe 30-39: ....
- righe 40-45: ....
- righe 46-95: ....
- righe 96-173: ....
- righe 179-181: ....

6. Rispondi alle domande che seguono, utilizzando sia tutte le informazioni che ti abbiamo dato su Dario Fo sia la tua personale capacità elaborativa.
- Lo scopo essenziale dell'autore in questo lavoro va identificato:
  a. nello svago e nel divertimento degli spettatori;
  b. nello stimolo alla riflessione e alla critica personale e libera da pregiudizi;
  c. nella diffusione delle conoscenze sul mondo medievale.
- Il successo di quest'opera è dipeso, a partire dalle sue prime rappresentazioni, da un lato sul giudizio positivo di coloro che vedevano in Fo un artista colto e argutamente intelligente, dall'altro sullo scandalo suscitato dalle tematiche irriverenti e provocatorie nei «benpensanti». Sulla base del brano che ti abbiamo proposto, quali sono le tue riflessioni e opinioni sulle due posizioni critiche?
- Indubbiamente hai rilevato la profonda conoscenza che l'autore ha della letteratura e del mondo medievale: ritieni che essa si manifesti, in quest'opera, come uno sfoggio di conoscenze, oppure come uno strumento per capire meglio gli esseri umani e le loro caratteristiche?

- **Produzione**

a **7.** Nelle righe 49-60 Dario Fo presenta un aspetto della società medievale in cui il testo va inserito. Quali notizie storiche ricaviamo da questo brano?

a **8.** Nelle righe 141-168 veniamo informati su una sorta di prassi giudiziaria dell'età medievale: in che cosa consisteva?

Il teatro moderno | **Il teatro di narrazione**

Marco Paolini e Gabriele Vacis
Il racconto del Vajont

• M. Paolini, G. Vacis, *Il racconto del Vajont*, Garzanti, Milano, 1997

IN SINTESI: Nella parte iniziale l'autore ricorda la sciagura di Stava del 18 luglio 1985, che ha provocato 268 morti, cittadini di Tesero e dintorni. Immediato è il confronto con la terribile disgrazia di circa vent'anni prima che aveva provocato ben 2000 morti: la scomparsa di Longarone a seguito della caduta del monte Toc nel lago formato dalla diga di Vajont. Paolini, che a quei tempi era bambino, ha approfondito negli anni lo studio della tragedia, leggendo sia articoli giornalistici di autorevoli scrittori sia il libro *Sulla pelle viva. Come si costruisce una catastrofe* di Tina Merlin. Si potevano evitare queste tragedie? La responsabilità è soltanto della natura, o anche dell'uomo? Sono le domande che pervadono in sottofondo tutta l'opera.

genere: teatro di narrazione | *epoca:* 1997 | *luogo:* Italia | *lingua originale:* italiano

Quanto pesa un metro cubo d'acqua?
No, no, non preoccuparti di rispondere esattamente. Basta che ci mettiamo d'accordo.
Un metro cubo d'acqua? Mille chili, una tonnellata. Una tonnellata va bene?
5 Le frane le misurano a metri cubi. Il metro cubo è l'unica cosa che resta fissa, perché poi la densità, e il peso, cambiano. Allora bisogna prendere quest'unità di misura, l'unica cosa abbastanza certa, bisogna prendere i numeri, però poi bisogna metterli vicino alle cose, ai nomi, per vedere se scatta qualcosa.
10 Un nome: Stava[1].
Ti dice niente?
Val di Stava, una conca tra Bolzano e Trento. In cima alla Val di Stava, lassú in alto, c'era una diga di terra e dietro c'erano i fanghi, gli scarichi di una miniera Montedison. Dopo che è piovuto un bel po', il 18 luglio 1985 la
15 diga non ce la fa piú: scoppia. Tutto quello che c'è dietro alla diga, 450.000 metri cubi di fango, va giú a spazzare via dalla faccia della terra il paese di Stava e una fetta del paese vicino, Tesero[2]. Duecentosessantotto morti. Quattrocentocinquantamila metri cubi.

1. **Stava**: frazione di Tesero, distrutta nella catastrofe del 1985.
2. **Tesero**: paese della Val di Fiemme.

L'OPERA

Il racconto del Vajont, prima di diventare il libro (pubblicato nel 1997) da cui è tratto il nostro testo, è nato come narrazione orale che Paolini proponeva nelle serate con amici e nelle piazze. L'intento era ed è quello di smentire le dichiarazioni ufficiali e autorevoli dell'epoca, che attribuivano la responsabilità del disastro esclusivamente alla natura, e di sottolineare il coinvolgimento attivo del potere economico connivente col potere politico.

Il disastro del Vajont, che il 9 ottobre 1963 ha completamente spazzato via i paesi di Longarone, Pirago, Rivalta, Villanova e Faè, ha cancellato l'intera civiltà contadina della zona, costringendo i pochi superstiti a lasciare la valle del Piave per trovare lavoro in zone industrializzate. La messa in discussione delle tesi ufficiali si è insinuata nella mente dell'autore dopo la lettura di un libro di Tina Merlin sull'argomento.

Note (colonna laterale)

3. Valtellina: grande vallata situata a Nordest del lago di Como, percorsa dal fiume Adda e con capoluogo Sondrio.

4. Vajont: torrente che scorre nella valle di Erto e Casso per confluire nel Piave; nella sua valle era stata costruita una famosa diga che, a causa di una frana caduta dal monte sovrastante, il 9 ottobre 1963, straripò e distrusse diverse frazioni abitate e travolse Longarone.

5. monte Toc: situato sul confine tra le province di Pordenone e di Belluno, tra la val Gallina, la valle del Piave e la valle del Vajont.

6. olocausto: termine derivato dal greco che anticamente indicava un sacrificio religioso in cui le vittime venivano interamente bruciate; in seguito è stato usato per indicare il sacrificio di molte vittime, e in particolare lo sterminio degli Ebrei nei lager nazisti durante la seconda guerra mondiale. L'uso di questa parola in questo contesto associa le molte vittime della frana del Vajont a quelle delle stragi sacrificali volute dalla volontà umana.

7. nianca: neanche, nemmeno.

Un altro nome: Valtellina[3]. Stesso mese, luglio. Però del 1987. La frana della Valtellina è piú grossa di quella della Val di Stava, è parecchio piú grossa, cento volte piú grossa: 45 milioni di metri cubi di montagna cascano in fondo alla Valtellina a fare uno schizzo lungo due chilometri che cambia la geografia della valle.
Quarantacinque milioni di metri cubi.
E allora un altro nome: Vajont[4]. Ti dice niente Vajont?
9 ottobre 1963. Dal monte Toc[5], dietro la diga del Vajont, si staccano tutti insieme 260 milioni di metri cubi di roccia.
Duecentosessanta milioni di metri cubi.
Vuol dire quasi sei volte piú della Valtellina.
Vuol dire seicento volte piú grande della frana della Val di Stava.
Duecentosessanta milioni di metri cubi di roccia cascano nel lago dietro alla diga e sollevano un'onda di cinquanta milioni di metri cubi. Di questi cinquanta milioni, solo la metà scavalca la diga: solo venticinque milioni di metri cubi d'acqua... Ma è piú che sufficiente a spazzare via dalla faccia della terra cinque paesi: Longarone, Pirago, Rivalta, Villanova, Faè.
Duemila i morti.
La storia della diga del Vajont, iniziata sette anni prima, si conclude in quattro minuti di apocalisse con l'olocausto[6] di duemila vittime.
Come si fa a capire un fatto come questo?
Capire che peso ha avuto, che peso ha?
Dove va a cadere il peso di certi avvenimenti?
Che pressione fanno sulla morale delle persone,
come incidono sui comportamenti di una comunità,
nelle scelte di un popolo?
Quale clima raddensano in un paese?

1. Longarone non c'è piú

Io il 10 ottobre andavo in seconda elementare.
Mi sveglio. Mattina sette e mezzo. Mia mamma piange.
Non avrà mica già litigato con mio papà alle sette e mezzo del mattino?
Non era a casa mio papà.
Mi ricordo il giornale radio: «*Longarone non c'è piú*».
Longarone?
Non avevamo mica parenti noi a Longar... Aspetta, no, aspetta... Ma certo, ero un bambino ma io Longarone me la ricordavo... Eh sí che me la ricordavo: per me all'epoca Longarone era una stazione sulla ferrovia delle vacanze. Perché noi andavamo in vacanza sempre nello stesso posto e quindi io le stazioni le avevo imparate a memoria.
Andare in su, venir in giú, sempre la stessa strada, le stazioni le sapevo tutte... Guarda, diobono, a scendere le stazioni si chiamavano:
Calalzo di Cadore
Tutun-tutun-tutun...
... poi c'era Sottocastello, che c'è un'altra diga, ma il treno, non fermava nianca[7]...
Tutun-tutun-tutun... poi c'era Perarolo...
Tutun-tutun... Ospitale...
Tutun-tutun... Termine...
Tutun-tutun... Castellavazzo...
Tutun-tutun... Longaroneeeee!

Ecco la valle della sciagura: fango, silenzio, solitudine e capire subito che tutto ciò è definitivo. Piú niente da fare o da dire. Cinque paesi, migliaia di persone, ieri c'erano, oggi sono terra e nessuno ha colpa; nessuno poteva prevedere. In tempi atomici si potrebbe dire che questa è una sciagura pulita, gli uomini non ci hanno messo le mani: tutto è stato fatto dalla natura che non è buona e non è cattiva, ma indifferente. E ci vogliono queste sciagure per capirlo!... Non uno di noi moscerini vivo, se davvero la natura si decidesse a muoverci guerra...

Belle parole, potenti... Bellissime! Eh, non sono mica mie... Queste sono le parole di uno dei giornalisti piú importanti della nostra Repubblica: Giorgio Bocca, su «Il Giorno», venerdí 11 ottobre 1963. Mica solo lui. Gli inviati speciali sul luogo della sciagura sono i giornalisti piú importanti del paese. Arrivano la notte stessa, quasi mattina, spaventati come formiche sotto la diga, perché non è mica facile anche solo arrivarci, non è facile anche solo capir dove sei... È solo fango qua... Non sanno neanche piú dove mettere i piedi, perché gli tiran sassi, anche, ai giornalisti... «Via de qua! State pestando la mia casa!». «Via coi piedi che gh'è i morti a cavar su...». E in mezzo a questi signori ce n'è uno di Belluno, e la diga è là, sul confine tra il Veneto e il Friuli, allora per questo signore è diverso... La storia, lui che è di Belluno, la sente piú degli altri. E scrive, ispirato, sul suo giornale:

L'autore

Marco Paolini (nella foto), nato a Belluno nel 1956, fin da giovane ha mostrato uno spiccato interesse per il teatro, a cui è arrivato come attore professionista nel 1976. Successivamente è diventato anche regista, drammaturgo e autore; i suoi testi sono caratterizzati dal coniugare fatti con ironiche trovate teatrali. La sua produzione appartiene al genere di «teatro narrazione», quel genere nel quale un attore non interpreta alcun personaggio, ma ricopre il ruolo di narratore; molti sono i monologhi presenti nelle sue opere, spesso in lingua veneta. Il suo testo piú noto è *Il racconto del Vajont*, che ha vinto nel 1995 il Premio Speciale Ubu per il teatro politico e nel 1996 il Premio Idi per la miglior novità italiana. La sua variegata attività lo ha portato anche al cinema come attore in alcuni film, fra cui *Caro diario* di Nanni Moretti e *Il toro* di Carlo Mazzacurati. Ultimamente ha fondato una società, la Jolefilm, con la quale produce i suoi soggetti teatrali, editoriali e cinematografici.

Gabriele Vacis, nato a Settimo Torinese il 18 ottobre 1955, si è avvicinato al teatro durante gli anni del liceo. Dopo la laurea in Architettura ha portato la sua passione al livello professionale fondando nel 1982 la *Cooperativa Laboratorio Teatro Settimo*. Il teatro della compagnia si è messo presto in evidenza come teatro di innovazione e di avanguardia e il giovane regista Vacis, emerso come figura di spicco per il suo impegno nel «teatro civile», è diventato uno dei primi esponenti del teatro di narrazione con spettacoli come *Il racconto del Vajont*, recitato da Marco Paolini. Nel corso degli anni ha operato intensamente come regista, drammaturgo e regista televisivo, allestendo una serie di spettacoli in molti teatri italiani e per la televisione. Dal 1995 insegna lettura e narrazione orale presso la scuola Holden di Torino e nel 2002 è diventato regista stabile del Teatro Stabile di Torino.

Un sasso è caduto in un bicchiere, l'acqua è uscita sulla tovaglia. Tutto qua. Solo che il sasso era grande come una montagna, il bicchiere alto centinaia di metri, e giú sulla tovaglia, stavano migliaia di creature umane che non potevano difendersi. E non è che si sia rotto il bicchiere; non si può dar della bestia a chi lo ha costruito perché il bicchiere era fatto bene, a regola d'arte, testimonianza della tenacia e del coraggio umani. La diga del Vajont era ed è un capolavoro. Anche dal punto di vista estetico.

Dino Buzzati, è lui lo scrittore, sul «Corriere della Sera», venerdí 11 ottobre 1963.
La diga del Vajont era ed è un capolavoro.
Era ed è?
Come sarebbe *«era ed è»*?
Sí, per forza! Perché la diga del Vajont non era crollata come pareva al primo momento.
No, figurati! Era là, ben salda. Come ha detto Buzzati.

2. Se vuoi diventar grande, leggi libri

L'estate del 1964 il tratto di ferrovia che passava per Longarone era risistemato. E cosí noi abbiamo ricominciato ad andare in vacanza sempre nello stesso posto... Fino a diciassette anni, finché non mi sono divincolato dal giogo fatale delle vacanze di famiglia, io sono andato in vacanza sempre nello stesso posto. E allora vai, in treno, col naso incollato sul finestrino...Tutun-tutun... Perché nel '64, noi, la macchina non ce l'avevamo... Tutun-tutun... E poi vuoi mettere il treno? Il treno è tranquillo, rilassante, lui va e tu ti abbandoni, chiacchieri, leggi, guardi... Il treno non ha pretese di visione totale, non ha certezze assolute... Tutun-tutun... Il treno ha una visione laterale della vita: se sbagli lato, sei fregato... Tutun-tutun... Con il naso incollato al finestrino... «È questa la valle?» Tutun-tutun... «È questa la valle?». «No, 'spetta...» Tutun-tutun... «È questa la valle?». «No, 'spetta...». «Ma quando arriva?». «Longaroneeeee!». Quando il treno arrivava in stazione, per un minuto la vedevi: la diga bianca in mezzo alle montagne nere. E ti montavan dentro due sentimenti: il sentimento delle mamme e il sentimento dei papà. Il sentimento delle mamme si chiamava: «Povera Longaron, povera Longaron, povera Longarone». Era un sentimento per fondamenta: fondamenta senza muri che venivano su in mezzo alla ghiaia del Piave che aveva riempito tutta la valle, e a noi bambini avevano spiegato che sotto quei sassi c'erano ancora i morti, perché non li avevano trovati tutti. E allora io avevo questo sentimento disciplinato a nome «Povera

La diga del Vajont vista da Longarone.

Longaron, povera Longaron, povera Longarone». Però io, bambino, non
140 potevo fare a meno di avere anche un altro sentimento: quello dei papà,
per la diga. Perché era rimasta su. E io, bambino, pensavo: «Ma insomma...
la montagna è cascata, ma la diga ha tenuto! Il suo dovere l'ha fatto. Se
fosse cascata la diga, sarebbe andata peggio, no?». E allora un po' di con-
solazione ti resta dentro. Con questa consolazione qua si diventa grandi.
145 Anche perché poi i maschi... Guardali, a una certa età dello sviluppo, noi
maschi, tutti, davanti a una diga, tutti là: impiantati. Come davanti a una
portaerei, là! Guardaci, noi maschi, a una certa età dello sviluppo, davanti
a una portaerei... Sempre tutti là: impiantati! E non c'entra niente che poi
da grande diventi anche pacifista, e magari fai l'obiettore di coscienza. Non
150 c'entra niente. È che a un certo stadio dello sviluppo, se vedi la portaerei,
qualcosa dentro lo senti...
È che si intuisce che là dentro c'è qualcosa, no?
E cosa c'è?
C'è il segreto del progresso.
155 È il sentimento dei papà. È da Ulisse che ce lo insegnano[8]: «Vai, piccolo!».
Spingersi avanti, imparare, oltre le colonne d'Ercole... «Guarda, guarda l'a-
ereo che decolla...». Man mano che cresci te lo ficcano nel cervello: «Papà,
mi porti all'aeroporto?».
Avanzare, conquistare.
160 «Senti? Senti il rombo? Lo senti cos'è? Questa qui è la Ferrari, lo ricono-
sci?».
E poi: «Vieni, papà, vieni a vedere, c'è Gagarin[9] in televisione!» Juri Gaga-
rin... «Guarda, guarda! L'Apollo 11[10] che alluna[11]!».
La civiltà, il Lem[12], e anche $E = mc^2$, e l'atomo[13]... E davvero viviamo in tem-
165 pi atomici... E Armstrong, Aldrin e Collins[14] ... E superare i limiti: scendere
sotto i nove e novanta[15]! Il progresso...
Non puoi sfuggire, lo insegnano anche a te, il progresso, cosí ti vien voglia
di progredire, in fretta, di crescere, crescere subito.
E come fai a crescere?
170 Leggi libri!
Questo mi dicevano sempre: «Vuoi venire grande presto? Leggi libri».
Ogni viaggio in treno un libro: *I ragazzi della via Pal*[16]. Bello! Letto.
Altro viaggio: *Ventimila leghe sotto i mari*[17]. Bello! Letto.
Altro viaggio, altro libro. *I pirati della Malesia*, *Le tigri di Mompracem*,
175 *Sandokan*[18]. Bello!
E *La perla di Labuan*[19]! Bellissima!
Altro libro, altro viaggio. *Ivanhoe*[20], due volumi. Due viaggi: andata e ritor-
no. Si diventa grandi per forza con *Ivanhoe*!
Dopo arrivano i libri che ti scegli tu, quelli che compri coi tuoi soldi. Il pri-
180 mo: *Siddartha*[21]. Capivo niente la prima volta, ma bello! E poi *Cent'anni
di solitudine*[22]. Bellissimo. Capivo niente tre volte, ma bello, bello, bello!
Un anno, mi ricordo, ho letto anche *Porci con le ali*[23]: una porcheria! Io
non so a cosa serve leggere quella roba là... È che per diventare grande
devi leggere tutto e non puoi saperlo prima se è una porcheria o no.
185 Un anno, alla stazione di Calalzo, suona la campanella, arriva il treno, finite

---

Gagarin, astronauta dell'Unione Sovietica, fu il primo uomo ad andare nello spazio portando a termine con successo la sua missione il 12 aprile 1961.

10. Apollo 11: nome della missione americana nello spazio, che per prima portò un essere umano sulla superficie della Luna, il 20 luglio 1969. Il suo equipaggio era composto da Neil Armstrong (primo uomo a camminare sulla Luna), Michael Collins e Buzz Aldrin.

11. alluna: atterra sulla Luna; il verbo «allunare» è un termine nuovo, creato proprio in occasione della missione dell'Apollo 11.

12. Lem: sigla del modulo di esplorazione lunare (*Lunar Excursion Module*) che indica la capsula del veicolo spaziale usata nel 1969 per trasportare gli astronauti sulla superficie della Luna.

13. $E = mc^2$, e l'atomo: $E = mc^2$ è la formula, elaborata da Albert Einstein, che stabilisce una relazione tra l'energia (*E*) e la massa (*m*) di un sistema fisico; equivale a: Energia = Massa moltiplicato per il quadrato della velocità della luce nel vuoto (*c*).

14. Armstrong, Aldrin e Collins: gli astronauti statunitensi che costituirono l'equipaggio dell'Apollo 11.

15. scendere sotto i nove e novanta: il limite di riferimento da superare nella corsa atletica dei cento metri.

16. *I ragazzi della via Pal*: romanzo di Ferenc Molnár.

17. *Ventimila leghe sotto i mari*: romanzo di Jules Verne.

18. *I pirati della ... Sandokan*: romanzi di Emilio Salgari.

19. *La perla di Labuan*: altro romanzo di Emilio Salgari.

20. *Ivanhoe*: romanzo storico di Walter Scott.

21. *Siddartha*: romanzo di Hermann Hesse.

22. *Cent'anni di solitudine*: romanzo di Gabriel García Márquez.

23. *Porci con le ali*: romanzo di Marco Lombardo Radice e Lidia Ravera (che hanno utilizzato gli pseudonimi Rocco e Antonia).

---

8. È da Ulisse che ce lo insegnano: l'eroe Ulisse, per i Greci Odisseo protagonista del poema *Odissea*, è divenuto tradizionalmente il simbolo dell'uomo che vuol conoscere, sperimentare, progredire, anche a costo della vita.

9. Gagarin: Jurij Alekseevič

24. *Sulla pelle ... del Vajont*: libro di Tina Merlin.
25. *Come si ... regola d'arte?*: la lettura di un testo critico fa sí che nel lettore sorgano le domande ed egli cominci a chiedersi se non esistano realtà sinora insospettate, problemi per i quali trovare le risposte, malefatte mantenute segrete che devono essere portate alla luce.

le vacanze piú noiose della mia vita: «Le ultime vacanze in famiglia: giuro!». Solo che dalla noia avevo letto tutti i libri che mi ero portato... «E adesso, per il viaggio di ritorno, come faccio?». Edicola della stazione. Giallo Mondadori: mai piaciuti. *Urania*: già letto. *Sulla pelle viva. Come si costruisce una catastrofe. Il caso del Vajont*[24]. 190
Vajont? Mi interessa? Non c'è altro... «È in partenza dal primo binario...». Dai, dai, compra il libro, parte il treno... Tutun-tutun... Leggi il libro... *Sulla pelle viva...*
Tutun-tutun... *Come si costruisce una catastrofe...* Tutun-tutun...
Tutun-tutun... Come si costruisce una catastrofe? Ma non hanno costruito 195 una diga?
Tutun-tutun... E la diga non era costruita bene? A regola d'arte?[25]
Tutun-tutun... *La diga del Vajont era ed è un capolavoro...*
Tutun-tutun... *Nessuno ha colpa; nessuno poteva prevedere. In tempi atomici si potrebbe dire che questa è una sciagura pulita, gli uomini* 200 *non ci hanno messo le mani...*
Tutun-tutun... *Tutto fatto dalla natura che non è buona e non è cattiva, ma indifferente...*
«Longaroneeee!».

Entriamo nel testo

La struttura del testo

Marco Paolini è un autorevole esponente del teatro di narrazione e propone al pubblico fatti contemporanei, evidenziando un profondo impegno civile e sociale.
Introduzione: all'inizio l'autore mette al corrente dell'argomento in modo graduale, suscitando un atteggiamento di curiosità e di attesa. Infatti comincia con la disquisizione sul peso dell'acqua e all'improvviso introduce il nome Stava e la data 18 luglio 1985. In un crescendo di tensione racconta il fatto di Stava con accurata attenzione al numero dei morti, poi, quasi naturalmente, emerge il nome Vajont e il confronto tra i morti del Vajont del 1963 e quelli di Stava.
Parte prima: cambia il metodo narrativo (tipico espediente del teatro di narrazione per mantenere viva l'attenzione del pubblico). Infatti Paolini utilizza il *flashback*, ricordando quando, bambino, si recava in treno in vacanza con la famiglia in quella zona, negli anni precedenti la tragedia.

Poi contrappone stralci di articoli di autorevoli giornalisti pubblicati all'indomani del disastro del 9 ottobre 1963, nei quali viene sottolineato che: *la diga del Vajont era ed è un capolavoro*, pertanto non è crollata, *tutto è stato fatto dalla natura*.
Parte seconda: Paolini rappresenta se stesso a 17 anni, sempre sul treno per le vacanze in montagna, con la famiglia. Nella noia di essere ancora in giro con i genitori, per tutte le vacanze si consola leggendo quello che ha portato con sé e terminata la scorta, cerca nuove letture per passare il tempo. A questo punto il libro di Tina Merlin sul disastro del Vajont attira la sua attenzione e gli fa osservare il fatto da un'altra angolazione. Ecco che si insinua il dubbio sulla responsabilità dell'uomo.
Il linguaggio è semplice, discorsivo, adatto a un pubblico eterogeneo. Per entrare nel vivo del racconto, inoltre, Paolini fa largo uso della onomatopea, in particolare *Tutun-tutun-tutun...* spesso ripetuta per indicare la corsa del treno.

Il teatro moderno | Il teatro di narrazione

Esercizi

Competenza trasversale:

 a Acquisire ed interpretare l'informazione
 b Individuare collegamenti e relazioni
c Comunicare
d Comunicare nelle lingue straniere

- **Comprensione e interpretazione**

1. Nell'introduzione, sottolinea le parti che raccontano i particolari delle catastrofi di Stava e del Vajont.
2. Nella prima parte, dopo l'introduzione, quale elemento della narrazione viene utilizzato per catturare l'attenzione del lettore?
3. Di quali autorevoli giornalisti l'autore riporta stralci di articoli?
4. Che cosa insinua nell'autore il dubbio che la responsabilità dei disastri non sia solo della natura?
5. Perché, secondo te, l'autore ha suddiviso il racconto in tre parti? Motiva la tua risposta.

- **Produzione**

6. Perché a tuo avviso il padre ha un atteggiamento quasi di estasi davanti alla diga? Ti sembra un atteggiamento che ritrovi anche nella tua quotidianità? Scrivi le tue considerazioni in merito.

  7. Ricerca con l'aiuto di internet le descrizioni dei fatti accaduti nel 1963 e nel 1985, quindi ponili a confronto. Se il docente è d'accordo, prepara con i compagni un cartellone riportandovi gli esiti delle ricerche.

---

per l'INVALSI con *Eugenio*

1. **In questo testo, scritto per il teatro, quale è la forma testuale prevalente?**
   a. ☐ I dialoghi tra i personaggi.
   b. ☐ Le didascalie a supporto dei dialoghi.
   c. ☐ La narrazione di un personaggio.
   d. ☐ Le didascalie per l'allestimento teatrale.

2. **Nel testo da chi sono raccontate le vicende?**
   a. ☐ Da un narratore esterno in terza persona.
   b. ☐ Dal protagonista in prima persona.
   c. ☐ Da un narratore onnisciente.
   d. ☐ Dal protagonista in terza persona.

3. **Perché il personaggio insiste nel sottolineare, all'inizio del testo, il peso dell'acqua?**
   a. ☐ Per attirare l'interesse degli ascoltatori.
   b. ☐ Per rendere evidente la tragica grandezza delle frane.
   c. ☐ Per attribuire basi scientifiche alla sua esposizione.
   d. ☐ Per introdurre la tematica dell'acqua.

4. **Nella prima parte del testo si parla di tre distinte disgrazie: Val di Stava, Valtellina, Vajont. Riscrivile disponendole nell'ordine di tempo in cui sono accadute, dalla più antica alla più recente.**

5. Nel testo si parla del paese di Longarone e della frana che lo ha travolto. Con quale delle tre sciagure citate nella parte iniziale del testo è collegato Longarone?

....

6. Nella prima sezione del testo il termine «peso» è usato in due diversi momenti, alla riga 6 e alla riga 35. È usato sempre nel suo significato letterale?

- **a.** ☐ No, una volta ha significato letterale, la seconda volta equivale a «importanza».
- **b.** ☐ No, una volta ha significato letterale, la seconda volta indica «preoccupazione».
- **c.** ☐ Sí, è usato sempre nel suo significato letterale e concreto.
- **d.** ☐ Sí, ha sempre un significato figurato e equivale a «importanza».

7. Analizza il significato della frase «Quale clima raddensano in un paese?» (riga 45). A che cosa si riferisce il termine *clima*?

- **a.** ☐ Alle nuvole e alla pioggia.
- **b.** ☐ Ai pensieri e allo stato d'animo delle persone.
- **c.** ☐ All'alternanza delle stagioni.
- **d.** ☐ Al grado di inquinamento dell'atmosfera.

8. Quale esperienza di vita collega il personaggio al paese di Longarone?

- **a.** ☐ Vi abitava da bambino.
- **b.** ☐ Vi andava in vacanza.
- **c.** ☐ Vi abitavano i nonni.
- **d.** ☐ Vi passava con il treno.

9. Prendi in esame le frasi «Mia mamma piange. Non avrà mica già litigato con mio papà alle sette e mezzo del mattino?» (righe 48-49). Esse sono unite da un legame logico. Quale significato risulta da questa unione?

- **a.** ☐ Mia mamma piange perché stamani ha litigato con mio papà.
- **b.** ☐ Mia mamma piange forse perché ha appena litigato con mio papà.
- **c.** ☐ Mia mamma ha litigato di mattina con mio papà e adesso piange per questo.
- **d.** ☐ Non capisco perché mia mamma abbia cominciato di mattina a litigare con mio papà.

10. Prendi in esame la forma «Tutun-tutun...». Facendo l'analisi grammaticale, come definiamo questa forma?

- **a.** ☐ Composta.
- **b.** ☐ Onomatopea.
- **c.** ☐ Sovrabbondante.
- **d.** ☐ Interiezione.

11. Rileggi attentamente il seguente passo: «Cinque paesi, migliaia di persone ... natura che non è buona e non è cattiva, ma indifferente» (righe 70-75). Perché questa sciagura viene definita *pulita*?

- **a.** ☐ Perché non è stata causata dalla bomba atomica, invenzione umana.
- **b.** ☐ Perché non poteva essere prevista e nessuno ne ha colpa.
- **c.** ☐ Perché è stata causata da una diga, costruita per produrre energia pulita.
- **d.** ☐ Perché è stata causata dalla natura, che non è responsabile di quanto accade.

12. Analizza la descrizione che, mediante una metafora, è stata scritta della sciagura del Vajont (righe 90-97). Con la metafora «Un sasso è caduto in un bicchiere, l'acqua è uscita sulla tovaglia» (riga 90) l'autore vuole rappresentare:

- **a.** ☐ il crollo della diga per la pressione dell'acqua e l'inondazione della valle.
- **b.** ☐ l'onda anomala che si solleva dal lago e supera il bordo della diga.
- **c.** ☐ il crollo della montagna nel lago formato dalla diga e la tracimazione del lago.
- **d.** ☐ la marea di fango che si forma dal debordare delle acque e inonda la valle.

Il teatro moderno : **Il teatro di narrazione**

13. Perché viene affermato che «La diga del Vajont era ed è un capolavoro» (riga 96)?
- **a.** ☐ Perché testimoniava la tenacia e il coraggio degli uomini.
- **b.** ☐ Perché era una bella opera di ingegneria.
- **c.** ☐ Perché, nonostante la frana, rimase ben salda.
- **d.** ☐ Perché aveva resistito alla pressione dell'acqua.

14. Quali sono gli autori dei due brani riportati in corsivo per commentare la disgrazia del Vajont?

....

15. Perché nel testo si dice che «il treno ha una visione laterale della vita» (righe 119-120)?
- **a.** ☐ Perché non ha pretese di visione totale né certezze assolute.
- **b.** ☐ Perché è tranquillo, rilassante, lui va e tu ti abbandoni.
- **c.** ☐ Perché ti consente di chiacchierare e leggere.
- **d.** ☐ Perché puoi guardare dal finestrino solo da un lato alla volta.

16. Il protagonista, arrivando a Longarone da bambino, provava soprattutto un sentimento di ammirazione per la diga. Era lo stesso sentimento provato dalle mamme o dai papà?

....

17. Come ingannava il tempo del viaggio verso la sede della vacanza il protagonista?
- **a.** ☐ Guardando il panorama dal finestrino.
- **b.** ☐ Leggendo molti libri.
- **c.** ☐ Ripetendo «Tutun-tutun...».
- **d.** ☐ Andando all'edicola della stazione.

18. Crescendo, il protagonista interpreta la sciagura del Vajont sempre allo stesso modo o comincia a cambiare opinione?

....

19. Che cosa influenza le opinioni del protagonista nella parte finale della narrazione?
- **a.** ☐ La riflessione sui commenti dei giornalisti.
- **b.** ☐ Le discussioni con il padre.
- **c.** ☐ Il titolo di un libro comprato per caso.
- **d.** ☐ Le conversazioni con la madre.

20. La presentazione di questa azione scenica ha lo scopo di stimolare le riflessioni negli ascoltatori. Quale riflessione viene principalmente stimolata dall'insieme del testo?
- **a.** ☐ Di fronte alle catastrofi naturali non ci sono responsabilità, ma solo vittime.
- **b.** ☐ La natura è la sola responsabile delle disgrazie perché gli uomini erigono bene le costruzioni.
- **c.** ☐ Le disgrazie che sembrano naturali nascondono anche un intervento umano errato.
- **d.** ☐ Davanti a una sciagura giornalisti e scrittori nascondono le responsabilità dei politici.

548 Incontro con il testo... ... teatrale

Serena Dandini
Quote rosa

- S. Dandini, *Ferite a morte*, Rizzoli, Milano, 2013

Testo conchiglia:
Vite violate

IN SINTESI: La voce narrante è quella di una donna che è stata uccisa dal marito perché ha suscitato il suo risentimento per essersi affermata più e meglio di lui nel lavoro. Vittima ella stessa degli stereotipi sociali, la donna inizialmente si vergogna e teme addirittura di umiliare il marito mettendolo al corrente del proprio successo. Convintasi infine che i tempi siano maturati, rispetto all'atteggiamento maschilista e possessivo di suo padre verso sua madre, gli rivela tutto cercando di gratificare l'uomo il più possibile. Questo, però, non fa che scatenare in lui reazioni sempre più negative, sfociando in una crisi coniugale sempre più evidente. Finché, senza più argomenti per mascherare la propria inadeguatezza e il proprio senso di inferiorità, il marito la colpisce con un pesante portacenere e la lascia morire senza muovere un dito, sentendosi finalmente il più forte.

genere: teatro di narrazione | *epoca:* 2013 | *luogo:* Italia | *lingua originale:* italiano

1. È più facile ... amministrazione: adattamento dalla frase del Vangelo «è più facile che un cammello passi per la cruna di un ago, che un ricco entri nel regno di Dio» (Marco, 19, 25); qui Gesù vuole indicare che l'attaccamento alla ricchezza impedisce l'entrata nella comunità cristiana più che a un cammello di passare attraverso la *cruna* (il piccolo foro attraverso cui si passa il filo per cucire) di un ago. Non minore la difficoltà che incontra ancora oggi la donna nel fare carriera in un mondo ancora troppo legato a giochi di ruolo maschili.

2. botulino: una proteina che, se presente nei cibi, è causa di avvelenamento e viene utilizzata per usi medici soprattutto oculistici; recentemente è stata adottata dalla medicina estetica e viene iniettata per il miglioramento temporaneo delle rughe di espressione sulla fronte e fra le sopracciglia.

3. vip lounge: propriamente «sala riservata a persone selezionate», si trova in particolare negli aeroporti.

4. a pari curriculum ... meno spendibili: sebbene dotate delle stesse caratteristiche in termini di esperienza, carriera e competenze, le donne ottengono dall'azienda una considerazione inferiore a quella degli uomini e sono ritenute un «patrimonio» di minore valore.

È più facile che un cammello passi attraverso la cruna di un ago che una donna manager entri in un consiglio di amministrazione[1], ma io ce l'ho fatta. Non è stata una passeggiata, sono battaglie che lasciano i segni, ti possono indurire, a volte ti incattiviscono pure.
Questa piega amara sulla fronte, per esempio, prima non ce l'avevo, ma che volete, ogni cosa ha il suo prezzo e se hai i soldi per pagarti un po' di botulino[2] si vede molto meno.
Io appartengo alla generazione di donne che ha rinunciato ai figli per la carriera. Non me ne pento. Ho coltivato delle amicizie meravigliose, mica è detto che una donna per realizzarsi deve per forza essere mamma come dice la pubblicità dei pannolini. Poi tanto ci sono gli uomini che ti scaldano il cuore, io addirittura ho sposato un collega. È bello lavorare spalla a spalla, sentirsi complici e uguali, tonnellate di e-mail da smaltire la sera prima di ritrovarsi finalmente a letto, stessi iPad, stessi orari, stesso stress, stessi iPhone o BlackBerry (c'è sempre qualcuno che preferisce il BlackBerry), stessi viaggi di lavoro, Frecciarossa, wi-fi, stesse vip lounge[3], stessi stipendi... Ecco, finché sono stati gli stessi è andato tutto bene, io ci ho messo un po' a raggiungerlo, si sa, a pari curriculum noi donne siamo considerate meno spendibili[4], meno autorevoli, dobbiamo essere tre volte più brave per ottenere lo stesso risultato, ma alla fine ce l'ho fatta.
Il problema è che poi l'ho superato, ho cominciato a guadagnare più di lui. Non l'ho fatto apposta, anzi mi vergognavo anche un po'... Subito non gliel'ho detto, non so perché, ma dentro di me mi sentivo in colpa, come se superarlo economicamente fosse un affronto alla sua virilità, avevo paura di umiliarlo. Ma poi mi sono detta che il mondo era ben cambiato dai tempi di mio padre che non ha fatto mai lavorare la mamma anche se era laureata, per decoro, per decenza, che non si dica che la sua signora era costretta

a faticare[5]; a lei invece sarebbe piaciuto tanto, ma non l'ha mai contrariato.
Io sí, e cosí ho fatto outing[6] offrendogli un weekend cinque stelle a Parigi[7].

30 Da lí sono iniziati i guai; lentamente, sottilmente, un veleno si è infiltrato
nel nostro rapporto. Io non ero piú cosí simpatica né tanto intelligente
come prima, anzi ogni motivo era buono per assestare un colpetto alla mia
autostima che si sa, nelle donne è già traballante di suo[8]. Piano piano ha
cominciato a colpirmi, prima in privato poi in pubblico, davanti ad amici e

35 colleghi. Un risentimento sordo, un sarcasmo[9] feroce, una critica impietosa
e continua. Non andava mai bene quello che facevo, un match senza esclu-
sione di colpi, anzi un colpo dietro l'altro, fino a quello definitivo, un porta-
cenere di marmo tirato in piena fronte una sera di maggio, appena tornati
da un convegno sui tassi di interesse. Ero ancora viva, poteva salvarmi e

40 invece mi guardava con stupore, immobile, io respiravo a fatica, finalmente
debole e arrendevole.

Mi aveva messo a terra, non voleva farlo ma non aveva piú argomenti per
spiegarmi la sua inadeguatezza, ero cresciuta troppo per lui, non ce la fa-
ceva a starmi al passo, non riusciva piú a reggere il confronto... Si sentiva

45 inferiore e non aveva altra scelta che ricorrere alla forza fisica, in quella era
ancora superiore a me.

Almeno ha vinto l'ultima partita.

---

5. il mondo era ben ... costretta a faticare: viene qui sottolineata una delle grandi differenze generazionali che ha caratterizzato la mentalità borghese. In realtà, come la storia di questa donna dimostra, nel profondo della psiche maschile ancora albergano grosse resistenze verso l'affermazione della donna nel mondo del lavoro.

6. ho fatto outing: espressione di origine americana entrata recentemente anche nel nostro uso linguistico con il significato di «rivelare pubblicamente, uscire allo scoperto».

7. un weekend cinque stelle a Parigi: un fine settimana a Parigi in un hotel lussuoso.

8. un colpetto alla ... traballante di suo: è un'osservazione acuta che sottolinea come, nonostante l'acquisizione di molte forme di parità legislativa, sociale ed economica raggiunta dalle donne, nella profondità del loro animo esse non hanno ancora superato il senso di inferiorità cui sono state condannate in tutta la storia del passato.

9. sarcasmo: è una forma di ironia aspra e amara, rivolta verso qualcuno con la volontà di colpirne l'amor proprio.

L'OPERA

Il testo è tratto da *Ferite a morte*, pubblicato nel 2013. Il volume comprende una prima parte composta da testi teatrali, in cui sono raccolti venti monologhi da recitare sulla scena, e una seconda di natura espositiva e saggistica, costituita da schede che riportano una documentata rassegna sulle violenze esercitate sulle donne in molti paesi del mondo, accompagnata da osservazioni di natura legislativa in tema di pari opportunità e diritti. Tutti i monologhi sono recitati da donne, ognuna delle quali è stata uccisa dal marito, dal compagno o da un familiare; in ogni monologo la parola è data in prima persona a una delle donne vittime, che ripercorrono la propria storia fino alla drammatica conclusione. Come scrive la stessa autrice nell'Introduzione al volume, l'opera è nata dal desiderio di dare voce a donne che nella loro vita sono state poco o per niente ascoltate e che adesso si raccontano, seppure con leggerezza e ironia; in tutte emerge come componente comune la tendenza a giustificarsi e colpevolizzare se stesse per aver provocato la violenza, rivelandosi cosí doppiamente vittime, anzitutto di quella forma di subcultura purtroppo ancora troppo spesso presente nel mondo femminile, dove si tende a giustificare e perfino talvolta a legittimare le reazioni violente degli uomini. Ogni vicenda rappresentata è ispirata da avvenimenti reali; tuttavia l'autrice li ha elaborati al fine di dare vita a storie rappresentative di una problematica complessiva e che sono alla base di fatti di cronaca che si ripetono cosí spesso da aver motivato la creazione del termine «femminicidio», per indicare ciò che è ormai ritenuto un dramma sociale contemporaneo. Il testo teatrale, formato dai monologhi raccolti in *Ferite a morte*, rappresentato in molti teatri italiani e perfino nella sede del Parlamento Europeo, è stato interpretato oltre che da attrici professioniste, anche da donne del mondo del giornalismo, della cultura e della politica, come Lilli Gruber, Lucia Annunziata, Concita De Gregorio, Rita Borsellino.

L'autore

Serena Dandini, il cui nome completo è Serena Dandini de Sylva, è nata a Roma nel 1954. Dopo aver frequentato il liceo classico e aver rinunciato, in seguito, a laurearsi a tre esami dalla conclusione, ha iniziato la sua carriera alla radio alla fine degli anni Settanta; attualmente è una delle nostre piú popolari e apprezzate conduttrici e autrici televisive, nota in particolare per il carattere sperimentale e innovativo delle trasmissioni da lei scritte e condotte, tutte basate su una satira sottile e pungente, sorridente e misurata, mai volgare. Il suo primo grande successo è stato, nel 1988, *La TV delle ragazze*, cui è seguito *Avanzi*, andata in onda per tre stagioni fino al 1993. Tra le produzioni piú recenti, *Parla con me*, il suo primo talk-show che ha visto passare sul suo divanetto rosso anche nomi di fama internazionale come i registi Tim Burton, Martin Scorsese, Quentin Tarantino, l'attore Leonardo Di Caprio, la scrittrice Isabel Allende. Nel 2011 ha esordito nella scrittura, pubblicando *Dai diamanti non nasce niente. Storie di vita e di giardini*, in cui racconta della sua passione per il giardinaggio attraverso aneddoti e citazioni. Tra il 2012 e il 2013 ha messo in scena il suo primo testo teatrale, *Ferite a morte*, ispirato a fatti di violenza sulle donne realmente avvenuti, che nel 2013 è divenuto anche un libro.

Entriamo nel testo

Il contesto sociale

Come unico ornamento al palcoscenico vuoto di oggetti vi è un maxischermo su cui si alternano immagini ed elaborazioni grafiche di numeri e statistiche; come personaggi vi sono figure femminili che, vestite di nero e con le scarpe rosse, si succedono singolarmente sulla scena raccontando ognuna la vicenda tragica e drammatica di una donna che non c'è piú. La semplicità della scenografia fa sí che l'attenzione si incentri sulla voce narrante.

Questo è l'ambiente scenico in cui viene rappresentato il testo che abbiamo letto. In esso viene data voce a una delle tante donne che non possono piú parlare perché hanno perso la vita per mano del proprio uomo, l'uomo amato che si è trasformato in carnefice. È una delle molte storie di donne che hanno subito violenze morali e la distruzione fisica proprio da parte della persona a cui hanno dato amore e da cui si aspettavano amore.

È un fatto singolare che nella società contemporanea, in cui vi è un'altissima sensibilità per i diritti civili e per la parità dei sessi, in cui gli esseri umani esplicano le loro capacità producendo raffinati strumenti tecnologici e affinando la ricerca scientifica, si sia diffusa una tipologia di uomo-maschio moralmente incapace di sostenere il peso delle responsabilità e degli insuccessi. Ne è causa, probabilmente, la caduta della supremazia storicamente consolidata basata sulla superiorità dell'uomo sulla donna; ciò ha tolto al genere maschile il senso della sicurezza che derivava dal fatto di essere socialmente riconosciuto come superiore rispetto al genere «inferiore» delle donne. In famiglia, nel lavoro, nelle manifestazioni sessuali, fino agli ultimi decenni del Novecento, la libertà, la gara delle capacità personali e la scalata al successo erano appannaggio riconosciuto unicamente agli uomini. Nei secoli, mentre le donne vivevano la loro subalternità in modo non passivo, ma sviluppando strumenti di realizzazione alternativi, creando una propria scala di valori e un proprio linguaggio attento ai profili emotivi e affettivi dell'essere umano, la psicologia maschile si è consolidata all'interno di una monolitica visione del mondo, garantita dalla superiorità sul mondo femminile e dalla mancanza di un reale antagonismo con esso. Il procedere del raggiungimento della parità dei sessi ha aperto alle donne il contesto delle attività intellettualmente e socialmente qualificate, ha contrapposto al predominio maschile la presenza di donne spesso piú capaci

e mature proprio grazie alle abilità alternative sviluppate durante i secoli del loro silenzio. Di fronte **a questa trasformazione rivoluzionaria, non sempre gli uomini hanno saputo reagire** e, anzi, sono divenuti psicologicamente fragili e insicuri, ricorrendo per reazione all'unico strumento – la forza fisica e la violenza – cui ancora possono fare appiglio per rivendicare la loro superiorità.
La protagonista della storia che abbiamo letto è vittima di uno di questi uomini, al quale è mancata la capacità di elaborare in positivo i successi della moglie e fare i conti con la sua superiorità lavorativa neppure in nome degli affetti e dell'amore, che ha dimostrato di aver fondato la propria identità unicamente sul senso di dominio, possesso e prevaricazione.

La psicologia dei personaggi
Il personaggio in scena è la moglie, che ripercorre la vicenda attraverso lo sguardo con cui l'ha vissuta; l'intensa drammaticità risulta maggiormente incisiva per il tono usato, che è leggero e velatamente autoironico, senza eccessi emotivi e recriminazioni. Questo racconto suscita interessanti osservazioni sui profili psicologici non solo del marito ma anche della stessa moglie. La figura femminile risulta subito complessa, nell'apparente semplicità: è **consapevole** del difficile cammino che ha percorso per la propria emancipazione, ma al contempo è orgogliosa di avercela fatta, pur pagando a caro prezzo; vuole convincere anzitutto se stessa che anche la rinuncia alla maternità rientra nel conto e che bastano gli uomini a scaldare il cuore. D'altro canto questa sua consapevolezza di avere infranto dei tabù secolari si accompagna a un più o meno inconfessato **senso di colpa** per aver fatto carriera più e meglio del marito. Alla fine prevale in lei il convincimento che tutto sommato *il mondo era ben cambiato dai tempi di suo padre*, e quindi è certa che il marito condividerà con lei la gioia per i suoi successi. Ma ha sopravvalutato l'uomo, che comincia invece a tirare fuori il peggio di sé sotto l'impulso di un sordo risentimento, fino ad arrivare alla violenza fisica: l'unico mezzo per vincere *l'ultima partita* è vedere la moglie ai suoi piedi. L'autrice ci presenta, a ben vedere, che le **vittime** degli stessi pregiudizi e stereotipi sociali in realtà **sono due**: l'uomo, «costretto» a farsi valere con la forza (il che non serve affatto a giustificarlo, ma lo rende ancora più inadeguato e colpevole) e la donna, vittima due volte, dell'uomo e di se stessa, prigioniera di modelli ancestrali a cui è riuscita a reagire con successo sulla scena sociale, ma non fino in fondo nella sua realtà domestica.

Esercizi

- **Comprensione e interpretazione**
1. Quale aspetto della condizione femminile viene mostrato mediante il richiamo alle parole del Vangelo nelle prime righe del testo?
2. Quali «prezzi» di vita ha pagato il personaggio per essersi concentrata sullo sviluppo della carriera?
3. Quale differenza viene messa in evidenza dal personaggio tra se stessa e la madre?
4. In quale modo il personaggio ha comunicato al marito di guadagnare più di lui, invece di ricorrere a un normale colloquio familiare? Per quale motivo, secondo te, ha scelto questa maniera?
5. Le parole «morte» e «uccisione» non vengono usate per indicare la fine della protagonista; descrivi con parole tue il modo in cui si svolge questo evento.
6. La protagonista narra la vicenda con un tono apparentemente leggero e disincantato, ma che lascia trasparire molta sofferenza. Cerca nel testo le spie di questa sofferenza vissuta per superare le difficoltà e nello stesso tempo cercare di salvare il suo rapporto con il marito.

- **Produzione**
7. Prova a raccontare la vicenda dal punto di vista del marito, cercando di mettere in luce tutti i punti oscuri e le fragilità della sua personalità

Testi conchiglia
Un altro modo di leggere

«Le parole del dizionario sono conchiglie, sembrano vuote ma dentro ci puoi sentire il mare»

Erri De Luca

Testi conchiglia

In questa sezione:

- I mille volti di Ulisse
- La folgorante fuga del tempo
- Avidità e avarizia

Quando il testo è una conchiglia

«Le parole del dizionario sono conchiglie, sembrano vuote ma dentro ci puoi sentire il mare». Questa frase dello scrittore Erri De Luca può essere applicata non solo al dizionario, ma al libro in generale, piú specificamente ai testi narrativi e poetici perché ciascuno di essi, come una conchiglia, racchiude in sé la voce del mare, ovvero **un mondo piú vasto** nel quale possiamo immergerci senza paura, spinti dalla voglia di **esplorare e conoscere**.

Quelle parole, quelle righe, aprono la nostra mente e ci conducono lontano, perché, come dice un altro grande scrittore, il poeta turco Nazim Hikmet, «il libro dev'essere vento e aprire le tende».

È con questo spirito che ci accostiamo a un piccolo campionario di testi che ci permettono di uscire dall'ambito della storia che raccontano e ci fanno entrare in altre storie, narrate ora con le parole ora con le immagini, le linee, i colori. Un viaggio attraverso i testi, ma anche attraverso altre forme espressive, che ci aiuta a capire la molteplicità e le innumerevoli sfaccettature della letteratura e dell'arte.

Ci sono due modi per «aprire le tende» e uscire dal testo.

- Il primo è quello che ci viene **suggerito dal testo** stesso quando esso contiene riferimenti espliciti ad altre opere che sollecitano la curiosità del lettore e lo spingono a documentarsi su di esse. Le citazioni, insomma, diventano «parole calde», su cui cliccare per aprire nuove finestre, come in uno di quei viaggi ipertestuali a cui ci hanno abituato i moderni mezzi di comunicazione.

- Il secondo è un itinerario piú raffinato e complesso nel quale svolge un ruolo di primo piano la competenza del lettore. Un testo, infatti, può richiamarne un altro per «affinità tematiche» e questo ancora un altro e un altro, in **un itinerario che il lettore consapevole si costruisce da solo**, sulla base della sua esperienza, e che quindi può variare a seconda delle letture, delle conoscenze, degli interessi individuali.

In entrambi i casi il libro sembra rivolgere al lettore l'invito a porsi in ascolto della voce del mare che la conchiglia racchiude e riecheggia.

Testi conchiglia — Un altro modo di leggere

I mille volti di Ulisse

 Guido Gozzano

Per la biografia di
Guido Gozzano
vedi pag. 266.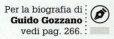

Ulisse fra *yacht* e *cocottes*

• G. Gozzano, *Poesie e prose*, a cura di A. De Marchi, Garzanti, Milano, 1966

IN SINTESI: Giocando a fare il verso a Omero, a Dante e a qualche altro scrittore del suo tempo, Guido Gozzano racconta a suo modo la storia del Re di Tempeste Odisseo che, dopo aver vissuto a bordo di uno *yacht* e aver toccato le spiagge piú alla moda frequentate da allegre donnine, dando un ben deplorevole esempio di infedeltà maritale, ritorna in patria, dove viene perdonato dalla moglie tanto comprensiva. Ma dopo un po' riparte, attratto dal sogno americano, sperando di far fortuna nel Nuovo Mondo. Viaggia attraverso l'oceano, contemplando le stelle dell'altro emisfero, quando all'improvviso vede ergersi un'alta montagna bruna, che però non è lo sperato Eldorado, bensí il Purgatorio, dal quale si leva un turbine che travolge la nave e la fa affondare. Cosí il povero Ulisse finisce all'Inferno, dove ancora si trova.

Forma metrica: il poeta si serve di due tipi di verso: nella cornice narrativo-descrittiva adopera novenari doppi a rima baciata, che conferiscono al testo un tono prosastico e colloquiale; il passo dedicato a Ulisse è invece composto in novenari, legati, sia pure con una certa irregolarità, da rime ora incatenate (ABBA) ora alternate (ABAB).

genere: poesia narrativa   *epoca:* 1907-1910   *luogo:* Italia   *lingua originale:* italiano

Io penso talvolta che vita, che vita sarebbe la mia,
se già la Signora vestita di nulla non fosse per via...

E penso pur quale Signora m'avrei dalla sorte per moglie,
se quella tutt'altra Signora non già s'affacciasse alle soglie.

5   Sposare vorremmo non quella che legge romanzi, cresciuta
tra gli agi, mutevole e bella, e raffinata e saputa...

Ma quella che vive tranquilla, serena col padre borghese
in un'antichissima villa remota del Canavese...

Ma quella che prega e digiuna e canta e ride, piú fresca
10 dell'acqua, e vive con una semplicità di fantesca,

ma quella che porta le chiome lisce sul volto rosato
e cuce e attende al bucato e vive secondo il suo nome:

un nome che è come uno scrigno di cose semplici e buone,
che è come un lavacro benigno di canfora spigo e sapone...

15 un nome cosí disadorno e bello che il cuore ne trema;
il candido nome che un giorno vorrò celebrare in poema,

2. la Signora ... per via: il poeta, che è malato di tisi, sente l'approssimarsi della morte e ne parla con ironico distacco, pur sempre venato di malinconia.
4. quella tutt'altra Signora: l'espressione è sempre riferita alla morte.
6. saputa: colta.
8. Canavese: è una zona del Piemonte, dove il poeta colloca il personaggio della signorina Felicita che troviamo in questa poesia e a cui Gozzano avrebbe dedicato qualche anno dopo un'altra famosa lirica intitolata *La signorina Felicita* (vedi pag. 264).
10. fantesca: è la donna di servizio. La signora Felicita si dedica con semplicità alla cura della casa.
12. e vive secondo il suo nome: vive in una felicità semplice e serena che richiama il suo nome.
14. come un lavacro ... sapone: che sa di buono, di sapone, di canfora e lavanda, le essenze che si usano per profumare la biancheria appena lavata. Il nome Felicita è come un bagno purificatore.
16. il candido nome ... poema: il poeta preannuncia la composizione del poemetto *La signorina Felicita*.

I mille volti di Ulisse

19. il dialogo ferve: la conversazione tra il poeta e i buoni borghesi che frequenterebbero la sua casa di uomo felicemente accasato: il notaio, il farmacista, il sindaco, il parroco. – **donnina che pensa**: donna assennata, attenta al buon andamento della casa.

21. pur nelle bisogna modeste: pur affaccendata in semplici e modeste attività, come appunto sparecchiare la tavola.

22. Re-di-tempeste: è l'appellativo con cui D'Annunzio si rivolge a Ulisse nel lungo poema autobiografico, *Maia*, in cui immagina di incontrare l'eroe greco mentre naviga sulle acque dell'Egeo. Gozzano riporta l'espressione separando le parole con il trattino, in modo da conferirle un tono ironico.

26. col vivere scempio: con uno stile di vita scapestrato. L'aggettivo è ripreso da Dante che lo usa nel canto XVII del *Paradiso* per riferirsi ai suoi compagni d'esilio (la *compagnia malvagia e*

il fresco nome innocente come un ruscello che va:
Felícita! Oh! Veramente Felícita!... Felicità...

[...]

20 Or mentre che il dialogo ferve mia moglie, donnina che pensa,
per dare una mano alle serve sparecchierebbe la mensa.

Pur nelle bisogna modeste ascolterebbe curiosa;
«Che cosa vuol dire, che cosa faceva quel Re-di-Tempeste?»

Allora, tra un riso confuso (con pace d'Omero e di Dante)
diremmo la favola ad uso della consorte ignorante.

25 Il Re di Tempeste era un tale
che diede col vivere scempio
un ben deplorevole esempio
d'infedeltà maritale,
che visse a bordo d'un *yacht*
30 toccando tra liete brigate
le spiagge piú frequentate
dalle famose *cocottes*...
Già vecchio rivolse le vele
al tetto un giorno lasciato,

scempia) che ebbero un comportamento dissennato.

32. cocottes: parola francese con la quale si indicano le

donnine allegre, di facili costumi, ma di alto bordo.

L'OPERA

Il passo fa parte di un componimento molto più ampio, intitolato *L'ipotesi*, in cui il poeta tenta di immaginare come potrebbe essere la sua vita futura se la *Signora vestita di nulla*, come egli chiama la morte, non fosse già in cammino pronta a ghermirlo. Intanto dichiara che avrebbe sicuramente sposato non un'intellettuale cittadina, nutrita di romanzi e conversazioni letterarie, ma una signorina borghese di provincia, una donna semplice e fresca, il cui nome, Felicita, è già una promessa di felicità. Egli trascorrerebbe le sue giornate in una tranquilla casa di campagna, incontrando gli amici di sempre: il sindaco, il notaio, il farmacista, il signor curato. La moglie trafficherebbe in cucina per evitare che la cuoca bruci il dolce e loro intreccerebbero le solite conversazioni. Il discorso poi cadrebbe sulla letteratura, sui versi dei poeti

contemporanei, sulla fama degli antichi eroi, in particolare su Odisseo, il Re di tempeste recentemente rispolverato da un poeta famoso (Gabriele D'Annunzio). La signora, a questo punto, chiederebbe incuriosita notizie di questo personaggio e il marito reciterebbe, *ad uso della consorte ignorante,* la storia di Odisseo adattata al familiare mondo borghese della signora Felicita, *con buona pace d'Omero e di Dante.*
Il componimento è un piccolo capolavoro nel quale si intrecciano serena malinconia e affettuosa ironia: il poeta delinea un delizioso quadretto di vita borghese che risulta tanto più sereno e nostalgicamente rimpianto proprio perché è solo un sogno, un'ipotesi non realizzata e viene osservato con ironico distacco da chi sa di trovarsi già sull'altra riva.

46. della speranza chimerica: della speranza illusoria, irrealizzabile. L'aggettivo deriva dal sostantivo *Chimera* che indicava un mostro favoloso della mitologia greco-latina con la testa e il corpo di leone, una seconda testa di capra che spuntava dal dorso e la coda di serpente. Entrata nel linguaggio comune, la parola ha assunto il significato di «fantasia irrealizzabile».

35   fu accolto e fu perdonato
     dalla consorte fedele...
     Poteva trascorrere i suoi
     ultimi giorni sereni,
     contento degli ultimi beni
40   come si vive tra noi...
     Ma né dolcezza di figlio,
     né lagrime, né la pietà
     del padre, né il debito amore
     per la sua dolce metà
45   gli spensero dentro l'ardore
     della speranza chimerica
     e volse coi tardi compagni
     cercando fortuna in America...
     – Non si può vivere senza
50   danari, molti danari...
     Considerate, miei cari
     compagni, la vostra semenza! –
     Vïaggia vïaggia vïaggia
     vïaggia nel folle volo,
55   vedevano già scintillare
     le stelle dell'altro polo...
     Vïaggia vïaggia vïaggia
     vïaggia per l'alto mare:
     si videro innanzi levare
60   un'alta montagna selvaggia...
     Non era quel porto illusorio
     la California o il Perú,
     ma il monte del Purgatorio
     che trasse la nave all'in giú.
65   E il mare sovra la prora
     si fu rinchiuso in eterno.
     E Ulisse piombò nell'Inferno
     dove ci resta tuttora...

     Io penso talvolta che vita, che vita sarebbe la mia,
70   se già la Signora vestita di nulla non fosse per via.
     Io penso talvolta...

Théo van Rysselberghe, *Vele sulla Schelda*, 1892. Collezione Bruce & Robbi Toll.

La voce del mare

Risulta evidente, anche a una lettura superficiale, che Gozzano ha tenuto presente in questa lirica un famosissimo modello, Dante, che ha utilizzato per capovolgere ironicamente l'immagine tradizionale dell'eroe omerico, il quale, da simbolo dell'ardore di conoscenza, si trasforma in uno scapestrato marito infedele che, volendo scappare in America per fare fortuna, finisce per inabissarsi davanti al monte del Purgatorio. Per realizzare una narrazione cosí sciolta e apparentemente spontanea, il poeta si è servito di due tecniche che richiedono grande padronanza dei mezzi espressivi: l'*intarsio* e il *gioco delle rime*.

Il primo consiste nell'inserire parole o intere espressioni tratte dal canto dantesco di Ulisse o da altri passi della *Divina Commedia* in un contesto linguistico e tematico volutamente basso. Dal contrasto fra i due piani scaturisce un effetto ironico che suscita il divertimento del lettore. Ad esempio, i famosi versi *né dolcezza di figlio, né la pièta / del vecchio padre, né 'l debito amore / lo qual dovea Penelopè far lieta* diventano *né dolcezza di figlio, né le lagrime, né la pietà / del padre, né il debito amore / per la sua dolce metà*. A parte gli altri cambiamenti, l'inserimento della perifrasi *dolce metà*, con la quale viene indicata Penelope, abbassa volutamente il tono riportando il tutto a una dimensione borghese. Allo stesso modo il famosissimo attacco *Considerate la vostra semenza*, divenuto l'emblema della grandezza e del destino dell'uomo, viene volutamente privato della sua solennità da quel bonario inserto, *miei cari compagni*.

La seconda tecnica consiste nell'uso di rime irregolari e imperfette. I versi sono legati ora da rime incrociate, ora da rime alternate, ora non rimano affatto; inoltre le corrispondenze dei suoni sembrano create un po' a casaccio, come se le avesse scritte un principiante. Ad esempio, il sostantivo *semenza* rima con la preposizione *senza* che viene forzatamente staccata da *denari*; *scintillare* rima con *levare* che si trova molto piú lontano. È chiaro che si tratta di artifici volutamente creati dall'autore per dare l'impressione della casualità e della semplicità. Altre volte invece le parole in rima strizzano l'occhio al lettore perché sono tra loro in forte antitesi, come, ad esempio, *vele* e *fedele*.

Un altro mezzo di cui si serve il poeta per abbassare il tono e smitizzare il personaggio è la trasformazione dell'eroe omerico in un *emigrante* in cerca di fortuna. In effetti non si tratta di una scelta casuale, se si pensa che ai primi del Novecento l'emigrazione verso le Americhe raggiunse in Italia i livelli piú alti. Forse un autore diverso da Gozzano avrebbe a questo punto innalzato gli emigranti definendoli degli «Ulisse del Novecento»; il nostro poeta, invece, con un sorriso preferisce abbassare il suo personaggio, liberandolo di tutti i molteplici significati di cui nel corso dei secoli è stato caricato. Certo il finale rimane tragico, come in Dante, ma almeno l'Ulisse di Gozzano ha saputo godersi la vita tra *yacht* e *cocottes*.

Usciamo dal testo

Alle spalle di questo Ulisse borghese e un po' scapestrato si intravede una lunga tradizione letteraria che comincia con l'*Odissea* di Omero e passa attraverso innumerevoli poeti e prosatori italiani e stranieri a cominciare da Dante per arrivare agli scrittori contemporanei. Il viaggio di questo eroe non è mai finito e la sua ombra si proietta su tutta la cultura occidentale, nella quale egli è stato ricordato e celebrato ora come simbolo dell'astuzia e dell'abilità oratoria, ora come eroe della conoscenza, ora come eroe del ritorno. Il mito di Ulisse ha esercitato il suo fascino su Dante e su Foscolo, su Pascoli e su D'Annunzio, su Costantinos Kavafis, e su Alfred Tennyson, su Ezra Pound e su Umberto Saba. Fin qui la poesia, ma anche la prosa, ha reso omaggio al personaggio omerico: pensiamo all'*Ulisse* di Joyce e alla rilettura del viaggio di Ulisse proposta dallo scrittore Vincenzo Consolo nel libro *L'olivo e l'olivastro*.

Noi qui, lasciata da parte la prosa, ci soffermeremo esclusivamente sui testi poetici distinguendoli in due gruppi: quelli che sono esplicitamente richiamati dalla poesia di Gozzano e quelli che non sono presenti nel testo ma si riallacciano comunque al personaggio omerico, di cui offrono interpretazioni differenti a seconda della personalità dell'autore e dell'epoca in cui sono stati composti.

La profezia di Tiresia di Omero (ON LINE)

Il punto di partenza non può che essere Omero, precisamente quel passo dell'*Odissea* in cui si narra della profezia di Tiresia, da cui hanno preso le mosse tutti gli scrittori antichi e moderni che hanno immaginato, ciascuno a suo modo, le vicende dell'eroe omerico successive alla conclusione del poema.

Partito dall'isola di Circe, Odisseo, seguendo i suggerimenti della maga, evoca dall'Ade le anime dei defunti, per poter cosí consultare l'indovino Tiresia morto da tempo. Questi gli predice che, dopo essere tornato in patria, egli dovrà compiere un altro viaggio che si concluderà solo quando giungerà in una terra i cui abitanti mostreranno di non conoscere né il sale né il mare. A quel punto egli dovrà piantare un remo a terra e tornerà definitivamente a Itaca, dove lo coglierà una morte serena lontano dal mare.

Johann Heinrich Füssli, *Tiresia predice il futuro a Ulisse*, 1780-1783. Vienna, Albertina.

L'ultimo viaggio di Ulisse di Dante Alighieri (vedi pag. 127)

Dante è il primo poeta che racconta l'ultimo viaggio di Ulisse. Il personaggio omerico, grazie ai versi danteschi, si è trasformato nell'eroe della conoscenza, che non si arrende di fronte a nessun ostacolo ma che, proprio per questo suo desiderio di sapere, insofferente di ogni limite, trova la morte.

Il re di tempeste di Gabriele D'Annunzio (ON LINE)

Nel poemetto *Maia*, che fa parte delle *Laudi*, D'Annunzio immagina di incontrare, mentre naviga nelle acque del mar Ionio, l'eroe omerico. Ulisse ha i capelli bianchi, indossa una corta tunica e tiene tra le mani la scotta, la corda con cui manovra le vele. Ha con sé solo *l'arco / dell'allegra vendetta*, quello con cui ha ucciso i proci. Il poeta e i compagni gli domandano di accoglierli sulla sua nave, ma Ulisse non li guarda neppure, come se fossero bambini schiamazzanti. Quando però il poeta gli rivolge direttamente la parola, Ulisse lo fissa con uno sguardo penetrante, poi si allontana in silenzio. Quello sguardo, che per un attimo ha avvicinato i due uomini, è il segno di un'ideale affinità tra loro. Il poeta ne trae motivo di orgoglio e la convinzione di essere

anch'egli predestinato a grandi imprese. Si sente perciò ormai definitivamente distante dai suoi compagni.
Basta leggere il testo per cogliere la distanza che separa i versi dannunziani da quelli di Gozzano. All'eroe-superuomo del primo si contrappone l'Odisseo scapestrato del secondo; all'altisonante linguaggio dannunziano, la lingua volutamente quotidiana, ironica e dimessa del poeta piemontese.

A Zacinto di Ugo Foscolo (vedi pag. 48)

Ugo Foscolo nel sonetto *A Zacinto* istituisce un paragone fra se stesso e Ulisse, basato però non su un'affinità eroica, ma sulla diversità del loro destino di esuli. Mentre Ulisse ha potuto baciare la sua *petrosa Itaca*, a Foscolo non sarà mai più concesso di rivedere le sacre sponde di Zacinto. Si coglie nel sonetto la contrapposizione fra l'angoscia dell'uomo moderno e la nobile serenità dell'eroe classico.

Le Sirene di Giovanni Pascoli (vedi pag. 259)

È un Ulisse vecchio e stanco quello che abita i versi del poemetto pascoliano *Le Sirene*. L'eroe, desideroso di rivedere i luoghi delle sue avventure e di comprendere il senso delle sue peregrinazioni e della sua vita, riprende il mare insieme con alcuni dei compagni. Ma nulla è più come prima: una realtà prosaica e priva di fascino gli si presenta davanti. Alla fine la nave si infrange contro due scogli nei quali egli aveva creduto di riconoscere le Sirene e le sue ultime domande rimangono senza risposta.

Itaca di Costantinos Kavafis (vedi pag. 236)

Protagonista dei versi del poeta greco-egiziano Costantinos Kavafis non è Ulisse, bensí Itaca, l'isola amata, la meta ultima del viaggio dell'eroe. Nei versi di Kavafis Itaca non è un'isola vera, è piuttosto la metafora della vita o meglio dell'obiettivo che ciascuno si prefigge di raggiungere nel corso della propria esistenza. Il poeta non attribuisce particolare valore a tale obiettivo, anzi suggerisce di non aver fretta di giungere a destinazione e invita a gustare fino in fondo le infinite possibilità che il viaggio può offrire. A ben riflettere, anche Ulisse si è comportato cosí. Itaca era sempre nella sua mente, ma intanto egli non tralasciava di sfruttare tutte le occasioni di conoscenza e di esperienza che il viaggio gli poteva offrire. È forse per questo, e non per l'ira di Poseidone, che il suo viaggio è durato tanti anni.

Esercizi

1. Prova a individuare nel testo di Gozzano tutti i richiami al modello dantesco; poi scrivi i versi di Dante Alighieri a cui Gozzano si è ispirato e le trasformazioni da lui apportate.
2. Esamina i punti del testo di Gozzano in cui ricorre la tecnica dell'intarsio e spiega di volta in volta come l'autore è riuscito a ottenere l'effetto ironico.
3. Spiega quali significati comunica la rima *vele / fedele* (vv. 33-36) e cerca altri esempi analoghi.
4. Scegli fra i passi proposti quello o quelli che hanno maggiormente suscitato il tuo interesse e presentali in classe, ampliando, se lo ritieni opportuno, la rete dei collegamenti.

Testi conchiglia — Un altro modo di leggere

La folgorante fuga del tempo

Gabriele D'Annunzio
La sabbia del tempo

Per la biografia e l'opera di **Gabriele D'Annunzio** vedi pagg. 230 e 232.

• G. D'Annunzio, *Poesie*, Garzanti, Milano, 1982

IN SINTESI: L'estate volge alla fine e il poeta, mentre fa scorrere oziosamente la sabbia nel cavo della mano, ha improvvisamente la percezione che le giornate si sono accorciate per l'approssimarsi dell'autunno ed è indotto a meditare sulla fugacità del tempo. Ai suoi occhi allora tutto ciò che lo circonda diventa immagine e metafora del tempo che scorre: la mano è un'urna, il cuore una clessidra, un filo d'erba si trasforma nell'inquietante ombra di una meridiana.

Forma metrica: madrigale costituito da tre strofe (due terzine e una quartina) di endecasillabi rimati secondo lo schema ABA – CBC – DEDE.

genere: poesia lirica *epoca:* 1903 *luogo:* Italia *lingua originale:* italiano

Come scorrea la calda sabbia lieve
per entro il cavo della mano in ozio,
il cor sentí che il giorno era piú breve.

E un'ansia repentina il cor m'assalse
5   per l'appressar dell'umido equinozio
che offusca l'oro delle piagge salse.

Alla sabbia del Tempo urna la mano
era, clessidra il cor mio palpitante,
l'ombra crescente d'ogni stelo vano
10 quasi ombra d'ago in tacito quadrante.

---

1. Come scorrea: mentre scorreva.
2. per entro: dentro.
3. il cor sentí ... breve: il poeta avverte che le giornate stanno diventando piú corte perché ormai il culmine dell'estate è passato e si sta avvicinando l'autunno.
4. repentina: improvvisa. – **assalse**: assalí.
5-6. per l'appressar ... salse: per l'avvicinarsi dell'equinozio d'autunno, portatore di piogge, che offuscheranno il colore dorato delle spiagge bagnate dal mare (*salse* vuol dire «salate»). L'equinozio d'autunno, insieme con quello di primavera, è il giorno in cui il dí e la notte hanno la stessa durata, cioè 12 ore. Esso, cade il 23 settembre.
7-8. Alla sabbia ... palpitante: la mano del poeta diventa l'ampolla di vetro nella quale è racchiusa la sabbia della clessidra, mentre il battito del cuore scandisce il passaggio dei granelli di sabbia attraverso la strettoia dello strumento.
9-10. l'ombra crescente ... quadrante: l'ombra di un filo d'erba, che rapidamente si allunga per il calare del sole, è simile all'ago che segna il tempo nel silenzioso quadrante di una meridiana.

La voce del mare

La lirica fa parte di *Alcyone*, il terzo libro delle *Laudi*, piú precisamente rientra nella sezione *Madrigali dell'estate*, un gruppo di dodici componimenti in cui il poeta ripercorre le tappe della stagione estiva, dal suo approssimarsi fino al suo termine.
Il tema centrale di questo madrigale è la percezione del rapido e inarrestabile scorrere del tempo. Esso viene espresso attraverso tre nuclei concettuali: la rapidità del movimento, che si coglie nello scorrere della sabbia fra le dita, la brevità del tempo – si fa piú breve il giorno per il declinare dell'estate –, l'approssimarsi dell'ombra della morte, che si coglie nel susseguirsi, all'interno dell'ultima strofa, di parole che comunicano sensazioni di morte come *urna*, *vano*, *ombra*. Alla fine del componimento le percezioni del poeta si concretizzano in tre oggetti che racchiudono l'idea del tempo e quella della morte: l'urna, la clessidra, la meridiana. Una continua metamorfosi, motivo caro a D'Annunzio, attraversa la lirica: la mano del poeta diventa un'urna, il suo cuore una clessidra, il filo d'erba l'ago di una meridiana, il calore della sabbia lascia il posto all'umido equinozio, il colore dorato delle *piagge salse* si muta nel grigiore delle piogge autunnali. Attraverso questi procedimenti formali, un'esperienza quotidiana e tutto sommato banale, come è appunto lo scorrere della sabbia fra le dita, si trasforma in una situazione carica di significati simbolici. La percezione dello scorrere del tempo provoca ansia e sgomento nell'animo del poeta, ma queste impressioni sono alleggerite dalla musicalità e dalla leggerezza che pervadono il componimento.
È probabile che D'Annunzio nel comporre questa lirica abbia tenuto presente qualcuno dei poeti del Seicento, che spesso usavano la metafora dell'orologio, a polvere, ad acqua o meccanico, per esprimere l'angoscia del tempo che scorre. Ma naturalmente egli non poteva ignorare la lunga schiera di autori che hanno affrontato questa tematica nelle sue mille sfaccettature. Anche se non sono richiamati direttamente nei suoi versi, essi si accampano sullo sfondo e parlano alla mente e al cuore del lettore.

Usciamo dal testo

La fugacità del tempo è un tema caro ai poeti di tutti i tempi: dagli autori classici a Petrarca, da Lorenzo il Magnifico a Shakespeare, dai poeti del Seicento, al Foscolo dei *Sepolcri* per arrivare ai poeti contemporanei. Una varietà di echi culturali a cui è interessante accostarsi, operando però alcune distinzioni. Da una parte, infatti, dobbiamo collocare quei poeti che, come D'Annunzio, si fermano all'angosciosa constatazione dell'inarrestabile fluire del tempo. Dall'altra coloro che, preso atto di ciò, si interrogano sui modi per fronteggiare la naturale corsa dell'uomo verso la morte. Del primo gruppo fanno parte i poeti del Seicento, dell'altro molti di quegli autori che abbiamo incontrato nelle altre sezioni dell'antologia: Catullo, Orazio, Lorenzo il Magnifico, Shakespeare, Foscolo.

Orologio molesto di Ciro di Pers

Il motivo dell'orologio, scelto a simbolo dello scorrere del tempo, è caro ai poeti del Seicento, che amavano scrivere versi partendo da oggetti minimi della vita quotidiana per arrivare all'enunciazione di concetti astratti. Ecco un sonetto di Ciro di Pers, poeta friulano nato nel 1599 e morto nel 1663, interessante esponente della poesia barocca. L'autore descrive un orologio a polvere, in pratica una clessidra, e riflette sul fatto che quella poca polvere, sottratta alla libertà del suo luogo naturale, va misurando il cammino della vita. Sebbene il passaggio della polvere sia silenzioso, i suoi *muti accenti* sono molesti e fastidiosi. Il poeta comunque avverte la morte come liberazione dalla sofferenza e la sente simile alla vita, come afferma nei due versi finali in cui dice che, vivo, si sente fragile come il vetro, morto, sarà come la polvere racchiusa dentro la clessidra. I riferimenti alla sabbia e al vetro della clessidra accomunano Ciro di Pers e D'Annunzio, che appaiono simili anche per la compenetrazione tra uomo e natura, che il primo coglie nella morte, il secondo nella vita.

Poca polve inquieta, a l'onda, ai venti	Poca polvere inquieta, sottratta, nella spiaggia,
tolta nel lido e 'n vetro imprigionata,	alle onde e ai venti e imprigionata in un vetro,
de la vita il cammin, breve giornata,	vai misurando il breve cammino
vai misurando ai miseri viventi.	della vita ai miseri mortali.
Orologio molesto, in muti accenti	Orologio molesto, con parole mute
mi conti i danni de l'età passata,	mi elenchi i danni del passato
e de la Morte pallida e gelata	e conti i passi rapidi e silenziosi
numeri i passi taciti e non lenti.	della Morte pallida e fredda.
Io non ho da lasciar porpora ed oro:	Io non ho porpora e oro da lasciare:
sol di travagli nel morir mi privo;	morendo mi privo solo degli affanni,
finirà con la vita il mio martoro.	insieme con la vita finirà il mio martirio.
Io so ben che 'l mio spirto è fuggitivo;	Io so bene che il mio spirito è labile;
che sarò come tu, polve, s'io mòro,	che sarò come te, polvere, se muoio,
e che son come tu, vetro, s'io vivo.	e che sono fragile come te, o vetro, se io vivo.

Ciro di Pers, *Poesie*, a cura di M. Rak, Einaudi, Torino, 1978

La gioia di vivere: un antidoto al tempo che fugge

Sia Catullo, sia Orazio, sia, parecchi secoli dopo, Lorenzo il Magnifico hanno affrontato il tema della fuga del tempo con la saggezza tipica dei poeti classici e di coloro che alla classicità si ispirano. Essi invitano a fronteggiare l'avanzare inesorabile della morte cogliendo con pienezza e serenità tutto quello che la vita può dare. Viviamo nel presente, ci dicono, senza preoccuparci del futuro su cui non possiamo esercitare alcun controllo.

- *Baci, baci e ancora baci* di Catullo (vedi pag. 342)

    Nel suo carme piú famoso, il poeta latino Catullo, con apparente spensieratezza giovanile, invita la sua Lesbia a dargli cento, mille e ancora mille baci, senza preoccuparsi delle critiche severe di qualche moralista brontolone, perché la vita è una breve luce che sarà ben presto avvolta da un'unica interminabile notte e quindi bisogna gustarne intensamente le gioie prima che tutto finisca.

- *Carpe diem* di Orazio (vedi pag. 64)

    Anche Orazio, circa cinquant'anni dopo Catullo, riprende lo stesso tema, ma in una prospettiva diversa. Con il tono di un uomo saggio e maturo il poeta, rivolgendosi a una sua giovane amica, Leuconoe, che sembra preoccupata del domani, la invita a non cercare di conoscere il futuro. Esso è ignoto e incontrollabile. Meglio accettarlo come verrà e cogliere il piacere dell'ora presente senza affidarsi a ingannevoli speranze. L'espressione *carpe diem* («cogli l'attimo»), ormai entrata nel lessico quotidiano, non va intesa come invito al godimento immediato e superficiale, proprio di chi si abbandona spensieratamente ai piaceri della vita. Essa scaturisce piuttosto dalla constatazione della condizione di precarietà e di impotenza, in cui la brevità della vita pone gli uomini. La saggezza consiste nel limitare le speranze nel futuro su cui non abbiamo alcun potere e nel vivere pienamente l'ora presente considerandola un dono da apprezzare e gustare fino in fondo.

- *Trionfo di Bacco e Arianna* di Lorenzo il Magnifico (vedi pag. 172)

    Riprendendo esplicitamente i modelli classici, Lorenzo de' Medici, abile uomo politico e raffinato intellettuale del Quattrocento, esprime nel canto carnascialesco dedicato a Bacco e Arianna l'invito a godere della giovinezza *che si fugge tuttavia*. Negli stessi versi sono accomunate la consapevolezza della fugacità del tempo e l'esaltazione della giovinezza, età naturalmente destinata alla gioia di vivere e all'appagamento dei desideri.

La folgorante fuga del tempo

Contro il tempo vince solo la poesia

Con William Shakespeare, alla fine del Cinquecento, si passa dalla metafora del tempo che fugge all'immagine del tempo distruttore. Ma il poeta sa di poter fronteggiare con la poesia quest'opera di annientamento. È la stessa conclusione alla quale giungerà dopo molti secoli Ugo Foscolo nei *Sepolcri*. Entrambi celebrano dunque la funzione eternatrice della poesia: il primo in una dimensione più intima e personale, il secondo sul piano storico e civile.

- *O tempo divorante, mozza al leone gli artigli* di William Shakespeare (vedi pag. 177)

  In questo sonetto Shakespeare dapprima supplica il tempo di lasciare intatto il *volto del suo amore* e lo invita a esercitare la sua potenza su tutti gli altri esseri viventi, ma alla fine ribalta la supplica nell'orgogliosa affermazione del potere della parola. È questa la sua rivincita sul tempo divoratore: nulla esso potrà contro la forza della poesia, grazie alla quale egli potrà garantire al suo amore eterna giovinezza.

- *... e l'armonia vince di mille secoli il silenzio* di Ugo Foscolo

  Nell'ultima parte dei *Sepolcri*, dopo aver celebrato la funzione civile delle tombe dei grandi, Foscolo si rivolge alle Muse perché lo aiutino a rievocare i grandi eroi. Egli sa che quando il tempo distruggerà gli ultimi resti delle tombe, solo la poesia potrà salvare e tramandare il ricordo di chi ha dedicato la sua vita ai valori più alti. Simbolo di questa straordinaria funzione attribuita alla parola poetica è Omero, il cantore cieco che ha saputo tramandare ai posteri il valore e la virtù non solo dei vincitori, ma anche dei vinti.

Siedon custodi de' sepolcri, e quando il tempo con sue fredde ale vi spazza fin le rovine, le Pimplèe fan lieti di lor canto i deserti, e l'armonia vince di mille secoli il silenzio	Le Muse siedono a custodia dei sepolcri e quando il tempo con le sue fredde ali spazza via persino le rovine delle tombe, esse allietano con il loro canto quei luoghi ormai deserti e l'armonia della poesia vince il silenzio di mille secoli.

Jacques-Henri Sablet, *Elegia romana o Doppio ritratto nel cimitero protestante di Roma*, 1791. Brest, Musée des Beaux Arts.

Ti auguro tempo di Elli Michler

Concludiamo questa carrellata sul tempo con la lirica della poetessa tedesca Elli Michler tratta dalla raccolta *Dir zugedacht* «Dedicato a voi». L'autrice ribalta la prospettiva che abbiamo fin qui seguito, perché guarda al tempo in positivo e non in negativo. Non ne mette in risalto il continuo fluire, ma lo considera un dono da usare con saggezza per diventare migliori. Il tempo è qualcosa di prezioso, perciò dobbiamo imparare a usarlo non per correre, ma per crescere e maturare, per sperare e amare, per toccare le stelle e per perdonare, per ridere e, soprattutto, per vivere.

Non ti Auguro un Dono qualsiasi
ti auguro soltanto quello che i piú non hanno
Ti Auguro Tempo, per divertirti e per ridere
se lo impiegherai bene, potrai ricavarne qualcosa
Ti Auguro Tempo, per il tuo Fare e per il tuo Pensare
non solo per te stesso, ma anche per donarlo agli altri
Ti Auguro Tempo, non per affrettarti e correre
ma tempo per essere contento
Ti Auguro Tempo, Non Soltanto per Trascorrerlo
ti auguro tempo perché te ne resti
tempo per stupirti e per fidarti
e non soltanto per guardarlo all'orologio
Ti Auguro tempo per Toccare le Stelle
e tempo per crescere, per maturare
Ti Auguro Tempo per Sperare
nuovamente e per amare
non ha piú senso rimandare
Ti Auguro Tempo per trovare te stesso
per vivere ogni tuo giorno, ogni tua ora come dono
Ti Auguro Tempo anche per perdonare
Ti Auguro Tempo
tempo per la vita.

Dir zugedacht di E. Michler, © casa editrice: Don Bosco Verlag, München (Monaco di Baviera), 2012

Esercizi

1. Leggi il sonetto di Petrarca *La vita fugge e non s'arresta un'ora* (vedi pag. 347). Ti sembra che possa in qualche modo ricollegarsi al tema trattato?
2. Leggi la poesia *Itaca* di Costantinos Kavafis. Cogli dei punti di contatto con qualcuno dei componimenti qui citati?
3. Ti capita di riflettere sul tempo che passa? Quali sono i tuoi pensieri e le tue sensazioni?
4. Con quale delle posizioni espresse dagli autori qui citati ti trovi maggiormente d'accordo e perché?

Avidità e avarizia

Molière
L'amore vince sull'avarizia

- Molière, *L'avaro*, trad. di A. Bartoli, Mondadori, Milano, 1960

IN SINTESI: Proponiamo la lettura di una scena iniziale della commedia *L'avaro* dalla quale emerge il carattere del protagonista Arpagone.

genere: commedia   *epoca:* 1668   *luogo:* Parigi   *lingua originale:* francese

ATTO I – SCENA III

ARPAGONE, FRECCIA[1]

ARPAGONE – Fuori di qua, subito e senza replicare! Via, sgomberare di casa mia, fior di briccone, pezzo da forca!
5   FRECCIA – (*fra sé*) Non ho mai visto niente di peggio di questo maledetto vecchio e credo, Dio mi perdoni, che abbia il diavolo in corpo.
ARPAGONE – Che cosa borbotti fra i denti?
FRECCIA – Perché mi scacciate?
ARPAGONE – Tocca proprio a te, furfante, chiedere delle spiegazioni! Esci
10   presto, se non vuoi che t'accoppi.
FRECCIA – Che cosa vi ho fatto?
ARPAGONE – M'hai fatto che voglio tu te ne vada.
FRECCIA – Il mio padrone, vostro figlio, m'ha ordinato d'aspettarlo.
ARPAGONE – Va' ad aspettarlo in istrada e non startene qua, in casa mia, ritto
15   come un piolo, a osservare quello che vi si fa e a profittare d'ogni cosa. Non voglio avere continuamente davanti a me uno che spia le mie faccende, un traditore che con i suoi maledetti occhi stringe d'assedio tutti i miei atti, divora quelle che posseggo e fruga dappertutto per vedere se c'è qualcosa da rubare.
FRECCIA – Come diavolo volete che si faccia a derubarvi? O siete un uomo
20   derubabile, voi, se tenete tutto chiuso e state di sentinella giorno e notte?
ARPAGONE – Sono padrone di chiudere quello che mi pare e di fare la sentinella come mi garba. Guarda lí, questi spioni, che stanno attenti a tutto quello che si fa! (*Fra sé*) Ho una gran paura che abbia sospettato qualcosa del mio denaro. (*Forte*) Saresti anche capace d'andar spargendo la voce
25   che ho del denaro nascosto in casa[2]?
FRECCIA – Avete del denaro nascosto?
ARPAGONE – No, briccone, non ho detto questo! (*Fra sé*) Che rabbia! (*Forte*) Ti chiedo se, per malizia, andrai a spargere la voce che ne ho.
FRECCIA – Che m'importa se ne avete o non ne avete, quando per me è lo stesso?
30   ARPAGONE – (*alza la mano per dargli un ceffone*) Vuoi anche ragionare? Ti farò uscir dal capo questi ragionamenti! Ancora una volta, esci di qua!
FRECCIA – Ebbene, sí, esco.

---

1. FRECCIA: è il servitore di Cleante e nel corso della commedia si adopera attivamente in favore del giovane padrone. Pur non essendo uno dei personaggi principali, rappresenta un elemento fondamentale alla creazione degli equivoci che caratterizzano la trama. Il nome che l'autore gli ha attribuito indica già una caratteristica del personaggio, che agisce in modo rapido e sottile come una freccia.

2. Saresti anche ... casa: Arpagone, che ha la mente rivolta al suo tesoro nascosto, ne parla a sproposito; è il sistema giusto per ingenerare anche in chi non lo ha il sospetto di *denaro nascosto in casa*.

ARPAGONE – Aspetta: mi porti via niente?
FRECCIA – Che cosa volete che vi porti via?
ARPAGONE – Aspetta, vieni qua, che veda. Mostra le mani.
FRECCIA – Eccole.
ARPAGONE – Le altre.
FRECCIA – Le altre?
ARPAGONE – Sí.
FRECCIA – Eccole.
ARPAGONE – (*indicando i pantaloni di Freccia*) Non hai niente là dentro?
FRECCIA – Guardate voi.
ARPAGONE – (*tastando i calzoni di Freccia*) Questi calzoni sono fatti apposta per diventare dei nascondigli della roba rubata! Bisognerebbe impiccare qualcuno...
FRECCIA – (*fra sé*) Ah! Gente come questa se lo meriterebbe! Che gusto proverei a derubarlo!
ARPAGONE – Eh?
FRECCIA – Come?
ARPAGONE – Cosa parli di derubare?
FRECCIA – Dico che state frugando ovunque per vedere se vi ho derubato.
ARPAGONE – È quello che voglio fare. (*Gli fruga le tasche*)
FRECCIA – (*Fra sé*) Accidenti all'avarizia e agli avari!
ARPAGONE – Come? Che cosa dici?
FRECCIA – Che cosa dico?

L'OPERA

Il testo è tratto da *L'avaro*, commedia in prosa in cinque atti, scritta e rappresentata da Molière a Parigi al Palais Royal il 9 settembre 1668 e poi pubblicata nel 1669, sotto il regno di Luigi XIV, chiamato il Re Sole.
Protagonista della commedia è il vecchio avaro Arpagone. Allo scopo di tenere per sé le sue ricchezze, egli ha stabilito che suo figlio Cleante sposi una ricca vedova e che sua figlia Elisa sposi l'anziano marchese Anselmo che, essendo già molto benestante, ha rinunciato alla dote. Tuttavia, di nascosto dal padre, Elisa ama Valerio, un giovane ricco che ha perduto i genitori e che, per starle vicino, si è fatto assumere come valletto in casa di Arpagone. Anche Cleante è innamorato di una fanciulla povera e orfana di padre, Marianna, e dispera che il padre gli permetta di sposarla, tanto più che anche lo stesso Arpagone ha messo gli occhi su di lei. Il figlio è sempre in lite con il padre, che lo tiene a corto di denaro, cosicché cerca di ottenere tramite un mediatore un prestito da un usuraio, finché, inaspettatamente, scopre che l'usuraio è proprio suo padre.
Frattanto Arpagone, che teme sempre che tutti lo vogliano derubare e truffare, vive in continuo timore per una cassetta contenente diecimila scudi d'oro che ha sotterrato in giardino. Il servo di Cleante, Freccia, la scopre e la ruba per consegnarla al giovane padrone affinché la usi come merce di scambio con il padre per avere Marianna. Da questo momento la vicenda si snoda attraverso un susseguirsi di intrighi e di equivoci che si sciolgono felicemente nella conclusione. Gli innamorati si sposano e Arpagone ritrova la sua cassetta. Nell'insieme la commedia assomiglia a una favola a lieto fine, adatta a un pubblico che nella rappresentazione teatrale ricerca lo svago e il divertimento; non vi manca neppure un ingrediente tradizionale delle trame romanzesche e teatrali, l'*agnitio*, ovvero il «riconoscimento» finale come elemento risolutore di una vicenda intessuta di peripezie. La commedia – come indica anche il titolo – ruota intorno alla figura di Arpagone, che viene caratterizzato come avaro anche mediante il nome, il cui tema è di origine greca e si collega al verbo *arpàzo*, «afferrare, rapinare».

Avidità e avarizia

ARPAGONE – Sí, che stai dicendo di avarizia e di avari?
FRECCIA – Dico accidenti all'avarizia e agli avari.
ARPAGONE – Di chi vuoi parlare?
FRECCIA – Degli avari.
60 ARPAGONE – E chi sarebbero questi avari?
FRECCIA – Dei villani e degli spilorci.

L'autore

Molière, pseudonimo di Jean-Baptiste Poquelin, nacque a Parigi nel 1622 in una famiglia di agiati artigiani; suo padre ricopriva la carica di «tappezziere reale». Quando aveva dieci anni perse la madre, episodio che influí sul suo carattere malinconico; tuttavia visse la sua fanciullezza nel quartiere parigino delle Halles, a contatto con la vivacità e l'animazione popolare, il lavoro accanito e la varietà della realtà umana. Compí gli studi in scuole piú prestigiose di quelle destinate ai figli degli altri commercianti e portò a termine lo studio del diritto. Attratto dalla professione teatrale, che a quei tempi era considerata scandalosa, abbandonò la carriera di avvocato e divenne attore, assumendo lo pseudonimo di Molière per non infangare il nome del padre. Nel 1643 fondò una compagnia teatrale che si sciolse dopo un anno a causa dei debiti accumulati; finí anche in prigione e ne uscí grazie al padre che pagò per lui.

Seguirono lunghi anni di peregrinazioni in provincia, durante i quali maturò la sua attività di attore e di autore dei testi; importante fu anche il contatto con i comici italiani della «commedia dell'arte», che allora animavano le piazze e i teatri di tutta l'Europa.

Nel 1658 la compagnia di Molière giunse a Parigi, dove ottenne la protezione del duca di Orléans, fratello del re; lo stesso re Luigi XIV, divertito dalla rappresentazione di una farsa scritta da Molière, *Il dottore amoroso*, autorizzò la compagnia a lavorare in un teatro. Iniziarono gli anni del successo di Molière come autore di testi teatrali, che comprendevano sia commedie leggere e brillanti, come *La scuola delle mogli* e *L'avaro*, sia opere piú impegnate, come *Don Giovanni o Il convitato di pietra* e *Il misantropo*.

Nacquero anche alcune inimicizie nei suoi riguardi, da parte di alcuni che si sentivano messi in ridicolo nei suoi personaggi.
Il 17 febbraio 1673, mentre stava recitando il suo *Malato immaginario* nel teatro del Palais Royal di Parigi, ebbe una crisi dovuta alla tubercolosi che lo affliggeva da anni e morí poche ore dopo. Nacque da qui la superstizione di non indossare, in Francia, il verde in scena, in quanto egli indossava un abito di questo colore. Esisteva allora il divieto di seppellire in terra consacrata gli attori: per intercessione del re, fu sepolto nel cimitero di Saint-Eustache, ma a una profondità di piú di quattro piedi, misura che fissava l'estensione in profondità della terra consacrata.

Oggi la tomba di Molière si trova nel famoso cimitero parigino di Père-Lachaise.

Tra le numerose opere teatrali di Molière ricordiamo, oltre a quelle già citate, *Le preziose ridicole*, *Tartufo*, *Il medico per forza*, *Il borghese gentiluomo*, *Le furberie di Scapin*, *Le donne saccenti*.

L'aspetto principale che emerge nell'opera di Molière è la sua grande abilità di tratteggiare i caratteri dei personaggi che appaiono sulla scena arricchiti di sfumature psicologiche e che non diventano mai semplici caricature dei tipi umani.

Nelle sue commedie l'autore non mira soltanto a offrire un'occasione di divertimento per gli spettatori ma, attraverso la rappresentazione satirica e umoristica delle caratteristiche e dei difetti umani, intende denunciare l'ipocrisia e la falsità nei rapporti umani che regna nella società dei suoi tempi, ed esprime l'esigenza di un rinnovamento morale. Nella presentazione del *Tartufo* scrive: «Il compito della commedia è quello di correggere gli uomini divertendoli, e perciò ho pensato che non avrei potuto fare nulla di meglio che muovere guerra ai vizi del nostro tempo dipingendoli in modo ridicolo».

3. *farsetto*: un particolare tipo di giacchetta usata fino al XVIII secolo.

Arpagone – E con questo, a chi vuoi alludere?
Freccia – Perché ve la prendete?
Arpagone – Me la prendo perché debbo prendermela.
Freccia – Credete che parli di voi?
Arpagone – Credo quello che credo; ma voglio che tu mi dica a chi ti rivolgi quando parli cosí.
Freccia – Mi rivolgo... mi rivolgo al mio cappello.
Arpagone – Ti darò io quello che meriti.
Freccia – Volete impedirmi di maledire gli avari?
Arpagone – No, ma di chiacchierare e di fare l'insolente. Fa' silenzio!
Freccia – Io non nomino nessuno.
Arpagone – Se parlerai ti legnerò.
Freccia – Chi ha la rogna, se la gratti.
Arpagone – Vuoi star zitto?
Freccia – Sí, per forza.
Arpagone – Ah! ah!
Freccia – (*indicando una tasca del farsetto*[3]) Guardate: qui c'è un'altra tasca; siete soddisfatto?
Arpagone – Su, rendimelo senza che ti frughi.
Freccia – Che cosa?
Arpagone – Quello che m'hai preso.
Freccia – Io non vi ho preso un bel niente.
Arpagone – Davvero?
Freccia – Davvero.
Arpagone – Addio. Va' al diavolo.
Freccia – (*fra sé*) Ho avuto ma bel congedo!
Arpagone – Ora, almeno, la responsabilità è tutta tua.

La voce del mare

La figura di Arpagone è certamente ispirata al personaggio di Euclione, protagonista della commedia *Aulularia* del latino Plauto. L'avaro di Molière è tuttavia inserito in una trama e in un contesto sociale che rendono questa commedia piú ricca di temi e maggiormente approfondita nella presentazione psicologica ed emotiva dei personaggi. Inoltre l'autore tocca alcuni problemi sentiti nella società del suo tempo, come il rapporto tra padri e figli e il diritto dei giovani di prendere decisioni importanti per la propria vita.
La trama è avviata dal tema dell'amore dei due giovani, che viene contrastato dall'egoismo del padre, il quale intende determinare anche le scelte di vita dei suoi figli solo per tutelare le proprie ricchezze. Lo scioglimento finale avviene quando si scopre che Marianna e Valerio, i due giovani amati rispettivamente da Cleante ed Elisa, sono possessori di una cospicua eredità.

Usciamo dal testo

I termini *avarizia* e *avaro* enunciano un concetto già presente nelle opere degli antichi scrittori e spesso ricorrente nei secoli seguenti. L'avarizia è basata sull'attaccamento al denaro e sul desiderio smodato di possederne; essa si accompagna a una disposizione d'animo orientata unicamente in questa direzione e socialmente mal considerata. Già nel VI secolo a.C. Esopo, in una sua favola (*La formica*), aveva raffigurato l'avarizia tramite la formica, connotando l'animale con tratti del tutto negativi:

Avidità e avarizia

Un tempo, quella che oggi è la formica era un uomo che si dedicava all'agricoltura e, non contento del frutto del proprio lavoro, provava invidia per quello degli altri e rubava il raccolto dei vicini. Sdegnato della sua avidità, Zeus lo trasformò in quell'insetto che chiamiamo formica; ma esso, pur avendo mutato la sua natura, non mutò il comportamento: infatti anche oggi gira per i campi, raccoglie il grano e l'orzo altrui e li mette in serbo per sé.
La favola mostra che chi è cattivo di natura, anche se è gravemente punito, non cambia il proprio comportamento.

Prima che la formica venisse contrapposta alla cicala per dimostrare il valore dell'avvedutezza nel prepararsi alle incognite del futuro, Esopo attribuisce all'uomo che diverrà formica una «natura cattiva» e caratteristiche negative tali da meritare la punizione divina: il non accontentarsi di ciò che si possiede, l'invidia per il benessere e le ricchezze altrui, il rubare per possedere sempre di piú. L'avarizia è, comunque, un concetto complesso; essa si manifesta in due modi simili e talvolta coesistenti nello stesso individuo, ma non identici tra loro:
• la smania di possedere sempre piú denaro, che definiamo «avidità» o «cupidigia»;
• l'avversione a separarsi dal denaro posseduto, che definiamo con i termini «taccagneria», «tirchieria», «spilorceria».

È una differenza che già aveva messo in luce lo scrittore e filosofo vissuto ad Atene nel IV secolo a.C. Teofrasto, che nella sua opera *I caratteri* ha distinto lo spilorcio dall'avaro. Al primo attribuisce comportamenti che indicano l'ansia di non consumare il proprio denaro: ricercare disperatamente per casa pochi centesimi perduti, offrire agli ospiti un pranzo ma mettendo in tavola pezzetti piccolissimi in modo da far mangiare poco, battere la porta in faccia a chi chiede qualcosa in prestito. Descrive, invece, l'avaro come affetto da «cupidigia di turpe guadagno», cosicché vende il vino annacquato anche agli amici, cerca sempre di non restituire i prestiti, compie le azioni piú meschine per ottenere benefici e vantaggi a spese altrui. Nel complesso, lo spilorcio e l'avaro si comportano in modi non dissimili, ma, mentre lo spilorcio è maggiormente teso a non spendere e a tale scopo orienta la propria vita familiare e privata, l'avaro tende ad accumulare soldi a spese altrui e della collettività, anche con l'intento di potenziare la propria immagine sociale.
Al di là di questa distinzione concettuale, tuttavia, spesso l'avarizia convive con l'avidità, come dimostrano anche i protagonisti di famose opere teatrali e letterarie.

👆 *È una pentola o una ragazza* di Plauto (vedi pag. 424)
Molte sono le affinità tra Arpagone e Euclione, il protagonista dell'*Aulularia* di Plauto: entrambi possiedono un tesoro segreto che viene loro sottratto; entrambi instaurano un dialogo con il giovane aspirante genero basato sul doppio senso tra il tesoro sottratto e l'amore della figlia. Tuttavia, Arpagone presenta un risvolto nuovo e piú rappresentativo della sua epoca: è anche avido e teso a valutare la realtà in termini economici. Egli non solo accumula denaro mediante la pratica dell'usura, ma pianifica il matrimonio del figlio in funzione del vantaggio economico e il matrimonio della figlia in modo da non avere spese e non produrre una dote. L'avaro di Molière si muove in una società mondana e leggera, un mondo basato su valori economici e non affettivi che gli permette di considerare i figli come un patrimonio da gestire per accrescere il proprio capitale.

👆 *Il misantropo* di Menandro (vedi pag. 414)
Il protagonista, Cnemone, non è caratterizzato dall'avarizia di denaro, ma da un'altra forma di avarizia: quella dell'animo, che lo spinge a rifiutare il contatto umano e a comportarsi in un modo sterilmente ruvido e comicamente scorbutico.

👆 *Il mercante di Venezia* di William Shakespeare (vedi pag. 433)
Opera intellettualmente e letterariamente raffinata, in un contesto storico-sociale dominato dalle dinamiche economiche, presenta il personaggio di Shylock come esempio singolare e potente della capacità del denaro di inquinare i rapporti umani fino a togliere valore alla vita stessa.

Canto di Natale di Dickens (volume di *Narrativa e testi non letterari*)
Il racconto, insieme realistico e fantastico, è incentrato sulla figura di Ebenezer Scrooge, un avaro egoista e insensibile di fronte alla miseria e ai problemi del prossimo, al quale appaiono, nella notte di Natale, i fantasmi del passato, del presente e del futuro. Attraverso le immagini che gli vengono presentate, e soprattutto quella della prospettiva di una morte squallida e solitaria, Scrooge subisce un profondo sconvolgimento dell'animo e una sorta di conversione, abbandonando l'inveterata avarizia e riscoprendo la gioia dei rapporti umani e della generosità.

La morte di Grandet di Balzac (volume di *Narrativa e testi non letterari*)
Il personaggio di Monsieur Grandet è perfettamente costruito come emblema dell'individuo dominato dall'ossessione di accumulare denaro, al quale non esita a immolare anche i piú preziosi valori affettivi e familiari. Mediante questa figura Balzac mette a nudo le tremende conseguenze a cui possono portare la caccia al profitto e il culto del denaro.

La roba di Verga (volume di *Narrativa e testi non letterari*)
In maniera drammatica e patetica, Mazzarò, il protagonista della novella verghiana, di fronte all'ineluttabilità della morte e all'impossibilità di portarsi la «roba» con sé, sfoga la propria disperazione con una reazione insensata e assurda.

... zio Paperone di Walt Disney
Personaggio dei fumetti prodotti da Walt Disney, ideato da Carl Barks nel 1947, è chiaramente ispirato alla figura del protagonista del *Canto di Natale* di Dickens: non a caso il suo nome originale è Scrooge McDuck o Uncle Scrooge (Zio Scrooge).

Zio Paperone si tuffa fra i dollari, 1952-1954.

Avidità e avarizia

Morte di un avaro di Hieronymus Bosch

Questa tavola del pittore olandese Hieronymus Bosch, dipinta alla fine del secolo XV, ha un intento morale. Colpisce infatti l'avarizia e l'attaccamento al denaro che si andava diffondendo nelle ricche città mercantili del Nord Europa.

Sul letto di morte, l'avaro viene posto nella condizione estrema della scelta tra il Bene e il Male: mentre la Morte che si affaccia alla porta è pronta a colpirlo con la sua lancia, da un lato, gli sta accanto l'angelo che gli indica la via del Bene, indirizzando il raggio di luce verso il crocifisso, dall'altro, sbucando sotto una tenda, il demonio gli porge con un sacchetto di denaro per trascinarlo verso la perdizione. Popolano la stanza vari piccoli demoni, sul baldacchino e sotto il baule. Seguendo una tecnica narrativa che accosta momenti temporali diversi, l'uomo in primo piano rappresenta lo stesso avaro piú giovane, mentre sgrana il rosario e insieme ripone nella cassa il denaro e altri oggetti ricavati dall'attività di strozzinaggio. Nel suo complesso l'opera mostra come l'accumulazione di beni sia un male e come la vanità del possesso della ricchezza emerga in tutta la sua evidenza davanti all'ineluttabilità della morte.

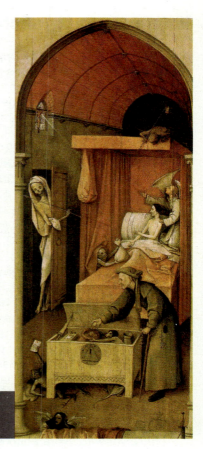

Hieronymus Bosch, *Morte di un avaro*, 1490-1500. Washington, National Gallery of Art.

Esercizi

1. Ponendo a confronto i due personaggi di Arpagone ed Euclione, completa lo schema seguente ponendo una croce su **Sí** se ritieni le affermazioni corrette, su **No** se le ritieni errate.

	Sí	No
a. Sono due avari che pensano solo a difendere la ricchezza posseduta.	☐	☐
b. Euclione è avaro solo allo scopo di proteggere il tesoro che possiede.	☐	☐
c. Entrambi progettano un matrimonio di convenienza per la figlia.	☐	☐
d. Sono entrambi avidi e desiderosi di arricchirsi sempre piú.	☐	☐
e. Arpagone non è solo avaro ma anche avido di accumulare altre ricchezze.	☐	☐
f. Il tesoro di Euclione deriva dalla fortuna, quello di Arpagone è accumulato mediante pratiche economiche.	☐	☐

2. Soffermandoti sul personaggio di Freccia, ponilo a confronto con la Stafila dell'*Aulularia*; esponi in una breve relazione le somiglianze e le differenze che caratterizzano i due personaggi.

3. Esaminando i vari personaggi caratterizzati dall'avidità e/o dall'avarizia che hai incontrato in queste letture, indica per ognuno se e in quale misura il loro comportamento sia stato dannoso nei riguardi delle persone che li circondano. Spiega le motivazioni su cui si basa la tua risposta.

4. Tra le storie che ruotano intorno ad avari che hai letto, quale ti ha particolarmente colpito e perché?

5. Prova a scrivere un racconto che abbia per protagonista un avaro.

Referenze fotografiche

White Images/Scala, Firenze: pp. 2, 105, 481, 563 – W. Hauptman, *Impressions du Nord. La peinture scandinave 1800-1915*, 5 Continents editions, Milano, 2008: pp. 4, 253 – *Edvard Munch 1863-1944*, Skira editore, Milano, 2013: p. 5 – *La Grande Storia dell'Arte. Il Medioevo*, vol. 2, E-ducation.it, Firenze, 2005: p. 11 – F. Pellegrino, F. Poletti, *Episodi e personaggi della letteratura*, «I Dizionari dell'Arte», Electa Mondadori, Milano, 2004: pp. 14, 69 – Archivio D'Anna: pp. 15, 21, 25, 40, 60, 65, 68, 72, 75, 76, 79 in alto, 81, 83, 92, 94, 96, 97, 103, 108, 115, 117, 120, 125, 126, 127, 129, 130, 135, 137, 141, 146, 149, 152, 153, 161, 173, 176, 178, 187, 192, 198, 205, 218, 219, 220, 224 in basso, 228, 232, 237, 238, 240, 248, 251, 257, 265, 266, 268, 269, 270, 273, 274, 278, 279, 280, 284, 287, 289, 295, 301 a sinistra, 303, 309, 311, 312, 313, 315, 316, 319 in alto, 321, 325, 326, 327, 331, 336, 338, 342, 355, 358, 366, 376, 378, 381, 384, 404, 412, 416, 425, 427, 436, 437, 439, 446, 456, 458, 460, 466, 471, 488, 489, 491, 492, 495, 501, 502, 510, 517, 524, 530, 531, 535, 536, 541, 542, 550, 558, 567, 570, 571 – N. Wolf, *Caspar David Friedrich 1774-1840*, Taschen, Köln, 2003: pp. 19, 203 – *Modern painting and sculpture: 1880 to the present at The Museum of Modern Art*, John Elderfield, New York, 2004: pp. 31, 521 – G. Cortenova, C. Herscovici (a cura di), *Da Magritte a Magritte*, Gabriele Mazzotta editore, Milano, 1991: pp. 35, 224 in alto – J. Baal-Teshuva, *Marc Chagall 1887-1985*, Taschen, Köln, 2008: pp. 39, 354 – *1946-1968. La nascita dell'arte contemporanea*, «L'arte del XX secolo», Skira, Milano, 2007: p. 43 – iStockphoto/Mark Breck, 2006: p. 56 – Photo © Christie's Images/The Bridgeman Art Library/Archivi Alinari, Firenze: pp. 58, 144 – Kunstsammlungen der Ruhr-Universität Bochum - per gentile concessione della D.ssa Cornelia Weber-Lehmann: p. 63 – R.J. Barrow, *Lawrence Alma-Tadema*, Phaidon Press Limited, Londra, 2004: p. 64 – H. Birchall, *I Preraffaelliti*, Taschen, Köln, 2010: pp. 73, 164, 346, 468 – Christie's Images, London/Scala, Firenze: pp. 79 in basso, 335 – G. Mori, *Tamara de Lempicka*, Skira editore, Milano, 2006: p. 84 – Shutterstock/Anastasios71: p. 88 – © Andrew Lichtenstein/Corbis: p. 93 – Shutterstock/kavram: p. 101 – A. La Regina (a cura di), *Museo Nazionale Romano. Palazzo Massimo alle Terme*, Electa Mondadori, Milano, 1998: p. 110 – Mary Evans/Scala, Firenze: p. 121 – Shutterstock/alessandro0770: p. 123 – G. Cortenova (a cura di), *Il Settimo Splendore. La modernità della malinconia*, Marsilio, Venezia, 2007: pp. 139, 180, 260 – G. Celant, *Tempo Moderno. Da Van Gogh a Warhol. Lavoro, macchine e automazione nelle Arti del Novecento*, Skira editore, Milano, 2006: p. 142 – Copyright Foto Scala, Firenze: pp. 171, 417 – F. Mazzocca, *Neoclassicismo*, «Art Dossier», Giunti, Firenze, 2002: p. 191 – Paul Aniszewski/Shutterstock: p. 196 – *Francesco Paolo Michetti*, Electa Napoli, 1999: pp. 216, 361 – iStockphoto/Gansovsky Vladislav, 2010: p. 231 – P. Hulten (a cura di), *Futurismo & futurismi*, Bompiani, Milano, 1986: p. 233 – C. Pirovano (a cura di), *La pittura in Italia. Il Novecento/1*, Electa Mondadori, Milano, 1991: pp. 242, 262 – AA.VV., *Georges Rouault. Miserere*, Silvana Editoriale, Milano, 2007: p. 282 – R. Jentsch, *George Grosz. Berlino-New York*, Skira, Milano, 2007: p. 293 – C.E. Foster (a cura di), *Edward Hopper*, Skira, Ginevra-Milano, 2009: pp. 307, 406 – Digital Image 2010 (c) White Images/Foto Scala, Firenze: p. 319 in basso – M. Ferretti Bocquillon, *Georges Seurat, Paul Signac e i neoimpressionisti*, Skira, Milano, 2008: pp. 327, 556 – IMAGNO/Austrian Archives, Vienna/Archivi Alinari, Firenze: p. 340 – *Alma-Tadema e la nostalgia dell'antico*, Electa Mondadori, Milano, 2007: p. 343 – S. Zatti, L. Tonani (a cura di), *Il bacio tra Romanticismo e Novecento*, Silvana Editoriale, Milano, 2009: p. 357 – Digital Image 2010 (c) Wallace Collection, Londra/Foto Scala, Firenze: p. 382 – iStockphoto/Silvia Nuno, 2010: p. 387 – M. Masau Dan, G. Ravanello (a cura di), *Arte d'Europa fra due secoli: 1895-1914. Trieste, Venezia e le Biennali*, Electa Mondadori, Milano, 1995: pp. 390, 394 – G. Cortenova, E. Petrova, J. Kiblitsky (a cura di), *Kandinsky e l'anima russa*, Marsilio, Venezia, 2004: p. 396 – © 2001, Foto Scala, Firenze: p. 410 – Digital Image 2008 (c) White Images/Foto Scala, Firenze: p. 413 – U. Pappalardo, D. Borrelli, *Teatri greci e romani*, Arsenale editrice, Verona, s.d.: pp. 420, 453 – R.M. Hagen, R. Hagen, *Bruegel*, Taschen, Köln, s.d.: p. 422 – Cameraphoto/Scala, Firenze - Foto Scala, Firenze - su concessione del Ministero per i Beni e le Attività Culturali: p. 442 – *La pittura barocca. Due secoli di meraviglie alle soglie dell'età moderna*, Electa Mondadori, Milano, 2006: p. 447 – J. Martineau, M.G. Messina (a cura di), *Shakespeare nell'arte*, Ferrara Arte, Ferrara, 2003: pp. 473, 484 – *Neoclassicismo & Romanticismo*, Könemann, Köln, 2000: p. 477 – Foto Fine Art Images/Heritage Images/Scala, Firenze: p. 486 – M. Thévoz, *Dubuffet*, Skira, Ginevra, 1986: p. 511, 518 – Digital Image 2008 © Yale University Art of Gallery/Art Resource New York/Scala, Firenze: p. 525 – iStockphoto/Eldad Carin, 2010: p. 526 – The National Gallery, London/Scala, Firenze: p. 534 – © Per gentile concessione di Anna Kappler, 2013: p. 552 – Shutterstock: p. 560